2020

JIANGXI NIANJIAN

江西年鉴

易炼红　主编

江西省地方志编纂委员会　编

綫装書局

图书在版编目（CIP）数据

江西年鉴. 2020 / 易炼红主编 ; 江西省地方志编纂委员会编. -- 北京 : 线装书局, 2020.9
ISBN 978-7-5120-4119-6

Ⅰ. ①江… Ⅱ. ①易… ②江… Ⅲ. ①江西－2020－年鉴 Ⅳ. ①Z525.6

中国版本图书馆 CIP 数据核字(2020)第 171938 号

江西年鉴（2020）

主　　编：易炼红
编　　者：江西省地方志编纂委员会
责任编辑：周思远
出版发行：线装書局
　　地　址：北京市丰台区方庄日月天地大厦 B 座 17 层（100078）
　　电　话：010-58077126（发行部）010-58076938（总编室）
　　网　址：www.zgxzsj.com
经　　销：新华书店
印　　制：江西龙莹印务有限公司
开　　本：889mm×1194mm　1/16
印　　张：37.75
字　　数：1659 千字
版　　次：2020 年 9 月第 1 版第 1 次印刷

线装书局官方微信

定　　价：400.00 元

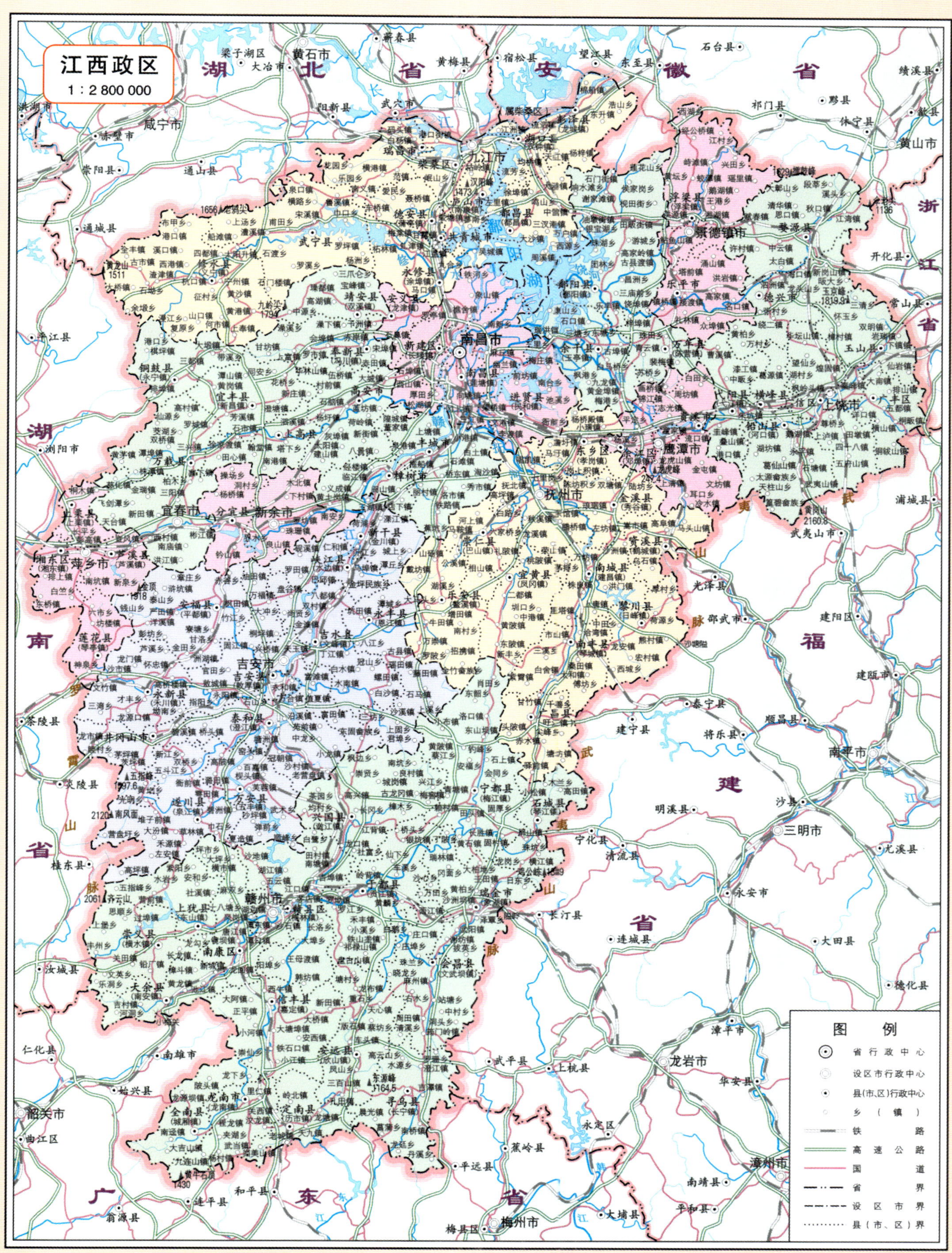

审图号：赣S（2020）063号

江西省自然资源厅

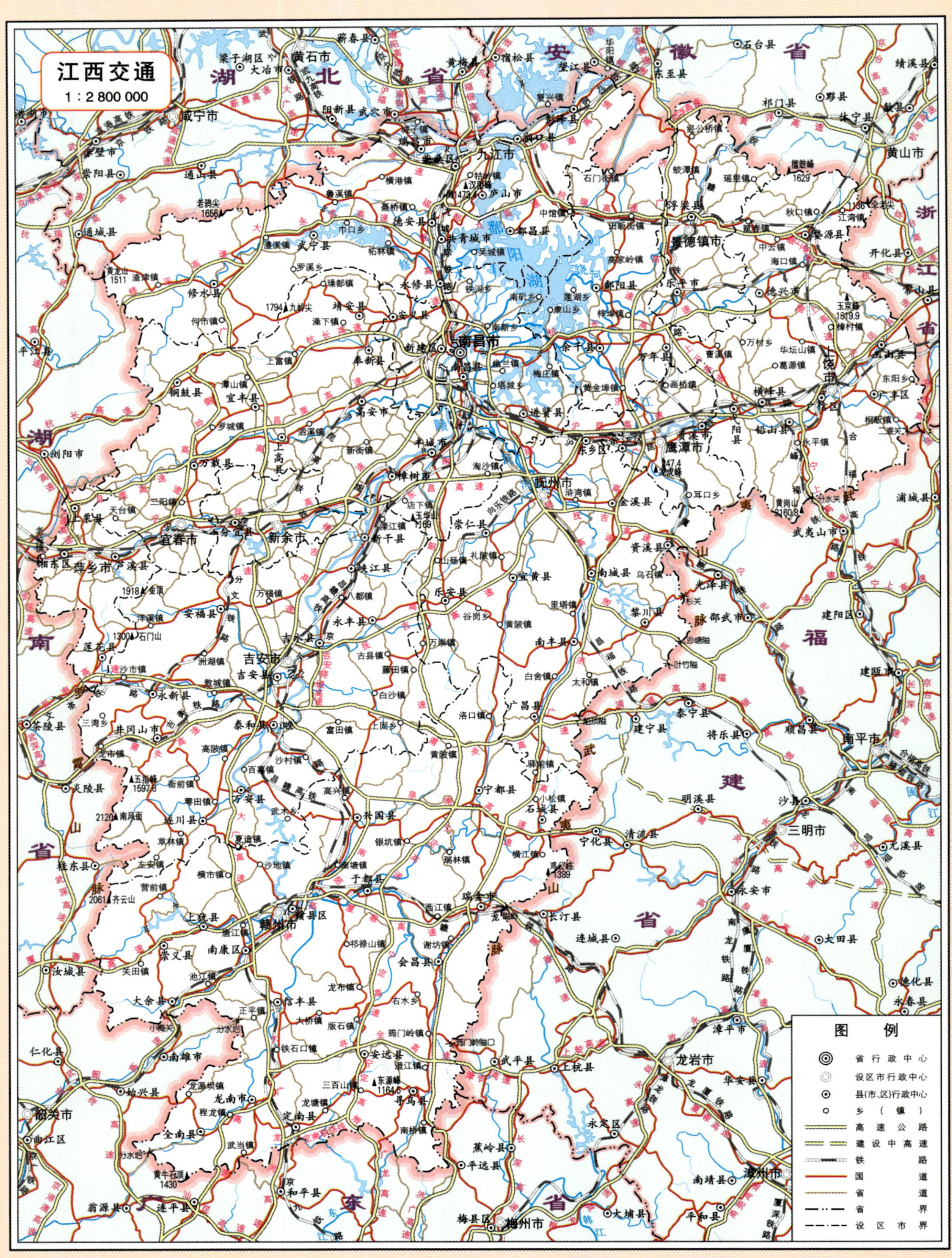

审图号：赣S（2020）063号

江西省自然资源厅

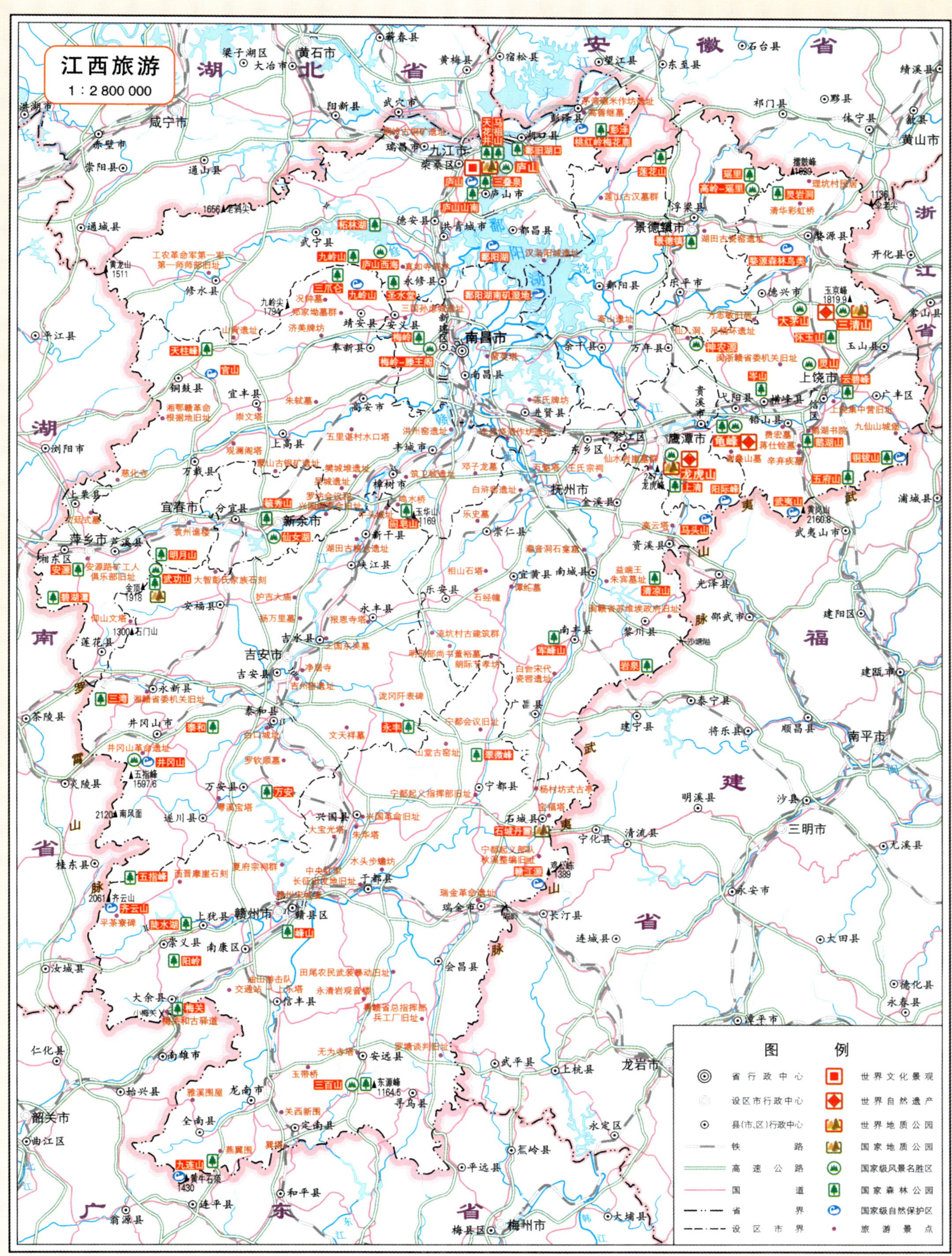

审图号：赣S（2020）063号

江西省自然资源厅

中共江西省委十四届八次全体（扩大）会议

6月24日，中共江西省委十四届八次全体（扩大）会议在南昌召开。全会听取省委常委会工作报告，审议通过省委《关于深入学习贯彻习近平总书记视察江西重要讲话精神 努力描绘好新时代江西改革发展新画卷的决定》，审议通过免去部分省委委员、候补委员职务和递补省委委员的决定，递补曾志刚、吴守华、杨贵平、晏驹腾、周应华为省委委员。

▲ 6月24日，中共江西省委十四届八次全体（扩大）会议在南昌召开

▲ 6月24日，中共江西省委十四届八次全体（扩大）会议代表在审阅会议材料

（本版图片均为林君 摄）

中共江西省委十四届十次全体（扩大）会议

11月28日—29日，中共江西省委十四届十次全体（扩大）会议在南昌召开。会议以习近平新时代中国特色社会主义思想为指导，深入贯彻中共十九大和十九届二中、三中、四中全会精神，全面落实中共中央总书记习近平视察江西重要讲话精神，听取和讨论省委常委会工作报告，审议通过《中共江西省委贯彻落实〈中共中央关于坚持和完善中国特色社会主义制度、推进国家治理体系和治理能力现代化若干重大问题的决定〉的实施意见》。

▲11月28日，中共江西省委十四届十次全体（扩大）会议在南昌开幕

▲11月28日，中共江西省委十四届十次全体（扩大）会议代表在讨论会议内容

（本版图片均为林君 摄）

省十三届人大三次会议

1月27日—31日，省十三届人大三次会议在南昌召开。会议表决通过了关于政府工作报告的决议、关于江西省2018年国民经济和社会发展计划执行情况与2019年国民经济和社会发展计划的决议、关于江西省2018年全省和省级预算执行情况和2019年全省和省级预算的决议、关于江西省人民代表大会常务委员会工作报告的决议、关于江西省高级人民法院工作报告的决议、关于江西省人民检察院工作报告的决议、关于国家生态文明试验区（江西）建设情况报告的决议。

◀1月27日，出席省十三届人大三次会议的代表认真履行职责，积极建言献策

▶1月31日，参加省十三届人大三次会议的代表进行宪法宣誓

（本版图片均为林君 摄）

省政协十二届二次会议

1月26日—29日，省政协十二届二次会议在南昌召开。会议审议并批准省政协主席姚增科代表政协江西省第十二届委员会常务委员会所作的工作报告；审议并批准省政协副主席谢茹代表政协江西省第十二届委员会常务委员会所作的提案工作情况报告。委员们列席了江西省第十三届人民代表大会第三次会议，听取、讨论并赞同省长易炼红所作的政府工作报告；讨论并赞同省高级人民法院工作报告、省人民检察院工作报告和其他报告。

▲ 1月26日，出席省政协十二届二次会议的港澳地区省政协委员和列席会议的特邀海外侨胞代表在南昌市调研

▲ 1月29日，省政协十二届二次会议举行选举大会，委员们投下神圣一票

（本版图片均为海波 摄）

庆祝中华人民共和国成立70周年系列活动

2019年10月1日中华人民共和国成立70周年。中华人民共和国成立70年以来，在中国共产党的坚强领导下，江西发生翻天覆地的变化，实现经济实力、人民生活、城乡环境“三个历史性跨越”。红土圣地旧貌换新颜，美丽江西成为宜居宜业宜游的福地。

①9月23日，南昌市向荣小学的学生们到滕王阁景区，手举国旗摆成“中国”“70”造型，庆祝中华人民共和国成立70周年　（梁振堂 摄）

②9月28日，“可爱的中国”——江西省庆祝中华人民共和国成立70周年群众歌咏晚会在南昌举行　（洪子波 摄）

③9月28日，许多市民到南昌市八一广场巨形花篮前合影留念，庆祝中华人民共和国成立70周年　（梁振堂 摄）

④9月29日，新余市18名1949年10月1日出生的老人和五星红旗合影，共同唱响《我和我的祖国》　（赵春亮 摄）

⑤10月1日，以“金色赣鄱”为主题的江西彩车在首都国庆游行现场亮相　（海波 摄）

大干项目年

2019年，江西省实施“大干项目年”活动，开展重点项目建设“百日攻坚”，昌赣高铁、浩吉铁路、昌九高速四改八、井冈山机场改扩建、昌西南500千伏输变电工程等重大基础设施项目投运，赣江三级航道基本具备通航条件，新钢优特钢带加工配送中心等重大产业项目投产。

▶ 6月28日，鄱阳湖二桥开通，都九高速公路全线通车

（傅建斌 摄）

▲ 9月19日，井冈山机场二期扩建工程竣工暨新航站楼启用仪式

（井冈山机场 供）

▲ 9月24日，南昌至九江高速公路改扩建工程项目基本建成通车 （杨紫韬 摄）

▲ 12月26日，昌赣高铁开通运营，井冈山革命老区、赣南等原中央苏区跨入高铁时代，江西实现市市通动车。图为当天在G5033次列车上，工作人员正向乘客介绍昌赣高铁线路

（洪子波 摄）

产业结构优化升级

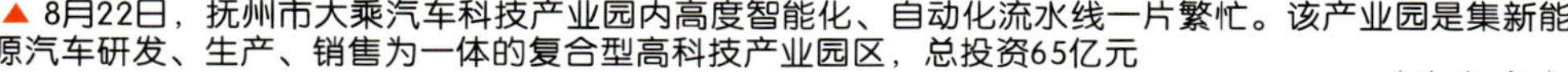
▲ 8月22日，抚州市大乘汽车科技产业园内高度智能化、自动化流水线一片繁忙。该产业园是集新能源汽车研发、生产、销售为一体的复合型高科技产业园区，总投资65亿元

（海波 摄）

▲ 11月2日—3日，2019南昌飞行大会在瑶湖机场

2019年，江西省实施“2+6+N”产业高质量跨越式发展行动，航空、电子信息、中医药、新材料等产业营业收入实现两位数增长，创新升级步伐加快。全省推动出台开发区条例，实施“节地增效”行动，“5020”项目覆盖率95.1%，推进科技型企业梯次培育行动，培育独角兽企业2家、瞪羚企业60家。

◀7月18日—19日，2019江西国际移动物联网博览会在鹰潭举行（省工信厅 供）

。图为大黄蜂表演队特技飞行表演（朱文标 摄）

▲11月7日，第十四届中国成长型医药企业发展论坛在南昌市举行（杨紫韬 摄）

2019世界VR产业大会

▲ 10月19日，VR/AR产品和应用展览会暨中国国际通信电子产业博览会在南昌绿地国际展览中心举行

▲ 10月19日，VR/AR产品和应用展览会上5G＋远程驾驶

10月19日—21日，2019世界VR产业大会在南昌召开，7000余名国内外VR/AR/MR领域专家学者和企业家代表，30多个国家和地区的近2000家企业参会，规模远超上届。大会以“VR让世界更精彩——VR+5G开启感知新时代”为主题，聚焦虚拟现实发展的关键共性问题，探讨产业发展趋势和解决之策。2019年，VR产业在江西持续发展，11个应用示范项目投入运营。

► 10月19日，VR/AR产品和应用展览会现场市民们体验VR/AR产品

（本版图片均为魏勇剑 摄）

商贸消费升级

2019年，江西省积极推动商贸消费升级“五大行动”，推动出台旅游者权益保护条例，举办“全球学子暑期乐游江西”、中国红色旅游博览会、森林旅游节等活动，建成“一部手机游江西”智慧旅游平台，武功山获评国家5A级景区，旅游接待总人次和总收入分别增长15.65%、18.55%。

▲ 7月18日—9月18日，江西省开展“全球学子暑期乐游江西”活动，推出全球大中小学生游览江西省国家4A级以上旅游景区免收大门门票优惠政策

（省文旅厅 供）

▲ 8月4日，来自全国各地的中小学生游客在江西省工业研学游示范基地——金溪县香谷小镇香料香精微生产工坊体验调香乐趣

（邓兴东 摄）

区域城乡协调发展

2019年，全省区域城乡发展协调并进，整体效能不断提升。出台大南昌都市圈发展规划、高铁经济带发展规划和新一轮支持赣东北开放合作、赣西转型升级政策措施，“一圈引领、两轴驱动、三区协同”区域格局加快构建，各地老旧社区改造进一步推进。乡村振兴战略纵深推进，新建高标准农田19.73万公顷，粮食总产量0.22亿吨，茶产业产值突破百亿元，抗击非洲猪瘟，抓好生猪稳产保供和“菜篮子”产品供应，农产品标准化及可追溯平台上线，农村承包地确权登记颁证，农村集体产权制度改革获批整省试点。

◀ 12月28日，大南昌都市圈2019年市际联席会在南昌召开。南昌市人民政府、九江市人民政府、宜春市人民政府、上饶市人民政府、抚州市人民政府、赣江新区管委会共同签署了《大南昌都市圈发展2020年合作重点事项》

（成奔 摄）

2019年，南昌市西湖区城建局加大了对东书院社区、铁路社区等社区改造进程。东书院社区改造投入2600万元，涉及房屋33栋，惠及居民1405户。铁路社区改造投入8000万元，涉及房屋147栋，惠及居民6062户、18493人，已拆除1135处。图为改造后南昌市西湖区的朱紫巷社区

（杨紫韬 摄）

▲新余市加快高标准农田建设步伐，逐年新增耕地面积，为乡村振兴提供强有力的保障。图为9月2日，新余市渝水区水北镇高标准农田丰收，呈现一派秋日风景

（赵春亮 摄）

▲新余市蜜橘种植面积达1.14万公顷，3000多家种植户靠蜜橘收益脱贫致富。图为10月15日，新余市仙女湖区观巢镇上汾村蜜橘种植基地一派繁忙

（赵春亮 摄）

文化强省

2019年，江西省不断完善文化设施网络体系，稳步推进省文化中心（省博物馆新馆、省图书馆新馆、省科技馆新馆）建设，推动、指导基层图书馆、文化馆基础设施建设，基本完成村（社区）综合性文化服务中心建设任务。同时，全省继续加强公共数字文化建设，继续开展惠民服务活动，举办江西省第十二届少儿艺术节、全省广场舞展演等，继续加强文物发掘、保护、利用工作，进一步做好南昌汉代海昏侯国遗址、景德镇御窑厂遗址、吴城遗址等大遗址保护利用工作。

①10月，无人机航拍南昌市红谷滩凤凰洲沿江片区，江西省博物馆新馆、省图书馆新馆、省科技馆新馆面向赣江展示江西文化气象 （洪子波 摄）

②10月19日—11月底，2019年汤显祖戏剧节暨国际戏剧交流月活动在抚州市举行。活动期间举行了汤显祖国际学术研讨会、中外经典剧目展演、驻华使领馆官员江西行、中英文化旅游周等一系列活动。图为艺术节开场戏《又见梨花颂》 （梁振堂 摄）

③11月2日—6日，第六届南昌国际军乐节在南昌举行。图为11月5日，军乐节嘉年华惠民演出现场 （杨紫韬 摄）

④12月8日，在江西财经大学艺术学院，南昌市级泥塑非遗文化传承人宗文玲的精美泥塑作品，吸引参观者围观。当日，省创造学会非遗创新教育专业委员会成立，为江西省非遗保护可持续发展培养人才 （朱文标 摄）

2019年春晚井冈山分会场

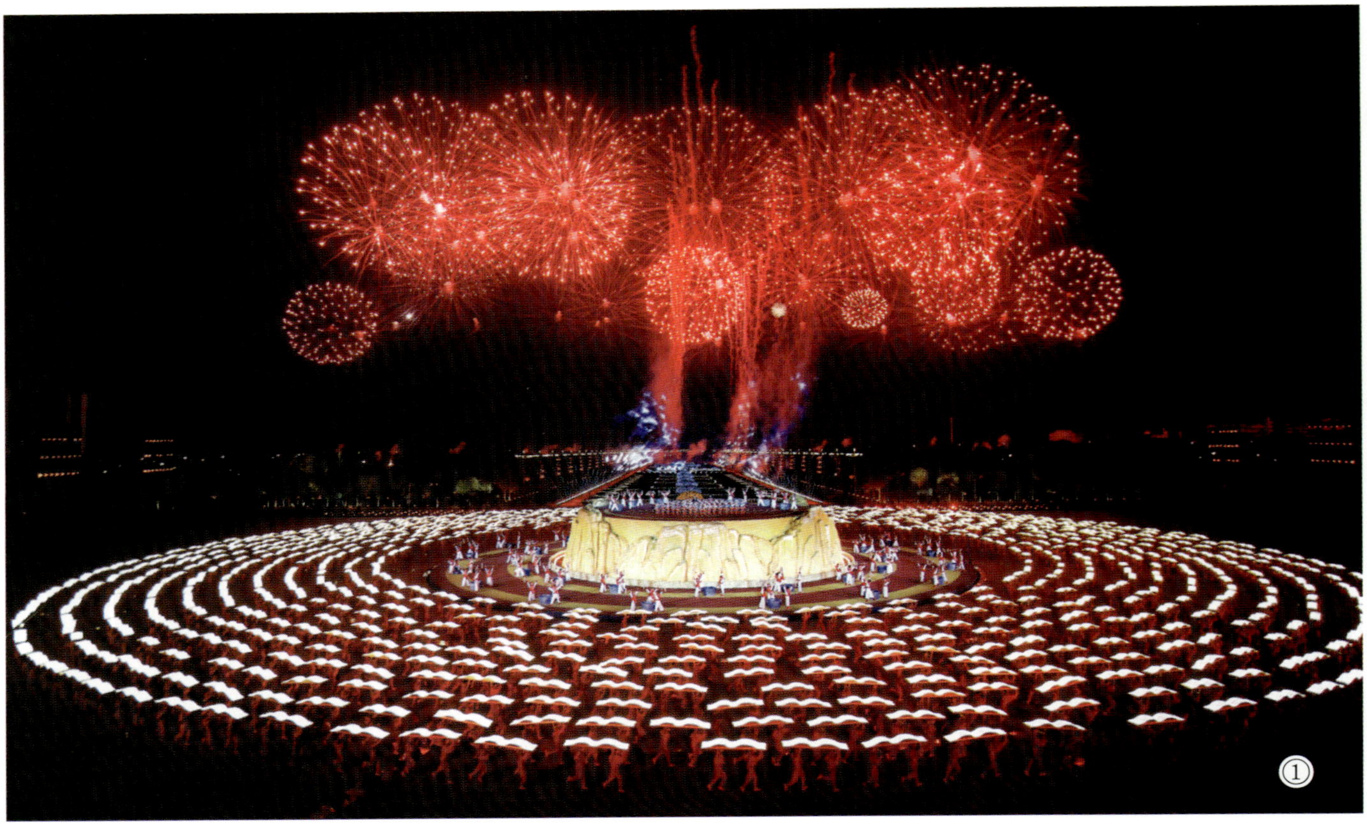

2月4日，2019年中央广播电视总台春节联欢晚会播出，全国三大分会场之一的江西吉安井冈山分会场当晚亮相。

①2月4日，2019年央视春晚拉开帷幕。图为吉安井冈山分会场
②2月4日，歌手郁可唯、平安、喻越越在井冈山分会场演唱《新的天地》
③2月4日，央视春晚吉安井冈山分会场直播现场
④2月4日，央视春晚吉安井冈山分会场直播现场
⑤2月4日，歌手吉克隽逸在井冈山分会场演唱《映山红》 （本版图片均为洪子波 摄）

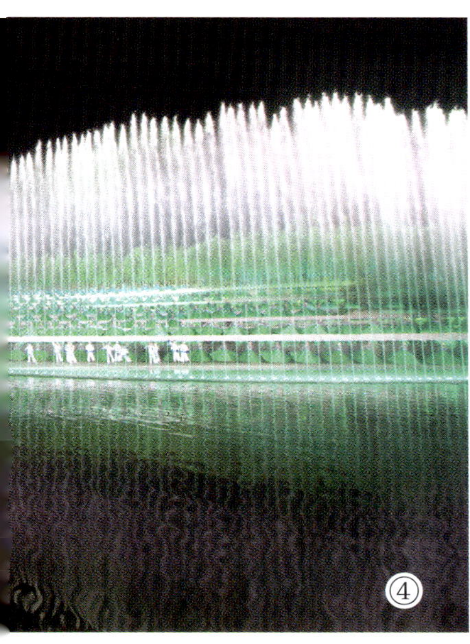

第十届环鄱阳湖国际自行车大赛

9月17日—28日，江西省政府主办的第十届环鄱阳湖国际自行车大赛开赛。大赛以“骑遍神州大地 江西风景独好”为主题，参赛选手及领队、教练员220人左右，来自25个国家和地区，其中包括江西首支本土车队6名选手。此次大赛赛程1056千米，转场里程1788千米，覆盖全省11个设区市，总奖金25万美元。中国云南绿山园林车队选手霍洛瓦什获个人总成绩冠军，江西新力物业车队彭源堂获“最佳大中华运动员”称号，美国玛吉斯野生世代洲际车队罗斯获“冲刺王”称号，法国国防车队朱利安获“登山王”称号，中国云南绿山园林车队获团体总成绩冠军。

①

③

①9月17日，环鄱赛赣州市上犹县站“小小环鄱骑手”亮相开赛仪式
②9月21日，环鄱赛抚州市梦湖站选手们奋力冲刺中
③9月24日，选手们飞驰在鹰潭市龙虎山景区的一座桥上
④9月25日，选手们在景德镇市浮梁县古县衙景区前骑行
⑤9月26日，从空中俯瞰环鄱赛宜春市靖安县站比赛现场 （本版图片均为杨继红 摄）

①

脱贫攻坚

2019年，江西省脱贫攻坚取得决定性进展，41.1万贫困人口脱贫，剩余7个贫困县全部达到摘帽条件，剩余387个贫困村全部退出，贫困发生率降至0.27%，城镇贫困群众减少23.7万人，为2020年全面打赢脱贫攻坚战奠定决定性基础。

④

①南丰县通过成立合作社，吸纳贫困户参股就业。图为4月9日，南丰县东坪乡南洲村养蜂专业合作社技术员章国昌夫妇正在查看蜜蜂生长情况　（梁振堂　摄）

②江西省粮食和物资储备局对口帮扶赣州市上犹县梅水乡竹山村，连续5年为村民免费发放优质稻种，大力发展优质稻产业，保障粮食安全，农户每亩增收1000元，助推脱贫攻坚。图为6月，竹山村优质稻产业基地丰收在望　（但志亮　摄）

③抚州市东乡区采取“生态+产业”模式在荒山上种植油茶，油茶产业成为当地农民脱贫致富产业之一。图为10月24日，该区圩上桥镇后溪村生态油茶种植基地，农民正忙着采摘油茶　（何江华　摄）

④广昌县驿前村建立“太空36号”白莲生产基地帮助当地脱贫。每亩白莲产值约8000元左右，下半年农田可以套种中药材泽泻增加收入。图为6月20日，驿前村白莲生产基地莲花盛开　（程旺祥　摄）

⑤修水县黄溪村采取“小蚕工厂化、大蚕省力化”的生产经营模式发展蚕桑产业，高产桑园达53.33公顷，生产量达到年养种5000张，年总创收150万元，集体创利15万元。图为8月，黄溪村小蚕工厂前面的桑园长势喜人　（白禹　摄）

健康江西

2019年，全省启动健康江西行动，医疗卫生事业全面发展。江西省在全国率先推动出台中医药条例，免费救治和大病专项救治病种扩大到31种，高血压、糖尿病纳入门诊统筹报销政策全面落地，公立医疗机构医用耗材加成全面取消，2019版国家医保药品目录全面执行，九江、赣州、上饶入选全国城市医联体建设试点。全省医疗卫生机构总诊疗人次达23628.18万人次，比上年增加2164.48万人次。城镇居民健康档案累计建档人数3977.61万人，比上年减少54.52万人；规范化电子建档人数3786.59万人，比上年增加26.62万人；规范化电子建档率95.20%，比上年增加1.95个百分点。

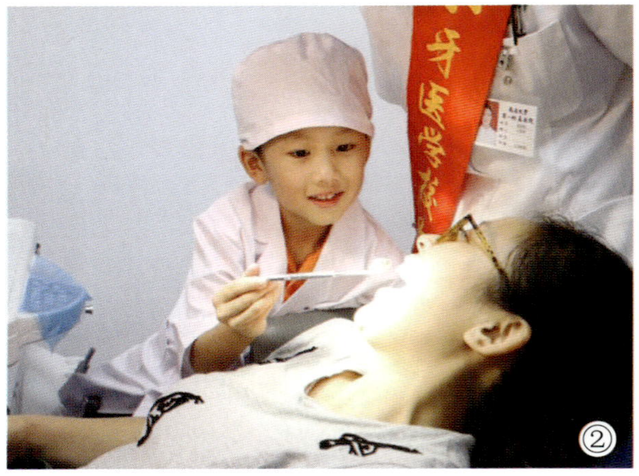

①8月2日，中华医学会泌尿外科学分会及中国医师协会泌尿外科医师分会共同主办的健康咨询巡回义诊活动在万载县人民医院举行。15名来自全国的泌尿专家为患者义诊，并为10名患者免费做手术　（邓龙华　摄）

②8月25日，南昌大学第一附属医院东湖院区开展健康公开课，招募6岁到12岁的孩子客串“小小牙医”，提高公众的口腔健康意识　（周钰珏　摄）

③2019年，南昌大学第一附属医院大力推进智慧医院建设。图为10月19日，该院东湖院区手术室开展5G+VR远程手术示教　（裘骏　摄）

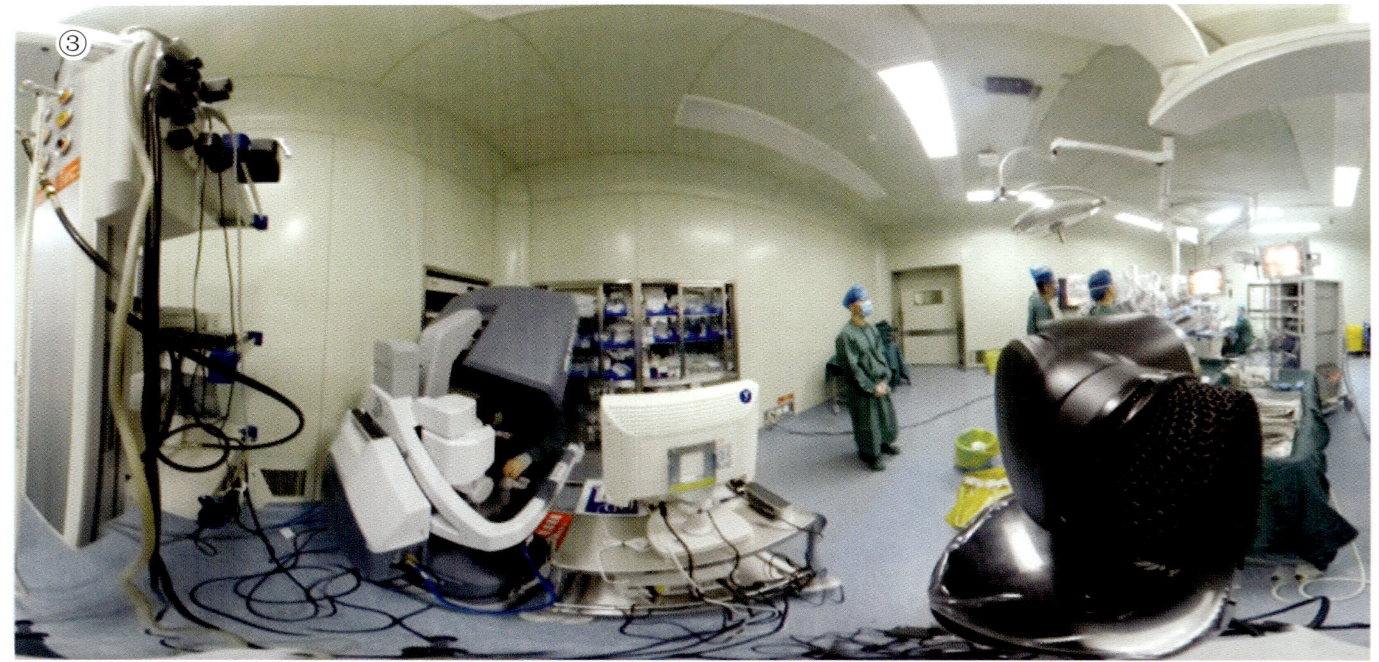

垃圾分类

2019年，全省坚持“试点带动”与“城乡联动”相结合，垃圾分类范围不断拓展。全省重点抓好南昌市、宜春市国家级垃圾分类城市试点工作，各设区市全面铺开。垃圾分类工作纳入全省高质量发展考核评价体系以及城乡环境综合整治、城市功能与品质提升考核体系、文明城市测评体系、公共机构节能考核体系、公共文明指数测评体系等考核评价体系。省发改委积极争取2019—2020年中央预算内资金1.76亿元，用于垃圾焚烧、厨余垃圾处理、转运体系建设。

◀ 6月20日，南昌市青山湖区人大代表到幼儿园开展“节能环保抓小事　绿色低碳我先行”活动

（杨紫韬　摄）

▶ 7月18日，南昌市青云谱区泽园社区的孩子们在体验智能垃圾分类回收机，养成垃圾分类的好习惯

（海波　摄）

①

2019鄱阳湖国际观鸟周

12月6日—10日，2019鄱阳湖国际观鸟周活动在江西举行。其间，举办了国际观鸟赛、美丽中国“江西样板”院士论坛、鄱阳湖湿地和候鸟保护国际论坛、第二届国际白鹤论坛，签署《鄱阳湖保护和发展合作框架协议》，发布《鄱阳湖湿地和候鸟保护南昌宣言》，江西省自然教育学校（基地）、鄱阳湖湿地和候鸟宣传教育中心揭牌，永修县吴城镇被中国野生动物保护协会授予“中国候鸟小镇”称号。

④

①12月7日，2019鄱阳湖国际观鸟周活动开幕式上，江西文演集团演出人员表演舞蹈《千鸟朝阳》（朱文标 摄）

②12月9日，鄱阳湖国家湿地公园，工作人员将被救护的东方白鹳放归大自然（徐铮 摄）

③2019鄱阳湖国际观鸟周期间，夕阳下，白鹤在南昌市高新区五星垦殖场觅食（朱文标 摄）

④12月9日，鄱阳湖国家湿地公园白沙洲附近水域，鄱阳湖帆影重现，成为一道风景。当地充分挖掘渔俗文化，真实还原渔民劳作、休闲场景，让游客近距离感受鄱阳湖区的文化民俗（徐铮 摄）

⑤12月，国家一级保护动物黑鹳在鄱阳湖国家级自然保护区觅食。随着气温逐步下降，前来鄱阳湖越冬的候鸟日渐增多（燕平 摄）

江西湿地好风光

2019年，全省继续加强湿地类型及湿地动植物为主要保护对象的保护区建立、保护工作，保护湿地面积30.2万公顷。全省湿地公园数量不断增加，新增南昌澄碧湖、德安隆平、庐山星湖湾等省级湿地公园。全省湿地生态系统功能逐步完善，在固碳释氧、蓄水防洪、物种保育等方面发挥了作用。

► 6月29日，航拍南昌市艾溪湖湿地公园。这里是典型的城市湿地

▼ 3月26日，万年县珠溪河国家湿地公园附近的居民在晨练

（本版图片均为朱文标 摄）

编 辑 说 明

一、《江西年鉴》是江西省本级地方综合年鉴，由江西省人民政府组织、江西省地方志编纂委员会编，稿件由省直各单位，各市、县（区），中央驻赣单位及有关单位提供。

二、《江西年鉴》是一套系统记述江西省自然、政治、经济、文化、社会等方面情况的年度资料性文献。其编纂坚持以马克思列宁主义、毛泽东思想、邓小平理论、“三个代表”重要思想、科学发展观、习近平新时代中国特色社会主义思想为指导，逐年全面、真实地记录江西经济建设和社会发展的基本情况，为存史、资政、育人服务。

三、《江西年鉴》每年出版一卷，2002 年首卷出版，至今已经编纂出版19 卷。

四、本卷年鉴着重记载 2019 年江西省发生的重大事情。内容分为综合情况、动态信息和辅助资料三大部分。综合情况设特载、大事记、专记、江西概览 4 个栏目。动态信息设中国共产党江西省委员会，江西省人民代表大会，江西省人民政府，中国人民政治协商会议江西省委员会，纪检监察，民主党派和工商联，群众团体，军事，法治，应急管理，人力资源，国家区域发展战略，农业农村，工业，信息化建设，园区经济，旅游业，商贸服务业，对外贸易与经济合作，交通运输，金融，财政税务，经济管理与监督，城乡建设，水利，生态环境，教育，科学技术，社会科学，文化艺术，档案与地方志，新闻出版广播电影电视，卫生健康，体育，居民生活，社会保障，社会事务管理，退役军人事务管理，残疾人事业，民族宗教事务，精神文明建设，市、县（区），人物，共 43 个栏目。辅助资料设附录、统计资料 2 个栏目。江西政区图、江西交通图、江西旅游图均为 2020 年版地图。

五、本年鉴内容层次设置是为了方便分类编纂和读者阅读，并不反映严格的科学分类体系，机关、企事业单位等排序和层次并不表示其地位和规模。部分条目因内容需要对比，时间有所上溯。市、县（区）主要领导人放在所属市、县（区）之后，便于查阅。特载栏目中数据为快报数，因个别供稿单位统计口径不同等原因，有的数据在不同条目中不尽一致，使用时请注意出处；因全省机构改革，部分单位名称有变更，以条目发生日期的名称为准；企业的计量单位，除市场监督管理局办理注册登记的企业用“户”外，其他一律用“家”。

六、市制土地面积计量单位“亩”，在农民日常生产生活中仍作为土地面积的计量单位，所以，本年鉴记述农业事项土地面积时仍使用“亩”作为计量单位，1 亩 = 666.67 平方米，随文不再括注同比例平方米数。

江西省地方志编纂委员会

《江西年鉴》编辑人员

目　　录

CONTENTS

特　载

大事记

专　记

江西概览

中国共产党江西省委员会

江西省人民代表大会

江西省人民政府

中国人民政治协商会议江西省委员会

纪检监察

民主党派和工商联

群众团体

军　事

法　治

应急管理

人力资源

国家区域发展战略

农业农村

工　业

信息化建设

园区经济

旅游业

商贸服务业

对外贸易与经济合作

交通运输

金　融

财政税务

经济管理与监督

城乡建设

水 利

生态环境

教　育

科学技术

社会科学

文化艺术

档案与地方志

新闻出版　广播电影电视

卫生健康

体 育

居民生活

社会保障

社会事务管理

退役军人事务管理

残疾人事业

民族宗教事务

精神文明建设

市、县(区)

人 物

附　录

统计资料

索　引

特　　载

在省委十四届八次全体(扩大)会议第一次全体会议上的讲话

(2019 年 6 月 24 日)

省委书记　刘　奇

同志们:

习近平总书记对江西工作一直高度重视,寄予殷切希望。时隔三年总书记再次亲临江西视察指导,这是江西革命老区的荣光,是 4600 万赣鄱儿女的荣光,是新时代江西最值得欢欣鼓舞的一件大事喜事,为新时代江西改革发展注入了强劲动力。今天我们召开省委十四届八次全体(扩大)会议,主要任务是,坚持以习近平新时代中国特色社会主义思想为指导,深入学习贯彻习近平总书记视察江西重要讲话精神,动员引导全省上下树牢"四个意识",坚定"四个自信",坚决做到"两个维护",聚焦"在加快革命老区高质量发展上作示范、在推动中部地区崛起上勇争先"的目标定位和"五个推进"的更高要求,久久为功、奋力拼搏,加快建设富裕美丽幸福现代化江西,感恩奋进描绘好新时代江西改革发展新画卷。

下面,我代表省委常委会向全会报告工作。

一、关于今年以来的省委常委会工作

今年以来,在以习近平同志为核心的党中央坚强领导下,省委常委会坚持以习近平新时代中国特色社会主义思想为指导,从更高层次贯彻落实习近平总书记对江西工作的重要要求,坚持稳中求进工作总基调,坚持新发展理念,大力弘扬井冈山精神、苏区精神和长征精神,团结带领全省干部群众感恩奋进、真抓实干,统筹做好稳增长、促改革、调结构、优生态、惠民生、防风险、保稳定各项工作,推动经济社会发展和党的建设取得新成绩。

*第一,持续深入学习贯彻习近平新时代中国特色社会主义思想。*省委坚持把学习贯彻习近平新时代中国特色社会主义思想作为首要政治任务,着力在学懂弄通做实上下功夫,引导广大干部群众树牢"四个意识",坚定"四个自信",坚决做到"两个维护",在思想上政治上行动上同以习近平同志为核心的党中央保持高度一致。对习近平总书记发表的重要讲话、作出的重要指示和中央召开的重要会议,省委常委会都及时传达学习,推动贯彻落实。深入实施习近平新时代中国特色社会主义思想教育培训计划,省委常委会带头围绕习近平新时代中国特色社会主义经济思想、加强党的政治建设等主题,进行了 6 次集体学习研讨。举办全省市厅级主要领导干部专题研讨班,深入学习贯彻总书记关于防范化解重大风险的重要论述。加强新时代文明实践中心建设,发挥"学习强国"平台作用,推动学习宣传贯彻往深里走、往实里走、往心里走。组织开展习近平总书记视察江西三周年系列活动,推动全省上下牢记嘱托再出发,感恩奋进开新局。总书记再次亲临江西视察后,省委把学习宣传贯彻总书记视察江西重要讲话精神摆在重中之重,先后召开省委常委会(扩大)会议、全省领导干部会议、省委理论学习中心组学习会,研究部署贯彻落实意见,广泛宣传宣讲,推动总书记重要讲话精神在江西落实落地。

*第二,千方百计推动经济持续健康发展。*省委切实加强对经济工作的领导,坚决落实中央"稳就业、稳金融、稳外贸、稳外资、稳投资、稳预期"的决策部署,着力抓项目扩投资,促进消费升级,稳定外贸出口,不断巩固稳增长的基础。集中力量发展航空、电子信息、装备制造、中医药、新能源、新材料等优势产业,加快传统产业转型升级,坚决淘汰落后产能,推动产业迈向中高端。实施创新型省份建设三年行动,加大全社会研发投入,加强创新人才引进培养工作,加快补齐创新短板。深化供给侧结构性改革,全面落实"三去一降一补",持续开展降成本优环境专项行动,综合施策支持民营企业发展,纵深推进"放管服"、国资国企、财税金融、农业农村等重点领域改革。积极参与"一带一路"、长江经济带、中部地区崛起和长三角一体化、粤港澳大湾区建设,加快融入"长珠闽",深化赣江新区体制改革,成功举办中博会、世界赣商大会、赣港会、赣深会等重大活动,积极推进全省港口改革建设,提升港口竞争力和

开放水平。预计上半年全省生产总值增长8.5%，财政总收入增长6%，一般公共预算收入增长5%，规模以上工业增加值增长9%，固定资产投资增长9%，社会消费品零售总额增长11%，实际利用外资增长8%，主要经济指标增幅继续位居全国“第一方阵”。高新技术产业、战略性新兴产业增加值占规上工业比重分别为35.6%、21%；税收占财政总收入比为81%，发展质量效益不断提升。

第三，全力以赴打好三大攻坚战。省委坚持把打好三大攻坚战摆在突出位置，全力跨越全面建成小康社会的重要关口。打好防范化解重大风险攻坚战，建立健全金融改革发展稳定工作机制，推动金融服务实体经济，开展企业上市“映山红行动”，扎实做好金融、地方政府债务、房地产等重点领域风险防范化解工作，全省经济金融风险总体可控。打好精准脱贫攻坚战，深入实施精准扶贫十大行动，切实抓好中央脱贫攻坚专项巡视和中央约谈问题整改，确保精准脱贫质量。会昌、寻乌、安远、上犹等10个县（区）实现脱贫摘帽。打好污染防治攻坚战，深入推进国家生态文明试验区建设，扎实做好中央环保督察“回头看”反馈问题整改，打好蓝天、碧水、净土保卫战，持续推进长江经济带“共抓大保护”攻坚行动，着力解决突出环境问题。预计上半年全省空气优良天数比例90.4%，国考断面水质优良率94.6%，生态环境质量继续位居全国前列。

第四，加大力度保障和改善民生。省委始终坚持以人民为中心的发展思想，坚持尽力而为、量力而行，扎实做好就业、教育、医疗、养老等民生保障工作。认真做好去产能职工、高校毕业生、退役军人等重点群体就业创业工作，就业形势保持稳定。预计上半年全省城乡居民人均可支配收入分别增长8%和8.5%。大力实施乡村振兴战略，深化农村人居环境整治，加快推进农业农村现代化。大力发扬新时代“枫桥经验”，加强和创新社会治理，完善社会公共治安防控体系，扎实推进平安江西、法治江西建设。全省2018年平安建设（综治）考核结果继续位居全国前列。深入开展扫黑除恶专项斗争，认真抓好中央扫黑除恶专项督导反馈问题整改，成功打掉涉黑组织124个、涉恶犯罪集团375个、涉恶犯罪团伙418个，立案查处黑恶势力“保护伞”872人，其中厅级6人、处级42人。牢固树立安全发展理念，持续推进安全生产专项整治，全省安全生产形势保持总体稳定。

第五，纵深推进全面从严治党。省委坚决落实管党治党主体责任，以党的政治建设为统领，全面贯彻新时代党的建设总要求，不断提升党的建设质量。持续开展以弘扬井冈山精神为核心的红色基因教育，广泛开展诵读红色家书活动。严格落实意识形态工作责任制，坚决维护国家政治和政权安全。坚持新时代党的组织路线，全面做好干部培育、选拔、管理、使用工作，统筹加强企业、农村等领域基层组织党的建设工作。部署推进“不忘初心、牢记使命”主题教育，省领导集体赴瑞金、于都追根溯源，开展革命传统教育。举办省委常委“不忘初心、牢记使命”主题教育暨市厅级主要领导干部专题读书班。大力整治“怕、慢、假、庸、散”等作风顽疾，坚决破除形式主义、官僚主义，严格落实中央八项规定精神，出台《关于力戒形式主义为基层减负的三十条措施》，推动全省干部作风持续好转。统筹推进纪检体制、监察体制、纪检监察机构改革，始终保持惩治腐败高压态势，坚决全面彻底肃清苏荣案余毒取得重要成效，风清气正的良好政治生态正在形成。

回顾半年来的工作，我们豪情满怀、激情澎湃。最令我们鼓舞和振奋的是，时隔三年习近平总书记再次亲临江西视察指导，看望慰问老区干部群众，主持召开推动中部地区崛起工作座谈会，听取省委省政府工作情况汇报，对省委的工作思路和工作成效给予充分肯定，为新时代江西改革发展把脉定向、擘画蓝图，为我们做好各项工作注入了强大精神动力，全省广大干部群众发自内心地感恩总书记、感恩党中央。实践再次证明，习近平总书记作为党中央核心、全党核心的掌舵领航，习近平新时代中国特色社会主义思想的科学指引，始终是我们做好各项工作、战胜一切困难挑战的最大自信、最大保证、最大动力。省委提出的建设富裕美丽幸福现代化江西的奋斗目标，高质量跨越式发展的首要战略，“创新引领、改革攻坚、开放提升、绿色崛起、担当实干、兴赣富民”的工作方针，“六大突破、三大提升”的工作部署，符合习近平新时代中国特色社会主义思想和党的十九大精神，切合江西省情实际，凝聚了全省上下的共识共为，我们必须一以贯之、坚定不移落到实处。

二、坚定思想自觉政治自觉行动自觉，沿着习近平总书记指引的方向奋勇前进

习近平总书记视察江西重要讲话，充分肯定了我省各项工作取得的成绩，对江西工作提出了“在加快革命老区高质量发展上作示范、在推动中部地区崛起上勇争先”的目标定位和“五个推进”的更高要求，通篇闪耀着马克思主义政治家的远见卓识，体现了对江西发展的全局谋划，既与总书记之前对江西工作提出的“新的希望、三个着力、四个坚持”一脉相承，又根据时代发展提出新的更高要求，是习近平新时代中国特色社会主义思想的“江西篇章”，是做好江西各项工作的总方针总纲领总遵循。我们要树牢“四个意识”，坚定“四个自信”，坚决做到“两个维护”，切实把总书记的关心关怀转化为对党绝对忠诚的政治信仰，转化为推进新时代江西改革发展的巨大动力，转化为做好全省各项工作的实际成效，推动总书记重要讲话精神在江西落地生根、开花结果。

习近平总书记视察江西重要讲话，是指导新时代江西改革发展的定盘星。回顾这些年的发展历程，每到关键节点，总书记都为江西发展指点迷津、指明方向。省第十四次党代会以来，我们深入学习贯彻习近平新时代中国特色社会主义思想特别是总书记对江西工作的重要要求，推动各项工作取得新成绩，赣鄱大地发生了全面深刻、鼓舞人心的新变化，迈出了建设富裕美丽幸福现代化江西的坚实步伐。在我省高质量发展蓄势跨越、谋求突破的关键时刻，总书记再次亲临江西视察，就事关江西长远发展的根本性、方向性、全局性重大问题进行面对面指导，深刻回答了江西在新形势下“怎么看、怎么干”的时代命题。总书记视察江西重要讲话，具有极强的战略性、思想性和针对性，

是指导新时代江西改革发展的定盘星，为江西发展标注了目标定位、指明了前进方向。我们要始终牢记总书记殷殷教导，扎扎实实把各项工作做得更好，一步步把总书记为我们擘画的蓝图变成美好的现实。

习近平总书记视察江西重要讲话，是江西革命老区高质量发展的进军号。总书记有着深厚的老区情怀，始终心系老区发展。党的十八大以来，总书记每次到地方视察调研，既进企业、又下农村，必访贫、必问困，足迹遍及各大革命老区。特别是对赣南等原中央苏区振兴发展，总书记始终念兹在兹，多次作出重要指示批示。这次总书记视察江西，深切嘱咐我们要“在加快革命老区高质量发展上作示范”。这既是对我们的巨大鼓舞，更是巨大鞭策，吹响了新时代江西决战决胜全面小康、推动革命老区高质量发展的进军号，必将极大激发全省广大干部群众跨越奋进的热情。我们要坚决贯彻总书记重要讲话精神，坚持把新发展理念作为指挥棒，深入推进高质量跨越式发展，为全国革命老区高质量发展作出示范，奋力夺取全面建成小康社会新胜利，加快建设富裕美丽幸福现代化江西。

习近平总书记视察江西重要讲话，是江西尽锐推动中部地区崛起的动员令。总书记在江西主持召开推动中部地区崛起工作座谈会，对推动中部地区崛起提出八个方面的重要要求，即推动制造业高质量发展、提高关键领域自主创新能力、优化营商环境、积极承接新兴产业布局和转移、扩大高水平开放、坚持绿色发展、做好民生领域重点工作、完善政策措施和工作机制，既是对中部地区崛起的深刻指导，也是推进江西高质量跨越式发展的重要遵循。总书记特别强调，江西作为中部省份之一，要抓住战略机遇，发挥自身优势，主动融入，找准定位，在推动中部地区崛起上奋勇争先。这是总书记着眼新的时代背景和全国发展大局，为江西发展确立的新坐标、勾画的新蓝图，为我省尽锐推动中部地区崛起作出了战略谋划、发出了动员令。我们要坚决贯彻总书记重要讲话精神，积极主动融入国家战略，自觉肩负起推动中部地区崛起的使命责任，切实以一域之光为中部地区崛起增光添彩。

习近平总书记视察江西重要讲话，是引领江西走好新时代长征路的领航标。总书记对江西这片浸染着无数革命先烈热血的红土地，始终充满着赤子之心。在“不忘初心、牢记使命”主题教育开展前夕，总书记亲赴于都中央红军长征集结出发地，探寻“初心”源头，为全党作出示范。总书记动情地说，革命战争年代，江西人民为革命胜利付出了巨大牺牲、作出了巨大贡献。现在国家发展了，人民生活改善了，我们要饮水思源，不要忘了革命先烈，不要忘了党的初心和使命，不要忘了我们的革命理想、革命宗旨，不要忘了我们中央苏区、革命老区的父老乡亲们。总书记教导我们要从瑞金开始追根溯源，深刻认识红色政权来之不易、新中国来之不易、中国特色社会主义来之不易，扎实做好主题教育组织推进工作。这些重要指示，饱含着对革命先烈的无比敬仰、对革命老区的浓浓深情，是引领我们不忘初心使命、走好新时代长征路的领航标。我们要深刻领会总书记的深邃考量，高标准高质量开展好主题教育，大力传承红色基因，走好新时代的长征路。

三、准确把握我省发展的历史方位，奋力开启建设富裕美丽幸福现代化江西新征程

习近平总书记对江西提出要“在加快革命老区高质量发展上作示范、在推动中部地区崛起上勇争先”的目标定位，这既是总书记的殷殷期望，也是沉甸甸的使命责任，更是江西实现高质量跨越式发展躲不开、绕不过的必由之路。在全国各地百舸争流、千帆竞发的区域竞争态势下，我们首先必须明确江西的发展方位在哪里？优势在哪里？短板在哪里？做到底数清、定位准、方向明、路子对。从革命老区来看，全国革命老区主要分布在除新疆、青海、西藏以外的28个省（自治区、直辖市）的1300多个县。改革开放以后，东部沿海地区相继发展起来了。目前就省域范围看，革命老区主要集中在欠发达的中部和西部地区。其中，江西革命根据地创建早、地位高，数量多、占主体，面积大、分布广，牺牲多、贡献大，有着独特的历史贡献和地位。总书记要求江西在革命老区高质量发展上作示范，就是要我们从经济欠发达的老区实际出发，在崇尚创新、注重协调、倡导绿色、厚植开放、推进共享上探索新路、作出示范，努力走出一条具有江西特色的高质量发展之路。从中部地区来看，山西、安徽、江西、河南、湖北、湖南共同构成中部地区，是全国的人口大区、交通枢纽、经济腹地和重要市场。中部六省都有各自的禀赋条件和发展特点，在中部地区崛起的新征程中承担着不同的责任和使命。总书记要求江西在推动中部地区崛起上勇争先，就是要我们抢抓机遇、找准方位，坚持扬长补短、扬优成势，在建设全国重要先进制造业中心、新型城镇化重点区、现代农业发展核心区、生态文明建设示范区、全方位开放重要支撑区上奋勇争先，加快形成特色和优势，在深度参与中部地区崛起中闯出一片新天地。我们要实现“作示范、勇争先”的目标，既面临前所未有的大好机遇，也面临前所未有的压力挑战。通过分析比较，我们认为：

江西处于可以大有作为的重要战略机遇期，到了动能转换、蓄势跨越的关键阶段，我们感到信心满满。首先，新一轮科技和产业革命带来了“换道超车”的机遇。以数字化、智能化、网络化为特点的科技革命加快兴起，这正是重新塑造区域发展格局的重要关口。我省在VR产业、“03专项”、LED产业等领域已经取得先发优势，为实现“换道超车”奠定了较好基础。其次，全国区域发展战略叠加红利持续释放。‘一带一路”、长江经济带、粤港澳大湾区等战略在江西叠加，我省毗邻长三角、珠三角、闽东南三角的区位优势愈发凸显，“长珠闽”地区战略腹地红利加速释放，特别是国家实施新一轮中部崛起战略，将在制造业高质量发展、承接新兴产业转移、绿色发展等方面加大支持力度，为我省赢得了更为广阔的发展空间。再次，国家政策在江西形成了集成效应。近些年，赣南等原中央苏区振兴发展、国家生态文明试验区、赣江新区、景德镇国家陶瓷文化传承创新试验区等“国字号”平台、政策在江西集成，很多政策都能形成江西的独特优势，为我们提供了重大政策机遇。特别是近年来我省良好的发展态势积累了强大势能。“十三五”以来，全省GDP年均增长8.8%，增速保

持在全国前5、中部第1,总量跃过了2万亿元关口,发展的势头越来越好、活力越来越足、质量越来越高,绿色发展、脱贫攻坚、军民融合等具有明显特色优势,在新型工业化、新型城镇化、农业农村现代化等方面孕育着强大势能。这些重大机遇,顺应时代潮流、彰显特色优势,蕴含着巨大潜力和后劲,更加坚定了我们推进高质量跨越式发展的信心决心。

江西与全国、与中部地区其他省份相比,还有很多短板弱项,我们感到使命逼人。从总量看,全省GDP虽然增速连续在中部地区位居第1,但总量仅居第5,略高于山西;人均GDP居中部第5、全国第24位。此外,一般公共预算收入、固定资产投资、社会消费品零售总额、金融机构本外币存贷款余额等指标,我省都处于中部偏后的位置,充分反映出发展不足的现实。从结构看,去年全省服务业占比44.8%,比全国平均水平低7.4个百分点,居中部第6位;R&D占GDP比重1.4%,比全国平均水平低0.78个百分点,居中部第5位;产业层次偏低、附加值不高等问题突出,传统产业占比大,高新技术企业数量较少,产业发展总体水平不高,新旧动能转换任务艰巨。同时,区域竞争明显加剧,中部省份产业同质化现象明显,东南亚国家后发优势逐步显现,我省在承接东部地区产业转移上面临着"双重夹击"局面。可以说,我们前面标兵越来越远,后面追兵越来越近。只要稍有懈怠,我们就有可能在新一轮区域竞争中再次落后。

面对新形势新目标新使命,我们要紧紧围绕"作示范、勇争先"的目标定位,以豪情满怀、创优争先的劲头,全力加快推进富裕美丽幸福现代化江西建设。要坚持更高标准,瞄准更高目标,牢固树立"不以江西为世界、而以世界谋江西"的理念,自觉在中部地区乃至全国范围定坐标,勇于"向好的学、向强的比、向高的攀",决不能只求差不多、过得去,更不能做井底之蛙、自我感觉良好。南昌、九江等城市一定要放宽视野格局,勇于跟省会城市、沿江城市比,赣州要跟兄弟省的副中心城市比,赣江新区、国家级开发区要勇于跟全国同类新区、开发区比,找准方位、明确方向。要勇立时代潮头,敢于抢先一步"吃螃蟹",充分发挥区位优势、资源优势、生态优势、文化优势,大胆先行先试,勇于创新创造,着力打造一批有特色、有影响的"江西品牌",做到人无我有、人有我优、人优我特。要铆足十二分干劲,打起十二分精神,以"等不起"的紧迫感、"慢不得"的危机感、"坐不住"的责任感,闻鸡起舞、日夜兼程,撸起袖子加油干,努力创造出无愧历史、无愧时代、无愧人民、无愧革命先烈的更大业绩。

四、坚持用习近平总书记重要讲话精神统领工作全局,感恩奋进描绘好新时代江西改革发展新画卷

以习近平总书记再次视察为标志,江西发展标定了新方位、站到了新起点。全省上下要以习近平新时代中国特色社会主义思想为指导,全面贯彻党的十九大和十九届二中、三中全会精神,深入学习贯彻习近平总书记视察江西重要讲话精神,坚持稳中求进工作总基调,坚持贯彻新发展理念,聚焦"在加快革命老区高质量发展上作示范、在推动中部地区崛起上勇争先"的目标定位和"五个推进"的更高要求,深入实施"创新引领、改革攻坚、开放提升、绿色崛起、担当实干、兴赣富民"工作方针,奋力开启建设富裕美丽幸福现代化江西新征程,感恩奋进描绘好新时代江西改革发展新画卷。

第一,紧扣经济高质量发展这个时代主题,加快构建现代化经济体系。中国特色社会主义进入新时代,发展的重要性没有变,发展是第一要务没有变,改变的是发展的内涵和方式。新时代发展的主题要义是高质量发展。总书记要求江西在革命老区高质量发展上作示范、在推动中部地区崛起上勇争先,本质就是高质量发展的比拼。我们要深入贯彻新发展理念,以提高质量效益为中心,加快构建具有江西特色的现代化经济体系,走一条高质量发展之路。

要深化供给侧结构性改革。这是推动经济实现高质量发展的必然要求,也是一场必须打好的硬仗。要坚持以供给侧结构性改革为主线不动摇,更多采取改革的办法,更多运用市场化、法治化的手段,在"巩固、增强、提升、畅通"上下功夫,继续抓好"三去一降一补",实施补短板重点领域建设三年攻坚计划,把发展着力点放在实体经济上,坚持质量效益优先,坚持有"破"有"立",坚持倒逼和引领并举,加法减法一起做,加快推进新旧动能转换,促进腾笼换鸟、凤凰涅槃。要加强政策供给,大力支持民营经济发展,真心实意帮助企业解决实际问题,着力构建亲清政商关系,保护企业家合法权益,不断激发市场主体活力。

要努力重塑"江西制造"辉煌。总书记对江西制造业的历史非常了解,特别对我省六大优势产业充分肯定,对重塑"江西制造"辉煌寄予厚望。要深入实施工业强省战略,大力推进新兴产业倍增工程,加快发展航空、电子信息、装备制造、中医药、新能源、新材料等优势产业,着力培育若干有影响力的产业集群。航空产业要依托南昌航空城、景德镇航空小镇,加快构建航空制造、民航运输、航空服务、临空经济"四位一体"的产业体系。电子信息产业要着眼国际先进水平,突出招大引强,加快推动实现五千亿级跨越、万亿级突破。装备制造产业要提升产品特色优势,加快发展智能制造、电气机械和器材制造,稳步发展汽车制造业。中医药产业要依托中医药科创城,提升道地药材种植养殖和中药制造水平,积极争取设立中药国家大科学装置,加快培育中医药特色优势。新能源产业要重点发展先进太阳能电池技术,加快提升新能源汽车、锂电产业市场份额。新材料产业要大力发展高端铜基新材料、高性能硬质合金、稀土新材料和有机硅材料等深加工。这次总书记到赣州金力永磁公司调研,就稀土产业发展作出重要指示。我们要把稀土产业作为国之重器、战略产业来抓,加大稀土技术研发力度,争取建设稀土科技与材料国家级实验室、国家稀土功能材料创新中心,进一步完善矿山开采、冶炼分离、资源回收等技术规范和绿色工艺,加快"中国稀金谷"建设,促进稀土上下游产业协同发展,提高稀土开发利用效率和水平。同时,要大力推进传统产业优化升级,坚决淘汰落后产能,推动传统产业智能化、清洁化、绿色化发展。

要全面提升产业创新力。坚决贯彻总书记关于"牵住

创新这个'牛鼻子'"的重要指示,深入实施创新驱动发展战略,加快建设创新江西。要大力推进创新驱动"5511"工程倍增计划,完善产学研用协同创新体系,加强企业与高校、科研院所合作,促进创新链、产业链、人才链、政策链、资金链深度融合,让一切创新创业创造的源泉充分涌流。要发挥企业主体作用,落实首台套政策,鼓励和引导企业加大研发投入,加强知识产权保护,激活企业创新因子。特别是要紧紧抓住数字经济的时代机遇,大力发展新技术、新产业、新业态、新模式,促进互联网、大数据、人工智能向实体经济覆盖渗透。要加快5G商用步伐,推进5G技术在工业、医疗、交通、教育、智慧城市等领域的应用。要持续办好世界VR产业大会,加快推进产品和服务的研发、推广、应用,着力打造VR产业"江西高地"。要抓住"03专项"试点机遇,加强示范应用推广,打响"物联江西"品牌。同时,要以创新为动力支撑,加快发展现代金融、电子商务、工业设计、全域旅游、大健康等现代服务业,不断优化产业发展结构。

要积极推进区域协调发展。深入落实总书记关于推动中部地区崛起的重要指示要求,积极主动融入国家战略,完善省域合作机制,加快建设赣湘开放合作试验区、赣鄂皖长江两岸合作发展试验区,推动赣鄂、赣皖、赣湘共建产业园,实现区域联动发展。要深入实施"一圈引领、两轴驱动、三区协同"区域发展战略,以高质量发展的区域格局深度融入中部崛起战略。要充分依托高铁交汇、通江达海的优势,以赣江新区为战略支撑,发挥中心城市辐射带动效应,加快建设高端产业集聚、创新创业活跃的大南昌都市圈。要充分依托京九、沪昆高铁一纵一横大通道,加速资源集聚、要素流动,建设充满活力的高铁经济带。要大力支持赣州建设省域副中心城市,争取中央出台新一轮支持政策,纵深推进赣南等原中央苏区振兴发展,加快推动赣东北扩大开放、赣西转型升级,形成各具优势、竞相发展的区域发展新格局。

要奋力打造美丽中国"江西样板"。始终牢记总书记嘱托,深入推进国家生态文明试验区建设,以更高标准打造美丽中国"江西样板",努力推动绿色发展走在全国前列。要在筑牢绿色屏障上打造样板,坚决打好污染防治攻坚战,切实抓好中央环保督察"回头看"反馈问题整改,深入实施长江经济带"共抓大保护"攻坚行动,推进"五河两岸一湖一江"全流域整治,着力筑牢绿色屏障。要全面开展违建别墅清查整治专项行动,确保依法依规整治到位。要在壮大绿色经济上打造样板,大力推进产业生态化、生态产业化,加快构建低碳循环的绿色工业体系、生态有机的绿色农业体系、集约高效的绿色服务业体系。要在创新绿色制度上打造样板,坚持"源头严防、过程严管、后果严惩",深化河长制湖长制林长制,全面推行领导干部自然资源资产离任审计,完善生态文明指标考核体系,加快构建具有江西特色的生态文明制度体系。要在繁荣绿色文化上打造样板,大力弘扬绿色政绩观、绿色生产观、绿色消费观,广泛开展生态文明创建活动,培育生态道德和行为准则,营造崇尚绿色的时代风尚。

第二,紧扣改革开放这个关键一招,切实增强经济社会发展动力活力。总书记对江西敢为人先的精神高度评价,要求我们推进改革开放走深走实。过去江西取得的辉煌成绩,靠的是先行先试的改革精神。新时代江西要创造更大辉煌,必须高举改革开放旗帜,推进改革开放走深走实。

要全面深化改革攻坚。党的十八大以来中央部署了一系列改革举措,党的十九大又部署了新的改革任务,关键是要以钉钉子精神抓好改革落实,确保干一件成一件。要深入推进"放管服"改革,全面推行"证照分离""一次不跑""只跑一次"改革,加快推动"赣服通"市县全覆盖,打造"放管服"改革升级版。要深化商事制度改革,积极复制推广自贸区建设经验,全面实施市场准入负面清单制度,营造法治化、可预期的市场环境。要大力开展优化提升营商环境十大行动,瞄准公共资源交易、政务诚信、第三方评估等领域突出问题开展专项整治,努力打造"四最"营商环境。要深化国资国企改革,积极探索合资新设、增资扩股等混改方式,不断做优做强做大国有资本。要深化金融体制改革,加快赣江新区绿色金融改革创新试验区建设,深入推进企业上市"映山红行动",提高金融服务实体经济的效率水平。

要打造内陆双向开放新高地。总书记强调,江西是一个内陆省份,更要依靠扩大开放拓展发展空间、倒逼改革突破。我们要充分发挥毗邻"长珠闽"的地缘优势,主动融入共建"一带一路",积极参与长江经济带发展,对接长三角、粤港澳大湾区,着力打造内陆双向开放新高地。要大力实施招商引资升级行动,深入推进央企、外企、民企入赣,大力实施"赣商回归"工程,引进一批补链、强链、扩链型大项目好项目。要加快开发区改革和创新发展,坚持以亩产论英雄,实施节地增效行动,以一流的开放平台吸引一流的生产要素向江西集聚。要切实加强内陆口岸建设,以陆、水、空港为基础,以赣州、南昌、九江、上饶为支撑,优化口岸布局,整合港口资源,提升港口功能,大力发展多式联运和口岸经济,积极争创国家级内陆双向开放试验区,逐步实现货物进境与沿海同价到港、出境与沿海同价起运、通关与沿海同等效率。中美经贸摩擦升级,我省对外贸易面临新的挑战。我们要积极主动应对,大力实施"优进优出"战略,深化与"一带一路"沿线国家和地区的合作,促进投资贸易自由化便利化,推动开放型经济平稳发展。

在总书记的直接关心推动下,我们成功获批景德镇国家陶瓷文化传承创新试验区,这是我省又一个国家级金字招牌,要倍加珍惜,做实做好。要加快构建以御窑厂遗址为核心的古瓷窑址保护体系,放大"陶溪川""皇窑"效应,加快陶瓷产业优化升级,大力传承和弘扬陶瓷文化,建设国家陶瓷文化保护传承创新基地、世界著名陶瓷文化旅游目的地、国际陶瓷文化交流合作交易中心,推动景德镇陶瓷文化繁荣兴盛、再创辉煌,打造对外文化交流新平台。

第三,紧扣实施乡村振兴战略这个总抓手,加快推进农业农村现代化。总书记对"三农"工作充满感情,了解农村、深知农情,对江西"三农"工作一直非常关注。总书记教导我们,一产占GDP比重不是越少越好,关键要提高质量、提高附加值。总书记叮嘱我们,要推进农业农村现代化,努力推动江西从农业大省向农业强省迈进。我们要坚持农业农村优先发展,按照产业兴旺、生态宜居、乡风文明、治理有效、生活富裕的总要求，大力实施乡村振兴战略，加快推进农业农村现代化。

要加快建设现代农业强省。我省农业产业结构不优、农产品精深加工不够、品牌“散、弱、小”，这些都是从农业大省向农业强省跨越的短板和障碍。要大力实施“藏粮于地、藏粮于技”战略，加强高标准农田建设和管理，提升粮食生产能力，巩固粮食主产区地位。总书记对严守耕地红线高度重视，对外省一些地方发生的“毁田”“毁林”“毁青”现象严肃批评，特别强调我们是社会主义制度国家，要坚决制止变相把林权、地权搞成私人庄园，侵占耕地。我们一定要牢记总书记教导，坚决制止非法占地行为，牢牢守住耕地红线。要让农业效益强起来，深化农业供给侧结构性改革，大力推进优质稻、蔬菜、果业、茶业、水产、草食畜、中药材、油茶、休闲农业与乡村旅游发展工程，抓好农产品精深加工，打响富硒农业品牌，不断提升农业发展效益。富硒品牌一定要科学设计，有序宣传，千万不要泛滥。要让农业经营强起来，优化农业产业体系、生产体系、经营体系，积极推进农村土地流转，深入推进“百县百园”建设，推进农村一二三产业融合发展。要让农业品牌强起来，大力发展绿色农业、特色农业、精品农业、品牌农业，健全农产品质量安全监管体系，提升“生态鄱阳湖、绿色农产品”品牌影响力。

要建设生态宜居的美丽乡村。坚持因地制宜、量力而行，深入推进“整洁美丽、和谐宜居”新农村建设，强化规划管控和建设风貌引导，完善农村基础设施，建设一批精美的田园乡村、文化古村、休闲旅游乡村、现代宜居乡村。要实施好农村人居环境整治三年行动，加强农村生活污水治理，大力推进农村“厕所革命”，全面推行城乡垃圾分类，健全完善垃圾处理系统，不断提升人居环境。需要强调的是，一定要坚持建管并重，切实加强环境整治后续长效管护，建立制度、完善机制、加强管理，坚决防止“破窗效应”，坚决防止边整治边破坏。

要坚决如期打赢脱贫攻坚战。总书记强调，距离 2020 年完成脱贫攻坚目标任务不足两年了，脱贫攻坚战进入最后冲刺阶段，务必尽锐出战、越战越勇。我们要聚焦解决“两不愁、三保障”突出问题，聚焦深度贫困地区，深入开展打赢脱贫攻坚战三年行动，切实抓好中央巡视和国家考核发现问题的整改，高质量完成好脱贫任务。要大力开展扶贫扶志感恩行动，引导贫困群众知党恩、感党恩。已脱贫县（市、区）要牢记总书记关于“摘帽后绝不能马上撤摊子、甩包袱”的重要指示要求，坚决做到摘帽不摘责任、摘帽不摘政策、摘帽不摘帮扶、摘帽不摘监管，统筹推进脱贫攻坚与乡村振兴。井冈山市在全国率先脱贫摘帽，要着力在巩固提升上下功夫，为革命老区高质量发展探索经验、作出示范。

要积极促进城乡融合发展。深入贯彻中央《关于建立健全城乡融合发展体制机制和政策体系的意见》，加快构建城乡要素合理流动的机制。要深入推进以人为核心的新型城镇化，推进基础设施和公共服务共建共享，走城市和农村携手并进的新路。要深入开展城市功能与品质提升行动，优化教育、医疗、文体、停车场等设施布局，统筹推进智慧城市、海绵城市、城市“双修”以及城市微改造等工作，让人民群众生活得更便利更美好。

第四，紧扣保障改善民生这个根本导向，着力加强和创新社会治理。民之所盼，政之所向。总书记强调，民心的基础在民生，民生的实质是民心。要从群众最关心的问题入手，持续做好教育、就业、医疗、保障、社会稳定等各项民生事业。我们要深刻领会总书记爱民为民的拳拳之心，深入践行以人民为中心的发展思想，满怀真情办好民生实事，不断增强人民群众获得感幸福感安全感。

要加快补齐民生短板。就业是最大的民生。要把稳就业摆在突出位置，深入实施就业优先战略，加大重点群体就业帮扶力度，落实、完善稳岗和下岗职工再就业政策措施，确保他们就业有门路、生活有保障。要全面贯彻党的教育方针，坚持优先发展战略部署，落实立德树人根本任务，全面深化教育综合改革，加快建设教育强省。要推进健康江西建设，深化医疗保障、医疗服务、公共卫生、药品供应综合改革，不断提升人民健康水平。要突出红色、绿色、古色文化内涵，推动文化事业和文化产业高质量发展，加快建设文化强省。特别要大力推动红色文化创新发展，打造井冈山、瑞（金）兴（国）于（都）红色旅游融合发展示范区。要加快发展养老事业，全面推进以居家为基础、社区为依托、机构为补充、医养相结合的养老服务体系建设，努力打造具有江西特色的全国康养高地。要认真总结、完善提升，积极推广新余市“颐养之家”养老经验。

要推进社会治理创新。坚持发展新时代“枫桥经验”，完善自治、法治、德治“三治融合”基层社会治理机制，加快构建共建共治共享的社会治理格局。要坚持民安民生相结合，大力推进综治中心实体化建设，全面推行网格化管理，推进“雪亮工程”向城市和农村深度延伸，完善立体化、信息化社会治安防控体系，提高社会治理防控整体效能。要大力开展矛盾纠纷大排查大调处专项行动，努力将矛盾纠纷化解在基层和萌芽状态。要深化扫黑除恶专项斗争，以中央扫黑除恶督导整改为契机，紧盯黑恶积案、问题线索双清零目标，保持“打财断血”“打伞破网”高压态势，推动扫黑除恶专项斗争不断取得新突破。

要维护社会大局和谐稳定。推进高质量跨越式发展，安全是前提，安全是底线。总书记对防范化解重大风险，作出了一系列重要指示。我们一定要从讲政治的高度，结合“不忘初心、牢记使命”主题教育，把防范化解措施细化具体化，真正做到守土有责、守土负责。在新中国成立 70 周年这个特殊年份，我们尤其要警惕和防范各类风险。要提高预测预警预防能力，加强对意识形态、社会舆情、治安动态、热点敏感问题的分析研判，有效防范化解管控各种风险。要以结构性去杠杆为主要思路，做好金融、地方政府债务、房地产等重点领域风险防范，坚决守住不发生区域性金融风险的底线。要扎实做好安全生产工作，在思想认识上警钟长鸣、在责任落实上常抓不懈、在安全措施上狠抓落实，深入开展安全隐患排查整治，完善应急管理和防灾减灾体制机制，坚决防范遏制重特大事故发生，确保人民群众生命财产安全。

第五，紧扣传承红色基因这个核心载体，持续建设风清气正的良好政治生态。总书记强调，井冈山精神和苏区精神，承载着中国共产党人的初心和使命，铸就了中国共产党的伟大革命精神。这些伟大革命精神跨越时空、永不过时，是砥砺我们不忘初心、牢记使命的不竭精神动力。我们要牢记总书记殷殷教导，扎实开展“不忘初心、牢记使命”主题教育，大力推进红色基因传承，全面加强新时代党的建设，努力推动我省主题教育实现高质量、有特色、走前列。

要大力传承信念坚定的政治品质。革命理想高于天。革命战争年代，无数赣鄱儿女前赴后继，一次次用实际行动诠释了信仰与忠诚。我们要以革命先辈先烈为镜，自觉传承好信念坚定的红色基因，永葆共产党人的政治本色，让赣鄱大地成为最讲党性、最讲忠诚、最讲政治的地方。要从红色基因中汲取强大的信仰力量，树牢“四个意识”，坚定“四个自信”，坚决做到“两个维护”，做到在大是大非面前旗帜鲜明，在关键时刻靠得住、信得过、能放心，自觉做共产主义远大理想和中国特色社会主义共同理想的坚定信仰者和忠实实践者。要坚持学思用贯通、知信行统一，深刻领悟习近平新时代中国特色社会主义思想的真理伟力和实践伟力，在学懂弄通做实上狠下功夫，以理论上的清醒促进政治上的坚定。

要大力传承奋斗到底的担当精神。奋斗与担当，是江西红色基因的永恒主题。一部艰苦卓绝的苏区革命斗争史，就是党政军民用生命和热血书写的奋斗史。现在，我们虽然不用“提着脑袋干革命”，但这股“气”不可少、这种精神不能丢。我们大家都要扪心自问，党的初心使命是否记得、是否做到。要自觉传承奋斗到底的担当精神，大力弘扬艰苦奋斗的优良传统，提振干事创业的精气神，在新时代长征路上创造“第一等的工作”，坚决顶起自己该顶的那片天。要持续深化作风建设，坚决整治“怕、慢、假、庸、散”作风顽疾，坚决破除形式主义、官僚主义，积极落实“基层减负年”各项措施。要树立重实干重实绩的鲜明导向，健全完善激励考核机制，大力选拔勇于担当、善于作为、实绩突出的干部，注重发现培养选拔优秀年轻干部，让担当实干在红土地上成为主旋律、最强音。

要大力传承一心为民的深厚情怀。一切为了群众、一切依靠群众，从群众中来、到群众中去的群众路线，是我们党的制胜法宝。当年苏区干部与群众有盐同咸、无盐同淡，树立了党群干群亲如一家、血浓于水的典范。也正因为此，我们党才赢得了人民群众的支持与信任，获得了力量之源、执政之基，筑起了“真正的铜墙铁壁”。我们要自觉传承一心为民的深厚情怀，把人民放在心中最高位置，以百姓心为心，与人民同呼吸、共命运、心连心，切实回答好“为了谁”“依靠谁”“我是谁”的问题。要将人民二字根植心中，始终与群众站在一起，同群众坐在一条板凳上，站在人民群众的立场上想问题、作决策、办事情，切实维护好人民群众的根本利益。要按照省委部署要求，深入推进党员联系群众工作，真正把群众当作亲戚来走，把群众的事作为家里事来做，虚心向群众请教学习，诚心诚意为群众办实事，在服务群众中密切党群干群关系。

要大力传承清正廉洁的政德修养。克己奉公、清正廉洁的政治本色，是苏区干部好作风的厚重底色。当年，中央苏区非常重视加强党风廉政建设，建立了财政管理、权力行使、民主监督等制度，并说到做到、狠抓落实，使得苏维埃政府成为“空前的真正的廉洁政府”。全省各级领导干部要自觉传承清正廉洁的政德修养，明大德、守公德、严私德，带头树立廉洁自律“风向标”，增强拒腐防变的“免疫力”。各级党组织要深化落实全面从严治党责任，坚决全面彻底肃清苏荣案余毒，加强对干部的管理监督，狠抓中央八项规定精神的落实，让党员干部知敬畏、存戒惧、守底线。要加大反腐败斗争力度，深化标本兼治，坚决查处发生在群众身边的腐败问题，一体推进不敢腐、不能腐、不想腐，巩固发展反腐败斗争压倒性胜利，不断把风清气正的政治生态建设引向深入。

同志们，总书记为我们掌舵领航，我们必须全力划桨；总书记为我们擘画蓝图，我们必须奋力拼搏。让我们更加紧密地团结在以习近平同志为核心的党中央周围，深入学习贯彻习近平总书记视察江西重要讲话精神，不忘初心、牢记使命，感恩奋进、真抓实干，为加快建设富裕美丽幸福现代化江西、描绘好新时代江西改革发展新画卷而不懈奋斗，以优异成绩回报总书记和党中央对江西的关心厚爱！

在省委十四届十次全体（扩大）会议第一次全体会议上的讲话

（2019年11月28日）

省委书记　刘　奇

同志们：

这次省委全会的主要任务是，以习近平新时代中国特色社会主义思想为指导，深入贯彻党的十九大和十九届二中、三中、四中全会精神，全面落实习近平总书记视察江西重要讲话精神，听取和讨论省委常委会工作报告，审议通过《中共江西省委贯彻落实〈中共中央关于坚持和完善中国特色社会主义制度、推进国家治理体系和治理能力现代化若干重大问题的决定〉的实施意见》，动员全省上下更加扎实地把党中央各项决策部署落到实处，加快推进全省治理体系和治理能力现代化，为建设富裕美丽幸福现代化江西、描绘好新时代江西改革发展新画卷提供坚强保障。

现在，我受省委常委会委托，向全会报告工作。

2019年是新中国成立70周年的大庆之年，是江西改革发展史上大事喜事连连的奋进之年，是新时代江西各项事业蓬勃发展的收获之年。

党中央、国务院对江西工作关怀备至，极大鼓舞了我们感恩奋进加快革命老区高质量发展的信心决心。今年5月，习近平总书记时隔三年再次亲临江西视察指导，提出“在加快革命老区高质量发展上作示范、在推动中部地区崛起上勇争先”的目标定位和“五个推进”的更高要求，为新时代江西改革发展把脉定向、擘画蓝图。李克强总理也时隔三年再次亲临江西视察指导，汪洋主席、赵乐际书记，丁薛祥、刘鹤、孙春兰、陈希、胡春华、黄坤明、尤权等中央领导同志先后到江西视察指导，帮助解决了一大批事关江西发展全局的重大事项，充分体现了党中央、国务院对江西工作的高度重视和特殊关心，给予我们巨大鼓舞、巨大鞭策。

深入学习宣传贯彻党的十九届四中全会精神，更加坚定了全省干部群众的“四个自信”。按照党中央的部署要求，省委统筹组织做好传达学习，广泛开展宣传宣讲，研究贯彻落实措施，推动学习宣传贯彻党的十九届四中全会精神不断深入。全省干部群众更加深刻认识中国特色社会主义制度和国家治理体系的来之不易和巨大优越性，更加坚定中国特色社会主义的道路自信、理论自信、制度自信、文化自信，更加自觉坚持和发展好中国特色社会主义制度，不断把我国制度优势更好转化为国家治理效能。

隆重庆祝新中国成立70周年，全面激发了老区人民的爱党爱国爱社会主义热情和民族精神。以庆祝新中国成立70周年为主线，在北京举行以“感恩奋进再出发，描绘江西新画卷”为主题的江西专场新闻发布会，精心组织系列重大庆祝活动，广泛开展同唱“我和我的祖国”“走好新时代长征路”学习体验活动，营造了共庆祖国华诞、共享伟大荣光、共筑复兴伟业的浓厚氛围。特别是习近平总书记亲临红军长征出发地于都，追忆峥嵘岁月、缅怀革命先烈，向全党发出了开展“不忘初心、牢记使命”主题教育的号召，全省干部群众感到无比振奋、无比自豪。

成功举办系列高规格的重大活动，充分展示了新时代江西改革发展新形象。在中联部精心指导下，我们成功举办“中国共产党的故事——习近平新时代中国特色社会主义思想在江西的实践”专题宣介会，参加会议的外国政党代表涉及国家之多、层级之高、规模之大前所未有，用江西的生动实践向全世界讲好中国和中国共产党的故事，让江西成为世界级的网红。成功举办第二届世界VR产业大会、中国国际农产品交易会、汤显祖国际戏剧节等重大活动，向国内外充分展示了江西形象、江西魅力、江西机遇。

今年以来，在以习近平同志为核心的党中央坚强领导下，省委常委会坚持以习近平新时代中国特色社会主义思想为指导，深入学习贯彻习近平总书记视察江西重要讲话精神，坚持稳中求进工作总基调，贯彻新发展理念，落实高质量发展要求，大力弘扬井冈山精神、苏区精神和长征精神，团结带领全省干部群众感恩奋进、担当实干，统筹做好稳增长、促改革、调结构、优生态、惠民生、防风险、保稳定各项工作，全省经济社会发展和党的建设各项事业迈出新步伐、取得新成绩。重点抓了以下几个方面工作。

一、深入学习贯彻习近平新时代中国特色社会主义思想，确保全省上下坚决做到“两个维护”

省委认为，学习贯彻习近平新时代中国特色社会主义思想是一项长期的重大政治任务，必须结合“不忘初心、牢记使命”主题教育，推动学懂弄通做实，引导全省干部群众树牢“四个意识”，坚定“四个自信”，坚决做到“两个维护”，在思想上政治上行动上同以习近平同志为核心的党中央保持高度一致，努力把江西打造成最讲党性、最讲政治、最讲忠诚的地方。

认真学习研讨。深入实施习近平新时代中国特色社会主义思想教育培训计划，省委常委会带头围绕习近平新时代中国特色社会主义经济思想、加强党的政治建设和党史、新中国史等主题，进行了11次集体学习研讨。对习近平总书记发表的重要讲话、作出的重要指示和党中央召开的重要会议，省委常委会都及时传达学习，结合江西实际研究提出贯彻落实措施。坚持把学习贯彻习近平总书记视察江西重要讲话精神作为头等大事，先后召开省委常委会（扩大）会议、全省领导干部会议、省委全会，研究贯彻意见，推动落实落地。举办全省市厅级主要领导干部专题研讨班，深入学习贯彻习近平总书记关于防范化解重大风险的重要论述。抓好分层次、全覆盖学习培训，各地各部门采取培训班、学习班、读书会、报告会等多种形式，推动党的创新理论入脑入心见行。

深入宣传宣讲。结合庆祝新中国成立70周年，在中央主流媒体刊发系列报道，反映各地各部门学习贯彻习近平新时代中国特色社会主义思想的新举措新成效，形成强大舆论声势。加大新闻宣传力度，省内各级各类媒体充分发挥融合发展优势，集中推出系列专题专栏和有深度、有分量的报道，大力宣传报道各地各部门学习贯彻的实际行动。精心部署集中宣讲工作，组织省委宣讲团和大学生骨干宣讲团、百姓宣讲团等特色宣讲团，深入基层一线面对面宣讲。依托新时代文明实践中心、融媒体中心、“学习强国”等平台载体，推动党的创新理论进企业、进农村、进机关、进校园、进社区、进网站，引导全省干部群众感党恩、听党话、跟党走。

狠抓贯彻落实。精准对标对表党中央精神，紧密结合江西实际，切实把习近平总书记重要讲话、重要指示精神高标准高质量落实到江西工作全过程。省委召开十四届八次全会，出台《关于深入学习贯彻习近平总书记视察江西重要讲话精神、努力描绘好新时代江西改革发展新画卷的决定》，聚焦“作示范、勇争先”目标定位和“五个推进”更高要求，进一步完善了建设富裕美丽幸福现代化江西的思路举措。筹备召开省委十四届十次全会，研究制定贯彻落实《中共中央关于坚持和完善中国特色社会主义制度、推进国家治理体系和治理能力现代化的决定》的实施意见，切实抓好党中央各项决策部署的贯彻落实。

二、落实高质量发展要求，千方百计推动经济持续健康发展

省委认为，面对严峻复杂的外部环境和经济下行压力，必须紧紧扭住发展这个第一要务不动摇，全面实施高质量跨越式发展战略，坚定不移加快发展，坚定不移推进转型升级，推动经济发展总体平稳、稳中有进、稳中提质。

着力巩固稳增长的基础。加强党对经济工作的领导，每季度召开经济形势分析会，切实加强分析研判，统筹解决重大问题，推动各项任务落实。坚决贯彻中央"稳就业、稳金融、稳外贸、稳外资、稳投资、稳预期"的部署，保持经济总体平稳运行。深入实施"大干项目年"活动，开展重点项目建设"百日攻坚"行动，着力扩大有效投资。昌赣高铁即将通车运营，一批重大项目建成投产。出台《关于完善促进消费体制机制、进一步激发居民消费潜力的实施意见》，大力开展优品、兴市、强商、旺客、捷运五大行动，着力激发消费潜力，推动消费提质扩容。密切关注中美贸易摩擦进展，帮助外贸企业降低出口运营风险，推动赣欧班列常态化运行，加快发展跨境电商，努力稳定外贸出口。前三季度，全省生产总值增长 8.6%；1—10 月，财政总收入增长 6.3%，一般公共预算收入增长 5.2%，规上工业增加值增长 8.7%，固定资产投资增长 9.3%，社会消费品零售总额增长 11.2%，主要经济指标增速继续位居全国"第一方阵"。

大力振兴实体经济。全面落实中央减税降费政策措施，在前期出台"降成本、优环境"152 条政策基础上，新出台降低企业成本 30 条政策措施，预计全年为企业减负 1400 亿元。深化省市县三级领导挂点联系企业等"入企帮扶"活动，出台支持民营经济健康发展 30 条等措施，加快工商联所属商会改革，发挥省非公有制企业维权服务中心作用，及时帮助企业解决实际困难和问题，促进民营经济高质量发展。深入推进大众创业万众创新，全省新登记各类市场主体 50.55 万户，同比增长 9%。大力开展企业上市"映山红行动"，新增境内外上市企业 4 家。推动金融服务实体经济，着力破解企业融资难融资贵问题。全省金融机构本外币各项贷款余额 35038 亿元，同比增长 16.2%。

加快新旧动能转换。按照集群发展、创新发展、融合发展的思路，集中力量发展航空、电子信息、装备制造、中医药、新能源、新材料等优势产业，打造南昌航空城、景德镇航空小镇，建设中医药强省，推进"物联江西"建设，努力重塑"江西制造"辉煌。加快发展现代金融、工业设计、全域旅游、文化创意等现代服务业，深入实施农业九大产业结构调整工程和农产品加工业发展"七大行动"，加大工业技改投入力度，推进传统产业转型升级，坚决淘汰落后产能，推动产业迈向中高端。大力发展新技术、新产业、新业态、新模式，出台《江西省实施数字经济发展战略的意见》《江西省虚拟现实产业发展规划（2019—2023 年）》，推进与阿里巴巴、华为、腾讯等合作事项落地。全省高新技术产业、战略性新兴产业增加值占规上工业比重分别达到 36%、21.2%，同比分别提高 2.7、3.9 个百分点，发展的质量效益稳步提升。三次产业结构由去年三季度的 6.7∶47.8∶45.5 调整为 6.5∶47∶46.5，产业结构进一步优化。

促进区域城乡协调发展。全面实施"一圈引领、两轴驱动、三区协同"区域发展战略，研究制定《大南昌都市圈发展规划》《江西省高铁经济带发展规划》《关于支持赣东北开放合作推动高质量跨越式发展的若干意见》《关于支持赣西转型升级推动高质量跨越式发展的若干意见》，着力深化赣江新区体制机制改革，加快赣州省域副中心城市建设，积极争取国家出台新一轮支持赣南等原中央苏区振兴发展政策，景德镇国家陶瓷文化传承创新试验区成功获批。各县（市、区）主动融入全省区域发展战略，发挥特色优势，培育主导产业，县域经济发展活力增强。围绕"产业兴旺、生态宜居、乡风文明、治理有效、生活富裕"总要求，大力实施乡村振兴战略，出台《关于建立健全城乡融合发展体制机制和政策体系的实施意见》，城乡面貌明显改善。

三、坚决打好三大攻坚战，加快补齐全面建成小康社会的突出短板

省委认为，在决胜全面建成小康社会关键时期，必须紧紧盯住经济社会发展的突出短板和薄弱环节，坚决打好防范化解重大风险、精准脱贫、污染防治三大攻坚战，确保取得突破性进展。

坚决打好防范化解重大风险攻坚战。省委扛起防范化解重大风险政治责任，定期召开会议分析研判形势，及时解决重大问题，扎实做好防范化解重大风险各项工作。坚决维护政治安全、政权安全，全省意识形态领域积极健康、平稳可控。实施高校思想政治工作质量提升工程，编印红色文化教材，办好思想政治理论课，加强青少年教育引导，全省校园保持和谐稳定。扎实做好金融、地方政府债务、房地产、企业债务等重点领域风险防范化解工作，将债务风险指标纳入市县高质量发展考核体系，加大商业银行不良贷款处置力度，着力化解地方中小金融机构和农村信用社风险，稳妥化解 P2P 网络借贷风险，严厉打击非法集资等金融违法犯罪行为，全省经济金融安全稳健运行。

坚决打好精准脱贫攻坚战。按照三年行动既定部署，聚焦短板弱项，锁定深度贫困地区、建档立卡贫困人口，实施精准攻坚，压茬推进"春季整改""夏季提升""秋冬巩固"三大攻势，持续抓好中央脱贫攻坚专项巡视和中央约谈问题整改，着力解决"两不愁三保障"突出问题，健全防范返贫机制，推动脱贫攻坚提质增效。大力开展扶贫扶志感恩行动，充分激发贫困群众内生动力。预计 2019 年计划脱贫的 7 个贫困县将达到摘帽条件，全省 25 个贫困县将全部摘帽，3058 个"十三五"贫困村将全部退出，贫困人口将减至 10 万人，贫困发生率将降至 0.29%。城镇贫困群众脱贫解困工作有序推进。

坚决打好污染防治攻坚战。扎实做好中央环保督察及"回头看"反馈问题整改，坚决打好蓝天、碧水、净土保卫战，大力推进长江经济带"共抓大保护"攻坚行动，深化"五河两岸一湖一江"全流域整治，加快建设长江最美岸线，深入实施污染防治攻坚战八大标志性战役，着力解决突出环境问题。积极开展国土空间全域综合整治试点，持续推进森林、湿地等重要生态系统保护提升行动，因地制宜推进

森林绿化美化彩化珍贵化建设，加快打造山水林田湖草综合治理样板区。积极推进九江长江经济带绿色发展示范区建设、抚州生态产品价值实现机制试点。深入推进国家生态文明试验区建设，生态文明制度更加完善。全省空气优良天数比例90.2%，地表水国考断面优良比例94.7%，生态环境质量保持全国前列。

四、全面深化新一轮改革开放，不断增强发展动力活力

省委认为，改革开放是江西加快发展、转型升级的关键所在，必须大力弘扬敢为人先的精神，持续推进思想再解放、改革再攻坚、开放再提升、环境再优化，为经济社会发展提供源源不断的动力活力。

强化改革推动。全面完成省市县机构改革，构建了具有江西特色、优化协同高效的地方机构职能体系。省委深改委召开5次会议，研究科技体制机制、国资国企、职业教育等24个改革方案。扎实推进供给侧结构性改革，全面落实“三去一降一补”重点任务。深化“放管服”改革，加快推进“一次不跑”或“最多跑一次”“一窗受理”“一网通办”等改革，实施优化提升营商环境十大行动，开展设区市营商环境评价，深入推进“五型”政府建设，努力打造“四最”营商环境。省本级“最多跑一次”事项占依申请类事项比例达80.54%；“赣服通”设区市、县级分厅全部建成上线，“掌上办”服务事项达6703项，“掌上查”电子证照达112种。率先试点电子证照跨省互认和使用，和浙江正式签订省际间电子证照互认协议，企业和群众办事更加便利。国资国企、财税金融、农业农村、司法体制、社会民生等重点领域改革扎实推进，发展动力活力不断增强。

强化开放带动。深入实施大开放战略，主动融入共建“一带一路”，积极参与长江经济带发展、中部地区崛起，全面对接长三角一体化、粤港澳大湾区建设，成功举办对接粤港澳大湾区投资合作推介会、首届滕王阁创投峰会、2019中国景德镇国际陶瓷博览会、2019江西国际移动物联网博览会、首届南昌飞行大会、樟树第50届全国药材药品交易会、中国(赣州)第六届家具产业博览会、第二届世界赣商大会、第二届江西智库峰会等重大活动，积极参与第二届中国国际进口博览会，深化赣港、赣台、赣京、赣深、赣浙合作交流，扎实做好“三请三回”和“三企”入赣工作。落实“亩产论英雄”导向，出台《关于实施“节地增效”行动的指导意见》，促进开发区改革和创新发展。加强内陆口岸建设，大力发展多式联运和口岸经济，赣州获批国家首批物流枢纽城市，加快打造内陆双向开放高地。全省实际利用外资增长7.6%，外贸出口增长6.8%，开放型经济保持平稳发展。

强化创新驱动。深入实施创新驱动发展战略，加快推进创新型省份建设，完善产学研用协同创新体系，突出企业主体地位，深入推进加大全社会研发投入攻坚行动，促进创新链、产业链、人才链、政策链、资金链深度融合。成功获批鄱阳湖自主创新示范区，中科院江西中心、中科院稀土研究院、中科院庐山植物园、中国中医科学院江西分院等重大创新平台相继落地，“一廊两区五城”区域创新体系加快形成。全省专利申请和授权同比分别增长21.8%、59.9%；万人发明专利拥有量2.4件，同比增长0.44件。深入实施科技型企业梯次培育行动，培育独角兽企业7家、瞪羚企业90家，全省高新技术企业达3521家。深化人才发展体制机制改革，积极实施引进培养高层次人才“双千计划”，一大批高端技术人才、创新人才汇聚江西，为创新发展提供了有力人才支撑。

五、全面加强宣传思想文化工作，唱响爱党爱国爱社会主义主旋律

省委认为，建设富裕美丽幸福现代化江西，必须全面加强宣传思想文化工作，举旗帜、聚民心、育新人、兴文化、展形象，弘扬主旋律，传播正能量，激发全社会团结奋进的强大力量。

巩固壮大主流思想舆论。坚持团结稳定鼓劲、正面宣传为主，突出重大主题抓好新闻宣传，扎实做好“壮丽70年·奋斗新时代”大型主题采访活动和特别报道江西篇宣传工作，承办中宣部“记者再走长征路”主题采访活动，在国内外产生广泛影响。围绕讲好江西故事、传播江西好声音，举办系列宣传活动，策划推出一批重大报道，我省新闻上中央主流媒体数量质量实现双提升。大力推进融媒体中心建设，建设覆盖全省、互联互通的省级融媒体中心，全省100个县(市、区)融媒体中心建设实现全覆盖，主流媒体的传播力引导力影响力公信力不断增强。

守牢意识形态主阵地。坚持党管宣传、党管意识形态、党管媒体不动摇，牢牢掌握意识形态工作领导权，把政治家办报、办刊、办台、办新媒体的要求贯穿于报刊、广播、电视、新媒体等各类媒体中，融入到新闻、文艺、理论、广告等各类节目中，确保始终坚持正确舆论导向。着力防范化解意识形态领域风险隐患，加强各类讲座、报告会、研讨会等活动的引导管理。加强网络阵地建设和管理，壮大网络正面声音，建立健全省市县三级网络应急响应机制，加强网络安全日常巡查，深入开展净网专项行动，坚决整治网络乱象，网络空间更加健康清朗。

持续深化价值引领。大力培育和践行社会主义核心价值观，加强红色文化资源保护利用，完善爱国主义教育基地建设管理，景德镇中国陶瓷文化展示基地、余江血防纪念馆等入选全国爱国主义教育示范基地。深化拓展新时代文明实践中心建设试点工作，广泛开展理论宣讲、文化下乡、志愿服务等文明实践活动。召开全省精神文明建设表彰大会，扎实开展群众性精神文明创建活动，持续开展“推动移风易俗，促进乡风文明”行动。深入实施公民道德建设工程，挖掘选树宣传先进典型人物，支月英等7人获评全国“最美奋斗者”，王振美荣获第七届全国道德模范，截至10月底，98人荣登“中国好人”榜单，进一步唱响“江西好人”文化品牌。

加快推进文化强省建设。承办央视春晚井冈山分会场活动，开展“文化的力量——2019江西文化发展巡礼”等活动，赣鄱文化的影响力进一步扩大。实施文艺精品创作工程，创作推出一批精品力作，电视剧《可爱的中国》、电影《信仰者》《八子》《一生只为一事来》等作品产生积极反响。大力发展文化事业，实施文化惠民工程，推进基层综

合文化服务中心建设，举办第七届江西艺术节，深入基层开展文艺演出、送戏下乡等活动，不断丰富群众精神文化生活。出台《关于进一步支持文化产业发展的若干意见》，做大做强国有文化企业，江西出版集团连续十一届入选“全国文化企业30强”。

六、大力加强民主法治建设，汇聚改革发展强大合力

省委认为，人民民主是社会主义的生命，必须把党的领导、人民当家作主和依法治国有机统一起来，加强民主法治建设，充分调动各方面的积极性主动性创造性，凝聚起众志成城的磅礴之力。

切实加强地方人大工作。深入开展“学习研究宣传贯彻习近平总书记关于坚持和完善人民代表大会制度的重要思想”专题活动，举办纪念地方人大设立常委会40周年系列活动，推动学习贯彻习近平总书记对地方人大及其常委会工作的重要指示精神落地见效。研究制定关于加强新时代地方人大工作的意见，支持省人大常委会依法履职，制定《江西省生态文明促进条例》等9件地方性法规，听取审议扫黑除恶专项斗争等9个专项报告，检查5部法律法规实施情况，保证行政权、监察权、审判权、检察权得到依法正确行使。充分发挥人大代表作用，各级人大代表中的领导干部认真履行代表职责，参加代表视察、调研、执法检查等履职活动，走进代表联络工作站听取意见，密切代表与人民群众的联系。加强县乡人大建设，人大工作基层基础进一步夯实。

扎实做好人民政协工作。深入学习贯彻习近平总书记关于加强和改进人民政协工作的重要思想，认真贯彻落实中央政协工作会议精神，召开庆祝中国人民政治协商会议成立70周年座谈会，开展系列庆祝活动。充分发挥人民政协作为政治组织和民主形式的效能，提高政治协商、民主监督、参政议政水平，更好凝聚共识。充分发挥人民政协专门协商机构作用，扎实推进新时代政协协商民主建设，围绕“营商环境改善与干部作风转变”“装备制造业高质量发展”等十大议题开展专题协商和民主监督。充分发挥人民政协统一战线组织功能，坚持大团结大联合，坚持一致性和多样性统一，不断巩固共同思想政治基础。充分发挥委员主体作用，开展“全员联系民营企业”等系列活动，形成“委员作业”900多篇。

大力推进政法事业发展。深入学习贯彻习近平总书记关于新时代政法工作的重要论述，召开全省政法工作会议、全省公安工作会议，大力支持法院、检察院依法履职，全面落实司法责任制，深入推进法治江西、平安江西建设，我省平安建设（综治）考核结果继续位居全国前列。加强和创新社会治理，学习发扬新时代“枫桥经验”，完善社会公共治安防控体系，扎实开展治爆缉枪、禁毒扫黄、打击电信网络诈骗等专项行动，圆满完成建国70周年大庆安保维稳任务。深入推进扫黑除恶专项斗争，认真抓好中央扫黑除恶专项督导反馈问题整改，共打掉涉黑组织142个、恶势力犯罪集团417个、恶势力犯罪团伙452个；立案查处涉黑涉恶腐败和“保护伞”案件2440起，涉及厅级干部12人，处级干部105人。

广泛凝聚社会各界力量。深入学习贯彻习近平总书记关于加强和改进统一战线工作的重要思想，隆重庆祝中国共产党领导的多党合作和政治协商制度确立70周年，支持各民主党派加强中国特色社会主义参政党建设，支持各民主党派和无党派人士履行职能、发挥作用。制定《关于全面深入持久开展民族团结进步创建工作、铸牢中华民族共同体意识的实施意见》，召开全省民族团结进步表彰大会。修订出台《江西省宗教事务条例》，推动解决宗教领域重点难点问题，提高宗教事务法治化、规范化水平。加强对非公有制经济人士、党外知识分子和新的社会阶层人士的团结引导，主动做好港澳台侨工作。加强和改进工会、共青团、妇联、文联、残联、侨联、红十字会等群团工作。压紧压实党管武装责任，推进军民融合深度发展，支持驻赣部队和武警部队深化改革，加强国防动员和后备力量建设，扎实做好全面停止军队有偿服务下篇文章，党管武装和双拥工作水平不断提升。

七、持之以恒保障和改善民生，不断满足人民美好生活需要

省委认为，发展的根本目的是保障和改善民生，必须始终坚持以人民为中心的发展思想，全面落实共享发展理念，加大力度保障和改善民生，满怀真情办好民生实事，不断增强人民群众获得感幸福感安全感。

大力推进民生保障工作。坚持尽力而为、量力而行，认真办好年初确定的51件民生实事。落实就业优先政策，切实抓好高校毕业生、退役军人和下岗转岗职工等重点群体就业。1—10月，全省新增城镇就业、转移农村劳动力分别完成年度计划的108.4%、113.4%。提高社会保障水平，降低社保费率，今年共减轻企业和个人社保缴费负担70.76亿元。加强住房保障，各类棚户区改造开工占年度目标任务的105.4%。抓好生猪稳产保供工作，“菜篮子”市场产品供应充足，全省CPI同比上涨2.6%，与全国涨幅持平。前三季度，全省城镇和农村居民人均可支配收入分别增长8.2%、9.1%。扎实做好退役军人工作，健全服务保障体系，切实维护退役军人合法权益。扎实做好防汛抗旱工作，特别是面对今年严重的干旱灾情，认真抓好抗旱减灾各项工作，千方百计保障群众安全饮水，最大限度地减轻旱灾损失。牢固树立安全发展理念，大力加强安全生产工作，全省安全生产形势保持总体稳定。

提高社会事业发展水平。推进学前教育深化改革规范发展，全面加强乡村小规模学校和乡镇寄宿制学校建设，促进义务教育均衡发展，减轻中小学教师负担，稳步推动职业教育改革，扎实推进高校“双一流”建设，深化教师队伍建设，教育事业全面进步。加快发展养老事业，出台《江西省养老服务体系建设发展三年行动计划》，推行“党建+农村养老服务”模式，深入开展居家和社区养老服务、医养结合等改革试点。稳步推进惠民绿色文明殡葬改革。加快健康江西建设，深化医药卫生体制改革，推进县域综合医改，加快省直公立医院新院、县医院综合能力以及乡

镇卫生院、村卫生服务室建设，全省城乡居民电子健康档案建档率为 82%。

深化城乡环境综合整治。按照“精心规划、精致建设、精细管理、精美呈现”的要求，全面推进城市功能与品质提升八大行动，统筹推进智慧城市、海绵城市、城市“双修”等工作，抓好城乡结合部、城中村、背街小巷等环境整治，优化教育、医疗、文体、停车场等设施布局，城市功能品质不断提升。扎实推进“整洁美丽、和谐宜居”新农村建设，深入实施农村人居环境整治，“大棚房”问题全面整改完成，“户分类、村收集、乡转运、县处理”城乡垃圾一体化收运处理体系全面建立，深入推进农村“厕所革命”，村庄生活垃圾有效治理率达 97.6%，农户改厕率达 83.3%，农村人居环境不断改善。

峡江县砚溪镇樟溪上村依托良好的生态和特有的“渔文化”资源，打造“湖里渔家”美丽乡村，成为当地乡村旅游的新亮点。图为 1 月 10 日，雨后的峡江县砚溪镇樟溪上村

省农业农村厅供

八、纵深推进全面从严治党，持续建设风清气正的良好政治生态

省委认为，办好江西的事情，关键在党，关键在党要管党、从严治党。必须坚决落实管党治党主体责任，以党的政治建设为统领，全面贯彻新时代党的建设总要求，不断提升党的建设质量，推动全面从严治党向纵深发展。

扎实开展“不忘初心、牢记使命”主题教育。精准对标中央决策部署，充分发挥红色资源优势，大力弘扬井冈山精神、苏区精神和长征精神，出台《答好“时代之问”走好新长征路　推动江西主题教育高质量有特色走前列的指导意见》。牢牢把握主题教育目标任务，突出主题主线，坚持把学习教育、调查研究、检视问题、整改落实贯穿主题教育全过程，切实做到理论学习有收获、思想政治受洗礼、干事创业敢担当、为民服务解难题、清正廉洁作表率。第一批主题教育取得明显成效，第二批主题教育扎实推进，人民群众切实感受到主题教育带来的新变化新气象。

打造高素质专业化干部队伍。贯彻新时代党的组织路线，落实好干部标准，全面做好干部培养、选拔、使用、管理和监督工作，大力发现培养选拔优秀年轻干部。坚持严管与厚爱结合、激励与约束并重，制定《关于推行容错纠错机制的实施办法》《关于为受到不实举报对象澄清正名的实施办法》《关于贯彻〈中国共产党党内关怀帮扶办法〉实施细则》，推行公务员职务与职级并行制度，激励干部担当作为。统筹加强企业、农村、机关、学校、社区、社会组织等领域党建工作，抓好村（社区）“两委”换届选举工作，持续整顿软弱涣散党组织，从严落实组织生活制度，基层党组织战斗堡垒作用和党员先锋模范作用不断增强。

深化拓展作风建设成效。严格落实中央八项规定及其实施细则精神，持续深入整治“怕、慢、假、庸、散”等作风顽疾，坚决破除形式主义、官僚主义。今年全省查处违反中央八项规定精神问题 3339 起，处理 4468 人。深入贯彻落实中央关于“基层减负年”部署要求，出台《关于力戒形式主义为基层减负的三十条措施》，基层减负取得明显成效。紧盯“四风”隐形变异问题，强化日常检查和集中督查，深入开展扶贫领域腐败和作风问题专项治理，专项整治漠视群众利益问题，坚决整治群众身边的腐败和作风问题，推进长效机制建设。今年以来，全省共查处扶贫领域腐败和作风问题 4756 个，处理 6324 人，全省干部作风持续好转。

巩固发展反腐败斗争压倒性胜利。深入推进纪检体制、监察体制、纪检监察机构改革，分类推进派驻机构改革，稳步推进乡镇纪委标准化规范化建设，推动巡视巡察上下联动。强化正风肃纪，深化标本兼治，加强权力运行制约和监督，教育引导党员干部明大德、守公德、严私德，一体推进不敢腐、不能腐、不想腐，始终保持惩治腐败高压态势。今年以来，全省纪检监察机关共立案 13293 件，给予党纪政务处分 12492 人，移送司法机关处理 516 人，严肃查处胡高平、王四华、曹永琳、罗光荣等一批腐败分子，坚决全面彻底肃清苏荣案余毒，风清气正的政治生态建设取得新成效。

一年来，省委常委会高度重视加强自身建设，带头加强政治理论学习，深入学习贯彻习近平新时代中国特色社会主义思想，严守政治纪律和政治规矩，树牢“四个意识”，坚定“四个自信”，坚决做到“两个维护”。带头严肃党内政治生活，落实加强和维护党中央集中统一领导若干规定，认真执行民主集中制，严格遵守请示报告制度。带头开展“不忘初心、牢记使命”主题教育，召开专题民主生活会和脱贫攻坚专项巡视整改专题民主生活会，加强党性分析，积极开展批评和自我批评。带头贯彻落实中央八项规定及其实施细则精神，严格遵守廉洁自律准则，深入践行党的群众路线，主动接受各方面监督。

回顾一年来的工作，我们沿着习近平新时代中国特色社会主义思想指引的康庄大道坚定前行，按照习近平总书记视察江西重要讲话精神狠抓落实，经受了各种风险挑战，办成了一批大事要事实事，破解了一批制约发展的突出矛盾问题，充分展现了红土圣地干部群众感恩奋进、真抓实干的良好精神风貌。这些成绩的取得，最根本的在于习近平总书记领航掌舵，在于以习近平同志为核心的党中央坚强领导，在于习近平新时代中国特色社会主义思想科学指引，在于全省干部群众的共同努力。尤其令人振奋的是,省委提出的“建设富裕美丽幸福现代化江西”的奋斗目标和“创新引领、改革攻坚、开放提升、绿色崛起、担当实干、兴赣富民”的工作方针,得到习近平总书记和党中央的充分肯定,完全符合江西实际,凝聚了全省上下的共识共为,我们必须一以贯之抓落实、一张蓝图绘到底。一年来,省委全委会的同志和各市县、各部门、各单位负责同志在各自岗位上胸怀大局、勤勉工作,对省委常委会的工作给予了大力支持。借此机会,我代表省委常委会,向同志们表示衷心感谢!

省委常委会分析了当前面临的困难和存在的不足。主要是:外部环境严峻复杂,经济下行压力加大,实体经济发展困难较多;创新能力较弱,创新人才不足,产业发展层次水平还不够高;面临的风险挑战仍然不少,脱贫攻坚任务仍然繁重,污染防治的压力仍然较大;制约高质量跨越式发展的体制机制问题还不少,全面深化改革任重道远;少数干部锐意进取的精气神还不足,“怕、慢、假、庸、散”等作风顽疾依然不同程度存在,形式主义、官僚主义问题整治还需持续发力;一些地方全面从严治党政治责任还没有压紧压实,顶风违纪的现象时有发生,一些基层党组织软弱涣散,党的建设还要进一步加强等。省委常委会将团结带领全省广大干部群众,坚持问题导向、强化工作落实,攻坚克难、担当实干,加快推进全省高质量跨越式发展,奋力迈出建设富裕美丽幸福现代化江西新步伐,描绘好新时代江西改革发展新画卷。

以上报告的是今年以来省委常委会的主要工作,请同志们提出意见建议。

政府工作报告

——2020年1月15日在江西省第十三届人民代表大会第四次会议

省长 易炼红

各位代表:

现在,我代表省人民政府向大会报告工作,请予审议,并请省政协委员和列席会议同志提出意见。

一、2019年工作回顾

刚刚过去的一年,是新中国成立70周年的大庆之年,也是江西奋进收获之年。习近平总书记时隔三年再次亲临江西视察,为我省发展把脉定向、擘画蓝图,使全省人民倍感温暖、倍受鼓舞。李克强总理也于去年11月亲临江西视察,给予我们极大激励和鞭策。我们坚持以习近平新时代中国特色社会主义思想为指导,深入学习贯彻习近平总书记视察江西重要讲话精神,认真落实李克强总理视察江西重要指示要求,隆重庆祝新中国成立70周年,全面贯彻党的十九届四中全会精神,成功举办“中国共产党的故事——习近平新时代中国特色社会主义思想在江西的实践”专题宣介会,进一步凝聚了全省上下描绘好新时代江西改革发展新画卷的磅礴力量。在党中央、国务院和省委坚强领导下,我们感恩奋进、真抓实干,较好完成了省十三届人大三次会议确定的目标任务,为全面建成小康社会打下坚实基础。

——经济增长符合预期。地区生产总值增长8.0%,财政总收入增长5.4%,一般公共预算收入增长4.8%,规模以上工业增加值增长8.5%,固定资产投资增长9.2%,社会消费品零售总额增长11.3%,实际利用外资增长8%,金融机构本外币贷款余额增长16.8%,主要经济指标增速继续位居全国前列。

——发展质量明显提高。智能制造“万千百十”工程提前完成,工业技改投资增长45.6%;全社会研发投入占GDP比重有望达1.6%;高新技术产业、战略性新兴产业增加值占规模以上工业增加值比重分别为36.1%、21.2%,分别提高2.3和4.1个百分点,高新技术企业突破5000家;三次产业结构调整为8.3∶44.2∶47.5。

——城乡品质不断提升。实施城市基础设施补短板项目4252个,推进智慧城市、海绵城市建设,老旧小区改造全面启动;高速铁路实现设区市全覆盖;全省$PM_{2.5}$年平均浓度达国家二级标准,7个设区市空气质量达国家二级标准;58个城镇污水处理厂完成一级A提标改造,城区道路机扫率86.49%,7个城市基本达到国家卫生城市标准;农村公路实现组组通,建制村通客车率98.58%,农村改厕率87.1%,村庄生活垃圾有效治理率97.6%、提前两年通过国检验收。

——人民生活持续改善。51件民生实事全面完成;城镇新增就业54.34万人,新增转移农村劳动力62.51万人,超额完成年度计划;城镇登记失业率控制在4.5%以内;居民消费价格上涨2.9%;城镇和农村居民人均可支配收入分别增长8.1%、9.2%,与经济增长基本同步。

一年来,我们主要做了以下工作。

一是促进供需两端协同发力,经济运行保持平稳。实施“大干项目年”活动,开展重点项目建设“百日攻坚”,昌赣高铁、浩吉铁路、昌九高速四改八、井冈山机场改扩建、昌西南500千伏输变电工程等重大基础设施项目投运,赣江三级航道基本具备通航条件,新钢优特钢带加工配送中心等重大产业项目投产。开展商贸消费升级“五大行动”,推动出台旅游者权益保护条例,确定白鹤为“省鸟”,举办“全球学子暑期乐游江西”、鄱阳湖国际观鸟周、中国红色旅游博览会、森林旅游节、环鄱阳湖国际自行车大赛等活动，建成“一部手机游江西”智慧旅游平台，武功山获评国家5A级景区，旅游接待总人次和总收入分别增长15.65%、18.55%。积极应对中美经贸摩擦，外贸出口稳中提质。建立地方政府债务风险预警提示和隐性债务风险等级评定机制，启动打好防范化解重大金融风险攻坚战行动，全面推行房地产稳控目标管理，各类风险总体可控。

二是加快新旧动能接续转换，产业结构优化升级。实施“2+6+N”产业高质量跨越式发展行动，航空、电子信息、中医药、新材料等产业营业收入实现两位数增长，鹰潭下一代信息网络、赣州新型功能材料入选国家首批战略性新兴产业集群。推动出台开发区条例，实施“节地增效”行动，“5020”项目覆盖率95.1%。推进科技型企业梯次培育行动，培育独角兽企业2家、瞪羚企业60家。加快创新升级步伐，鄱阳湖国家自主创新示范区、景德镇国家陶瓷文化传承创新试验区获批，中药国家大科学装置、中科院稀土研究院、中科院庐山植物园、中国中医科学院江西分院等签约，阿里巴巴（江西）有限公司成立，中科院江西育成中心、中国商飞江西生产试飞中心、江西飞行学院、全军首个军民融合能源示范项目等启动建设，江西适航审定中心、北航江西研究院、VR产业11个应用示范项目、华为（江西）物联网云计算创新中心、中国军民融合技术交易中心投运，全国唯一稀有金属交易所开业，初教6成为我国首款军转民机型。“03专项”试点示范扎实推进，5G商用启动，鹰潭获全球智慧城市数字化转型奖。南昌大学江风益教授当选中科院院士。在第45届世界技能大赛上获两金一银，实现奖牌、金牌零的突破，金牌数列全国第二。

三是推动改革开放同频共振，发展活力持续迸发。省市县机构改革全面完成，事业单位改革扎实推进。“放管服”改革成效明显，取消和调整省本级行政权力事项39项，116个省级“信息孤岛”全部打通，省本级依申请类政务服务事项“最多跑一次”比例达95.3%；率先在全省推行延时错时预约政务服务，非工作时间办理事项229万件；“赣服通”市县分厅全部上线，“掌上办”事项数量和电子证照种类居全国首位，与浙江、福建签署跨省数据共享应用合作协议。落实减税降费政策，出台30条惠企新政，开展优化提升营商环境十大行动，全年为企业减负1450亿元。赣江新区、庐山、武功山、庐山西海管理体制改革取得突破。国资国企改革有效推进，江西铜业控股恒邦股份，江西出版集团控股慈文传媒，组建数字产业集团、长天集团、港口集团，省属国有培训疗养机构脱钩移交基本完成。财税金融改革继续深化，在全国率先推动重点单位成立审计委员会；全省首家民营银行裕民银行、浙商银行南昌分行、渤海银行南昌分行开业，江西普惠征信股份有限公司成立；在全国发行首支航空科创城专项债券、高标准农田建设专项债券，制定首个绿色票据标准。更大力度扩大开放，推进“三请三回”和“三企”入赣，成功举办世界VR产业大会、中国中部投资贸易博览会、中国国际农产品交易会、中国绿色食品博览会、世界赣商大会、全国知名民营企业助推江西高质量跨越式发展大会、中国景德镇国际陶瓷博览会、樟树全国药材药品交易会、国际产学研用合作会议（南昌）、中国先进技术转化应用大赛、中国航空产业大会、南昌飞行大会、江西国际移动物联网博览会、江西与跨国公司（上海）合作交流会、对接粤港澳大湾区投资合作推介会、滕王阁创投峰会、江西智库峰会、汤显祖戏剧节暨国际戏剧交流月等重大活动。实施口岸“三同”试点，海关机构实现设区市全覆盖，国际邮快件中心开通，九江综合保税区封关运行，赣州黄金机场口岸、九江港口岸扩大开放瑞昌港区和彭泽港区获批；赣州汽车整车进口口岸、赣州和九江进口肉类指定监管场地通过验收，昌北国际机场获批建设进境食用水生动物、冰鲜水产品和水果指定监管场地；开行赣欧班列553列，增长173.8%。

四是推进区域城乡协调并进，整体效能不断提升。出台大南昌都市圈发展规划、高铁经济带发展规划和新一轮支持赣东北开放合作、赣西转型升级政策措施，南昌入选中国快递示范城市，中国（赣州）跨境电商综合试验区获批，景德镇成为中部地区首个创建全国版权示范城市，萍乡成为国家产业转型升级示范区，“一圈引领、两轴驱动、三区协同”区域格局加快构建。城市功能与品质提升三年行动扎实推进，萍乡海绵城市试点获全国优秀等次第一名，景德镇地下综合管廊建设列第二批试点城市考核全国第二，宜春入选国家黑臭水体治理示范城市；686个老旧小区、26.6万户居民纳入中央财政支持改造计划，居全国第三。乡村振兴战略纵深推进，新建高标准农田19.75万公顷，粮食总产2157.4万吨，茶产业产值突破百亿元；抗击非洲猪瘟，抓好生猪稳产保供和“菜篮子”产品供应，农产

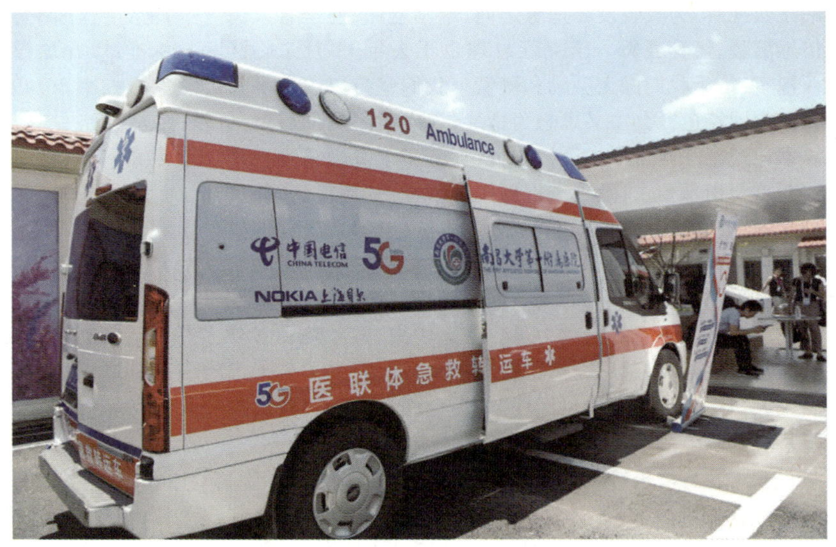

7月18日至19日，由中国电信江西公司、南大一附院、南昌大学人工智能研究院、上海诺基亚贝尔共同研发的江西首辆5G医联体急救转运车在江西国际移动物联网博览会展示，并承担此次活动的保障工作

省通信管理局供

品标准化及可追溯平台上线；农村承包地确权登记颁证、113个畜禽养殖县（市、区，含开发区）“三区”划定和地理标注基本完成，年经营收入5万元以上行政村占比79%左右，农村集体产权制度改革获批整省试点。

*五是强化经济生态良性互动，绿色发展步伐加快。*积极推进国家生态文明试验区建设，生态环境保护工作责任规定、督察工作实施办法等6项制度创新走在全国前列。认真抓好中央环保督察“回头看”“绿盾”行动、长江经济带环保专项审计和生态环境警示片等反馈或披露问题整改，全面实施打赢污染防治攻坚战八大标志性战役、30个专项行动。启动36个美丽宜居试点县建设，14个县（市、区）开展农村垃圾分类减量和资源化利用。推动出台生态文明建设促进条例，初步形成生态环境地方标准体系，开展自然资源统一确权登记，建立省内流域上下游横向生态保护补偿机制，签订第二轮东江流域上下游横向生态补偿协议，建成覆盖省市县生态环境部门和企业的危险废物监管平台。在全国率先出台污染防治攻坚战考核办法、率先启动按流域设置生态环境监管和行政执法机构试点，我省入选全国生态综合补偿试点省，九江获批创建长江经济带绿色发展示范区，抚州成为全国第二个长江经济带生态产品价值实现机制试点城市，井冈山市、崇义县入选国家第三批“绿水青山就是金山银山”实践创新基地，景德镇等5个市县入选国家生态文明建设示范市县，瑞金入选全国“无废城市”试点。

*六是坚持发展成果共建共享，民生福祉日益增进。*脱贫攻坚取得决定性进展，41.1万贫困人口脱贫，剩余7个贫困县全部达到摘帽条件，剩余387个贫困村全部退出，贫困发生率降至0.27%。城镇贫困群众减少23.7万。实施就业优先政策，新增发放创业担保贷款连续6年过百亿元、列全国第一。棚户区改造开工29.3万套、基本建成16.5万套，农村危房改造完工率100%。公办幼儿园在园幼儿占比41.8%，提高11.9个百分点；6所高职院校入选国家“双高计划”建设单位，我省成为首批国家产教融合建设试点省；高校毕业生留赣比例首次突破50%，达51.32%；编制全国首套红色文化教材并进入大中小幼课堂。启动健康江西行动，在全国率先推动出台中医药条例，免费救治和大病专项救治病种扩大到31种，高血压、糖尿病纳入门诊统筹报销政策全面落地，公立医疗机构医用耗材加成全面取消，2019版国家医保药品目录全面执行，九江、赣州、上饶入选全国城市医联体建设试点。人均体育场地面积1.83平方米，提前完成“十三五”目标。启动养老服务体系建设发展三年行动计划，推行“党建+农村养老服务”。开展划转部分国有资本充实社保基金工作，企业退休人员基本养老金连续15年提高，在全国率先出台建档立卡贫困重度失能残疾人照护和托养政策。文化建设亮点纷呈，“金色赣鄱”彩车获新中国成立70周年大会群众游行最高奖“华美奖”，江西室内、室外园分获北京世界园艺博览会特等奖和金奖，圆满承办2019年央视春晚井冈山分会场活动；峡江水利枢纽获鲁班奖，抚州千金陂入选世界灌溉工程遗产名录，欧洲（葡萄牙）中医药文化体验中心运营；省文化中心投入使用，县级融媒体中心实现全覆盖；殡葬设施建设基本完成，五项基本殡葬服务全面落实。深化安全生产“十大专项整治”，统筹推进全面依法治省“八大示范工程”，扫黑除恶专项斗争成效居全国前列，连续15年获全国综治考评优秀省，公众安全感和满意度分别达97.93%、97.79%，创历史新高。

全国首个省级国防“智慧动员”系统上线，完成为烈属、军属和退役军人等家庭悬挂光荣牌任务，退役军人服务中心实现省市县乡村五级全覆盖。民族宗教、外事侨务、港澳、对台、供销、人防、地震、气象、科协、地质、新闻出版、广播影视、档案、地方志、参事文史、红十字会、援疆等工作取得新进展。

深入推进“五型”政府建设，扎实开展“不忘初心、牢记使命”主题教育。建立集中破解制约高质量跨越式发展突出问题长效机制，2018年摸排的449个问题全部办结，新梳理的312个问题正在办理；落实省委关于力戒形式主义为基层减负三十条措施，推行“三减三强两倡导”，省政府及省政府办公厅发文减少30.5%、综合性会议减少66.7%，省政府及省政府办公厅（含省直单位）督查检查考核事项减少90.8%；建立及时奖励制度，已分3批奖励71个集体和21名个人；开展法治政府建设示范创建，全面实施行政执法“三项制度”；向省人大常委会提交法规议案8件，修改省政府规章54件、废止3件。政府的理解力、执行力、创造力和公信力进一步提升。

在国内外风险挑战明显上升、我省遭遇前涝后旱严重自然灾害的形势下，取得这样的成绩实属不易。这是以习近平同志为核心的党中央坚强领导、亲切关怀的结果，是习近平新时代中国特色社会主义思想特别是习近平总书记视察江西重要讲话精神科学指引的结果，是省委团结带领全省人民奋力拼搏的结果。在此，我代表省人民政府，向全省人民，向各民主党派、人民团体和社会各界人士，向驻赣人民解放军、武警部队官兵，向中央驻赣单位，致以崇高敬意！向关心和支持江西发展的港澳同胞、台湾同胞、海外侨胞和国内外友好人士，表示衷心感谢！

实践使我们更加深刻体会到，做好江西工作必须坚持对表看齐，把习近平总书记视察江西重要讲话精神作为总方针总纲领总遵循；必须坚持一张蓝图干到底，毫不动摇落实省委“二十四字”工作思路；必须坚持项目为王，做到天天抓项目、月月上项目、年年成项目；必须坚持对标一流，加快打造“四最”营商环境；必须坚持传承红色基因，努力创造新时代“第一等的工作”。

成绩给我们增添信心，问题让我们不能懈怠。主要是：科技创新能力不足，经济整体竞争力偏低；部分企业经营困难增加；生态环保还有不少薄弱环节，绿水青山与金山银山双向转换通道亟待拓宽；影响经济平稳运行与社会和谐稳定的因素增多；有的干部服务意识、担当精神、专业素养、创新勇气不强，工作不用心、不尽力、不务实，形式主义、官僚主义依然存在，仍有少数干部顶风违纪违法，等等。对这些问题，我们将全力推进解决，不破楼兰誓不还。

二、2020年工作安排

今年是全面建成小康社会和“十三五”规划收官之年。综观国内外形势，世界上多边主义和单边主义交锋碰撞，但经济全球化势不可挡;新一轮科技革命和产业变革带来全方位竞争,但也打开了“变道超车”“换车超车”的广阔空间;我国经济下行压力加大,但稳中向好、长期向好的基本趋势没有改变;我省仍属于经济欠发达省份,但发展势头强劲、优势日益凸显。我们要辩证看待形势,增强必胜信心,化压力为动力,变危机为良机,众志成城再登高,扬优成势开新局。

今年政府工作的总体要求是:以习近平新时代中国特色社会主义思想为指导,全面贯彻党的十九大和十九届二中、三中、四中全会,以及中央经济工作会议精神,坚决贯彻党的基本理论、基本路线、基本方略,深入贯彻习近平总书记视察江西重要讲话精神,增强“四个意识”、坚定“四个自信”、做到“两个维护”,聚焦“作示范、勇争先”的目标定位和“五个推进”的更高要求,紧扣全面建成小康社会目标任务,坚持稳中求进工作总基调,坚持新发展理念,坚持以供给侧结构性改革为主线,坚持以改革开放为动力,坚决打好三大攻坚战,全面做好“六稳”工作,统筹推进稳增长、促改革、调结构、优生态、惠民生、防风险、保稳定,全力推进高质量跨越式发展,确保与全国同步全面建成小康社会和“十三五”规划圆满收官,得到人民认可、经得起历史检验,加快建设富裕美丽幸福现代化江西,努力描绘好新时代江西改革发展新画卷。

主要预期目标是:生产总值增长8%左右,财政总收入增长4.3%,一般公共预算收入增长3.3%,规模以上工业增加值增长8.2%左右,固定资产投资增长9%左右,社会消费品零售总额增长10.5%左右,实际利用外资增长6%,城镇、农村居民人均可支配收入分别增长8%、8.5%,居民消费价格总水平涨幅控制在3.5%左右,城镇登记失业率控制在4.5%以内,城镇调查失业率5.5%左右,节能减排完成国家下达任务。

实现上述目标,重点将做好八方面工作。

*(一)坚决打好三大攻坚战,完成全面建成小康社会硬任务。*落实打好三大攻坚战各项措施,确保实现脱贫攻坚目标,确保生态环境质量持续向好,确保不发生区域性重大风险。

尽锐出战打赢脱贫攻坚战。坚持“两不愁三保障”脱贫标准,完成剩余9.6万贫困人口脱贫。落实产业扶贫、就业扶贫、易地搬迁扶贫后续扶持、综合保障扶贫等措施和“四个不摘”要求,巩固提升脱贫成果。建立监测预警机制,及时做好返贫人口和新发生贫困人口帮扶,扎实开展脱贫攻坚排查普查。推进脱贫攻坚与乡村振兴战略有机衔接,探索建立解决相对贫困长效机制;全力实现城镇贫困群众脱贫解困目标,确保全面小康路上一个不少。

铁心硬手打好污染防治攻坚战。深入推进长江经济带“共抓大保护”攻坚行动和生态鄱阳湖流域建设行动计划,加强“五河两岸一湖一江”全流域生态保护与治理,打赢污染防治攻坚战八大标志性战役。配合做好第二轮中央环保督察,完成省环保督察“回头看”。严格地表水水质考核,建立地下水环境监测体系,所有设区城市建成应急水源或备用水源,全面推行城乡供水一体化,着力解决农村人口饮水安全问题。强化大气污染综合治理,完成国家下达$PM_{2.5}$任务。加强土壤污染管控和修复,受污染耕地安全利用率达93%,污染地块安全利用率不低于90%,完成长江江西段、赣江两岸10公里范围内废弃露天矿山修复和70万亩造林绿化、20万亩重点区域森林“四化”任务。

坚持不懈打好防范化解重大风险攻坚战。严厉打击非法金融活动,加快推进非法集资存量案件处置。推动出台地方金融监管条例,基本化解资管产品和同业投资领域重点风险。落实地方政府隐性债务问责办法,加快地方融资平台转型,每个设区市融资平台不超过3家、县(市、区)融资平台不超过2家。强化国有企业债务约束,推进市场化法治化债转股。落实城市主体责任,大力发展租赁住房,健全因城施策,稳地价、稳房价、稳预期的房地产长效管理调控机制。统筹抓好其他领域风险防控。

*(二)深挖释放内需潜力,在促进形成强大国内市场中奋勇争先。*发挥需求对优化供给的拉动作用、供给对扩大需求的支撑作用,推动供需互促共进,实现更高质量的供需平衡。

推动项目建设提速增效。开展“项目建设提速年”活动,重点实施2957个省大中型项目,总投资2.59万亿元左右,年度投资7700亿元左右。铁路方面,加快昌景黄高铁、赣深客专、安九客专、兴泉铁路、昌九客专建设,推进长赣铁路前期工作。公路方面,建成兴国至赣县北延等项目,开工大广高速吉安至南康段扩容改造、通山(赣鄂界)至武宁、南昌绕城西二环等项目。机场方面,开工瑞金机场,加快抚州机场、三清山机场扩建、明月山机场二期扩建前期工作。水运水利方面,打通信江三级航道,建成四方井水利枢纽,推进鄱阳湖水利枢纽前期工作,争取开工赣抚尾闾综合整治工程。电力方面,建成分宜电厂扩建项目,续建雅中—江西特高压直流工程、丰城电厂三期扩建、瑞金电厂二期扩建项目,开工信丰电厂新建项目。产业方面,推进兆驰光电LED封装生产线扩建、云泰铜业年产10万吨高性能高精度铜板带工程等项目建设。做好地方政府专项债券发行及项目配套融资工作,有效保障项目资金需求。

加快消费提质扩容。深入实施商贸消费升级三年行动和旅游产业高质量发展三年行动,策划消费月、旅游季等促销活动,力争社会消费品零售总额、旅游总收入均突破1万亿元。推动汽车、家电等更新换代,支持开展新能源汽车租赁服务,加快智能充电设施建设。积极发展线上线下结合的家政服务新业态,支持家政企业在社区设置服务网点。科学布局城市特色街区和商圈,大力培育网络消费、定制消费、体验消费等新热点。支持南昌创建国家步行街改造提升试点,争创国家级夜间文旅消费集聚区。加快国家全域旅游示范区建设,完成全域道路旅游标牌建设,支持新余等地创建国家文化和旅游消费试点城市。健全促进全民健身和体育消费政策措施,推进足球场地等体育设施建设,提升体育运动水平,积极创建国家体育消费试点城市。全面推进放心消费创建,对旅游者在旅游购物场所购买商品后30日内不满意退货被拒的,由专项理赔资金管理机构先行代为赔付。

提高供给质量和效率。加快赣州商贸服务型国家物流枢纽、南昌菜鸟网络智能物流骨干网节点等建设,支持南昌、九江、鹰潭创建国家物流枢纽,深化与阿里、京东、苏宁等合作，打造智慧供应链体系。深入开展电子商务进农村综合示范建设，力争原苏区县电子商务全覆盖。实施城乡高效配送专项行动，推进冷链物流骨干网建设，完善物流末端基础设施，畅通“工业品下乡、农产品进城”双向通道。深入推进质量强省建设，大力开展标准、质量、品牌提升工程，实施覆盖产品全生命周期的质量管理、质量自我声明和质量追溯制度，持续打造赣菜品牌，让群众享有更加便捷、优质消费服务。

（三）大力实施创新驱动发展战略，加快提升产业现代化水平。决战创新型省份建设，完善创新引领产业高质量跨越式发展的体制机制，促进产业优化升级，加速产业创新倍增。

提升创新平台能级。加快鄱阳湖国家自主创新示范区建设，出台规划纲要、实施方案及支持政策。做实中科院江西育成中心，推进中药国家大科学装置、中科院稀土研究院、中科院庐山植物园、中国中医科学院江西分院、中科吉安生态环境研究院和南昌大学、南昌航空大学国际合作创新研究院等创新平台共建，加快创建井冈山国家农业高新技术产业示范区、国家稀土功能材料创新中心、虚拟现实创新中心等平台，举办国家级大院大所产业技术进江西活动。启动省级产业创新中心创建，发展市场化新型研发机构，探索建立省级实验室体系，支持华为 VR/AR 软件中心、江西欧菲电子信息中央研究院、中国信通院江西分院、中国商飞江西生产试飞中心等建设。发布省级产业重点共性技术和核心关键技术目录，实施重大技术装备首台（套）推广应用工程和重点新材料首批次应用示范工程。深入开展加大全社会研发投入攻坚行动，实施大中型企业研发机构覆盖计划，增强企业核心竞争力。

壮大优势产业集群。制定推动制造业高质量发展政策措施，完善工业高质量发展评价考核激励机制，实施重点产业集群提能升级计划，力争省级重点产业集群营业收入占规模以上工业比重超过 50%。打好产业基础高级化、产业链现代化攻坚战，培育 20 条左右优势产业链。加快“六大科创城”建设，支持抚州区域性数据中心、宜春赣西云计算中心等建设。推动修订中小企业促进条例，力争新增入规企业 1000 家、高新技术企业 500 家、省级“专精特新”中小企业 300 家、专业化“小巨人”企业 50 家，培育新增独角兽企业 2 家、瞪羚企业 50 家。

推动产业深度融合。突出数字经济引领，推动产业数字化转型，争创国家数字经济创新发展试验区。建成 5G 基站 2 万个，推进南昌、鹰潭及重点应用场景 5G 网络全覆盖，力争覆盖所有设区市，大力发展“5G＋工业互联网”。开展“03 专项”成果转移转化提速行动。实施智能制造升级工程，对 3000 户以上企业实施重大工艺技术改造和设备更新。推动先进制造业和现代服务业深度融合，实施服务型制造专项行动。加快省军民融合示范基地建设，积极创建国家（昌景）军民融合创新示范区，以北斗综合应用示范项目为龙头推进北斗产业园、科技园建设，构建军民融合优质集成社会化服务保障体系，提升“军转民”“民参军”水平。

集聚各类创新人才。编制高层次人才需求目录，实施好省“双千计划”“青年井冈学者”等人才支持和培育计划。下放职称评审和人才引进自主权，允许高校和科研机构因需评聘科研教学人员，推进设区市与省直单位人才政策互通共享。构建有利于创新的绩效评价体系，高校、科研院所科技成果转移转化净收入用于人员奖励的支出部分不纳入单位绩效工资总额，开展赋予科技人员职务科技成果所有权或长期使用权试点。加快人力资源服务产业园建设，启动建设国家级技能人才培养综合示范（试验）园区，开展“赣鄱工匠”“能工巧匠”以及“名师”“名家”等评选活动，贯通技术工人与专业技术人员职业发展通道，不断提高技术工人的社会地位。提高全民科学素养，加强科研诚信建设，让创新风气更正、氛围更浓、源泉充分涌流。

加快开发区改革创新。实施开发区改革和创新发展三年倍增行动，力争开发区营业收入突破 3.2 万亿元。探索开发区市场化建设和运营模式，构建“管委会＋平台公司＋基金”等机制。完善标准厂房和创新服务综合体功能，强化“亩产论英雄”导向，开发区亩均投资强度、营业收入双超 400 万元。落实“三统一分”，推进赣江新区发展提速提质，打造中部地区崛起和长江经济带发展重要支点。

（四）持续深化重点领域改革，增强发展内生动力。大力推进“放管服”改革，积极开展首创性、差异化改革探索，提高改革的系统性整体性协同性，让各项改革相得益彰、发生化学反应。

提升营商环境竞争力。推进优化提升营商环境十大行动，推动出台省优化营商环境条例。出台支持实体经济发展政策措施，提高省发展升级引导基金效能。全面落实减税降费政策和 182 条降成本优环境措施，构建降成本长效机制，力争全年为企业减负 1450 亿元以上。深化相对集中行政许可权改革试点，分类压缩工程建设项目审批时间。打造“赣服通”升级版，探索“区块链＋无证通办”。完善延时错时预约政务服务，建设“江西 12345”统一政务服务热线平台和统一网上中介服务超市。全面推行“互联网＋监管”。开展政务服务“好差评”和设区市营商环境评价，全力推动江西成为全国政务服务满意度最高省份之一。

建设高标准市场体系。执行公平竞争审查制度，落实市场准入负面清单，深化公共资源交易平台整合共享。完善要素市场化配置，全面实行燃煤上网电价“基准价＋上下浮动”机制，市场化电力交易规模达 500 亿千瓦时；扩大高速公路差异化收费试点；推进矿业权竞争性出让。深化金融改革创新，加快省一站式金融综合服务平台二期建设，支持民营和小微企业金融服务综合改革试点，争取获批赣州、吉安普惠金融改革试验区，深化绿色金融、科技金融、开发区金融等改革试点，加大供应链金融产品投放力度；推动融资担保机构做优做强做大；深入实施企业上市“映山红行动”，支持江西联合股权交易中心改革创新，实行企业上市分阶段奖励政策，力争新增上市企业 10 家左右。出台保护知识产权实施意见，拓展中国（南昌）知识产权保护中心功能，扩大知识产权质押贷款。打通信用信息交换“最后一公里”，强化信用分级分类监管，加快建设“信用江西”。

促进各类所有制经济竞相发展。实施国企改革创新三年行动，加快“双百企业”综合改革，开展“百户国企混改攻坚行动”，深化国企内部三项制度改革和职业经理人改革试点。提速推进江铜集团“创新倍增”，支持新钢公司转型升级冲千亿元。推进民营经济高质量发展，完善涉企政策制定和执行机制，健全执法司法平等保护机制，优化民营企业融资增信支持体系，发挥省非公有制经济发展服务中心作用，探索建立民营企业服务云平台，清理与企业性质挂钩的歧视性规定和做法，着力解决制约民营企业发展的行业垄断、账款拖欠、产权纠纷等问题。

（五）加快建设高水平开放型经济新体制，进一步拓宽发展空间。以对接融入国家战略为引领，更大范围、更宽领域、更深层次扩大开放，以大开放促进大发展。

构建全面开放新格局。深入实施"一带一路"布局行动，成立"一带一路"中国瓷器之路旅游联盟。积极参与长江经济带发展和中部地区崛起，主动对接京津冀协同发展和长三角一体化，推动赣京合作签署事项尽快落地，支持萍乡、宜春做实赣湘边区域合作产业园，全面推进赣浙边际合作（衢饶）示范区建设，加快建设新余－上海产业园，深化赣闽、赣鄂皖等合作。积极对接粤港澳大湾区、深圳中国特色社会主义先行示范区和海南自由贸易试验区（港），支持赣州打造对接融入粤港澳大湾区"桥头堡"和"后花园"。

加快建设开放高地。深化口岸"三同"试点，完善综合保税区、保税物流中心、保税仓库功能，积极申报中国（江西）自由贸易试验区，争创国家级内陆双向高水平开放试验区。支持井冈山出口加工区转型升级为综合保税区，支持九江、吉安创建跨境电商综合试验区。完善九江港、南昌港、赣州国际陆港、上饶无水港、鹰潭港等基础设施。推进九江直航日本大阪江海联运，增开国际航空口岸至主要客源国（地区）直航航班，提升入境旅游签证和通关便利性。

高水平统筹"引进来""走出去"。全面落实外商投资法，坚持引资引技引智并举，深入实施招大引强"三百工程"，持续开展"三请三回"和"三企"入赣。精心办好世界VR产业大会、上合组织传统医学论坛、正和岛年会、赣台会、央企入赣洽谈会等重大活动，参加中国国际进口博览会。实施外贸市场多元化战略，培育对外贸易新业态新模式，支持企业建立国际营销服务网络。加快江铜哈萨克斯坦巴库塔钨矿、赞比亚（江西）多功能经济区等建设。完善企业"走出去"服务体系，加强海外风险防控，支持航空、电子信息、汽车、农业、中医药等产能和服务走向国际大市场。

（六）加大区域城乡统筹协调力度，更快提升全域发展水平。深入实施区域协调发展战略和乡村振兴战略，健全城乡融合发展体制机制，促进区域优势互补、城乡共同繁荣。

构建区域发展新格局。全面实施大南昌都市圈发展规划，出台国土空间、城镇体系、综合交通、产业布局、生态环境等规划，提升"引领圈"首位度。深入实施高铁经济带发展规划，建设一批高铁新城和高铁经济试验区，推动相关产业项目向高铁沿线集聚。争取国家出台新一轮支持赣南等原中央苏区振兴发展政策，加快赣州省域副中心城市和吉泰走廊、向莆经济带建设。支持九江推进传统产业优化升级综合试点，努力提升九江在长江经济带重要节点城市中的地位和综合竞争力。全面落实新一轮支持赣东北开放合作、赣西转型升级政策措施，加快上饶和宜春区域中心城市、景德镇国家陶瓷文化传承创新试验区、鹰潭新一代宽带无线移动通信网试点示范基地、萍乡国家产业转型升级示范城市、新余国家新能源科技示范城、新宜吉六县跨行政区转型合作试验区等建设。促进县域经济高质量发展，支持有条件的县域经济加快实现创新倍增。

推进农业农村现代化。严格耕地保护红线管理，完成高标准农田建设任务，稳定粮食播种面积和产量。加强非洲猪瘟等疫病防控，取消不合理禁养限养规定，加快恢复生猪生产。推进农业结构调整"1＋9"行动计划、农产品加工业发展七大行动、林下经济发展行动计划和农村产业融合"百县千乡万村"试点示范，深化特色农产品保险试点，发挥南昌大学国际食品创新研究院作用，加快绿色有机农产品示范基地试点省建设，全面提升"生态鄱阳湖、绿色农产品"品牌影响力。大力培育新型职业农民，深入实施科技特派员制度，推进农业机械化升级和农机装备产业振兴，农业科技进步贡献率达60%。开展农民合作社规范提升行动，健全面向小农户的社会化服务体系，促进小农户和现代农业发展有机衔接。保持农村土地承包关系稳定并长久不变，推进承包地"三权分置"改革，抓好农村集体产权制度改革整省试点，完成农村房地一体确权登记颁证，推进农村经营性建设用地入市。规范管理农村集体资产，加快发展农村集体经济，基本消除年收入5万元以下集体经济薄弱村。加快供销合作社综合改革和垦区集团化、农场企业化改革。推进美丽宜居试点县建设，做好"多规合一"村庄规划编制，完成传统村落整体保护规划编制，基本完成不迁并村组整治建设任务。开展农业投入品减量增效提质行动，加大农村生活污水处理力度。深入实施特色小镇高质量发展工程，推进经济发达镇行政管理体制改革，支持鹰潭国家城乡融合发展试验区建设。

提升城市功能与品质。围绕"两年上台阶"目标，推进城市功能与品质提升"八大行动"。完善停车场等设施和综合交通体系，南昌市和其他设区市中心城区公共交通分担率分别达30%、20%。加快污水处理、垃圾环卫等设施建设，设区城市和县城污水处理率分别达95%、85%左右，基本建成生活垃圾分类处理系统。大力推进老旧小区改造，力争纳入2019年国家计划的老旧小区全部完成改造。完善便利店、社区菜市场等便民消费设施，优化文体等设施配置。综合利用好地上地下空间，统筹人防工程规划建设，持续推进地下综合管廊、海绵城市、公园城市、智慧城市建设和背街小巷改造、"城中村"改造、城郊结合部整治。全面取消城市落户限制，让城市更加包容、更具活力、更加宜居宜业。

（七）高质量推进国家生态文明试验区建设，更加彰显美丽江西新气象。坚定不移走生态优先、绿色发展之路，建成具有江西特色、系统完整的生态文明制度体系，高标准打造美丽中国"江西样板"。

实行最严格的生态环境保护制度。健全国土空间规划和用途统筹协调管控制度，基本完成省市县国土空间总体规划编制、生态保护红线评估优化及勘界落地。完善"河（湖）长制""林长制"，深入实施山水林田湖草生命共同体行动计划，健全生态保护和修复制度。完成赣江流域生态环境监管体制改革，完善污染防治跨区域联动机制，推进生态环境保护综合执法，支持开展生态公益诉讼，推动出台土壤污染防治条例。实行重点水域分类禁捕，做好退捕渔民转产就业和基本生活保障。开展经济生态生产总值核算试点，建立生态文明建设目标评价考核制度，落实生态补偿和生态环境损害赔偿制度，实行领导干部自然资源资产任中和离任审计、生态环境损害责任终身追究制，把制度刚性真正立起来。

促进资源高效利用。落实全民所有自然资源资产有偿使用制度，深入实施节地、节水、节矿、节材等行动。积极开展工业节能诊断服务行动，推广合同能源、合同环境管理，支持企业节能技术改造。发展资源回收利用产业，促进建筑垃圾综合处理利用，扩大污染第三方治理覆盖面，培育一批骨干环保企业。加强医疗废弃物协同应急处置，开展"点对点"定向利用经营许可豁免管理试点。推进公共机构节能，广泛开展绿色创建，完善激励约束机制，让低碳生活成为新时尚。

拓展生态价值实现机制。扎实开展国家生态综合补偿试点，建立健全财政资金与生态环境质量和生态价值转化挂钩激励机制。扩大排污权、碳排放权、用能权、用水权等交易。推进九江长江经济带绿色发展示范区建设，基本建成长江"最美岸线"。推进抚州生态产品价值实现机制试点、国家生态文明建设示范市县和"绿水青山就是金山银山"实践创新基地建设。开展生态公益林预期收益权质押贷款，推广"畜禽洁养贷"等绿色信贷产品。加快发展生态旅游、森林康养、大健康等绿色产业，实施国有林场"百场兴百业、百场带百村"行动。推进气象现代化，开发利用好气象资源。

（八）*完善提升基本公共服务，更好满足人民美好生活需要。*筹集财政性资金2000亿元办好51件民生实事，使全面建成小康社会成果更多更公平惠及全体人民。

促进更充分更高质量就业。实施稳就业三年行动计划，加大对高校毕业生、返乡农民工、退役军人等重点群体就业帮扶，对就业困难人员实行就业援助，确保城镇新增就业45万人、新增农村转移劳动力50万人、零就业家庭动态清零。继续实施阶段性降低失业和工伤保险费率、困难企业稳岗返还、职工在岗培训补贴政策。大力开展三年青年见习计划和职业技能提升行动，做好高职扩招工作。新增发放创业担保贷款110亿元，发挥创业带动就业"倍增效应"。落实保障农民工工资支付条例，打赢根治欠薪攻坚战，决不能让劳动者流汗又流泪。

完善覆盖全民的社会保障体系。全面实施全民参保计划，实行企业职工基本养老保险基金省级统收统支，推进失业、工伤保险省级统筹，合并实施生育保险和职工基本医疗保险，加快落实社保转移接续制度，完善异地就医结算制度，基本完成划转部分国有资本充实社保基金工作，提高退休人员基本养老金、城乡居民医保、城乡低保、抚恤补助、社会救助、农村困难残疾人补贴等标准。启动新就业形态人员职业伤害保障试点。推进养老服务体系建设发展三年行动，实施公办养老院改造提升工程，增加社区嵌入式养老服务设施供给，全面推广"党建＋农村养老服务"，开展南昌普惠养老城企联动试点，实行特困失能人员集中照护和农村互助养老服务。健全农村留守儿童和困境儿童关爱服务体系，加强孤弃儿童的区域性机构养育。完善社会救助、社会福利、慈善事业、优抚安置等制度，全面落实殡葬改革三年行动计划任务。推进棚户区和农村危房改造，完成保障性住房建设国家任务，确保群众住有所居、住得安心。

繁荣发展各项社会事业。坚持教育优先发展，深入开展城镇小区配套幼儿园专项治理，确保学前三年毛入园率达85%，普惠性幼儿园占比达80%，公办幼儿园在园幼儿占比达50%；实施县域义务教育发展基本均衡巩固提升计划，基本补齐乡镇寄宿制学校和乡村小规模学校短板，基本消除义务教育和普通高中大班额，完善随迁子女义务教育入学政策，加强中小学教师队伍建设，九年义务教育巩固率达96%；加快实施"双高计划"，抓好国家职业教育虚拟仿真示范基地建设；推进"双一流"高校建设，优化高等教育布局，增加高校高级职称岗位比例并向高水平专业倾斜，扩大高校办学自主权，稳定提升高校毕业生就业率和留赣比例，做好全国第七届大学生"互联网＋"创新大赛筹备工作。推进健康江西行动，实现5所省直医院新院全面运营，加快3所公共卫生机构建设；深化基本药物制度综合试点、药品耗材集中带量采购改革、医保支付方式改革和县域综合医改，健全药品供应保障体系，探索开展医耗联动综合改革；推进国家区域医疗中心创建和城市医疗集团建设试点；坚持中西医并重，促进中医药传承创新发展，打响热敏灸品牌；加强公共卫生管理和重大传染病防控，开展地方病、尘肺病防治攻坚行动。加快文化强省建设，完善以高质量发展为导向的文化经济政策，健全支持群众性文化活动机制，推进公共文化服务体系建设和基层文化服务阵地资源整合，实现标准化综合性文化服务中心乡镇（街道）、村（社区）全覆盖，支持萍乡创建国家公共文化服务体系示范区；深化拓展新时代文明实践中心试点，完善省市县三级融媒体联动机制；加强文物保护利用，加快建设鄱阳湖博物馆，开展长征国家文化公园建设；办好汤显祖戏剧节暨国际戏剧交流月、全国采茶戏汇演等活动。加强新型智库建设，繁荣发展哲学社会科学。

建设社会治理共同体。深化全国社区治理和服务创新实验区创建行动，探索建立市域社会治理现代化机制，抓好首批乡村治理体系建设试点，推进社区建设、社会组织、社会工作"三社联动"，全面推行网格化管理、组团式服务。加快公共法律服务体系建设，完成农村"法律明白人"工程目标，推进信访工作专业化、法治化、信息化，完善多元化纠纷解决机制，构建解决执行难长效机制。完善社会治安防控体系，加强综治中心实体化建设，实施"智慧治理"工程，纵深推进扫黑除恶专项斗争。严格落实安全生产责任制，坚决遏制重特大事故发生。落实"四个最严"要求，加强食品药品安全监管，提升省医疗器械检验检测中心能力，建立食品药品安全信息共享机制，构建过期药品回收体系。完善应急管理体制，推进应急救援航空体系建设试点，强化乡镇应急管理基础和应急救援队伍建设，提高防灾减灾救灾能力。完善网络综合治理体系，强化网络安全，严打网络犯罪，全面净化网络空间。健全国家安全体系，确保社会大局稳定。

加强全民国防教育，支持南昌创建国家国防教育示范城。完善双拥工作和军民共建机制,健全退役军人工作体系和保障制度,推广“尊崇工作法”。加强民族宗教、外事侨务、对台、援疆等工作,更好发挥工青妇、科协、红十字会等群团组织作用。做好第七次全国人口普查。精心编制“十四五”规划。

各位代表!越是攻坚决胜关头,越要求政府忠诚干净担当。我们将认真落实不忘初心、牢记使命制度,持续深化“五型”政府建设,加快推进政府治理现代化。强化政治定力,把党的领导贯穿政府治理各领域各方面各环节,增强“四个意识”、坚定“四个自信”、做到“两个维护”,始终在思想上政治上行动上同以习近平同志为核心的党中央保持高度一致,自觉用习近平新时代中国特色社会主义思想武装头脑、指导实践、推动工作。完善行政体制,优化行政决策、行政执行、行政组织、行政监督体制,厘清政府和市场、政府和社会的关系,完善政府经济调节、市场监管、社会管理、公共服务、生态环境保护等职能,形成决策科学、执行高效、组织合理、监督有力的权力运行机制,基本建成法治政府。提升治理效能,严格依法行政,创新行政方式,强化专业素养,尊重客观规律,倾听群众呼声,建立重点专项工作定期调度机制,推行“高位化调度、集成化作战、扁平化协调、一体化办理”工作模式,切实把群众期盼的事变成政府要干的事,把政府在干的事变成群众理解和支持的事,把政府干成的事变成惠及广大人民群众的事。促进勤政廉政,进一步完善及时奖励制度,落实容错纠错机制和澄清正名机制,强化担当作为正向激励,在为基层减负上出台更加管用、有力措施,坚决全面彻底肃清苏荣案余毒,大力纠治形式主义、官僚主义和“怕、慢、假、庸、散”等作风顽疾,倡导“不为不办找理由、只为办好想办法”,以履职尽责守初心,以清正廉洁显本色。坚守节用裕民之道,精打细算过日子、勤俭节约办事业,省本级深化零基预算改革试点并压减一般性支出10%,集中财力保工资、保运转、保基本民生。

各位代表!2019年,我们用汗水浇灌收获;2020年,我们要以实干笃定前行。老区不老,生机勃发,风景这边将更好!让我们更加紧密团结在以习近平同志为核心的党中央周围,在省委坚强领导下,以“作示范、勇争先”的精气神,只争朝夕、不负韶华,坚决夺取全面建成小康社会伟大胜利,描绘好新时代江西改革发展新画卷!

附件:

《政府工作报告》有关内容名词注释

1. 商贸消费升级“五大行动”:“优品”“兴市”“强商”“旺客”“捷运”。

2. “5020”项目:国家级开发区和省级开发区每年分别至少引进一个投资超50亿元、超20亿元的产业项目。

3. 优化提升营商环境十大行动:企业注销便利化行动、简化施工许可证办理程序行动、方便企业获得用水报装行动、方便企业办理用电报装行动、方便企业获得用气报装行动、方便企业办理不动产登记行动、降低企业获得信贷难度和成本行动、优化企业纳税服务行动、提升企业跨境贸易和外商投资便利化行动、通关与沿海同样效率行动。

4. 口岸“三同”试点:口岸货物进境与沿海同价到港、出境与沿海同价起运、通关与沿海同等效率。

5. “三区”划定:禁养区、限养区和适养区。

6. “绿盾”行动:自然保护地强化监督行动。

7. “双高计划”:中国特色高水平高职学校和专业建设计划。

8. 安全生产“十大专项整治”:道路交通安全整治、建设工程施工安全整治、危险化学品安全整治、煤矿安全整治、非煤矿山安全整治、烟花爆竹安全整治、消防安全整治、工贸行业安全整治、城市运行安全整治、特种设备安全整治。

9. 全面依法治省“八大示范工程”:政治引领示范工程、法治护航示范工程、科学立法示范工程、严格执法示范工程、公正司法示范工程、法治惠民示范工程、能力提升示范工程、保障高效示范工程。

10. “三减三强两倡导”:精减文件简报、精减会议活动、精减督查考核,强化问题破解、强化大干项目、强化政务服务,倡导“一线工作法”、倡导“尽职尽责敢担当、不为乱为皆问责”。

11. 行政执法“三项制度”:行政执法公示制度、执法全过程记录制度、重大执法决定法制审核制度。

12. “六大科创城”:南昌航空科创城、赣州稀金科创城、中国(南昌)中医药科创城、上饶大数据科创城、鹰潭智慧科创城、南昌VR科创城。

13. “三统一分”:统一平台、统领规划、统筹管理,分片运行。

14. “双百企业”:国家选取百余户中央企业子企业和百余户地方国有骨干企业,在2018至2020年期间实施国企改革。

15. “点对点”定向利用:仲钨酸铵生产过程中碱分解产生的碱煮渣(钨渣)和废水处理污泥满足《水泥窑协同处置固体废物污染控制标准》(GB 30485)要求时,进入水泥窑协同处置,处置过程不按危险废物管理。

16. 三年青年见习计划:自2019至2021年,利用三年时间组织3.3万名青年参加就业见习。

17. “尊崇工作法”:打造“一域一队伍”、建立“一人一台账”、落实“一家一对接”、组织“一周一活动”、开展“一月一堂课”、实施“一季一走访”、举行“一年一评选”。

本栏编辑 游桃琴

大　事　记

1　月

1 日　《江西省实施河长制湖长制条例》施行。

同日　省卫健委在省妇幼保健院颁发江西省第一张第六版出生医学证明。

同日　江报客户端新闻中心挂牌。同时，江西手机报客户端升级为江报客户端。

3 日　省政府在南昌举行省政府参事、省文史研究馆馆员聘任仪式。省长易炼红出席并为新聘任的 4 名参事、10 名馆员颁发聘书。

同日　江西省 17 名运动员入选国家体育总局冬季运动管理中心冬季项目集训队，填补江西省开展冰雪项目的空白。

同日　2018 年国家级教学成果奖获奖项目公布，江西省获一等奖 2 项、二等奖 24 项。其中，吉安县敖城镇三锡坊前田希望小学完成的《乡土化、项目化、常态化：一所山村小学的综合实践活动课程》获基础教育一等奖，江西中医药大学参与完成的《以标准引领全球中医药教育——中医药教育标准的创建与实践》获高等教育一等奖。国家级教学成果奖是教育领域由政府设立的最高级别业务类奖励。

5 日　2018 全球华人摄影十杰组委会评选出 2018 全球华人年度摄影排行榜。江西省摄影家协会主席徐渊明获评 2018 全球华人十大年度摄影人物，江西婺源获评十佳摄影目的地、婺源江湾获评十佳摄影小镇，江西天人影像俱乐部获评十佳摄影俱乐部、江西摄影家俱乐部获评十佳摄影教育机构，江西省摄影家协会副主席肖戈获评十大摄影导师称号。

6 日　江西省地域文化研究会在南昌成立。会上举行总顾问和名誉会长聘任仪式，聘请省政府原副省长胡振鹏为总顾问，聘请江西省社科院研究员王明美、振乾坤集团董事局主席胡建华为名誉会长。

8 日　2018 年度国家科学技术奖励大会在北京召开，上饶市致远环保科技有限公司王鹏磊参与完成的“复杂组分战略金属再生关键技术创新及产业化”、江西蓝翔重工有限公司李杨参与完成的“煤矿岩石井巷安全高效精细化爆破技术及装备”2 个项目获国家技术发明奖二等奖。江西青峰药业有限公司参与完成的“基于整体观的中药方剂现代研究关键技术的建立及其应用”、江西省农业科学院土壤肥料与资源环境研究所参与完成的“中国典型红壤区农田酸化特征及防治关键技术构建与应用”2 个项目获国家科学技术进步奖二等奖。

同日　省生态环境保护委员会第一次会议召开。会议审议并原则通过《江西省生态环境保护委员会工作规则》《江西省生态环境保护约谈办法》等制度文件，《江西省污染防治攻坚战八大标志性战役总体工作方案》以及专项行动实施方案。

同日　瑶湖机场获由中国民用航空华东地区管理局颁发的通用机场使用许可证，成为江西省首个 4D 级 A 类通用机场，为江西省通航产业发展奠定基础。

9 日　第 18 次省政府常务会议召开。会议传达学习中共中央总书记习近平在中央政治局民主生活会上的重要讲话精神，讨论《政府工作报告（讨论稿）》，审议并原则通过《国家生态文明试验区（江西）建设情况的报告（送审稿）》《江西省人民政府 2019 年立法工作计划（草案）》。

同日　“五型”政府建设扩大社会参与、加强社会监督平台正式上线运行。省长易炼红启动上线并讲话。省委常委、常务副省长毛伟明出席并启动上线。

10 日　2019 年全国文化科技卫生“三下乡”江西分会场集中示范活动在大余县举行。此次活动，国家广播电视总局支持江西省广播电视事业发展物资、项目、资金共计 7567 万元。

11 日　省政协十二届第二十一次主席（扩大）会议在南昌召开。会议审议通过《省政协十二届常委会第四次会议方案》，审议《政协江西省第十二届委员会常务委员会关于增设和调整专门委员会设置的决定（草案）》，审议《关于鄱阳湖生态环境整治三个“老大难”问题三十条对策的建议案》。

14 日　省十三届人大常委会第十次会议在南昌举行。会议审议并表决通过《江西省人民代表大会常务委员会关于全面纵深推进扫黑除恶专项斗争的决定》、江西省第十三届人民代表大会第三次会议列席人员范围、《江西省人民代表大会常务委员会关于调整江西省第十三届人民代表大会第三次会议召开时间的决定》、代表资格审查报告和人事免职名单。

同日　中国文化遗产大会——文化遗产保护与利用学术论坛活动在乐平市举行。乐平市被命名为中国古戏台之乡。

16 日　全省农村工作会议在南昌召开。省委书记刘奇出席并讲话，省长易炼红主持会议，省领导赵力平、朱虹、刘卫平出席会议。

17 日　中国、俄罗斯、蒙古 3 个

国家的6个机构在南昌签订《白鹤研究与保护合作备忘录》，就白鹤在越冬地、繁殖地、度夏地的繁殖、生存状况、保护方面进行长效合作。

18—19日 中国共产党江西省第十四届纪律检查委员会第四次全体会议在南昌举行。省委书记刘奇出席全会并讲话。省委常委和省人大常委会、省政府、省政协的领导出席会议。会议审议通过孙新阳代表省纪委常委会所作的《推动纪检监察工作高质量发展，为共绘新时代江西物华天宝人杰地灵新画卷提供坚强保障》工作报告。

20日 台湾民主自治同盟江西省第一次盟员大会在南昌召开。会议选举曾鲁台为台盟江西省第一届委员会主任委员，选举徐友洪、吕少军为副主任委员。

同日 在“国研智库论坛·第五届新年论坛（2019）”上，景德镇古窑民俗博览区获评中国样本——改革开放40周年经典案例。

21日 全省首届“最美法庭”颁奖典礼在南昌举行。省委常委、省委政法委书记尹建业出席典礼并为10个“最美法庭”颁奖。10个“最美法庭”分别为南昌市西湖区人民法院桃花人民法庭、庐山市人民法院温泉人民法庭、萍乡市安源区人民法院五陂人民法庭、进贤县人民法院梅庄人民法庭、会昌县人民法院西江人民法庭、泰和县人民法院禾市人民法庭、上饶市广丰区人民法院洋口人民法庭、赣州市南康区人民法院唐江人民法庭、万年县人民法院丰收人民法庭、婺源县人民法院清华人民法庭。

22日 全省宣传部长会议在南昌召开。省委常委、省委宣传部部长施小琳出席并讲话，副省长吴忠琼主持。会议传达贯彻全国宣传部长会议精神和省委对做好全省宣传思想工作的要求，总结上年工作，安排部署全省宣传思想文化工作。

同日 广吉高速通车。广吉高速公路是交通运输部第一批绿色公路建设典型示范工程项目，也是江西唯一一个绿色公路建设典型示范工程项目。

23日 全省地方志工作暨纪念《江西省实施〈地方志工作条例〉办法》颁行十周年座谈会在南昌召开。

25日 省十三届人大常委会第十一次会议在南昌举行。会议补选易炼红为第十三届全国人民代表大会代表，其代表资格须经全国人大常委会代表资格审查委员会审查后，由全国人大常委会确认并公布。

26—29日 省政协十二届二次会议在南昌召开。会议通过省政协十二届二次会议决议和省政协十二届二次会议提案初步审查情况的报告。补选万林、刘勇、唐理斌、谢茂林为省政协十二届委员会常务委员。

27日 省委常委会召开会议，学习中央政治局会议、中央政治局第十二次集体学习、中央全面深化改革委员会第六次会议精神，研究江西省贯彻落实意见。会议审议并原则通过《关于坚持农业农村优先发展做好“三农”工作的实施意见》。

27—31日 省十三届人大三次会议在南昌召开。会议表决通过关于政府工作报告的决议、关于江西省人民代表大会常务委员会工作报告的决议、关于江西省2018年国民经济和社会发展计划执行情况与2019年国民经济和社会发展计划的决议、关于江西省2018年预算执行情况和2019年预算的决议、关于江西省高级人民法院工作报告的决议、关于江西省人民检察院工作报告的决议、关于国家生态文明试验区（江西）建设情况报告的决议；补选胡世忠为省人大常委会副主任；补选肖德福、周雍为省人大常委会委员；表决通过省人大有关专门委员会组成人员名单。

30日 由都昌县苏山乡袁如岗湾村村民袁银初主编的江西首部自然村村志《袁如岗湾村志》被国家方志馆永久收藏。

同月 经省国资委同意并报省人社厅备案，江西铜业集团公司被批准列为工资总额负面清单管理试点企业，获得更大的工资分配自主权。这是江西省第一家开展工资总额负面清单管理试点的企业。

同月 江西省卫生健康委员会党组书记、主任丁晓群入选2018年度全国“推进医改，服务百姓健康”十大新闻人物，这是江西省连续10年获该项荣誉。

7月21日，航拍广吉高速宁都大沽乡段

聂乐成摄

2　月

2日 省委、省政府出台《中共江西省委 江西省人民政府 关于坚持农业农村优先发展做好“三农”工作的实施意见》。

同日 省委办公厅、省政府办公厅印发《关于提高技术工人待遇的实施意见》。

12日 省扶贫开发领导小组会议召开。会议传达学习中共中央总书记习近平关于脱贫攻坚专项巡视工作的重要指示和在中央经济工作会议上关于打好脱贫攻坚战的重要指示，学习全国扶贫开发工作会议精神，听取全省脱贫攻坚工作有关情况和精准帮扶“十大行动”9个省直牵头单位2019年工作安排落实情况的汇报，审议并原则通过《江西省扶贫开发领导小组2019年度工作要点》《江西省2019年减贫指导性计划》《2019年省级脱贫攻坚督导工作方案》。

14日　省红十字会七届四次理事会在南昌召开。会议决定，聘请省长易炼红担任省红十字会名誉会长。副省长、省红十字会会长孙菊生出席会议并讲话。会议调整部分兼职副会长、常务理事、理事。会议审议通过省红十字会七届理事会2018年度工作报告及2018年度全省红十字会财务收支情况报告。

15日　省对口支援新疆工作领导小组第七次会议召开。会议听取江西省援疆涉疆工作情况汇报，审议“十三五”援疆规划中期评估报告，部署2019年有关工作。

17日　第20次省政府常务会议召开，传达学习中共中央总书记习近平在中央政治局第十二次集体学习时的重要讲话精神，研究部署推进5G和数字经济发展、实施“2+6+N”产业高质量跨越式发展行动计划等工作，审议并原则通过《江西省5G发展规划(2019—2023年)》《江西省实施数字经济发展战略的意见》《江西省“2+6+N”产业高质量跨越式发展行动计划(2019—2023年左右)》。

18日　省推动长江经济带发展领导小组第一次会议召开。会议传达国家推动长江经济带发展领导小组会议和领导小组办公室会议精神，审议并原则通过省推动长江经济带发展领导小组工作规则及办公室工作细则，听取省推动长江经济带发展工作进展情况汇报以及有关部门和设区市推动长江经济带发展重点任务工作及环境突出问题整改情况汇报，研究部署2019年工作。省长、省推动长江经济带发展领导小组组长易炼红出席并讲话。

19日　省委脱贫攻坚专项巡视整改领导小组第一次会议召开。会议审议并原则通过《江西省关于中央脱贫攻坚专项巡视反馈意见整改工作方案》。

同日　省委农村工作领导小组第一次会议暨省实施乡村振兴战略工作领导小组第一次会议、省社会主义新农村建设暨农村人居环境整治工作领导小组会议召开。会议审议并原则通过省委农村工作领导小组工作规则和省委农村工作领导小组办公室工作细则、2019年省委一号文件责任分工方案、新农村建设和农村人居环境有关配套文件。省委书记、省委农村工作领导小组组长刘奇出席会议并讲话。

20日　省委退役军人事务工作领导小组第一次全体会议召开。会议传达学习中央退役军人事务工作领导小组第一次全体会议和全国有关会议精神，审议并原则通过省委退役军人事务工作领导小组工作规则、办公室工作细则、成员单位联络员制度以及《关于加快推进全省退役军人服务保障体系建设的实施意见》。

同日　中国地质学会公布2018年度“十大地质找矿成果”，江西省横峰县松树岗矿区探明超大型钽铌稀有多金属矿床、新余市石竹山—上高县樟木桥探明世界最大硅灰石矿2个项目入选。

20—23日　2019年奥地利羽毛球公开赛在维也纳进行，江西19岁男子羽毛球运动员李诗沣获亚军。

21日　省生态文明建设领导小组2019年第一次会议召开。会议审议并原则通过江西省国家生态文明试验区建设2019年工作要点、关于加快生态文明制度建设和经验总结推广全面推进国家生态文明试验区建设工作方案、南昌山水林田湖草生命共同体示范区总体建设方案，通报2017年全省生态文明建设年度评价结果、2016—2017年全省生态文明建设目标考核情况。

同日　江西省铅山、婺源两县被中国地名文化遗产保护促进会认定为中国地名文化遗产——千年古县。

22日　赣江新区建设领导小组、大南昌都市圈发展协调推进领导小组、VR产业发展领导小组会议召开。会议听取赣江新区建设、大南昌都市圈发展和全省VR产业发展重点工作等情况汇报，审议并原则通过《关于支持大南昌都市圈发展的若干政策措施》《2019世界VR产业大会总体方案》《江西省虚拟现实产业发展规划(2019—2023年)》。

24日　第21次省政府常务会议召开。会议传达学习国务院总理李克强关于全国市场监管系统持续深化改革优化营商环境工作座谈会的批示精神、关于安全生产工作的批示精神，审议并原则通过《全省政府系统推动“三减三强两倡导”深化“五型”政府建设推进高质量跨越式发展若干措施(试行)》。

25日　省委全面深化改革委员会第三次会议召开。会议传达学习中央深改委第六次会议精神，审议并原则通过《省委深改委2018年工作总结报告》《省委深改委2019年工作要点》及8个专项小组《工作计划》、2018年度全省全面深化改革工作分类考评结果和《省委深改委成员2018年领衔推进落实重大改革项目实施情况的总结报告》《省委深改委成员2019年领衔推进落实重大改革项目实施方案》《省委深改委2019年会议审议事项计划》《省委深改委2019年督察计划》。会议审议并原则通过江西日报社(江西报业集团)等4家文化单位《深化改革方案》《江西省关于完善促进消费体制机制进一步激发居民消费潜力的实施意见》《江西省关于全面实施预算绩效管理的实施意见》《江西省关于完善国有金融资本管理的实施意见》《江西省关于加强和改进生活无着的流浪乞讨人员救助管理工作的实施意见》。

同日　全省扶贫开发工作会议在南昌召开。会议传达学习贯彻全国扶贫开发工作会议、省委召开的中央脱贫攻坚专项巡视反馈意见整改工作动员会议及省扶贫开发领导小组会议等精神，对2019年脱贫攻坚工作进行部署。

同日　全省退役军人事务工作会议在南昌召开，这是江西省退役军人事务机构组建以来召开的第一次全省性工作会议。省委退役军人事务工作领导小组副组长、副省长胡强出席并讲话。

26日　省委常委会召开会议。会议传达学习中共中央总书记习近平在中央政治局第十三次集体学习、中央全面依法治国委员会第二次会议上的重要讲话精神，研究实施数字经济发展战略等工作，会议审议并原则则通过《江西省实施数字经济发展战略的意见》。

同日　全省教育大会在南昌召开。会议审议《关于推进教育强省建设的意见(征求意见稿)》和《江西省加快推进教育现代化实施方案(2018—2022年)(征求意见稿)》。这2个文件明确全省教育改革攻坚的目标任务,是加快教育改革发展的路线图。

同日　南昌大学第一附属医院与中国电信江西分公司举行智慧医院5G联合实验室挂牌活动,标志着全省首个智慧医院5G联合实验室成立。同月,江西省首个医疗行业5G基站落户南昌大学第一附属医院。

同日　国家体育总局下发《关于授予全国518人运动健将称号的通知》,其中江西省12名运动员入选。他们分别是胡润杰(体操),李志毅(乒乓球),钟泽州、任程鸣、张子豪、淦龙、杨浩睿、陈柏阳(羽毛球),敖圆生(自由飞类模型),曾睿(无线电遥控模型),许港(航天模型),韦一博(围棋)。

同日　江西省儿童医院新生儿重症监护室被中华全国总工会授予"全国五一巾帼标兵岗"称号。

同日　江西省发布《江西省5G发展规划(2019—2023年)》。

27日　全省应急管理工作会议在南昌召开,这是江西省应急管理部门组建后召开的第一次全省应急管理工作会议。省委常委、副省长刘强出席会议。

27—28日　首届中国纺织服装企业传媒大会暨于都产业转移升级对接会在于都召开。

28日　初教6飞机TC/PC(型号合格证/生产许可证)在南昌颁发。这是中国第一个进行军转民的飞机型号,标志着初教6飞机进入国内民用航空市场。副省长吴晓军出席活动并讲话。

同月　南昌大学与北京神州绿盟科技有限公司联合建立的网络空间安全联合实验室正式挂牌,这是江西省建立的首家网络空间安全联合实验室。

同月　省政府出台《江西省在赣江流域开展按流域设置生态环境监管和行政执法机构试点实施方案》,标志着江西省在赣江流域开始探索建立"统一规划、统一标准、统一环评、统一监测、统一执法"的生态环境保护体制机制。这是全国首个由省政府颁布实施按流域设置生态环境监管和行政执法机构的试点方案。

同月　江西省出台《加快独角兽、瞪羚企业发展十二条措施》,首次在省级层面建立评选发布及奖励体系。

3　月

1日　《赣南客家围屋保护条例》施行。

同日　江西省与中国科学院在北京举行科技合作工作座谈会。会上,双方签署省院共同推进建设中药大科学装置、共建中科院庐山植物园的有关协议。4月2日,科技合作推进会在南昌召开。

4日　恒邦集团向江西铜业股份有限公司(简称"江西铜业")转让股份。江西铜业成为恒邦股份的第一大股东,控制恒邦股份。江西省唯一的世界500强企业——江铜集团旗下将再添1家上市公司,也是其首次实施上市公司控制权收购。

5日　中共中央政治局常委、全国人大常委会委员长栗战书参加十三届全国人大二次会议江西代表团的审议,同代表们一起审议政府工作报告。

5—11日　第十届全国残疾人运动会暨第七届特殊奥林匹克运动会提前比赛项目冬季两项和越野滑雪比赛在黑龙江省双峰滑雪场举行。江西省运动员黄必涛获冬季两项男子坐姿LW12级12.5千米金牌,为江西省摘得该届全国残运会首金,这也是江西省残疾人冬季项目史上的首枚金牌。11日,黄必涛在越野滑雪公开组男子混合接力4×2.5千米项目上获银牌。

9日　省委办公厅、省政府办公厅印发《关于分类推进人才评价机制改革的实施意见》。

11日　中国田径协会公布2018年金牌赛事名单。在全国1581场马拉松赛中,2018婺源国际马拉松赛成为全国唯一一场县级举办的金牌赛事。

12日　江西省2019年首趟光伏中欧班列(上饶站至哈萨克斯坦阿拉木图)开行。

15日　支持赣南等原中央苏区振兴发展部际联席会议第六次会议在北京召开。全国政协副主席、国家发改委主任何立峰,国家发改委副主任张勇、胡祖才出席,江西省委书记刘奇出席并讲话,省长易炼红,省委副书记、赣州市委书记李炳军介绍江西省、赣州市推进苏区振兴发展情况;国家发改委副主任罗文主持会议。刘奇代表省委、省政府感谢联席会议各成员单位和福建、广东等其他省对江西经济社会发展特别是推动苏区振兴发展给予的大力支持。

16日　省委书记刘奇主持召开全省领导干部会议,省委副书记、省长易炼红传达中共中央总书记、国家主席习近平全国"两会"期间重要讲话精神以及十三届全国人大常委会委员长栗战书、国务委员王勇在参加江西代表团审议时的讲话精神,省政协主席、党组书记姚增科传达全国政协十三届二次会议精神,省人大常委会副主任、党组书记周萌传达十三届全国人大二次会议精神。

17日　在第十五届世界夏季特殊奥林匹克运动会举重比赛中,江西选手获6金6银。在男子66公斤级比赛中,陈赞获4金;在女子72公斤级比赛中,江如雪获1金2银;在女子63公斤级比赛中,李楚楚获1金3银;在男子59公斤级比赛中,汪文强获1银。

18日　中国民间文艺家协会命名万安县为"中国唱船文化之乡",安福县为"中国福文化之乡"。

19日　由白俄罗斯驶抵南昌和由南昌发往白俄罗斯的两列中国国际进口博览会"江西号"班列,在南昌(向塘)铁路口岸同时到发,标志着江西省首条"点对点"中欧双向班列正式开通。

20日　湄公河次区域合作反拐进程第13届高官会暨六国联合打击拐卖人口行动总结会在南昌举行。中国、老挝、缅甸、泰国、柬埔寨、越南6国政府代表和联合国合作反拐项目办公室(UN-ACT)负责人参加会议。中国公安部副部长杜航伟,江西省副省长、省公安厅厅长秦义出席会议并致辞。

同日　智轨电车在永修开通。永修县城成为全国首个开通智轨电车的地方。

20—22日　全省市厅级主要领导干部坚持底线思维着力防范化解重大风险专题研讨班在南昌举行。省委书记刘奇作动员讲话和辅导报告,省委副书记、省长易炼红主持结业仪式并作总结讲话。

25日　省委常委会召开会议,传达学习中共中央总书记习近平在学校思想政治理论课教师座谈会、中央全面深化改革委员会第七次会议上的重要讲话精神,学习中共中央总书记习近平对江苏响水“3·21”特别重大爆炸事故重要指示精神,研究江西省贯彻落实意见。会议审议并原则通过《关于力戒形式主义为基层减负的三十条措施》。

同日　第22次省政府常务会议召开。会议传达学习中共中央总书记习近平在中央政治局第十三次集体学习时的重要讲话精神、脱贫攻坚专项巡视整改工作电视电话会议精神,学习贯彻中共中央总书记习近平、国务院总理李克强对江苏响水“3·21”特别重大爆炸事故作出的重要指示批示精神,研究部署落实工作;会议审议并原则通过《深入推进“放管服”改革　全面优化政务服务的若干措施》《关于实施“节地增效”行动的指导意见》《江西省城乡建设用地增减挂钩节余指标调剂实施细则》《江西省跨设区市补充耕地省级统筹调剂管理办法》《江西省全面推行行政执法公示制度执法全过程记录制度重大执法决定法制审核制度实施方案》。

同日　江西省高级人民法院举行全省法院集约送达中心启用仪式,标志着全国法院首个省级集约化送达中心成立并运营。

同日　在射击世界杯墨西哥站女子飞碟双向比赛中,江西省射击运动管理中心运动员张冬莲获季军,并凭此铜牌为中国飞碟队获一个2020年东京奥运会的参赛席位。

同日　全省推进新时代产业工人队伍建设改革协调小组会议召开。会议总结分析2018年全省产业工人队伍建设改革工作情况,研究2019年改革工作安排,进一步推动《江西省新时代产业工人队伍建设改革实施方案》落地见效。省委副书记、改革协调小组组长李炳军出席会议并讲话。

26日　省委全面依法治省委员会第二次会议召开。会议听取2018年度法治江西建设工作总结和考评情况汇报。会议审议并原则通过《省委全面依法治省委员会2019年工作要点》《关于统筹推进全面依法治省“八大示范工程”工作方案》《关于全面推行行政规范性文件合法性审核机制的实施意见》。

同日　省委办公厅、省政府办公厅印发《江西省革命文物保护利用工程(2018—2022年)实施方案》。

27日　全国工商联在井冈山启动年轻一代民营企业家理想信念教育活动。全国工商联党组副书记、副主席樊友山出席年轻一代民营企业家践行井冈山精神座谈会,并为“全国非公有制经济人士理想信念教育基地”和“全国民营企业家理想信念教育基地教学点”揭牌。

28日　省十三届人大常委会第十二次会议第二次全体会议在南昌举行。会议表决通过《江西省实施〈中华人民共和国慈善法〉办法》和新修订的《江西省宗教事务条例》《江西省实施〈中华人民共和国野生动物保护法〉办法》。表决通过江西省人民代表大会常务委员会关于批准修订《南昌市城乡建设档案管理条例》的决定、关于批准《萍乡市城市市容和环境卫生管理条例》的决定、关于批准《鹰潭市文明旅游促进条例》的决定、关于批准《赣州市革命遗址保护条例》的决定、关于批准《上饶市历史建筑保护条例》的决定、关于批准《抚州市烟花爆竹销售燃放管理条例》的决定以及人事任免名单。会议经表决,决定任命徐忠为省人大常委会选举任免联络工作委员会主任,任命舒仁庆、饶剑明为省人大社会建设委员会副主任委员,马力为省人大社会建设委员会委员。

同日　江西省第十三届人民代表大会常务委员会第十二次会议修订通过《江西省宗教事务条例》,自2019年5月1日起施行。

29日　省委印发《关于力戒形式主义为基层减负的三十条措施的通知》。

31日　国内产能最大、中国石化首套烷基化装置,在九江石化一次开车成功,生产出合格的烷基化油产品。

同日　2019年首届江西省青少年智能机器人竞赛在南昌大学前湖校区举行。竞赛由省科协、省科技厅、团省委主办。

同月　江西省国家级大学生创新创业实训中心建成,3月底面向全省高校大学生开放。实训中心由省教育厅、南昌市、南昌高新区共建,是全省首个大学生双创实训中心。

同月　中国银行业协会公布“2018年中国银行业100强榜单”。江西银行、九江银行进入全国百强。

同月　江西省肿瘤医院静脉药物配置中心引进江西首个“机器人护士”。

4　月

1日　中央扫黑除恶第15督导组督导江西省工作动员会在南昌召开。中央第15督导组组长支树平、副组长徐海斌就做好督导工作分别讲话。省委书记刘奇作动员讲话,省长易炼红主持会议。根据安排,中央扫黑除恶第15督导组督导进驻时间原则上为1个月(2019年4月1日至30日)。9日,中央扫黑除恶第15督导组召开与省委工作通报对接会。中央督导组组长支树平主持会议并通报督导组进驻江西省以来开展督导工作的有关情况。省委书记刘奇作表态发言。会后,省委召开会议进行贯彻部署。5月29日,督导组组长支树平向江西省反馈2019年4月进驻江西督导工作情况。支树平传达全国扫黑除恶专项斗争领导小组第六次会议精神,移交《江西省扫黑除恶专项斗争督导整改问题清单》《江西省扫黑除恶专项斗争督导问责建议清单》。

同日　江西省首条通勤航线——南昌至赣州开始商业运行。

2日　第六届健美操世界杯和第九届国际健美操公开赛在葡萄牙结束。江西师大健美操队12名运动员及师大附中3名中学生运动员获1

金1银4铜。

3—6日　2019年全国女子举重锦标赛在湖北宜昌市举行。江西选手黄婷获64公斤级抓举、总成绩冠军、挺举亚军,李蓉获76公斤级抓举、挺举、总成绩季军。

7日　省政府召开加强行业监管深入推进扫黑除恶专项斗争工作座谈会。省长易炼红主持并讲话。

7—9日　2019年全国田径大奖赛系列赛(肇庆站)在广东省肇庆市体育中心体育场举行。江西选手彭建华获男子5000米、10000米金牌。

8日　省文明委第三次全体会议召开。会议学习贯彻中央文明委第二次全体会议精神,审议省文明委2018年工作总结和2019年工作要点,审议并原则通过《省文明校园创建管理办法》《第六届江西省文明城市、文明村镇名单》《第十五届江西省文明单位名单》。

9日　第23次省政府常务会议召开。会议审议并原则通过2018年度全省工业高质量发展先进市、县(市、区)名单。

11日　2019年全省外事工作会议召开,学习贯彻中央和省委有关会议精神,总结部署全省外事工作。省委书记刘奇就做好全省外事工作提出要求。

12日　“中国工业遗产保护名录(第二批)”在北京发布,赣州市兴国县的官田中央军委兵工厂、南昌市东湖区的中意飞机制造厂、赣州市全南县的大吉山钨矿和赣州市大余县的西华山钨矿4处入选。

13日　首家中国军民融合技术交易中心落户江西。在启动仪式上,无人系统综合体等首批4个入驻中心的项目进行现场签约。

16日　省赣南等原中央苏区振兴发展工作领导小组召开第八次会议。会议传达学习支持赣南等原中央苏区振兴发展部际联席会议第六次会议精神,听取省苏区办2018年赣南等原中央苏区振兴发展情况汇报、赣州市2018年赣南苏区振兴发展有关情况汇报,审议赣南等原中央苏区振兴发展2019年工作要点,研究协调有关事项。

18日　中国林场协会四届四次常务理事扩大会议在南昌召开。江西省安福县武功山林场、修水县国有生态公益林场获“2018年度全国十佳林场”称号。

19日　《中华人民共和国水污染防治法》执法检查组第一次全体会议在南昌召开。省人大常委会党组书记、副主任周萌出席会议并讲话,省人大常委会副主任龚建华主持,副省长吴晓军介绍江西省贯彻实施《水污染防治法》有关情况。

同日　2019年度奥地利超级摄影巡回赛公布奖项,江西摄影师肖戈获“大扬杯”最佳中国摄影师奖,以及特别专题组中“季节与天气”组金牌、“树与木”组金牌3个奖项。

20日　江西省与马来西亚沙巴州在南昌签署缔结友好省州关系意向书。省长易炼红会见沙巴州州长沙菲益·阿达并共同签署意向书。

23日　江西省首个台湾研究所——江西财经大学台湾研究所在江西财大揭牌成立。揭牌仪式上,省台办与江西财大签约合作共建该研究所。

25日　省委深改委第四次会议召开。会议传达学习中央深改委第七次会议精神和中央有关改革文件精神,研究贯彻落实措施。会议审议并原则通过《江西省关于统一规划体系更好发挥发展规划战略导向作用的实施意见》《江西省关于规范校外培训机构发展的实施意见》《江西省红十字会改革方案》。

同日　在北京召开的“一带一路”企业家大会上,江铜集团与哈萨克斯坦杰特苏钨业公司签订股权转让框架协议,共同开发巴库塔特大型露天钨矿项目。

26日　第24次省政府常务会议召开,会议传达学习中共中央总书记习近平对民政工作重要指示精神、国务院总理李克强重要讲话和第十四次全国民政会议主要精神以及国务院总理李克强在深化增值税改革准备工作座谈会上的讲话精神。会议审议并原则通过《关于建立和实行及时奖励制度激励担当作为的工作方案(试行)》《关于完善赣江新区管理体制的实施方案》。

同日　共青团中央下发《共青团中央关于表彰2018年度“全国优秀共青团员”“全国优秀共青团干部”“全国五四红旗团委(团支部)”的决定》,追授在四川凉山木里森林火灾中牺牲的江西籍救火英雄周鹏、丁振军、古剑辉为全国优秀共青团员。

28日　省委常委会召开会议,传达学习中央政治局会议精神、中共中央总书记习近平在中央政治局第十四次集体学习时的重要讲话精神、中央财经委员会第四次会议精神,研究江西省贯彻落实意见。会议审议并原则通过《关于深化省纪委省监委派驻机构改革的实施意见》《党组讨论和决定党员处分事项工作程序实施细则(试行)》《关于建立和实行及时奖励制度激励担当作为的工作方案》《关于完善赣江新区管理体制的实施方案》。

同日　江西省文化强省建设工作领导小组第一次会议召开。会议审议并原则通过《江西省文化强省建设工作领导小组工作规则》《江西省文化强省建设工作领导小组办公室工作规则》和《关于进一步支持文化产业发展的若干意见(试行)》。5月9日,2019年江西省文化强省建设推进大会在南昌召开。

同日　第23届“中国青年五四奖章”评选结果公布,江西省中铁九桥工程有限公司电焊工特级技师王中美获中国青年五四奖章。2019年“全国向上向善好青年”推选活动结果公布,上饶市弋阳县消防救援中队中队长卢文亮、江西省农业科学院农业工程研究所副所长李艳大、江西中医药大学灸学院针灸推拿学专业本科生吴卓航、九江学院驻武宁县东山村第一书记谭翊泉、萍乡市灯塔计划公益发展中心会长吴倩、抚州市资溪县社会福利院院长李银香6人入选“全国向上向善好青年”。

29日　省委国家安全委员会第一次会议召开。会议审议并原则通过省委国安委工作规则、办公室工作细则和2019年工作要点。

30日　纪念“五四”运动100周年江西各界青年代表座谈会召开,会上深入学习贯彻中共中央总书记习近平在纪念“五四”运动100周年大会上的重要讲话精神。

同月　省市场监督管理局批复成立江西省茶油及制品标准化技术委员会,由赣州市产品质量监督检验所(江西省油茶产品质量监督检验中心)承担日常工作。省茶油及制品标准化技术委员会是江西省首个省级茶油及制品标准化技术委员会。

同月 人保财险赣江新区分公司与江西省易家河村实业有限公司正式签订柑橘"气象+价格"综合收益保险保单。这是江西省探索保障特色农产品综合收益的第一单,也是中国柑橘综合收入保险创新探索的第一单。

同月 江西省出台首个蔬菜地方标准——《"赣南蔬菜"品牌认定及评价》。

同月 江西省第一批电子证书在住建云系统上线,实现"让数据多跑路,让群众少跑腿"。

同月 江西省在全国首创学生资助工作学校校长与乡镇属地双负责制,全省1531个乡镇(含街办)、7583所义务教育学校签订责任状。

同月 省委、省政府印发《江西省中长期青年发展规划(2018—2025年)》。这是江西省首个中长期青年发展规划,是全省青年发展事业的重要顶层设计。

5 月

9—12日 全国人大常委会副委员长吉炳轩率全国人大常委会执法检查组到赣,就江西省贯彻实施《中华人民共和国就业促进法》情况开展执法检查。全国人大常委会委员、全国人大社会建设委员会副主任委员邓凯参加执法检查。省委书记、省人大常委会主任刘奇,省委副书记、省长易炼红汇报有关工作。

10日 第25次省政府常务会议召开。会议传达学习中央政治局会议精神、中央财经委员会第四次会议精神、中共中央总书记习近平在第二届"一带一路"国际合作高峰论坛上的重要讲话精神,会议审议并原则通过《江西省优化提升营商环境十大行动方案》《关于促进热敏灸产业发展的实施意见》《关于全面加强乡村小规模学校和乡镇寄宿制学校建设的实施意见》。

同日 由中国-东盟中心和省外事办公室共同主办的中国(江西)-东盟贸易投资推介会在南昌举行。副省长吴忠琼到会致辞。

15日 省重竞技运动管理中心运动员谭雪琴获2019世界跆拳道锦标赛女子46公斤级项目的铜牌。

17日 江西与湖南两省在南昌举行湘赣边区域合作示范区建设第一次联席会议,共同构筑省际合作发展新平台。江西省省长易炼红、湖南省省长许达哲出席会议并讲话。会议通报湘赣两省推动区域合作工作情况,审议《湘赣边区域合作示范区发展规划建议》和渝长厦铁路长赣段建设、常岳昌铁路前期工作、湘赣边红色文化旅游合作、萍水(渌水)河流域治理、现代农业协同发展行动等方案。江西省委常委、常务副省长毛伟明主持。湖南省委常委、省政府党组副书记谢建辉出席会议。

18—20日 第十一届中国中部投资贸易博览会在南昌举行。同期举办第二届世界赣商大会。其间,江西共签约项目198个,签约投资总额1704.5亿元。其中,外资项目28个,签约投资额18亿美元;内资项目170个,签约投资额1582.15亿元。

19日 在全国第十届残运会上,江西省运动员肖翠娟获55公斤级举重冠军。

20日 省委教育工作领导小组召开第一次全体会议。会议审议《中共江西省委教育工作领导小组工作规则(审议稿)》《江西省加快推进教育现代化建设实施方案(2018—2022年)》等文件。省委常委、省委宣传部部长、省委教育工作领导小组组长施小琳出席并讲话,副省长孙菊生出席。

20—22日 中共中央总书记、国家主席、中央军委主席习近平在江西考察。其足迹自赣州至南昌,深入企业、农村、革命纪念馆,就经济社会发展进行考察调研,主持召开推动中部地区崛起工作座谈会并发表重要讲话,对加快革命老区高质量发展、推动中部地区崛起等作出重要部署,对即将在全党开展"不忘初心、牢记使命"主题教育提出要求。丁薛祥、刘鹤、何立峰等陪同考察并出席推动中部地区崛起工作座谈会,中央和国家机关有关部门负责人、中部6省负责人参加座谈会。

23日 国家粮食安全省长责任制考核联合工作组到赣开展粮食安全省长责任制考核部门抽查和大清查督导巡查,并在南昌召开见面会。粮食安全省长责任制国家考核工作组副组长,国家粮食和物资储备局党组书记、局长张务锋出席并讲话,副省长吴晓军汇报江西省有关情况。

同日 萍乡市城市建设投资发展公司发行2.92年期3亿美元境外债,由九江银行提供不可撤销的备用信用证,这是江西省首单城商银行增信的公募发行境外美元债。

24日 省委全面依法治省委员会守法普法协调小组第一次会议在南昌召开,传达学习中央全面依法治国委员会第一、二次会议和省委全面依法治省委员会第二次会议精神,研究部署江西省守法普法领域重点工作。会议审议《省委全面依法治省委员会守法普法协调小组2019年重点工作任务分工方案》《关于进一步把法治建设融入新时代文明实践中心建设的通知》等文件,听取全省农村"法律明白人"培养工程实施情况汇报。

同日 由江西理工大学、中国有色金属学会联合主办的《钨科技(英文)》(英文名:Tungsten Technology)期刊正式出版发行。这是江西省第一本英文期刊。

26日 在"中国抚州·WBA世界拳王争霸赛"上,江西抚州市资溪县、中国唯一的现役世界拳王徐灿卫冕世界拳王"金腰带",成为中国体育运动史上第一位在世界拳王头衔战中战胜日本拳手的中国拳王。

28日 省委常委会召开会议,研究关于学习宣传贯彻中共中央总书记习近平视察江西时的重要讲话精神总体安排和《省委关于认真学习宣传贯彻中共中央总书记习近平视察江西时的重要讲话精神的通知》,传达学习全国市县巡察工作推进会精神,听取关于加强和改进全省巡视巡察工作的汇报、十四届省委第四轮巡视工作整改情况和第五轮巡视工作汇报,审议并原则通过《全省港口资源整合工作方案》。

30日 第26次省政府常务会议召开。会议传达学习中共中央总书记习近平在全国公安工作会议上的重要讲话精神,研究部署旅游产业高质量发展、工程建设项目审批制度改革等工作，审议并原则通过《江西省旅游产业高质量发展三年行动计划（2019—2021年）》《江西省全面开展工程建设项目审批制度改革实施方案》。

30—31日　省十三届人大常委会第十三次会议在南昌举行。会议表决通过省人大常委会关于修改《江西省人民代表大会常务委员会关于在长埈、珠湖、新华地区设置人民检察院的决定》的决定、关于批准2019年省级一般公共预算和政府性基金预算调整方案以及2019年地方政府债务限额的决议，代表资格的审查报告和人事任免事项。

31日　全省精神文明建设表彰大会在南昌召开。会议表彰第六届江西省道德模范、第六届江西省文明城市和文明村镇、第十五届江西省文明单位。

同月　国务院办公厅印发《关于对2018年落实有关重大政策措施真抓实干成效明显地方予以督查激励的通报》。江西省水利建设投资、高标准农田建设、养老项目建设，以及萍乡市社会投资和债券发行风险防范、南昌市青云谱区老工业基地调整改造、上饶市和宁都县棚户区改造与农村危房改造、横峰县农村人居环境整治等7方面工作，获国务院办公厅督查激励。

6　月

3日　省委常委会在于都县召开会议，传达学习贯彻中共中央总书记习近平在中央深改委第八次会议上的重要讲话精神，研究全省第一批“不忘初心、牢记使命”主题教育实施方案。会议审议并原则通过《江西省第一批“不忘初心、牢记使命”主题教育实施方案》。会议听取关于贯彻落实中央扫黑除恶第15督导组反馈会议精神及全面纵深推进全省扫黑除恶工作意见的汇报。

7日　南昌县金湖管理处虎山龙舟队获中华龙舟大赛福州站职业男子组100米、200米、500米直道赛3个项目的冠军，实现大满贯。

同日　JC航空开通柬埔寨西哈努克港至南昌航线。

10—14日　2019年赣深赣港经贸合作交流活动在深、港、澳三地联动举办。

12日　以“创新创业、三产融合”为主题的2019年赣深现代农业合作发展对接会在深圳市举行，副省长胡强出席并致辞。对接会现场签约农业重点投资合作项目22个，签约总金额112.13亿元。

12—13日　2019国际产学研用合作会议在南昌举行。中国、俄罗斯、乌克兰等国的专家学者聚焦产学研用一体化发展。会议以“开放合作　共享共赢”为主题，聚焦材料科学、人工智能、航空航天等领域，深入推进中国与相关国家在前沿技术领域开展合作，构建“政府主导、市场引导、企业主体、学校主为”的互动合作运行机制，并探索“政产学研用”（政府、产业、学校、科研、应用）五位一体的国际合作交流新格局。会议期间，还设立超高温材料与应用、信息材料与应用、智能制造与装备领域、人工智能、航空技术、通用航空6个国际合作分论坛。

13日　2019“可爱中国·美丽江西”文化旅游推介会在香港举行。副省长吴忠琼、中央驻港联络办副主任杨健出席并致辞。会上，开展江西文化旅游推介活动，签署文化旅游相关合作协议。

13—15日　省委常委“不忘初心、牢记使命”主题教育暨市厅级主要领导干部专题读书班在南昌举行。省委书记刘奇作辅导报告。中央第六指导组组长宋育英到会指导，省领导易炼红、李炳军等出席开班式。

14日　江西政务平台宣布全省首张电子献血证正式上线。

17日　第53届巴黎航展在法国巴黎北郊的布尔歇展览中心开幕，航空工业洪都研制的L15高教机参展。

18日　江西省与新西兰东丰盛湾大区在南昌签署建立省区友好关系备忘录。

19日　生态环境部与省政府在南昌共同举办第七届全国低碳日主场活动。这是该活动第一次放在地方举办。2019年低碳日的主题是“低碳行动，保卫蓝天”。

同日　江西省首台第四代达芬奇手术机器人在南昌大学第一附属医院外科手术台做手术。

20日　省委常委会召开会议，研究部署加强党的政治建设、加快推进教育现代化。会议审议并原则通过《中共江西省委关于加强党的政治建设的若干措施》《江西省加快推进教育现代化实施方案（2018—2022年）》。会议决定，省委十四届八次全体（扩大）会议6月下旬在南昌召开。

同日　全省公安工作会议在南昌召开。省委书记刘奇出席并讲话。省委常委、省委政法委书记尹建业主持会议。省领导李炳军、毛伟明、赵力平、周萌、秦义、雷元江、田云鹏、龚明洪出席会议。

21日　全国重点地区防汛抗旱工作会议在南昌召开。中共中央政治局常委、国务院总理李克强作出重要批示，做好防汛抗旱工作，事关经济社会发展大局和人民群众生命财产安全，丝毫不能松懈。国务委员、国家防汛抗旱总指挥部总指挥王勇出席会议并讲话。省委书记刘奇出席会议并致辞。国家防总副总指挥、应急管理部党组书记黄明主持会议。

22日　宜春市被授予“全国富硒农业示范基地”称号，成为全国第二个获此荣誉的设区市。

24日　省委十四届八次全体（扩大）会议在南昌召开。全会听取省委常委会工作报告，审议通过省委《关于深入学习贯彻习近平总书记视察江西重要讲话精神努力描绘好新时代江西改革发展新画卷的决定》，审议通过免去部分省委委员、候补委员职务和递补省委委员的决定，递补曾志刚、吴守华、杨贵平、晏驹腾、周应华5人为省委委员。省委书记刘奇代表省委常委会向全会作报告并作总结讲话。省委委员、候补委员出席会议。

同日　省委“不忘初心、牢记使命”主题教育领导小组第二次会议召开。会议听取领导小组办公室关于第一批主题教育前段工作情况和下一步工作打算的汇报，审议并原则通过《答好“时代之问”　续写历史荣光　推动江西主题教育高质量有特色走前列的指导意见》。

26日　第27次省政府常务会议召开。会议传达学习中央全面深化改革委员会第八次会议精神，全国深化"放管服"改革优化营商环境电视电话会议精神;会议审议并原则通过《关于深入贯彻落实习近平总书记重要训词精神 推进全省消防救援事业高质量发展的意见》《关于加快推进农业机械化升级和农机装备产业振兴的实施意见》;会议听取关于2019年全国医改工作电视电话会议精神及全省贯彻意见的情况汇报。

同日 全省"赣服通"设区市分厅集中上线,这标志着江西成为继浙江、广东、江苏之后,全国第四个政务服务移动平台接通所有设区市的省份。

27日 赣州力俊科技有限公司以274.39万元的总价,竞得赣州经开区一宗面积为2.02公顷工业用地的50年使用权。这是江西省首宗挂牌出让的"标准地+承诺制"宗地,竞拍企业在办理成交确认手续后,与赣州经开区管委会签订《"标准地"投资建设协议》及《承诺书》。

28日 省政府微信公众号"江西省人民政府发布"上线。这是江西推进"五型"政府建设的又一重要举措。

同日 瑞昌市人民法院长江干流江西段环境资源法庭挂牌成立。这是江西省首家涉长江环境资源保护跨行政区域集中管辖法庭。

同日 2019湘赣两省文化和旅游交流合作暨湘赣边红色文化旅游推介会在湖南长沙举行,江西省副省长吴忠琼出席并致辞。湘赣边红色文化旅游共同体成立,成员包括平江县、醴陵市、攸县、茶陵县、浏阳市、铜鼓县、修水县、万载县、宜春市袁州区、上栗县、萍乡市湘东区和安源区、安仁县、茶陵县、桂东县、汝城县、宜章县、芦溪县、莲花县、永新县、井冈山市、遂川县、上犹县、崇义县24个县(市、区)。

同日 省重点工程——总投资4.9亿元的昌西南500千伏输变电工程投运,这是2019年江西省投运的首个500千伏输变电工程。

同日 南昌大学第二附属医院肝胆胰外科手术团队完成中国首例第四代达芬奇Xi型机器人肝胆胰外科手术,标志着江西省肝胆胰外科迈入新时代。

29日 江西省与中国光大集团在南昌签署战略合作协议。根据协议,双方将抢抓长江经济带、国家生态文明试验区建设、赣江新区等国家战略机遇,在综合金融、保险保障、生态环保、旅游会展、健康医养等领域建立更加全面、紧密、稳定的战略合作关系,推动金融与实体经济深度融合,加快江西省经济社会发展,促进光大集团在江西各项业务发展。

30日 由全国妇联主办,省妇联、人民网、中国妇女报社承办的"时代新人说——我和祖国共成长"家国情怀故事汇首场活动,在中央红军长征出发地于都县举行。

同月 共青团中央、应急管理部决定,对2018年度全国青年安全生产示范岗创建成果进行认定。全省6个单位被认定为2018年度全国青年安全生产示范岗,分别是江西省晶科能源有限公司铸锭三车间、南昌轨道交通集团有限公司运营分公司维修中心工建一车间探伤班组、江西洪都航空工业集团有限责任公司飞龙机械厂全备弹装配班组、中国铁路南昌局集团有限公司南昌电务段电子设备车间CTC/TDCS控制中心工区、国网江西省电力有限公司宜春供电分公司运维检修部变电二次二班、江西萍乡龙发实业股份有限公司2号辊道窑车间。

7 月

1日 省委深改委第五次会议召开。会议传达学习中央深改委第八次会议精神,学习中共中央总书记习近平视察江西时关于"推进改革开放走深走实"更高要求,研究制定贯彻落实措施。会议听取生态鄱阳湖流域建设行动计划推进情况汇报。会议审议并原则通过《江西省养老服务体系建设发展三年行动计划(2019—2021年)》《江西省关于学前教育深化改革规范发展的实施意见》《江西省关于开展县域综合医改试点工作的指导意见》《省直党政机关和国有企事业单位培训疗养机构脱钩移交深化改革实施方案》。

2日 省委文化体制改革专项小组第九次会议在南昌召开。会议学习贯彻中央关于文化体制改革精神,研究部署全省文化改革发展工作,传达学习中宣部在深圳召开的文化与旅游融合发展座谈会精神,审议并原则通过《江西省文化产业园区认定及规范管理办法(试行)》《中共江西省委宣传部等关于加强县级融媒体中心建设的实施意见》《深化全省文化市场综合执法改革实施细则》《江西省关于加强文物保护利用改革的实施意见》4个改革文件。

3日 南昌国际快件监管中心开通运营,每单跨境电商商品通关时间缩短48小时以上。

4日 全省推进非公有制企业维权服务工作优化营商环境现场会在吉安市举行。省委书记刘奇就推进非公有制企业维权服务工作、优化营商环境提出明确要求。

同日 江西省在上海证券交易所发行全国首只高标准农田建设专项债券。

4—8日 在意大利奥龙佐举行的2019年皮划艇(静水)国际公开赛上,江西省水上运动管理中心女子划艇运动员程灵芝、李琪获6项冠军。

5—6日 在意大利那不勒斯举行的第30届世界大学生夏季运动会上,江西省跳水运动员胡子杰获混合3米板和男子双人3米板项目的2枚金牌。

6—8日 在第十一届中国国际商标品牌节暨2019中华品牌商标博览会上,泰和县地理标志商标"泰和乌鸡"获2019中华品牌商标博览会金奖。

9日 在加拿大羽毛球公开赛上,江西省球类运动管理中心羽毛球运动员李诗沣获男子单打冠军。

10日 全国构建和谐劳动关系先进表彰会在北京举行,昌南工业园区被授予"全国模范劳动关系和谐工业园区"称号。

11—12日 中共中央政治局委员、国务院副总理孙春兰到井冈山市、南昌市,考察市县乡退役军人服务保障体系建设和政策落实情况。

12日 乐安县、德兴市入选2019年度"中国天然氧吧"。

16—17日 安远县三百山风景区发现素有"植物中的龙凤"之称的国家一级保护濒危植物树种伯乐树和素有"仙树"之称的珍稀植物密花梭罗。

18—19日 2019江西国际移动

物联网博览会在鹰潭举行。博览会以“5G融合　万物智联”为主题，设移动物联网峰会，智慧交通、智能制造、5G物联、智慧旅游、物联安全、信息存储产业发展6场分论坛及展览展示、应用场景体验等活动。

19日　海关总署批复同意南昌昌北国际机场建设进境食用水生动物、进境冰鲜水产品和进口水果指定监管场地。昌北机场首次获国家级重要指定口岸资质。

22日　全省第一个“无许可证”企业账户在工商银行南昌北京西路支行开立。

23日至12月29日　第七届江西艺术节在南昌举行。该届艺术节以“艺术之花，绽放赣鄱”为主题，设第十一届江西玉茗花戏剧节、第十届江西音乐舞蹈艺术节、第十二届江西少儿艺术节、“别样赣鄱　魅力非遗”——江西民俗风情展示活动、翰墨70年·画里江西——第七届江西艺术节中国画作品展、红色经典剧目展演月等10个项目。艺术节自3月启动以来，安排500余场演出、讲座和展览活动。其间，近3万名观众走进剧场、展馆和活动现场。

23日　江西省建成运行覆盖省市县生态环境部门和企业的江西省危险废物监管平台。该平台为国家率先完成跨省转移电子联单的危废管理自建系统。

25—26日　省十三届人大常委会第十四次会议在南昌举行。会议表决通过《江西省开发区条例》；江西省人民代表大会常务委员会关于批准《九江市历史建筑保护条例》的决定、关于批准《景德镇市高岭——瑶里风景名胜区条例》的决定、关于批准《新余市农村房屋建设管理条例》的决定、关于批准江西省耕地占用税适用税额方案的决议、关于批准2018年省级决算的决议和关于接受刘强辞去江西省人民政府副省长职务的请求的决定以及人事任免名单。

28日　江西省养老服务中心（一期）项目建成启用仪式在南昌举行，标志江西省省级层面建成的首个大型医养结合型养老服务机构启用。

29日　文旅部公布第一批全国乡村旅游重点村名单，江西12地入选，分别是婺源县江湾镇篁岭村和赋春镇源头村、大余县黄龙镇大龙村、井冈山市大陇镇大陇村和厦坪镇菖蒲村、新余市仙女湖风景名胜区仰天岗办事处孝头村、靖安县中源乡三坪村、资溪县乌石镇新月村、龙南县临塘乡东坑村、鹰潭市余江区杨溪乡瑄溪村、永修县柘林镇易家河村、南昌县黄马乡凤凰村。

同日　省委常委会召开会议，深入学习贯彻习近平强军思想，听取省军区党委和武警江西省总队党委工作情况汇报，研究加强新时代党管武装工作。会议审议并原则通过《关于加强新时代基层人民武装部建设的意见》。

30日　兴赣高速兴国枢纽互通通车，国家高速公路网昌韶高速全线贯通。

同日　铅山县红芽芋繁育基地被农业农村部认定为第二批国家区域性蔬菜良种繁育基地。这是江西省第三个国家级良种繁育基地。

同月　省政协第六次党组会议暨十二届第三十一次主席会议在南昌召开。会议审议《建立习近平新时代中国特色社会主义思想学习座谈会制度实施办法（试行）》《我省干部作风转变与营商环境改善专题协商议政调研报告（讨论稿）》《政协江西省委员会加强和改进调研工作实施办法（试行）》。

同月　乐安县人民法院对江西省首例“套路贷”黑社会性质组织犯罪案进行一审宣判。

8　月

1日　南昌直飞缅甸曼德勒的国际航线开通。

3日　以“发展生态有机，保护绿水青山；振兴乡村经济，助力精准脱贫”为主题的“中国有机示范村”项目在吉水县螺田镇峡上村及新岭红军村正式启动，这是江西省创建的首批“中国有机示范村”。

7日　由省林业局、省文旅厅、抚州市政府共同主办的江西省首届森林旅游节在资溪开幕。全省11个森林景区分会场同步启动各项活动，并持续1个月。

8日　江铜耶兹铜箔有限公司三期年产1.5万吨电解铜箔改扩建项目开工。江西省再增1座规模化、批量化、品种丰富齐全的铜箔生产基地。

8—18日　第二届全国青年运动会在山西举行，江西体育代表团获44金、38银、57铜。

10日　住建部批复江西省制定的《江西省推进钢结构装配式住宅建设试点工作方案》。南昌市、九江市、赣州市、抚州市、宜春市、新余市为首批确定试点城市。

12日　省委常委会召开会议，传达学习7月30日中央政治局会议精神和中共中央总书记习近平在中央政治局第十六次集体学习时的重要讲话精神，传达学习贯彻落实《中国共产党宣传工作条例》电视电话会议、全国退役军人工作会议、第七次全国对口支援新疆工作会议、全国禁毒工作电视电话会议精神，研究江西省贯彻落实意见；听取全省党的建设工作情况汇报。

13日　高安市筠阳街道青湖村花生种植基地“昌花18号”亩产431.7千克，“昌花10号”亩产373.8千克，均刷新江西省花生单产纪录。

14日　江西省生态环境保护委员会召开第三次全体（扩大）会议。会议通报上半年全省生态环境质量及生态环境保护重点工作推进情况，中央环保督察及“回头看”反馈问题、长江经济带生态环境“警示片”披露的17个问题、长江经济带生态环境审计问题等整改落实情况；审议并原则通过《江西省生态环境保护责任规定》《江西省生态环境保护督察工作规定》等文件。

15日　省委书记刘奇主持省委中心组集体学习会，学习党史、新中国史。中央第六指导组副组长金德水到会指导。易炼红、李炳军、孙新阳、尹建业、刘强、殷美根、陈兴超、赵力平、施小琳发言，姚增科等省人大常委会、省政府、省政协领导班子成员，省法院、省检察院主要负责人出席。

16日　全省深化机构改革总结会议在南昌召开。省委书记刘奇出席并讲话。省长易炼红主持。省领导姚增科、李炳军、孙新阳、毛伟明、尹建业、刘强、殷美根、陈兴超、赵力平、施小琳、吴亚非、周萌、胡世忠、肖毅、田云鹏出席会议。

同日 江西移动携手华为在南昌正式发售国内首款5G商用手机——华为Mate 20 X(5G),现场诞生江西省首批移动5G商用手机用户。

19日 国务院新闻办公室在北京举行庆祝中华人民共和国成立70周年江西专场新闻发布会。省委书记刘奇作主题发布并回答记者提问,省长易炼红回答有关提问。国务院新闻办公室新闻局局长、新闻发言人胡凯红主持。境内外39家媒体的67名记者出席。

同日 第十五届精神文明建设“五个一工程”表彰座谈会在北京召开。江西省电视剧《可爱的中国》获特别奖,电影《信仰者》获优秀作品奖。

同日 南昌海关所属南昌昌北机场海关、赣江新区海关、青山湖海关揭牌运行,正式对外开展海关业务。11个设区市实现海关机构全覆盖。

19—20日 省政协十二届常委会第七次会议在南昌召开。会议围绕“营商环境改善与干部作风转变”进行专题协商。会议审议通过《中国人民政治协商会议江西省委员会专门委员会通则》。

20日 省委书记刘奇主持召开驻赣部队做实全面停止有偿服务下篇文章军地协调领导小组第一次会议。军地领导易炼红、殷美根、吴亚非、方建华、李晓亮、徐金华、徐云飞出席。

23日 省委常委会召开会议,深入学习贯彻中共中央总书记习近平外交思想,研究部署做好全省外事工作,审议《江西省贯彻〈国家功勋荣誉表彰条例〉实施办法》。

25日 在匈牙利塞格德举行的2019年静水皮划艇世锦赛上,江西省水上运动管理中心女子划艇运动员徐诗晓与国家队队友孙梦雅合作,获女子双人划艇500米项目冠军。

同日 第十四届世界龙舟锦标赛在泰国芭堤雅罗勇府落幕,江西金湖管理处虎山龙舟队获短距离项目200米、500米直道竞速赛冠军和中长距离项目2000米绕标赛亚军,其中在200米项目中以39.251秒打破世锦赛200米世界纪录。

25日至9月1日 全国第十届残运会暨第七届特奥会在天津举行。江西代表团在全国第十届残运会上获17金21银21铜;在第七届特奥会上获49金21银9铜。其中李启王、钟会敏分别在男子智力组铅球和女子视力11级标枪项目上,打破由他们自己保持的全国纪录。

27日 江西省首个落地的特高压项目——雅中至江西±800千伏特高压直流输电工程,获国家发改委核准批复。该工程设计输送容量800万千瓦,结束江西在中东部地区唯一没有特高压落点省份的历史。

28日 第45届世界技能大赛在俄罗斯喀山闭幕。江西省电气装置项目选手肖星星和水处理技术项目选手曾璐锋获金牌,飞机维修项目选手叶钟盛获银牌,实现江西在世界技能大赛上金牌零的突破。

29日 第29次省政府常务会议召开。会议传达学习7月30日中央政治局会议精神;研究部署做好审计发现问题整改、稳定生猪生产和市场供应、编制好省级国土空间规划等工作;研究9月份重点工作。会议审议并原则通过《关于加快建立非洲猪瘟防控长效机制 切实稳定生猪生产和市场供应的实施意见》《江西省国土空间规划(2019—2035年)编制工作方案》。

同日 国务院批复同意南昌、新余、景德镇、鹰潭、抚州、吉安、赣州7个高新技术产业开发区建设国家自主创新示范区。

30日 省委深改委第六次会议召开。会议听取江西省开发区改革和创新发展进展情况汇报。会议审议并原则通过《江西省百户国企混改攻坚行动方案》《江西省国有资本投资运营公司改革实施方案》《江西省高等学校所属企业体制改革工作方案》《江西省关于完善仲裁制度提高仲裁公信力的实施意见》《江西省关于加强文物保护利用改革的实施意见》。

9 月

2日 省委常委会召开会议,传达学习中央政治局会议精神、中央财经委员会第五次会议精神,研究江西省贯彻落实意见;听取全省第一批主题教育情况汇报,研究第二批主题教育方案。会议审议通过《江西高铁经济带发展规划(2019—2025年)》。

3日 江西省与阿里巴巴集团在南昌签署系列深化合作协议。阿里巴巴(江西)有限公司同时揭牌。

同日 国务院第六次大督查第七督查组抵达江西省开展10天的实地督查,并召开督查工作衔接会。督查组组长、科技部副部长徐南平主持会议并讲话。

同日 省政协十二届第34次主席会议在南昌召开。会议传达学习全国政协十三届常委会第八次会议精神,审议《关于围绕〈关于“长江之肾”鄱阳湖生态环境整治四个方面突出问题三十条对策十点启示的建议案〉开展民主监督的方案》。

3—10日 国务院扶贫开发领导小组巡查组对江西脱贫攻坚工作开展巡查,并于10日上午在南昌召开巡查情况反馈会。巡查组组长、国务院国资委副主任任洪斌代表巡查组向江西省反馈巡查意见。他指出,江西省委、省政府深入学习贯彻习近平新时代中国特色社会主义思想和党中央关于打赢脱贫攻坚战的重大决策部署,大力弘扬井冈山精神和苏区精神,不忘初心、牢记使命,全力答好新长征路上的“时代之问”。巡查组采取明察和暗访相结合的方式,先后在12个县(市、区)、37个乡(镇)、49个村进行实地走访巡查。

4日 在印度尼西亚登巴萨市召开的第3届世界灌溉论坛暨国际灌排委员会第70届执理会上,江西省千金陂入选第六批世界灌溉工程遗产名录。千金陂是中国已存规模最大的重力式干砌石江河制导工程。

5日 第七届全国道德模范座谈会在北京举行,莲花县六市乡太沙村村民王振美被授予第七届全国道德模范称号。

5—6日 2019中国航空产业大会在景德镇市举行。其间,举办2019院士专家共话江西航空产业高质量发展专题研讨会、第四届中国航空创新创业大赛全国总决赛;中国航空学会与景德镇市政府签订战略合作框架协议,北京航空航天大学与景德镇市政府签订合作协议。

6日 2019年泛珠三角区域合作行政首长联席会议在广西南宁召开。泛珠区域“9+2”各方行政首长出席会议。省长易炼红围绕议题发言。会议通报2018年泛珠三角区域合作行政首长联席会议以来有关工作进展情况。审议通过《2019年泛珠三角区域合作行政首长联席会议纪要》,明确年度6个方面19项重点工作。

8日 国家林业和草原局组织验收并正式命名7处国家地质公园和1处国家矿山公园,石城县通天寨地质公园被评定为新一批国家地质(矿山)公园。

9日 第30次省政府常务会议召开。会议传达学习中央财经委员会第五次会议精神;研究部署开展营商环境评价、进一步降低企业成本等工作。会议审议并原则通过《江西省营商环境评价实施方案(试行)》《关于进一步降低企业成本30条政策措施》。

11—13日 应塞浦路斯民主大会党邀请,江西省委书记刘奇率中共代表团访塞,并分别会见塞民主大会党主席奈奥菲多、劳进党中央政治局委员卢卡伊迪斯,及塞政府、地方领导人。

13—16日 应法国共产党邀请,江西省委书记刘奇作为中共代表出席法共《人道报》节,并分别会见法共全国书记鲁塞尔等法共领导人以及国民议会副议长博纳尔等执政党领导人。

15日 在越南羽毛球公开赛女子单打决赛中,江西羽毛球运动员张艺曼获冠军。

同日 江西基业良工桩基制造有限公司投产,填补全省在桩基设备制造上的空白。

16日 中宣部新命名39个全国爱国主义教育示范基地。江西余江血防纪念馆和景德镇市中国陶瓷文化展示基地入选。

17—28日 省政府主办的第十届环鄱阳湖国际自行车大赛开赛。大赛以“骑遍神州大地 江西风景独好”为主题,共有国内外21支职业车队118名车手参赛。赛程1056千米,覆盖全省11个设区市,总奖金25万美元。中国云南绿山园林车队选手霍洛瓦什获个人总成绩冠军,江西新力物业车队彭源堂获“最佳大中华运动员”称号,美国玛吉斯野生世代洲际车队罗斯获“冲刺王”称号,法国国防车队朱利安获“登山王”称号,中国云南绿山园林车队获团体总成绩冠军。

18日 2019年环保赣江行活动启动。活动围绕“关爱生命健康,保障农村饮水安全”主题,重点依法检查农村集中式饮用水水源保护区划定、保护和管理,污染防治和分散式供水等情况。

10月21日拍摄的石城县国家地质公园景色

石城县志办供

20日 第十三届全国美术作品展览陶艺作品展在景德镇开幕。这是江西省首次承办的全国性美术展览活动。

20日至10月3日 江西文演艺术团到安哥拉、赞比亚、布隆迪非洲3国,开展文化交流演出活动,开启“大渊艺站”江西文演海外行。

21—29日 由省总工会、省体育局主办,江西工人报社、南昌国体中心承办的江西省第四届职工运动会在南昌国际体育中心举行。全省11个设区市总工会、6个省直管县(市)总工会、50个产业(局、系统)工会和省总直属基层工会组成的67个代表团共4000余名职工参加省级决赛。

22日 省委常委会召开会议,传达学习中共中央总书记习近平近期重要讲话和重要指示精神,研究开展“不忘初心、牢记使命”主题教育工作。审议并原则通过《关于建立健全城乡融合发展体制机制和政策体系的实施意见》。

同日 2019首届全国卡丁车俱乐部杯超级联赛总决赛在新余仙女湖国际卡丁车赛场结束。温州梦工厂卡丁车赛车场俱乐部、武汉极速联盟WSK卡丁车俱乐部与温州梦工场卡丁车赛车场俱乐部分别获公开组、青少年组与儿童组的冠军。该项赛事由中国汽车摩托车运动联合会主办,是中国首个以俱乐部参赛形式开展的国家级专业卡丁车锦标赛,使用经中国汽车摩托车运动联合会批准及国际汽联卡丁车委员会认可的竞技卡丁车,设儿童组、青少年组与公开组3个组别,全国共有武汉、成都、深圳等40余个卡丁车俱乐部参赛,车手及赛事相关人员400余人。

23日 2019中国农民丰收节江西活动在抚州市仙盖山现代农业示范园启动。丰收节活动以“产业兴旺庆丰收、乡村振兴迎华诞”为主题,展示江西省现代农业农村发展新成果。

同日 生态环境部首批“最美水站”推选结果公布,江西省7个水站入选,分别是上饶市铅山水站、宜春市港口水站、南昌市塔城水站、吉安市禾水河口水站、景德镇市鲇鱼山水站、赣州市赣县梅林水站、新余市湖心岛水站。

23—25日 省长易炼红率江西省代表团对韩国进行友好访问。易炼红分别与韩国全罗南道知事金瑛錄、韩国民主和平统一促进咨询会议首席副议长金德龙等举行会谈，会见韩国全罗南道光阳市、丽水市、康津郡、求礼郡政府领导和韩国浦项制铁光阳钢厂负责人等韩国各界友好人士和知名企业家。拜会中国驻韩国大使邱国洪。江西省代表团还在首尔举办“江西省文化旅游推介会暨2019江西风景独好文化旅游图片展”，并在旅游投资等领域达成多项合作意向。

24日 省生态环境厅针对印刷、汽车制造、塑料制品、医药制造、有机化工、家具制造6个行业的挥发性有机物，首次制定大气污染排放标准。

25日 国家发改委等6部委联合印发《国家产教融合建设试点实施方案》，江西省成为首批试点建设省份之一。

26—28日 省十三届人大常委会第十五次会议在南昌举行。会议表决通过《江西省司法鉴定条例》《江西省生态文明建设促进条例》；省人大常委会关于废止1件和修改11件地方性法规的决定、关于修改《江西省反窃电办法》等45件地方性法规的决定、关于批准《景德镇市烟花爆竹燃放管理条例》的决定、关于批准《新余市禁止燃放烟花爆竹规定》的决定、关于批准《赣州市饮用水水源保护条例》的决定、关于批准《宜春市城市市容和环境卫生管理条例》的决定、关于确定白鹤为江西省“省鸟”的决定、关于接受马叶江辞去第十三届全国人民代表大会代表职务的决议；关于代表资格的审查报告和人事任免名单。会议经表决，决定任命陈小平为省人民政府副省长，左继生、巫欣春为省人大常委会副秘书长，杨泽民、陈惠龙为省人大常委会办公厅副主任，任命魏晓奎为省监察委员会副主任，赵九重、居国屏为省高级人民法院副院长，张勇玲为省人民检察院副检察长。

26—29日 省长易炼红率江西省代表团对日本进行友好访问。易炼红分别与日本岐阜县知事古田肇、议长小川恒雄和日本京瓷株式会社会长山口悟郎举行会谈，会见日本岐阜县的关市、美浓市政府官员及日本倍乐生京都嵯峨岚山养老中心负责人等日本政界和商界代表和友好人士。拜会中国驻大阪总领事馆大使衔总领事李天然、中国驻名古屋总领事馆总领事刘晓军。

27日 江西省15家单位及产品列入工信部第四批绿色制造名单。其中，绿色工厂11家，分别为江西晶安高科技股份有限公司、江西宏成铝业有限公司、江西蓝星星火有机硅有限公司、江西铜业股份有限公司贵溪冶炼厂、赣州富尔特电子股份有限公司、江西新明珠建材有限公司、江西和美陶瓷有限公司、江西广源化工有限责任公司、江西兴泰科技有限公司、百威雪津（吉水）啤酒有限公司、江西南城南方水泥有限公司；绿色园区2家，分别为萍乡经济技术开发区、赣州经济技术开发区；绿色供应链管理示范企业1家，为巨石集团九江有限公司；绿色设计产品1个，为赣州富尔特电子股份有限公司的烧结钕铁硼稀土永磁材料（38HT型）。

同日 工信部公布2019年全国质量标杆典型经验遴选结果，江西阳光安全设备集团有限公司获“2019年全国质量标杆”称号。

同日 江西省申报的高安国家绿色光源高新技术产业化基地、上饶国家新能源汽车高新技术产业化基地、九江国家电子电器高新技术产业化基地被科技部认定为国家高新技术产业化基地。

同日 全国民族团结进步表彰大会在北京举行。南昌县莲塘一中被国务院授予“全国民族团结进步模范集体”称号。

28日 世界上一次性建成并开通运营里程最长的重载铁路——浩勒报吉至吉安铁路开通运营。

同日 江西省首家民营银行江西裕民银行成立暨首笔贷款授信仪式在南昌举行。

30日 第31次省政府常务会议召开。会议深入学习贯彻中共中央总书记习近平在黄河流域生态保护和高质量发展座谈会上的重要讲话精神、关于做好安全防范工作的重要指示批示精神；研究10月份重点工作。会议审议并原则通过《2018年度江西省科学技术奖拟授奖名单》。

10 月

1日 省委常委（扩大）会议召开。会议集中收听收看庆祝中华人民共和国成立70周年大会、阅兵仪式和群众游行实况。省委书记刘奇主持会议并讲话。易炼红、姚增科等省委、省人大常委会、省政府、省政协领导班子成员，省法院、省检察院主要负责人等出席。

2日 应巴西里约热内卢州、阿根廷门多萨省和古巴哈瓦那省邀请，省政协主席姚增科率江西省友好代表团开始对3国进行工作访问。

7日 国务院核定并公布762处第八批全国重点文物保护单位，江西32处文物保护单位上榜。

8日 由南昌市疾控中心教授陈海婴领衔，刘明斌、王大燕、周剑芳等组成的“新型H10N8禽流感病毒的首次发现及其起源和致病机制”项目团队获2018年度江西省自然科学奖一等奖。填补江西省在新型禽流感病毒研究领域空白。

9日 赣州汽车整车进口口岸通过由省商务厅、南昌海关、省工信厅、省公安厅、省发改委等单位组成的联合验收组验收，成为江西省首个汽车整车进口口岸。

11日 江西省体校输送，江西省球类运动管理中心与黑龙江省雪上训练中心联合培养的运动员倪小童获第十四届全国冬季运动会跳台滑草女子K60项目金牌、K60女团项目银牌。这是全国冬运会举办以来江西的首枚金牌。

14日 省委常委会召开会议，传达学习贯彻中央有关会议精神，研究江西省贯彻落实意见；分析全省前三季度经济运行情况，研究下一步经济工作。会议审议并原则通过《贯彻〈中国共产党政法工作条例〉实施细则》《江西省生态环境保护工作责任规定》《江西省生态环境保护督察工作规定》。

同日 省委人才工作领导小组会议在南昌召开。会议讨论《江西省鼓励引导人才向基层一线和贫困地区流动工作推进方案》等全省性人才工作政策，确定江西省首批VR产业创新创业优秀人才团队人选。

15 日　2019 江西智库峰会在南昌举行。峰会以“在加快革命老区高质量发展上作示范、在推动中部地区崛起上勇争先”为主题。全国各地专家学者 300 余人出席主论坛。同期举行“推进经济高质量发展”“推进改革开放走深走实”“推进农业农村现代化”“推进社会治理创新”“推进红色基因传承”5 场平行论坛。

16 日　上饶市广信区挂牌成立。以原上饶县的行政区域为广信区的行政区域，广信区人民政府驻旭日街道吉阳西路 1 号。上饶县结束 1823 年县级建制。

同日　江西电信云 VR 套餐上市，标志着江西省家庭客户迈入云 VR 智能家居新时代。

16—18 日　樟树第 50 届全国药材药品交易会在樟树市举行。大会以“传承 · 创新 · 合作 · 共赢”为主题，开展专业交易会展、2019 年江西(宜春 · 樟树)医药产业招商引资推介会、中国中药材种植联盟高峰论坛等 18 项活动，全国 6000 余家医药厂商参会参展，参展品种超 2.6 万个。开幕式当天成交额 100 多亿元。

17 日　2019 年全国脱贫攻坚奖表彰大会暨先进事迹报告会在北京召开。宁都县航远电子商务有限公司设计总监廖竹生获全国脱贫攻坚奖奋进奖，修水县复原乡雅洋村驻村第一书记吴应谱、修水县大椿乡人民政府干部樊贞子(女)获全国脱贫攻坚奖贡献奖，上栗县长平乡离休教师李维正获全国脱贫攻坚奖奉献奖。石城县获全国脱贫攻坚奖组织创新奖。

18 日　江西省与中国科学院在南昌举行共建中国科学院稀土研究院战略合作协议签约暨中国科学院庐山植物园揭牌仪式。

18—22 日　2019 中国景德镇国际陶瓷博览会在景德镇举行。国内外近千家品牌陶瓷企业、世界各地 3500 多名客商参会。其间，举办陶瓷文化传承与创新国际研讨会、第十三届全国美展陶艺作品展、国际陶瓷采购商供需对接会、第五届全国陶瓷职业技能竞赛总决赛等活动。在瓷博会商企供需对接会，达成意向签约 25 宗，金额 3500 多万美元，现场订单 180 万美元；在陶瓷产业招商推介会，签约项目 6 个，总投资额 11 亿元。

18—24 日　2019 红色旅游博览会暨中国红色旅游推广联盟年会在瑞金市举办。中国红色旅游推广联盟成员单位、全国重点红色旅游景区(点)、全国重点文创演艺和旅游商品企业等单位代表，以及全国接受“不忘初心、牢记使命”主题教育的干部群众等 5000 余人参加活动。其间，举办“我为祖国歌唱”——红色文化旅游主题晚会、“百趟红色旅游专列进苏区”欢迎仪式、全国红色旅游文创产品和红色旅游演艺创新成果征集活动现场遴选和展示、新时代红色培训工作经验交流会、赣州红色旅游专场推介会等活动。

19—21 日　2019 世界 VR 产业大会在南昌举行。中共中央政治局委员、国务院副总理刘鹤出席开幕式并讲话。7000 余名国内外 VR/AR/MR 领域专家学者和企业家代表出席，30 多个国家和地区近 2000 家企业参会参展。大会以“VR 让世界更精彩——VR + 5G 开启感知新时代”为主题，包括主论坛、18 场平行论坛、虚拟现实产业创新大赛、发布 VR/AR 年度创新大奖、VR 国际电影节、发布 VR50 强企业、VR 电竞大赛等活动。

19—23 日　第十五届中国合唱节上，江西应用科技学院青云合唱团获金奖，这是中国合唱节设立 37 年来江西合唱团首次获金奖。

19 日至 11 月底　2019 年汤显祖戏剧节暨国际戏剧交流月活动在抚州市举行。活动期间举行汤显祖国际学术研讨会、中外经典剧目展演、驻华使领馆官员江西行、中英文化旅游周等一系列活动。

20 日　全国首届红十字志愿者趣味运动会在九江市举行，11 个省(直辖市、自治区)的 560 名红十字代表和志愿者参赛。九江市保安服务有限公司代表队获团体总分第一名。

21 日　国家减灾委、应急管理部针对江西省近期严重旱情，紧急启动国家Ⅳ级救灾应急响应。

22 日至 11 月 1 日　中央扫黑除恶第 15 督导组在江西开展督导“回头看”，并于 11 月 1 日在南昌召开“回头看”反馈会，向江西省委、省政府反馈督导“回头看”有关情况，指出存在的问题，并提出意见建议。其间，督导组到省公安厅、省水利厅、省市场监管局、新余市、南昌市、九江市、上饶市、萍乡市等开展实地督导检查，了解中央督导反馈意见整改落实情况和存在的问题。

23 日　第 33 次省政府常务会议召开。会议审议并原则通过《江西省落实国家组织药品集中采购和使用试点工作实施方案》《江西省药品带量采购和使用工作实施方案》《江西省食品违法行为举报奖励办法》《江西省计划生育协会改革方案》；研究 11 月份重点工作。审议并原则确定 2019 年度江西省主要学科学术和技术带头人资助人选。

24 日　省委深改委第七次会议召开。会议传达学习中央深改委第十次会议精神，研究部署推进金融领域改革创新、深化科技体制机制改革等工作。会议听取江西省金融领域改革创新情况汇报。会议审议并原则通过《抚州市生态产品价值实现机制试点方案》《江西省关于深化科技体制机制改革加快高质量发展的若干意见》《江西省职业教育改革创新实施方案》《江西省关于建立国土空间规划体系并监督实施的意见》《江西省自然资源统一确权登记暂行办法》《江西省团校改革方案》。

25 日　省委常委会召开会议，传达学习中共中央总书记习近平近期重要指示精神和中央有关会议精神，研究江西省贯彻落实意见。会议审议并原则通过《关于支持赣东北开放合作推动高质量跨越式发展的若干意见》《关于支持赣西转型升级推动高质量跨越式发展的若干意见》。

26 日　全国首个省级能源公共服务平台赣能通发布。

27 日　第七届世界军人运动会在武汉闭幕，江西输送到中国人民解放军队体育代表团的 10 名运动员获 8 金、2 银、2 铜。

29 日　鹰潭市总工会组织拍摄的微影视故事片《为了一个梦想》获第六届“中国梦 · 劳动美”全国职工微影视大赛金奖。

31 日　省政协十二届第 38 次主席会议在南昌召开。会议审议并通过《关于助推我省航空和农机装备制造业高质量发展十方面 50 条对策建议》《省政协十二届常委会第八次会议方案》《江西省政协“委员微信工作群”管理办法(试行)》。

同日　全省安全生产“三项整

治”动员部署电视电话会议召开，部署在全省开展小微企业和“九小”场所、“两客一危”和工程运输等重点车辆及农村交通安全“三项整治”，及开展高铁沿线环境隐患集中整治工作。

同日　江西移动、江西联通举行5G商用启动仪式，南昌、鹰潭为全国首批5G商用城市。

11　月

1日　省委召开省委常委扩大会议和全省领导干部会议，传达学习中共十九届四中全会精神，对全省学习宣传贯彻工作进行动员部署。省委书记刘奇主持并讲话。省委副书记、省长易炼红传达中央精神。省委委员、候补委员，不是省委委员、候补委员的在职省级领导出席。省委各部门、省直各单位党组（党委）主要负责人；各设区市和赣江新区党政主要负责人，省直管县（市）党委主要负责人出席。

同日　中央督查组向江西省反馈2019年中央一号文件贯彻落实督查情况，中央督查组组长、中华全国供销合作总社党组成员、监事会主任宋璇涛代表中央督查组向江西省反馈督查情况。

同日　江西省首届残疾人文化艺术节开幕式在南昌举行。文化艺术节以“同心同梦、感恩祖国”为主题。文化节主会场设在南昌，活动在全省范围内举行，持续到12月。主会场设江西省首届残疾人文化发展论坛、无障碍电影放映活动、红色读书交流会、红色文化采风活动、与国旗同行主题活动、残健融合系列活动、趣味运动会、艺术作品现场拍卖＋互联网公益活动、闭幕式暨颁奖晚会9项活动。

2—3日　由南昌市主办，南昌高新区管委会、中航文化有限公司承办的2019南昌飞行大会在瑶湖机场举行。大会主题为“江西飞机飞起来”，包括会商会、无人机表演、高峰论坛、航空运动表演、明星飞行员互动等系列活动。实际参观人数23万人。

2—6日　第六届南昌国际军乐节在南昌举行。军乐节主题是“军乐庆华诞，响亮英雄城”，主要内容包括开幕式暨巡游表演、专场音乐会、军乐嘉年华文化惠民演出、军乐行进晚会和闭幕式暨军乐晚会等，共有24支中外乐团（艺术团）参加表演。

3日　在白俄罗斯举行的国际举重亚历山大杯暨奥运会积分赛上，江西选手黄婷在女子64公斤级的比赛中，以抓举107公斤、挺举130公斤以及总成绩237公斤获该项目抓举、挺举和总成绩3枚金牌，其中107公斤的抓举重量打破世界青年纪录。

4日　九江市中级人民法院对特大跨省非法倾倒有毒污泥案进行一审宣判。这是最高人民法院《关于审理生态环境损害赔偿案件的若干规定（试行）》出台后，江西省生态环境损害赔偿诉讼第一案。

11月2日，2019南昌飞行大会上大黄蜂飞行表演队进行特技飞行表演　魏勇剑摄

5—6日　庐山西海风景区通过国家5A旅游景区景观质量评审。

6日　第34次省政府常务会议召开。会议深入学习中共十九届四中全会精神，研究贯彻落实意见。会议传达学习中共中央总书记习近平在中央政治局第18次集体学习时的重要讲话精神。会议审议并原则通过《江西省生育保险和职工基本医疗保险合并实施办法》。

同日　江西省铅山县检察院与福建省武夷山市检察院共同将1份联合发出的检察建议书送达江西省武夷山国家自然保护区、福建省武夷山国家公园。这是全国首份跨省协作联合发出的生态检察建议书。

7日　省城镇贫困群众脱贫解困工作领导小组第二次会议召开。会议通报全省城镇贫困群众脱贫解困工作进展情况，审议通过《关于深入推进城镇贫困群众脱贫解困工作若干措施》。

9日　共青城市苏家垱乡“一季中粳”千亩示范片测出平均亩产1022.2千克，江西省一季中稻单产创新高。

同日　南昌百特生物集团诺贝尔奖院士工作站经临床实验，成功研发全自动智能化细胞制备工作站，实现干细胞人工培养到智能制备，填补国内行业空白。

9—10日　2019年中华龙舟大赛在重庆合川展开总决赛，江西虎山龙舟队获职业组男子22人龙舟100米直道赛冠军、200米直道赛冠军、500米直道赛亚军，并以综合成绩第一名蝉联冠军。

10日　2019南昌国际马拉松在南昌八一广场开跑。肯尼亚的Stephenkiplimo以2小时09分54秒打破赛会纪录，获男子组冠军。埃塞俄比亚的Melkamgizawtola以2小时29分01秒打破赛会纪录，获女子组冠军。

11日　省委常委会召开会议，传达学习中共中央总书记习近平在第二届中国国际进口博览会开幕式上的重要讲话精神，研究深入推进“不忘初心、牢记使命”主题教育等工作。会议审议并原则通过《江西省贯彻〈中国共产党党内关怀帮扶办法〉实施细则》《关于健康江西行动的实施意见》。

12日　文旅部办公厅发布《关于

公布国家级非物质文化遗产代表性项目保护单位名单的通知》。江西70个非遗保护单位入选。

13日 省委财经委员会第三次会议暨省防范化解重大风险工作领导小组第三次会议召开。会议审议并原则通过江西省贯彻落实中央财经委员会第五次会议主要任务分工方案、《江西省实施打好防范化解重大金融风险攻坚战行动方案》。

同日 晶科能源有限公司和江西省宏柏新材料股份有限公司被工业和信息化部评为第四批制造业单项冠军示范企业。

14—15日 中共中央政治局常委、国务院总理李克强在江西省委书记刘奇、省长易炼红陪同下，在景德镇、南昌考察。他强调，要坚持以习近平新时代中国特色社会主义思想为指导，贯彻落实党的十九届四中全会精神，以改革开放增动力、破难题、扩潜力，保持经济运行在合理区间，完成全年主要目标任务。国务委员兼国务院秘书长肖捷陪同考察。

15日 省委教育工作领导小组召开第二次全体会议。会议审议《江西省加快推进教育现代化建设教育强省实施纲要2035》《关于深化教育教学改革 全面提高义务教育质量的实施意见》《关于新时代推进普通高中育人方式改革的实施意见》等文件，原则同意文件提交省委常委会和省委深改委审定；研究推进全省高考综合改革相关工作。

同日 省政府与中国中医科学院在南昌举行共建中国中医科学院江西分院签约仪式。

同日 南昌国际邮件互换局开通运营。全省进出口邮件可以直接在江西省办理进出口通关。

同日 中国技术交易所江西中心在南昌市青云谱区开业并揭牌。该中心是全国首家先进技术产业融合领域的技术交易和产业孵化平台。

同日 江西省宫颈癌防治陈列馆在靖安县揭牌，标志着全国首家宫颈癌防治陈列馆成立。

15—18日 第十七届中国国际农产品交易会在南昌绿地国际博览中心举办。展区面积13万平方米，有18个专业展区，参展企业8000多家，2.3万家采购商到会采购，观展人数42.5万人次，达成贸易交易总额381亿元。展会期间，农交会组委会先后举办全国农业品牌专场推介、中国农业品牌建设高峰论坛、数字农业农村发展论坛、农业投资与风险管理论坛等10多场重大活动以及40余场省级农业品牌推介活动。其中，首届江西“生态鄱阳湖·绿色农产品”博览会，设置1.5万平方米的江西展区，现场零售额突破6000万元，签约农业投资合作项目30个，签约总金额197亿元。

16日 省委常委会召开扩大会议，传达学习中共中央政治局常委、国务院总理李克强在江西考察调研时的重要讲话精神，研究贯彻落实意见。

同日 中国农村专业技术协会科技小院联盟（江西）授牌仪式在江西农业大学举行，江西省7个科技小院授牌成立并运行。它们分别是上高水稻科技小院、井冈蜜柚科技小院、安远蜜蜂科技小院、彭泽虾蟹科技小院、广昌白莲科技小院、修水宁红茶科技小院、赣州食用菌科技小院。江西农业大学将派出专家团队和研究生入驻科技小院，按照“零距离、零时差、零门槛、零费用”的标准进行技术展示、提供技术服务、开展技术培训和创新。

16—17日 生态环境部对第三批84个国家生态文明建设示范市县和第三批23个“绿水青山就是金山银山”实践创新基地进行授牌命名。井冈山市、崇义县入选“两山”基地；景德镇市、南昌市湾里区、奉新县、宜丰县、莲花县入选国家生态文明建设示范市县。

18—19日 省政协十二届常委会第八次会议在南昌召开。会议传达学习中共十九届四中全会精神、中央政协工作会议和《中共中央关于新时代加强和改进人民政协工作的意见》精神、全国政协十三届常委会第九次会议精神，围绕“我省装备制造业高质量发展”开展专题协商。

19—20日 在西班牙巴塞罗那举行的全球智慧城市大会上，鹰潭获全球智慧城市中国区产业数字化转型奖、全球智慧城市数字化转型奖。

19—21日 2019中国国际美发美容节在抚州举行。美发美容节包括国际大师秀、彩绘艺术秀、中国发型化妆艺术研创中心潮流趋势发布、全国发型化妆美甲美睫美容护肤持久美妆大赛、聚·合中国美业联合高峰论坛、中国美发美容协会扶贫工作委员会成立大会暨中国美业扶贫峰会等内容。国内外的时尚大咖、全国50余个省市美发美容行业协会会员和数千名美业从业者参与。

20—22日 由中联部和江西省委共同举办的“中国共产党的故事——习近平新时代中国特色社会主义思想在江西的实践”专题宣介会在南昌举行。蒙古民主党主席额尔登、叙利亚复兴社会党副总书记希拉勒等60多个国家、50多个政党的300多名政党领导人和代表与会。

同日 井冈山市茨坪镇桐木岭路社区被确定为第三批全国“扫黄打非”进基层示范标兵。

22日 由工信部、科技部、财政部、国家国防科工局、全国工商联等部门与江西省政府共同举办的2019年中国先进技术转化应用大赛在南昌举行颁奖仪式。大赛于6月正式启动，征集申报项目1034项，决出6个金奖、12个银奖、24个铜奖。江西省获1金1银4铜。

同日 2019年中国科学院院士增选当选院士名单公布，南昌大学材料科学与工程学院教授江风益当选中国科学院院士。

22—23日 2019（第五届）江西省互联网大会在抚州举行。大会主题为“智联万物 数谋发展”，省内外互联网行业和科研院校的专家学者1200余人参会。

25日 省委常委会召开会议，传达学习中共中央总书记习近平对希望工程的重要指示精神；听取关于学习贯彻落实中共中央总书记习近平视察江西重要讲话精神综合督查情况的汇报，研究下一步贯彻落实意见。会议审议并原则通过《江西省贯彻〈中国共产党宣传工作条例〉若干措施》《中共江西省委关于加强新时代地方人大工作的意见》。

同日 在深圳召开的国际半导体照明联盟（ISA）成员大会公布2019年“全球半导体照明突出贡献奖”评选结果，南昌大学材料科学与工程学院教授、院士江风益获“全球半导体照明突出贡献奖”称号。

25—27日 省十三届人大常委会第十六次会议在南昌举行。会议表决通过《江西省红十字会条例》《江西省旅游者权益保护条例》《江西省中医药条例》《江西省人大常委会关于废止〈江西省资源综合利用条例〉等3件地方性法规的决定》《江西省人大常委会关于修改〈江西省林木种子条例〉等18件地方性法规的决定》《江西省人大常委会关于批准〈南昌市居家养老服务条例〉的决定》《江西省人大常委会关于批准〈南昌市人大常委会关于废止2件和一揽子修改13件地方性法规的决定〉的决定》《江西省人大常委会关于批准〈九江市城市道路通行管理条例〉的决定》《江西省人大常委会关于批准〈萍乡市城市绿化条例〉的决定》《江西省人大常委会关于批准〈鹰潭市户外广告设置管理条例〉的决定》《江西省人大常委会关于批准〈上饶市住宅物业管理条例〉的决定》《江西省人大常委会关于批准〈吉安市住宅物业管理条例〉的决定》《江西省人大常委会关于批准〈抚州市抚河流域水污染防治条例〉的决定》《江西省人大常委会关于召开江西省第十三届人民代表大会第四次会议的决定》以及人事任免名单。

26日　第35次省政府常务会议召开。会议传达学习国务院总理李克强考察江西重要讲话精神，研究部署全省政府系统贯彻落实意见；研究部署推动江西中医药事业和产业高质量跨越式发展、抓好2019年长江经济带生态环境警示片披露江西省生态环境突出问题整改等工作。会议审议并原则通过《2019年长江经济带生态环境警示片披露江西省生态环境突出问题整改方案》。

27日　江西省重点建设项目新钢公司新能源汽车用高牌号电工钢项目投产，使新钢实现无取向硅钢产品全覆盖。该项目是国内先进、省内领先的高牌号电工钢生产线。

28日　公安部首批100个枫桥式公安派出所命名揭晓。井冈山市公安局茨坪派出所、南昌市公安局青山湖分局京东派出所、玉山县公安局岩瑞派出所被命名为枫桥式公安派出所。

同日　在河南省射击运动管理中心举行的2019年全国射击总决赛（步手枪项目）上，江西省射击运动管理中心运动员熊亚瑄以41中的成绩再次打破自己保持的女子25米手枪决赛全国纪录并蝉联该项目冠军。

28—29日　中共江西省委十四届十次全体（扩大）会议在南昌举行。省委常委会主持会议，省委委员、候补委员，不是省委委员、候补委员的在职省级领导出席。省委书记刘奇代表省委常委会作工作报告。会议听取和讨论省委常委会工作报告，审议通过《中共江西省委贯彻落实〈中共中央关于坚持和完善中国特色社会主义制度、推进国家治理体系和治理能力现代化若干重大问题的决定〉的实施意见》。

29日　江西首个单机容量最大风电场——华能打鼓寨风电场建成投产。

同月　吉水县乌江镇发现1处史前环壕遗址——盆形地遗址，将江西吉泰盆地的人类活动历史推前至距今5000年左右。

同月　江西省选手戴望在全国羽毛球单项冠军赛上获女子单打冠军。

12　月

1日　2019新余仙女湖国际马拉松赛举行。中国、埃塞俄比亚、肯尼亚、赞比亚等9个国家和地区的近万名选手报名参赛。肯尼亚的西蒙·迈纳·姆万吉以2小时32分52秒的成绩，获男子全程马拉松冠军；湖南的黄菲以3小时6分49秒的成绩，获女子全程马拉松冠军。

2日　省委常委会召开会议，学习中央政治局会议和中共中央总书记习近平在中央政治局第十九次集体学习、中央全面深化改革委员会第十一次会议上的重要讲话精神，审议并原则通过《关于加快建设具有江西特色的现代化经济体系的实施意见》。

3日　省政协党组理论学习中心组第五次集体学习会暨十二届第四十一次主席会议在南昌召开。会议审议《关于加强我省红色资源保护和利用的建议》等文件。

4日　南昌海关隶属上饶海关关员登录企业备案管理系统，审核江西尚亿食品有限公司申报材料，现场制发备案证明。这是审批改备案以来，江西省办理的首票业务。

6日　联合国工业发展组织主办的世界生态设计大会上，南昌大学第四届“互联网+”金奖项目——基于硅衬底LED技术的“米典零蓝光健康灯”全球首发，并与小米有品公司达成合作，标志着该项目实现产业化。

6—10日　2019鄱阳湖国际观鸟周活动在江西举行。其间，举办国际观鸟赛、美丽中国“江西样板”院士论坛、鄱阳湖湿地和候鸟保护国际论坛、第二届国际白鹤论坛；签署《鄱阳湖保护和发展合作框架协议》；发布《鄱阳湖湿地和候鸟保护南昌宣言》；江西省自然教育学校（基地）、鄱阳湖湿地和候鸟宣传教育中心揭牌；永修县吴城镇被中国野生动物保护协会授予“中国候鸟小镇”称号。

7日　2019谈家桢生命科学论坛暨谈家桢基金会江西分会成立大会在南昌举行。这是该基金会在国内成立的首个省级分会。

9日　江西盈盛实业有限公司用时13秒，办理一批生产用中央处理器提离手续。江西省首票跨关区全国通关一体化模式“两步申报”试点业务在上饶海关完成。

10日　江西财经大学蛟桥园校区图文信息大楼项目，在2018—2019年度中国建设工程鲁班奖（国家优质工程）表彰大会上，获国家优质工程奖（鲁班奖）。

14日　中央全面依法治国委员会办公室第四督察组组长周新建率法治政府建设实地督察组在江西开展督察，并召开法治政府建设汇报会。

同日　在上海举办的第四届世界考古论坛上，南昌西汉海昏侯墓考古项目入选世界重大田野考古发现。

同日　美式橄榄球队南昌枪骑兵获全国美式橄榄球联盟“城市碗”2019赛季总冠军。这是江西业余美式橄榄球运动首次获全国冠军。

15日　上海振兴江西促进会金

融分会成立大会暨首届赣江(上海)金融论坛在上海举行,省委常委、常务副省长毛伟明出席并讲话。

同日　国网江西省电力有限公司赣州西(虔州)500 千伏变电站及配套线路顺利送电,标志着江西省首座 500 千伏无人值守站、500 千伏电压等级最大投资电网基建项目赣州西(虔州)500 千伏输变电工程正式投运。

16 日　信丰县 78 岁退休干部袁守根获"全国离退休干部先进个人"称号,他被誉为"赣南脐橙第一人"。

16—27 日　国务院安委会第七专项督查组对江西省安全生产及集中整治工作进行专项督查。其间,督查组听取江西省和南昌市、九江市工作情况汇报,检查瑞昌市、湖口县、永修县和青山湖区、进贤县、南昌县、安义县 7 个县(区),抽查危险化学品、非煤矿山、尾矿库、烟花爆竹、冶金、交通、建筑等行业领域的 12 家企业和单位。专项督查组对江西省安全生产及集中整治工作给予肯定,并反馈专项督查中发现的问题,提出改进工作建议。

18 日　南康籍烈士朱小华的骨灰回到家乡。朱小华为解放军某部班长,6 月 2 日晚抢修国防通信线路时,由于地方车辆追尾侧翻,危急关头为保护战友壮烈牺牲,年仅 24 岁。

同日　渤海银行南昌分行开业,这是入驻江西的第 11 家全国性股份制商业银行。

18—19 日　全国工商联十二届三次执委会议在南昌举行。全国政协副主席、全国工商联主席高云龙出席会议并作工作报告。中央统战部副部长,全国工商联党组书记、常务副主席徐乐江出席会议。会议听取审议常委会工作报告,听取学习中央经济工作会议和民营经济统战工作辅导报告,审议通过有关人事事项。会议期间,举办全国知名民营企业助推江西高质量跨越式发展大会、江西省大数据及智能制造产业推介会、江西大健康产业推介会、江西省电子信息产业推介会。

19 日　省科学院与白俄罗斯国家科学院在南昌签署《白俄罗斯共和国国家科学院与中华人民共和国江西省科学院科技合作框架协议》。双方在智能制造、LED 与光电技术、新材料、冶金、生物技术等领域展开联合研究攻关,共建中白智能制造和新材料研究院(国际联合实验室)及中白"巨石"工业园联合实验室。

23 日　江西省水利投资集团有限公司非公开发行可续期公司债券(第一期)发行成功,江西省非公开可续期公司债发行实现零的突破。

24 日　南昌昌北国际机场三期扩建暨昌九客专建设动员大会在南昌举行。南昌昌北国际机场三期扩建工程包括 T2 航站楼 C 指廊延伸及飞行区配套工程和三期扩建主体工程。昌九客专共设庐山、庐山南、共青城东、昌北机场、南昌东 5 个车站,正线全长约 137 千米,设计时速 350 千米。

同日　省政府据国务院批复发布《江西省人民政府关于调整南昌市部分行政区划的通知》,撤销南昌市湾里区,将其行政区域并入南昌市新建区;设立南昌市红谷滩区,将南昌市东湖区沙井街道、卫东街道和新建区生米镇划归红谷滩区管辖,以东湖区沙井街道、卫东街道和新建区生米镇的行政区域作为红谷滩区的行政区域。

同日　国务院发布《关于同意在石家庄等 24 个城市设立跨境电子商务综合试验区的批复》,赣州市成为中国(赣州)跨境电子商务综合试验区。

25 日　南昌昌北国际机场 2019 年货邮吞吐量突破 12 万吨,达到 12.2 万吨,同比增长 50%,增速连续两年列全国千万级机场第一位。

25—26 日　省委经济工作会议在南昌召开。省委书记刘奇出席并讲话。省委副书记、省长易炼红总结 2019 年、部署 2020 年经济工作。

26 日　昌赣高铁开通运营。昌赣高铁线路全长 418 千米,设计时速 350 千米,设南昌、丰城东等 13 座车站,初期运营时速 300 千米。

30 日　省委常委会召开会议,学习贯彻中央政治局专题民主生活会、中央农村工作会议精神,研究贯彻落实意见。会议审议并原则通过《省管领导干部政治素质考察办法(试行)》《江西省加快推进教育现代化建设教育强省实施纲要 2035》。

同日　江西省天主教第九次代表会议、江西省基督教第九次代表会议分别在南昌召开。全省各地天主教界、基督教界代表出席。会议总结省天主教第八次代表会议、省基督教第八次代表会议以来的工作,选举产生新一届省天主教爱国会、教务委员会和省基督教"三自"爱国运动委员会、省基督教协会。

31 日　第 37 次省政府常务会议召开。会议传达学习中共中央总书记习近平重要讲话精神及全国有关会议精神,研究全省政府系统贯彻落实意见;研究 2020 年 1 月重点工作。会议审议并原则通过《江西省专职消防救援队和志愿消防救援队建设管理办法(草案)》《江西省应急救援航空体系建设试点方案》。会议确定江西省未来两年实施公路水路交通基础设施建设、道路运输安全隐患整治、货物运输车辆超限超载治理三大攻坚行动和农村公路助力脱贫攻坚和乡村振兴、普通国省道养护管理、行业作风建设三大提升工程。

同日　江西赣州稀有金属交易所有限责任公司在赣州市开业,这是全国唯一一家集稀土、钨等稀有金属及其延伸产品的交易场所。

同日　第二轮《江西省志》分志第一次验收会在南昌召开,40 余名专家和相关工作人员参会。会议对《烟草志》《组织志》《信访志》《社会治安综合治理志》4 部分志核查验收,标志着第二轮《江西省志》验收工作启动。

同月　省人民医院骨科主任医师董谢平发明的取芯器,获国家发明专利后,又获日本、美国发明专利授权。取芯器不仅可以取出骨芯用以植骨,还能微创切取骨组织进行活检。

同月　中央第十一巡视组与脱贫攻坚成效省际交叉考核工作组同步进驻,对江西省开展脱贫攻坚专项巡视"回头看"。

本栏编辑　游桃琴

专 记

江西赣江新区七星堆六朝墓群发掘纪略

2020年4月6日,2019年度全国十大考古新发现初评结果公布,江西赣江新区七星堆六朝墓群入围终评项目。

七星堆六朝墓群位于江西省赣江新区经开组团白水湖管理处南坊村东南至桃花埠自然村的区域内,分A、B、C3个发掘区。A区集中分布于湖滨南路东段;B区位于儒乐湖特色小镇商11、商12、11#地块中;C区位于桃花埠自然村,在A发掘区东南约800米,东距赣江仅200米。

2013年6月,在赣江新区经开组团湖滨南路土方施工中,施工队挖掘出六朝时期网钱纹墓砖。8—9月,江西省文物考古研究所(2017年1月改名为江西省文物考古研究院)和南昌市博物馆组成联合考古调查勘探队对该墓群进行考古调查、勘探工作,考古调查、勘探发现墓葬密集分布区约5000平方米,勘探出形制较为清楚的古墓26座,因取土破坏的残损古墓19座,共计45座古墓。该墓群是南昌发现的规模最大的六朝古墓群——七星堆六朝墓群。

为支持2018年第一批省重点建设项目——赣江新区儒乐湖特色小镇建设,江西省文物考古研究院组建考古队对建设区域内的七星堆六朝墓群进行配合基本建设考古发掘。经过1年半的田野发掘,七星堆六朝墓群共清理出古墓73座,出土遗物700余件,其中六朝墓葬数量最多、形制最丰富、规模最大、级别最高。

2018年8月16日,受南昌儒乐湖新城建设指挥部办公室的委托,江西省文物考古研究院组建考古队对该墓群进行抢救性考古发掘。截至2019年年底,基本完成A、C两区的发掘,发掘面积5600平方米。

A区共发掘2600平方米,发现22座砖室墓,包含4座东汉墓、16座六朝墓及2座明清墓葬。A区出土瓷器、陶器、金属器、石器等遗物近200件。C区共发掘3000平方米,发现51座六朝时期砖室墓,出土遗物500余件。2020年准备发掘B区,该区已经勘探发现15座东汉墓葬。

A、C区发掘的67座六朝时期砖室墓规模庞大、形制多样,有横前堂、券顶、穹隆顶等。在一处墓群中同时发现多种墓葬形制且规模庞大,在江西省属首次发现,在全国同时期的墓群中亦属罕见。墓砖纹饰以网钱纹为主,亦见有兽面纹,部分墓砖上有铭文,如2018QXDM5墓砖上发现的“王”“十”,2018QXDM3封门砖上的“周侯”,2018QXDM2甬道和后室发现的“豫章海昏中郎周遵字公先”及“周中郎”,在2019THBM31内发现的“甘露元年”纪年铭文等,为研究墓群家族信息提供线索。

A区16座六朝墓分布规则,墓与墓之间未见打破迹象;墓群呈东西向一字排开,墓道朝向一致;排水沟规划有序,与墓葬相互衔接,沟与沟间有明显的打破连接迹象,砌建科学,构成复杂的地下排水系统;推测该区应是一处家族墓地。结合该区M3封门砖上发现的“周侯”铭文和M2甬道墓砖上的“豫章海昏中郎周遵字公先”铭文,参考该墓地的墓葬形制,该墓地应是六朝时期周氏家族墓地。

C发掘区出土的坞堡模型

赖祖龙供

从墓葬的形制、规格及在墓地中的排列分析，M2应不是该墓地的第一代墓主，第一代墓主应是M5，且M2明确官职为“中郎”，M5从墓葬形制等因素分析，其规格应不低，该墓地应是六朝时期江州世族或地方豪强周氏家族墓地。结合M5墓道前方约50米处临近排水沟位置发现的大量建筑废弃物（筒瓦、瓦当、碎砖等）分析，该墓地墓道前方与排水沟之间应存在墓园建筑，该墓地应是一处墓园。

因年代久远、红土壤、墓葬保存条件较差及盗墓等原因，墓内棺椁和人骨均已腐朽，无法提取标本。

七星堆六朝墓群出土的遗物，按质地可分为瓷器、陶器、金属器、石器等，按照用途可以分为模型明器、日用器、陪葬俑、武器等。瓷器有盘口壶、钵、罐、盏、谷仓、灶、水井、畜禽模型、坞堡等，多为洪州窑产品，亦有湘阴窑、越窑的产品；陶器有壶、罐、熏炉、灶、擂钵、灯台等，还发现有与墓葬相关的板瓦、筒瓦、兽面纹瓦当等；金属器有盆、鐎斗、熨斗、铜镜、钗、镯、戒指、弩机等；石器有黛板、石臼等。

遗物中湖南湘阴窑的产品主要是模型明器，如坞堡、胡人俑、畜禽模型等，再现了墓主人生前的生活场景。浙江越窑的产品主要是小件日用器，胎釉结合好，制作精致。江西洪州窑的产品主要以日用器为主，亦有模型明器。在七星堆六朝墓群中同时出现3个窑口的产品并且产品功能清晰，证明六朝时期长江中下游地区商贸活跃、手工业分工精细、船运发达，为海上丝绸之路的发展、繁荣奠定基础。

七星堆六朝墓群是国内罕见的保存较好的大型六朝墓群，是中国六朝考古的重大发现。墓群A区为江西地区首次完整揭露的六朝家族墓地，是国内罕见的东吴周氏世族墓园。七星堆六朝墓群既是六朝移民“北人南迁”的历史见证，又是古豫章郡政治、经济、战略地位显著提高的历史见证。同时，该墓群是长江中下游六朝时期经济繁荣、商贸活跃、船运发达的历史见证，是海上丝绸之路发展期形成的缩影，是海上丝绸之路研究的重要材料，对研究六朝时期东亚文化交流发展进程具有重要意义。

（赖祖龙　吴通）

江西航空产业发展纪略

江西是中华人民共和国航空工业的摇篮，中华人民共和国第一批飞机主机厂在南昌建立，中华人民共和国第一架飞机是洪都生产制造并在南昌首飞上天。江西也是全国唯一同时拥有旋翼机和固定翼飞机研发生产能力的省份，是直升机、教练机研制生产的核心基地。航空产业是国家重点发展的战略性高科技领域，也是江西省少数几个具有突出比较优势的重点产业之一。省委、省政府历来高度重视航空产业发展，特别是近年来抓住通用航空发展和国产民机研制的机遇，明确提出要举全省之力，汇集各类资源要素，把航空产业作为推动经济高质量跨越式发展的强大引擎来打造，加快实现“航空产业大起来、航空研发强起来、江西飞机飞起来、航空之城兴起来、航空市场旺起来”的江西“航空梦”，构建航空制造、民航运输、通用航空、临空经济“四位一体”协同发展的现代航空产业体系。

围绕实现“航空梦”，江西省坚持以产业升级为引领，以技术创新为动力，产业平台加速集聚，龙头企业项目相继落户，产业发展取得较大突破。航空产业呈现快速发展态势，全省航空产业营业收入2016年608.2亿元、2017年740亿元、2018年863.19亿元，2019年首次突破千亿元大关，达到1020.15亿元，连续5年保持20%左右增长，而且增长的质量效益不断提升。从2018年开始，以中国商飞江西生产试飞中心、先进复材研发中心、江西快线为代表的一大批重点航空企业和重大项目相继落户，支撑江西省航空产业快速发展。截至2019年年底，江西参与的国家大飞机专项拿到大飞机制造26%的份额，打造了大飞机核心试飞基地，引进民航江西适航审定中心。与航空工业达成战略合作，明确具有世界先进水平的重型直升机总装基地落户江西。江西省按照国际水准高标准规划建设南昌航空城和景德镇航空小镇2个主要的产业承载平台，既能承担固定翼飞机的研发生产，又能承担旋翼飞机的研发生产。特别是在洪都集团、昌飞公司整体搬迁之后，江西省航空产业的整体实力和影响力显著提升，“产城融合”的现代化航空都市呈现。

航空产业的发展是一项系统工程，围绕强链延链补链，江西省以产业集聚、发展平台、重大项目、对外合作等为抓手，推动航空产业高质量跨越式发展，取得一系列的发展成效。

致力加速产业集聚。以南昌航空城、景德镇航空小镇为重点，打造航空产业集聚区。总占地面积50平方千米的南昌航空城基本建成，洪都集团于2019年8月实现整体搬迁入驻，中国商飞、中国兵器、航天科工等多家龙头企业和重点研发机构落户。占地12平方千米的景德镇航空小镇日臻完善，昌飞公司吕蒙直升机总装园项目基本建成，形成集研发制造、零部件配套、通航运营等较完整的产业链。截至2019年年底，南昌航空城已落户项目52个，在谈项目34个；景德镇航空小镇已落户项目37个，在谈项目10个，产业集聚势头正在凸显。同时，江西成为航空企事业单位的聚集地。截至2019年年底，江西拥有航空企事业单位90家，其中航空制造整机及配套单位39家，航空运营、服务单位21家，航空科研和教育单位5家，职工3万余人。江西成为航空科研的聚集地。截至2019年年底，江西拥有2个飞机设计研究所,3 所航空类大学和职业学院,2 个国家级企业技术中心,12 个省部级国家重点实验室和工程中心,3 个航空专业博士后科研工作站、70 个硕士点。江西成为教练机、直升机制造的聚集地。江西航空制造具备较强的航空产品总体设计、试验验证、先进制造和总装总成能力,初步形成军民融合、一机多型、系列发展、有人机与无人机协调发展格局。教练机形成初、中、高级教练机系列化产品格局,直升机形成大、中、轻型直升机系列化产品。

着力完善发展平台。2018 年,全国首个省局共建中国民用航空江西航空器适航审定中心挂牌成立,快速形成适航审定能力,并于当年向“初教—6”飞机颁发了 TC/PC 证书。2019 年,国产民机专用试飞空域获得东部战区空军批复,瑶湖机场获得军民航主管部门批复并全面运营,具备承接国产民机常态化试飞的能力。截至 2019 年年底,安福通用机场完成项目核准,高安通用机场选址获得军方批复,共青城、靖安通用机场完成场址审查,瑶湖、婺源、鹰潭等一批直升机起降点完成建设或启动前期工作。全国首个低空空域管理暨通航飞行服务院士工作站基本建成,正积极发挥作用,为军民航低空空管保障、国家航空应急救援体系建设、全省通航产业发展等提供咨询与技术支撑。2019 年,江西省被应急管理部明确为应急救援航空体系建设试点省,为全国各地开展应急救援航空体系建设摸索路子,积累经验,提升江西省航空救援装备研发制造能力,做强做大航空救援服务保障体系。整合相关教育资源,以南昌航空大学、江西航空职业技术学院、江西飞行学院等 3 所航空类院校结合相关科研院所,为产业发展输送技术人才。积极推进江西飞行学院的建设,大力培养飞行员、机务人员、机场管理等专业人才。2014 年,组建江西航空投资有限公司,2018 年又组建华赣航空产业投资公司,为江西航空产业发展提供支持。

加快重大项目落地。截至 2019 年年底,航空工业明确将重型直升机项目总装布局江西,已进入项目立项审批阶段。计划投入 18 亿元,占地 24.33 公顷的中国商飞江西生产试飞中心落户南昌航空城,主要承担国产 ARJ21 新支线飞机的内饰安装、喷漆、生产试飞支持、客户交付支持、维修维护、运营保障等,项目于 2019 年 4 月开工,拟在 2020 年年底生产交付首架飞机。2019 年签约的先进复合材料研发中心项目计划投入 20 亿元,占地 15 公顷,重点承担国产航空复合材料结构件的技术研究、试验论证、检测修复、试制及小批量生产制造等任务。2019 年签约的阿努瓦复材零部件生产基地项目,计划投入 30 亿元,占地 13.33 公顷,主要承担 CR929 宽体客机复材结构件,C919 大飞机结构件,波音、空客等其他航空转包业务。航空标准件、航空电缆、无人靶机等一批重大项目签约落户,山东太古国产民机维修改装、皮拉图斯华东区域中心、中科院工程热物理研究所小型航空发动机、AK1 - 3 直升机合资研制等一批重大项目正在洽谈中。

持续深化对外合作。近年来,省政府与航空工业、中国商飞、中国民航局等单位的战略合作不断深化和拓展,建立定期沟通协商机制,推动实现一系列重大合作成果。从 2017 年开始,中国商飞积极支持江西航空产业发展,多个重大项目布局江西,中国商飞江西生产试飞中心落户南昌航空城、中国商飞上海飞机设计研究院与洪都公司共建“中国商飞上飞院(南昌)机体设计中心”、将南昌瑶湖机场作为中国商飞的重要试飞基地等一系列举措,带动江西航空产业的快速发展。2018 年,中国民航局与江西省共建的民航江西航空器适航审定中心挂牌,这是唯一一家省局共建的适航审定中心。2019 年,航空工业支持江西省共同打造国家应急救援示范省,支持航空应急救援重点实验室和航空应急救援装备生产基地的建设。在加强国内合作的同时,国际合作多点开花。2009 年,洪都公司与美国沃特公司合作为波音飞机提供组件。2017 年,昌飞公司与美国 RSG 公司就 S300 系列直升机展开合作;同年,昌兴航空公司与意大利直升机生产合作成立江西德利直升机公司。2018 年,南昌理工学院与乌克兰哈尔科夫国立航空航天大学签署合作协议;同年,江西直升机公司与法国 GUIMBAL 直升机公司签署合作协议。2019 年,南昌航空大学揭牌成立中乌国际学院。

不断优化发展环境。成立以副省长吴晓军为组长,省工信厅、省发改委、省教育厅、省科技厅、省公安厅、省财政厅、省人社厅等单位领导为组员的江西省航空产业发展推进领导小组,共同研究解决航空产业发展过程中的问题与困难。有关设区市、省直各部门坚决贯彻落实省委、省政府的决策部署,围绕加快实现江西“航空梦”的战略目标,发挥各自的职能优势,全省上下形成合力,推动全省航空产业实现高质量、跨越式发展。省委、省政府连续出台《江西省航空产业发展中长期规划》《江西省航空产业发展规划(2014—2020)》《江西省航空产业“十三五”发展规划》《江西省航空产业高质量跨越式发展行动方案》《江西省通用航空产业发展规划(2015—2020)》《江西省通用机场布局规划(2016—2030年)》等一系列规划方案,同时出台《关于加强全省航空产业人才队伍建设的若干措施》《关于促进通用航空业发展的实施意见》《加快推进通航产业发展的若干措施》《关于各设区市购买通航公共服务的暂行办法》等一系列配套措施办法,并根据航空产业实际情况每年制定年度航空产业发展工作要点,明确目标、任务和分工。既有宏观的指导,也有具体的办法措施,形成一套完善的工作体系。通过举办江西航空产业合作推进会、2019 中国航空产业大会、中国(南昌)适航审定发展论坛、南昌飞行大会等大型活动,举行 C919 大型客机转场、中国商飞江西生产试飞中心奠基、初教 6 飞机 TC/PC 颁证等仪式,提升江西航空产业的知名度和影响力,为航空产业快速发展营造氛围。

(张毅)

本栏编辑 游桃琴

江 西 概 览

历史沿革

【建制区划】 江西简称赣，因唐玄宗开元二十一年（733 年）设江南两道监察区而得省名。江南西道辖区几经变化，到贞元四年（788 年），领洪州、饶州、吉州、江州、袁州、信州、抚州、虔州 8 州，辖 37 县，与今江西省的辖区大致相同。五代时期，江西地区先辖于吴，后辖于南唐。宋代改道为路，江西地区设 9 州、4 军、68 县，洪、虔、吉、袁、抚、筠 6 州及临江军、建昌军、南安军隶属江南西路，而饶、信、江 3 州和南康军隶属江南东路。南宋绍兴元年（1131 年），江州划归江南西路。元朝设江西等处行中书省，辖区包含今江西、广东两省的绝大部分地区。明朝洪武九年（1377 年），设江西承宣布政使司，领南昌、瑞州、九江、南康、饶州、广信、建昌、抚州、吉安、临江、袁州、赣州、南安 13 府，下辖宁州等 1 州 77 县，境域与今江西省境大致相同。清朝沿用明朝行省制度，到清末，江西省设 13 府、1 直隶州，下辖 80 个县级行政区（75 县、1 州、4 厅）。

中华民国初年（1912 年），宁都直隶州恢复为县。民国 2 年（1913 年），改义宁州及莲花、定南、全南、铜鼓 4 厅为县。民国 3 年（1914 年），江西省划分豫章、浔阳、庐陵、赣南 4 道，分领 81 县。民国 15 年（1926）年底，南昌设市，由省直辖。民国 21 年（1932 年），实施行政区制度，江西省划有第一至第十三行政区。民国 23 年（1934 年），安徽的婺源、福建的光泽 2 县划入江西。民国 31 年（1942 年），江西省的行政区调整为第一至第九行政区。民国 36 年（1947 年），婺源、光泽分别划回安徽、福建。1949 年 5 月 1 日，中国人民解放军进入婺源，将婺源县划归江西省管辖。

中华人民共和国成立后，全省的行政区划多有变更。1952 年，全省设南昌、九江、鹰潭（后改上饶）、抚州、赣州、吉安 6 个专区和南昌直辖市，管辖 5 个县级市、82 个县和庐山特别区。1997 年，全省共设南昌、景德镇、萍乡、新余、九江、鹰潭 6 个设区市，上饶、抚州、宜春、吉安、赣州 5 个地区，下辖 99 个县级行政区（71 个县、15 个县级市、13 个市辖区）。随着改革开放和城市化进程的加快，赣州、吉安、宜春、上饶、抚州地区先后改为设区市。

2019 年，国务院批复同意撤销上饶县，设立上饶市广信区；撤销湾里区，将其行政区域并入南昌市新建区，设立南昌市红谷滩区。全省共设南昌、赣州、九江、景德镇、鹰潭、萍乡、新余、吉安、宜春、上饶、抚州 11 个设区市，下辖 100 个县级行政区（27 个市辖区、11 个县级市、62 个县）。

【历史文化】 江西开发的历史，可上溯到约 4 万 ~ 5 万年前的旧石器时代，考古发现旧石器时代晚期遗址 2 处、新石器时代遗址近 100 处。万年县仙人洞和吊桶环遗址发现距今 1.2 万余年的水稻标本，该县被称为“世界稻作起源地之一”。“万年稻作文化系统”被联合国粮农组织确定为全球重要农业文化遗产保护项目。

商周时期，江西地区的水稻种植业和陶瓷业初显优势，而铜矿开采冶炼和青铜器铸造，在中国青铜文化中占有重要地位。新干县大洋洲商代大墓和瑞昌县商周古铜矿遗址出土大量精美青铜器和采炼工具，使江西赢得“青铜王国”的美誉。

春秋战国时期，江西地区的文化呈现融合趋势。孔子弟子澹台灭明到南昌讲学，把儒家思想传入江西。

秦始皇统一六国后，南征百越，促进江西地区的开发和发展。秦军开辟的大庾岭山路和仙霞岭山路，成为后世由江西进入广东、浙江和福建的主要通道。

两汉时期，江西人口迅速增加，农业、陶瓷业、采矿业、造船业等较为发达，发现和使用煤做燃料。南昌西汉海昏侯墓的考古发现，显示出汉代高超的科学技术和器物制作水平，出土的竹简、木牍是中国考古史上极其重大的发现，具有十分重要的科学、历史、文学、艺术价值。南丰傩舞经吴芮传入，代代相传，有“中国古代民间舞蹈活化石”之称。徐稺（字孺子）被称为“南州高士”。张道陵在龙虎山炼丹修道，创立天师道。

三国吴、两晋、南朝时期，中原战乱，北方地区人口第一次大规模南迁，江西郡县数大增，农业生产水平得到很大提高。南朝时，京城以外的大粮仓三分之二在豫章郡（今南昌市）。许逊隐居豫章逍遥山修道，创净明道。慧远讲佛于庐山东林寺，被奉为佛教净土宗始祖。陶渊明是中国第一位影响深远的田园诗人。

隋唐五代时期，全国经济重心逐步南移。安史之乱后，中原人口第二次大规模南迁，江西地区得到广泛开发。大庾岭梅关和赣江水道日益繁忙，沿线的州城大邑商旅汇聚，青山翠林雅士云集。王勃在南昌作《滕王阁序》，成千古名篇。青原行思在吉安青原山净居寺弘法。马祖道一在南昌创洪州禅。百丈怀海在奉新立百丈清规。慧寂在袁州仰山创宗，与其师灵祐在潭州沩山所创宗派合称沩仰宗。希运在宜黄黄檗山弘法,法嗣义玄开出临济宗。良价在筠州洞山、本寂在抚州曹山创曹洞宗。韩愈到任袁州刺史,助推江西文风兴盛。李渤书堂、东佳书堂、华林书院等10余所书院培养出大批人才,进士及第者66人。江西地区第一位科举状元卢肇,与郑谷、贯休、王定保等闻名于世。

宋朝时期,江西经济文化空前繁盛,进入大发展时期。北宋末年的靖康之乱,开启中原人口南迁的第三次高潮。江西的人口比唐代增加约3倍,垦田数居全国之首,漕运至京师的稻米三分之一产自江西,茶叶产量占全国的四分之一。景德镇窑和吉州窑名扬四海。铜矿开采出现“坑丁10万人”的场景。南昌呈现大都市风貌。以经济发展为基础,文化教育独占全国鳌头。宋代全国书院203所,江西则有80所。江西举进士人数达5500余人,是全国的五分之一。出任宰相级的显宦25人。华林胡氏家族“一门三刺史,四代五尚书”。乐史著《太平寰宇记》。晏殊、晏几道开宋词繁荣昌盛先河,形成江西词派。方会创临济禅杨岐派,慧南创临济禅黄龙派。欧阳修领导北宋诗文革新,是开创一代文风的文坛领袖。王安石不仅与欧阳修、曾巩同列唐宋八大家,还创荆公新学,是中国历史上改革家的代表。周敦颐在南安教程颢、程颐寻孔颜乐处,被奉为宋明理学(含心学)鼻祖。黄庭坚创江西诗派。陆九渊创立儒家心学,被称为江西之学,影响深远。他与朱熹在上饶的“鹅湖之会”,是中国学术史上的著名盛会。朱熹兴复的白鹿洞书院,成为全国四大著名书院之一。洪迈著《容斋随笔》《夷坚志》,一直流传。董煟的《救荒活民书》是中国第一部救荒专著。文天祥成为中华民族精神与气节的标杆。以他们为代表的一大批政治家、思想家、哲学家、文学家、史学家为中华文化的繁荣发展作出重大贡献。

元朝时期,江西经济作物的种植、矿物的开采、制瓷业的规模均有所扩大,制茶、造船、印刷兴盛。吴澄是元初著名学者,融和朱陆。陈苑、李存、祝蕃、舒衍并称江东四先生,冒死弘扬陆九渊心学。马端临著《文献通考》,集古代中国典章制度之大成。程钜夫、虞集、危素、范椁、揭傒斯、汪大渊等闻名于时。

明朝时期,江西在政治、经济和文化方面仍居全国重要地位。樟树镇、吴城镇成为新兴的航运与商业中心,景德镇和河口镇则是著名的手工业中心,并称为江西四大镇。江西士人入阁拜相者甚众,出现“翰林多吉水,朝士半江西”的局面。新建书院164所。解缙、胡俨相继主修《永乐大典》。吴与弼躬耕讲学,开启明代学术的“后时之盛”。王守仁为官江西,创立致良知学说,同陆九渊的学说并称陆王心学,为中华学脉注入活力。以邹守益等人为代表的江右王门,是全国学术领军人物。罗汝芳等人把泰州学派发展到新高峰。胡居仁、罗钦顺、陈邦瞻等一大批学者名标中国学术史。弋阳腔响遍全国,汤显祖的《临川四梦》是文学艺术珍品。宋应星的《天工开物》在中国科技史上占有重要地位。谭纶是御倭名臣。

清朝时期,江西经济文化发展滞缓,逐渐落后于周边省份。谢文洊等人讲学于南丰,形成程山学派。宋之盛等人讲学于髻山,称为髻山七隐。魏禧等人讲学于宁都翠微峰,称为易堂九子。蒋士铨等人被称为江西四大家。罗牧、八大山人创江西画派。雷发达的“样式雷”是建筑艺术的瑰宝。黄爵滋提倡经世之学,发起禁烟(鸦片)运动。陈三立创同光体诗派。文廷式参与公车上书、倡立强学会。陈炽参与维新变法。詹天佑设计建造京张铁路。李有棠、龙文彬、李绂、皮锡瑞等有名于中国学术史。

中华民国时期,江西的近代工业、近代教育和文化得到一定程度的发展。赵醒侬、袁玉冰、方志敏是中国共产党早期江西地方组织的主要创始人,被称为江西三杰。周恩来在南昌领导八一起义,毛泽东在修水、铜鼓领导秋收起义,两支起义队伍在井冈山会师,建立第一个农村革命根据地和中央革命根据地。中华苏维埃共和国临时中央政府驻在瑞金。抗日战争中,新四军在南昌组建,中国军队在江西地区取得万家岭大捷和上高会战胜利,为打败日本帝国主义作出重要贡献。

1949年9月,江西全境解放。10月1日,中华人民共和国成立。江西历史文化进入发展新时期。

(省社科院)

自然环境

【区域位置】 位于长江中下游交接处的南岸,在北纬24°29′14″—30°4′41″、东经113°34′36″—118°28′58″之间。因赣江是境内主要河流,故简称“赣”。东邻浙江、福建,西接湖南,南连广东,北与湖北、安徽交界,北控长江,古称“吴头楚尾、粤户闽庭”。东西宽约490千米,南北长约620千米。土地总面积16.69万平方千米,占全国陆地总面积的1.74%,居华东各省市首位。

【地势地貌】 地势周围高中间低,从外向内,由南向北,渐次向鄱阳湖倾斜,构成一个向北开口的巨大红色盆地。地貌类型齐全,区域差异明显,分布大体呈不规则的环状结构形式。以鄱阳湖为核心,向外依次为鄱阳湖平原、赣中南丘陵和边缘山地。山地占全省面积36%,丘陵占42%,岗地、平原占12%,水面占10%。素有“六山一水二分田、一分道路和庄园”之说。

【山河湖泊】 主要山脉多分布于省境边陲,除南部山地走向较零乱外,其余多受华夏结构控制,多呈东北—西北走向,山脊线与构造线大致吻合。赣东北和赣东有怀玉山、武夷山和黄山支脉,赣南有大庾岭和九连山,赣西有罗霄山脉,赣西北有幕阜山和九岭山。全省集水面积50平方千米标准及以上的河流共946条,其河流总长度3.63万千米,其中江西省境内山地河流总长度3.36万千米,加上平原水网区河流20条(全长628千米),全省境内河流总长度3.42万千米。主要河流有赣江、抚河、信江、修河、饶河5大河流,其中赣江自南而北流贯全省,全长1.74万千米,是江西最长的河流。江西湖泊众多,并集中于五河尾闾地区,以鄱阳湖最为著名。鄱阳湖是中国第一大淡水湖,湖泊面积5100平方千米。

【土地资源】 全省土壤类型比较丰富，主要有红壤、黄壤、山地黄棕壤、山地草甸土、紫色土、潮土、石灰土、水稻土等。其中，红壤是全省分布范围最广的地带性土壤；黄壤土主要分布于山地中上部，分布面积约占全省总面积的10%；山地黄棕壤主要分布于海拔1000米以上的山地；山地草甸土主要分布于海拔1400米以上的高山顶部，面积很小；紫色土主要分布于赣南、赣东和吉泰盆地，常与红壤交错分布，面积约占全省总面积的3.3%；潮土主要分布于鄱阳湖、长江沿岸和五大河谷平原；石灰土分布面积不大，零星分布于彭泽、德安等石砂岩地区；水稻土是全省最主要的耕作土壤，占全省总耕地面积的80%以上。土地资源利用以耕地、林地、牧草地为主要形式。至2018年年底，全省耕地面积309.01万公顷，园地面积31.74万公顷，林地面积1029.98万公顷，草地面积26.84万公顷，城镇村及工矿用地面积99.98万公顷，交通运输用地面积25.12万公顷，水域及水利设施用地面积124.95万公顷，其他土地面积21.74万公顷。

【矿产资源】 地下矿藏丰富，矿产资源种类齐全，资源配套程度高，伴(共)生组分丰富。至2018年年底，全省发现矿产144种(以亚矿种计193种)。查明有资源储量的矿产112种(以亚矿种计153种)，其中能源矿产5种、金属矿产49种、非金属矿产56种(以亚矿种计97种)、水气矿产2种；列入2018年江西省矿产资源储量表的矿产103种(以亚矿种计127种)。

【能源资源】 主要有水能、太阳能、风能及能源矿产等。水能方面，全省水能理论蕴藏量684.56万千瓦，可开发的水力资源有610.89万千瓦，至年底水能资源已基本开发殆尽。太阳能方面，江西属于Ⅲ类太阳能资源区，全省全年太阳总辐射量3780.5兆焦/平方米(资溪)~4537.9兆焦/平方米(石城)，全省总体太阳能资源比较贫乏，在全国太阳能资源利用区划中属太阳能可利用区。风能方面，江西属于Ⅳ类风资源区，风能资源主要集中在环鄱阳湖区域和部分高山区域。能源矿煤炭，产地在全省共有190处，分布在70个县；主要煤田有11个，主要分布在浙赣铁路沿线地区。

【生物资源】 全省动物资源丰富，有哺乳类105种，鸟类520种，两栖类40种，爬行类77种，鱼类205种，还有水生哺乳类、软体动物、浮游动物等。有国家一级保护动物19种，分别为云豹、豹、虎(历史分布)、黑麂、梅花鹿、白鹳、黑鹳、鸨(历史分布)、中华秋沙鸭、金雕、白肩雕、白尾海雕、黄腹角雉、白颈长尾雉、白鹤、白头鹤、丹顶鹤(历史分布)、遗鸥、蟒。全省植物起源古老，组分较复杂，种类繁多，类型齐全，提供物质原料的资源生产潜力很大。主要有用材植物、木本粮食植物、油脂植物、药用植物、观赏植物等。

9月28日，省十三届人大常委会第十五次会议表决通过关于确定白鹤为江西省"省鸟"的决定。图为在五星白鹤保护小区拍摄的白鹤

周海燕摄

【风景名胜区】 2019年，全省共有庐山、井冈山、三清山、龙虎山、仙女湖、三百山、梅岭—滕王阁、龟峰、云居山—柘林湖、高岭—瑶里、武功山、灵山、神农源、大茅山、汉仙岩、瑞金、小武当、杨岐山等18处国家级风景名胜区和翠微峰、通天岩、梅关—丫山、陡水湖、麻姑山、南崖—清水岩、白水仙—泉江、青原山等27处省级风景名胜区，风景名胜区总面积4493平方千米，占全省国土总面积的2.7%。国家级风景名胜区数量全国排名第四位。

(游桃琴)

人口发展状况

【概　况】 2019年，全省人口发展保持平稳态势，常住人口总量持续增加，城镇化水平持续提高，人口结构持续优化。"全面二孩"政策效应减弱，人口出生率和出生人口出现较大幅度下降。年末，全省常住人口4666.13万人，同比增加18.56万人，增长0.40%，增幅下降0.15个百分点。2014—2019年，全省总人口增量分别为20.01万人、23.47万人、26.63万人、29.80万人、25.51万人、18.56万人，增量自2014年以来首次下降到20万人以内；增速分别为0.44%、0.52%、0.58%、0.65%、0.55%、0.40%。

【人口城镇化】 年末，全省城镇常住人口占总人口(常住人口城镇化率)的57.42%，提高1.40个百分点，增幅下降0.02个百分点。城乡常住人口结构中，城镇常住人口2679.29万人，增加75.72万人；乡村常住人口

1986.84万人,减少57.16万人,农村地区人口持续向城镇地区转移。全省户籍人口城镇化率40.71%,提高0.87个百分点。2013年,全省城镇常住人口比城镇户籍人口多928.63万人。到2019年多629.15万人,差距缩小299.48万人。

【人口性别结构】 全省总人口性别比和出生人口性别比持续优化,性别结构更趋协调,逐步回归正常水平。2019年全省常住人口中,男性人口2392.41万人,增加8.85万人;女性人口2273.72万人,增加9.71万人,性别比(以女性为100)由105.28下降到105.22,下降0.06。全省出生人口性别比113.03,下降0.02,自2007年以来连续13年下降,出生人口性别比偏高的现象得到有效遏制。

【人口受教育程度】 年末,全省6岁及以上人口中初中及以下受教育程度人口3065.75万人,减少18.53万人;高中(含职业高中)、大专及以上文化程度人口分别为752.20万人、463.22万人,分别增加17.04万人、20.85万人。全省初中及以下受教育程度人口占6岁及以上人口的71.61%,下降0.76个百分点;高中(含职业高中)、大专及以上文化程度人口比重则持续上升,占6岁及以上人口的比重分别达到17.57%、10.82%,分别提高0.32个百分点、0.44个百分点,高中及以上文化程度人口快速增加,有效改善全省劳动力结构,为全省经济发展提供丰富的人才资源。

【人口老龄化程度】 年末,全省60岁及以上、65岁及以上人口分别为725.12万人、512.34万人,分别增加24.26万人、22.95万人;占总人口的比重分别为15.54%、10.98%,分别提高0.46个百分点和0.45个百分点,65岁及以上人口首次超过500万人,全省人口老龄化程度继续加深。全省老年人口抚养比(65岁及以上人口/15~64岁人口×100%)为15.98%,提高0.75个百分点,表明每100名15~64岁人口需要负担近16个老年人口。如果老年人口抚养比以中国通常使用的60岁为界线来计算(即60岁及以上人口/15~59岁人口×100%),则为24.75%,表明每100名15~59岁人口需要负担近25个老年人口。

【劳动年龄人口】 年末,全省15~64岁劳动年龄人口3206.10万人,减少6.77万人,占总人口的68.71%,下降0.42个百分点。在全省15~64岁人口的比重自2013年开始持续下降的基础上,15~64岁人口总量连续2年出现下降。全省劳动年龄人口仍超过3000万人,总量规模仍较大;从人口的储备看,全省低年龄人口比重和规模也较为可观,2019年年末全省0~14岁人口947.69万人,占总人口比重20.31%,为江西劳动力资源提供丰富的储备资源。

【人口出生率】 全省出生人口58.63万人,减少3.62万人。人口出生率12.59‰,人口死亡率6.03‰,人口自然增长率6.56‰,分别下降0.84个千分点、0.03个千分点、0.81个千分点。出生人口和人口出生率在2018年出现下降的基础上,下降幅度进一步扩大,2018年人口出生率下降0.36个千分点,2019年下降0.84个千分点;出生人口2018年减少1.29万人,2019年减少3.62万人,反映出“全面二孩”政策在2016年和2017年得到较为集中释放后,效应正逐步减弱。

(冷晴)

环境质量

【概况】 2019年,全省生态环境行业推进8大标志性战役、30个专项行动,成立高规格省生态环境保护委员会和10个专业委员会,出台一系列具有江西特色的保障制度,加强对地方的指导帮扶,推动全省污染防治攻坚战取得关键性进展。全省$PM_{2.5}$年均浓度下降到35微克/立方米,6项空气质量指标全面达到二级标准,在中部地区率先实现省级空气质量达标,实现历史性突破。全省地表水国考断面水质优良比例93.3%,上升1.3个百分点,全面消灭劣Ⅴ类水体,长江干流江西段水质全部达到Ⅱ类标准。土壤环境风险得到有效管控,新增2个“绿水青山就是金山银山”实践创新基地,新增5个国家生态文明建设示范市(县),生态优势持续巩固提升。

【水环境】 全省地表水水质优,与上年相比,水质略有改善。全省地表水水质优良比例92.4%(含县界断面)。主要河流水质优良比例98.9%,水质均为优。主要湖库水质优良比例28.6%,其中柘林湖水质优;鄱阳湖和仙女湖水质为轻度污染,主要污染物为总磷;其他湖库水质为优或轻度污染。

赣江 断面水质优良比例为98.3%,水质优。其中,Ⅱ类比例为87.4%,Ⅲ类比例为10.9%,Ⅳ类比例为1.7%。主要污染物为氨氮。

抚河 断面水质优良比例为100%,水质优。其中,Ⅱ类比例为81.0%,Ⅲ类比例为19.0%。

信江 断面水质优良比例为100%,水质优。其中,Ⅱ类比例为97.1%,Ⅲ类比例为2.9%。

饶河 断面水质优良比例为100%,水质优。其中,Ⅱ类比例为90.5%,Ⅲ类比例为9.5%。

修河 断面水质优良比例为100%,水质优。其中,Ⅰ类比例为6.7%,Ⅱ类比例为86.7%,Ⅲ类比例为6.7%。

长江九江段 断面水质优良比例为100%,水质优。其中,Ⅱ类比例为92.9%,Ⅲ类比例为7.1%。

袁水 断面水质优良比例为100%,水质优。其中,Ⅱ类比例为82.4%,Ⅲ类比例为17.6%。

萍水河 断面水质优良比例为90.9%,水质优。其中,Ⅱ类比例为63.6%,Ⅲ类比例为27.3%,Ⅳ类比例为9.1%。主要污染物为氨氮。

东江 断面水质优良比例为100%,水质优,均为Ⅱ类水质。

环鄱阳湖区河流 断面水质优良比例为100%,水质优。其中,Ⅱ类比例为53.8%,Ⅲ类比例为46.2%。

鄱阳湖 点位水质优良比例为5.9%,水质轻度污染。其中,Ⅲ类比例为5.9%、Ⅳ类比例为88.2%,Ⅴ

类比例为 5.9%。主要污染物为总磷，营养化程度为中营养。

柘林湖　点位水质优良比例为 100%，水质优。其中，Ⅰ类比例为 25.0%，Ⅱ类比例为 75.0%。营养化程度为中营养。

仙女湖　点位水质优良比例为 25.0%，水质轻度污染。其中，Ⅲ类比例为 25.0%，Ⅳ类比例为 75.0%。主要污染物为总磷，营养化程度为轻度富营养。

其他湖库　点位水质优良比例为 66.7%，水质为优或轻度污染。其中，Ⅱ类比例为 66.7%，Ⅳ类比例为 33.3%。主要污染物为总磷。

【大气环境】　2019 年，全省设区城市优良（达标）天数比例均值为 89.7%，下降 1.9 个百分点。

二氧化硫（SO_2）　11 个设区城市年均值均达到一级标准。全省浓度年均值为 13 微克/立方米，下降 3 微克/立方米。

二氧化氮（NO_2）　11 个设区城市年均值均达到一级标准。全省年均值为 24 微克/立方米，上升 2 微克/立方米。

一氧化碳（CO）　11 个设区城市 CO 日均浓度 95% 位数值均达到一级标准，日均值超标率均为 0%。全省 CO 日均浓度 95% 位数值均值为 1.4 毫克/立方米。

臭氧（O_3）　11 个设区城市年均值均达到二级标准，日均值超标率范围为 1.1% ~9.9%。全省 O_3 日最大 8 小时值 90% 位数值均值为 151 微克/立方米。

可吸入颗粒物（PM_{10}）　11 个设区城市年均值均达到二级标准。全省年均值为 59 微克/立方米，与上年相比持平。

细颗粒物（$PM_{2.5}$）　11 个设区城市除萍乡、九江、鹰潭和宜春 4 个设区城市超二级标准，其余 7 个设区城市年均值达到二级标准。全省年均值为 35 微克/立方米，与上年相比持平。

【土壤环境】　2019 年，全省开展 372 个土壤基础点位（表层）监测工作，表层土壤中镉、砷、铅、铜、锌、镍、滴滴涕元素含量低于农用地土壤污染风险筛选值的点位比例分别为：93.8%、99.2%、97.6%、98.4%、99.7%、99.5%、91.7%。汞、铬、六六六、苯并（a）芘污染物含量监测值均低于农用地土壤污染风险筛选值。镉、砷、铅、铜、锌、镍、滴滴涕元素含量高于农用地土壤污染风险筛选值，但低于风险管制值的点位比例分别为：6.2%、0.8%、2.4%、1.6%、0.3%、0.5%、8.3%。未出现污染物含量高于农用地土壤污染风险管制值的点。

【声环境】　2019 年，全省设区城市声环境质量较好，声环境质量总体上升。全省设区城市区域昼间噪声均值为 53.5 分贝、声环境质量二级（较好），11 个设区城市中新余和鹰潭为三级（一般）、其他 9 个城市均为二级（较好）；道路交通昼间噪声均值为 66.3 分贝、声环境质量一级（好），11 个设区城市中新余和宜春为二级（较好）、其他 9 个城市均为一级（好）；功能区噪声昼、夜间点次达标率分别为 97.4% 和 86.7%。与上年相比，全省城市区域、道路交通和功能区声环境质量改善，区域、道路交通噪声均值分别下降 0.6 分贝和 0.9 分贝；功能区昼、夜间噪声点次达标率分别上升 2.4 个百分点和 4.6 个百分点。

【辐射环境】　2019 年，全省环境电离辐射水平保持在天然本底涨落范围内。新增省控网点 11 个，每个设区市各设 1 个，监测项目为瞬时 γ 辐射剂量率、饮用水水源地总放。全省陆地 γ 辐射空气吸收剂量率未见异常，处于当地天然本底水平涨落范围内。辐射环境自动监测站实时连续 γ 辐射空气吸收剂量率也在当地天然本底水平涨落范围内。地下饮用水及 11 个设区市集中式饮用水源地水中总 α 和总 β 活度浓度均低于《生活饮用水卫生标准（GB 5749－2006）》规定的限值。气溶胶、沉降物的 γ 核素活度浓度低于仪器探测下限，为正常环境水平，空气中氚活度浓度同为正常环境水平。赣江、鄱阳湖水体监测点位、12 个土壤监测点位的人工放射性核素活度浓度与历年相比均无明显变化，天然放射性核素活度浓度与 1983 年至 1990 年全国环境天然放射性水平调查结果处于同一水平。

【生态环境】　2018 年，全省生态环境质量为优，生态环境状况指数值为 76.11，生态环境总体稳定。全省 52 个县（市、区）生态环境质量为优，占全省国土面积的 57.2%；42 个县（市、区）生态环境质量为良，占全省国土面积的 42.6%；6 个区生态环境质量一般，占全省国土面积的 0.2%。

（龚见峰）

气候状况

【概　况】　2019 年，全省平均气温 18.9℃，比常年偏高 0.9℃，和 2013 年、2016 年、2017 年并列排历史第二高位（仅次于 2007 年的 19.0℃），有 8 个县（市、区）创历史新高。受厄尔尼诺事件影响，全省天气气候显著异常，旱涝灾害均属重发生年，全省气候灾害年景评估结果为差。年内全省主要气象灾害有暴雨洪涝、干旱、风雹、连阴雨等，其中洪涝灾害经济损失最大，其次是干旱。

降水　全省平均降水量 1726.5 毫米，比常年（1675.1 毫米）偏多 3.1%。年内各月降水分布极不均匀，1—3 月、6—7 月降水偏多，4—5 月和 8—12 月降水均偏少，其中 7 月偏多 1.25 倍，创同期新高，8—12 月累积降水量为同期最少。

从全省 11 个设区市降水情况看，萍乡市年降水量 2129.7 毫米，为全省最多，九江市年降水量 1204.7 毫米，为全省最少；与常年相比，九江、景德镇两市偏少，南昌、宜春、上饶和鹰潭等市接近常年，其余各市偏多，以萍乡市偏多 31.25% 为全省之最，且排历史第二高位。

各地年降水量在 1047.6 毫米（湖口）~2501.1 毫米（资溪）之间。降水分布不均，赣北东部和西部以及赣中大部降水量普遍在 1800 ~2000 毫米，其中抚州和萍乡部分县市超过 2000 毫米，赣北北部和吉泰盆地不足 1600 毫米，其余大部 1600 ~1800 毫米；与常年相比，除赣北中北部偏少 2% ~25% 以外，其余大部降水偏多

5%～30%，以莲花偏多34.2%为全省之最(排历史第三高位)。降水量夏、冬季偏多，春、秋季偏少。

全省雨季开始时间异常偏早，为3月5日，比常年偏早16天；雨季结束期明显偏晚，为7月15日，比常年平均偏晚9天；且雨季期大范围的降水过程与降水量均偏多。10个县以上的区域性暴雨过程有8次，暴雨日为17天。雨季期(3月5日至7月15日)全省平均降水量1202.5毫米，比常年同期(985.0毫米)偏多22%，各地降水量在612.9毫米(湖口)～1710.6毫米(资溪)之间；与常年同期相比，除九江和景德镇两市偏少10%～20%以外，其余大部分地区偏多25%～50%，其中萍乡和吉安两市大部以及宜春和抚州两市局部偏多50%以上。莲花、永新、吉水、宜春、峡江等8个县(市、区)累积雨量创历史同期新高。雨季期全省出现8次区域性的暴雨过程，过程次数比常年偏多。

全省平均降水日数158(日降水量≥0.1毫米)天，接近常年。各地降水日数在127(湖口)～214(井冈山)天之间，其中西部和东部部分地区160～180天，西部局部超过180天。与常年相比，赣东北、赣南和赣中部分地区偏少1～10天，局部偏少10～20天，以上犹偏少19.1天为最少；赣北的中西部和赣中大部分地区偏多1～10天，局部偏多10～20天，以莲花偏多20.7天为最多。

全省平均暴雨日数6.1天(日降水量≥50毫米)，比常年偏多0.7天。大部分地区的暴雨日数为3～9天，资溪暴雨日数达14天为全省最多，武宁1天最少；除赣北中北部和赣南部分地区暴雨日数偏少以外，赣北西南部、赣中和赣南绝大部分地区比常年偏多。

气温　年内各月平均气温与常年同期相比，除2、5、7月偏低以外，其余月份均偏高，其中12月偏高幅度最大(1.77℃)。全省11个设区市平均气温比常年均偏高，偏高幅度0.7℃(鹰潭)～1.0℃(萍乡)。各地年平均气温在17.4℃(铜鼓)～20.8℃(于都)之间，与常年相比，除九江偏低0.1℃以外，其余各地均偏高，偏高幅度0.3℃～1.2℃，其中赣北部分地区以及赣中赣南局部超过1℃，以新建偏高1.4℃为全省之最。

除庐山、井冈山外各地年极端日最高气温36.8℃(资溪)～40.1℃(修水)。全省大部分地区日最高气温38℃～40℃，其中13个县(市、区)超过39℃，以修水40.1℃为全省最高。各地年极端日最低气温－3.0℃(石城)～1.4℃(于都)。其中，东部、西北部以及山区－2℃～－1℃，局部山区低于－2℃，其余大部地区在0℃左右，庐山极端日最低气温－7.3℃，为全省最低。

日照　全省平均日照时数1615.9小时，比常年平均(1631.8小时)偏少15.9小时。各地年日照时数1173.3(井冈山)～1972.0(赣县)小时。绝大部分地区多于1400小时，其中西部和赣北赣中局部1400～1600小时，赣北大部、赣中局部以及赣南大部1600～1800小时；与常年相比，赣北的中东部、赣中的中南部，以及赣南的东北部等地偏少1～150小时，局部偏少150～250小时，以德安偏少333.3小时、安远偏多334.4小时为全省之最；赣北西北部、赣中东北部以及赣南大部偏多1～150小时，局部偏多150～250小时。

季节转换　冬季(2018—2019年)：全省入冬时间在12月4日—9日之间，入冬时间赣北赣中大部分地区正常，局部偏晚6天左右；赣南入冬时间大部偏早，偏早约6～14天。春季：赣北赣中入春时间普遍偏早，赣南偏晚。赣北和赣中3月3日—6日入春，赣南大部于2月27日至3月2日入春；与常年相比，赣北赣中偏早3～12天，赣南偏晚14～20天。夏季：赣北赣中大部入夏时间主要集中在5月10日—11日，赣南大部入夏时间集中在4月19日—21日；与常年相比，赣南入夏时间比常年偏早11天左右，赣北赣中大部接近常年，局部偏早。秋季：赣北北部及局部山区入秋时间在9月下旬至10月上旬，其余大部入秋时间均在10月中旬；与常年相比，大部地区入秋时间偏晚约6～10天。

【主要气象灾害及影响】　年内全省主要的气象灾害有暴雨洪涝、干旱、风雹、连阴雨等。其中，洪涝灾害经济损失最大，占全年气象灾害损失的80%；其次是干旱，占总灾损的16.3%。死亡人数列前2位的分别为洪涝、风雹。全年低温、强对流、雾异常指数正常，洪涝异常指数偏差，而干旱和高温异常指数达到很差，2019年江西省气候灾害年景评估结果为差。

暴雨洪涝　全省平均洪涝指数390.5，位居历史第六高值，连续性的暴雨过程主要集中在后汛期，6月至7月上半月全省先后遭遇4轮暴雨过程的袭击，分别是6月6日—13日、6月21日—23日、7月3日—10日和7月12日—14日，连续暴雨过程比常年同期明显偏多，且暴雨过程间歇短、持续时间长、影响范围广、强度大，部分地区重复遭受暴雨袭击，洪涝灾害重。年内出现局部以上暴雨过程34次，暴雨站次达531站(次)，比常年偏多71站(次)，暴雨起始日是2月18日，终止日为9月16日；区域性的暴雨日有17天(87个国家站中出现10站以上)，比常年偏多2天。

干旱　雨季结束后，全省气温持续偏高、降水少、蒸发量大，天气气候显著异常。全省多项气象指标均创历史之最，气象干旱为有气象记录以来范围最广、强度最强。7月16日至12月31日，全省平均气温偏高1.6℃，平均最高气温偏高2.3℃，高温日数偏多22天，均为1961年有完整气象记录以来同期第一高位；全省平均降水量偏少6.1成，创历史同期新低；全省平均无雨日数偏多18.5天，创历史同期新高；全省平均相对湿度偏低6%，空气干燥程度为历史同期第二高位。

8月初赣北干旱露头，之后快速发展蔓延；9月重旱以上范围主要在赣北赣中；进入10月，重旱以上范围扩大到全省，中间受几次冷空气降水影响，西部地区气象干旱出现阶段性缓和，其余地区持续被重旱、特旱笼罩。9月下旬至12月，大部地区重度及以上气象干旱持续时间近3个月，仅次于2003年。全年全省出现重旱以上的站次累计达7486站次，比常年同期偏多6088.7站次，排历史第一高位；全省特旱以上站次累计达4787站次，比常年同期偏多4334.8站次，也排历史第一高位。

局地强对流　春夏季节全省降

水对流性特征明显,雷暴天气明显偏多偏强,3—7月全省雷电总次数51.98万次,比近10年同期偏多24.3%。全省共出现大风213站(次),比常年偏少127站(次)。其中,3月19日晚开始至21日全省出现大风、冰雹、强雷电、暴雨等多灾种叠加的灾害性天气过程。全省有71个县(市、区)出现雷电,42个县(市、区)先后出现8级以上大风,11个县(市、区)出现冰雹;20日晚上至21日白天,全省有8个县(市、区)的52个测站出现大暴雨,59个县(市、区)的924个测站出现暴雨。

高温酷暑　年内全省平均高温日数47天,比常年平均偏多18天,排历史第五高位,铜鼓、上犹、遂川、宁都、宜春、南城、安义等地高温日数创历史新高。各地高温日数在20(寻乌)~68天(上犹)之间,除九江市东部、赣州市南部和局部山区20~40天以外,其余大部40~60天,赣州市北部超过60天;与常年同期相比,大部分地区偏多15~30天,赣南的北部、宜春的西部等地偏多30天以上。主要的高温天气时段出现在6月28日—30日、7月15日至8月31日、9月5日—17日、9月28日至10月5日。

低温连阴雨　1月至3月上旬,全省出现历史罕见的阴雨寡照天气。1月1日至3月10日全省平均雨日43.7天,比常年同期平均偏多10.5天,位居历史同期第二高位,仅次于2012年(44.8天),23个县(市、区)雨日创同期新高;全省平均阴雨日数55.1天,比常年同期平均偏多12.1天,位居历史同期第二高位;全省平均连续阴雨日数24.7天,比常年同期偏多11.3天,排历史同期第一高位,31个县(市、区)创同期历史新高。全省阴雨总日数、无日照日数以及连续无日照日数均排1961年以来历史同期第二高位。

寒潮或强冷空气　全省共出现36次冷空气过程,其中1次寒潮、4次强冷空气。寒潮过程出现在11月17日—19日,4次强冷空气过程分别出现在1月31日至2月2日、3月21日—24日、4月9日—11日、11月25日—26日。

热带气旋　影响全省的台风共3个,比常年偏少,分别是“丹娜丝”“利奇马”和“白鹿”,影响台风比常年偏少。其中,第11号台风“白鹿”给全省南部带来较明显的风雨影响,8月24日—25日全省大部分地方出现6~7级阵风,遂川、大余出现8级阵风;赣州市中南部、吉安市西南部出现大到暴雨,局部大暴雨。共有7个县(市、区)的35个测站出现大暴雨,12个县(市、区)的322个测站出现暴雨,以遂川县沙湖里162毫米为最大。

大雾　全年共出现73天(≥10站),比常年偏多17天,全省出现大雾2116站(次),比常年偏多129.5站(次)。其中,2月和8—12月比常年偏少,其他月份比常年偏多。春季大雾天气多发,大雾累计出现1064站(次),比历史同期多545站(次),创历史同期新高;全省有19个县(市、区)达到1961年以来同期最大值。大雾过程主要出现在3月至4月,季内有8天大雾站数超过30个,以3月30日出现的72个县(市、区)范围最大。

【气候影响专题评价】　气候与农业方面,根据气象条件对农业生产的影响,以稻、棉、油、柑橘等作物为主,采用年景评价模式对2019年农业气象年景进行评价,结果为平偏歉年景。其中,水稻为平偏丰年,油菜、棉花、柑橘均为歉收年;造成年景偏差的主要气象灾害为6—7月洪涝和伏秋干旱。

气候与交通　2019年出现的暴雨、强降水、大雾或浓雾以及由暴雨引发的次生灾害等,导致全省公路、航运、铁路等交通受到不同程度的影响。年内全省平均不利于交通运营的天数71.3天,比常年(92.6)同期偏少21.3天。

气候与水资源　全省平均降水量1726.5毫米,折合降水资源量2815.7亿立方米,与常年相比,偏多150亿立方米,属于正常年。

气候与人体健康　全省平均舒适日数226.3天,比常年偏多1.9天。赣北中东部偏多,其余地区偏少。其中,赣南大部、赣中西部、赣北西部偏少5天以上,赣中大部及赣北部分地区偏少1~5天。从舒适日数季节分布看,全省除春季舒适日数比常年偏多以外,其余季节均偏少。

气候与能源　6月,平均气温比常年同期偏高0.3℃,降温耗能大部分地区以增加为主,大部分地区增加幅度为20%~40%;7月,平均气温比常年同期偏低0.9℃,全省阴雨日数排历史同期第五高位,导致降温耗能以降低为主,大部分降低幅度10%~40%;8月平均气温比常年同期偏高1.8℃,高温日数创历史同期新高,全省所有地区降温耗能均以增加为主,增加幅度为12%~165%。

气候与生态　1—7月鄱阳湖水域面积多数时段较历史同期偏大,8—12月较历史同期偏小,鄱阳湖水域面积与湖口水位呈正相关关系。1—7月,鄱阳湖水域面积持续增加;7月25日监测到水域面积达3675平方千米,是2019年监测到的最大水面。随后水面迅速变小;9月12日监测的水域面积仅有1537平方千米,比历史同期偏小1.4成,鄱阳湖比常年提前1个月进入枯水季。12月2日监测水域面积为898平方千米,是2019年监测到的最小水面。

气候与大气环境　全省11个设区市空气质量优良天数比例平均为83.7%,比2018年(88.3%)明显下降,轻度污染天数比例为15.1%,中度、重度污染天数比例分别为1.0%、0.1%,无严重污染,与2018年轻、中、重度污染天数比例分别为10.8%、0.7%、0.2%相比,轻度污染和中度污染的日数比例明显上升,重度污染日数比例下降。

(钟徽)

体制改革

【概　况】　2019年,全省深化供给侧结构性改革,推动经济高质量发展;深化“放管服”改革,持续优化营商环境;深入实施创新驱动发展战略,构建现代产业体系;深化国有企业改革,做强做优做大国有资本;深化财税金融改革,增强服务实体经济能力;深化社会事业体制改革,着力保障和改善民生。围绕降低企业用能、物流、融资、用工成本等重要领域,深挖潜力,印发《江西省人民政府印发关于进一步降低企业成本30条政策措施的通知》,全年为企业减负约1450亿元。化解过剩产能,加大对"地条钢"等落后产能巡查打击力度,严防"地条钢"死灰复燃。全省关闭煤矿34处,退出产能161万吨,超额完成年度退出产能任务;帮助一批去产能煤矿实现指标交易,获得总收益达1.8亿元。

【降低企业杠杆】 加快推进企业上市"映山红行动",新增8家境内外上市公司(海能实业、耐普矿机、新力控股、辰林教育、海衡传媒、明辉光电、品钛集团、新元科技)。5月,省地方金融监督管理局、江西证监局联合印发《关于进一步扩大江西省直接融资规模助力经济发展的若干措施的通知》,企业直接融资规模4225.03亿元,增长18.53%。7月,省发改委等10部门联合印发《关于加强国有企业资产负债约束工作的通知》,确定首批"僵尸企业"和去产能企业债务处置名单,名单内"僵尸企业"全部完成债务处置工作。

【补齐发展短板】 4月,省发改委印发《江西省决胜全面建成小康社会补短板强弱项行动方案》,明确保持财政收入平稳较快增长、推动对外贸易加快发展、加大全社会研发投入力度等12个方面补短板重点任务。连续13年实施民生工程,2019年统筹资金1800亿元,实施51件民生实事。实施战略新兴产业倍增工程,航空、电子信息、中医药分别以20%、18.9%、19%的增速增长;两化融合发展指数增速居全国第三位;新增"上云"企业8000家、总数1.6万家。

【"放管服"改革】 取消和调整省本级行政权力事项39项,116个省级"信息孤岛"全部打通,省本级依申请类政务服务事项"最多跑一次"比例95.3%。开展优化提升营商环境10大行动,建筑工程施工许可等5个事项并联审批时限压缩为7个工作日,企业办电环节压减至4个环节以内,进口整体通关时间不超过30小时,

10月16日,2019南昌(国际)未来影像艺术周暨南昌国际VR电影展开幕式现场

省工信厅供

出口整体通关时间不超过1小时;一般不动产登记5个工作日、抵押登记2个工作日内办结完成率80%。"赣服通"市县分厅全部上线,"掌上办"事项数量和电子证照种类居全国首位,11月,国务院总理李克强视察江西时给予肯定。

【创新驱动发展战略】 省委办公厅、省政府办公厅出台《关于深化科技体制机制改革加快高质量发展的实施意见》《江西省实施数字经济发展战略的意见》等文件。5月,阿里巴巴(江西)有限公司成立。9月,鄱阳湖国家自主创新示范区获批。10月,举办第二届世界VR产业大会。中药国家大科学装置、中科院稀土研究院、中科院庐山植物园、中国中医科学院江西分院等重大创新平台陆续签约。全省高新技术企业突破5000家。

【国有企业改革】 江西省国企混改率提升至77.2%,继续处在全国地方国企改革第一方阵。推进"双百企业"综合改革,7家"双百企业"(江铜集团、新钢集团、省绿色产业集团、省天然气公司、中鼎国际、江铃汽车、江钨钴业)完成改革74项、正在启动和推进中的改革63项。4月,完成江中集团与华润医药集团以及济生制药和桑海制药的战略重组,实现央企、省企、市企的跨级整合"第一次"。9月,省国有企业改革领导小组办公室印发《江西省百户国企混改攻坚行动方案》,启动"百户国企"混合所有制改革攻坚行动。省政府印发《江西省国有资本投资运营公司改革实施方案》,进一步推动国资监管向以管资本为主、以管事中事后为主和以授权监管为主"三个转变"。12月,完成省投资集团与省能源集团实质性战略重组,资产规模达650亿元。同步推进培疗机构脱钩移交、事转企改制、企业市场化重组和组建长天集团,推动培训疗养机构存量资产有效盘活。

【开放领域改革】 复制推广自贸区第四批改革试点经验,实施26项改革事项。推进江西口岸"三同"合作新模式,海关机构实现设区市全覆盖,整体通关时间压缩40%,开行赣欧班列553列。8月,出台《江西省开发区条例》,深入实施集群式项目满园扩园和开发区"两型三化"提标提档行动,落实"亩产论英雄"导向,实施"节地增效"行动,"5020"项目覆盖率95.1%,开发区首位产业集聚度达54%。争创国家级内陆双向高水平开放试验区,9月,赣州市被列为全国首批商贸服务型国家物流枢纽建设城市。

【财税体制改革】 以抚州市为试点，实施非税收收入收缴电子化改革，被列为国务院第六次大督查的典型经验做法之一，受到国务院办公厅通报表扬。个人所得税改革深入推进，全年全省累计减免个人所得税75.6亿元，747.04万人享受政策优惠。全省出口退税办理时间平均为5.67个工作日，比国家要求缩短4.33个工作日。全省累计办理出口退（免）税164.98亿元，增长33.3%，增速位居中部第一、全国第三。3月，出台防范化解地方政府隐性债务风险相关文件，在国务院召开的加快发行使用地方政府债券更好发挥投资拉动作用专题会议上作典型发言。

【金融体制改革】 制定绿色票据、绿色信托标准以及地方绿色金融标准等走在全国前列，绿色信贷余额2377.6亿元；江西绿色金融发展综合指数排名全国第四位；普惠金融、科技金融、物联网金融、开发区金融、县域金融等系列试点示范多点开花、全面推进。12月，省地方金融监督管理局等3部门联合印发《政府中小微企业续贷周转资金管理暂行办法》，对政府续贷周转金设立、运营管理、“白名单”制度、监督管理进行明确。全省共设立续贷周转金116支，资金规模91.23亿元，累计为2.43万家企业转贷2064.72亿元，缓解企业“高息过桥”、续贷困难等问题。推进省一站式金融综合服务平台建设，平台入驻金融机构105家，上线金融产品262个，入库企业71.17万家，注册企业3398家，累计融资总额10.01亿元。

【教育体制改革】 推进学前教育深化改革规范发展，乡镇公办中心幼儿园基本实现全覆盖，赣州市城镇小区配套幼儿园专项治理经验获教育部肯定。促进义务教育均衡发展，全面加强乡村小规模学校和乡镇寄宿制学校建设，减轻中小学教师负担。在全国首创学生资助工作学校校长与乡镇属地“双负责”制。推进高校“双一流”建设，稳步推动职业教育改革。10月，九江职业技术学院等6所高职院校入选国家“双高计划”建设单位，江西省成为首批国家产教融合建设试点省。8月，江西省在第45届世界技能大赛上获2金、1银，实现奖牌、金牌零的突破，金牌数列全国第二。

【医药卫生体制改革】 江西是全国唯一连续11年获“推进医改，服务百姓健康”的省份。自2015年国家开展公立医院综合改革效果评价以来，江西考核排名连续4年进入全国第一方阵。7月，国家卫健委在江西省举行公立医院综合改革专题新闻发布会，推广江西公立医院改革经验做法。12月，出台《江西省人民政府关于健康江西行动的实施意见》，从干预健康影响因素、维护全生命周期健康和防控重大疾病等3方面提出实施16项专项行动。全省累计救治大病患者134万余例次，是全国救治范围最广、救治人数最多的省份。全省居民个人卫生支出占卫生总费用比重降至26.9%，公立医院医疗服务收入占比上升到30.25%，门诊次均费用、平均住院费用相当于全国平均水平的90%左右，门诊和住院患者满意度均超过90%，以上均优于全国平均水平。

【社会保障体制改革】 出台《江西省就业补助资金管理办法》《江西省职业技能提升行动实施方案（2019—2021年）》《关于进一步加强企业专业技术人才职称工作的若干意见》《关于推进全方位公共就业服务的实施意见》《关于支持困难企业稳定就业岗位有关工作的通知》《关于实施江西省三年青年见习计划的通知》等一系列稳就业的政策措施。城镇新增就业51.87万人，完成年度任务的115.3%；新增转移农村劳动力60.01万人，完成年度任务的120%；全省新增发放创业担保贷款152.5亿元，完成年计划的138.64%，增长19.05%。推进社会保障“一卡通”应用，全省社会保障卡持卡人数4462万人，覆盖全省97%的人口，基本实现“人手一卡”。国务院总理李克强视察江西时，指出社保卡“不仅是一个保障平台，还是一个支持创新创业的舞台，可总结推广”。

（元丹）

国民经济和社会发展状况

【概　况】 2019年，全省地区生产总值2.48万亿元，增长8.0%。其中，第一产业增加值2057.6亿元，增长3.0%；第二产业增加值1.09万亿元，增长8.0%；第三产业增加值1.18万亿元，增长9.0%。三次产业结构为8.3∶44.2∶47.5，三次产业对地区生产总值增长的贡献率分别为3.4%、49.9%和46.7%。人均国内生产总值5.32万元，按年平均汇率计算，折合7707美元，增长7.4%。

【农　业】 全省农林牧渔业总产值3481.3亿元，增长3.1%。粮食种植面积366.51万公顷，下降1.5%。其中，谷物种植面积341.32万公顷，下降2.2%。油料种植面积67.71万公顷，下降0.4%。其中，油菜籽48.23万公顷，下降0.1%。蔬菜种植面积64.44万公顷，增长1.8%。棉花种植面积4.27万公顷，下降8.5%。甘蔗种植面积1.40万公顷，下降2.7%。全年全省粮食产量2157.4万吨，下降1.5%。油料产量120.8万吨，下降0.02%。蔬菜及食用菌产量1581.8万吨，增长2.9%。棉花产量6.6万吨，下降8.9%。甘蔗产量62.4万吨，下降3.3%。烟叶产量2.3万吨，下降37.5%。茶叶产量6.7万吨，增长2.2%。园林水果产量474.3万吨，增长0.9%。全省猪牛羊禽肉产量298.1万吨，下降8.0%。其中，猪肉产量206.8万吨，下降16.1%；牛肉产量13.1万吨，增长5.5%；羊肉产量2.3万吨，增长10.0%；禽肉产量75.9万吨，增长20.2%。禽蛋产量57.2万吨，增长21.7%。牛奶产量7.3万吨，下降24.4%。水产品产量258.8万吨，增长1.1%。年末生猪存栏1006.3万头，下降36.6%；生猪出栏2546.8万头，下降18.5%。

【工业和建筑业】 全省全部工业增加值8965.8亿元，增长8.4%；规模以上工业增加值增长8.5%。全省规模以上工业企业主营业务收入3.46万亿元,增长6.5%;利润总额2158.8亿元,下降0.3%;每百元主营业务收入中的成本为86.5元,减少0.13元。年末规模以上工业资产负债率52.6%,提高0.6个百分点。全省总承包和专业承包建筑业总产值7944.7亿元,增长13.6%。其中,建筑工程产值6880.9亿元,增长14.9%;安装工程产值558.8亿元,增长3.3%;其他产值505.0亿元,增长9.4%。资质以上总、专包建筑业企业共3223家,增加472家。其中,总承包企业2797家,增加460家;专业承包企业426家,增加12家。按资质等级划分,资质等级为特、一级总、专包企业393家,增加83家;二级企业957家,增加89家;三级及其他企业1873家,增加300家。

【固定资产投资】 全省固定资产投资增长9.2%。第一产业投资下降22.5%;第二产业投资增长10.7%;第三产业投资增长9.5%。全省施工项目1.88万个,增加4019个,完成投资增长10.4%。其中,新开工项目8833个,增加1445个。全省房地产开发投资增长3.0%,其中住宅投资增长6.1%。全省棚户区改造开工29.3万套,基本建成16.5万套。

【国内贸易】 全省社会消费品零售总额8421.6亿元,增长11.3%。其中,限额以上消费品零售额3097.1亿元,增长10.8%。按经营单位所在地分,城镇消费品零售额7120.7亿元,增长11.3%。其中,城区4195.4亿元,增长13.6%;乡村消费品零售额1300.9亿元,增长11.5%。按消费类型分,商品零售7326.2亿元,增长10.7%;餐饮收入1095.4亿元,增长15.5%。按行业分,零售业6242.1亿元,增长10.6%;批发业1083.1亿元,增长11.1%;餐饮业997.5亿元,增长16.0%;住宿业99.0亿元,增长11.1%。

【对外经济】 全省货物贸易进出口总值3512亿元,增长11.1%。其中,出口值2496.5亿元,增长12.3%;进口值1015.5亿元,增长8.2%。从贸易方式看,一般贸易出口2010.1亿元,增长3.6%;加工贸易出口460.5亿元,增长76.1%。从重点商品看,机电产品出口1264.4亿元,增长36.4%;高新技术产品出口709.3亿元,增长98.7%。从国别(地区)看,对东盟出口487.8亿元,列第一位,增长20.7%;对欧盟出口406.4亿元,列第二位,增长32.4%;对美国出口356.1亿元,列第三位,下降3.7%;对"一带一路"沿线国家出口903.5亿元,增长15.1%,高于全省平均增幅2.8个百分点。

【交通和邮电】 全省货物运输量15.09亿吨,货物运输周转量3858.8亿吨千米。旅客运输量5.97亿人,下降4.4%;旅客运输周转量984.3亿人千米,下降1.0%。南昌港货物吞吐量3826.6万吨,增长32.7%;集装箱吞吐量18.9万标准箱,下降2.2%。九江港货物吞吐量1.23亿吨,增长5.5%;集装箱吞吐量52.1万标准箱,增长21.4%。昌北国际机场旅客吞吐量1363.7万人次,增长0.8%;货邮吞吐量13.0万吨,增长42.1%。开行赣欧班列553列,增长173.8%。年末全省公路通车里程20.91万千米,其中高速公路通车里程6144.0千米。铁路营运里程4534.7千米。民用汽车保有量607.4万辆,增长11.6%。民用轿车保有量345.5万辆,增长12.6%。其中,私人轿车331.3万辆,增长12.9%。全省邮电业务总量3068.6亿元,增长71.8%。其中,邮政业务总量230.2亿元,增长30.3%;电信业务总量2838.5亿元,增长76.4%。完成邮政函件业务1684.7万件,下降39.0%;包裹业务43.7万件,下降1.8%。快递服务企业业务量7.8亿件,增长25.5%;业务收入84.3亿元,增长25.7%。年末固定电话用户457.5万户,下降1.6%。移动电话用户4157.1万户,增长2.8%。其中,4G移动电话用户3268.0万户,增长10.0%;3G移动电话用户51.8万户,下降82.4%。固定互联网宽带接入用户1448.8万户,增长9.5%。

【财政、金融、证券和保险业】 全省财政总收入4001.5亿元,增长5.4%。其中,一般公共预算收入2486.5亿元,增长4.8%。全年一般公共预算支出6402.6亿元,增长13.0%。年末全省金融机构人民币各项存款余额3.90万亿元,比上年年末增长11.1%;比年初增加3875.5亿元,同比多增1130.9亿元。其中,住户存款1.97万亿元,比年初增加2474.2亿元,同比多增796.1亿元;非金融企业存款1.15万亿元,比年初增加1062.3亿元,同比多增477.2亿元。金融机构人民币各项贷款余额3.55万亿元,比上年末增长16.9%,比年初增加5040.0亿元,同比多增395.0亿元。其中,住户贷款1.44万亿元,比年初增加2134.5亿元,同比多增236.5亿元;非金融机构及机关团体贷款2.10万亿元,比年初增加2896.3亿元,同比多增199.2亿元。年末全省辖区内共有境内上市公司43家,其中主板公司25家、中小板公司9家、创业板公司9家。辖区内证券公司2家,分公司40家,证券营业部318家,证券交易额5.5万亿元;期货公司1家,期货营业部31家,期货代理成交金额2.8万亿元。全省保险公司保费收入835.2亿元,增长10.8%。其中,财产险保费收入306.9亿元,增长13.7%;寿险保费收入528.3亿元,增长9.2%;健康险保费收入157.9亿元,增长38.9%;意外伤害险保费收入21.5亿元,增长17.9%。支付各类赔款及给付280.8亿元,增长6.0%。其中,财产险赔款及给付171.8亿元,增长14.2%;人寿险赔款及给付39.0亿元,增长33.1%;健康险赔款和给付72.3亿元,增长38.5%;意外伤害险赔款和给付5.8亿元,增长9.0%。

【教育和科学技术】 全省研究生教育招生1.6万人,在校生4.5万人,毕业生1.1万人。普通高等教育招生38.9万人,在校生113.5万人,毕业生30.3万人。成人高等教育招生8.5万人,在校生21.8万人,毕业生4.9万人。中等职业教育招生14.9万人,在校生38.6万人,毕业生11.2万人。普通高中招生37.7万人,在校生105.5万人,毕业生32.7万人。初中学校招生76.9万人,在校生220.1万人,毕业生63.6万人。普通小学招生65.9万人,在校生411.4万人，毕业生 76.5 万人。民办学校 1.02 万所，在校学生 189.6 万人。特殊教育在校生 3.8 万人，幼儿园在园幼儿 165.8 万人。学前教育毛入园率 83.7%，小学毛入学率 102.0%，初中阶段毛入学率 113.5%，高中阶段教育毛入学率 91.5%。普通高考录取率 83.0%，高等教育毛入学率 49.0%。全省研究与试验发展(R&D)经费支出占地区生产总值的 1.6%，提高 0.19 个百分点。年末共有国家工程(技术)研究中心 8 个，省工程(技术)研究中心 382 个；国家级重点实验室 5 个，省级重点实验室 200 个。受理专利申请 9.15 万件，授权专利 5.91 万件；签订技术合同 2799 项，技术市场合同成交金额 148.6 亿元，其中技术开发合同成交额 49.8 亿元，技术转让合同成交额 19.2 亿元。年末全省共有产品质量检测机构 72 个，其中国家产品质量监督检验中心 11 个；法定计量技术机构 310 个。强制检定计量器具 116 万台(件)，开展产品质量监督抽查 5782 批次。累计获得 3C 证书的企业 890 家，获得 3C 证书 6656 张。累计发放自愿性产品认证证书 6507 张，发放省级工业产品生产许可证 649 张。测绘部门为经济社会发展提供各种基本比例尺地形图 2443 张，测绘基准成果 4533 点，遥感影像成果 2.96 亿平方千米。

【文化、卫生和体育】 年末全省共有艺术表演团体 83 个，文化馆 118 个，公共图书馆 114 个，博物馆 143 个。广播电视台 94 座，中、短波转播发射台 24 座。有线广播电视实际用户 552.6 万户，其中数字电视实际用户 531.8 万户。年末广播综合人口覆盖率 98.6%，电视综合人口覆盖率 99.1%。出版各种图书、期刊、报纸 9265 种，其中出版各类图书 2.51 亿册、期刊年度总印数 7874 万册、报纸 7.80 亿份。全省接待国内旅游者 7.91 亿人次，增长 15.7%；国内旅游收入 9596.7 亿元，增长 18.5%。接待入境旅游者 197.2 万人次，增长 2.8%；国际旅游外汇收入 8.7 亿美元，增长 16.1%。年末全省共有各类医疗卫生机构(含村卫生室)3.70 万个，其中医院、卫生院 2403 个，妇幼保健院(所、站)112 个，专科疾病防治院(所、站)106 个，疾病预防控制中心 136 个，卫生监督所(中心)111 个。卫生技术人员 26.8 万人，其中执业医师和执业助理医师 9.6 万人，注册护士 12.0 万人。医院、卫生院床位数 24.7 万张，其中乡镇卫生院床位数 5.7 万张。年末全省共有青少年俱乐部 131 个，青少年户外活动营地 4 个；国家级体育传统项目学校 15 所，省级体育传统项目学校 237 所，省级单项体育后备人才基地 37 个。新建村级农民体育健身工程 348 个，乡镇农民体育健身工程 23 个。在国际和国内的重大比赛中共获 175 枚金牌、174 枚银牌和 221 枚铜牌。

【人民生活和社会保障】 全省居民人均可支配收入 2.63 万元，增长 9.1%，增速比上年回落 0.2 个百分点，高于全国平均水平 0.2 个百分点，扣除价格因素，实际增长 6.0%。其中，城镇居民人均可支配收入 3.65 万元，增长 8.1%，扣除价格因素，实际增长 5.0%；农村居民人均可支配收入 1.58 万元，增长 9.2%，扣除价格因素，实际增长 6.3%。城乡居民收入比 2.31：1，缩小 0.03。全省居民人均消费支出 1.77 万元，增长 11.8%。其中，城镇居民人均消费支出 2.27 万元，增长 9.4%；农村居民人均消费支出 1.25 万元，增长 14.8%。城、乡居民消费恩格尔系数分别为 29.1%、30.4%，均下降 0.9 个百分点。年末全省参加城镇职工基本养老保险人数 1096.9 万人，增加 44.1 万人。参加失业保险人数 289.7 万人，增加 1.7 万人。参加工伤保险人数 539.39 万人，增加 4.8 万人，其中参加工伤保险的农民工 112.8 万人，增加 0.7 万人。城市居民得到政府最低生活保障人数 36.0 万人，城市低保标准 640 元/(人·月)，向城市低保户发放低保金 22.2 亿元，月人均补差 437 元；农村居民得到政府最低生活保障人数 142.2 万人，农村低保标准 385 元/(人·月)，向农村低保户发放低保金 53.3 亿元，月人均补差 296 元。农村五保户集中供养、分散供养标准分别为 505 元/(人·月)、400 元/(人·月)。年末全省共有提供住宿的社会福利机构 1955 个，床位数 16.5 万张，收养人数 9.3 万人。社区服务机构和设施总数 3837 个，其中社区服务中心 403 个。

【资源、环境与安全生产】 全省 $PM_{2.5}$浓度为 35 微克/立方米，下降 7.9%，平均浓度达国家二级标准。全年优良天数比例 89.7%，上升 1.4 个百分点，优良天数增加 5 天。空气中的 SO_2、PM_{10}、NO_2 浓度均达到国家二级标准，分别下降 23.5%、7.8% 和 4.0%。景德镇、赣州、上饶、抚州、吉安、南昌、新余 7 个设区市空气质量达国家二级标准。全省地表水断面水质优良比例 92.4%，上升 1.7 个百分点，劣Ⅴ类水断面比例为 0。其中，国家考核断面水质优良率 93.3%，上升 1.3 个百分点，高于全国平均水平 18.4 个百分点。全省 10 条主要河流中，信江、抚河、修河、饶河、长江九江段、袁水、东江、环鄱阳湖区河流水质优良比例 100%，赣江、萍水河水质优良比例分别为 98.3%、90.9%。全省完成造林面积 6.98 万公顷，改造低产低效林 11.86 万公顷，森林覆盖率稳定在 63.1%。共建立自然保护区 190 处，其中国家级 16 处、省级 38 处、市县级 136 处。自然保护区面积 109.0 万公顷，占全省国土面积的 6.6%。全省平均降水量 1726.5 毫米，比常年偏多 3.1%，位列历史第 21 高位。平均气温 18.9℃，比常年偏高 0.9℃，与 2013 年、2016 年、2017 年并列历史第 2 高位。平均日照时数 1615.9 小时，比常年偏少 15.9 小时，位列历史第 39 高位。全省规模以上工业综合能源消费量 5615.0 万吨标准煤，增长 3.2%；万元规模以上工业增加值能耗下降 4.9%。全省共发生生产安全事故 2093 起，减少 67 起，其中道路运输业事故 1778 起，工矿商贸事故 243 起，铁路运输业事故 38 起。生产安全事故死亡人数 1316 人，减少 17 人，其中道路运输业事故死亡 976 人，工矿商贸事故死亡 270 人，铁路运输业事故死亡 30 人。亿元生产总值生产安全事故死亡人数 0.05 人。全年未发生重大以上事故。发生较大事故 29 起、死亡 99 人，增加 12 起、增加 41 人；建筑施工领域事故死亡人数上升明显，增加 20 人，上升 17.9%。 (李金龙)

本栏编辑　游桃琴

中国共产党江西省委员会

综　述

2019年，中共江西省委坚持以习近平新时代中国特色社会主义思想为指导，全面贯彻中共十九大和十九届二中、三中、四中全会精神，深入贯彻中共中央总书记习近平视察江西重要讲话精神，团结带领全省干部群众感恩奋进、锐意进取，推动全省经济社会发展和党的建设各项事业取得新成效。

旗帜鲜明讲政治，坚决做到“两个维护”。继续推进习近平新时代中国特色社会主义思想的学习宣传贯彻工作。对中共中央总书记习近平发表的重要讲话、作出的重要指示批示和中共中央召开的重要会议，省委常委会会议及时传达学习，研提贯彻落实措施。省委理论学习中心组开展12次集体学习。召开省委十四届八次全会，作出《中共江西省委关于深入学习贯彻习近平总书记视察江西重要讲话精神、努力描绘好新时代江西改革发展新画卷的决定》。召开省委十四届十次全会，研究贯彻中共十九届四中全会精神，审议通过《中共江西省委关于贯彻落实〈中共中央关于坚持和完善中国特色社会主义制度、推进国家治理体系和治理能力现代化若干重大问题的决定〉的实施意见》。部署开展贯彻落实中共中央总书记习近平重要指示批示、中共中央重大决策部署的综合督查活动。建立健全中央脱贫攻坚专项巡视及“回头看”、中央宗教工作督查、中央扫黑除恶督导、中央环保督察及“回头看”反馈问题，以及“不忘初心、牢记使命”主题教育中央部署的各项专项整治问题整改机制。

落实高质量发展要求，推动经济持续健康发展。深入实施“大干项目年”活动，开展重点项目建设“百日攻坚”行动。出台《关于完善促进消费体制机制、进一步激发居民消费潜力的实施意见》。积极稳妥应对中美贸易摩擦。全面落实中央减税降费政策措施，新出台降低企业成本30条政策措施。深化省市县三级领导挂点联系企业等“入企帮扶”活动，出台支持民营经济健康发展30条等措施。深入推进大众创业万众创新，开展企业上市“映山红行动”。集中力量发展航空、电子信息、装备制造、中医药、新能源、新材料等优势产业。出台《江西省实施数字经济发展战略的意见》，“03专项”试点示范扎实推进，5G商用启动。全面实施“一圈引领、两轴驱动、三区协同”区域发展战略，出台《大南昌都市圈发展规划》《江西省高铁经济带发展规划》《关于支持赣东北开放合作推动高质量跨越式发展的若干意见》《关于支持赣西转型升级推动高质量跨越式发展的若干意见》等政策措施，深化赣江新区体制机制改革，大南昌都市圈“引领”作用凸显。加快推动县域经济高质量发展。出台《关于建立健全城乡融合发展体制机制和政策体系的实施意见》，深入开展农村人居环境整治，城乡面貌明显改善。

打好三大攻坚战，加快补齐全面建成小康社会短板。成立省委防范化解重大风险工作领导小组，统筹推动各项工作。建立地方政府债务风险预警提示和隐性债务风险等级评定机制，全面推行房地产稳控目标管理，加大商业银行不良贷款处置力度，化解地方中小金融机构和农村信用社风险，化解P2P网络借贷风险，全省经济金融安全稳健运行。锁定深度贫困地区，压茬推进“春季整改”“夏季提升”“秋冬巩固”三大攻势，解决“两不愁三保障”突出问题。出台《关于建立健全脱贫成果巩固提升机制的实施意见》，健全防范返贫机制。城镇贫困群众脱贫解困工作取得新进展。出台《江西省污染防治攻坚战考核办法》。深入实施污染防治攻坚战八大标志性战役，长江经济带“共抓大保护”攻坚行动、“五河两岸一湖一江”全流域整治、长江最美岸线建设取得实效。开展国土空间全域综合整治试点，因地制宜推进森林绿化美化彩化珍贵化建设，加快推进山水林田湖草综合治理样板区建设，生态环境质量保持全国领先。

推进改革开放走深走实，增强经济社会发展动力活力。统筹推进中共十八大以来部署的改革举措和中共十九大部署的改革任务。省、市、县机构改革全面完成。深化“放管服”改革，打造“四最”营商环境、建设“五型”政府成效明显。继续深化财税金融改革，在全国率先推动重点单位成立审计委员会。深入推进生态文明体制改革，国家生态文明试验区建设成效明显。农业农村改革步伐加快，农村承包地确权登记颁证全面完成。国资国企改革扎实推进。深入实施大开放战略，举办“中国共产党的故事——习近平新时代中国特色社会主义思想在江西的实践”专题宣介会，举办第二届世界VR产业大会、中国中部投资贸易博览会、中国国际农产品交易会、中国（赣州）稀土产业高质量发展论坛、全国知名民营企业助推江西高质量跨越式发展大会、第二届世界赣商大会等重大活动。鄱阳湖国家自主创新示范区获批，中科院江西育成中心、中科院稀土研究院、中科院庐山植物园、中国中医科学院江西分院等签约落地。深化人才发展体制机制改革，实施引进培养高层次人才“双千计划”。

加强宣传思想文化工作，弘扬主旋律打好主动仗。 持续深入做好中共中央总书记习近平视察江西重要讲话精神的宣传，承办中宣部“记者再走长征路”主题采访活动，做好“壮丽 70 年 · 奋斗新时代”大型主题采访活动，组织系列重大庆祝活动。全省 100 个县（市、区）融媒体中心建设实现全覆盖。严格落实意识形态工作责任制，加强网络阵地建设和管理，大力培育和践行社会主义核心价值观，加强红色文化资源保护利用，推进长征国家文化公园建设，完善爱国主义教育基地建设管理。深化“法媒银 · 失信被执行人曝光台”建设，开展群众性精神文明创建，深入实施公民道德建设工程，进一步唱响“江西好人”文化品牌。景德镇国家陶瓷文化传承创新试验区获批。

加强民主政治建设，凝聚改革发展强大合力。 深入开展“学习研究宣传贯彻中共中央总书记习近平关于坚持和完善人民代表大会制度的重要思想”专题活动，举办纪念地方人大设立常委会 40 周年系列活动。研究制定《关于加强新时代地方人大工作的意见》，召开全省人大工作会议。召开庆祝中国人民政治协商会议成立 70 周年座谈会，开展系列庆祝活动。发挥人民政协作为政治组织和民主形式的效能，推进新时代政协协商民主建设，围绕“营商环境改善与干部作风转变”“装备制造业高质量发展”等十大议题开展专题协商和民主监督。庆祝中国共产党领导的多党合作和政治协商制度确立 70 周年，支持各民主党派加强中国特色社会主义参政党建设，协调指导各民主党派、工商联、无党派人士开展大调研活动，履行职能、发挥作用。解决了一批宗教领域重点难点问题。

切实保障和改善民生，持续推进社会治理创新。 促进城乡居民增收。落实就业优先政策，提高社会保障水平，加强城市功能与品质提升。推进城镇老旧小区改造、棚户区改造，实施城市基础设施补短板项目。做好退役军人工作，维护退役军人合法权益。全面加强乡村小规模学校和乡镇寄宿制学校建设，乡镇公办中心幼儿园基本实现全覆盖。义务教育“全面改薄”工程完成，高校“双一流”建设扎实推进。加快发展养老事业，推行“党建 + 农村养老服务”模式，稳步推进惠民绿色文明殡葬改革。医药卫生体制改革不断深化，健康江西水平稳步提升。坚持发展新时代“枫桥经验”，完善自治、法治、德治“三治融合”基层社会治理机制。坚持民安民生深度融合，网格化管理全面推行。“雪亮工程”向城市和农村深度延伸，社会治安防控体系更加完善。开展矛盾纠纷大排查大调处专项行动，深入推进扫黑除恶专项斗争，完成中华人民共和国成立 70 周年大庆安保维稳任务。

纵深推进全面从严治党，持续建设风清气正政治生态。 坚决贯彻落实管党治党主体责任，风清气正的良好政治生态持续巩固深化。开展“不忘初心、牢记使命”主题教育，弘扬井冈山精神、苏区精神和长征精神。贯彻新时代党的组织路线，落实好干部标准，全面做好干部选育管用工作。开展政治素质考察工作试点，推行公务员职务与职级并行制度，建立及时奖励制度。推进容错纠错，为受到不实举报且产生不良影响的干部和单位澄清正名。严格落实中央八项规定精神，深入整治“怕、慢、假、庸、散”等作风顽疾，坚决破除形式主义、官僚主义。出台《关于力戒形式主义为基层减负的三十条措施》，基层减负取得明显成效。开展利用名贵特产类特殊资源谋取私利问题专项整治、扶贫领域腐败和作风问题专项治理，全省干部作风持续好转。深入推进纪检体制、监察体制、纪检监察机构改革，分类推进派驻机构改革，稳步推进乡镇纪委标准化规范化建设，推动巡视巡察上下联动。坚决全面彻底肃清苏荣案余毒，风清气正的政治生态建设取得新成效。

重要会议

【中共中央总书记习近平视察江西三周年座谈会】 2月2日，省委召开中共中央总书记习近平视察江西三周年座谈会，省委书记、省人大常委会主任刘奇出席并讲话。会议要求，全省上下要以中共中央总书记习近平视察江西三周年为新起点，深入学习贯彻习近平新时代中国特色社会主义思想和中共十九大精神，从更高层次贯彻落实习近平对江西工作的重要要求，加快建设富裕美丽幸福现代化江西。省委副书记、省长易炼红主持座谈会，姚增科、李炳军等省委、省人大常委会、省政府、省政协领导人，省法院、省检察院主要负责人出席。南昌市、吉安市、井冈山市党委主要负责人殷美根、胡世忠、刘洪，江中集团、南昌大学、神山村、光明社区代表卢小青、江风益、彭水生、刘云娟作发言。

【全省领导干部会议】 3月16日，省委召开全省领导干部会议。省委书记刘奇主持并讲话。会议要求，全省上下要坚持以习近平新时代中国特色社会主义思想为指导，深入学习宣传贯彻全国“两会”精神特别是中共中央总书记习近平在会议期间重要讲话精神，按照全国“两会”的部署要求，统筹做好稳增长、促改革、调结构、优生态、惠民生、防风险、保稳定各项工作，加快推进高质量跨越式发展，确保完成 2019 年各项目标任务，为与全国同步全面建成小康社会收官打下决定性基础，以优异成绩庆祝中华人民共和国成立 70 周年。省委副书记、省长易炼红传达中共中央总书记习近平在全国“两会”期间重要讲话精神以及全国人大常委会委员长栗战书、国务委员王勇在参加江西代表团审议时的讲话精神，省政协主席、党组书记姚增科传达全国政协十三届二次会议精神，省人大常委会副主任、党组书记周萌传达十三届全国人大二次会议精神。省委、省人大常委会、省政府、省政协领导班子成员，省法院、省检察院主要负责人出席会议。

5月23日，省委召开全省领导干部会议，传达学习贯彻中共中央总书记习近平在推动中部地区崛起工作座谈会上的重要讲话精神和在省委、省政府工作汇报会上的重要讲话精神。省委书记刘奇主持并讲话。会议要求，全省上下要以习近平新时代中国特色社会主义思想为指导，全面贯彻中共十九大和十九届二中、三中全会精神，深入学习贯彻中共中央总书记习近平重要讲话精神，坚持稳中求进工作总基调，坚持新发展理念，聚焦“在加快革命老区高质量发展上作示范、在推动中部地区崛起上勇争先”的目标定位，坚持不懈补短板、挖潜力、扬优势，统筹推进稳增长、促改革、调结构、优生态、惠民生、防风险、保稳定各项工作，奋力开启建设富裕美丽幸福现代化江西新征程，齐心协力描绘好新时代江西改革发展新画卷。省委副书记、省长易炼红传达中共中央总书记习近平重要讲话精神。姚增科、李炳军等省委、省人大常委会、省政府、省政协领导班子成员，省法院、省检察院主要负责人，在昌副省级以上老干部出席会议。

11月1日，省委召开全省领导干部会议，传达学习中共十九届四中全会精神，对全省学习宣传贯彻工作进行动员部署。省委书记刘奇主持并讲话。会议要求，全省各级党组织和广大党员干部要把思想和行动统一到中共中央决策部署上来，深入学习宣传贯彻中共十九届四中全会精神特别是中共中央总书记习近平重要讲话精神，全面对标对表《中共中央关于坚持和完善中国特色社会主义制度、推进国家治理体系和治理能力现代化若干重大问题的决定》部署要求，坚定制度自信、深化改革创新，坚定不移沿着中国特色社会主义道路奋勇前进，加快推进全省治理体系和治理能力现代化，为建设富裕美丽幸福现代化江西、描绘好新时代江西改革发展新画卷提供坚强保证。省委副书记、省长易炼红传达中央精神。省委委员、候补委员；不是省委委员、候补委员的在职省级领导人出席会议。省委各部门、省直各单位党组(党委)主要负责人；各设区市和赣江新区党政主要负责人，省直管县(市)党委主要负责人出席会议。

【中共江西省委十四届八次全体(扩大)会议】 6月24日，中共江西省委十四届八次全体(扩大)会议在南昌召开。省委常委会主持会议。省委书记刘奇代表省委常委会向全会作报告并作总结讲话。省委委员、候补委员出席会议。全会听取省委常委会工作报告，审议通过省委《关于深入学习贯彻习近平总书记视察江西重要讲话精神努力描绘好新时代江西改革发展新画卷的决定》，审议通过免去部分省委委员、候补委员职务和递补省委委员的决定，递补曾志刚、吴守华、杨贵平、晏驹腾、周应华5人为省委委员。全会号召，全省更加紧密地团结在以习近平为核心的中共中央周围，深入学习贯彻中共中央总书记习近平视察江西重要讲话精神，凝心聚力、担当实干，加快建设富裕美丽幸福现代化江西。省委委员、候补委员出席会议；不是省委委员、候补委员的在职省级领导人，省委各部门、省直各单位(含中央驻赣单位、省属大中型企业、省属高校)党组(党委)主要负责人，各设区市和赣江新区党政主要负责人，各县(市、区)党政主要负责人参加会议，部分基层党代表列席会议。

【中共江西省委十四届九次全体(扩大)会议】 9月21日，中共江西省委十四届九次全体(扩大)会议在南昌召开。省委书记刘奇主持会议并讲话。省委委员、候补委员出席会议；不是省委委员、候补委员的在职省级领导人参加会议。

【中共江西省委十四届十次全体(扩大)会议】 11月28日—29日，中共江西省委十四届十次全体(扩大)会议在南昌召开。会议主要任务是，以习近平新时代中国特色社会主义思想为指导，深入贯彻中共十九大和十九届二中、三中、四中全会精神，全面落实中共中央总书记习近平视察江西重要讲话精神，听取和讨论省委常委会工作报告，审议通过《中共江西省委贯彻落实〈中共中央关于坚持和完善中国特色社会主义制度、推进国家治理体系和治理能力现代化若干重大问题的决定〉的实施意见》，动员全省上下更加扎实地把中共中央各项决策部署落到实处，加快推进全省治理体系和治理能力现代化。会议表决通过《中共江西省委贯彻落实〈中共中央关于坚持和完善中国特色社会主义制度 推进国家治理体系和治理能力现代化若干重大问题的决定〉的实施意见(审议稿)》。省委常委会主持会议，省委委员、候补委员，不是省委委员、候补委员的在职省级领导人出席会议。会议举行第一次全体会议，省委书记刘奇代表省委常委会作工作报告。省委委员、候补委员出席会议；不是省委委员、候补委员的省委各部门、省直各单位(含中央驻赣单位、省属大中型企业、省属高校)党组(党委)主要负责人，各设区市和赣江新区党政主要负责人，各县(市、区)党政主要负责人参加会议。部分基层党代表列席会议。

【省委经济工作会议】 12月25日—26日，省委经济工作会议在南昌召开。省委书记刘奇出席并讲话。会议强调，2020年是全面建成小康社会和“十三五”规划收官之年，要以习近平新时代中国特色社会主义思想为指导，认真贯彻中央经济工作会议精神，深入贯彻落实中共中央总书记习近平视察江西重要讲话精神，稳字当头提质量、巩固提升求突破、攻坚克难补短板、感恩奋进促实干，全力推动高质量跨越式发展，确保与全国同步全面建成小康社会和“十三五”规划圆满收官。省委副书记、省长易炼红讲话，姚增科、李炳军等省委、省人大常委会、省政府、省政协领导班子成员，省法院、省检察院主要负责人出席会议。

重要决策

【制定《关于坚持农业农村优先发展做好“三农”工作的实施意见》】 2月2日，省委、省政府印发该实施意见。实施意见强调要以农业农村现代化为总目标、以实施乡村振兴战略为总抓手、以农业农村优先发展为总方针、以“产业兴旺、生态宜居、乡风文明、治理有效、生活富裕”为总要求，对标全面建成小康社会“三农”工作必须完成的硬任务，抓重点、补短板、强弱项、扬优势，围绕“巩固、增强、提升、畅通”深化农业供给侧结构性改革，全力打赢脱贫攻坚战，全面推进农村人居环境整治，大力发展品牌农业、规模农业、工厂农业、智慧农业、绿色农业、创新农业，着力打造彰显产业兴旺、自然生态、文明淳朴、共建共享、和谐有序之美的江西新时代“五美”乡村，确保到2020年完成农村改革发展目标任务。

【印发《关于力戒形式主义为基层减负的三十条措施》的通知】 3月29日，省委印发该通知。通知从树立正确政绩观、大幅精简文件、大力压缩会议、规范督查检查考核、改进问责追责程序方式、完善激励关怀机制、加强组织领导等7个方面提出明确要求。

【印发《关于认真学习宣传贯彻习近平总书记视察江西时的重要讲话精神》的通知】 5月29日，省委印发该通知。通知要求，全省各地各部门要把学习宣传贯彻中共中央总书记习近平重要讲话精神摆在重中之重，提高政治站位，精心组织实施，把各项工作抓实抓细抓好，做到全方位、全覆盖，确保学习到位、宣传到位、落实到位。要坚持学以致用、用以促学，进一步理清工作思路，完善发展举措，推动习近平重要讲话精神落实落地，把习近平关心关怀转化为“两个维护”的坚定态度，转化为改革发展的强大动力，转化为创新创业的巨大热情，奋力开启建设富裕美丽幸福现代化江西新征程，描绘好新时代江西改革发展新画卷，以优异成绩回报习近平和中共中央的关心厚爱。

【印发《关于加强党的政治建设的若干措施》的通知】 6月24日，省委印发该通知。通知全面深入贯彻中共中央总书记习近平视察江西重要讲话精神，围绕坚定政治信仰、坚持政治领导、提高政治能力、净化政治生态、强化组织实施5个方面，提出22条措施，要求全省各级党组织要增强推进党的政治建设的自觉性和坚定性，加强组织领导，强化责任担当，把江西打造成特别讲党性、特别讲政治、特别讲忠诚的红土圣地。

【制定《关于深入学习贯彻习近平总书记视察江西重要讲话精神努力描绘好新时代江西改革发展新画卷的决定》】 6月24日，省委印发该决定。决定强调指出，中共中央总书记习近平视察江西重要讲话，与之前对江西工作提出的“新的希望、三个着力、四个坚持”重要要求一起，构成习近平新时代中国特色社会主义思想的“江西篇章”，是推进江西高质量跨越式发展、决胜全面建成小康社会、开启富裕美丽幸福现代化江西建设新征程的强大思想武器和行动指南。中共中央总书记习近平对江西工作提出的新的更高要求，概括起来就是“两个定位、五个推进”。“两个定位”，就是要在加快革命老区高质量发展上作示范、在推动中部地区崛起上勇争先。“五个推进”，就是要推进经济高质量发展、推进改革开放走深走实、推进农业农村现代化、推进社会治理创新、推进红色基因传承。“两个定位、五个推进”是指引新时代江西改革发展的总方针、总纲领和总遵循。

【制定《关于建立健全城乡融合发展体制机制和政策体系的实施意见》】 9月30日，省委、省政府印发该实施意见。实施意见结合江西实际，从建立健全城乡要素合理配置的体制机制、有利于城乡基本公共服务普惠共享的体制机制、有利于城乡基础设施一体化发展的体制机制、有利于乡村经济多元化发展的体制机制、有利于农民收入持续增长的体制机制、完善工作机制等6个方面，明确提出30条具体措施，要求各地各部门统一思想，提高认识，精心组织，认真抓好贯彻落实，促进全省城乡融合发展，推进乡村振兴和农业农村现代化。

【制定关于贯彻落实《中共中央关于坚持和完善中国特色社会主义制度推进国家治理体系和治理能力现代化若干重大问题的决定》的实施意见】 12月4日，省委印发该实施意见。该实施意见结合江西实际，全面贯彻落实中共中央决定各项决策部署。从深入贯彻落实中共十九届四中全会精神，加快推进江西治理体系和治理能力现代化；坚持和完善党的领导制度体系，把党的领导落实到江西治理各领域各方面各环节；坚持和完善人民当家作主制度体系，推进社会主义民主政治建设江西实践；坚持和完善中国特色社会主义法治体系，推进法治江西建设；坚持和完善中国特色社会主义行政体制，推进“五型”政府建设；坚持和完善社会主义基本经济制度，推进江西现代化经济体系建设；坚持和完善繁荣发展社会主义先进文化的制度，推进文化强省建设；坚持和完善统筹城乡的民生保障制度，推进幸福江西建设；坚持和完善共建共治共享的社会治理制度，推进平安江西建设；坚持和完善生态文明制度体系，加快打造美丽中国“江西样板”；坚持和完善党和国家监督体系，推进风清气正政治生态建设；加强组织领导，确保推进江西治理体系和治理能力现代化的各项目标任务全面落实到位等12个方面提出明确要求，决胜全面建成小康社会。

（省委办公厅）

组　织

【概　况】 2019年，全省有基层党组织108244个，其中，基层党委5786个，党总支部6093个，党支部96365个。党员总数2213519人，其中，女党员482903人，占党员总数的21.82%；少数民族党员9665人，占党员总数的0.44%；35岁以下党员509462人，占党员总数的23.02%；具有大专及以上学历的党员931216人，高中（含中专）文化程度的党员566928人，初中及以下文化程度的党员715375人，分别占党员总数的42.07%、25.61%、32.32%。全年发展党员64832人。其中，女党员25950人，占新党员总数的40.03%；少数民族党员928人，占1.43%；35岁以下党员50618人，占78.08%；高中及以上文化程度的党员59452人，占91.70%。

【组织实施“不忘初心、牢记使命”主题教育】 2019年，省委组织部组织实施“不忘初心、牢记使命”主题教育，一体推进学习教育、调查研究、检视问题、整改落实4项措施，组织全省10多万个党组织、220多万名党员参加主题教育。中共中央总书记习近平在全国主题教育总结大会上先后3次提到江西，肯定江西省深入查摆问题、开展革命传统教育、解决群众最急最忧最盼的问题等做法。注重加强对干部的政治训练、忠诚教育，开设习近平新时代中国特色社会主义思想理论研修班，实施“传承优秀红色基因教育培训计划”，举办全省市厅级主要领导“坚持底线思维，着力防范化解重大风险”专题研讨班，全省累计培训各级各类干部30.5万人次。

【领导班子与队伍建设】 2019年，全省组织部门把政治标准作为选人用人的硬性条件，学习贯彻新修订的《干部任用条例》和新出台的《干部考核条例》，通过开展政治素质考察增强干部选拔任用的匹配度、精准度。落实中央组织部《关于进一步激励干部担当作为有关具体措施的通知》，各级提拔使用担当作为先进典型879人，处理不担当不作为干部230人。研究制定《关于推行容错纠错机制的实施办法（试行）》《关于为受到不实举报对象澄清正名的实施办法（试行）》。制定实施《领导干部有关问题线索办理细化措施》《领导干部个人有关事项报告查核结果认定处理细化措施》等制度措施，开展集中规范领导干部配偶、子女及其配偶经商办企业行为等工作。

【公务员队伍管理】 2019年，全面贯彻实施新修订的公务员法，稳步推进公务员职务与职级并行制度实施和公务员分类改革，全省21万余名公务员按照相应序列进入常态化管理。完善基层公务员考录政策，全省共拿出14.3%的职位，定向招考大学生村官、三支一扶人员等；加大贫困县基层公务员招考力度，全省25个贫困县乡镇基层招录计划比2018年提高18.9%。开展公务员表彰奖励，全省5名公务员和2个公务员集体获全国表彰。制定《江西省事业单位领导人员管理暂行办法》，平稳有序推进县以下事业单位职员等级晋升制度试点工作。

【基层党组织建设】 2019年，全省党员教育培训、教育管理、关怀帮扶，流动党员分类管理、排查解决农村发展党员违规违纪问题试点工作得到加强。全省组织部门贯彻落实《支部工作条例》，创新开展基层党建标准化规范化信息化建设试点。着力发展壮大村级集体经济，全省经营性收入5万元以上的村达80%。推行“党建+农村养老服务”，得到民政部肯定。排查、整顿软弱涣散基层党组织2059个。结合开展扫黑除恶专项斗争，开展村“两委”换届“回头看”，清理受过刑事处罚、存在“村霸”和涉黑涉恶以及其他问题村干部971人。印发《扎实推进抓党建促脱贫攻坚十五项举措》，选优派强第一书记、驻村工作队。实施城市基层党建示范引领行动，城市基层党建工作有新进展。统筹推进机关、国企、学校、公立医院、非公有制经济组织和社会组织、互联网企业党建工作。全面整治基层党建主体责任缺失问题，排查出的530个存在问题的党组织全部完成整改。开展“新时代赣鄱先锋”选树学活动，选树宣传1492名先进典型。

【人才创新发展】 大力实施人才强省战略，持续深化人才发展体制机制改革，制定全省高层次人才引进培养“15条措施”、分类推进人才评价机制改革实施意见，健全人才工作专项述职机制。以省“双千计划”为引领，优化整合省级人才计划，新增中科院院士1人、国家“千人计划”5人、“万人计划”12人。组团赴“双一流”高校开展引才工作，全职引进高层次人才4462人，是上年的2倍。围绕航空、电子信息、中医药等优势产业，用好“世界VR产业大会”“中国航空产业大会”“院士专家服务创新驱动江西行”等平台，加大江西人才服务银行、省级人才创新创业引导基金支持力度，推动人才与产业深度融合。在全国率先建设“江西人才云”服务信息化系统，打通与“赣服通”等系统的对接渠道，人才工作信息化服务水平不断提升。出台《关于鼓励引导人才向基层一线和贫困地区流动工作推进方案》，引导更多优秀人才到基层一线和贫困地区贡献才智、建功立业。

【优秀年轻干部队伍建设】 2019年，制定江西省贯彻《2019—2023年全国党政领导班子建设规划纲要》实施意见，加大年轻干部发现培养选拔力度，提拔使用45岁左右厅级干部38名。完善“优秀年轻干部人选成长档案”，开展优秀年轻干部专题调研，对选派到中央单位和外省跟班学习期满的35名年轻干部进行考核，发现一批政治素质好、发展潜力大的优秀年轻干部。实施“优秀年轻干部教育培训计划”，调训县处级和乡科级优秀年轻干部199名。注重在打好“三大攻坚战”、重点工作、重大项目一线发现使用优秀年轻干部，安排32名厅级、26名县处级优秀年轻干部到省委巡视组实践锻炼，安排一批优秀年轻干部到贫困村担任驻村“第一书记”。制定出台《关于进一步加强和改进选调生工作的实施意见》，2019年录用选调生183人。

【全面实行乡镇机关工作人员绩效考核】 2019年，印发《关于全面推行乡镇机关工作人员绩效考核工作的通知》，明确将乡镇在编在岗公务员、事业编制人员作为考核对象，将10余项考核内容逐项分解到岗位、量化到个人，全程记录工作表现和工作实际，确定一级、二级、三级3个考核等次，按照“奖优罚劣、奖勤罚懒、多数受益、体现级差”的原则，省、市、县（市、区）财政按核定资金总量15%、25%、60%的比例分担，实现乡镇机关在编在岗的公务员、事业编人员年均工资收入高于县直机关同职级人员20%以上。

【人才引进对接】 2019年，建强井冈山对接高层次人才联络站，发挥井冈山培训资源丰富、高层次人才来往频繁的优势，组织人才对接活动。依托农业农村部、卫健委、人社部、中国科协、中国科学院举办高层次人才研修班，组织开展5场对接活动，233名国家级高层次人才与江西省280家单位相关负责人进行对接，达成一批人才引进培养合作协议。

（李志俊）

宣　传

【概　况】 2019年，全省宣传工作全面贯彻中共十九大和十九届二中、三中、四中全会精神，以学习宣传贯彻习近平新时代中国特色社会主义思想为首要政治任务，以庆祝新中国成立70周年为主线，以更好地担当起举旗帜、聚民心、育新人、兴文化、展形象的使命任务，坚持守正创新，积极担当作为，推进宣传思想文化各项工作，为建设富裕美丽幸福现代化江西、描绘好新时代江西改革发展新画卷提供思想保证、舆论支持、精神动力和文化条件。

【理论武装】 2019年，围绕学习贯彻中共中央总书记习近平关于金融工作、生态文明、宣传思想工作、区块链技术等重要论述和中共十九届四中全会精神等内容，做好省委中心组理论学习的服务协调工作。结合开展“不忘初心、牢记使命”主题教育，以《习近平新时代中国特色社会主义思想学习纲要》《习近平关于“不忘初心、牢记使命”重要论述选编》等为重要读本，推动全省广大党员和干部群众强化理论学习，树牢“四个意识”、坚定“四个自信”、坚决做到“两个维护”。赣州市委中心组“3＋X”学习方式被列为全国第二批“不忘初心、牢记使命”主题教育典型。深化理论研究，组织实施“习近平新时代中国特色社会主义思想在江西实践研究工程”“江西省青年马克思主义者理论研究创新工程”，承办学习宣传贯彻习近平新时代中国特色社会主义思想系列研讨会2019年全国首场研讨会，开展“礼赞新中国 · 奋进新时代”理论征文活动，先后在中央“三报一刊”发表重点理论文章15篇。加强新型智库建设，印发《江西省重点新型智库管理办法（试行）》，围绕高质量发展、社会治理创新、传承红色基因等开展课题研究。举办2019江西智库峰会，邀请32名全国各行业各领域专家，为江西省更好地贯彻落实中共中央总书记习近平对江西工作提出的“作示范、勇争先”目标定位和“五个推进”更高要求，推进高质量跨越式发展凝聚智慧力量。加强全省“重点马院”和“特色马院”建设，江西师范大学马克思主义学院入选第三批全国重点马克思主义学院。强化理论宣讲，做好中央宣讲团到赣宣讲中共十九届四中全会精神服务协调工作，组织省委宣讲团分赴各设区市和部分省直单位、省属国有企业和高校集中宣讲中共中央总书记习近平视察江西重要讲话精神、中共十九届四中全会精神，集中宣讲67余场，直接听众达3万余人。推进新时代文明实践中心试点建设，在全省19个县（市、区）试点建设百家新时代文明实践示范点，12个县（市、区）被列为全国试点县（市、区）；加强服务指导，组建11个新时代文明实践服务指导组，深入一线开展工作，组织省文联开展“万名文艺家下基层”等活动。创新理论宣讲方式，乐平市“古戏台讲堂”宣讲团、赣州市委党史办主任胡日旺分获2019年度全国基层理论宣讲先进集体和先进个人。创新学习形式，推动“学习强国”与新时代文明实践中心建设相结合。截至12月31日，全省“学习强国”手机客户端总用户数达289万人，日活率为44.45%，日人均积分16.16分，人均积分居全国第10位

【新闻舆论】 2019年，围绕学习宣传贯彻中共中央总书记习近平视察江西重要讲话精神和视察江西三周年等，组织全省各级新闻媒体开设专栏专题，推出《创业收获致富果 八方客来农家乐（总书记的深情牵挂——来自贫困乡村的精准脱贫故事）》等一批重大报道。围绕庆祝中华人民共和国成立70周年，承办中宣部“壮丽70年 · 奋斗新时代——记者再走长征路”主题采访活动启动仪式，在《人民日报》《新华每日电讯》、中央电视台等中央主要媒体推出《踏寻足迹感悟初心》《跨越“第一渡”长征出发地“换了人间”》等一批重要稿件。做好央媒“壮丽70年 · 奋斗新时代”特别报道江西篇有关工作，江西作为该系列报道的开篇报道，中央主要报纸推出12个整版，广播电视各推出近一个小时直播连线。做大做强正面宣传，围绕推动全省“不忘初心、牢记使命”主题教育实现高质量、有特色、走前列，围绕省委十四届八次和十次全会，以及第十一届中部博览会和第二届赣商大会、世界VR产业大会等重大会议，围绕推动经济高质量发展、扫黑除恶、“放管服”改革等省委、省政府重点工作，围绕省委为基层减负的三十条措施、“三请三回”等重大政策，围绕突发事件和热点敏感问题，加强正面宣传、新闻发布和舆论引导。截至12月31日，《人民日报》、新华社、中央广播电视总台等央媒刊播江西省各类稿件共4580条。加强对外宣传工作，做好“中国共产党的故事——习近平新时代中国特色社会主义思想在江西的实践”专题宣介会的宣传推介，推出《红色血脉永赓续 感恩奋进再出发》等一批大稿重稿。11月13日—25日，中央媒体刊播稿件约320篇（条），组织省市县刊播稿件1.3万余篇；中央网信办全网推送《为人民谋幸福：政党的使命（宣传片）》等，宣介会全网总传播量突破14亿人次。

【推进媒体融合发展】 加快推进省级融媒体中心建设，以江西日报社“赣鄱云”、江西广播电视台“赣云”融媒体云平台为基础，依托新华社“媒体大脑”等最新技术，整合全省媒体资源，建设覆盖全省、互联互通的省融媒体中心，并于8月上线试运行。推进县级融媒体中心建设，印发《关于加强县级融媒体中心建设的实施意见》，明确功能要求，加强评估考核，实行以奖代补。截至6月28日，全省100个县（市、区）融媒体中心建设实现全覆盖。特别是在国庆期间，实施“1＋2＋11＋100”联动报道模式，实现“平台赋能、三级联动、内容共享、高效传播”作用。全年全省融媒体共发稿1.5万多篇。

【社会宣传】 2019年，按照中央和省委统一部署，开展“可爱的中国”主题系列活动、“我和我的祖国”江西省公益电影红色经典进万村、“共和国从这里走来”网络主题宣传教育、新中国“最美奋斗者”等先进典型学习

表彰、共和国故事汇等 25 项重点活动，在全省各地共开展 6600 多场群众歌咏比赛，4600 多场广场舞展演，营造共庆祖国华诞、共享伟大荣光、共筑复兴伟业的浓厚氛围。以“感恩奋进再出发，描绘江西新画卷”为主题，在北京举行庆祝中华人民共和国成立 70 周年江西专场新闻发布会，全面展示 70 年来江西经济社会发展成就。加强社会主义核心价值观建设，制定《江西省革命文物保护利用工程（2018—2022 年）实施方案》，编制《江西省红色文化资源保护利用三年行动计划》，推动长征国家文化公园建设，进一步加强红色文化资源的保护和利用。围绕纪念方志敏诞辰 120 周年，举办座谈会、图片展等系列活动，进一步弘扬优良革命传统。完善全省爱国主义教育基地建设和管理，余江血防纪念馆、景德镇市中国陶瓷文化展示基地入选新一批全国爱国主义教育示范基地，全省有全国爱国主义教育示范基地 20 家。加强红色故事讲解员队伍建设，2 人获全国“金牌讲解员”称号，2 人获全国“优秀讲解员”称号。深化“法媒银·失信被执行人曝光台”建设，每季度发布江西“诚信红黑榜”，推动社会主义核心价值观融入法治建设。

【文化产业】 承办央视春晚井冈山分会场系列活动，2 月 4 日，央视春晚井冈山分会场节目完成直播；2 月 8 日，央视春晚江西特别节目《老区人民幸福年》在央视综合频道、综艺频道播出，展示江西经济社会发展的成果。加强红色精品创作，电视剧《可爱的中国》和电影《信仰者》分获第十五届精神文明建设“五个一工程”特别奖、优秀作品奖；电影《信仰者》《八子》获“2019 国防军事电影盛典优秀扶持影片”奖；电视剧《初心》获中国电视金鹰奖优秀电视剧奖，电视剧《可爱的中国》《毛泽东寻乌调查》《永恒的信仰》《大浦东》获国家广电总局确定的 2018—2022 年“百部重点电视剧”。加强主题出版工作，《世界是部金融史》《中国古代名窑》等 7 种出版物获第七届中华优秀出版物奖；《瓷行天下》入选“中国 30 本好书”，13 种出版物入选 2019 年经典中国国际出版工程和丝路书香工程。繁荣发展文化事业，举办“文化的力量——2019 江西文化发展巡礼”、文艺精品展演等系列活动，通过社会主义核心价值体系、优秀传统文化传承体系、基本公共文化服务体系和现代文化产业体系“四大板块”，集中展示江西省红色、古色、绿色、金色文化特色，7 天的巡礼现场参观人数近 10 万人，网上展厅访问量 24 万人次，现场交易和订单总额 1500 多万元。承办“第十三届全国美术作品展览”陶艺展，举办第七届江西艺术节（含第十一届玉茗花戏剧节、第十届江西音乐舞蹈艺术节等），开展全民阅读、文化下基层等群众性文化活动，其中在 2019 年元旦春节期间开展“文化进万家”活动，选派 2000 余支“红色文艺轻骑兵”深入基层开展文艺演出、送戏下乡等活动 5000 余场；放映公益电影 27.5 万余场，观影人次近 1000 万。大力发展文化产业，出台《关于进一步支持文化产业发展的若干意见（试行）》，做好省属文化企业重大事项监督管理、年度和任期“双效”考核，拨付 4000 万元专项资金扶持全省 60 个重大文化产业项目，推动文化产业高质量发展。做好第十五届深圳文博会江西展团参展参会工作，省委宣传部获优秀组织奖，江西省展团获优秀展示奖。江西出版集团连续十一届入选“全国文化企业 30 强”；景德镇市获批创建全国版权示范城市；景德镇陶溪川文创街区列入第一批国家级文化产业示范园区创建名单。

【文化改革发展】 2019 年，制定《深化全省文化市场综合执法改革的实施细则》《江西日报社（江西报业传媒集团有限责任公司）等四家文化单位深化改革方案》，推动形成权责明确、监督有效、保障有力的管理体制。推进“放管服”改革，编制《监管事项检查实施清单》《监管事项目录清单》，新闻出版电影 126 项依申请类审批项目纳入服务“一窗式”受理、业务“一站式”办理。

【文化交流】 2019 年，组织开展“欢乐春节”“江西文化海外行”“丝路瓷行”等海外巡演巡展活动。其中，“欢乐中国年——赴泰国演出”和“大渊艺站”江西文演海外行——文演艺术团赴英国谢菲尔德演艺交流活动，入选 2020 年中宣部“春节文化走出去”重点项目。由江西省负责布展的中国馆在法国共产党《人道报》节展出，展示赣鄱风情。加大版权输出力度，《中国共产党怎样解决发展问题》《瓷上世界》等一批图书输出到美国、俄罗斯、泰国等地，百花洲文艺出版社、江西人民出版社、江西美术出版社跻身“2019 中国图书海外馆藏影响力”百强，增强江西文化影响力。

（涂强）

网信工作

【概　况】 2019 年，全省网信部门全面加强网络内容建设与管理，切实提升网络安全保障能力，协调推动信息化发展，为江西改革发展提供网上舆论支持、网络安全保障和信息化支撑。全年组织开展 20 余项治网专项行动，审批互联网新闻信息服务单位 19 家，删除各类不良有害信息（图片）8.2 万余条（张），关闭各类违法违规网站 1339 家，关闭违法违规账号 54 个，关停整改违规微信公众号 28 个，约谈违规网站和账号负责人 55 人次。

【网络内容建设】 2019 年，人民网、新华网等全国大网总网首页刊登涉赣稿件 825 条，比 2018 年增长 5.1%，219 篇稿件被中央网信办全网推送。办好“领航新征程 学习贯彻十九大精神 ”“在习近平新时代中国特色社会主义思想指引下”等网络专题，开展中共中央总书记习近平视察江西时的重要讲话精神网上宣传引导。组织省内新闻网站、客户端首页首屏开设“庆祝中华人民共和国成立 70 周年”专题，设置“壮丽 70 年江西画卷”新浪微博和抖音话题，阅读量分别达 2.7 亿人次和 1.1 亿人次。做好全国和全省两会、省委十四届八次、九次全会，文化强省大会、中博会、世界 VR 产业大会、建设“五型”政府、打造“四最”营商环境等重要会议活动的网上宣传。组织省内网站开设“暖新闻 江西2019”专题,全年推出正能量事迹1800余个,“温暖江西”等微话题阅读量达2.6亿人次。

【网络安全】 2019年,以省委网信委名义印发《江西省关于关键信息基础设施安全保护工作有关事项的通知》,明确关键信息基础设施范围及保护部门。组织开展全省网络安全现状调研,现场抽检单位60家,通报问题528个,共收集全省1280个重要关键信息基础设施数据。省委书记刘奇在网信办报送的《网络安全现状调研报告》上作出批示,要求各单位高度重视网络安全,落实网络安全责任;向中央网信办报送的《江西省2019年度网络安全工作报告》获省长易炼红批示肯定。印发《江西省网络安全事件应急预案(试行)》,建立健全网络安全风险和事件日常监测通报制度。组织开展跨部门、跨行业网络安全应急演练,提升应急指挥和协同作战能力。支持各高校增设网络空间与安全学位点,培养网络安全领域高层次人才,南昌大学获国务院学位委员会下文批准,增列为网络空间安全硕士学位授权点。

【信息化发展】 2019年,围绕国家信息化发展重大战略和重要部署在江西落地实施,组织开展信息化发展重要领域政策研究、态势研判和工作调度,推动互联网和实体经济深度融合。网信部门等多部门联合推动江西贯彻落实网络强国建设行动计划、数字乡村发展战略等实施意见的研究制定工作。加强数字经济发展、推进新型智慧城市建设、落实IPv6规模部署行动计划、深化北斗导航应用等信息化领域重大工作的协调和对接。协调有关单位加快5G网络建设及融合应用,深化“03专项”试点示范,统筹推进政务信息系统整合共享,持续优化“赣服通”移动政务服务平台。

【“壮丽70年奋斗新时代——网络名人再走长征路”活动】 7月15日—19日,中央网信办网络社会工作局、省委网信办联合主办“壮丽70年 奋斗新时代——网络名人再走长征路”活动。组织20名全国网络名人,到于都、瑞金、井冈山和南昌等地考察采风,宣传中华人民共和国成立70年以及中共十八大以来江西改革发展的变化,展现贯彻中共中央总书记习近平视察江西重要讲话精神的举措成效。活动期间,共发布图文、短视频1300余条,刊发新闻稿件116篇,相关话题阅读总量突破2.8亿人次。活动获得中央网信办和省委主要领导的批示肯定。

(孟凡岭)

督查工作

【配合中办在赣督查调研】 3月,省委印发《关于力戒形式主义为基层减负的三十条措施》,贯彻落实中办《关于解决形式主义突出问题为基层减负的通知》精神;5月,在中办召开的全国省(市、区)党委办公厅主任专题会议上,江西省为基层减负工作得到中办的肯定,作为7个典型之一发言,并在中办《督查工作交流》上刊载;7月,中央办公厅副主任韩立平到赣专题调研,并在经中央领导批准的调研报告中,对江西省有关减负工作做法及成效给予肯定;12月,全面梳理总结全省整治形式主义为基层减负的工作情况,形成综合报告报中办。贯彻落实中办印发的有关贯彻执行中央八项规定情况报告文件精神,提出工作建议,及时印发省委、省政府主要领导人有关批示的通知,督促各地各部门对照落实。根据中办的部署,制定任务分工方案,完成全省2019年贯彻落实中央八项规定精神和防范化解重大风险情况2项书面督查。

【决策督查】 2019年,对全省贯彻落实中共中央总书记习近平重要指示批示情况开展“回头看”。9月至10月,省委办公厅、省政府办公厅牵头,会同省直有关单位,采取书面督查全覆盖,组成4个督查组,对4个设区市和8个省直单位实地督查的方式,开展深入学习贯彻落实中共中央总书记习近平视察江西重要讲话精神情况综合督查。实地督查主要采取暗访抽查、实地察看、座谈访谈等方式,确保取得实效。省委常委会听取督查情况的汇报,并以“两办”名义印发综合督查报告,督促各地各部门对照检查,抓好整改落实。继续抓好中央文件督办,贯彻落实中共中央重大决策部署。全年跟踪督办中央文件119件,并对2018年部分中央文件的落实情况进行实地督查。全力做好为基层减负工作。建立省委整治形式主义为基层减负专项工作机制,先后召开省委专项工作机制全体会议、办公室会议、专项部署会或调度会共6次,编发15期《“省委减负三十条”落实情况简报》,及时传达学习中央和省委有关精神,督促各地各部门抓好“省委减负三十条措施”落实;开展文山会海、脱贫攻坚中的形式主义、问责泛化、基层挂牌考核事项多等5大专项整治;全面清理规范“一票否决”和签订责任状事项等。按照“不忘初心、牢记使命”主题教育的部署,开展贯彻落实习近平新时代中国特色社会主义思想和中共中央决策部署存在突出问题、违反中央八项规定精神突出问题、形式主义官僚主义突出问题等3项专项整治工作。

【指示批示督办落实】 2019年,中共江西省委坚决做好中共中央总书记习近平重要指示批示的督办落实,对中共中央总书记习近平重要指示批示贯彻落实情况开展“回头看”,8月,根据“不忘初心、牢记使命”主题教育专项整治有关要求,督促指导各地各部门对中共十八大以来中共中央总书记习近平关于江西工作的重要指示批示逐条进行梳理,重点看指示要求有没有落实、问题有没有解决、现状有没有改变,把中共中央总书记习近平重要指示批示督办落实一抓到底。做好其他中央领导人和省委领导人指示批示的督办落实,通过重点抓好研判、跟踪、审核、回访4个环节,确保领导指示批示得到有效监督并落实。全年跟踪督办中央领导指示批示7件、省委领导指示批示166件。

【专项督查】 2019年,先后就防范化解重大风险情况、有关会议文件情况、中央八项规定精神贯彻落实情况、省委常委班子2018年度民主生活会整改落实、深化人才体制机制改革、加强党内法规制度建设、军民融合发展战略实施、推进全省民营经济持续健康发展、脱贫攻坚、打好污染防治攻坚战等具体事项开展专项督查，推动中央和省委重大决策部署贯彻落实。

【调研督查】 2019年，先后开展加强新形势下党的督促检查工作、统筹规范督查检查考核、五大科创城建设、为基层减负等方面的调研督查，为领导决策提供参考。特别是开展赣州稀金科创城建设推进情况调研督查，形成的调研报告《牢记总书记殷殷嘱托抢占行业发展制高点——赣州稀金科创城建设推进情况的调研报告》提出的有关工作建议得到省委、省政府高度重视，多位省领导作出批示，进一步推动全省稀土稀金产业创新发展。

【增强督查工作实效】 2019年，督查工作实行计划管理。对省直单位拟开展的年度督查事项进行统筹规范，制定《2019年省委督查工作计划》《江西省2019年督查检查考核计划》，将相同或相近的内容进行合并，对不宜实施的事项予以取消，防止和避免重复督查、多头督查，最大限度减轻基层负担。灵活运用督查方法。主动适应新形势新情况，因事、因地、因人灵活采用书面督查、明察暗访、持续跟踪、随机抽查、突击检查、第三方评估等手段，推行“四个为主”（综合督查以我为主、专项督查以相关职能部门为主、实地督查以暗访和单独访谈为主、督查专报以问题和建议为主）和“四不两直”（不发通知、不打招呼、不设线路、不要陪同，直奔基层、直插现场）督查方法，增强督查工作实效。健全工作制度。在2018年制定完善9项督查工作制度的基础上，再次制定完善《办理落实习近平总书记重要指示批示工作规范（试行）》《中央文件督办工作制度》《省委主要领导考察调研所提要求督办工作细则》3项工作制度，提升督查工作制度化科学化规范化水平，推动督查工作提质增效。加强督查队伍建设。抓好《习近平关于狠抓落实做好督查工作论述摘编》传达学习，加强日常业务交流，继续举办全省党委系统督查工作培训班，提高督查干部的理论素养和业务水平。强化督查结果运用。对督查发现的问题，逐项列出清单、明确责任，通过跟踪督办不松劲、通报问责推动整改落实。

（省委办公厅）

统战工作

【概　况】 2019年，全省统战工作以习近平新时代中国特色社会主义思想和中共十九大和十九届二中、三中、四中全会精神为指导，贯彻学习中共中央总书记习近平关于加强和改进统一战线工作的思想、习近平视察江西重要讲话精神，加强党对统一战线工作的集中统一领导。印发《省委统战工作领导小组2019年工作要点》，修订《省委统战工作领导小组工作规则》，协调推动召开5次省委统战工作领导小组会议。开展全省统战工作高质量发展考核工作，制定出台《2019年全省统战工作市县高质量发展考核评价实施方案》，推动将市县党委统一战线工作领导小组贯彻落实统一战线重大决策部署情况纳入考核。加强党外代表人士队伍建设，做好党外干部的发现、培养、储备，制定《2018—2022年全省统一战线教育培训规划》，持续做好全省党外干部实践锻炼基地工作和全省统一战线教育培训工作。协调推动召开省委组织部、省委统战部党外干部培养选拔工作联席会议，将党外代表人士队伍建设工作纳入省管领导班子和领导干部考核内容，纳入高质量发展考核内容，推动党外干部在省人大、省政协和本科院校以及设区市政协交流使用，16名党外干部得到安排使用。认真贯彻执行《社会主义学院工作条例》精神，研究制定江西省贯彻《条例》的实施意见。把中共中央习总书记近平关于加强和改进统一战线工作的重要思想研究纳入省社联课题规划，做好理论创新和实践创新。中共中央政治局常委、全国政协主席汪洋，中共中央书记处书记、中央统战部部长尤权先后于9月和11月到江西就统一战线工作特别是宗教工作进行调研考察，对全省统战工作给予肯定。

【举办党外人士学习交流活动】 2019年，通过学习座谈会、情况通报会等形式，组织党外人士学习贯彻中共中央总书记习近平重要讲话和中央、省委重要会议精神。将习近平新时代中国特色社会主义思想和习近平视察江西重要讲话精神，纳入全省统一战线各类培训班教学内容。围绕庆祝中华人民共和国成立70周年暨多党合作制度确立70周年，召开江西统一战线庆祝中华人民共和国成立70周年座谈会，举行全省统一战线庆祝中华人民共和国成立70周年文艺汇演，组织党外人士到重庆市、四川省学习考察并开展谈心活动。以“祝福祖国”为主题，以“赣鄱统战”公众号为载体，策划组织在线诵读红色经典、征文、朗诵、笑脸征集、民族乡村风情展示等系列活动，其中在线朗诵红色经典达117万人次。在民主党派、无党派人士中开展“不忘合作初心，继续携手前进”主题教育活动，在非公有制经济人士中开展“守法诚信经营、坚定发展信心”主题教育活动，在全省党外知识分子中开展“弘扬爱国奋斗精神、建功立业新时代”活动，在新的社会阶层人士中开展“凝聚新力量 · 筑梦新时代”主题教育活动等系列活动。

【提升新型政党协商效能】 印发《中共江西省委2019年度政党协商计划》，有序推进政党协商活动。支持各民主党派、工商联、无党派人士围绕中共中央总书记习近平对江西提出的“作示范、勇争先”目标定位和“五个推进”更高要求，开展党派大调研。组织好政党协商会议活动，支持各民主党派和无党派人士聚焦加快江西高质量跨越式发展的重点难点问题、打好三大攻坚战、全面深化改革、推进社会治理体系和治理能力现代化等重点工作，积极参政议政，一批意见建议得到省委、省政府主要领导的批示肯定。认真落实中共中央关于加强参政党建设3个重要文件精神，下发江西省贯彻意见和规划的分工方案。统筹推进支持民主党派加强自身建设，支持各民主党派省委会制定理论学习等 5 项制度。召开脱贫攻坚民主监督工作汇报会、协商推进会，指导各民主党派省级组织继续对口 14 个贫困县开展脱贫攻坚民主监督。

【党外知识分子统战】 2019 年，举办全省归国留学人员骨干培训班和全省无党派代表人士理论研究班。组织无党派人士开展专题调研，引导无党派人士参政议政、建言献策，服务全省经济社会发展。加强对党外知识分子思想政治工作的理论研究和实践探索，成立党外知识分子思想政治工作理论研究小组。江西省知联会在中央统战部召开的无党派人士、党外知识分子建言献策经验交流会上作为全国唯一的知联会组织代表发言。积极开展留学人员统战工作，在全国省级欧美同学会组织中成立首个留学人员合唱团。

【新的社会阶层人士统战】 2019 年，在全国首次以省委办公厅、省政府办公厅名义印发《省委领导列名联系新的社会阶层人士联谊制度》，省委领导带头与新阶层人士见面谈心，进行调研走访。认真贯彻落实《中央统一战线工作领导小组关于加强网络人士统战工作的意见》，起草江西省贯彻落实具体举措。推动省、市、县三级联动，认真抓好新的社会阶层人士统战工作“百城百点”实践创新示范基地建设。至 2019 年年底，省、市、县三级均出台列名联系制度，省、市两级全部成立新的社会阶层人士联谊组织，95% 的县（市、区）成立新联会。

【发展民族团结事业】 出台《关于全面深入持久开展民族团结进步创建工作 铸牢中华民族共同体意识的实施意见》，切实加强党对民族工作的领导。以“连心创建、创业创建、创新创建”为载体，广泛开展民族团结进步模范集体、模范个人创建活动，召开全省民族团结进步表彰大会，促进各民族交流交往交融。召开省少数民族地区建设工作领导小组专题会议，对重大问题及时研究调度。推进民族地区精准扶贫工作，对 37 个深度贫困民族村组示范点，每年各安排 20 万元发展资金。定期开展民族政策执行情况检查。强化调度指导，常态化为来赣少数民族群众提供优质服务。

【宗教领域突出问题专项整治】 2019 年，全省统战工作将中共中央总书记习近平关于宗教工作的重要论述和批示指示精神、党的宗教工作方针政策纳入各级党委（党组）理论学习中心组学习计划，纳入各级党校（行政学院）、社会主义学院教学计划。把各级党委常委会每年至少一次集中研究宗教工作纳入全省统战工作高质量发展考核内容。采取抽查、暗访、“回头看”等，推动解决宗教领域突出问题。开展佛道教商业化治理，对违规大型露天宗教造像“一案一策”稳妥治理，着力破解宗教活动场所乱批滥建处置难问题。修订出台《江西省宗教事务条例》，制定并印发《关于加强宗教工作基层组织建设的指导意见》《关于推进宗教事务联合执法的指导意见》等文件，加强宗教工作执法主体和能力建设。推进“四进”活动在全省宗教场所全覆盖，引导宗教与社会主义社会相适应。

【优化非公有制经济发展环境】 2019 年，不断完善省非公有制企业维权服务中心运行机制，推进非公有制企业维权服务工作，全省 11 个设区市和赣江新区全部成立非公企业维权服务机构，得到中央统一战线工作领导小组肯定并以简报专门刊发。制定并印发《关于促进省工商联所属商会改革和发展的实施方案》，努力解决制约商会改革发展的突出问题。开展“坚定发展信念信心，防范化解重大风险”民营企业大走访活动，召开全省推进非公有制企业维权服务工作优化营商环境现场会，会同省委督查室组织开展全省民营经济持续健康发展督查，建立司法保护联席会议制度，助推打造“政策最优、成本最低、服务最好、办事最快”的营商环境。2019 年，全省非公有制经济增加值 14888.06 亿元，同比增长 8.5%，高于同期全省 GDP 增速 0.5 个百分点，占全省 GDP 的比重为 60.1%，比 2018 年同期提高 0.3 个百分点。

【港澳台及海外统战】 2019 年，认真贯彻落实中共中央总书记习近平在《告台湾同胞书》发表 40 周年纪念会上的重要讲话精神，联合黄埔同学

4 月 17 日，赣港澳台四地青少年学生在滕王阁携手开展“快闪”活动

余畅摄

会总会举办第十三届黄埔论坛。成功举办第四届“牵手江西、同心筑梦”赣港澳台青少年交流活动，组织赣港澳台四地青少年开展“龙的传人”快闪活动，深化爱国主义教育。依托香港江西社团（联谊）总会、澳门江西同乡会等社团，引导港澳籍江西同乡坚定爱国爱港爱澳的正确立场，积极参与重大社会事务。主动服务中央港澳工作大局，进一步加强省市两级港澳同乡社团建设。组织召开江西海外联谊换届大会，进一步扩大江西的“海外朋友圈”。完成侨务机构并入，确保侨务工作平稳过渡。制定并印发《江西省侨务工作协调机制工作制度》，建立大统战格局下党委主导的涉侨工作机制。举办江西海外侨领研修班，团结、引导、服务归侨侨眷和海外侨胞。组织召开第四届世界江西同乡联谊大会，积极引导侨资侨智参与“一带一路”建设，提升全省开放水平。

（杨吉星）

政策研究

【概　况】　2019 年，省委政研室（改革办）服务省委各类文稿和科学决策，完成各类文稿 168 篇（其中文件、报告 19 篇，讲话、总结、文章等 124 篇，调研报告 25 篇），获省领导批示 58 次。

【文稿起草】　2019 年，牵头起草省委《关于深入学习宣传贯彻习近平总书记视察江西时的重要讲话精神的通知》《关于学习贯彻习近平总书记视察江西重要讲话精神、奋力描绘好新时代江西改革发展新画卷的决定》及《责任分工方案》《中共江西省委贯彻〈中共中央关于坚持和完善中国特色社会主义制度、推进国家治理体系和治理能力现代化若干重大问题的决定〉的实施意见》、省委常委会“不忘初心、牢记使命”主题教育检视问题清单及整改措施、专题民主生活会检视剖析材料、专题民主生活会整改落实方案、整改落实情况“回头看”的报告等。

【调研成果】　2019 年，殡葬改革调研报告《我省殡葬改革调查及建议》，转化为业务单位工作举措。《江西疏堵结合扎实推进惠民绿色文明殡葬改革》，在中央改革办《改革情况交流》刊发。《“三社联动”推动城市基层社会治理》在《学习与研究》刊发。开展农业农村现代化调研，《让农民成为体面的职业》获省十八次社科优秀成果智库类一等奖，编写《江西实施乡村振兴战略读本》，出版《新时代发展新型农村集体经济的江西探索》，总结形成《提高乡村治理能力的有效举措——吉安市推进村党组织书记与村委会主任“一肩挑”的成功实践》。

【改革办工作】　2019 年，贯彻落实中共中央总书记习近平“推进改革开放走深走实”的要求和省委决策部署，抓改革协调、指导、推进、落实，发挥改革中枢机关作用。筹办 5 次省委深改委会议，组织 4 次省委改革专项小组联络员会议。研究起草《关于贯彻落实党的十九大精神坚定不移将改革推向深入的实施意见》《江西省贯彻落实党的十九大报告重要改革举措实施规划（2018—2022 年）》《省委深改委 2019 年工作要点》《省委深改委 2019 年督察计划》。建立改革文件、要点和试点等台账，进行销号管理。制定“推进改革开放走深走实”督查要点，并实地督察。完成 2018 年度全面深化改革考评工作，制定《2019 年度全省改革考评工作安排》。开展 31 次改革调研，推动改革落实和经验总结。推进全面深化改革工作管理平台建设，改进工作手段和方法。

【信息报送】　2019 年，上报《决策参阅》5 期，编辑《江西改革动态》98 期。中央层面重要内刊单篇刊发江西改革信息 10 篇，其中，中办内刊 5 篇、国办内刊 1 篇、中央改革办《改革情况交流》3 篇、中央改革办改革案例 1 篇。在《人民日报》、新华网、中国改革网推出《江西纵深推进“放管服”改革全力打造政务服务新高地》《江西“五大改革”推动国资国企高质量发展》等 20 篇重点改革报道，在《江西日报》推出全省全面深化改革综述。向中央改革办报送余江宅改、“放管服”改革、惠民绿色文明殡葬改革、林长制、国资国企改革等一批改革案例。余江宅改经验入选中央改革办《改革案例选编》，列入全国十大改革案例，并向全省推广。“赣服通”得到国务院总理李克强肯定；公立医院改革得到国务院副总理孙春兰批示肯定，国家卫健委总结推广。《江西落实习近平总书记视察重要讲话精神、推进改革开放走深走实》在中央改革办《改革情况交流》刊登。

【举办全省政研和改革干部培训班】　10 月 9 日—13 日，省委政研室（改革办）在浙江大学举办全省政研和改革干部培训班。省委政研室（改革办），以及省委改革专项小组牵头部门、省委有关部门、省直有关单位、各设区市委政研室（改革办）、赣江新区的 88 名干部参加培训。培训为期 1 周，浙江省委改革办、浙江省人大、浙江省农办、浙江大学、上海报业集团等单位专家学者讲课。开设“不忘初心、牢记使命”——习近平新时代中国特色社会主义思想解读、“八八战略”与浙江发展、机关干部情绪管理和压力调适、当代中国社会热点问题分析、大数据时代的机遇与变迁、“最多跑一次”浙江经验介绍、公文写作实务、践行“两山理论”建设美丽乡村的浙江实践等课堂讲授课程。此外，还安排到安吉余村和刘家塘村现场学习绿色发展和美丽乡村建设经验，到梦想小镇学习新型“众创空间”的制度创新和科技创新，以及特色小镇的规划与建设。

（省委政研室）

巡　视

【概　况】　2019 年，全省巡视工作贯彻落实中共中央关于巡视巡察工作新部署新要求，紧扣督促做到“两个维护”，围绕“四个落实”要求，聚焦被巡视党组织职责使命，强化政治监督，建设风清气正的政治生态、推进全省治理体系和治理能力现代化。全年省委开展 3 轮常规巡视，巡视

103 个党组织，发现“四个落实”方面问题 3276 个，领导干部涉嫌违纪违法问题线索 3557 件，推动立案 490 件。3 月，中共中央政治局常委、中央巡视工作领导小组组长赵乐际到江西调研指导，对全省脱贫攻坚专项巡视巡察整改给予肯定。10 月，中央巡视工作领导小组在井冈山召开市县巡察工作调研座谈片会。《中央巡视巡察参考》刊发江西巡视巡察工作有关经验材料 5 篇。

【主体责任履行】 2019 年，全省巡视工作以习近平关于巡视工作重要论述作为推动巡视巡察工作发展的根本遵循，加强对巡视工作全面领导。省委常委会会议坚持第一时间传达学习习近平有关要求和全国巡视工作会议、市县巡察工作推进会、每轮中央巡视工作动员部署会精神，用中央新精神指导工作实践。将巡视巡察重点任务纳入省委常委会年度工作要点和全面深化改革任务，作为领导班子和领导干部、党风廉政建设责任制年度考核重要内容。省委书记刘奇履行第一责任人责任，就巡视巡察工作发表讲话 12 次，批示 14 次，审定每轮巡视工作方案，逐个审阅巡视报告，逐一听取巡视组情况汇报，点人点事点问题要求具体，全年点人点事 186 件。省委巡视工作领导小组履行组织实施责任，强化对巡视巡察工作的全程领导、指导、督导，总结经验，分析问题，研究改进意见和解决办法，形成《关于加强和改进全省巡视巡察工作的意见》，报请省委常委会研究同意后，于 6 月 23 日召开全省巡视巡察工作会议，以视频会议形式开到市县。省委巡视工作领导小组组长孙新阳、副组长刘强推动解决巡视机构设置、编制职数等重点难点问题，到基层调查研究，面对面教方法、促落实。严格落实市县党委书记听取巡察汇报情况报备和市县巡察工作重要事项向上一级报告制度。抓好《关于建立全省巡视巡察上下联动监督网的实施意见》贯彻落实，巩固拓展“同步巡”“对口巡”“协作巡”“接续巡”等经验做法。创新指导督导方式，建立《省委巡视办领导分片联系指导市县巡察工作制度》《省委巡视办各处与省委各巡视组对口联系机制》。出台《关于规范和加强市县“提级交叉”巡察的指导意见》和《关于推进市县巡察向村（社区）党组织延伸的指导意见》，破解熟人社会监督难题、促进市县巡察向村（社区）延伸。实行工作月报告制度，常态化开展巡察工作专项检查，及时掌握动态、纠偏正向。至 2019 年年底，对 86 个市县开展专项检查，覆盖率 77%。严格审核部分省直单位党委（党组）开展系统内巡察报批报备材料，指导规范省直单位党委（党组）巡察工作。

【政治巡视巡察】 2019 年，全省巡视工作坚守政治巡视巡察职能定位，把督促做到“两个维护”作为根本任务，着力推进政治监督具体化、常态化。围绕“四个落实”监督重点，结合江西实际，把贯彻落实中共路线方针政策和中央重大决策部署、中共中央总书记习近平视察江西重要讲话精神、坚决全面彻底肃清苏荣案余毒、脱贫攻坚、扫黑除恶、干部履职担当、整治形式主义官僚主义和“怕、慢、假、庸、散”作风顽疾、优化发展环境等作为巡视监督重要内容，开展全面政治体检，查找政治偏差。省委巡视办主动对标中央新精神，根据江西省情和省委有关工作要求，编写《江西省委巡视监督参考要点》，梳理出 16 项监督重点，列举 44 类主要问题表现，提高政治监督针对性、有效性。以人民为中心的工作导向，指导市县紧贴基层实际，按照“三个聚焦”要求，加强对以权谋私、优亲厚友、虚报冒领、吃拿卡要以及农村宗族、黑恶势力、宗教势力把持基层政权等突出问题的监督检查，推动解决关系群众切身利益突出问题。

【巡视巡察协调协作】 2019 年，全省巡视工作按照习近平关于“建立健全巡视与纪检、监察、派驻机构的协调协作机制，有效对接，形成监督合力”指示要求，统筹推进监督力量融汇贯通，推动形成“四个全覆盖”权力监督格局。完善深化巡视巡察监督与纪律监督、监察监督、派驻监督的统筹衔接，在省委巡视工作领导小组学习贯彻中央关于巡视巡察工作部署要求的基础上，省纪委省监委班子也及时传达学习，并研究提出与巡视工作协调配合、增强合力的具体举措，建立巡前、巡中、巡后全程配合、无缝对接工作机制，明确省纪委省监委转隶和新进干部至少参加一轮巡视锻炼，设区市委巡察办主任参加省纪委省监委半年工作会。完善巡视机构与组织、宣传、审计等部门协作机制，建立与省委政法委、省委信访局协作机制以及省委组织部、省委宣传部专项检查协作配合若干意见，推动构建科学严密有效立体监督网。

7 月 16 日，省委第六巡视组向抚州市反馈巡视情况。省委常委、省委组织部部长、省委巡视工作领导小组副组长刘强出席会议

省委巡视办供

【推进巡视巡察全覆盖】 2019年，省委巡视工作压茬推进巡视巡察全覆盖。十四届省委开展第五、六、七轮常规巡视，巡视包括设区市、县（市、区）、省直单位、省属企业、高校等103个党组织，发现“四个落实”方面问题3276个，领导干部涉嫌违纪违法问题线索3557件，推动立案490件。市县两级巡察2983个党组织，发现问题50574个，领导干部涉嫌违纪违法问题线索12460件，推动立案2823件。至2019年年底，省委已开展7轮巡视，覆盖207个党组织，覆盖率65%，完成对省属企业巡视全覆盖；市县两级巡察覆盖率分别为72.9%、72.2%；延伸巡察村（社区）14019个，覆盖率71%。

【整改落实及成果运用】 2019年，全省巡视工作坚持发现问题和整改落实并重。压实整改主体责任。省委书记刘奇多次约谈被巡视党组织主要负责人，到一线调研督导巡视整改。省委书记专题会、省委常委会会议专门听取每轮巡视整改情况汇报。把整改落实情况纳入落实党风廉政建设责任制检查考核重点内容。持续加重反馈分量，领导小组组长孙新阳、副组长刘强，分管省领导毛伟明、施小琳、吴晓军等分别带队进行反馈。市、县党委书记和分管领导带队反馈、集中约谈、上门督导巡察整改工作成常态。宜春市要求被巡察党组织主要负责人在电视上公开巡察反馈问题整改落实情况，主动接受社会监督。强化整改监督责任。省纪委省监委机关、省委组织部分管领导和对口联系处室负责人参加相关地方单位巡视反馈会、整改专题民主生活会、审核巡视整改报告，监督推动增强巡视整改合力。省纪委省监委机关探索形成“三督办、三反馈、三整改”工作机制，对整改落实情况实行驻点督导。省委组织部出台《做好省委巡视反馈和整改阶段有关工作责任分工的具体方案》，推进巡视整改与业务工作有机融合。以严肃问责倒逼责任落实。省纪委省监委对某省直单位落实巡视整改不力问题严肃追责问责，分别给予原党组书记、分管领导党内警告处分。省委组织部优先办理巡视移交不担当不作为问题线索，推动干部能上能下成为常态。用足用好巡视成果，发挥标本兼治战略作用。坚持把巡视整改与主题教育、日常监督、深化改革结合起来，制定《关于做好省委巡视整改有关工作的提示》，建立巡视机构、监督部门和被巡视党组织联动整改工作机制。将每轮巡视发现的普遍性倾向性问题向全省通报，推动问题即知即改、立行立改、全面整改；将共性问题向分管省领导和主管部门通报，督促履行“一岗双责”，举一反三、完善机制、推动改革。针对巡视发现省属企业和高校存在的突出问题，通过召开系统整改交办会，集体约谈被巡视国企、高校党委书记、纪委书记，推动两个系统全面整改。

【巡视巡察机构建设】 2019年，全省巡视巡察机构抓好自身建设，提升规范化水平。加强制度建设。修订《江西省委巡视流程》，编写《江西省委巡视监督参考要点》，制定《关于省委巡视组联络员岗位职责的规定》《关于对省委巡视组作风纪律情况开展后评估的规定》等11项制度，并督促市县及时跟进，推动上下一体规范。结合“不忘初心、牢记使命”主题教育和工作实际，分期分批开展专题调研，省委巡视办归纳梳理出5大类14项具体问题，研究提出26项整改措施。加强干部队伍建设。9月，省委在原有8个固定巡视组基础上新增2个临时巡视组，为巡视办增设1个处、增加9名行政编制，为省委巡视机构核定20名处级巡视专员领导职数。强化业务培训和实践锻炼。先后抽调58名新提任厅级干部和优秀年轻干部参加省委巡视。通过举办培训班、“以干代训”、跟班学习等多种方式，提升业务能力。推荐3名优秀干部到中央巡视组跟班锻炼，抽调94名巡察干部参加省委巡视工作，选派81名巡视巡察干部参加全国培训，分类分批培训市县巡察办、巡察组干部589人。全面推行作风纪律后评估制度，首次对2个巡视组开展作风纪律后评估实践。及时调整不适宜继续参加巡视工作人员，严肃查处违纪违法巡视巡察干部。跟踪督办各地巡察机构设置和编制配备情况，督促配优配齐巡察干部。加快信息化建设。省委巡视办增设信息管理处，会同省纪委信息中心完成省本级信息系统服务器架设部署，巡视巡察数据管理系统全面上线，账户注册全部完成，正在进行系统模块功能测试；市县巡察机构全部接通纪检监察内网，硬件设施得到初步保障。

（省委巡视办）

台湾事务

【赣台经贸合作】 对接台资项目。重点加强赣台在电子信息、智能制造、中医药、新能源、新材料等领域合作，推动各地组队赴岛内及江苏、广东、福建、浙江、上海等沿海省份开展对台招商，推介江西、对接项目。2019年新增台资项目103个（新注册65个、增资38个），实际引进资金7.59亿美元。截至年底，江西省累计引进台资项目3617个，实际进资147.08亿美元，位居中部地区前列。做实对台招商平台。承接沿海台企向江西内迁转移，1月和4月，联合省商务厅先后到台商聚集区——昆山、东莞举办对台招商引资对接会，450多名台商与会，签约项目33个，金额19.52亿美元。全面推进申设、创建海峡两岸产业合作区工作。组织150多名台商参加第五届绿发会、第十一届中博会、第十七届农交会及17家省内台企参加第二届进博会，吸引台商关注江西、投资江西。精准服务台胞台企。推动中共中央“31条措施”“26条措施”和“江西惠台60条”落地见效，为台胞台企提供同等待遇。加强政策宣传宣讲，强化部门联动与督促指导。开展“精准服务台企月”活动，实地为台企实现更好发展排忧解难，全省共走访台企530家，帮助台企解决问题206个、用工720人。全力支持景德镇宏柏化工上市、九江艾美特电器试点“三同”工作，协调解决九江亚东水泥60万吨煤炭进口报关、吉安新博商等3家台企融资8600万元等问题。

【涉台纠纷化解】 2019年，省、市、县三级联动，对受理的涉台纠纷案件情况进行全面排查，针对老问题提出解决方案。全年全省台办系统受理各类涉台纠纷求助案429件，其中涉台投诉纠纷案105件，办结101件，办结率96.2%；受理求助类事项324件，办结322件，办结率99.4%。健全涉台纠纷案件调处工作制度，规范登记、受理、处置、归档程序，建立工作台帐及“一案一表制”动态管理制。持续加强工作督导，省台办按月通报涉台纠纷化解情况，研判趋势走向，积极防范“新风险”。强化实地调研机制，摸清台胞台商广泛关注和反映强烈的问题，找准破解难题的办法举措。推动建立由省直相关部门参与的全省台胞权益保障联系机制，加强部门联动，形成工作合力。7月，举办“全省台办系统化解涉台纠纷工作培训班”，省台办、各设区市及县（市、区）台办负责人及业务科长共150余人参加，省台办主要领导、国台办投诉协调局、省信访局业务处长分别进行授课培训，帮助基层台办干部增强做好涉台权益保护工作重要性认识，提升业务能力。

【赣台人文交流】 依托江西资源优势，以赣台青少年、文化、基层交流为重点，举办18项对台重点交流活动，1200多名台湾同胞参访交流。加强活动设计，注重交流效果。发挥鹰潭龙虎山、景德镇中国陶瓷博物馆两个海峡两岸交流基地平台功能，扩大基地交流辐射效应。举办第十一届海峡两岸（鹰潭·台北）道文化论坛、第二届海峡两岸青年创意集市等8项规模较大的对台交流活动，接待应邀参访交流的台湾地区团组33批约500人次。指导南昌航空大学举办第十五届“两岸和平研究”学术研讨会并组织与会台湾地区学者到鹰潭、景德镇参访考察，促进交流基地为深化赣台经贸文化合作交流和人员往来发挥示范作用。规范应邀赴台团组审批管理。突出赴台审批管理工作的政治性、政策性和严肃性，对全省应邀赴台团组严格把关，规范管理，履职尽责。赴台之前，对所有赴台交流人员进行行前教育，做到一人不漏，逐人签字存证。

【对台宣传】 2019年，全省台办系统紧扣对台宣传重点，增进台胞对大陆的了解、对两岸命运共同体的认同。首次举办全省台办系统“涉台知识竞赛”及“赣台交流合作突出贡献典型人物集中宣传报道”“涉台歌咏演讲比赛”等活动，庆祝中华人民共和国成立70周年，宣传中共中央总书记习近平关于对台工作的重要论述和中共中央对台方针政策，台办干部、台胞台属参与，相关情况被中台办《对台工作简报》刊发。推动《江南都市报》继续与台湾《旺报》合作，每周在岛内发行“台北版”。向《台湾联合报》《台湾导报》《台湾人民报》等媒体输送稿件200余篇。协调台湾东森电视台播出反映赣州堪舆文化的电视节目。协调台湾《卓越杂志》到赣专题采访，以9个专版对全省及各设区市的经济社会发展、投资环境进行报道。加大在中国台湾网、华夏经纬网等专业涉台网站的投稿力度，全年发稿量超过1000条。借助台湾岛内网红人士影响及其社交平台，推送江西信息，不断拓宽宣传入岛渠道。发挥江西文化特色，举办“首届赣台高校书画展”“台湾新媒体江西古代书院行”及《台湾联合报》“大陆新发现”专题栏目到赣采风等4项赣台新闻交流重点活动，40多名台湾记者应邀参加，广泛报道江西秀美山川、人文风情和改革发展巨变。挖掘赣台文化相承的历史渊源，启动编撰《赣台文化交流读本》，为深化赣台交流增添动力。组织省内重要媒体宣传报道“精准服务台企月”等重点涉台活动；一批反映全省对台工作的稿件在中台办《台湾工作通讯》《两岸关系》杂志刊发，省台办被中台办评为“2019年两刊对台宣传工作先进单位”；编辑《江西对台工作》杂志6期、《江西对台工作简报》40期，及时刊发各地对台工作新动态新举措，不断提升江西对台工作的整体形象。成立由省台办、江西财经大学合作共建的省内第一家台湾研究所，搭建涉台研究和学术交流平台。

（省委台办）

机构编制

【省级机构改革】 2019年，省委编办分批审核印发涉改部门“三定”规定和职责机构编制调整通知。调整核定省级党政机构厅级领导职数。落实编委领导体制调整优化改革任务，调整省委编委组成人员，省委编委第一次会议召开，审议通过省委编委工作规则和编办工作细则。推动部门落实“三定”规定，跟踪了解部门履职情况，主动协调解决内设机构组建、职责划转承接、人员转隶等方面问题，推动职能、机构整合到位，推进人员、工作、工作机制有机融合。开展机构改革工作调研评估，采取“书面自评+实地评估”的方式，实地走访55家省直部门、11个设区市和50个县（市、区），调取工作台账、查阅文件资料、召开座谈会、访谈干部职工，全面了解改革任务落实情况逐项分析问题，提出解决对策。省委、省政府专门召开全省深化机构改革总结会议，省委编办梳理形成机构改革后续工作任务清单，逐一对账抓好落实。进一步调整优化省发改委、省财政厅、省国资委等部门机构设置和职能配置，理顺综合交通运输管理体制、农田水利建设管理、高龄津贴、老年人意外伤害保险、因公致残公务员和人民警察残疾等级评定等职责。将原由市县行使的药品生产环节监管职责调整由省级药监部门行使，在全国率先建立“一办一中心五所”的药品生产环节监管新模式。

【市县机构改革】 2019年，各市县党委全面完成市县机构改革。全面落实市县党政机构20项规定动作，自然资源、生态环境保护、退役军人事务、应急管理、医疗保障、市场监督管理等重点领域机构上下对应组建到位，市县主要机构设置和职能配置同中央和省基本对应，实现上下贯通。在做好改革规定动作的同时，部分地市根据当地实际和工作重点，依法依规做好改革自选动作。有的围绕打赢“三大攻坚战”，设立林业、扶贫、金融服务机构；部分地市做好经济转型升级，设立大数据、港口航运管理机构；部分地市突出产业特色，设立瓷产业、现代服务业管理机构。改革后，设区市党政机构数与改革前基本持平，县（市、区）党政机构数比改革前精简8.91%，市、县党政机构的内设机构分别比改革前精简5%和10%。

【乡镇(街道)机构改革】 2019年，全省贯彻落实中央《关于推进基层整合审批服务执法力量的实施意见》，乡镇(街道)党政机构和事业单位调整基本到位，“三定”印发，实现机构数量、名称、职能“三个基本一致”，全省乡镇(街道)机构大幅精简。通过改革，强化党的领导的体制机制，保障退役军人服务、精准扶贫、社会治理、应急管理、便民服务等重点领域工作力量。继续深化经济发达镇行政管理体制改革，制定赋权参考目录，按照“一镇一目录”的方式，分类分批赋权到位。优化发达镇组织构架，将原党政内设机构、事业单位和部分驻镇机构整合，综合设置为“一办七局”。整合相关领域党政内设机构、事业站所、分局力量，设立行政审批局和综合执法局，实行“一枚印章管审批”和“一支队伍管执法”。

【事业单位改革】 2019年，全省分级组织、分业推进、分步实施、统筹谋划事业单位改革。全面摸排事业单位承担的行政职能，全省行政类事业单位行政职能全部回归机关。持续推进经营类事业单位改革。加强与财政、人社等部门沟通协调，完善涉改人员养老保险衔接、资产处置等配套政策。按照“撤销一批、转企一批、打包一批、退出一批、转型一批”的方式，全省330个单位完成改革任务。做好与科技、文化、培疗等行业改革衔接，配合推进开发应用型科研机构、工程勘察设计单位、非时政报刊、培训疗养机构等改革。

【重点领域改革】 加强和规范高校纪检监察机构设置，协同推进市县法检两院内设机构改革，调整优化部分群团机关机构编制。研究制定赣江新区机构设置调整优化方案，优化机构设置和职能配置，理顺管理体制。参与庐山管理体制改革，指导有关部门做好庐山管理机构调整工作。会同相关部门制定省级综合行政执法改革实施意见，指导督促市县制定具体实施方案，推进市场监管、生态环境保护、文化市场、交通运输、农业5个领域综合行政执法改革。支持其他具备条件的领域实行综合行政执法改革。贯彻创新型省份建设要求，支持组建起点高、机制活、人才聚集和辐射带动大强的技术创新平台。配合做好相对集中行政许可权改革试点、国家级开发区赋权等工作。

【编制配置及管理】 坚持“严控总量、统筹使用、有减有增、动态平衡、保证重点、服务发展”的思路，深化内部挖潜，加强统筹配置编制资源。深入学习宣传贯彻《中国共产党机构编制工作条例》，注重《条例》运用，突出动议、论证、审议决定等关键环节，研究制定有关机构编制事项参考模板，进一步规范机构编制申请事项报送。坚持“瘦身”与“健身”相结合，管住管好机构编制。从严从紧加强管理，坚决守住总量底线，深挖政策潜力、盘活编制存量。督促指导各地全面落实统一城乡中小学教职工编制标准。深化省属高校编制管理备案制和城市公立医院人员总量管理试点，稳步扩大试点范围。坚持高层次人才引进编制周转池制度，畅通绿色通道，确保引进的人才有编可用。加强监督检查，强化机构编制管理刚性约束，全面清理规范挂牌机构和议事协调机构领导职数、超机构规格和无政策依据核定的厅级领导职数，开展市县领导职数备案审查。

(付豫)

机关党建

【意识形态工作】 2019年，组织开展意识形态工作专项督查，召开省直机关意识形态工作座谈会，部署加强82家单位门户网站管理，把党员干部思想统一到中央要求和部署上来。用好“学习强国”平台，组织开展中华人民共和国成立70周年系列活动。召开省直机关红色文化建设现场交流会，以红色文化推进红色基因传承。以党建带群建，举办“传承百年薪火、建功伟大时代”纪念“五四”运动100周年主题团日，举行“当好主人翁、建功新时代”劳动技能竞赛，开展“书香三八”机关女性读书活动，连续3年获全国优秀组织奖。持续开展“春之舟”等联谊活动，帮助解决机关大龄青年婚恋问题。

【机关基层党建】 2019年，贯彻落实支部工作条例，对5000多名机关党支部书记进行全员轮训，制定《省直机关党支部标准化规范化建设实施意见》，从7个方面提出40项具体指标清单，对8个软弱涣散基层党组织进行集中整治。严肃党内政治生活，从“三会一课”、双重组织生活等基本制度抓起，从严从实推动党内政治生活。用好江西机关党建网和APP平台，提高支部信息化建设水平。举办省直机关“两委”书记专题学习研讨班，深入开展加强党的政治建设全覆盖调研，和省委组织部联合下发了《关于对照习近平总书记重要讲话精神找差距抓落实、切实解决机关党建工作突出问题的通知》，制定17条改进措施。

【党风廉政建设】 连续3年召开省直机关纪检工作会议，推动机构改革后86家省直单位机关纪委设置全覆盖，配备专职纪检干部191名。开展3次明察暗访，通报曝光9起违反中央八项规定精神典型案例，立案57件(次)，党纪政纪处分76人。对省直单位整治形式主义为基层减负情况进行全覆盖督查调研，推动中央“基层减负年”要求和省委30条措施的贯彻落实。制定省直机关党员干部直接联系群众16条措施，组织2万余名党员干部开展春节回乡调研，推动81家省直单位与南昌市81个社区共建，组织在职党员到社区报到6989人次。按照中央和省委统一部署，抓好“不忘初心、牢记使命”主题教育学习、调查研究、检视问题、整改落实，组织党员干部“十问初心”、答好“时代之问”的机关答卷，做好专项整治、整改工作，召开工委领导班子专题民主生活会，中央第六指导组派员全程指导并给予肯定。组织开展“抓工作落实、树良好形象、建模范机关”“讲述初心故事、畅谈使命担当”等活动，开展“为民服务解难题”“七一”主题党日,6527 名机关党员干部(其中厅级干部 207 名)进农村、进社区、进基层单位,帮助解决实际困难。

【机关党建与中心工作融合发展】 2019 年,部署开展"推动机关党建与业务工作深度融合"专题调研。将省委《关于深入学习贯彻习近平总书记视察江西重要讲话精神 努力描绘好新时代江西改革发展新画卷的决定》192 项具体任务中 66 家省直责任单位抓落实的情况,列为机关党建考核的重要内容。深化拓展党员干部与贫困户"网上结对、网下结亲"帮扶活动,组织 8915 名党员干部与贫困户结对,帮助解决实际问题 5859 个。

(温尊寿)

高校党建

【概　况】 2019 年,省委教育工委和高校各级党组织坚持以习近平新时代中国特色社会主义思想为指导,学习贯彻中共中央总书记习近平视察江西重要讲话精神,深入贯彻全国、全省教育大会精神,全面贯彻党的教育方针,开展"不忘初心、牢记使命"主题教育,加强和改进党对高校的全面领导,全面推进党的建设向基层延伸,纵深推进全面从严治党,推动思想政治工作创新发展,不断巩固马克思主义在高校意识形态领域的指导地位,全力维护校园政治安全、和谐稳定。

【理论武装】 2019 年,省委教育工委把学习贯彻习近平新时代中国特色社会主义思想作为首要任务,采取中心组学习会、集中轮训、示范培训和组织宣讲等方式,分层分类抓好高校领导、处级干部、基层党支部书记等学习培训。举办中共十九届四中全会精神专题培训暨全省教育重点工作研讨班、高校党委书记暑期研讨班等各类主体培训班 8 期,组织 4400 名高校和中小学党组织书记参加省级以上示范培训和专题网络培训。工委主要领导带头到高校宣讲中共中央总书记习近平视察江西重要讲话精神,组建全省教育系统中共十九届四中全会精神宣讲团,开展"十百千宣讲团"校园巡讲活动 1460 余次。

【组织建设】 2019 年,省委教育工委和各高校党委持续推动落实高校党建 20 项重点任务。实施高校党建"对标争先"计划和教师党支部书记"双带头人"工程,在第二批全国新时代高校党建示范创建和质量创优评选中,江西省获评 6 个党建标杆院系、24 个样板党支部,比 2018 年增加 14 个。指导江西财经大学等 4 所高校启动基层党建标准化、规范化、信息化建设试点。强化问题整改,推动省属高校 20 个软弱涣散基层党组织、50 个党建主体责任缺失问题全部整改到位;完成 92 个未配备教师党支部书记"双带头人"问题整改,全省高校配备率 82.77%。连续 5 年举办党的基本知识竞赛,20 万名高校师生和中小学教师党员参与活动。工委课题组撰写的《"品牌化"提升新时代高校党建质量的江西实践与经验启示》被推荐到全国党建研究会专题研讨班作交流。

【思想政治教育】 2019 年,省委教育工委研制《新时代江西高校思想政治工作质量测评指标体系》。建立领导干部、教学名师和社会各界知名人士到学校上思想政治理论课制度,省委书记刘奇、省长易炼红等 17 名省领导带头到高校调研、为学生上思政课。率先在全国编用《红色文化》系列教材,2019 年秋季开学,各级各类学校实施红色文化课程标准化教学。推进 3 所重点、5 所特色马克思主义学院建设。制定高校新时代文明实践中心活动"菜单",278 支志愿服务队、6000 余名大学生开展暑期志愿服务行动。组织"诵读红色家书 讲述英烈故事"巡演 30 场次,开展"青春告白祖国"等主题宣传教育活动。高校推进红色文化育人、校领导"双体验日""书记面对面"等经验做法得到中央教育工作领导小组肯定。江西高校党建和思政工作的经验做法在 2019 年全国教育工作会议上作典型发言。

【教育人才队伍】 2019 年,省委教育工委密切跟踪对接国家"院士增选""长江学者奖励计划""千人计划""万人计划"评审情况。南昌大学教授江风益获评中科院院士。南昌大学教授谢建华入选"万人计划"自然科学类青年拔尖人才,华东交通大学教授罗文俊入选"长江学者奖励计划"青年项目。参与组织高校赴东北、西北、西南开展招聘活动,全年引进博士以上人才 1200 余名。开展 2019 年"井冈学者奖励计划"遴选推荐,计划评选井冈学者特聘教授 40 名、青年井冈学者 100 名。在井冈山举办"青年井冈学者奖励计划"2018 年入选者国情研修班。坚持委厅班子成员联系服务高层次人才制度,常态化加强感情交流、服务保障。

【意识形态工作】 2019 年,省委教育工委健全完善信息动态共享、情况分析研判、隐患排查化解、事件联动处置的工作机制。印发《普通高等学校马克思主义学院建设标准》《江西高校新媒体建设管理办法(试行)》《江西省高等学校课堂教学纪律管理办法》《关于加强全省高校学生宿舍建设管理的指导意见(试行)》,加强课堂、媒体、网络、社团以及论坛、讲座、报告会等阵地建设与管理。贯彻落实《中国共产党宣传工作条例》,开展年度考核、年中调研督查,推动高校意识形态责任逐级具体落实,妥善处置涉政治类安全风险。强化网络安全责任,成立"江西教育网络安全应急中心",做好网络舆情监测、重要时期网络安全保障等工作。

【党风廉政建设】 2019 年,省委教育工委组织召开第 25 次全省高校党的建设工作会议、2019 年度全省教育系统全面从严治党工作视频会议,完善教育系统各级党组织书记抓基层党建述职评议考核制度,压实党建工作主体责任。把抓好工委自身整改和推动高校全面整改结合起来,监督推动高校巡视整改责任,主动约谈被巡视高校党政主要负责人,召开专项推进会,建立"工委领导对口联系、职能处室负责督查"制度,压实责任,推进整改。工委自身 19 项整改任务已完成 17 项,7 所被巡视高校 262 项整改任务已完成243项(其余均为长期坚持)。强化执纪问责,全力支持和保障驻厅纪检监察组履行监督责任。全年驻厅纪检监察组接受业务范围内信访举报52件(次),处置问题线索29件,立案2件,结案2件,处分2人。整治教育系统"怕、慢、假、庸、散"等作风顽疾,出台教育系统减负提效举措19条。

(朱易)

党校教育

【概 况】 2019年,江西有各级党校114所,其中县(市、区)级党校100所,市级党校13所,省级党校1所。全省党校在职在编教职工2431人。各级党校领导体制为校务委员会负责制,一般由同级党委副书记担任党校校长,日常工作由常务副校长主持;内设不同的教研机构。省委党校设有哲学教研部、经济学教研部、科学社会主义教研部、中共党史和党建教研部、法学教研部、公共管理学教研部、工商管理学教研部、文化与科技教研部、领导力拓展教研部等教研机构。各级党校现有正高职称人员65人,副高职称人员332人,享受国务院特殊津贴专家11人。各级党校共举办各类班次3964个,培训干部46.78万人。其中,举办常规主体班次888个,培训学员11.55万人。

【干部培训】 2019年,省委党校完善新校区办学功能,增加培训班次,优化教学布局。全年举办常规主体班37期、培训学员1878人,专题研讨班13期、培训学员2977人,共培训学员4855人。举办红色教育短期培训班202期、培训学员10566人,江西特色红色教育培训品牌影响力不断扩大。江西省党性党风党纪教育馆全年接待120余家单位、8100余名党员干部参观学习。江西干部网络学院完成40.68万名、4860万次访问量的党员干部在线培训任务。严把在职研究生培养质量关,新招录839人、毕业660人。

【教学管理】 2019年,开展"用学术讲政治"教学改革,印发实施校院《关于用学术讲政治的实施意见》《2019—2020年"用学术讲政治"样板课打造计划》《国家级精品课程评选推荐实施办法(试行)》《主体班精品课评选办法》及其实施细则,举办全省党校行政学院系统第三届精品课评选活动、校院"用学术讲政治"样板课评选活动和第四届青年教师教学大奖赛。全年17名省领导22次到校作报告和讲课,持续开办"市委书记、市长论坛",抚州、吉安、鹰潭、九江等设区市党委政府主要领导先后为主体班学员授课。完善"党性教育与红色基因传承"教学单元,建立井冈山、瑞金、兴国、共青城等一批党性教育基地,并形成课堂教学、实践调研、党性分析协调统一的党性教育课程体系。完善"八个一"入学教育模式,出版《传承红色基因,做合格共产党员》等教材、读本,编印《红色家书学习读本》,举办红色家书诵读会,开展"红色经典剧目进校园"。贯彻执行中组部《干部教育培训学员管理规定》,强化学员选调、课堂管理、学习考核、学籍、考勤、请销假等制度执行,严格学习、组织、生活等管理。

【新型智库建设】 全年获立项国家哲学社会科学基金项目5项,其中重点项目2项,位列全国省级党校第一,创建校以来最好成绩。获立项省部级课题19项、资助经费160余万元。贯彻落实中共中央总书记习近平视察江西时的重要讲话精神,围绕生态文明建设、脱贫攻坚、航空产业、中医药产业、法治江西建设等,设立校级对策研究课题12项,推出高质量成果。《领导论坛》全年刊发研究报告26篇,获省领导批示59次。全年在《人民日报》《光明日报》《学习时报》等重要报刊发表理论文章40余篇,出版著作10部、编著7部,发表学术论文280余篇,获全省哲学社会科学优秀成果奖2项、全国党校(行政学院)系统庆祝中华人民共和国成立70周年理论研讨会征文优秀论文奖2项。校刊《求实》重返C刊并获评"全国高校社科精品期刊",《地方治理研究》获评"全国高校社科优秀期刊"。承办2019江西智库峰会"推进红色基因传承"平行论坛,举办全国党建研究会特邀研究员研讨班和全省"提高党的建设质量"专题研讨会、"传承红色基因,践行工运主题"高峰论坛、全省党校行政学院系统庆祝中华人民共和国成立70周年理论研讨会等大型研讨会,进一步提升学术影响力。

【党校教育队伍建设】 创新体制机制,提升教研队伍整体素质。推进名师工程建设。建立校院博士论坛、青年理论学习小组等学习交流平台,加大人才培养力度。选送教研人员到市县挂职锻炼2人,到中央党校(国家行政学院)等院校参加培训学习42人次,到主体班担任学习辅导员1人,出国(境)学习交流54人,评选全省党校行政学院系统年度"求实学者"32人,入选2019年省百千万人才工程1人。深化干部人事制度改革。贯彻执行《党政领导干部选拔任用工作条例》,提拔重用处级干部30人,交流处级干部5人,交流提拔担任省直单位副厅级主要领导干部1人。推进公务员职务与职级并行工作,完成处级及以下参公人员非领导职务职级套转工作。加大干部日常管理监督力度,完成年度处级以上干部个人有关事项报告工作。完善业绩考核激励机制。总结在全国党校系统率先探索建立专职教研人员业绩考核激励机制经验,印发校院《绩效考核工作办法(试行)》,以行政、教辅部门和处级干部为重点,实行分类考核、量化计分,探索建立适合党校特点、覆盖各类人员的业绩考核激励机制,激发教职工队伍活力。

【省委常委"不忘初心、牢记使命"主题教育暨市厅级主要领导干部专题读书班举办】 6月13日—15日,省委常委"不忘初心、牢记使命"主题教育暨市厅级主要领导干部专题读书班在省委党校举办,并在校内召开省委常委会和省政府党组会议。读书班的举办和校院高效的服务保障工作,得到省委、省政府主要领导肯定及学员的好评,凸显省委党校在全省干部教育培训中不可替代的主渠道地位。

(刘艺)

信访工作

【概　况】 2019 年，全省信访总量件(人)次同比下降 9.23%，到省访批次和人次分别下降 1.2% 和 0.5%，赴京非接待场所涉访下降 61.5%，到省行政中心涉访批次和人次分别下降 27.1% 和 30%。开展全国、全省信访"三无"县(市、区)创建活动，推广让群众"最多访一次"，全省初次信访事项及时受理率 99.85%，办结率 99.78%，群众满意率 99.72%。江西信访网上服务中心系统完成"智能优化版"升级，增加智能办信、智能接访、智能网投、智能办理功能。全省网上信访占信访总量 70.44%，网上信访成为群众表达诉求的主渠道。全省信访工作位于全国先进行列，省委信访局被人民网评为"2019 年人民网网民留言办理民心汇聚单位"，获省政府"突出贡献奖"(第三批)集体三等奖。

【信访积案化解】 2019 年，省信访工作联席会议印发《关于加强领导干部接访的有关规定》《关于加强领导干部包案的有关规定》《关于加强初次信访办理的有关规定》，助推信访积案化解。9 月，省委常委会研究决定，将信访积案大化解列入第一批主题教育单位问题整改落实和第二批主题教育单位检视问题、边学边改的重要内容。省委信访局迅速在全省部署开展信访积案大化解工作。各级各有关部门按照"有规模、有声势、有效果"的要求，加大力度、加快进度，全力化解攻坚。在 9 月底完成国家信访局交办的 115 件重点信访事项化解的基础上，全省新排查的 1822 件重点信访事项，于 11 月底全部化解到位。

【"访调对接"试点】 2019 年，省委信访局与省司法厅联合印发《关于进一步深化"访调对接"试点工作的指导意见》，加强信访工作与调解、仲裁、行政裁决、行政复议等衔接配合，在南昌市西湖区、瑞昌市、丰城市 3 个第一批"访调对接"试点单位工作取得成效的基础上，扩大试点范围，确定南昌县等 50 个县(市、区)为第二批试点单位。全省 50 个试点县(市、区)均已成立信访事项人民调解组织，化解信访事项和矛盾纠纷、信访积案共计 700 余件。

【全省信访工作电视电话会议召开】 2 月 26 日，全省信访工作电视电话会议在南昌召开。会议主要任务是贯彻落实中央、省相关工作会议精神，总结 2018 年信访工作情况，部署 2019 年信访工作和全国"两会"期间信访稳定工作。会议由省委常委、省委政法委书记尹建业主持，省委常委、常务副省长毛伟明出席并讲话，副省长、省公安厅厅长秦义出席并宣读《省信访工作联席会议关于表扬 2018 年度信访工作"三无"县(市、区)、开发区的决定》，省委副秘书长、省委信访局局长王新有通报 2018 年信访工作情况。省委信访局领导班子成员，全省各设区市、省直管县(市)信访工作联席会议第一召集人和信访局局长，省委有关部门、省直有关单位分管领导和办公室(信访处、室)负责人，省信访局机关副处级以上干部参加会议。各设区市、县(市、区)信访工作联席会议召集人，各设区市、县(市、区)信访工作联席会议成员单位分管领导、各乡镇党委书记和市、县(市、区)信访局全体机关干部在当地分会场参加会议。

【全省信访联席会议全体(扩大)会议召开】 9 月 23 日，全省信访工作联席会议全体(扩大)会议在南昌召开，主要任务是深入贯彻落实中央和省委、省政府关于信访工作的部署要求，总结 2019 年信访工作，研究部署下一阶段特别是中华人民共和国成立 70 周年大庆期间信访保障工作。会议由省委常委、省委政法委书记尹建业主持，省委常委、常务副省长毛伟明出席并作讲话，副省长、省公安厅厅长秦义出席并重点部署下一阶段特别是中华人民共和国成立 70 周年大庆期间信访保障工作，省委副秘书长、省委信访局局长王新有就《关于加强领导干部接访的有关规定》《关于加强领导干部包案的有关规定》《关于初次信访办理的有关规定》作起草说明并提请会议审议。省信访工作联席会议成员单位负责人，各设区市信访工作联席会议第一召集人和信访工作联席会议办公室主任(信访局局长)，省委信访局领导班子成员和机关处(室、中心)负责人参加会议。

(省委信访局)

老干部工作

【概　况】 至 2019 年年底，全省有离退休干部 42.31 万人。其中，离休干部 6264 人，最大年龄 105 岁；退休干部 41.68 万人。省级老干部 58 人，其中正省级 7 人，副省级 51 人；老红军 5 人。离退休干部党组织 6015 个，离退休干部党员 24.35 万人。

【离退休干部党建】 2019 年，通过举办形势报告会、专题培训班、支部学习、送学上门等方式，学习宣传中共十九大和十九届二中、三中、四中全会精神和中共中央总书记习近平视察江西重要讲话精神。会同省委组织部出台《关于加强新时代离退休干部党建工作的意见》，从政治建设、思想引领、规范化建设、组织保障等方面对离退休干部党建工作提出明确要求。按照"一方隶属、多重管理"的党建工作新模式，在全省建立"地缘、趣缘、学缘"等功能型党支部 826 个。举办离退休干部党建培训班 212 期，培训党建业务骨干 1.2 万人。组织老干部开展"我看新中国成立 70 周年新成就"专题调研、"壮丽 70 年、奋进新时代"参观考察活动。

【举办离退休干部活动】 2019 年，贯彻落实中共中央总书记习近平视察江西提出的推进红色基因传承的重要要求，举办江西籍老红军影像展、最美老干部事迹巡回报告会，汇编《致敬：榜样的力量》《初心之光——江西红色故事精选》，编发《老干部好声音》。围绕庆祝中华人民共和国成立 70 周年，开展"我与祖国共成长"征文活动和"老干部文艺汇演""全省老年大学文艺汇演""老年书画作品展""我和我的祖国"快闪、"腾飞中国·辉煌70年”爱国主义教育等系列活动。开展离退休干部先进典型选树活动,3个离退休干部先进集体和7名先进个人受到中组部表彰,评选出70个全省先进集体和110名先进个人、10名全省最美老干部。通过典型引领,激励老干部助力脱贫攻坚、乡村振兴、社会治理和文明创建。

【离退休干部服务管理】 2019年,省委老干部局会同省委组织部、省财政厅、省卫健委、省医保局等单位,出台《进一步加强厅级及以下离休干部医疗服务保障工作的意见》,扩大离休干部用药范围、诊疗项目,提高有关经费报销标准,缩短医药费报销时间,提高离休干部医疗待遇。认真落实中央精神,提高42名正厅级离休干部分别享受正、副省级医疗待遇。从优落实离休干部生活待遇,离休费人均增加500元/月,护理费标准人均增加1500元/月。发放省属企事业单位离休干部生活补贴4480万元。开展“五必访”、特困老干部帮扶和中华人民共和国成立70周年走访慰问等活动,各级共走访慰问、帮扶困难离退休干部8600余人次,发放困难补助金1700余万元。争取组织、发改、人社、卫健、医保、民政等部门支持,推动“银耀赣鄱——全省离退休干部服务管理信息化平台”上线运行。精准开展个性化服务,分级建立离休干部健康档案,安排健康体检,开通就医就诊绿色通道。注重建章立制,强化制度管理,推动规范化建设,出台老干部工作《政策答疑》,使组织开展老干部各项活动有章可循、利于操作,梳理编印《离退休干部工作文件选编》,便于老干部工作者查询使用。全省多地新建改建扩建老年大学、老干部活动中心,丰富学习活动内容,增强服务功能,提高服务水平。

【老干部工作部门建设】 2019年,省委老干部局开展“不忘初心、牢记使命”主题教育,坚持问题导向,广泛征求50条工作建议,制定出20多项整改措施,逐项抓落实。注重能力提升,举办“学习总书记重要论述、做新时代老干部工作奋进者”演讲比赛,全省400多名老干部工作者参加。组织地市老干部局长参加中组部老干部局举办的专题轮训班,在浙江大学举办全省老干部局(处)长深入学习贯彻习近平新时代中国特色社会主义思想主题研讨班,选派干部到脱贫攻坚、信访、纪检监察一线实践锻炼,提高老干部工作人员履职尽责的理论水平、专业素养和工作能力。

【举办“传承红色基因,牢记初心使命——江西老红军影像展”】 7月18日,由省委组织部、省委老干部局、省关工委共同主办“传承红色基因,牢记初心使命——江西老红军影像展”在省行政中心开展。此次老红军影像展,由中国摄影家协会会员、南昌市艺术摄影学会副会长戴廷耀,走访22个省、直辖市、自治区,行程数万千米,寻访近327名江西籍老红军采访拍摄的,再现了老红军对家乡江西深沉的爱,以及大公无私、一心为民、舍身为国的革命情怀、崇高境界和精神风貌。省委常委、省委组织部部长刘强,省关工委主任、省政协原主席傅克诚出席仪式。省委老干部局局长兼省委组织部副部长肖洪波主持仪式,省委组织部、省委老干部局、省关工委机关干部参加仪式。

10月21日—24日,省委老干部局组织部分省级老干部到萍乡市部分县区考察

省委老干部局供

【举办离退休干部庆祝中华人民共和国成立70周年文艺汇演】 9月17日,由省委组织部、省委老干部局、省关工委、江西广播电视台主办的“全省离退休干部庆祝中华人民共和国成立70周年文艺汇演”在南昌市红谷滩会议中心举行。省政协主席姚增科,省委常委、省委组织部部长刘强,省委常委、南昌市委书记殷美根,省人大常委会副主任冯桃莲及部分省级老干部出席,全省34.6万名离退休干部、老干部工作者通过“赣鄱老干部微讯”网络直播观看演出。

【组织省级老干部到萍乡市考察】 10月21日—24日,省委老干部局组织部分省级老干部到萍乡市部分县区考察。老干部们先后参观考察了武功山现代农业科技产业园、紫溪乡村振兴示范区、萍水湖湿地公园、周江智能制造产业园、麓林湖养生公馆、赣湘开放合作试验区上栗园、甘祖昌干部学院、萍乡海绵城市创新基地等。10月25日,召开“壮丽70年 奋斗新时代”省级老干部到萍乡市考察参观座谈会。会上,老干部分享在萍乡的所见所闻所感。省政协原主席傅克诚、朱治宏,省人大常委会原副主任彭宏松、卢秀珍等22名省级老干部参加考察和座谈。

(谢高龙)

党史工作

【概　况】 2019年,省委党史研究室按照省委决策部署,紧扣主责主业和年度工作重点,开展党史编研。室主要领导作为省委宣讲团成员到赣州市、江西理工大学宣讲中共中央总书记习近平视察江西重要讲话精神,并到九江市、省委政法委、省委网信办、省旅游集团等单位开展宣讲;其他室领导成员和部分处室负责人到部分省直单位、萍乡市、萍乡学院宣讲中共十九届四中全会精神。承办2019江西智库峰会；出版中华人民共和国成立70周年纪念书籍2种；举办多场党史人物纪念活动；开展红色资源保护与利用课题研究；编纂出版《中国共产党江西省历次代表大会文献汇编》；审读审看党史题材作品40余部1000余万字。

【承办2019江西智库峰会——推进红色基因传承平行论坛】　10月15日，在2019江西智库峰会主论坛中，省委研究室邀请中央党史研究室原副主任冯俊，作为主论坛演讲嘉宾，就推进红色基因传承作主旨演讲；作为牵头单位与省委党校、省文化和旅游厅共同承办传承红色基因平行论坛。邀请中央党校原副校长李君如、党建教研部原副主任戴焰军，中央党史和文献研究院第七研究部主任王均伟，国家旅游局规划发展与财务司原司长魏小安等专家领导作主旨演讲。室领导作为嘉宾发表题为“关于做好江西红色资源保护和利用工作的几点思考”的主旨演讲。省委宣传部、省委党史研究室、省文化和旅游厅、省委党校、南昌大学、上饶师范学院等有关单位领导和专家学者，以及省委党校第55期中青一班、第2期中青二班的学员共200余人参加论坛。

【中华人民共和国成立70周年纪念书籍出版】　2019年，为庆祝中华人民共和国成立70周年，省委党史研究室推出《影像中国70年·江西卷》《70年70事——新中国江西重大历史事件实录》2部献礼之作。《影像中国70年·江西卷》用以文说图、影像为主的方式展示江西在经济、政治、文化、社会、生态文明建设中取得的成就。9月，该书由江西人民出版社出版。《70年70事——新中国江西重大历史事件实录》用实录形式反映中华人民共和国成立以来江西经济社会发展的70件重大历史事件，突出江西特色、改革开放历史和经济建设成就。9月，该书由江西教育出版社出版。两书被列入省委庆祝中华人民共和国成立70周年重点书目，《江西日报》《当代江西》分别对两书进行宣传推介。

【举办党史人物纪念活动】　2019年，省委党史研究室联合省社联、省方志敏研究会等机构，举办多场纪念方志敏烈士诞辰120周年活动。8月23日，省委党史研究室与省社联、省方志敏研究会、上饶市委宣传部、上饶师范学院联合主办纪念方志敏诞辰120周年全国理论研讨会，邀请中央党史和文献研究院、北京大学、清华大学、南昌大学、上饶师范学院等科研院所、省内外高校的150余名方志敏研究专家学者参会，收到学术论文130余篇。

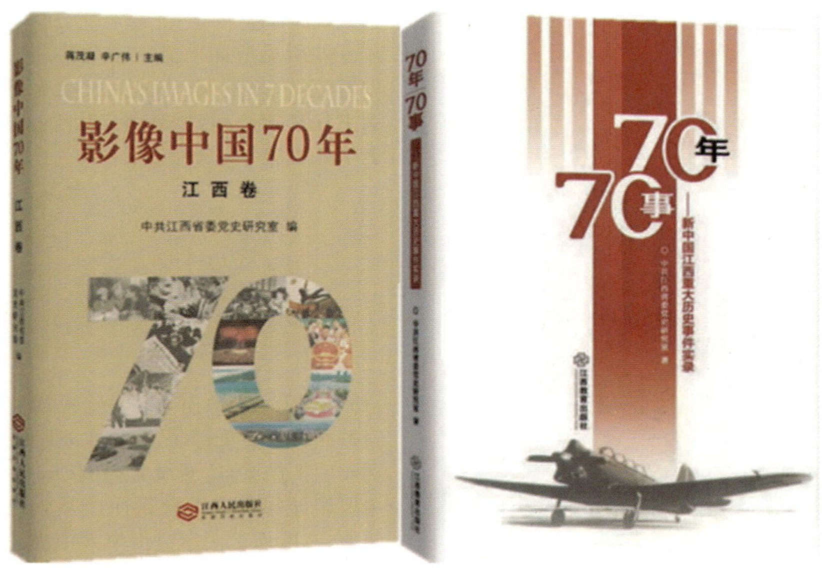

9月，《影像中国70年·江西卷》《70年70事——新中国江西重大历史事件实录》出版　省委党史研究室供

活动期间，指导江西省方志敏研究会在南昌市、广州市、三亚市、武汉市等城市进行“纪念方志敏诞辰120周年”巡展。8月中旬，在《江西日报》发表单位署名纪念文章《热血铸忠诚 傲骨自担当》及个人署名文章《把研究宣传方志敏不断推向深入》，《党史赣鄱说》刊载《关于方志敏烈士南昌关押地的调查》等。12月，为纪念曾山诞辰120周年，编写出版《曾山传（修订本）》，该书吸收和利用新史料和新研究成果，由25万字增加到37万余字；编纂出版《曾山文集》，收录曾山参加革命以后所撰写的讲话、报告、书信、文章等文稿163篇45万余字，其中部分文稿首次发表；12月11日，在《江西日报》《井冈山报》发表单位署名纪念文章《共产党人初心的见证与力量》，《党史赣鄱说》刊载《一门忠烈撼山河 红色家风满乾坤——曾山红色家庭纪事》等文章。

【红色资源保护与利用课题研究】　2019年，省委党史研究室联合省政协文化文史和学习委员会组成课题组，先后到九江、宜春、赣州、上饶等地和山东、江苏两省开展专题调研，形成“红色资源保护和利用”的专题调研报告，报告入选《2019江西智库峰会调研报告选编》，调研成果受到省领导肯定。报告从“把握红色资源保护利用工作的大好时机、正视红色资源保护利用工作的突出问题、加强红色资源保护利用工作的对策建议”3个方面进行阐述，提出加强红色资源保护利用工作的四点意见建议。室领导还就如何更好地保护和利用红色资源接受《江西日报》专访，并于11月27日在《江西日报》“学与思”版面整版刊发。

【联合编撰《回望峥嵘读初心》系列丛书】　2019年，在出版《回望峥嵘读初心——发生在江西红土地上的100个经典革命故事》基础上，进一步挖掘并转化利用江西红色资源，组织全省11个设区市党史部门推出各地的《回望峥嵘读初心》故事书，上下联动形成系列丛书，从2018年下半年开始到2019年年初，陆续完成系列丛书的出版工作。

（彭志中）

本栏编辑　张志勇

江西省人民代表大会

综　述

2019年,江西省各级人民代表大会1510个,其中省级人民代表大会1个,设区市级人民代表大会11个,县级人民代表大会100个,乡(镇)人民代表大会1398个。各级人大代表10万多名,其中全国人大代表78名,省人大代表604名。省十三届人民代表大会常务委员会组成人员实有64名,其中主任1名,副主任6名,秘书长1名,委员56名。省十三届人民代表大会设有监察和司法委员会、财政经济委员会、教育科学文化卫生委员会、农业和农村委员会、环境与资源保护委员会、法制委员会、社会建设委员会7个专门委员会;省十三届人民代表大会常务委员会下设办公厅、法制工作委员会、选举任免联络工作委员会、外事华侨民族宗教工作委员会、预算工作委员会5个工作机构。

省人大常委会坚持以习近平新时代中国特色社会主义思想为指导,深入学习贯彻中共十九大和十九届二中、三中、四中全会精神,认真学习贯彻中共中央总书记习近平关于坚持和完善人民代表大会制度的重要思想及对地方人大及其常委会工作的重要指示精神,全面贯彻落实习近平视察江西重要讲话精神,坚持党的领导、人民当家作主、依法治国有机统一,不断坚持和完善40年来全省人大工作积累的经验,丰富和拓展人民代表大会制度的时代特色、实践特色、江西特色,推动各项工作取得新成效。

强化思想引领,持续深入学习贯彻习近平新时代中国特色社会主义思想。按照中央部署和省委要求,统筹谋划、精心组织、扎实推进常委会党组及机关主题教育各项工作。持续深入推进"学习研究宣传贯彻习近平总书记关于坚持和完善人民代表大会制度的重要思想"专题活动,在学深悟透中把握精髓、融会贯通,为推动人大工作创新发展提供强大思想动力。举办纪念地方人大设立常委会40周年系列活动,协助省委出台加强新时代地方人大工作的意见,召开全省人大工作会议,系统部署推进新时代地方人大工作的创新举措。

强化法治保障,不断提高地方立法的质量和效率。围绕完善中国特色社会主义法治体系,立足江西改革发展的实践需要,抓住提高立法质量关键,深入推进科学立法、民主立法、依法立法,为全省高质量跨越式发展提供有力法治保障。全年制定地方性法规6件、修改77件、废止4件,批准设区的市法规、决定21件。同时,加强对设区的市立法工作的指导,推动设区的市人大常委会提高立法工作水平。

强化问题导向,不断提高监督工作针对性和实效性。把握人大监督的政治定位和法律定位,紧扣全省发展大局,回应人民群众普遍关切,坚持依法监督、正确监督、有效监督,推动中央和省委决策部署落地落实,保证宪法和法律法规贯彻实施。全年听取和审议专项工作报告9项,开展专题询问1次、专项工作满意度测评1次,检查8部法律法规实施情况,对136件规范性文件备案审查。

强化服务意识,不断提高代表工作的活力和成效。充分尊重代表主体地位,创新完善代表工作机制,更好发挥代表主体作用。建立省人大常委会领导与列席常委会会议的基层人大代表座谈制度,指导各地建成3518个代表联络工作站,持续深入推进"脱贫攻坚人大代表在行动"专项活动,助力打好脱贫攻坚战。首次将代表大会期间《简报》中刊发的代表审议各项报告意见建议进行汇总分类、转交办理,并将办理结果逐条反馈代表,使代表"说了有回音、提了有效果"。

强化自身建设,不断提高依法履职的能力和水平。主动适应新时代地方人大工作新要求,以政治建设为统领,全面加强思想建设、组织建设、作风建设、纪律建设和制度建设,着力提高依法履职的能力和水平。落实人大机构改革任务,完成有关专门委员会组建、更名和职责调整等工作。严格执行中央八项规定精神,落实中央和省委"基层减负年"部署,严控文件、会议数量,持续整治"怕、慢、假、庸、散"作风顽疾。

(李灶钦)

重要会议

【全省人大工作会议】　12月5日,全省人大工作会议在南昌召开。省委书记、省人大常委会主任刘奇出席并讲话,省长易炼红主持;省政协主席姚增科,李炳军等省委、省人大常委会领导班子成员,省法院、省检察院主要负责人,在赣的历届省人大常委会副主任出席。刘奇全面回顾人民代表大会制度发展历程,对全省人大工作给予肯定,强调要深入学习贯彻中共中央总书记习近平关于坚持和完善人民代表大会制度的重要思想,充分发挥人民代表大会制度在坚持和完善中国特色社会主义制度、推进全省治理体系和治理能力现代化中的职能作用，强化思想引领，坚定制度自信，提升履职能力，推动新时代全省人大工作与时俱进、创新发展，为建设富裕美丽幸福现代化江西、描绘好新时代江西改革发展新画卷作出新的更大贡献。

【省十三届人大三次会议】　1 月 27 日—31 日，省十三届人大三次会议在南昌召开。大会应到代表 607 名，实到代表 593 名，符合法定人数。不是省十三届人大代表的在职省领导，曾担任正省级领导职务和历任省人大常委会副主任的老干部特邀参加会议。省政协委员和省直各部门的负责人等列席会议。大会听取和审议省长易炼红作的政府工作报告、省人大常委会副主任周萌作的省人大常委会工作报告、省高级人民法院院长葛晓燕作的省高级人民法院工作报告、省人民检察院检察长田云鹏作的省人民检察院工作报告，审查和批准关于江西省 2018 年国民经济和社会发展计划执行情况与 2019 年国民经济和社会发展计划草案的报告、关于江西省 2018 年全省和省级预算执行情况与 2019 年全省和省级预算草案的报告，批准江西省 2019 年国民经济和社会发展计划、江西省 2019 年省级预算，听取和审议省发改委主任张和平受省政府委托作的关于国家生态文明试验区（江西）建设情况的报告。大会经过认真审议，通过关于上述 7 项报告的决议。审议通过《江西省第十三届人民代表大会第三次会议关于设立江西省第十三届人民代表大会社会建设委员会的决定》《江西省第十三届人民代表大会第三次会议关于江西省第十三届人民代表大会内务司法委员会更名为监察和司法委员会的决定》。大会补选胡世忠为省十三届人大常委会副主任，肖德福、周雍为省十三届人大常委会委员，通过省十三届人大有关专门委员会主任委员、副主任委员、委员名单。省十三届人民代表大会内务司法委员会、财政经济委员会、教育科学文化卫生委员会、农业和农村委员会、环境与资源保护委员会、法制委员会分别向大会提交工作报告（书面）。

大会收到代表联名提出的议案 4 件，其中 1 件不属于省人民代表大会及其常务委员会职权范围的事项，将其转为代表建议、批评和意见。连同此次大会期间收到的建议、批评和意见，共 446 件，闭会后统一交由有关机关和组织研究办理。

【省人大常委会会议】　2019 年，举行常委会会议 7 次，即省十三届人大常委会第十次会议至第十六次会议。

省十三届人大常委会第十次会议于 1 月 14 日在南昌举行。省人大常委会主任刘奇，副主任周萌、朱虹、马志武、龚建华、冯桃莲，秘书长韩军和委员共 58 人出席会议。副省长刘强、胡强，省人民检察院检察长田云鹏和省监察委员会、省高级人民法院有关负责人列席会议。列席会议的还有省人大各专门委员会成员、省人大常委会各工作部门的负责人。刘奇主持第一次全体会议，周萌主持第二次全体会议。会议审议江西省人民代表大会常务委员会工作报告（讨论稿），决定提请省十三届人大三次会议审议；审议省十三届人大三次会议议程（草案）、省十三届人大三次会议主席团和秘书长名单（草案），决定提请省十三届人大三次会议预备会议审议；审议通过省十三届人大三次会议列席人员范围；审议通过关于调整江西省第十三届人民代表大会第三次会议召开时间的决定和关于全面纵深推进扫黑除恶专项斗争的决定；听取和审议省人大常委会代表资格审查委员会关于代表资格的审查报告、省人大常委会选任联工委关于省十三届人大一次会议代表提出的建议、批评和意见办理情况的报告；审议省人大环资委关于江西省第十三届人民代表大会第一次会议代表议案办理情况的报告（书面）；分别审议省人民政府、省高级人民法院、省人民检察院关于省十三届人大一次会议代表建议、批评和意见办理情况的报告（书面）；决定免去龚绍林的省人大常委会选任联工委主任职务；通过其他人事任免事项。

省十三届人大常委会第十一次会议于 1 月 25 日在南昌举行。省人大常委会主任刘奇，副主任周萌、朱虹、马志武、龚建华、冯桃莲，秘书长韩军和委员共 58 人出席会议。副省长孙菊生，省高级人民法院院长葛晓燕和省人民检察院检察长田云鹏、省监察委员会有关负责人列席会议，列席会议的还有省人大各专委会成员、省人大常委会各工作部门负责人。刘奇主持 2 次全体会议。会议表决通过第十三届全国人民代表大会代表办法，采取无记名投票方式补选易炼红为第十三届全国人民代表大会代表。

省十三届人大常委会第十二次会议于 3 月 27 日至 28 日在南昌举行。省人大常委会主任刘奇，副主任周萌、朱虹、马志武、龚建华、冯桃莲、胡世忠，秘书长韩军和委员共 58 人出席会议。副省长孙菊生、吴忠琼，省高级人民法院院长葛晓燕和省监察委员会、省人民检察院有关负责人列席会议。列席会议的还有省人大各专门委员会成员、省人大常委会各工作部门的负责人，各设区的市人大常委会的负责人，省直管县（市）人大常委会的主要负责人，以及部分省人大代表。刘奇主持第一次全体会议并讲话，周萌主持第二次全体会议。会议传达学习贯彻中共中央总书记习近平 2019 年全国"两会"重要讲话精神、十三届全国人大二次会议精神；审议通过《江西省宗教事务条例》《江西省实施〈中华人民共和国慈善法〉办法》《江西省实施〈中华人民共和国野生动物保护法〉办法》和南昌市人大常委会报请批准的《南昌市城乡建设档案管理条例》、萍乡市人大常委会报请批准的《萍乡市城市市容和环境卫生管理条例》、鹰潭市人大常委会报请批准的《鹰潭市文明旅游促进条例》、赣州市人大常委会报请批准的《赣州市革命遗址保护条例》、上饶市人大常委会报请批准的《上饶市历史建筑保护条例》、抚州市人大常委会报请批准的《抚州市烟花爆竹销售燃放管理条例》；听取和审议《江西省人大常委会法工委关于 2018 年规范性文件备案审查工作情况的报告》；决定任命徐忠为江西省人大常委会选任联工委主任，舒仁庆、饶剑明为江西省人大社会委副主任委员，马力为江西省人大社会委委员；免去肖德福的江西省监察委副主任职务；

通过其他人事任免事项。

省十三届人大常委会第十三次会议于5月30日至31日在南昌举行。省人大常委会主任刘奇，副主任周萌、朱虹、马志武、龚建华、胡世忠，秘书长韩军和委员共55人出席会议。副省长吴忠琼，省高级人民法院院长葛晓燕，省人民检察院检察长田云鹏，省监察委员会有关负责人列席会议。列席会议的还有省人大各专门委员会成员、省人大常委会各工作部门的负责人，各设区的市人大常委会负责人，省直管县（市）人大常委会主要负责人，以及部分省人大代表。刘奇主持第一次全体会议并讲话，周萌主持第二次全体会议。会议传达学习贯彻中共中央总书记习近平在江西视察时的重要讲话精神；审议《江西省开发区条例》；审议通过《江西省人民代表大会常务委员会关于修改〈江西省人民代表大会常务委员会关于在长埈、珠湖、新华地区设置人民检察院的决定〉的决定》；审查批准2019年省级一般公共预算和政府性基金预算调整方案以及2019年地方政府债务限额；听取和审议省法院《关于全省法院基层基础工作情况的报告》，省人大常委会执法检查组《关于检查〈江西省发展个体私营经济条例〉等三部条例实施情况的报告》，省人大常委会代表资格审查委员会关于代表资格的审查报告；决定任命韩燕为省人大社会建设委副主任委员，陈蔚为省人大常委会选任联工委副主任；通过其他人事任免事项。

省十三届人大常委会第十四次会议于7月25日至26日在南昌举行。省人大常委会主任刘奇，副主任周萌、朱虹、马志武、龚建华、冯桃莲、胡世忠，秘书长韩军和委员共61人出席会议。副省长吴忠琼、胡强，省高级人民法院院长葛晓燕，省人民检察院检察长田云鹏，省监察委员会有关负责人列席会议。列席会议的还有省人大各专门委员会成员、省人大常委会各工作部门的负责人，各设区的市人大常委会负责人，省直管县（市）人大常委会主要负责人，以及部分省人大代表。刘奇主持第一次全体会议并讲话，周萌主持第二次全体会议。会议传达学习贯彻中共中央总书记习近平关于地方人大及其常委会工作的重要指示精神、全国人大常委会纪念地方人大设立常委会40周年座谈会精神；审议通过《江西省开发区条例》和九江市人大常委会报请批准的《九江市历史建筑保护条例》、景德镇市人大常委会报请批准的《景德镇市高岭——瑶里风景名胜区条例》、新余市人大常委会报请批准的《新余市农村房屋建设管理条例》；审议《江西省司法鉴定条例（修订草案）》《江西省生态文明建设促进条例（草案）》；听取和审议省政府《关于2019年上半年国民经济和社会发展计划执行情况的报告》《关于2018年度省级预算执行和其他财政收支的审计工作报告》，《关于2018年省级决算和2019年上半年预算执行情况的报告》及省人大财经委关于2018年省级决算的审查报告，通过《关于批准2018年省级决算的决议》；听取省政府《关于南昌市部分行政区划调整情况的报告》；听取和审议省政府《关于困难群众生活救助工作情况的报告》，省人民检察院《关于刑事执行检察工作情况的报告》；审议通过《江西省人民代表大会常务委员会关于批准江西省耕地占用税适用税额方案的决议》；决定接受刘强辞去江西省人民政府副省长职务的请求，并报省十三届人大四次会议备案，免去任江南的省人大常委会副秘书长职务，郭玉元的省人大常委会办公厅副主任职务；通过其他人事任免事项。

省十三届人大常委会第十五次会议于9月26日至28日在南昌举行。省人大常委会主任刘奇，副主任周萌、朱虹、马志武、龚建华、胡世忠，秘书长韩军和委员共59人出席会议。省监察委员会主任孙新阳，副省长毛伟明、孙菊生、吴忠琼、秦义，省高级人民法院院长葛晓燕，省人民检察院检察长田云鹏，省监察委员会负责人列席会议。列席会议的还有省人大各专门委员会成员、省人大常委会各工作部门的负责人，各设区的市人大常委会负责人，省直管县（市）人大常委会主要负责人，以及部分省人大代表。刘奇主持第一次全体会议并讲话、主持第四次全体会议，周萌主持第三次全体会议，龚建华主持第二次全体会议。会议传达学习贯彻全国人大常委会省级人大立法工作交流会精神；审议通过《江西省司法鉴定条例》《江西省生态文明建设促进条例》《江西省人大常委会关于废止1件和修改11件地方性法规的决定》《江西省人大常委会关于修改〈江西省反窃电办法〉等45件地方性法规的决定》和景德镇市人大常委会报请批准的《景德镇市烟花爆竹燃放管理条例》、新余市人大常委会报请批准的《新余市禁止燃放烟花爆竹规定》、赣州市人大常委会报请批准的《赣州市饮用水水源保护条例》、宜春市人大常委会报请批准的《宜春市城市市容和环境卫生管理条例》；审议《江西省红十字会条例（草案）》《江西省旅游者权益保护条例（草案）》《江西省中医药条例（草案）》；听取和审议省政府《关于我省电子信息产业发展情况的报告》《关于扫黑除恶专项斗争开展情况的报告》；听取省政府《关于宜春市部分行政区划调整情况的报告》；听取和审议省政府《关于2018年度全省金融企业国有资产管理情况的专项报告》，审议省财政厅提交的《关于2018年度全省国有资产管理情况的综合报告（书面）》，听取和审议省人大财经委《关于〈江西省人民政府关于2018年度全省国有资产管理情况的综合报告〉和〈江西省人民政府关于2018年度全省金融企业国有资产管理情况的专项报告〉的初步审议意见》；听取和审议省人大社会委《关于妇女儿童健康权益保障工作情况的专题调研报告》，省人大常委会执法检查组《关于检查〈中华人民共和国自然保护区条例〉实施情况的报告》；审议通过《江西省人大常委会关于确定白鹤为江西省“省鸟”的决定》；听取和审议省人大常委会代表资格审查委员会关于代表资格的审查报告，决定接受马叶江辞去第十三届全国人民代表大会代表职务，并报十三届全国人大常委会代表资格审查委员会；决定任命陈小平为江西省人民政府副省长，任命左继生、巫欣春为江西省人大常委会副秘书长，杨泽民、陈惠龙为江西省人大常委会办公厅副主任，免去巫欣春的江西省人大常委会办公厅副主任职务，杨泽民的江西省人大环资委副主任委员职务，任命魏晓奎为江西省监察委员会副主任，赵九重、居国屏为江西省高级人民法院副院长，张勇玲为江西省人民检察院副检察长；通过其他人事任免事项。

省十三届人大常委会第十六次会议于11月25日至27日在南昌举行。省人大常委会主任刘奇，副主任周萌、朱虹、马志武、龚建华、冯桃莲、胡世忠，秘书长韩军和委员共62人出席会议。副省长吴晓军、孙菊生，省高级人民法院院长葛晓燕，省人民检察院检察长田云鹏，省监察委员会、省高级人民法院有关负责人列席会议。列席会议的还有省人大常委会副秘书长、省人大各专门委员会成员、省人大常委会各工作部门负责人，各设区的市人大常委会负责人、省直管县（市）人大常委会主要负责人，以及部分全国人大代表、省人大代表。刘奇主持第一次全体会议，周萌主持第三次全体会议，胡世忠主持第二次全体会议。会议传达学习贯彻中共十九届四中全会精神，省人大常委会主任刘奇就全省人大系统学习贯彻中共十九届四中全会精神提出要求；审议通过《江西省红十字会条例》《江西省旅游者权益保护条例》《江西省中医药条例》《江西省人大常委会关于废止〈江西省资源综合利用条例〉等3件地方性法规的决定》《江西省人大常委会关于修改〈江西省林木种子条例〉等18件地方性法规的决定》和南昌市人大常委会报请批准的《南昌市居家养老服务条例》和《南昌市人大常委会关于废止2件和一揽子修改13件地方性法规的决定》、九江市人大常委会报请批准的《九江市城市道路通行管理条例》、萍乡市人大常委会报请批准的《萍乡市城市绿化条例》、鹰潭市人大常委会报请批准的《鹰潭市户外广告设置管理条例》、上饶市人大常委会报请批准的《上饶市住宅物业管理条例》、抚州市人大常委会报请批准的《抚州市抚河流域水污染防治条例》；听取和审议《江西省农村供水条例》；决定省十三届人大四次会议于2020年1月15日在南昌召开；听取和审议省政府《关于我省农村饮用水保护情况的报告》，并召开联组会议就江西省农村饮用水保护情况开展专题询问；听取和审议省政府《关于2018年度省级预算执行和其他财政收支审计查出问题整改情况的报告》，并召开联组会议听取和审议省人大常委会预算工委《关于2018年度省级预算执行和其他财政收支审计查出问题整改督办情况的报告》，就29个部门预算执行和决算草案审计查出问题整改情况、11个设区的市中心城区民生保障资金和惠民项目审计查出问题整改情况开展满意度测评；听取和审议省政府《关于我省民族地区经济社会发展情况的报告》，省人大常委会执法检查组《关于检查〈中华人民共和国义务教育法〉和〈江西省义务教育条例〉实施情况的报告》；听取和审议省人大农委《关于开展2019年助推乡村振兴活动情况的报告》和省人大环资委《关于开展2019年环保赣江行活动情况的报告》；审议《省人大财经委关于省十三届人大三次会议主席团交付审议的代表提出的议案审议结果的报告（书面）》；通过有关人事任免事项。

监督工作

【听取和审议专项工作报告】 省人大常委会听取和审议省政府关于困难群众生活救助工作情况的报告、关于江西省九大农业产业发展工程实施情况的报告、关于扫黑除恶专项斗争开展情况的报告、关于江西省电子信息产业发展情况的报告、关于2018年度金融企业国有资产管理情况的专项报告、关于农村饮用水保护情况的报告、关于江西省民族地区经济社会发展情况的报告；审议省政府关于2018年度国有资产管理情况的综合报告（书面），省高级人民法院关于全省法院基层基础工作情况的报告，省人民检察院关于刑事执行检察工作情况的报告。

【计划预算监督】 省人大常委会听取和审议省政府关于2019年上半年国民经济和社会发展计划执行情况的报告、关于2018年省级决算和2019年上半年预算执行情况的报告、关于2018年度省级预算执行和其他财政收支的审计工作报告、关于2018年度省级预算执行和其他财政收支审计查出问题整改情况的报告，审查2019年省级一般公共预算和政府性基金预算调整方案以及2019年地方政府债务限额，通过《关于批准2018年省级决算的决议》，对省卫健委2018年部门决算草案和全省基本公共卫生服务项目资金管理使用情况进行重点审查；通过《江西省人民代表大会常务委员会关于批准2019年省级一般公共预算和政府性基金预算调整方案以及2019年地方政府债务限额的决议》。

【法律法规实施情况检查】 省人大常委会对《江西省发展个体私营经济条例》《江西省企业权益保护条例》《江西省中小企业促进条例》《中华人民共和国自然保护区条例》《中华人民共和国义务教育法》《江西省义务教育条例》进行执法检查。配合全国人大常委会开展水污染防治法、渔业法执法检查。

【专项监督】 关注特殊群体利益保护，开展妇女儿童健康权益保障工作情况专题调研，针对调研中发现的问题，召集省直相关部门研究解决办法，促进妇女儿童事业发展；以“聚焦产业兴旺”为主题，开展助推乡村振兴活动，推动农业特色主导产业发展，农村人居环境改善和脱贫攻坚进程；围绕打造美丽中国“江西样板”，以“关爱生命健康，保障农村饮水安全”为主题，开展环保赣江行活动，推动各地加强农村饮用水源保护，保障农村饮水安全。

【创新开展监督工作】 深入学习宣传实施宪法，推行宪法知识任前考试制度，完善实施宪法宣誓制度办法，对宪法宣誓制度实施情况进行深入督查。完善省人大常委会领导担任执法检查组组长并作执法检查报告制度，把法律法规建立起来的制度优势转化为治理效能。环保赣江行活动通过开展跟踪监督、全面暗访、新闻发布、检查采访、制作播放专题片、专题询问等方式，加大监督问效力度。

决定重大事项

【关于会议召开时间的决定】 根据工作需要，省十三届人大常委会第十次会议决定，原定1月22日召开的江西省第十三届人民代表大会第三次会议，推迟到1月27日召开。根据省十三届人大常委会第十六次会议决定，江西省第十三届人民代表大会第四次会议于2020年1月15日在南昌召开，并提出会议议程建议。

【关于全面纵深推进扫黑除恶专项斗争的决定】 省十三届人大常委会第十次会议就全面纵深推进扫黑除恶专项斗争作出决定，提出6个方面的要求：深入贯彻落实全面依法治国新理念新思想新战略，以更坚定的决心和意志纵深推进扫黑除恶专项斗争；不断加大依法打击力度，增强人民群众安全感和满意度；坚持扫黑除恶与反腐败斗争紧密结合，深挖彻查黑恶势力"保护伞"；强化基层基础建设、创新社会治理，健全防止黑恶势力滋生蔓延长效机制；坚持专群结合、依靠群众，营造同黑恶势力作斗争的浓厚氛围；坚持依法履职、齐抓共管，确保扫黑除恶专项斗争部署措施落到实处。

【关于批准江西省耕地占用税适用税额方案的决议】 省十三届人大常委会第十四次会议审查了省政府提交的《关于江西省耕地占用税适用税额方案（草案）》，同意省人大财经委提出的《关于江西省耕地占用税适用税额方案（草案）的审查报告》，决定批准《江西省耕地占用税适用税额方案》。

【关于修改《江西省人大常委会关于在长埈、珠湖、新华地区设置人民检察院的决定》的决定】 省十三届人大常委会第十三次会议决定，对《江西省人民代表大会常务委员会关于在长埈、珠湖、新华地区设置人民检察院的决定》作修改：将标题及正文中的"设置"修改为"设立"，将"江西省南昌市长埈地区人民检察院"修改为"江西省南昌长埈地区人民检察院"，将"以上三个人民检察院由江西省人民检察院派出"修改为"作为江西省人民检察院的派出机构"，删除"分别委托南昌市人民检察院和江西省人民检察院上饶分院、宜春分院管理"的表述，将"依法行使县级人民检察院的职权"修改为"依法行使基层人民检察院的职权"。

【关于批准2019年省级一般公共预算和政府性基金预算调整方案以及2019年地方政府债务限额的决议】 省十三届人大常委会第十三次会议审查省政府提交的2019年省级一般公共预算和政府性基金预算调整方案（草案）以及2019年地方政府债务限额，同意省人大财经委提出的《关于2019年省级一般公共预算和政府性基金预算调整方案（草案）以及2019年地方政府债务限额的审查报告》，决定批准2019年江西省省级一般公共预算和政府性基金预算调整方案，批准2019年全省地方政府债务限额为6479.2亿元。

【关于批准2018年省级决算的决议】 省十三届人大常委会第十四次会议听取省政府关于2018年省级决算和2019年上半年预算执行情况的报告和关于2018年度省级预算执行和其他财政收支的审计工作报告，结合审议审计工作报告对《江西省2018年省级决算（草案）》和省级决算的报告进行审查，同意省人大财经委提出的《关于2018年省级决算草案的审查报告》，决定批准《江西省2018年省级决算》。

【关于确定白鹤为江西省"省鸟"的决定】 省十三届人大常委会第十五次会议审议《江西省人民政府关于提请审议江西省"省鸟"的议案》，同意确定白鹤为江西省"省鸟"。同时要求各级政府要深入贯彻落实习近平生态文明思想，牢固树立尊重自然、顺应自然、保护自然的生态文明理念，加强对"省鸟"的宣传和对鸟类资源的保护。

选举和任免

【省人民代表大会选举任免】 省十三届人大三次会议，补选胡世忠为省人大常委会副主任，选举肖德福、周雍为省人大常委会委员。通过魏民为省人大监察和司法委员会主任委员，胡永新、陈晓春、肖德福、陈友锦为副主任委员，傅顺心、宋树欣、傅春（女）为委员；龚绍林为省人大社会建设委员会主任委员。

【省人大常委会选举任免】 2019年，省人大常委会坚持党管干部与人大依法任免相结合，做好选举和人事任免工作。

省十三届人大常委会第十次会议，决定免去龚绍林的省人大常委会选任联工委主任职务，免去房永波的南昌长埈地区人民检察院检察员职务。

省十三届人大常委会第十一次会议，补选易炼红为十三届全国人大代表。

省十三届人大常委会第十二次会议，决定任命徐忠为省人大常委会选任联工委主任；任命舒仁庆、饶剑明为省人大社会建设委副主任委员，马力为省人大社会建设委委员；免去肖德福的省监察委副主任职务；任命陈建平为省高级人民法院审判委员会委员、审判员，楼赟为南昌铁路运输法院行政审判庭庭长，曾艾雪为南昌铁路运输法院行政审判庭副庭长，免去姜勇、周素阳、吴晓安的省高级人民法院审判员职务，任命黄宗潮为省人民检察院南昌铁路运输分院检察委员会委员，免去张传志的上饶珠湖地区人民检察院副检察长、检察委员会委员职务。

省十三届人大常委会第十三次会议，任命韩燕为省人大社会建设委副主任委员，决定任命陈蔚为省人大常委会选任联工委副主任，免去姚卫东、王壬、帅清华的省人民检察院检察员职务。

省十三届人大常委会第十四次会议，决定接受刘强辞去江西省人民政府副省长职务的请求，并报省十三届人大四次会议备案；决定免去任江南的省人大常委会副秘书长职务，郭玉元的省人大常委会办公厅副主任职务；任命李平、万进福、江都颖、张维、孙明、何全伟、岑丽琼、谢丽萍、刘瑾、古豪莉为省高级人民法院审判员，廖晓娇为南昌铁路运输法院审判员，免去何大新的省高级人民法院审判委员会委员、审判员职务；任命喻志蕴、黎娟、陈芳华、胡园园为省人民检察院检察员，方艳为南昌铁路运输检察院检察员，王丽为南昌长堎地区人民检察院检察员，免去刘健吾的省人民检察院南昌铁路运输分院检察委员会委员、检察员职务，免去郭云水的南昌长堎地区人民检察院检察长职务。

省十三届人大常委会第十五次会议，决定任命陈小平为江西省人民政府副省长；决定任命左继生、巫欣春为省人大常委会副秘书长，杨泽民、陈惠龙为省人大常委会办公厅副主任，决定免去巫欣春的省人大常委会办公厅副主任职务，免去杨泽民的省人大环资委副主任委员职务；任命魏晓奎为省监察委副主任，赵九重、居国屏为省高级人民法院副院长，张勇玲为省人民检察院副检察长；任命邹中华为省高级人民法院审判委员会委员、审判员，邹宇平为南昌铁路运输中级法院院长、审判委员会委员、审判员，免去陈修腾的南昌铁路运输中级法院院长、审判委员会委员、审判员职务，任命吴曙明为南昌长堎地区人民检察院副检察长、检察委员会委员、检察员，免去黄永茂的省人民检察院检察委员会委员、检察员职务，免去黄云南、王谷、严正、郑良军、谢菲、陈强、熊明、冷小坚、宋尚华、罗润慈、周志彬、祝光红、周立平、钟鸣、杨光明、邬春明、段娜、陈淑琴、黄作颖、熊在保、黄建平、周巍、袁洁、赵福顺、郭红、王建辉、曹国定、蔡赣农、涂玉明、郑国良、姚彦吉、邓晓明、黄欣、李丽芬、刘清涛、康非的省人民检察院检察员职务，免去邢宏禄、陈刚、万光明、胡伟明、汪晨、陆炳忠、庞国平的省人民检察院南昌铁路运输分院检察员职务，免去成亮、刘斌的南昌铁路运输检察院检察委员会委员、检察员职务，免去徐剑平、黎青、黄坚的南昌铁路运输检察院检察员职务，免去胡贤清的江西省南昌长堎地区人民检察院检察委员会委员、检察员职务，免去罗继礼、姜莉、魏荣辉的南昌长堎地区人民检察院检察员职务，免去张国才的上饶珠湖地区人民检察院检察委员会委员、检察员职务，免去余雄伟、黄昊的上饶珠湖地区人民检察院检察员职务，免去熊志坚、吴子郡的宜春新华地区人民检察院检察委员会委员、检察员职务，免去周治平的宜春新华地区人民检察院检察员职务。

省十三届人大常委会第十六次会议，任命周印军为上饶珠湖地区人民检察院副检察长、检察委员会委员、检察员，免去詹荣宗、赵志强的省人民检察院检察员职务，免去刘向阳的上饶珠湖地区人民检察院检察长职务。

4月24日，省委书记、省人大常委会主任刘奇以人大代表身份，到九江市浔阳区人民路街道庐南社区人大代表联络工作站接待选民

侯洁茹摄

代表工作

【办理代表建议】 省十三届人大三次会议期间，代表们围绕经济发展、民生改善、生态保护，向大会提交建议446件。会后，省人大常委会将这些建议及时交有关机关、组织办理。办理工作涉及60个单位和11个设区的市政府。在各方的共同努力下，已办理完毕并答复代表。从办理结果看：代表所提问题已获解决或基本解决的（A类）256件，占总数57.4%；正在解决或有关工作已经启动的（B类）167件，占总数37.4%；因条件所限暂时难以解决或留作参考的（C类）23件，占总数5.2%。从代表反馈意见来看，对办理工作表示满意的439件，占98.4%；基本满意的7件，占1.6%。

【健全代表联系机制】 建立省人大常委会领导与列席常委会会议的基层人大代表座谈制度，推进人大代表联络工作站建设向村组、社区延伸，建成3518个代表联络工作站，畅通社情民意表达和反映渠道。有计划组织安排县（市、区）人大常委会主任列席省人大常委会会议，邀请省人大代表参加省人大常委会及专工委调研视察、执法检查等330余人次，列席省人大常委会会议70余人次。

【组织闭会期间代表活动】 加强代表履职培训，举办两期省人大代表履职培训班，组织省人大代表赴瑞金探寻人民代表大会制度的初心；协助全国人大常委会办公厅在赣州举办全国人大代表学习班，配合组织全国人大代表参加学习培训44人次。改进代表视察调研工作，各级代表中的领导干部带头围绕高质量发展、乡村振兴、脱贫攻坚等主题开展专题调研、集中视察。持续深入推进“脱贫攻坚人大代表在行动”专项活动，引导全省各级人大代表通过自身优势和能力，采取不同途径和方式，助力打好脱贫攻坚战。

（省人大常委会办公厅）

本栏编辑　张志勇

江西省人民政府

综　述

2019年，全省政府系统坚持以习近平新时代中国特色社会主义思想为指导，全面贯彻中共中央总书记习近平视察江西重要讲话精神和国务院总理李克强在江西考察时的指示要求，坚持稳中求进工作总基调，贯彻新发展理念，落实高质量发展要求，聚焦推进高质量跨越式发展首要战略，统筹做好稳增长、促改革、调结构、优生态、惠民生、防风险、保稳定各项工作。全省地区生产总值增长8%；财政总收入增长5.4%，一般公共预算收入增长4.8%，规模以上工业增加值增长8.5%，固定资产投资增长9.2%，全社会消费品零售总额增长11.3%，主要经济指标增速继续位居全国前列，完成全年各项预期目标任务。

*坚持对标看齐，政治定力持续增强。*按照中央和省委部署，紧密结合政府工作实际，以"守初心、担使命，找差距、抓落实"总要求，以"理论学习有收获、思想政治受洗礼、干事创业敢担当、为民服务解难题、清正廉洁作表率"为具体目标，坚持把学习教育、调查研究、检视问题、整改落实贯通起来，以答好"时代之问"为导向，持续推动主题教育往深里走、往心里走、往实里走。坚持发扬理论联系实际的马克思主义学风，把习近平新时代中国特色社会主义思想作为解决一切问题的"金钥匙"，以中共中央总书记习近平对江西提出的"作示范、勇争先"目标定位和"五个推进"更高要求引领江西高质量跨越式发展，做到学思悟贯通、知信行统一。始终把党的政治建设摆在首位，在任何时候任何情况下都忠诚核心、拥戴核心、捍卫核心，做到党中央提倡的坚决响应、中共中央决定的坚决执行、中共中央禁止的坚决杜绝。牢记"五个必须""五个决不允许"，严防"七个有之"，严格遵守请示报告制度，严格按规则和程序办事，做到在政治纪律和政治规矩上绝不含糊，不断增强自我净化、自我完善、自我革新、自我提高的自觉性和坚定性。

*坚持担当实干，发展态势保持稳健。*全面实施"一圈引领、两轴驱动、三区协同"区域发展战略，着力打造大南昌都市圈，加快建设以沪昆高铁（江西段）和京九高铁（江西段）"一纵一横"为主骨架的高铁经济带，推进赣东北开放合作、赣西转型升级，加快赣南等原中央苏区振兴发展步伐。持续深化供给侧结构性改革，坚决贯彻"巩固、增强、提升、畅通"方针，稳妥有序去产能，钢铁去产能提前完成"十三五"任务，煤炭去产能完成年度任务。全面实施"2+6+N"产业高质量跨越式发展行动计划，航空、电子信息、中医药、新材料等产业营业收入实现两位数增长。第三产业增加值占全省地区生产总值比重同比提高2.7个百分点，三次产业结构优化为8.3∶44.2∶47.5。深入实施创新驱动发展战略，推进加大全社会研发投入攻坚行动，工业技改投资增长45%，全社会研发投入占地区生产总值比重1.8%。积极打造内陆双向开放新高地，深化对内对外开放对接，"三请三回"和"三企"入赣工作取得成效，全省实际利用外资增长8%。推动每个国家级、省级开发区分别至少引进一个投资超50亿元、超20亿元的产业项目，"5020"项目覆盖率95.1%。全面落实减税降费政策，新出台30条惠企新政，开展优化提升营商环境十大行动，全年为企业减负1450亿元。着力打好防范化解重大风险攻坚战，建立地方政府债务风险预警提示和隐性债务风险等级评定机制，启动打好防范化解重大金融风险攻坚战行动，坚决落实国家房地产调控政策，各类风险总体可控。着力打好精准脱贫攻坚战，全年41.1万贫困人口脱贫，剩余7个贫困县全部达到摘帽条件，剩余387个贫困村全部退出。推进城镇贫困群众脱贫解困工作，城镇贫困群众减少23.7万人。着力打好污染防治攻坚战，全面实施打赢污染防治攻坚战八大标志性战役、30个专项行动，全省$PM_{2.5}$年平均浓度达国家二级标准，7个设区市空气质量达国家二级标准。扎实推进国家生态文明试验区建设，生态环境保护工作责任规定、"以奖代补"正向激励机制等6项制度创新走在全国前列。切实保障和改善民生，年初确定的51件民生实事全面完成，教育、医疗、保障、社会稳定等各项民生事业稳步发展。

*坚持制度创新，治理能力不断提升。*深入推进忠诚型、创新型、担当型、服务型、过硬型"五型"政府建设，让抓落实成为全省各级政府的鲜明特质。全面完成省、市、县机构改革，扎实推进事业单位改革，机构职能优化更加协同高效。建立和实行及时奖励制度，分3批奖励71个集体和21名个人，树立重实干、重基层、重一线的鲜明导向。开展法治政府建设示范创建，全面实施行政执法公示制度、执法全过程记录制度、重大执法决定法制审核制度。深入推进"放管服"改革，取消和调整省本级行政权力事项39项，116个省级"信息孤岛"全部打通，"赣服通"市县分厅全部上

线,“掌上办”事项数量和证照种类居全国首位。建立集中破解制约高质量跨越式发展突出问题长效机制,2018年摸排的449个问题全部办结,新梳理的312个问题正在办理。推进“三减三强两倡导”。开展精简文件简报、精简会议活动、精简督查考核,强化问题破解、强化大干项目、强化政务服务,倡导“一线工作法”、倡导“尽职尽责敢担当、不为乱为皆问责”。全年,以省政府及省政府办公厅名义召开的综合性会议同比下降66.7%,印发文件下降30.5%,督查考核下降90.8%。持续推进政府系统党风廉政建设和反腐败斗争,坚决反对“四风”特别是形式主义、官僚主义,持续深入整治“怕、慢、假、庸、散”等作风顽疾,巩固风清气正的政治生态,政府公信力有效提升。

(省政府办公厅)

重要会议

【省政府全体会议】 1月15日,省长易炼红召开省政府全体会议,传达学习十九届中央纪委三次全会精神,部署全省政府系统党风廉政建设工作;讨论《政府工作报告(讨论稿)》,部署当前及下一步工作。孙新阳、毛伟明、刘强、孙菊生、吴晓军、胡强、张小平出席。

1月31日,省长易炼红召开省政府全体会议,学习贯彻全省“两会”精神,部署省《政府工作报告》重点任务落实工作。吴晓军、孙菊生、吴忠琼、胡强、张小平出席。

11月27日,省长易炼红召开中共十九届四中全会精神宣讲报告会,深入学习贯彻中共十九届四中全会精神,加快构建系统完备、科学规范、运行高效的政府机构职能体系和职责明确、依法行政的政府治理体系,推进政府治理体系和治理能力现代化,打造忠诚干净担当的人民满意型政府。吴晓军、孙菊生、吴忠琼、胡强、张小平出席。

【省政府常务会议】 1月9日,省长易炼红主持召开第18次省政府常务会议。会议传达学习中共中央总书记习近平在中央政治局民主生活会上的重要讲话精神、在十九届中央政治局第十一次集体学习时的重要讲话精神、在《地方退役军人服务管理体系建设情况》上的重要批示精神、向国家综合性消防救援队伍授旗时所致训词精神。会议传达学习中纪委书记赵乐际在中央纪委常委会专题学习中共中央总书记习近平庆祝改革开放40周年大会等重要讲话时的讲话精神。会议听取并原则同意省政府研究室李能关于政府工作报告的汇报,根据会议提出的意见进行修改完善,经省政府全体会议讨论后,按程序报省委常委会审定,并提请省十三届人大三次会议审议。会议听取并原则同意省政府办公厅张小平关于全国政府秘书长和办公厅主任会议精神及江西省贯彻意见的汇报、关于推动高质量跨越式发展亟待解决主要困难问题首批清单办理情况及下一步工作建议的汇报。会议听取并原则同意省发展改革委张和平关于国家生态文明试验区(江西)建设情况的报告,根据会议提出的意见进行修改完善,按程序报省委常委会审定后,提请省十三届人大三次会议审议。会议听取并原则同意省司法厅王国强关于省政府2019年立法工作计划的汇报。会议听取并原则同意省文化和旅游厅池红关于南昌八一起义纪念馆等“四馆”管理体制理顺工作实施方案的汇报。会议听取并原则同意省民政厅刘金接关于加强和改进生活无着的流浪乞讨人员救助管理工作实施意见的汇报。会议听取省水利厅罗小云关于江西省水利规划设计研究院转企改制方案的汇报。

1月25日,省长易炼红主持召开第19次省政府常务会议。会议传达学习中共中央总书记习近平在中央政法工作会议上的重要讲话精神。会议听取并原则同意省农业农村厅江枝英关于坚持农业农村优先发展做好“三农”工作实施意见的汇报。会议听取并原则同意省商务厅刘翠兰关于江西省进一步激发商贸消费潜力促进商贸消费升级三年行动方案(2019—2021年)的汇报。会议听取并原则同意省残联何剑锋关于开展建档立卡失能贫困重度残疾人照护和托养工作指导意见的汇报。会议研究省政府2月份重点工作。

2月17日,省长易炼红主持召开第20次省政府常务会议。会议传达学习中共中央总书记习近平在中共中央政治局第十二次集体学习时的重要讲话精神。会议传达学习国务院总理李克强在银保监会调研座谈会上的讲话精神、在听取审计工作汇报时的讲话精神、在国家科技领导小组第一次全体会议上的讲话精神。会议听取并原则同意省财政厅朱斌关于防范化解地方政府隐性债务风险实施意见的汇报。会议听取并原则同意省通信管理局熊觉非关于《江西省5G发展规划(2019—2023年)》的汇报。会议听取并原则同意省工业和信息化厅杨贵平关于《江西省“2+6+N”产业高质量跨越式发展行动计划(2019—2023年左右)》的汇报。会议听取并原则同意省发改委张和平关于《江西省实施数字经济发展战略的意见》的汇报。会议对做好一季度经济工作提出要求。

2月24日,省长易炼红主持召开第21次省政府常务会议。会议传达学习国务院总理李克强关于全国市场监管系统持续深化改革优化营商环境工作座谈会的批示精神、关于安全生产工作的批示精神。会议听取并原则同意省政府办公厅张小平关于全省政府系统推动“三减三强两倡导”深化“五型”政府建设推进高质量跨越式发展若干措施的汇报。会议听取全省公安机关扫黑除恶专项斗争领导小组关于全省公安机关扫黑除恶专项斗争工作情况的汇报,原则同意提出的下一步工作建议。会议研究省政府3月份重点工作。

3月25日,省长易炼红主持召开第22次省政府常务会议。会议传达学习中共中央总书记习近平在中央政治局第十三次集体学习时的重要讲话精神、在中央党校(国家行政学院)中青年干部培训班开班式上的重要讲话精神。会议传达学习中共中央总书记习近平、国务院总理李克强对江苏响水天嘉宜化工有限公司“3·21”爆炸事故重要指示批示精神。会议传达学习中央领导对江西工作的有关指示精神。会议传达学习脱贫攻坚专项巡视整改工作电视电话会议精神。会议听取并原则同意省政务服务办廖裕良关于深入推进“放管服”改革全面优化政务服务若干措施的汇报。会议听取并原则同意省自然资源厅张圣泽关于实施“节地增效”行动指导意见的汇报、关于城乡建设用地增减挂钩节余指标调剂实施细则及跨设区市补充耕地省级统筹调剂管理办法的汇报。会议听取并原则同意省司法厅王国强关于全面推行行政执法公示制度执法全过程记录制度重大执法决定法制审核制度实施方案的汇报。会议研究省政府4月份重点工作。

4月9日，省长易炼红主持召开第23次省政府常务会议。会议听取省发展改革委张和平、省统计局万庆胜、省工业和信息化厅杨贵平、省财政厅朱斌、省农业农村厅胡汉平、省商务厅刘翠兰、省金融监管局韦秀长关于全省一季度经济运行情况的汇报，分析全省一季度经济形势，部署下一阶段工作。会议听取省工业强省建设工作领导小组办公室杨贵平关于全省工业高质量发展考核评价有关情况的汇报，原则同意评出的2018年度全省工业高质量发展先进市、县(市、区)名单，以省工业强省建设工作领导小组名义印发。会议听取省商务厅刘翠兰关于第十一届中国中部投资贸易博览会有关情况的汇报，原则同意提出的《第十一届中国中部投资贸易博览会江西省筹备工作方案》《第二届世界赣商大会方案》，以省政府办公厅名义印发。

4月26日，省长易炼红主持召开第24次省政府常务会议。会议传达学习中共中央总书记习近平对民政工作重要指示、国务院总理李克强重要讲话和第十四次全国民政会议主要精神，原则同意贯彻落实意见。会议传达学习李克强在深化增值税改革准备工作座谈会上的讲话精神。会议听取并原则同意省人力资源和社会保障厅刘三秋、省财政厅朱斌，关于建立和实行及时奖励制度激励担当作为工作方案的汇报。会议听取并原则同意省国资委陈德勤关于省直党政机关和国有企事业单位培训疗养机构脱钩移交深化改革实施方案的汇报。会议听取并原则同意省发展改革委张和平关于完善赣江新区管理体制实施方案的汇报。会议听取并原则同意省司法厅王国强、省发展改革委张和平关于江西省开发区条例的汇报。会议研究省政府5月份重点工作。

5月10日，省长易炼红主持召开第25次省政府常务会议。会议传达学习4月19日中央政治局会议精神。会议传达学习中央财经委员会第四次会议精神。会议传达学习中共中央总书记习近平在第二届“一带一路”国际合作高峰论坛上的重要讲话精神。会议听取并原则同意省交通运输厅王爱和关于全省港口资源整合工作方案的汇报。会议听取并原则同意省发展改革委张和平关于江西省优化提升营商环境十大行动方案的汇报。会议听取省文化和旅游厅池红关于庐山体制改革和旅游发展专题调研情况的报告，确定由省文化和旅游厅按照“一体化、集团化、专业化、市场化”原则制定改革方案，按程序报省政府审定后，提请省委常委会审议。会议听取并原则同意省中医药管理局谢光华关于促进热敏灸产业发展实施意见的汇报。会议听取并原则同意省教育厅叶仁荪关于全面加强乡村小规模学校和乡镇寄宿制学校建设实施意见的汇报。会议听取并原则同意省财政厅朱斌关于江西省2019年新增政府债务限额安排意见的汇报。

5月30日，省长易炼红主持召开第26次省政府常务会议。会议传达学习中共中央总书记习近平在全国公安工作会议上的重要讲话和全国公安工作会议精神。会议传达学习《关于深化统计管理体制改革提高统计数据真实性的意见》《统计违纪违法责任人处分处理建议办法》《防范和惩治统计造假、弄虚作假督察工作规定》等文件精神。会议听取并原则同意省文化和旅游厅池红关于《江西省旅游产业高质量发展三年行动计划(2019—2021年)》的汇报。会议听取并原则同意省住房和城乡建设厅吴昌平关于《江西省全面开展工程建设项目审批制度改革实施方案》的汇报。会议听取省自然资源厅张圣泽关于全国违建别墅问题清查整治电视电话会议精神的汇报，原则同意提出的贯彻意见。会议听取并原则同意省民政厅樊胜、南昌市政府刘建洋关于南昌市部分行政区划调整有关情况的汇报。会议研究省政府6月份重点工作。

6月26日，省长易炼红主持召开第27次省政府常务会议。会议传达学习中央全面深化改革委员会第八次会议精神。会议传达学习中央审计委员会第二次会议精神。会议传达学习全国深化“放管服”改革优化营商环境电视电话会议精神。会议听取并原则同意省发展改革委张和平关于《大南昌都市圈发展规划(2019—2025年)》的汇报。会议听取并原则同意省工业和信息化厅杨贵平关于推动落后烟花爆竹生产企业整顿退出工作指导意见的汇报。会议听取并原则同意省消防救援总队宋树欣关于深入贯彻落实中共中央总书记习近平重要训词精神推进全省消防救援事业高质量发展意见的汇报。会议听取并原则同意省农业农村厅江枝英关于加快推进农业机械化升级和农机装备产业振兴实施意见的汇报。会议听取省卫生健康委曾传美关于2019年全国医改工作电视电话会议精神的汇报，原则同意提出的贯彻意见。会议听取并原则同意省司法厅王国强关于《江西省司法鉴定条例(修订草案)》的汇报。会议听取并原则同意省司法厅王国强、省发展改革委张和平关于《江西省生态文明建设促进条例(草案)》的汇报。会议听取省人力资源和社会保障厅刘三秋、省财政厅朱斌、省公务员局谌建荣关于首批及时奖励实施情况的汇报，原则同意首批及时奖励建议名单。会议研究省政府7月份重点工作。

7月30日，省长易炼红主持召开第28次省政府常务会议。会议传达学习中共中央总书记习近平在内蒙古考察并指导开展“不忘初心、牢记使命”主题教育时的重要指示精神。会议听取省禁毒办涂建生关于全国禁毒工作电视电话会议精神及全省禁毒工作情况的汇报，原则同意提出的下一步工作建议。会议听取并原则同意省国资委陈德勤关于《江西省数字产业集团有限公司组建方案》的汇报。会议听取并原则同意省国资委陈德勤关于《江西省康养集团有限公司组建方案》的汇报。会议听取并原则同意省教育厅叶仁荪关于进一步促进高等学校科技成果落地江西实施意见的汇报。会议听取并原则同意省财政厅朱斌关于《江西省划转部分国有资本充实社保基金实施方案》的汇报。会议研究省政府8月份重点工作。

8月29日，省长易炼红主持召开第29次省政府常务会议。会议传达学习7月30日中央政治局会议精神，研究贯彻落实意见。会议听取并原则同意省发展改革委张和平关于认真贯彻中央有关文件精神做好下一步经济工作实施意见的汇报。会议听取省审计厅辜华荣关于2018年度中央、省级预算执行和其他财政收支审计查出主要问题及初步整改情况的汇报，原则同意提出的下一步工作安排。会议听取并原则同意省文化和旅游厅池红关于深化庐山管理体制改革方案的汇报。会议听取省退役军人厅欧阳泉华关于全国退役军人工作会议精神的汇报，原则同意提出的贯彻落实意见。会议听取并原则同意省发展改革委张和平关于《江西省高铁经济带发展规划（2019—2025年）》的汇报。会议听取并原则同意省农业农村厅胡汉平关于加快建立非洲猪瘟防控长效机制切实稳定生猪生产和市场供应实施意见的汇报。会议听取并原则同意省自然资源厅张圣泽关于江西省国土空间规划（2019—2035年）编制工作方案的汇报。会议听取并原则同意省司法厅凌云关于第一批一揽子修改50件地方性法规和43件江西省人民政府规章的汇报。会议听取并原则同意省司法厅凌云、省卫生健康委丁晓群关于《江西省中医药条例（草案）》的汇报。会议听取并原则同意省司法厅凌云、省文化和旅游厅池红关于《江西省旅游者权益保护条例（草案）》的汇报。会议听取并原则同意省财政厅朱斌关于严格财政收支预算管理加大开源节流挖潜力度若干措施通知的汇报。会议研究省政府9月份重点工作。

9月9日，省长易炼红主持召开第30次省政府常务会议。会议传达学习中央财经委员会第五次会议精神。会议听取并原则同意省发展改革委张和平关于建立健全城乡融合发展体制机制和政策体系实施意见的汇报。会议听取并原则同意省发展改革委张和平关于《江西省营商环境评价实施方案（试行）》的汇报。会议听取并原则同意省发展改革委张和平关于进一步降低企业成本30条政策措施的汇报。会议听取并原则同意省民政厅刘金接、宜春市政府王水平关于万载县撤县设区有关情况的汇报。会议听取并原则同意省人力资源和社会保障厅刘三秋、省财政厅朱斌、省公务员局屈泉关于第二批及时奖励实施情况的汇报。

9月30日，省长易炼红主持召开第31次省政府常务会议。会议传达学习中共中央总书记习近平在黄河流域生态保护和高质量发展座谈会上的重要讲话精神、在黄河流域生态保护和高质量发展座谈会上的重要讲话精神。会议传达学习中值通字〔2019〕6号文件精神。会议听取省科技厅万广明关于2018年度江西省科学技术奖评审工作情况的汇报，原则同意提出的省科学技术奖拟授奖名单，按程序报省政府审定，以省政府名义印发。会议听取并原则同意省生态环境厅罗小璋关于《江西省生态环境保护工作责任规定》的汇报。会议听取并原则同意省生态环境厅罗小璋关于《江西省生态环境保护督察工作规定》的汇报。会议听取并原则同意省人力资源的社会保障厅刘三秋关于2018年度省直机关绩效考核情况的汇报。会议听取并原则同意省考核评价工作领导小组办公室万庆胜关于《2018年度江西省高质量发展考评结果》及《2019年度江西省高质量发展考核评价实施意见》的汇报。会议研究省政府10月份重点工作。

10月12日，省长易炼红主持召开第32次省政府常务会议。会议传达学习中共中央总书记习近平在中央政治局第十七次集体学习时的重要讲话精神。会议听取省发展改革委张和平、省统计局万庆胜、省工业和信息化厅杨贵平、省财政厅朱斌、省农业农村厅江枝英、省商务厅刘翠兰、省金融监管局韦秀长关于全省前三季度经济运行情况的汇报，分析全省前三季度经济形势，部署下一阶段工作。会议听取并原则同意省发展改革委张和平关于支持赣东北开放合作推动高质量跨越式发展若干意见和支持赣西转型升级推动高质量跨越式发展若干意见的汇报。会议听取并原则同意省教育厅肖志华关于整合江西经济管理干部学院和江西省吉安航空运动学校资源设置江西飞行学院方案的汇报。会议听取并原则同意省自然资源厅张圣泽关于建立国土空间规划体系并监督实施意见的汇报。会议听取并原则同意省工业和信息化厅杨贵平、南昌市政府刘建洋关于2019世界VR产业大会筹备工作进展情况的汇报。

10月23日，省长易炼红主持召开第33次省政府常务会议。会议传达学习《关于建立房地产市场平稳健康发展城市主体责任制的通知》精神。会议听取并原则同意省卫生健康委丁晓群关于健康江西行动实施意见的汇报。会议听取并原则同意省医保局梅亦关于《江西省落实国家组织药品集中采购和使用试点工作实施方案》《江西省药品带量采购和使用工作实施方案》的汇报。会议听取并原则同意省市场监管局王福平关于江西省食品违法行为举报奖励办法的汇报。会议听取并原则同意省司法厅王国强、省水利厅杨丕龙关于《江西省农村供水条例（草案）》的汇报。会议听取并原则同意省卫生健康委丁晓群关于江西省计划生育协会改革方案的汇报。会议听取省科技厅万广明关于2019年度江西省主要学科学术和技术带头人资助计划评审情况的汇报，原则同意评出的资助对象名单。会议研究省政府11月份重点工作。

11月6日，省长易炼红主持召开第34次省政府常务会议。会议深入学习中共十九届四中全会精神，研究贯彻落实意见。会议传达学习中共中央总书记习近平在中央政治局第十八次集体学习时的重要讲话精神。会议听取并原则同意省金融监管局韦秀长关于《江西省实施打好防范化解重大金融风险攻坚战行动方案》的汇报。会议听取并原则同意省交通运输厅罗文江关于《江西省港口集团有限公司组建方案》的汇报。会议听取并原则同意省医保局梅亦关于《江西省生育保险和职工基本医疗保险合并实施办法》的汇报。会议听取并原则同意省司法厅王国强关于废止3件修改13件地方性法规、废止3件修改11件省政府规章的汇报。

11月26日，省长易炼红主持召开第35次省政府常务会议。会议传达学习国务院总理李克强考察江西重要讲话精神，研究江西省政府系统贯彻落实意见。会议听取并原则同意省发展改革委张和平《关于加快建设具有江西特色的现代化经济体系的实施意见》的汇报。会议听取省中医药管理局谢光华关于《中共中央国务院关于促进中医药传承创新发展的意见》和全国中医药大会精神的汇报，原则同意提出的贯彻落实意见。会议听取并原则同意省推进长江经济带发展领导小组办公室张和平关于推动长江经济带发展有关会议精神及下一步工作打算的汇报、省生态环境厅罗小璋关于《国家第二轮长江经济带生态环境警示片披露问题整改方案》的汇报。会议听取省人力资源和社会保障厅刘三秋关于第三批及时奖励评选情况的汇报，原则同意《第三批及时奖励建议名单》，修改完善后按程序提请省委常委会审议。会议研究省政府12月份重点工作。

12月20日，省长易炼红主持召开第36次省政府常务会议。会议传达学习中共中央总书记习近平在中央政治局第十九次集体学习时的重要讲话精神。会议听取并原则同意省政府研究室李能关于《易炼红同志在省委经济工作会议上的讲话》的汇报，根据会议提出的意见进行修改完善，按程序提请省委常委会审议。会议听取并原则同意省发展改革委张和平关于2019年全省计划执行情况和2020年经济工作建议的汇报。会议听取并原则同意省财政厅朱斌关于2020年民生实事工程安排方案的汇报。会议听取并原则同意省发展改革委张和平关于国家生态文明试验区（江西）建设情况的汇报。会议听取并原则同意省市场监管局王福平关于全省食品安全和药品监管工作情况的汇报。会议听取并原则同意省财政厅朱斌关于2020年财政预算安排意见的汇报，根据会议提出的意见进行修改完善，按程序提请省委常委会审议。

12月31日，省长易炼红主持召开第37次省政府常务会议。会议传达学习中央政治局“不忘初心、牢记使命”专题民主生活会精神。会议听取省农业农村厅胡汉平关于中央农村工作会议和恢复生猪生产保障市场供应工作会议精神的汇报、省扶贫办史文斌关于全国扶贫开发工作会议精神的汇报，原则同意提出的下一步贯彻落实意见。会议传达学习国务院总理李克强在研究部署“十四五”规划编制专题会议上的讲话精神。会议听取省政府办公厅张小平关于全国政府秘书长和办公厅主任会议精神的汇报，原则同意提出的下一步贯彻落实意见。会议听取省农业农村厅胡汉平关于全国畜牧业工作会议和全国大中城市“菜篮子”产品保供座谈会议精神的汇报，原则同意提出的下一步贯彻落实意见。会议听取并原则同意省政府研究室李能关于《政府工作报告（讨论稿）》的汇报，根据会议提出的意见进行修改完善，按程序提请省委常委会审议。会议听取并原则同意省司法厅王国强、省应急厅龙卿吉、省消防救援总队宋树欣关于《江西省专职消防救援队和志愿消防救援队建设管理办法》的汇报。会议听取并原则同意省应急厅龙卿吉关于《江西省应急救援航空体系建设试点方案》的汇报。会议听取并原则同意省交通运输厅王爱和关于实施“三大攻坚行动、三大提升工程”推动全省交通运输高质量发展意见的汇报。会议听取并原则同意省农业农村厅胡汉平、省水利厅罗小云关于《江西省赣农投资发展集团有限公司组建方案》的汇报。会议听取并原则同意省统计局万庆胜关于江西省第四次全国经济普查工作情况的汇报。会议听取并原则同意省医保局梅亦关于江西省全面执行2019版国家医保药品目录工作建议的汇报。会议听取并原则同意省人力资源和社会保障厅刘三秋关于《江西省企业职工基本养老保险基金省级统收统支实施方案》的汇报。会议听取并原则同意省司法厅王国强关于《江西省人民政府2020年立法工作计划（草案）》的汇报。会议研究省政府2020年1月份重点工作。

【省政府党组会议】 1月25日，省政府党组书记易炼红主持召开省政府党组会议，深入学习习近平新时代中国特色社会主义思想和中共十九大精神，研读《习近平谈治国理政》第一卷、第二卷和《习近平新时代中国特色社会主义思想三十讲》，特别是中共中央总书记习近平在中央政治局民主生活会上的重要讲话和中央政治局民主生活会情况的通报，习近平在庆祝改革开放40周年大会上、在视察广东、上海和中央全面深化改革委员会第五次会议上、在纪念刘少奇诞辰120周年座谈会上的重要讲话等，重点领会把握中共中央总书记习近平关于加强党的政治建设，做到忠诚干净担当，坚决贯彻落实党中央决策部署，全面推进新时代改革开放，防止和克服形式主义、官僚主义等重要指示精神；学习中共党章和《中国共产党纪律处分条例》等有关党内法规。毛伟明、吴晓军、吴忠琼、张小平出席。

2月1日，省政府党组书记易炼红主持召开2018年度省政府党组民主生活会，毛伟明、刘强、吴晓军、吴忠琼、秦义、胡强、张小平出席，副省长孙菊生，中央纪委国家监委第六监督检查室副主任周胜蛟，中央纪委国家监委第六监督监察室三处处长赵忠山，省纪委常务副书记、省监委副主任潘东军，省委党建工作领导小组办公室专职副主任汤乐毅列席。

3月25日，省政府党组书记易炼红主持召开省政府党组会议，传达学习中共中央总书记习近平关于扶贫工作的重要论述，特别是关于脱贫攻坚专项巡视的重要讲话和对江西工作的重要要求，研究讨论《省政府党组脱贫攻坚专项巡视整改专题民主生活会班子对照检查材料》。吴晓军、吴忠琼、秦义、张小平出席，副省长孙菊生、省扶贫办副主任胡跃明列席。

4月2日，省政府党组书记易炼红主持召开省政府党组脱贫攻坚专项巡视整改专题民主生活会，刘强、吴晓军、吴忠琼、张小平出席，副省长孙菊生，省纪委常务副书记、省监委副主任潘东军，省委组织部副部长龚绍林,省委整改办涂俊伟、省扶贫办副主任饶振华列席。

5月27日,省政府党组书记易炼红主持召开省政府党组(扩大)会议,学习贯彻中共中央总书记习近平视察江西时的重要讲话精神,刘强、秦义、胡强、张小平出席。

7月2日,省政府党组书记易炼红主持召开省政府党组(扩大)会议,学习贯彻省委十四届八次全体(扩大)会议精神,传达学习中共中央总书记习近平在《关于防范化解重大风险督查情况报告》上的重要批示精神,传达中共中央关于李平搞形式主义、官僚主义案件查处情况及其教训警示的通报。毛伟明、吴晓军、吴忠琼、秦义、胡强、张小平出席,副省长孙菊生列席。

7月13日,省政府党组书记易炼红主持召开省政府党组(扩大)会议,传达学习宋育英在省政府党组主题教育开展情况汇报会上的讲话精神,审议《省政府党组关于认真贯彻落实中央第六指导组工作要求 推动主题教育走深走实的实施方案》,吴忠琼、秦义、张小平出席。

7月17日,省政府党组书记易炼红主持召开省政府党组(扩大)会暨主题教育专题调研成果交流会,传达学习中共中央总书记习近平在中央政治局第十五次集体学习时的重要讲话精神。毛伟明、孙菊生、吴晓军、秦义、胡强、张小平出席。

7月30日,省政府党组书记易炼红主持召开省政府党组成员对照党章党规找差距专题会议,毛伟明、吴晓军、吴忠琼、秦义、胡强、张小平出席。

8月22日,省政府党组书记易炼红主持召开省政府党组会议,审议省政府党组专题民主生活会检视剖析材料,毛伟明、吴晓军、吴忠琼、秦义、胡强、张小平出席,副省长孙菊生列席。

8月29日,省政府党组书记易炼红主持召开省政府党组"不忘初心、牢记使命"专题民主生活会,毛伟明、吴晓军、吴忠琼、秦义、胡强、张小平出席会议,副省长孙菊生,中央第六指导组成员、中央纪委国家监委第九监督检查室副局级纪检监察员杨洪川,中央第六指导组成员、中央组织部办公厅办公室副调研员任晓,省纪委省监委党风政风监督室主任舒平贵,省委老干部局局长兼省委组织部副部长肖洪波,省委主题办副主任、省委宣传部副部长吴永明列席。

10月1日,省政府党组书记易炼红主持召开省政府党组会议,研究省政府领导分工,毛伟明、吴晓军、吴忠琼、胡强、张小平出席。副省长陈小平列席。

11月26日,省政府党组书记易炼红主持召开省政府党组(扩大)会议,研究讨论《省政府党组"不忘初心牢记使命"主题教育整改落实情况自查报告(审议稿)》,毛伟明、胡强、张小平出席,副省长孙菊生列席。

11月29日,省政府党组书记易炼红主持召开省政府党组(扩大)会议,学习贯彻省委全会精神,全面提升政府工作水平,毛伟明、吴晓军、吴忠琼、张小平出席,副省长孙菊生列席。

重大政策

【概 况】 2019年,省政府坚持以习近平新时代中国特色社会主义思想为指导,深入贯彻中共中央总书记习近平视察江西重要讲话精神,聚焦"作示范、勇争先"的目标定位和"五个推进"的更高要求,紧扣全面建成小康社会目标任务,深入贯彻落实中共中央、国务院决策部署,结合实际出台系列务实管用的政策举措,有效提升治理体系和治理能力现代化水平,全力推动高质量跨越式发展。

【印发《进一步激发商贸消费潜力促进商贸消费升级三年行动方案(2019—2021年)》】 1月31日,省政府办公厅印发该方案,大力实施"优品""兴市""强商""旺客""捷运"五大行动,进一步激发消费潜力,提升消费水平,增强消费对经济发展的基础性作用。

【印发《关于加快独角兽、瞪羚企业发展十二条措施的通知》】 2月21日,省政府办公厅印发该通知,出台建立评选发布机制、给予入选奖励、给予精准政策扶持、加大科技创新投入力度、支持企业对接资本市场、加大创新券的发放力度等12条措施,促进独角兽、瞪羚企业加快发展壮大,推动新旧动能转换。

【印发《全省政府系统推动"三减三强两倡导"深化"五型"政府建设推进高质量跨越式发展若干措施(试行)的通知》】 2月25日,省政府印发该通知,决定在全省政府系统大力推动"三减三强两倡导"(即精减文件简报、精减会议活动、精减督查考核,强化问题破解、强化大干项目、强化政务服务,倡导"一线工作法"、倡导"尽职尽责敢担当、不为乱为皆问责"),进一步深化"五型"政府建设,聚焦聚力推进江西高质量跨越式发展。

【印发《江西省"2+6+N"产业高质量跨越式发展行动计划(2019—2023年左右)》】 2月26日,省政府印发该计划,深入实施工业强省战略,以高端化、智能化、绿色化、服务化为方向,以项目、企业、集群、园区为着力点,强化招大引强、兼并重组、成果转化、技改扩能,做大增量、做优存量,通过5年左右的努力,加快构建现代产业体系,有色金属、电子信息2个产业主营业务收入迈上万亿级,装备制造、石化、建材、纺织、食品、汽车6个产业迈上5000亿级,航空、中医药、移动物联网、半导体照明、虚拟现实(VR)、节能环保等N个产业迈上千亿级。

【印发《关于支持大南昌都市圈发展若干政策措施的通知》】 3月18日,省政府办公厅印发该通知,从建立协调有力工作推进机制、构建高质量现代产业体系、完善互联互通基础设施体系、构建协同高效区域创新体系、形成更高水平全面开放新格局、提升合作共享公共服务水平、打造共治共建生态文明样板、加大要素资源支持力度8个方面提出50条措施,全力支持都市圈发展,引领带动全省高质量跨越式发展。

【印发《深入推进"放管服"改革全面优化政务服务若干措施的通知》】 3月27日,省政府印发该通知,深入推进"五型"政府建设,扎实推进政务服务"一网通办",全面开展服务流程优化再造,全面实行"一窗受理",开展"一链办理"改革,深入开展"一次不跑"改革,积极推动"集中审批",规范中介服务和年检年审,营造"四最"发展环境,以更好的政务服务保障高质量跨越式发展提速提质提效,把江西打造成为政务服务企业和群众满意度最高的省份。

【印发《新时代江西省非公有制经济五年发展规划(2019—2023年)》】 4月19日,省政府印发该规划,坚持"两个毫不动摇",坚持新发展理念,坚持稳中求进工作总基调,以深化供给侧结构性改革为主线,以省委"二十四字"工作方针为引领,以"两个健康"(非公有制经济健康发展和非公有制经济人士健康成长)为核心,以提升营商环境竞争力、政府服务效力、市场竞争活力和企业综合实力为基础,以实施人才、"绿色+"、金融创新、产业升级等工程为支撑,推进创新驱动、平台建设、开放带动、军民融合、社会责任等突破,实现江西非公有制经济高质量跨越式发展。

【印发《江西省全面推行行政执法公示制度执法全过程记录制度重大执法决定法制审核制度实施方案》】 3月29日,省政府办公厅印发该方案,自2019年起,全省各级行政执法机关在行政处罚、行政强制、行政检查、行政征收征用、行政许可等行政执法中全面推行"三项制度",做到行政执法公示制度机制不断健全,执法行为过程信息全程记载、执法全过程可回溯管理、重大执法决定法制审核全覆盖,全面实现执法信息公开透明、执法全过程留痕、执法决定合法有效。

【印发《关于建立和实行及时奖励制度激励担当作为工作方案(试行)》】 5月30日,省政府办公厅印发该方案,及时奖励在推动落实全省改革发展稳定重点工作、重大项目、重要政策措施,以及破解困难问题过程中涌现出来的先进集体和先进个人,进一步树立正确导向、强化正效应、汇聚正能量,激发全省广大干部担当作为、干事创业的积极性主动性创造性。

【印发《江西省优化提升营商环境十大行动方案》】 5月30日,省政府办公厅印发该方案,大力开展推进企业注销便利化、简化施工许可证办理程序、方便企业获得用水报装、方便企业办理用电报装、方便企业获得用气报装、方便企业办理不动产登记、降低企业获得信贷难度和成本、优化企业纳税服务、提升企业跨境贸易和外商投资便利化、通关与沿海同样效率等十大行动,不断优化营商环境。

【印发《关于加快推进5G发展若干措施的通知》】 8月6日,省政府办公厅印发该通知,支持5G基础设施建设,促进全省5G产业高质量发展,支持5G技术和产品研发,支持5G产业发展,支持5G融合应用,加快物联江西建设。

【印发《关于建立定期梳理集中破解制约高质量跨越式发展突出困难问题长效机制的通知》】 8月14日,省政府办公厅印发该通知,着眼全省高质量跨越式发展大局,聚焦重点领域存在的突出困难问题,每半年集中开展一次摸排征集,集聚资源、集成政策、集中力量,攻坚克难、推动问题解决。

【印发《关于进一步推动夜间经济发展促进消费升级的指导意见》】 8月27日,省政府办公厅印发该意见,以服务民生为目标,以促进消费升级为导向,进一步培育夜间经济市场,丰富夜间经济供给,打造夜间经济消费品牌,优化夜间经济营商环境,满足人民群众对美好生活的需求,增强夜间消费对经济增长的拉动作用。

【印发《关于加快建立非洲猪瘟防控长效机制切实稳定生猪生产保障市场供应的实施意见》】 9月10日,省政府印发该意见,要求进一步做好非洲猪瘟防控工作,加快推进屠宰行业转型升级,构建动物疫病防控长效机制,稳定生猪生产,稳定生猪生产保障市场供应。

【印发《江西省高铁经济带发展规划(2019—2025年)》】 9月12日,省政府印发该规划,抢抓江西进入高铁时代的历史机遇,依托沪昆高铁(江西段)和京九高铁(江西段)两大高铁通道以及合福、厦渝等高铁网络,发挥高铁通道的集聚辐射作用,加速资源集聚、要素流动、动能积蓄,加快建设高铁经济带,联动沿线城镇发展,在全省形成核极聚集、轴线拓展、全域辐射的高铁经济发展格局。

【印发《关于进一步降低企业成本30条政策措施的通知》】 9月19日,省政府印发该通知,从进一步降低企业税费负担、用能成本、物流成本、融资成本、用工成本、制度性交易成本等6个方面出台30条措施,为企业降本增效,优化营商环境,激发实体经济发展活力。

【印发《关于进一步加快虚拟现实产业发展若干政策措施的通知》】 10月17日,省政府办公厅印发该通知,从鼓励企业发展壮大、鼓励加强技术创新、加大招商引资力度、加快虚拟现实应用推广、加快培养专业人才、加强投融资政策扶持、提升公共服务水平等方面出台33条措施,进一步推动全省虚拟现实产业高质量发展,培育经济增长新动能,加快打造虚拟现实产业"江西高地"。

【印发《关于健康江西行动的实施意见》】 12月2日,省政府印发该意见,贯彻落实健康中国战略,推进健康江西行动,加快推动卫生健康工作理念、服务方式从以治病为中心转变为以人民健康为中心,积极开展健康知识普及、合理膳食、全民健身、控烟、心理健康促进、健康环境促进、中医药健康促进、妇幼健康促进、中小学健康促进、职业健康保护、老年健康促进、心脑血管疾病防治、癌症防治、慢性呼吸系统疾病防治、传染病及地方病防控等十六大行动,为全方位全周期保障人民健康、建设健康江西奠定坚实基础。

【印发《关于全面开展城市生活垃圾分类工作的实施意见》】 12月18日,省政府办公厅印发该意见,推进源头减量,规范分类投放,加强分类收集,健全运输体系,提高终端处理能力,加快推进以法治为基础、政府推动、全民参与、城乡统筹、因地制宜的生活垃圾分类制度，加快建立分类投放、分类收集、分类运输、分类处理的生活垃圾处理系统，不断提高生活垃圾减量化、资源化、无害化水平，加快改善人居环境，打造美丽中国“江西样板”。

【印发《江西省企业职工基本养老保险基金省级统收统支实施方案》】 12月31日，省政府印发该方案，从2020年1月1日起，实行以企业职工基本养老保险政策全省统一为基础、以基金省级统收统支为核心、以基金预算管理为约束、以信息系统和经办管理为依托、以基金监督为保障的基金省级统收统支制度，实行全省企业职工基本养老保险政策、基金收支、预算管理、责任分担、信息系统、经办管理、绩效管理“七统一”，实现基金省级统收统支，确保基本养老金按时足额发放。

督　查

【概　况】 2019年，省政府办公厅围绕中共中央、国务院重大方针政策和省委、省政府重大决策部署，围绕配合中共中央和国务院开展督查、抓好全省重大决策部署、省政府年度重点工作、民生热点实事和领导批办交办事项5个方面开展督查，推动中共中央、国务院和省委、省政府重大决策部署落地生效。

【配合中共中央、国务院开展督查】 9月，国务院开展第六次大督查，省政府办公厅协调省直有关部门和设区市政府做好自查和实地督查迎检工作。11月，江西省2项典型经验做法受到国办通报表扬。11月底，省政府办公厅配合国务院检查组在江西省开展农村人居环境整治大检查，督促各地有序开展农村人居环境整治工作。落实中央为基层减负的要求，省政府系统督查考核事项压缩近91%，并叫停省水利厅现场督导检查、省商务厅成品油督查和省机管局办公用房检查，最大限度减轻基层负担。同时，做好国务院“互联网＋督查”平台转给江西问题线索的转办回复工作，对涉及群众切身利益的教育、医疗、养老、安居工程、社会治安等163件民生问题线索进行核查督办。针对2019年中共中央总书记习近平、国务院总理李克强以及其他中央领导对省政府工作的36件批示指示、国务院和国办下发的97件文件，省政府办公厅每季跟踪调度落实情况。11月，配合省委办公厅对中共中央总书记习近平视察江西时的重要讲话精神贯彻落实情况和贯彻执行中央八项规定精神情况进行督查，推动习近平重要讲话精神和中共中央、国务院重大决策部署在全省全面落实。

【重大决策部署督办落实】 2019年，省政府办公厅继续开展省《政府工作报告》重点工作任务督查。省“两会”过后，及时将省《政府工作报告》细化分解为196项具体任务，落实到省政府各部门和设区市办理，明确完成时限，强化督办落实。二、三季度先后2次调度重点任务完成情况，四季度重点调度量化指标完成情况，推动各项目标任务的完成。围绕开展“不忘初心、牢记使命”主题教育，先后起草《省政府党组“不忘初心、牢记使命”专题民主生活会情况报告》以及《整改方案》，确保各项整改工作任务和部署要求落实。

【年度重点工作专项督查】 2019年，省政府办公厅围绕省政府确定的重点工作开展专项督查落实。5月，省政府办公厅从代表委员、专家学者、社会各界人士中选聘50名省“五型”政府建设监督员。5月底组织监督员分赴各设区市和省直有关部门实地调研“五型”政府建设推进情况。11月组织监督员分赴各设区市和省直有关部门开展“1＋5”明察暗访，聚焦“五型”政府建设、重大项目建设、“5020项目”落地、民营企业中小企业账款清理、生猪市场供应、民生工程51件实事等专题，实地查看工作落实情况。9月，省政府办公厅会同省发改委、省商务厅等单位就冻猪肉收储投放、困难群众价格补贴发放、高校食堂免租惠及学生等政策落实情况，赴企业、学校和特困人员家中实地调研督导，了解掌握第一手情况，帮助群众解决实际问题。根据中共中央、国务院以及省委、省政府关于做实全面停止军队有偿服务的工作部署，省政府办公厅督促各设区市和省直有关单位有序平稳推进驻赣部队全面停止有偿服务下半场工作。

【民生实事督查】 2019年，针对中央环保督察组开展整改情况“回头看”所反馈的问题，会同省委督查室、省环保厅等有关单位，分期分批对6个设区市组织开展环境保护督察。关注民生热点，省政府办公厅对全省政府系统承办的1217件省人大代表建议和省政协提案办理情况进行交办和督办，办复率100%。组织开展省“两会”人大听会工作和省人大代表建议、省政协提案交办会，协助省委统战部调度汇总2015年以来推进政府协商有关工作进展，会同省政协提案委开展省政协提案办理专项督查。

【领导批办交办事项督查】 2019年，省政府办公厅严格落实《省长批办交办事项督办工作细则》，跟踪督办省长批办和交办事项487件。按照省政府主要领导指示要求，对黄家湖社区棚户改造项目进行深入核查、挂账督办。针对7月省政府主要领导召开的“构建和完善政府抓工作落实机制”主题调研活动座谈会上的13类群众意见建议进行督办。

（省政府办公厅）

办理人大代表建议和政协委员提案

【概　况】 2019年，省十三届人大三次会议和省政协十二届二次会议期间，交由省政府系统办理的省人大代表建议、省政协提案共1217件，占总数的94.3%。其中，省人大代表建议425件，占总数的95.3%；省政协提案792件，占总数的96.9%。所有建议提案均在规定时间内办理完毕，办复率100%。

【建议提案办理机制】 突出工作重点。各承办单位将建议提案办理与落实重点工作相结合，确定一定比例的重点办理件，通过办理建议提案，解决问题，促进工作。明确责任分工。各承办单位严格落实办理工作责任制，把建议提案办理工作纳入党委(党组)工作部署，统一领导、统一部署、统一调度，主要领导负总责、分管领导具体负责、办公室协调督办、承办处室抓落实，建立台账，逐条分解任务，明确时间节点，落实责任主体。规范工作流程。省"两会"期间，省政府办公厅协助省人大常委会选任联工委和省政协提案委根据建议提案内容要求和各单位职责分工，提出承办单位的初步意见，对有异议的承办事项及时协调。对涉及多个承办单位的建议提案，要求主办单位牵头处理，会办单位主动配合、深度参与，及时提出书面会办意见，合力做好建议提案办理工作。省政府系统各承办单位进一步完善登记、承办、催办、审签、答复、沟通、归档等建议提案办理环节，要求建议提案答复数据真实、内容详尽、措施可行。

【建议提案办理落实】 开展调查研究。对于事关群众切身利益、涉及重点热点问题以及短期难以解决的建议提案，承办单位组织力量到现场和群众开展调查研究，弄清情况、找准问题，有针对性地制定解决方案，提出切实可行的办理措施。通过会议座谈、走访上门、电话、邮件等方式，所有建议提案均与代表全程沟通，充分听取代表委员意见，共同推进办理。推进作风建设。各承办单位改进工作作风，端正办理态度，提高办理质量，促进履职尽责，落实"为民服务解难题"的目标要求。限时办复与注重实效相结合，切实解决问题。在答复代表委员时做到有计划、有根据、有分析，力戒形式主义、官僚主义，杜绝一纸空文，摈弃空话套话，凡有承诺的都要确保落实。持续强化跟踪督办。省政府办公厅将建议提案办理工作纳入年度督查计划和年底法治政府建设考评内容，通过会议、电话、微信、实地等督查方式，及时掌握各承办单位建议提案办理工作进度。同时，与省人大常委会选任联工委和省政协提案委沟通，协调推进部分涉及多个单位、办理难度大、进度滞后的建议提案办理工作。各承办单位也及时督促推进各自单位的建议提案办理工作。建议提案办理工作基本完成后，及时组织各承办单位开展办理效果"回头看"。针对代表不满意的建议提案答复，督促相关承办单位重新研究办理，实行"二次答复"制度。

(省政府办公厅)

外事工作

【对外合作交流】 2019年，接待尼日尔总统伊素福、老挝副总理宋迪、巴基斯坦国民议会副议长卡西姆、柬埔寨人民党中央委员会委员达顺义、泰国公主诗琳通等高访团组访赣，全年共有30多批500余人次的党宾国宾到访江西。省委书记刘奇，省长易炼红，省领导姚增科、孙新阳、陈兴超、周萌、吴忠琼、秦义、陈俊卿等分别率团出访。主动融入国家"一带一路"总体布局，赣企已在"一带一路"沿线三分之一以上国家(地区)开展国际工程以及产能、投资合作，开放型经济对全省经济增长的贡献率达40%以上。组织与保加利亚等重点国家友好交往，分别在德国、希腊、保加利亚、日本、韩国、菲律宾、泰国举办"美丽江西秀天下"海外展和文化旅游推介活动，开展中俄"两河流域"地方合作，参加第二届"一带一路"国际合作高峰论坛地方合作分论坛，完成第六届江西省旅游产业发展大会、中国(江西)–东盟贸易投资推介会、第十一届"中博会"、世界VR产业大会、第十七届"农交会"等重大活动的外事工作。向国务院和省政府申报举办14个国际性会议。邀请2批次13个国家的39名记者到省内采访报道。申请并授予省内部分涉外骨干企业一定的出访来访外事审批权。中联部在江西举办"中国共产党的故事——习近平新时代中国特色社会主义思想在江西的实践"专题宣介会；外交部在江西首次组织"外交外事知识走进江西省委党校"活动。9月，江西在葡萄牙设立的欧洲中医文化体验中心揭牌。10月，南昌至日本大阪开通直航。江西与大阪市港湾局及日本相关物流企业和经贸团体达成共同推进中日"江海联运"项目的共识。

【外事管理】 贯彻落实中共中央总书记习近平重要批示精神和中央关于因公出国管理各项政策规定，在全省范围内开展2019年因公出国成果评估"回头看"工作。全年全省因公出国(境)1642批4747人次，劝退团组130个，核减人数404人，核减天数4085天。深化"放管服"改革，推动"五型政府"建设，省外办推出"一站式服务""一次性告知""先受理候补材料""委托办理"等系列创新举措简化工作流程，提升因公出国(境)科学管理水平；启动江西省外事综合服务管理系统(平台)的建设工作，年内完成系统内外部测试，系统覆盖因公出国(境)任务在线申报、审批、证照、签证、境外监管、成果共享管理全过程，通过将实体服务大厅、网上服务平台、移动客户端、服务热线等结合起来。完善"一带一路"安全保障体系建设，发挥涉外应急突发预案和领保机制作用，强化风险信息收集与研判，加强领事保护和涉外突发事件应急处置，深入开展预防性领事保护宣传教育，在全省范围推广外交部关于领事保护的公益宣传短片，建立境外企业和项目安全生产月度报告制度，指导企业妥善处理境外基地遭受恐怖袭击事件，推进海外江西机构和公民安全保障，全年妥善处理涉及26个国家和地区的涉外案(事)件104起，涉及26个国家和地区的领保案(事)件45起。

【国际友城合作】 2019年，推动与具有互补优势的"一带一路"沿线国家重点城市结好，以国际友城为纽带，深化拓展各领域对外交流合作，搭建服务全省开放发展的平台。江西已与世界5大洲36个国家建立友好城市97对。创新省市联动组团式发展友城新模式，省外办带领鹰潭、抚州、新余3市共同做好江西与新西兰东丰盛湾大区友城周活动，省长易炼红与3名新西兰市长联合签署建立友好省区关系备忘录，江西3市与新西兰3市签署市级结好备忘录(鹰潭市与卡韦劳市，抚州市与法卡塔尼市，新余市与奥波蒂基市），实现江西在大洋洲国际友城“零”的突破。海外首座牡丹亭在抚州市友城英国斯特拉福德区落成，成为中英两国文化交流和密切合作的又一标志性建筑。《当汤显祖遇见莎士比亚》作为公共外交案例入选全国友协《如何讲好中国故事》一书。与韩国大邱市、马来西亚沙巴州达成结好意向。中亚五国使节代表团到江西省考察访问，在“一带一路”框架下寻求更多合作发展的机会。

11 月 20 日—22 日，中联部和中共江西省委在南昌共同举办“中国共产党的故事——习近平新时代中国特色社会主义思想在江西的实践”专题宣介会

省外办供

【“中国共产党的故事——习近平新时代中国特色社会主义思想在江西的实践”专题宣介会】 11 月 20 日—22 日，中联部和中共江西省委在南昌共同举办“中国共产党的故事——习近平新时代中国特色社会主义思想在江西的实践”专题宣介会。69 个国家、52 个政党和政治组织近 350 名领导人和代表与会。专题宣介会以“为人民谋幸福：政党的使命”为主题，向外国政党政要介绍中华人民共和国成立 70 年取得的成就，中共十九届四中全会精神和地方党委促进发展、减贫脱贫、改善民生的实践。在 11 月 13 日—25 日的会中宣传阶段，中央媒体刊发稿件约 320 篇（条），省市县刊发（含转载转发）稿件 13740 篇，全网总传播量 14.39 亿人次。其中，相关微博话题阅读量 5.0 亿人次，抖音话题播放量 6.43 亿次，视频播放量 1.61 亿，H5 总阅读数和微信文章阅读量约 3010 万人次，今日头条话题阅读量约 220 万人次，省市县三级融媒体稿件阅读量约 1596 万人次，新华网、人民网及省外网媒总阅读量约 8720 万人次。

【法国共产党“党报节”活动江西展演】 9 月，应法国共产党邀请，省委书记刘奇率中共代表团到法国出席法共“党报节”活动，江西以“美丽江西秀天下——走进法国”为主题承接中国馆的各项活动。通过主题展览、文艺展演、互动交流等方式，展示中华人民共和国成立 70 年来取得的成就，展示江西的发展变化，传播江西文化、江西故事，获法国民众的赞誉以及中联部的肯定。

【第五届中美省州长论坛】 5 月 21 日—26 日，应美国肯塔基州州长马修·贝文的邀请，副省长吴忠琼率团对美国进行工作访问，并出席由中国人民对外友好协会、美国全国州长协会、美国中国总商会共同在江西省友城——美国肯塔州举办的第五届中美省州长论坛，论坛期间举办“美丽江西秀天下”图片展。江西省政府与肯塔基州政府签署《中华人民共和国江西省与美利坚合众国肯塔基州关于加强友好省州合作备忘录》，江西师范大学与路易维尔大学，正邦集团与美国国际源料公司分别签署合作意向协议。

【“外交外事知识进党校”活动】 9 月 5 日—6 日，由外交部主办，省委组织部、省外办、省委党校联合承办的首次“外交外事知识进党校”活动在省委党校举行。省委常委、省委秘书长赵力平出席开班式并讲话，副省长吴忠琼主持开班式，省外办党组书记、主任赵慧出席开班仪式，外交部机关党校教务长王福康率外交部 5 名司领导授课。省委党校主体班学员，以及全省各地各部门外事系统负责人共 420 余人参加培训。

【中国（江西）－东盟贸易投资推介会】 5 月 10 日，由中国－东盟中心和省外办共同主办的中国（江西）－东盟贸易投资推介会在南昌举行。东南亚五国的使节向全省 200 多家参会企业 300 多名企业家介绍各国基本国情特别是基础设施建设、产业发展现状、对外招商引资等方面的情况，向省内企业发出考察投资邀请。副省长吴忠琼、中国－东盟中心秘书长陈德海出席并致辞，省外办主任赵慧主持推介会。

【外交部驻外使节团到赣考察调研】 11 月 3 日—8 日，外交部驻外使节团一行 63 人到江西学习调研。省委书记刘奇、省长易炼红会见使节团一行，省领导赵力平、吴忠琼参加会见。4 日，省政协副主席陈俊卿主持使节团与省内相关部门和企业举办的座谈交流会，44 个国家和地区的中国驻外大使、总领事、参赞与省内 31 家单位及企业负责人，围绕“请进来”“走出去”的重点任务、方向和领域等进行互动交流，项目对接；使节团还考察了南昌、景德镇、抚州、赣州等地，提升江西对外交流合作和对外开放水平。

（周谊军）

港澳事务

【概　况】 2019 年，全省港澳事务工作部门发挥职能优势，全方位推进涉港澳各项活动及各领域交流合作。开展赣港经贸合作交流会，参加泛珠三角区域经贸合作洽谈会等活动。全年接待港澳来访团组 7 批 72 人次，其中有香港贸发局华东华中首席代表钟永喜、香港特区政府驻武汉办事处主任冯浩贤、香港华侨华人总商会会长古宣辉等。联系应善良基金会、乐善行基金会，做好捐赠服务工作。推动赣港澳青少年广泛开展交流活动，增进了解。

【捐赠资助】 香港应善良基金会捐赠江西省中医药大学30名贫困学子共计42万元，乐善行基金会在江西捐赠赣州中学20名贫困学子和崇义果木村环保污水处理等项目约80万元。江西与古宣辉基金会、萨摩亚－亚洲及香港经贸发展促进会签署捐赠江西学子赴港夏令营项目协议，并意向捐资抚州嵩湖小学建设教学楼。

【举办“情系中华——江西行”活动】 7月29日至8月2日，中央政府驻澳门联络办公室组织“情系中华——江西行”活动，37名澳门青少年访赣交流。在赣期间，团员们在开营仪式上奏唱国歌，参观井冈山革命烈士陵园并敬献花圈；在南昌航空大学欣赏学生航模表演，并体验飞机模拟驾驶，感受江西特色产业；与共青城青少年同台表演，联欢交流。8月9日—12日，香港乐善行基金会资助江西的学生代表一行18人赴港交流。学生们在香港参观香港科技馆、香港海事博物馆及香港大学，与香港、澳门学生座谈交流。通过露营、同台演出、绘画比赛、趣味运动会等多种形式互动。

（周谊军）

政策研究

【政策研究和决策咨询】 2019年，省政府研究室围绕全省经济社会发展重大战略以及省委、省政府领导关注的重点难点问题，组织152人次赴全省11个设区市及外省调研，形成专题调研报告28篇并在《赣府研参》刊发，其中16篇获省委、省政府领导肯定性批示。根据省政府主要领导批示要求，就“江西对接融入深圳建设中国特色社会主义先行示范区”“学习借鉴中国一重经验推动省属国企高质量发展”“土地抛荒问题不容忽视”等课题开展专题调研，为省委、省政府以及有关部门制定相关政策措施提供参考。参加并完成江西省干部培训教材系列之——《生态文明建设读本》的编写。建立全省主要经济指标数据库，在省统计局、国家统计局江西调查总队提供初步相关数据的基础上，归纳形成14组主要经济指标，完善经济总量、增速、排位、占比等方面的月度数据图表以及中部地区各省、全国各省（区、市）部分经济指标的动态对比数据，为省委、省政府主要领导和分管领导提供全面、准确、及时的决策参考。

【参与国务院部门调研】 2019年，参与国务院研究室到赣开展“缓解小微企业融资难融资贵问题”专题调研，国务院发展研究中心到赣开展“生态文明体制改革和政策的实施机制研究”专题调研，完成国务院发展研究中心安排的“萍乡市海绵城市建设的经验与启示”“江西推进生态产品价值实现的探索与典型模式”“江西省绿色金融改革的实施机制研究”等课题调研任务。8月至11月，参与国务院发展研究中心组织开展的“湘赣边革命老区高质量发展研究”专题调研，统筹协调22个省直单位和14个县（市、区）赴湖南长沙参加座谈会，做好有关资料收集、征求意见建议等工作，调研形成的8个专题报告得到国家有关领导肯定性批示。

【调研交流】 2019年，省政府研究室先后接待广东、辽宁、吉林、浙江、青海、宁夏、内蒙古等省（自治区）政府研究室或发展研究中心到赣开展经济社会发展、生态文明建设、长江中游城市群建设、金融风险防范、全域旅游、职业教育等专题调研，协调召开7次座谈会，邀请相关省直单位、大专院校、企业进行交流研讨。省政府研究室就“推进产学研深度融合促进科技成果转化”“虚拟现实（VR）产业发展”“稳外贸”等课题，先后到广东、浙江、山东、安徽、湖南等省开展调研。

【智库建设】 2019年，省政府研究室对省委、省政府及省直有关单位拟出台的11项政策法规提出46条补充或修改意见。完成《推动高质量跨越式发展亟待解决主要困难清单》中的第249项任务，发布全省30家主要智库名称、联系人及专家分类汇总名单。落实省政府主要领导批示，促成联合国教科文组织国际自然与文化遗产空间技术中心在江西师范大学设立南昌分中心。进一步完善特约研究员选聘和履职机制，完成第二届特约研究员选聘工作，续聘和增聘高校、科研院所、省直单位和企业界共69名专家为特约研究员，首次新增15名商会会长为特约研究员。组织部分专家、学者和特约研究员为省政府工作报告起草建言献策，加大社会各界参与政府决策的力度。经过与省社联协商，将12个年度课题列入“江西省经济社会发展智库项目”并向全省发布。就做好2020年和“十四五”期间政府工作，向全省11个设区市政府、赣江新区、省直单位、省级新型特色智库、省政府参事及特约研究员等单位和专家广泛征求意见建议。

（省政府研究室）

机关事务

【概　况】 2019年，省机关事务管理局服务经济社会发展大局，推进职能职责履行，提升服务保障管理能力，开展公务用车“全省一张网”、省级党政机构改革办公用房保障、公共机构节能工作开展、赣勤发展集团组建等多项重点工作。完成江西省庆祝中华人民共和国成立70周年系列活动的筹备和保障。争取各方支持，在九龙湖新区增设省直第五、第六两所正处级保育院，先后在宜春、吉安、上饶召开全省机关事务工作片区会，开展直属中心专题座谈5次，深入基层一线调研20余次。出台医疗卫生单位能源管理标准规范，完成服务保障、物业管理等各类标准初稿和定稿95项。完成国管局分项标准试点《江西省公共机构能耗定额》。

【公务用车管理】 2019年，实现公务用车管理、调度、监管“一张网”。接入车辆32232辆，累计派车17.23万单，并为车辆安装北斗车载终端，推进公务用车统一编制、统一标准、统一购置经费、统一采购配备管理，首次开展省直单位公务用车集中采购和旧车统一处置，共采购车辆244辆、拍卖151辆。严格编制管理，及时核定省级党政机构改革公务用车编制，全省核定编制32048辆，有效规范公务用车管理。

【公共机构节能】 牵头组织省长易炼红专题调研垃圾分类工作，安排餐厨垃圾处置、中再生公司、垃圾分类展板等调研点。创建51家国家级、61家省级节约型公共机构示范单位，公共机构人均能耗下降率继续居全国前列。加大节水型单位建设力度，省直机关节水型单位创建率95.6%。发挥公共机构垃圾分类示范作用，制定分类评价标准，推进公共机构垃圾分类全覆盖。规范节能管理，加大节能改造力度，省行政中心、阳明路、北京西路等3个集中办公区成功创建国家节约型示范单位。

【办公用房管理】 完成省直45家涉改单位4.92万平方米的办公用房保障任务，推进原省测绘局办公楼、省财政厅办公楼等8.29万平方米办公用房移交收储及维修改造，确保涉改单位搬迁入驻。开展省本级党政机关土地房产清查登记，抽查核实94家省直单位土地房产、权属及办公用房使用等情况，摸清资产底数。初步建成全省党政机关办公用房管理信息系统，如期完成省、市、县、乡四级办公用房信息统计上报，涉及1797家单位办公用房和技术业务用房，全省党政机关办公用房全生命周期管理稳步推进。

【规划建设管理】 制定出台工程类专业人才库建设管理暂行办法，推进全省机关事务系统专业人才资源共享。启动人民来访接待中心建设，完成银星大厦、原省测绘局办公楼等机构改革办公用房修缮工程，完成省司法厅办公大楼电梯更换、会议中心UPS不间断电源设备采购等项目。

【后勤服务保障】 全面启用省行政中心车辆通行证、一卡通网上审核办理平台，实现车辆通行证办理“一次不跑”、一卡通办理“最多跑一次”目标。改造3个集中办公区出入联系服务处，增设卫生间、茶水设施等。卧龙中心增植景观树、果树苗等1150棵，配套服务功能区新增文化驿站、智能车管所、省援疆扶贫产品直销点。阳明中心推进办公楼管线美化、电子显示屏安装工作，完成篮球场、配电间、食堂面点房等改造工程。北京西路办公区服务中心更换节能灯具454套、直流屏电池18组、低压补偿电容器30个。组织开展7期赣菜品鉴活动，建立食品安全快检室，全年保障133.8万人次安全用餐。优化重大会议活动服务保障，完成世界军运会火炬传递启动仪式、世界赣商大会、世界VR产业大会及应急调研、综合执法等用车任务共7.5万批次；完成第十一届中部外资企业座谈会、省人代会等各类会议1124场次，参会人员共11.9万人次，其中省级领导参会449场次。前湖中心开通早市服务，实行快速响应维护，建设跨河廊桥，开设兴趣班32次，开展全员对接174次。玉泉岛中心完成游步道、南门广场、局部供暖设备设施、周转住房电梯加装等项目改造。住宅中心完成金盘路26号小区物业服务社会化，抓好汤家园公租房等近6000平方米屋顶翻修，完成北湖路及金盘路小区改造。

【江西省赣勤发展集团有限公司成立】 8月26日，江西省赣勤发展集团有限公司揭牌成立。公司注册地位于南昌市东湖区爱国路158号，法人代表卢明刚，监事谢海清。赣勤发展集团有限公司是由省机关事务管理局出资2亿元成立的综合性后勤服务集团，实施以集团公司、行业、基层企业三级责任主体为基础的集团化管理体制和运行模式，经营范围涵盖建筑开发设计及施工、汽车销售及售后服务、酒店经营管理、物业管理、生态农业开发及基础经营服务等。拥有建筑、汽销、酒店、印刷、物业管理、生态农业6大子公司。

【举办“庆祝新中国成立70周年 推动新时代机关事务创新发展”研讨会】 10月16日—17日，省机关事务管理局与国家机关事务管理局政策法规司、南昌大学在瑞金市举办“庆祝新中国成立70周年　推动新时代机关事务创新发展”研讨会。研讨会以主旨演讲和分论坛形式进行，邀请北京大学、复旦大学、中国社科院等高校专家学者作主旨演讲。分论坛围绕机关事务管理历史与理论、机关事务管理实践与探索、机关事务管理改革与创新等主题分别开展，8个省市机关事务管理局、9个机关事务研究中心以及江西省设区市机关事务管理局等负责人共100余人参会，形成理论研究论文22篇。

（邱钰）

公务用车保障中心全力保障省委十四届八次全体（扩大）会议用车需求

省机关事务管理局供

本栏编辑　张志勇

中国人民政治协商会议江西省委员会

综　述

2019年，省政协深入学习贯彻习近平新时代中国特色社会主义思想和中共十九大和十九届二中、三中、四中全会精神，学习贯彻中央政协工作会议和中共中央总书记习近平视察江西重要讲话精神，高举爱国主义、社会主义旗帜，坚持发扬民主和增进团结相互贯通、建言资政和凝聚共识双向发力，忠诚履行职责，在十二届省政协换届之年实现良好开局的基础上，各项工作取得新进展、新成效。

高度重视理论武装。坚持以党组中心组学习为引领，建立习近平新时代中国特色社会主义思想学习座谈会制度，与有关单位共建新时代人民政协理论与实践研究基地，深入学习贯彻中共十九届四中全会和中央政协工作会议精神。坚持个人自学与集体学习、专家辅导与专题研讨相结合，组织参加全国政协到赣专题宣讲活动。组织开展庆祝人民政协成立70周年系列活动，召开江西省庆祝人民政协成立70周年座谈会、理论研讨会，举办江西省政协发展历程展，组织开展住赣全国政协委员主题考察、住设区市省政协委员异地视察等活动。

从严抓好自身建设。开展“不忘初心、牢记使命”主题教育，对民主生活会检视剖析出的150多个问题实行“销号管理”，从严从实整改。健全党组成员联系办公厅和专委会、点评中共党员常委履职的党建工作机制。完善专门协商机构制度，建立专委会向主席会议述职、重点提案遴选与督办等20多项制度机制。出台加强和改进调查研究20条措施、建言资政质量评价标准和办法。加强作风建设，制定防止和克服形式主义16条措施，坚持“双通报”制度，印发20期《不严不实典型作风问题批评通报》和《优良作风典型事例表扬通报》。加强政协委员和机关干部两支队伍建设。加强委员和机关干部学习培训，推动干部内外交流、上挂下派。加快信息化建设步伐，建立网上综合办公平台。支持派驻机关纪检监察组履行职责、开展工作。

全面履行政协职能。全年共向省委、省政府呈报政协专报、建议案等40多件，办理提案750多件，收集报送社情民意信息1800多条。

助力全面从严治党。将作风建设作为常委会会议协商议题，提出18条对策建议，邀请省纪委省监委负责人在会上作情况介绍，为优化环境建言献策。

助力经济发展。围绕航空装备制造业发展，提出“把客改货作为产业化方向”等10条建议。召开大南昌都市圈建设专题协商会，助力省委区域发展战略落地见效。就企业上市“映山红行动”提速增效，提出16个方面60条对策。考察学鉴安徽、云南、贵州三省文化旅游产业发展经验，形成提升全省11个5A级景区影响力研究成果。组织开展委员“一对一”联系民营企业活动，助力解决“门好进、事不办”等难题。

助力改革开放走深走实。组织赴辽宁、安徽等省考察，研究向改革要红利的有效做法，形成全省事业单位改革急需破解难题26条建议。组织委员考察河北中医药产业全链条发展经验，召开专题协商座谈会，促成樟树市与河北省安国市建立务实交流合作机制。组织到巴西、印度等国考察，促成铁矿业、锂产业、钨业等10多个项目合作。

助力农业农村现代化。提出全省油茶产业发展10个方面对策。针对“猪短缺”“肉价涨”问题广泛调研，提出全省畜牧业结构优化与高质量发展建议。

助力社会治理创新。以余干、鄱阳等地为重点，就加强全省宗教工作基层基础建设进行“解剖麻雀”式调研，助推宗教工作打牢根基，更好与社会主义社会相适应。就破解惠民绿色文明殡葬改革难题，易旧俗、树新风，调研所提25条建议，得到有关部门和地方采纳。

助力红色基因传承。向全国政协提交方志敏专门提案，其事迹和《清贫》纳入国家义务教育统编文史教材。提出“加快开通井冈山高铁”建议，在全国政协和国家有关部门重视下，昌赣客专吉安段预留至井冈山的高铁接口。持续开展“红色资源保护与利用”专题调研，就弘扬井冈山精神、苏区精神和长征精神，提出30条建议。组织赴西柏坡等地参观学习，为彰显江西省文化旅游业特色提出对策。收集新编100多名革命英烈写给亲人的160多篇红色家书和诗作。

助力生态文明建设。接续开展鄱阳湖生态环境综合整治专题调研，形成建议案并跟踪督促落实。围绕“共抓长江生态环境保护，共推长江经济带发展”调研，形成“建立生态补偿机制”等多条协商建议。紧扣打造美丽中国“江西样板”时代命题，开展“贯彻落实省委省政府推进国家生态文明试验区建设决策部署情况”专题调研。

统筹做好经常性工作。会同省委办公厅、省政府办公厅开展提案办

理工作督查与评议。组织港澳委员参加中博会、赣深会、赣港会等活动。就“城乡人居环境整治”等课题开展界别活动60余次。加强政协履职活动宣传，中央主流媒体报道500余次。

重要会议

【省政协十二届二次会议】 1月26日—29日在南昌召开。省委书记刘奇，省委副书记、省长易炼红，省委副书记李炳军等出席会议，并参加联组讨论，听取大会发言。会议审议通过姚增科代表政协江西省第十二届委员会常务委员会所作的工作报告；审议通过谢茹代表政协江西省第十二届委员会常务委员会关于省政协十二届一次会议以来提案工作情况的报告。委员们列席江西省第十三届人民代表大会第三次会议，听取、讨论并赞同省长易炼红所作的政府工作报告；讨论并赞同省高级人民法院工作报告、省人民检察院工作报告和其他报告。会议举行选举大会，以无记名投票方式，补选万林、刘勇、唐理斌、谢茂林为省政协十二届委员会常务委员。通过省政协十二届二次会议决议；通过省政协十二届二次会议关于提案初步审查情况的报告。

【省政协十二届第四次常委会议】 1月15日在南昌召开。省政协主席、党组书记姚增科出席并讲话。省政协副主席李华栋、谢茹、汤建人、刘晓庄、陈俊卿、张勇、刘卫平、雷元江，秘书长汪爽出席。会议决定，政协江西省第十二届委员会第二次会议于1月26日—29日在南昌召开。省委常委、省委统战部部长陈兴超作关于调整省政协专门委员会机构设置及人事事项的说明。会议协商讨论了《政府工作报告（征求意见稿）》，听取省政协各专门委员会2018年工作情况的汇报；审议并原则通过政协江西省第十二届委员会常务委员会工作报告（审议稿）和关于提案工作情况的报告（审议稿）；审议通过关于召开政协江西省第十二届委员会第二次会议的决定、会议议程（草案）和日程。会议决定，设置省政协农业和农村委员会，省政协文史和学习委员会更名为省政协文化文史和学习委员会，省政协教科文卫体委员会更名为省政协教科卫体委员会。

【省政协十二届第五次常委会议】 1月28日在南昌召开。省政协主席、党组书记姚增科主持会议。省政协副主席李华栋、谢茹、汤建人、刘晓庄、陈俊卿、张勇、刘卫平、雷元江，秘书长汪爽出席会议。受省委委托，省委常委、省委统战部部长陈兴超作有关人事事项的说明。会议审议通过《政协江西省第十二届委员会第二次会议选举办法（草案）》；审议通过《政协江西省第十二届委员会第二次会议选举大会总监票人、监票人建议名单（草案）》；审议通过《政协江西省第十二届委员会增补常务委员人选名单（草案）》；原则通过《政协江西省第十二届委员会第二次会议决议（草案）》；原则通过《政协江西省第十二届委员会提案委员会关于省政协十二届二次会议提案初步审查情况的报告（草案）》。

【省政协十二届第六次常委会议】 3月16日在南昌召开。会议传达学习贯彻全国政协十三届二次会议精神。省政协主席、党组书记姚增科出席并讲话。省政协副主席李华栋、谢茹、汤建人、刘晓庄、陈俊卿、雷元江，秘书长汪爽出席。省政协副主席刘卫平主持。会议强调，要发挥好政协党组的领导作用、主席会议的示范引领作用、常委会的关键少数作用、专委会的基础作用、界别的桥梁纽带作用、委员的主体作用、机关的服务保障作用、党支部的战斗堡垒作用，汇聚更好履职尽责之力。要加强履职能力建设，促进政协工作提质增效，推进新时代人民政协事业和实现江西省高质量跨越式发展。

【省政协十二届第七次常委会议】 8月19日—20日在南昌召开，会议围绕“营商环境改善与干部作风转变”进行专题协商。省政协主席、党组书记姚增科出席并讲话。副省长吴忠琼到会听取发言并讲话。省政协副主席李华栋、谢茹、汤建人、刘晓庄、陈俊卿、肖毅、刘卫平、雷元江，省政协秘书长汪爽出席。会议邀请省纪委常务副书记、省监委副主任潘东军作《用优良作风为我省改革发展稳定提供有力保证》报告。会议强调，政协委员要结合“不忘初心、牢记使命”主题教育，解决好“我是谁、为了谁、依靠谁”这一根本政治立场问题，正确处理做本职工作与履行政协委员职责的关系，力戒顾此失彼、“挂名委员”现象发生。会议审议通过《中国人民政治协商会议江西省委员会专门委员会通则》。

【省政协十二届第八次常委会议】 11月18日—19日在南昌召开。会议传达学习中共十九届四中全会、中央政协工作会议、全国政协十三届常委会第九次会议和《中共中央关于新时代加强和改进人民政协工作的意见》精神，审议通过《提案工作条例》，围绕“我省装备制造业高质量发展”开展专题协商。省政协主席、党组书记姚增科出席并讲话。省委常委、副省长吴晓军到会听取发言并讲话。省政协副主席李华栋、谢茹、汤建人、陈俊卿、张勇、肖毅、刘卫平、雷元江，秘书长汪爽出席。会议决定，省政协十二届三次会议于2020年1月14日—17日在南昌召开。

重要活动

【全省首次市县政协秘书长工作会议】 5月8日在修水召开。会议传达全国地方政协秘书长工作会议精神，总结交流政协机关工作经验，研究贯彻落实举措。省政协秘书长汪爽出席会议并讲话。省政协副秘书长、办公厅主任杨木生主持会议。会议强调，必须在深入学习贯彻中共中央总书记习近平关于加强和改进人民政协工作的重要思想，把增强“四个意识”、坚定“四个自信”、做到“两个维护”体现在落实全国“两会”和省“两会”精神的具体行动中，体现在服务江西高质量跨越式发展的履职成效上。

【住赣全国政协委员开展主题考察活动】 为庆祝新中国和人民政协成立70周年,根据全国政协统一安排,7月30日,住赣全国政协委员召集人,省政协主席、党组书记姚增科率住赣全国政协委员陈兴超、施小琳、李华栋、谢茹、汤建人、刘晓庄、雷元江等在南昌开展主题考察活动。考察团一行先后考察参观贺龙指挥部旧址、新四军军部旧址陈列馆、"小平小道"旧址纪念馆、陆军步兵学院"将军楼"。省委常委、南昌市委书记殷美根,陆军步兵学院政委刘勇,省政协秘书长汪爽等陪同考察。

【鄂豫皖三省政协联合考察组到赣考察】 为学习借鉴全国其他革命老区发展工作经验,进一步提高2019年大别山革命老区鄂豫皖三省政协主席座谈会建言质量,9月9日—12日,安徽省政协副主席郑永飞带领鄂豫皖三省政协联合考察组,围绕"革命老区贯彻实施乡村振兴战略、促进老区经济社会发展"课题在赣学习考察。在赣期间,联合考察组先后赴瑞金市、兴国县、井冈山市等地实地考察,并在南昌市召开座谈会。省政协农业农村委员会主任谢茂林陪同考察。

【江西省庆祝中国人民政治协商会议成立70周年座谈会】 9月27日,江西省庆祝中国人民政治协商会议成立70周年座谈会召开。会议传达学习中共中央总书记习近平在中央政协工作会议暨庆祝中国人民政治协商会议成立70周年大会上的重要讲话精神。省委书记刘奇出席并讲话,刘奇强调,要以大团结大联合画出最大同心圆,以协商民主凝聚强大正能量,以改革创新激发工作新活力,奋力开创新时代全省政协事业发展新局面,为描绘好新时代江西改革发展新画卷作出新的更大贡献。省政协主席、党组书记姚增科主持,毛伟明、赵力平、施小琳、周萌、谢茹、刘晓庄、陈俊卿、张勇、肖毅、刘卫平、刘勇和历届省政协主席、副主席出席座谈会。

【住赣全国政协委员到冀考察】 11月20日—23日,省政协主席、党组书记姚增科率住赣全国政协委员考察团赴河北省考察。河北省委书记、省人大常委会主任王东峰与考察团一行举行工作座谈。河北省政协主席叶冬松,住赣全国政协委员施小琳、孙菊生、李华栋、谢茹、汤建人,河北省领导袁桐利、陈刚、聂瑞平、曹素华等参加座谈和考察活动。考察团一行先后到平山县西柏坡、正定县塔元庄村参观学习,实地考察雄安市民服务中心、规划展、"千年秀林"、白洋淀新安北堤木栈道、安国现代中药工业园区、以岭药业等地。

调查研究

【"全省营商环境改善与干部作风转变"调研】 3月至5月,社会和法制委员会组成5个调研小组,到全省11个设区市80个县(市、区)和工业园区、外埠商会,围绕"江西省干部作风转变取得的成绩、新变化、存在的新问题新表现新动向及对策建议"等子课题开展调研。邀请省工商联、国家统计局江西调查总队围绕"支持民营经济发展政策落地情况"专题设计问卷,分别选择1000份以上和500份样本进行调查;邀请各设区市政协开展联动调研,提交调研报告和正反典型案例。8月19日—20日,省政协召开专题议政性常委会会议,围绕"营商环境改善与干部作风转变"进行专题协商。省政协主席、党组书记姚增科出席并讲话。副省长吴忠琼到会听取发言并讲话。

【"江西省航空和农机装备制造业高质量发展"调研】 3月至9月,教科卫体委员会和省工信厅、省科技厅等相关职能部门组成联合课题组,先后到南昌、赣州、吉安等7个设区市以及广东相关工业园区、企业和科研院所进行实地考察;召开36场座谈会,发放调查问卷600多份。开展访谈,邀请刘大响、谭建荣、陈洪渊3位院士及北京航空航天大学党委书记曹淑敏等航空装备制造相关领域专家,面对面座谈和互动交流,听取意见建议。通过多形式的互动交流,课题组提出了《关于助推我省航空和农机装备制造业高质量发展十方面问题及50条对策建议》,提交省政协专题议政性常委会会议协商。

【"助推全省'映山红行动'提速增效"对策建议调研】 4月至6月,经济委员会组织"政协人+政府人+企业人+金融人"联合调研组,开展专题调研。调研组先后到7个设区市的45家企业,召开新三板企业、券商和中介服务机构座谈会6次,协调省统调总队设计问卷调查表格,对全省143家新三板挂牌企业进行问卷调查。7月25日,省政协召开专题协商座谈会,围绕"助推全省'映山红行动'提速增效"建言资政。省委常委、常务副省长毛伟明出席会议并讲话,省政协党组副书记、副主席陈俊卿主持会议。会上,6名政协委员、企业家代表和专家学者作交流发言。

【"加强全省红色资源保护与利用"调研】 4月至9月,文化文史和学习委员会组织调研组,先后到九江、宜春、赣州、上饶等地和山东、江苏两省开展实地调研和学习考察;国庆期间组织委员以普通游客身份深入省内红色景区、场馆开展体验式调研。在深入调研的基础上,10月12日,省政协召开"加强全省红色资源保护和利用"对口协商座谈会。省政协副主席李华栋主持会议并讲话。曾粮、梁勇、毛敏珍、田荣、刘玲华、丁仁祥等6名委员和专家学者围绕专题作发言。省委组织部、省委宣传部、省文旅厅、省教育厅等部门有关负责人参加座谈会,与委员面对面进行交流互动。

【"全省畜牧产业结构优化与高质量发展"调研】 5月至8月,农业和农村委员会与省农业农村厅组织联合调研组到宜春、九江、吉安、萍乡等地调研,召开座谈研讨会20次,广泛听取有关部门和养殖场(户)意见,形成专题报告。9月25日,省政协召开对口协商座谈会,围绕"江西省畜牧产业结构优化与高质量发展"议题进行专题协商。7名省政协委员、专家、企业代表与8个相关省直部门负责人就加快全省畜牧产业转型升级、构建现代产业体系开展互动交流。省政协副主席刘卫平出席并讲话。省领导刘奇、易炼红、李炳军等对报告作出批示和肯定，认为“调研深入细致，报告文风朴实简洁，建议有依有据”。

【“加强全省宗教工作基层基础建设”调研】　3月至10月，民族和宗教委员会组织调研组，采取实地调研、走访调研、座谈调研等方法，到乡村、宗教团体和宗教活动场所、信教群众家庭，了解实情，形成“江西省做好农村宗教工作基层基础建设成功做法的调查与建议——以余干、鄱阳县为例”的调研报告。10月28日，省政协召开界别协商座谈会，民族和宗教界代表人士释纯一、李云根、李稣光、李绍华、释衍真、王海燕、雷丹等8名委员和余干县、鄱阳县政协负责人围绕“江西省农村宗教工作基层基础建设”专题建言咨政，发表意见建议，省政府有关部门负责人作互动交流。

【“江西省VR产业发展”调研】　6月至11月，省政协副主席、党组副书记陈俊卿带领经济委员会课题组到省工信厅等相关职能部门，召开相关地区职能部门、金融机构参加的分类座谈会，实地考察南昌VR产业基地及泰豪集团等省内主要VR相关企业，并远赴北京、深圳、青岛等地实地考察，形成专题报告。12月24日，省政协召开“发挥先发优势推动我省VR及相关产业加快发展”界别协商座谈会。陈俊卿主持并讲话。王亦斌、肖峻、张国轩、黄小放、李广振、胡素强等政协常委、委员及专家结合调研情况及工作经历，从不同角度就“推动江西省VR及相关产业加快发展”提出意见和建议。

【“深化全省事业单位改革”调研】　2月至4月，省政协调研组分别到辽宁省、安徽省，学习考察辽皖事业单位改革的做法成效。其间，到省内11个设区市调研座谈，全面了解江西省事业单位改革的基础优势、差距不足。经9轮研讨、53遍修改，形成《走进辽宁安徽学习　比较辽宁安徽谋策——辽宁安徽事业单位改革的调研与思考》。4月27日，省政协主席、党组书记姚增科审定签发，以政协专报形式报省委、省政府，供决策参考。省领导刘奇、易炼红、李炳军、毛伟明、赵力平、吴忠琼等先后作出肯定性批示，要求有关部门认真吸纳，转化为推进江西省事业单位改革的政策举措。

【“推进大南昌都市圈建设”调研】　6月至8月，省政协抽调省直单位、市政协主要负责人和专家学者等20余人组成调研组，到南昌市、赣江新区、九江市、抚州市以及丰樟高、奉靖、鄱余万三组团，开展小分队沉浸式调研。11月，向清华大学中国新型城镇化研究院执行副院长、教授尹稚征求意见建议；到安徽学习考察合肥都市圈建设情况。12月17日，在省委书记刘奇的批示指导下，省政协主席、党组书记姚增科主持召开专题协商会，省长易炼红到会讲话并现场与委员们交流互动，省委常委、南昌市委书记殷美根与课题组进行多层面交流，8名省政协主席会议成员全程参会。会上，基于干部群众的现实关切，结合共识，委员和专家们提出20条对策建议。

10月22日，省政协“发挥先发优势，推动我省VR及相关产业加快发展”调研组到2019世界VR产业大会调研

陈巍摄

专门委员会工作

【提案委员会】　2019年，提案委员会对省政协《提案审查处理工作实施细则》《优秀提案、先进承办单位和先进提案工作者评选办法》进行修订，制定省政协《重点提案遴选与督办办法》。创新省委办公厅、省政府办公厅、省政协办公厅联合督查提案办理工作方式，将省政协提案委员会领导带队变为由3家办公厅领导带队，并邀请省政协提案委员会专家组成员参加。省委书记刘奇和省长易炼红领衔督办政协重点提案，形成高位推动、整体推进、良性发展的提案办理新格局。8月，首次举办省市县三级提案工作者参加的全省政协提案工作学习培训班。9月，组织提案者、办理单位负责人和有关专家，到高安市、渝水区等地，开展畜禽养殖废弃物资源化利用情况专题调研，提出4个方面问题18条对策建议，获省委书记等批示。开展评选2019年度省政协优秀提案、先进承办单位和先进提案工作者活动，对省政协十二届二次会议以来的30件优秀提案、15个先进承办单位和30名先进提案工作者以省政协的名义予以通报表扬。

【经济委员会】　2019年，经济委员会做好“助推我省‘映山红行动’提速增效对策建议”专题协商课题。赴上饶市经开区现场调研，听取晶科能源公司全面介绍，访谈经开区领导和所属工作部门领导，做好“江西晶科能源公司成功应对欧美‘双反’逆势崛起做法与经验”专题调研工作。通过边调研边反复宣传凝聚共识，逐步改变对江西发展 VR 的偏见，树立发展好 VR 产业的信心、决心。坚持发挥委员主体作用，全会期间，提前起草致委员的一封信、认真筛选发言主题、遴选 12 名委员作联组讨论发言并提炼完善委员发言材料，委员发言得到参会省领导高度评价。围绕“支持民营经济健康发展”主题，组织经济界别委员走访民营企业。组织委员赴省税务局就“减税降负情况”开展界别活动。坚持横纵沟通联系，做好广西、甘肃、宁夏等省(自治区)政协到赣开展专题调研的对接服务，全国和跨省参会交流活动成果的提炼和总结工作。

【农业和农村委员会】 2019 年，省政协新组建农业和农村委员会，委员会全年承办计划内对口协商课题 1 项，计划外课题 2 项，组织提案重点督办、界别视察等活动 9 次。聚焦畜牧业结构优化与高质量发展开展对口协商议政，省领导刘奇、易炼红、李炳军等作出批示和肯定。围绕做大做强全省油茶产业开展议政建言，省林业局和有关市县逐条研究采纳，出台有关工作举措。就江西省主要农产品比较优势、现有农产品出口到澳门地区的有关情况进行研究分析，助力“赣字号”农产品走进澳门地区市场调研建言。组织部分农业界别委员到贵溪市、横峰县就省信息扶贫成效情况进行视察。联合农工党省委会组织农工党界别委员赴南昌航空工业城就“促进江西航空产业发展”开展视察。组织委员参观第十七届中国国际农产品交易会和首届江西“生态鄱阳湖·绿色农产品”博览会。加强政协系统联动，争取全国政协农委的工作指导，密切与其他省份政协的交流交往，加强与地方政协的协作交融。加强与部门的工作联系，走访省农业农村厅、省水利厅、省林业局等单位，建立联系交流机制。

【人口资源环境委员会】 2019 年，省政协人口资源环境委员会对“鄱阳湖生态环境综合整治重点难点问题破解对策”课题进一步延伸调研，修改完善《关于“长江之肾”鄱阳湖生态环境整治四个方面突出问题三十条对策十点启示的建议案》。组织开展“江西省 13 个‘国家重点实验室’和‘国家工程技术研究中心’现状与对策”专题调研，形成建议案报送省委、省政府，得到省委书记、省长等批示。聚焦生态文明建设，开展“贯彻落实省委省政府推进国家生态文明试验区建设决策部署情况”专题调研。5 月，参与全国政协人口资源环境委员会专题调研组一行到赣调研服务工作。6 月，派员到重庆市参加由全国政协人资环委和重庆市政协共同主办的长江经济带省市政协“共抓长江生态环境保护、共推长江经济带绿色发展”研讨会。11 月，派员到河南参加 2019 年森林城市建设座谈会，会议研究部署全国关注森林活动，推动成立省级关注森林活动组织机构等事宜。互学互鉴，做好其他省政协到赣考察调研接待工作。全年接待云南、四川、湖北、辽宁等省政协人资环委考察团到江西省考察。

【教科卫体委员会】 2019 年，教科卫体委员会承办省政协第三季度专题议政性常委会课题，坚持高层把关定向、多方协同调研及开展高端访谈，助推江西省装备制造业高质量发展，形成《关于助推我省航空和农机装备制造业高质量发展十方面问题及 50 条对策建议》。同时“大题套小题”，围绕“江西省乡村民居建设和管理存在的突出问题与对策建议”课题，到上饶、抚州等地调研，召开多层面、多部门的小型座谈会。持续打造送医送药下基层活动品牌，3 月和 11 月，组织医药卫生界别委员及省直三甲医院相关专家，分别到南昌市东湖区小金台社区和黎川县皮边村开展送医送药义诊活动，推动省城优秀医疗资源下沉，为基层干部群众解决医疗方面的实际困难。持续深化与“1% 工程”基金理事会合作，推动减轻农村建档立卡贫困户和城市低保困难户医疗负担，捐资 18 万元用于助推黎川县皮边村产业扶贫工作持续开展。持续化解民营企业发展中的痛点难点问题，委员会在开展委员联系民营企业家活动时，得知吉安市某棚改项目存在工程质量问题，及时与省政府督查室联系，推动安全隐患的消除，确保人民群众生命财产安全。

【社会和法制委员会】 2019 年，社会和法制委员会承办省政协第二季度专题议政性常委会协商课题“我省营商环境改善与干部作风转变”，通过精心

11 月 30 日，省政协医卫界别委员、专家到黎川县洵口镇开展送医送药义诊活动

李佑江摄

筹划准备，深入开展调研，形成《我省干部作风需要持续发力破解的八个方面问题与九条对策建议（草案）》，提交常委会审议。高标准完成全国政协社会和法制委员会委托的“推进彻底解决执行难问题”调研任务，形成《“推进彻底解决执行难”存在的六个方面问题与九条完善执行工作机制、推进强制执行立法的意见建议》调研报告，上报全国政协社会和法制委员会，得到全国政协社会和法制委员会肯定。10月，开展“加强高速公路法治建设，提高高速公路依法管理水平”专题调研，形成了《我省高速公路管理建设发展方面存在的突出问题及六条对策建议》。11月，组织“统一司法行政戒毒工作模式，规范司法行政戒毒场所管理”委员视察，提出了统一戒毒工作模式，加强禁毒、戒毒工作的意见建议。组织工会界别开展“工业园区企业发展和维护职工权益情况”视察。接待河南省、广西壮族自治区政协社法委到赣学习考察。

【民族和宗教委员会】 2019年，民族和宗教委员会围绕“做好全省农村宗教工作基层基础建设”专题开展调查研究，先后4次到基层了解实情，在充分研讨的基础上，形成专题调研报告报送省委、省政府。赴万安县开展“江西省少数民族村脱贫攻坚情况”专题调研，提出江西省少数民族村如期脱贫后必须加大投入化解村级债务等4条对策建议。与省药品监督管理局、省中医药管理局组成联合调研组，围绕“江西省中药产业发展壮大需要关注的几个问题”开展联合调研，形成专题调研报告。开展江西茶文化调研，就江西省茶叶品牌整合、提高科技含量、挖掘茶文化内涵、提升品牌价值、延长茶产业链等进行研讨，提出意见建议。6月，在南昌召开全省政协学习《江西省宗教事务条例》座谈会，11个设区市政协民族和宗教委员会负责人和36个宗教工作重点县政协分管领导参加会议，学习新修订的《宗教事务条例》和《江西省宗教事务条例》。10月，在铜鼓县召开全省民族宗教工作学习研讨会，学习中共中央总书记习近平在中央政协工作会议上的讲话和全国政协主席汪洋有关民族宗教工作讲话精神。

【港澳台侨和外事委员会】 4月至12月，港澳台侨和外事委员会联合省文旅厅开展“关于江西省11个5A级景区影响力提升的调查与建议”专题调研，先后到安徽、云南、贵州和省内11个5A级景区实地调查，形成《走进皖滇黔三省学习考察，研究思考江西省11个5A级景区影响力提升的对策》调研报告，印发全省各市县党委、政府和省直有关厅局。积极参加全国政协主办的活动，6月，参加全国政协港澳台侨委员会与福建省政协共同主办的第十一届海峡论坛·第二届两岸基层治理论坛。9月，联合外事委员会、省归国华侨联合会举办“海外侨胞故乡行——走进江西”联谊交流活动。10月，组织港澳委员和特邀海外侨胞列席代表到萍乡开展“海绵城市建设”视察活动，梳理委员意见建议反馈萍乡市政府。11月，参加中国河洛文化研究会第三届代表大会暨第十五届中国河洛文化研讨会。积极发挥联系港澳委员优势，完成第十一届中国中部投资贸易博览会邀请20名客商的任务，超额完成赣深赣港经贸合作交流活动邀商任务。全年接待全国政协组织的到赣考察团2批次，先后接待来自奥地利、德国、法国、美国、日本、意大利等国家的海外侨胞和境外社团组织10多批次。

【文化文史和学习委员会】 4月至7月，文化文史和学习委员会组成调研组，到县乡村开展“积极稳妥推进全省殡葬改革深化对策建议”专题调研，形成《积极稳妥推进我省殡葬改革深化六方面14条对策建议》。4月至9月，先后到九江、宜春等地和山东、江苏两省就“加强江西省红色资源保护和利用”开展实地调研和学习考察；10月召开对口协商座谈会，形成《关于加强我省红色资源保护和利用的建议》专报。承办“江西省政协发展历程展”，精选图片千余幅，展示1950年以来省政协在社会主义革命时期、社会主义建设时期与改革开放时期的光辉历程。围绕“人民政协成立70周年纪事”开展史料征集工作，征集文稿100余篇，甄选13篇优秀文稿在《江西政协报》上开辟专栏登载。组织九三学社界别委员就“加快发展我省现代职业教育”到南昌、新余开展视察，形成《关于加快发展我省现代职业教育四方面建议》；组织文艺界别委员及部分书画家赴黎川县洵口镇皮边村，开展“壮丽七十年美丽乡村焕新彩”界别采风活动，创作16幅作品。承担全国政协“加强长征文物保护和红色旅游线路建设”党外委员视察团到赣接待工作。先后接待重庆、云南、湖北、四川等4个省（直辖市）政协到赣调研。

（省政协办公厅）

11月14日—15日，省政协九三学社界别委员在南昌、新余市就“加快发展我省现代职业教育”主题开展视察调研活动　　九三学社江西省委会供

本栏编辑　张志勇

纪检监察

综述

2019年，全省各级纪检监察机关，贯彻中共中央总书记习近平视察江西重要讲话精神，落实中共中央政治局常委、中央纪委书记赵乐际在江西调研指示要求，按照十九届中央纪委三次全会和省委十四届六次、八次、十次全会部署，实事求是、依规依纪依法，一体推进不敢腐、不能腐、不想腐，全省政治生态积极向上。3月，赵乐际到江西考察调研，肯定江西正风肃纪反腐、专项巡视整改、纪检监察体制改革等工作取得的成绩。5月，习近平到江西视察指导，对江西坚决全面彻底肃清苏荣案余毒予以肯定。

深入学习习近平新时代中国特色社会主义思想。省纪委常委会把学习贯彻习近平新时代中国特色社会主义思想作为一项长期的重大政治任务，结合“不忘初心、牢记使命”主题教育，推动学懂弄通做实。认真研读《习近平关于“不忘初心、牢记使命”重要论述选编》《习近平新时代中国特色社会主义思想学习纲要》，围绕中共中央总书记习近平视察江西重要讲话、中共十九届四中全会精神等，进行10次集体学习研讨。对中共中央总书记习近平发表的重要讲话、作出的重要指示批示，省纪委常委会都及时传达学习。

扎实开展“不忘初心、牢记使命”主题教育。举办专题党课暨设区市纪检监察工作半年报告会，召开省纪委常委班子专题民主生活会，精心组织开展专题调研，研究解决影响纪检监察工作高质量发展的新情况新问题，督促指导市县纪委监委认真开展第二批主题教育，切实增强纪检监察干部牢记初心使命、做到“两个维护”的高度政治自觉。协助省委把坚决全面彻底肃清苏荣案余毒作为做到“两个维护”的重要抓手，突出肃清其政治上的余毒，严肃查处胡高平、马玉福、古小平、曹永琳、罗光荣等一批政治问题与经济问题交织的典型案件。全省查处违反政治纪律案件371件，处分386人。

严格落实意识形态工作责任制。发挥省纪委省监委“一网两微一端”等阵地作用，开设专题专栏，加强理论阐释和宣传解读，向社会公开立案审查调查信息，曝光典型案例，营造正风肃纪反腐良好氛围。

重要会议

【省纪委十四届四次全会】 1月18日—19日，中共江西省第十四届纪律检查委员会第四次全体会议在南昌举行。省纪委委员40人出席全会，198人列席。省委书记刘奇出席全会并讲话。省委常委和省人大常委会、省政府、省政协的相关负责人出席会议。全会以习近平新时代中国特色社会主义思想和中共十九大精神为指导，全面贯彻十九届中央纪委三次全会和省委十四届七次全会部署，回顾2018年纪检监察工作，部署2019年任务。审议通过孙新阳代表省纪委常委会所作的《推动纪检监察工作高质量发展，为共绘新时代江西物华天宝人杰地灵新画卷提供坚强保障》工作报告。全会提出，2019年工作总体要求是：以习近平新时代中国特色社会主义思想为指导，深入贯彻中共十九大和十九届二中、三中全会精神，全面落实十九届中央纪委三次全会和省委十四届七次全会部署，不忘初心、牢记使命，增强“四个意识”，坚定“四个自信”，坚决维护习近平中共中央的核心、全党的核心地位，坚决维护党中央权威和集中统

1月18日—19日，中国共产党江西省第十四届纪律检查委员会第四次全体会议在南昌召开

段文革摄

一领导，坚持稳中求进工作总基调，大力弘扬井冈山精神，忠实履行党章和宪法赋予的职责，以党的政治建设为统领，协助党委推进全面从严治党，坚持纪严于法、纪在法前，执纪执法贯通、有效衔接司法，取得全面从严治党更大战略性成果，巩固发展反腐败斗争压倒性胜利，一体推进不敢腐、不能腐、不想腐，健全和完善监督体系，推动新时代纪检监察工作高质量发展，持续推进江西风清气正的政治生态建设，为建设富裕美丽幸福现代化江西、共绘新时代江西物华天宝人杰地灵新画卷提供坚强保障，以优异成绩庆祝中华人民共和国成立70周年。

【省纪委省监委机关“不忘初心、牢记使命”主题教育工作会议】 6月10日，省纪委省监委机关召开“不忘初心、牢记使命”主题教育工作会议，学习贯彻中共中央总书记习近平在中共中央“不忘初心、牢记使命”主题教育工作会议上的重要讲话精神，落实省委关于主题教育工作要求，部署省纪委省监委机关主题教育工作。受省委常委、省纪委书记、省监委主任孙新阳委托，会议由省纪委常务副书记、省监委副主任潘东军主持并作工作部署，省委第一巡回指导组组长李舰海出席会议并作指导讲话，省委第一巡回指导组成员，省纪委省监委班子成员和机关全体党员干部以及省委巡视机构、省纪委省监委各派出机构主要负责人出席会议。

【全省纪检监察系统全员培训推进会】 6月22日，全省纪检监察系统全员培训推进会在南昌召开。省委常委、省纪委书记、省监委主任孙新阳到会作辅导报告。会议要求，要把学习宣传贯彻中共中央总书记习近平视察江西时的重要讲话精神，纳入“不忘初心、牢记使命”主题教育重要内容，作为全员培训重要任务。会议强调，要把牢全年工作主题主线，创造性贯彻落实好十九届中央纪委三次全会精神，坚持和加强党对纪检监察工作的领导。要标本兼治、深化构建不敢腐、不能腐、不想腐机制，聚焦政治监督，善于利用问题线索，发挥信息化赋能作用，做实做细监督。要落实好监审分设要求，妥善处理纪法关系，深化纪法贯通和法法衔接，坚决守住监督检查审查调查安全这条生命线。要进一步落实责任，做好巡视巡察配合工作，高质量推进巡视巡察全覆盖，推动市县巡察实效。要进一步做好纪检监察宣传工作，讲好江西正风反腐故事。要立足“更深层次”，瞄准“更高水平”，持续深化“三转”。要加强纪检监察机关党的建设，当前最重要的是按照中共中央和省委统一部署，结合工作实际，扎实开展“不忘初心、牢记使命”主题教育。

【“不忘初心、牢记使命”主题教育专题党课暨设区市纪检监察工作半年报告会】 7月17日，省纪委省监委召开“不忘初心、牢记使命”主题教育专题党课暨设区市纪检监察工作半年报告会。会议以习近平新时代中国特色社会主义思想特别是中共中央总书记习近平视察江西重要讲话精神为指导，贯彻中央纪委国家监委“不忘初心、牢记使命”主题教育专题党课暨全国纪检监察工作会议精神，重温初心和使命，分析形势任务，就全省纪检监察系统开展好“不忘初心、牢记使命”主题教育、做好下半年工作进行部署。省纪委省监委机关副处级以上党员干部、省直各派驻纪检监察组组长、省属企业高校纪委书记、各设区市纪委书记、省委各巡视组组长、部分特约监察员等近300人参加会议。中央第六指导组组长宋育英到会指导专题党课。

廉政建设

【推动政治监督及整改落实】 2019年，省纪委贯彻中共中央关于加强党的政治建设的意见及省委若干措施，制定出台《关于加强政治监督工作的指导意见》，对照中共中央和省委重大决策部署，跟进监督检查。加强对中央脱贫攻坚专项巡视反馈意见整改落实情况的监督，省纪委牵头的3大类问题8项整改任务，全部完成整改，探索运用“三督办三反馈三整改”工作机制，推动全省巡视整改任务落实。加强对中央生态环境督察反馈问题整改情况的监督，对鄱阳湖流域部分地区水生态保护不力、违规侵占湖泊湿地等问题进行责任追究，共对111名责任人进行追责问责，其中厅级干部8人、处级干部46人，推动长江经济带“共抓大保护、不搞大开发”政策落实。加强机构改革情况的监督，严格执行“十个严禁”“两个一律”规定，保障全省机构改革任务总体完成。强化对舆论导向情况的监督，推动网信部门开展治网专项行动。对2018年度民

6月22日，全省纪检监察系统全员培训推进会在南昌召开

刘健摄

主生活会、脱贫攻坚专项巡视专题民主生活会开展督导，督促209名领导干部就接受组织约谈函询等情况在会上作检查或说明。严把选人用人党风廉政意见回复关，做好中组部调研干部人选等意见回复工作，省纪委省监委回复党风廉政意见1400余人次。学习贯彻《中国共产党问责条例》，开展问责不力和问责泛化、简单化问题专项纠治，全省纠治各类问题466个。

【专项问题整治】 2019年，推进扶贫领域腐败和作风问题专项治理，坚持“四看四严”，明确政策界限，对县乡纪委给予党纪政务处分的扶贫领域问责类案件，由上一级纪委审核把关，全省共查处相关问题6267个，处理8168人。制定出台《关于扫黑除恶专项斗争监督执纪若干问题的指导意见》，建立健全联点包案、双重签字背书等工作机制。全省共立案查处涉黑涉恶腐败和“保护伞”问题2396人，其中，厅级干部13人，处级干部97人。发布敦促限期投案通告，245人在规定期限内主动向组织交代问题，综合运用监督执纪“四种形态”处理。结合主题教育部署要求，牵头开展漠视侵害群众利益问题专项整治，会同14家省直单位集中整治4大类19项具体问题，全省查处侵害群众利益不正之风和腐败问题9570个，处理12298人。

【正风肃纪】 全省查处违反中央八项规定精神问题4486起，处理5910人，给予党纪政务处分2880人。针对违反中央八项规定精神的易发多发问题，督促省直有关部门出台规范津补贴发放、商务接待等方面配套制度23项，制定发布“一桌餐”认定及处理等政策答疑18期。开展领导干部利用名贵特产类特殊资源谋取私利问题专项整治，全省查处相关问题76起，处理77人。加强对中央关于“基层减负年”、省委“三十条”措施落实情况的监督，牵头对全省“责任状”“一票否决”事项开展清理，79项“责任状”精简为10项，16项“一票否决”精简为7项。省纪委省监委带头，制定并严格执行精文减会等“十八条”措施。严肃查处赣州市人大常委会原副主任、宁都县委原书记王四华脱贫攻坚弄虚作假、扫黑除恶专项斗争不作为、肃清苏荣案余毒走过场，莲花县委原书记刘乡在脱贫攻坚中弄虚作假等问题。利用李贻煌、胡高平、杨玲玲、王四华等典型案件，深入开展“三会一书两公开”警示教育，推动以案促改。摄制《丧德败身》《片中人》警示片，制作留置对象忏悔短视频，编印《忏悔录汇编》，纳入全省主题教育重要内容。与省委党校共同建成江西省党性党风党纪教育馆，8100余名党员干部接受教育。

【执纪审查】 全省纪检监察机关共接受信访举报71333件，处置问题线索51244件，立案16058件，给予党纪政务处分15667人，涉嫌犯罪移送检察机关593人。全省有870人主动向纪检监察机关投案。发挥省委反腐败协调小组职能作用，启动“天网2019”行动，出逃美国18年的“红通人员”陈建飞回国投案，实现江西省外逃“红通”国家工作人员“清零”的目标。积极做好防逃工作，协调组织部门出台《关于做好领导干部因私出国(境)证件集中保管有关工作的通知》。全省共运用“四种形态”批评教育帮助和处理6.18万人次，其中第一、二种形态处理5.81万人次，占比94%。协助省委制定出台容错纠错、澄清正名实施办法，在对违纪违法行为“零容忍”的同时，为391名受到不实举报的干部澄清正名，对符合容错条件的44名干部，依规依纪依法从轻、减轻处理或者免予责任追究。

【纪检监察队伍建设】 2019年，省纪委省监委班子成员严肃党内政治生活，严格落实双重组织生活、请示报告等制度，履行“一岗双责”，经常性开展不打招呼、直奔一线的“五不”调研。推动党建和业务融合，开展政治家访、“讲述我们支部的故事”活动，举办青年干部讲坛，组织机关和派驻机构39个党支部结对共建。坚持凭德才用干部、以实绩看德才，推动干部“把自己交给事业、把进步交给组织”。推进全员培训，省市县三级纪委监委自主办班567期，培训10870人，实现全覆盖。组织开展知识技能大比拼，以考促学。督促指导市县纪委监委依靠同级党委，通过选调、招考、遴选等方式，解决基层纪委监委空编问题。聘请41名省监委特约监察员，组织开展特约监察员“走进机关、走进派驻、走进基层”活动，主动接受各方面监督。学习贯彻监督执纪工作规则和监督执法工作规定，坚决防止“灯下黑”，全省共处理纪检监察干部361人。

制度建设

【制定《关于在脱贫攻坚中将监督挺在前面的工作意见》】 3月1日，省纪委办公厅印发《关于在脱贫攻坚中将监督挺在前面的工作意见》。该意见贯彻落实中共中央总书记习近平关于扶贫工作重要论述和巡视整改工作的重要讲话精神，按照中共中央巡视反馈意见和省委部署安排，履行监督职责，强化整改落实，明确及时向省委提出意见建议、规范问题线索处置、监督推动巡视整改等8项工作措施，并就在脱贫攻坚中将监督挺在前面提出要求。

【制定《关于推进省属国有企业纪检监察体制改革的意见》】 5月2日，省纪委办公厅印发《关于推进省属国有企业纪检监察体制改革的意见》。该意见贯彻落实《关于深化中央纪委国家监委派驻机构改革的意见》《关于深化省纪委省监委派驻机构改革的实施意见》，强化省纪委省监委对省属国有企业纪检监察工作的领导，发挥省属企业纪检监察机构的监督作用，对省属国有企业纪检监察体制改革的总体要求、组织领导、职责权限、制度机制等作出规定。

【制定《关于省纪委省监委向省属金融企业派驻纪检监察组的意见》】 5月2日，省纪委办公厅印发《关于省纪委省监委向省属金融企业派驻纪检监察组的意见》。该意见对派驻纪检监察组的职责权限、领导制度等作出规定。

【制定《关于深化省管高校纪检体制改革的意见》】 5月2日,省纪委办公厅印发《关于深化省管高校纪检体制改革的意见》。该意见贯彻落实《关于深化中央纪委国家监委派驻机构改革的意见》和《关于深化省纪委省监委派驻机构改革的实施意见》,强化省纪委对省管高校纪委的领导,发挥省管高校纪委的监督作用,推动省管高校全面从严治党,对高校纪检体制改革的总体要求、组织领导、职责权限等作出规定。

【制定《关于扫黑除恶专项斗争监督执纪若干问题的指导意见》】 6月13日,省纪委办公厅印发《关于扫黑除恶专项斗争监督执纪若干问题的指导意见》。该意见为依纪依法、准确有力惩处群众身边的涉黑涉恶腐败、党员干部和其他行使公权力的公职人员充当"黑恶势力"保护伞、相关地方和职能部门及其工作人员失职失责问题,对发生在群众身边的黑恶腐败问题的认定和处理、党员干部和公职人员充当黑恶势力"保护伞"问题的认定和处理、准确认定失职失责问题、准确把握和运用法律政策界限等作出规范。

【制定《关于进一步加强办理重大职务犯罪案件协作配合的意见》】 10月30日,省监委联合省高院、省检察院印发《关于进一步加强办理重大职务犯罪案件协作配合的意见》。该意见为进一步加强省监委、省高院、省检察院在办理重大职务犯罪案件中的协作配合,实现优质、高效、协同办案,确保查办职务犯罪案件政治效果、纪法效果和社会效果的有机统一,对省监委、省高院、省检察院在办理重大职务犯罪案件时的协作配合机制作出规范。

【制定《关于加强政治监督工作的指导意见》】 12月18日,省纪委办公厅印发《关于加强政治监督工作的指导意见》。该意见贯彻落实《中共中央关于加强党的政治建设的意见》,坚持和完善党和国家监督体系,加强和规范全省纪检监察机关的政治监督工作,推进政治监督具体化、常态化,对政治监督的总体要求、监督重点、监督方式等作出规范。

【制定《关于党纪政务处分执行工作的暂行规定》】 12月19日,省纪委办公厅印发《关于党纪政务处分执行工作的暂行规定》。该规定进一步规范全省党纪政务处分执行工作,切实维护纪律法律的严肃性和权威性,落实全面从严治党要求,对党纪政务处分执行工作的内容、要求、机制等作出规范。

监　察

【纪检监察"三项改革"】 2019年,全省一体推进纪检监察"三项改革",加强上级纪委监委对下级纪委监委的领导,落实对下级纪委监委"两为主一报告"、对派驻机构"三为主一报告"的工作机制。完善省委反腐败协调小组及其办公室工作规则,健全重大复杂疑难案件沟通协调、国际追逃追赃和防逃协调等机制,形成省委统一领导、省纪委省监委组织协调、检察机关提前介入、法院参与重大案件讨论的反腐败工作的工作格局。省纪委省监委落实"两为主"要求,围绕线索处置、谈话函询、初步核实、立案审查调查、案件审理、处置执行,健全查办腐败案件以上级纪委监委为主的工作机制,进一步完善设区市、省属国企、省管高校纪委书记、副书记和派驻纪检监察组组长、副组长4个提名考察办法,提升履职效能。

【派驻机构改革】 研究制定江西省深化派驻机构改革实施意见和省属企业、省属金融企业、省管高校等"1+3"改革文件,分类分领域部署推进。省级党政机关派驻机构由42家调整为38家,设立派驻省农村信用联社、省金控集团、江西银行3家纪检监察组,18家省属企业、38家省管高校纪委以及11个设区市、100个县(市、区)派驻机构改革基本到位。

【乡镇纪委标准化规范化建设】 2019年,将全面从严治党向基层延伸,以有队伍、有制度、有场所、有设备、有经费、有作为"六有"标准为抓手,推进乡镇纪委标准化、规范化建设,深化职能转变,强化履职保障,优化工作机制,促进乡镇纪检监察干部敢担当、能干事、有作为。全省每个乡镇均配有纪委书记、副书记、纪检专干,全省乡镇专职纪检监察干部达5100余人,实现乡镇(街道)监察机构全覆盖。全省乡镇纪委共立案6374件,处分6392人,同比分别增长8.5%、11.9%。

【推动各类监督贯通整合】 推进纪律监督、监察监督、派驻监督、巡视监督的有机贯通。参照中央纪委国家监委做法,两名副书记既分管监督检查也分管审查调查,在其分管范围内抓好监督检查室与审查调查室"前后台"的统筹。对口监督检查室督促派驻机构定期报告工作、随时报告重要情况,及时向派驻机构通报监督单位及省管干部问题线索处置情况,共同分析研判对口联系单位政治生态状况,并对班子及其成员进行画像,撰写政治生态报告。按照"资源共享、信息互通、协作配合、深度融合"的原则,建立省纪委省监委机关与巡视组协作配合机制,对口监督检查室提供省管干部有关问题线索处置情况办结情况,了解掌握巡视期间相关人员的问题线索情况,先办理巡视移交的重要问题线索,推动巡视后的整改落实,形成协作联动。同时,坚持问题导向,发挥审计监督、社会监督、舆论监督等作用。持续将江西电视台二套都市现场栏目曝光的"怕、慢、假、庸、散"问题列入日常监督内容,督促有关部门对曝光的59件违纪问题线索进行调查处理。

(熊斌)

本栏编辑　张志勇

民主党派和工商联

中国国民党革命委员会江西省委员会

【概　况】　2019年,民革江西省委会共有地方组织12个,其中省级组织1个,设区市组织11个;基层组织299个,其中基层委员会10个,总支委员会37个,支部252个。全省民革党员总数5219人。党员中担任各级人大代表、政协委员889人,占党员总数的17.03%。其中,全国人大常委会委员1人,全国人大代表1人,全国政协委员2人,省人大代表10人(其中常委会副主任1人、常委会委员2人),省政协委员33人(其中常委7人)。担任副处级以上干部180人,其中省部级2人、厅局级14人、县处级164人。

【组织建设】　2019年,民革江西省委会新发展党员232人,平均年龄36.6岁。其中,入选国家"千人计划"人才、"赣鄱英才555工程"等高层次人才5人,大学以上学历208人(含博士13人,硕士33人),占新党员总数89.7%;具有中高级职称78人,占新党员总数33.62%。全省已建成"民革党员之家"51家,民革南昌市青山湖区总支部一支部等9个支部被民革中央评为全国性示范支部,民革南昌市红谷滩区总支部党员之家等7家民革党员之家被民革中央评为优秀民革党员之家。推荐民革党员12人参加中共中央统战部、民革中央举办的各类培训,选派4名厅级实职干部参加民革中央举办的厅级实职干部廉政警示教育会,举办1期50人的民革全省基层骨干培训班。全年共推荐提任厅级干部3人,处级干部6人;推荐省政协委员3人;向省政府、省纪委监委、省公安厅推荐特约监督员、法律顾问等5人。

【参政议政】　2019年,民革江西省委会在省政协十二届二次会议上,报送大会发言6篇,集体提案13件,大会口头发言《切莫错失赣湘开放合作发展"黄金期"》得到中共江西省委书记刘奇、省政协主席姚增科的肯定,省长易炼红做重要批示。大调研课题《提升政务服务效能 打造"四最"营商环境》在江西省各民主党派工商联无党派人士2019年大调研协商座谈会上得到中共江西省委书记刘奇、省长易炼红肯定,促成《江西省优化营商环境条例》列入2020年立法计划,省发改委专程到民革省委会听取意见建议。直通车课题《关于进一步规范民办义务教育收费的建议》得到省长易炼红批示,民革省委会大调研《加快江西与粤港澳大湾区农业发展合作的建议》获省长易炼红等3名省领导批示。参与中共江西省委、省委统战部召开的专题协商座谈会、人事协商座谈会、调研协商座谈会、情况通报会等10余次,围绕脱贫攻坚、民主监督等工作提出意见建议。向民革中央报送社情民意23篇,其中,单篇采用3篇、综合采用1篇、参考采用1篇、报全国政协每日社情采用1篇;向省政协报送209条,其中1条被中共江西省委采用,9条被全国政协采用。民革省委会获2019年度为民革中央政协会议发言工作作出贡献的集体奖。

【思想宣传】　2019年,民革省委会以"不忘合作初心,继续携手前进"主题教育活动为主线,开展"思想政治建设年"工作,第一时间传达有关精神、成立领导小组、印发《实施方案》,先后召开动员部署会、调研履职交流会,民革中央副主席邓力平出席省委会主题教育活动领导班子民主生活会并作点评,全国政协常委马志伟应邀到赣做《四代政协人传承爱国情》专题报告。民革省委会主要领导到全省各级组织开展调研、宣讲、督导等活动40余次,听取民革党员的意见建议,建立问题整改台账19个,已基本整改到位。江西民革网站发布各类信息556条,被民革中央采用172条。"江西民革"微信公众号全年推送119次,发表文章302条。12月9日—14日,民革中央团结报社社长邵丹峰一行6人,开展"团结行江西记者站采访活动"。《团结报》征订率首次突破40%。全省各级组织累计开展"观故居,走多党合作之路"学习活动430余人次,开展爱国主义教育参观学习活动1460余人次。

【社会服务】　2019年,民革省委会领导班子成员多次率队到赣州市南康区、上犹县开展脱贫攻坚民主监督工作,反映的赣州市产业扶贫信贷通存在风险问题,得到赣州市政府重视。先后在对口扶贫村——广昌县盱江镇新安村开展春节走访慰问、"送医送药下乡"免费义诊、"文明生态村帮建"调研等活动,受益群众200余人,向广昌县二小捐赠价值6.5万元的物资。购买民革中央对口纳雍县贫困村2万元农产品。民革省企业家联谊会宜春、景德镇、鹰潭、上饶、新余分会先后成立,实现全省各市委会企业家联谊会分会全覆盖。全省各级组织持续推进"博爱牵手"活动,共开展法律援助、法律咨询、义诊、关爱留守儿童、留守老人等活动150余次,受益群众3000余人次。

【促进祖国统一工作】 2019年，组织学习贯彻中共中央总书记习近平在《告台湾同胞书》发表40周年纪念会上的重要讲话精神，加强涉台相关理论学习。6月，配合中共江西省委统战部做好第十三届黄埔论坛有关工作，民革中央常务副主席郑建邦、省委会主委马志武分别在论坛上致辞。7月，民革省委会、省台办、省教育厅联合举办第六届海峡两岸（南昌）青年学生夏令营，两岸10余所高校的50多名青年学生参加。民革省委会接待台湾中华工商业联合会组织的台湾高雄市苓雅区社区发展协会代表团一行，代表团在南昌、九江、上饶市等地进行参访交流。

【民革江西省十三届三次全委会在南昌召开】 4月18日，民革江西省十三届三次全委会在南昌召开。中共江西省委常委，省纪委书记、省监委会主任孙新阳出席开幕式并讲话。全国人大常委、省人大常委会副主任、民革省委会主委马志武致开幕词并作工作报告，省政协理论研究会会长陈清华出席会议，中共江西省委统战部常务副部长张勇应邀出席开幕式，民革省委会副主委胡汉平、陈春平、徐景坤、李家祥、熊皓、傅春出席会议。会议传达中共中央总书记习近平在全国“两会”期间的讲话精神和全国两会精神，听取民革江西省常委会和监委会工作报告，表彰2018年度民革全省先进单位和先进个人。会议增补姚全保为民革江西省第十三届委员会委员，增补徐英荣为民革江西省第十三届监督委员会委员。

【举办庆祝三个70周年系列活动】 8月，举办“民革中央庆祝中华人民共和国成立70周年演讲比赛”江西赛区选拔赛，选派获胜选手参加民革中央决赛并获优秀组织奖。9月，举办“不忘合作初心，继续携手前进——庆祝中华人民共和国成立70周年暨人民政协成立70周年”文艺演出，先后与省文联、省农业农村厅共同主办“庆祝中华人民共和国成立70周年暨人民政协成立70周年书画（摄影）展”。11月，举办民革全省庆祝中华人民共和国成立70周年统战知识竞赛。

【民革全省副处以上党员红色教育暨廉政自律培训班】 6月10日—13日，民革全省副处以上党员红色教育暨廉政自律培训班在上饶市方志敏干部学院举办。全国人大常委、省人大常委会副主任、民革省委会主委马志武出席开班式并讲话。民革省委会副主委陈春平、徐景坤、李家祥、熊皓、傅春和民革全省副处或副高以上党员共59人参加培训班。中共江西省纪委常委庄国良作廉政自律主题讲座，上饶讲师团团长、教授张江生作《学习方志敏，弘扬爱国奋斗精神》专题教学，学员观看电影《信仰者》，参观《清贫》主题教室、方志敏纪念馆和故居，开展分组讨论和代表发言。

（陈舟）

中国民主同盟江西省委员会

【概　况】 至2019年年底，全省有民盟基层组织265个，11个设区市均设有市委会。全省共有盟员8708人，其中有中高级职称的盟员6530人，占75%。盟员中担任省政协副主席1人、正厅级领导3人、副厅级领导12人。担任各级人大代表、政协委员的共计908人次，占盟员总数的10.4%。其中，全国人大代表3人，全国政协委员2人（常委1人）；省人大代表13人（常务委员会委员2人、专委会副主任1人），省政协委员47人（常委8人、专委会主任1人、副主任1人），市人大代表69人（常务委员会委员11人），市政协委员257人（常委43人）；担任副处级以上盟员240余人，其中在政府及司法部门担任副处以上职务30余人；20人担任省级及以上特约监督员（其中最高人民法院特约监督员1人），7人担任省文史馆馆员。

【思想政治宣传】 2019年，民盟省委会就中共中央总书记习近平视察江西、中央政协工作会议、中共十九届四中全会等重大会议活动精神及时召开专题学习，领导班子成员带头撰写《在双向发力中提升政协工作质量》等多篇学习体会文章并在《中国政协》《中国统一战线》等报刊发表。班子成员到基层宣讲多党合作、人民政协及民盟历史，教育引导全省盟员。2篇文章获民盟中央专题理论征文活动一等奖、1篇获三等奖。《罗隆基》获民盟中央理论研究课题一等奖。在省政协“学习贯彻中央政协工作会议和习近平总书记重要讲话精神”理论研讨征文活动中，民盟省委选送的论文获特等奖、一等奖、二等奖、三等奖各1篇。全年在省级以上媒体用稿超200篇次。民盟省委获全盟思想政治建设和宣传工作先进单位称号。

【建言资政】 2019年，民盟省委会提交的《大力发展森林康养产业，助推我省实现“绿色崛起”》《关于加快建立完善中小学教职工编制周转池制度的建议》2篇政策建议专报，获多名省领导重视和批示。完成大调研课题《促进我省食品产业高质量发展》，成果受到省委、省政府主要领导肯定。全国“两会”期间，盟员全国人大代表、政协委员提交的《“痕迹主义”当休矣》等多篇建议提案被《人民日报》及其公众号和《江西日报》等媒体刊登。在省政协十二届二次会议上，民盟省委会提交大会口头发言1篇，书面发言11篇，集体提案13件，其中《关于我省高标准农田建设的几点建议》被列为重点督办提案。完成民盟中央调研课题《教育供给侧结构性改革》《推进长江中游城市群先进制造业发展》。民盟省委会组织并完成参政议政调研课题78项。紧盯脱贫攻坚成果的巩固，继续对口永新、万安两县开展专项监督调研。组织盟员参加民盟中央举办的各类论坛，8篇论文被评为优秀论文。向省政协报送社情民意信息368篇，向中共江西省委办公厅报送168篇，向民盟中央报送238篇，其中不少被采用，多篇获省领导批示，在省政协信息工作排名中列第一位。

【组织建设】 2019年，民盟鹰潭、萍乡、宜春、九江市委会领导班子进行优化调整。民盟南昌大学委员会等15个省直基层组织进行换届改选或届中调整，成立基层总支2个。举办全省新盟员、省直基层组织主委等6

期培训班(会),培训盟员300余人。2019年发展新盟员377人,净增率3.59%,平均年龄36.4岁。新增“盟员之家”5个,总数达68个。指导支持民盟宜春、九江、萍乡等市委会成立监督委员会,实现市级组织全覆盖。汪洋、徐岚、郭新德、丁健桦、刘林芽、罗锟、熊涛等一批盟员获国家级和省级表彰奖励。

【社会服务】 2019年,在玉山县、遂川县开展“同心·助力脱贫攻坚——民盟医疗专家进基层”公益活动,并向两地捐赠价值20余万元的医疗仪器。联合中共南昌大学委员会统战部在广昌县大禾村开展“同心·振兴广昌示范区”——送医送药活动。在广昌县赤水中学举办“人工智能科普进校园”活动,赠送3万元的人工智能科普器材和图书。组织近20名盟员专家在省女监开展法律咨询、医疗义诊、心理健康、就业推介等综合帮教活动。

【民盟省委十四届三次全会召开】 4月2日,民盟省委十四届三次全会在南昌召开。中共江西省委常委、省委统战部部长陈兴超到会并讲话。省政协副主席、民盟省委会主委刘晓庄主持开幕式并作常委会工作报告。省委教育工委副书记肖志华,江西省文化和旅游厅副巡视员谌洪敏、中共江西省委统战部一处处长邱钧,民盟省委会副主委何建洋、黄菊花、陈文华、刘新农、张国新等出席会议。民盟江西省第十四届委员会全体委员参会,不是民盟省委会委员的监督委员会委员、民盟市委会专职副主委、民盟省委会机关处级干部列席会议。会议传达学习全国“两会”精神,学习贯彻民盟十二届二中全会、中共江西省委十四届七次全会和全省领导干部会议精神,对2017—2018年度盟务工作先进单位和优秀专干进行表彰。大会补选肖萍为民盟省委常委,补选方燕红、吕玉、余圣、彭为福、熊涛为民盟省委委员。

【举办“礼赞新中国·逐梦新时代”主题演讲比赛】 8月16日,民盟省委会举办“礼赞新中国·逐梦新时代”主题演讲比赛。省政协副主席、民盟省委会主委刘晓庄出席,民盟省委会专职副主委兼秘书长刘新农致辞。比赛邀请中共江西省委统战部、《江西日报》《江西政协报》、江西广播电视新闻中心、江西艺术职业学院等单位的领导和专家现场指导。民盟省委会副巡视员、办公室主任胡淑王及机关全体干部职工,民盟各市委会、省直基层组织领队及盟员代表近300余人参加活动。民盟各市委会和部分省直基层组织选送的19名选手参赛。经评比,民盟吉安市委会张惠和民盟抚州市委会胡楠获一等奖。

【庆祝中华人民共和国成立暨多党合作制度确立70周年座谈会召开】 9月17日,民盟省委会召开庆祝中华人民共和国成立暨多党合作制度确立70周年专题座谈会。省政协副主席、民盟省委会主委刘晓庄出席并讲话。民盟省委会副主委何建洋、陈文华、刘新农、张国新以及在昌常委、省政府参事和文史馆馆员、在南昌的副厅级干部、省直基层组织的盟员代表,民盟省委会机关全体干部职工参会。会议由刘新农主持。朱友林、陈文华、周华爱等11名代表发言。

【江西民盟传统教育(修水)基地揭牌成立】 10月30日,江西民盟传统教育基地在修水县散原中学揭牌成立。省政协副主席、民盟省委会主委刘晓庄出席揭牌仪式并讲话,九江市政协副主席、民盟九江市委会主委严平,中共九江市委统战部副部长曾建华,中共修水县委统战部部长熊运峰等参加仪式。活动由民盟省委会专职副主委兼秘书长刘新农主持。刘晓庄、严平、曾建华、熊运峰共同为江西民盟传统教育(修水)基地揭牌。基地的成立为全省盟员加强政治理论学习和多党合作历史提供平台。揭牌仪式后,刘晓庄为部分修水县政协委员、民主党派成员、中共修水县委统战部机关干部以及学校教师代表作题为“鲜花曾告诉我,你怎样走过”的庆祝人民政协成立70周年专题讲座。

(孙超洋)

中国民主建国会江西省委员会

【概　况】 2019年,民建江西省委会共有地方组织12个,其中省级组织1个,省辖市级组织11个;基层组织257个(其中基层委员会6个,总支部36个,支部215个),另有小组3个,会员4951人,全年会员发展率5.1%,净增率4.6%。会员中大专以上学历占85.4%,中、高级职称占45.1%,中上层会员占65.5%,经济界会员占73.5%,非公经济人士占18.5%,新的社会阶层会员占12.5%,担任政府机关及司法部门科级以上领导职务的320人。全国人大代表2人,全国政协委员3人;省

10月30日,江西民盟首个传统教育基地在修水县散原中学揭牌成立

民盟江西省委会供

人大代表16人,省政协委员34人。

【"会员之家"建设】 2019年,民建江西省委会对"会员之家"建设提出"三有三上墙"要求,即:有固定场所、有学习资料、有活动记载;会章相关内容上墙、制度上墙、履职情况上墙。做法上提出因地制宜,量力而行、有序推进。鼓励基层组织利用各种渠道和资源,打造会员精神家园。全省建成"会员之家"22个,正在筹建的"会员之家"29个。

【专题调研】 2019年,民建江西省委会立项课题60个。发挥会内专家骨干作用,密切与高校研究机构的联系,围绕省委会参加省统战大调研活动的前期调研工作,与南昌航空大学江西区域经济研究中心团队合作,开展全省电子信息产业发展情况的专题调研,形成《关于将电子信息产业打造成我省首个万亿产业的五点建议》的调研成果。与江西财大改革发展研究中心合作,围绕省委会的重点调研课题"内陆双向开放平台建设"开展调研,并赴湖北武汉进行调研,形成《全力打造内陆开放高地 助推我省高质量跨越式发展》的调研成果。

【大会发言与提案】 2019年,民建江西省委会在省政协十二届二次会议上,就脱贫攻坚、江西文化品牌打造、经济发展环境优化、生态文明建设等全省改革发展的重大问题,向大会提交口头发言1篇,书面发言17篇,集体提案16件。省委会副主委赵波代表省委会作题为《积极开展王阳明500周年相关纪念活动 打响江西文化品牌》的大会口头发言,建议加大江西阳明心学文化遗产的保护力度,获得中共江西省委书记刘奇的重视,当场作出重要批示。中共江西省委常委、省委宣传部部长施小琳、副省长吴忠琼也作出批示,要求有关部门专题研究落实办理。赖春宝、申伟贤等委员在省政协十二届二次会议联组会议上围绕"扩内需、促增长"主题作重点发言。

【社会服务】 2019年,江西省民建同心扶贫基金会举办电商扶贫及互联网公益促进会,在"帮帮公益平台"上线"音乐响起"乡村音乐教室公益工程,利用互联网平台优势作用在全国范围公募善款,完成100个音乐教室建设任务。2月22日,基金会举办慈善晚会,现场慈善拍卖艺术品逾28万元,现场扫码近5万元,现场举牌捐赠逾180万元,累计募集善款200余万元;启动"同心温暖基金",旨在救济、帮扶全省民建困难会员。全年全省民建慈善公益事业捐款捐物1500万元,援建村文化室12个,捐资建校2所,捐资助学资助学生1200人。省委会在民建中央脱贫攻坚表彰大会上获多项表彰,省委会常委李光荣获民建脱贫攻坚突出贡献奖,江西省民建企业家协会获先进集体奖;16名会员获脱贫攻坚先进个人奖。省委会连续8年被民建中央评为社会服务工作优秀、先进单位。

【民建江西省九届三次全会召开】 3月30日—31日,民建江西省第九届委员会第三次全体会议在南昌召开。会议传达学习中共中央总书记习近平在全国"两会"期间的重要讲话精神;传达学习全国"两会"精神;学习贯彻中共江西省委十四届六次、七次会议精神。中共江西省委常委、省委统战部部长陈兴超到会并讲话,副省长、民建江西省委会主委孙菊生作题为《凝心聚力 担当作为 为共绘新时代江西物华天宝人杰地灵新画卷贡献力量》的工作报告。省委会副主委胡淑珠、左继生、赵波、刘木华出席会议。会议审议通过民建江西省第九届委员会常委会工作报告、民建江西省第九届委员会监督委员会工作报告、民建江西省第九届委员会第三次会议决议;会上增选民建江西省第九届委员会委员、常委;会上表彰2018年度市级组织和省直基层组织工作先进单位。

(黄欣兴)

中国民主促进会江西省委员会

【概　况】 2019年,民进江西省委会有市级委员会9个,市级工作委员会2个,省直工作委员会1个;基层组织267个,其中基层委员会11个,总支委员会20个,支部231个,小组2个。全年发展新会员207人,平均年龄36.4岁,其中具有高中级职称113人。至2019年年底,全省民进会员4364人,平均年龄51.5岁,高中级职称和中上层人士会员分别占总数的75.6%和87.4%,教育文化出版等主界别会员占总数的70.7%。担任政府和司法机关县(处)级及四级调研员以上职务、职级人员43人,担任全国人大代表、全国政协委员4人,担任省人大代表、省政协委员43人,担任市人大代表、市政协委员260人,担任县(市、区)人大代表、县(市、区)政协委员308人。

【基层组织建设主题年】 2019年,下发《民进江西省委会关于开展"民进会员之家"建设的指导意见(试行)》,推动"民进会员之家"建设。有序推进全省基层组织按时换届,做到基层组织换届不增新问题、解决老问题,提升基层组织凝聚力、战斗力。组织开展"春节前夕走访慰问80岁以上的老会员活动"。举办全省基层组织负责人培训班、全省新会员培训班、全省基层骨干会员培训班。开展代表人士队伍建设,向中共江西省委、省政府推荐人才,一批会员获聘为江西省监察委员会第一届特约监察员、省"五型"政府建设监督员、省法律顾问团成员。一批会员获"庆祝中华人民共和国成立70周年"纪念章、"全国巾帼建功标兵""江西省三八红旗手""江西省巾帼建功标兵""江西省五一巾帼标兵"、江西省自然科学奖三等奖、2019年江西省百千万人才工程人选等荣誉。2个市委会获评"民进全国组织建设先进地方组织",13个基层组织获评"民进全国先进基层组织",15名会员获评"民进全国组织建设先进个人"。3个基层组织活动案例被评选为民进全国"基层组织建设优秀案例"。推进会内监督,开展日常监督和专项监督。调整会监督委员会委员,召开八届省监督委员会第三次全体会议。

【建言献策】 2019年,参加民进中央重点课题调研,课题成果获民进中央2019年度参政议政成果二、三等奖;开展全省统一战线年度大调研,到深圳、珠海、广州、赣州等地开展调研,形成调研报告《融入粤港澳大湾区 助推江西经济高质量发展》,获中共江西省委书记刘奇和副省长吴忠琼、胡强批示,并在省政协十二届三次会议上作大会发言;围绕江西省学前教育发展开展专题调研,形成调研报告《坚持公益普惠 推进我省学前教育高质量发展》,获中共江西省委常委、省委宣传部部长施小琳批示;围绕江西省蔬菜产业发展开展调研、提交提案建议,推动赣州等地率先将蔬菜产业作为支柱产业。支持市级组织、省直基层组织、各专委会参加省委会参政议政立项课题调研,共立项51项,比上年增加60%,其中大部分转化为省委会调研报告、提案、发言与信息。民进省委会主要领导在全国政协十三届二次会议上提交的《关于在未成年犯中推行义务教育和职业教育的提案》,受到司法部、财政部、教育部采纳,司法部专程到江西就提案办理与提案委员进行会商,提案成效受到民进中央《民主》杂志和微信公众号关注报道。民进省委会向政协江西省十二届二次会议提交发言材料14篇,其中口头发言1篇(次),联组发言3篇(次),集体提案26件,其中3件提案被评为重点督办提案,获省长重点督办1件,省政协领导重点督办2件。提案《关于打造赣商返乡兴业升级版 助推江西经济高质量发展的建议》由省长易炼红重点督办。提案办理答复获得省商务厅、省发展改革委、省工业和信息化厅、省民政厅重视,对提案建议全面吸纳,助力全省“三请三回”活动开展和第二届世界赣商大会举办。《关于创建我省公共大数据中心的建议》《关于大力开展青少年校园足球裁判员培训工作的建议》《关于加强高校大学生艾滋病防控的建议》《关于注重增强实习支教音体美专业大学生志愿服务意识的建议》《关于擦亮“万寿宫”千年品牌的建议》《关于海昏侯国遗址公园保护与开发的有关建议》等一批提案得到省直相关厅局及当地政府的重视,予以研究采纳。编印报送《江西民进信息》110期,其中《关于在我省出台退役士兵村官计划的建议》获中共江西省委书记刘奇批示,4篇被民进中央单篇采用,3篇被中共江西省委办公厅采用,28篇被省政协采用。

【脱贫攻坚及民主监督】 2019年,持续推进“同心·振兴广昌示范区”建设,帮扶南坊村贫困家庭;开展专项扶贫,通过“1%工程”向黎川县皮边村提供扶贫资金18万元,支持当地黑木耳生产基地建设;向新建区谷城村提供扶贫资金21.76万元,支持当地太阳能路灯安装工程。以问题为导向,对石城县和瑞金市开展脱贫攻坚进行民主监督,并提出大力发展蔬菜产业和生产性服务业以及把脱贫攻坚实践与爱党爱国教育相结合的建议。吸引社会公益组织参与扶贫帮困,引导石城县对接中国扶贫网,引导支持会员企业打造“开明扶贫商城”,助推扶贫事业和农村经济发展。

【“1%工程”公益慈善和志愿服务】 2019年,“1%工程”创新公益形式,吸收社会力量投身公益,与赣州好朋友科技公司签订股权捐赠协议参与“1%工程”公益事业;与省教育厅开展“音体美志愿支教”活动,1341名大学生志愿者到全省447所农村学校对口支教,开展科学规范的音体美启蒙教育;举办“志愿服务急救知识培训班”,传授急救知识理论并安排实操演练;连续第6年举办春联万家进农村(社区)活动,组织206人次书画志愿者开展送春联活动14场,赠送新春楹联数千副;“1%工程”志愿服务站开展志愿服务活动,其中纵横志愿服务站与豫章监狱志愿服务站开展的《服刑人员教化志愿服务项目》和国药江西志愿服务站与景德镇市第一人民医院志愿服务站开展的《杏林基金医疗志愿服务项目》得到“1%工程”3家发起单位的联合表彰,被授予2019年度“1%工程”特别贡献奖;连续第11年举办“1%工程”新年爱心联欢会,现场有35家爱心企业和单位向“1%工程”捐赠价值913万元的款物。“1%工程”开展以来,已累计募集款物3465.17万元,发放爱心款物3290.51万元,帮扶贫困群众7572人,创建志愿服务站49个,登记在册志愿者3000余人,服务基层群众上百万人。

【民进江西省八届三次全委会议召开】 3月25日—26日,民进江西省八届三次全委会议在南昌召开,会议传达学习中共中央总书记习近平在全国“两会”的重要讲话精神和全国两会精神,学习贯彻中共江西省委十四届七次全会精神,总结工作,部署任务。中共江西省委常委、省委政法委书记尹建业出席并讲话,省政协副主席、民进省委会主委汤建人主持开幕式并作工作报告。中共江西省委统战部常务副部长张勇,省委教育工委委员、省教育厅副厅长汪立夏,省文化和旅游厅副巡视员谌洪敏,省广播电视局巡视员刘玉东,中共江西省出版集团公司委员会副书记张其洪,等等出席会议开幕式。民进省委会副主委梅国平、卢天锡、张国轩、欧阳剑雄、刘菊娇、崔传鹏,民进省委会副巡视员、秘书长陈洪萍出席会议。民进江西省第八届委员会委员出席会议,民进江西省第八届监督委员会委员,各市级组织、省直基层委员会、各专委会负责人列席会议。

(杨永清)

中国农工民主党江西省委员会

【概　况】 2019年,农工党江西省委会积极履行参政党职能,全国人大常委会副委员长、农工党中央主席陈竺,对省委会工作作出重要批示,全国政协副主席、农工党中央常务副主席何维,副主席杨震、蔡威、龚建明、于文明,先后7次赴省委会指导工作;中共江西省委书记刘奇、省长易炼红多次对省委会工作作出指示批示。农工党全省组织有省级委员会1个,设区市委会11个,县级市委会1个,县级基层委员会1个,基层组织333个;全年共发展新党员351人,平均年龄37岁。其中,高级职称67人、中级职称154人,硕士研究生66人、博士研究生26人。至2019年年底,全省党员总数达到5867人。其中,医药卫生界占47.6%,人口资源和生态环境界占4.8%,文化教育和经济科技界占33.7%,政府机关占9.3%;担任各级人大代表132人,各级政协委员668人,最高人民法院特约监督员、最高人民检察院特约监察员、公安部特邀监督员1人,省政府及有关部门特约人员7人,省监察委员会、省高级人民法院、省高级人民检察院特约人员10人,在职副省级领导干部1人,厅级领导干部19人,县处级领导干部154人。

【理论研究宣传】 2019年,在省部级以上新闻媒体刊发稿件324篇,宣传次数788次。制作推送省委会微信公众号260期、稿件1238篇,阅读量47.8万余次。农工党江西省委会获农工党中央"2019年度《前进论坛》发行工作省级先进单位"称号。吉安市委会、抚州市委会、宜春市委会、鹰潭市委会、赣州市委会获"2019年度《前进论坛》发行工作省辖市级先进单位"称号。省委会理论研究在农工党中央理论研究评比表彰中获20个奖项,并获先进组织工作奖,获奖总数和获一等奖总数列农工党全国省级组织第一位。

【参政议政】 2019年,农工党江西省委会向农工党中央报送集体提案候选材料35件,其中2件入选为农工党中央提交全国政协会议集体提案,报送数量列农工党全国省级组织第一位。向省政协十二届二次会议提交大会发言材料35件、集体提案45件,报送数量列各民主党派省委会第一位。《加快建设中医药强省》提案作为2019年重点督办一号提案,由中共江西省委书记刘奇督办。《推进三产融合,加快我省中医药产业高质量发展》大会发言得到省长易炼红批示。开展"加快江西绿色金融发展"统战大调研。多个专报和社情民意信息获中共江西省委书记刘奇、省长易炼红和其他省领导共9次批示。58篇次社情民意信息分别被全国政协、农工党中央和省政协以及中共江西省委办公厅采用。对口九江市修水县、都昌县,开展脱贫攻坚民主监督,形成调研报告,其中《为基层扶贫干部减负的建议》被全国政协采用。

【联合承办第十四届中国生态健康论坛】 6月13日,由农工党江西省委会联合农工党中央生态环境工作委员会、省生态环境厅共同承办的第十四届中国生态健康论坛在南昌开幕。论坛主题为"绿色生态与高质量发展"。全国政协副主席、农工党中央常务副主席何维出席并讲话,生态环境部副部长黄润秋,中共江西省委常委、省委政法委书记尹建业出席开幕式并致辞。全国人大常委会委员、农工党中央专职副主席杨震主持开幕式。省政协副主席谢茹,农工党江西省委会主委、省科协主席史可等出席开幕式。国家发改委资源节约和环境保护司司长任树本,中国工程院院士郝吉明、王金南,中国科学院生态环境研究中心主任、研究员欧阳志云,中国科学院过程工程研究所研究员李会泉,北京中科创新研究院生态环境大数据研究中心主任姚新,中国科学院南京土壤研究所研究员周东美,生态环境部环境规划院水环境规划部主任、研究员、农工党中央生态环境工作委员会委员王东,江西省生态环境厅厅长陈小平,福建省生态环境厅总工程师郑彧,贵州省生态环境厅副厅长、农工党贵州省委会副主委付野秋等先后作主旨报告和专题报告。中国工程院院士贺泓代表论坛组委会为论坛作学术总结。江西省政协、中共江西省委统战部、省工商联、农工党中央、部分农工党省级组织、江西省各设区市政府、省生态文明建设领导小组成员单位、农工党江西省各市级组织、省生态文明研究院等有关单位人员共约300人参加论坛。

【公益扶贫】 2019年,农工党省委会参与农工党中央定点扶贫贵州大方县、全省统一战线"同心·振兴广昌示范区"帮扶工作。开展大方县同心圆博爱家园精准扶贫项目,组织党员购买大方县扶贫农产品。创立社会服务"健康江西大讲堂""生态江西大讲堂""远程医疗"公益项目和"志愿服务"四大品牌,"远程医疗"公益项目被评为"2019年江西省优秀网络扶贫创新案例"。

【组织建设】 2019年,农工党江西省委会印发《关于进一步加强党内监督工作的有关意见》《致全省医疗卫生界农工党员的廉洁自律倡议书》。全省11个设区市委会均成立市级监督委员会。举办在政府部门和公立医院担任实职的党员干部廉政教育专题培训班,省委会主委同重点预警对象集体谈心。编印包括18项制度在内的《农工党江西省第十二届委员会制度汇编》。结合"怕、慢、假、庸、散"开展作风整治。全年新成立5个省直基层组织,撤销4个省直基层组织。9名党员被授予"庆祝中华人民共和国成立70周年"纪念章,多名党员获全国和省级各类荣誉称号及科技奖励。全省11个设区市委会均建成示范"农工党党员之家",并分别与农工党上海市委会各区委会建立党务合作共建机制。 (朱曼琳)

农工党省委会在修水县、都昌县开展脱贫攻坚民主监督

农工党江西省委会供

九三学社江西省委员会

【概 况】 2019年，九三学社在江西的组织有省级委员会1个，市级委员会9个，市级工作委员会2个，省直基层组织25个，全省支社153个。社员总数3865人，主体界别占70.3%，高中级职称占83.93%。社员中，有省政府参事1人，特邀监察员15人。有全国人大代表1人，全国政协委员1人；省人大代表11人，省政协委员11人；市级人大代表40人，市级政协委员174人；县（区）级人大代表25人，县（区）级政协委员195人。微信公众号推送文章469篇，单条最高点击量达2.7万人次，团结网团结指数排名居九三学社各省级组织前三名。网站发稿795篇，社中央网站采用社省委报道529篇，每个工作日采用量达2篇。

【举办系列活动】 2019年，在九江召开纪念"五四"运动100周年暨许德珩生平事迹研讨会，把许德珩生平事迹展建成九三学社爱国主义教育基地，全国各省、市、自治区机关、学校、企事业单位人员4万余人参观学习。举办"我与祖国共奋进，建功立业新时代"主题演讲比赛。参加中共江西省委统战部"祝福祖国"系列活动。其中"笑脸征集""征文朗诵"活动获优秀组织奖，"一起诵红色经典"竞赛活动有4564人参与，创历史新高。"梦九合唱团"代表中共江西省委统战部参加省直机关庆祝中华人民共和国成立70周年歌咏比赛获佳绩。承办"祝福祖国·同心筑梦"江西统一战线庆祝中华人民共和国成立70周年大型文艺汇演。举办省直属基层组织喜迎中华人民共和国成立70周年乒乓球友谊赛和象棋爱好者交流赛。举办主题教育活动征文，收到征文147篇，评审出获奖作品61篇。举办九三学社中央主题教育活动宣讲团江西报告会，宣讲卢光琇、张景辉先进事迹，通过微信公众号现场直播，省内外共5236人收看。结合庆祝中华人民共和国成立70周年，表彰2018—2019年度全省"百名优秀社员"。

【参政议政】 2019年，通过课题招标，全年完成A类课题调研报告60份，B类调研报告176份。向省政协报送大会发言材料24篇，向九三学社中央报送调研报告5篇。在省政协十二届三次全会上，报送集体提案25件，在会议期间表彰的十二届二次全会优秀提案中，有1件集体提案和3件委员个人提案获奖。省委会开展《促进科技型中小企业创新发展》《大力发展现代职业教育》《种粮大户面临的困境及对策》等重点课题调研。召开鲁皖赣三省联合调研报告汇总研讨暨主题教育活动工作交流会，听取意见建议，交流工作经验。向社中央、省政协、中共江西省委办公厅报送社情民意信息353篇，96篇次信息被采用。其中《乡村振兴应关注的两大生态问题》获中共中央领导批示，《规范鄱阳湖观鸟和鸟类摄影活动的建议》《村级医疗服务保障水平仍需持续提升》《建议尽快推动我省高校图书馆免费对外开放》《部分工业园区污水处理仍存在三方面问题》《我省特教学校办学困境需引起重视》等5篇信息获中共江西省委书记刘奇和省委、省政府其他领导批示。被中共江西省委办公厅授予2019年党委信息工作先进单位，在全省党办系统信息工作业务培训班作典型发言。全年被省政协采用信息考评得分列各党派省委会第二名。全国政协表彰成立70年来100件有影响力重要提案，江西省八届全国政协委员王贤才提交的《关于尽快实行每周五天工作制的提案》成为江西省唯一入选提案。

【组织建设】 2019年，有12名处级干部参加中央和省社院学习培训，1名处级干部参加中央党校中青班学习。在省社院举办青年骨干社员和参政议政骨干2期培训班，共培训100余人。着眼2020年市级组织换届和2022年社省委换届，市级组织按1职2备和省级组织1职3备的工作要求，遴选推荐两级组织代表人士。完成吉安、鹰潭市委会主委届中调整。成立江西广播电视大学基层委员会。在南冶支社的基础上成立前湖基层委员会。新成立江西经济干部管理学院支社。完成江西科技学院支社、南昌理工学院支社、江西师范大学基层委员会、华东交通大学基层委员会届中调整。按照党建+党派、社区+党派、企业+党派等方式，支持市级组织和省直属基层组织建设"社员之家"。支持指导7个市级组织、3个省直属基层组织完成"社员之家"建设，为基层社员开展组织生活提供稳定场所。

【骨干培训】 8月3日—9日，九三学社安徽、江西省委及天津市委联合在上海交通大学继续教育学院举办九三学社津皖赣中青年骨干社员社务工作培训班，3省市近90名骨干社员参加培训。培训为期5天，开班式由九三学社江西省委专职副主委肖礼庆主持，中共上海交通大学继续教育学院党委书记徐新海致欢迎词，九三学社天津市委专职副主委黄晓卓作开班动员讲话。结业式由九三学社江西省委秘书长田荣主持，中共上海交通大学继续教育学院党委副书记吕忆松讲话，九三学社安徽省委秘书长卢明霞作总结讲话，3省市学员代表作交流发言。九三学社赣州市委专职副主委钟友华代表江西学员分享学习体会。培训班采取专题授课与现场教学相结合的方式，举办题为《领导力的开发与提升》《学习习近平总书记关于加强和改进统一战线工作的重要思想》《2019年经济形势分析与中美贸易博弈常态化下的中国》《努力把握习近平新时代改革开放的指导思想》《参政党新定位与自身建设科学化》《参政议政的实践与思考》等6场精品讲座，参观中共一大、二大会址、四行仓库抗战纪念馆、黄炎培故居、钱学林图书馆、上海交通大学校史博物馆等现场教学环节。

（闵国华）

台湾民主自治同盟江西省委员会

【概 况】 2019年，台盟江西省委会把思想政治建设放在首位，以习近平新时代中国特色社会主义思想为指导，学习贯彻中共十九大和十九届二中、三中、四中全会精神，全面贯彻中共中央总书记习近平在《告台湾同胞书》发表40周年纪念会上重要讲话精神，开展"不忘合作初心，继续携手前进"专题教育活动。组织盟员参加台盟中央纪念中华人民共和国成立70周年征文、专题教育征文等活动。注重对台联络及信息工作,做好对台宣传和涉台信息收集,获台盟系统对台联络及涉台信息工作年度考评一等奖。

【台盟江西省第一次盟员大会召开】 1月20日,台湾民主自治同盟江西省第一次盟员大会在南昌召开,台盟江西省委会成立。全国人大常委会委员、台盟中央常务副主席李钺锋,中共江西省委常委、省委统战部部长陈兴超出席并讲话。省人大常委会副主任、民革江西省委会主委马志武代表各民主党派省委会、省工商联致贺词,省政协副主席刘卫平出席。会议选举曾鲁台为台盟江西省第一届委员会主任委员,徐友洪、吕少军为副主任委员,俞红光任秘书长,王冠羽等9人当选台盟江西省第一届委员会委员。大会通过台盟江西省第一届委员会监督委员会和各专委会组成人员名单。

【建言献策】 2019年,台盟江西省委会围绕中共江西省委、省政府中心工作,开展调查研究,参政议政、建言献策。集中全省盟员台胞力量,完成题为《借鉴深圳现代服务业先行经验,努力推进我省现代服务业发展》的调研报告,提出意见建议。重视发挥界别作用,做好政协大会发言和提案工作以及政协委员联系服务,累计完成14篇政协提案,6个重点课题报告,4篇政协大会及联组发言。

【民主监督】 2019年,台盟江西省委会根据中共江西省委的工作部署,参与抚州市乐安县脱贫攻坚民主监督工作,多次到乐安县开展调研、座谈、访谈,了解扶贫政策落实情况和基层工作中遇到的问题,并向中共乐安县委、县政府反馈。注重发掘乐安县脱贫攻坚工作中形成的经验、做法、典型,精准查找问题,发挥民主党派智力密集的优势,与中共地方党委、政府共同研究措施,提出切实可行的意见建议和整改落实办法,并汇总形成《乐安县脱贫攻坚民主监督工作报告》。3月,乐安县实现脱贫摘帽。

【举办2019年赣台健康科技青年论坛】 8月10日,由台盟中央联络部主办、台盟江西省委会承办的2019年赣台健康科技青年论坛在南昌开幕。台盟江西省委会主委曾鲁台,省台办副主任徐建星,台盟江西省委会副主委、省台联会长徐友洪,台湾地区统一联盟党中央常委、台湾中华基金会秘书长王江淮,等等领导和嘉宾出席论坛。徐建星、王江淮分别致辞。台湾地区振翔生物科技有限公司总经理吴明芳,台北护理健康大学运动保健系助理教授黄文清,江西迪斯基因诊断技术有限公司实验室主任刘标,“江西省著名中医”及“姚氏”国医世家传人姚文豹等两岸专业人士,从各自领域介绍了健康科技产业相关理论、技术和趋势,并对两岸健康科技产业融合发展提出意见建议。

【台盟中央2019中华(红色)文化研习营开营】 8月10日,台盟中央2019中华(红色)文化研习营在南昌开营,由台湾统一联盟党、中华基金会组织的20余名台湾青年参加研习。8月10日—16日,研习营分别到南昌、井冈山和湖南的炎陵、韶山、长沙开展研习活动,学员们在江西参观了滕王阁,到井冈山进行参访。

【台盟中央2019年参政议政工作会议召开】 12月12日—13日,台盟中央2019年参政议政工作会议在南昌召开。会议围绕学习贯彻中共十九届四中全会精神和台盟十届三中全会精神,全面总结台盟中央2019年参政议政工作情况,对先进集体和个人进行表彰,并对2020年全盟参政议政工作及重点调研课题选题等内容进行研究讨论。台盟中央常务副主席李钺锋出席会议并作工作报告。会上,颁发台盟中央参政议政工作先进集体、参政议政工作突出进步奖、提案工作突出贡献奖、参政议政先进个人、社情民意信息先进个人等8个大项共123个奖项。台盟江西省委会获二等奖。

(钱熠德 聂冬晖)

1月20日,台盟江西省委会第一次盟员大会在南昌召开。图为参会人员合影

台盟江西省委会供

江西省工商业联合会

【概 况】 2019年,全省非公有制经济增加值1.49万亿元,同比增长8.5%,高于同期全省地区生产总值增速0.5个百分点,占全省地区生产总值比重60.1%,提高0.3个百分点。非公有制经济对全省地区生产总值增长的贡献率64.3%,拉动地区生产总值增长5.1个百分点。第一产业非公增加值511.36亿元,增长1.2%,占第一产业增加值24.9%;第二产业非公增加值8130.08亿元,增长9.6%,占第二产业增加值75.1%;第三产业非公增加值6246.62亿元,增长7.3%,占第三产业增加值52.6%。非公有制经济固定资产投资增长7.9%,占全省固定资产投资75.5%;非公有制经济上缴税金2697.77亿元,增长7.8%,占全省税收总额78.3%。连续7年开展上规模民营企业调研排序和发布百强。江西民营企业100强入围门槛19.64亿元,为7年来最高值;营业收入超百亿元的企业13家,企业资产超百亿元的企业9家。

【非公经济发展】 1月30日,召开“坚定信念信心,助推制造业高质量发展”民营企业座谈会,省长易炼红出席会议并讲话，要求各地各有关部门要围绕打造“四最”营商环境，全力落实民营企业政策，消除政策落实梗阻，推动民营经济健康发展。开展营商环境和政策落实第三方评估工作，评估报告得到省委、省政府肯定。4月，省政府印发《新时代江西省非公有制经济五年发展规划（2019—2023年）》。9月2日，省长易炼红主持召开全省优化营商环境突出问题专题协调会，解决企业和群众反映强烈的营商环境突出问题；助推省政府出台《关于进一步降低企业成本30条政策措施》；推动出台江西省优化提升营商环境十大行动方案。

【印发《新时代江西省非公有制经济五年发展规划（2019—2023年）》】4月19日，省政府印发《新时代江西省非公有制经济五年发展规划（2019—2023年）》，是全省首个非公有制经济发展规划。该规划共分6章21节，提出2019—2023年江西省促进非公有制经济高质量跨越式发展的指导思想、基本原则、战略定位、发展目标、重点任务和重大工程等。该规划为解决江西省非公有制经济发展规模不大、产业层次较低、创新能力不足、竞争能力不强、发展环境不优等突出矛盾和问题，强化规划引领，落实中共中央关于非公有制经济发展决策部署，促进非公有制经济高质量跨越式发展。该规划于2018年6月由省非公办委托省工商联起草，经3次评审，六易其稿，提出江西非公有制经济发展的“四个战略定位”和“12345”的发展目标。

【非公经济人士教育培训】2019年，组成若干学习宣讲小组到会员企业、商会开展学习宣讲活动，宣讲全国“两会”和中共十九届四中全会精神。开展优秀民营企业短视频作品拍摄、“壮丽70年 奋斗新时代”征文等系列活动，在微信公众号集中展播优秀作品；组织企业家在微媒体谈学习中共中央总书记习近平讲话精神、中共十九届四中全会精神、中央相关政策，省委全会精神体会。开展民营企业家教育培训，按分类培训原则，全年开展4期副主席、副会长企业家，执常委企业家，年轻一代企业家和工业园区工商联分会会长秘书长培训班。

【非公经济发展服务平台建设】建设省非公经济发展服务中心，中心于1月批复成立，6月开始运作，主要承担“一会七中心”的组建和运行管理工作。9月6日，省委书记刘奇到中心调研，对一站式综合服务平台给予肯定。建设江西省民营企业创新中心，打造中小微企业服务平台、新旧动能转换平台、国际资源对接平台、知识产权交易平台。建设人才服务中心，引进北京外企（江西）人力资源服务有限公司及高端人才猎聘、江西省人才市场，为企业提供人才招聘、人事档案管理、人才培训等服务。建设金融服务中心，联合省金融监管局共同打造一站式金融综合服务平台，6月上线，入驻金融机构105家，入库企业71万户，银企对接461笔，融资余额10.01亿元。建设非公经济大数据中心，以推进“网上工商联”为抓手，归集超过20亿条各类数据，建立数据分析决策视图。

【承办全国工商联十二届三次执委会议暨全国知名民营企业助推江西高质量跨越式发展大会】12月17日—19日，全国工商联十二届三次执委会议暨全国知名民营企业助推江西高质量跨越式发展大会召开。全国政协副主席、全国工商联主席高云龙，省委书记刘奇出席并致辞；中央统战部副部长，全国工商联党组书记徐乐江出席，省长易炼红主持。12月17日，会议安排到江西省非公有制经济发展服务中心（江西省非公企业维权服务中心）现场观摩工商联服务“两个健康”工作、召开全国工商联十二届十三次主席会议、全国工商联十二届四次常委会议；省领导会见全国工商联（中国民间商会）领导。18日，召开全国工商联十二届三次执委会议第一次全体会议；举办电子信息、大健康、大数据及智能制造产业三场平行专场推介会，召开全国知名民营企业助推江西高质量跨越式发展大会。19日，召开全国工商联十二届三次执委会议分组讨论、全国工商联十二届三次执委会议第二次全体会议。全国工商联十二届执委，全国工商联有关直属单位主要负责人、直属商会会长，各省小微企业代表，中共中央统战部有关负责人，江西省领导，省直有关单位负责人，江西省民营企业家中的全国人大代表、全国政协委员和全国工商联十二大代表，江西省设区市政府主要负责人和市直有关单位主要负责人，赣江新区管委会，国家级开发区、高新区主要负责人，驻赣金融机构和地方法人金融机构负责人等共1000余人参会。会议筹办期间，全省围绕会议开展民企招商工作，全省累计签约投资项目1270个，投资总额7220.97亿元。

【开展精准扶贫行动】2019年，全省工商联部门引导广大民营企业家履行社会责任，推进“千企帮千村”精准扶贫行动。截至12月31日，全省民营企业参与行动总数3772家，村受行动帮扶总数5138个，贫困人口受行动帮扶总数521299人，帮扶实施项目9932个，帮扶资金30.96亿元。7月，省工商联书记李青华在全国“万企帮万村”教育扶贫座谈会上，作题为“聚焦教育扶贫、助力脱贫攻坚”的典型发言，是全国工商联系统唯一发言单位。

【非公企业维权工作】2019年，按照省委、省政府要求，完善省非公企业维权中心职能，维护民营企业合法权益。省委书记刘奇、省长易炼红分别到省非公维权服务中心调研，分别在报送的6期维权工作专报中各作出5次批示。出台《关于加强非公企业维权服务工作的指导意见》，制定《江西省非公企业维权服务工作手册》，推动全省11个设区市和赣江新区组建维权中心，落实人员编制；吉安、赣州、景德镇、萍乡、赣江新区保障了工作经费。截至12月31日，共受理实质性维权诉求381件，办结率77.1%。

【“银行+商会+民企”融资模式】4月28日，联合省地方金融管理局出台《“银行+商会+民企”发展模式考核激励管理办法》，推动省内各金融机构采取务实措施帮助民营企业融资。2019年，省金融监管局、省工商联与23家银行签署金融支持民企战略合作协议，共为136个基层商会、700家企业提出意向性授信。

（乐志为）

本栏编辑 张志勇

群 众 团 体

江西省总工会

【概　况】　至2019年年底，全省基层工会8.85万个，职工904.12万人，工会会员874.02万人，专职工会工作人员5.42万人，兼职工会工作人员15.41万人。

【首次推出江西工会服务职工“十件实事”】　2月，省总工会首次推出江西工会服务职工“十件实事”，并成立相应的工作机构，针对每一件实事，配套制定10个实施方案。10件实事主要包括：拉动2亿元以上资金支持创新创业；向2万名城镇困难职工家庭赠送职工医疗互助保障；为500名“江西英才”提供家政服务支持；打造200个农民工“散工”服务站点；帮助1.5万名农民工提升学历；为1万名民营企业女职工免费进行妇科检查；组织100万名职工参加体育活动；为1万名单身青工牵线搭桥；开展1000名农民工家庭留守儿童夏令营活动；推出1000场文艺演出下基层。截至12月底，2019年江西工会服务职工“十件实事”全部超额完成。

【全省女职工先进集体和个人表彰大会暨纪念“三八”国际妇女节活动举行】　3月4日，全省女职工先进集体和个人表彰大会暨纪念“三八”国际妇女节活动在南昌举行。省人大常委会副主任、党组成员，省总工会主席龚建华出席并颁奖，省总工会党组书记、常务副主席饶剑明出席并致辞。大会对80个获“江西省五一巾帼标兵岗”称号的集体，80名获“江西省五一巾帼标兵”称号的个人，20名获“江西省女创业带头人”称号的个人进行表彰。

【省总工会十四届二次全委（扩大）会召开】　3月7日，省总工会十四届二次全委（扩大）会议在南昌召开。省委副书记李炳军出席并讲话；省人大常委会副主任、党组成员，省总工会主席龚建华主持并作总结讲话；省委副秘书长李绪先出席；省总工会党组书记、常务副主席饶剑明作工作报告。大会传达学习了中央书记处第十一次办公会议对工会工作的重要指示和全总十七届二次执委会议的主要精神，总结2018年工作，部署2019年任务。会议讨论并审议通过省总工会十四届常委会工作报告。南昌市总工会等6家单位在会上作交流发言。省总工会十四届委员会委员、经审会委员；不是委员的县（市、区）总工会主席、省产业（局、系统）工会主席、省总直属基层工会主席；省总工会部门负责人，省总直属单位负责人参加会议。

【“一提升两强化”专项行动流动现场会举行】　4月8日—9日，全省工会“一提升两强化”专项行动流动现场会先后在景德镇、鹰潭、上饶举行。省人大常委会副主任、党组成员，省总工会主席龚建华率参会人员考察并讲话，省总工会党组书记、常务副主席饶剑明等一同考察并主持会议。会议旨在深入贯彻习近平新时代中国特色社会主义思想特别是中共中央总书记习近平关于工人阶级和工会工作的重要论述精神，深入落实省委十四届六次、七次全会和中国工会十七大，以及江西工会十四大和省总十四届二次全委（扩大）会议确定的目标任务，持续推进“一提升两强化”专项行动，实现全省工会工作的创新发展和整体提升。参会人员先后到景德镇、鹰潭、上饶，实地考察3市工会在开展专项行动中呈现的特色亮点和取得的成效成果。4月9日，在上饶召开会议，全省11个设区市工会就开展“一提升两强化”工作的情况做汇报。

【全省推进新时代产业工人队伍建设改革协调小组会议召开】　3月25日，全省推进新时代产业工人队伍建设改革协调小组会议召开。省委副书记、改革协调小组组长李炳军出席会议并讲话。省人大常委会副主任、省总工会主席、改革协调小组副组长龚建华，副省长、改革协调小组副组长吴晓军出席并主持会议。会议总结分析2018年全省产业工人队伍建设改革工作情况，研究2019年改革工作安排，进一步推动《江西省新时代产业工人队伍建设改革实施方案》贯彻落实。

【江西省庆祝“五一”国际劳动节暨全省五一劳动奖和工人先锋号表彰大会召开】　4月29日，江西省庆祝“五一”国际劳动节暨全省五一劳动奖和工人先锋号表彰大会在南昌召开。省委副书记李炳军出席并讲话，副省长吴晓军主持，省总工会党组书记、常务副主席饶剑明宣读表彰决定。大会对1个全国五一劳动奖状获得单位、18个全国工人先锋号获得单位、16名全国五一劳动奖章获得者、48个省五一劳动奖状获得单位、100个省工人先锋号获得单位、149名省五一劳动奖章获得者进行表彰。

【江西工运事业和工会工作研究中心揭牌成立】　6月20日，省总工会与省委党校举行战略合作签约仪式,并为江西工运事业和工会工作研究中心揭牌。省总工会党组书记、常务副主席饶剑明,省委党校常务副校长曾志刚为江西工运事业和工会工作研究中心揭牌。省总工会党组成员、副主席揭安全,省委党校副校长黄样兴代表双方签约。根据协议,校院与省总工会的战略合作将重点围绕成立研究中心、开展干部培训和开展人才培养三方面进行,双方落实各自职责,发掘双方研究资源,实现优质资源相互整合、优势互补,以党建研究促工建研究,推动江西工运事业和工会工作理论研究、干部培训创新发展。

【援助建设新疆阿克陶县工人文化宫项目签约仪式举行】 7月25日,江西省工会援助建设新疆阿克陶县工人文化宫项目签约仪式在阿克陶县举行。省总工会党组书记、常务副主席饶剑明出席并讲话,省总工会党组成员、经审会主任吴丽云和阿克陶县委副书记、县长哈力别提·买买提吐尔干现场签约。2018年9月,省人大常委会副主任、党组成员,省总工会主席龚建华专程到阿克陶县实地调研,对项目进行研究、部署、推进;2019年5月,吴丽云一行赴阿克陶推进相关工作。签约前,完成项目选址、勘探规划、主体设计等前期工作。签约后,项目进入正式实施阶段。省援疆办、省总工会和设区市总工会、部分产业工会共筹措项目资金3000万元。

【全省工会学习贯彻中共中央总书记习近平关于工人阶级和工会工作重要论述理论研讨会召开】 8月14日,全省工会学习贯彻中共中央总书记习近平关于工人阶级和工会工作重要论述理论研讨会在南昌召开。省人大常委会副主任、党组成员,省总工会主席龚建华出席并讲话。省总工会党组书记、常务副主席饶剑明主持会议。会议的主要任务是深入学习贯彻中共中央总书记习近平关于工人阶级和工会工作的重要论述,从理论与实践的结合上交流、提升、强化对重要论述的认识。会上,南昌、萍乡、鹰潭、赣州和吉安5个设区市总工会的代表围绕学习贯彻中共中央总书记习近平关于工人阶级和工会工作重要论述作交流发言。

9月21日,江西省第四届职工运动会开幕式在南昌国体中心举行

省总工会供

【全省工会城镇困难职工解困脱困工作座谈会召开】 8月21日,全省工会城镇困难职工解困脱困工作座谈会在南昌召开。省人大常委会副主任、党组成员,省总工会主席龚建华出席并讲话。省总工会党组书记、常务副主席饶剑明主持。省总工会党组成员、经审会主任吴丽云传达全总城市困难职工解困脱困工作座谈会精神。南昌、鹰潭、宜春3个设区市总工会和中铁南昌局集团、省投资集团2个单位在会上作经验交流。会前,与会人员考察观摩南昌市西湖区农民工(散工)服务站。

【全省工会“双创”工作现场会召开】 8月21日,全省工会“双创”工作现场会在南昌召开。省人大常委会副主任、党组成员,省总工会主席龚建华出席并讲话。省总工会党组书记、常务副主席饶剑明主持。南昌县委书记、小蓝经开区党工委书记胡晓海致辞。中国邮政储蓄银行江西省分行介绍“赣工贷”业务开展情况,吉安市、南昌县在会上做经验交流。会前,与会人员还赴小蓝经开区工会“双创”服务站参观考察,学习南昌县总工会为推进服务“双创”工作,探索“3+2”嵌入式工作格局,畅通党政、企业、职工的三方沟通联系,拓宽工会服务和社会化服务渠道的做法。

【举办江西省第四届职工运动会】 8月20日至9月29日,江西省第四届职工运动会在南昌举行。该届运动会由省总工会和省体育局共同主办,设14个大项和76个小项竞赛项目。3月至8月,各设区市、省直管县和产业工会分别举办各级各类职工运动会选拔赛。最终,全省11个设区市、6个省直管县和50个产业、直属基层工会共67个代表团4000多名职工参加省级决赛。9月21日,运动会开幕式在南昌国体中心举行。省委副书记、省长易炼红出席并宣布开幕。省委副书记李炳军致开幕辞。全国总工会副主席、书记处书记、党组成员蔡振华致贺词。省人大常委会副主任、党组成员,省总工会主席龚建华主持开幕式。9月29日,运动会闭幕。闭幕式对23家“体育道德风尚奖”获得单位、38家“最佳组织奖”获得单位、8家“突出贡献奖”获得单位进行表彰。此次运动会共带动全省100多万名职工参加各类体育活动,为全省职工群众健体强身提供契机、搭建平台。

【省政府与省总工会第15次联席座谈会召开】 8月23日,省政府与省总工会第15次联席座谈会在南昌召开。省委副书记、省长易炼红,省人大常委会副主任、党组成员,省总工会主席龚建华,副省长吴晓军,省政府秘书长、办公厅主任张小平,省政府副秘书长陈敏出席。省直有关部门以及省总工会有关负责人参加。会议通报省政府与省总工会第14次联席座谈会确定事项的落实情况，审议第15次联席座谈会的主要内容。会议对全面加强工会经费征缴管理、新建江西省工人文化宫以及进一步加强全省工人文化宫建设与管理等，给予明确支持。

【举办2019年江西省“天工杯”劳动和技能竞赛系列活动】 8月24日，江西省“天工杯”示范性劳动和技能竞赛启动仪式在全省同步举行，标志2019年江西省劳动和技能竞赛全面开赛。此次活动首次以“天工”冠名，首次在统一时间启动竞赛仪式。竞赛活动主要围绕省政府确定的高新技术、省重点项目、重点产业、先进装备制造等战略性新兴产业，共设11个类别，分别是：首届虚拟（增强）现实（VR）职工职业技能竞赛、首届电子行业职工职业技能竞赛、首届稀土行业化学检验工劳动技能竞赛、特高压电网工程建设立功劳动竞赛、钢铁行业职工职业技能竞赛、铜行业职工职业电焊工技能竞赛、第十五届南昌铁路职业技能竞赛、江西省第三届新能源（光伏）企业职工技能创新大赛暨全国第二届新能源（光伏）企业职工技能邀请赛、大飞机制造职工职业技能竞赛、生态环境监测专业技术人员大比武、江西省工业机器人技术应用技能竞赛暨第三届全国工业机器人技术应用技能大赛江西省选拔赛。

【“传承红色基因，践行工运主题”高峰论坛召开】 12月10日，“传承红色基因，践行工运主题——学习贯彻习近平总书记关于工人阶级和工会工作重要论述”高峰论坛在南昌举行。高峰论坛由省总工会与省委党校联合举办，邀请6名嘉宾作主旨演讲。省人大常委会副主任、党组成员，省总工会主席龚建华出席并讲话。省总工会党组书记、常务副主席饶剑明主持。中华全国总工会中国工运研究所副所长关明，省委党校（江西行政学院）副校长黄样兴等出席活动。此次论坛，旨在聚众智、汇众力，通过相互交流实现共同分享，其核心要义是坚持以习近平新时代中国特色社会主义思想为指导，深入学习贯彻中共中央总书记习近平关于工人阶级和工会工作的重要论述，挖掘红色基因新的时代内涵和新的时代价值，推动工运事业不断创新发展。

【全省推进产业工人队伍建设改革工作会议召开】 12月19日，全省推进产业工人队伍建设改革工作会议在南昌召开。省人大常委会副主任、党组成员，省总工会主席，省推进新时代产业工人队伍建设改革协调小组副组长龚建华出席并讲话。省总工会党组书记、常务副主席饶剑明主持会议。省推进产业工人队伍建设改革协调小组成员和参与单位，各设区市推进新时代产业工人队伍建设改革领导机构有关人员，省总工会有关负责人，省推进新时代产业工人队伍建设改革协调小组办公室成员和有关企业代表出席会议。会上，省委组织部、省人社厅、赣州市、中国铁路南昌局集团有限公司作交流发言。会议听取2019年度全省推进产业工人队伍建设改革工作情况的汇报，对深化产业工人队伍建设改革进行再动员再部署。

（郑姣）

共青团江西省委员会

【概　况】 2019年，全省新发展团员12.1万人。至2019年年底，全省共有各级团组织111781个，其中团的领导机关111个，团委4671个，团工委293个，团总支2473个，团支部68959个。有共青团员246.2529万人，团的领导机关团干部898人，基层团干部273920人。

【共青团江西省委十六届二次全体（扩大）会议召开】 3月6日—7日，共青团江西省委十六届二次全体（扩大）会议在南昌召开。省委副书记李炳军出席并讲话。团省委书记马健主持会议。会议总结2018年工作，并对2019年工作作出部署。会议审议通过《共青团江西省委十六届二次全会关于团省委委员、候补委员卸职递补的确认案》《江西共青团2019年工作要点》《共青团江西省十六届委员会关于设置专门委员会的决议》。团省委副书记伍复康、杨志、易军、罗华、潘建文、邹志刚、杨文军参加会议。

【江西省青年互联网信息中心揭牌】 7月26日，江西省青年互联网信息中心揭牌。团省委党组书记、书记马健，省委网信办主任梅毅，团中央宣传部副部长赵博出席仪式并为中心揭牌，团省委党组成员、副书记伍复康主持仪式，团省委、省委网信办、南昌团市委、南昌市少年宫有关负责人，团省委机关干部和下属单位主要负责人，以及驻赣和省内相关新闻媒体单位参加揭牌仪式。伍复康简要介绍江西省青年互联网信息中心筹办建设情况，江西省青年互联网信息中心与驻赣、省内主要网络媒体现场签订战略合作协议，并发布江西共青团青年伙伴形象标识。2017年9月，省编办正式批复成立江西省青年互联网信息中心，为团省委所属全额拨款正处级事业单位，主要职责为做好青年网上思想政治引导、舆情动态监测、文化产品制作、网上综合服务等。

【《江西省青年守信联合激励措施的实施意见》出台】 5月，共青团江西省委联合省发改委、人民银行南昌中心支行等23部门出台《江西省青年守信联合激励措施的实施意见》，这是全省首个对守信青年联合激励的政策。守信联合激励政策共30条，涵盖学习教育、就业创业、社会保障、信贷租赁、旅游出行、医疗健康、志愿公益等7大领域。根据2018年共青团江西省委出台的《关于认定江西省青年守信联合激励对象的实施方案》规定，年龄在14周岁至40周岁的青年（有突出贡献者，年龄可放宽至45周岁），在“赣鄱青年·青年志愿者”平台实名注册且志愿服务时长超过一定累计时间或者在守信方面有突出表现的，可申请成为激励对象。6月27日，马倩倩、万智超等41名青年成为江西省首批青年守信联合激励对象。

【《江西省中长期青年发展规划（2018—2025年）》印发】 3月29日，省委、省政府印发《江西省中长期青年发展规划(2018—2025年)》。该规划从青年思想道德、教育、健康、婚恋、就业创业、文化、社会融入与社会参与、权益保护、预防违法犯罪、社会保障等10个领域提出具体发展目标和发展措施,每条措施都附有该条款执行的牵头单位和参加单位,明确实施主体。该规划提出包括“青年马克思主义培养工程”“青年社会主义核心价值观培养工程”等在内的14项重点项目以及6项保障措施。该规划是江西省首次制定的省级青年发展规划,是全省青年发展事业的重要顶层设计。

【召开纪念“五四”运动100周年江西各界青年代表座谈会】 4月30日,“青春心向党 建功新时代”——纪念“五四”运动100周年江西各界青年代表座谈会在南昌召开。省委书记刘奇主持座谈。会上,刘奇对全省青年发出寄语,希望全省青年以习近平新时代中国特色社会主义思想为指导,学习贯彻中共中央总书记习近平在纪念“五四”运动100周年大会上的重要讲话精神,弘扬和传承五四精神,坚定理想信念,锤炼过硬本领,投身改革发展,建设富裕美丽幸福现代化江西。伍月、朱宸宇、何鹏宇等13名青年代表先后发言。刘奇逐一点评,与青年分析形势、分享感悟、交流心得。省领导李炳军、赵力平、周萌、汤建人及团省委领导参加座谈。

【实施“爱心入户 宝贝出村——江西希望工程关爱困境儿童新力研学计划”】 6月1日,“爱心入户 宝贝出村——江西希望工程关爱困境儿童新力研学计划”启动仪式在南昌举行,省政协副主席汤建人与团省委书记马健为“爱心入户、宝贝出村——江西希望工程关爱儿童研学基地”揭牌,团省委副书记杨志致辞。杨志,南昌市政协副主席朱东,江西省社会组织党委副书记、办公室主任王永,上海新力公益基金会秘书长吕基成,江西省青少年发展基金会理事长龚九根,共青团南昌市委书记盛炜等出席启动仪式。110余名儿童、爱心志愿者参加活动仪式。仪式上,上海新力公益基金会向江西希望工程捐赠430万元。计划启动后,全省各设区市团委、希望工程实施机构组织该计划的在地实施,通过组织农村贫困家庭儿童走出乡村,走进科技馆、红色教育基地、知名企业、大学校园参观交流,了解当地的人文历史,感受城市的发展、科技的进步,帮助引领他们树立勤奋学习、努力成才、报效国家的理想。

4月29日,“五四百年,青春万岁”江西省各界青年纪念“五四”运动100周年文艺汇演在南昌师范学院举行

共青团江西省委会供

【举办江西百万青年“红色跑神州”定向赛】 12月7日,由中国红色文化研究会、共青团江西省委、南昌市政府联合举办的“传红色基因、承革命薪火”——江西百万青年“红色跑神州”定向赛首场揭幕赛在南昌举行,3000名青年报名参赛。省委常委、省委统战部部长陈兴超宣布开赛。省委原书记万绍芬、中国人民对外友好协会原会长陈昊苏、中国知青网理事长周秉和、原解放军总参谋部副局长刘武、团省委等领导和嘉宾出席开幕式。定向赛涉及南昌市的30个特色地标和9条红色主题线路,融合历史景点、红色文化、人文风俗、标志性建筑等多种元素。

【举办首届“马克思主义与新时代中国青年论坛”】 8月19日,由上海社会科学院中国马克思主义研究所(上海社会科学院国民精神与素质研究中心)、武汉大学发展与教育心理研究所、江西青年职业学院(江西省团校)共青团理论研究中心、《青年发展论坛》编辑部等单位联合主办的首届“马克思主义与新时代中国青年”论坛在南昌召开。共青团江西省委副巡视员、江西省团校校长张雪黎,武汉大学马克思主义学院院长佘双好出席开幕式并分别致辞。上海、江苏、浙江、安徽、河南、湖北、湖南、广东、重庆、四川、云南、江西等地和马克思主义教育、青年研究领域的专家学者,以及江西青年职业学院教学科研人员共40余人参加研讨会。研讨会开幕式由江西青年职业学院党委书记郭常亮主持。会上,专家学者围绕“新时代中国青年与马克思主义信念培育的新背景”进行主旨发言,就“新时代中国青年与马克思主义信念培育的新机制”进行交流。上海社会科学院中国马克思主义研究所研究员孙抱弘作总结发言。

(钟云路)

江西省妇女联合会

【概 况】 2019年,全省各级妇女组织着力推动妇女发展,做好妇女思想引领,各级妇联组织、妇联干部、常执委、团体会员开展大学习、大培训、大宣讲,各地联动宣讲近700场,参与群众6万余人。围绕红色基因传承及中华人民共和国成立70周年,开展形式多样的系列活动。选树各级三八红旗手(集体)2877个。全省31个先进集体、31名优秀个人获全国妇联表彰。创新家庭建设。以培育和践行社会主义核心价值观与立德树人为目标,发挥妇女在家庭生活中的独特作用,开展家庭教育指导服务、关爱保护留守儿童和未成年人活动场所建设,维护妇女儿童权利。深化妇联组织改革。在农村基层妇联改革方面,推动全省村妇女小组长配备工作。在基层组织体系建设方面,开展"我是妇联执委 我为妇女办实事"活动;推进、规范全省"妇女微家"建设;在省妇女儿童活动中心成立省女性社会组织服务中心,为省级女性社会组织提供办公场所、活动场地;发展壮大妇联团体会员,吸纳培育发展省女企业家协会、省女商会、省女科技工作者协会等数10个专业领域的女性社会组织成为服务妇女儿童和家庭的有效载体。积极展示江西女性风采,持续推动东方女报与新媒体融合发展,专题策划突出政治性,内容选取突出妇女需求,栏目设置突显"女"报特色。"江西女性"微信公众号全年发布微信图文、海报图片、视频以及原创H5等800余次共1100余条,在全国妇联系统发布图文次数第一、"勤劳度指数"第一。澎湃政务号"江西女性发布"获2019年度全国妇联系统"优秀政务号"称号。

【妇女脱贫攻坚】 2019年,多部门联合开展"春风行动",举办女性专场招聘会。下发《关于创新金融服务支持妇女创业就业发展的通知》,全省发放妇女创业贷款38.9亿元,扶持妇女自主创业2.9万人次。举办"高新杯"第三届江西省妇女创业创新大赛,实施家政培训提升行动、家政服务业提质扩容"领跑者"计划、家庭服务行业技能竞赛,举办家政服务培训班260期,培训家政人员1万余名。开展"两癌"免费检查救助,扩大城市"两癌"救助面,救助经费从100万元提高至200万元。扩大农村"两癌"免费检查范围,实现有农业人口的县(市、区)检查全覆盖,完成城乡"两癌"免费检查73万余人次,直接救助"两癌"贫困妇女2000余人。联合修订《江西省省级专项彩票公益金支持妇联系统贫困妇女"两癌"救助项目资金管理办法》,探索构建政府引导、企业参与、贫困妇女普遍受惠的"两癌"保险救助模式。开展"关爱女性"健康大讲堂巡讲,深入8个县的乡镇、村传播健康知识。印发《江西省妇联扶贫扶志行动实施方案》,全面部署妇联系统扶贫扶智行动,选派各级妇联干部到贫困村140人次,精准帮扶贫困村117个,开展"寻找身边最美的她——驻村第一书记"系列活动。与省旅发委、省生态环境厅、省卫健委等联合开展导游大赛、环境监测技术大比武、寄生虫病防治技术竞赛等专项比武比赛,激励各行各业优秀女性立足岗位促脱贫。开展巾帼脱贫示范基地评选,举办农村妇女素质提升示范培训、女农业职业经理人培训、新型职业女农民培训等各级各类培训,培育种植大户、家庭农场主、合作社骨干、农村经纪人等女能人。

【妇女儿童维权和关爱服务】 省妇联联合省人大法工委、省司法厅出台《江西省法规政策性别平等评估工作办法》,推动性别平等理念;在《江西省农村集体产权制度改革试点方案》中,进一步明确对外嫁女、离婚妇女、丧偶妇女、入赘女婿等特殊群体的权益保障;联合省委政法委等部门建立婚调工作联络小组,推动婚姻家庭纠纷预防化解工作取得实效;联合省公安厅开展《江西省家庭暴力告诫制度实施办法(试行)》实施情况调研,推动各地反家庭暴力工作落实;联合省司法厅在江西神州司法鉴定中心成立全省首家妇女儿童司法鉴定援助中心;协调省民政厅从落实男女平等基本国策、保障妇女儿童合法权益角度,加强对村规民约和居民公约的修订完善;做好涉及妇女儿童权益热点事件的发现、报告、处置和相关维权服务工作;与省广电局联合开展"妇联金牌快车走基层"活动;与省司法厅联合开展全省农村妇女"法律明白人"说法大赛,发挥农村妇女"法律明白人"培训实效;与省民宗局联合举办全省市县(区)妇联主席培训班,将宗教政策法规学习纳入妇联培训课程体系;启动全省首届"依法维护妇女儿童权益十大案例"征集评选工作。2019年,全省各级法律援助机构及工作站点共接待妇女儿童来信、来访、来电8万多人次,占总咨询人数的26%;共办理各类涉妇女儿童法律援助案件1.3万余件,占总案件数的42%;受援妇女儿童1.5万余人,占受援人总数的43%;为妇女儿童挽回损失或取得利益2亿多元。实施省级妇女儿童发展专项项目743个,对34个已运行的儿童活动中心进行考核评估,落实新建改扩建项目资金和活动补助资金1975万元;通过省妇女儿童发展基金会募集资金2547万余元、物资782万余元,实施"英模关爱行动""贫困母亲培训关爱行动""春蕾计划爱心行动""贫困家庭救助行动"四大关爱行动,惠及困难妇女儿童3万余名。

【"妇女微家"建设】 2月21日,省妇联下发《关于在全省开展建设"妇女微家"工作的通知》。3月29日,下发《关于进一步稳妥推进全省"妇女微家"建设的通知》,要求全省建设形式多样、活动常态、特色鲜明、实效显著的"妇女微家",作为"妇女之家"的辐射和补充,扩大基层妇女工作阵地、激活基层妇联组织作用。从3月开始,省妇联已打造银彤妇女微家、"煌上煌"妇女微家、省公安厅妇工委妇女微家等,示范带动全省各地在工业园区、农村合作组织、社区网格、商务楼宇、专业市场、社会组织等各行业、各领域女性聚集的地方建设"妇女微家",在优秀女性群体中建设"妇女微家",在有影响、有热心、有特长的妇女群众中建设"妇女微家",吸引广大妇女"有事找微家、活动在微家、心聚在微家",实现服务妇女零距离、联系妇女无盲区、关爱妇女无缝隙。至2019年年底,全省已有"妇女微家"500余个。

【村妇女小组长配备】 4月1日—2日,省妇联在寻乌县召开全省村妇女小组长配备工作现场会,全面启动村妇女小组长配备工作,夯实妇联基础组织。4月8日,省妇联下发《关于深化基层妇联改革在全省配备村妇女小组长工作的通知》,明确采取试点先行、整县推进的方式。7月25日,省妇联召开全省村妇女小组长配备工作调度会,要求各地进一步加大工作力度。到年底,第一批试点县配备率达90%,新余、景德镇、萍乡、吉安、上饶、宜春6市配备到位，已配备村妇女小组长15万余名，有条件的市、县已统筹解决固定报酬。新余市7月底全面完成全市配备工作，将每人每年600元定补工资列入县区财政预算，对新上任的3655名村妇女小组长进行全员轮训。乐平市落实每人每年500元工作补贴、南昌县落实每人每年2400元补贴、崇仁县发放400～600元工作补贴。

【12338妇女维权公益服务热线】 4月，省妇联制定下发《关于加强12338妇女维权公益服务热线管理和服务工作的通知》，进一步规范12338妇女维权公益服务热线管理和服务工作。截至11月30日，省妇联本级接处信访件139件，其中来信14件，来访1件，来电124件。按内容区分，婚姻家庭类信访件70件，劳动和权益保障类21件，人身权益类10件，财产权益类25件，文化教益权益类2件，其他类11件。

【“赣鄱红色娘子军”宣讲团成立】 5月7日，省妇联举行“赣鄱红色娘子军”宣讲团授旗仪式，启动百场宣讲联动活动。“赣鄱红色娘子军”宣讲团是2019年省妇联在开展“百千万巾帼大宣讲”的基础上，将分散化宣讲进行品牌化整合提升打造的一个妇女特色宣讲品牌。宣讲团将优秀律师、政法行业骨干、法学专家等吸纳为宣讲团成员，重点宣传《中华人民共和国妇女权益保障法》《中华人民共和国反家庭暴力法》《江西省女职工劳动保护特别规定》等法律法规。全省各设区市、县妇联参照成立“赣鄱红色娘子军”宣讲团。截至12月底，全省各级“赣鄱红色娘子军”宣讲团成员达3000余人，开展宣讲活动2500余场，现场参与群众28万余人，网上参与群众25万余人。

【江西省女企业家协会第七届会员大会】 5月30日，省女企业家协会第七届会员大会在南昌举行。副省长吴忠琼，中国女企业家协会常务副会长兼秘书长黄文林，省政府副秘书长刘晓艺，省妇联主席王庆，省商务厅厅长刘翠兰，省女企业家协会名誉会长李亚平、顾问陈永华，省委组织部干部四处副处长拱明，省社会组织管理局副局长胡燕，中国女企业家协会办公室主任童永刚，各设区市妇联分管副主席、妇女发展部部长。省女企业家协会会长罗玉英，常务副会长卢小青、周永红、涂雅雅、胡秀筠、詹慧珍，秘书长彭林红以及全省500余名女企业家会员参加会议。会议审议通过第六届理事会工作报告、《江西省女企业家协会章程》修改意见及说明、第七届理事会换届组成方案和选举办法。会议选举罗玉英为会长，卢小青等5人为常务副会长，万春花等11人为执行副会长，李超为监事长，彭林红为秘书长，万福兰等46人为副会长以及132名常务理事，226名理事会成员。

赣鄱红色娘子军宣讲团在抚州市东乡区宣讲中共十九届四中全会精神
省妇联供

【“时代新人说——我和祖国共成长”全国妇联首场家国情怀故事汇在于都启动】 6月30日，由全国妇联主办，省妇联、中国妇女报社等承办的“时代新人说——我和祖国共成长”家国情怀故事汇首场活动在于都县举办。全国妇联副主席、书记处书记吴海鹰，省政协党组成员、副主席刘卫平，中宣部宣教局副局长韩流，全国妇联宣传部部长刘亚玫，中国妇女报总编辑孙钱斌，省妇联党组书记、主席王庆，赣州市委副书记刘文华以及省委宣传部有关部门领导、于都县委、瑞金市委、兴国县委相关领导出席活动。革命先烈后代，“赣鄱红色娘子军”宣讲团代表，各级三八红旗手、巾帼建功标兵、脱贫攻坚优秀妇女等先进典型代表和当地各界妇女群众等千余人参加活动。活动演绎《十送红军》《红军渡 长征源》等红色经典歌曲，讲述苏区瑞金沙洲坝杨荣显老人送8个儿子上战场、红军战士李才连的妻子池煜华守望72年的红色爱情、瑞金叶坪乡黄沙村华屋后山17名红军壮士种松苗、30名红军女战士参加长征、毛泽东在中央苏区沙洲坝为解决群众吃水问题带领人们挖水井等故事。700余万人次在线收看直播，中央电视台、新华网、人民网等中央媒体予以报道。

【《江西省法规政策性别平等评估工作办法》印发】 7月18日，省人大常委会法制工作委员会、省司法厅、省妇儿工委办联合下发《江西省法规政策性别平等评估工作办法》。该办法旨在贯彻落实男女平等基本国策，推进科学民主依法立法决策，从法规政策制定阶段消除性别歧视，促进男女平等和谐发展。该办法共有17条，要求省、设区市人大常委会法工委、司法行政部门和妇儿工委办联合牵头成立本级法规政策性别平等评估委员会，每年根据当年法规政策制定计划和立法评估计划，共同研究制定本年度的性别平等评估工作计划，确定具体评估项目，做好与起草单位的衔接工作；并对性别平等评估主要的依据指标、评估原则流程、自评报告和评估报告的撰写等作出具体规定。

【江西省女科技工作者协会第七次会员代表大会】 10月21日，江西省女科技工作者协会第七次会员代表大会在南昌召开。大会修改《江西省女科协工作者协会章程》，同意协会更名为省女科技工作者协会，选举产生新一届理事会，选举常务理事17人，选举霍亚南为第七届理事会会长；选举产生新一届党支部书记和7名支部委员。江西省女科技工作者协会是联系全省女科技工作者的平台，是具有公益性、专业性和非营利性的社会团体。

【巾帼志愿服务组织建设】 截至11月，江西省共建有204个巾帼志愿服务组织，其中120个已注册，20个已备案。在巾帼志愿组织的引导下，巾帼志愿者在工厂、社区、学校、农村、田间地头开展关爱留守儿童、孤寡老人、助学助医、帮扶济困、交通安全文明劝导、环境保护、抗灾募捐等志愿服务。

【农村妇女“法律明白人”培养】 12月2日—5日，省妇联在南昌举办2019年度全省妇联维权干部暨农村妇女“法律明白人”骨干培训班。培训班主要内容有中共十九届四中全会精神专题辅导、依法治国与妇女权益保障、舆情应对与妇女权益保护、婚姻家庭纠纷调解实务和妇女权益维护业务交流等。自2018年7月，培养农村妇女“法律明白人”开展以来，全省各级妇联共开展各类相关宣传、培训2500余场(次)，参训妇联干部及妇女群众达8万余人(次)。省妇联参与农村“法律明白人”培养工作经验得到全国妇联肯定，被选为全面依法治省“八大示范工程”工作典型。12月3日，省妇联、省司法厅在南昌联合举办全省农村妇女“法律明白人”说法大赛决赛，20名农村妇女参加决赛。

(凌云)

江西省科学技术协会

【概 况】 2019年，江西省科学技术协会有所属省级学会(协会、研究会)129个，设区市科协11个，县(市、区)科协100个，高校科协73个，三甲医院科协41个，市、县级学会1930个，园区科协85个，以中高级职称科技人员为主体的会员共有37万余人，农村、企业、街道社区科协等基层组织2300余个。

以“创新驱动助力工程”为载体，推动全省重点产业高质量发展。牵头承办由中国航空学会、江西省政府等主办的2019中国航空产业大会。联合省委组织部、中国井冈山干部学院在吉安井冈山举办青年科技领军人才助力江西革命老区高质量发展对接活动。指导省级学会、高校科协和设区市科协分别主办、承办一批学术交流活动，近300名院士到赣开展活动。指导赣州市、宜春市开展全国创新驱动助力工程示范市建设，其中宜春市获批50万元专项经费。全省已建院士工作站262家(省级123家，市级139家)。全省已建学会科技服务站国家级21个，省级71个。省科协、赣州市科协与中国稀土学会在北京举办对接座谈会，并签订三方协议，活动得到中国科协党组书记、常务副主席、书记处第一书记怀进鹏和江西省委副书记李炳军，省委常委、副省长吴晓军批示。全省已建“海智计划”工作站52家，其中2019年新建12家，遴选推荐井冈山国家农业科技园、上饶经济技术开发区获批中国科协“海智计划”工作基地(全国仅新增8家)。举办“海智赣鄱行”—2019海外人才创新创业(江西宜春)对接会。组织有关高校、省级学会、海智工作站与美国、日本、澳大利亚等国科技团体和专家开展交流；应邀组团赴俄罗斯等“一带一路”国家开展科技交流与合作；首次组团参加中国科协“第十届海峡两岸青年学子交流活动”。组织专家学者聚焦全省重点产业和战略性新兴产业开展调研，形成高质量的调研成果。全年向省四套班子和相关省直单位报送《决策咨询专报》6期，其中3期分别获3名省领导批示。

【科技人才评选资助】 加大人才举荐力度，推荐南昌大学食物过敏团队参加第十六届中国青年女科学家奖评选，获团队奖(全国仅5个)。开展江西省“最美科技工作者”评选，评选出10名“最美科技工作者”。继续实施“远航工程”，累计资助中青年人才赴国(境)外学习交流679人次，资助总额835万元，其中2019年资助79人，资助金额395万元。“远航工程”首次被纳入“江西人才云”，实现网上申报和评审，通过座谈会、远航微信群等方式对资助对象进行跟踪服务。南昌市科协联合市委人才部门开展“洪燕领航”工程，对在省外和国(境)外的南昌地区中青年人才进行评选资助，2019年资助54人，资助金额343万元。

【群众性科普活动】 2019年，围绕《全民科学素质行动计划纲要》，推进科普信息化，完善各类科普设施，提升科普公共服务能力和全省全民科学素质。开展全省公民科学素质评估，全省具备科学素质公民的比例为8.87%，比2018年提高1.29个百分点。制定《江西省2019年全民科学素质行动工作要点》和《江西省推进公民科学素质工作行动计划(2019—2020年)》。牵头主办江西省全民科学素质促进大会，高位推动省纲要办各成员单位、各设区市政府进一步落实纲要工作。在11个设区市开展“我省公民科学素质现状与提升对策”宣讲。创新启动“赣鄱科普大讲堂”，带动全省每年开展1000场以上科普报告。组建成立省科协科技志愿者服务队，并开展各种形式的志愿活动。开展江西省首席科学传播专家遴选活动，聘任12名首席科学传播专家并陆续开展公益性科普活动。

【江西省科协第八次代表大会召开】 5月6日，江西省科协第八次代表大会在南昌召开。省委书记刘奇，中国科协党组书记、常务副主席、书记处第一书记怀进鹏，省委副书记李炳军出席并讲话。省领导刘强、赵力平、马志武、李华栋、汤建人，两院院士张文海、颜龙安、黄路生出席大会开幕式。大会期间，全体代表听取和审议省科协七届委员会工作报告，举行省科协八届一次全委会，省委副书记李炳军出席全委会并讲话，会议选举江西省科学技术协会第八届委员会常务委员会委员51人，选举史可为江西省科学技术协会第八届委员

5 月 6 日，江西省科学技术协会第八次代表大会召开

省科协供

会主席，选举罗莹、梁纯平、孙卫民为江西省科学技术协会第八届委员会副主席（专职），选举宋平岗为江西省科学技术协会第八届委员会副主席（挂职），选举张文海、颜龙安、黄路生、邓晓华、朱烈滨、刘光华、李庆红、李雄辉、杨明、杨斌、辛清华、张耀霞（女）、周世健、涂宗财、黄小春、谢金水、赖金生为江西省科学技术协会第八届委员会副主席（兼职）。

【组织开展全国科技工作者日活动】 5 月 30 日，中国科协开展以“礼赞共和国、追梦新时代——科技志愿服务行动”为主题的全国科技工作者日活动，全国共设 7 个分会场，瑞金是 7 个分会场之一，会场设在中华苏维埃“一大”会址中的科普史料陈列馆前，与主会场同步举行。省科协党组书记、副主席罗莹出席并实时连线北京作汇报发言。省市科协和瑞金市委、市政府有关人员及于都、会昌、石城、宁都、瑞金等县（市）科技志愿服务代表共 150 余人参加分会场活动。仪式结束后，参加活动的各志愿队队长举行座谈，面向企业、社区、乡村等开展结对帮扶科技志愿服务。围绕活动，江西省已组建省科协科技志愿者服务总队，涵盖省级学会和院校科协 38 个分队，在 5 月中下旬开展活动 17 场。

【科学道德和学风建设宣讲教育】 2019 年，省科协、省教育厅、省科学院、省社科院按照《全国科学道德和学风建设宣讲教育 2019 年工作要点》的总体安排，按照“全覆盖、制度化、重实效”的总体目标和“两个拓展、两个结合”的具体要求统筹推进科学道德和学风建设宣讲教育。省科协与省科学道德和学风建设宣讲教育领导小组成员单位沟通联系，建立协调机制，研究确定年度重大宣讲教育活动。择优支持开展活动。把开展科学道德和学风建设宣讲教育活动项目列入专门预算，安排项目资金 11 万元，共资助南昌航空大学等 4 家单位开展科学道德和学风宣讲教育活动。组织全省各高校、科研院所共 8600 余名师生同步收看 2019 年全国科学道德和学风建设宣讲教育报告会直播。12 月 2 日，省科协、省教育厅、省科学院、省社科院在南昌航空大学联合举办主题为“弘扬科技家精神 践行新时代使命”的江西省 2019 年科学道德与学风建设宣讲教育主场报告会。通过集中宣讲、座谈会等专题形式，共举办宣讲教育活动 70 余场（次），聆听宣讲报告人员近万名。结合新入学的研究生开展科学道德和学风建设宣讲教育。组织广大研究生开展遵守学术道德倡议和签名承诺活动。

【“海智赣鄱行”——2019 海外人才创新创业项目（江西宜春）对接会召开】 8 月 9 日，宜春市高层次人才集中活动月开幕式暨“海智赣鄱行”——2019 海外人才创新创业项目（江西宜春）对接会在宜春市文化艺术中心举行，中国工程院院士颜龙安、张文海出席。省科协主席史可致辞。中国科协国际部海智处领导，省委组织部部务委员、省委人才办专职副主任刘光华，省科协党组成员、副主席宋平岗，宜春学院党委书记李雪南，宜春市领导蔡清平、余正琨、易斌、蔡佩兰出席。国内外相关专家学者、行业领军人才、科研机构负责人和人才创新创业项目评审代表出席。活动启动以来，组委会围绕宜春市产业发展需求，面向海外征集了 200 余个创新创业项目，从中筛选 65 个项目在宜春市参加初评。初评会聚焦高端智能制造（锂电新能源、新材料）、医药（含中医药）、电子信息（大数据与人工智能）等 3 个专业领域，每个领域各遴选 10 个，共 30 个与宜春市产业基础和企业需求契合的项目参加 2019 海外人才创新创业项目（江西宜春）对接会路演和评审。

【举办“2019 年院士专家服务创新驱动江西行”活动】 8 月 28 日，由省科协联合省委人才办、省工信厅、省政府驻北京办事处、中国有色金属学会、中国电子学会共同主办的“2019 年院士专家服务创新驱动江西行”活动在南昌启动。中国工程院院士邱定蕃、张文海、屠海令、谭建荣、段宁和中国有色金属、电信信息领域的 31 名专家，中国有色金属学会理事长贾明星，省委组织部副部长、省委人才工作领导小组副组长、省人大选任联主任徐忠，省科协党组书记、副主席罗莹，省科协主席史可，省政府副秘书长、驻京办主任严佛元，中国有色金属学会副理事长兼秘书长张洪国，省科技厅巡视员刘青，省科协副主席孙卫民，省工信厅副厅长辛清华，南昌大学副校长江风益，省人社厅副巡视员李新乐，省农业厅副巡视员刘春茂，省发改委总规划师任海斌等出席启动仪式。启动仪式由史可主持，徐忠讲话，贾明星代表主办单位致辞，北京邮电大学教授彭木根代表专家发言，江西省汉氏贵金属有限公司总经理郁丰善代表企业发言。启动仪式后，孙卫民主持院士专家报告会，院士段宁、邱定蕃、屠海令、谭建荣和教授李红卫先后作专题报告。

【首届中国航空产业大会在景德镇召开】 9月5日—6日，由省科协牵头承办的首届中国航空产业大会在景德镇市召开。中国航空学会、国内外航空产业、通航运营、投融资、航空小镇建设等方面的专家学者、科研院所、企业家等1300余人参会，大会以“新时代、新趋势、新动能”为主题，探讨航空产业高质量发展。副省长吴晓军出席并宣布大会开幕。中国航空学会理事长林左鸣，中国航空工业集团有限公司党组副书记李本正，中国商用飞机有限责任公司副总经理程福波，中国工程院院士、中国航空发动机集团科技委主任尹泽勇在开幕式上讲话。省政府副秘书长陈敏、景德镇市委副书记王前虎、中国航空学会秘书长姚俊臣分别主持开幕式、签约捐赠仪式和大会报告会。开幕式结束后，举行签约捐赠仪式环节，中国航空学会与景德镇市签订战略合作框架协议，北京航空航天大学与景德镇市签订合作协议。在江西快线通航公司科普公益捐赠仪式上，江西快线通航公司向景德镇一中、陶阳学校和浮梁三小捐赠图书和航模。在大会报告会环节，英国航空器拥有者和飞行员协会（AOPA）CEO马丁，中国工程院院士刘大响、陈志杰，知名经济学家滕泰，中国航空学会通用航空首席专家石靖敏分别作主旨报告。

【科技精准扶贫】 2019年，省科协、省农业农村厅、省扶贫办按照《2019年全国科技助力精准扶贫工作要点》要求，联合推进全省科技助力精准扶贫，下达目标任务，加强工作调度，做到扶贫工作与中心工作任务同部署、同推进、同考核。省科协党组书记、副主席罗莹带队到尚未脱贫摘帽的修水县、都昌县、于都县、赣县区等地进行精准扶贫调研和实地督导，通过召开座谈会、发放问卷调查、实地走访查看等方式，了解各级科协组织围绕中心工作，组织动员科技专家和科技团队助力贫困户进行精准脱贫的情况。省科协动员各级学会、基层科协组织和广大科技工作者投身科技助力精准扶贫，在了解基层科技需求的基础上，开展与建档立卡贫困户进行结对帮扶。引进国家级学会资源，提升全省科技助力精准扶贫能力和水平。创新工作模式，激发全省科技助力精准扶贫活力。发挥农技协在精准扶贫中的辐射带动作用，发挥农函大提升农民致富技能的培训平台作用，普及推广各类种养殖实用技术。全年江西省共组织科技专家2934人，科技团队137个参与科技助力精准扶贫，帮扶贫困人员总数达到41356人，提前完成全国科技助力精准扶贫办下达的三年建议目标任务。赣州市寻乌县南桥镇高排村被评为全国科技助力精准扶贫“十佳”示范点。

（杜春发）

江西省归国华侨联合会

【概　况】 2019年，江西省侨联推进中国侨联“十代会”部署的各项任务落实。发挥侨联外联优势，抓住第十一届中国中部投资贸易博览会、第二届世界赣商大会、2019年赣深经贸交流暨江西省对接粤港澳大湾区投资合作推介会、重点投资客商座谈会等重大活动节点，牵线搭桥引进生命医药科学、资源与信息等领域高端人才8人，促成伟涵集团（香港）有限公司单笔投资10亿元在抚州建设仙盖山·康养项目，促成香港江西社团（联谊）总会荣誉会长李江山、涂雅雅夫妇投资4亿美元在南昌小蓝经济技术开发区建设润永通夜港城等项目。深入侨企了解掌握企业发展问题，先后举办5场支持侨企创新创业座谈会，帮助80余家侨企解决困难190余件。坚持“请进来”和“走出去”，承办“牵手江西·同心筑梦”第四届赣港澳台青少年交流活动之澳门科技大学江西行及2019“海外侨胞故乡行——走进江西”等活动，扩大联谊交流，提升侨联影响。积极参政议政，传递社情民意，协调组织侨联界别人大代表、政协委员深入侨社区、侨企开展“与人大代表、政协委员面对面”活动，及时反映侨胞、侨企需求，向江西省“两会”提交28件提案和建议。引领侨胞和侨社团参与公益、弘扬侨爱，打造以助学、助医、扶贫助困为主要内容的“侨联四海·情满赣鄱”公益活动品牌。组织美国、加拿大、英国、日本、匈牙利、阿根廷等10多个国家和地区的30余名侨届爱心人士，先后4次在豫章师范学院启动爱心助学活动，连续3年捐助约726人次共218万元善款；在九江市同文中学、吉安市白鹭洲中学、赣州中学设立“珍珠班”，给予200余名成绩优秀的贫困学生每年2500元的资助；组织动员侨界爱心人士和省侨联

12月29日，“壮丽七十年·侨联四海亲”2020年江西海内外侨胞迎新年大联欢晚会在南昌召开

省侨联供

特聘专家组成侨爱心送温暖医疗队，到上饶、赣州等地贫困县开展医疗义诊活动。结合江西省侨情，落实群团改革要求，按照“五有”目标，制定下发《江西省侨联关于新时代加强基层侨联建设的实施方案》，全面推动市县两级侨联组织建设。

【江西省侨联八届二次全委会议召开】 2月28日，江西省侨联八届二次全委会议在南昌召开。省侨联党组书记、主席张知明作2018年工作报告并部署安排2019年工作，副主席王强传达中国侨联十届二次全委会议精神，副主席罗丽都主持会议。省侨联副主席郑兆国、辛洪波、李江山、吴世伟、周亮、胡军华、陈桂辉，党组成员许晓燕以及省侨联委员80余人出席会议。会议审议张知明作的题为《凝聚侨界团结奋进合力开创新时代侨联工作新局面》的工作报告。会议增补胡斌、徐雷为省侨联第八届委员会委员。

【参加中国侨商联合会第五次会员代表大会】 11月17日—18日，中国侨商联合会第五次会员代表大会在北京召开。省侨联党组书记、主席张知明率江西代表团参加大会。省侨商会21名参会代表当选为理事会员，7个省、市级侨商会为理事会员单位。省侨联副主席、省侨商会会长郑兆国，省海创会常务副会长周世友当选为中国侨商联合会第五届常务副会长，省侨联副主席万志新、省侨商会荣誉会长胡建华、省侨商会常务副会长徐江华当选为副会长。

【江西省侨联基层干部培训班在景德镇市举办】 6月25日—27日，江西省侨联深化“不忘初心、牢记使命”主题教育、加强基层侨联建设培训班在景德镇市举办，中国侨联基层建设部、福建省侨联派员到会授课，江西省各级侨联、涉侨组织和“侨胞之家”代表等190余人参加培训。25日，培训班举行开班式。省侨联党组书记、主席张知明作动员讲话，景德镇市委副书记王前虎到会致辞。开班式由江西省侨联党组成员、副主席王强主持。南昌市湾里区侨联主席徐爱莲作表态发言。会上举办江西省侨联“侨胞之家”示范基地建设启动仪式。培训期间，中国侨联基层建设部综合处副调研员吴磊为学员作题为《关于加强基层建设，做好新时期侨联工作的思考》的授课。江西省侨联党组成员、副主席王强作题为《以党建带侨建，在更高层次实现侨联基层建设高质量发展》的授课，福建省连江县侨联主席詹立坤作题为《建网络、抓规范、强保障，不断提升基层侨联建设科学化水平》的授课。培训期间，学员进行分组讨论，开展“基层党建带侨建”工作经验交流和现场教学活动。

【“送温暖医疗队”口腔健康义诊活动】 9月2日—5日，由中国侨联支持，省侨联会同上饶市口腔医院组成的“送温暖医疗队”，到上饶市余干县开展口腔义诊活动，为群众提供口腔护理检查诊治服务，免费发放口腔卫生知识宣传册及牙膏、牙刷等洁牙工具。活动组织了20多名口腔专家，先后到余干县的洪家嘴乡双港村、大溪乡青林村和古埠镇枫塘村等3个贫困村开展口腔义诊活动，共为800余名贫困群众提供口腔护理检查诊治服务。江西卫视新闻频道、江西三套《健康江西联播》对义诊活动进行全程报道，倡导口腔健康，提高群众防治意识。

（刘晋）

江西省台湾同胞联谊会

【概　况】 2019年，省台联全面贯彻中共中央总书记习近平在《告台湾同胞书》发表40周年纪念会上重要讲话精神，落实中央对台工作大政方针和省委决策部署，围绕两岸关系和平发展主题和全省经济社会发展大局，团结全省台胞，发挥乡情亲情优势，深化赣台民间交流交往。加强与岛内、海外台胞和在赣台商的联系，注重与台湾社团和基层人士的联络交往。先后接待中华两岸少数民族文化经贸交流协会、台湾文教经贸协会、台湾中华基金会、台湾统一联盟党、世界华商文化经贸总会团组到赣交流。全年接待台湾各界人士180余人次。

【赣台交流】 2019年，省台联加强与岛内、海外台胞人士和在赣台商的联系，特别是与台湾地区社团和基层人士的联络交往，密切与省内台籍同胞的联系，增强民族认同、文化认同、国家认同。4月，与全国台联台胞部开展台湾少数民族到赣参访活动，交流期间台湾少数民族代表自发发表“台湾少数民族访问团关于两岸各民族团结互助一家亲”的9项倡议，该倡议在海内外媒体刊载。继续加强与岛内左派人士交流交往以及协助台胞返乡参访的同时，开展在赣台湾地区大学生、两岸婚生子女、江西籍陆配工作。在扩大联谊交流覆盖面的同时，巩固与岛内、港澳地区和海外台胞社团的交流交往，通过赴台访问和邀请来访，建立双向交流联谊机制。在开展各类联谊交流活动的同时，打造品牌特色交流活动，改进交流模式，丰富交流内容，构建长效机制。

【帮扶台胞台商】 2019年，省台联密切联系居住在赣台湾同胞，做好联谊、定居和常住台胞工作。摸底调研全省台胞生活情况，贯彻落实2019年度全国台联特困定居台胞家庭帮扶工作，为全省特困台胞申请困难帮扶2.4万元，对全省50余名困难台胞发放慰问金和补贴1.5万余元；落实在赣定居台胞优惠政策，对94名老年定居台胞发放补助11.19万元；与省教育主管部门沟通协调，为年度台籍考生争取到享受中、高考加分政策。同时，坚持政策引领，推进中央“惠台31条、26条”和“江西惠台60条”落地走实。做好台商联谊服务，详细了解台资企业的生产经营状况，帮助台商协调解决生产生活方面遇到的困难和问题，并通过各种渠道，邀约台商、台胞、台青到赣参访考察，帮助在赣投资、兴业、创业、就业。

【参政议政】 2019年，省台联围绕省委、省政府中心工作，参政议政、建言献策，发挥专家学者的参谋咨询、台籍政协委员的骨干作用和青年台胞的生力军作用，献计献策，逐步形成目标明确、团结协作、整体推进的参政议政工作格局。累计完成14篇政协提案,6个重点课题报告,4篇政协大会及联组发言。

【承办全国台联系统处级干部暨优秀中青年台胞培训班】 5月16日,2019年第1期全国台联系统处级干部暨优秀中青年台胞培训班在南昌市开班。培训为期8天,围绕中共中央总书记习近平讲话、江西对台工作、台海形势、中国经济、赣文化等内容进行授课,同时还组织座谈交流、现场教学和学习中共中央总书记习近平1月2日讲话精神主题班会。全国28个省(直辖市、自治区)的53名台联干部骨干和中青年台胞参加培训。

【举办第十六届全国台联台胞青年千人夏令营江西分营活动】 7月2日—9日,全国台联2019年台胞青年千人夏令营江西分营活动举办,海内外10多所高校的20余名大学生参加活动。夏令营台湾地区组团方为台湾中华妇女联合会,营员大部分为在大陆就读的台湾青年学生,其中一半以上是两岸婚生子女。省政协副主席刘晓庄出席开营式,并为夏令营授旗。开营式结束后,举行赣台青年学生联欢会,两岸青年学生共同表演12个歌舞节目。夏令营期间,营员们参观江西的历史古迹和名山大川,品尝江西各地美食,体验江西各地民俗风情,交流观念,增进对国家的认同感、归属感。

【承办2019全国台联台湾地区大学生精英国情研学班】 8月26日至9月2日,由全国台联主办、省台联承办的2019年全国台联台湾地区大学生精英国情研学班在江西举行。此次研学班由大陆各地高校近20名台湾地区硕士、博士学生参加,学员们先后到南昌、井冈山、景德镇等地参观、学习、考察。

(钱熠德　聂冬晖)

江西省文学艺术界联合会

【概　况】 2019年,省文联围绕庆祝中华人民共和国成立70周年主线和省委、省政府工作大局,团结引领广大文艺工作者,推进精品创作生产,深化文联系统改革,推动文化强省建设。

扶持文艺创作。2018—2019年,省文联组织立项的江西文化艺术基金重点项目22个,扶持资金900万元。获中国文联青年文艺创作扶持项目2个,11人次入选中国作协定点深入生活、重点作品创作等扶持项目,扶持资金共68万元。

举办庆祝中华人民共和国成立70周年主题文艺活动。举办“赣籍开国将军百战图”大型创作展、“文化的力量”江西文化发展巡礼展、全省美展和全国美展陶艺展、全国农民画创作展、“美丽中国 多彩赣南”2019年江西谷雨诗歌朗诵会、“我和我的祖国”征文、“致敬公安英雄模范 献礼新中国70华诞”主题摄影展、江西省第六届大学生舞蹈节、江西省第二届魔术展演、第三届江西少儿戏曲小梅花大赛和江西少儿戏曲成果展演、“小白鹭”江西省少儿舞蹈精品展演等活动。举办麻姑山文化研讨会、全国颜体书法大赛和学术研讨会、端午节渔俗文化研讨会、七夕民俗文化研讨会、“中国彩·中国梦”——景德镇瓷器绘画艺术国际巡展等交流活动,扩大江西文化影响力。

开展“深入生活、扎根人民”主题实践和文艺志愿服务。举办“我看赣南苏区发展变迁”文学采风、脱贫攻坚主题创作采风等实践活动。开展“送欢乐 下基层”“赣鄱文艺轻骑兵”基层慰问等活动。整合各协会资源和志愿服务品牌,建立健全文艺工作者深入生活、服务群众的工作机制,开展“万名文艺家下基层”——江西省文联系统“名家讲堂”“文艺轻骑兵”进入新时代文明实践中心活动。

【人才培养】 举办第十三届全国美展专业培训班及看稿会、“作家教你写作”志愿服务作家培训班、《星火》驿站写作训练营、全省县级书协主席秘书长培训班等,承办中国文联第17期全国市县文联负责人研修班、全国少儿戏曲“小梅花”师资人才培训班,对获全国重要文学奖项作家给予配套奖励。在北京举办景德镇陶瓷艺术新文艺群体“景漂”人才高级研修班,54名陶瓷艺术新文艺群体“景漂”人才参加培训。召开作家作品研讨会或新书出版座谈会,与《江西日报》联合推出“年之味”散文专辑。

【举办“赣籍开国将军百战图”大型创作展】 9月27日,由省文联、省委党史研究室、省教育厅、省军区政治工作局共同举办的“赣籍开国将军百战图”大型创作展在江西省美术馆开展。该展览挖掘江西独特红色资源,全省老、中、青三代共1200多名文艺家参与,全景式、立体性展示322名江西籍开国将军风采。此次展览以美术作为核心艺术形式,配合有书法、摄影、诗词等,共展示300多组、1000多件文艺作品。

【举办“文化的力量”江西文化发展巡礼展】 5月8日,“文化的力量——2019江西文化发展巡礼展”开幕。省文联展厅设在江西省美术馆半一楼的北厅和中厅,展陈面积2000平方米。分为展览展示区、名家课堂区、视频观摩区、兰亭长廊和星光长廊5部分。展览展示区分为“画笔的力量——美术作品展”“镜头的力量——摄影作品展”“文学的力量——文学作品展”3个部分。美术作品展,展出了涵盖“国、油、版、雕、瓷、漆、水彩(水粉)”等7个画种共140件作品;摄影作品展,共展出30件江西省获国际奖项的摄影作品、50幅反映现实题材的摄影作品,百米摄影长卷《千里赣鄱锦绣图》也展出亮相;文学作品展,通过实体书籍、影像制品的陈列,展示江西省小说、散文、诗歌、儿童文学等创作成果。名家课堂区展示期间每天为文艺爱好者带来书法、美术、文学、戏剧、摄影、音乐等多个艺术门类的普及讲座。视频观摩区滚动播放江西省戏剧、音乐、舞蹈、曲艺、杂技等剧目节目、特色文艺活动的剪辑。兰亭长廊按照楷书、行书、草书、隶书、篆书等,展出江西省5名获中国书法兰亭奖的书法家作品。星光长廊汇聚江西省获中国文联、中国作协最高文艺奖项的文艺家和文艺作品。

【举办第十五届江西省美术作品展】 7月23日,第十五届江西省美术作品展开幕式在省文联展厅举行。471

件入展作品在省文联展厅、791艺术街区美术馆、南昌美术馆3个展馆与广大观众见面。展览共收到作品1229幅，是历届全省美展投稿作品最多的一次。江西省美术作品展览5年一届。此次美展，是江西省5年来规模最大、美术工作者参与范围最广、专业种类最多、最具影响力和权威性的省级综合美术大展，展示5年来江西省美术事业发展的新成就。

【举办第十三届全国美术作品展览陶艺作品展】 9月20日，第十三届全国美术作品展览陶艺作品展在景德镇开幕。此次陶艺展是江西省首次承办的全国性美术展览活动，展览共33天，展出入选作品274件，其中进京作品30件(含获奖提名作品8件)。全国美展陶艺展期间还举办“彩绘今朝”“迁徙泥性”“红土日新”“今日传承”4个平行展。

【江西省作协第八次代表大会召开】 12月24日，江西省作协第八次代表大会在南昌召开，全省150名代表参加会议。省委常委、省委宣传部部长施小琳，中国作协党组成员、副主席、书记处书记阎晶明出席会议并讲话。省文联党组书记郑翔主持开幕式，省文联党组成员、主席叶青致开幕词。会议审议并原则通过第七届理事会向江西省作协第八次代表大会所作的题为《坚定文化自信 坚持改革创新 奋力书写新时代江西文学发展新篇》的工作报告及修改后的《江西省作家协会章程》，选举产生江西省作协第八届理事会主席团。李小军当选为江西省作协主席，曾清生、彭学军、袁萍、范晓波、王晓莉、樊健军、林莉、李洪华、陈怀琦当选副主席。聘请刘华为江西省作协第八届名誉主席，陈政、傅太平、程维、温燕霞、褚兢、熊正良、颜敏为江西省作协第八届顾问。

【举办“万名文艺家下基层”活动】 2019年，为贯彻落实中共中央总书记习近平关于送文艺下基层等一系列指示精神，推动全省广大文艺工作者深入基层、服务人民，省文联开展“万名文艺家下基层”——江西省文联系统“名家讲堂”“文艺轻骑兵”进入新时代文明实践中心活动。活动对接群众需求，不花费用，以需定送。活动从9月启动至年底，共组织242名文艺志愿者赴鹰潭、景德镇、九江、新余4个市的66个新时代文明实践中心(所、站)开展活动，服务时长6000多小时。

【制订出台《中共江西省文联党组关于在全省文艺群团组织中全面加强党的领导的实施意见》】 2019年，省文联制订印发《中共江西省文联党组关于在全省文艺群团组织中全面加强党的领导的实施意见》，通过12项措施，进一步加强党对省级文艺群团组织的政治领导、思想领导、组织领导。该意见要求发挥好文联行业综合党委的领导作用，加强党建工作的归口管理；强化协会、业务主管社会组织党支部管理，在14个省级文艺家协会和20多个挂靠社会组织中建立健全党组织；实施协会主席团成员年度考核制度；加强协会专业委员会、艺术委员会建设；逐步推行协会会员工作年报制度；建立与会员所在单位党组织工作联系机制，及时掌握会员思想、工作和创作动态；强化重大主题创作的引领作用，完善奖励激励措施；探索建立“景漂”等新文艺群体服务管理机制，构建新文艺群体联络体系；完善会员档案资料，建立文艺人才库、专家库、会员数据库，做好会员管理基础性工作；依照协会章程和法定程序做好各文艺家协会换届工作；成立文艺工作者职业道德建设委员会；加强文艺界行风建设等。

【“景漂”人才高级研修班在北京举办】 5月6日—13日，“景漂”人才高级研修班在北京举办。省文联省文联党组书记郑翔、中国文联文艺研修院常务副院长傅亦轩出席开班式。傅亦轩致辞。省文联主席叶青出席结业式。此次研修班是江西省文联首次面向新文艺群体举办的专题研修活动，培训对象全部为“景漂”文艺人才。研修班旨在通过联络“景漂”特殊群体，贯彻落实中共中央关于群团改革和中国文联、省文联深改方案要求，团结引领全省新文艺群体深入学习贯彻习近平新时代中国特色社会主义思想和中共十九大精神。

【文艺创作成果】 任永新话剧《遥远的乡土》获中国戏剧曹禺剧本奖；陈世旭、江子、阿袁作品获《北京文学》《长江文艺》年度优秀作品奖，傅菲散文获第十八届百花文学奖；1首歌曲入选中宣部雷锋志愿主题作品征集全国十佳，《井冈山组歌》《最美中国人》获省“五个一工程”奖；5件少儿舞蹈作品获第十届“小荷风采”全国少儿舞蹈展演金奖；110件作品入选第十三届全国美展，创造历史最好成绩；16人次入选第十一届全国刻字艺术展，位居全国前五；6件作品获第七届亚洲微电影节“金海棠”奖等。

(徐健　陈聪)

江西省红十字会

【概　况】 2019年，全省红十字会培训应急救护员17.83万人，比2018年增长16.3%。培训养老服务师资218人，养老护理员3000余人次，老年介护普及培训3.8万余人次。参与“5·12”全国防灾减灾日宣传活动，组织协调省红十字水生救援队开展急演练任务。全年启动自然灾害应急响应3次，争取救灾物资743万元，发放救灾物资10批，总价值869万元。筹集社会款物2.86亿元，比2018年增长53.76%，位列全国第7名。全省实现遗体器官成功捐献200例，造血干细胞成功捐献43例，遗体器官成功捐献例数、造血干细胞库容使用率均排在全国第10名，均创历史新高。推进纪念园建设，助力殡葬改革。

赣州市兴国县霞光村博爱家园项目，被评为全国红十字会十大“助力脱贫攻坚优秀项目”。江西省红十字基金会被评为江西省首批5A级基金会。获全国红十字会第二届众筹扶贫大赛组织奖、宣传奖，3个众筹扶贫产品获大赛“红品项目三等奖”，4人获“优秀脱贫带头人”称号。在中国红十字会第十一次全国会员代表大会上，赣州市红十字会获“全国红十字会系统先进集体”称号，新余市红十字会秘书长黄晓红获“全国红十字会系统先进工作者”称号，受到国家主席习近平等领导人接见。全省红十字会发表理论研究文章46篇，12人获中国红十字会总会颁发的2019年度理论文章和优秀新闻作品奖，比2018年增长3倍，占全国红十字系统三分之一的获奖数。

【《江西省红十字会改革方案》印发】

5月15日，省委办公厅、省政府办公厅联合印发《江西省红十字会改革方案》。年内，全省11个设区市均出台相应实施方案。《江西省红十字会改革方案》共8个方面，提出28条改革举措。5月27日、8月19日、10月21日，分别召开江西省红十字会全面深化改革动员部署会、推进会、座谈会，调度部署改革工作，推动改革落实。截至12月31日，全省11个设区市、57个县级红十字会经市、县委批复同意设立监事会，召开会员代表大会。7个设区市、40个县级红十字会召开会员代表大会，选举产生首届监事会，配备专职副监事长。10个设区市、28个县级红十字会建立党组，配齐党组书记，优化领导班子。全省红十字会新增领导职数71个，增设内设机构15个，增加人员编制67个。

【《江西省红十字会条例》颁布】 3月，正式启动《江西省红十字会条例》起草工作。9月9日，省人大常委会党组书记、副主任周萌率省人大常委会组成人员赴省红十字会调研。9月28日，《条例》通过省人大常委会第一次审议。11月27日，《条例》经省十三届人大常委会第十六次会议表决通过。《条例》设总则、组织、职责、标志与名称、财产与监管、保障措施、法律责任、附则8章，共48条，自2020年1月1日起正式施行，是2017年新修订的《中华人民共和国红十字会法》颁布施行以来，全国第4个出台，第2个以《条例》形式颁布的地方法规。

【精准救助】 全面实施第三、四批13个国家级贫困县博爱家园项目，执行中国红十字基金会援建的11个红十字博爱卫生站项目，实施第五批博爱家园项目5个、红基会博爱卫生站项目4个。全省各级红十字会全年募集“博爱送万家”项目物资272.8万余元、钱款518.5万余元，共救助全省18725户贫困群众，46222人受益。开展对口援建，向新疆阿克陶县人民医院捐赠价值235万元的全自动生化分析仪，提高当地卫生医疗水平。省红十字会扶贫驻村工作队推进分宜县程家坊村精准扶贫，宣讲国家扶贫政策，加强扶智扶志力度。

2019年，江西省洪涝灾害发生后，省红十字会立即启动应急救灾响应机制，紧张有序地组织洪灾救助行动

省红十字会供

【提前完成人道资源动员试点任务】

省红十字会将人道资源动员作为核心业务，列入“一把手”工程，在全国率先设立人道资源发展中心，建立省市县三级联动机制和责任体系，搭建省红十字会与省红十字基金会2个资源动员平台，探索“社会化动员、开放式合作、网络化筹资、专业化运行、项目化管理”的资源动员新路。着力提升专兼职干部能力、推动传统募捐手段向现代募捐方式转型。2019年“99公益日”3天筹集善款3960万元，同比增长10倍，居全国红十字会网络众筹榜首，在省公募机构中列第一位。自2017年开展试点以来，全省红十字会筹集款物超7亿元，提前超额完成5年5亿元的目标任务，完成总会试点任务。

【举办“普健杯”全国首届红十字志愿者趣味运动会】 10月20日，省红十字会联合省体育局在九江举办“普健杯”全国首届红十字志愿者趣味运动会，有天津、上海、福建、湖北、湖南、云南、甘肃、安徽、内蒙古、宁夏和江西共11个省(直辖市、自治区)的560名红十字志愿者参赛。省文明办、省应急管理厅、省教育厅、省民政厅、省体育局和省红十字会相关领导出席开幕式。比赛设置5个具有红十字工作特色的趣味项目，分别是“奔跑吧，江小红”“心动60秒”“为爱‘拼’一把”“拯救熊孩子”和“妙笔生花”。经过角逐，九江市保安服务有限公司代表队获团体总分冠军。

【兴国县霞光村博爱家园项目评为全国十大“助力脱贫攻坚优秀项目”】

6月18日，经各省级红十字会推荐和项目评审领导小组审定，评选出10个项目为中国红十字会博爱家园助力脱贫攻坚优秀项目，江西省赣州市兴国县崇贤乡霞光村博爱家园项目入选。

兴国县崇贤乡霞光村博爱家园项目于2016年5月开始实施，以“推动社区治理、提升社区能力、促进社区发展”为目标，以“防灾减灾，健康促进、生计发展、人道传播”为主要内容，由中国红十字会援建，投入建设资金60万元。项目建设了面积约1980平方米，能容纳3000余人的博爱文化休闲广场，建立红十字会基层组织，组建志愿者服务队，开展防病防灾培训，传播“人道、博爱、奉献”的红十字精神，截至7月，会员发展到120人，志愿者18人。助力脱贫攻坚，设立15万元生计金，扶持发展养兔、养鸡、养鱼等养殖产业和脐橙、烤烟、白莲等种植产业，选准对象，开展以大户带小户、“合作社＋基地＋贫困户”生计发展模式，实现困难群众增收致富。

（罗星星）

江西省社会科学界联合会

【概　况】　2019年，全省有设区市社联11个、县区社联95个、高校社联27个、省属学会114个、民办非企业社科研究机构4个、市县区社联所属学会1160余个，专兼职社会科学工作者近30万人。全年全省国家社科基金各类项目立项131项，资助总经费3015万元。立项总数连续8年保持在100项以上。

【省社联第八届理事会第六次会议召开】　11月5日，省社联第八届理事会第六次会议在南昌召开。会议传达学习中共十九届四中全会精神、中共中央总书记习近平关于哲学社会科学工作重要讲话精神。省委常委、省委宣传部部长施小琳出席会议并讲话。施小琳在讲话中肯定全省各级社联组织和社科工作者2018年以来的工作成绩，并就进一步推动全省哲学社会科学工作提出要求。会议审议并通过省社联第八届第六次理事会工作报告。选举罗勇兵为省社联主席。

【全国各省区市社科规划办（工作办）主任会议召开】　11月28日—29日，全国各省区市社科规划办（工作办）主任会议在南昌召开。全国社科工作办公室主任姜培茂、副主任赵川东、操晓理出席会议。省委宣传部副部长吴永明致辞，省社联党组书记、主席罗勇兵，党组成员、副主席刘弋涛参加会议。与会的各省区市社科规划办（工作办）负责人、教育、艺术、军事3个单列学科相关负责人以及中央党校、中国社科院、教育部社科司相关负责人共50余人，轮流汇报各自社科工作的一些创新做法并交流社科规划管理工作的经验。

【学会（协会）管理】　2019年，省社联对79家省属学会进行年检；指导省开放教育协会、省供销合作经济学会、省税务学会、省城市金融学会、省家庭教育研究会、省写作学会、省老年书画学会、省外语学会、省人杰地灵文化促进会等召开会员大会，进行换届选举。11月，下发《关于进一步加强社科类社会组织举办报告会、研讨会、论坛、讲座等活动管理的通知》，强化对学会活动的事前监管。指导省立法学会、省人民政协理论研究会、省老年书画学会、省金融学会、省外语学会、省管理学会、省新四军研究会等20余家省属学会开展理论研讨、学术交流、展览展演、公益论坛、科普宣传等活动。

【智库与基地建设】　2019年，完成2批江西经济社会发展智库项目的申报、评审、立项等工作，两轮申报共收到23个单位共132份申报书，经过资格审查、专家评审、公示等程序，2019年江西省经济社会发展智库项目共立项26项。与江西省法学会合作的2019“法治江西”智库专项已完成申报、评审、立项等各项工作，并完成2018年“法治江西”智库专项结项工作。开展新设基地的立项与课题资助、管理工作。在赣南师范大学、上饶师范学院新设王阳明研究中心、运动健康与产业发展研究中心2个省哲学社会科学重点研究基地，共下达基地研究课题8项，其中重点项目2项。此外，还完成对江西新型智库数据中心、陶瓷产业与文化创意研究中心、高铁与区域发展研究中心、财税研究中心等多个基地的项目资助。规范基地与智库的日常管理。梳理自2014年以来的基地及智库研究课题的立结项情况，并对部分基地下达督促结项通知。1月，启动《江西省重点新型智库管理办法（试行）》《江西省重点智库专项经费管理办法（试行）》制定，经过讨论、征求意见及修改完善等环节，于8月23印发。

【社科类刊物发展】　截至12月9日，《智库成果专报》共发刊28期，获省领导书面肯定性批示33人次，批示率132%，高于2018年112%的批示率，其中多篇研究成果获省委书记刘奇、省长易炼红等批示。与2018年相比，2019年刊物用稿范围更广，从社会建设、经济发展、文化塑造等传统领域，拓展到新经济、党建等方面。《老区建设》杂志社设立的“庆祝新中国70周年 脱贫攻坚看江西”专栏，获中宣部出版局确定的“庆祝新中国70周年”优秀选题引导资助项目，是全省唯一一个入选栏目，成果通过评审。

【举办社科类活动】　持续办好“江西社科大讲堂”。推出“庆祝新中国成立70周年”“王阳明‘致良知’500周年”“不忘初心、牢记使命”等系列讲座活动，邀请省内外专家学者全面总结、回顾中华人民共和国成立70年的历史成就。创新推出“走基层”系列宣讲活动，采取与基层优秀宣讲阵地合作的方式，到学校、社区、企业、图书馆集中宣讲中共的理论创新成果、社会主义核心价值观和习近平新时代中国特色社会主义思想实践。有针对性开展青少年健康成长话题、历史文化话题等各类主题讲座，全年组织相关主题讲座20讲。举办主题为“礼赞新中国、奋斗新时代”的2019年科普周活动，学习宣贯彻习近平新时代中国特色社会主义思想，省市县三级同步启动，上下联动，组织动员各设区市社联、各省属学会、高校社联、社科普及基地等单位和举办讲座、展演、展览、竞赛。全省超过500家单位参与活动周，组织活动超过800场，受众包括机关干部、企业职工、师生群体、军人群体和普通群众。

（邓碧）

本栏编辑　张志勇

军　事

江西省军区

【概　况】 2019年，省军区坚定举旗铸魂，聚力备战打仗，从严正风肃纪，狠抓工作落实，推动各项任务完成。

思想政治建设。学习中共十九届四中全会精神，组织部队干部在兴国举办读书班，抓好理论宣讲、专题辅导、课题研讨和实践转化，推动理论武装走深走实。开展2批“不忘初心、牢记使命”主题教育，召开动员部署会、形势分析会和领导小组会，先后3个波次检查督导，严格落实10天集中学习研讨，党委书记带头上党课，班子成员、机关领导形成313份调研报告，省军区党委机关第一批专项整治的做法被军委政治工作部转发。深化“传承红色基因、担当强军重任”主题教育，军委国防动员部转发吉安军分区“坚定信仰信念、铸造忠诚品格”教育试点经验。打好意识形态领域主动仗，开展净化网络专项行动，运用“新浪舆情通”APP，加强涉军信息监控，防范政治风险。

练兵备战工作。落实首长机关集中训练，组织民兵干部骨干专业集训，开展民兵分队基地化集中轮训和常态备勤，组织群众性练兵比武竞赛。加强日常战备建设，开展专项整顿，组织作战值班员培训，常态开展值班检查抽查，定期拉动战备值班分队，指导抚州军分区战备基础设施规范化建设试点。深化民兵调整改革，组织基层武装部、民兵力量、民兵训练基地“三项建设”专题调研，解决现实矛盾问题，军地联合出台加强基层人民武装部建设、民兵事业费管理使用和民兵训练基地建设等规范性文件，组织专武干部资格认证，分批组织基层专武干部集训，推进民兵建设转型发展。组织民兵参加地方防汛抗洪、森林灭火、应急救援、安保警戒等非战争军事行动，提升各级指挥机构和民兵分队应急应战能力。

后装保障水平。聚力保障备战练兵，推进省军区“两个中心”（训练指挥中心、军事职业教育中心）建设，展开民兵训练基地新建整修改造，采购配发野战发电车、给养器材，落实通用装备预征预储。做好军队全面停止有偿服务下篇文章，提前完成项目资产移交，稳妥处置特殊项目，1个单位、3名个人获国家和军队联合表彰。

【国防动员建设】 健全完善国防动员领导管理机构，调整省市县国防动员委员会人员组成，开展国防动员潜力调查，成立军地联合领导小组，部署调查任务，组织骨干集训和数据会审。协调推动军民融合深度发展，配合创建国家（昌景）军民融合创新示范区，对10个市、县进行实地督查，组织现地评审。深化“五好三满意”（政策宣传好、服务态度好、军地协调好、优抚落实好、矛盾化解好，人民群众满意、应征青年满意、接兵部队满意）服务型兵役机关建设，制定《江西省征兵政治考核实施办法》，开展高校征兵巡回宣讲和“携笔从戎、绽放青春”主题征兵宣传活动，召开女兵服役方向公开选择会，兵员征集质量稳步提升。推动全民国防教育落实，举办2期县处级领导干部国防培训班，指导赣州市开展科级干部国防培训试点，协调南昌市创建国防教育示范城，组织“强军·英雄”主题军营开放活动，参加全国国防教育竞技大赛，获女子组第一名、男子组第三名。

【省军区党委十届十次全体（扩大）会议暨全省党管武装工作会议召开】 2月13日，省军区党委十届十次全体（扩大）会议暨全省党管武装工作会议在南昌召开。省委书记、省军区党委第一书记刘奇出席并讲话，省委副书记、省长易炼红主持会议。会议深入学习贯彻习近平强军思想，总结部署党管武装工作，表彰2018年度工作先进单位和个人，组织11名军分区（警备区）党委第一书记述职。会议聚焦备战打仗，突出把服务练兵备战作为党管武装工作重心，深入落实省委《关于全面加强新时代拥军支前工作聚力服务备战打仗的意见》，把国防需求摆在第一位推进军民融合深度发展，整合军地资源服务备战打仗；完善国防动员体系，修订《江西省国防动员办法》，全面部署建设和应用“智慧动员”系统，持续深化民兵力量调整改革，加大网络信息、电磁频谱等新质动员力量编建比例；全面落实党管武装制度，将民兵基层党建纳入地方党建体系，探索加强非公企业、工业园区、经济开发区党管武装工作途径，出台专武干部选拔任用激励政策。

【组织开展省委党校中青班国防专题培训】 3月和9月，省军区政治工作局会同省委党校（江西行政学院），依托兴国县民兵训练基地，分别举办一期省委党校中青班国防专题培训，共200余人参加。培训时间各为一周，主要安排习近平强军思想武装、国防政策法规学习、军事技能训练、革命传统教育和部队军营开放等课程，穿插军地座谈会、队列会操、问卷调查等内容。进一步增强各级党政干部

3 月 11 日—15 日，省军区会同省委党校组织开展中青班国防专题培训

省军区供

的国防观念和纪律意识，培养过硬作风，提高国防素养，提升国防动员和党管武装工作质量。经验做法在中央电视台军事频道、《中国国防报》、江西卫视、《江西日报》等军地媒体作了介绍。

【开展 2019 年全省高校征兵巡回宣讲活动】 6 月 10 日—14 日，省军区在指导全省 11 个设区市开展高校征兵巡回宣讲的基础上，选取 8 名优秀退役大学生士兵，组成全省高校征兵巡回宣讲团，分 2 个组赴赣州、吉安、九江、上饶、抚州、宜春、萍乡、鹰潭 8 个设区市 14 所高校集中开展征兵巡回宣讲，用亲身经历感召大学生参军入伍。指导各地结合实际，悬挂征兵宣传横幅标语、宣传展板，组织优待政策宣讲答疑、播放征兵宣传片、发放征兵宣传册、现场报名等活动，邀请当地新闻媒体宣传报道，进一步扩大征兵宣传活动的影响力。全省高校征兵巡回宣讲活动覆盖 101 所高校 5.3 万名大学生。

【第七届世界军人运动会火种采集及火炬传递启动仪式在南昌举行】 8 月 1 日，第七届世界军人运动会火种采集及火炬传递启动仪式在南昌举行。省委书记刘奇、省军区司令员吴亚非等军地领导出席火炬传递启动仪式，省军区副政治委员兼纪委书记李晓亮出席火种采集仪式，省军区办公室主任梁永忠、南昌警备区主要领导参加相关活动，井冈山市人武部、南昌市西湖区人武部代表省军区参加火炬传递，省军区直属队 3 名官兵作为采火使者护卫参加火种采集仪式。

【举办江西省“智慧动员”系统上线启动仪式】 9 月 18 日，省军区办公室联合省委军民融合办公室举办江西省“智慧动员”系统上线启动仪式，省政府常务副省长毛伟明，省军区司令员吴亚非、副司令员方建华、刘殿荣出席，省市县三级共 1810 人参加。仪式由刘殿荣主持。活动内容有：观看“智慧动员”系统介绍片和应用演示片；省委军民融合办常务副主任涂琼理就“智慧动员”系统的建设运行问题提出工作建议，方建华总结“智慧动员”系统前期建设情况，并对下步工作任务提出具体要求；毛伟明、吴亚非共同启动“智慧动员”系统，正式上线运行。

【组织省军区群众性练兵比武竞赛】 11 月 21 日—23 日，省军区依托综合训练队和南昌大学人民武装学院，区分现役军官、士兵、专武干部、基干民兵、职工 5 类对象，设置共同基础、平战技能、“四会”（会讲、会做、会教、会做思想工作）教学 3 类 16 个竞赛课目，组织 11 个设区市、省军区直属队训练尖子同台竞技，省军区本级、院校专家、军兵种部队骨干三方评估，纪检部门、参赛人员、各单位领队三方监督，评选表彰 3 个比武竞赛先进单位和 83 名先进个人，营造比学赶超、爱军精武的群众性练兵氛围，促进年度军事训练落实。

（刘以华　赵子龙）

人民防空

【概　况】 2019 年，省人防办树立“项目为王”理念，加强调度、督导，推进各级人防指挥工程建设。省人防预备指挥所地下主体结构封顶验收，萍乡市人防基本指挥所主体结构施工，景德镇市人防基本指挥所、赣州市人防预备指挥所开工建设，南昌市人防预备指挥所做好开工前期准备，吉安市人防基本指挥所完成选址。尚未建成的 34 个县级应战应急指挥中心项目已竣工 8 个，21 个在按进度施工，5 个待开工。推进人防疏散设施建设，省本级（高安巴夫洛）、宜春市赣西人防疏散基地按进度推进。南昌市、新余市等地结合旧城改造、地下停车场等基础设施，建设多个单建人防工程，加大城市地下空间开发利用力度，整体提升城市综合承载能力。

【深化人防改革】 省人防办会同省发改委、省财政厅调整全省防空地下室易地建设费收费标准，将易地建设费收取比例与防空地下室建设比例一致，同时明确经济发达镇易地建设费收取标准，解决多年存在的建收比例不一致和经济发达镇人防工程建设标准问题。会同省住建厅、省自然资源厅印发《江西省建设工程联合验收管理办法（试行）》，对人防纳入联合验收、人防工程标识标牌设置及《人防工程维护管理责任书》签订、《人防工程维护手册》填写进行规定。会同省住建厅印发《关于全面推行施工图设计文件联合审查改革的实施意见》。7 月中旬，召开人防工程施工图审查企业座谈会；8 月 20 日—22 日，举办全省施工图设计文件联合审查人防专业培训班。研究制定《江西省人民防空政务服务流程管理办法（试行）》及《办事指南（试行）》，印发贯彻深化“放管服”改革、推进人防政务服务便民化实施意见。进一步规范人防“证照分离”和“只跑一次”政务服务事项，推行人防资质审批、入赣备案等事项预约服务，对接并融入全省数据共享交换平台。制定人防专家咨询管理办法(试行),加快研究论证《工程建设项目"多测合一"技术规程》(人防)。委托江西财大法学院对人防工程产权归属、使用权属开展调研。11月,邀请省人大财经委、省人大常委会法工委、省司法厅和省自然资源厅确权登记局有关专家对调研成果进行论证。

【人防信息化建设】 省人防办按照"统一规划、统一体制、统一部署、统分结合、软硬结合、融合集成"的思路,研究制定《江西省人防信息化建设专项规划》《江西省省级重点城市应战应急指挥中心建设管理办法》,加快推进全省人防信息化建设。全省人防办公指挥一体化平台已在省人防办机关和直属单位投入使用,完成省市两级人防电子政务内网建设。指导南昌市、景德镇市、新余市等地对人防指挥信息系统进行升级改造,共青城、乐平、全南、莲花、遂川、高安、奉新、万载等县(市)开展人防应战应急指挥中心人防指挥信息系统建设。组织市县两级开展防空警报系统升级改造,统筹抓好县级人防机动指挥信息系统建设。根据国家人防办和省军区动员局统一部署,按照新版数据核查软件,采集并上报人防战备数据。

【实施"人防规划年"活动】 4月,省人防办印发"人防规划年"活动方案,明确总体目标、主要任务、工作步骤和有关要求,全面启动人防建设规划(2019—2030)修编,推进《城市地下空间开发利用暨人防工程建设综合利用规划》编制工作。5月28日,在九江市召开"人防规划年"推进会。7月2日,召集南昌市、九江市、萍乡市人防办和赣江新区城乡统筹局,在赣江新区召开座谈会,研究"人防规划年"实施过程中的新情况新问题。随后,集中力量加强调研,形成《关于推动我省人民防空工程规划工作的调研报告》,围绕解决人防规划"挂在墙上、难以落地"等问题,在建立联动机制、管理机制、专家评审机制、审批机制等方面提出对策建议。11月12日—14日,在上饶市举办专题培训班,邀请浙江省地下建筑设计研究院专家讲授人防规划编制业务。省人防办会同省自然资源厅编制出台《江西省城市详细规划人防设施配置导则(试行)》。

【举办全省人防知识竞赛】 6月1日至7月6日,省人防办会同江西广播电视台举办"铸就护民之盾——2019年迎接新中国成立70周年全省人防知识竞赛"活动。竞赛活动以学习应知应会的人防知识为主线,分社会问答、设区市代表队选拔赛、复赛和总决赛4个阶段,前3个阶段由各设区市人防办自行组织。社会问答阶段,参与网络答题人数超过100万人,在线浏览量超过600万人次,日答题峰值超过31万人,每小时在线答题人员最高峰值超过5万人。总决赛播出期间,全省有效收视约90万人,同时段在高学历人群中传播力居第一,收视率最高峰值曾达第一。

6月1日至7月6日,省人防办会同江西广播电视台举办"铸就护民之盾——2019年迎接新中国成立70周年全省人防知识竞赛"活动。图为7月4日竞赛现场　　顾海供

【开展重要经济目标防护试点】 8月14日—16日,省人防办会同省发改委、省军区战建局在抚州市开展重要经济目标防护建设专题培训,邀请国防大学专家授课,组织省工信厅、省交通运输厅、省通信管理局、省粮食和物资储备局、省电力公司、中石化江西石油分公司等单位参加研讨,观摩白露山油库防护演练,修改完善《江西省重要经济目标分类分级及防护管理试行办法》。12月3日,会同南昌市人防办到洪都集团调研,就结合南昌航空城重点片区防护开展平战结合建设试点进行商讨。

【开展"赣盾—2019"全省人民防空实战化演习】 10月31日,省人防指挥部组织开展"赣盾—2019"全省人民防空实战化演习。演习按分头演练和集成检验两个阶段实施,采取室内筹划推演与室外实兵演练相结合的形式,重点演练和检验平战转换、作战筹划、人口疏散、人员掩蔽、重要经济目标防护、消除空袭后果等课题,省市县三级人防专业队伍、人防志愿者队伍、社区群众、学校师生、重要经济目标、机关和企事业单位共2.10万人参与演习活动。

(张国凤)

本栏编辑　詹跃华

法　治

地方立法

【概　况】　2019年，省人大常委会围绕全面推进依法治省，落实省委提出推动高质量跨越式发展的战略目标，不断提高地方立法的质量和效率。全年制定地方性法规6件，修改77件，废止4件，批准设区市法规、决定21件。

【完善立法工作机制】　坚持党对立法工作的领导，分2批对相关地方性法规进行清理，确保改革决策与立法决策相统一、相衔接。完善人大主导立法工作机制，召开立法计划项目启动暨法规规章清理动员会，持续开展“人大立法在进行”，建立对口联系立法联系点制度，通过召开立法论证会、座谈会和向社会公布法规草案等方式，听取和吸纳各方面的意见。建立法规解读制度，召开新闻发布会对法规制定、修改情况及适用问题作出说明。完善规范性文件备案审查制度，首次听取备案审查工作情况的报告，强化备案审查信息平台建设和使用，维护社会主义法制统一。

【加强重要领域立法】　坚持以立法推动高质量发展，制定开发区条例，支持全省各级各类开发区加快体制机制改革创新；出台中医药条例，为建设中医药强省提供制度支撑；策应旅游强省战略实施，立法规范旅游者权益保护，优化全省旅游环境。注重用法规制度巩固提升生态优势，出台生态文明建设促进条例，统筹生态文明领域制度创新和法治建设；修订实施野生动物保护法办法，强化对候鸟及其栖息地的保护，维护江西生态安全。强化惠民立法，制定实施慈善法办法和红十字会条例，弘扬慈善文化和人道主义精神；修订司法鉴定条例，规范司法监督执业活动；修订宗教事务条例，依法加强宗教事务管理。

【加强对设区市立法工作的指导】　9月26日，省人大常委会在南昌召开全省设区市人大立法工作交流会；12月11日至12日，在上饶召开全省地方立法工作座谈会。优化全面依法治省立法年度考核内容及评价标准。强化省、市人大立法工作协同，对各设区市报批法规进行合法性审查。组织专题培训、跟班学习，推动设区市人大常委会完善立法制度，强化立法队伍，提高立法工作水平。

·资料·

2019年江西省地方性法规目录

法规名称	通过日期
一、制定地方性法规6件	
1. 江西省实施《中华人民共和国慈善法》办法	2019年3月28日省十三届人大常委会第十二次会议通过
2. 江西省开发区条例	2019年7月26日省十三届人大常委会第十四次会议通过
3. 江西省生态文明建设促进条例	2019年9月28日省十三届人大常委会第十五次会议通过
4. 江西省中医药条例	2019年11月27日省十三届人大常委会第十六次会议通过
5. 江西省红十字会条例	2019年11月27日省十三届人大常委会第十六次会议通过
6. 江西省旅游者权益保护条例	2019年11月27日省十三届人大常委会第十六次会议通过
二、修改法规77件	
1. 江西省宗教事务条例	2019年3月28日省十三届人大常委会第十二次会议通过
2. 江西省实施《中华人民共和国野生动物保护法》办法	2019年3月28日省十三届人大常委会第十二次会议通过
3. 江西省立法条例	2019年9月28日省十三届人大常委会第十五次会议通过

法规名称	通过日期
4. 江西省保护人民代表大会代表人身自由的规定	2019年9月28日省十三届人大常委会第十五次会议通过
5. 江西省实施宪法宣誓制度办法	2019年9月28日省十三届人大常委会第十五次会议通过
6. 江西省人民代表大会常务委员会组成人员守则	2019年9月28日省十三届人大常委会第十五次会议通过
7. 江西省实施《中华人民共和国工会法》办法	2019年9月28日省十三届人大常委会第十五次会议通过
8. 江西省厂务公开条例	2019年9月28日省十三届人大常委会第十五次会议通过
9. 江西省工会劳动法律监督条例	2019年9月28日省十三届人大常委会第十五次会议通过
10. 江西省未成年人保护条例	2019年9月28日省十三届人大常委会第十五次会议通过
11. 江西省实施《中华人民共和国妇女权益保障法》办法	2019年9月28日省十三届人大常委会第十五次会议通过
12. 江西省家庭教育促进条例	2019年9月28日省十三届人大常委会第十五次会议通过
13. 江西省社会科学普及条例	2019年9月28日省十三届人大常委会第十五次会议通过
14. 江西省反窃电办法	2019年9月28日省十三届人大常委会第十五次会议通过
15. 江西省实施《中华人民共和国煤炭法》办法	2019年3月28日省十三届人大常委会第十二次会议通过
16. 江西省实施《中华人民共和国节约能源法》办法	2019年3月28日省十三届人大常委会第十二次会议通过
17. 江西省促进发展新型墙体材料条例	2019年9月28日省十三届人大常委会第十五次会议通过
18. 江西省企业负担监督管理条例	2019年9月28日省十三届人大常委会第十五次会议通过
19. 江西省促进散装水泥和预拌混凝土发展条例	2019年9月28日省十三届人大常委会第十五次会议通过
20. 江西省企业权益保护条例	2019年9月28日省十三届人大常委会第十五次会议通过
21. 江西省财政监督条例	2019年9月28日省十三届人大常委会第十五次会议通过
22. 江西省政府非税收入管理条例	2019年9月28日省十三届人大常委会第十五次会议通过
23. 江西省税收保障条例	2019年9月28日省十三届人大常委会第十五次会议通过
24. 江西省保护性开采的特定矿种管理条例	2019年9月28日省十三届人大常委会第十五次会议通过
25. 江西省采石取土管理办法	2019年9月28日省十三届人大常委会第十五次会议通过
26. 江西省龙虎山和龟峰风景名胜区条例	2019年9月28日省十三届人大常委会第十五次会议通过
27. 江西省实施《中华人民共和国水土保持法》办法	2019年9月28日省十三届人大常委会第十五次会议通过
28. 江西省水利工程条例	2019年9月28日省十三届人大常委会第十五次会议通过
29. 江西省河道采砂管理条例	2019年3月28日省十三届人大常委会第十二次会议通过
30. 江西省水产种苗管理条例	2019年3月28日省十三届人大常委会第十二次会议通过
31. 江西省植物保护条例	2019年9月28日省十三届人大常委会第十五次会议通过
32. 江西省农民负担监督管理条例	2019年9月28日省十三届人大常委会第十五次会议通过
33. 江西省农民专业合作社条例	2019年9月28日省十三届人大常委会第十五次会议通过
34. 江西省渔业条例	2019年9月28日省十三届人大常委会第十五次会议通过
35. 江西省公民义务植树条例	2019年9月28日省十三届人大常委会第十五次会议通过
36. 江西省森林资源转让条例	2019年9月28日省十三届人大常委会第十五次会议通过
37. 江西省古树名木保护条例	2019年9月28日省十三届人大常委会第十五次会议通过

法规名称	通过日期
38. 江西省湿地保护条例	2019年9月28日省十三届人大常委会第十五次会议通过
39. 江西省林产品质量安全条例	2019年9月28日省十三届人大常委会第十五次会议通过
40. 江西省林业有害生物防治条例	2019年9月28日省十三届人大常委会第十五次会议通过
41. 江西省食品小作坊小餐饮小食杂店小摊贩管理条例	2019年9月28日省十三届人大常委会第十五次会议通过
42. 江西省产品质量监督管理条例	2019年9月28日省十三届人大常委会第十五次会议通过
43. 江西省特种设备安全条例	2019年3月28日省十三届人大常委会第十二次会议通过
44. 江西省电信条例	2019年3月28日省十三届人大常委会第十二次会议通过
45. 江西省气象灾害防御条例	2019年9月28日省十三届人大常委会第十五次会议通过
46. 江西省实施《中华人民共和国人民防空法》办法	2019年9月28日省十三届人大常委会第十五次会议通过
47. 江西省水上治安管理条例	2019年9月28日省十三届人大常委会第十五次会议通过
48. 江西省实施《中华人民共和国城市居民委员会组织法》办法	2019年9月28日省十三届人大常委会第十五次会议通过
49. 江西省实施《中华人民共和国村民委员会组织法》办法	2019年9月28日省十三届人大常委会第十五次会议通过
50. 江西省村民委员会选举办法	2019年9月28日省十三届人大常委会第十五次会议通过
51. 江西省行政执法监督条例	2019年9月28日省十三届人大常委会第十五次会议通过
52. 江西省旅游条例	2019年9月28日省十三届人大常委会第十五次会议通过
53. 江西省文物保护条例	2019年9月28日省十三届人大常委会第十五次会议通过
54. 江西省血吸虫病防治条例	2019年9月28日省十三届人大常委会第十五次会议通过
55. 江西省实施《中华人民共和国老年人权益保障法》办法	2019年9月28日省十三届人大常委会第十五次会议通过
56. 江西省安全生产条例	2019年9月28日省十三届人大常委会第十五次会议通过
57. 江西省广播电视管理条例	2019年9月28日省十三届人大常委会第十五次会议通过
58. 江西省残疾人保障条例	2019年9月28日省十三届人大常委会第十五次会议通过
59. 江西省司法鉴定条例	2019年9月28日省十三届人大常委会第十五次会议通过
60. 江西省林木种子条例	2019年11月27日省十三届人大常委会第十六次会议通过
61. 江西省森林公园条例	2019年11月27日省十三届人大常委会第十六次会议通过
62. 江西武夷山国家级自然保护区条例	2019年11月27日省十三届人大常委会第十六次会议通过
63. 鄱阳湖生态经济区环境保护条例	2019年11月27日省十三届人大常委会第十六次会议通过
64. 江西省机动车排气污染防治条例	2019年11月27日省十三届人大常委会第十六次会议通过
65. 江西省大气污染防治条例	2019年11月27日省十三届人大常委会第十六次会议通过
66. 江西省庐山风景名胜区管理条例	2019年11月27日省十三届人大常委会第十六次会议通过
67. 江西省三清山风景名胜区管理条例	2019年11月27日省十三届人大常委会第十六次会议通过
68. 江西省井冈山风景名胜区条例	2019年11月27日省十三届人大常委会第十六次会议通过
69. 江西省传统村落保护条例	2019年11月27日省十三届人大常委会第十六次会议通过
70. 江西省物业管理条例	2019年11月27日省十三届人大常委会第十六次会议通过
71. 江西省建筑管理条例	2019年11月27日省十三届人大常委会第十六次会议通过

法规名称	通过日期
72. 江西省军人抚恤优待办法	2019年11月27日省十三届人大常委会第十六次会议通过
73. 江西省农业机械管理条例	2019年11月27日省十三届人大常委会第十六次会议通过
74. 江西省实施《中华人民共和国农村土地承包法》办法	2019年11月27日省十三届人大常委会第十六次会议通过
75. 江西省计量监督管理条例	2019年11月27日省十三届人大常委会第十六次会议通过
76. 江西省邮政条例	2019年11月27日省十三届人大常委会第十六次会议通过
77. 江西省食盐加碘消除碘缺乏危害管理条例	2019年11月27日省十三届人大常委会第十六次会议通过
三、废止法规4件	
1. 江西省预防职务犯罪工作条例	2019年9月28日省十三届人大常委会第十五次会议通过
2. 江西省资源综合利用条例	2019年11月27日省十三届人大常委会第十六次会议通过
3. 江西省商品交易市场管理条例	2019年11月27日省十三届人大常委会第十六次会议通过
4. 江西省发展个体私营经济条例	2019年11月27日省十三届人大常委会第十六次会议通过
四、批准设区市法规、决定21件	
1. 南昌市城乡建设档案管理条例(修订)	2019年3月28日省十三届人大常委会第十二次会议通过
2. 萍乡市城市市容和环境卫生管理条例	2019年3月28日省十三届人大常委会第十二次会议通过
3. 鹰潭市文明旅游促进条例	2019年3月28日省十三届人大常委会第十二次会议通过
4. 赣州市革命遗址保护条例	2019年3月28日省十三届人大常委会第十二次会议通过
5. 上饶市历史建筑保护条例	2019年3月28日省十三届人大常委会第十二次会议通过
6. 抚州市烟花爆竹销售燃放管理条例	2019年3月28日省十三届人大常委会第十二次会议通过
7. 九江市历史建筑保护条例	2019年7月26日省十三届人大常委会第十四次会议通过
8. 景德镇市高岭—瑶里风景名胜区条例	2019年7月26日省十三届人大常委会第十四次会议通过
9. 新余市农村房屋建设管理条例	2019年7月26日省十三届人大常委会第十四次会议通过
10. 景德镇市烟花爆竹燃放管理条例	2019年9月28日省十三届人大常委会第十五次会议通过
11. 新余市禁止燃放烟花爆竹规定	2019年9月28日省十三届人大常委会第十五次会议通过
12. 赣州市饮用水水源保护条例	2019年9月28日省十三届人大常委会第十五次会议通过
13. 宜春市城市市容和环境卫生管理条例	2019年9月28日省十三届人大常委会第十五次会议通过
14. 南昌市居家养老服务条例	2019年11月27日省十三届人大常委会第十六次会议通过
15. 南昌市人民代表大会常务委员会关于废止2件和一揽子修改13件地方性法规的决定	2019年11月27日省十三届人大常委会第十六次会议通过
16. 九江市城市道路通行管理条例	2019年11月27日省十三届人大常委会第十六次会议通过
17. 萍乡市城市绿化条例	2019年11月27日省十三届人大常委会第十六次会议通过
18. 鹰潭市户外广告设置管理条例	2019年11月27日省十三届人大常委会第十六次会议通过
19. 上饶市住宅物业管理条例	2019年11月27日省十三届人大常委会第十六次会议通过
20. 吉安市住宅物业管理条例	2019年11月27日省十三届人大常委会第十六次会议通过
21. 抚州市抚河流域水污染防治条例	2019年11月27日省十三届人大常委会第十六次会议通过

(省人大常委会办公厅)

政法委

【概　况】　省委政法委纵深推进扫黑除恶专项斗争,加大法治服务保障力度,社会治理创新再上台阶。全省公众安全感、满意度分别为97.94%、97.79%,再创历史新高,连续15年被评为全国综治考评优秀省。

【扫黑除恶专项斗争】　绷紧各级领导"责任弦",组建11个由正厅级领导任组长的督导组,对各设区市开展为期21天的第二轮督导和为期10天的第二轮督导"回头看"。构建依法办案"机制链",完善扫黑除恶群众知晓率、满意度第三方测评,组建省市两级线索核查中心,中央督导组交办线索办结率99%。打出深挖根治"组合拳",推动政法部门、税务部门、金融机构建立"一案双查"机制。全省打掉涉黑组织151个、恶势力犯罪集团464个、恶势力犯罪团伙463个,查封、冻结、扣押涉案资产151.51亿元,起诉涉黑涉恶犯罪案件1305件8774人,判决1572件1.05万人。省扫黑除恶专项斗争综合绩效位居全国第二,在全国扫黑除恶专项斗争第二次推进会上作典型发言,省扫黑除恶专项斗争领导小组和8个省直单位被评为全国先进。

【创新基层社会治理】　全面落实《关于进一步加强和改进综治中心实体化建设的指导意见》,在全国率先出台《社会治理网格划分和编码规则》地方标准,建成2.28万个五级综治中心,对全省7.38万个网格、8.00万名网格员进行统一编码,推动实现11个设区市综治信息平台与省综治信息平台互通融合。传承弘扬新时代"枫桥经验",全省调处矛盾纠纷15万余件,成功率96%。全省刑事立案同比下降8.4%。继续落实刑满释放人员、社区矫正人员帮教措施,刑满释放重点人员接送率100%、安置率92.25%、帮教率97.5%。刑满释放、社区矫正人员重新违法犯罪率分别为1.4%、0.08%,均低于全国平均水平。强化"雪亮工程"建设和运用,编制出台《全省视频图像资源共享目录》,全省建成各类视频点位47万个,各级综治中心接入公共安全视频监控27万个点位,接入人脸、车牌点位(摄像头数量)5万余个。健全完善鄱阳湖区联谊联防工作机制,查获大型有害渔具100余件,办理相关案件300余起,化解矛盾纠纷550余件。推进平安江西志愿者行动,全省志愿者注册142万余人,开展活动4.5万次。对省以上表彰的见义勇为困难人员家庭进行帮扶,举办"平安江西、健康江西"社会心理服务体系建设论坛,推动全省社会心理服务建设提档升级。

【深化政法领域改革】　健全法官、检察官职业保障政策,落实员额法官、检察官配套待遇;出台《2019年全省法官检察官遴选工作意见》,完成省第二届法官检察官遴选委员会换届工作,遴选员额法官295人、检察官91人。深化党委政法委执法司法监督工作,印发《2019年度省级评查案件工作方案》,推动依法纠正和补正相关案件。加大案件督办力度,推进涉党政机关执行积案清理工作,中央政法委督办的涉党政机关未结案全部执结,执行工作得到最高法院肯定,相关制度转发全国法院学习借鉴。制定印发新的《江西省国家司法救助办法》,对1329件案件当事人进行救助,发放司法救助资金4260万元。

【优化营商法治环境】　8月1日,制定下发《关于深入学习贯彻习近平总书记视察江西重要讲话精神,为描绘好新时代江西改革发展新画卷强化法治服务保障的实施意见》。推动政法机关建立健全联系民营企业常态机制,协调推动省政法各单位与省工商联、省非公企业维权中心建立双向联系机制,受理和解决企业合法合理诉求。协同开展涉政府产权纠纷专项治理,印发《江西省开展涉政府产权纠纷问题专项治理行动工作方案》《关于为激发社会创造活力建设富裕美丽幸福江西强化法治服务保障的实施意见》《关于进一步营造公平公正法治环境为全省高质量跨越式发展提供优质高效法治服务保障的实施意见》《关于依法保障和服务民营企业健康发展的实施意见》,服务保障民营经济健康发展。制定《江西省全面推行行政执法公示制度、执法全过程记录制度、重大执法决定法制审核制度实施方案》,推动形成权责统一、权威高效的行政执法体系和职责明确、依法行政的政府治理体系。

【完成中华人民共和国成立70周年特赦工作】　省委政法委制定《江西省特赦实施工作方案》,牵头成立特赦实施工作协调小组,编发《特赦实施工作动态情况》,印发《关于特赦实施工作中有关问题的研究意见》,每月召开调度会,加强协调指导。9月20日,完成特赦罪犯1032人任务,为全国6个提前完成特赦实施任务的省份之一。

【举办全省政法领导干部专题研讨班】　7月22日—26日,省委政法委

7月22日—26日,全省政法领导干部学习贯彻中共中央总书记习近平重要讲话精神专题研讨班在南昌举行

省委政法委供

会同省委组织部、省委党校在南昌举办全省政法领导干部学习贯彻中共中央总书记习近平重要讲话精神专题研讨班。省委常委、省委政法委书记尹建业，副省长、省公安厅厅长秦义，省法院院长葛晓燕，省检察院检察长田云鹏出席开班式，并分别为学员作辅导报告。其间，邀请中国法学会副会长王其江作专题辅导讲座。省委政法委、省政法各单位厅级干部，各设区市市委政法委书记、常务副书记和政法单位负责人等 180 余人参加学习研讨。

【承办 2019 江西智库峰会“推进社会治理创新”平行论坛】 10 月 15 日，2019 江西智库峰会“推进社会治理创新”平行论坛在南昌召开。中国社会科学院社会学研究所所长陈光金、清华大学社会治理与发展研究院积极社会心态研究中心副主任陈涛、省委政法委副厅长级领导干部张鹤翔等 5 名专家围绕“保障改善民生，推进社会治理创新，增强人民群众获得感幸福感安全感”作主旨演讲，省委政法委常务副书记林强到会致辞。省直负有行政调解职能有关人员和各设区市、县（市、区）党委政法委分管领导 300 余人参加论坛。

【江西省法学会第七次会员代表大会召开】 12 月 16 日，江西省法学会第七次会员代表大会在南昌召开。省领导刘奇、易炼红、赵力平、龚建华、秦义、雷元江、葛晓燕、田云鹏出席会议。中国法学会专职副会长张苏军，省委常委、省委政法委书记尹建业致辞。省法学会会长刘铁流主持会议。会议审议通过省法学会第六届理事会工作报告，选举产生新一届省法学会常务理事会和学术委员会成员。全省法学界、法律界代表 150 人参会。

（省委政法委）

公　安

【概　况】 2019 年，全省公安机关统筹打好政治安全保卫仗、风险化解

10 月 15 日，2019 江西智库峰会在南昌举行

海波供

攻坚仗、严打犯罪主动仗、公共安全治理仗、社会防控整体仗，推进政治建警、改革强警、科技兴警、从严治警，创造安全稳定的政治社会环境。全省公众安全感、群众对公安工作的满意度分别为 97.94%、96.19%，同比上升 1.3 和 1.39 个百分点。

【政治安全】 坚持把防范政治安全风险、维护国家政治安全置于首位，及时清除各类危害政治安全的苗头隐患。高度警惕、严密防范境内外敌对势力策划煽动非法聚集和“街头政治”活动。密切关注香港“反修例”网上网下“声援”发展态势，切断境外倒灌渠道。聚焦做好澳门回归 20 周年庆典安全保卫，严格实施赴澳旅游签注调控。完成中央有关领导和尼日尔总统等中外领导人在赣视察、参访重大警卫任务 50 批次，做好习近平新时代中国特色社会主义思想宣介会、第二届世界 VR 产业大会等上千场重大活动安保工作。深化严打暴恐专项行动，实现暴恐案事件江西省“零发生”。

【社会安定】 组织矛盾纠纷隐患大排查大化解专项行动，化解各类矛盾纠纷。强化应急处突准备，制定出台防范处置规模性聚集工作方案和跨区域调警使用管理规定，妥善处置一批突发性事件。抓好经济风险防范，组织开展“云端 2019”“猎狐 2019”等专项打击整治行动，有序释放非法集资风险，累计破获经济犯罪案件 2117 起，挽回经济损失 3.83 亿元。强化执法行为规范，制定出台《公安机关重大活动安保工作执法指引》，集中梳理出 32 类常见执勤执法规范和执法事件应急处置方式。在市县公安机关建成 110 个“一站式”执法办案管理中心，推动“智慧监管”建设，加大执法日常监督和网上巡查通报力度。省公安厅连续 4 年被评为依法治省优秀单位。

【平安建设】 纵深推进扫黑除恶专项斗争，开展“赣鄱霹雳”3 号、4 号、5 号系列集中打击收网行动，累计核查办结线索 1.74 万条，侦破“1·16”“4·6”等一批典型案件，打掉黑社会性质组织 59 个、恶势力犯罪集团 160 个、恶势力团伙 122 个，破案 5958 起。组织开展“云剑”“昆仑”、禁毒“两打两控”等系列打击整治行动，全省刑事案件、治安案件发案数分别下降 5.8%、5.4%。加强街面常态化巡逻防控，累计启动高等级勤务社会面巡逻 135 天，出动巡逻力量 208.7 万人次。推进以“智慧公安检查站”为载体的治安防控圈建设，过滤筛查可疑人员 61.7 万人次，盘查可疑车辆 40.1 万辆。开展道路交通安全专项整治行动，集中排查治理一大批重点隐患，全省一般道路交通事故同比下降 6%。完成第二届中国国际进口博览会、第七届世界军人运动会等国家重大主场外交活动安全保卫，世界园艺博览会和新中国成立 70 周年大庆烟花产品护送进京任务。组织开展“护网 2019”网络攻防实战演习，对党政机关、医疗、金融等 10 个重点领域的关键信息基础设施进行模拟渗透攻击，发现整改风险隐患 698 处。

【优化信息化警务（勤务）机制】 推

动将优化信息化警务(勤务)机制纳入省委深改组成员领衔推进落实重大改革项目,组建警务协调办公室,统筹推进改革工作,全省公安机关累计搜集研判情报信息3.9万条,精准发布核查指令7800余条,情报信息总量、涉稳预警线索有效率同比上升30%左右,50人以上规模性聚集事件预警率96.8%,提升防范化解各类安全风险能力。

【深化公安“放管服”改革】 推动服务企业群众“60项措施”和“放管服”改革“123新政”全面落地,创新“互联网+公安政务服务”工作模式,“江西公安为民服务网上办事系统”实现41个事项一次不跑、74个事项最多跑一次,对接完成江西政府服务“赣服通”平台服务事项253个、推出上线177个,对接和上线事项数量列省直部门首位,政务服务事项“掌上办”等典型经验做法被国务院办公厅通报表扬。

【深化大数据建设应用】 编制完成全省大数据智能化规划建设方案并获批立项,整合汇聚内外部数据647亿条,全面放开各类平台授权,统筹开发查询比对等模块应用,政务数据共享工作在全省排名第一,向外省市公安机关提供数据服务月均总量进入全国前三,移动警务建设应用成效进入全国前五。

(省公安厅)

检 察

【概 况】 2019年,全省检察机关共批准逮捕各类刑事犯罪3.66万人、起诉5.37万人,同比分别上升9.1%、21.4%。严厉惩治危害国家安全、利用邪教组织破坏法律实施犯罪,起诉209人,上升171.4%。严厉打击故意杀人、故意伤害、绑架等严重暴力犯罪,起诉3708人,下降10.2%。突出惩治黄赌毒、盗抢骗、涉枪涉爆等犯罪,起诉2.01万人,上升5.4%。开展落实食品药品安全“四个最严”(最严谨的标准、最严格的监管、最严厉的处罚、最严肃的问责)要求专项行动,起诉危害食品药品安全犯罪160人。对办案中发现的社会治理问题,向相关部门提出检察建议820件。落实“谁执法谁普法”责任制,推进检察官以案释法,协助定点扶贫村培养农村“法律明白人”9811人。推进“法治副校长”制度向乡村学校延伸,举办预防校园欺凌、预防网络犯罪等法治讲座1831场次。开展司法规范化大检查,抽查、评查各类案件2.31万件,对发现的司法不规范问题,部署三级检察院联动整改。开展涉案财物管理和处置工作专项检查,及时纠正涉案财物管理处置不当问题。开展醉酒型危险驾驶犯罪专题调研,出台指导意见,明确不起诉适用条件,统一司法尺度。

【刑事检察】 严把审查逮捕、审查起诉关,对不构成犯罪的决定不批准逮捕667人、不起诉322人,同比分别上升21.9%、17.1%。全面加强对刑事立案、侦查、审判、执行各环节的监督,监督侦查机关立案212件、撤案151件,纠正侦查机关遗漏报捕452人、遗漏移送审查起诉541人,对取证不合法、适用强制措施不当等问题提出纠正意见366件,对刑事裁判提出抗诉197件,对减刑、假释、暂予监外执行提出监督意见4981件,对财产刑执行不到位的在押人员提出从严掌握减刑、假释检察建议928件,依法审查执行机关提请特赦罪犯1055人。联合省人社厅、省医保局开展在押服刑人员违规领取社保金专项清查,追缴社保金369万元。发挥反腐败职能作用,受理监察委员会移送审查起诉职务犯罪586人,起诉478人。起诉原县处级干部50人,上升38.9%。依法履行司法工作人员相关职务犯罪侦查权,立案侦查司法工作人员徇私枉法、滥用职权等侵犯公民权利、损害司法公正犯罪19人。

【民事检察】 受理审查民事诉讼监督案件2030件,上升32.5%。通过专家论证、公开听证、备案审查等举措,强化民事生效裁判监督,提出抗诉和再审检察建议177件,上升33.1%。加强民事审判和执行活动监督,针对调解、财产保全和终结执行程序不当等问题,提出检察建议538件,上升16.7%。深化虚假诉讼监督,对民间借贷、房屋买卖和涉黑涉恶等案件中涉及的虚假诉讼,提出抗诉和再审检察建议50件,上升117%,移送违纪违法线索23件。加强与法院协作,监督纠正被执行人消极执行、抗拒执行、规避执行案件164件。全省受理民事非诉执行案件46件,提出检察建议36件,采纳30件。省检察院出台《建立民事诉讼监督一体化工作机制的意见》《民事诉讼监督一体化工作改革实施方案》,探索构建上下级院之间民事诉讼监督案件办理一体化工作机制;出台《关于审判人员违法行为线索双向移送的意见》《关于加强虚假诉讼监督案件线索双向移送的意见》,建立民事检察部门与刑事检察部门线索双向移送、结果双向反馈相互协作的工作机制。

【行政检察】 出台加强行政检察工作16条指导意见,推动实质性解决群众诉求。受理各类行政诉讼监督案件500件,办结426件,分别上升190.7%、164.6%。其中,受理行政生效裁判监督案件312件,办结261件;受理审判活动违法监督案件17件,办结9件;受理执行活动监督案件169件,办结164件。办结案件中,提出抗诉1件,提出再审检察建议2件;省检察院促成2起案件申请人与行政机关签订协议,实现案结事了。推进行政非诉执行监督,针对行政机关怠于申请法院强制执行、行政处罚决定错误等情形发出检察建议123件,针对法院怠于受理强制执行申请、裁定错误以及执行不当等情形发出检察建议105件。

【公益诉讼检察】 省检察院与省监察委员会会签协作配合实施意见,与省生态环境厅等9部门建立协作机制,形成监督合力。共立案公益诉讼案件3342件,上升100.6%。其中,向法院提起诉讼147件,上升68.9%;向行政机关发出诉前检察建议2823件,一批损害公共利益的问题得到整治。突出办理生态环境和资源保护领域公益诉讼案件,深化

"五河一湖一江"水环境及饮用水水源保护公益诉讼专项监督，督促处置固废垃圾2万余吨，恢复被损林地、耕地面积180余公顷，治理饮用水水源地231个。突出办理食品药品安全领域公益诉讼案件，以中小学周边、集贸市场、网络外卖食品为重点，督促查处有毒有害伪劣食品9.6吨，整改不合格网络餐饮店铺1万余家。推进国有财产保护和国有土地使用权出让领域公益诉讼，督促收回国有财产、国有土地出让金5.1亿元。推进英雄烈士权益保护和英烈纪念设施维护，办理侵犯方志敏烈士和凉山救火英雄名誉等案件38件。

【服务打好三大攻坚战】 围绕防范化解重大风险，突出打击非法集资、信用卡诈骗等犯罪行为，批准逮捕破坏金融管理秩序犯罪和金融诈骗犯罪641人，起诉865人，分别上升18.9%、34.9%；开展防范非法集资宣传、预防"校园贷"诈骗宣传，重点提升老年人、在校生风险防范意识。围绕服务精准脱贫，起诉贪污、挪用扶贫款物等"蝇贪"55人；开展农资打假专项工作，起诉制售假劣农资产品等坑农害农犯罪263人；开展司法救助助力精准脱贫，向313名生活困难的案件受害人或其近亲属发放司法救助金766万元；深化农民工讨薪专项监督，起诉拒不支付劳动报酬犯罪90人，支持农民工起诉35件。围绕污染防治，制定服务保障生态文明建设22条措施，会同省直9个部门开展河道采砂联合整治行动，起诉各类破坏环境资源犯罪2369人，跟进监督长江经济带生态环境保护相关问题54件。南昌铁路运输检察院办理的污染孔目江水源案，入选全国检察机关服务保障长江经济带发展典型案例。

【依法保障民营经济健康发展】 贯彻落实省委、省政府《关于支持民营经济健康发展的若干意见》，提出依法全面平等保护民营企业合法权益15条措施。批准逮捕侵害民营企业家人身权、财产权、创新权益及经营自主权等犯罪2502人、起诉3472人，监督撤销涉民营企业不当刑事立案19件。严格把握法律政策界限，依法妥善处理涉及民营企业案件，对民营企业家和高管人员不批准逮捕653人、不起诉793人；对无羁押必要的，决定取保候审182人，建议其他司法机关取保候审395人。与工商联建立日常沟通联系机制，依托在103个工业园区和4个商会设立的检察联系点，开展法律宣讲、咨询服务1332次，受理并督办民营企业维权诉求371件。省检察院编发《民营企业防范民商事法律风险提示八十条》《案说民营企业法律风险防范》，引导民营企业依法加强自身风险防控。

【开展扫黑除恶专项斗争】 全省检察机关对标中央扫黑除恶督导组整改意见，强化抓市促县，完成督导、巡视、调研，共通报79项问题，约谈8个市分院5个基层院，督促落实提前介入、快捕快诉、线索摸排、打财断血、综合治理等全方位发挥检察环节法律监督职责的工作要求。全年审查起诉受理涉黑恶案件960件，审结985件，共批准逮捕涉黑涉恶犯罪嫌疑人3046人，起诉7012人。坚持提前介入引导取证，涉黑案件提前介入率91.4%，涉恶案件提前介入率58.7%，从源头上保障案件质量，实现一次退补率为12.4%，二次退补率为1.6%，基本达到原则上不退补、原则上一个月内诉出的目标。省检察院会同省直政法机关制定涉黑恶案件财产处置实施办法，实现全省追缴涉案财产8.9亿元，房产1315处。全省深化打网破伞，深挖涉黑恶及保护伞线索，并移送线索成案163人。向地方党委、政府提出堵漏建制、规范管理的检察建议415条，严防黑恶势力向基层组织渗透。10月，省检察院作为全国检察系统代表，在全国扫黑除恶专项斗争第二次推进会上作经验发言。

【"7·12"陈氏兄弟涉黑案批捕起诉】 2004年至2018年，陈某民等104人组织、领导的黑社会性质组织，以暴力、威胁或其他手段，先后实施故意杀人、故意伤害、聚众斗殴、开设赌场、故意毁坏财物等犯罪97起、违法活动16起，造成6人死亡、3人重伤、17人轻伤，并获取巨额经济利益，在抚州宜黄等地造成恶劣影响。省检察院对该案挂牌督办，指导抚州市检察机关开展提前介入、审查逮捕和审查起诉等工作。经抚州市检察机关分5批对该案提起公诉，2019年12月，陈某民被判处死刑，剥夺政治权利终身，并处没收个人全部财产；11人分别被判处22年至13年不等有期徒刑，并处没收个人财产或者罚金；其余92人分别被判处18年至1年不等有期徒刑，并处罚金。

【胡某萍受贿案决捕起诉】 2002年至2018年，被告人胡某萍利用其担任新余市委农工部部长，新余市仙女湖风景名胜区区委书记，渝水区委书记、区长，市委常委、副市长，市人大常委会主任等职务便利，在谋取荣誉、职务晋升、岗位调整、企业经营、案件处理等方面为他人谋取利益，违反群众纪律充当恶势力"保护伞"。胡某萍因涉嫌受贿罪被留置调查期间，检察机关3次介入引导取证，提出140条补证意见，重点要求补充完善认定胡某萍恶势力"保护伞"的相关证据以及胡某萍违纪违法处分情况的相关材料，省监委调查组基本采纳检察机关的取证意见。审查起诉期间，在辩护律师的见证下，签署《认罪认罚具结书》，2019年7月10日，抚州市检察院以胡某萍涉嫌受贿罪向抚州市法院提起公诉。8月29日，抚州市法院公开开庭审理，全省监委、检察系统参与观摩。一审法院采纳检察机关提出的量刑建议，判处有期徒刑10年2个月，并处罚金50万元。

【新余市石山水库水源地污染公益诉讼案】 2018年，省检察院在依法开展仙女湖及上游流域生态保护检察公益诉讼专项监督活动中，发现孔目江上游的石山水库周边禁养区内存在2家生猪养殖场粪便、污水直排污染水源的问题。由于石山水库归分宜县管辖，但水库禁养区周边又隶属于上高县管辖，这涉及跨行政区域的公益问题。省检察院根据相关规定，及时将案件线索指定由南昌铁路运输检察院管辖，实行跨行政区划办理，并加强办案指导。通过调查取证、委托专业机构鉴定、邀请专家学者参加案件研讨等，并采取宣告送达的方式，将诉前检察建议送达上高县环境保护局、畜牧水产局。两局先后向2家生猪养殖场下发整改通知书，责令在一个月内整改到位。随后，2家生猪养殖场被拆除，拆除建筑垃圾被清理，并进行补植复绿。该案入选最高人民检察院服务保障长江经济带发展第二批典型案例。

（袁宗评）

法 院

【概 况】 2019年，全省法院收案70.00万件，结案67.88万件，同比分别上升11.53%、13.9%，结案率位列全国第二。其中，省法院收案6549件，结案6026件。案件质效主要指标继续保持在全国前列。

【保障服务大局】 推进金融法庭建设，妥善化解金融类案件13.54万件；加强涉金融债权案件执行，执结案件2.56万件，实际执行到位金额79亿元。打击破坏资源、污染环境等违法犯罪行为，审结案件1427件。推动完善生态环境损害赔偿诉讼和环境公益诉讼制度，审结案件334件。推进扫黑除恶专项斗争，协同其他政法单位，健全大要案会商、“侦诉审”衔接常态化机制，防止人为“拔高”或者“降格”，把每一起案件办成铁案，一审审结涉黑涉恶案件1164件7266人，结案率92.23%，结案数位列全国前列。出台司法指导意见，依法保护民营企业和企业家合法权益，妥善审理涉民营企业案件15.90万件。加强知识产权司法保护，审结知识产权案件2339件。促进企业重组，审结破产案件173件。服务保障江西省融入“一带一路”建设，审结涉外、涉港澳台民商事案件260件，办理司法协助案件300件。健全诉讼与仲裁衔接机制，办理仲裁司法审查案件258件。

【坚持公正司法】 审结一、二审刑事案件3.92万件，同比上升10.04%。依法严惩杀人、绑架、抢劫等严重暴力犯罪，审结案件4021件。依法打击危险驾驶、危害食品药品安全、侵害妇女儿童权益等犯罪，审结案件5670件。打击“套路贷”、非法集资、电信网络诈骗等涉众型经济犯罪，审结非法吸收公众存款案等案件351件。加大毒品犯罪打击力度，审结涉毒品案件2354件。加强办理重大职务犯罪案件的协作配合，审结职务犯罪案件443件585人。开展职务犯罪刑事裁判涉财产部分专项执行行动，执行到位4400万元。审结一、二审民商事案件35.42万件，同比上升12.51%。其中，涉及教育、就业、医疗等民生案件3.22万件。依法惩治恶意欠薪行为，为农民工追回劳动报酬1.76亿元。审结劳动争议案件6643件，与省人社厅联合发布劳动争议十大典型案例，促进劳动关系和谐稳定。审结婚姻家庭案件5.01万件，发出人身安全保护令64份。依法保护消费者合法权益，营造有利于消费潜力释放的法治化市场环境，审结案件1.72万件。依法支持“放管服”改革，审结一、二审行政案件9336件，审结国家赔偿案件62件，审查和执行行政非诉案件2911件，同比分别下降7.9%、1.59%、29.92%。依法保障重点项目建设，审结征收拆迁等案件3189件。

【践行司法为民】 开展“法律六进”等法治宣传活动，推动矛盾纠纷源头化解、多元共治，全省法院新收案件增幅同比下降11.55个百分点，寻乌、永丰、南康三地矛盾纠纷源头化解机制入选新时代“枫桥经验”江西实践优秀成果。完善诉前解纷联动机制，加强与妇联、交通、医疗、金融等部门对接，邀请党代表、人大代表到法院设立调解工作室225个，普遍应用多元化解e平台，为群众提供多种解纷渠道，多元化解纠纷6.84万件，诉前调解成功率85%。加强调解协议司法确认工作，受理司法确认案件4494件。深化“分调裁审”机制改革，成立471个速裁团队，推进案件繁简分流、轻重分离、快慢分道，速裁各类案件16.42万件。推动诉讼服务资源力量下沉，建成“双达标”人民法庭228个。江西法院诉讼服务质效指标位列全国第一。缓、减、免诉讼费4687万元，发放司法救助金3782万元，汪忠友申请司法救助案入选最高人民法院典型案例。

【完善体制机制建设】 加强员额法官单独职务序列职业保障，健全聘任制书记员统一招录、管理制度，全省法院共招录聘任制书记员869人。推广应用司法风险动态防控系统，实现对办案风险节点的全员、全程监督，入选2019年全国政法智能化建设十大创新案例。严格落实入额院领导带头办案制度，审结案件10.79万件。出台证人、鉴定人员、侦查人员出庭作证办法，推进庭审实质化。开展刑事案件繁简分流，构建多层次的刑事诉讼程序体系。建设执行工作长效机制，下发《2019年全省各设区市综治工作（平安建设）考核办法（法院执行工作部分）》，压实工作职责，促进全省法院执行工作“三统一”（统一指挥、统一管理、统一协调），执行工作“三统一”管理机制入选《法治蓝皮书·中国司法制度发展报告》。印发《执行申诉信访案件办理规定（试行）》，分类管理，分流处置，建立执行申诉信访案件办理集中审查长效机制，规范涉执信访工作。

【全国高级法院院长座谈会在南昌召开】 6月12日—13日，全国高级法院院长座谈会在南昌召开，会议聚焦多元化纠纷解决机制和人民法院诉讼服务中心建设，总结经验、分析形势，研究部署下一步工作。最高人民法院党组书记、院长周强，江西省委书记、省人大常委会主任刘奇出席会议。周强在会议现场视频连线部分基层法院，与法官、人民调解员等进行交流，询问工作情况，征求对进一步改进诉讼服务工作、促进基层社会治理的意见建议。赣州市南康区法院健全完善纠纷多元化解与分调裁审工作机制受到肯定。

【江西人民法庭信息化平台推向全国】 11月8日，最高人民法院召开“人民法庭工作平台”上线视频座谈会，最高人民法院党组书记、院长周强出席座谈会并讲话，江西省高级人民法院院长葛晓燕向全国高院介绍平台建设情况。该平台是在最高人民法院的主导下，依托江西法院自主研发的“基层基础可视化管理平台”，由江西法院研发和维护的全国人民法庭信息化平台。2018年1月，江西法院在全国首创“基层基础可视化管理平台”，通过信息化手段，将人民法庭的基本情况、人员情况、案件质效等信息深度整合，实现对人民法庭“人、案、事”的实时、动态、智能管理。该平台充分吸纳江西法院人民法庭“全面双达标”工作经验和智慧法院建设成果，其上线标志着江西人民法庭信息化平台推向全国。

【徐某俊等25人涉黑案】 2004—2016年，徐某俊纠集同伙开设赌场抽头盈利，逐渐形成以其为首的人数众多、骨干成员稳定、组织严密、层级分明的黑社会性质组织。该组织实施故意杀人、故意伤害、聚众斗殴等违法犯罪活动50余起，致1人死亡、20余人不同程度受伤，并插手管桩行业，造成恶劣的社会影响，严重破坏当地经济、社会和生活秩序。2018年4月26日，宜春市中级法院一审以组织、领导黑社会性质组织罪、故意杀人罪等罪，数罪并罚，判处徐某俊死刑，剥夺政治权利终身，并处没收个人全部财产；对其他24人分别判处死刑缓期2年执行并限制减刑、无期徒刑至有期徒刑3年不等。徐某俊等人不服一审判决，向省法院提起上诉。2019年3月22日，省法院二审依法维持原判。该案的经验做法，被全国扫黑办确定为全国政法机关学习典型，庭审视频被最高人民法院向全国法院推广。

【袁某林非法吸收公众存款案】 2013年1月，被告单位鼎丰公司因缺少资金，以开发鄱阳湖农资大市场为名，通过各种宣传方式非法向社会公开集资。为扩大社会影响力，鼎丰公司实际控制人袁某林，以鼎丰公司出资，先后注册成立银合公司谢家滩分公司、恒汇公司、赢利公司、鸿融公司。至案发，鼎丰公司及其关联的4家公司共吸收2667户存款16.03亿元，其中有1685户集资参与人本金5.06亿元未归还。2019年8月20日，省法院二审判决，以非法吸收公众存款罪判处鼎丰公司罚金500万元；判处9名被告人6年至3年5个月不等的有期徒刑，并依法追缴各被告人的违法所得，退赔集资参与人。

【童某灯等申请司法救助案】 2017年4月3日，被告人张某明因邻里纠纷，到童某金家中，砍杀童某金及其家人，致童某金、童某萱死亡，童某晨重伤二级、十级伤残。上饶市中级人民法院判决张某明犯故意杀人罪，判处死刑，剥夺政治权利终身。赔偿童某灯（系被害人童某金之父）2.87万元，赔偿林某英（系被害人童某金之妻，被害人童某晨、童某萱之母）2.92万元，赔偿童某晨32.66万元。2019年6月25日，省法院二审维持一审判决，并根据申请人提出的申请，决定给予童某灯国家司法救助金1.8万元，给予林某英国家司法救助金1万元，给予童某晨国家司法救助金10万元。

（陈书玲）

司法行政

【概　况】 2019年，组建省委依法治省办秘书处，印发《关于健全工作制度统筹推进全面依法治省工作的通知》，以及法治工作重要决定和方案备案工作等制度。部署年度法治政府建设17项主要任务，评定6个设区市和16个省直单位为法治政府建设优秀单位。开展法治政府建设全面督察，印发《市县政府主要负责人履行推进法治政府建设第一责任人职责述职制度》。建立在拟订法规规章草案和制定规范性文件过程中听取企业和行业协会商会意见的制度，出台《江西省司法厅立法工作程序规定》和内审会制度，完成年度6件立法任务和66件地方性法规、57件省政府规章的清理工作。全面推行行政规范性文件合法性审核机制，备案审查政府规章和规范性文件113件，公布省级行政规范性文件主体清单和68件规范性文件目录。深入推进农村“法律明白人”培养工程，上线运行江西省农村“法律明白人网校”微平台，在全省15所高校设立法治乡村建设研究中心暨“法律明白人”培训基地，全省累计遴选培养对象319万人、颁证上岗292万人，参与法治宣传和法治实践86.6万件次，被评为全国普法依法治理十大创新案例，在全国法治乡村建设工作会议上作经验介绍。建立全省国家工作人员旁听庭审活动常态化制度化机制和新提任厅级领导干部法律法规知识考试制度，开展“宪法宣传周”“服务大局普法行”和“献礼七十华诞唱响法治江西”等主题法治宣传活动，举办“百万网民学法律”专场知识竞赛19场，命名“法治文化示范基地”20个，32个单位、30名个人分别被评为全国“七五”普法中期先进。

【司法行政改革】 推进行政复议体制改革，出台《江西省行政复议案件办理工作规则》等5项制度，全省三级行政复议机构收案2772件，办结2260件；制发行政复议意见书（函）、建议书170份。落实行政机关负责人出庭应诉制度，承办省政府应诉案件110件、厅本级应诉案件11件，法院裁判82件，胜诉率100%。全面推行行政执法公示制度、执法全过程记录制度、重大执法决定法制审核制度，出台《江西省行政执法机关音像记录设备配备办法》等配套制度。加快法律服务改革步伐，部署律师调解、刑事案件律师辩护全覆盖和律师专业化水平评价3项试点；出台《江西省公职律师管理细则》《江西省公司律师管理细则》，全省218个单位开展公职律师、公司律师工作，拥有公职律师537人、公司律师216人。推进公证机构改革机制创新，设立2家合作制公证机构，全省办理公证事项21万余件。深化司法鉴定管理体制改革，审核批准8家环境损害司法鉴定机构，开展“检察机关提起环境损害公益诉讼时先不预交鉴定费，待人民法院判决后由败诉方承担”的环境损害司法鉴定试点。

【公共法律服务】 推动律师、公证、司法鉴定、调解、仲裁服务项目入驻热线和网络平台，建立“领导干部公共法律服务接待日”制度，落实“领导干部直接面对群众、直接听取批评意见”和“群众批评意见分析报告”制度。启动可视化公共法律服务“乡乡通”工程，开通“12348江西法网”微信公众号和APP移动客户端，汇聚1.75万个村（居）法律顾问服务群，提供服务20余万件次。全省2.08万个村、居（社区）法律顾问制度建成率100%。部署“精准法律援助质量年”活动，全省办理法律援助案件4.05万件，为群众挽回经济损失6.5亿元。开展根治拖欠农民工工资工作，为7200余家企业审查劳动合同9.8万余份，提出意见建议3.2万余条，办理农民工法律援助案件1400余件。推进减证便民，指导督促45个省直部门报送国家和省级层面设定的证明事项取消建议554项、直接取消自行设定的证明事项76项，司法行政系统“一次不跑”“只跑一次”事项清单达27项。在全省部署开展司法所外观标识规范统一行动，打造省级“五好司法所”344个、“特色司法所”100个。全省司法所为党委、政府提供法律建议4826件次，指导帮助制定村规民约7020件。在江西公共法律服务网上开辟民营企业法律服务绿色通道，全省各级司法行政机关与工商联全部建立联系协调机制，成立江西省非公有制企业维权服务中心，累计办理民营企业诉求1700余件。组织1136名律师建立12支服务团队，深入民营企业开展法治体检。

【维护社会稳定】 开展百日安全大会战、重大涉稳问题专项治理和“短板大调研”“驻在式”检查，排查、整治工作风险和短板点88个。开展“大排查、早调解、护稳定、迎国庆”专项活动，调处矛盾纠纷15万余件；加强行政调解工作，全省各级政府及有关部门化解民事纠纷和行政争议32.5万件；“访调对接”试点范围扩大至53个县（市、区），累计化解信访事项矛盾纠纷、信访积案776件。建立省市县三级人民调解专家库，选聘人民调解专家917人，设立个人调解工作室1144个。《金牌调解》调解成功率90.5%，在全国电视调解工作座谈会上作经验交流。在全省监狱戒毒系统开展“双推三创”竞赛活动，健全监所安全风险排查整治评估机制、网络巡查机制和“135”分钟应急处置警务圈，实施全国统一戒毒基本模式，全省监所持续安全稳定。探索社区矫正队建制，出台《江西省司法行政系统刑罚执行一体化建设实施方案》，全省社区矫正工作人员和辅助人员分别增长5.5%、15.7%。巩固和完善刑释人员必接必送机制，探索社区矫正对象和刑满释放人员帮教示范基地建设，社区矫正对象和刑满释放人员重新违法犯罪率均远低于全国平均水平。

【推行行政规范性文件合法性审核机制】 3月26日，省委全面依法治省委员会第二次会议审议通过《江西省人民政府办公厅关于全面推行行政规范性文件合法性审核机制的实施意见》。4月13日，省政府办公厅印发《江西省人民政府办公厅关于全面推行行政规范性文件合法性审核机制的实施意见》，进一步完善全省行政规范性文件制定程序，全面落实合法性审核制度，提高行政规范性文件质量。8月20日，经省政府批准，省司法厅公布省级行政规范性文件制定主体清单。

【推进农村“法律明白人”培养工程】 5月6日，省普法办召开全省实施农村“法律明白人”培养工程座谈会。6月5日，省委全面依法治省委员会在抚州召开全省实施农村“法律明白人”培养工程现场推进会，省委常委、省委政法委书记尹建业出席并讲话，副省长秦义主持会议，省政协副主席、抚州市委书记肖毅致辞。同日，全省农村“法律明白人”网络培训学校开通上线。6月11日，司法部在浙江省宁波市宁海县召开全国法治乡村建设工作会议，江西省司法厅巡视员邓奕强参加会议，并代表江西作题为《实施“法律明白人”培养工程打造农村社会治理“江西品牌”》的经验交流发言。8月13日，省教育厅、省司法厅印发通知，决定在南昌大学等15所高校设立首批法治乡村建设研究中心暨“法律明白人”培训基地。12月4日，全国普法办公布全国普法依法治理创新案例，《江西省实施农村“法律明白人”培养工程的实践探索》入选。

【省委全面依法治省委员会守法普法协调小组第一次会议召开】 5月24日，省委全面依法治省委员会守法普法协调小组第一次会议在南昌召开。省委常委、省委宣传部部长、省委全面依法治省委员会守法普法协调小组组长施小琳主持会议并讲话。会议审议《省委全面依法治省委员会守法普法协调小组2019年重点工作任务分工方案》《关于进一步把法治建设融入新时代文明实践中心建设的通知》等文件，听取全省农村“法律明白人”培养工程实施情况汇报。

【建立省市县三级法律顾问团制度】 7月5日，省委办公厅、省政府办公厅出台《关于进一步加强法律顾问团工作的通知》，要求建立省市县三级法律顾问团制度。同时，组建第二届省法律顾问团。第二届省法律顾问团由省内法律专家、执业律师等32人组成，省司法厅厅长、副厅长分别兼任团长、副团长。至年底，全省11个设区市、83个县（市、区）成立法律顾问团。

【法治政府建设示范创建活动启动】 8月12日，省委依法治省办制定《关于组织开展法治政府建设示范创建活动的通知》，启动法治政府建设示范创建活动。至9月底，各市县自愿申报综合示范创建地区33个、单项示范创建项目41个，各设区市审核后择优向省推荐综合示范创建地区16个、单项示范创建项目14个。省委依法治省办向中央依法治国办推荐南昌市、玉山县、贵溪市为综合示范创建候选地区，抚州市农村“法律明白人”培养工程、瑞昌市“放管服”改革优化法治化营商环境为单项示范创建候选项目，其中南昌市、玉山县入围第二轮评估。

【江西省第七次律师代表大会召开】 11月14日至15日，江西省第七次律师代表大会在南昌召开。省委常委、省委政法委书记尹建业，司法部副部长刘志强，中华全国律师协会会长王俊峰出席并讲话。省领导朱虹、雷元江、葛晓燕、田云鹏出席。大会选举产生新一届理事会会长、副会长、常务理事、理事和新一届监事会组成人员。张工当选会长，刘卫东、廖泽方、郭爱兵、冯帆、周兴武、杨爱林、李坚、刘晖为副会长，迟非为监事长。

【举办习近平全面依法治国新理念新思想新战略专题培训班】 10月29日至31日，省委依法治省办在南昌举办习近平全面依法治国新理念新思想新战略专题培训班。省委常委、省委政法委书记、省委依法治省办主任尹建业审定培训方案，省委依法治省办副主任、省司法厅党组书记、厅长王国强出席开班式并作动员讲话。省司法厅一级巡视员邓奕强主持开班式。培训班分专题讲解习近平全面依法治国新理念新思想新战略、党委法治建设议事协调机构职责定位和工作机制、全面依法治省秘书工作、法治政府建设、法治督察和普法与依法治理工作。各设区市、县(市、区)司法局分管领导,各设区市市委依法治市办秘书科科长,省直单位法治工作部门负责人210余人参加培训。

(黄欣文)

10月29日至31日,省委依法治省办在南昌举办习近平全面依法治国新理念新思想新战略专题培训班。图为培训现场

省司法厅供

仲　裁

【概　况】 2019年,江西省仲裁行业以围绕完善仲裁制度、提高仲裁公信力为出发点和落脚点,全面推进仲裁工作改革发展,全省仲裁机构受理案件1.04万件,调解和解1012件,案件标的总额116.28亿元,同比分别增长332.9%、78.8%、78.04%。

【推进仲裁机构完善内部治理结构综合改革试点工作】 按照决策权、执行权、监督权相互分离、有效制衡、权责对等的原则,推进仲裁机构完善内部治理结构综合改革试点工作,事业单位性质的仲裁机构重点在管理体制和运行机制上进行改革探索,建立和完善仲裁办事机构人员薪酬管理和绩效考核奖励办法,厘清仲裁机构与行政机关的关系,实现人财物与行政机关脱钩,确保仲裁机构独立于行政机关,与行政机关没有隶属关系。9月27日,省政府办公厅批复同意《抚州仲裁委员会改革工作方案》,同意抚州仲裁委员会作为江西省优化仲裁机构内部治理结构综合改革试点。至年底,抚州市仲裁委员会在全省率先完成改革任务,其他仲裁机构的改革工作逐步展开。

【完善仲裁与诉讼衔接工作机制】 7月,省法院发布《仲裁司法审查案件审理工作指引》。12月31日,省法院与省司法厅联合印发《关于完善诉讼与仲裁衔接工作机制的暂行办法》,建立案件通报和信息交互共享制度;鼓励有条件的仲裁机构协调法院在诉讼服务大厅开设仲裁专窗,探索立案阶段引入仲裁参与纠纷化解;完善司法审查和执行协调配合机制,提升仲裁协议效力司法认定、财产和证据保全、仲裁裁决执行等工作效率。全省仲裁机构主动衔接各级法院,建立业务联系机制。

【加强监督和规范行业发展秩序】 4月3日,召开全省仲裁工作座谈会,制定《关于贯彻落实中办国办〈关于完善仲裁制度提高仲裁公信力的若干意见〉重点任务分工方案》,明确责任主体和工作完成时限,重点部署开展行业发展秩序清理整顿专项行动。8月底,完成清理整顿专项行动,形成专项工作报告上报司法部。11月,先后对南昌、九江、吉安仲裁委员会开展“双随机一公开”执法检查。严格规范仲裁委员会设立和换届有关工作,指导督促南昌、九江、宜春、萍乡4个仲裁委员会开展换届工作。

【拓展仲裁服务领域】 不断拓展仲裁服务领域,提升仲裁公信力。全省仲裁机构办理建设工程纠纷案件285件,涉案标的额32.94亿元;办理金融合同纠纷案件159件,涉案标的额21.02亿元;办理房地产合同纠纷案件1104件,涉案标的额4.8亿元;办理知识产权纠纷案件7件,涉案标的额0.91亿元;案件类型还涉及医疗纠纷、交通事故赔偿纠纷、电子商务纠纷等方面。同时,推进大数据平台建设,以信息技术手段推动仲裁业务的数字化、网络化升级,全年办理网络仲裁案件7732件。

【《关于完善仲裁制度提高仲裁公信力的实施意见》出台】 8月30日,省委全面深化改革委员会第六次会议审议通过《关于完善仲裁制度提高仲裁公信力的实施意见》。9月23日,省委办公厅、省政府办公厅印发《关于完善仲裁制度提高仲裁公信力的实施意见》,主要内容分为严格落实仲裁法律制度、完善仲裁工作管理体制、优化仲裁委员会内部治理结构、加强仲裁专业人才队伍建设、加大对仲裁工作的支持、强化监督和规范行业发展秩序6个部分,分解成21项任务,提升仲裁公信力。

【全省首次仲裁工作会议召开】 11月5日,全省首次仲裁工作会议在南昌召开。省政府副秘书长吴龙强,省法院、省工商联、省贸促会分管领导出席会议并讲话。南昌市政府、抚州市司法局、九江仲裁委、景德镇仲裁委在会上作交流发言。会议紧扣新时代仲裁事业改革发展,要求做好仲裁法律制度的落实、仲裁委员会内部治理结构的优化、专业人才队伍的建设、“江西仲裁”特色品牌的打造4篇文章,推动江西仲裁事业改革发展。省委编办、省民政厅、省财政厅、省人社厅等省直单位有关人员,各设区市政府分管副秘书长、赣江新区管委会办公室负责人等参加会议。

(周家隆)

本栏编辑　詹跃华

应 急 管 理

安全生产

【概 况】 2019年，全省发生生产安全事故2093起，死亡1316人，同比分别减少633起、296人，下降23.22%和18.36%；发生较大事故29起，死亡99人；未发生重大以上事故。9个设区市事故起数和死亡人数"双下降"，3个行业领域事故死亡人数下降明显。其中，危险物品领域发生事故9起，死亡12人，减少11人，下降47.83%；矿山领域发生事故24起，死亡30人，减少10人，下降25%；交通运输领域发生事故1818起，死亡1010人，减少296人，下降22.66%。

【强化责任落实】 调整省安委会组成人员，在2018年设立12个安全专业委员会的基础上，增设能源安全专业委员会，分管省领导任第一主任；省政府分别与11个设区市政府和45家省安委会成员单位签订安全生产责任书；全面推行企业安全生产履职情况"一报告、双签字"制度，开展企业落实安全生产主体责任情况明察暗访，督促1.6万家企业报送履职报告。开展对标梳理完善制度企业5.75万家，组织培训5.93万家，开展"反三违"（反对"违章指挥、违章操作、违反劳动纪律"行为）行动4.31万家，开展风险和隐患自查6万余家，创建完成标准化示范企业9783家、风险管控示范企业3920家，辨识管控37万余处风险点。推广使用江西省安全生产监管信息系统，上线注册企业1.72万家，登记隐患63.5万条。

【实施专项整治】 把深化十大专项整治继续作为加强安全生产的主抓手，分大动员、大排查、大整治、大提升4个阶段推进，深化煤矿、非煤矿山、烟花爆竹、危险化学品、城市运行、交通运输、建设工程施工、消防、冶金、特种设备等重点行业领域突出问题专项治理。开展全省"打非治违"百日行动，小微企业和"九小"场所（小学校或幼儿园、小医院、小商店、小餐饮场所、小旅馆、小歌舞娱乐场所、小网吧、小美容洗浴场所、小生产加工企业）、"两客一危"（从事旅游的包车、三类以上班线客车和运输危险化学品、烟花爆竹、民用爆炸物品的道路专用车辆）和工程运输等重点车辆及农村交通安全三项整治，安全生产集中整治等专项整治行动，共检查企业18.8万家次，排查治理隐患68.3万条。

【安全监管执法】 紧盯重点时段、行业和企业，开展综合督查、随机抽查、暗查暗访方式执法检查和"双随机、一公开"检查。严格落实"四个一律"（对检查发现的每一项违法违规行为，依法严格查处，一律停产整顿、关闭取缔、上限处罚、追究法律责任）、"五个一批"（依法严惩一批违法违规行为，彻底治理一批重大事故隐患，关闭取缔一批违法违规和不符合安全生产条件的企业，联合惩戒一批严重失信企业，问责曝光一批责任不落实、措施不得力的单位和个人）措施，约谈、通报曝光、行政处罚企业近2万家，关闭非法违法企业2600余家、刑事拘留1400余人。同时，严格事故调查和责任追究，对南昌方大特钢"5·29"煤气上升管爆裂事故等较大事故进行挂牌督办，对辽宁方大集团公司及其在赣钢铁企业主要负责人进行专题约谈；严格落实失信联合惩戒制度，累计向应急管理部报送3批共18家企业作为联合惩戒对象，保持严管严治高压态势。

【源头风险防控】 推进全省淘汰落后产能，关闭小煤矿39处，退出产能183万吨，超额完成年度任务；严格落实多部门联审联批机制，遏制小化工企业过快增长势头；省政府部署进一步推动落后烟花爆竹产能整顿退出，抚州、上饶等地158家烟花爆竹生产企业签订退出协议。强化安全生产教育培训，新增6个考试点和12个项目，规范"三项岗位人员"（生产经营单位主要负责人、安全管理人员和特种作业人员）考核与证书管理，组织考试8.7万人次，开展警示教育4.2万场，组织各类安全培训182万人次。

（省应急管理厅）

消防救援

【概 况】 2019年，全省消防救援队伍接处警4.93万起，其中火灾扑救9345起、应急救援2.12万起、社会救助5914起、公务执勤及其他出动1.28万起。出动消防车10万辆次、指战员62.4万人次。营救遇险群众1.4万人，疏散被困群众6.4万人，抢救财产价值23.3亿元。

【队伍转型升级】 按照"建强国家队、壮大专职队、规范志愿队，构建大应急多元力量体系"思路，成立综合应急救援机动支队，组建9类18支专业队，新增专职队员1465人。固化"周测、月考、季比武"练兵模式，持续

4月21日，省消防救援总队举行春季业务大比武

省消防救援总队供

开展“一讲两评五培训”37期，共培训8200余人次。落实全勤指挥部24小时“坐班、监听、入群”制度，开展“三随三实”实战拉动演练，直接随机拉动考核基层队站880余个次，1.6万余人次。提请省政府举行全省化工应急救援跨区域联合作战演练，得到省领导肯定。制定《信息化建设发展（2019—2022）规划》，升级应急救援调度指挥平台，推进省市两级重大灾害应急通信系统建设，逐步实现扁平、可视、精准、智慧化作战调度指挥。

【防范风险隐患】 推进“防风险保平安迎大庆”等专项整治，督改火灾隐患28.6万处。压实消防安全责任，组织2轮巡察督导，约谈警示2万余人。推进“智赣119”消防物联网建设应用，列入省“03”专项十大品牌示范项目。实操实训“一警六员”［一线社区民警，多种形式消防队伍队员、村（居）委会工作人员、综治网格员、保安员、物业服务企业职员、消防安全重点单位工作职员］累计109万余人，并参与处置近3成初期火灾。完成中华人民共和国成立70周年、央视春晚井冈山分场、VR产业大会等20余个重大安保任务，火灾死亡人数在上年创五年新低基础上再降三成。

【基础保障】 全年地方消防经费16.37亿元，增长23.7%，创历年新高。按“大站建强、小站建密、微站建广、织密城乡灭火救援网”思路，新立项、建设各类城市站152个、乡镇专职队167个，站点总量由改革前177个增至1001个。同步推进省应急物资储备基地、省水域训练基地、井冈山红色教育基地和空勤应急救援中心“三基地一中心”建设。

【“2·24”南昌市西湖区坝口巷民房坍塌事故救援】 2月24日8时13分，南昌市西湖区坝口巷邮电小区旁一民房因煤气罐泄漏引起爆炸，致使建筑倒塌。南昌市消防救援支队接警后，先后调派6个中队、8辆消防车、61名指战员、3条搜救犬，赶赴现场处置。14时8分，坍塌事故处置完毕，救出被困群众4人，安全疏散群众24人。

【“4·9”南昌市洪城大市场干货店火灾扑救】 4月9日19时50分，南昌市洪城大市场干货店（西湖区建设西路交警队停车场旁）发生火灾。南昌市消防救援支队接警后，先后调派11个中队、1个战勤保障大队、22辆消防车、2台机器人、140余名指战员，赶赴现场处置，省消防救援总队全勤指挥部第一时间到场指挥。21时56分，火势得到控制；次日零时30分，大火扑灭。火灾烧毁大小店铺31间，过火面积约800平方米，无人伤亡。

（省消防救援总队）

防灾减灾救灾

【概　况】 2019年，省委办公厅、省政府办公厅出台《江西省自然灾害防治能力建设工作方案》，围绕“两个坚持、三个转变”总体要求，结合江西防灾减灾救灾实际，全面部署自然灾害防治工作。省应急管理厅在全国率先出台《关于深入学习贯彻习近平总书记重要讲话精神全面加强自然灾害防治工作的实施意见》，实施应急管理系统十项配套工程。建立省自然灾害防治工作联席会议制度，出台《江西省自然灾害风险形势会商制度（试行）》，先后组织16个部门召开联席会议，组织气象、地震、水利、自然资源、林业等部门召开7次风险形势会商会，综合分析研判各类灾害发展趋势，研究防范重点及应对措施，基本实现多方参与会商和多源监测预警信息的综合研判，先后编制7期月度自然灾害风险分析报告。同时，推动《江西省实施〈自然灾害救助条例〉办法》颁布实施，联合省财政厅印发新修订的《江西省自然灾害生活救助资金管理办法》，联合省粮食和物资储备局制定《江西省省级救灾物资使用管理暂行办法》，组织修订《江西省自然灾害救助应急预案》。

【综合防灾减灾】 大余、兴国、瑞昌3个县（市）列入全国86个灾害综合风险普查试点县范围，大余县列为首批13个全国综合减灾示范县试点县之一。推进综合减灾示范社区、示范乡镇和示范县创建，提升城乡基层防灾减灾能力，获国家级综合减灾示范社区命名40个，省级命名综合减灾示范社区110个、综合减灾示范乡镇25个和综合减灾示范县1个。同时，应急管理部和省应急管理厅联合举办江西综合减灾示范社区骨干培训班，立足社区综合减灾业务实际，传授社区减灾先进理念和方法，解读防灾减灾救灾政策和工作要求。指导全省举办灾害信息员培训30期，培训2000余人次。

【灾害救助】 全省各类自然灾害造

成1578.9万人受灾,因灾死亡失踪56人,需紧急生活救助42.8万人,直接经济损失336.5亿元。先后启动省级救灾IV级应急响应4次、III级响应3次,发布1.5万余条灾害预警信息,会商研判9次,编制有关专报20期,紧急派出18个预警工作组、36个救灾工作组,指导灾区各地开展灾害救助工作。争取国家减灾委、应急管理部对江西省启动国家救灾防汛IV级应急响应3次,争取并及时下拨中央应急救灾资金5.51亿元、冬春救助资金5.40亿元。争取国家下拨救灾物资棉被2万床、折叠床1万床、帐篷2000顶,保障受灾群众基本生活。

【灾后恢复重建】 省减灾委、省防汛抗旱指挥部印发《江西省灾后恢复重建攻坚行动工作方案》,全面部署推进灾后恢复重建攻坚行动,明确各地各部门任务目标、职责分工、实施步骤和工作要求。推进灾后恢复重建工作,完成1122户因灾倒房重建,竣工率100%;推动农村住房保险工作全面铺开,全年收取保费1214.3万元,已决赔款479.89万元。

【开展"5·12"防灾减灾日大型宣传活动】 5月12日,省减灾委、省应急管理厅在南昌举办"5·12"防灾减灾日大型宣传活动,省长易炼红,省委常委、副省长刘强出席并讲话。全省各地组织开展大型集中宣传活动72场次、应急演练3000余次,参加实训群众40余万人次,发送防灾减灾手机短信3919万条,发放宣传资料430余万份。通过宣传活动,普及防灾减灾知识和技能,营造防灾减灾氛围,提高群众防灾减灾能力。

(省应急管理厅)

地质灾害防治

【概　况】 2019年,全省发生地质灾害860起,共造成7人死亡、2人受伤,直接经济损失5824.71万元。与2018年相比,地质灾害发生数量和造成的直接经济损失分别增加434.2%和949.2%,死亡增加7人。在全年860起地质灾害中,由降水诱发831起,占总数96.6%;由傍山建房及修路切坡引发722起,占总数84.0%。

【地质灾害隐患排查】 全省组织开展地质灾害巡查排查7.29万人次,排查隐患点12.89万点次,发放防灾明白卡11.08万份。将1/5万比例地质灾害调查成果新查明隐患点全面纳入群测群防体系,至2019年年底,全省登记在册地质灾害隐患80082处,其中特大型5处、大型14处、中型290处、小型79773处;共威胁人员56.13万人,威胁财产154.72亿元,落实群测群防员2.28万人。

【地质灾害预警处置】 汛期发布省级地质灾害气象风险预警26次,市、县级地质灾害气象风险预警2467次。全省提前转移受地质灾害隐患威胁群众1.11万户4.06万人,其中24处隐患点在转移后发生房屋倒塌或严重损毁,避免人员伤亡38户143人。全年派出1852批6122人次技术专家参与地质灾害应急处置,对接到报告的地质灾害灾险情,开展应急调查、监测、排危除险等技术支撑工作。

【地质灾害治理搬迁】 全年全省投入综合治理及避险移民搬迁资金5.42亿元,对292处地质灾害隐患点进行治理,保护人员2.11万人,搬迁受地质灾害威胁群众2903人。其中,中央财政专项补助资金1.22亿元,对54处重要隐患点进行治理,保护人员7545人,搬迁受地质灾害威胁群众670人。

【开展宣传培训及避险演练】 全省各地开展地质灾害防治科普宣传610次,接受防灾知识科普教育37.9万人,社会公众防灾意识得到提高;组织专业培训289次,培训人员2.37万人;开展避险演练100次,参加演练2.35万人。

·资料·

2019年江西省地质灾害发生情况

地区	灾害数(起)							人员伤亡(人)		直接经济损失(万元)
	总数	按类型分				按规模分				
		滑坡	崩塌	泥石流	地面塌陷	中型	小型	死亡	受伤	
江西省	860	735	94	17	14	31	829	7	2	5824.71
南昌	0	0	0	0	0	0	0	0	0	0
九江	17	11	5	0	1	0	17	1	0	91.30
景德镇	34	21	11	0	2	0	34	0	0	62.20
萍乡	93	87	0	3	3	11	82	0	0	2079.20
新余	31	25	4	0	2	2	29	0	0	133.10
鹰潭	94	88	4	2	0	0	94	0	0	155.85

地区	灾害数(起)							人员伤亡(人)		直接经济损失(万元)
	总数	按类型分				按规模分				
		滑坡	崩塌	泥石流	地面塌陷	中型	小型	死亡	受伤	
赣州	347	312	33	1	1	10	337	1	0	2173.72
宜春	66	57	5	1	3	3	63	2	0	546.50
上饶	69	55	14	0	0	0	69	0	0	163.70
吉安	50	27	12	9	2	5	45	3	2	299.20
抚州	59	52	6	1	0	0	59	0	0	119.94

（省应急管理厅）

防汛抗旱

【概　况】 2019年，江西平均降雨量1668毫米，比多年均值略偏多。7月偏多幅度最大，比多年均值偏多1.4倍；强降雨过程10次。受降雨影响，全省44条河流178站次发生超警戒洪水，赣江、抚河、信江7月发生流域性中洪水，历史罕见，鄱阳湖星子水文站维持超警戒水位19天。7月下旬至12月，全省大部分地区持续高温少雨，降雨量偏少6成，列历史同期倒数第一，蒸发量为同期降雨量3倍，鄱阳湖比一般年份提前59天进入枯水期，赣江、抚河、信江、饶河、修河五河及鄱阳湖共有46站出现有记录以来新低水位或最小流量。严格执行信息报送制度，汛期加强工程巡查防守，做到险情早发现、早处置，并根据降雨落区预报和旱情发展趋势，及时发布预警提醒，落实应对措施，要求相关地区提前做好危险区群众转移安置。全省投入抗洪抢险力量235万人次、抢险机械2.47万套、救援艇4411艘、土石方378.1万立方米，处置险情193处，转移群众82.8万人；投入抗旱力量236.4万人次、机电井4.8万眼、泵站1.1万处、机动设备39.95万台套、运水车辆4800余辆，解决79万人、18万头大牲畜饮水困难。

【健全防汛抗旱运行机制】 完成省防汛抗旱指挥部职责调整和人员转隶，建立指挥、平台、值守、会商、调度五个统一机制，省防指实行政委、指挥长双领导制，并加强应急管理和水利部门的沟通协作，理顺职责，细化措施，修订印发《江西省防汛抗旱应急预案》，完善《江西省防汛抗旱指挥部成员、成员单位职责和包片分工调整》《2019年全省重点水工程度汛方案》和《防汛目标任务书》，明确各方责任，规范工作程序。对接气象、水文、水利、自然资源、消防救援等部门，强化部门协作，加快工作衔接，边改革边磨合。先后启动防汛抗旱IV级和III级应急响应5次，派出65个工作组、专家组，协助指导防汛抗旱和应急救援工作。应急响应期间，8个省防指应急工作组和有关成员单位，实行24小时集中办公。

【提出汛期群众提前转移“四个明确”】 6月，为全力应对新一轮强降雨，省防指在强化巡堤查险、水库调度的同时，突出转移安置这一焦点，下发《关于切实做好受山洪地质灾害威胁群众提前转移工作的通知》，作出专门部署，提出明确转移对象、明确转移步骤、明确转移安置方式、明确转移责任四个明确的要求，进一步做好受山洪地质灾害威胁群众提前转移工作。各地根据汛情和工作要求，全年转移避险安置82.8万名群众。

（省应急管理厅）

森林防火

【概　况】 2019年，全省森林防火形势总体保持平稳，共发生森林火灾60起，过火面积1199.17公顷，受害森林面积489.14公顷，没有出现人员伤亡事故。森林火灾起数、过火面积和受害森林面积，与近5年均值相比，分别下降18%、29%和26%。森林火灾受害率、发生率、控制率和案件查处率均在控制指标以内，森林火灾整体维持在历史较低水平。及时调整省森林防灭火指挥部成员，修订印发《江西省森林火灾应急预案》，实施《江西省森林防灭火指挥部工作规则》。

【加强森林防灭火业务培训】 10月14日至15日，省森林防灭火指挥部在南昌举办全省森林防灭火指挥长培训班，省委常委、副省长吴晓军出席并讲话，全省市、县(区)森林防灭火指挥长、应急管理局局长共260余人参加培训。11月18日至29日，在南昌举办2期全省专业森林消防队骨干培训班，学习扑火理论、体能与军事训练、机具操作保养与维修、扑火战术战法等内容，108支专业森林消防队及11支矿山救护队共240余人参加培训。12月16日至17日，在弋阳举办全省森林防灭火业务骨干培训班，各设区市、县(市、区)应急管理局分管领导、火灾防治管理业务部门负责人参加培训。

【开展森林防灭火专项行动】 1月至4月，在全省部署开展以“树立森林火灾防治理念，保护江西绿水青山品牌”为主题的“平安春季行动”。春节期间，要求全省全面停止特殊用火、严格管控野外火源、强化应急值守，并制定《春节期间全省森林防火专项预案》，在预防措施上明确预警监测、火源管理、隐患排查、应急准备等内容，在应急处置上规定火情调度、扑火原则、扑火力量、火场指导等工作。在全省开展为期5个月的森林火灾风险隐患排查整治“十查十看”活动，省应急管理厅联合省林业局、应急管理部森林消防局驻赣森林消防大队，组成5个工作组，对活动情况进行专项督查。开展全省秋冬季森林防灭火工作专项检查暨森林火灾违法行为专项行动，重点对森林防灭火重点工作落实、体制机制改革、森林防灭火三大体系建设推进、重点区域森林火险区域火险隐患排查整治等情况进行全面检查。同时，要求各级林业部门牵头，开展全省野外违法违规用火专项打击行动，严厉打击违规用火行为，严查肇事者。

（省应急管理厅）

救援协调

【概　况】 省政府出台《关于深入贯彻落实重要训词精神推进全省消防救援事业高质量发展的意见》，从人员招录、待遇保障、装备配备等方面，支持综合性消防救援队伍建强建好；建立以专业森林消防队伍为主体，矿山危化、水利水电、电力工程等专业救援队伍为补充的地方应急救援专业力量；深入开展调查摸底，鼓励支持全省社会救援力量参与应急救援。全省有综合性消防救援队伍1.2万人，省级矿山、危化品、油气输送管道等专业救援队伍16支670余人，兼职隧道施工应急救援队19支；市、县专业森林消防队108支4400余人；社会救援队伍95支。

【推进应急救援航空体系建设】 应急管理部印发《应急救援航空体系建设方案》，将江西省列为应急救援航空体系建设试点省份。省政府成立以省委常委、副省长吴晓军担任组长的省应急救援航空体系建设工作领导小组，办公室设在省应急管理厅。省应急管理厅牵头组织编制《江西省应急救援航空体系建设试点方案》，经省政府常务会审定实施。

【2019年长江中下游抗洪抢险实战演练在九江举行】 6月20日，应急管理部和江西省政府在九江举行2019年长江中下游抗洪抢险实战演练。省应急管理厅主动对接应急管理部、中国安能公司、九江市政府及现场指挥部相关工作，协调落实演练场地、交通运输、道路免费通行、道路警戒、秩序维护、观摩台搭设、砂石骨料供应、医疗保障、后勤保障等事宜，协调做好20余个省、市应急管理部门和中央相关企业参加观摩，组织全省应急管理系统视频观摩，演练共调动550人、167台套装备，填筑砂石料2.03万立方米。

【鹰潭市余江区马荃圩堤滑坡塌方险情处置】 7月9日，鹰潭市余江区马荃圩堤因受东渠拦河坝下急流顶冲影响，迎水坡发生长60米、宽3米左右的滑坡塌方险情。省应急管理厅紧急协调中国安能第二工程局等单位，现场调集人员800余人、车辆48辆、冲锋舟8艘、橡皮艇14艘、挖掘机2台、装载机7台、应急发电车2台、块石1000余平方米、袋类2.50万条等防汛物资投入抢险。经连夜抢险，完成封堵，崩塌堤岸险情得到处置。

【宜春市靖安县高湖镇西头村吕阳洞附近“驴友”被困救援】 7月21日，宜春市靖安县高湖镇西头村吕阳洞附近突降暴雨，283名“驴友”被困。省应急管理厅会同宜春市政府紧急赶赴现场指导救援，协调调动消防、公安、蓝天救援队和当地干部460余人，搜救犬8只、直升机1架、无人机4架，以及消防车、救护车、工程车、通信车等20余辆（台），并预备100名武警官兵。经全力应急救援，遇险被困人员4名遇难，其余人员获救。救援行动得到应急管理部和省委、省政府肯定，入选全国应急救援十大典型案例，省应急管理厅和宜春市、靖安县应急管理局受邀参加应急管理部专题座谈交流。

【全省化工应急救援跨区域联合作战演练活动举行】 9月20日，省应急管理厅联合省消防救援总队在九江石化金鸡坡油库和江西大唐化学公司厂区举行全省化工应急救援跨区域联合作战演练活动，省委常委、常务副省长毛伟明到场观摩。此次演练涉及20多个部门和单位，参演人员700多人，动用车辆80多辆、直升机2架、消防战斗艇1艘和机器人20台。演练最大限度模拟实战，采取成品油储罐泄漏爆炸处置与危化品生产装置爆炸处置同步演练的模式，设置初战处置、增援处置、联勤联战、战勤保障、总攻灭火等演练科目，全科目、全要素地展示全省石油化工灾害事故应急处置建设成果。

（省应急管理厅）

7月21日，宜春市靖安县高湖镇西头村吕阳洞附近突降暴雨，283名“驴友”被困，消防人员迅速开展营救 省消防救援总队供

本栏编辑　詹跃华

人力资源

综述

2019年，省人社厅把稳就业作为重大政治任务和头等大事，落实和完善就业优先政策，稳住就业基本盘，有力支撑了经济发展和社会稳定。全年城镇新增就业54.34万人，完成目标任务的120.8%；城镇登记失业率保持在3%以下低位。实现人才人事工作新发展。立足职责、主动作为，服务经济社会发展，人才人事各项工作扎实推进。截至年底，全省专业技术人才、技能人才分别为292万人、483.7万人。维护人社领域和谐稳定。把防范化解风险作为重要任务，压紧压实责任，全面排查化解，坚决守住不发生系统性区域性风险的底线。精准推进人社扶贫。围绕抓好中央脱贫攻坚专项巡视问题整改和各项扶贫任务落实，着力在“精准”和“攻坚”上下功夫，进一步压实责任，完善政策措施，狠抓工作落实。全面加强人社服务。深化“放管服”改革，实施人社公共服务体系建设“首位工程”，着力解决群众办事堵点问题，以服务模式创新规范权力运行、推动行风转变。

全面推进法治人社建设。印发《2019年人力资源社会保障法治建设工作要点》，编制法治建设年度工作任务台账和法治宣传教育工作计划。组织完成涉及机构改革、“放管服”改革和开放政策等方面的地方性法规、省政府规章以及规范性文件清理，其中2件省政府规章已纳入一揽子修改，对4件地方性法规、3件省政府规章提出建议适时修改。推动完成《江西省劳动力市场管理条例(修订)》重点调研，并申请纳入2020年省人大立法规划。落实《江西省人力资源和社会保障厅规范性文件制定、审查和备案办法》，全年共办理人社部、省人大、省司法厅等部门转来的法规政策文件草案征求意见60余件(次)；对300余件次省人社厅各处室起草的规范性文件、工作方案、合同协议等政策文件和重大事项进行合法性审查，向省政府报备规范性文件9件，报备党内规范性文件1件。完善专家咨询论证制度和法律顾问日常工作衔接机制，设立省人社厅公职律师办公室，充分发挥专家委员和法律顾问在重大决策等事务中参谋作用。全年共召开专家咨询论证会3场，协调法律顾问出具法律意见书51份，提供现场法律咨询19次。印发《江西省人力资源和社会保障厅2019年法治宣传教育工作计划》《江西省人力资源和社会保障厅关于在全省人力资源和社会保障系统开展“弘扬宪法精神 树立法治信仰”主题宪法宣传实践活动的通知》，部署年度法治宣传工作。选派代表队参加全国人社法治知识竞赛获全国四强、三等奖。举办“法治人社建设”讲座，组织开展“12·4”国家宪法日普法宣传活动，深入技工院校开展“弘扬宪法精神 保障改善民生”主题法治宣讲活动。全年省本级共收到行政复议申请24件，依法受理19件，审结18件(含上年结转3件)；办理被行政复议案件2件，审结2件；主动加强与人民法院的工作衔接，配合法院行政案件审判活动，全年省本级共办理行政应诉案件26件，其中已审结的19件一审案件(含上年结转案件2件)中，判决或裁定驳回14件，裁定同意撤诉4件，判决撤销1件，有效保护了公民、法人和其他组织的合法权益。

加快推进人社公共服务体系建设。启动全省人社公共服务体系建设“首位工程”建设，印发《关于全面推进人社公共服务体系建设的实施意见》《江西省人社服务事项“八统一”标准化工作方案》《全面推进人社公共服务体系建设信息化工作方案》，建立较为完备的制度体系。完成195项权力事项和公共服务事项“八统一”标准化梳理，实现同一人社事项的主项名称、子项名称、设定依据、受理条件、办理材料、办理流程、办结时限、办事表单“全省统一”，申请材料平均精简48.3%、流程环节平均精简14.1%、办理时限平均压缩43%、办事表单平均精简17.8%。基本建成省级集中的江西人社一体化综合信息系统，实现与全国社会保险公共服务平台、省电子政务共享数据统一交换平台对接，企业职工和机关事业单位养老保险系统、城乡居民养老保险系统、公共就业服务系统、社保卡管理系统等4个业务系统完成改造对接，首批60项人社服务事项上线办理，累计办件量超过1万件；订阅共享公安、教育、民政等8个部门的32类数据，实现46类人社业务数据内部共享。在全省人社系统推行“一窗受理”模式，实行“前台综合受理、后台分类办理、统一窗口出件”，共整合设立165个“一窗受理”综合窗口。全年安排7500多万元用于1700多个基层服务平台建设。全力打造PC端和手机端服务渠道，在省人社厅门户网站“网上办事大厅”提供40项网上业务；在“赣服通”建设“人社专区”，成为第三个建设服务专区的省直单位，已提供59项掌上服务，通过手机端缴纳社保费4.1万笔、缴费金额2.2亿元；全省64万名退休人员通过手机完成养老保险待遇领取资格确认。联合省财政厅出台加强人社窗口单位经办队伍建设意见，推行窗口单位统一着装，部分市县探索实行窗口临聘工作人员岗位补助；组织窗口单位业务技能练兵比武，分获全国人社系统业务技能练兵比武省际邀请赛第六名、全国人社系统法治知识竞赛三等奖。

（肖璟）

人力市场

【概 况】 会同省财政厅印发《江西省人力资源服务业发展扶持资金管理暂行办法》，明确省级人力资源服务业发展扶持资金使用范围和管理规范。出台《关于支持加快大南昌都市圈人力资源服务业发展的实施意见》《关于进一步开展人力资源服务机构助力脱贫攻坚行动的通知》《关于进一步做好企业用工服务工作的通知》等文件，促进人力资源服务业全方位创新发展。截至年底，全省建成人力资源服务产业园11个，其中国家级1个、省级5个、市级3个、县(区)级2个。国家级中国南昌人力资源服务产业园建设顺利推进，截至年底，有176家人力资源服务机构入驻，累计实现产值182亿元，税收3.2亿元，帮助企业招聘各类人才和用工人数263.7万人次。人力资源服务产业发展基金注册成立，首个省级人力资源服务孵化基地落地南昌市高新区。举办3期省内重点产业企业人力资源高级管理人员研修班和1期全省人力资源服务机构高级管理人员研修班。截至年底，全省有人力资源服务机构1636家，业人员2.19万人，实现产值380亿元，同比增长41.8%。

【人力资源服务创新发展论坛】 9月5日，第二届中国(江西)人力资源服务创新发展论坛在南昌市举办。论坛以“新使命·新理念·新发展”为主题，包括人力资源与区域经济协同发展研讨会、人力资源服务创新项目(产品)博览会、重点产业人力资源服务供需对接洽谈会和中国人力资源服务业博士后学术交流会4项具体活动。论坛期间，人力资源服务机构与实体企业对接洽谈636家次，较上届论坛增长18.2%；初步达成意向182家次，较上届论坛增长30%；达成意向合作项目145项次，较上届增长20.8%。服务产品类别从上届的8个扩展到人力资源服务的全部13个基本类别。1000多人参加现场活动，10余家国内主流新闻媒体进行现场报道，6家媒体同步向全球直播，吸引近170万人次在线观看。

【人力资源服务需求培育和开发】 针对省内实体企业对人力资源服务认知不足、对人力资源服务需求层次不高的问题，自5月起，每季度举办一期省内重点产业企业人力资源高级管理人员研修班，共有120余名企业高管参加，受到参训人员高度认可和一致好评。研修活动有效提升了实体企业对人力资源服务业的认知度和认同感，有效培育和开发了人力资源服务需求市场，对促进人力资源服务供需平衡、助推人力资源服务业与实体经济协同发展发挥了重要作用。举办此类研修班在全国尚属首次。

（肖璟）

人才队伍

【概 况】 截至年底，全省专业技术人才292万人，增长3.5%。全年全职引进到岗工作的高层次人才4462人。其中，博士毕业生到岗1261人，增长14.7%；硕士毕业生到岗3201人，增长182%。新增8家博士后科研流动站，全省共有博士后科研流动站34个，累计招收博士后1196人，年内在站博士后627人，新招博士后175人，增长17%。全年博士后科研项目获得专利80项，转化经济效益2.2亿元，增长12%。

截至年底，全省拥有技能人才483.7万人，增长2.9%；高级工以上高技能人才147.2万人，占技能劳动者30.4%，增长2.9%；新增高技能人才4.2万人，完成目标任务113.5%。全省现有88所技工院校，在校生15.4万人，新招生6.2万人，增长13.8%，完成目标任务114.8%；全省共开展补贴性职业技能培训75.3万人次，完成目标任务107.6%，使用失业保险基金支持职业技能提升行动专账资金1.82亿元。全省共建有国家级高技能人才培训基地27家，省级高技能人才培训基地74家；全省共建有国家级技能大师工作室35家，省级技能大师工作室143家；28家省级以上竞赛集训基地。开展企业技能等级自主认定试点，组织开展江西省“振兴杯”职业技能大赛，其中省级一类赛事2项、涉及75个职业(工种)，省级二类赛事32项、涉及100个职业(工种)，省级三类赛事15项，涉及99个职业(工种)，直接参与省级决赛人数7万人，带动技术比武岗位练兵70万人。

全年共组织实施公务员考录、公务员遴选、事业单位公开招聘、军转干部考试、“三支一扶”、专业技术资格等各类人事考试68项，参考人数63.7万人，增加4.04万余人，考试总科次129.7万科次，增加9.25万科次；全年精准编排考场座位129.7万余科次，组织网上报名65次。全年全省完成职业技能考核鉴定15.47万人次，核发职业资格证书13.65万人次，分别减少22.94%、24.42%。其中，高级工以上鉴定5.18万人次，核发职业资格证书4.18万人次，分别增加15.35%和24.38%。

【“百千万人才工程”人选评选】 6人入选2019年国家“百千万人才工程”，150人入选2019年度江西省“百千万人才工程”。其中企业创新创业人才60人，占选拔人数的40%，较上年增长10.3%。入选人员全部为一般专业技术人才，分布在全省各行各业特别是基层和企业等一线岗位，直接从事科学研究、成果开发、技术推广。截至年底，全省共有“百千万人才工程”国家级人选66人、省级人选1813人。

【博士以上高层次人才引进】 会同省委人才办组织开展春季和秋季引进人才活动，组团到东北、西北、西南、北京等24所985高校、211高校举办形式多样的引才活动。引才活动聚焦江西省重点产业，参与招聘单位402家，与上年相比提升37.9%；企业参与积极性高，参加数量增长66.7%，且主要为上市企业，高新企业，其中民营企业占一半以上。

【国家高层次人才对接交流活动】 5月，在中国井冈山干部学院开展与国家“百千万人才工程”人选交流座谈会，组织上海交大、北京理工、广西农科院、国家广播电视总局、中石油、中国北车集团等各行业领域的44名专家与江西省69个单位开展学术交流，对接项目涉及新能源、智能制造、冶金、集成电路、电子信息、医学等众多领域，涵盖江西省大部分急需紧缺专业。达成初步合作项目25项。

【博士后活动平台搭建】 开展江西省第三批博士后科技服务团(航空工业洪都行)活动，32位博士后及博士专家团队深入企业一线进行项目诊断与对接，开展实地洽谈和技术服务。

【高技能人才建设】 全省拥有技能人才483.7万人，高技能人才147.2万人，占技能劳动者30.4%。新增15名全国技术能手，国家级高技能人才培训基地3家、国家级技能大师工作室5家。在俄罗斯举行的第45届世界技能大赛上，江西选手实现金牌数、奖牌数零的突破，电气装置、水处理技术获得2枚金牌，飞机维修项目获得1枚银牌，占中国金牌总数12.5%，位列金牌榜全国第二位。

【开展职业技能竞赛】 举办第46届世界技能大赛江西省选拔赛和首届江西省“振兴杯”赣鄱工匠大赛，共80家单位657名选手参加省级决赛，组织2019年江西省“振兴杯”系列行业职业技能大赛，直接参与省级决赛人数7万人，带动技术比武岗位练兵70万人。

【技能人才多元评价】 2019年，公布开展鉴定职业(工种)共40个。完成职业技能鉴定专家委员会筹建工作，遴选确定13家依托单位、471名专家人选(包括顾问2人)。举办14期考评人员资格考核培训班，培训45个职业1526位考评人员，新增合格考评人员1166人。

(肖璟)

就业创业

【概　况】 2019年，全省实现城镇新增就业54.34万人，完成年计划的120.8%，确保有就业能力的零就业家庭至少有一人就业；新增转移农村劳动力62.51万人，其中省内转移42.87万人。全省开展企业职工岗位技能培训27.26万人，创业培训14.12万人。从失业保险基金结余中提取18亿元作为提升行动资金，专项用于支持职业技能提升行动；全省失业保险参保职工289.68万人，提前超额完成全年目标任务。为4011家企业发放稳岗补贴1.88亿元，稳定职工74.99万人，为1.92万名参保职工落实技能提升补贴3520.03万元。全省累计有3.37万名失业人员享受不同期限的失业保险待遇，发放失业保险金2.63亿元。

以省政府办公厅名义出台《江西省稳就业三年行动计划(2020—2022年)》，制定《江西省就业补助资金管理办法》《江西省就业补助资金职业培训补贴管理办法》《关于做好失业保险基金支持职业技能提升行动资金使用管理工作的通知》《关于进一步落实就业补助政策有关事项的通知》等资金补贴类政策，进一步扩大补贴范围，增加支出项目，简化审批程序，释放政策红利；出台支持困难企业稳定就业岗位、三年青年见习计划、促进高校毕业生就业创业、重点群体创业就业有关税收政策、扶持残疾人自主就业创业、促进新时代退役军人就业创业等支持各类重点群体就业创业文件，织牢织密就业创业政策防护网。出台《关于做好当前和今后一个时期促进就业工作若干政策的通知》《关于做好当前形势下高校毕业生就业创业工作的通知》《关于做好生活困难下岗失业人员临时生活补助工作的通知》《关于进一步规范招聘行为促进妇女就业的通知》等一系列政策，针对高校毕业生等重点群体，提出针对性强、操作性好、含金量高具有江西特点的政策措施，确保全省就业局势稳中有进的大格局。

全省实名登记2019届高校毕业生5.83万人，截至年底，4.61万人通过帮扶实现就业，组织发放高校毕业生一次性求职补贴，全省共为4.07万名2019届6类困难应届高校毕业生发放补贴4074万元，增长23.13%。2019—2021年每年组织1.1万名离校未就业高校毕业生和16~24岁失业青年参加就业见习，全年全省共组织1.29万人参加见习。培育劳务品牌，2019年，江西省广昌物流和资溪面包2个劳务品牌被人社部认定为全国典型劳务品牌。统筹做好就业困难人员、长期失业人员、化解过剩产能职工、退役军人、禁捕退捕渔民等重点群体的就业工作。全省实现失业人员再就业18.4万人，就业困难人员就业5.14万人，分别完成年度计划目标的122.7%和128.6%。做好体制内随军家属调配安置工作，以及未就业和失业随军家属就业、再就业和创业帮扶工作，全年119名随军家属得到妥善安置。

【创业孵化基地建设】 全省建设创业孵化平台226家，其中省级创业孵化示范基地51家，5家创业孵化基地被认定为全国创业孵化示范基地。入驻创业实体1.06万个，带动就业8.1万人。落实创业孵化基地补贴政策，全年共为2家国家级创业孵化示范基地发放创业孵化基地补助400万元。

【七项就业创业工作被评为“2018年全国地方就业创新事件”】 1月，经地方推荐和专家评议，江西省七项就业创业工作被评为“2018年度全国就业地方创新事件”，入选数量位居全国前列，再创历史新高。七项就业创业工作分别是：启动“创领美好”系列活动，打造就业创业服务品牌；将“贫困家庭就业率”纳入政府脱贫攻坚工作成效考核指标体系；加强赣台两地合作交流，促进台湾青年到赣创业就业；出台人力资源服务业发展行动计划，明确今后3年人力资源服务业发展的时间表和路线图；在助力失业保险参保职工领取技能提升补贴方面，开通全省网上申领平台；搭建失业保险服务e平台，实现“信息多跑路，群众少跑腿，不进人社门，能办人社事”；宜春市创新“三深三合”服务模式，实现大学生就业创业知识能力的全链条培养。

【就业扶贫】 通过抓责任落实、政策落实、工作落实，全省贫困劳动力就业局势保持总体稳定，就业扶贫成效进一步提升。结合江西省就业扶贫情况和特点，完善就业扶贫政策，形成“二扩二贷十补贴”的就业扶贫政策体系。探索出在全国有影响的“6+1”就业扶贫模式暨打造六大就近就业平台、建立一套就业扶贫工作机制，持续为贫困劳动力提供就业创业培训、专项活动等就业创业帮扶，本地户籍未脱贫贫困人口中贫困劳动力数量持续减少。在第二届全国创业就业服务展示交流活动期间，江西省就业扶贫馆作为独立展区参展，为全国5个独立展区之一。

【参加第二届全国就业创业服务展示交流活动】 6月，第二届全国就业创业服务展示交流活动在湖北省武汉市举办。江西省有江西馆和江西扶贫展区参展，江西馆作为全国15个分省展示区之一，从就业服务、创业培训、创业服务等方面对江西省就业创业特色工作进行全方位展示。江西就业扶贫展区以“聚焦清、精、深，打造6+1就业扶贫模式升级版”为主题，展示江西省就业扶贫工作做法和取得的成效。江西省是同时设有地方展馆和就业扶贫独立展位的3个省份之一，被活动组委会授予“优秀组织奖”。同时，江西省宜春15分钟服务圈、萍乡网格化管理、新余延时错时预约制等26个项目获评“优秀服务项目奖”，总数位居全国第三。

【创业就业服务系列活动】 6月，2019·江西省(宜春)“创领美好”创业就业服务系列活动在宜春市举行，23万多人通过微信直播观看活动。活动通过现场直播形式，展示创业就业工作经验做法；挖掘一批“在赣创业、以创带就”企业典型；对接创业就业服务优质资源，丰富人才招聘渠道；加大对创新创业者扶持力度，推动江西省创业就业工作再上新台阶。活动分“创美之路”“美好面对面”“就业赣企来”3个环节进行。“创领美好”创业就业服务系列活动是江西省人社系统着力打造的江西就业创业服务品牌，以“创领新赣鄱、美好新时代”为主题，自2018年起在全省范围内启动，被人社部评为“2018年全国地方就业创新事件”。

【参加第二届全国创业培训讲师大赛】 10月，第二届全国创业培训讲师大赛全国总决赛在宁夏银川结束，江西省参赛选手肖芳、艾奇俊成功晋级十强，获得全国三等奖，并获得国家级SYB(创办你的企业)创业培训师资格，徐惠燕获优胜奖。同时，省人社厅获得大赛组委会颁发的“优秀组织奖”。江西省是进入全国十强选手人数最多的省份之一，也是江西省首次闯入十强，实现历史性突破。

【失业保险“保生活、防失业、促就业”】 江西省发挥失业保险“保生活、防失业、促就业”三位一体功能，推进失业保险降费率、调费基，实现企业降成本、市场增活力、个人得实惠。执行阶段性降低失业保险费率、降低社会保险缴费基数等政策，失业保险总费率从2%降至1%。其中，用人单位费率0.5%，职工个人0.5%，为企业和个人减负12.56亿元。开展失业保险护航行动和职业技能提升展翅行动，全省共为4000余家企业发放稳岗补贴1.88亿元，惠及职工75万人，为2万名参保职工落实技能提升补贴3500余万元。全省累计3万余名失业人员享受失业保险待遇，发放失业保险金2亿多元，为生活困难下岗失业人员发放临时生活补助近300万元，保障失业人员基本生活。

【公共就业服务系列活动】 2019年，组织开展就业援助月、春风行动、民营企业招聘周、就业扶贫行动日、高校毕业生就业服务行动、2019江西省高校毕业就业服务进校园、金秋招聘月等公共就业服务系列活动，做到“月月有招聘活动，时时有就业服务”。就业援助月期间，全省共走访就业困难人员和零就业家庭10881户，帮助9169名就业困难人员实现就业。春风行动期间，全省共举办各类招聘会1847场次，中央电视台一套和二套对江西省春风行动开展情况进行连续播报。高校毕业生就业服务行动期间，共实名登记2019届高校毕业生2.63万人，组织各类专场招聘活动182场次，提供就业岗位8.47万个。2019江西省高校毕业生就业服务进校园大型活动，深入全省15所高校，为高校毕业生提供全方位、宽领域、多层面的就业指导和服务。金秋招聘月活动期间，全省共组织7733家企业参加，举办各类招聘活动390场次，累计提供招聘岗位20.3万个。

【创业担保贷款“江西模式”品牌】 2019年，江西省创业担保贷款围绕实现更高质量和更充分就业新目标，通过扩宽扶持渠道、推进信息化建设、提升服务质量等措施，创出江西创业担保贷款新成绩。全省新增发放创业担保贷款154.9亿元，完成全年民生工程任务140.82%，列全国第一位；通过创业担保贷款直接扶持个人创业11万人次，带动就业43.1万人次，还款率99.95%。截至年底，全省累计发放创业担保贷款1208亿元，累计扶持个人创业114万人次，带动就业445万人次，各项指标都位居全国前列。11月15日，国务院总理李克强在江西省人社厅社保中心视察时得知社保卡能申请政府贴息贷款进行创业时说：“这(社保卡)不仅是一个保障平台，还是一个支持创业的舞台，可总结推广。”国务院第六次大督查在赣督导期间，以专报形式刊发“一扩一简一配套”的创业担保贷款“江西模式”。省创贷中心被人社部评为全国人力资源和社会保障系统

2017—2019年度优质服务窗口。第二届全国创业就业服务展示交流活动中，江西省创业担保贷款展示项目获优秀服务项目奖。人社部中国就业培训技术指导中心带领8个省份的创业担保贷款工作负责人，到江西省开展创业担保贷款工作调研并召开座谈会，表示多项工作值得学习借鉴。

【高校毕业生“三支一扶”计划】 继续做好“三支一扶”人员选拔招募工作，全年招募“三支一扶”人员2077名，超额完成省民生工程任务；妥善安置1724名服务期满考核合格的“三支一扶”人员，安置率100%；举办1期全省“三支一扶”人员能力提升专项计划示范培训班，1期全省“三支一扶”人员脱贫攻坚专项计划示范培训班，共培训400名在岗“三支一扶”人员；1名“三支一扶”人员获2019年度全国“最美基层高校毕业生”提名奖。

（肖璟）

人事管理

【概　况】 出台《关于进一步规范事业单位人员同时在两类岗位上任职的通知》，进一步规范事业单位人员同时在两类岗位上任职的情形。制定《关于进一步支持高校“双一流”建设有关事项的通知》，为高校改革发展提供坚实的人事人才支撑。完成在九江市柴桑区推进县以下事业单位管理岗位职员等级晋升制度试点各项工作任务。分行业分类别开展事业单位公开招聘工作，完成2019年全省中小学教师招聘工作，组织开展2019年全省卫生专业技术人员统一招聘。

【职称制度改革】 6月，出台《关于进一步加强企业专业技术人才职称工作的若干意见》，制定12条具体政策措施推进企业专业技术人才职称工作，允许民营企业专业技术人才不受人事档案、户籍等限制，按属地原则申报职称。对工作年限较长的企业专业技术人才申报职称适度降低学历条件，减少申报台阶；对业绩突出的企业高级经营管理人才，打破学历、论文、奖项、课题等限制，建立破格审定高级经济师职称绿色通道。

【分类开展事业单位公开招聘】 分行业分类别开展事业单位公开招聘。完成2019年全省中小学教师招聘工作，共发布4523个岗位，计划招聘2.02万人，其中含国家“特岗计划”教师7341人。组织开展2019年全省卫生系统专业技术人员公开招聘工作，共发布3235个岗位，招聘5285人。全省省级事业单位共招聘1989名高层次人才。

【随军家属就业安置】 全年落实安置随军家属1289名，其中通过调配方式落实安置体制内随军家属85名。享受生活补助随军家属1170名，各级财政共发放生活补助金646万元，年人均发放5529元。全省各级公共就业服务机构为体制外未就业随军家属举办专场招聘会425场次，有针对性地组织2万余个就业岗位供随军家属应聘，为2000余人次随军家属提供就业服务、就业培训、创业帮扶等各项服务，推荐34名随军家属实现就业。

【机关事业单位工资待遇完善】 印发《关于进一步保障义务教育教师工资待遇的通知》《关于做好义务教育教师工资待遇保障工作的通知》，对做好义务教育教师工资待遇保障工作提出明确要求，并督促各地认真抓好整改。派员参加省纪委省监委组织的“两节”明察暗访工作，印发《关于进一步督促落实乡镇工作补贴的通知》，督促各地落实乡镇工作补贴政策。印发《关于试运行江西省事业单位工资管理系统的函》，省直20个主管部门下属100余家事业单位开始试运行，为下一步推广到全省打好基础。对江西省进一步加大医改攻坚力度提出贯彻意见，全省53家市级公立医院参加改革，占市级公立医院总数85%，试点工作平稳有序。

【建立和实行及时奖励制度】 出台《建立和实行及时奖励制度激励担当作为工作方案（试行）》，并牵头承担全省及时奖励评选、宣传以及实施等有关工作，全年共完成3个批次的及时奖励评选工作，对具有开拓性、创新性、引领性、示范性的工作以及敢于担当、攻坚克难、善作善成的71个集体和21名个人及时给予奖励，批复抚州、萍乡、景德镇等6个设区市的及时奖励评选方案。

（肖璟）

劳动管理

【概　况】 推进“和谐劳动·幸福江西”3年行动计划，将构建和谐劳动关系工作纳入《中共江西省委关于贯彻落实〈中共中央关于坚持和完善中国特色社会主义制度推进国家治理体系和治理能力现代化若干重大问题的决定〉的实施意见》。国家协调劳动关系三方会议召开模范劳动关系和谐单位表彰大会，全省11户企业、2个工业园区获全国模范劳动关系和谐企业与工业园区称号。

推进全省国有企业负责人薪酬制度改革和工资总额决定机制改革，人社部劳动关系司在全国通报表扬江西省国有企业负责人薪酬制度改革成效。向社会公开发布2017年度省属企业负责人薪酬监督检查公告。发布2019年度省属国有企业负责人薪酬计算基数，比上年增长11.08%。发布2019年全省企业工资指导线和非竞争类国有企业工资增长调控目标。建立规范统一的企业薪酬调查报表制度，首次发布全省人力资源市场工资价位和企业人工成本信息。

【协调劳动关系三方工作制度完善】

经省政府同意，7月，省协调劳动关系三方委员会印发《江西省劳动关系协商协调制度》，增补省个体私营经济协会为协调劳动关系三方成员单位，是全国第一个出台省级协调劳动关系三方委员会的协商协调制度，被国家三方办全文转载下发各省市参考。制度明确，省协调劳动关系三方委员会研究部署或协商解决全省协调劳动关系方面的重要工作或重大问题，省委各部门、省直各单位、各人民团体涉及劳动关系方面的重大问题，可书面提请省协调劳动关系三方委员会办公室按规定程序进行协商协调、及时解决。

【构建和谐劳动关系综合配套改革试点】 7月，人社部印发《深化构建和谐劳动关系综合配套改革试点方案》，在景德镇市等全国8地开展构建和谐劳动关系综合配套改革试点，试点期限为2年。经省政府批准，在全国首个向人社部上报改革试点实施方案。经人社部批复同意，12月，省人社厅和景德镇市政府联合召开构建和谐劳动关系综合配套改革试点动员部署会，重点围绕改革试点工作进行动员部署，启动试点工作。

【省属企业负责人薪酬管理制度体系形成】 6月，经省政府同意，省深化国有企业负责人薪酬制度改革工作领导小组印发《关于省属国有企业职业经理人薪酬制度改革的指导意见》《省属国有企业负责人薪酬追索扣回暂行规定》《关于调整完善省属国有企业规模系数计算确定办法的通知》，形成"1+12"的省属企业负责人薪酬管理制度体系。

【2019年全省企业工资指导线发布】 7月，江西省发布2019年企业工资指导线，明确企业年度货币平均工资增长基准线为8%，增长下线为3%，企业年度货币平均工资增长不设上限。企业工资指导线适用于企业在岗职工工资分配。

【企业薪酬调查报表制度建立】 从2019年起建立省、市两级企业薪酬调查报表制度，在全省组织开展企业薪酬调查工作，共调查全省4720户企业39万职工薪酬数据。首次向社会公开发布全省各类职业（工种）、各等级专业技术人员和技能人员的工资价位、初次就业大学生工资价位和企业人工成本信息。

（肖璟）

权益保障

【概　况】 全年全省各地共查处欠薪案件1476件，为2.1万名劳动者追偿工资待遇2.5亿元，分别下降30.8%、46.7%和43.4%，拖欠农民工工资高发、多发态势得到明显遏制。组织开展根治欠薪夏季行动、根治欠薪冬季攻坚行动、打击强迫劳动、使用童工等违法行为专项执法检查和清理整顿人力资源市场秩序等专项执法检查活动。全年全省劳动保障监察机构日常巡视检查用人单位2.5万户，涉及劳动者92.69万人，发放宣传资料42.7万份，开展法律咨询服务1547次，责令退赔求职者中介服务费、押金和其他费用3.5万元，劳动监察案件结案率99.93%。10月，省人社厅会同省高院、省总工会、省工商联、省企联（企协）联合下发《转发人力资源社会保障部等5部门关于实施"护薪"行动全力做好拖欠农民工工资争议处理工作的通知》，提高拖欠农民工工资争议案件处理效能。继续推进基层调解组织建设，做好基层示范调解组织总结验收工作。加强办案制度建设，修订完善《江西省劳动人事争议立案工作规则》等7个办案规则，与省高院共同发布《劳动人事争议十大典型案例》，提升办案质量。抓好仲裁员素质建设，开展全省劳动人事争议仲裁系统技能练兵比武活动。大力推进"智慧仲裁"信息化项目建设。全年全省共受理劳动人事争议案件2.26万件，依法调处案件2.22万件，仲裁结案率96.5%，调解成功率70.7%，终局裁决率40.8%，仲裁终结率69%。调处10人以上集体案件177件，涉农民工案件4056件。省仲裁院分别获"全国巾帼文明岗"和"江西省五一巾帼标兵岗"称号。

【治欠保支工作】 参照国务院根治欠薪领导小组模式，及时调整省保障农民工工资协调机构，将省治欠保支联席会议调整为省根治欠薪工作领导小组，副省长吴忠琼任组长，成员单位由原来的12个扩展到22个。坚持自我整改和指导督促，对照国务院保障农民工工资支付工作领导小组考核反馈的问题制定整改方案并做好落实，指导督促全省各地针对问题举一反三，深挖细查，追根溯源，剖析原因。利用电台、电视台、报纸、网络等媒介，多层次、多角度宣传根治欠薪工作，在全社会形成正面舆论导向。全年通过省级以上新闻媒体报道根治欠薪工作的文字或视频53篇，共监测处理网络舆情和根治欠薪专栏线索160条。

【欠薪违法行为惩处】 全年运用重大欠薪案件社会公布、"黑名单"管理、欠薪入罪等惩戒手段和惩罚措施，加大对欠薪违法行为惩处力度。2019年，向社会公布重大劳动保障违法行为44批次，管理对象涉及18家企业和个人，发布2批次拖欠农民工工资"黑名单"，涉及5户企业和个人。

【农民工工资支付管理】 加强工程建设领域农民工工资支付日常管理，严格落实属地政府负责制、农民工实名制、按时足额支付农民工工资制度、农民工工资专用账户制度、和行政执法与刑事司法衔接制度，会同省住建厅出台《关于规范农民工工资保证金缴纳工作的通知》《江西省建筑工人实名制管理实施细则》和《关于加快推行建筑工人实名制管理工作的通知》，联合省住建厅、省交通运输厅、省水利厅、人行南昌中心支行制定《江西省农民工工资保证金管理办法》，对恶意欠薪逃匿涉嫌犯罪案件，坚决依法移送司法机关追究刑事责任。全年全省向公安机关移送涉嫌拒不支付劳动报酬犯罪案件55件，公安机关立案侦查43件，法院判决拒不支付劳动报酬罪案件8件。

（肖璟）

本栏编辑　邓玉兰

国家区域发展战略

国家生态文明试验区建设

【概　况】 2019年，江西国家生态文明试验区重点制度创新任务基本完成，省域空间规划、生态环境监管、绿色金融改革走在全国前列，总结20项改革举措在全省推行、形成120条特色改革示范经验。全省空气优良天数比例89.7%，国家考核断面水质优良率93.3%，高于国家考核目标9.3个百分点，农村人居环境整治工作获国务院肯定，成为中部地区首个通过国检验收的省份。绿色发展水平进一步提升，全省高新技术产业、战略性新兴产业增加值占规模以上工业增加值的比重分别为36.1%和21.2%，同比分别提高2.3个百分点和4.1个百分点。生态江西品牌进一步打响，萍乡海绵城市建设、景德镇“城市双修”、上饶横峰农村环境治理获得国务院表扬，新余生态循环农业、鹰潭余江“宅改”经验等向全国推广，宜春“生态+大健康”入选改革年度案例。成功举办鄱阳湖国际观鸟周，受到国内外广泛关注，“省鸟”白鹤成为全省生态优势新名片，率先实现国家森林城市、国家园林城市设区市全覆盖。

【体制机制改革】 加大生态文明体制改革力度，构建具有江西特色的生态文明制度体系。完善国土空间管控体系，全面落实主体功能区政策和“三线一单”管控要求，出台国土空间规划体系实施意见，推动建立“四级三类”空间规划格局；建立自然资源资产确权登记、自然生态空间用途管制制度，推进自然资源有偿使用、“多规合一”试点，资源环境承载能力、国土空间开发适应性评价形成初步成果。健全生态环境治理机制，出台《江西省生态文明建设促进条例》《江西省实施〈中华人民共和国野生动物保护法〉办法（修订）》等地方性法规，组建省市县三级自然资源和生态环境管理机构，建立五级林长制并在全国推广。推进流域监管执法体制改革，建立地域与流域相结合的环境资源司法体系，设立赣江流域生态环境监管机构，省级环保督察实现设区市全覆盖；全年查办破坏生态环境资源犯罪案件4939件，提起公诉1336件，判决969件。探索生态价值转化机制，完善自然资源产权制度，推进农村两权抵押贷款、水权市场改革深入，抚州市形成生态产品与资产核算成果，武宁、崇义、浮梁、靖安等地开展省级生态产品价值实现机制试点。完善绿色责任考核机制，创新生态环境保护委员会管理机制，推行自然资源资产离任审计、生态环境损害责任追究制度。

【生态系统保护】 统筹推进全流域治理、全要素保护，进一步筑牢生态安全屏障。加强全流域保护修复，实施国土绿化和森林质量提升工程，完成造林6.98万公顷、低产低效林改造11.86万公顷，下达生态公益林补偿资金11.2亿元，补偿标准居中部首位；加快生态鄱阳湖流域建设，出台流域保护治理规划，划定河流管护范围5042千米；新建高标准农田19.73万公顷，治理水土流失面积1529平方千米。建成鄱阳湖湿地生态预警监测系统，鄱阳湖湿地生态补偿范围扩大至12个县。构建自然保护地体系，全省有自然保护区190个、森林公园182个、湿地公园99个，占全省国土面积10.2%；实施“绿盾2019”专项行动，整治违法侵占自然保护区问题527个。全面实施山水林田湖草综合治理行动计划，推进流域水环境保护、水土流失治理、矿山环境修复、生物多样性保护等重点工程110余项，山区崩岗治理“赣南模式”、废弃矿山修复“寻乌经验”获得国家部委肯定，加快探索南昌城市滨湖地区山水林田湖草综合治理新模式，深入推进吉安山水林田湖草生命共同体示范区建设。

【污染防治攻坚】 统筹推进“五河两岸一湖一江”系统治理，全面实施8大标志性战役、30项专项行动。强化长江经济带“共抓大保护”，深入实施生态环境污染治理“4+1”工程，推进“三水共治”，取缔非法码头86座，完成长江经济带警示片披露问题整改16个，整改进度列沿江省（市）第二位，整改工作新机制获得国家长江办肯定并推广；强化重点领域环境治理，开展“净空行动”，推动工业废气污染治理、农作物秸秆禁烧、柴油货车污染整治，全省$PM_{2.5}$平均浓度为35微克/立方米，空气优良天数比例达到89.7%；开展“净水行动”，实施城镇生活污水处理提质增效3年行动，推进饮用水源地保护、入河排污口整治工程，新改建污水管网1126千米；开展“净土行动”，推进城镇生活垃圾、建设用地污染、危险废弃物等专项整治，建成垃圾焚烧处理设施13座，垃圾焚烧日处理能力9200吨。强化城乡环境综合整治，深入实施城市功能与品质提升行动，治理设区市城市黑臭水体29个，全省中心城区道路机扫率86.49%；深入开展农村人居环境整治行动，统筹63亿元资金推进2万个村组整治和36个美丽宜居试点县建设，59 个县实施城乡环卫“全域一体化”第三方治理，完成农户改厕 56.09 万户。

【产业绿色转型】 坚持产业生态化、生态产业化，加快打通绿水青山与金山银山的双向转化通道。全面推进绿色有机农产品示范省建设，深入实施农业结构调整“1+9”、绿色生态农业 10 大行动，建设现代农业示范园 291 个，绿色有机农产品数量达 2888 个；油茶、竹类、香精香料、森林药材等林业产业快速发展，林业经济总产值超过 1700 亿元；率先上线运行省级农产品标准化及可追溯平台，农产品抽检合格率稳定在 98% 以上。加快优势产业绿色发展，深入实施创新驱动发展战略，全省高新技术企业突破 5000 家，全社会研发投入约占地区生产总值的 1.6%，专利申请 9.1 万件；深入实施“2+6+N”产业高质量跨越式发展行动计划，全力推进“大干项目年”活动，航空、电子信息、中医药、新材料等优势产业营业收入实现两位数增长；出台实施数字经济发展战略意见及行动方案，推进 5G 商用、“03 专项”试点，加快打造“物联江西”和 VR 产业“江西高地”。加强传统产业绿色改造，持续推进传统产业优化升级行动，工业技改投资增长 36.3%，淘汰煤炭落后产能 183 万吨，超额完成年度目标任务；建立生态文明地方标准 180 项，创建国家级绿色园区 7 家、绿色工厂 33 家，推进 6 个国家资源综合利用基地建设；全面落实环保电价、差别电价、可再生能源电价政策，可再生能源装机达 1541 万千瓦，全省单位 GDP 能耗、水耗分别下降 4%、5.2%。现代服务业提质升级，深化绿色金融改革创新，赣江新区发行全国首单绿色市政专项债 12.5 亿元，全省绿色信贷余额 2241.6 亿元；大力发展生态旅游、森林康养、健康养老等产业，旅游接待总人次、总收入分别增长 15.65% 和 18.55%，服务业增加值占地区生产总值的 47.5%，首次超过二产。

【生态共建共享】 坚持生态文明共同参与、共同建设、共同享有，凝聚全社会的共识与合力。弘扬社会主义生态文明观，在全省中小学生中广泛开展生态文明养成实践活动，推进生态文明教育进校园、进课堂、进教材。加强党政干部教育培训，开设污染防治攻坚战、绿色发展等生态文明系列专题课程，推动生态文明培育考核纳入公共文明指数测评。组织节能宣传周、寻找“最美环保人”等活动，开展“河小青”志愿服务近 10 万人次。赣州山水林田湖草保护修复经验向全国推广，成功创建鄱阳湖国家自主创新示范区、景德镇国家陶瓷文化传承创新试验区，萍乡国家产业转型升级示范区、抚州国家生态产品价值实现机制试点、九江长江经济带绿色发展示范区等重大平台先后落地。创建全国“两山”实践创新基地 4 个、国家生态文明建设示范市县 11 个，数量居全国前列。井冈山、婺源、资溪列入首批国家全域旅游示范区。加快推进 54 个省级生态文明示范县、139 个省级生态文明示范基地建设，打造形成一批示范样板。列为国家生态综合补偿试点省，全年筹集流域生态补偿资金 39.22 亿元，建立省内上下游横向生态保护补偿机制，启动新一轮东江流域生态补偿，建立赣湘渌水流域横向生态保护补偿制度，加快构建市场化多元化生态补偿机制。选聘生态护林员 2.15 万人，带动 7 万人口脱贫，遂川、乐安、上犹、莲花等生态扶贫试验区脱贫摘帽。加快推广碳普惠、垃圾兑换银行等绿色活动，设区市城区绿化覆盖率、绿地率居全国前列，人民群众生态获得感进一步增强。

（洪小波 龚志坚 林绪强 罗斌华）

6 月 18 日，江西省赣江新区绿色市政专项债券（一期）在上海证券交易所成功发行。图为 6 月 19 日，赣江新区绿色市政专项债媒体见面会

赣江新区供

赣南等原中央苏区振兴发展

【概　况】 年内，国家发改委、教育部等 8 部委联合制定《完善支持赣南等原中央苏区振兴发展的若干政策措施》；国家发改委组织召开部际联席会议，帮助江西省协调 14 个重大事项；国家发改委多次深入赣南等原中央苏区调研指导，并对《赣闽粤原中央苏区振兴发展规划》等实施情况进行评估；省委、省政府召开省赣南等原中央苏区振兴发展工作领导小组第八次会议、省赣南等原中央苏区振兴发展工作推进会议，省直单位持续加大政策、资金、项目支持力度，推动赣南等原中央苏区振兴发展取得重大进展。2019 年，赣州、吉安、抚州 3 市地区生产总值分别增长 8.5%、8.1%、7.9%，均高于全国平均水平 1.8 个百分点以上。

【产业升级】 中科院稀土研究院签约，中科院抚州数据研究院落户，赣州、吉安、抚州、新余、鹰潭高新区获批建设国家自主创新示范区，新增国家企业技术中心 2 家、省级工程研究中心 15 家、省级“双创”示范基地 14

家。赣州新型功能材料、鹰潭下一代信息网络产业入选国家首批战略性新兴产业集群，吉安电子信息产业主营业务收入1400亿元、3家企业销售收入过百亿元。鹰潭获全球智慧城市数字化转型奖，萍乡成为国家产业转型升级示范区。南康家具区域品牌价值居全国家具行业之首，于都获批“中国服装制造名城”，樟树阳光安全设备成为全国“质量标杆”。赣南脐橙品牌价值稳居全国水果类第一，赣南茶油入围中国地理标志产品区域品牌榜50强，赣州新增规模蔬菜基地5866.67公顷、高产稳产油茶林示范基地50个，吉安建设井冈蜜柚标准园45个，南丰蜜橘畅销全球40多个国家和地区，广丰马家柚首次出口欧盟。信丰国家现代农业产业园通过验收，崇义、芦溪列入国家农村产业融合发展示范园创建名单。赣州稀有金属交易所有限责任公司开业，瑞京金融通过备案，吉安海能实业首发上市，华夏赣州分行、光大吉安分行开业。赣州获批设立全国跨境电商综合试验区、入选商贸服务型国家物流枢纽。赣州汽车整车口岸、进口肉类指定监管场地通过验收，赣州黄金机场临时航空口岸获批。赣州综合保税区获批企业增值税一般纳税人资格试点，抚州海关开关运行。萍乡武功山获评国家5A级景区，井冈山、资溪入选首批国家全域旅游示范区。

【基础设施建设】 昌赣客专建成通车，赣南苏区通高铁；浩吉铁路开通运营。大广高速南康至龙南扩容、宜春至遂川高速公路开工建设，普通国省道升级改造345.8千米。赣州黄金机场改扩建、井冈山机场二期改扩建工程建成投运。华能瑞金电厂二期开工建设，赣州西500千伏输变电工程建成投运。省天然气管网7条支线管道铺设基本完成。赣江新干航电枢纽、赣江石虎塘—神岗山Ⅲ级航道整治工程完工，赣江三级航道基本具备通航条件。廖坊水利枢纽灌区二期工程正式通水，鹰潭花桥、兴国洋池口水库开工建设。

【生态文明建设】 实施重点防护林工程3.80万公顷、低产低效林改造项目3.61万公顷。赣州治理废弃矿山34.1平方千米、崩岗4334座，国考断面水质优良率96.5%。赣南苏区新增国家级绿色园区2家、绿色工厂6家，永丰获批国家大宗固体废弃物综合利用产业示范基地，新干工业园纳入国家环境污染第三方治理园区名单。第二轮东江流域上下游横向生态补偿协议签订。赣州初步形成废弃稀土矿山治理“三同治”、东江流域生态“多元化”补偿、崩岗水土流失治理等一批模式，吉安市生态文明“三线合围”机制和生猪生态化养殖经验模式在全国推广，抚州成为全国第二个长江经济带生态产品价值实现机制试点城市，萍乡海绵城市试点获全国优秀第一名。井冈山、崇义成功创建国家“绿水青山就是金山银山”实践创新基地，莲花入选国家生态文明示范县，瑞金入选全国“无废城市”试点，石城国家地质公园正式授牌。

4月拍摄的崇义风光

黎良平摄

【民生工程】 全年脱贫23.67万人，9个县脱贫摘帽，剩余4个贫困县全部达到摘帽条件，赣州、吉安、抚州贫困发生率分别降至0.37%、0.14%、0.15%。赣州、吉安、抚州3市城镇新增就业17.94万人。改造农村危房1.63万户。新改建农村公路5427千米、危桥651座，完成安全生命防护工程1123千米，泰和县、莲花县被评为“四好农村路”全国示范县。实施农村安全饮水巩固提升工程项目473处，苏区贫困人口安全饮水问题全部解决。吉安、新余纳入国家普惠学前教育试点，91.29万名农村义务教育学生享受营养膳食补助，义务教育学校基本达到国家“20条底线”要求。赣州、上饶入选全国城市医联体建设试点，13个城乡社区纳入国家老年人心理健康关爱项目。安排养老建设项目2.64亿元，争取居家和社区养老服务改革试点中央资金1.7亿元。峡江水利枢纽获鲁班奖，电影《八子》在全国上映。

【“赣服通”市县分厅全部上线】 “赣服通”市县分厅全部上线，赣州80%以上服务事项实现“掌上办”，市本级“最多跑一次”事项占比91%；吉安完成高频事项接入825项、排名全省第一；抚州12345政务热线平台建成，实现“一网通办”事项405项。

（赖红军 吕瑞林）

对口支援新疆克州阿克陶县

【概　况】 2019年，重点开展就业、教育、民生、产业等7大领域援助工作。全年共实施援建项目46个，安排援助资金2.85亿元，推进对口援疆各项工作。全年阿克陶县地方财政收入、城镇居民可支配收入、农牧民可支配收入分别增长19%、

7.2%、11.8%。

【援疆扶贫】 全年实施援疆扶贫项目40个，安排援疆资金2.09亿元，占全年援疆资金的77.36%。从产业扶贫、就业扶贫、教育扶贫、健康扶贫、基础设施建设等突出问题入手，研究制定《2019年阿克陶县援疆扶贫行动方案》，推进阿克陶县脱贫攻坚工作。研究制定《支持巴仁乡库尔干村脱贫攻坚示范点建设实施方案》，整合援疆资金和当地扶贫资金，重点实施民生、就业、教育、产业、基层组织政权建设等方面16个项目建设，支持巴仁乡库尔干村脱贫攻坚示范点建设。至年底，已投入援疆资金1473.5万元，建设安居富民房42套和5.2千米供排水管网，完善村脱贫安置小区基础设施配套；先后引进广硕电子和鑫杰电子2家劳动密集型企业，解决当地劳动力就近就地就业700余人；村基层组织阵地“5+2”工程已全面封顶，群众文艺活动中心交付使用，示范点建设取得初步成效。安排援疆资金7647万元，推进棚户区改造、“两居”及其配套工程建设。至年底，安居富民房1764户全部竣工，竣工率100%；定居兴牧工程700户建设任务于2018年提前建设完成。基本完成受援地“两居”工程“十三五”规划建设任务，解决近6万余人的安全住房问题，建档立卡贫困户全覆盖，群众生活环境舒适度和便利度不断提高。

【教育援疆】 江西继续坚持项目优先发展、资金优先保障、师资优先培训的“三优先”原则，改善阿克陶县办学条件，投入基础设施援助资金500万元，主要用于自2016年实施的县乡镇新增24所幼儿园及配套设施建设，新增幼儿园班级数共计134个，新增接收幼儿人数4000多名，彻底解决村一级幼儿入学难的问题。以培养高素质双语教师队伍为重点，提升受援地师资力量。2019年，选派30名当地优秀教师赴江西南昌县洪洲中学、莲塘一中进行跟班助教、听课培训半年。以援疆支教教师作为学科带头人成立“梦想”“何老师”“尹金芳”等15个州县级教学工作室，全年共开展培训活动84次，培训人员200余人次，通过“传帮带”提升受援地教师教育教学水平。开展“订单式”送教下乡活动，共开展“订单式”送教106余次（其中送课91节、讲座15场），受益教师1200人次、学生1.5万人次，提高当地教师的教育教学专业水平。推进贫困学生资助，提升教育扶贫成效。2019年，安排300万元资助阿克陶县500名内地新疆籍大学生接受高等教育，确保贫困大学生应助尽助；安排200万元，对县内4所“全托制”学校在读单收或双收家庭1885名学生进行每月200或300元的生活和学习费用补助，让援疆资金真正惠及贫困人口。

【产业援疆】 重点推进阿克陶江西工业园区、农业园区及旅游服务业基础设施建设，提高阿克陶县产业发展基础承载力，增强阿克陶县产业经济内生动力和自身造血功能。阿克陶江西工业园区新引进江西企业投资受援地阿克陶县18家，新增就业岗位3000个，实际解决就业2052人。分别在江西南昌、福建泉州、广东深圳等地开展招商活动，对接客商规模200余人，吸引到疆考察客商80余人，引进广硕电子、中泓电子、畅品居建材、富盛工艺等企业8家，新增就业1000余人。重点支持巴仁乡库尔干村旅游开发，并参加各类旅游推介活动。旅游包机（专列）补贴项目完成2批江西援疆旅游专列共1062余名江西游客赴陶旅游，还通过“互联网+实体门店”等形式，帮助农产品内地销售1330吨，加工农副休闲食品250余吨，实现销售金额4000万元。

【人才培养】 利用江西红色资源突出理想信念教育，分2期选派100名克州州直、阿克陶县党政干部赴井冈山江西干部学院接受红色教育，选派36名财政干部赴赣培训；组织50名新疆、克州纪检监察系统干部到江西井冈山等地接受红色革命传统教育和纪检监察业务培训。创新培养培训形式，除到江西参加培训和挂职锻炼外，还从江西省刚脱贫的县市，引进13名优秀扶贫专家在阿克陶开展3个月的业务培训和技术指导，完成对全县63个贫困村的4轮现场帮带，并协助县里开展中央巡视反馈问题整改情况督查、2019年预退出贫困村自查自验等5项重点任务，形成情况专报108期。组织省内卫生健康部门赴疆8批48人次，召开交流座谈会8次，举办学术讲座6场次，现场带教50多人。选派结核科、麻醉科、儿科、中医康复科6名专家赴阿克陶县开展3个月的交流交往活动，帮助当地提升业务水平。安排100万元，选拔确定克州帕米尔领军人才46名、骨干人才82名、后备人才279名等共407名；立项资助课题（项目）149个，援建资金全部拨付到位。

【基层基础建设】 调增援疆资金1700万元，用于阿克陶县“5+2”基层阵地建设，提高基层干部宜居、宜业环境，基层党组织政权建设得到进一步巩固和夯实。筑牢基层维稳防线。分2批次向受援地派出10名技术民警进行技术指导以促进赣新两地维稳力量交流；拨付阿克陶县技防建设项目资金495万元，在全县范围内建设完善视频监控系统、动中通无线图传系统和智能卡口抓拍系统，加强技防物防设施建设，发挥技术防范作用。

【交流交往】 2019年，安排资金1390万元，推进赣新两地各族群众交流交往交融。继续推进赣新两地青少年“手拉手”和千校“手拉手”活动，共组织214名赣新两地青少年参加青少年“手拉手”融情实践夏令营活动，其中少数民族青少年97名。以“赣新一家亲·共圆中国梦”为主题的文艺汇演分别在新疆克州、阿克陶县和江西南昌、九江上演，演出紧扣江西文化援疆22年的工作成就，展现两地独有的文化民俗，颂扬赣新两地人民之间的深厚友谊，促进赣新两地各族人民手拉手、心贴心。组织56名江西政法系统、医疗系统、优秀党员等各行各业的领导、专家、学者到克州、阿克陶指导调研工作；安排20余名江西企业家到克州、阿克陶县实地考察，深入了解当地经济发展情况与投资环境。全年共有71批次610人到克州、阿克陶交往交流，计划外援助资金共1746.2万元。

（张融融）

本栏编辑　游桃琴

农业农村

综述

2019年，江西农林牧渔业总产值3481.3亿元，增长3.1%。农村居民人均可支配收入15796元，增长9.2%。

农业供给能力保持稳定。积极应对春夏洪涝和伏秋连旱等极端天气，先后开展“春季稳粮”“秋粮扩种”“单产提升”“防灾减灾”四大行动，粮食总产量2157.4万吨，连续7年稳定在2150万吨以上。高质量超额完成2018年度高标准农田建设任务，新建成高标准农田19.75万公顷。启动生猪复产增养行动计划，有效遏制疫情发生和生猪产能下滑势头，全年生猪出栏2546.8万头、存栏1006.3万头，生猪调出量1186万头，增长8.3%，为全国生猪市场供应作出积极贡献。其他“菜篮子”产品市场供应充足，蔬菜、水果、水产品、禽蛋产量分别达1795万吨、447万吨、258.81万吨、57.2万吨，均有不同幅度增长。

农业产业实力持续增强。实施农业结构调整“九大工程”，发展优质稻、高效经济作物、草地畜牧业和特色水产业，形成粮食、畜牧、水产、果蔬四大千亿元规模产业。调整种植结构面积22.59万公顷，优质稻订单面积突破80万公顷，新开发果园、茶园、中药材基地面积分别1.47万公顷、6666.67公顷、3万公顷；牛、羊肉产量分别增长5.5%、10%；稻渔综合种养面积10.07万公顷，增长51%。实施农产品加工“七大行动”，2019年全国农业产业化龙头企业500强榜单中，江西省有34家企业上榜，增加12家；全省规模以上农产品加工企业3174家，增加569家；规模以上农业龙头企业销售收入5942亿元，增长6.9%；省级龙头企业销售收入3747亿元，增长5.2%。创建省级田园综合体15个，省级和国家级现代农业示范园294个，休闲农业和乡村旅游总产值945亿元。北上京津冀、南下粤港澳，开展招商引资活动，全省实际进资总额343亿元，增长19.5%。

绿色生态潜力深入挖掘。深入实施绿色生态农业“十大行动”，农药化肥使用量连续4年保持负增长；畜禽粪污综合利用率92%，农作物秸秆综合利用率90%以上。创建全国绿色食品原料标准化生产基地46个、国家农产品质量安全市（县）10个，“三品一标”总数5079个；3.4万余家企业纳入追溯管理，2600余家企业农产品实现携码入市；主要农产品抽检合格率稳定在98%以上。首次推出江西省农产品“十大区域公用品牌”和“50强企业品牌”；“7+2”稻米区域公用品牌销售收入48亿元，增长28%；“四绿一红”茶叶品牌总价值109.6亿元、首破百亿元大关，增长15%；赣南脐橙品牌价值675.4亿元，列全国区域品牌第七位和水果类产品的第一位；宁红茶被认定为2019北京世园会官方合作伙伴。成功举办第十七届中国国际农产品交易会和首届江西“生态鄱阳湖·绿色农产品”博览会，世界各地的8000家企业参展，2.3万家采购商、8万名专业观众、42.5万人次观展，贸易交易总额381亿元，比上届增长13.1%。

乡村发展动力逐步增强。农村集体资产清产核资工作完成总结验收，共核实资产994.5亿元，村集体年经营收入5万元以上的村占比78.9%，年经营收入超百万元的村262个，江西省被列为全国农村集体产权制度改革整省试点省。创新开展支持小农户发展特色农业保险试点，“财政惠农信贷通”新增贷款111.17亿元，受益户数13.31万余户。全省流转农村土地114.73万公顷，流转率46.6%；发展农民合作社7.1万家，家庭农场3.8万个。创新“赣南脐橙”“井冈蜜柚”等产业扶贫模式，带动贫困户106.4万户次，带动贫困人口336万人次。实施农业科技创新工程，加强22个产业技术体系建设，新增1个国家级区域性良种繁育基地，累计培育高素质农民16.2万人，全省农业科技贡献率59.5%，主要农作物耕种收综合机械化率73%、水稻耕种收综合机械化率78%。智慧农业PPP项目建设全面开工，建成益农信息社1.36万家。

美丽乡村魅力不断提升。学习借鉴浙江“千万工程”经验，出台全省农村人居环境整治“1+8”政策性文件，多措并举打好农村人居环境整治提升战，全省农村人居环境得到明显改善。全面完成2万个村组整治建设任务，全省累计完成整治建设村组13万个，占全省村组总数的65%；累计完成农户改厕771万户，建成农村生活污水处理设施3308个，有59个县（市、区）实现城乡环卫“全域一体化”第三方治理，71个县（市、区）成立新农村建设促进会，发动新乡贤参与捐资10多亿元。在2019年农业农村部开展“千村万寨展新颜”活动中，江西入选159个村庄，约占全国550个村庄总数的30%，位居全国第一。制定出台《关于加快建立“五定包干”村庄环境常态化长效管护机制并监督实施的指导意见》，在全国率先全面启动村庄环境长效管护，初步形成

"政府主导＋企业运营＋农户'门前三包'"或"政府主导＋行政推动＋农户'门前三包'"等村庄环境长效管护模式。

（英聪　谢永忠）

种植业

【概　况】 2019年，下拨耕地地力保护补贴资金41.6亿元，稻谷补贴资金14.4亿元。全省粮食总产量2157.4万吨，减少33万吨；播种面积366.51万公顷，减少5.62万公顷；粮食单产392.4千克/亩，与上年持平。全省油菜总产量68.4万吨，减少0.7万吨；播种面积48.23万公顷，减少1600公顷；单产94.7千克/亩，减少0.7千克/亩。全省蔬菜播种面积64.44万公顷，增加1.07万公顷；产量1581.8万吨，增加44万吨；水果面积43.33万公顷，增加1.15万公顷；产量474.3万吨，增加1万吨。茶园面积12.13万公顷，增加6666.67公顷；干毛茶总产量7.4万吨，增加0.4万吨。中药材种植面积11万公顷，增加3万公顷；产量52.7万吨，增加15万吨。

【供给侧结构性改革】 以订单为抓手，促进全省优质稻生产，2019年，全省优质稻订单面积80万公顷。夯实技术支撑，"籼改粳"进入高产优质新发展阶段，主推优质粳稻品种再次刷新江西省水稻单产最高纪录，其中，一季粳稻亩产1022.2千克，双季亩产晚粳843.1千克。打造以城郊、供港、供沿海及"一带一路"、特色、水生为主的五大蔬菜产区。以柑橘为主，猕猴桃、葡萄等高效特色水果同步发展的"一主多特"水果产区；以"四绿一红"为主的茶叶产区；"三子一壳"道地中药材、特色中药材、药食同源中药材共同发展的中药材产区。

【高效种植】 2019年，在全省16个县开展粮油绿色高质高效行动，落实项目资金2973万元。开展双品对接、稻油轮作和多功能拓展三大任务，加强产销对接，落实水稻订单面积6.58万公顷，油菜订单面积1.67万公顷。围绕化肥农药使用零增长行动，行动县累计推广技术模式26套，推进粮油规范化、标准化生产，提高技术精准性。按照"核心专家自组团队，蹲点包县整体行动"技术服务模式，组建6个核心专家团队，分组包县开展技术服务和攻关，对接指导加工企业开展规范化、标准化技术服务，针对特定品种开展配套技术攻关。

【稻米区域公用品牌】 开展稻米区域公用品牌建设，安排资金2.56亿元对鄱阳湖大米、宜春大米、万年贡米、永修香米、井冈大米、麻姑大米和奉新大米7个稻米区域公用品牌，以及凌代表、吉内得2个绿色特色品牌，进行重点扶持。2019年稻米区域品牌核心企业签订订单面积16.93万公顷，订单平均价格超出政策托市价27%，带农增收效益明显。

【蔬菜标准化】 整合省内外科研资源与人才，推进研究重心向蔬菜产业转移。在蔬菜产业发展中，推进标准化蔬菜基地建设，推广粘虫板、频振式杀虫灯、性诱剂等病虫害综合防控技术，鼓励企业开展"三品一标"认证。全省通过无公害蔬菜（含食用菌）产品507个共1.95万公顷，绿色食品34个，有机蔬菜食品8个，蔬菜地理标志22个。出台《"赣南蔬菜"品牌认定及评价》地方标准，促进和规范"赣南蔬菜"产业发展，推进"赣南蔬菜"规模化、标准化、生态化生产和传统产业绿色转型升级。广东菜心、芥蓝、西兰花、奶白菜、豆苗等蔬菜销往中国香港、澳门及日本、韩国、欧洲等国家和地区。

【防灾减灾】 加强与气象、水利、应急等部门沟通会商，及时发布预警信息，适时启动应急响应；争取中央农业生产救灾资金1.25亿元，免费发放救灾种子669吨；以农业农村厅名义下发预警通知13个，通过江西微农推送信息25期、受众4万多人，通过"12316"短信平台发送提醒短信18次8596条。

（刘松　王晨）

茶产业

【概　况】 2019年，省政府办公厅印发《关于进一步加快江西茶产业发展的实施意见》。全省茶园面积12.13万公顷，增长5.8%；全年干毛茶总产量7.4万吨，增长5.7%；全年干毛茶一产产值67亿元，增长8%。其中，"四绿一红"所在市县茶叶总面积6万公顷，总产量4.4万吨。一产总产值近35亿元。

【茶叶品牌影响力】 2019年，江西茶叶品牌影响力持续提升。据2019中国茶叶区域公用品牌价值榜，"四绿一红"品牌总价值109.6亿元，增长14.7%。其中，庐山云雾茶在全国农产品区域品牌排行榜百强中排第45位，上升8位；宁红茶被授予"2019北京世园会官方合作伙伴"称号。

【茶产业工程】 依托农业结构调整茶产业工程，开展茶叶优势产区创建，重点支持赣中南的狗牯脑茶产区、赣西北的庐山云雾茶—宁红茶产区、赣东北的婺源绿茶、浮梁茶、河红茶产区，以及资溪、靖安等白化茶产区发展。在环节上，重点支持标准化生态茶园的建设和提升，按照"山顶带帽、山腰结带、山脚穿靴"的生态模式开发，做到路、沟、渠、套种林木配套，实现品种良种化、栽培标准化、生产绿色化、产品安全化目标。2019年，省级财政共安排资金4400万元，新建和提升标准化生态茶园约9066.67公顷。

【2019第三届中国（南昌）国际茶业博览会】 5月24日—26日，2019第三届中国（南昌）国际茶业博览会在南昌市江西省展览中心举行。茶博会由中国茶叶流通协会、江西省农业农村厅、南昌、九江、吉安市政府共同主办，展示面积1万平方米，邀请143家省内茶企、50家省外茶企、10家境外茶企参展。展会以"江西茶 香天下"为主题，举行江西茶叶专场推介会。茶博会开幕前，还在省蚕茶所举

办第三届中国(南昌)国际茶业博览会茶叶评比,在遂川县举办第四届"狗牯脑杯"全国绿茶手工制作大赛,在修水县举办第二届"宁红杯"全国手工红茶制作技能大赛等分活动。

(王晨)

林 业

【概 况】 2019年,全省林业工作着力做好建设好、保护好、利用好绿水青山"三篇文章",全面实施绿色崛起战略,取得显著成效。承担全国油茶产业发展示范试点等7个国家级试点任务,为全国林业建设贡献一系列"江西经验"。江西举办中国(赣州)第六届家具产业博览会,观展150万人次,交易额超150亿元,网络观看和点击量超1000万人次,均创历届之最。全国油茶产业发展工作会议在赣州召开,江西、赣州作典型发言。全国户外重组竹产业可持续发展井冈山峰会在井冈山市召开。全省实现林业总产值5112亿元,增长13.5%。其中,第一产业1215亿元,增长1.6%;第二产业2280亿元,增长7.5%;第三产业1617亿元,增长36.3%。生产商品材277万立方米、大径竹2.2亿根、小杂竹40.8万吨、木竹加工产品3831万立方米、林产化工产品51万吨、各类经济林产品622万吨。推进林业产业转型升级,全年新增国家林业重点龙头企业13家,数量居全国第一。全省国家级林业重点龙头企业39家,列全国第一方阵;省级林业龙头企业364家。参加第十六届中国林产品交易会获优秀设计奖和优秀组织奖。参加第十二届中国义乌国际森林产品博览会2个根雕获金奖,一个木雕获银奖,2人获"金雕手"称号。参加2019年中国·合肥苗木花卉交易大会,获优秀组织奖和最佳设计奖。省林业局获评2019中国森林旅游节"最佳组织单位""最佳省级展示单位",婺源县林业局获评"优秀参展市县"。

【森林培育】 全省人工造林6.69万公顷,封山育林7.43万公顷,退化林修复12.27万公顷。森林抚育39.46万公顷,重点防护林工程4.53万公顷,国家储备林项目1.4万公顷。欧洲投资银行贷款项目累计2.14万公顷。重点区域森林"四化"建设1.29万公顷。

【林下经济】 全省林下经济总产值2034亿元。全年完成林下经济种植4.61万公顷,超额完成目标任务。其中,高产油茶种植2.46万公顷,占计划105.3%;油茶低产林改造0.67万公顷,占计划100%。香精香料种植1933公顷,占计划145%;森林药材种植1.36万公顷,占计划136.1%;毛竹低产林改造和笋竹两用林建设2.13万公顷;新造雷竹1333公顷;新增苗木花卉0.47万公顷。全省油茶产业总产值314亿元,面积和产值均居全国第二位。国家首个"油茶产品质量监督检验中心"落户江西。省级油茶产业发展专项资金0.8亿元,新造高产油茶补助标准提高到500元/亩。农行"金穗油茶贷"累计发放贷款22亿元。全省油茶良种苗木生产经营单位76家,油茶良种苗木圃地数量1.20亿株,提高30.5%;油茶加工企业292家,其中全国油茶重点企业9家、国家林业重点龙头企业9家、省级林业龙头企业74家,共注册油茶商标160个,其中5个商标获中国驰名商标称号,4个品牌入选中国茶油十大品牌。"赣南茶油"再次入选中国地理标志产品区域品牌榜,位列第46名。"袁州茶油"被批准为中国地理标志证明商标。5个山茶油产品获国际风味暨品质评鉴(TheInternational Taste Institute)2星风味绝佳奖章。自主设计的江西山茶油logo取得版权登记证书。全省竹产业总产值294亿元。全省竹林总面积103.73万公顷,资源总量居全国第二位。打通竹林经营道路6000千米。获首届中国(宜宾)竹产业发展峰会暨国际竹产品交易会金奖2项、优质奖2项、参展奖8项。吉水、金溪香精香料产业集群初步形成。森林药材种植3.61万公顷,种植农户25.6万人,形成樟树市、德兴市森林中药材产业基地。制定森林药材地方标准16项。全省野生动物繁育利用产业总产值19亿元。野生动物人工繁育企业1386家、经营利用企业730家,野生植物培育利用企业300余家。全省苗木花卉产业总产值310亿元。全年苗木补助资金2060万元。苗木花卉培育11.13万公顷,可出圃苗木12.7亿株。大中型苗木花卉企业365家,其中国家林业重点龙头企业5家、省级93家。获2019中国·合肥苗木花卉交易大会优秀组织奖和最佳设计奖,全南彩叶桂花品种"紫嫣公主"入选良种(品种)新技术推介会,3家公司产品分别荣获金奖、银奖和优质奖。全年核发林木种子生产经营许可证44份,无许可证注销。出台《关于促进江西森林康养产业发展的意见》,全省森林旅游与休闲接待1.8亿人次,产值1107亿元。3处国家森林公园被纳入"森林体验国家重点建设基地",3处国家森林公园景区被纳入"森林养生国家重点建设基地",33处被命名"省级森林体验基地""省级森林养生基地"。

【林业改革】 深化集体林权制度改革,在全国率先出台《江西省林权抵押贷款管理办法(试行)》《江西省公益林(天然商品林)补偿收益权质押贷款管理办法(试行)》,修订印发《江西省集体林权流转管理办法》《江西省国有林权和集体统一经营林权交易管理办法》,江西成为全国首个启动林地经营权登记的省份。建立林业金融服务平台,形成林银协同服务、信用评价和名单管理机制,联合建设银行、网商银行分别推出面向全省林农的"林农快贷"和"网商林贷"两款无抵押信用贷款产品。南方林业产权交易所筹建林业要素交易平台,获江西省金融监督管理局批准新增木材、松香、油茶、茶叶和森林药材等交易品种。全年公共资源交易网成交林权交易221项,标的445宗,面积1.56万公顷,成交3.45亿元。新增林权抵押贷款20.09亿元,增长28.28%。森林参保822.69万公顷,占有林地面积90%。生态补偿等15项涉及林农个人的林业补贴资金纳入社会保障"一卡通"应用范围,年度总量31亿元。省林业局印发《关于加快推进国有林场场外造林的指导意见》《关于大力开展国有林场"百场兴百业、百场带百村"行动的通知》,

下达国有林场场外造林资金1.74亿元，造林1.70万公顷，实施国家林草局国有林场管护用房建设试点任务111个。安福县国有武功山林场、修水县国有生态公益林场被授予“2018年度全国十佳林场”称号。全年办理“一次不跑”政务服务事项45件，“只跑一次”政务服务事项3537件，增多28.9%，无投诉和举报。全年修改林业地方性法规6部，省政府规章5部。省林业局被评为全国“七五”普法中期先进集体。

【林业科技】 全年下达中央财政林业科技推广示范补助资金1900万元，立项19个。推广林业科技成果21个，建设标准化示范区2个。省级立项林业科技创新项目32个，安排资金650万元，增长22.6%。2018年度19个项目绩效评价，平均89.05分。2018年度40个科技示范基地绩效评分80分以上占77.5%。启动林业良法推广补助资金项目30个。全省设置30处空气负氧离子监测点，其中27个对接国家林草局发布平台，实时发布监测数据。报送地方标准制修订立项计划36项，报审11项，发布5项。行业标准制定报审1项，报批5项。《红楠育苗技术规程》经国家林草局发布。省林木品种审定委员会审定通过良种10个，认定良种2个。新增国家林草局授权林业植物新品种3个，累计24个。获批成立国家林草局木本香料(华东)工程技术研究中心、南酸枣产业创新联盟。南昌林木育种及培育国家长期科研基地列为首批国家林业和草原长期科研基地。国家级生态定位监测网络体系基本成型，国家级九连山、庐山、鄱阳湖等3个生态站稳定运行；“江西南昌城市生态系统定位观测研究站”和“江西井冈山竹林生态系统定位观测研究站”通过国家林草局科技司组织的立项专家评审，国家林草局批复九连山生态站投资601万元，庐山生态站安排投资565万元。“油茶源库特性与种质创制及高效栽培研究和示范”等8个项目获第十届梁希林业科技进步奖，其中一等奖1个，二等奖5个，三等奖2个；1个项目获第八届梁希科普奖。省林业局与北京林业大学开展战略合作，17项重点任务取得初步成效；与南京林业大学签订林业发展战略合作框架协议。举办首届庐山植物科学论坛。中、俄、蒙3国6个机构在南昌签订《白鹤研究与保护合作备忘录》。签署《江西省林业局与岐阜县林政部关于进一步促进林业领域交流的备忘录》。江西环境工程职业学院获批国家双高校立项单位，被教育部认定为国家优质校。4个专业被认定为国家骨干专业。获2019年全国职业院校技能大赛一等奖2项、二等奖5项、三等奖11项；获第三届全国职业院校林草技能大赛一等奖1项、二等奖3项；成立南康家具学院；毕业生就业率92.07%，位列全省高职、高专院校第一。中国林学会授予赣南树木园等16个单位为自然教育学校(基地)。江西林业和草原融媒体指数87324，位列全国第二。

【林业资金投入】 全年争取国家和省级林业资金43.89亿元，增长11.2%。争取林业贷款中央财政贴息资金5243万元，增长21%。征收森林植被恢复费16.30亿元。完成林业投资117.3亿元，其中中央财政资金29.4亿元、地方财政资金50亿元、国内贷款5亿元、利用外资1.7亿元、自筹资金13.3亿元、其他17.9亿元。完成固定资产投资1.05亿元，全年林业利用外资项目12个，实际利用外资0.24亿美元，协议利用外资0.64亿美元。林业招商引资项目86个，协议资金147.72亿元，实际进资24.75亿元。落实贴息贷款35.78亿元，下达贴息补助5243万元，扶持林业企业140家，造林大户360个，林农和林业职工4060户。落实小额贷款5.68亿元，惠及林农林业职工4060户，户均增收3280元。统筹支持国有林场场外造林1.74亿元，其中，对已实施的场外造林面积，每亩补助1000元，对计划实施并已签订场外造林合作协议面积，每亩补助500元。“财政惠农信贷通”发放涉林贷款8.13亿元。全省林业因洪涝、干旱受灾面积16.4万公顷，经济损失约33.9亿元。

【林业生态扶贫】 全年安排25个重点贫困县中央和省级林业项目资金16.37亿元，占全省林业资金总量38.2%，高于全省平均水平。新增建档立卡贫困人口生态护林员7500名，总数2.15万名，累计安排生态护林员转移支付5.3亿元，带动2.15万个建档立卡贫困户和近7万贫困人口实现基本脱贫。安排1520万元支持重点贫困地区扶贫造林，其中1000万元专项支持50个扶贫专业合作社造林。建立林业科技扶贫示范基地50块，帮助贫困户掌握40多项实用技术。创新推进“赣林贷”等林业金融产品，打造全国首个基于林业大数据的线上个人贷款产品“林农快贷”，解决340万户林农贷款难问题。

【首届鄱阳湖国际观鸟周活动举行】

12月6日—10日，2019鄱阳湖国际观鸟周活动举行。活动由江西省政府和中国野生动物保护协会主办，省林业局、省文旅厅和南昌、九江、上饶3设区市政府共同承办。活动以“湿地滋润赣鄱、候鸟连通世界”为主题，主会场设在南昌市，九江市、上饶市设置观鸟点。活动安排省鸟评选、优秀湿地暨候鸟保护志愿者(组织)评选、新闻发布会、开幕式招待会、开幕式、鄱阳湖湿地候鸟保护国际论坛、美丽中国“江西样板”院士论坛、第二届国际白鹤论坛、鄱阳湖国际观鸟赛、鄱阳湖候鸟国际摄影展、嘉宾观鸟暨救护候鸟放飞活动、公众自然教育系列活动等13个版块。国家林草局领导、省领导和中国野生动物保护协会会长，联合国粮农组织驻华代表处副代表、国际鹤类基金会全球副总裁等出席开幕式。联合国粮农组织、国际湿地公约秘书处、世界自然基金会、国际鹤类基金会、世界自然保护联盟等国际机构代表，俄罗斯、美国、韩国、日本、新加坡、澳大利亚等国政府官员及地方代表团、知名人士，中国科学院、中国工程院14名院士和北京林业大学等院校专家学者，上海等15省(直辖市、自治区)相关代表，万科集团、万通控股等知名企业家和省内嘉宾代表共1000多人参加活动。中央和省内主要媒体及境外驻赣媒体54家，127名记者多维度对国际观鸟周进行系列报道，发布主题稿件1500余篇；100余家新闻媒体发表相关报道，新闻全平台浏览量1

亿余次。国际观鸟周赢得国际国内嘉宾交口称赞；并助力鄱阳湖畔乡村旅游，后续节假日期间，日均访客数倍增长。

【首届江西森林旅游节举行】 8月7日—31日，省林业局、省文旅厅、抚州市政府主办，资溪、大余、安福、萍乡武功山等县（区）政府、风景名胜区管委会承办的“2019首届江西森林旅游节”举行。旅游节以“绿水青山就是金山银山——好森活在江西”为主题，设主会场和分会场。8月7日，首届江西森林旅游节在资溪县大觉山景区主会场开幕。省人大常委会副主任朱虹，国家林草局森林旅游工作领导小组副组长程红，省林业局、省文旅厅和抚州市委、市政府等领导出席。省直和设区市、县（区）有关部门负责人，相关企业代表，湖南、福建等5省市林业系统有关负责人参加开幕式。主会场设置森林旅游景区推介暨旅行社合作洽谈会等10项活动。8月10—31日，大余丫山等11个分会场，相继开展富有当地特色的活动。组委会围绕森林旅游节主题，举办“森林康养”论坛等16项活动。40多家媒体记者深入采访，发稿万余条；《人民日报》、新华社等报道247条；新华网、凤凰网等开设森林旅游节专题，全媒体曝光3000万次。

【美丽中国“江西样板”院士论坛在南昌举办】 12月7日，北京林业大学主办、省发改委与省林业局协办的美丽中国“江西样板”院士论坛在南昌举办。省委常委、常务副省长毛伟明，省政府秘书长王亚联；北京林业大学党委书记王洪元、校长安黎哲等6位校领导；中国工程院院士沈国舫、印遇龙、康振生、武强、吴丰昌和中国科学院院士丁林出席论坛。院士与专家学者围绕江西高质量建设国家生态文明试验区、新时代城乡人居环境生态与绿色发展范式、生态文明治理体系和治理能力现代化等展开论述和研讨，为江西生态文明建设发展建言献策。省生态文明建设领导小组成员单位和省发改委、省林业局、省科学院、省林科院、江西农大主要负责人及北京林业大学相关部门、学院负责人、教师，新闻媒体记者等300余人参加论坛。论坛通过购买乐安县林业碳汇项目减排量，抵消该次论坛产生的碳排放，实现“零碳”办会。

【首获第45届世界技能大赛金牌】 8月27日，在俄罗斯喀山举行的第45届世界技能大赛上，江西环境工程职业学院曾璐锋代表中国出赛，获水处理技术项目金牌，实现江西在世界技能大赛金牌零的突破。省政府印发《关于表扬第45届世界技能大赛江西省获奖选手和为参赛工作作出突出贡献单位及个人的通报》，曾璐锋获通报表彰，省林业局和江西环境工程职业学院获通报表扬。

（卢建红）

畜牧业

【概　况】 2019年，全省肉类总产量300万吨，下降7.9%；禽蛋产量57.2万吨，增长21.7%；牛奶产量7.3万吨，下降24.4%。其中，生猪出栏2546.8万头、存栏1006.3万头、能繁母猪存栏95.6万头，分别下降18.5%、36.6%、32.1%；家禽出栏5.40亿只、存栏2.25亿只，分别增长18.8%、21.1%；牛出栏125.2万头、存栏257.3万头，分别增长4.8%、4.4%；羊出栏144.1万只、存栏110.2万只，分别增长9.6%、10.0%。

【生猪复产增养】 组织实施生猪复产增养行动计划，推动出台财政刺激、金融支持、养殖用地、禁养区整改等扶持政策，强化指导服务和龙头引领。生猪产能逐步恢复，各地新建、改扩建养殖场1427家，其中已完成建设558家。新增母猪14.4万头，新增产能250万头，完成全年生猪存栏1000万头的目标任务。生猪外调逆势增长，全年外调生猪1186万头，增长8.3%；生猪净调出量980万头，增长4.1%，位居全国第二位，为保障全国生猪供应作出“江西”贡献。

【非洲猪瘟防控】 深入开展“四大行动”，狠抓监测排查、调运监管、屠宰监管、生物安全提升等关键防控措施，非洲猪瘟防控能力和生物安全水平明显提升，未发生非洲猪瘟等区域性重大动物疫情，江西省获农业农村部加强重大动物疫病防控延伸绩效管理优秀单位。实施生物安全提升行动，累计消毒9.5万场次，1.3万家养殖场、屠宰场等实施生物安全设施改造；全面推进32个生猪大县洗消中心建设，建成洗消中心25个，在建28个。实施生猪屠宰专项整治行动，捣毁私屠滥宰窝点200多个，关停小型屠宰场点326家，在产的192家屠宰企业100%落实官方兽医派驻和非洲猪瘟自检“两项制度”。实施泔水喂猪专项整治行动，对禁养区和使用泔水喂猪的养殖场户全部清理，全省取缔泔水养殖户780家，泔水转饲料喂养户3094家，查处泔水养殖案件136起。实施猪肉市场专项整治行动，加强猪肉市场监督检查和排查检测工作，严查不合格猪肉产品，查处违法违规经营、加工的猪肉经营单位607个（次），查处不合格猪肉产品59.3吨。

【产业转型升级】 畜牧业结构优化，禽肉产量75.9万吨，增长20.2%，禽肉产量占肉类总产量的25.3%，提高5.9个百分点。牛羊肉产量15.5万吨，牛羊肉产量占比5.2%，提高0.8个百分点。畜禽标准化规模养殖水平提升，新增畜禽标准化示范场33家，全省示范场总数808家；生猪规模养殖比重75%，高出全国平均水平24个百分点。畜禽养殖废弃物资源化利用稳步推进，全省畜禽粪污资源化利用率92.3%，畜禽粪污处理利用设施装备配套率98%，江西省资源化利用工作获农业农村部考评优秀；建成病死畜禽无害化集中处理场37个，日处理能力287吨，全省病死猪无害化集中处理率78%以上，全省未出现1起出售、加工和抛弃病死畜禽等违法犯罪事件。

【兽医公共服务】 强化基层队伍建设，按照每个乡镇配备官方兽医不少于2名的要求，配齐配强官方兽医力量，建设正规化、专业化、规范化防检疫队伍；在万年、铜鼓两县启动试点，为全省推进畜牧兽医体系建设积累经验;2019年全省官方兽医确认330名,清理628名,已有官方兽医4408人,已有796个乡镇配备2名及以上官方兽医。强化基础设施建设,开展基层畜牧兽医体系建设,重点开展乡镇畜牧兽医机构防疫检疫设施设备和县级兽医实验室升级改造,11个设区市和22个县具备非洲猪瘟检测能力。强化基本保障,省财政安排非洲猪瘟等防控经费2000万元,用于疫病监测、应急防疫物资储备等,省本级补充应急物资1100余万元,发放防疫物资600余万元;市县财政加大动物疫情防控财政投入,配套经费8400万元。

(徐轩郴)

水 产 业

【概 况】 2019年,全省渔业经济总产值1050亿元,增幅2%。其中,第一产值521亿元(含苗种);水产品产量258.81万吨,增幅1.13%;养殖面积42.6万公顷,保持稳定。水产品市场供应充足,综合指数99.21,略有下跌。渔民人均年纯收入16020元,增幅8.2%。

【绿色养殖】 11月23日,省农业农村厅等10个厅(局)印发《关于加快推进水产养殖业绿色发展的实施意见》,进一步推动全省水产养殖业绿色发展。推进11个设区市养殖水域滩涂规划编制,科学划定禁养区、限养区、可养区,已有9个设区市以政府名义发布。改造提升40个优势特色水产品健康养殖基地、4000公顷稻渔综合种养基地、5个水产种业基地建设,提升优势特色养殖基础设施。

【水产结构调整】 发展名特优水产品养殖,名特优水产品总产量95万吨,增幅4%,占全省水产品总产量的36%。推进稻渔综合种养发展,面积10.07万公顷,亩均增效1600元以上,减少农药化肥使用量30%以上。开展水产生态健康养殖,全省新增示范县2家、示范场12家,至年底,示范县总数6家、示范场总数475家,示范面积8.67万公顷;建成养殖尾水治理示范点42个、集装箱循环水养殖60个、鱼菜共生533.33公顷、池塘循环流水养殖槽60余条。

【禁捕退捕】 成立由副省长胡强担任组长的工作领导小组,出台《全省长江流域重点水域禁捕退捕工作实施方案》,搭建重点水域禁捕退捕工作协调工作小组,开展湖口县作为禁捕退捕工作试点单位。全省已实现全面禁捕保护区19个、占总任务的54%。其中,25个国家级保护区已退出14个,10个省级保护区已退出5个;安置就业创业人数近5000人。

【水生生物资源养护】 省政府印发《关于加强全省水生生物保护工作的实施意见》,组织实施6月6日全国放鱼日活动,当日全省放流鱼苗8000万尾以上,全年全省放流鱼苗近1.72亿尾。举办参与"生态科普校园行""为江豚奔跑""2019年江西省水生野生动物保护科普宣传月活动"等宣传活动,开展9处涉及保护区的基础项目的专题环评、2次江豚监测活动。

【渔业科技服务】 2019年,渔业方面获江西省科技进步一等奖1项、二等奖1项,获神农中华农业科技一等奖1项。编著《2019年主导品种与主推技术》,举办10余场农业大讲堂宣讲和水产健康养殖技术培训活动,发放技术资料5000册。打造12316惠农渔业专家、病害远程诊断网、微信服务、江西省家庭农场联合会稻虾产业联盟等平台,加强专家与渔民之间的对接,有效解决生产实际问题。

【渔业渔政安全生产】 组织全省渔业安全生产大排查行动和全国渔业安全生产月活动。全省没有发生1起渔业安全生产事故。完成农业农村部2019年国家产地水产品兽药残留监测计划抽检152批次和产地苗种抽检15批次的任务,以及水生动物重大专项疫病监测任务,抽检合格率98%,并对4个水产品质量安全阳性样品进行执法处理。制定水产苗种产地检疫试点工作方案,开展渔业官方兽医资格确认与技术培训工作,健全水产苗种产地检疫制度,推动水产苗种检疫工作。

(傅雪军)

农 垦

【概 况】 2019年,全省农垦拥有独立核算单位163个。其中,垦殖场、企业集团156个,独立核算的工业企业2个,独立核算的农垦农工商公司5个。垦殖场(企业集团)办工业企业804个、商业企业2954个、建筑企业73个、运输企业273个;拥有土地总面积70.09万公顷,其中耕地面积7.85万公顷,林地面积48.72万公顷,水域面积2.91万公顷,茶桑、果园面积1.73万公顷,宜林荒山面积7537.04公顷。年末总人口144.77万人,从业人员25.14万人;居民人均可支配收入16643元,增加1581元。

2019年,全系统生产总值280.95亿元,增长13.69%。其中,第一产业增加值32.94亿元,增长12.98%;第二产业增加值161.08亿元,下降0.04%;第三产业增加值86.93亿元,增长52.98%。工农业总产值780.63亿元,下降7.2%;固定资产总投入247.34亿元,下降19.57%;出口商品总金额5.46亿元,下降86.12%。

全年农业产值67.72亿元,增长12.83%。其中,种植业产值33.02亿元、林业产值6.80亿元、牧业产值13.81亿元、渔业产值9.38亿元、农林牧渔服务业产值4.71亿元。农作物方面,农作物播种总面积14.32万公顷,增加5.05%。其中,粮豆种植面积11.06万公顷,增加5.98%;油料种植面积1.34万公顷,减少1.33%;棉花种植面积1069.46公顷,减少23.24%;茶叶种植面积8387.41公顷,增加47.08%;水果种植面积8706.81公顷,减少2.64%。粮豆产量75.02万吨,增加5.15%;油料产量2.97万吨,增加3.04%;棉花产量2786.77吨,减少13.06%;茶叶产量4377吨,增加2.39%;水果产量9.19万吨,增加5.99%。畜牧业方面,大牲畜存栏3.52万头,减少9.97%;生猪出栏51.95万头,减少28.36%;肉类总产量5.49万吨,减少15.62%;牛奶产量1.34万吨,增长3.81%。水产业方面,水产品养殖面积1.87万公顷,其中精养鱼池1060.47公顷。水产品产量6.66万吨,其中养殖产量5.45万吨。

全年工业产值712.91亿元,减少8.41%。其中,5亿元及以上的行业25个,累计工业产值690.58亿元,减少9.43%。5亿元及以上的行业中,纺织业产值68.68亿元,增长78.08%;纺织服装、服饰业产值185亿元,减少17.8%;计算机、通信和其他电子设备制造业产值28.85亿元,减少83.65%;化学原料和化学制品制造业产值43亿元,增长1.41%。

【战略合作】 1—4月,省农垦事业管理办公室先后与保利文化集团和恒大农牧集团就推进江西省农垦重大项目进行深入洽谈;11月,与广东农垦集团签订战略框架合作协议;12月,组织经贸考察团到广东垦区洽谈投资、销售等合作具体事宜,推进"垦区集团化、农场企业化"改革进程和重大项目落地。

【稻虾综合种养】 2019年,江西农垦推进稻虾综合种养示范点建设,在基础设施良好、水资源丰富的环鄱阳湖垦殖场布建稻虾综合种养示范点5个,示范种养面积800公顷,核心区面积400公顷,继续采用四方合作模式解决种养户遇到的技术难题。四方合作是指省农垦办+农垦场+稻虾种养大户(合作社、家庭农场、龙头企业)+小龙虾养殖技术专业服务公司的方式。

【参加第十七届中国国际农产品交易会】 11月,江西农垦组团参加在南昌举办的第十七届中国国际农产品交易会,并举办"美丽江西 出彩农垦"江西农垦优质农产品推荐活动。展会期间,农垦展团52家农垦企业展出的十大品类230多个品种共15吨产品销售一空;现场销售额750余万元,洽谈意向金额5亿余元;"云山恋山茶油""富山红马家柚"获"我最喜爱的农垦产品品牌"称号。

(陈静)

绿色食品

【概 况】 至年底,全省共有"三品一标"产品5079个(其中无公害农产品2097个、绿色食品663个、农产品地理标志94个、有机食品2225个),全国绿色食品原料标准化生产基地46个、面积56.02万公顷,拥有全国有机农业(德兴红花茶油)示范基地1个、面积2533.33公顷,获国家级农产品地理标志示范样板(崇仁麻鸡、余干辣椒)2个,省级绿色有机农产品示范县38个。

【"三品一标"认证登记】 2019年,共有199个产品取得绿色食品标志使用资质,其中绿色食品企业新申获证的产品69个,续展获证产品130个。配合北京中绿华夏有机食品认证中心完成16次有机认证检查,涉及31家企业(含有机生资)的120个产品。扩大全国绿色食品原料标准化生产基地和全国有机农产品基地创建,完成2个全国绿色食品原料标准化生产基地检查验收和4个全国有机农产品基地审核上报。东乡萝卜、铜鼓黄精等11个产品获农产品地理标志颁证,申报鄱阳大米、遂川狗牯脑等3个地理标志农产品。组织认定无公害农产品297个。

【"三品一标"证后监管】 组织开展获证"三品一标"农产品监督抽检工作,制定抽检计划5批、涉及产品277个,出具监督抽检报告188份。协助农业农村部完成绿色有机农产品开展市场监察。组织对江西洪客隆百货投资有限公司等4家商超所售标称绿色食品的标志使用情况进行监察,共采集41家企业96个样品,发现并处置不规范用标样品6个。

【绿色食品产业发展】 2019年,省财政在农业技术应用与公共服务专项(农产品质量安全专项经费)中安排865万元,对全省2019年度新获证及换证的绿色有机地理标志农产品认证、示范基地创建等进行补助。安排"三品一标"展示展销费60.84万元,组织企业参加农业农村部举办的4个专业展会,对参展展位费和特装设计进行补贴。对2018年创建13个省级绿色有机农产品示范县给予每个示范县100万元奖励。

【农产品质量安全追溯】 组建市、县两级追溯体系联络员队伍,完成127家监管机构、26家检测机构、24个执法机构的省市县三级账号开通。对接国家农产品质量安全追溯平台,制定《江西省级追溯平台与国家追溯平台对接工作实施方案》。调研座谈农产品质量安全追溯工作,召开农产品质量安全追溯业务工作座谈会,了解各市、县(区)实施情况。到南昌市新建区等4地14个企业对农产品质量安全追溯工作进行实地调研和座谈。

【组织"三品一标"宣传推介】 年内,组织18个企业的产品参加第十七届中国国际农产品交易会农产品地理标志专展,推荐上饶山茶油等40个地理标志农产品参加首届江西"生态鄱阳湖·绿色农产品"博览会,将广丰马家柚等4个地理标志农产品进行现场展示品鉴。组织绿色食品进校园宣传活动。4月16日,在江西生物科技学院组织举办"春风万里绿食有你——绿色食品宣传月(南昌)"活动,12个设区市、省直管县推荐28企业的近50个产品参加。推荐企业参加全国名特优新农产品宣传展示活动,推进地方特色品牌农业宣传。组织乐安竹笋、东乡白花蛇舌草等6个地理标志农产品参加2019中国品牌价值评价信息发布会,乐安竹笋进入区域品牌榜单前100名。9月,组织绿色、有机食品企业参加第22届中国农产品加工业投资贸易洽谈会和第二十届中国绿色食品博览会暨第十三届中国国际有机食品博览会,22家企业产品分别获优质产品奖、优秀商务奖、产品金奖和优秀奖。

(康升云)

花 卉 业

【概 况】 全年全省花卉苗木种植面积4.77万公顷(不含广义食用花

卉),花卉销售收入45.3亿元,出口创汇约50万美元。全省有花卉苗木企业1336家,其中大中型企业287家。

【参展2019年北京世界园艺博览会】 10月9日,持续162天的北京世园会闭幕,经国际竞赛总评审团对室外展园和室内展区三轮评审,江西园被北京世园会组委会评为十大金奖之一,江西室内园被评为6个特等奖之一。3000平方米的江西园以“绿色家园、美丽江西”为主题,以“生态绿”“杜鹃红”“青花蓝”为主基调,重点打造有“望庐画境”“琴湖问津”“七色花海”“竹舍乐境”4个片区景观,栽种有井冈杜鹃为主的136种江西特色花卉,展现江西绿色家园、红色摇篮、古色厚土3大特色,从花园、田园、家园三个层面,呼应北京世园会绿色生活,美丽家园的主题。120平方米的室内展区则以“海内第一书院”白鹿洞书院为设计蓝本,通过盆景、奇石、书画、匾联等展品,重点展示江西书院文化的清雅、尚学之美。江西园共接待参观游客367万人次,占北京世园会总参观人次的三分之一。共获各类奖项215个,其中特等奖8个、金奖23个、银奖50个、铜奖108个,最佳人气奖1个,组织奖1个。

【举办2019年北京世界园艺博览会“江西日”活动】 6月16日—18日,江西举办2019年北京世界园艺博览会“江西日”活动。首播专门录制的《绿色家园 美丽江西》宣传片,创新开展“生态鄱阳湖、绿色农产品”“江西风景独好”“千年瓷都展新貌”3个专场展示展销,组织约15家农业企业和百余款农产品现场展示展销。活动期间,江西开展“井冈山上太阳红”“美丽江西秀天下”“赣鄱文化代代传”3个主题共7场文艺演出。“江西日”活动,被世园会组委会称赞为最佳主题日活动之一。

(车洪杰)

农业机械化

【概　况】 2019年,全省农机总动力2471万千瓦,水稻机械化种植率35%以上,水稻耕种收综合机械化率78%以上,主要农作物耕种收综合机械化率73%以上。

4月16日,在安义县举行的全省水稻生产全程机械化现场观摩会现场

省农业农村厅供

【农机化水平】 提升水稻种植环节机械化率,下达1.03亿元专项资金推动14个县(场)建设67个水稻工厂化育秧中心。“合作社+大户带散户”的水稻机械化育插秧模式得到推广,6个县(市、区)获评全国率先基本实现主要农作物生产全程机械化示范县,全省水稻生产和主要农作物综合机械化率比上年提高1个百分点以上。引导农机专业合作社开展“菜单式”、全程托管式等服务,推行“全程机械化+综合农事”农机化解决方案,新增农机合作社60多个,2家农机专业合作社被农业农村部推介为第一批全国“全程机械化+综合农事”服务中心典型案例。

【农机购置补贴】 新增18个品目,加大对畜禽粪污处理、丘陵山区、绿色环保和特色产业适用农机装备支持。开展农机新产品试点,对温室大棚、水果分级机和植保无人飞机进行补贴。全省办理补贴机具4.57万台,其中温室大棚补贴21.27万平方米、新产品水果分级机补贴17台、植保无人飞机628台;使用补贴资金4.99亿元。作为全国4个开展试点的省份之一,推进“三合一”补贴办理和农机购置贷款贴息两项试点,实现办理补贴“最多跑一次”,购买农机可贷款贴息,做到便民、惠民和利民。

【农机安全生产】 全省联合交警开展安全检查1071次,检查机械1.11万台,纠正违章705起,排查隐患751个,整改隐患730个,隐患整改率97%。创建全国“平安农机”示范市1个和全国“平安农机”示范县(区)3个,获评全国农机安全监理示范岗位标兵5名。全年未发生农机安全生产事故,安全生产形势好于往年。全省有71个县(市、区)开展农机报废更新补贴,2016年以来全省报废农机1.08万台、更新机具8768台、受益农户8557户。

(黄兰)

科教兴农

【概　况】 2019年,全省农业科技进步贡献率59.53%,超过全国水平。新增建设农机装备应用和棉花2个产业技术体系,省现代农业产业技术体系总数22个,分别为水稻、生猪、大宗淡水鱼、茶叶、猕猴桃、蔬菜、柑橘、油菜、家禽、特种水产、中药材、稻田综合种养、牛羊、蜂业、休闲农业、葛业、花卉、花生芝麻、薯类、食用菌、农机装备应用、棉花产业技术体系。共设立首席专家22名,岗位专家95名,综合试验推广站74个。省现代农业产业技术体系共引进和培育优新品种1050个,集成示范推广新技术136项,制定和颁布生产技术操作规程73个,获授权专利44项,对接服务农业企业、家庭农场主335个。

【江西农业大讲堂下基层宣讲】 4月中旬,组织省市县三级1000名农业农村干部和专家,到全省93个农业县的1400多个乡镇开展为期1个月的江西农业大讲堂下基层宣讲活动,采取“分片式、点单式、家常式”等方式,宣讲新思想、新政策,传送新技术、新服务。全年累计深入1484个乡镇、1.69万个村开展集中宣讲2292场次、入户宣讲7.15万户,受众56.39万人次,开展现场服务1355次,帮助解决生产问题2206个,开展调研1918次,得到基层干部群众好评。

【农民职业教育】 围绕“乡村振兴谁来干”,推进“一村一名大学生工程”,主要依托江西电大和江西农大进行系统培训和学历教育,并完成7000名招生任务。按照国家“百万高素质农民学历提升行动计划”的要求,实施高职扩招培养高素质农民工作,协同教育部门、培养院校完成8000名招生任务。各类学员教学培养需3年时间,期满达到毕业要求的,颁发国家承认学历的大专或本科毕业证书,为江西省“三农”发展培养和储备一批“留得住、用得上、干得好、带得动”的高素质农民。

【农民培训】 2019年,全省农民培训项目资金5054万元,项目县68个(不含贫困县),培训农民1.90万人。全省根据现代农业产业发展对人才的需求,结合脱贫攻坚战略和农业农村“双创”活动,分省市县三级开展培训。省级承担农业职业经理人、现代创业创新青年等高层次人才培训,共培训1200人;市级承担优质特色产业的示范性培训,共培训1957人;县级主要负责农民基本综合素质和专业技能培训,共培训1.58万人。经培训,优秀典型不断涌现,万安县高军、兴国县杨运锋、广昌县谢远财、共青城市李良武等4人入选“全国百名优秀学员”资助项目,临川区方婷获“全国农村青年致富带头人”称号。

【农技推广体系改革与建设】 组织推广优质绿色高效技术入户到田,遴选确定35项农业优质绿色高效主推技术。各县结合当地产业特点,制定当地主推技术手册、宣传单等,通过农业试验示范基地,广播、电视等媒体以及现场观摩等方式对农业主推技术进行宣传推介和推广应用。打造绿色生态农业科技示范基地,结合现代农业示范园区、主导产业和特色产业、新型经营主体、一二三产业融合和田园综合体,共建设186个农业科技示范基地。农技推广队伍业务能力提升,全年全省各级农业部门共培训基层农技人员3420名。省农业农村厅联合省委编办、省教育厅、省人社厅等部门,采取“定向招生、定向培养、定向就业”的办法培养基层农技员,全年招录定向学生186名。在莲花县、修水县、都昌县、乐安县、广昌县、鄱阳县、余干县、横峰县、上饶市广信区、乐安县、井冈山市、万安县、遂川县、永新县、宁都县、石城县、寻乌县、瑞金市、鹰潭市余江区、铜鼓县20个国家扶贫开发工作重点县(市、区)和其他有需求地区开展农技推广服务特聘计划,全年共招募特聘农技人员84名。围绕优质稻米产业、蔬菜产业、果业、草地畜牧业、水产业5个产业,开展重大技术协同推广计划试点,重点推广27项重大技术,在45个县重点实施协同推广试点,建立84个示范基地。

(范利)

农村工作

【概　况】 2019年,全省粮食总产量2157.4万吨;农民人均可支配收入15796元,增长9.2%,高于城镇居民1.1个百分点;41.1万人脱贫,贫困发生率降至0.27%,剩余7个贫困县达到摘帽条件,贫困村全部退出。

【五级书记抓乡村振兴】 省市县三级成立以党委主要负责人为组长、政府主要负责人为第一副组长的党委农村工作领导小组、实施乡村振兴战略工作领导小组。省委书记刘奇主动分管“三农”工作,带头开展调查研究,主持召开领导小组会议,听取实施乡村振兴战略工作进展情况汇报,研究实施乡村振兴战略重大政策制定、重大项目实施、重要资源配置等。建立健全党委农村工作机构,建立党委农办统筹协调农业农村部门内设机构的工作机制。省委农村工作领导小组印发《江西省实施乡村振兴战略实绩考核暂行办法》,从7个方面对市县实施乡村振兴战略成效进行考核,考核结果将作为选拔任用干部的重要依据,并作为政策试行、项目安排、资金分配优先考虑的重要参考依据。做好中央督查组到江西省督查中央一号文件落实情况迎检工作,中央督查组肯定江西省落实中央一号文件、推进乡村振兴的工作和成绩。

【农业供给侧结构性改革】 实施农业结构调整九大产业发展工程,资金投入方式变“分散投入”为“集中支持”,休闲农业和乡村旅游产业产值接近千亿元,茶叶、中药材、油茶提前实现超百亿元产值目标,九大产业发展取得布局集聚、结构优化、规模扩大、质量提升等成效。实施农产品加工业七大行动,规模以上农产品加工企业3174家、增加569家,农产品加工业总产值6223亿元、增长9%。开展“春观花”“夏纳凉”“秋采摘”“冬农趣”、湘赣边区等旅游精品线路推介活动,创建省级田园综合体15个,休闲农业和乡村旅游总产值945亿元。开展北上京津冀、南下粤港澳招商活动,农业农村招商引资实际进资总额343亿元、增长19.5%。实施绿色生态农业十大行动,农药化肥使用量连续4年保持负增长,认证绿色食品原料基地和绿色有机产品面积占全省耕地面积的38.6%,主要农产品抽检合格率稳定在98%以上。实施“生态鄱阳湖、绿色农产品”品牌战略,整合宣传经费开展农产品品牌宣传,首次推出江西省农产品“十大区域公用品牌”“50强企业品牌”，“7+2”稻米区域公用品牌销售收入48亿元，“四绿一红”茶叶品牌总价值109.6亿元，赣南脐橙品牌价值675.4亿元、列全国水果类产品的第一位。新增建设农机装备应用和棉花产业技术体系2个，引进培育新品种1050个，研发新技术新工艺136项，制定新标准规程58项，培养一批专业技术人才队伍，农业科技贡献率59.5%，主要农作物耕种收综合机械化率73%以上，智慧农业PPP项目建设全面开工，建成益农信息社1.36万家。

【农村人居环境】 在全国率先启动“五定包干”村庄环境长效管护，省级拨付专项管护资金1.92亿元，市县乡三级拨付专项管护资金7.25亿元，形成“督导、通报、整改”的问题整改机制，推动全省村庄环境由“一时美”向“持久美”转变。至年底，累计完成13万个村组整治建设，建成农村生活污水处理设施3653个，61个县实现城乡环卫“全域一体化”第三方治理，村庄生活垃圾有效治理率97.6%，农村公路实现组组通、建制村通客车率98.58%，农村改厕率87.1%，71个县（市、区）成立新农村建设促进会、发动新乡贤参与捐资10多亿元。在上年农业农村部开展的“千村万寨展新颜”活动中，江西入选村庄占全国总数的30%、位居全国第一。江西省农村人居环境整治工作得到国务院检查组肯定。

【乡村治理】 健全村党组织领导的村级组织体系，强化村党组织对村级重大事项决策的定向把关作用，实施带头人队伍优化提升行动，集中整顿软弱涣散村党组织，持续开展村“两委”换届“回头看”，配齐配强村党组织书记252人、调整撤换村党组织书记131人，清理不符合条件的村干部565人、补齐498人。推进“自治法治德治”三治融合，实现村务监督委员会设立全覆盖，创新群众说事、说事拉理、民情恳谈、和事佬等特色做法，推进基层议事协商制度化，农村“法律明白人”培养工程有关做法在全国推广，省、市、县、乡、村五级综治中心全面建成，农村“雪亮工程”行政村覆盖率和联网率40%，社会主义核心价值观在农村加快落实落地，常态化选树学习宣传道德模范、公益广告进乡村工程、“好人文化”建设、家风建设、村史馆建设等持续推进。推进移风易俗工作，全省55%的村成立红白理事会等议事组织，赣州、抚州等地基本实现全覆盖。推进惠民绿色文明殡葬改革，基本殡葬服务全面落实，公益性殡葬设施建设和惠民殡葬政策落实进入全国前列。选择19个县和部分乡村开展乡村治理体系试点示范。

【农业农村改革】 江西省被列为全国农村集体产权制度改革整省试点单位，近21.2万个农村集体完成清产核资工作，核实资产994.5亿元；共有近4万个农村集体完成产权制度改革，认定集体经济组织成员2400万人，量化集体资产100亿余元。村集体年经营收入5万元以上的村占比78.92%。建成市县乡三级土地流转服务中心1567个，流转农村土地114.73万公顷，流转率46.6%。发展农民合作社7.1万家，家庭农场3.8万个。余江区农村宅基地制度改革任务基本完成，共退出宅基地4.12万宗、329.73公顷，可满足未来15年左右的农民建房需求，退出宅基地复垦83.87公顷。深化供销社综合改革，全省基层社总数1409个，基本实现乡镇全覆盖，建设乡镇级惠农服务中心106个、农村（社区）综合服务社2.1万个。创新开展支持小农户发展特色农业保险试点。巩固提升“财政惠农信贷通”工作，全省累计贷款614.31亿元，累计受益户数13.31万余户，贷款余额115.12亿元，年内新增贷款111.17亿元。

【乡村人才队伍】 壮大农村实用人才队伍，培育高素质农民1.98万人次，“一村一名大学生工程”与高职扩招转型并轨，新招收学员7008名、累计培养乡村大学生5.4万多人，“百万高素质农民学历提升行动计划”超额完成8000名招生任务。启动第二轮基层农技人员定向培养工作，推进基层农技人员知识更新培训，实施农技推广服务特聘计划。推动高端智力入赣兴农，依托江西省现代农业院士工作站，加强与院士专家团队的合作，赵其国、张洪程、颜龙安等农业院士先后在全省开展技术指导，解决农业科研技术难题。举办农业领域高层次专家江西对接活动，组织全省33个单位70余名专家学者、企业人员与56名农业领域高层次专家进行对接。深化引育高层次人才平台建设，加大乡村振兴人才引进、培养、使用的支持力度。优化提升农村双创发展环境，培育打造一批具有区域特色的返乡下乡人员创业创新园区（基地），实施农村创新创业带头人培育行动，扩大创业贷款扶持对象，拓宽农村创业者担保渠道，推进“产业+培训+电商”融合，加大农村创业人才支持力度。

（陈昱）

社会主义新农村

【概　况】 2019年，制定出台《关于深入学习浙江“千万工程”成功经验扎实推进农村人居环境整治的实施意见》等“1+8”政策性文件，印发《2019年全省新农村建设工作实施方案》《全省美丽宜居试点县“八带头”建设实施方案》。出台《江西省社会主义新农村建设暨农村人居环境整治工作领导小组工作规则》《江西省社会主义新农村建设暨农村人居环境整治工作领导小组办公室工作细则》，建立会议、督导调度和信息报送等各项工作制度。选择2万个自然村组开展村庄整治建设，启动36个县的美丽宜居试点建设，同步推进120个乡镇、1500个村庄、15万个农户庭院美丽宜居试点建设，探索建立“五定包干”村庄环境长效管护机制，引导农民群众和社会力量参与新农村建设。5月下旬，中共中央总书记习近平时隔3年再次视察江西，给予江西农村“气象新、面貌美、活力足、前景好”的评价。

【村庄整治建设】 按照“连点成线、拓线扩面、突出特色、整体推进”要求，坚持规划先行、分类施策、因地制宜,推进2万个省级村点、1.1万个市县自建村点的新农村村庄整治,突出“七改三网”基础设施建设和“8+4”公共服务配套,完成农户改厕51.2万户、村内改路2.7万千米、改水41.5万户,配套公共服务设施1.5万个,惠及2万多个自然村组、150万农户、近600万人口。

【村庄环境长效管护机制】 探索建立“五定包干”村庄环境长效管护机制。借鉴省外先进经验,组织市、县、乡、村试点探索,开展实地调研,制定《关于加快建立“五定包干”村庄环境常态化长效管护机制并监督实施的指导意见》《关于贯彻省政府主要领导重要批示精神,压实属地责任,确保村庄环境长效管护“一抓到底,构建常态”的通知》等指导性文件,推进村庄环境长效管护落地落细。建立省市县乡四级共同筹资、村民和社会力量积极参与的资金筹措机制,筹集管护经费9.17亿元,确保每个行政村平均管护经费不低于5万元。出台《全省村庄环境长效管护考核办法》,建立长效管护奖补激励机制,指导各地加强日常监督,依据定期考核,分档拨付补助资金,推动村庄环境由“一时美”转向“持久美”。

【发挥农民主体作用】 坚持村抓村民理事会、县抓新农村建设促进会,依托村规民约,引导农民群众和社会力量积极参与。印发《关于进一步加强新农村建设促进会工作的通知》,指导各地按照“七有”标准,规范促进会建设管理,丰富工作内涵,提升运行效果,助力新农村建设、乡村治理和乡风文明,形成共建共治共享美丽宜居新农村的氛围。各新农村建设村组普遍成立村民理事会,71个县(市、区)、508个乡(镇)成立新农村建设促进会,发展各类新乡贤会员1.4万人,筹措资金10亿元。

(王学铭)

扶贫开发和水库移民

【概　况】 2019年,江西脱贫攻坚以一体推进脱贫攻坚专项巡视、考核巡查发现问题整改为导向,重点聚焦解决“两不愁三保障”突出问题,完成当年脱贫任务。至年底,剩余7个贫困县达到摘帽条件,全省25个贫困县全部摘帽;剩余387个贫困村退出,全省3058个贫困村全部退出;实现41.1万人脱贫,贫困人口从2015年年底的200万人减至9.6万人,贫困发生率从5.7%降至0.27%;贫困地区农民年人均可支配收入10845.2元,增加2342.1元,增长27.5%,增幅持续高于全省平均水平。

2019年,全省大中型水库移民人口核定为166.82万人,共下达后期扶持资金和基金18.98亿元、三峡移民帮扶资金5886万元、三峡移民后续规划资金2100万元、小水库移民解困资金4782万元,大中型水库移民后期扶持项目1.07万个。全省大中型水库移民人均可支配收入14985元,增长9%。

【扶贫资金】 全省各级共投入财政专项扶贫资金59.92亿元,其中省级投入33.45亿元,按中央考核口径增长18.1%;市县共投入财政扶贫专项资金26.77亿元。24个国定贫困县整合涉农资金63.8亿元;脱贫攻坚项目库入库项目19.84万个、资金677.64亿元。

【精准扶贫】 年内,全省贫困村共建有合作社6487个,培育贫困村创业致富带头人9829人,带动73.38万户贫困户获得产业扶持。支持贫困地区户籍28.03万未脱贫人口实现就业,设立公益岗位,吸纳贫困弱劳力10.05万人就业增收。共资助建档立卡贫困家庭学生47.23万人,发放资助资金10.54亿元。全省贫困人口城乡居民基本医保累计报偿238.9万人次,大病保险报偿94.7万人次,医疗补充保险报偿102.6万人次,医疗救助87.4万人次。共实施建档立卡贫困户危房改造任务3.89万户,全省“十三五”易地扶贫搬迁建档立卡贫困人口13.5万人,完成搬迁入住13.06万人,搬迁入住率96.74%。推进农村饮水安全工程,2019年下达农村饮水安全巩固提升资金23.49亿元共惠及291万人,其中提升7.9万贫困人口饮水安全保障水平。支持贫困地区新改建公路6184千米,实现全省组组通水泥路。农网供电可靠率99.85%,综合电压合格率达99.89%,户均配变容量达2.25千伏安。宽带用户达473.7万户,新增农村4G基站1.28万个、总数超过7.26万个。

【《关于建立健全脱贫成果巩固提升机制的实施意见》印发】 8月15日,省扶贫开发领导小组印发《关于建立健全脱贫成果巩固提升机制的实施意见》。意见明确坚持继续攻坚如期脱贫与防范风险遏制返贫紧密结合,围绕25个贫困县已摘帽18个、3058个贫困村已退出2671个、未脱贫人口减至50.9万人的贫困状况,建立健全五项工作机制(即脱贫成果回查监测机制、脱贫人口增收发展机制、防止返贫保险保障机制、扶贫项目运维管护机制、志智双扶激励约束机制)。同时明确夯实筑牢责任保障、组织保障、政策保障、帮扶保障、基层保障、作风保障6项保障措施。国务院扶贫办将《江西省建立健全脱贫成果巩固提升机制的实施意见》转发全国借鉴。

【社会扶贫】 2019年,全省推进“千企帮千村”和“百社解千难”助力脱贫攻坚行动,参与行动的民营企业3901家,帮扶村5165个,帮扶贫困人口66万人,帮扶项目9783个。2018—2019年,社会扶贫投入21.22亿元,帮扶项目4991个;社会扶贫网累计发布需求157万项,对接帮扶135.1万次。促进“互联网+”“展销会”线上线下产销对接,构建“以购代捐”“以买代帮”和基地认养等立体式消费扶贫特色模式,销售扶贫产品35.02亿元。全国消费扶贫首期现场观摩培训班在江西省安远县举办。

(龚亮保)

本栏编辑　游桃琴

工　业

综　述

2019年,江西省规模以上工业增加值增长8.5%,高出全国平均水平3个百分点,列全国第三位、中部第一位,连续6年保持在全国"第一方阵";营业收入3.49万亿元,增长6.6%,高出全国平均水平2.8个百分点,列全国第六位、中部第一位;利润总额2158.8亿元,增速与上年持平,高出全国平均水平3个百分点。

工业强省政策规划体系逐步完善。聚焦推动制造业高质量发展,拓展深化新时代工业强省战略"365"思路体系,出台《江西省"2+6+N"产业高质量跨越式发展行动计划(2019—2023年左右)》《京九(江西)电子信息产业带发展规划》《江西省虚拟现实产业发展规划(2019—2023)》《江西省5G发展规划(2019—2023年)》等,组织编制《大南昌都市圈产业布局专项规划》,研究起草江西省推进硅衬底LED技术产业化发展方案、海绵产业发展三年行动计划等,工业强省战略"1+N"政策体系加快构建完善。建立推动制造业高质量发展"3+6+5+X+Y"重点任务推进机制,抓好政策落地实施,对重点工作实行台账管理、限时办结、挂牌销号,全年办结完成重点工作152项、上级督查任务385项、省领导批示530件,增长10%;办结第一轮次涉及制约全省高质量跨越式发展难题30个,获2019年江西省第三批及时奖励集体一等奖。

工业经济运行态势持续向好。主要行业运行良好,全省38个工业大类行业中,26个大类行业增加值实现增长,增长面68.4%,其中11个行业实现两位数增长。工业用电平稳增长,全年全省工业用电951.4亿千瓦时,增长5.24%。其中,制造业用电607.1亿千瓦时,增长7.03%。主要产品生产良好,全省工业产品销售率99.4%,产销衔接平稳。全省重点监测的394种主要工业产品中有237种产品产量增长,增长面60.2%。其中,化学药品原药增长20.0%,铜材增长15.0%,中成药增长10.2%。工业企业单位成本继续减少,每百元营业收入中成本为86.53元,减少0.13元,高出全国平均水平(84.08元)2.45元;营业收入利润率6.19%,减少0.42个百分点,高出全国平均水平(5.86%)0.33个百分点。关联指标持续向好,工业价格指数持续回落,全省工业生产者出厂价格、购进价格分别下降1.1%、1.8%,涨幅回落5.3个百分点和5.0个百分点。货运量平稳增长,全省公路完成货运量13.56(专调数)亿吨,增长8.1%;货运周转量3040.3(专调数)亿吨千米,增长8.1%。水路货运完成货运量1.03亿吨,下降10.0%;货运周转量255.38亿吨千米,增长7.3%。

产业结构调整步伐加快。全省战略性新兴产业增加值增长11.4%,占规模以上工业比重的21.2%,提高4.1个百分点;高新技术产业增加值增长13.4%,占比36.1%,提高2.3个百分点;装备制造业增长18.2%,占比27.7%,提高1.4个百分点;高耗能行业增长6.0%,占比38.7%,下降0.7个百分点。全省营业收入千亿元的产业共11个。其中,有色产业营业收入6617.4亿元,增长9.5%;电子信息产业4586.3亿元,增长14.9%;建材产业3132.0亿元,增长9.0%;石化产业3016.7亿元,增长1.4%;钢铁产业2483.1亿元,增长6.6%;食品产业2259.2亿元,下降3.2%;纺织产业1816.3亿元,下降7.8%;汽车产业1761.8亿元,下降0.5%;电工电气产业1303.5亿元,增长10.3%;医药产业1270.2亿元,增长9.7%;航空产业1020.2亿元,增长18.2%。

"2+6+N"产业高质量跨越式发展起势聚能。新兴产业提速发展。聚焦航空、电子信息、装备制造、中医药、新能源、新材料等重点领域,"一产一策"实施一批铸链强链补链重大项目、龙头企业和产业基地建设工程。航空产业,北航江西研究院等建设加快,中国商飞江西生产试飞中心奠基,南昌航空城基本建成,"航空梦"蓄势腾飞;电子信息产业,启动京九(江西)电子信息产业带建设,举办赣深京九电子信息产业带建设推介会,支持硅衬底LED发展;装备制造业,编制第一批首台(套)重大技术装备推广应用目录,组建江西省智能产业技术创新研究院。中医药产业,中国(南昌)中医药科创城实现"两年见形象",中药国家大科学装置项目、中国中医科学院江西分院相继落地;"中国药都"振兴工程、"建昌帮"振兴发展全面推进;传统产业提质升级。传统产业优化升级"八八"行动深入开展,"1+8"省级试点加快推进,九江市开展省级优化升级综合试点工作在全国加快推动传统产业改造提升现场会作典型发言;持续推进技改3年行动计划,全年全省推进技改项目3167个,总投资6357.9亿元,增长12%;有色产业,制定稀土产业高质量发展实施意见,成立江西省稀土产业联盟和江西省铜行业协会;建材产业,实施海绵产业发展3年行动计划,制定综合标准加快淘汰落后产能,“僵尸企业”处置有序推进。数字经济加速成长。进一步优化VR、5G、移动物联网、工业互联网、大数据等产业布局,推动数字经济新动能蓬勃发展,江西省列为全国5个工业数据分类分级试点省之一;VR产业,世界VR产业发展大会永久落户南昌,国务院副总理刘鹤指出“江西省虚拟现实产业近年来取得快速发展,已经处于国内虚拟现实产业发展的前列。”出台VR产业发展规划和升级版政策,虚拟现实国家级制造业创新中心、中国(南昌)虚拟现实产业基地、VR特色小镇等加快建设;移动物联网产业,“03专项”加速推进,Ipv6加快规模组网,发布支持5G发展18条政策措施,累计建设开通5G基站2900个,5G应用项目80余个;全省物联网企业超500家,物联网终端用户数1044万个,全国排名第18位。

*产业集群集聚态势加速形成。*全年新增省级重点产业集群13个,总数100个;营业收入1.79万亿元,增长13.4%;利税1502.3亿元,增长9.2%;集群内投产企业1.66万家。全省过千亿集群1个,过500亿集群5个,过100亿集群58个。其中,南康家具(1807.2亿元)过千亿元,新余钢铁及钢材加工(795亿元)、南昌高新区光电及通信(700亿元)、樟树医药(635亿元)、贵溪铜及铜加工(576亿元)过500亿元。新增省级战略性新兴产业集聚区4个,总数16个,分别是南昌高新区光电、井开区电子信息、景德镇高新区直升机、赣州高新区稀土和钨新材料、上饶经开区光伏、新余高新区锂电新材料、樟树工业园区生物医药、鹰潭高新区移动物联网、九江经开区智能家电、龙南经开区电子信息、南昌小蓝经开区汽车及零部件、宜春经开区锂电新能源、永修云山经开区有机硅、丰城循环经济产业集聚区、南昌经开区新能源汽车及零部件、赣州经开区新能源汽车。新增国家新型工业化产业示范基地2个,总数17个,分别是鹰潭市有色金属(铜及铜材加工)、赣州经开区有色金属(稀土新材料)、新余高新区电子信息(太阳能光伏)、景德镇军民结合(直升机)、景德镇陶瓷制品、共青城经开区纺织服装、樟树工业园区中药、吉安电子信息、永修云山经开区有机硅、崇仁工业园区装备制造(输变电设备)、赣州南康区家具、高安非金属材料(建筑陶瓷)、赣州高新区新材料(稀有金属)、鹰潭电子信息(物联网)、上饶经开区电子信息(光伏)、南昌高新区电子信息(移动智能终端)、抚州高新区数字中心。省级新型工业化产业基地达72个,示范基地4个。新增省级智能制造基地4个,总数12个,分别是南昌高新区、南昌经开区、井冈山经开区、抚州高新区、南昌小蓝经开区、景德镇高新区、上饶经开区、赣州章贡高新区、九江经开区、新余高新区、萍乡经开区、赣州经开区。

*大中小企业融通发展加快推进。*全省规模以上工业企业数1.27万家,列全国第12位,其中规模以上中小企业数1.25万家,净增1092家。龙头企业不断壮大,全省营业收入过100亿元企业21家,增加华润江中、立讯智造、木林森实业等3家。21家企业共实现营业收入7736.5亿元,占全省规模以上工业比重的22.2%;利润278.2亿元,占比12.9%。江铜集团销售收入2517亿元,利税64.88亿元;新钢集团百亿升级改造提速,加快迈向千亿级钢铁集团;华润医药与江中集团成功重组,组建江西长天集团、倬云数字产业集团,做强做大华赣环境集团。骨干企业提质提标,国企“双百”综合改革顺利推进,511家企业实现混改,混改率77.2%,位居全国前列;企业上市“映山红行动”深入实施,一批企业在境内外上市和“新三板”挂牌,全年新增8家企业上市或回迁,上市公司75家(境内45家、境外30家),“新三板”挂牌企业126家。中小微企业上水平,新增省级“专精特新”中小企业427家,总数1792家;省级专业化“小巨人”企业50家,国家级7家,省级以上专业化小巨人企业累计157家;省级单项冠军示范企业28家,国家级8家,其中晶科能源、宏柏新材料2家获批第四批国家制造业单项冠军示范企业。

*重大工业项目建设提质提效。*全省工业项目库入库亿元以上项目3432个,完成投资1.06万亿元,占总投资一半以上。集群式项目满园扩园行动发力,共引进“5020”项目130个、签约总额4485.2亿元,其中19个国家级开发区引进50亿元以上项目26个,83个省级开发区引进20亿元以上项目104个。“三百一重”项目发力,135个项目开工建设,新项目开工率87.1%;170个完工或部分投产,完工率50.1%。全省工业投资增长10.9%,增速下降2.2个百分点,高出全国平均水平(4.3%)6.6个百分点;占全省固定资产投资比重的49.7%,提高0.8个百分点。全省工业技术改造投资增长45.6%,提高6.5个百分点;占工业投资比重的36.3%,提高8.6个百分点。重大项目稳步推进,全省工业项目库入库项目4359个,增加202个。全年实施亿元以上工业项目3432个,增加34个。项目总投资2.12万亿元,增长9.7%;年内完成投资1.06万亿元,占比50.1%。其中,10亿元以上重大项目597个,增加43个,总投资1.44万亿元,增长17.1%;年内完成投资6130.9亿元,占比42.7%。全省亿元以上计划新开项目开工率89.8%,提高1.2个百分点。其中,10亿元以上计划新开项目开工率86.7%,提高2个百分点。

*开发区改革创新扎实开展。*全省已有省级以上各类开发区107个(含4个海关特殊监管区),其中国家级开发区19个(经开区10个、高新区9个)。2019年,实现营业收入2.87万亿元,增长7.9%;利润总额1945亿元,增长3%;投产工业企业1.30万家,从业人员210.1万人;招商实际到位资金5794亿元,增长10.07%。营业收入过千亿元园区5个,分别是南昌高新区2673.9亿元、增长11.3%,南昌经开区1413.8亿元、增长7.9%,南昌小蓝开发区1168.8亿元、增长10.5%,九江经开区1143.7亿元、下降0.9%,井冈山经开区1043.2亿元、增长14.0%。过500亿元园区12个,分别是上饶经开区833.9亿元,贵溪经开区680.7亿元、瑞金经开区642.1亿元、丰城高新区618.0亿元、鹰潭高新区612.2亿元、赣州经开区606.8亿元、景德镇高新区604.7亿元、萍乡经开区562.7亿元、新建经开区529.9亿元、新余高新区514.4亿元、吉安高新区507.1亿元、上饶高新区506.2

亿元。100亿元~500亿元园区54家;100亿以下28家。园区"两型三化"管理提标提档,工业园区智慧云平台实现全面贯通;新建成标准厂房2100万平方米;新建成园区产业创新服务综合体6个、总数11个;累计推动71个开发区建立一站式政务服务平台,打造综合性平台82个、专业化平台1227个;新设3个省级产业园区,11个省级开发区扩区调区。

(梅斌)

煤炭工业

【概　况】　2019年,江西省原煤产量442.6万吨,减少110.9万吨,下降20.0%。商品煤销售价格以省属煤矿为例,全年商品煤平均售价648.85元/吨。至年底,全省共有煤矿82处、产能834万吨,其中省属煤矿9处、产能418万吨,市县属和乡镇煤矿73处、产能416万吨。

【煤炭行业淘汰落后产能和化解过剩产能工作】　3月15日,省化解过剩产能工作领导小组办公室制定印发《江西省2019年煤炭行业淘汰落后产能专项行动工作方案》,以淘汰9万吨/年及以下煤矿为重点,部署推进淘汰煤炭落后产能工作。7月26日,经省政府同意,省发改委、省应急管理厅、省工信厅、省能源局联合印发《江西省2019年化解煤炭过剩产能实施方案》,明确全省关闭煤矿27处、退出煤炭产能127万吨的年度目标任务,完善工作举措,细化工作安排,传导压实责任。各产煤地区、各有关职能部门认真履行职责,加强协调联动,严格运用安全、技术、环保、能耗等综合标准,采取指标交易、地方性奖励等措施,多措并举推进煤炭行业淘汰落后和化解过剩产能工作,取得积极成效。全年全省实际关闭煤矿39处、退出产能183万吨,均为9万吨/年及以下煤矿,分别完成年度目标任务的144.4%和144.1%。9月21日—24日,国家淘汰落后和化解过剩产能督导检查组到赣督导检查,对江西省煤炭行业淘汰落后和化解过剩产能工作给予充分肯定。

【煤矿打非治违】　2019年,全省全面加强安全生产风险防控、重点整治"五假五超三瞒三不"("五假"即假图纸、假密闭、假整改、假数据、假报告;"五超"即超层越界、超能力、超强度、超定员、证件超期;"三瞒"即隐瞒作业地点、隐瞒作业人数、瞒报谎报事故;"三不"即不具备安全生产条件组织生产建设,不经批准擅自恢复整改、恢复施工、恢复生产,拒不执行煤矿安全监管监察指令仍组织生产建设)等违法违规生产行为。在安全生产专项整治、高风险煤矿安全体检、煤矿安全专项执法行动、"两会""国庆"安全督导等重点工作中,都将严厉打击煤矿非法违法生产作为重点内容。全国"两会"期间,省应急管理厅对6处省属煤矿进行执法检查;6月,省应急管理厅派出明察暗访组,以省属煤矿为重点,对煤矿灾害防治和主体责任落实情况进行明察暗访;7—10月,为确保国庆70周年前的安全稳定,全省开展安全生产领域打非治违"百日行动",累计检查煤矿477矿次,查出隐患1355条,下达执法文书417份,罚款125.7万元。

【煤矿安全专项整治】　2019年,全省部署开展煤矿安全专项整治行动,重点排查整治依法依规生产、灾害治理和企业主体责任落实等3个方面存在的问题;12月6日,省应急管理厅、江西煤监局联合印发《江西省应急管理厅 江西煤监局关于扎实开展煤矿安全生产集中整治的通知》,进一步细化全省煤矿开展集中整治的时间对象、重点内容和相关工作要求。各级煤矿安全监管部门和煤矿安全监察机构按照工作部署,对全省31处高风险煤矿进行安全"体检",对77处煤矿进行专项执法检查,做到生产煤矿全覆盖。对整治中发现的重大隐患,严格落实挂牌督办制度,组织整改,确保各类隐患消除在萌芽状态。

【煤矿安全基础建设】　3月6日,省应急管理厅印发《关于推进全省煤矿安全基础建设的若干意见》,重点从人员配备、技术管理体系、优化布局、完善系统等方面,推进煤矿安全基础工作。省投资集团公司、安源煤业集团公司投入专项资金,开展省属煤矿机械化开采改造,安源煤矿、花鼓山煤业山南井分别安装1个综采工作面和高档普采工作面。开展安全生产标准化创建,省应急厅组织专家抽查7处安全生产标准化达标煤矿,发现问题隐患796条,取消2处煤矿的安全生产标准化等级。

【煤炭产能指标交易服务】　2月28日,省化解过剩产能工作领导小组办公室制定印发《关于集中组织开展煤炭产能指标交易工作的通知》,针对全省退出煤矿产能小且分散的特点,健全完善煤炭产能指标集中统一交易机制,提升产能指标市场竞争力。各产煤地区化解煤炭过剩产能牵头部门指导32处退出煤矿依托产权交易机构集中开展交易活动,完成156万吨产能指标的交易,获得收益1.8亿元。

(陈小飞)

电力工业

【概　况】　2019年,江西电力行业电源项目完成电力建设投资约176.8亿元。其中,火电投资约30.8亿元;水电投资约51亿元;风电投资约45亿元;光伏发电投资约37亿元,生物质发电投资约13亿元。电网完成基建投资122.8亿元。其中,特高压直流投资5.6亿元;500千伏电网投资8.2亿元;220千伏电网投资21.1亿元;110千伏电网投资20.3亿元;35千伏及以下电网投资67亿元;独立二次专项投资0.6亿元。至年底,江西全口径发电装机容量3781.9万千瓦,增加228.3万千瓦。其中,火电装机容量2205.4万千瓦,增加40.1万千瓦;水电装机容量661.3万千瓦,增加34.5万千瓦;风电装机容量285.7万千瓦,增加60.3万千瓦;光伏发电装机容量629.5万千瓦,增加93.3万千瓦。

【发电设备利用小时】　2019年,江

西6000千瓦以上电厂发电设备利用小时数4112小时，下降14小时。火电设备利用小时数5153小时，列全国第二位；水电设备利用小时数2420小时，增加589小时；风电设备利用小时数2028小时，增加88小时；光伏发电设备利用小时数1004小时，减少60小时。

【电网项目】 至年底，江西投运110千伏及以上变电站768座，变电容量1.22亿千伏安，增加781.6万千伏安；电力线路3.64万千米，增加1860.5千米。其中，500千伏变电站24座，变电容量3175万千伏安、增加200万千伏安，电力线路4877千米、增加58千米；220千伏变电站171座，变电容量4815万千伏安、增加258万千伏安，电力线路14037千米、增加710.9千米；110千伏变电站573座，变电容量4234万千伏安、增加323.6万千伏安，电力线路17531千米、增加1091.6千米。

【电力消费】 2019年，江西全社会用电量累计1535.7亿千瓦时，增长7.48%，增速列全国第七位。其中，第一产业用电量8.1亿千瓦时，增长11.5%；第二产业用电量975.1亿千瓦时，增长5.7%；第三产业用电量264.9亿千瓦时，增长12.3%；城乡居民生活用电量287.6亿千瓦时，增长9.5%。2019年迎峰度夏期间，统调最高用电负荷创历史新高，达2231万千瓦。江西工业用电量累计951.4亿千瓦时，增长5.2%。工业用电量中制造业用电量607亿千瓦时，增长7.0%，占工业用电量比重为63.8%。制造业中钢铁行业用电量65.1亿千瓦时，增长6.2%；水泥行业用电量53.1亿千瓦时，增长6.07%；有色行业用电量44.7亿千瓦时，增长6.68%；化工行业用电量41.9亿千瓦时，增长12.2%；计算机、通信和其他电子设备制造用电量48.9亿千瓦时，增长28.96%。

【电力生产】 2019年，江西全口径发电量1403.3亿千瓦时，增长7.8%。其中，统调发电量1088.6亿千瓦时，增长3.8%；非统调发电量314.7亿千瓦时，增长24.6%。火电发电量1128.4亿千瓦时，增长3.3%；水电发电量167.7亿千瓦时，增长44.4%；风电发电量51.3亿千瓦时，增长24.5%；光伏发电量55.9亿千瓦时，增长8.5%。

【外购电量】 2019年，江西累计购入电量137.16亿千瓦时，增长6.68%；累计送出电量4.64亿千瓦时，增长471.78%；全省累计净购入电量132.53亿千瓦时，增长3.73%。购入电量中，三峡电量68.51亿千瓦时，下降4.24%；葛洲坝电量6.08亿千瓦时，增长0.66%；华北特高压电量13.54亿千瓦时，增长70.12%；西北电量29.34亿千瓦时，增长4.69%；湖北电量4.34亿千瓦时，增长4.69%；四川电量9.66亿千瓦时，增长18.33%；湖南电量3.59亿千瓦时，同比持平；重庆电量0.52亿千瓦时，下降61.59%；河南电量0.25亿千瓦时，增长4.12%；现货电量0.67亿千瓦时，下降84.23%；计量关口偏差电量0.66亿千瓦时，下降29.24%。

【电力市场化交易】 2019年，江西电力市场累计结算市场化交易电量439.86亿千瓦时，增长64.56%；4508家电力用户参与电力市场化交易，增长66.96%。其中43家电力大用户直接与12家发电企业开展交易电量67.02亿千瓦时，4465家中小用户委托38家售电公司开展市场化交易电量372.84亿千瓦时。

【新开工项目】 2019年，江西电力行业大中型电源项目新开工2项。其中，瑞金电厂新开工100万千瓦火电机组2台，信丰电厂新开工66万千瓦火电机组2台。电网项目新开工110千伏及以上84项，变电容量1195.7万千伏安，线路1568.7千米。其中，新开工500千伏电网项目4项，变电容量450千伏安，线路187千米；220千伏电网项目26项，变电容量498千伏安，线路714.5千米；110千伏电网项目54项，变电容量247.7万千伏安，线路667.6千米。

2019年电网新开工项目统计

序号	项目名称	线路长度（千米）	变电容量（万千伏安）	开工时间	建设状态
	500千伏部分（合计）	187.00	450.0		
1	九江西（瑞昌）500kV输变电工程	138.00	100.0	2019-03-27	在建
2	江西南昌南昌东500kV输变电工程	49.00	200.0	2019-06-28	在建
3	江西吉安文山500kV变电站2号主变扩建工程		75.0	2019-10-29	在建
4	江西省南昌市进贤500kV3号主变扩建工程		75.0	2019-10-30	在建
	220千伏部分（合计）	714.53	498.0		
1	江西新余分宜220kV输变电工程	24.80	36.0	2019-03-26	在建
2	江西九江彭泽马垱220kV输变电工程	73.30	36.0	2019-03-25	在建

序号	项目名称	线路长度（千米）	变电容量（万千伏安）	开工时间	建设状态
3	江西新余分宜电厂220kV送出工程	120.80		2019－03－26	在建
4	江西南昌凤凰山220kV变电站2号主变扩建工程		18.0	2019－03－20	投运
5	江西抚州桐源220kV2号主变扩建工程		18.0	2019－03－25	在建
6	江西鹰潭月湖南220kV输变电工程	53.60	36.0	2019－06－28	在建
7	江西九江华林220kV输变电工程	35.00	36.0	2019－06－28	在建
8	江西抚州富溪220kV变电站2号主变扩建工程		18.0	2019－06－28	在建
9	江西宜春丰城拖船220kV2号主变扩建工程		18.0	2019－08－28	在建
10	江西九江蒲塘220kV2号主变扩建工程		18.0	2019－08－29	在建
11	江西赣州九州220kV变电站2号主变扩建工程		18.0	2019－08－20	在建
12	江西赣州金坑220kV变电站2号主变扩建工程		18.0	2019－08－20	在建
13	江西吉安锦源220kV2号主变扩建工程		18.0	2019－08－26	在建
14	江西上饶紫阳220kV变电站2号主变扩建工程		18.0	2019－09－27	在建
15	江西吉安井冈山水电220kV送出工程	37.00		2019－09－27	在建
16	江西吉安万安高山嶂风电场220kV送出工程	16.10		2019－09－27	在建
17	江西吉安沙坪和夏造风电场220kV送出工程	81.90		2019－09－26	在建
18	江西南昌牌楼（乡企）220kV输变电工程	55.98	48.0	2019－09－27	在建
19	江西吉安遂川雩田220kV2号主变扩建工程		18.0	2019－09－10	在建
20	江西赣州定南云台山风电场220kV送出工程	17.90		2019－09－28	在建
21	江西赣州兴国莲花山风电场220kV送出工程	50.60		2019－09－28	在建
22	江西鹰潭贵溪志光220kV变电站2号主变扩建工程		36.0	2019－10－30	在建
23	江西抚州高新220kV输变电工程	96.40	72.0	2019－10－30	在建
24	江西抚州丰临线破口接入桐源变220kV线路工程	25.40		2019－11－26	在建
25	江西南昌斗门220kV变电站改造工程	2.83	18.0	2019－11－22	在建
26	江西赣州大唐国际全南乌梅山风电场220kV送出工程	22.92		2019－12－25	在建
	110千伏部分（合计）	667.63	247.7		
1	江西宜春上富－仰山单回110kV线路工程	7.50		2019－03－20	在建
2	江西南昌辛家庵110kV输变电工程	5.92	12.6	2019－03－20	在建
3	江西赣州会昌周田110kV2号主变扩建工程		4.0	2019－03－20	投运
4	江西萍乡潜溪110kV输变电工程	17.40	10.0	2019－03－19	在建
5	江西抚州广昌打鼓寨风电110kV送出工程	28.80		2019－03－01	在建
6	江西鹰潭余江县余江110kV变电站改造工程		10.0	2019－03－14	在建
7	江西南昌红角洲110kV变电站3号主变扩建工程		10.9	2019－05－30	在建
8	江西抚州广昌220千伏变电站110kV送出工程	15.60		2019－05－17	投运
9	江西抚州南城麻姑山110kV输变电工程	37.32	10.0	2019－05－24	在建

序号	项目名称	线路长度（千米）	变电容量（万千伏安）	开工时间	建设状态
10	江西宜春铜鼓温泉220千伏变电站110kV送出工程	35.90		2019－05－29	在建
11	江西新余新良山110kV输变电工程	3.99	10.0	2019－05－29	在建
12	江西萍乡新路110kV变电站2号主变扩建工程		5.0	2019－05－29	在建
13	江西萍乡金山110kV变电站2号主变扩建工程		5.0	2019－05－29	在建
14	武九电气化铁路江西九江瑞昌瑞昌牵引站110kV外部供电工程	19.50		2019－05－27	在建
15	江西上饶横峰麒麟峰风电场送出110kV线路工程	36.20		2019－06－25	在建
16	江西上饶弋阳马石杨110kV2号主变扩建扩建工程		5.0	2019－06－25	在建
17	江西鹰潭月湖区月湖南220kV变电站110kV送出工程	21.70		2019－06－18	在建
18	江西宜春张家山110kV变电站2号主变扩建工程		5.0	2019－06－20	在建
19	江西新余青陂山110kV变电站2号主变扩建工程		5.0	2019－06－28	在建
20	江西赣州龙南富康110kV2号主变扩建工程		5.0	2019－06－17	在建
21	江西赣州安远版石110kV2号主变扩建工程		5.0	2019－06－17	在建
22	江西赣州兴国古龙岗110kV2号主变扩建工程		5.0	2019－06－17	在建
23	江西抚州临川云山110kV输变电工程	40.00	10.0	2019－06－25	在建
24	江西上饶杨家湾110kV输变电工程	10.90	5.0	2019－06－28	在建
25	江西景德镇浮梁宝石110kV2号主变扩建工程		5.0	2019－06－05	在建
26	凤凰（麻山）江西萍乡110kV输变电工程	12.96	10.0	2019－06－28	在建
27	江西赣州赣县高峰山风电110kV送出工程	23.60		2019－07－30	在建
28	江西赣州水碓110kV2号主变扩建工程		6.3	2019－07－30	在建
29	江西抚州东乡虎圩110kV变电站3号主变扩建工程	3.93	6.3	2019－07－26	在建
30	江西吉安新干城东110kV输变电工程	26.67	10.0	2019－08－27	在建
31	江西吉安醪桥110kV变电站2号主变扩建工程		5.0	2019－08－28	在建
32	江西吉安火炬110kV变电站2号主变扩建工程		5.0	2019－08－29	在建
33	江西赣州高楼110kV输变电工程	4.60	10.0	2019－08－20	在建
34	九江瑞昌市蜈蚣山风电场110（66）kV送出工程	35.40		2019－08－29	在建
35	江西九江庐山华林110kV送出工程	10.40		2019－08－29	在建
36	江西九江彭泽马垱110kV送出工程	3.00		2019－08－29	在建
37	江西宜春奉新县彭家110kV变电站2号主变扩建工程		5.0	2019－08－28	在建
38	江西吉安水田风电110kV送出工程	12.00		2019－09－20	在建
39	江西赣州龙泉110kV输变电工程	8.80	10.0	2019－09－29	在建
40	江西赣州定南双山风电110kV送出工程	26.50		2019－09－29	在建
41	江西上饶车站110kV输变电工程	13.50	10.0	2019－10－30	在建
42	江西吉安玉峡（峡江）风电110（66）kV送出工程	22.95		2019－10－30	在建
43	江西新余分宜220千伏变电站110kV送出工程	34.10		2019－10－30	在建

序号	项目名称	线路长度（千米）	变电容量（万千伏安）	开工时间	建设状态
44	江西景德镇乐平高家 110kV 输变电工程	38.75	5.0	2019-10-29	在建
45	南昌固废处理循环产业园垃圾焚烧发电场 110kV 送出工程	3.00		2019-11-26	在建
46	江西南昌长江（金产）110kV 输变电工程	2.10	10.0	2019-11-28	在建
47	江西赣州兴国云峰嶂风电 110kV 送出工程	32.70		2019-11-29	在建
48	江西赣州宁都武华山风电 110kV 送出工程	32.40		2019-11-29	在建
49	江西省赣州市南康镜坝 110kV 输变电工程	3.00	12.6	2019-11-29	在建
50	江西上饶龙潭 110kV 输变电工程	12.40	10.0	2019-11-27	在建
51	江西宜春秆塘 110kV 变电站 2 号主变扩建工程		5.0	2019-11-30	在建
52	江西鹰潭月湖区垃圾焚烧发电厂二期 110kV 送出工程	2.20		2019-11-28	在建
53	上饶市生活垃圾焚烧发电 110kV 配套送出工程	13.70		2019-12-24	在建
54	江西上饶园北 220 千伏变电站 110kV 送出工程	8.24		2019-12-24	在建

（王岩）

钢铁工业

【概　况】 2019 年，全省钢铁主要产品产量保持稳定增长，生铁产量 2217.97 万吨，增长 0.6%；粗钢产量 2524.47 万吨，增长 1.0%；钢材产量 2795.7 万吨，增长 4.2%。钢铁行业实现营业务收入 2483.08 亿元，增长 6.61%；利润总额 162.21 亿元，下降 31.92%。销售利润率 6.49%，下降 3.78 个百分点；重点钢企实现利润 117.86 亿元，下降 40.8%。全省钢材出口 81.54 万吨，下降 27.04%；出口值 42.92 亿元，下降 27.2%。铁合金出口 1961 吨，下降 28.65%；出口值 4.38 亿元，下降 21.14%。

【循环经济】 重点钢企自发电量 51.23 亿千瓦时，增长 13.31%，占重点钢企总用电量的 54.9%，为企业创造效益 25.61 亿元，节约标煤约 629 万吨，减少温室气体 CO_2 排放约 1698 万吨。

【严防“地条钢”死灰复燃】 做好事前监管，对新增中频炉项目严格审批。从速从严核查举报线索，将举报奖励标准由核实的每起 5000 元提高至 1 万元，全年共接到举报线索 8 条，其中查实 2 起，相关地方政府和部门进行了处置。强化用电监管，每月对全省 536 家中频炉企业和各县（市、区）用电前 10 名企业用电情况进行调度、分析，对用电异常、用电不符等情况的企业进行现场核查。坚持巡查制度，针对新情况、新问题，2019 年扩大巡查范围，将废钢收购经营企业和具备网前供电的涉铁及中频炉企业纳入巡查监管对象，并会同省市场监管局对 7 家特钢企业进行飞检抽样；省级巡查小组按照“每月赴各地巡查、每季度全覆盖”的要求，对全省涉及中频炉企业开展巡查工作，省级巡查组全年巡查中频炉企业 30 余次，各地市累计巡查企业 5000 家次。开展“回头看”，7—8 月对新余、宜春、上饶、抚州、景德镇等市进行“回头看”，对“回头看”发现的问题和隐患，省化解产能办立即下发通知，要求各级政府逐一对照整改、按时办结。

【行业管理】 做好 2019 年全省钢铁行业规范企业动态管理工作，组织企业自查，及时审核上报方大特钢、新钢、九钢、萍安钢 4 家企业的有关材料。做好焦化行业准入工作，组织专家对台鑫钢铁公司生产线进行产业政策认定，对吉安市钢铁有限责任公司电弧炉节能环保升级易地改造产能置换方案进行现场审核，并进行公示、公告。

【新余市渝水区钢铁产业省级优化升级试点工作】 指导推动新余市渝水区开展钢铁产业省级优化升级试点工作，编制出台《渝水区传统产业优化升级省级试点钢铁产业优化升级实施方案（2018—2020 年）》，建立调度制度，每季度调度试点实施进展情况，加强跟踪指导，督促地方规范使用资金。在推进过程中，重点将新钢百亿产业转型升级改造工程作为示点示范的重点工程，省市区协同推进；对新钢公司申报的 2019 年全省技术改造重点项目，在同等条件下给予优先支持。至年底，新钢百亿产业转型升级改造工程中的新能源汽车用高牌号电工钢项目、优特钢带加工配送中心项目完工投产；新钢综合料场智能环保易地改造项目加快推进，完成混均料场、熔剂料场等基桩施工，工程进度完成 70%。

（余时财）

有色金属工业

【概　况】 2019 年，全省有色产业营业收入 6604.4 亿元，增长 9.5%；利润总额225.4亿元，下降1.6%。其中，铜、钨、稀土营业收入分别为4930.8亿元、306.7亿元、238.6亿元，分别增长11.8%、下降5.4%、下降8.1%。

【制定稀土产业发展政策】 7月，在经过多次实地调研后，形成《提升科技创新能力推进稀土产业高质量跨越式发展》和《牢记总书记殷殷嘱托矢志不渝推进稀土产业高质量跨越式发展》2篇调研报告。研究制定《推进江西省稀土产业高质量发展分工方案》和《江西省促进稀土产业高质量发展若干措施》。

【新材料保险工作】 11月，省工信厅牵头制定的《江西省重点新材料首批次应用示范指导目录（2019版）》发布。获得2018年度重点新材料首批次应用保险补偿960余万元，获补贴金额继续位列全国前五。组织平安财险、各地工信部门、有关新材料企业召开全省重点新材料首批次应用保险补偿机制试点工作宣贯视频会议，共有500余人参加会议。

【"重创"项目】 2019年，全省有色产业有12个项目列入省重点创新产业化升级工程项目现场核查，最终5个项目入选。中国南方稀土集团与中车集团合作的百亿级稀土高端永磁电机应用项目已签订协议。

2019年全省有色金属产业入选省重点创新产业化升级工程项目名单

类别	项目单位	项目名称
铜产业	江西鑫铂瑞科技有限公司	年产2万吨高端动力汽车锂电铜箔和2万吨挠性覆铜板铜箔
铜产业	韩亚半导体材料（贵溪）有限公司	年产3万吨高品质铜粉体材料
铜产业	江西云泰铜业有限	年产10万吨高性能高精度铜板带工程
钨产业	崇义章源钨业股份有限公司	高性能钨粉体智能制造技术改造项目
稀土产业	江西粤磁稀土新材料科技有限公司	年产5000吨高性能稀土永磁新材料项目

（尚晓霞）

机械工业

【概　况】 2019年，全省机械工业经济总量约占全省工业的15%左右，规模以上企业1990家，机械产品品种数8000余种。全年实现营业收入5486.8亿元，增长7.1%。受汽车行业下行的影响，全行业利润增速近年来首次出现负增长，实现利润272.9亿元，下降3.4%。

【电工电器行业】 受中标国家电网、南方电网企业数量增多，开拓"一带一路"沿线国际市场等积极因素叠加影响，电工电器行业保持平稳较快增长，2019年实现营业收入1303.5亿元，增长10.3%，实现利润73.2亿元，增长12.7%。其中，电线电缆产业受益于铜、钢等原材料价格较为稳定的影响，走势较为良好，铜价基本保持在4.7万~5万元/吨，钢价保持在3800元/吨，普通PVC电缆料在8000元/吨左右。太平洋电缆、开开电缆、金一电缆等重点企业营业收入增长较快，全年保持20%以上的增长速度，在营销方面出现不少新亮点，太平洋电缆中标1.3亿国网订单，汉光股份中标中铁约1亿元合同。开开电缆、金一电缆等企业加强肯尼亚等"一带一路"沿线国际市场的开拓，都有近千万出口订单。变电设备产业全行业实现营业收入98.7亿元，增长6.2%，伊发电力、亚珀电气、明正变电等重点企业发展态势良好，营业收入增速保持在20%以上。具有中标资质的重点企业在国家电网、南方电网的订单增加，赣电电气获得国网订单1400多万元，江西变电订单将近有8000多万元。明正变电在阿根廷中标500多万元，赣电电气在柬埔寨出口100多万元，国外出口取得新突破。

【汽车行业遭遇严峻挑战】 2019年，受全国汽车市场产销低迷影响，全省汽车产上下游产业链整体下滑明显。全省汽车产业营业收入1761.8亿元，下降0.47%；利润28.4亿元，下降59.3%。整车生产49.5万辆，下降10.2%；销售49.0万辆，下降11.8%，经济效益堪忧。新能源汽车产业受政策影响较大，3—6月补贴政策过渡期结束后，全国新能源汽车市场7月开始连续下跌，全年产销124.2万辆和120.6万辆，同比均有下降。江西省新能源汽车从年初就开始下跌，全年产销分别为2.54万辆和1.93万辆，分别下降52%和64%。

【智能装备产业】 2019年，制定出台《加快智能装备产业发展的指导意见》。依托清华高端装备研究院，在九江投资设立清科九扬、清研扬天等智能装备生产企业，支持新松机器人在永修打造机器人产业园。组织省内骨干企业、科研院所、装备用户组建江西省机器人与智能制造联合会，开展协同创新，打造供需对接平台。编制完成《第一批江西省首台（套）重大技术装备推广应用目录》，鼓励企业科技创新，突破关键技术，推动首台（套）装备在各个领域推广应用。至年底，全省智能装备规模以上企业186家，主要产品有工业与服务机器人、高中档数控机床、自动化生产线、智能电网等，形成以泰豪科技、中广核贝谷、中机科技为龙头，南昌高新区、井开区、新余高新区为重点集聚区的智能装备产业链，全年全省智能装备产业营业收入406亿元，增速16.7%。

【智能制造“万千百十”工程提前完成】　智能制造“万千百十”工程自2016年实施以来，截至2019年年底建设119个试点示范项目，带动487个智能制造项目实施，累计应用智能装备1.87万台(套)，实施1332个“数字化车间”，培育发展186家智能装备企业，创建南昌高新区、井开区等12家省级智能制造基地。有10家企业的项目入选国家智能制造专项，11家企业的项目入选工信部智能制造试点示范，2家企业的项目入选工信部人工智能与实体经济深度融合创新项目，64家企业通过工信部“两化融合”贯标评定，提前1年半时间完成智能制造“万千百十”工程预定目标。企业通过实施智能化改造，不同程度实现生产过程人、机、料、法、环、测等生产要素的互通互联，智能制造发展趋势正从单元智能设备、智能生产线相对简单、低层级开始向智能车间、智能工厂更复杂、高层级发展。

【争取国家资金】　2019年，争取到新能源汽车国补资金6亿元、国家新能源汽车充电基础设施奖励资金9000万元。拨付省级新能源汽车省级配套奖补资金1.1亿元，有效缓解企业资金压力。指导南昌矿山机械有限公司等4家企业共计9个项目申报并入选国家首台(套)重大技术装备保险补偿项目，获2019年财政部制造业高质量发展专项资金421万元。指导帮助南昌中微半导体公司争取到国家重大技术装备免税政策，获批5300万美元免税进口额度，可为企业减少关税7000万元左右(至年底已兑现1000万元)。指导推进欧菲光、孚能科技、江中药业智能制造国家专项项目建设，已顺利通过验收，按程序申请将获得后续补助资金2000万元。

【技术创新成果】　2019年，格特拉克(江西)传动系统有限公司入选2019年(第26批)国家企业技术中心。江西明正智能电气有限公司技术中心、捷和电机(江西)有限公司技术中心、江西腾勒动力有限公司技术中心、江西泉新电气有限公司技术中心获批为省级企业技术中心。江西华健电力工业有限公司智能配电系统自动化设备工业设计中心、江西明正变电设备有限公司变电设备工业设计中心获评2019年度省级工业设计中心(基地)。在产品研发方面，江西星盈科技量产电池的比能量达240瓦时/千克，同时掌握锂电池正极材料811高镍材料制备技术。智能汽车研发取得进展，由实验室进入到路试阶段，江铃具备达到L4级自动驾驶标准全顺物流车上路测试。氢能源汽车研发取得突破，江铃集团所属太原重汽研发的2款氢燃料电池卡车已列入工信部新能源汽车推荐目录，具备上市销售条件。

(罗冰)

航空工业

【概　况】　2019年，江西航空产业营业收入1020亿元，增长18.16%，迈上“千亿”新台阶；增加值增长16%；利润69.2亿元，增长21%。

【一批航空产业重大项目签约】　4月26日，江西航空产业重大项目签约暨中国商飞江西生产试飞中心奠基活动在南昌举行。共计15个航空产业重大项目分2批次签约，包含生产试飞中心相关项目和宽体客机复合材料研制项目5个，南昌高新区、景德镇高新区入园航空项目10个。其中中国商飞江西生产试飞中心、江西先进复合材料研发中心2个项目投资额均达到20亿元以上。

【首届中国(南昌)通航适航审定发展论坛召开】　5月30日，由中国航空器拥有者及驾驶员协会(中国AOPA)(中国航驾协)、南昌高新区主办的首届中国通航适航审定发展论坛在南昌召开。论坛以“创新管理思路促进通航发展”为主题，就适航审定规章标准体系及其改革、委任代表队伍建设、无人机适航审定现状与未来等主题进行深入研讨，中国民用航空局、江西省政府、南昌市政府等政府部门领导，及航空工业、中国航发、通航企业、行业协会等机构的代表200余人出席。

【9个项目入选2019年军民融合企业军工技术产业化项目】　经企业申报、专家评审，宜春先锋军工机械有限公司、九江市特种胶业有限公司、江西乐富军工装备有限公司、九江七所精密机电科技有限公司、景德镇华迅特种陶瓷有限公司、萍乡市慧成精密机电有限公司、景德镇兴航科技开发有限公司、江西飞航通信设备有限责任公司、江西荣力航空工业有限公司等9家单位的相关项目入选2019年军民融合企业军工技术产业化项目。

【2019中国航空产业大会召开】　9月4日，为期2天的2019中国航空产业大会在景德镇市召开。大会由中国航空学会、江西省政府、中国航空工业集团有限公司、中国商用飞机有限责任公司、中国航空发动机集团有限公司、中国科协航空发动机产学联合体主办，主题为“新时代、新趋势、新动能”。中国航空学会、国内外航空产业、通航运营、投融资、航空小镇等建设方面的专家学者、科研院所、企业家等1300余人应邀出席。大会聚焦通航产业及航空小镇发展、航空发动机、航空产业投融资、航空产业国际化等热点问题，通过多种形式进行研讨和交流，共同探讨航空产业高质量发展的时代话题，推动江西省航空产业跨越式高质量发展。大会同期举行2019院士专家共话江西航空产业高质量发展专题研讨会。

【2019年中国先进技术转化应用大赛决赛结束】　11月22日，为期4天的2019年中国先进技术转化应用大赛决赛在南昌结束，并举行颁奖仪式。在颁奖仪式现场，共有30个项目签约，涉及金额32亿元。大赛由工信部、科技部、财政部、国防科工局、全国工商联等部门与江西省政府共同举办。大赛于6月启动，围绕新一代信息技术、先进材料、航空航天、智能制造、新能源与节能环保、生物技术6个领域，面向全国各创新主体共征集

申报项目1034项，经过初赛、半决赛、决赛评选，决出6个金奖、12个银奖、24个铜奖。其中，江西省6个项目获1金1银4铜。决赛期间还举办优秀项目展览，221个大赛优秀技术项目和江西省特色项目参展，现场安排60多个大赛优秀项目路演和对接洽谈活动，吸引一批技术需求单位和投融资机构，成为亮点活动，参会和观展人员超2100人。

（梅斌）

轻 工 业

【概　况】 2019年，江西省轻工业（含食品）规模以上工业企业主营业务收入7025.3亿元，增长2.9%；利润总额549.5亿元，增长5.6%。其中，轻工业（不含食品）规模以上工业企业主营业务收入4772.3亿元，增长6.1%，利润总额375亿元，增长10.1%；食品工业主营业务收入2252.9亿元，减少3.3%，利润总额174.5亿元，减少2.9%。

【烟花爆竹企业整顿】 7月5日，省政府办公厅印发《江西省人民政府办公厅关于推动落后烟花爆竹生产企业整顿退出工作的指导意见》，制定联席会议制度，有关市、县（区）按要求制定落后烟花爆竹生产企业2019—2021年3年退出计划。11月，省政府召开全省落后烟花爆竹生产企业整顿退出工作推进会，对全省落后烟花爆竹生产企业整顿退出工作进行全面动员部署。12月，制定省级保障资金分配方案，及时将2019年度省级保障资金2亿元拨付到相关县（区）。

【烟草产业转型创新发展】 1月，省政府召集18个省直相关单位召开促进烟草产业转型创新发展专题协调会，研究解决促进烟草产业转型创新发展面临的问题。健全全省烟草产业发展联席会议机制，适当增加部分省直单位为成员单位，印发联席会议具体工作制度，落实省直有关单位工作职责，推动烟草产业的发展。2019年，省产烟“金圣”品牌卷烟累计销售67万箱，增长11.4%，增幅在全国排第五位。

【传统产业优化升级】 加快推进南昌县食品产业、南康区家具产业优化升级，进一步明确目标、重点任务和政策保障，并到南康区、南昌县调研家具、食品产业优化升级试点工作进展情况，推动食品、家具等轻工传统产业优化升级工作。2019年，南康区新增规模以上家具企业144家，全区规模以上家具企业共521家。出台《南康区家具企业入园进区设备设施标准》，制定环保消防、安全生产、产品质量、设备设施等5个方面的标准。智能化车间从4个裂变到139个，正加速向数字化、智能化、个性化、定制化转型。依托家居小镇的核心创新引擎作用，打造研发设计、智造创新、电商销售、品牌体验、跨境外贸、产教学研、人才孵化、物流创新、云上小镇、文化旅游十大平台，建成阿里巴巴、京东、天猫全国最大的线上线下体验馆，特别是获得全球最大的B2B跨境电商ARIBA中国唯一授权，至年底，已有26家有外贸业务的规模以上企业入驻，并推出中国南康家具全球跨境电商产业带、南康跨境电商综合服务中心和M-PARK跨境电商产业集聚区三大平台，实现家具新零售模式。

【盐业规范管理】 3月和9月，省工信厅2次会同省发改委、省财政厅对全省食盐储备情况进行全面检查，对发现的问题进行通报并要求及时整改，确保食盐供给安全。进一步推动综合执法改革，5月，省机构改革领导小组办公室印发《关于抓紧承接盐业执法职责的通知》，明确由市场监管部门负责盐业执法（含质量执法和专营执法）职责。

【2019景德镇国际陶瓷博览会召开】 10月18日，为期5天的2019第15届中国景德镇国际陶瓷博览会在景德镇市召开。共有国内外近千家品牌陶瓷企业、世界各地3500多名客商参会。瓷博会期间，还举办陶瓷文化传承与创新国际研讨会、2019全国艺术院校院（校）长高峰论坛、第三届中国瓷画双年展、国际陶瓷采购商供需对接会、第五届全国陶瓷职业技能竞赛总决赛等一系列活动。其间，达成外贸订单累计20.2亿美元；国内贸易订货累计120.3亿元；现场交易累计6.7亿元，共接待参观人数突破500万人次。

【14家食品企业获国家食品企业诚信管理体系证书】 2019年，由省食品办牵头推进，江西林恩茶业有限公司、江西省章贡酒业有限责任公司、江西恩泉油脂有限公司、江西橘花香食品有限公司、中粮粮油工业（九江）有限公司、江西仙客来生物科技有限公司、江西省天玉油脂有限公司、江西省百丈泉食品饮料有限公司、江西润田实业股份有限公司、江西万载千年食品有限公司、江西康美乐食品有限责任公司、江西麻姑实业集团有限公司、江西鸽鸽食品有限公司、江西燕京啤酒有限公司14家食品企业通过诚信管理体系评价并获得诚信证书。至年底，全省有28家食品工业企业通过诚信管理体系评价并获诚信证书，为全省食品工业企业诚信体系建设起到示范引领作用，进一步促进全省食品工业健康发展。

2019年食品产业主要经济指标

2019年	企业数（家）	主营业务收入（亿元）	增长（%）	利润总额（亿元）	增长（%）	资产总计（亿元）	增长（%）
规模以上食品工业	944	2252.9	-3.3	174.5	-2.9	1696.8	9.7

2019年全省轻工业重点子行业效益

重点子行业	主营业务收入（万元）	增长（%）	利润总额（万元）	增长（%）
农副食品加工业	16227818	-5.25	1060039	2.51
食品制造业	3604557	5.02	330779	5.22
酒、饮料和精制茶制造业	2697009	-1.15	354535	-21.05
采盐	123185	43.13	11471	1.89
烟草制品业	2187063	7.02	107325	244.84
皮革、毛皮、羽毛及其制品和制鞋业	5220831	2.81	437745	15.69
木、竹、藤、棕、草制品业	920499	5.92	63706	8.64
家具制造业	3998634	-0.75	297645	-5.46
造纸及纸制品业	3665189	8.88	286298	11.57
工艺美术及礼仪用品制造业	2418569	1.47	198680	7.78
日用化学产品制造业	1414697	-3.04	189864	-8.40
塑料制品业	5291013	9.90	480575	15.93
陶瓷制品制造业	4412745	8.22	438900	16.67
金属工具及金属制轻工制品制造业	3190342	15.43	256240	19.16
轻工通用设备及专用设备制造业	484698	5.94	34056	10.07
电池制造业	4978564	8.66	230002	-16.71
家用电力器具制造业	1578974	16.02	88259	98.32
照明器具制造业	3230359	8.79	257389	11.35
焰火、鞭炮产品制造业	1237104	1.05	116191	-2.74

2019年全省轻工业重点产品产量

重点产品	计量单位	产量	增长（%）
精制食用植物油	吨	1115213.0	-36.6
乳制品	吨	178089.0	0.1
食用盐	吨	222086.8	-31.6
白酒（折65度，商品量）	千升	130716.3	15.8
啤酒	千升	712588.4	-1.8
包装饮用水	吨	1862330.2	4.1
精制茶	吨	69327.5	-3.8
卷烟	万支	6379462.0	0.0
轻革	平方米	34715149.0	35.1
家具	件	42639897.0	-5.4

重点产品	计量单位	产量	增长(%)
纸浆(原生浆及废纸浆)	吨	168939.0	7.2
机制纸及纸板(外购原纸加工除外)	吨	2762382.0	11.5
塑料制品	吨	1478262.3	12.3
卫生陶瓷制品	件	2138317.0	-16.5
眼镜成镜	副	130989721.0	77.6
铅酸蓄电池	千伏安	12945795.3	23.8
房间空气调节器	台	6316630.0	8.4
灯具及照明装置	套(台)	544387677.0	42.6

2019年轻工业重点产业集群主要经济指标

产业集群名称	主营业务收入		利税	
	累计(亿元)	增长(%)	累计(亿元)	增长(%)
南康家具产业集群	1807.2	13.6	37.7	18.9
萍乡经开区新材料产业集群	386.0	11.0	93.2	10.2
樟树金属家具产业集群	255.0	16.1	17.3	16.8
九江经开区智能家电产业集群	209.3	5.2	16.3	14.4
武宁节能灯产业集群	185.3	7.1	11.8	7.5
宜丰绿色高效储能系统产业集群	126.0	4.7	8.7	3.4
景德镇高新区家电产业集群	113.0	3.9	3.0	-13.7
上高绿色食品产业集群	98.0	15.5	15.0	10.0
万载工业园区有机食品产业集群	90.0	6.0	11.7	3.0
上高制鞋产业集群	83.0	10.6	11.0	9.4
濂溪区绿色食品产业集群	67.0	-13.3	6.3	6.4
修水工业园区绿色食品产业集群	60.0	11.0	12.0	8.8
景德镇陶瓷产业集群	58.1	13.1	5.7	9.2
南丰工业园区绿色食品产业集群	55.8	10.0	6.1	15.4
余江眼镜产业集群	53.0	22.1	3.8	20.8
新干箱包皮具产业集群	51.2	25.3	5.3	22.7
上饶经开区光学产业集群	45.0	5.4	1.3	12.6
黎川工业园区陶瓷产业集群	39.7	18.0	3.7	13.7
永新工业园区超纤复合新材料产业集群	25.0	10.9	2.5	5.1
鹰潭高新区水工产业集群	19.5	8.1	1.6	5.9
余江工业园区雕刻工业产业集群	17.3	1.7	2.2	2.3

2019 年陶瓷产业主要经济指标

陶瓷行业分类	主营业务收入(万元)	增长(%)	利润总额(万元)	增长(%)
陶瓷制品制造	4412745	8.22	438900	16.67
卫生陶瓷制品制造	77411	-22.28	5406	-4.73
特种陶瓷制品制造	3346024	16.79	347872	24.03
日用陶瓷制品制造	346443	-38.12	46804	-20.86
陈设艺术陶瓷制造	639336	17.88	38735	27.32
其他陶瓷制品制造	3531	-67.04	84	-82.61

2019 年陶瓷产业集群主要经济指标

陶瓷产业集群名称	主营业务收入		利税	
	累计(亿元)	增长(%)	累计(亿元)	增长(%)
湘东工业陶瓷产业集群	78.0	18.6	10.1	6.7
景德镇陶瓷产业集群	58.1	13.1	5.7	9.2
黎川工业园区陶瓷产业集群	39.7	18.0	3.7	13.7

(王茜)

石化行业

【概　况】 2019 年,全省石化行业主营业务收入 3000 亿元,增长 1.5%;利润 252 亿元,下降 11%。重点子产业平稳发展,石油化工产业主营业务收入 478 亿元,增长 1.7%;利润 21.4 亿元,下降 47.7%。有机硅产业主营业务收入 249 亿元,增长 16.5%;利润 23.6 亿元,增长 11.9%。盐化工产业主营业务收入 538 亿元,增长 1.6%;利润 37.3 亿元,下降 3.3%。氟化工产业主营业务收入 137 亿元,增长 4.6%;利润 11.2 亿元,增长 7.6%。

【推进新干县盐卤药化行业优化升级】 落实《江西省石化产业优化升级实施方案(2018—2020 年)》要求,指导新干县推进盐卤药化产业优化升级试点,制定优化升级工作方案、专项资金使用管理办法等。批复新干盐卤药化产业优化升级实施方案,建立定期调度机制,及时掌握进展情况。2019 年,新干盐卤药化产业集群营业收入 105.9 亿元,增长 22.4%。推进产学研合作,一方面推进新干县与中石化联合会衔接,寻求战略支撑;另一方面,专门组织南昌大学环化学院院长等赴新干县,现场为推进化工产业优化升级把脉献策,促进新干与南昌大学产学研合作,提供技术支撑;至年底双方已初步达成合作协议。

【城镇人口密集区危化品生产企业搬迁】 多次下发、转发通知,对做好危化品企业搬迁改造工作进行分类指导、明确要求,有序推进搬迁改造工作。加强调度审核。建立定期调度机制,及时掌握相关企业搬迁改造动态及进展情况,并会同省生态环境厅、省应急管理厅对信息平台上企业更新动态情况进行三部门、三级联审确认。加强协商督促。省工信厅分管领导多次带队赴海利贵溪化工农药有限公司和江西麒麟化工有限公司,召开专题协调会,推动当地政府及相关部门会同企业进一步倒排进度、完善计划、加快推进。国务院安委会第六考核巡查组召开危化品专项巡查座谈会,巡查组对江西工作进展情况进行充分肯定。10 月中旬,工信部重点工业行业综合督查组到赣开展危化品企业综合督查检查,也充分肯定江西省城镇人口密集区危险化学品生产企业搬迁改造工作。

【推进产业绿色发展】 督促各地按照长江经济带"共抓大保护,不搞大开发"的要求,立足本地化工产业基础和状况,科学规划长江经济带化工园区和企业布局,落实产业政策要求。赴九江、万年督促推进国家审计署、长江办指出的化工企业环境保护等问题。协同推进化工园区清理整治工作。督促各县(市)、区工信局在办理化工类技术改造项目备案时严格把关,对不符合产业政策,产能过剩,高污染、高能耗、低附加值等的化工项目,不予办理备案手续。推进化工企业按照国家有关产业政策要求,依法依规淘汰落后化工产品、工艺、技术和装备,推动落后和低效产能退出。

【通过国际禁化武组织核查】 8 月 5 日—8 日,国际禁化武组织 2 人核查小组对江西省乐平大明化工有限公司第三类监控化学品三氯化磷生产设施进行现场核查。经过省工信厅与各有关部门、市县政府的密切协作、共同努力,乐平大明化工有限公司顺利通过核查。这是江西省第15次接受并通过国际禁化武组织核查,得到省政府领导高度肯定。核查得以通过,与省工信厅日常履约工作管理分不开:开展履约宣传培训,组织开展宣传日活动,做好禁化武履约宣传作品征集并上报国家禁化武办,报送数量居全国前列;召开全省禁化武履约培训会议,提升企业和地市履约主管部门履约意识和水平。做好数据宣布,完成监控化学品企业2018年度宣布数据汇总核实和上报,共宣布监控化学品生产企业20家;完成监控化学品企业2020年预计宣布数据汇总核实和上报。加强生产特别许可管理,强化生产特别许可现场考核,组织专家赴现场审查企业履约及生产管理情况,帮助企业增强履约能力和提高管理水平;办理9家企业监控化学品生产特别许可证书的换证、颁证初审和上报。加强专家人才推荐,加强与南昌大学、南昌航空大学沟通,向国家禁化武办推荐2名履约专家、7名生化技术专家和3名禁化武组织后备人才。

【重点企业效益下滑】 由于2018年前三季度大多数石化产品价格大幅上涨,2019年产品价格基本回归理性,导致大多数企业主营收入和利润有所下降。中石化股份九江分公司实现营业收入443.4亿元,下降3%;江西世龙实业股份有限公司实现营业收入12.2亿元,下降3%;江西理文化工有限公司实现营业收入18.5亿元,下降4%。

(王上文)

纺织工业

【概　况】 2019年,全省纺织服装行业总体呈现"高开低走"的走势。全行业1567家规模以上企业主营业务收入1816亿元,下降7.8%,低于年内最高值18.3个百分点;利润117亿元,下降6.6%,低于年内最高值20.5个百分点;实际出口33.7亿美元,下降14.5%,低于年内最高值32个百分点。以上三大指标分别占全省工业的5.2%、5.4%和9.3%。主要子行业中,服装行业主营业务收入877亿元,下降8.6%;棉纺行业569亿元,下降8.8%;化纤行业92亿元,下降29.5%;针织行业58亿元,下降20.7%。主要产品中,纱产量161万吨,增长1.2%;化学纤维产量62.9万吨,增长11.9%;服装产量12.2亿件,增长4.8%;布产量10.3亿米,下降14.6%。

【《江西省纺织产业高质量跨越式发展行动方案》出台】 2月26日,编制出台《江西省纺织产业高质量跨越式发展行动方案》,从国内外发展环境和江西省发展实际出发,明确发展重点,制定发展路径,提出发展目标。提出到2023年,产业结构和区域布局进一步优化,产业聚集度继续提升,创新能力和核心竞争力显著增强,形成一批在国内具有较强竞争力的品牌和重点骨干企业,打造一批特色产业基地,全省纺织产业主营业务收入达5000亿元。

【江西麻纺产业联盟成立】 10月31日,江西麻纺产业联盟成立大会在分宜县举行,江西恩达麻世纪科技股份有限公司董事长邱新海当选江西麻纺产业联盟理事长。江西麻纺产业联盟在省工信厅的指导下,由江西恩达麻世纪科技股份有限公司倡议发起,由省内从事麻纺产业及上、下游产业的企事业单位自愿组建而成,旨在推进全省麻纺产业协同发展。

【开展产业链对接活动】 2019年,从支持各地壮大纺织产业集群、完善产业生态入手,省工信厅纺织处主办或参与近10场招商推介活动,主要有2019江西国际麻纺博览会、2019粤赣纺织服装产业合作暨赣州瑞兴于"3+2"经济振兴试验区推介会、中国(赣州)首届纺织服装博览会、中国产业用纺织品协会年会九江推介活动、2019产业合作专题活动——走进江西赣州、青山湖印染科技峰会推介活动等,吸引国内外企业投资江西。

【推动南昌市青山湖区纺织产业优化升级】 推动南昌市青山湖区开展纺织产业优化升级试点,协调帮助青山湖区完善纺织产业优化升级试点工作方案,对方案的执行情况进行督促调度,对省级试点支持资金的使用进行指导、核查、问效。指导帮助青山湖服装创意设计产业园区平台建设,在2019年工业强省推进大会上,青山湖区纺织服装创意设计平台作为参观点,得到好评。对青山湖区部分纺织产业转移至进贤县的2个飞地项目多次进行实地考察,并征求相关企业的意见和建议,协调解决有关问题。

【举办2019江西国际麻纺博览会】 11月1日—3日,由中国国际贸促会纺织行业分会、中国麻纺行业协会、江西省工信厅、江西省贸促会、新余市政府联合主办的2019江西国际麻纺博览会在分宜县举行。博览会主题为"生态江西、时尚麻艺",吸引国内外近500家企业参展,参展参会人数过万,共签约项目13个,签约金额47.4亿元。博览会期间还安排2019中国(江西)麻纺织时尚发布、2019中国麻纺产业大讲堂和2019中国麻纺织服装创新设计邀请赛等活动。

【于都县被评为中国品牌服装制造名城】 3月19日,中国纺织工业联合会印发《关于确定江西省于都县为纺织产业集群试点地区的决定》,决定与于都县建立纺织产业集群试点共建关系,并授予其"中国品牌服装制造名城"称号。于都县将纺织服装产业作为该县首位产业来抓,引入赢家时装、上海日播、广州汇美、深圳歌力思等一大批国内知名品牌企业。2019年,于都县共有规模以上纺织服装企业74家,新增19家;主营业务收入100亿元,新增6%。

【赢家时装(赣州)有限公司中标工信部工业互联网标识解析二级节点(纺织服装平台)项目】 9月,在省工信厅的推荐下,赢家时装(赣州)有限公司与中国联通江西分公司联合申报,以第一名的成绩中标工信部工业互联网标识解析二级节点(纺织服装平台)项目。该项目总投资1亿元,获2000万元项目补助资金,填补江西省纺织行业获得国家众创项目支持的空白,也为江西省服装企业在工业互联网时代领跑赢得先机。

(郑宜涛)

建材工业

【概　况】　2019年,全省建材行业努力克服原材料价格上涨、产能受限等因素影响,总体保持产销平稳、效益增长的态势。全省水泥产量9625.0万吨,增长4.3%;玻璃纤维纱产量75.0万吨,增长27.9%;瓷质砖产量10.2亿平方米,增长11.6%。行业营业收入3132.0亿元,增长9.0%;利润324.4亿元,增长18.0%。其中,水泥行业营业收入445.7亿元、增长5.7%;利润99.5亿元、增长12.8%。建筑陶瓷行业营业收入375.7亿元、增长10.1%;利润33.0亿元、增长47.8%。玻璃纤维及制品制造行业营业收入137.1亿元、增长15.6%;利润11.0亿元、增长5.5%。

【推动高安市陶瓷产业优化升级】　6月,省工信厅批复《高安市建筑陶瓷产业优化升级省级试点方案(2018—2020年)》。文件明确高安市建筑陶瓷产业发展的主要目标为到2020年,全市建筑陶瓷产业总体目标力争实现主营业务收入500亿元;规模上企业主营业务收入440亿元;培育至少1家年主营业务收入过50亿元的龙头企业;培育10家左右年主营业务收入10亿~50亿元的骨干企业;规模以上陶瓷企业及配套企业达到90家。扶持和培育龙头企业,带动产业跨越式发展;实施品牌优先战略,扩大品牌影响力;对接"一带一路"战略,扩大国际影响力;狠抓两化深度融合,实现智能制造新突破;狠抓共性技术研究,实现创新驱动新突破;狠抓环境综合治理,实现绿色发展新突破等6项主要任务。同时,按照文件精神加强高安市陶瓷产业优化升级工作的调度指导。

【推动全省水泥熟料生产线错峰生产】　按照《关于在全省水泥行业推行错峰生产的通知》精神,从2018年起连续3年推动全省水泥熟料生产线实行错峰生产。2019年,停窑错峰生产时间55天,错峰生产主要安排在春节期间、酷暑伏天及其他环境敏感时段进行,产能严重过剩和环境保护重点地区停窑错峰时间适当延长。该措施有利于化解水泥产能过剩矛盾,合理缩短水泥窑运转时间,有效压减过剩熟料产能,减少水泥熟料生产与社会耗能高峰期污染物排放叠加。

【联合印发《江西省海绵产业发展三年行动计划(2019—2021年)》】　10月30日,省工信厅、省住建厅联合印发《江西省海绵产业发展三年行动计划(2019—2021年)》,明确全省海绵产业发展指导思想,提出在坚持政府引导、市场主导、绿色驱动、集聚发展、招大引强、差异化发展的原则下,通过实施三年行动计划,全省海绵产业实现高质量跨越式发展,企业发展形成新优势,产业聚集形成新格局,产业规模实现新跨越,创新能力取得新突破的目标;重点推进"渗""滞""蓄""净""用""排"产业新产品新技术发展,着力在产品应用拓展、项目招大引强、孵化助推产业、培育产业集群、推进绿色发展、提升创新能力、建设标准体系、推进两化融合、差异化发展、组建产业联盟等十方面推进产业发展。

【联合印发《关于促进机制砂推广应用的意见》】　10月,省自然资源厅、省工信厅联合印发《关于促进机制砂推广应用的意见》,提出力争到2020年,全省机制砂年生产能力达到2000万吨,在河(湖)砂严重不足的地区形成一定的生产规模;到2025年全省机制砂年生产能力达到8000万吨,基本覆盖河(湖)砂严重不足地区,有效缓解河(湖)砂短缺形成的供需矛盾,保障建筑用砂的市场需求。为引导全省机制砂行业规范、健康、可持续发展提供坚实基础。

【"放管服"工作】　根据《江西省促进发展散装水泥和预拌混凝土发展条例》《江西省促进发展新型墙体材料条例》,按照深化"放管服"改革要求,修订印发《江西省预拌混凝土和预拌砂浆生产企业及产品目录管理办法》《江西省新型墙体材料产品认定管理办法》,进一步优化申请认定程序,简化申请认定材料,梳理清理证明事项,强化企业信用信息管理。这两项政务服务事项正探索网上办理,努力实现由"只跑一次"向"一次不跑"跨越。《江西省新型墙体材料产品认定管理办法》按照优化营商环境、服务基层企业的要求,优化申请认定程序,取消一年两批次集中受理,改为随时受理;重新梳理简化申请认定材料,重新分项明确申请认定材料,并将申请认定材料由一式两份减少为一份;强化企业信用信息管理,规定被取消新型墙体材料产品认定资格的企业列入省工信领域失信企业名单;清理证明事项,不再要求企业提供营业执照。

【配合修订法规】　草拟《江西省促进发展散装水泥和预拌混凝土发展条例(征求意见稿)》和《江西省促进发展新型墙体材料条例(征求意见稿)》,向设区市、省直管试点县(市)工信、赣江新区经发局、行业协会、科研机构和重点企业征求意见,并在厅官网公开征求意见,最后形成送审稿,经省司法厅报送省人大常委会。9月28日,江西省第十三届人民代表大会常务委员会第十五次会议通过《江西省促进散装水泥和预拌混凝土发展条例》。《江西省促进发展散装水泥和预拌混凝土发展条例》和《江西省促进发展新型墙体材料条例》充分体现地方性法规的实施性和地方性,为推进全省散装水泥、预拌混凝土和新型墙体材料发展提供坚实的法律基础。

【开展执法检查】　按照《江西省促进发展新型墙体材料条例》和《江西省人民政府办公厅关于印发江西省推进行政检查"双随机一公开"工作实施办法的通知》要求,9至11月依法开展新型墙体材料认定产品监督检查,共检查4个设区市、1个省直管试点县(市)的10家新型墙体材料生产企业。被检企业均符合国家产业政策和《江西省新型墙体材料目录》规定。

(毛敦)

医药工业

【概　况】　2019年,在全国医药行

业总体增速下降、行业下行压力持续加大的背景下，江西医药产业保持平稳较快增长。全年医药产业实现主营业务收入1267.55亿元，增长9.6%，增速高于全国医药行业平均水平1.8个百分点；占全国医药行业的4.74%。

【中药、生物药子行业增长较快】 中药子行业主营业务收入506.83亿元，增长17.77%。其中，中成药主营业务收入398.87亿元，增长18.82%；中药饮片主营业务收入107.96亿元，增长14.03%。生物药子行业主营业务收入102.07亿元，增长16.78%。

【产业集中度连续5年提升】 全省医药产业规模以上企业410家，新增18家。主营业务收入过亿元企业共70家，增加1家。其中，主营业务收入超10亿元的10家，分别是济民可信集团、仁和集团、江中药业、天新药业、洪达医疗器械、青峰医药集团、益康医疗器械、天齐堂饮片、富祥药业、博雅生物。过亿元的企业70家中，52家实现快速增长，成长性明显的是九华药业、普正药业、江生公司、百仁中药饮片、同和药业、豫章药业、浩然生物7家企业，增幅分别达153.95%、101.60%、70.05%、58.54%、58.18%、56.80%、54.75%。全省排名前20位的企业共实现主营业务收入525.16亿元，增长19.62%，占全行业的比重为41.43%，提高2.56个百分点，产业集中度连续5年逐年上升。

【优势品种梯队格局初步形成】 全省年销售额过亿元的优势品种新增5个，共54个(其中35个为中成药)。销售额10亿元以上的品种6个，分别是金水宝胶囊及片剂(增长11.23%，济民可信)、康莱特注射液(增长22.21%，济民可信)、醒脑静注射液(增长5.52%，济民可信)、间苯三酚注射液(济民可信)、喜炎平注射液(减少24.55%，青峰药业)、健胃消食片(增长4.18%，华润江中)；9个为新进入亿元梯队，分别是间基三酚注射液、蔗糖铁、酮酸片、琥珀明胶注射液、乳酸菌素片、排石颗粒、红花逍遥片、维生素D2注射液、闪亮滴眼液。另外，销售额在0.5亿至1亿元之间的品种32个。

【新增3个医药产业集群】 新增医药产业集群3个，分别是章贡生物医药产业集群、峡江医药产业集群和永丰医药产业集群，总数7个。

2019年医药产业集群主要经济及指标

集群名称	主营业务收入/亿元	增长(%)
进贤医疗器械产业集群	172.98	11.45
樟树医药产业集群	167.80	9.47
袁州医药产业集群	83.24	32.65
章贡生物医药产业集群	71.40	21.60
峡江医药产业集群	65.00	24.20
永丰医药产业集群	52.60	9.60
小蓝医药产业集群	50.66	22.67
总计	663.68	16.11

【创新平台建设】 中国(南昌)中医药科创城建设基本实现"两年见形象"，展示交易中心、研发及公共服务、标准厂房等主体标志性工程项目基本竣工，星海湖改造工程、人才公寓等配套设施启动建设。医药行业创新能力提升，全省已建成国家级工程中心2个、国家级创新实验室2个，新增国家级企业技术中心3个、省级企业技术中心7个。济民可信、青峰药业等行业龙头企业创新研发飞地建设取得新进展，研发领域更加清晰、研发模式更加有效、研发投入不断加大。

【新药研发】 青峰药业的拉考沙胺片、阿比特龙获批，实现"十三五"以来新药获批零的突破；弘益药业的多靶点抗肿瘤创新药HE003获得临床药物试验批件并启动临床试验。

(易红)

本栏编辑　游桃琴

信息化建设

综　述

2019年，江西省以建设物联江西、网络强省建设为主线，以融合发展为路径，夯实信息网络支撑基础，深入拓展信息技术应用，加快推进全省信息化建设，发展数字经济。

推进信息化发展顶层设计。省政府先后出台《加快推进5G发展的若干措施》《江西省5G产业发展三年行动计划》《江西省移动物联网产业高质量跨越式发展行动方案》和《江西省移动物联网平台建设与管理暂行办法》等一批政策文件，夯实5G产业发展、物联江西等政策体系，强化对全省信息化发展政策指导。

推动5G建设和融合应用。江西省出台《加快推进5G发展的若干措施》《江西省5G产业发展三年行动计划》，明确5G产业发展目标、路径及实施的重大工程等，强化5G发展顶层设计和政策引领。重点发展5G网络设备及核心器件、5G智能终端和5G相关软件及信息服务业，培育一批5G融合示范企业、打造江西省5G产业基地。2019年，全省累计安排5G相关资金5000余万元，支持11个重点产业项目、13个示范应用项目和4个方案解决项目，培育4家5G应用方案解决供应商。6月17日，由江西移动、江西联通、江西铁塔、华为公司、中兴公司、爱立信公司共同发起的全国首个正式注册的省级5G社会团体组织——江西省5G产业联合会成立。

推进物联江西建设。江西省出台《江西省移动物联网产业高质量跨越式发展行动方案》和《江西省移动物联网平台建设与管理暂行办法》，指导行业发展，规范行业秩序。完善物联江西整体架构。

推进新一代信息基础设施建设。南昌、抚州、鹰潭等重点区域和部分热点地区基本实现5G网络连片覆盖。推进下一代互联网（IPv6）规模部署。移动和固定网络端到端、重点数据中心和域名递归解析系统IPv6完成改造升级，典型互联网应用和重点网站IPv6加速升级替代。

发展工业互联网。推进万企上云，制定《企业上云三年行动计划》，多次召开全省企业上云工作推进会或对接会，推进企业上云；开展企业上云试点，遴选的4个云服务商和4个试点地市列入全省企业上云试点，以试点打造企业上云升级版，推进企业深度上云。2019年，全省企业上云数量突破8000家，总数超过1.5万家，试点区域企业上云率超过60%，企业上云应用极大丰富。全省加强工业互联网平台及服务能力建设。培育3个本地化运作的工业互联网平台，指导云平台服务商加强平台供给能力和咨询服务能力建设，对全省企业免费开放通用应用云服务软件。

深入推进两化融合。全年共培育两化融合示范企业51家、示范园区1家，累计培育两化深度融合示范企业302家和示范园区15家。开展企业两化融合管理体系贯标，江西省列入国家贯标试点企业数量56家，通过贯标评定企业73家，全省企业20%以上处于两化融合集成提升和创新突破阶段，两化融合发展指数增速居全国第三。

政府网站检查管理水平全面提升。全年共抽查1324个网站，发现存在突出问题并通报网站39家，总体合格率97.1%。落实国办新指标的要求，全省将门户网站的抽查率提高到100%，在国办11月下发的半年度通报中未发现江西省存在不合格的网站。江西省政府网站监测平台建设完成并对接国办新指标，于第三季度首次运用新指标完成季度监测任务。在南昌举办"2019年全省政府网站创新管理专题培训班"，全省各地、各单位政府网站主管部门和承担网站日常保障机构的相关负责人共计180余人参加培训。

大数据产业稳步发展。江西省大数据产业以企业培育、产业集聚、项目推进、技术支撑打造为重点实施攻坚，产业统筹发展工作有长足进步。2019年，江西省认定第一批大数据试点示范企业，新增抚州高新区、宜春2个大数据基地，举办大数据高峰论坛，全省一批企业在大数据领域获得国家级荣誉。

软件服务业发展保持良好势头。全年主营业务收入增长22.2%，软件业务收入增长30.1%。全省软件产业利润19.9亿元。

电子信息产业高速发展。2019年，江西省电子信息制造业规模以上企业新增304家，增幅42.6%，总数1017家。省内产业龙头、骨干企业壮大，欧菲光电、欧菲生物识别、合力泰和立讯射频4家企业营业收入超过100亿元，欧菲华光、华勤、博硕、木林森、美晨、联创光电、联创电子、与德、协讯、红板、摩比通讯等20余家企业营业收入超过20亿元。

无线电工作扎实开展。2019年，全省无线电管理工作坚持以频谱需求为导向、以监测技术为基础、以强化管理为手段，提升无线电管理能力水平，无线电业务继续保持良好的发展势头，频谱资源利用效率进一步提升，空中电波更加规范有序。

网络信息安全持续完善。全省信息安全从人才队伍培养、创新平台建设、行业态势研究、产业扶持培育等方面入手，努力实现信息安全“队伍、平台、产业”三大突破，支撑全省网络强省战略的实施。

（陈飞）

信息基础设施

【概　况】 2019年，全省固定电话用户457.5万户，移动电话用户4157.1万户，其中4G用户3267.96万户；固定宽带接入用户1448.8万户，其中100 Mbps及以上用户1252.9万户，占比86.5%；移动互联网用户3508.2万户，上升5%。全省广播综合人口覆盖率98.62%，电视综合人口覆盖率99.14%。全省骨干广播电视发射台和转播台235座，有线广播电视传输干线总长1.05万千米。

【电视数字化转化】 2019年，全省有线电视数字化整体转换继续推进，有线广播电视用户数666.2万户，入户率55.51%。其中，城市有线广播电视用户数366.2万户，农村有线广播电视用户数300万户。数字电视用户数630.2万户，数字电视入户率52.5%，全省有线电视数字化整转率94.6%。全省高清互动机盒约104.2万台，网内传输的高清频道数量增加到138套以上，数字电视节目频道达200余套以上。全省有线电视双向覆盖用户662万户，其中CMTS覆盖用户10万户，EOC覆盖用户185万户，LAN覆盖用户7万户，光纤到户12万户。

【移动物联网网络】 2019年，完善物联江西整体架构，指导建设一批平台和云计算中心，鹰潭（江西）物联网平台、产业云平台上线运行，中国移动（江西）数据中心、华为江西云计算中心、抚州云计算数据中心等年内投入使用，全年新增机架6000个。推进新一代信息基础设施建设。推动企业内外网按照工业互联网标准要求改造升级，指导开展工业互联网标识解析二级节点建设；推进移动物联网网络建设，加快NB－IoT、eMTC、5G网络部署，截至年底，全省累计NB－IoT基站7.13万个、eMTC基站2.08万个。

（陈飞）

信息技术应用

【国内首个高速公路货车ETC上线运营】 1月，江西省高速公路货车ETC专用车道正式上线运营。江西省成为国内首个正式运营高速公路货车ETC专用车道的省份。全省累计开通货车ETC专用车道的收费站30个，货车ETC的正式上线运营，不但便利了货车司机，还大大推动货车非现金支付，节约管理成本。

9月3日拍摄的江西高速景德镇东收费站货车ETC专用道

赵明浩摄

【全国首个5G＋VR安防应用系统在南昌上线】 2月，南昌市公安局联合中国移动、华为、北京蔚来空间等研发机构，上线全国首个真实场景下5G＋VR的智慧安防应用系统。该系统率先结合5G、VR、大数据、人工智能等技术，以裸眼VR、360°全景形式呈现安保重点区域的实景情况，通过营运商LBS数据、雪亮工程天网智能探头准确预警人流、车流情况，并可实现对重点人员、嫌疑人员的布控，有效掌握现场实时情况。同时，该系统能够有效提供决策数据参考，实现精准指挥调度，做好人防、物防、技防工作，维护现场秩序，规避风险，有效避免踩踏，为群众创造一个安全舒适的娱乐休闲环境。

【省住建厅启用“住建云”安考管理系统】 3月，江西省启用“住建云”平台的建筑施工企业安管人员（“三类人员”）安全生产考核合格证书业务管理子系统。从2月28日起，全省建筑施工企业安管人员安全生产考核合格证书的考试发证业务，以及证书的延期、变更、注销等业务，均在“住建云”安考管理系统中办理。启用2019版江西省安管人员安全生产考核合格证书，原证书在有效期内的可继续使用，待其换发新证书后，原证书停止使用。该做法进一步改进作风，提升住建领域行政事项服务水平。

【高校“建档立卡”贫困户家庭毕业生就业帮扶工作电子台账系统上线】 4月，省教育厅出台的江西省高校“建档立卡”贫困户家庭毕业生就业帮扶工作电子台账系统正式上线使用。该系统嵌入到江西省高校毕业生就业信息管理与监测平台，自动采集各高校已核定的毕业生信息数据，生成“建档立卡”贫困户家庭毕业生就业帮扶电子台账基础信息。该系统解决了全省高校“建档立卡”贫困户家庭毕业生就业帮扶台账不完整、不规范等问题。

【首个国家交通控制网智慧高速试验段建成】 6月,依托昌九高速公路改扩建工程,江西省新一代国家交通控制网和智慧公路示范工程——新祺周到永修收费站近10千米试验段取得实质性进展,试验测试段正式完成测试,成为国内首条面向国家交通控制网的智慧高速。12月,完成“千车百道”工程,形成终端产品及标准、云平台和运营管理等成套技术体系。

【江西省农村人居环境“码上通”平台上线】 11月,江西省农村人居环境“码上通”平台正式上线,该平台依托全省12316“三农”服务热线和江西农业农村融媒体,建立全省统一的农村人居环境整治政策咨询和问题投诉平台,形成自下而上的畅通沟通机制,达到为群众提供便民服务、为基层减轻工作负担、为各级党政决策提供参谋的目的。平台运行后,群众可通过扫描“码上通”二维码,无须下载APP,即可登录江西农村人居环境“码上通”平台,以发送实时语音、上传现场图片等方式,对全省农村改厕、村庄垃圾、生活污水、村容村貌等相关问题进行投诉举报和政策技术咨询,平台同时提供12316热线服务。

【“赣品网上行”·江西绿色食品网络促销对接会在南昌举办】 12月,由省商务厅主办,省电子商务协会、江西电子商务发展研究中心共同承办的“赣品网上行”·江西绿色食品网络促销对接会在南昌举行。共有阿里巴巴、京东商城、苏宁易购等电商高管,江西省内绿色食品企业、生鲜类目电商平台及电商配套服务企业代表260余人参会。对接会期间,还举办绿色食品企业与电商企业合作项目签约仪式,共签约12个合作项目,投资总额6570万元。

【江西省基站电磁辐射环境管理云平台上线运行】 12月,江西省基站电磁辐射环境管理云平台在经过2个多月的试运行后正式上线运行。平台全流程可视、可控、可查,大幅提升基站环保备案及监测数据管理的效率和准确性;实现省市县三级部门的跨单位业务管理服务,探索出一条“铁塔牵头、四方联合、环保部门监管、公众监督”的基站环境保护新模式,助力江西省通信行业高质量发展。

【2019江西国际移动物联网博览会在鹰潭举行】 7月18日—19日,由科技部、工信部、江西省政府指导,省科技厅、省工信厅、省商务厅、鹰潭市政府主办的2019江西国际移动物联网博览会在鹰潭举行。博览会主题为“5G融合万物智联”,设移动物联网峰会(主论坛),智慧交通、智能制造、5G物联、智慧旅游、物联安全、信息存储产业发展6场分论坛以及展览展示、第二届“绽放杯”5G应用征集大赛(鹰潭站)、应用场景体验等活动。共有80多家企业1700多人参会。在大会主论坛上,参会的国内外专家学者和行业龙头企业围绕“5G融合万物智联”主题,通过主旨报告、主题演讲等形式,探讨移动物联网发展趋势,推动移动物联网与经济社会融合发展。会上还举行项目签约仪式,现场签约金额逾115亿元。

(陈飞)

电子信息制造业

【概　况】 2019年,全省电子信息制造业营业收入4430.2亿元,增长15.9%;利润221.2亿元,增长4.2%。产业规模排全国第九位,比上年上升1位;在中部地区列第二位。全行业规模以上企业新增304家,总数1017家,增幅42.6%。

【三大主导产业】 电子信息产业结构由电子元器件为主向整机终端产品逐渐增多转变,形成移动智能终端、半导体照明和数字视听产品三大主导产业。全省电子信息制造业三大主导产业累计营业收入2145.1亿元,增长19.26%。其中,移动智能终端产业营业收入935.4亿元,增长3.25%;半导体照明产业营业收入532.3亿元,增长28.08%;数字视听产业营业收入677.4亿元,增长42.0%。

【创新型项目建设】 在电子信息领域上遴选关键共性技术,确定由江西联创电子有限公司承担“3D智能高清摄像头模组”项目,由孚能科技(赣州)有限公司承担“智能化、模块化动力电池系统开发及产业化关键技术攻关”项目。全省电子信息领域共培育高新技术企业544家,组建电子信息类工程技术研究中心52家、企业技术中心48家、重点实验室21家、科技协同创新体11个。

【信丰福昌发电子有限公司列入工信部《印制电路板行业规范条件》企业名单】 10月28日,根据《印制电路板行业规范条件》及《印制电路板行业规范公告管理暂行办法》规定,工信部发布符合《印制电路板行业规范条件》企业名单(第一批),共7家。其中,信丰福昌发电子有限公司(多层板)入选。信丰福昌发电子有限公司成立于2007年6月20日,其生产的双面/多层线路板、微波高频印制板、盲/埋孔高密度互连技术(HDI)板及特种印制板,被广泛用于汽车、医疗、通讯、显示、数码电子工业控制及军工电子等领域。

【江西德瑞光电技术有限责任公司获工信部资金支持】 江西德瑞光电技术有限责任公司的大功率980纳米泵浦激光器芯片项目,获得工信部2019年工业强基发展资金2000余万元资金支持。江西德瑞光电技术有限责任公司是一家专业从事半导体激光器芯片科研生产销售于一体的平台型高科技公司,2015年8月成立,具备高端半导体激光器芯片科研及量产能力,能涵盖芯片设计、外延生长、芯片制成、测试及封装整个完整产业链。

【发布《京九(江西)电子信息产业带发展规划》】 1月31日,省政府办公厅印发《京九(江西)电子信息产业带发展规划》,是全省电子信息产业发展的指导性文件,规划期为2019—2025年。根据规划,到2020年,京九沿线电子信息产业集聚基本成型，产业带主营业务收入达到5000亿元，初步建成在全国有影响力的电子信息产业带。到2025年，全省电子信息产业生态逐步完善，高质量发展的电子信息产业集群基本建立，着力打造世界级电子信息产业集群。京九高铁沿线经过的南昌、九江、吉安、赣州4个城市将被委以重任。

【2019世界半导体照明产业发展论坛在南昌举行】 7月11日，2019世界半导体照明产业发展论坛在南昌举行。国内外LED领域的权威专家，30多个国家和地区的采购商、设计师代表，以及国内100多家半导体照明产业领军企业的负责人参会。围绕“挖掘半导体照明产业发展新动力”这一论坛主题，诺贝尔物理学奖获得者、蓝光LED发明人中村修二教授，中国工程院院士陈良惠，南昌大学副校长江风益分别发表演讲，各方嘉宾开展高峰对话。

【赣州市信息技术应用创新联盟】 12月28日，赣州市信息技术应用创新联盟（以下简称联盟）在章贡区成立，这是全省新创产业第一个也是唯一一个联盟。工信部信软司、省委机要局、江西省工信厅和赣州市政府相关负责人出席大会。联盟以“政府引导、企业为主、协作互补、行业自律”为原则，致力于核心基础软硬件关键技术研究、生产制造、应用和服务。

（魏秦）

软件和信息服务业

【概　况】 2019年，全省软件服务业主营业务收入260.3亿元，软件业务收入191.9亿元。其中，软件产品收入102.9亿元、信息技术服务收入74亿元、嵌入式系统软件收入1.21亿元、软件业务出口0.83亿美元。

【骨干软件企业】 重点企业支撑作用突出。全省共33家企业主营业务收入过亿元，主营业务收入占全省软件产业的85.1%，比上年提高5.5个百分点，集聚效应更加明显。江西贪玩信息技术有限公司、先锋软件股份有限公司、捷德（中国）信息科技有限公司、江西省通信产业服务有限公司4家企业营业收入均超过10亿元，总计达到115.9亿元，其中江西贪玩营业收入超过40亿元，是全省第一家主营业务收入超过40亿元的软件企业。

2019年全省主营业务收入过亿元的软件企业名单

序号	企业名称	序号	企业名称	序号	企业名称
1	江西贪玩信息技术有限公司	12	同方电子科技有限公司	23	建投物联股份有限公司
2	先锋软件股份有限公司	13	江西电信信息产业有限公司	24	江西风向标教育科技有限公司
3	捷德（中国）科技有限公司	14	江西航天信息有限公司	25	江西一七游科技有限公司
4	北方联创通信有限公司	15	江西省邮电规划设计院有限公司	26	江西中至科技有限公司
5	江西省通信产业服务有限公司	16	江西奥通信息产业有限公司	27	江西科骏实业有限公司
6	思创数码科技股份有限公司	17	中兴软件技术（南昌）有限公司	28	江西普联信息技术有限公司
7	江西方兴科技有限公司	18	上饶市擎游网络科技有限公司	29	江西盈科行网络信息股份有限公司
8	泰豪软件股份有限公司	19	华睿交通科技有限公司	30	江西飞尚科技有限公司
9	中广核贝谷科技有限公司	20	南昌金科交通科技股份有限公司	31	江西锦路科技开发有限公司
10	江西博微新技术有限公司	21	江西汇天科技有限公司	32	上饶市三二四网络科技有限公司
11	江西省邮电建设工程有限公司	22	江西日月明测控科技股份有限公司	33	江西泰豪信息技术有限公司

【产业帮扶支持】 抓好资金支持。为江西科骏实业有限公司、南昌市小核桃科技有限公司、南昌虚拟现实检测技术有限公司、泰豪创意科技集团股份有限公司等13家企业争取扶持资金850万元。落实减免税政策，按照财政部《关于软件和集成电路产业企业所得税优惠政策有关问题的通知》要求，对省税务局移交的企业减免税备案材料，组织专家认真核查，确定35户软件企业符合减免税政策，减免税金3亿多元。开展全省首批虚拟现实产业创新优秀人才团队评选，经制定评选方案、印发评选通知、组织地市申报和专家评选等一系列工作，共遴选出10支优秀人才队伍，从省人才专项资金中予以1100万元支持。

【《进一步加快虚拟现实产业发展若干政策措施的通知》印发】 10月17日，省政府办公厅《关于印发进一步加快虚拟现实产业发展若干政策措施的通知》下发。10月30日，省工信厅会同省财政厅、省科技厅召开专题新闻发布会，加大政策宣贯力度。该政策是在2018年省政府办公厅出台的《加快推进虚拟现实产业发展的若干措施》基础上，研究拟定内容更聚焦、措施更管用的支持虚拟现实产业发展的“升级版”政策33条。

【举办2019世界VR产业大会】 10月19日—21日，2019世界VR产业大会在南昌召开。大会由工信部、江西省政府主办，中国电子信息产业发展研究院、江西省工信委、南昌市政府、虚拟现实产业联盟承办。大会主题为“VR让世界更精彩——VR+5G开启感知新时代”。20多个省（市、区）工信主管部门，国内外11位院士、50多所著名高校的教授、20多家著名研究机构的专家学者，10多家虚拟现实领域相关行业协会、组织与国内近20个地方虚拟现实行业协会/联盟代表，以及全球30多个国家和地区的近2000家虚拟现实领域企业代表，超过7000名专业观众参会。大会共有41场活动，分为会议论坛、展览展示、比赛竞赛、产业发展、互动体验5大板块。大会共签约项目104个，其中战略合作框架协议8个、投资合作项目96个；投资合作项目签约总金额652.56亿元。

【先锋软件股份有限公司入围全国软件业务收入千百家企业名单】 2020年1月19日，工信部发布《2019年中国软件业务收入前百家企业发展报告》，经省工信厅初步审核、工信部最终核定，先锋软件股份有限公司入围2019年全国软件业务百强企业，位列85位。先锋软件股份有限公司是国家规划布局内重点软件企业，国家重点高新技术企业。公司创立于1994年，一直从事应用软件的研发与推广，所从事的软件领域主要分布于电子政务、电子商务、企业信息化、军事软件等领域，是国际知名的知识管理（KM）软件供应商，也是全方位支持以LINUX开源软件为代表的国产软件体系的国内著名软件企业。

（艾九江）

大数据产业

【概　况】 2019年，江西省大数据产业落实国办新指标的要求，将门户网站的抽查率提高到100%，全年共抽查1324个网站，发现存在突出问题并通报网站39家，总体合格率97.1%。江西省政府网站监测平台已经建设完成并对接国办新指标，于第三季度首次运用新指标完成季度监测任务。

【政府网站创新管理培训】 12月10日，省工信厅在南昌举办2019年全省政府网站创新管理专题培训班。培训班围绕政府网站与政务新媒体检查结果通报、国办新指标解读、监测抽查系统操作讲解等主题展开，并布置下一阶段政府网站与政务新媒体检查工作，全省各地各单位政府网站主管部门、承担网站日常保障机构的相关负责人共计180余人参加培训。

【大数据领域获得一批国家级荣誉】 12月，省工信厅向工信部申报10个大数据试点示范项目，其中有5个通过工信部评审并最终认定，比上年增加4个。江西洪都航空工业集团有限责任公司的“基于数据挖掘和大数据分析的决策信息展示平台”入选工信部大数据优秀产品和应用解决方案案例，这是江西省第二年入选。抚州科曙光云计算中心有限公司负责建设和运营的抚州政务云平台在工信部指导、中国信息通信研究院主办的2019年可信云大会上获全国“十佳政务云”称号。

【第一批江西省大数据试点示范企业认定】 10月30日，省工信厅印发《关于组织开展第一批江西省大数据试点示范企业申报工作的通知》，参考工信部试点示范项目遴选的做法，围绕大数据技术及产品、基础设施及平台建设、应用及解决方案等3大方向，征集全省大数据企业和单位80余家，最终确定中国电信股份有限公司江西分公司等20家企业为第一批江西省大数据试点示范企业。

【大数据重要项目建设】 一批重点项目已建成运营并提供服务，赣州市稀金谷特色产业大数据中心平台完成搭建并上线运营，截至年底，累计爬取网页60余万个共27G，是省内汇聚数据最多、专业性最强的稀土产业大数据平台。宜春市的赣西云数据中心1000个机柜已于11月上线运行。该中心规划建设4000个标准机柜，全部采用8千瓦高密机柜方案的核心节点，建成后可成为华东区域规模最大、密度最高的云数据中心。

【新增2个大数据基地】 新增国家级大数据示范基地，江西省抚州高新区被工信部认定为国家新型工业化产业示范基地（数据中心）。这也是江西首个国家级大数据方向的示范基地。认定省级新型工业化产业基地，经专家评审，省工信厅认定宜春宜阳新区为省级新型工业化产业基地（大数据与产业融合创新）。

【大数据技术支撑建设】 组织推动上饶、抚州等地强化技术支撑。在上饶大数据研究院运营的基础上，4月抚州市与中科院挂牌组建抚州中科院数据研究院。南昌大学、江西财经大学等18所本科院校开设大数据相关专业，为全省大数据产业发展形成强大人才支撑。

【举办大数据高峰论坛】 11月21日，省工信厅与宜春市政府、华为技术有限公司共同举办首届华为·宜春城市大数据与人工智能高峰论坛暨宜春大数据产业园开园活动。峰会按照“会展结合·政企互动”的思路展开，以“数聚共赢·智联未来”为主题，旨在探讨大数据与人工智能在城市治理、民生服务、产业发展等领域的应用成果，发布华为城市大数据与人工智能领域的战略与城市实践，构筑各地政府与领域内生态伙伴的交流平台。全国各地的政府领导、行业专家学者及院士、华为合作伙伴、国内外知名企业代表、新闻媒体记者等1000余名嘉宾参与峰会。

（廖赛韩）

无线电管理

【概　况】 2019年，江西省新增各

类无线电台站1.09万部，增长5.8%；入库无线电台站数达19.96万台部，其中公众移动通信基站17.33万个、广播电台476部、超短波移动电台2.30万个、数传电台256部、卫星地球站155个、微波接力站362个、业余电台689个，其他各类台（站）1323个。

【频谱资源管理】 先后组织对通信、机场、公安、气象等重点部门进行电磁环境测试，深入用频设台单位调研勘察，协调完成5G清频退频，审批解决鄱阳湖水上执法系统、南昌航空城、九江城门山铜矿指挥调度通信系统、江西香樟信息科技有限公司无线专网等一批重点行业项目用频需求。做好频率台站审批工作。召开对接会议，明确行政审批工作承接的相关要求，抽调全省3名技术骨干负责衔接，确保交接工作平稳顺畅。全年共完成频率指配24个（组），完成台站审批550台（部），核发台站执照550个。

【5G基站干扰协调工作】 5月，组织开展5G基础设施建设专题调研，先后5次召开5G基站建设协调推进会，下发卫星地球站保护清单，建立协调联络机制。组织5G干扰协调业务培训，先后协调排除5G干扰5起，加强频率清退工作。联合鹰潭市政府督促鹰潭广电网络公司退出占用5G的2600MHz MMDS频率，协调落实三大运营商相互占用5G频率事宜。特别是国庆70周年前夕，专门组织广电部门和各通信运营商分管领导召开5G干扰协调会，确保国庆期间卫星电视安全播出。

【开展无线电监测能力评估专项行动】 4月，制定实施方案，召开专题会议进行部署，明确任务和分工，全面梳理监测工作制度，进一步规范监测工作流程，对照国家无线电监测评估指标进行全面自查评估，撰写上报自查评估报告，在国家组织的实地监测能力评估中取得较高评分，江西省在全国排名靠前。在专项行动的无线电监测技术演练比赛中，江西省取得全国无线电监测技术演练预赛第四赛区中团体一等奖，全国决赛第六名的成绩。

【重大活动无线电安全保障】 完成2019年春晚井冈山分会场、“2019记者再走长征路”启动仪式无线电保障任务。参与保障第二届“一带一路”国际合作高峰论坛、2019年北京世园会、某重大军事演习频谱管控保障任务、国庆70周年无线电安全保障、新疆库尔勒国际军事比武频谱管控、第七届世界军人运动会等重大活动无线电保障任务。

【打击治理“伪基站”“黑广播”专项行动】 4月1日至5月31日，联合省公安厅、省通信管理局开展集中打击“伪基站”违法犯罪专项行动，联合省公安厅、省新闻出版广电局开展打击治理“黑广播”违法犯罪和集中整治违规设置使用调频广播电台专项行动，加强“伪基站”和“黑广播”的排查和监测定位，加强与省市县三级公安、广电等部门联合协作。查处“伪基站”案件12起，“黑广播”案件45起，查获非法设备69台套，联合省广播电视局开展航空专用频率现场核查，对在用广播电视专用频率的台站进行抽查，共检查设台单位2个，检查台站6个，有效维护空中电波秩序和航空通信秩序。

【无线电宣传】 抓住无线电宣传重点，聚焦主题日宣传。集中宣传无线电科普知识等，提升宣传效果。通过现场和媒体宣传等形式，扩大受众面，保证宣传效果落到实处。全省电视宣传400余分钟，广播宣传800余分钟；共制作宣传展板（易拉宝）189块，宣传手册1.86万余份，各类宣传品（雨伞、T恤、笔记本等）2万余件；主题宣传日期间，接待群众来访1.61万人次；发送宣传短信350余万条。

【打击各类无线电非法案件】 加大对非法用频违规设台的查处打击力度，重点查处扰乱无线电秩序、涉及民生、影响社会安全稳定等无线电违法行为，先后查处手机诈骗案件5起、信号屏蔽器案件7起、其他案件10起，共查获非法设备56台套。

【各类考试无线电安全保障】 全省无线电管理机构共保障高考、研究生考试、会计资格考试、卫生资格考试、二级建造师、公务员等26场次考试，出动保障人员1690余人次，保障考场3.2万余个，查处作弊案件25起，监测发现并阻断作弊信号108起，有力打击利用无线电发射设备进行考试作弊的行为，维护考试的公平公正。

【无线电干扰排查】 2019年，全省各级无线电管理机构共排查各类无线电干扰93起，其中民航4起、铁路21起、公众移动通信干扰41起、其他干扰27起。加强春节等6个节假日和2019世界VR产业大会、第十一届中国中部投资贸易博览会、南昌飞行大会等13次重大活动无线电安全保障，全年开展电磁环境监测560余次，行程2.1万余千米，监测时长达1.9万余小时，监测值班人数780余人次，监测频段90余段，频点560余个，保存监测频谱图3900余份，排查不明信号18起。

（朱智松）

信息安全

【概　况】 2019年，江西省信息安全从人才队伍培养、创新平台建设、行业态势研究、产业扶持培育等方面入手，努力实现信息安全“队伍、平台、产业”三大突破，支撑全省网络强省战略的实施。

【信息安全队伍培育】 2019年，以“锻炼队伍、提升素质、选拔骨干、依托机构”为目标，将工业控制系统信息安全调研和队伍建设结合起来，培育8支有能力服务工业信息安全工作的技术支撑队伍，2支队伍获国家工业信息安全测试评估机构能力认定。推动网络安全学科建设和人才培养，建成江西省工业互联网安全人才培养创新示范应用基地和江西省首个网络信息安全实战演练基地——江西省网络信息安全攻防靶场应急演练中心基地。推动网络安全学科建设，省内各高校成立独立的网络空间安全学院或设立相关专业。

江西省第一家也是唯一一家国家批准的网络空间安全一级硕士点落户南昌大学，已招收第一批网络安全专业学生。组织参与多场网络安全赛事，组队参加2019年工业信息安全技能大赛，江西省代表队获得全国第11名。

【信息安全培训】 建立江西省网络信息安全讲师团工作机制，安排讲师团面向党政机关、企事业单位、大专院校、社会团体共举办网络信息安全培训65场，累计培训3万多人次。配合省委网信办开展省第六届国家网络安全宣传周活动。开展全省网络安全知识网上有奖竞赛，近20万人参与答题。会同省科技厅、省发改委等9部门联合举办第三届江西省公共安全创新创业大赛。会同省科技协会、省关心下一代工作委等7部门联合举办首届江西省青少年网络安全与信息技术大赛。开展网络安全专题培训。

【工业信息安全领域创新平台建设】 推进省级工业互联网安全态势感知平台项目建设，建设江西省工业控制系统远程安全监测平台，支持网络攻击自动化监测与预警平台、基于互联网大数据的涉网违法犯罪态势感知应用平台、工业企业互联网接入安全监测感知云平台、江西省移动应用安全评估及威胁感知服务平台、工业互联网工业云平台、全省工业企业演练云服务云平台建设，推动建成省级重点实验室——江西省网络空间与信息安全重点实验室、人工智能工业研究院、大数据信息安全、网络安全态势研究联合实验室、智能低空网络安全联合实验室。

【网络安全领域产教融合】 引导企业和全省高校联合开展网络安全产教融合，推动南昌大学与江西火眼信息技术有限公司合作建成智能感知与网络安全联合研究中心，推动江西东华理工大学与江西攻防网络科技有限公司合作建成江西网络空间安全人才培养与攻防技术创新中心。

【信息安全调研监测】 结合网络安全监测和调研，开展工业信息安全、政府信息安全领域工作，举办全省工业控制系统信息安全培训，对全省11个设区市和1个国家级新区进行工业控制系统信息安全调研，现场调研重点企业54家。在调研的基础上编撰《江西省工业信息安全态势蓝皮书(2018)》。突出重点保障政府网站安全，每季度对全省500余个重点政府网站进行监测。对2500余家金融、教育、企事业单位重要网站分类进行监测通报，共发现240多个安全问题，累计下发整改通知200余份。配合省委网信办对10家政府部门开展全省网络安全状况调研。举办江西省信息安全产业发展座谈会，研究探讨江西网络安全产业发展方向。开展江西省网络安全产业调研工作，对5个信息安全实验室基地和5家信息安全企业进行调研。

（袁海）

邮政快递

【概　况】 2019年，全省邮政快递业业务总量230.18亿元，全国排第14位，增长30.31%；业务收入139.03亿元，全国排第15位，增长19.58%。全省快递服务企业业务量7.77亿件，全国排第15位，增长25.50%；业务收入84.30亿元，全国排第16位，增长25.66%。其中，同城业务量9432.56万件，下降2.46%；异地业务量67757.24万件，增长30.88%；国际/港澳台业务量530.08万件，增长8.59%。全省人均年使用快递服务51次。新增社会就业1万余人。邮政普遍服务和快递服务满意度稳中有升，消费者申诉处理满意率99.2%，为消费者挽回经济损失87.6万元。持续优化快递业务经营许可审批流程，审批时限压缩一半，许可办理实现“一次不跑”。助力政务事项“一网通办”，引导邮政企业入驻各级行政服务中心，实现“线上办事+线下寄递”。深入开展企业安全生产标准化建设，狠抓寄递安全“三项制度”落实，圆满完成新中国成立70周年、世界VR产业大会等重大活动期间寄递服务安保任务。特别是“双11”旺季服务保障工作得到省政府领导的批示肯定。

【基础设施建设】 2019年，邮政快递企业总部在赣投资项目17个，投资总额80.47亿元，其中外资2亿美元，创历史新高。邮政、顺丰、中通、京东、中铁快运等企业开通5条全货机航线和42条高铁邮路。推动南昌国际快件监管中心和国际邮件互换局设立运营，实现跨境寄递体系建设的“江西速度”，得到省委、省政府主要领导的肯定。实施快递网点标准化提升工程，城市自营快递网点标准化率93%，高校快递规范化服务覆盖率100%。

【“快递小哥”关爱工程】 省邮政管理局联合团省委开展快递青年服务月活动。组织开展“冬日递暖”“夏送清凉”等慰问活动。全省建立快递员爱心驿站302家、邮爱驿站50家，为快递员等户外工作者提供便利。推进非公快递企业群团组织建设，宜春、新余、景德镇、吉安、鹰潭、赣州6个设区市成立行业工会，鼓励引导企业建立员工文化活动室，开展文体活动，提高员工归属感和认同感。举办全省邮政行业职业技能竞赛，高规格、高标准承办全国邮政行业职业技能竞赛并取得优异成绩。联合人社部门开展快递工程技术人员职称评审，867人取得职称资格。

【产业融合发展】 持续推进末端综合服务体系建设，打造吉安、瑞昌、分宜、寻乌等为代表的邮快、快快、交邮、邮供合作共享模式。实施“两进一出”工程，培育出赣南脐橙、景德镇陶瓷、进贤文港毛笔、九江理文纸业、红星羽绒服、新余万商红鞋业6个千万级的“寄递+”金牌项目。全年共打造邮政快递服务现代农业“一地一品”项目52个，寄递量8000多万件。打造服务制造业项目34个，寄递量1.8亿件。巩固与电商协同发展成果，服务11万家电商企业，为“赣品网上行”提供优质高效寄递服务，全年支撑网上零售额1200亿元。跨境寄递业务量1197万件，支撑跨境网购零售额25亿元。

【邮政快递助力电商扶贫】 2019年,对接电子商务进农村示范项目政策,协同推进电商扶贫网络建设,邮政电商扶贫工程取得成效。全省邮政企业建成近2万个“邮乐购”站点,1400余个电商扶贫站点,覆盖近50%的贫困村,对接扶持435个农民产业合作社,通过邮政电商平台累计销售农产品金额4.5亿元,在“赣品网上行——老俵情·扶贫农品”年货节活动中销售额3500万元,带动11.65万贫困人口受益。廖奶奶咸鸭蛋邮政电商扶贫项目获评“全球减贫案例征集活动”最佳案例。邮政助力电商扶贫入选2019年江西省优秀网络扶贫创新案例。主要品牌快递企业组织开展项目扶贫、教育扶贫、就业扶贫、帮扶慰问等活动,开设电商平台,开辟寄递专线,打造农产品进城“直通车”。

【行业绿色发展】 研究制定《2019年江西邮政业生态环境保护工作要点》《江西省推进快递业绿色发展的实施方案》,推进邮政快递业污染防治工作,开展行业绿色行动。联合省发改委等部门制定《关于协同推进快递业绿色包装工作的贯彻实施意见》,加大绿色包装推广应用,快递业绿色包装指南落地见效。实施“9571”工程,电子运单使用率99%、68%电商快件不再二次包装、循环中转袋使用率86%,设置包装废弃物回收装置1500处,新建成绿色标准化快递网点606处。新余市邮政业生态环保综合试点工作取得成效,各项指标全面完成。搭建平台,促成邮政快递业与江铃汽车集团签订全面合作协议,鹰潭等地争取到新能源车购置专项补贴政策,推广使用新能源汽车,促进行业绿色发展。

【江西省邮政业安全中心挂牌运行】 10月16日,江西省邮政业安全中心挂牌运行。江西省邮政业安全中心是经省委编制办公室批准成立的,正处级建制,编制15人,全额拨款公益一类事业单位,下设综合科、信息服务科、安全技术科3个科室。作为邮政业安全监管和应急管理的基础服务、技术支撑和规制保障部门,安全中心设立进一步强化和补充邮政管理部门监管力量,是省邮政改革发展的又一重要成果,为全省邮政快递业高质量跨越式发展奠定基础和安全保障。

【南昌国际邮件互换局开通运营】 11月15日,南昌国际邮件互换局正式开通运营。南昌市国际邮件互换局位于南昌市昌北国际机场国际货站二级库房内,是南昌市国际邮快件监管中心的重要组成部分。占地面积约1.83公顷,规划建设面积约9500平方米;建成区域划分为报关区、查验区、分区存储及待处理仓库等。进口分拣线配备CT智能机检设备1台、核辐射探测设备1台、邮件自动化分拣流水线1条;出口分拣线配备X光机3台、邮件自动化分拣流水线1条。南昌国际邮件互换局主要负责向指定的国外互换局封发国际邮件总包和接收、开拆处理外国发来邮件总包以及散寄过境的国际邮件业务。运营后,全省进出口邮件可以直接在省内办理进出口通关,国际邮件处理时限将全面加快,为江西省国际邮件节约在途时间2至5天,能有效提升通关、报关效率,提升跨境电商竞争优势。同时,将有效满足江西人民国际化消费需求和提高企业通关便利性,成为江西省“引进来”“走出去”的重要平台。

（范志奇）

11月15日,南昌国际邮件互换局开通运营

省邮政管理局供

通　信

【概　况】 截至年底,全省电信业务总量2838.5亿元,增长76.6%,增速排全国第五位;电信业务收入298.1亿元,增长2.3%,增速排全国第七位;FTTH用户数1348.7万户,增长33.4%,增速排全国第一位;百兆以上接入速率固定宽带用户数1253.2万户,增长58.8%,增速排全国第三位。完成全省1558处街道(景区)、1218个行政村、1988个自然村1.44万千米通信线路整治,累计投入超1亿元。累计处理诈骗电话呼叫850.9万次,处理诈骗号码75.1万个。

【5G网络建设及融合应用】 省通信管理局代拟并推动省政府于3月出台《江西省5G发展规划(2019—2023年)》,成为较早出台5G发展规划的省份。组织开展全省11个设区市5G网络建设规划和5G站址规划编制工作,推动各设区市政府编制5G通信基础设施专项规划。根据江西省5G典型应用需求,逐步扩大5G网络规模,各通信运营企业均完成核心网升级改造工作,全省累计部署5G基站2884个,11个设区市均开通5G基站。开展5G应用试点项目60个,涵盖VR、工业互联网、车联网、智慧城市、智慧医疗、智慧农业等5G典型应用场景。

【网络提速降费】 截至年底,江西省FTTH用户占比93.1%,比上年提升16.7个百分点,超过全国平均水平,改变了长期落后的局面。百兆及以上接入速率的固定宽带用户占比86.5%,提升26.9个百分点。4G用户渗透率78.6%,提升5.1个百分点。江西省移动流量资费水平4.3元/G,低于全国平均资费水平,降幅达46.8%。中小企业普通宽带平均资费降幅达35.9%,专线平均资费降幅达26.1%,内地至港澳台地区流量漫游费降低30%以上。

【IPv6和移动物联网建设】 完成LTE端到端、固定网络端到端、重点数据中心和DNS域名递归解析系统的IPv6改造,具备向个人用户、政企客户等提供基于IPv6的互联网接入的能力。全省获得IPv6地址的LTE终端比例100.7%、获得IPv6地址的固定宽带终端比例51.5%、月活跃IPv6用户数2935万。全省通信运营企业数据中心有16个完成IPv6发展监测平台对接,各企业对外提供服务的递归解析服务器均支持IPv6域名解析。全省部署NB-IoT基站7.28万个、eMTC基站7.58万个,基本实现江西省NB-IoT网络全覆盖,NB-IoT联网终端数60.92万个。

【省通信管理局与地市签订合作协议】 2019年,省通信管理局先后与上饶市政府和抚州市政府签订《合作协议》,双方在地方通信管理机构设置、通信行政审批业务受理、通信经营与发展协调、通信建设规划用地、通信设施保护、光纤入户、5G建设应用等方面进一步深化合作,共同贯彻落实"网络强国"战略,发挥通信基础设施对地方大数据、物联网等新兴产业发展的支撑作用,提升地方信息化发展水平。

【"携号转网"服务规范】 协调通信运营企业联合印发《关于规范携号转网工作的通知》自律文件,引导企业建立多层级沟通协商机制。依法依规处理限制用户携转、引导用户越级申诉、利用用户信息代客申诉等问题,共约谈通信运营企业负责人10人余次,召开案件调查会9次,对限制用户办理、非法利用用户信息进行代客申诉等行为下达行政处罚4起。全年全省实现携转40万人次,携号转网由"转得出"向"携得出、转得快、用得好"迈进。

【《江西省2019年电信行业行风建设暨纠风工作实施方案》出台】 4月,省通信管理局制定《江西省2019年电信行业行风建设暨纠风工作实施方案》,印发省内相关电信企业贯彻落实。方案确定提升服务能力、提高服务水平、规范计收费行为、保障用户权益、维护行业秩序、保障网络安全、加强骚扰电话整治、深入推进防范打击通讯信息诈骗等9项重点工作。

【骚扰电话整治】 出台《江西省骚扰电话处置规则》,对未经用户同意拨打商业广告电话的用户,暂停其名下所有号码6个月,1年内不得为其申办新号码,同时将拨打骚扰电话的号码同时纳入3家企业骚扰电话不良名单,实现"一家受限,三家受限"。全年查实关停个人号码166个。加强"95""96"呼叫中心骚扰电话管控,实现对资源租用企业100%资质审核,出租资源100%实名管理,对违规拨打骚扰电话且查证属实的,外省号码一律拦截,省内号码停止接入。完成"谢绝来电"平台建设,全省手机用户可通过平台自主设置拦截骚扰电话。全省累计关停骚扰电话号码51万个,拦截省内外骚扰电话2692.32万次,基本达到商业营销类电话规范拨打、恶意骚扰和违法犯罪类电话明显减少的工作目标。

【重要活动应急通信保障】 开展通信行业应急通信保障演练,提升应对突发事件发生的应急通信保障能力;开展防汛工作检查,督促企业对自查出现的问题及时处置整改;组织发送防汛、减灾公益短信,做好防汛抗灾提醒;完成全省防汛通信保障工作;重点完成中央电视台2019年春节晚会井冈山分会场、2019年普通高校招生考试、2019年国家统一法律职业资格考试、中部地区经济贸易博览会、中央主要领导到赣的视察调研活动、省委宣传部建国70周年群众歌咏晚会、2019年世界VR产业大会、中联部、江西省委"中国共产党的故事"专题宣介会、第十七届中国国际农产品交易会、全国工商联十二届三次执委会议暨全国知名民营企业助推江西高质量跨越式发展大会等重大活动和重要会议的应急通信服务和保障任务。

【网络与信息安全管理】 严把互联网准入关,加大信息准确率抽查力度,2019年全省网站备案率99.9%。及时注销和关闭违法违规网站,配合相关职能部门查处各类违法违规网站1086个,列入黑名单网站24个。加大对属地接入服务企业检查力度,约谈违规企业41家,下达整改通知书12份、处罚决定书1份,全省互联网基础管理工作有序推进。开展公共互联网网络安全威胁治理,净化网络环境。全年累计监测处置恶意IP、域名URL等恶意网络资源10.29万个,僵木蠕、移动恶意程序51.08万个、主机受控安全事件49.95万起。

【网络脱贫攻坚】 制定通信行业《2019年脱贫攻坚工作实施方案》,全面完成850个自然村组的建设任务和406所未联网学校宽带接入。面向全省建档立卡贫困户推出套餐资费5折优惠政策,累计超80万人办理资费优惠套餐,优惠总金额超6400万元。

【举办2019(第五届)江西省互联网大会】 11月22日,由省通信管理局、省互联网信息办公室、省工信厅指导,抚州市政府和省互联网协会主办的2019(第五届)江西省互联网大会在抚州召开。大会以"智联万物数谋发展"为主题,重点围绕5G和"03专项"等信息通信热点技术进行深入交流探讨,培育壮大数字经济新动能,助推全省经济高质量跨越式发展。省内外知名互联网企业精英和科研院校的专家学者,各设区市和部分省直单位有关负责人,通信运营企业和省互联网协会会员单位代表等共1200余人出席大会。大会举行2019(第五届)江西省互联网大会权威发布会、19场分论坛、围棋人机大赛、67个主题展馆展示等活动。

(殷丽萍)

本栏编辑 游桃琴

园区经济

综述

2019年，全省园区实现营业收入2.87万亿元，同比增长7.9%；完成利润总额1945亿元，增长3%；从业人员210.1万人。

强化项目为王，推进满园扩园。把项目建设作为首位工作，首先谋划，首要推进。坚持提高站位、更新观念，推动各地进一步树牢项目为王理念。建立产业调查机制，对全省园区产业、企业及功能配套情况作摸底调查，并以宜春锂电、鹰潭铜业为主的有色金属为试点开展“产业画像”，绘制产业组织、产业结构、产业技术、生产要素和相对优势分布图，为园区加强项目策划提供有力支撑。健全调度推进机制，坚持“高位化调度、集成化作战、扁平化协调、一体化办理”模式，实行“目标导向、省市协同、园区主体、动态管理”，以投资20亿元及以上工业产业项目为重点，以开发区为单元，按月调度，按季分析，初步形成项目从策划储备、招商洽谈、签约落地全生命周期统筹管理。全省新投产新开工“5020”项目116个，总投资4047.4亿元。其中，投资50亿元以上项目32个，投资金额2041.7亿元。

强化集群发展，推进产业转型。加强政策引导，制定《关于2019年实施两大行动推进产业集群高质量跨越式发展的通知》，明确任务书、路线图，推进产业集群实现“双百”发展，在全省打造100个营业收入过100亿元省级重点产业集群。加快主题产业园建设，推行“开发区＋主题产业园”模式，组织部分设区市、园区负责人赴河南、河北进行专题调研，按照国家级园区建设2～3个、省级园区建设1～2个主题产业园区的方式，全省有85个园区规划建设主题产业园103个。推动产业对接。组织开展2019年全省园区产业集群网上对接活动月，利用全省智慧园区云平台和微信公众号，组织各园区、企业发布产品、零部件及用工等需求对接信息，促进产业集群省内协作与配套。发布1945个产品、189个供需对接，为76个园区提供4.4万人次用工服务。加快优胜劣汰，调整新增省级重点产业集群13个，总数达到100个。省级重点产业集群实现营业收入1.79万亿元，同比增长13.4%；完成利税1502.3亿元，增长9.2%；营业收入过100亿元集群58个，其中过千亿元1个、过500亿元5个、过300亿元14个。

强化标准厂房，推进集约发展。争取省政府延续标准厂房补助政策，新增4亿元标准厂房建设专项资金，继续实施2年，受到市县、园区和企业好评。创新支持方式，印发进一步支持建设和使用标准厂房的指导意见，采取差异化补助方式，重点聚焦航空、电子信息、装备制造、中医药、新能源、新材料以及纺织服装（鞋帽）等产业，对列入满园扩园和两型三化两大行动的重点项目、重点企业给予倾斜，对依托标准厂房建设主题产业园区的进行重点支持。推进多层和下沉式标准厂房建设，加快盘活闲置资源，强化僵尸企业、僵尸项目处置，推进零增地改造，推动全省各地加速推进标准厂房建设。全省新建标准厂房2100万平方米。

强化平台建设，推进创新发展。坚持问题导向，聚焦满园扩园、两型三化两大行动需求，突出共性技术和共享服务两大重点，加快建设“统一布局、功能互补、资源共享”的公共技术和服务平台，逐步建立以创新为主体的园区公共服务支撑体系。利用工业转型升级专项资金，支持13个园区建设研发设计、检验检测、科技金融等创新平台，新增4个战略性产业集聚区、6个产业创新综合服务体；累计推动71个开发区建立一站式政务服务平台，打造多功能综合性服务平台82个，建立创新创业、金融服务、物流配送等专业化平台1227个，促进功能平台体系化、专业化、公共化。加快省工业园区智慧云平台推广应用，支持上饶茶亭等9个园区建设智慧云平台；发挥省级平台贯通92个园区、1.35万家企业的智慧互联优势。

强化服务提升，推进两型三化。实施两型三化管理提标提档行动，推动开发区智慧互联、绿色驱动和服务提升。加快园区污水处理设施调度推进，打好工业污染防治攻坚战，推进重点污染源在线监测联网，督促全省园区污水处理厂全面建成。深化工业园区建设工程安全生产专项整治行动，确保全省园区和在建工程重大安全隐患清零。做好产业扶贫工作，按照不低于1/3的支持比例，支持会昌等5个贫困县培育产业集群、遂川等7个贫困县建设公共平台。举办工信部领军人才智能制造创新与发展高级总裁研修班，提升企业高层次人才管理水平。建立工业园区亩均产出、亩均效益排名制度。组织赴浙江实地学习调研，起草江西省企业“亩产效益”综合评价工作细则，并将亩产效益指标纳入全省工业崛起奖励考评、产业集群综合评价，推进开发区从数量规模型向质量效益型转变。强化考核激励，以满园扩园、两型三化两大行动相关指标为重点，修改完善江西省重点工业产业集群综合评价办法，对重点产业集群实行“有进有退”的动态管理，提升园区创新转型发展能力。

（江海）

南昌高新技术产业开发区

【概　况】 2019年，园区总收入4100亿元，突破4000亿元大关。地区生产总值735亿元，增长9.9%；财政总收入114.24亿元，增长10.9%，是全省财政收入唯一破百亿元的高新区；规模工业增加值增长9.1%；实际利用内资271.48亿元，完成全年目标的105.21%，增幅23.77%；利用外资10.59亿美元，完成全年任务的108.48%，增幅26.40%；出口创汇38.79亿美元，完成全年任务的186.49%，增幅86.49%。固定资产投资增长10.7%，其中工业投资增长27.4%。园区工业主营业务收入突破百亿元的企业8家（欧菲、正邦、双胞胎、中烟、方大特钢、江铜集团、华勤、洪都），其中新增2家（华勤、洪都）；百亿元车间2家（欧菲光和华勤通讯）；主营业务收入突破10亿元的企业20家（不含百亿元），突破亿元（不含百亿元、十亿元）的企业超63家。亿元以上规模工业企业91家，占全区规模工业企业半数以上。

【创新投融资模式】 探索出以“高新未来科技园项目整体打包”“银团贷款组合融资”以及“航空科创城专项债券”等为代表的创新型融资模式，一定程度化解融资难问题。其中，发行的省内首支航空科创城专项债10亿元，债券期限10年，利率3.46%，为全省单体金额最大、全省首批、南昌市首支园区建设题材政府专项债券，缓解航空科创城建设资金压力。成立转贷资金平台，设立规模2000万元的周转金，降低企业融资成本。区下属平台公司获得各类金融机构授信共81.25亿元，保障重大重点项目资金需求。

【政务服务改革】 率先在全省开发区政务服务系统启动“一窗”“一链”审批改革工作，实现区本级政务服务事项“一张网”运行，一网通办率100%，获第三届中国政博会“全国政务服务创新先进单位”称号。区本级权限内118项政务服务事项做到“不见面审批”、299项政务服务事项“即来即办”、52项政务服务事项提供工作日延时服务、195项政务服务事项实现“全年不打烊”。

【科技创新】 坚持以科技创新为先导，引领产业发展转型升级，助推高质量跨越式发展。科技成果亮点纷呈。获国家科学技术进步一等奖1个（洪都集团L15高级教练机（AJT）研制项目），二等奖1个（由江中和济民可信完成的“中药制造现代化——固体制剂产业化关键技术研究及应用”项目）。获省级科学技术奖7个，其中一等奖2个。2019年，全区高新技术企业409家，净增100家；R&D投入占比3.8%；专利申请4140件，授权量2327件，同比增长18%；每万人口发明专利拥用量51.46件，位居全省首位。创新平台扎实推进。以南昌高新区为核心的鄱阳湖国家自主创新示范区获批，高起点、高标准、高质量规划建设航空科创城、高新区科创中心、大学科技城。推进天津大学南昌微技术研究院、中山大学南昌产业研究院、北航江西研究院、南昌大学食品研究院、中科院江西产业技术创新与育成中心、中国科学院无线传感网与通信重点实验室等大院大所合作项目。

（南昌高新区管委会）

新余高新技术产业开发区

【概　况】 辖1镇、2办事处，总人口16万人，面积266平方千米，园区规划面积100平方千米。2019年，工业总产值517.95亿元，同比增长14.3%；主营业务收入514.45亿元，增长16.45%；工业增加值增长10%；财政总收入25.84亿元，增长10%，税收占财政收入97.1%。规模以上工业企业实现营业收入488.7亿元，增长16.8%；新增规模以上工业企业49家，规模以上企业总数达到173家。新签约项目110个，签约金额200亿元，增长28.32%。引进亿元以上项目23个，其中10亿元以上项目4个，50亿元以上项目2个。全年被纳入市重点项目57个，总投资203.9亿元。开工项目53个，开工率92.9%；投产项目37个，投产率69.81%。

【产城融合发展】 实施城市路网、小区环境整治、背街小巷改造、雨污管网整治等一批城市功能品质提升工程，全面完成阳光大道连接环城路、新城大道雨污管网整治等31个重点项目，新建绿化及改造面积15.8万平方米，维修路面2.6万平方米。开展“城市品质提升攻坚战”，总投资16.1亿元、44个城市功能品质提升项目全面启动。推进城管体制改革，常态化开展环境卫生、交通秩序专项整治，城市管理机制更加完善。完善教育功能配套。高新一中小学部（高新四小）于2019年秋季开学投入使用，安排45个班级，提供2500个学位。高新一中中学部主体工程完工，启动实施高新一小、二小、三小等城区学校扩建工程，可新增学位5050个。高新第一幼儿园开学，完成10所幼儿园资产移交工作，“入园难、入园贵”问题得到有效化解。棚改工作成效突出，建设工程完工率78%，争取中央补助资金9000万元。

【重点项目签约落户】 1月，高新区管委会与上海璞收实业有限公司签约总投资20亿元、年产2万吨香料生产项目。该项目建设年产3300吨天然香料、年产5000吨酮麝香、年产5000吨格蓬酯、年产1000吨二氢茉莉酮、年产6000吨苹果酯和星苹酯项目等多条生产线。5月，江西田创生态农业科技有限公司年产28万吨蘑菇发酵料项目签约落户新余高新区，项目总投资4亿元。7月，广东天玑投控集团投资7亿元，完成收购江西久旺汽车配件制造有限公司90%股份增资合作；江西赣锋循环科技有限公司投资的三元前驱体扩建项目落户高新区，计划投资5亿元。10月，总投资55亿元的1500万台（套）电机及关键零部件产业项目落户高新区，该项目由香港F8企业(控股)集团有限公司、新钢集团及新余投控集团共同投资建设,主要进行电机整机及电机定转子、主轴、外壳、漆包线等关键零部件的生产、研发及销售。12月,江西博迅汽车有限公司投资的高端消防装备和智慧消防物联网系统集成项目落户高新区,总投资7亿元。

【重点项目开工投产】 2月20日,高新区25个重点项目集中举行开工仪式,项目总投资107.9亿元。其中,10亿元以上项目4个,亿元以上项目19个,包括总投资30亿元的新胜能源分布式天然气“冷热电”三联供项目,总投资20亿元的璞收实业香精香料项目,总投资15亿元的赣锋锂业年产5万吨锂盐项目,总投资11亿元的东鹏化工年产1.5万吨电池级氢氧化锂和1万吨电池级碳酸锂项目,涵盖锂电、新材料、智能制造、产业平台等领域。3月,由江西增鑫科技股份有限公司投资新建的智能化养猪设备生产项目开工,总投资3.5亿元。4月,高新区新钢联天公司总投资50亿元的高端冷弯型钢工程项目一期试投产,该项目主要产品有钢结构桥梁构件、钢结构建筑构件和高端冷弯型钢。5月,由江西中控精密科技有限公司投资兴建的中控磁栅数显量具项目竣工投产,总投资5亿元,主要产品为数显卡尺、千分尺等,运用于智能制造装备和军民融合产品领域。8月,由江西赣锋电池科技有限公司投资2.5亿元建设的新型动力电池生产项目试投产,该项目建成生产厂房面积1.7万平方米,配置固态锂电池生产设备。9月,总投资15亿元、占地面积18.67公顷的赣锋锂业年产5万吨锂盐项目开工建设。11月,由新钢联天结构科技有限公司总投资10亿元的免涂装耐候钢桥梁技术工程项目投产,总投资10亿元。

(龚卫亮 黄永林 杨小明)

景德镇高新技术产业开发区

【概 况】 规划面积34.87平方千米。2019年,主营业务收入604.06亿元,增长6.33%;财政总收入15.92亿元,增长6%;引进内资102.64亿元,增长8.44%;引进外资4895万美元,增长11.22%;外贸出口额11.03亿元,增长43.75%;招商签约资金155亿元,增长125.5%;截至年底,有规模以上工业企业84家,新增规模以上企业11家,工业从业人员3.47万人。

【科技创新】 2019年,园区新增10家国家高新技术企业、20家国家科技型中小企业、1家省级海智工作站,获批联晟电子、昌飞公司、江直公司3个企业创新平台,华通航空公司舰面直升机桨叶固定装置列为江西省重点新产品计划项目。全年科技投入3.6亿元,占地区生产总值3.5%。9月,与北京航空航天大学签订协议合作共建北航江西(景德镇)研究院,并通过中国航空学会授牌,成立中国航空学会专家服务站。引进培养各类专业技术人才290余人,获得专利授权281项,其中发明专利7项,外观设计专利66项,实用新型208项。

【2019中国航空产业大会开幕】 9月5日,2019中国航空产业大会在景德镇开幕,1300多名嘉宾代表应邀出席。该次大会以“新时代、新趋势、新动能”为主题,通过“会、展、赛、现场考察”四位一体形式,聚焦通航产业及航空小镇发展、航空产业投融资、通用航空发动机等热点问题,举办14场活动。会上签约7个项目,包括直升机整机、运动型飞机、发动机等产业发展项目以及生态新城、五星级酒店及商贸综合体等城市功能配套项目。

【举办2019重大项目集中签约大会】 12月20日,高新区举行2019重大项目集中签约。现场签约27个项目,总投资近140亿元,涵盖航空产业强链补链关键项目、航空产业投资平台项目、服务航空产业的配套项目、保障产业发展的基金项目等多领域。

【JH－2国产适航取证进入科研验证试飞阶段】 3月6日,北京通用航空江西直升机有限公司JH－2飞行试验机通过江西监管局审定小组审察,取得JH－2飞行试验机电台执照。JH－2直升机(B－00DD)民用航空器临时登记证(B－00DD)、民用航空器特许飞行证、JH－2飞行试验机电台执照三证齐全,进入科研试飞和验证试飞阶段。

【小青龙物流型无人直升机实现满载跨海飞行】 4月3日,由北京通用航空江西直升机有限公司研发的小青龙物流型无人直升机满载120千克货物从海南省东方市起飞,以100千米/小时的经济时速,跨越海湾,在某地安全着陆,并装载货物再次跨越海湾飞回东方市,全过程完全自主飞行,完成跨海快递飞行任务。该机型起飞重量达600千克,最高时速160千米/小时,高度可达3000米,续航时间4小时,抗风可达7级,能够一键起飞降落,操控简单。

(程立梅)

鹰潭高新技术产业开发区

【概 况】 位于鹰潭市城区西南处,分为白露科技园、龙岗产业园。2019年,工业主营业务收入608.6亿元,增长20.5%;工业增加值增长10%;利润总额36.1亿元,增长13.1%;全社会固定资产投资44.85亿元,增长12.1%;外贸出口2.12亿美元,增长4.4%;财政总收入24.6亿元,增长5.1%。全年纳入统计项目82个,增幅32.3%,在全省19个国家级开发区排名第二。其中,10亿元以上项目12个,50亿元以上项目1个。新增规模以上企业14家,总数达95家;新增高新企业7家,总数达58家。依托移动物联网产业的快速发展,高新区获批鄱阳湖国家自主创新示范区、国家科技资源支撑型双创特色载体、国家战略性新兴产业(下一代信息网络产业)集群和省级重点工业产业集群、省级物联网产业综合创新服务体;移动物联网产业园获批省级产业园和省级大众创业万众创新示范基地。

【重大项目落户】 1月,引进智慧云

测物联网安全检测中心项目、鑫铂瑞科技年产4万吨高端铜箔项目。智慧云测物联网安全检测中心为物联网的芯片、嵌入式软件、传感器、智能终端等提供安全检测和认证，项目建成后，鹰潭高新区将成为国内仅有的几个拥有物联网及集成电路安全检测能力的产业园区；鑫铂瑞年产4万吨高端铜箔项目总投资50亿元，专业化生产高端动力汽车用6微米、5微米、4微米高性能锂电铜箔和挠性覆铜板(PCB)铜箔，项目达产后可实现产值60亿元。

【战略平台建设】 4月，国家发展改革委、财政部公布2019年园区循环化改造示范试点验收结果名单，鹰潭高新区通过验收。5月，高新区获批国家“科技资源支撑型国家创新创业特色载体”，成为全省2个推介申报国家创新创业特色载体的开发区之一。8月，国务院批复同意鹰潭高新区建设国家自主创新示范区，重点推进“移动物联网＋智能制造”电子信息产业发展和铜基新材料产业技术升级，打造成为落实创新驱动发展、区域协调发展和可持续发展战略的主要承载地。

【推进智联小镇建设】 高标准建设智联小镇，25万平方米标准厂房全部安排项目入驻。完成智联小镇起步区剩余100余公顷用地征迁；推进南北区12条路网工程、小镇客厅——产业综合服务中心项目、配套宿舍项目、普华鹰眼无人机项目厂房建设；海南工控46万平方米工业地产项目签约。

【承办重大活动】 6月11日，承办鹰潭物联网暨智能终端产业招商推介会，15个项目现场签约，总投资90亿元。7月18日—20日，参加2019江西国际移动物联网博览会，其间承办信息存储产业发展分论坛和物联安全分论坛。中国兵工学会副秘书长安玉德、非洲中国合作与发展协会中方会长王永葆、武汉光电国家研究中心副主任谢长生、华中科技大学教授曹强、中国智慧城市联盟常务理事长唐文忠等业内知名专家学者参会。

（严志征）

7月19日，2019江西国际移动物联网博览会物联安全分论坛在鹰潭高新区举行

鹰潭高新管委会供

抚州高新技术产业开发区

【概　况】 高新区总面积158.6平方千米，辖1镇、2街道。2019年，主营业务收入485亿元，同比增长8.3%；财政总收入22.55亿元，增长6.6%；税收21.5亿元，增长7.2%，税收占财政总收入95.4%。新增规模以上工业企业16家，总数达140家。新增高新技术企业22家，总数达71家。累计工业用电量8.24亿千瓦时，增长65.3%；规模以上工业增加值增速9.3%；固定资产投资123.7亿元，增长12%，其中工业投资90亿元。外贸出口21.18亿元，利用外资9043万美元。8月，国务院批复同意抚州高新区建设国家自主创新示范区，享受国家自主创新示范区相关政策。

【抚州高新区大数据中心开工】 2月，抚州高新区大数据中心项目开工。该项目建设规划占地面积12.65万平方米，总建筑面积约23万平方米，按国际数据中心标准T3等级建设，设计PUE值为1.05，达到“数据中心绿色等级评估”的最高等级5A级，可安装25万台以上M10运算服务器。根据设计，大数据中心拥有独立变电站，完善的实时监控、恒温空调等设备，可以满足客户服务器托管需求，灵活选择数据中心提供的线路、端口以及增值服务，无须受虚拟主机服务的功能限制，可以根据实际需要灵活配置服务器。

【重大项目落户高新区】 4月，高新区举行“年产3万吨铜箔”和“年产1000万平方米柔性覆铜板”重大项目签约仪式。2个项目总投资30亿元，是科技领先的新材料产业重大项目。2个项目的落户与金品铜科、铜博科技形成产业生态链，为高新区新材料产业集聚发展添新动力。10月，高新区12个光电显示产业项目举行集中签约仪式，总投资61.2亿元。投产后，高新区光电显示产品涵盖液晶显示屏、OLED显示屏、广告机触摸显示屏、触显一体液晶显示屏、工控触控显示屏等现有显示屏的所有尺寸(1.44寸至108寸)和品类。11月，金生缘大健康产业科技园项目签约落户高新区。项目采取企业建设、招商、运营一体化方式推进，打造集研发、生产、药企服务、上下游产业配套功能为一体的综合性现代化高科技产业园。该项目总建筑面积约30万平方米，分为工业标准厂房、多功能综合办公大楼及相关生活服务配套基础设施。

【脱贫攻坚】 2019年，高新区发放低保金额188.25万元、教育补助339人次15.5万元，代缴城乡基本医疗保险和城乡居民养老保险2.15万元,投入 25.54 万元保障饮水安全。帮助贫困群众就业,高新区农村、城镇贫困家庭就业率分别达到 98.5%、100%。全区 26 个村(社区)集体经济收入全部达到 10 万元以上。

(洪县昌)

赣州高新技术产业开发区

【概 况】 位于赣州市赣县区,由稀金谷科创城、稀金谷钨与稀土产业园、稀金谷产业服务园组成,规划面积 125 平方千米。2019 年,工业增加值 30.24 亿元,同比增长 8.7%;主营业务收入 145.2 亿元,增长 12.2%;工业利润总额 8.15 亿元,增长 46.5%;工业固定资产投资 46.09 亿元,增长 16.4%。实际利用外资 1.29 亿美元,增长 7.12%。利用省外资金 71 亿元,增长 9.1%。园区有企业 366 家,其中新增规模以上工业企业 2 家,总数 110 家;净增国家高新技术企业 12 家,总数 60 家。

【稀土产业集群发展】 产业集聚实现新优势,园区成为高性能稀土永磁材料、稀土废料回收及钴产品、钨铁主产地。稀土永磁材料年产能、综合利用稀土废料能力和钴产能均占全国市场份额三分之一;钨铁产量占世界份额三分之一。推行"产业+科技+人才+资本+市场+园区"招商模式,招大引强。2019 年,新引进亿元以上项目 26 个,总投资 285.9 亿元,其中镍钴新能源材料和腾远钴业项目投资 50 亿元以上。中科三环、寒锐钴业、中科拓又达、嘉圆磁电等一批央企国企、上市公司、行业龙头企业落户。45 个重点项目中,36 个相继投产或在建,其中嘉圆科技实现当年开工当年试产。

【推进科创平台建设】 中科院稀土研究院落户稀金谷,创建稀土科技与材料国家实验室。相继投入 28 亿元,完成 106.67 余公顷土地征拆,建设近 10 万平方米科创平台。搭建中国稀金谷"互联网+稀金新材料在线、稀金大数据、稀金网上交易"服务平台。协助筹办 2019·中国(赣州)稀土产业高质量发展论坛,展现稀土产业尤其是中重稀土领域科技创新实力与新材料及应用产业的发展,推动稀土行业新旧动能转换、高质量发展。

【加大金融支持】 提升营商环境,加大资金支持,通过"财园信贷通"和"百福工业发展贷"融资平台,为 85 家企业解决流动资金贷款 3.6 亿元,为新建企业提供固定资产贷款 2800 万元。严格兑现招商引资承诺,受理 34 批次企业的政策兑现,共兑现 1775 万元。壮大产业基金,推动赣州稀金谷股权投资基金和赣州战略性新兴产业股权投资基金项目落地。利用"两城两谷两带"基金,助推区内企业发展壮大。

【建设永磁电机产业园】 发展稀土稀有金属新材料及其应用产业,以发展永磁电机为主线,延伸产业链,提升附加值。建设永磁电机产业园,高标准编制国土空间和产业发展规划,总面积 666.67 公顷,首期建设 200 公顷。高标准设计第一期现代化标准厂房,总投资 3.6 亿元,占地 10 公顷,建筑面积 15 万平方米。紫荆中科伺服电机、诚正电机项目投产。

(陈婧)

吉安高新技术产业开发区

【概 况】 2019 年,主营业务收入 507 亿元,同比增长 18.17%;利润 39.4 亿元,增长 19.61%;工业增加值 108.09 亿元,增长 9.9%;基础设施投入 12.8 亿元,增幅为 20.16 %;从业人员 6.85 万人,增长 60.37%。全年兑现企业优惠政策 1.20 亿元,通过"降成本优环境"行动为企业减少成本 5 亿元,完成"财园通"贷款 3.33 亿元,惠及企业 67 户。

【科技创新】 2019 年,吉安高新技术产业开发区获批为国家自主创新示范区。年内,12 家企业获批高新技术企业,新增龙净碳素、博硕科技 2 家院士工作站;专利申请量 836 件,同比增长 139.5%;发明专利申请量 71 件,增长 109%。吉安县青年创业园获批省级科技企业孵化器,鑫泰科技获批组建省级产业技术创新战略联盟,立讯智造获批省级企业技术中心。

【开展"四攻坚三提升"行动】 开展基础设施项目建设、企业升级发展、产业项目建设、创新驱动发展"四大攻坚行动",实施党建创优争先强基、环保安全综治管理、服务效能效率"三大提升行动",加快高新区改革和创新发展。产业发展持续集聚,电子信息首位产业列为全省"满园扩园"重点产业集群,实现主营业务收入 377 亿元,占园区比重 74.4%;投资 80 亿元的立讯智造用时 2 年 3 个月实现从项目开工建设到销售收入突破 100 亿元,成为吉安市首家单个生产基地销售收入过百亿元的企业;新开工电子信息亿元项目 6 个,包括立景创新、宏鑫智能照明、麦特微电子、立讯智造三期、神话照明、荣俊科技;山人电子、森博木业、汉威科技等 17 家企业成功申报规模以上工业企业;立景创新科技、立讯智造、建巢远大列入省重点项目。夯实发展平台,凤凰园区基础设施建设加快推进,职业技术学校主体竣工;完成征地 120 公顷、拆迁 1.5 万平方米;创新创业园、智能制造产业园加快建设。推进城南大企业组团产城融合示范区建设,开通百姓服务专线大环城 66 路公交车,君山小学和实验小学幼教楼投入使用。园区管理持续提升,"两型三化"园区管理提标提档行动见成效,获批省级绿色园区,智慧园区平台上线运行;环境保护专业化水平提升,引入湖南葆华环保有限公司进驻园区,持续全面监督企业环保情况,引入江西洪城水业环保有限公司运营凤凰污水处理厂,启动扩容提标工程建设,提升工业污水处理能力;引入江西安达安全评价咨询有限公司,建立"专家查隐患、政府抓执法、企业抓整改"的安全监管长效工作机制,新增 6 家安标化企业,建立凤凰园区专职消防救援队伍。

【立景创新科技摄像模组项目开工奠基】 5 月 27 日,投资 100 亿元的立景创新科技摄像模组项目开工建设。项目由香港立景创新集团投资建设，从洽谈签约到开工奠基，历时半年。项目主要从事摄像模组产品的研发、制造和销售，产品应用于计算机周边、智能手机、移动智能穿戴等移动终端。项目分2期实施，公司通过内增外延、垂直整合，把吉安项目作为企业总部规划建设。根据规划，项目一期于8月实现投产。

（陈飞跃）

九江共青城高新技术产业开发区

【概　况】　规划面积60平方千米，建成面积20平方千米。2019年，规模以上企业主营业务收入430亿元，同比增长13%；工业增加值69.8亿元，增长9.1%；工业税收收入2.44亿元，增长14.9%。新增入统企业19家，新增规模以上工业企业42家；全年引进工业项目54个，合同资金344.17亿元，其中，亿元以上项目47个，10亿元以上项目10个，50亿元以上项目1个；新增开工项目47个，合同资金119.3亿元；新增投产项目37个，27个项目实现当年签约当年投产。

【规划建设】　优化园区发展环境，提升功能品质。完成道路“白改黑”6千米，28万平方米高新制造产业园和6万平方米电子科技园建成，投资3600余万元实施科技一大道改造提升工程，美化道路12万平方米，投资100余万元新建临辉道路100余米；完成科技一大道雨污管网清淤疏通工程，疏通管网29千米，提升高新区污水收集效率和处理能力。投资235万元实施中心区绿化提升项目，补植苗木4500余株；投资350万元实施高新区中心区绿化提升项目；投资360万元实施青年公园（一期）项目。盘活清理闲置低效用地和“僵尸”企业，清理盘活11家企业共34.27公顷闲置低效用地。

【科技创新】　坚持新发展理念，通过科技创新打造发展新引擎、挖掘发展新动能。企业创新能力逐步增强，2019年新认定高新技术企业33家，认定全社会研发投入（R&D）经费1.3亿元，增长5.2%；高新技术产业增加值占工业增加值比重达到24%；新认定国家科技型中小企业23家，组织11家企业进行省瞪羚企业（潜在）、独角兽企业（潜在）申报。亚华电子入列全省民营企业百强第34位、民营制造业企业百强第17位；江中食疗获“省科学技术进步奖”一等奖；维信诺OLED、江中食疗获批全省智能制造试点示范项目；联洲研磨科技有限公司获中国合格评定国家认可委员会认可证书，是国内同类产品中唯一一家；数润区块链获首批区块链备案编号，成为江西首家上榜企业。科技创新载体加快搭建，与公安部第三研究所共建“物联网创新应用工作站”、与中国科学院大学共建“科创小镇”、与上海无线电设备研究所共建“航天军民融合应用技术联合实验室”、与清华启迪共建“启迪国信（共青城）科技孵化器”，引入钱学森航天博物馆项目。11月，举办国际人工智能高峰论坛暨物联网应用峰会。

【营商环境】　持续推进“放管服”改革，推动营商环境优化。开设“项目代办中心”，为45家企业提供代办服务，为21家租赁厂房企业和4家购地自建企业办结全部审批手续。全面推行线下“一窗办理”，行政审批速度由“2750”提速至“1321”，即企业开办100分钟办结、不动产登记3天办结、社会投资类审批21个工作日内完成。建立政策兑现联审会，全年为73家企业兑现政策奖励资金7410万余元，为28家企业申请财园信贷通资金1.42亿元，缓解企业资金压力。开展项目帮扶，按照“五个一”项目服务机制，优化签约后的落地服务，对入区企业每周定期进行跟踪服务，引导供水供电供气部门开发园区企业用水用电用气“一卡通”预付费信息平台，确保企业用水用电用气持续稳定供给。江西嘉翊展纺织有限公司、江西澳华农牧有限公司、江西燊燊实业有限公司等企业先后给高新区赠送“服务企业、热情高效”锦旗。

（九江共青城高新区办公室）

宜春丰城高新技术产业开发区

【概　况】　2019年，工业总产值630.78亿元，同比增长14.70%；主营业务收入614.80亿元，增长10.89%；利润总额54.17亿元，增长14.92%；税收总额34.89亿元，增长43.45%；工业固定资产投资107.56亿元，增长36.55%。全年引进项目37个，签约总金额173.4亿元，其中50亿元项目2个、30亿元项目1个，亿元以上项目17个。

【项目建设】　2019年，高新区新开工亿元以上项目22个，计划投资额142.5亿元。投资50亿元的智能健康家居生态产业城、投资50亿元的多走路产业小镇等一批重大项目开工。竣工亿元以上项目24个，投资额84.93亿元。其中，佛吉亚好帮手投资10亿元建设汽车智能电子制造项目第一条生产线竣工投产；深圳瑞隆锂能投资5亿元，日产30万只聚合物锂离子电池项目第二条生产线投入使用。

【营商环境】　减轻企业负担，通过开展“降成本优环境”专项行动，为企业减负8.37亿元。支持企业发展，通过“财园贷”帮助高新区40家企业获得贷款2.01亿元，用于经营发展。缓解用工难题，为企业举办各类招聘20余场，招聘超5000人次。

【科技创新】　平台建设实现突破，丰城生物制造产业基地获批“国家火炬丰城生物制造特色产业基地”，实现高新区国家级创新平台零的突破。高新企业、科技型中小企业数量攀升，获批国家高新技术企业24家，完成科技型中小企业认定评价62家。智慧园区平台投入运行，平台录入企业基本信息190家，实现企业信息平台化、政府表格信息化、干部管理动态化。

【安全环保】　抓好隐患排查整改，检查企业500余家次，排查安全环保隐患2000余条。加强教育培训,安全生产教育培训1.2万余人次,消防技能实操实训1.1万人次。强化基础建设,建立环保在线监控平台,实时监测企业污水排放情况;通过高新区100平方米户外显示屏,实时发布高新区环境质量状况;高新区污水处理厂2万吨/天二期工程投入使用。

(熊国安 蔡学贤)

南昌经济技术开发区

【概 况】 位于南昌市北郊,毗邻红谷滩区。5月,经开区成为赣江新区统筹区,回归南昌市管辖。面积167平方千米,辖1镇(蛟桥镇)2处(白水湖管理处、冠山管理处),常住人口31.7万人。2019年,园区总收入突破4000亿元大关,成为江西省首个突破4000亿大关的经开区;园区技工贸总收入4021.48亿元,增长11.33%;工业营业务收入1413.8亿元,增长7.88%;地区总产值517.52亿元,增长9.7%;规模以上服务业营业收入80.17亿元,增长42.18%;财政总收入54.9亿元,增长6.1%;地方公共财政预算收入21亿元,增长20.9%;工业用电量21亿千瓦时;全年新签约项目62个,总签约合同额410亿元;实际利用内资414.13亿元,增长25.42%,其中利用省外资金285.88亿元,增长21.01%;实际利用外资10.41亿美元,增长27.97%。

【产业发展】 2019年,围绕产业高质量发展"三年再翻番、进军三十强"目标任务,重点推进"1+3"产业提质增效,基本形成以电子信息为首位产业,以新能源汽车及汽车零部件、医药食品、智能制造为主导产业的产业集群。全区有企业6000余家,产值过亿元的企业200余家。全年实现主营业务收入1230亿元。其中,首位电子信息产业实现主营业务收入450亿元,形成以品牌手机运营、核心零部件制造、ODM/OEM为核心的产业集群;以江铃新能源、百路佳和格特拉克为主的新能源汽车及汽车零部件产业实现主营业务收入169.43亿元,增长15%,形成汽车整车、动力电池、变速箱、齿轮及相关零部件为一体的产业集聚区,被认定为江西省第四批战略性新兴产业集群。

【千亿元重大产业项目集中签约、开工、投产活动举行】 10月29日,举行千亿元重大产业项目集中签约、开工、投产活动,涉及项目134个,总额超1100亿元。集中签约项目61个,投资总额450亿元;集中开工项目34个,投资总额439亿元;集中投产项目39个,总投资227亿元。其中,过50亿元项目5个,过百亿项目2个。项目涉及电子信息、高端智能制造、新能源汽车新材料、医药、家电制造、总部经济、创新平台、航空物流等产业。

【科技创新】 2019年,经开区坚持创新引领发展,引进中科院先进制造产业技术研究院和生物医药装备技术研究院等新型研发机构9家,高新技术企业新增55家、总数突破175家。全区全年投入研究与发展经费(R&D)17.5亿元,占地区生产总值3.56%;全年专利申请量3068件,专利授权量2000件;有效发明专利拥有量31.13件,每万人有效发明专利拥有量30.65件。

【民生工程】 2019年,经开区完善社会保障体系,累计投入22.91亿元。其中,投入5000多万元,完成南天金源、万科金域、吉都居3个"1+5+X"社区邻里中心示范点建设;发放退役士兵自主就业一次性补助金115万余元,发放义务兵家庭优待金560余万元;推进农民工工资实名制管理,开展实名制管理工程项目129个,为1.4万多名农民工发放工资2.2亿元;建立绿色殡葬奖补机制,区级财政安排资金1163.47万元,其中893.47万元用于殡葬改革管理专项经费,270万元用于购置骨灰堂格位,完成全区26个行政村殡葬基础设施建设,覆盖率100%;推进凯丰大厦小吃街、盈石广场美食街2条"明厨亮灶"示范街建设;全年开展食品药品抽样检验总量1090批次;新增2所幼儿园评为市级示范园,经开区公办园在园人数完成40%的目标任务;引入优质教育资源,创办豫章师范附小、南昌二中昌北校区和南昌十中经开校区等中小学;引进和推动南大一附院儒乐湖分院、远程诊断中心、蛟桥医院、七喜医院等项目建设。

(戴思涵)

南昌小蓝经济技术开发区

【概 况】 位于南昌市昌南组团,辖2管理处(金湖管理处、银湖管理处)。全区规划核准面积18平方千米,建成面积32平方千米。2019年,主营业务收入1162.4亿元,同比增长10.6%;工业总产值完成1172.3亿元,增长11.1%;财政收入69亿元,增长7%;实际利用外资6.17亿美元,增长12.53%;实际利用内资260.52亿元,增长15.56%;外贸出口8.64亿美元,增长7.52%。全年累计招商引资项目51个,立项投资额307亿元(其中50亿元以上项目2个)。有13家院士工作站、79家市级以上工程技术中心、142家高新技术企业。

【优化服务】 秉承"与入园企业共成长"理念,开展"小蓝·走企"活动。引进各类金融机构及配套机构10家;在全省率先铺开"园区租赁贷""先租后让""地票制""科贷通"等改革试点工作;在江西联合股权交易中心设立全市首家区域性股权交易市场特色板块——"小蓝经开区板",指导帮助15家园区企业挂牌"新四板"。2019年,园区累计拨付各类企业扶持资金20.06亿元,发放"财园信贷通"贷款4.43亿元,帮助企业获得各类金融机构贷款270.5亿元。推出一窗受理、减证便民、一次不跑、上门服务、延时服务等改革新举措,承诺件平均办结时限、设立企业时间分别由改革前的10个工作日和21个工作日,压缩为3个工作日。

【江西智研院项目落户小蓝经开区】 2月26日,南昌市政府与宁波市智能制造产业研究院签署江西省智能产业技术创新研究院合作协议。市长刘建洋,市委常委、常务副市长肖玉文,副市长马骏,省工信厅副厅长辛清华,南昌县委书记、小蓝经开区党工委书记胡晓海等出席签约仪式。江西智研院由南昌市政府与宁波市智能制造产业研究院共建,落户于南昌小蓝经开区。研究院将结合江西高质量发展战略,重点围绕江西省产业布局,以产业需求为牵引,以智能技术研发为手段,以产业落地为目标,立足南昌,辐射全省,开展人才引进和培养培训、共性技术研发、技术攻关、产业孵化等,打造成江西省、南昌市智能产业创新、技术转移和成果转化的区域中心。

【同济大学南昌汽车创新研究院项目落户小蓝经开区】 7月5日,同济大学与南昌市政府签署同济大学南昌汽车创新研究院项目合作协议。省委常委、市委书记殷美根,同济大学党委书记方守恩,市长刘建洋,市领导肖玉文、郭毅、杨文斌、马骏及南昌县委书记、小蓝经开区党工委书记胡晓海出席签约仪式。同济大学南昌汽车创新研究院由同济大学与南昌市政府共建,落户于小蓝经开区。南昌市、小蓝经开区两级主要为研究院提供资金、运营场所、人才激励政策等方面支持,同济大学通过派驻、合作共建等方式引进国家特聘专家、"长江学者""国家杰青"等高端人才,国家特聘专家、"优青""青年长江学者"等优秀人才,形成一支百人以上规模的智能网联汽车与新能源汽车领域的高水平创新研发团队。

【"大干项目年"暨省市县三级重大项目集中开工仪式在小蓝经开区举行】 2月20日,"大干项目年"暨省市县三级重大项目集中开工仪式在小蓝经开区上海沪工项目现场举行,省委书记刘奇,省长易炼红,省委常委、常务副省长毛伟明,省委常委、市委书记殷美根,省委常委、省委秘书长赵力平,省人大常委会副主任、省总工会主席龚建华,副省长吴晓军、胡强,省政协副主席陈俊卿等出席仪式。此次开工仪式,江西推进开工项目2068个,总投资1.35万亿元。其中,南昌县(小蓝经开区)加速推进开工项目22个,涉及一产、二产和三产,总投资476.4亿元。

(杨波)

7月5日,同济大学南昌汽车创新研究院落户小蓝经开区

南昌小蓝经开区管委会供

九江经济技术开发区

【概　况】 位于九江市主城区西部,面积80平方千米,辖1乡(永安乡)2场(赛城湖管理处、茅山头企业集团公司)3街办(向阳街道、七里湖街道、滨兴街道),总人口20万人。2019年,地区生产总值366.3亿元,工业主营业务收入1140.6亿元,财政收入120.5亿元。固定资产投资233.9亿元,其中工业固定资产投资187.3亿元。利用内资240.09亿元,利用外资3.15亿美元。全社会消费品零售总额88亿元。农村居民人均可支配收入2.18万元,城镇居民人均可支配收入4.20万元。

【产业升级】 2019年,全年引进项目52个,总投资达189.03亿元;全年新增高新技术企业32家,总数达到110家,被认定为江西省智能制造基地。15家重点骨干企业入选传统产业优化升级试点企业,巨石集团获"国家级绿色供应链管理示范企业"称号,德福科技6微米锂电池铜箔生产技术达到国际领先水平。引进IPRO智能终端生态链项目和ASM太平洋先进科技投资建设的半导体材料项目,填补九江市半导体材料封装产业空白。经开区获评国家级"电子电器高新技术产业化基地"和"全国电子信息行业重点推介产业园区",在重大项目建设及招商引资领域获得省委、省政府奖励。全区企业研发投入5亿元,申请专利900件,专利授权493件,完成金融质押融资3300万元,技术合同交易额1.7亿元。

【城西港区铁路专用线开工建设】 8月31日,城西港区铁路专用线开工建设。该铁路线自沙浔线K5+600引出,终点位于九江综合保税区,线路全长11.34千米,工程总投资22.50亿元。项目建设主要包括七里湖站场改造、新建城西港站、专用线区间及专用线各作业区运输线、桥梁工程、新建生产及附属用房5555平方米、港城大道延伸线1.8千米及专用线牵引供电及电力、给排水、通信及信号、信息等配套工程,项目有助于打通港口集疏运"最后一公里"。

【九江综合保税区封关运行】 11月11日,九江综合保税区封关运行,是江西省唯一通港型综合保税区。区内总体规划面积1.81平方千米,其中基础设施主要包括:1.45万平方米的政务服务大楼、5205平方米的验货专用场地、5050平方米的监管仓库、9515平方米的保税仓库、1780平方米的保税产品展示中心、3754平方米的检疫处理区、6662米的围网、5888米的巡逻通道、10.8千米的区内道路及查验平台、卡口及监管用房、熏蒸库、药械库等。

【九江经开区人民法院挂牌成立】 12月11日，九江经开区人民法院挂牌成立。法院设有立案庭、综合审判庭、执行局、政治部、综合办公室、司法警察大队6个内设科室以及1个派出机构——赛城湖人民法庭，人员编制35名。设立法院有助于调解商事纠纷、打击违法犯罪，为经开区经济社会发展提供司法保障。

（胡小平）

赣州经济技术开发区

8月6日，国机智骏在赣州新能源汽车科技城实现整车下线

赣州经开区管委会供

【概　况】 位于赣州市中心城区西北部，辖3镇、1乡、1街道、1管理处、1新区，代管1个综合保税区。总面积217平方千米，建成区面积49.36平方千米，总人口35万人。2019年，工业主营业务收入705亿元；规模以上工业增加值增长9.0%；财政总收入50.56亿元，增长9%，其中一般公共预算收入24亿元，增长6.6%；固定资产投资增长8.8%，其中工业固定资产投资增长15.6%；社会消费品零售总额80.43亿元，增长11.5%；实际利用省外资金123.57亿元，增长12.16%；实际利用外资2.43亿美元，增长13.09%；进出口总额74.87亿元，增长43.81%。

【主攻工业攻坚战】 2019年，赣州经开区持续开展主攻工业攻坚战。开展“三请三回”和“三企入区”，签约项目74个，签约资金695.59亿元，其中引进投资50亿元以上项目5个、100亿元以上项目2个、200亿元以上项目1个。新能源汽车产业实现主营业务收入120亿元，聚集整车及关键零部件项目82个，国机智骏、凯马汽车同时整车下线并量产销售。电子信息产业实现主营业务收入235亿元，形成以“一芯、一屏、一终端、一链条”为主的产品体系。钨和稀土等传统产业迈向智能化、高端化，金力永磁连续3年产值保持30%以上增速，居国内钕铁硼行业第二。新能源汽车、电子信息、永磁材料产值分别占全市80%、50%、60%，新能源汽车和电子信息双首位产业集聚度升至89.03%。实施工业标准厂房“梧桐树”计划，建设16个科技园304.4万平方米，开工220万平方米，建成100余万平方米。全年新增规模以上企业49家，总数达212家；新认定高新技术企业63家，总数达132家，占全市17.6%；PCT专利申请74件，增长36倍。

【新型城镇化建设】 2019年，赣州经开区推进“一城两园两区”建设，加速融入五区一体化建设，助力省域副中心城市建设。城建报建量593万平方米，占全市17%，占中心城区31%，城镇化率达68%。推进基础设施建设。黄金机场T2航站楼投入使用并开通国际航线，昌赣高铁通车运行，赣州经开区成为全省唯一同时拥有机场、高铁站、高速路、快速路和公路港的国家级经开区。

【脱贫攻坚】 2019年，赣州经开区坚持开展脱贫攻坚，年内实现1541户4304人脱贫，贫困发生率下降至0.13%。开展“产业＋就业＋消费”扶贫，创新消费扶贫“一网两平台”，得到国务院扶贫办认可，贫困家庭就业率99.49%；获评“江西省就业扶贫示范园区”，在全省12个功能区中综合评价为“好”等次。

【污染防治】 持续打好“蓝天、碧水、净土”保卫战。空气质量优良率93.4%，$PM_{2.5}$浓度30微克/立方米，同比下降17.5%，首次优于国家二级标准。未出现劣V类水，未发生涉及土壤的环境事故。中央、省环保督察反馈问题和信访件整改均达到时序进度和目标要求。

（胡晓滨）

井冈山经济技术开发区

【概　况】 2019年，井冈山经开区实现“一区四园”主营业务收入1037.2亿元，突破千亿元大关。全区规模工业增加值增长9.5%；利用省外资金增长9.4%，实际利用外资增长8.14%；财政总收入26亿元，增长15.5%；工业税收16亿元，增长22%。在全国219家国家级经开区综合考评中居第45位，比上年前移26位，连续4年实现进位赶超。

【发展首位产业】 围绕打造全球最大半导体照明基地、全国有影响智能硬件产业基地，发展壮大电子信息首位产业，产业集中度达58%。推进益丰泰TFT面板、木林森光电等百亿元项目，年内新引进亿元以上电子信息企业16家，满坤科技、航盛电子等一批企业扩资增产，初步形成“龙头企业＋骨干企业＋配套企业”集聚态势，促进电子信息产业“点、线、面、体、网”全链发展。实施中小企业成长工程，新增规模以上企业29家。一批骨干企业实现“量级跨越”，木林森跻身百亿元企业，红板电子突破30亿元，全区主营业务收入过20亿元的企业7家。全年税收超千万元企业21家,木林森等3家企业全年税收突破1亿元。

【深化改革】 创新管理机制,撤销青原产业园管理层级,推进“一区四园”融合。深化机构和人事制度改革,整合机构设置,优化职责配置,推动中层竞聘上岗。深化“放管服”改革,上线运行“赣服通”井冈山经开区分厅,推行延时错时服务,缩减项目审批时间。设立行政审批局,推动相对集中行政许可、企业投资项目承诺制改革、“亩产论英雄”、规划环评与建设项目环评联动试点。承接政务服务事项突破千项,区本级依申请类政务服务事项“最多跑一次”占比达90%。全年累计为企业新增减税降费近2亿元,企业研发费用加计扣除税收优惠政策减免资金2.95亿元,全年出口退税近1.5亿元,落实企业帮扶资金8.5亿元,平台融资突破50亿元。

【推动科技创新】 安排3000万元人才专项资金,成立1亿元人才创新创业引导基金,投入科技专项经费1.2亿元,帮助企业争取技术创新资金近千万元。研发投入占主营业务收入0.9%,新增高新技术企业23家,实施技改项目22个。全年专利申请量616件,专利获批512件,其中发明专利获批30件。经开区获批省数字经济创新发展试验基地和电子信息产业省级服务支持人才创新创业示范基地,普正药业获批全区首个国家企业技术中心,螃蟹王国获国家小型微型企业创新示范基地称号。普正药业、天人生态2家企业科研项目获省科学技术进步二等奖,4家企业产品获评省名牌产品。

【脱贫攻坚】 2019年,全区有建档立卡贫困人口151户423人,其中106户150人享受低保待遇;全年发放低保金63.81万元。区财政投入620万元资金实施扶贫项目,解决群众出行和生产生活“最后一公里”问题。为贫困户代缴新农合并购买大病医疗保险,全年健康扶贫累计报偿146人次,医疗报销16.8万元。全年资助贫困学生77人,发放资助资金8.0万元。引导贫困劳动力到园区务工231人,发放务工交通补贴6.3万元。投入15万元,开展贫困户房屋质量安全和饮水安全检测。设立100万元脱贫爱心基金,为遭受困难和大病的贫困户提供帮助。

(康信煜)

行政服务大厅面向群众集中办事

上饶经济技术开发区

【概　况】 2019年,上饶经开区财政总收入24.1亿元,同比增长26%。固定资产投资129.4亿元,增长11%。外贸出口19.54亿美元,增长14.3%。现汇进资1.10亿美元。主营业务收入833.86亿元,增长10.65%。全年累计引进项目52个,合同签约资金225.73亿元。其中“两光一车”和新经济产业项目占比超90%。重点引进2个“50”工程项目和2个“20”工程项目,分别是投资70亿元的高自动化光伏组件项目、投资51亿元的江西北斗城项目、投资23亿元年产40万套三合一电驱动动力总成项目、投资20亿元的智能家居项目。推进亿元以上在建项目56个,总投资近千亿元。其中,新开工项目34个,投产项目19个,当年开工当年投产项目10个。

【改善营商环境】 做大做强区创投、井冈山经开区管委会供财投、金控、城建四大国有融资平台,支持项目建设和企业发展资金过70亿元,帮助90余家中小微企业获得贷款3.6亿元,缓解企业“融资难”“融资贵”“融资慢”问题。争取到省、市级用地计划264.61公顷;收储土地11宗、54.91公顷,完成316.78公顷批而未用土地举证消化工作,消化周期从5.05年降至3.21年;征地400余公顷,棚改拆迁16万余平方米,平整土地313.33公顷、完成土石方1200余万立方米;代管铅山县鹅湖镇8个行政村,开拓发展空间。

【企业服务改革】 推进“一网一门一次”改革,梳理完善“一网受理”事项清单465项,承接省、市赋权开发区审批事项290项;成立6人代办小组,为在建项目提供全方位审批代办;强化问题破解,帮助企业解决各类问题300余项,回复率100%,办结率超过90%。

(陈鹏)

萍乡经济技术开发区

【概　况】 位于萍乡市中心城区东北部,辖15村、14社区。总面积57.6平方千米,城区绿化率44%,总人口20万人。2019年,地区生产总值

254.62亿元，同比增长8.4%。工业主营业务收入562.7亿元，增长7.2%；规模以上工业增加值150.9亿元，增长9.1%；财政总收入26.32亿元，增长8.2%；固定资产投资增长9.2%；公共财政预算支出24.83亿元，增长8.5%；全年引进省外2000万元以上项目38个，投资亿元以上经济项目10个；实际进资98.7亿元，增幅10.9%；实际报送外资8457万美元，其中完成现汇500万美元，增长8%；外贸出口24.8亿元，增幅30%。新建、续建重点项目95个，总投资403.3亿元。社会消费品零售总额45.84亿元，增长11.9%。城镇居民人均可支配收入4.06万元，增长7.8%；农村居民人均可支配收入2.00万元，增长8.3%。新增就业2232人，新增转移农村劳动力1808人，省内转移1379人。城乡居民养老保险参保率100%，城镇居民医疗保险参保率100%，农村居民医疗保险参保率100%，社会保险基金征缴总量1.00亿元。

【萍乡诺峰智能装备有限公司落户】

2019年，萍乡诺峰智能装备有限公司落户经开区。该项目位于萍乡经开区周江智能制造产业园A1、A2厂房，总投资50亿元，建筑面积12余万平方米，专业生产玻璃面板、触摸屏、液晶模组、背光源、摄像头模组、指纹别模组、手机中框、手机组装等自动化设备。年产值5亿元，创造就业岗位1000余个。该项目是经开区引进的重点建设项目工程之一，列入江西省重大项目。

【江西星星科技股份有限公司投产】

2019年，江西星星科技股份有限责任公司生产线投产。该项目总投资60亿元，占地面积66.67公顷，建筑面积约60万平方米。该项目属于高科技产业，主要产品包括视窗玻璃防护屏、触摸屏、全贴合产品（即触控显示模组产品）、指纹识别模组等构成、塑胶及金属CNC精密结构件、3D玻璃加工、液态金属开发等。

【易事特智慧产业园项目投产】 年内，易事特智慧产业园项目过渡性厂房充电桩、换电柜生产线投产，主要生产充电桩、换电柜等产品。该项目位于经开区周江电子信息产业园，占地面积20公顷，总投资50亿元，主要建设智慧城市大数据中心设备、新能源充电桩、轨道交通、智能制造、智能微电网生产以及与国家电网配套产业等高科技项目。

（彭洲洋）

宜春经济技术开发区

【概 况】 位于宜春市中心城区北部，辖1个街道。园区规划面积74.72平方千米，建成区面积约26平方千米，总人口约6万人，人口自然增长率7.38‰。2019年，地区生产总值168.3亿元，同比增长8.3%。工业主营业务收入278.6亿元，增长9.9%；工业增速12.7%；利润总额14.6亿元；财政总收入27.13亿元，下降0.5%；进出口总额44.58亿元，增长10.9%；实际利用外资1.09亿美元，增长7.07%；利用省外资金101.52亿元，增长8.6%。全年新增签约项目32个，新增投产项目25个，新增开工项目27个。限上消费品零售总额29.7亿元，增长2.4%。其中新增"四上"企业71家，总数398家；净增国家高新技术企业30家，总数111家。有中国驰名商标3件、江西省著名商标15件，2019年新增江西名牌产品企业1家。

【产业发展】 坚持把锂电新能源作为首位产业，统筹推进新材料、电子信息、高端装备制造等主导产业发展。围绕产业链中后端和价值链中高端招大引强，全年引进签约项目32个，其中亿元以上项目20个，50亿元以上项目2个，分别是投资50亿元、年产10万辆新能源乘用车的合众新能源汽车项目和投资55亿元、年产10GWH固态锂电池的清陶固态电池产业化项目。坚持"项目为王"理念，推动合众新能源汽车、清陶固态电池、科陆储能、阿尔法、青松沃德、明冠二期等27个项目开工，促成发投远大、兴发二期、宇泽二期、盖瑞新能源等25个项目投产或试产。

【节地增效】 出台《宜春经济技术开发区工业用地优惠政策》，引导企业提升效益，提高节约集约水平。严把项目准入门槛，出台《宜春经济技术开发区招商引资暂行办法》，落实联审联批制度，设定具体效益指标，亩均产出不低于400万元/亩。深化"三清三查"成果运用，坚持尊重历史、一企一策，加快清理处置闲置资源，全年累计处置闲置低效用地133公顷、厂房近10万平方米。

【基础设施建设】 全年重点推进15个基础设施项目和16个民生工程项目建设，其中污水处理厂一期、二期投入使用。双创基地一期、二期近40万平方米标准厂房建成交付使用，雷桥变电站建成投入使用。一期19条道路提质改造项目基本完成，启动二期19条道路续建改造项目。春顺公园建成投入使用，220国道全线贯通，园区功能逐步完善。

【创优营商环境】 兑现企业奖励支持政策，出资2200余万元支持企业做大做强。健全完善重大项目推进和领导干部挂点服务企业机制，对全区重点投产企业和所有重大在建项目，实行"一个项目、一名领导、一个部门、一名干部"全方位跟踪服务，确保项目有序推进。承接省市前后3批次356项赋权清单，基本实现"园区事园内办结"。出台构建"亲""清"政商关系、规范涉企工作等制度性文件，鼓励干部与企业交往。落实"降成本、优环境"政策，为企业减负3.64亿元。

（宜春经济技术开发区管委会）

龙南经济技术开发区

【概 况】 位于龙南县境内。2019年，规模以上工业增加值48.91亿元，增长9.2%；主营业务收入186.83亿元；园区税收10.48亿元，增长58.78%；出口总额47.18亿元。新增规模以上工业企业33家，专利授权量444件，新增"江西名牌产品"生产企业3个、总数达10个。拥有省级企业技术中心1家，省级工程技术研究中心2家,省级工程研究中心2家,新增高新技术企业15家、总数达47家。

【招商引资】 组建18个招商引资团,重点突出电子信息首位产业和稀土及新材料、食品药品、现代轻工四大主导产业招商,推进"三请三回"和"三企"入赣,先后在杭州、合肥、武汉等地举办16场招商引资推介会。年内,签约项目39个,签约资金382.48亿元,同比增长22.41%。其中,亿元以上项目35个,签约资金380.63亿元;50亿元以上项目3个,签约资金206亿元。引进的汇森智能家居产城园项目,投资50亿元;格仕乐科技有限公司5G通讯设备生产项目,投资50亿元;太平梧桐国际健康产业园项目,总投资106亿元。

【产业集群升级】 以"双创"活动为载体,加速电子信息首位集聚,转型升级。年内,引进电子信息首位产业项目26个;签约资金222.74亿元,同比增长21.69%。有电子信息企业138家,其中规模以上电子信息企业59家(含配套企业),实现主营业务收入61.08亿元,增长3.9%。构建5G产业发展新生态,志浩电子、骏亚科技均与5G企业签订战略合作协议,联茂电子推进国家级5G实验室研发平台建设,志浩电子年产60万平方米5G高频高速电路板技术改造项目获2019年省级5G产业发展项目专项资金支持。

【优化营商环境】 开展赋权经开区审批事项办理工作,启动"标准地+承诺制"工作,推动项目建设由事前审批向事中事后监管服务的转变。持续降成本优环境,通过直接减税、兑现奖励资金等方式帮助企业降低成本6.36亿元,其中,减免税费2.66亿元,兑现工业发展奖励资金3.70亿元。举办赣州(龙南)电子信息产业企业专场招聘暨校企政对接等系列活动,新增企业务工人员5100人。精准帮扶企业APP平台收到诉求320条,办结319条,办结率99%。缓解企业融资难题,区建投公司发行第一期债券5.5亿元,累计借款给比邦、瑞兴龙等17家园区企业16.50亿元,发放"财园信贷通""小微信贷通"贷款4.88亿元,惠及企业168户。着力解决园区企业供水、供电等问题,园区增加供水增压泵一座,为联茂、志浩、骏亚分别安装3万千伏安供电专线,帮助72家企业享受企业直购用电优惠政策,每年可为企业节约用电成本300余万元。

(刘和龙)

瑞金经济技术开发区

【概　况】 开发区总规划面积56平方千米,建成面积达12平方千米。落户工业企业238家,其中,规模以上工业企业58家,高新技术企业31家,专精特新企业12家,国家级众创空间1家,省级以上研发机构9家,新三板上市企业1家。2019年,工业主营业务收入184.66亿元,同比增长19.47%;工业税金12.84亿元,增长28.8%;工业增加值40.73亿元,增长10.8%;出口交货值21.34亿元,下降5.31%;安排劳动就业1.10万人。

【瑞金经开区被评为2018年度中国科协全国科技工作者状况调查优秀调查站点】 4月15日—18日,全国科技工作者状况调查站点培训班在湖南长沙召开。中国科协调研宣传部对2018年全国63家优秀调查站点和20名优秀信息员等先进单位和先进个人进行表彰,瑞金经开区被评为2018年度中国科协全国科技工作者状况调查优秀调查站点,瑞金经开区廖传伟被评为2018年度中国科协全国科技工作者状况调查站点优秀信息员。

【瑞金经济技术开发区召开分区规划环境影响报告书审查会】 12月18日—19日,瑞金经济技术开发区分区规划环境影响报告书审查会在瑞金召开。会议由生态环境部环境影响评价与排放管理司环评处副处长谢慧主持。审查小组认为,报告书基础资料较翔实,评价内容较全面,采用的预测和分析方法基本适当,对主要环境影响的预测分析结果基本合理,提出的规划优化调整建议、预防和减缓不良环境影响的对策措施原则可行,评价结论总体可信。

【印发《南昌大学科技专家团精准帮扶工作经费管理及使用办法》】 5月19日,印发《南昌大学科技专家团精准帮扶工作经费管理及使用办法》。该办法对南昌大学科技专家团成员在瑞金帮扶期间的差旅费、专家咨询费、劳务费等工作经费支出进行明确,对科技成果实现就地转化的专家团队,按"一事一议"研究奖励。

【瑞兴于经济带发展基金落地瑞金】 12月25日,瑞兴于经济带发展基金落地瑞金并完成注册,首期规模5亿元。瑞兴于经济带发展基金采取双GP单管理人模式,以瑞兴于经济带各县市(含石城、宁都)重点工业、战略新兴产业、纺织服装、红色旅游等为主要投资方向,支持瑞兴于振兴试验区发展。

(郭经伟　李媛)

井冈山出口加工区

【概　况】 井冈山出口加工区位于井冈山经济技术开发区内,总体规划面积2.25平方千米,首期开发建设的围网封关面积0.63平方千米。2019年,进出区货物总额3.3亿美元,实际进出境贸易额7958.4万美元,同比增长935%。引进报关服务类企业1家,全年签约加工制造类企业3家。

【基础设施建设】 2019年,出口加工区管理局修订完善控制性详细规划,优化用地布局。平整场地、铺设人行道、安装路灯,整修保税仓库、监管仓库,升级改造围网、卡口、机房与视频监控等信息化系统,完善基础和监管设施。启动8.7万平方米标准厂房、仓储、保税展示大厅及冷链物流中心建设,完成9万平方米标准厂房装修工作,进一步提升园区项目承载能力,为招商引资搭建平台。

【综合保税区转型升级】 为贯彻落

实《国务院关于促进海关特殊监管区域科学发展的指导意见》和《国务院办公厅关于印发加快海关特殊监管区域整合优化方案的通知》精神，1月30日，吉安市政府向省政府行文，提出井冈山出口加工区转型升级综合保税区申请；3月25日，省政府向海关总署发函《江西省人民政府关于申请设立井冈山综合保税区的函》转递相关申请；2019年年底，完成省政府初审及申报、国家10部委的两轮征求意见与两轮审核会签。

（杨兰芳）

·资料·

全省省级以上开发区(园区)一览

南昌市

1. 南昌高新技术产业开发区(南昌综合保税区)
2. 南昌经济技术开发区
3. 南昌小蓝经济技术开发区
4. 青山湖高新技术产业园区
5. 新建经济开发区
6. 安义工业园区
7. 进贤产业园

九江市

8. 九江经济技术开发区(九江综合保税区)
9. 九江共青城高新技术产业开发区
10. 瑞昌经济开发区
11. 九江沙城工业园区
12. 武宁工业园区
13. 修水工业园区
14. 永修云山经济开发区
15. 德安高新技术产业园区
16. 庐山工业园区
17. 湖口高新技术产业园区
18. 都昌工业园区
19. 彭泽工业园区

景德镇市

20. 景德镇高新技术产业开发区
21. 乐平工业园区
22. 景德镇陶瓷工业园区
23. 浮梁产业园

萍乡市

24. 萍乡经济技术开发区
25. 莲花工业园区
26. 芦溪工业园区
27. 湘东产业园
28. 安源产业园
29. 上栗产业园

新余市

30. 新余高新技术产业开发区
31. 分宜工业园区
32. 袁河产业园

鹰潭市

33. 鹰潭高新技术产业开发区
34. 贵溪经济开发区
35. 余江工业园区

赣州市

36. 赣州经济技术开发区(赣州综合保税区)
37. 章贡高新技术产业园区
38. 赣州高新技术产业开发区
39. 南康经济开发区
40. 信丰高新技术产业园区
41. 大余工业园区
42. 上犹工业园区
43. 安远工业园区
44. 龙南经济技术开发区
45. 定南工业园区
46. 宁都工业园区
47. 全南工业园区
48. 于都工业园区
49. 兴国经济开发区
50. 会昌工业园区
51. 瑞金经济技术开发区
52. 寻乌产业园
53. 崇义产业园
54. 石城产业园

宜春市

55. 宜春经济技术开发区
56. 樟树工业园区
57. 宜春丰城高新技术产业开发区
58. 靖安工业园区
59. 高安高新技术产业园区
60. 奉新高新技术产业园区
61. 上高工业园区
62. 宜丰工业园区
63. 万载工业园区
64. 袁州产业园
65. 铜鼓产业园

上饶市

66. 上饶经济技术开发区
67. 上饶高新技术产业园区
68. 玉山高新技术产业园区
69. 横峰经济开发区
70. 铅山工业园区
71. 弋阳高新技术产业园区
72. 婺源工业园区
73. 万年高新技术产业园区
74. 鄱阳工业园区
75. 余干高新技术产业园区
76. 德兴高新技术产业园区
77. 上饶信州产业园
78. 茶亭经济开发区

吉安市

79. 井冈山经济技术开发区(井冈山出口加工区)
80. 吉安河东经济开发区
81. 吉州工业园区
82. 吉安高新技术产业开发区
83. 吉水工业园区
84. 永丰工业园区
85. 新干工业园区
86. 安福高新技术产业园区
87. 峡江工业园区
88. 泰和高新技术产业园区
89. 遂川工业园区
90. 永新工业园区
91. 万安工业园区
92. 井冈山产业园

抚州市

93. 抚州高新技术产业开发区
94. 抚北工业园区
95. 崇仁工业园区
96. 金溪工业园区
97. 南城工业园区
98. 南丰工业园区
99. 广昌工业园区
100. 东乡经济开发区
101. 宜黄工业园区
102. 黎川工业园区
103. 乐安产业园

（江海）

本栏编辑　邓诚君

旅游业

综述

2019年，全省接待旅游总人数7.93亿人次，同比增长15.65%；旅游总收入9656.38亿元，增长18.55%。国内旅游人数7.91亿人次，增长15.71%；国内旅游收入9596.67亿元，增长18.54%；入境过夜游客197.17万人次，增长2.81%；旅游外汇收入8.65亿美元，增长16.10%。

【全省旅游产业发展大会召开】 6月6日，2019年全省旅游产业发展大会在宜春市铜鼓县召开。省委书记刘奇出席并为2020年全省旅游产业发展大会承办地赣州市授旗。省长易炼红出席并讲话，他指出抓旅游就是抓高质量发展、抓民生改善、抓生态治理的重大意义，并提出要立下雄心壮志、要形成新的思维理念、要筑牢战略支撑、要汇聚强大合力的具体要求。省领导赵力平、施小琳、朱虹、吴忠琼、李华栋等出席，文化和旅游部有关负责人到会讲话。省文化和旅游厅厅长池红作江西旅游推介，全国各省（市、区）文化和旅游部门负责人、境内外旅行商、部分国内著名作家等300余人参加活动。会上，宜春市、上饶市、鹰潭市、九江市被授予"2018年度全省旅游产业发展先进设区市"称号，上饶市婺源县等8个县（市、区）被授予"2018年度全省旅游产业发展先进县（市、区）"称号，赣州市文化广电新闻出版旅游局等7家单位被授予"2018年度全省旅游管理先进单位"称号，景德镇陶瓷文化旅游集团等15家单位被授予"2018年度全省优秀旅游企业"称号。同时举办"知名作家江西行""头条带你游江西""抖音达人江西行"等活动。"抖音达人江西行"活动专门搭建"江西风景独好"话题，截至年底，点击播放量超20亿次。

【红色旅游博览会召开】 10月19日，由江西省政府、湖南省政府共同主办，中国红色旅游推广联盟成员单位、中国铁路南昌局集团有限公司协办，江西省文化和旅游厅、湖南省文化和旅游厅、中国红色旅游推广联盟秘书处、中共赣州市委、赣州市政府共同承办的2019红色旅游博览会暨中国红色旅游推广联盟年会在瑞金召开。活动全方位展示江西以及中国红色旅游推广联盟成员省份红色旅游的新业态、新面貌和新成就，规模为历届之最。文化和旅游部党组成员王晓峰、江西省政府副省长吴忠琼、湖南省政府副省长吴桂英全程参与活动。3天内吸引观展者逾12万人。展会现场展品销售1.5亿元、签约意向金额达22亿元。红博会期间还举行了"百趟红色旅游专列进苏区"欢迎仪式、红色旅游线路产品供应及采购企业专项对接暨"百趟红色旅游专列进苏区"对接会等主体活动。

【《江西省旅游者权益保护条例》审议通过】 11月27日，《江西省旅游者权益保护条例》在江西省第十三届人民代表大会常务委员会第十六次会议审议通过。作为全国首部专门保护旅游者权益的地方性法规，该条例将现有法律法规中对旅游者权益保护的规定进行整合强化，并结合江西省实际情况，作出补充、细化和完善，特别是强调旅游者的权利和旅游经营者的义务、畅通旅游纠纷解决的渠道，形成对旅游者权益保护的全面性

10月19日，2019红色旅游博览会在瑞金开幕

省文旅厅供

规范。条例出台为实施江西省消费环境优化升级行动,全面推进江西全域旅游发展,发挥重大引领和推动作用。

【重点景区管理体制改革】 深化庐山管理体制改革工作,起草《庐山体制改革和旅游发展专题调研情况报告》并经省政府常务会议审议通过,制定印发《深化庐山管理体制改革方案》。10月25日,省深化庐山管理体制改革工作协调组组织召开深化庐山管理体制改革座谈会,研究推进改革事项。同时,推进武功山、庐山西海等重点景区管理体制改革,开展专题调研并形成高质量调研报告,省长易炼红、副省长吴忠琼分别作出批示。年底,武功山景区实现"六个统一"(统一规划、统一品牌、统一门票、统一线路、统一标准、统一营销)并实现委托经营,提升了景区品质。

【乡村旅游】 与江西电视台影视旅游频道合作,对全省乡村旅游进行集中宣传,组织婺源篁岭参加并入选"世界旅游联盟减贫案例"。篁岭晒秋图片在意大利罗马联合国粮农组织总部由世界旅游联盟与中国驻罗马旅游办事处举办的"中国旅游扶贫图片展"展出,并被选用作为此次图片展的邀请函图片。会同省发改委向文旅部、国家发改委推荐申报全国乡村旅游重点村名录,12家被公布为首批全国乡村旅游重点村名录,总数列全国第三位。

【旅游商品大赛实现金奖"零"突破】 初步建立江西优秀文创产品和旅游商品资料库,先后组织省内百余家优秀文创旅游企业和文创试点单位参加在浙江义乌举行的第十四届中国义乌文化产品交易博览会、第十一届中国国际旅游商品博览会及2019中国旅游商品大赛和在上海举行的第十二届艺术节演艺及文创产品博览会。在2019中国旅游商品大赛评选中,江西省选送的旅游商品获大赛金、银、铜奖各1个,取得该大赛最好成绩,实现金奖"零"突破。

(邹婷)

景区建设

【概 况】 2019年,全省共有A级旅游景区421家,其中5A级景区12家、4A级景区146家、3A及以下景区263家。

【品牌建设】 景德镇创建国家陶瓷文化传承创新试验区获国家正式批复,对照国务院批复的《景德镇国家陶瓷文化传承创新试验区实施方案》,明确工作任务。上饶市婺源县、抚州市资溪县、吉安市井冈山市获批成为首批国家全域旅游示范区,江西省验收认定通过率100%。11月8日,井冈山市在全国全域旅游工作推进会上作典型发言。萍乡武功山景区成功创建国家5A级景区;庐山西海通过创建国家5A级旅游景区景观质量评审会,列入创建5A级旅游景区预备名单。

【A级景区动态监管】 建立完善"第三方定期暗访+厅机关节假日随访+游客日常评价+媒体舆论监督"相结合的A级景区动态监管创新机制,其中暗访复核由过去3年1次加大密度为1年1次,及时通报,及时处理。全年对全省403家A级旅游景区分两个层级采取抽查形式开展复核工作,省文化和旅游厅委托第三方专业机构对全省71家高等级旅游景区分2批次进行暗访复核,警告处理9家4A景区,严重警告11家4A以上景区,取消(摘牌)4A等级4家,并在全省旅游资源高质量开发建设管理工作电视电话会议以及全省高等级旅游景区安全智慧化建设动员大会上通报;各设区市对辖区内的所有3A级及以下旅游景区开展复核,全省共取消7家3A、3家2A级旅游景区质量等级,给予22家3A级及以下景区相应的警告处理。省文化和旅游厅机关在"五一""十一"等重要节假日组织系列工作组到全省部分重点景区开展景区假日旅游安全体验式暗访检查。同时,利用省网信办、江西省风景独好微信公众号等媒体平台,加强对全省旅游景区的舆情监督和收集游客日常评价,并第一时间反馈至景区管理部门。

【旅游服务】 全省旅游景区树立"抓服务就是抓口碑,抓服务就是抓营销"的理念,站在游客的角度去思考如何改进和提升服务。各景区围绕打通"最后一公里",挂图工作,开设城市旅游公交专线,线路覆盖城区及周边4A级以上旅游景区。运用现代技术创新旅游服务,加快推进一部手机游江西的步伐,提高景区数字化管理水平。依法整治旅游市场秩序,对黑车、黑店、黑导、黑社做到零容忍。加强全省范围内游客信息咨询服务中心建设,完善旅游公交网,建立道路旅游标识体系,实现高速公路服务区旅游信息咨询服务中心全覆盖,实现4A级以上旅游景区高速公路标识全覆盖。完成旅游厕所建设任务,推动完成旅游厕所百度地图标注工作(地图标注率74.39%),实现旅游厕所精准定位,探索推广"以商建厕、以商养厕"模式,建立健全旅游厕所建设管理常态化机制。

【景区营销模式创新】 不断创新创意景区营销模式,建立和完善实施政府主导、媒体跟进、企业联手"三位一体"营销模式,利用大数据手段,分析到赣旅游的目标群体、潜在群体,有针对性开展精准营销。拓宽拓展景区营销渠道,推动4A级以上旅游景区宣传进高铁、进车站、进机场,上手机、上电视、上网站,用好抖音视频大赛、直播秀等新媒体宣传,策划热点营销、事件营销。高标准打造具有国际影响力的旅游目的地品牌,景德镇和庐山在提升国际影响力上付诸实际行动。探索成立"一带一路"中国瓷器之路旅游联盟,在"一带一路"沿线国家和地区设立15个"江西之窗"海外营销中心,开展"外国留学生游江西""旅华外国人游江西"活动。

(黄欢)

市场促销

【境外旅游宣传推介】 由省领导带队,先后在境外举办2019"江西风景独好”文化旅游推广(希腊、保加利亚)活动、2019“江西风景独好”文化旅游推广(日本、韩国)活动。2019年日本旅游博览会、伦敦国际旅游展、“美丽中国”欧洲旅游宣传推广、“美丽中国”亚洲旅游(新加坡、泰国、阿联酋)系列宣传推广活动,并邀请多批日本、韩国旅行商到江西踩线。2019年全省旅发大会期间,邀请驻华使节、外籍旅行商、外媒记者、外籍旅游达人等嘉宾参加“江西风景独好——2019江西旅游推介会”并踩线,取得很好的宣传效果。

【开展“全球学子暑期乐游江西”活动】 7月18日至9月18日,通过开展“全球学子暑期乐游江西”活动,全省共有11家5A级旅游景区、146家4A级旅游景区和15家5A级乡村旅游点对全球学子免景区大门票。活动期间,全省共接待游客1363.9万人,增长162万人,全省旅游接待人数增幅13.49%,其中对学生游客免票233.3万人。此次活动得到省政府领导的批示肯定,并获评“2019中国旅游影响力年度营销推广活动”。

【开展“美丽中国·可爱江西”青春体验师活动】 12月,与携程联合举办2019“美丽中国·可爱江西”青春体验师活动,在上海、浙江、江苏部分高校开展路演宣传,招募10名大学生体验师到赣体验4晚5天的旅游行程,并在携程网进行广泛宣传。

【开展“乡约江西过大年”活动】 12月27日,“乡约江西过大年”——2019江西冬季主题旅游线路产品发布暨“昌吉赣”高铁旅游联盟成立仪式活动在赣州市崇义县上堡梯田景区举办,现场发布八大系列2019江西冬季主题旅游线路产品及一批设区市区域冬季旅游线路和年俗活动,邀请全国各地以及海外游客“乡约江西过大年”。南昌、吉安、赣州3地利用高铁交通优势和沿线红色旅游资源,共同成立昌吉赣高铁旅游联盟,联合推出“成功之路”红色旅游精品线路,赣州、吉安市还分别推出“昌吉赣”高铁旅游优惠福利。

【湘赣边红色文化旅游交流合作】 6月28日,与湖南省长沙市共同组织举办“不忘来时路 魅力湘赣边”2019湘赣两省文化旅游交流合作暨湘赣边红色旅游推介会,重点宣传推介两省红色文化旅游资源,并成立湘赣边红色旅游共同体,签订《湘赣边红色文化旅游合作共同体章程》《湘赣边红色文化旅游合作框架协议》等文件。会后,湘赣边红色旅游互动交流更加频繁。9月,首届湘赣边红歌邀请赛在铜鼓开赛。

【开展2019江西红色旅游推广季活动】 抓住新中国成立70周年和“不忘初心、牢记使命”主题教育的良好契机,7—9月,在上海、南昌、北京、广州等多地举办“不忘来时路,魅力江西行——江西红色旅游推广季活动”。活动通过推介会、巡展等多种形式,大力宣传江西丰富的红色文化和旅游资源,进一步加深京沪粤等地与江西的文化旅游深度合作交流。8月1日,“我和我的祖国”江西红色文化旅游千人快闪活动在南昌军事主题公园举行,来自全国各地“壮丽七十年 继续新长征”暨万人重走长征路大型活动首发团的2000余名游客纷纷为江西丰富的红色文化资源点赞,深情告白祖国,献礼新中国成立70周年。快闪活动宣传片广受各方好评,获全省“我和我的祖国”快闪评比二等奖。

【自媒体建设】 2019年,新媒体宣传运营持续发力,除“江西风景独好”官方微信、微博外,开通抖音平台,形成“两微一抖”新媒体矩阵。截至年底,“江西风景独好”官方微信累计阅读量120万+,在全国旅游政务微信号周平均排名全国第十名左右,5次进入全国前五名,1次排名全国第一名。“江西风景独好”官方微博全年发布博文近3000条,平均阅读量6000以上,粉丝累计近61万人。通过每天发布各地文化旅游资源和最新动态、“江西风景独好”、江西旅讯、江西美食等话题对江西美景、美食、文化进行宣传。“江西风景独好”抖音发布作品123条,吸引粉丝2.3万人,获得点赞近8万人次。

【文化旅游宣传】 2019年,加大旅游广告投放,招标实施23个项目,继续在央视、江西卫视、都市广播频率投放“江西风景独好”旅游广告;在北京东站LED屏、北京地铁、江西大酒店和南昌西站等地投放江西文化旅游宣传广告;全省旅游产业发展大会期间,在12306铁路订票平台开辟专区展示江西文化旅游形象。同时,与新华社、中国旅游报社、江西日报社、中国江西网、江西广播电视台等省内外重要媒体加强合作,进一步提升“江西风景独好”品牌影响力。在江西卫视策划推出文旅融合一周年5集系列报道。联合江西影视·旅游频道开辟《守初心、担使命——百件革命文物说江西》《滕王阁大讲堂》等新栏目;《旅游画刊》全年编印发行12期,全面宣传江西文化旅游资源。2019年围绕文旅融合一周年、全省文化旅游消费月活动、全省旅发大会等重要内容,举办相关新闻发布会共10次,省级以上主要媒体参与报道共3220条,其中国家级媒体826条。

(罗维)

行业管理

【概　况】 2019年,狠抓旅游安全生产和市场秩序管理工作,提升旅游住宿、旅行社、导游服务质量,开展文明宣传和引导工作,取得较好成效。全省旅游市场平稳有序,实现旅游安全、市场秩序、文明旅游和服务质量同步提升。

【旅游安全管理工作机制健全】 结合省直单位机构改革后部分成员单位名称变更和职能调整的实际,调整旅游安全专业委员会的组织领导及工作职责,印发《江西省旅游安全专业委员会组织领导、成员单位职责分工及工作规则》《关于加强全省文化和旅游安全生产工作的实施意见》,明确厅本级成立安全生产工作领导小组,强化旅游市场安全生产组织领导。指导各地旅游部门设立安全生产工作领导小组,加强对辖区旅游市场安全生产工作的领导、监管和考核。

【旅游安全监管】 先后印发《江西省

文化和旅游厅办公室关于扎实做好当前汛期和高温天气旅游安全工作的通知》《江西省文化和旅游厅办公室关于组织开展中秋节、国庆节期间文化和旅游市场安全生产专项整治工作的通知》《江西省文化和旅游厅办公室关于组织开展文化和旅游市场安全生产专项整治工作督查的通知》《关于国庆期间开展体检式暗访工作的通知》等系列文件,围绕重要工作节点和重大节日开展安全生产大排查,确保实现安全、秩序、质量、效益、文明"五统一"的旅游目标。印发《关于国庆期间开展体验式暗访工作的通知》,会同省人大代表、政协委员、省政府办公厅督查员组织开展体检式暗访,准确掌握全省旅游市场情况,督促相关地市和旅游景区抓好问题整改,促进旅游市场健康有序发展。

【开展2019年江西省导游大赛】 6月13日,由江西省文化和旅游厅、江西省总工会、共青团江西省委、江西省妇联联合举办的"2019年江西省导游大赛"结束。经过笔试、专业讲解、面试问答等赛项激烈角逐,活动评选出一等奖4名、二等奖8名、三等奖12名、最佳素质奖等单项奖5名。刘梦迪、苏扶摇2名选手被推荐参加第四届全国导游大赛,苏扶摇获铜牌导游员并获优秀风采选手。因组织得力、成绩优异,江西省文化和旅游厅获评第四届全国导游大赛突出贡献单位奖。

【旅游星级饭店评定】 2019年,全省新申报3家五星级旅游饭店,分别为鹰潭沁庐豪生酒店、婺源瑞怡宝婺度假酒店、江西伯爵文山酒店,全国星级饭店评定委员会已接受申请,并已按程序进行公示。新评定四星级旅游饭店6家、三星级旅游饭店6家。南昌融创万达文华酒店评定为金树叶级绿色旅游饭店,富力万达嘉华酒店递交了金树叶级绿色饭店申评报告。抚州凤凰开元名都大酒店完成五星级旅游饭店初评,九江瑞昌信华酒店完成四星级旅游饭店评定。

【旅行行业标准化建设】 继续推行旅行社、导游员等级标准评定,加大复核检查力度,完善退出机制,实施正向舆论引导,培育壮大旅行社队伍和导游队伍,全年评定五星级旅行社4家、四星级旅行社5家、三星级旅行社16家。持续推动旅游住宿业标准实施,开展国家标准学习,实施能进能出动态监管机制,全省共处理不达标星级饭店29家,其中取消星级饭店19家、限期整改10家。加快推动民宿行业标准全面实施,举办全省旅游民宿培训班。

【开展文明旅游宣传】 先后与南昌海关、省文明办、省外办联合组织开展"文明旅游 为中国加分——出行有礼""文明出境游宣传月"等活动;在"5·19"中国旅游日萍乡武功山主会场和全省各分会场组织开展形式多样、丰富多彩的文明宣传和引导活动,鹰潭市导游协会组织的"爱心绿豆汤、夏日送清凉"活动,被文化和旅游部评为文明旅游典型案例。

(黄春平)

风景名胜区

【概　况】 根据《江西省机构改革实施方案》,全省风景名胜区管理职责由省住房和城乡建设厅划归到省林业局,2019年,省林业局顺利完成职能交接各项工作。截至年底,全省建有庐山、井冈山、三清山、龙虎山、仙女湖、三百山、梅岭—滕王阁、龟峰、云居山—柘林湖、高岭—瑶里、武功山、灵山、神农源、大茅山、汉仙岩、瑞金、小武当、杨岐山等18处国家级风景名胜区和通天岩、翠微峰、梅关—丫山、陡水湖、麻姑山、南崖—清水岩、白水仙—泉江、青原山等27处省级风景名胜区,风景名胜区总面积4493平方千米,占全省国土总面积的2.7%。国家级风景名胜区数量全国排名第四位。

三清山神女峰

陈晓平供

【规划编制报批和建设项目选址核准工作】 《象湖省级风景名胜区总体规划(2018—2030)》获省政府批复。核准井冈山干部教育学院(良景山庄)改建项目、新建瑞梅铁路工程(三百山国家级风景名胜区段)、云居山—柘林湖风景名胜区黄荆洞客运索道等9个项目选址方案。协调推进武功山国家级风景名胜区等规划批复工作。

【资源保护监管】 7月26日,制定印发《江西省"绿盾2019"自然保护地强化监督工作实施方案》,全面排查全省各级自然保护区以及长江干流和赣江、鄱阳湖5千米范围内的风景名胜区、森林公园、湿地公园等其他各类自然保护地存在的问题,督促各地对发现的问题建立台账并制定整改措施。

(省林业局)

本栏编辑　邓玉兰

商贸服务业

综　述

全省社会消费品零售总额8421.6亿元，增长11.3%，增速比上年加快0.3个百分点，高于全国平均水平3.3个百分点，居全国第一位。

推动内贸消费升级。省政府召开全省促进商贸消费升级三年行动动员部署会，并以省政府名义印发《江西省进一步激发商贸消费潜力促进商贸消费升级三年行动方案（2019—2021年）》，加强消费工作顶层设计。高频率开展“走进春天 江西消费促进季”“金秋丰收季消费月”“冬季消费促进季”“汽车消费展”“旅游消费节”等各类应季消费促进活动500余场，创新开展“赣品两上三进”“赣品进京”“农商互联精准扶贫”等产销对接活动，加快建设一批夜间经济重点项目，持续做旺做火全省消费市场。

完善城乡市场体系。创新推进商旅文融合发展，认定永修县云居山景区等第2批省级商旅文融合发展示范区5个。推动南昌万寿宫步行街改造提升并申报全国第2批步行街改造示范试点，累计认定南昌市699艺术街区等省级特色商业街区68个。加快推动餐饮街区建设，认定南昌安义古村赣派美食街等江西省美食街（乡）3个，累计29个。推进国家电子商务进农村综合示范工作，新增综合示范县3个，累计46个，争取资金8.66亿元。鹰潭、宜春、赣州入围全国首批城乡高效配送试点城市，数量居全国首位。完成南昌、九江国家物流标准化试点工作，认定第7批省级重点商贸物流园区1家、企业12家。指导赣州、景德镇两市和晶科能源、正邦集团做好供应链创新与应用试点工作。连续7年推动农贸市场建设改造列入全省重点民生工程，累计建设改造农贸市场727个，安排省级财政资金1.46亿元，带动各地投资超18.5亿元。推进跨区域农产品流通基础设施建设，投放资金1.98亿元，带动社会资本30余亿元。履行长三角区域市场一体化轮值省职责，牵头制定2019年工作要点，推动江西融入长三角区域市场一体化发展。

推动传统商贸转型升级。创新推动商贸品牌引进和培育，出台《关于培育和引进全省商贸品牌三年行动计划》。指导各地引进都彭等一批高端商业品牌、步步高新天地等4个高端零售品牌，重点培育有家等3个本土便利店品牌扩大经营规模，提升全省消费品质。持续促进老字号品牌传承发展，认定第四批江西老字号企业30家，累计169家；在第十一届中国中部投资贸易博览会设立老字号展区，组织江西省老字号企业赴山东、杭州参加老字号博览会，开拓省外市场。引导实体商贸业创新转型，认定全省首批实体零售创新转型示范企业20家，推动南昌红谷滩万达广场、南昌红谷天虹中心百货店获批国家级绿色商场，组织商贸企业赴深圳盐田港采购对接，丰富江西省消费市场。推进家庭服务业健康发展，启动全省家政服务信用体系建设工作，开展行业标准化培训和品牌企业评选活动，推进南昌、赣州等地开展‘百城万村”家政扶贫工作。

做好市场保障工作。强化市场监测预警，坚持做好特殊时期应急值守，确保全省生活必需品市场平稳运行，江西省市场监测工作保持全国前十位。积极应对非洲猪瘟影响，全省完成冻猪肉储备7677吨，已投放2037吨。做好商贸领域安全生产管理工作，印发指导落实性文件24份、组织专题培训2次、开展抽查检查10余次，全省商贸领域未发生1起重特大安全事故。牵头组织开展全省成品油市场专项整治，严厉打击成品油违法违规经营活动，整治成效为历年最好。加快省级重要产品追溯平台建设，实现八大类重要产品各部门、各企业、各领域追溯体系互联互通，形成江西省重要产品追溯信息大数据。

（刘仁文）

市场秩序建设

【商务领域市场监管】　开展2019年商务领域优化消费环境专项整治，进一步规范商务市场秩序，增强商贸企业诚信守法意识，规范商贸企业经营行为，为全省促进消费升级三年行动工作创造良好市场环境，增强消费对经济发展的基础性作用。制定2019年度省商务厅“双随机、一公开”行政执法检查工作计划，及时调整省商务厅“一单两库”信息，做到随机抽查事项达到全厅监管执法事项的全覆盖，“双随机、一公开”成为省商务厅实施行政执法检查的主要方式。下发《关于做好2019年鄱阳湖水域成品油市场监管工作的通知》，以九江、南昌、上饶3地环鄱阳湖水域成品油市场执法联动机制为依托，开展鄱阳湖水域成品油市场专项整治，严厉打击非法水上加油行为。联合省市场监管局等部门开展江西2019网络市场监管专项行动（网剑行动），重点对电子商务平台销售单用途商业预付卡的违法违规行为进行专项整治。

【商务诚信体系建设】 制定出台《关于成立江西省商务厅商务信用体系建设领导小组的通知》，从制度机制上推动商务领域信用建设工作开展。制定出台《江西省商务信用联合惩戒对象名单管理办法》，进一步健全商务领域失信惩戒和守信激励机制。继续推进全省商务领域信用信息系统向市、县（区）延伸建设工作，逐步实现全省商务领域信用信息系统在全省全覆盖。分别向国家企业信用信息公示系统（江西）推送3076条信用信息，向江西省公共信用信息平台推送3197条信用信息，促进信用信息共享机制的实施完善。组织全省商务系统开展以“弘扬诚信理念促进高质量发展”为主题的“诚信兴商宣传月”活动。

【重要产品追溯体系建设】 按照商务部要求，推进省级重要产品追溯管理平台建设。逐步实现各部门、各企业、各领域的追溯体系互联互通，形成江西省重要产品追溯信息大数据。发挥重要产品追溯体系建设牵头作用，根据《商务部办公厅等7部门关于协同推进肉菜中药材等重要产品信息化追溯体系建设的意见》要求，会同相关部门制定《关于协同推进肉菜中药材等重要产品信息化追溯体系建设的意见》，共同推进江西省重要产品追溯体系建设。

【商务领域食品安全工作】 会同农业农村等部门开展农村假冒伪劣食品专项整治行动。整治期间全省商务主管部门共出动商务综合执法人员2.10万余人次，检查农村小商店、小超市、集贸市场商户、加油站便利店2.70万余家次，开展系统性宣传85场次，制作宣传展板6700余块，宣传条幅7600条，散发宣传资料60万余份，有效保障了农村市场流通领域食品安全。会同市场监管等部门开展直销行业清理整顿和“保健”市场乱象联合整治百日行动。对全省15个直销企业分支机构和456个服务网点进行检查核实，行动期间共要求105家违规服务网点补办备案手续，1家超品种和超范围经营的服务网点移交市场监管部门。

【商务领域金融风险防控】 连续印发《江西省商务厅办公室关于印发2019年单用途商业预付卡领域非法集资风险排查方案的通知》《江西省商务厅办公室转发商务部办公厅关于开展商务领域非法集资风险排查整治的通知》和《转发商务部办公厅关于加强单用途商业预付卡风险防控工作的通知》，要求全省各级商务主管部门加强对单用途商业预付卡、直销、电子商务平台、批发零售等领域风险防控工作，有效防范商务领域非法集资风险隐患，确保不发生商务领域重大金融风险。

（冷萧）

市场体系建设

【国家电子商务进农村综合示范县建设】 2019年，石城县、安远县、永丰县列入全国第六批电子商务进农村综合示范县。截至年底，累计44个县46次列入国家电子商务进农村综合示范，获得中央财政支持资金8.66亿元；前5批43个示范县电商交易额累计3818.52亿元，网购额1298.11亿元，分别增长119.77%、77.15%；共建成县级电商公共服务中心45个、镇级256个、村级5734个；建成物流配送中心57个。共培训各类人员38.65余万人次，其中建档立卡贫困户9.7万人次、残疾人0.34万人次，带动16.6万余人就业。推动24个国贫示范县与阿里巴巴等11家电商扶贫企业对接，共开设22个扶贫馆（地方特色馆）销售本县产品。

【县乡农贸市场改造】 自2013年以来，省政府连续8年将农贸市场建设改造工作列入全省重点民生工程。2019年，安排省级财政专项资金600万元支持20个县乡农贸市场建设改造，2013—2019年年底，累计安排省级财政专项资金1.46亿元支持开展农贸市场建设改造，带动各地投资资金超过18.5亿元，全省累计建设改造农贸市场748个。

【农商互联产销对接】 支持吉安、萍乡等地组织举办赣品进京启动仪式暨井冈山品牌农产品对接会等活动。组织优质特色农产品生产和流通企业、采购企业参加2019年全国农商互联暨精准扶贫产销对接会、2019长三角地区农产品产销对接洽谈会暨对口地区农产品推介会等活动。12月21日，联合省扶贫办共同主办江西（赣州）农商互联精准扶贫产销对接会，对接会上采购商企业和赣州本地供应商企业签订脐橙、西柚、蜜橘、橘柚、茶油、蜜薯等赣州农特产品购销协议，签约金额3399万元。

【农产品冷链物流建设】 4月，省商务厅会同省发改委、省农业厅、省交通运输厅、省市场监管局等5部门联合印发《江西省冷链物流发展规划（2018—2022）》，为冷链物流发展做好顶层设计。江西省跨区域农产品流通基础设施建设项目中央支持的冷链物流项目7个，共投资6610万元，冷库库容34.52万吨，占地18.76万立方米。截至年底，22个企业项目投资带动社会资本总额31.44亿元，有效缓解了江西省农产品流通企业融资难、建设成本高等问题。

【供应链创新与应用建设】 推进景德镇、赣州两市与晶科能源有限公司、正邦科技股份有限公司间的供应链试点建设，有效推动江西省供应链平台和骨干企业发展，不断优化江西省产业和企业组织结构。12月19日，联合商务部流通产业促进中心、南昌市政府共同主办“2019现代供应链创新发展峰会”，引导各地有效推进供应链创新与应用，加强交流合作，探索新思路、新路径、新模式。

（周勤）

商贸服务管理

【概　况】 2019年，全省餐饮业营业额1337.88亿元，增长13.8%，其中餐饮收入 1095.4 亿元，增长 15.5%。住宿业营业额 208.97 亿元，增长 7.5%。家政、美容美发、沐浴、洗染、家电服务、人像摄影等行业保持平稳增长。

【推动夜间经济发展指导意见出台】 8 月 27 日，省政府办公厅印发《关于进一步推动夜间经济发展促进消费升级的指导意见》，明确工作的总体要求、工作目标、重点工作、配套措施和组织保障等方面内容。文件提出要用 3 年时间重点培育、建设、提升一批夜间经济街区，到 2021 年底，全省初步形成“南昌为龙头、地市成体系、县区有特色”，布局合理、功能完善，特色鲜明、业态多元、管理规范的夜间经济体系。

【举办第二十届中国美食节暨第二届赣菜美食文化节】 11 月 1 日—3 日，省商务厅、中国饭店协会、南昌市政府在南昌市联合举办第二十届中国美食节暨第二届赣菜美食文化节。该届赣菜美食节以“‘四色’赣鄱 ‘宴遇’世界”为主题，设立赣鄱绿色食材、名点名小吃、特色宴席、餐饮文化展区和综合五大展区，展览面积 3.3 万平方米，700 余家企业、8000 余种食材小吃精彩亮相，再创省内餐饮类活动参展企业数、专业观众数、搭建面积等多项新高，近 1.5 万人次专业观众、超过 5000 名专业采购商到场洽谈。同时，现场还举办 2019 中国餐饮新零售大会暨赣菜峰会、“促进夜经济发展、打造夜餐饮品牌”专题研讨会、2019 中国（江西）赣鄱食材对接洽谈会等活动。

【举办第三届饶帮菜美食文化节暨第二届余干美食节】 11 月 5 日—7 日，省商务厅、中国饭店协会、上饶市政府联合在上饶市余干县举办以“生态江西 大美上饶 美食余干”为主题的首届中国江西米粉节、第三届饶帮菜美食文化节暨第二届余干美食节。展会面积近 2 万平方米。7 米大锅、1500 千克米粉、350 千克鳜鱼，现场烹制“鳜鱼煮粉”创大世界基尼斯纪录。现场吸引 20 余万人次群众到场参观采购，省内外 400 余家米粉、餐饮、小吃、食材类企业参展，现场购销两旺，有效带动了当地旅游、零售、住宿等周边产业消费。

【江西省美食街（乡）评选认定】 2019 年，省商务厅在全省开展美食街（乡）评审认定工作，南昌市安义古村赣派美食街、赣州市章贡区渔湾里美食街、宜春市温汤镇美食之乡被认定为 2019 年度江西省美食街（乡）。截至年底，全省累计评选认定美食街（乡）29 个。

【家政服务业提质扩容】 2019 年，省商务厅、省发改委联合出台《江西省家政服务业信用体系建设实施方案》《关于建立促进家政服务业提质扩容工作机制》，重点推动大型家政企业、家政服务员信用信息录入商务部业务平台，健全完善信用记录，营造诚实守信发展环境，促进家政服务业提质扩容。10 月，组织召开全省家政服务信用体系建设培训会议，邀请商务部专家到赣授课，动员部署全省家政信用体系建设工作，各设区市、省直管试点县（市）商务主管部门负责人和有关家政企业近 100 人参加培训。

【开展“百城万村”家政扶贫】 印发《关于贯彻落实深化提升“百城万村”家政扶贫工作的通知》，对全省家政扶贫工作提出具体要求和举措，促进“百城万村”家政扶贫工作走深走实。全年全省共举办家政扶贫培训班 262 期，培训人数 1.24 万人，就业总人数 3568 人，其中建档立卡贫困户 1220 人，人均月收入 3216 元。此外，从省级商务重点工作资金中专项安排 40 万元，用于企业吸纳国家级贫困县的人员（以建档立卡贫困户优先）从事家政培训、保险及就业支持。

（胡浩）

市场运行调节

【消费升级工作部署】 1 月 31 日，省政府办公厅印发《江西省进一步激发商贸消费潜力促进商贸消费升级三年行动方案（2019—2021 年）》，提出“一年大改观、两年大提升、三年大跨越”行动目标，为全省开展商贸消费升级工作指明了方向。2 月 12 日，省政府召开全省促进商贸消费升级三年行动动员部署会议，贯彻落实中央经济工作会议关于“促进形成强大国内市场”的重大决策部署，进一步激发消费潜力、提升消费水平，增强消费对经济发展基础性作用，加快建设商贸繁荣江西，省长易炼红出席并作动员讲话，副省长吴忠琼主持会议，省直相关部门主要负责人、设区市政府主要领导和分管领导参加会议。

【开展消费促进活动】 应季促消费，相继开展“走进春天 江西消费促进季”、金秋丰收季消费月、冬季消费促进季等活动。创新开展“赣品两上三进”对接，联合省文旅厅举办 2019 江

11 月 5 日—7 日，第三届饶帮菜美食文化节暨第二届余干美食节展区

胡浩供

西旅游消费节活动，搭建促销平台，拉动消费需求。全年全省共举办各类消费促进活动500余场。

【市场监测保供工作】 着力提升监测统计质量和水平，江西省市场监测工作位居全国前十。强化市场预警和应急体系建设，坚持做好特殊时期应急值守，确保全省生活必需品市场平稳运行。受非洲猪瘟影响，首次开展冻猪肉储备工作，在充分调研基础上，采取“政府指导、财政补贴、企业储备”模式进行市场化运作，有效有力推进各设区市冻猪肉储备工作，有效保障了江西猪肉供应。

【成品油市场整治】 1—5月，根据省政府部署，牵头组织开展全省成品油市场专项整治，共出动执法人员15015人次，查封关闭取缔非法加油窝点340个，查封扣押非法流动加油车辆514辆，行政处罚725万元，没收油品1914吨，公安机关立案58起，整治成效为历年最好，严厉打击了成品油违法违规经营活动，促进成品油市场健康发展。

（刘仁文）

现代物流

【城乡高效配送试点示范工作】 2019年，贯彻落实《商务部等5部委开展城乡高效配送专项行动计划》，创新推进城乡高效配送体系建设。推荐赣州、宜春、鹰潭申报并被商务部认定为全国城乡高效配送试点城市。广泛动员企业参与，提出试点思路，制定试点标准。赣州、宜春、鹰潭3个全国首批城乡高效配送试点城市完成2019年度绩效评价，实现配送额223.37亿元，增长65.6%；22个试点企业通过集约配送节省物流成本4200万元，增长40%。通过引进京东、苏宁、菜鸟等知名企业落户江西，带动一批城乡高效配送基础设施加快建设。

【物流产业集群发展】 2019年，全省50个物流产业集群实现主营收入2690.8亿元，增长约6.5%。向塘江西省物流中心的铁路口岸开通3条中欧班列线路、4条铁路联运外贸班列线路，开行赣欧班列24列、铁海联运班列301列，发送集装箱1.69万标箱；发送商品车5.39万辆，到达2.62万辆；引进传化、京东、菜鸟、合怡供应链、苏宁、万佶等8个重大项目，总投资108亿元。樟树医药物流产业集群集聚医药物流企业38家，有各种配送车1000余辆，冷库7000平方米。全年主营收入102亿元。九江水运口岸物流产业聚集水上货物运输及远洋货物运输45家，货运港口及码头服务企业136家。南康家具物流产业聚集物流企业460多家，其中A级物流企业15家。运营专线1350条。全年实现主营收入110.5亿元，家具成品物流发出约28万车次，发送总量约为810万吨（约合4428万立方米），出口集装箱40.8万标箱，增长71.4%，家具产业产值突破1600亿元。

【物流标准化试点】 2019年，南昌、九江物流标准化试点共验收试点项目31个，拨付资金8737万元。其中，南昌市14个试点项目标准托盘租赁率51.27%，带托运输率37.37%；九江市17个试点项目标准托盘租赁率52.2%，带托运输率15.2%。国磊物流托盘租赁服务网点覆盖南昌、赣州、上饶、萍乡、鹰潭、吉安6个城市。

【现代物流龙头企业】 2019年，物流龙头企业队伍不断扩大，实力不断增强。江西省A级物流企业总数233家，居中部省份第三位。其中5A级物流企业3家、4A级物流企业85家。认定第七批省级重点商贸物流园区（中心）1家，总数20家；重点商贸物流企业12家，总数92家。拥有中国铁路南昌局集团、江西京九物流、江西正广通供应链、江西万佶物流、京东物流、传化物流、江西三志物流、上港九江港务公司、南昌苏宁物流、邮政物流、江西安泰物流、萍乡四顺物流、上饶新华龙等一批龙头企业，建设了江西合怡供应链管理有限公司向塘物流园区、抚北物流园、上饶新华龙物流园等物流园区90余个。推进京东亚洲一号向塘物流园、苏宁易购江西运营中心、菜鸟网络江西运营中心、南昌传化智能公路港、中远口岸国际货运、中特商品车物流基地、赣州冷链物流中心、赣州综合物流园等一批重大项目建设。

【智慧物流配送体系形成】 2019年，省级物流公共信息平台一站式服务功能逐步完善，实现省市两级信息平台互联互通，面向市场提供信息化服务。支持城乡高效配送试点城市建设智慧物流信息平台，发展快递、医药、冷链等专业物流平台。南昌市青云谱区九州通药业、江中制药、樟树市五洲医药、仁翔药业建设医药智能仓储，利用自动化设备和分拣系统实现货物高效作业。蓝海物流投入7000多万元，建设标准化智能图书仓储配送中心，引进先进智能仓库设施和立体仓库技术，通过出版物编码实现自动分拣。九江上港集团公司在粮食装卸作业中，引进智慧管理系统，保证装卸作业实现自动化。南昌苏宁物流中心投资建设家电智慧物流配送体系，利用标准托盘、自动分拣设施实现装卸作业自动化。九江联商物流、华润万家等配送中心仓储，均采用自动分拣系统。

（蔡金伟）

电子商务

【概　况】 2019年，全省网络零售额1205.91亿元，列全国第十四位，增长25.8%，高于全国增速7.4个百分点。其中，实物商品网络零售额942.27亿元，增长26.9%，高出全国平均增幅6.7个百分点，是同期江西省社会消费品零售总额增速的2.4倍。年内，全省建成46个淘宝镇、19个淘宝村，分别列全国第八位、第九位。江西正邦科技股份有限公司和江西网优科技股份有限公司获批全国首批线上线下融合发展数字商务企业。

完善电子商务专家库，组建电子商务行业讲师库，确定36名电子商务专家和47名电子商务行业讲师。修订《江西省推进电子商务发展工作联席会议制度》《江西省电子商务示范企业创建规范》《2019年度市县高质量发展综合考核评价电子商务考核评分办法》等电商政策文件。研究出台《江西省电商扶贫服务站点建设规范（试行）》，推动县域电商扶贫服务站点规范建设运营。进一步完善电子商务统计监测平台功能，实现市县网络零售数据按月反馈，编印《电子商务政策汇编》，为基层和企业提供数据咨询和政策指导服务。

【深化与阿里巴巴集团合作】 全面启动"村播计划"，先后在井冈山、广昌、婺源等30多个县开展淘宝直播，有10余名县领导为赣品直播代言。其中，"淘遍江西"网络直播促销活动两小时吸引160余万流量，引导网络销售额60万元。联合淘宝大学举办全省地方党政领导干部电商专题培训班、江西新零售发展论坛暨淘宝大学走进江西新年公开课，协调淘宝大学到玉山、上栗等县免费开展电商巡回培训，累计培训超3000人次。推动天猫江西原产地商品官方旗舰店上线运营，入驻赣品120余种。协调阿里巴巴农村淘宝项目在58个县（市、区）签约落地，覆盖1227个行政村、建成农村淘宝服务站点656个。

【电商消费升级】 持续实施"赣品网上行"，联合阿里巴巴、京东、苏宁易购等八大知名电商平台开展春季网络促消费行动，协调邮政部门支持"赣品网上行"、开展"双品网购节"寄递服务工作。在全省先后启动2019年"双品网购节""考拉精选"品牌江西发布会、流通企业数字化交流会、"仙女湖新履电商节"等系列线上推广活动，并推动阿里巴巴零售通专属仓库在南昌落地运营，协调开设300余家京东便利店和70余家苏宁小店。至年底，已指导市县开展"赣品网上行"产销对接活动117场次、电商扶贫直播120场次。其中"双十一"期间组织1.2万余家网店开展促销活动，实现网络零售101.73亿元，进一步扩大省产品网络销售，促进电商消费升级。

【电商精准扶贫】 聚焦部分地区电商扶贫"全覆盖"问题，指导相关市县对一批闲置电商扶贫站点进行裁撤、整改，进一步提升电商扶贫成效；联合商务部电商司召开江西电商扶贫产品"三品一标"品牌认证培训工作会，为贫困县符合条件的45家企业提供免费业务培训和产品检测认证，并推荐24个农特产品品牌上架知名平台扶贫专区。联合省农业农村厅、省扶贫办及有关电商平台举办全省贫困县农产品推介活动，推荐21家贫困地区农特产品经营企业作为中国电商扶贫联盟帮扶企业，加快贫困县域农产品电商标准化、品牌化建设。江西省电商扶贫杰出代表廖竹生获全国脱贫攻坚奖奋进奖，冯真亮、杨月等9人获"2019中国农村电商致富带头人"，总量居全国第四位，省商务厅获2019中国农村电子商务大会优秀组织奖。全年全省新培训电商扶贫人才4.77万人次（其中建档立卡贫困人口1.03万人次），累计促成扶贫农产品销售19.97亿元，带动3.20万户贫困户户均增收2811.7元。

（范超群）

粮食流通

【概　况】 2019年，全省粮食行业以落实粮食安全省长责任制为统揽，抓好粮食收储，深化粮食产销合作，推进供给侧结构性改革，优化粮食供给，粮食流通呈现总体平稳、稳中有进、稳中有升的良好态势。全省共收购稻谷1055万吨，其中市场化收购稻谷926万吨，国家最低价收购稻谷129万吨；销往省外稻谷490万吨。年底稻谷库存总量1510万吨，其中中央政策性库存粮1195万吨。江西省粮食安全省长责任制在国家考核中排名第五位，前进1位，连续3年被评为优秀等次。

【粮食收储机制优化】 向农民推介市场畅销价好稻谷品种，引导种植结构向市场需求靠拢。加强政策宣传，释放国家政策导向信号，引导多元主体入市收购。落实国家粮食收储政策，适时启动托市收购，守住了农民种粮"卖得出"底线。协调省财政出资2亿元建立粮食收购贷款信用保证基金，为企业市场化收购提供融资服务，市场化收购占比90%，市场化收购新格局加快形成。创新服务举措，充分利用"互联网+"技术，开发"赣粮通"粮食收购微信小程序，农民卖粮进入"指尖"时代。加强轮换管理，全年完成地方储备粮轮换计划97.4%。修订《江西省省级动态储备粮监管实施细则》，进一步规范省级动态储备粮管理，并根据承储企业管理情况，对18家承储企业进行调整，地方储备粮油管理更加优化。贯彻落实中央粮食储备制度改革精神，起草江西省贯彻实施意见，逐条明确工作措施，推动粮食储备制度改革工作落实落细。

【粮食产销合作】 先后组织省内粮食企业参加国家举办的第二届中国粮食交易大会、第十五届粮食产销协作福建洽谈会、黑龙江第十六届金秋粮食交易暨产业合作洽谈会，先后与河南、浙江两省签订粮食产销战略合作协议，进一步巩固与其他省产销合作关系。在省内继续举办赣浙闽粤4省早籼稻产销对接、中国网上粮食市场早稻交易会等产销对接活动，合作规模不断扩大，影响力不断提升。创新粮食产销对接模式，开展"江西好粮油 赣粮行天下"系列活动，首站在贵州省贵阳市举办，推动赣黔两省粮食产销合作框架协议落地落实；与上海良友集团公司签订"江西好粮油"产销合作框架协议，拓展省际粮食流通渠道。2019年，江西省参加和举办粮食产销对接活动12次，共达成粮食购销协议600万吨，比上年增加200万吨。

【粮食产业】 推进粮食行业供给侧

结构性改革，推动粮食产业创新发展、转型升级和提质增效，全省粮食产业发展摆脱徘徊不前困境，实现产值980亿元，增长近10%。推进“优质粮食工程”，粮食产后服务中心、粮食质检体系、“好粮油”示范行动3个子项建设方案进一步完善，及时下拨2.6亿元中央财政项目资金，召开全省“优质粮食工程”实施工作培训会、推进会，项目建设进度加快，全省已建成粮食产后服务中心186个，改造提升粮食质检机构48个，优质粮食产量同比增加85万吨，典型示范作用逐步显现。加大“江西好粮油”宣传推广力度，“江西好粮油”宣传片首次登陆央视频道。培育打造“宜春大米”“鄱阳湖大米”“井冈山”牌稻米等区域品牌，富有江西特色的粮油产品加快发展。

【粮食流通基础建设】 全省协调落实粮食流通项目资金8.54亿元，增长36%。建立项目实施主体责任制和监管责任制，有效保障项目建设顺利推进。推进智能粮库升级改造，粮库平台软件正在开发，库点建设需求现场实际勘察调研完成，各库点建设资金全部分解下达，完成预算和建设内容编制、投资可行性评审，项目招投标工作有序开展。推进军粮供应工程项目建设，与每个项目单位实行“一对一”会商推进机制，就项目落实情况、存在困难和问题等进行会商调度，确保项目建设按要求推进，中央补助资金和省级配套资金已下拨，10个项目稳步推进。推进粮食安全保障调控和应急设施专项建设，组织对2018年专项进行督导，开工率100%，分解下达2019年专项中央预算内1.18亿元投资计划。做好“十四五”规划全省粮食和物资领域重大项目情况需求摸底及储备工作，完成2020年重点项目建设推荐工作。

【粮食流通监管】 根据国家统一部署，在全省范围内开展政策性粮食库存数量和质量大清查工作。省政府专门召开会议，对大清查工作进行动员部署、推进落实。全省先后投入专业人员1.21万余人次，落实专项经费1945万元，对纳入自查范围的1426.5万吨政策性粮食、12451个货位，纳入普查范围的985个承储库点、8135个货位，全部做到应查尽查、查严查实、不缺不漏，得到国家粮食和物资储备局的充分肯定，先后3次在全国工作会议上作典型发言。深化成果运用，严格抓好问题整改，清查发现问题1269个，已完成整改1267个，完善政策制度10余项。

（陈志伟）

供销合作

【概　况】 2019年，全省供销合作社系统商品销售总额2033.02亿元、汇总利润7.39亿元、年末所有者权益71亿元，分别增长12.78%、12.28%、7.48%。在2019年全国供销合作系统综合业绩考核中，江西省供销合作社获一等奖，位列全国供销合作社系统第八位、综合排名比上年前移1位，在全省全面深化改革考核中被评为先进单位。

【综合改革】 先后召开全省供销合作社主任会议、全省设区市供销合作社主任会议，举办各县（市、区）政府分管领导参加的综合改革专题培训班，对综合改革工作进行再动员、再培训、再部署。对接省发改委、省财政厅、省农业农村厅、省商务厅等省直单位，协调落实相关改革政策措施。加强综合改革的业务指导和跟踪调度，聚焦重点领域和薄弱环节，开展一系列专题调研，推动综合改革各项任务落实到位。46项具体改革任务已完成29项，5项因国家政策原因及现实条件暂时无法完成，其他12项完成阶段性目标。2019年，江西省承担的省供销合作社“设立供销合作社合作发展基金”和南昌市供销合作社“规范建立社有资产管理委员会”2项全国总社专项改革试点通过验收。九江市、萍乡市、吉水县供销合作社获全国供销系统“金扁担改革贡献奖”。

【冷链骨干网建设】 按照中央和省委、省政府关于加快建设冷链物流体系的要求，在全省布局建设江西城乡冷链物流骨干网，计划5年内投资115亿元，建设120万吨冷冻冷藏库容、配置2000辆冷藏车、搭建全省冷链大数据智慧平台，打造百亿冷链物流企业和千亿冷链物流产业。2019年，已制定骨干网建设方案，争取全国供销总社支持，与市县两级政府进行项目对接，优选合作项目33个、达成意向性供地295.2公顷。在原有基础上先行打造试点模版，年内已建成11.5万吨冷冻冷藏库容。

【中药材合作社建设】 策应建设中医药强省战略，指导宜春、吉安等地整合当地中药材种植资源，采取“公司+合作社+农户”“合作社联合社+合作社+农户”模式，组建中药材合作社及产业型合作社联合社，引导农户扩大中药材种植基地，累计发展中药材种植农民专业合作社117家、种植面积近1.2万公顷。

【“第四方物流”推广】 顺应现代流通新趋势，依托“供销e家”电商平台，在寻乌、广昌、芦溪等11个县（市、区）整合县域仓储配送资源，推广“互联网+第四方物流”高效共同配送新模式，打通农产品上行“最先一公里”和工业品下行“最后一公里”。2019年，已建成乡村服务网点6600多个，累计完成快递上下行突破2亿件，该模式在寻乌、广昌县实践分别得到中央农办、商务部充分肯定。省供销电子商务有限公司《探索“第四方物流”推动城乡上下行》成为江西省唯一及全国供销系统唯一入选商务部等6部委推荐的城乡高效配送典型案例。

【土地托管服务】 实施以土地托管为主要内容的农业社会化服务惠农工程，培育壮大各类为农服务经营实体，推广“一站式”农业生产服务。全系统开展土地托管服务面积28.52万公顷，其中赣州、宜春、抚州等地土地托管面积较多，服务领域已贯穿农业生产“耕、种、管、收、加、储、销”全过程。

【现代流通服务】 加快传统流通服务网络升级改造步伐，推进农资配送中心、农产品交易市场和农村商贸综合体建设，构建"供销 e 家"农村电商一张网，指导九江等市供销合作社探索开展同城生鲜配送新业态，提高乡村流通效率。农业生产资料、农副产品、日用消费品等主营业务全年累计实现销售总额 353.03 亿元、1110.08 亿元、334.57 亿元，分别增长 9.68%、16.73%、7.66%。

【再生资源综合利用】 围绕美丽乡村建设，印发加快推进再生资源行业转型升级指导意见，指导各地再生资源回收利用企业开展农业面源污染防治、城乡社区垃圾分类回收和农村再生资源综合利用业务。全系统全年完成再生资源销售额 191.48 亿元，累计发展再生回收经营企业 120 家。

【联合社职能设置】 在省编办大力支持下，先行从省级层面优化联合社机关的职能配置和机构设置，重新调整修订省供销合作社"三定"方案，增加"支持供销合作社发展电子商务和开展农村合作金融服务"职责，增加 1 个内设机构、6 名编制、1 名副处级领导职数。

【社有企业管理机制建立】 进一步理顺社企关系、强化企业经营管理，制定印发《社有企业领导人员管理暂行规定》，在各设区市和省直管县（市）推行社有资本经营预算管理，并选择九江市供销合作社开展"设区市社对成员社社有资产管理"试点，努力建立起与市场经济相适应的社有企业管理机制。

【基层组织建设】 构建以基层社、农民合作社、农民合作社联合社和惠农服务中心"三社一中心"为支撑的新型基层组织体系，累计发展基层社 1422 个、农民合作社 3863 个、各级农民合作社联合社 205 个、惠农服务中心 294 个、农村综合服务社 17639 个。14 个农民专业合作社、11 个农村综合服务社 2019 年被评为全国总社农民专业合作社示范社和五星级农村综合服务社。

基层标杆社彭泽县太平关乡综合服务社

【农商市场建设】 立足特色产业优势，采取"政府主导、供销社实施、市场化运作"的方式，在全省推进农产品批发市场体系建设，农产品批发市场与生产基地深度融合、与冷链物流骨干网高效对接，实现江西农副产品批发市场与全国农副产品批发市场并网，形成"买全国、卖全国、大市场、大流通"的网络格局。江西供销（余二）农商大市场一期已全面融入全省冷链物流骨干网并投入营运，实现日交易额近 1200 万元，市场"扶贫创业专区"安排 120 个贫困户及 80 多名农户就业。市场内的"供应链 + 互联网 + 金融服务"综合性农产品线上大宗交易平台，已融入农业农村部"农产品单品编码系统""优质农产品溯源系统"。湖口县鄱阳湖大市场经过改造、培育和发展，已形成以农副产品、服装、五金、百货、建材、餐饮多功能专业品牌市场，2019 年交易额 14.8 亿元，税收 1200 余万元。新余市供销合作社投资 8000 万元兴建新余市优质农产品批发市场，一期已成为新余市最大的水产品、冷冻畜禽产品批发市场，二期形成新余市农副产品经营、配送和食品加工集散地。省金合控股集团公司与上高县政府合作共建的江西锦江农产品物流中心，实现副食品经营、物流配送、水果蔬菜批发等近 400 户商户全部入驻交易。省金合控股集团公司与广昌县政府合作共建的江西供销（广昌）农商物流大市场，以农产品批发为核心，集冷链保鲜、农产品生产、加工、包装、储运、批发、拍卖、直销、物流配送及电子商务等多功能于一体，基本形成符合现阶段农业产业化要求的产业体系和流通模式。安远县供销合作社引入中国供销农产品批发市场公司资金、资源，推动该县打造全国最大的赣南脐橙交易中心。中国供销·萍乡农产品物流园，广信区、章贡区、信丰县等供销农产品批发市场正在建设中。

省供销合作社供

【扶贫攻坚工作】 依托领办的农民合作社吸纳建档立卡贫困户社员 6417 人、带动建档立卡贫困户 1.59 万人，累计帮助 2.18 万建档立卡贫困户脱贫；利用"供销 e 家"电商平台，对接全省 60 多个县（市、区）的 400 多个农产品生产基地，上线 1000 多种农产品，帮助贫困农民解决农产品卖难问题。江西"供销 e 家"电商运营项目入选省委网信办 2019 年全省优秀网络扶贫创新案例。

（刘行宾）

本栏编辑 邓玉兰

对外贸易与经济合作

综　述

2019年，全省商务部门围绕打造内陆双向开放新高地，稳步推进招商引资提质增效、对外贸易转型升级、国际合作有序开展、口岸"三同"加快实施，开放型经济呈现稳中有进、稳中提质发展态势。

招商引资平稳增长。把引进外资、招商引资作为开放提升的关键一招，着力提升招商引资的质量效益。举办第十一届中国中部投资贸易博览会、第二届世界赣商大会、对接粤港澳大湾区投资推介会、全国知名民营企业助推江西高质量跨越式发展大会、江西与全国知名民营企业投资合作（北京）推介会、2019江西（上海）招商推介活动等重大招商活动以及各层级"三请三回"（请乡友回家乡、请校友回母校、请战友回驻地）活动超过400余场，共邀请4万多赣商赣才代表参加，全年签约投资金额亿元以上"三请三回"项目430余个，投资总额2800亿元。建立"1+8"委托招商中心，促成合作项目12个，协助举办重大活动和小规模专题活动20多场，组织客商到赣考察30多批次，衔接服务省市出访团组19批次。推进全省"三请三回""5020"项目、招大引强"三百工程"等3类重大项目落实。全年共新引进并开工"5020"项目130个，推动各地走访对接"三个500强"和行业龙头企业800余批次，签约和开工投资20亿元以上重大项目分别超过100个。推动开发区创新提升、复制推广自贸试验区经验。已推动全省复制推广自贸试验区改革试点经验231项、改革事项实施214项。全省有6家国家级经开区进入全国百强，其中南昌经开区列第33名。

对外贸易稳中提质。培育外贸新业态。推动南昌跨境电商综试区加快建设进度，跨境电商网购保税进口实现常态化运行。认定第二批省级外贸综合服务企业，6家省级综合服务企业累计为全省1000多家中小微企业降成本超过1亿元，带动出口超10亿美元。应对中美贸易摩擦。指导帮助企业用好中美双方加征关税商品排除政策，帮助企业增强抗风险能力。开展省市县三级调研帮扶工作，破解企业出口难题。实施"千企百展"工程，组织企业参加进博会、广交会等重点专业展会，拓市场、拿订单。推动江西省产品供外省出口转本省出口。推动特色产业与外贸融合发展。景德镇陶瓷、芦溪电瓷获批国家级外贸转型升级基地，全省已有6个国家级外贸转型升级基地，对促进外贸转型升级、提升传统产业国际竞争力起到积极作用。加工贸易对出口贡献明显。承接沿海产业转移的加工贸易飞速发展，累计出口460.6亿元，同比增长76.1%，出口占全省比重18.5%。机电产品和高新技术产品进口持续提升。全省机电产品和高新技术产品进口分别为540.4亿元和452.8亿元，分别增长34.3%和53%。

"走出去"稳步发展。持续打响"江西建设"品牌。引导企业拓展中亚、东南亚、中东、南亚等市场，在乌兹别克斯坦、蒙古、沙特、印度等国中标一批项目。江西国际、江西中煤等5家企业继续入选全球最大国际承包商250强。"一带一路"共建及对非合作顺利推进，完成对外承包工程营业额14.7亿美元。提升对外投资服务实体经济发展能力。支持江西铜业、赣锋锂业等资源企业开展国际并购。推动企业在生物医药、新能源等领域实现对发达国家投资。指导赞比亚江西工业园于年内正式开园。依法为省内企业在境内外上市或发债进行备案。充分发挥援外综合效应。指导国际商务官员江西研修基地举办38期援外人力资源培训班，共培训74个国家的974名官员。开展"援外培训学员走进设区市"活动，为国际商务官员展示设区市经济社会发展成就，扩大设区市国际影响力。指导省直及南昌、九江等地4家企业获批"对外援助物资项目实施企业资格"。

口岸"三同"全面推进。口岸功能不断提升。国际快件监管中心、国际邮件互换局开通运营，赣州汽车整车进口口岸、赣州进口肉类指定监管场地通过验收。九江港扩大开放，赣州成功获批设立跨境电商综试区，赣州黄金机场航空口岸临时对外开放获批。促"三同"成效明显。铁海联运物流成本降低40%以上，赣欧班列降低30%以上，九江港水运降低20%，为企业节省物流成本超2.6亿元。通关时效不断提升。全省进口与出口整体通关时间分别压缩至21.32小时、0.33小时，比全国平均水平分别快2.6个小时和3.2小时。赣欧班列全面融入国家"一带一路"建设，通达11个"一带一路"沿线国家和26个城市，形成白俄罗斯、乌兹别克斯坦、俄罗斯列3条精品线路。铁海联运全面融入"21世纪海上丝绸之路"，打通至深圳、广州、宁波、厦门、福州5条"出海通道"，初步形成南昌、赣州、上饶3大开放门户和至宁波、深圳、厦门3条精品线路。

（魏思飏）

10 月 27 日，南昌至大阪直航开通仪式

省商务厅供

货物贸易

【概　况】 2019 年，全省外贸总体保持平稳运行，稳中有进、稳中提质。外贸进出口 3511.9 亿元，增长 11.1%。其中，出口 2496.5 亿元，增长 12.3%；进口 1015.5 亿元，增长 8.2%。外贸进出口、出口增幅分别高于全国平均增幅 7.7 个百分点、7.3 个百分点，在全国排名分别居第九位和第十位，比上年分别前移 14 位和 15 位。

2019 年，江西省与 233 个国家和地区有贸易往来，东盟仍是第一大贸易伙伴，江西省对东盟进出口 589 亿元，增长 19.4%；欧盟超美国成为江西第二大贸易伙伴，江西省对欧盟进出口 466.5 亿元，增长 26.7%；对美国进出口 372.9 亿元，下降 3.6%。对日本、韩国分别进出口 248.4 亿元和 246.3 亿元，分别增长 10.1% 和 28.9%。江西省对"一带一路"沿线国家进出口 1028.1 亿元，增长 14.2%，高出整体增速 3.1 个百分点。

全年民营企业进出口 2447.9 亿元，增长 18.4%，占全省外贸总值的 69.7%，比 2018 年提升 4.3 个百分点。其中，出口 1871.2 亿元，增长 13.7%；进口 576.7 亿元，增长 36.4%。外商投资企业进出口 926.1 亿元，占 26.4%。国有企业进出口 131.9 亿元，占 3.8%。生产型企业出口 1347 亿元，增长 20.8%，增速持续领先于总体出口，占全省出口比重由 2018 年 50.2% 上升至 54%。

2019 年，江西省一般贸易进出口 2585 亿元，增长 2.1%，占全省外贸总值的 73.6%。加工贸易进出口 890.1 亿元，增长 50.4%，增速居全国第二，占全省外贸总值的 25.3%，比 2018 年提升 6.6 个百分点。

【机电产品进出口快速增长】 2019 年，全省机电产品出口 1264.4 亿元，增长 36.4%，占全省出口总值的 50.6%，较上年提升 8.9 个百分点。其中，出口手机 149 亿元，增长 1.5 倍；太阳能电池 113.2 亿元，增长 38.7%。新能源产品出口 140.2 亿元，增长 45.1%。劳动密集型产品出口 582.9 亿元，下降 1.1%，占 23.4%，较 2018 年减少 3.2 个百分点。全年全省机电产品进口 540.4 亿元，增长 34.3%，占全省进口总值的 53.2%，较上年提升 10.4 个百分点。其中集成电路 317.7 亿元，增长 76.4%。

【多元化市场开拓】 组织实施"千企百展"工程，组织 2000 余家企业参加 100 多个境内外展会。出台《2019 年省商务厅组织的境外展会计划》，安排 5950 万元资金，支持参加各类境内外展会、外贸企业投保短期出口信用险和在境外设立国际营销网络，开拓国际市场，扩大"一带一路"沿线"朋友圈"。全年全省对"一带一路"沿线国家和地区出口 903.5 亿元，增长 15.1%，占全省 36.2%。

【外贸增长新动能培育】 聚焦培育新业态，加快推进南昌跨境电商综试区建设，相继开通运营南昌国际快件监管中心、南昌国际邮件互换局，跨境电商网购保税进口实现常态化运行。推进赣州跨境电商发展，12 月，赣州获批跨境电商综试区，为全省稳外贸工作增添新引擎。推动共青城羽绒服、景德镇陶瓷等优势特色产业与知名跨境电商平台合作，联合阿里巴巴开展全省跨境电商"优商优品"工程，促进了一批出口订单。新认定南昌一干通、南昌综保外贸、鹰潭柏森等 3 家省级外贸综合服务企业，累计培育的 6 家省级外贸综合服务企业为全省 1000 多家中小微企业降成本超过 1 亿元，带动出口超 10 亿美元。

【外贸转型升级基地建设】 2019 年，省级层面安排 1000 万元资金支持基地建设，支持基地企业参加广交会、华交会等国内重点展会，抱团赴境外参加国际知名展会，开拓多元化国际市场，推动产业优势转化为出口优势。7 月，景德镇陶瓷、芦溪电瓷获批国家级外贸转型升级基地，全省已获 6 个国家级外贸转型升级基地。全年全省 6 家国家级外贸转型升级基地带动纺织服装、陶瓷、家具、茶叶等相关产业出口 172 亿元，占全省比重 6.9%。

【外贸经营主体培育】 加大招商力度，举办出口型企业专题招商会，引进一批出口型生产企业，对各地新引进的出口型招商引资项目精准帮扶，协调推进项目尽快投产、尽快实现出口。对供货外省出口企业建立台账，跟踪帮扶，精准帮扶供货外省出口企业转回省内出口，全年累计转回江西省自营出口 34 亿元。

【应对中美经贸摩擦】 开展应对中美经贸摩擦专题调研，建立省、市联动工作机制，密切跟踪动态进展，及时向基层和企业通报相关情况。精准帮扶受影响企业。梳理出1378家受影响大、面临困难的企业，实行省、市、县分级负责，“一企一策”精准帮扶。举办第三届江西省出口企业风险管理高端论坛，帮助企业增强抗风险能力。指导帮助企业用好中美双方加征关税商品排除政策，稳定生产经营和进出口预期。精心指导晶科能源、新余亿铂电子应对美国337调查，稳定对美出口。

【组织参加第二届中国国际进口博览会工作】 11月5日—10日，第二届中国国际进口博览会在上海举办。省长易炼红率团参加进博会开幕式，并出席“三请三回”暨长三角赣商赣才座谈会、重点投资客商座谈会等系列活动，副省长吴忠琼出席系列活动。全省最终参会采购商1354家，参会采购人员2892人，比首届分别增长23.7%、39.4%。年内累计意向成交4.98亿美元，比首届增长71.1%。举办江西采购需求发布暨现场签约会，现场签约38个采购项目，签约金额8.4亿美元。

（梁永红）

服务贸易

【概　况】 2019年，江西省服务外包接包合同签约金额42.25亿美元，增长56.41%；接包合同执行金额32.4亿美元，增长41.50%；新增认证440个，增长114.63%。全省技术进出口合同备案总额2.69亿美元，增长14.93%。其中，进口备案合同139份，金额1.76亿美元，减少19.58%；出口备案合同51份，金额0.93亿美元，增长494.85%。

【《江西省文化出口基地认定管理办法（试行）》出台】 6月25日，省商务厅、省委宣传部、省文化和旅游厅、省广播电视局联合印发《江西省文化出口基地认定管理办法（试行）》，该管理办法明确文化出口基地的性质、出口范围执行标准和基地创建工作原则等内容。坚持自愿申报与政府引导相结合，鼓励文化贸易发展基础扎实、示范引领效应明显、有较强文化出口能力的企业按程序进行申报。通过培育一批在国内外具有一定影响力的文化出口基地，进一步优化全省文化出口重点领域空间布局，促进全省文化产业发展和外贸转型升级。

【5家企业列入国家级文化出口重点企业】 根据商务部、宣传部、财政部、文化和旅游部、国家广播电视总局5部门2019年第38号公告，江西华奥印务有限责任公司、二十一世纪出版社集团有限公司、景德镇法蓝瓷实业有限公司、江西科骏实业有限公司、江西教育出版社有限公司5家企业被认定为2019—2020国家文化出口重点企业。

【组织企业开拓市场】 2019年，省商务厅组织服务贸易企业参加中国国际服务贸易交易会（简称“京交会”）、2019年卡塔尔多哈国际建筑建材展览会等境内外展会，“京交会”上重点展示南昌市“中国服务外包示范城市”服务外包发展成果，用友产业园（南昌）等10家园区（企业）参展，共发放宣传资料近1000份，接洽客户200余人次。会同赣州市政府在“京交会”和第十届杭州服博会期间召开服务外包专题推介会，赣州市政府与中关村智科服务外包产业联盟、天津鼎韬科技发展有限公司签订战略合作协议。

【服务外包】 省商务厅深入南昌、赣州等地企业和园区调研，宣传服务外包有关政策。5月23日，联合省服务贸易促进会召开首届江西省服务贸易（外包）人才招聘大会，省级服务外包示范园区、服务外包企业及高校共500多人参会，现场招聘进行网络直播，点击率12.18万人次。6月1日，联合省服务贸易（外包）促进会与江西环境工程职业学院举办2019年“工务园”杯“互联网+”创新创业大赛。10月23日，联合省服务贸易（外包）促进会在九江召开2019第六届长江经济带服务贸易（外包）产业发展庐山高峰论坛。

（吴萍）

利用外资及中国港澳台资

【概　况】 2019年，全省新设外商投资企业544家，下降8.42%；合同外资金额108.35亿美元，增长21.97%；实际使用外资金额135.79亿美元，增长8.01%，其中现汇进资20.78亿美元。全年全省新批港澳台资企业487家，实际使用资金115.17亿美元。其中，新批港资企业405家，实际使用资金108.01亿美元；新批澳资企业29家，实际使用资金1.18亿美元；新批台资企业53家，实际使用资金5.98亿美元。2019年，到赣投资前四位国家依次为：英属维尔京群岛6364万美元、新加坡6137万美元、德国5435万美元、美国4020万美元，中国香港到赣投资16.09亿美元。

【利用外资行业分布】 2019年，新设一产外商投资企业26家，合同外资金额3.77亿美元，实际利用外资金额6.43亿美元，分别占全省比重的4.78%、3.48%、4.73%；新设二产外商投资企业330家，合同外资金额77.84亿美元，实际利用外资金额83.37亿美元，分别占全省比重的60.66%、71.84%、61.39%；新设三产外商投资企业188家，合同外资金额26.75亿美元，实际利用外资金额46亿美元，分别占全省比重的34.56%、24.69%、33.87%。

【欧美日区域外资引进】 2019年，全省从欧美日主攻区域实际引进外资金额8.66亿美元，增长10.28%。其中，引进德国格特拉克（江西）传动系统有限公司进资5435万美元，引进美国金霸王（江西）科技有限公司进资3895万美元，引进挪威江西蓝星星火有机硅有限公司进资758万美元。

【开发区利用外资】 2019年，全省开发区实际利用外资101.9亿美元，占全省的75.04%，其中19个国家级开发区实际利用外资45.01亿美元，同比增长8.31%，比全省平均增幅高0.3个百分点，占全省比重33.15%，排名前四位的分别为南昌高新技术产业开发区、南昌经济技术开发区、南昌小蓝经济技术开发区、上饶经济技术开发区。

【六大重点产业利用外资】 2019年，全省新设六大战略性新兴产业外资企业182家，其中航空产业1家、电子信息产业100家、装备制造产业50家、中医药产业2家、新能源产业6家、新材料产业23家。全省六大战略性新兴产业合同外资金额和实际利用外资金额分别为56.3亿美元和23.13亿美元，分别占全省总量51.96%和17.03%。

【外商及中国港澳台商投资企业增资】 2019年，全省共有144家外商及港澳台商投资企业增资，增加合同资金22.31亿美元。合同增资1000万美元以上企业有65家，增加合同金额19.13亿美元。其中，港澳台商投资企业合同增资1000万美元以上企业56家，增加合同金额15.76亿美元。佛吉亚好帮手电子科技有限公司增资1.47亿美元；江西新力企业管理有限公司（香港）增资1.39亿美元；江西技研新阳电子有限公司（香港）增资1.26亿美元；晶科能源有限公司（香港）增资1.05亿美元；抚州市十方生物科技有限公司（台湾）增资0.99亿美元。

【赣南等原中央苏区利用外资】 2019年，赣南等原中央苏区新设外商投资企业302家，占全省总数55.51%，下降7.65%；合同外资金额37.31亿美元，占全省总额34.43%，下降7.03%；实际利用外资金额43.48亿美元，占全省总额32.02%，增长7.79%。

【举办2019江西省与跨国公司（上海）合作交流会】 7月17日，2019江西省与跨国公司（上海）合作交流会在上海举办，副省长吴忠琼出席并致辞。大会共300余人参加，其中到会的世界500强及跨国公司代表、境外商协会组织及外国政府驻华机构代表、国内知名企业代表等客商230余人。活动签约合作项目32个，投资总额26.6亿美元。

【外商投资营商环境优化】 推进外资领域“放管服”改革，复制推广自贸试验区外资领域经验，落实外商投资准入前国民待遇加负面清单管理制度。宣传落实《中华人民共和国外商投资法》及配套细则、《外商投资准入特别管理措施（负面清单）（2019年版）》等法律法规，提升外资领域依法行政、依法管理水平。提升外商投资便利化水平，全年共办理外商投资企业设立及变更项目备案1223件，备案率99.8%以上。开展外资企业设立备案“双随机、一公开”监督检查，强化事中事后监管。开展与现行开放政策《中华人民共和国外商投资法》不相符的法规、规章和规范性文件的梳理、排查、清理行动，共梳理出现行有效的地方性法规244件，地方政府规章210件，省级政府及其部门规范性文件4137件，市、县级政府及其部门规范性文件1825件。

（陈星）

对外经贸合作

【概　况】 2019年，全省对外承包工程完成营业额44.9亿美元，增长0.5%，排名全国第九位，新签合同额37.54亿美元，增长15.8%；对外直接投资额18.45亿美元，增长120.9%，列全国第十位。对“一带一路”沿线17个国家，完成对外承包工程营业额14.7亿美元，占同期总额32.7%。对“一带一路”沿线12个国家实现非金融类直接投资1.51亿美元，占同期总额的8.20%。主要投向马来西亚1.20亿美元、泰国981.48万美元。全省对外承包工程（含实施对外援助项目）带动机械设备、原材料等各类生产、生活物资出口2亿美元。

【国际产能合作】 2019年，江铜集团斥巨资收购全球知名矿业——FQM（第一量子）公司接近20%的股份，成为江西省历年来对外投资最大的项目。赣锋锂业通过实施系列的海外并购，已掌握境外锂资源储量2100万吨。企业不断加大在研发等领域对发达国家投资，在生物医药、新能源、矿山机械等产品和技术研发方面实现对美国、丹麦、瑞典等发达国家投资并购。中国江西国际经济技术合作有限公司等企业加快建设进度，江西首个境外经贸合作区——赞比亚江西工业园于12月正式开园并与企业签署入园协议，为省内企业开展国际产能合作打造海外承载平台。

【“走出去”企业国际竞争力提升】 江西国际、江西中煤、中鼎国际、江联重工、江西水建等5家省内对外承包工程企业继续入选全球最大国际承包商250强，企业入围数量居全国第二位，中西部第一位，江西国际、江西中煤继续保持全球最大国际承包商百强地位。江西国际、江西中煤、中鼎国际、江西水建等4家省内对外承包工程企业继续入选2019年中国对外工程承包完成额100强企业。

【对外援助】 2019年，国际商务官员江西研修基地共举办援外人力资源培训班38期，其中在缅甸举办境外培训班1期，共培训来自74个国家的974名官员和专业技术人员。截至年底，累计举办援外人力资源培训班186期，共培训来自132个国家的4864名商务官员。江西财经大学在援外人力资源合作项目下招收来自20个国家的42名学员攻读国际商务硕士学位。截至年底，累计招收学员超过130人，其中获得硕士学位59人。组织培训学员到南昌、九江、新余等10个设区市开展“援外培训学员走进设区市”活动，通过与当地政府部门和企业开展交流，加深国际商务官员对有关设区市社会发展和产业发展了解，扩大设区市在有关国家影响力。省直及南昌、九江等地4家企业获批“对外援助物资项目实施企业资格”，实现零的突破。江西中煤援助蒙古国口岸基础设施建设项目3.4亿元，创江西省中标援外项目金额之最，项目于10月开工。

【对外投资合作促进活动】 组织企

业到“一带一路”沿线、非洲、美洲等国家开展对外投资合作促进活动，拓展对外经济合作领域。为落实好中非合作“八大行动”，组成由省长易炼红为团长、副省长吴忠琼为副团长的省政府代表团和由省内50多家对外投资合作重点企业、金融保险机构组成的经贸代表团，赴长沙参加第一届中国——非洲经贸博览会，推动江西省企业扩大对非经贸合作。11月，联合广东省商务厅、英国驻广州总领馆等单位在广州举办江西“走出去”第三方市场合作（粤港澳大湾区）对接会，推动和服务省内企业与发达国家和地区开展第三方市场合作。

（周頔）

经济合作

【概　况】 2019年，全省实际引进省外项目资金8038亿元，增长9.4%。全年引进电子信息、航空、先进装备制造、新材料、新能源、生物医药等六大新兴产业项目聚集度进一步提升，实际进资2210亿元。资金来源地主要集中在粤港澳大湾区、长三角及京津冀等发达地区，居前六位的依次是广东、浙江、北京、上海、福建、江苏，占全省引资总额的80.47%。

【“三请三回”活动】 2月，省长易炼红在南昌组织召开返乡赣商迎春座谈会，拉开全年“三请三回”（请乡友回家乡、请校友回母校、请战友回驻地）工作序幕。各设区市及相关县区在春节期间或重大招商活动期间召开形式多样的赣商返乡对接交流活动。在5月召开的第二届世界赣商大会期间，举办4场“三请三回”专题活动。6月和11月，省长易炼红分别在深圳、上海组织召开赣商赣才座谈会，进一步向广大赣商发出回乡创业邀请。11月，副省长吴忠琼在广州与广东省江西商会赣商座谈。全年全省举办各层级“三请三回”活动超过400余场，共邀请4万多赣商赣才代表参加，掀起赣商回乡创业的热潮。

【第二届世界赣商大会召开】 5月19日，由省政府主办，省商务厅牵头承办的第二届世界赣商大会在南昌举行。省委书记刘奇出席并致辞，省长易炼红发表主旨演讲，共2000名嘉宾参会，从参会企业来看，世界500强3家、中国500强15家，央企11家，上市公司33家。会上，省政府对回乡创业的50名优秀赣商进行表彰，经各设区市、赣江新区与广大有意向回乡投资赣商深入对接洽谈，该届世界赣商大会共签约97个合作项目，签约总额1217.85亿元。

【举办2019年赣深赣港经贸合作交流活动】 6月10日—14日，在深圳、澳门、香港3地举办2019年赣深赣港经贸合作交流活动，省长易炼红出席并讲话。大会以“开放提升、合作共赢”为主题，省级层面采取主题活动和专题活动相结合方式，举办1场主题活动，即江西省对接粤港澳大湾区投资合作推介会，2场高端座谈，即重点投资客商座谈会和“三请三回”暨粤港澳大湾区赣商赣才座谈会，5场专题招商活动，分别是江西文化产业招商推介会、“可爱中国·美丽江西”文化旅游（香港）推介会、赣深现代农业推介会、赣深电子信息产业合作对接会、百户国企引进战略投资者对接洽谈会。活动共签约合作项目85个，签约投资总额1119.84亿元。其中外资项目12个，投资总额28.31亿美元。

【江西省对接粤港澳大湾区投资推介会在深圳举行】 6月11日，江西对接粤港澳大湾区投资合作推介会在深圳举行，省长易炼红作主旨演讲，副省长吴忠琼主持大会。深圳市副市长王立新到会致辞。会后，举行重大合作项目签约仪式。通过前期对接洽谈，投资推介会共签约项目85个，签约投资总额1119.84亿元。

【全国知名民营企业助推江西高质量跨越式发展大会召开】 12月18日，全国知名民营企业助推江西高质量跨越式发展大会在南昌举行。全国政协副主席、全国工商联主席高云龙，省委书记刘奇出席并致辞。省长易炼红主持会议。中央统战部副部长，全国工商联党组书记、常务副主席徐乐江及全国工商联领导班子成员出席大会。副省长吴忠琼作江西投资环境推介并介绍大会签约项目情况。大会从2019年江西与民企签约的项目中遴选36个现场签约。全年全省累计签约民企投资项目1270个，投资总额7220.97亿元。

【重大招商活动签约项目管理】 重点围绕全省重大招商活动签约项目，建立台账制度，实行动态管理，加强调度督查，坚持“一月一调度、一季一通报、半年一核查”制度，督促签约项目加快落地，促进一批重大项目早开工、早投产、早见效。如深圳市兆驰股份有限公司在南昌高新区投资建设的兆驰红黄光、mini及microled生产基地项目；新松机器人投资有限公司在九江永修投资建设的新松机器人智能制造产业园项目等。全省重点围绕第二届世界赣商大会、江西省对接粤港澳大湾区投资推介会、2019世界VR产业对接会、全国知名民营企业助推江西高质量跨越式发展大会等重大活动签约项目，做好纳入全省利用省外资金系统项目调度统计工作等，完善重大招商引资项目信息报告制度，加大跟踪、服务、推进重大项目力度，推进项目早落地生效。

【区域合作】 2019年，贯彻落实国务院和江西省对口支援三峡库区合作规划（2014—2020年），继续加强对口支援三峡库区重庆武隆区、石柱县工作，按时足额拨付社会公益类支援资金250万元，对接、协调、指导受援县（区）项目建设。为密切省际间交流合作，省商务厅领导带队参加青海绿色发展投资贸易洽谈会、兰州投资贸易洽谈会、四川博览会进出口展会等经贸合作活动，推动江西省与其他省份间双向开放合作。

（喻敏辉）

本栏编辑　邓玉兰

交　通　运　输

公　　路

【概　况】　全省交通固定资产投资完成702.7亿元，提前1个月超额完成交通运输部下达的投资任务，增长12%。其中，高速公路139.7亿元，增长37.36%；普通国省道281.3亿元，下降4.97%；农村公路230.4亿元，增长20%；综合客货运枢纽4亿元，下降39.39%；水运建设47.3亿元，增长47.35%。广吉高速公路、鄱阳湖二桥、昌九改扩建、抚州东外环4个项目建成通车。大广高速南康至龙南扩容工程、赣皖界至婺源高速公路和宜井遂高速公路、宜春西绕城高速公路（三阳至新田段）、上饶至浦城高速公路项目开工建设。全年减免鲜活农产品"绿色通道"运输通行费60.33亿元。新增"四好农村路"全国示范县3个（德兴市、泰和县、莲花县），累计达7个；新增省级"四好农村路"示范县8个，累计32个。全省公路总里程突破20万千米。其中，高速公路通车里程6149千米，居全国第九位，实现县县通高速，打通28个出省通道。普通国省干线公路1.86万千米，国道二级及以上比例90.9%，省道二级及以上比例52.4%，全省所有县（市、区）通国道，86%以上的乡镇通国省道。农村公路18.44万千米，县道三级及以上比例50%，在全国率先实现"村村通"和"组组通"。普通国省道升级改造704千米，"畅安舒美"示范路建成937千米，养护大中修完成2981千米，危桥改造165座，安全生命防护工程2173千米。

全省共有道路客运业户474户、货运业户8.29万户、城市公交143户、出租汽车2590户、机动车维修业户1.05万户、驾校737户，载客汽车1.32万辆、载货汽车31.87万辆、出租汽车1.77万辆、公交车1.40万辆，等级客运站891个、货运站59个。

【农村公路】　县道升级改造1627千米，窄路面拓宽改造4415千米，组组通水泥路5063千米，危桥改造1537座，安全生命防护工程1.47万千米，全面完成乡镇建制村"畅返不畅"整治任务。吉安、高安综合客运枢纽基本建成，横峰、鄱阳、安远3个县级客运站建成。贫困地区农村公路新改建7678千米，危桥改造964座，安全生命防护工程9902千米。新增与更换公交车1454辆。建制村通客车提前1个月完成交通运输部年度任务。农村客运和出租汽车行业油补资金绩效评价位列全国第一。

【公路桥梁和隧道】　全省公路桥梁累计173.41万延米/2.81万座（含危桥6.78万延米/1729座），有永久性桥梁170.55万延米/2.66万座。其中，全省特大桥17.18万延米/76座，大桥87.31万延米/3540座，中桥43.21万延米/7973座，小桥25.71万延米/1.65万座。全省隧道29.96万延米/310道。其中，特长隧道6.17万延米/14道，长隧道14.10万延米/84道，中隧道6.24万延米/88道，短隧道3.45万延米/124道。

【公路运量及周转量】　2019年，全省公路客运量4.6亿人次，旅客周转量244.2亿人千米，比上年分别减少6.8%和6.4%；货运量13.6亿吨（专调数），货运周转量3040.3亿吨千米（专调数）；客运平均运距53.2千米，货运平均运距224.3千米。城市公交客运量13.59亿人次，巡游出租汽车客运量5.6亿人次。南昌地铁运送旅客1.75亿人次，比上年增加23%，其中1号线1.26亿人次、2号线0.49亿人次。日均输送旅客47.95万人次，其中1号线34.50万人次、2号线13.45万人次。

【国内首条县域智能轨道电车在永修县开通】　3月20日，由永修县与江西中城捷运交通发展有限公司共同建设的智能轨道电车永修示范线开通试运行。这是国内首条县域ART智轨电车示范线。该线全长约16千米，此次开通试运行的智轨电车有3个编组，长31.64米，满载人员可达307人。该车融合现代有轨电车和公共汽车的优势，采用"虚拟轨道跟随控制"技术，以车载传感器识别路面虚拟轨道，通过中央控制单元指令，调整列车牵引、制动、转向，精准控制列车行驶在既定虚拟轨道上。具有无污染，速度快、运量大的特点和运营灵活，建设投入小，建设周期短，无须铺设有形轨道，综合运力强的特点和优越性。

【德昌高速公路勘察设计获"建国七十周年公路交通勘察设计经典工程"奖】　9月17日，中国公路勘察设计经典工程技术交流会暨高速公路服务区专业委员会第二届第二次理事会会议在南京举行。由江西省交通设计研究院有限责任公司主持设计的德兴至南昌高速公路，在大会上获"建国七十周年公路交通勘察设计经典工程"奖。该路是江西省高速公路网的重要组成部分，也是国家高速公路网中杭瑞高速公路和沪昆高速公路之间的横向地方加密高速公路，路线途经上饶、景德镇、南昌等 3 个设区市的 8 个县(市、区),总长约 204 千米,项目总投资约为 98.88 亿元。

【南昌地铁可用云闪付扫码乘车】 11 月 1 日,南昌地铁全线开通云闪付 APP 地铁乘车码。南昌成为继成都、杭州后,全国第三个支持云闪付 APP 扫码乘地铁的城市。云闪付 APP 成为继官方鹭鹭行、支付宝外南昌地铁支持扫码乘车的第三款 APP。

【江西道路运输车辆卫星定位系统智能视频监控报警装备启用】 11 月 4 日,江西道路运输车辆卫星定位系统智能视频监控报警装备正式启用。道路运输车辆卫星定位系统智能视频监控报警装置,是智能视频监控报警平台(企业安全监管平台),以计算机系统与网络为基础,通过对接入网的智能视频监控报警车载终端智能监测技术或使用后台智能监测技术和设备实现多项报警功能,主要有:对驶员疲劳驾驶和分神驾驶、不系安全带、驾驶过程中抽烟打电话、可能发生与前方车辆和行人碰撞、车道偏离和车辆右侧盲区碰撞事故等预警,以及驾驶员双手脱离方向盘行车、客运车辆超员、摄像头遮挡等进行适时报警。同时,该系统智能视频监控报警装备还有对报警数据进行存储及查询、安全态势分析、车辆实时状态监控、车辆报警信息处理、驾驶员安全档案信息、车辆设备安装信息管理及相关参数查询、设置与指令下发、后台智能监测等多项功能。智能视频监控报警平台与省道路运输车辆卫星定位系统政府监管平台对接后,车载智能视频监控报警终端的相关提醒和告警证据文件(包括多张照片和小视频)发送到智能视频监控报警平台。实现有关数据、信息共享,为强化道路运输安全和管理提供强有力的技术支撑和保障。

【在全国率先完成取消高速公路省界收费站和 ETC 发行任务】 11 月 25 日,江西省提前 1 个月零 5 天在全国率先完成取消高速公路省界收费站工作任务,并在全省范围内全面完成 938 套 ETC 门架系统建设、1569 条 ETC 车道改造、336 个入口称重检测系统建设、28 个省界收费站正线改造工程任务。352 个收费站的数据全部连通成功。全省累计发行 ETC 544.77 万套,不仅在全国率先完成发行任务,而且 ETC 发行量保持全国领先。

【首次引入"超表处"路面养护施工新工艺】 12 月 5 日,省高速集团路桥工程公司进行高速公路养护首次引进"超表处"路面养护施工工艺。"超表处"工艺是一项新的路面养护工艺。该工艺要求施工前先将施工路段的标线打磨干净,待施工路面清洁完后通过"超表处"封层车依次将层间界面剂、液态结合料、集料和表面保护剂等材料同步洒布至原路面进行路面养护。应用该项工艺施工的路面具有效率高、质量优、行车噪音低、抗滑力强、封水效果好、使用寿命长、开放交通快等优点。养护施工期间同步加入防凝冰材料,还具有持久防凝冰功能,可有效防止路面结冰。

【道路安全运输管理】 2019 年,全省淘汰营运老旧车辆 1.66 万辆,其中老旧营运客车 991 辆;国三及以下排放标准的柴油货车 1.10 万辆,其他动力老旧货车 2980 辆,老旧公交和出租车 1552 辆。全年查处道路运输类违法违规经营行为 1.5 万起(其中查处"黑车"非法营运 7214 起),责令企业停业整顿 61 家。完成全省 1.32 万辆危货运输车辆 4G 视频监控设备安装。全年交通运输行业未发生重特大事故,水上交通领域未发生安全生产亡人事故,道路客运事故死亡人数下降 12%。

(游小荣 彭益民)

铁 路

【概 况】 2019 年,中国铁路南昌局集团有限公司管辖赣闽 2 省全部和湘鄂浙皖 4 省部分铁路,管内车站 443 个(江西省境内 216 个)。与上年相比,发生变化的铁路分界站(点)分别为沪昆线西端(灯芯桥站)上行线 K1043 +446 处下行线 K1043 +445 与广州局集团公司分界,吉衡线(睦村站)K127 +508 处与广州局集团公司分界;新增分界站(点)为分茶线(茶陵站)K206 +349 处与广州局集团公司分界,浩吉线(吉安站)K1813 +460 处与武汉局集团公司分界,河下联络线(河下站)上行线 K0 +058 处下行线 K0 +055 与武汉局集团公司分界。

年末,集团公司管辖营业里程 8145.7 千米(江西境内 4534.7 千米)。其中,国家铁路营业里程 3571.4 千米(江西境内 2485.9 千米),合资铁路营业里程 4574.3 千米(江西境内 2048.8 千米)。线路总延展里程 1.712 万千米。复线里程 5232.2 千米,复线率 64.2%;电气化里程 6691.0 千米,电化率 82.1%。

全年,旅客发送 2.45 亿人,完成计划的 99.4%,增长 5.2%(江西境内发送 1.17 亿人,增长 5.4%);货物发送 9057.3 万吨,完成计划的 100.3%,增长 5.6%(江西境内发送 4963.0 万吨,下降 1.6%);换算周转量 1944.29 亿吨千米,完成计划的 100.1%,增长 4.0%。其中,旅客周转量 1144.94 亿人千米,完成计划的 96.1%,下降 0.1%;货物周转量 799.35 亿吨千米,完成计划的 106.6%,增长 10.6%。货车周转时间 2.34 天,完成计划的 102.8%,压缩 0.07 天。货运列车平均总重 2552 吨,完成计划的 99.1%,下降 0.9%;货运机车日产量 113.8 万吨千米,完成计划的 99.7%,下降 0.4%;货运机车日走行 484 千米,完成计划的 100.5%,增长 0.4%。

【重点物资运输】 全年,发送煤炭 2515.1 万吨,增加 249.3 万吨、增长 11.0%;发送粮食 15.2 万吨,增加 0.6 万吨、增长 3.9%;发送化肥 10.4 万吨,减少 6.7 万吨、下降 39.4%;发送石油 242.8 万吨,减少 26.4 万吨、下降 9.8%;发送金属矿石 1925.7 万吨,增加 391.2 万吨、增长 25.5%;发送钢铁 905.9 万吨,增加 49.9 万吨、增长 5.8%。

【列车运行图编制】 年内,编制 6 次列车运行图,其中国铁集团组织编制运行图 5 次(春运图、二季度调整图、三季度调整图、四季度调整图、年底调整图)、管内编制汛期分号运行图1次(鹰厦线汛期分号图)。优化客货列车开行方案,适应昌赣高铁新线运营,常态化实施“一日一图”和机车长交路战略。年底,客车开行对数518对,同比增加26.5对,运力增长5.4%。

【运输效率】 以市场为导向,根据节假日客流变化,优化“一日一图”,做到“有流开车,无流停运”,节假日动车组做到“零备用”。10月1日发送旅客139.4万人,增长15.5%,连续第三年国庆假日刷新单日客发历史纪录。加强调度运行调整,客车始发和运行正点率分别为99.0%和94.5%,分别增长0.6%和2.5%。挖掘货运增量,合理调配运输能力,保证空车及时配送到位,做到“有货必装”。日均装车4332辆,增加295辆,增长7.3%。其中,大宗货物日均装车2474辆,增加292辆,增长13.4%,占集团公司总装车量的57.1%。分界口日均交接货车15052辆,完成年度预算的107.5%,增加1078辆,增长7.7%。

【昌赣高铁开通运营】 12月26日,昌赣高铁开通运营。昌赣高铁被誉为“最红高铁”,全线设南昌、横岗、丰城东、樟树东、新干东、峡江、吉水西、吉安西、泰和、万安县、兴国西、赣县北、赣州西13个车站。昌赣高铁向北联通昌九城际铁路、昌福铁路和沪昆高铁,向南连接赣瑞龙等铁路,结束吉安市没有高铁、万安县不通火车的历史,南昌至赣州间列车旅行时间由此前最快约4小时缩短至2小时内,形成以南昌为中心、覆盖全省主要市县区的“1.5~2小时交通圈”和辐射粤、闽、湘、浙、沪、皖、鄂等周边省市及城市群的“4小时生活圈”。昌赣高铁运营初期,开行动车组18对;12月30日全国铁路运行图调整后,开行动车组日常线31对、周末线2对,南昌至赣州间最快运行时间为1小时45分。

【首条“点对点”中欧(南昌—白俄罗斯)双向班列开通】 3月19日,中欧班列(南昌)图定化运行暨中国国际进口博览会“江西号”双向对开仪式在南昌(向塘)铁路口岸举行。该班列是江西首条“点对点”中欧双向班列,为江西及周边地区与欧洲之间经贸往来搭建双向“快车道”。在铁路部门与中铁集装箱运输有限公司统筹调度下,该班列形成每周2列、每列41至50车的“图定”服务。至此,南昌已先后开通4条铁海联运出口线路和3条国际直达班列。

(曾进)

民　　航

【概　况】 2019年,省市政府针对南昌机场航空发展资金投入近7亿元。省机场集团完成运输架次15.25万架次,增长5.58%;旅客吞吐量1845.7万人次,增长6.47%;货邮吞吐量12.99万吨,增长42.14%。其中,南昌昌北国际机场完成运输架次10.65万架次,减少0.88%;旅客吞吐量1363.7万人次,增长0.84%;货邮吞吐量13.0万吨,增长42.1%。国际(地区)旅客吞吐量89.8万人次,增长18.3%;赣州黄金机场旅客吞吐量突破200万人次,吉安井冈山机场旅客吞吐量突破80万人次,上饶三清山机场旅客吞吐量突破50万人次。

【货邮运输】 2019年,南昌昌北国际机场主动商洽引进各方资源,与20多家航空公司、货运代理企业及货主企业签订新的货邮增量合作协议,推动顺丰等快递公司加大“陆转航”货量;新增天津(南昌往返天津)货航、天津(南昌往返温州)货航2条国内全货机航线,加密比利时(南昌往返列日)货运航线。全年完成货邮吞吐量12.25万吨,增速连续2年位列全国千万级机场第一,创造全国省会机场两年货邮吞吐量翻一番的“江西速度”,3年复合增长率52.97%。

【航线网络布局】 2019年,省机场集团各干支线机场开通定期航线累计233条,增加51条;开通定期通航城市累计185个,增加34个。南昌昌北国际机场运营的境内外航空公司累计56家,增加10家,新开长治、淮安、盐城、日照4个国内支线航点和大阪、静冈、米兰、西哈努克、曼德勒等国际定期航线,首次开通天津、比利时货运航线。支线机场新开空白航点累计11个。

【中转市场】 2019年,省机场集团出台《南昌机场空空中转团队旅客奖励办法》,调动航空公司、旅行社资源。完善中转服务保障流程,发布“经昌飞”中转服务品牌。全年南昌机场空空中转旅客25万人次,增长7.5%;地空联运旅客62万人次,增长24%。多式联运全年旅客贡献量85万人次,占旅客吞吐量总量的6%。

【机场基础项目建设】 2019年,南昌机场三期建设完成预可研报告的编制,南昌机场三期建设先行工程正式开工。南昌机场“一货站三中心”(新国际货站、快件中心、邮件中心、通关中心)全部投入运营。南昌机场T1航站楼全面投入使用。赣州机场T2航站楼转场,吉安机场新航站楼启用。宜春机场扩建工程完成竣工和行业验收,九江机场复航改造工程已竣工并通过行业验收。

【“8·24”全货机占用跑道特情事件成功处置】 8月24日,比利时ASL航空公司货运航班3V820(南昌至列日)航空器在起飞滑跑过程中中断起飞,航空器14个主轮完全释压,其中2处主轮出现明火,南昌昌北国际机场立即启动紧急出动应急响应。省市领导和首都机场集团领导在第一时间了解情况,指导开展工作,并帮助正确引导舆论。省机场集团各级管理人员第一时间赶赴现场指导,民航江西监管局领导第一时间靠前指挥,民航各部门通力协作、密切配合,11小时内完成残损航空器搬移并开放机场。其间,未发生人员伤亡,未发生旅客群体性事件,舆情总体平稳。该事件的成功处置,为江西乃至全行业积累了大型航空器搬移的实战经验。

(王文明)

水　　路

【概　况】 2019年,全省水运建设

完成投资47亿元。赣江新干航电枢纽全面建成，全部机组实现并网发电。井冈山航电枢纽船闸、石虎塘—神岗山Ⅲ级航道整治工程基本完成。至此，赣江全线6个梯级枢纽船闸全部建成，具备三级通航条件。九江红光码头主体工程基本完成。鹰潭港余江港区中童作业区综合码头一期工程、九江赤湖公用码头等项目开工建设。

完成赣江丰城河段磨盘滩应急抢通工程。全年恢复和补充航标500余座，疏浚土方42万立方米。赣江、信江和鄱阳湖区主要航道全年畅通，通航率达到95%。

全省共有水路运输经营户193家（其中企业158家、个体经营户35家），共有营运船舶1917艘，载重吨位251.84万吨，1.29万客位，4182箱位，全省净增运力24万载重吨，船舶平均载重吨位由1221吨增加至1314吨。

全省港口货物吞吐量1.6亿吨，增长64.1%。集装箱吞吐量71万标准箱，增长13.5%。南昌港货物吞吐量3826.6万吨，增长32.7%；集装箱吞吐量18.9万标准箱，下降2.2%。九江港货物吞吐量1.23亿吨，增长5.5%；集装箱吞吐量52.1万标准箱，增长21.4%。全省水路运输货运量1.03亿吨，货物周转量255.4亿吨千米，分别下降10.04%和增长7.25%。客运量197.7万人，2751万人千米，分别下降21.9%和18%。

全省全年未发生一般等级及以上水上交通事故，无人员伤亡，港口生产、渡运、水上客运未发生伤亡事故，水上交通安全生产形势持续稳定。

【绿色水运】 2019年，开展防治船舶污染水域专项整治，实施涉污处罚68件。协调推进船舶污染物接收站建设，推进港口污染物接收工作，争取国家专项补助资金6510万元，抚州港船舶污染物接收站建成运行，全省90家港口企业完成船舶污染物接收设施配置，接收转运生活垃圾539.9吨、生活污水352.4吨、油污水19.6吨。推进船型标准化，46艘船舶加装生活污水防污染装置，全省淘汰高污染高耗能客船、老旧船舶等228艘，全省有37艘纯电动船舶用于观光旅游。

【赣江井冈山航电枢纽船闸试通航】 12月28日，赣江井冈山航电枢纽船闸试通航成功。赣江井冈山航电枢纽船闸工程是交通运输部和江西省重点建设项目，也是江西省水运“十三五”规划中的控制性节点工程，设计单向通过能力946万吨，并预留一线船闸位置，水库正常蓄水位67.5米。项目于2017年8月25日开工，当年9月10日完成围堰合龙。该工程建成后，赣江达到Ⅲ级航道标准。

【主要港口资源整合】 7月4日，省政府办公厅下发《江西省港口资源整合工作方案》，统筹谋划全省港口资源整合，实现全省港口“一省一港一主体”一体化。整合范围主要包括规划高等级航道范围内的九江港、南昌港2个全国性主要港口和赣州港、吉安港、宜春港、上饶港、鹰潭港等区域重要港口的货运码头。整合以江西省港航建设投资集团有限公司为出资人，设立江西省港口发展集团有限公司，9月底前完成工商注册登记。

【丰城龙头山航电枢纽船闸试通航】 4月1日上午，龙头山航电枢纽船闸首次试通航成功。龙头山航电枢纽位于丰城，是一座以发电、航运、城市交通为主，兼有防洪灌溉、供水、旅游、水产养殖等综合利用功能的大型水电站枢纽工程，也是赣江流域梯级电站规划中的最后一级电站。该项目船闸按三级航道标准建设，年设计通航能力2310万吨。蓄水通航后，可有效改善枢纽上游至新干枢纽60.9千米航道的通航能力。

【鹰潭港综合货运码头一期工程开工】 12月29日，鹰潭港综合货运码头一期工程开工建设。鹰潭港是江西省港口布局规划的10个区域性重要港口之一，项目包含余江中童、贵溪九牛滩2个综合货运码头，规划建设19个码头泊位，年通过能力980万吨、21万国际标准箱，使用港口岸线1946米，项目总占地225.93公顷（含物流园105公顷）。

【赣江新干航电枢纽工程交工】 11月29日，赣江新干航电枢纽工程交工验收会在新干县召开，标志着该项目建成。新干航电枢纽位于新干县三湖镇上游约1.5千米处，上距峡江水利枢纽约56千米，是一座以航运为主，兼顾发电等综合利用功能的航电枢纽工程，是赣江自上而下规划六个梯级中的第五个。工程建设规模及主要建设内容为：水库正常蓄水位32.50米（黄海高程）；渠化航道56千米，通航标准为内河Ⅲ级；1000吨级船闸1座，设计单向年通过能力1802万吨，并预留二线船闸位置；泄水闸24孔，总净宽480米；电站装机容量112兆瓦（7×16兆瓦灯泡贯流式机组），年平均发电量5.34亿千瓦时；枢纽沿坝轴线全长1080米；枢纽还包括鱼道、坝顶交通桥、库区防护工程、管理区房建工程、渔业增殖站等，总投资38.45亿元，建设工期54个月。

【南昌龙头岗码头作业量突破年设计吞吐能力】 截至11月30日，南昌龙头岗综合码头件杂货作业量累计完成182.8万吨，突破180万吨的年设计吞吐能力；集装箱吞吐量10.8万标准集装箱。南昌龙头岗综合码头有限公司归属省港投集团，是江西省内河建设规模最大、靠泊能力最强的现代化综合码头。2019年，赣江虽发生历史较低枯水，但是该码头408米的岸线船舶泊位使用率高，码头平台上7台吊装设备满负荷运转。

（蒋少全）

本栏编辑　游桃琴

金　　融

综　　述

2019年，江西省金融业全面贯彻稳健的货币政策，全省金融运行总体呈现“稳中有进、稳中趋优、稳中向好”的积极变化，江西主要金融指标速度稳居全国“第一方阵”，为全省经济实现“三稳三高”奠定了坚实基础。年末，江西省共有银行业金融机构（以中国银行业监督管理委员会江西监管局统计口径，不含人民银行机构数）7140个，较上年末减少29个，降幅0.4%；从业人员102178人，较上年末减少2168人，降幅2.08%。其中，政策性银行3家，机构99个，从业人员2327人；国有商业银行6家，机构3321个，从业人员52411人；全国性股份制商业银行11家，机构297个，从业人员5542人；城商及民营银行6家，机构769个，从业人员12039人；农村商业银行87家，机构2410个，从业人员24044人；村镇银行76家，机构229个，从业人员4107人；财务公司3家，从业人员201人；信托公司2家，从业人员1193人；金融租赁公司1家，从业人员70人；金融资产管理公司4家，从业人员180人；外资金融机构4家，机构5个，从业人员64人。

社会融资和直接融资规模增量双提升。2019年江西省社会融资规模增量6725.54亿元，多增477.42亿元，占全国的比重2.63%，降低0.15个百分点。分结构看，表内贷款快速增长。全年江西省对实体经济发放的人民币贷款增加5032.88亿元，多增439.55亿元；对实体经济发放的外币贷款（折合人民币）减少20.18亿元，少增23.45亿元。表外融资大幅减少。全年表外融资减少730.19亿元，多减295.22亿元。直接融资持续好转。全年江西省直接融资增加1036.63亿元，多314.09亿元，占全省社会融资规模的15.41%，上升3.85个百分点。其中企业债券净融资1007.54亿元，多329.62亿元。

存款增长平稳加快。年末，江西省金融机构本外币各项存款余额39175.36亿元，比年初增加3877.06亿元，多增1122.07亿元。存款余额增长11.01%，加快2.54个百分点。存款增速在全国排名第三位，中部6省第一位。分结构看：一是住户存款同比多增。住户存款余额为19736.53亿元，比年初增加2469.09亿元，多增792.17亿元。其中住户活期存款余额7683.85亿元，比年初增加805.38亿元，多增457.81亿元。二是非金融企业存款保持增长。非金融企业存款余额11613.89亿元，比年初增加1058.26亿元，多增463.18亿元。其中非金融企业活期存款余额6391.80亿元，比年初增加235.57亿元，少增15.21亿元。三是非银行业金融机构存款增加。非银行业金融机构存款余额1048.78亿元，比年初增加259.89亿元，多增289.29亿元。2019年，监管机构加大对结构性存款监管力度，要求严格区分结构性存款与一般性存款，实施相应的风险管理政策和程序，加强结构性存款合规销售等监管措施，结构性存款占比出现大幅下降。结构性存款的成本较高，其占比下降有助于拉低金融机构负债端成本，将间接降低实体经济融资成本。

贷款增长高位趋稳。年末，江西省金融机构本外币各项贷款余额35696.85亿元，比年初增加5034.15亿元，年度贷款增量首次迈过5000亿大关，多增368.27亿元，贷款余额增长16.78%，贷款增速在全国排名第一位。已连续32个月位列全国前5位，同时位列中部6省第一位。从余额排名看，全年江西省贷款余额首次超过陕西，位列全国第十七位。从贷存比看，12月末，全省贷存比91.12%，创历史新高，提升4.51个百分点，并高于全国平均11.08个百分点，全年新增贷款超过新增存款1157.08亿元。从贷款的企业规模结构看，全省信贷资源持续向小微企业倾斜，小微企业贷款增量占全部企业贷款增量比重26.31%，提升10.21个百分点，金融补短板的力度不断增强，有助于扩大经济有效供给，形成新的经济增长点。从贷款的所有制结构看，全省民营企业贷款占比下行势头得以扭转，出现恢复性上升之势，民营企业贷款增量占全部企业贷款增量比重22%，提高8.69个百分点，民营经济活力正得到改善。

债务融资工具创新高。全年全省43家企业累计发行143只债务融资工具，发行金额1345.4亿元，增长57.23%，多发行489.70亿元，占全国发行金额2.06%，提高0.49个百分点，发行金额创历史新高。在全国排名第十四位，对全省直接融资金额贡献率70.58%。债务融资工具加权平均发行利率为3.88%，低于同期人民币贷款加权平均利率2.70个百分点。

（柳翠）

地方金融监管

【概　况】　2019年，全省地方金融

监管部门以完善金融服务、防范金融风险为重点,立足服务江西高质量、跨越式发展大局,通过完善制度保障、健全机构体系、建设基础设施、化解存量风险、深化监管改革,加快构建开放包容、定位明确、服务高效、竞争有序、运行稳健的现代地方金融服务体系,打好防范金融风险攻坚战,守住了不发生区域性金融风险底线。截至年底,省内小额贷款公司、融资担保公司、区域性股权市场、典当行、融资租赁公司、商业保理企业、地方资产管理公司等机构数量525家,注册资本总额624.84亿元,资产总额939.72亿元,全口径统计提供各类融资服务约1600亿元。

【服务实体经济】 全省政府性融资担保体系成功对接国家融资担保基金,中央省市县四级机构联动与商业银行共同参与的业务联动和风险分担机制基本成型。省融资担保公司增资至30亿元。11个设区市和赣江新区市级担保公司全覆盖,平均注册资本8.8亿元。77个县通过本级单设、向上入股等方式拥有担保机构。融资担保在保余额666.59亿元,增长27.25%。其中,支持小微业务3.08万户、金额274.07亿元,支持"三农"业务2.06万户、金额116.44亿元。突出政府扶持中小微企业政策措施的综合运用平台优势,全面对接企业上市"映山红"行动,上线省重点上市后备企业资源库系统,为中小微企业提供改制辅导、融资转让、财务顾问、信息咨询、管理培训、路演宣传、培育孵化等一揽子服务,累计挂牌展示企业5524家,登记托管企业336家、550.17亿股,为企业融资599.52亿元。举办各类培训咨询辅导宣讲会200余场,覆盖1.50万名企业家。引导推动"融资租赁+"模式,加大服务实体经济和民生工程力度,全省融资租赁行业累计为有色金属、电子信息、装备制造、石化、建材、汽车等"2+6"主导产业投放金额超过63亿元,为保障房、医院、学校等民生工程建设提供资金支持超11亿元。小额贷款公司行业支农支小作用明显,年末贷款余额184.48亿元,全年累计发放各类贷款650.41亿元。推进全国唯一稀有金属交易所——赣州稀有金属交易所重组开业,成为江西省稀土行业资源整合、贸易流通的重要载体。

【维护金融稳定】 围绕打赢防范金融风险攻坚战重要任务,牵头制定《江西省实施打好防范化解重大金融风险攻坚战行动方案》,明确防范化解重大金融风险目标、基本原则、重点任务和组织保障,强化防范化解金融风险统筹协调和协同行动,地方金融风险防控机制更加健全、长期稳定基础更加牢固。遏制非法集资发生扩散。建立完善网上监测、网格巡查、集中排查、行业监管、群众举报"五位一体"风险防控工作机制,联合省委政法委印发《关于将防范和处置非法集资纳入网格化服务管理工作的通知》,将防范非法集资全面纳入网格化管理,全省养老服务领域非法集资案件数量、涉案金额、涉案人数分别下降53.33%、86.01%、89.17%,"老庆祥"等重点案件处置取得明显进展。交易场所存量风险大幅下降。经省政府同意先后印发《江西省地方交易场所总体规划》《江西省清理整顿各类交易场所攻坚战实施方案》《江西省金融资产类交易场所风险化解方案》,赣南金融资产交易中心违规业务压降80%,南昌文化产权交易中心、景德镇陶瓷交易所存量客户规模较高峰时下降约50%。P2P网贷风险化解取得明显进展。全省在运营机构、待偿余额、出借人数较上年末分别下降86.84%、64.36%、86.44%,5家接入实时监测系统的网贷机构均明确转型或退出路径,24家未接入实时监测系统的网贷机构中,23家网贷机构停发新标,4家网贷机构实现余额清零。联合有关部门对全省53所高校180余条校园贷线索进行处置,组织开展防范校园贷风险集中宣传教育月活动,"校园贷"风险得到有效控制。组织开展全省民间融资机构专项整治行动,民间融资机构风险从发散转向收敛。进一步完善金融突发事件应急处置机制,维护了国庆、全会等敏感时间节点的社会稳定。

【典当等行业经营秩序规范】 完成典当、融资租赁、商业保理行业职责转隶。开展典当行年审和融资租赁、商业保理梳理排查,清理"僵尸"类企业和违法经营企业,对排查不合格的77家典当行、126家融资租赁企业、21家保理企业进行市场清退;对排查合格的172家典当行、42家融资租赁公司、9家商业保理公司核发经营许可证。

【地方金融行业监管】 推进"互联网+监管"和"双随机、一公开"行政执法监督。研究制定典当、融资租赁、商业保理3类机构监管指引、审批指引,在全国率先发放融资租赁、商业保理经营许可证。制定《江西省小额贷款公司分类评级办法》,支持网络小额贷款公司增资扩股,允许经营规范的小额贷款公司业务区域扩大至全省。推动地方资产管理公司脱虚向实,省金融资产管理公司引入战略投资者增资至20亿元。强化对投资公司、交易场所、民间融资登记机构、农村合作金融组织的监督管理,落实各地属地监管责任,建立健全日常监管机制。优化交易场所监管登记结算平台、小额贷款公司业务监管平台、互联网金融监管服务平台、非法集资监测预警平台等非现场监管系统,有计划、有步骤打造"一窗式"地方金融综合监管平台,提升跨行业、跨市场交叉性金融风险的甄别、防范和化解能力。牵头起草《江西省地方金融监督管理条例(草案)》,草案列入2020年提请省人大常委会审议地方性法规项目。建立省金融统计分析联席会议制度,定期编制省重要金融指标表、省金融统计分析联席会议报表。开展地方金融发展专题调研,发布《江西省地方金融业态发展研究报告》。指导推动市、县金融工作部门组织体系建设,推动监管资源向基层倾斜。为满足金融领域信息共享需求,按照"政府主导、多方参与、市场化运作"原则,设立江西省普惠征信公司,推出上线全省一站式金融服务平台。

【营商环境优化】 纵深推进简政放权、放管结合和优化服务,制定《全省地方金融监管系统省市县三级政务服务目录》,确定省政务服务事项21项、市级政务服务事项15项、县级政务服务事项13项。启用"一窗式"政务服务平台，探索"政务服务+互联网""一次办好"等创新举措。学习自贸区便利化服务举措，对标打造法治化、国际化、便利化营商环境的更高标准，在审慎监管的前提下最大限度减少地方金融组织的行政审批事项，推进行政许可标准化，省地方金融监管局窗口全年8次被省政务服务办评为"标兵"窗口。完成省"双千计划"申报评选工作，推荐8名省"双千"金融人才。联合有关机构发起成立赣江绿色金融研究院，举办绿色金融与江西高质量发展论坛，扩大江西绿色金融品牌影响力。

（滑超）

银行保险业监管

【概　况】　2019年，全省银行保险业机构全面落实"六稳"工作要求，守牢风险防控底线，推进改革转型，助力打赢三大攻坚战，为全省经济持续稳健发展、经济增速保持全国"第一方阵"提供了强劲金融动力。年末，全省银行业各项贷款余额3.57万亿元，增长16.83%，增幅位居全国第一；各项存款余额3.9万亿元，增长10.41%，增幅位居全国第三。全年保险业保费收入835亿元，增长10.81%；提供各类风险保障53万亿元，增长33.28%。

【服务实体经济】　支持实体经济高质量发展。围绕中央"六稳"和供给侧结构性改革要求，立足区域特点，紧盯发展重点，引导资金回流实体经济。年末，全省银行业基础设施贷款余额4720亿元，增长24.72%；制造业贷款余额3037亿元，增长9.28%，增势好于上年，结构进一步优化；加大重大战略、重点领域等支持力度，长江经济带、赣南苏区建设、十大战略性新兴产业融资余额分别增长37.58%、18.52%、28.32%。发挥保险机构经济"减震器"和社会"稳定器"作用，推进环境污染责任保险等创新型绿色金融产品；推动发展科技保险、专利保险，推进首台（套）重大技术装备保险和新材料首批次应用保险补偿机制试点。加大"险资入赣"力度，全年"险资入赣"资金累计落地204亿元。

【普惠金融】　制定《江西银行保险业2019年普惠金融行动方案》，开展"普惠金融·建功立业"主题活动，启动银行业机构"百行进万企"活动。印发《推动供应链金融发展服务实体经济的意见》，进一步引领银行业机构深化"银税互动""银商合作"，创新产品，优化服务。年末，全省普惠型小微企业贷款余额4094亿元，增长21.27%，高于各项贷款增速4.47个百分点。聚焦脱贫攻坚和乡村振兴任务精准发力，联合下发《关于金融服务乡村振兴支持农业农村优先发展的实施意见》，引领银行保险业机构找准服务乡村振兴着力点，加大金融资源投入。涉农贷款余额增长10.36%，其中普惠性涉农贷款余额增长16.75%。持续推进农业保险"扩面、提标、增品"，推动将水稻保险的大灾保险试点范围从14个县扩大到35个县；农业保费收入16亿元，为全省671万人次参保农户提供1047亿元风险保障。推进大病保险业务稳健运行，累计向173万人次支付大病保险补偿金32亿元。

【企业纾困与风险保障】　开展降成本优环境专项行动，推进落实无还本续贷及各项减费让利政策。发挥债委会功能，480家债委会累计帮扶企业395户、续贷金额688亿元。全省新发放普惠型小微企业贷款平均利率较上年下降0.6个百分点。银行业机构共计取消收费项目201项，降低收费标准159项，为企业节省融资成本31.96亿元。充分发挥保险业风险管理和保障功能，协调改进生猪政策性保险政策，大幅提高能繁母猪、育肥猪保险保额。加强防汛抗旱保险服务，全年累计提供各类风险保障53万亿元，增长33.28%。

【银行保险消费维权机制建设】　压实金融机构主体责任，把投诉问题解决在基层、解决在机构。加强12378银行保险消费维权热线建设，畅通信访投诉举报渠道，严肃处理损害消费者利益的行为。全年共接群众来电41185件，收到和处理群众来信711件，信访投诉办结率100%。开展银行保险业机构消费维权检查，组织开展侵害消费者权益乱象整治和综合整治骚扰电话专项行动，有效保护金融消费者合法权益。开展"3·15银行业和保险业消费者权益保护教育宣传周"和防范非法集资宣传月活动，着力提升金融消费者维权能力，江西卫视、《江西日报》等十几家主流媒体进行了报道。

【金融服务体系】　着眼提升服务实体经济能力，引进和发展各类银行保险业机构，努力形成层次丰富、功能互补、竞争有序的金融服务体系，"金融赣军"队伍持续发展壮大。批复浙商、渤海银行南昌分行开业，支持全国第十八家民营银行裕民银行筹建开业。推动村镇银行培育，全省村镇银行76家，县域覆盖率97.3%。统筹优化保险机构布局，中英人寿、工银安盛人寿江西分公司开业。

【重点风险化解】　按照"稳定大局、统筹协调、分类施策、精准拆弹"的总体思路，压紧压实银行保险业机构风险防控主体责任，研究制定风险防范化解方案，综合运用现场检查、风险排查等方式持续摸排风险，基本澄清信用风险底数，有序推进风险化解处置，重点机构风险明显缓释，守住了不发生系统性金融风险的底线。年末，全省银行业不良贷款余额573亿元、减少157亿元，不良率1.61%、下降0.78个百分点。

【金融市场乱象整治】　紧盯整治目标，保持战略定力，坚持问题导向，加强机构自查、监管督查和检查等环节质量控制，标本兼治推进金融市场乱象整治，严肃查处各类违法违规行为，着力治理市场乱象"顽疾"。全年共对94家机构、161人实施行政处罚，罚款3056万元。采取强有力"组合拳"加强和改进车险市场监管，车险市场秩序明显好转。扫黑除恶专项斗争扎实推进，获"2019年度全国扫黑除恶专项斗争先进单位"称号。

（林佳颖）

· 资料 ·

2019 年江西省各设区市原保险保费收入情况

地区	累计收入（亿元）	同比增速（%）	其中：财产险公司（亿元）	同比增速（%）	人身险公司（亿元）	同比增速（%）
全　省	835.19	10.8	306.90	13.7	528.29	9.2
南　昌	224.90	11.6	72.40	9.9	152.50	12.5
赣　州	136.89	4.0	52.95	10.7	83.94	0.1
九　江	72.34	11.4	27.65	20.5	44.70	6.5
吉　安	74.87	12.4	26.55	20.6	48.32	8.4
上　饶	83.41	20.2	33.05	17.9	50.37	21.8
抚　州	47.04	14.5	20.22	19.6	26.82	11.0
宜　春	98.56	9.8	37.72	11.0	60.84	9.1
鹰　潭	18.43	9.0	6.97	14.7	11.46	5.8
景德镇	22.88	14.1	9.23	14.0	13.65	14.2
新　余	26.51	6.8	8.53	8.3	17.98	6.2
萍　乡	28.87	8.4	11.25	11.6	17.62	6.4

2019 年江西省保险业经营情况

指标项目	12 月		全年累计	
	金额（亿元）	同比增长（%）	金额（亿元）	同比增长（%）
一、原保险保费收入	58.99	27.2	835.19	10.8
1. 财产险	26.86	9.5	260.36	8.3
其中机动车辆保险	24.25	10.6	210.79	7.9
2. 人身险	32.12	47.3	574.83	12.0
人寿保险	11.54	15.1	198.64	6.5
年金保险	7.05	35.4	196.71	1.1
健康保险	12.08	120.0	157.93	38.9
意外伤害保险	1.45	33.9	21.54	17.9
二、赔付支出	30.57	27.8	280.78	6.0
1. 财产险	16.51	22.9	140.76	10.2
其中机动车辆保险	12.54	22.8	113.57	7.0
2. 人身险	14.06	33.9	140.00	2.1
人寿保险	3.54	-2.9	61.88	-22.2
健康保险	9.85	56.9	72.31	38.5
意外伤害保险	0.68	15.9	5.82	9.0

指标项目	12月		全年累计	
	金额(亿元)	同比增长(%)	金额(亿元)	同比增长(%)
三、退保金	2.89	-10.4	143.03	-12.0
四、手续费及佣金支出	9.56	23.0	107.02	1.3
五、业务及管理费	11.03	4.1	91.13	15.5
六、预计利润(税前)	-11.29	-66.7	-49.35	-12.9
七、应收保费	—	—	39.15	41.3
八、资产总额	—	—	1473.55	12.9
九、所有者权益	—	—	-418.92	-13.7

金融服务

【维护金融稳定】 有效筑牢区域金融风险监测防控基础。加强对辖内房地产、政府债务、同业业务等重点领域风险监测工作。选取省内588家重点企业开展金融风险早期识别工作,对省内34家法人银行机构开展压力测试,提出提升抗风险能力措施建议。稳妥防范化解重点领域金融风险隐患。推广开展信贷资产质押和央行内部(企业)评级,加快完善抵押品框架,确保央行资金安全。牵头做好包商银行风险处置相关工作,依法保障省内债权人合法权益,有效阻隔相关风险向江西传染。累计向省政府和高风险机构所在地政府印发风险提示函15份,督促落实属地金融风险处置责任,并实地督导高风险金融机构风险处置化解,年末,全省金融机构不良贷款余额和不良贷款率比年初实现双降,高风险金融机构比年初减少6家。稳妥开展互联网金融风险整治、配合打击非法集资等工作,因城施策探索完善房地产金融宏观审慎管理体系。全省P2P网贷运营机构数、待偿余额和出借人数较上年末实现三减少;新发非法集资刑事案件参与人数下降48.11%;房地产贷款增速下降12.4个百分点。

【金融改革创新】 促进绿色金融发展。年末,全省绿色贷款余额2346.77亿元,较年初增长18.85%,其中赣江新区绿色贷款余额65.01亿元,增长85.94%。“畜禽洁养贷”“智洁贷”等自主创新产品在全国率先落地。赣江新区成功发行全国首单绿色市政专项贷,江西企业发行各类贴标绿色债券居全国前列,确保“生态文明区建设”稳步发展,绿色贷款的强劲增长为打造美丽中国“江西样板”作出积极贡献。“两高一剩”行业本外币中长期贷款余额增长12.87%,增幅较上年同期下降1.40个百分点。促进普惠金融改革试验。“两权”试点提质扩面增效,“金融+财政+产业”扶贫江西模式运行良好,赣州、吉安创建国家普惠金融改革试验区申报进展顺利,小微客户融资服务长效机制成效初显,数字支付应用场景逐步拓展,“农村普惠金融服务站”功能布局持续优化,中小企业和农村信用环境不断优化。全年累计发放创业担保贷款1208亿元,累计扶持个人创业114万人次,带动就业445万人次;9.3万户企业通过小微客户融资服务平台获得贷款1487.1亿元,户均贷款159.8万元;全省移动支付标杆应用场景涵盖33个商圈、137个菜场、68所高校、29家医院、35个景区、127家无感停车。年末,全省共建成服务站4925个,其中贫困村建站2997个,覆盖率98.01%,通过站点累计办理交易类业务509.63万笔,金额9.23亿元。推动非税收入收缴电子化改革在全国率先实施,相关工作被列入国务院第六次大督查发现的典型经验做法,获通报表扬。

【乡村振兴和脱贫攻坚】 2019年末,江西省贷款余额中36.3%投入到涉农领域,较年初新增贷款1215.2亿元。其中农业科技贷款和农村基础设施建设贷款同比增长较快,分别增长361.8%和12.9%。继续推动大众创业万众创新,2019年江西创业担保贷款发放保持全国第一位。做优做强“金融+财政+产业”扶贫模式,累计贴息19.9亿元,撬动发放产业扶贫贴息贷款比例近12:1。召开金融支持鄱余万都小康攻坚暨服务乡村振兴协调会,推动8家企业同银行达成合作协议,签约金额30.5亿元。全年全省累计投放金融扶贫贷款682亿元;截至年底,全省金融精准扶贫贷款余额1835亿元,占全国4.64%,比年初增长13.7%,高于全国平均水平4.3个百分点。

【金融服务水平提高】 金融消费权益保护工作再上台阶,依法处理金融违法行为信访举报31件,金融消费投诉办结率和满意率均超过98%,基础金融服务水平得到显著提升。征信信息安全管理不断加强,为498万户农户建立信用档案,促成239万农户获得银行授信,190万农户获得银行贷款,贷款余额1752亿元。加强涉黑、涉恐融资线索摸排和移送,稳步推进重点领域和重点行业反洗钱监管取得实效,推动省内8起黑社会性质组织犯罪以洗钱罪被立案侦查。全面排查并彻底摸清全省农村商业银行涉农和小微企业贷款数据虚增、错报情况。取消企业银行账户许可,企业平均开户时间缩短至2天以内。

推进金融机构网点征信查询服务延伸，推动设立商业银行代理网点30家。推广使用跨境金融区块链服务平台，完成辖内128家分支机构区块链平台功能授权，有效拓宽了企业融资渠道。引导金融机构建立农村现金服务点3034个，创建全省第一批现金服务示范区8个，切实提升人民币现金服务水平。加快退税电子化进程，退税审批时间由4～5天缩短至1个工作日，打通电子缴库通道，切实提高社会保险费征缴入库效率。

【供给侧结构性改革】 创新MPA评估、再贴现发放与制造业贷款增长挂钩机制，加大制造业企业支持力度。2019年末，江西省制造业贷款余额2422.29亿元，比年初增长3.70%，其中高技术制造业和先进制造业增速分别为32.57%、20.57%，较各项贷款增速分别高15.79、3.79个百分点，是制造业贷款的投放重点。2019年，全省服务业增加值增速领跑三次产业，前三季度对经济增长贡献率46.5%，成为江西省经济发展的新动能。全省服务业贷款新增1914.78亿元，占全部贷款增量比重38.04%。其中新兴生产性服务业务贷款增长75.08%，提高62.14个百分点，占生产性服务业贷款余额6.61%，提高2.18个百分点。

（柳翠）

外汇管理

【概　况】 2019年，全省外汇管理部门不断提升跨境贸易投资便利化水平，加快转变外汇管理方式，严厉打击外汇违法违规行为，提升服务实体经济发展能力，各项工作取得较好成效。全年全省跨境收支总额461.25亿美元，增长3.45%；银行结售汇276.30亿美元，减少4.54%。跨境收支及银行结售汇月度双顺差形势保持较好，分别累计实现顺差53.5亿美元、48.5亿美元，全省跨境收支形势总体呈现稳中向好态势。

【外汇风险防控】 2019年，全省外汇管理部门共查处案件744起，罚没款3575.50万元，案件处罚数量居全国首位，罚没款占辖内收支规模比例居全国前三位。着重查处资本金非法结汇、擅自对外借款、虚假贸易融资、大额个人分拆逃汇等虚假欺骗交易，依法公正处理举报事项，开展钱庄交易对手集中查处，专项查处案件数累计突破1000起，罚款金额累计突破5000万元。通过商请通信管理局撤销ICP备案、停止域名解析、收回地址空间或报请国家外汇管理局统一关停，妥善处置4个非法网络炒汇平台。组建非现场集中分析小组，顺应大数据与人工智能分析趋势，引入Python编程和PCA主成分分析法，以人工智能分析图谱为框架搭建包含39个异常特征指标的实质性违规综合分析体系，被总局用于全国特殊矩阵分析。运用指标体系开展精准打击，季度集中分析线索查实率达五成，银行专项检查案件全部来自非现场分析。

【外汇业务管理】 坚持强化管理不松懈，主动向地方政府反映情况，整治意见得到省政府支持。多次赴商务、海关、税务等部门现场沟通，发挥联合监管合力。通过高位推动，持续发力，多数地区出口不收汇状况得以有效改善。完成对全辖银行外汇业务合规与审慎经营评估，引导银行提升外汇业务经营管理水平。统筹业务核查和执法检查资源，对8家银行机构采取联合执法方式开展核查检查，避免多头重复执法带来干扰。支持符合条件的银行机构增设外汇服务网点，支持浙商银行、渤海银行开办结售汇业务，全省开办结售汇业务金融机构数较上年新增23家。指导自律机制组织开展2019年执行自律机制情况监测评估，提升自律机制成员自律意识和风险管理能力。组织全省开展货物贸易、服务贸易及个人外汇业务银行专项核查，建立服务贸易重点监测企业库，全省254家企业降为BC类，102家企业注销名录，22人次列入“关注名单”。开展新设外商直接投资企业外方股东实际控制人专项核查、有限合伙制企业开展专项调查，规范资本项目业务管理。完成直接投资存量权益登记工作，对未登记的企业及时采取业务管控措施。开展直接申报、贸易信贷调查、银行卡境外交易信息统计等新领域现场核查，实现现场核查业务全覆盖。

【外汇管理改革】 开展跨境业务区块链服务平台业务试点。企业从融资申请到融资审核缩减到最短30分钟，有效缓解了出口企业融资难题。帮促辖内市场主体跨境融资，重点跟踪“映山红行动”名单企业，为孚能科技上市做好帮扶工作。助推企业境外发债，梳理外汇登记、资金划转、资金汇兑及使用等业务流程，加强对境内企业境外发债的全流程辅导及跟踪监测，促成辖内5家企业境外成功发债，募集资金12.55亿美元。落实跨国公司外汇管理新政升级，7家企业重新备案登记，全省跨国公司外债额度集中442.8亿美元，境外放款额度集中66.1亿美元，额度较重新备案前分别增长12.8倍和47.5%，有力解决企业投融资难题。优化外汇管理政务服务流程，引导辖内涉汇主体通过网上办理行政审批业务，大幅降低企业脚底成本。做好“互联网+监管”系统上线运行工作，梳理全省监管事项目录清单及检查实施清单，及时录入全省2000余笔监管行为，实现监管过程全记录。

（柳翠）

证券期货

【概　况】 截至年底，辖区共有上市公司43家。江西省企业耐普矿机、晶科电力、甘源食品、国光连锁、明冠新材、宏柏新材、晨光新材、日月明、志特新材、九丰能源等共10家企业首发申请在证监会正常审核过程中，其中耐普矿机过会待发；孚能科技在上交所正常审理中；22家公司在江西证监局正常辅导。截至年底，辖区43家上市公司市值4217.93亿元，同比上升0.04%，新三板挂牌企业126家，进入创新层的挂牌企业11家。

截至年底，辖区有证券公司2家，证券分公司40家，证券营业部318家；期货公司1家，期货营业部31

家。备案的私募基金管理人255家,备案的基金产品641只,管理基金规模1539.72亿元。证券经营机构开立资金账户总数736.66万户,托管客户资产3804.15亿元;全年累计证券交易金额5.51万亿元。期货经营机构客户总数4.41万户,客户总权益21.58亿元,全年累计代理成交金额1838.34亿元。截至年底,辖区期货公司总资产11.25亿元,总负债7.29亿元,净资产3.96亿元;全年累计实现营业收入5748.14万元;净利润11.13万元。辖区证券分支机构全年累计实现营业收入19.77亿元,增加38.54%;净利润5.13亿元,增加263.83%。辖区期货经营机构全年累计实现营业收入7984.11万元,减少26.28%,净利润-507.53万元,减少33.56%。

【市场主体监管】 加强上市公司分类监管、精准监管。在年报分析基础上,约谈重点上市公司年审会计师,及时调整风险分类,做到有的放矢。以现场检查为抓手,树立首查责任制,按照稽查执法标准核查取证,提高检查精度。以信息披露监管为中心,督促相关上市公司对发生安全生产事故或产品质量舆情做好信息披露。强化对上市公司商誉减值、违规担保、资金占用监管。突出合规稳健,加强证券期货基金经营机构监管。强化法人证券公司合规总监、首席风险官定期约谈,督促公司梳理合规风控履职情况,强化内部约束机制,2次向辖区机构通报监管要求和典型案例,保持监管高压态势。持续关注辖区期货公司内控及治理情况,对公司风控体系开展专业化评估,压实大股东职责,督促公司管理层平稳过渡。发挥私募产业园统一管理作用,规范对到赣注册异地经营私募机构的登记管理。以监管促进其他市场主体规范发展。开展新三板挂牌公司“抓财务基础、促公司规范”专项活动;召开主办券商监管工作会,督促主办券商加强持续督导力度,提升挂牌公司规范性;稳妥处理15家挂牌公司年报逾期披露事项。召开公司债券发行人监管工作会,及时传递监管理念和工作要求,以检查促进规范、促提升。召开辖区IPO执业券商座谈会,明确要求,压实责任;开展审计评估机构执业项目检查,督促履职尽责,发挥“看门人”作用。江西证监局加强与地方政府协作,推动交易场所规范发展。

【防范和化解市场风险】 多方式、多渠道收集和分析上市公司、新三板挂牌公司信息,做好上市公司风险工作,定期调整风险分类,建立每日监测、每周更新、每月报送的股票质押风险监测常态化机制,就上市公司年报审核关注的风险事项致函地方政府,加强防控风险的整体合力。编制公司债券风险防控月报,建立债券风险预排查机制,持续监测到期和回售债券风险。成功化解“17苍源债”回售风险,及时通报地方政府,多方传导压力,实现借力监管,保持辖区公司债券市场零违约记录。开展证券期货经营机构及私募机构风险监测,以问题为导向,开展法人证券公司股票质押业务、债券受托管理和自营业务、网络安全、经纪业务客户集中增长、场外配资风险排查,对期货、私募行业开展全面风险排查。完善涉非信息监测机制,调动证券期货经营机构一线监测积极性,延伸监管触角,发挥探头作用。江西证监局走访联络省地方金融监管局、省委宣传部、省委网信办、省广电局、省通信管理局等,推动涉非信息监测、筛查、清理等方面的合作。

【打击违法违规行为】 江西证监局、省公安厅联合签署《关于办理证券期货基金违法犯罪案件合作备忘录》,推动搭建行刑联合执法平台。年内共办理涉非投诉举报50件,向地方政府及相关部门移送9件涉非案件及线索,并持续跟踪,推动非法证券期货活动依法妥善处置。严谨高效出具非法证券期货活动认定文书19件,其中资质确认18件,性质认定1件,为公安机关查处非法证券期货类案件提供专业支持。以“3·15”消费者权益保护日、“5·15”打击防范经济犯罪宣传日(投资者保护宣传日)等为契机,开展防非主题宣传,提升防非宣传覆盖面。作出行政处罚3件,彰显监管执法严肃性、威慑力。加大诚信档案录入、查询和使用,强化对外服务工作,积极参与地方社会信用体系建设,做好资本市场失信联合惩戒工作。

【服务实体经济】 2019年,江西资本市场实现健康稳定发展,新增上市公司1家,新增IPO在审企业10家,新增正常辅导企业14家;资本市场服务实体经济能力提升。江西资本市场共计融资771.98亿元。其中,1家公司首发融资5.8亿元,3家上市公司发行股票再融资22.87亿元,14家“新三板”公司发行股份融资3.56亿元。债券发行人发行公司债券46只、融资476.55亿元,发行资产支持证券12只、融资119.83亿元,江西股交中心发行私募可转债146只、融资143.37亿元。上市公司实施并购重组2家次,有力支持了地方经济发展和转型升级。充分调动市场主体履行社会责任积极性,推进“一司一县”结对帮扶工作,在提升广度和覆盖面的同时,注重发挥市场主体专业特长,提升贫困地区利用资本市场发展能力,将结对帮扶工作落到实处。2019年,江西省“保险+期货”试点工作取得较大突破,5个项目落地实施,其中3个项目获大商所“农民收入保障计划”支持,1个项目获上交所公益基金经费支持。5个项目全部对接畜牧养殖产业,试点范围涉及6个贫困县(区),主要为养殖农户、养殖企业提供饲料成本和产品价格的风险管理;项目总保费262.8万元,挂钩现货包括豆粕、玉米等饲料原料1.77万吨、鸡蛋0.42万吨,惠及农户2557户,其中贫困户708户,占比27.7%。2019年,瑞奇资本向42家企业提供风险管理服务,实现营业收入4.13亿元。截至年底,全省共有255家私募基金管理人,较年初增加11家,管理基金规模(净资产)1539.72亿元,较年初增加185.93亿元。

(郑骏)

本栏编辑 邓玉兰

财　政　税　务

财政管理

【概　况】　全省各级财政部门积极应对经济下行压力影响，加大财政政策逆周期调节力度，推进财政运行稳字当头、量质齐升，完成年初预算任务。全省财政总收入4001.56亿元，增长5.4%；其中一般公共预算收入2486.39亿元，增长4.8%。一般公共预算支出6386.80亿元，增长13%。财政总收入税占比81.5%，一般公共预算收入税占比70.3%，均比上年提升0.2个百分点。各级财政部门加快支出进度，有效保障各项重点支出需要，维护和谐稳定大局。

一般公共预算收入分月情况

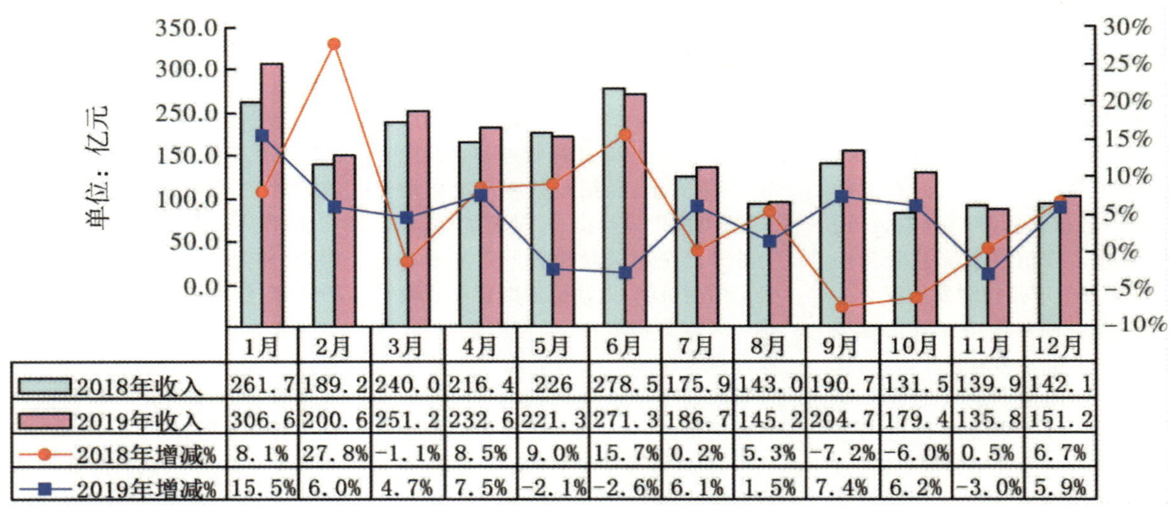

	1月	2月	3月	4月	5月	6月	7月	8月	9月	10月	11月	12月
2018年收入	261.7	189.2	240.0	216.4	226	278.5	175.9	143.0	190.7	131.5	139.9	142.1
2019年收入	306.6	200.6	251.2	232.6	221.3	271.3	186.7	145.2	204.7	179.4	135.8	151.2
2018年增减%	8.1%	27.8%	-1.1%	8.5%	9.0%	15.7%	0.2%	5.3%	-7.2%	-6.0%	0.5%	6.7%
2019年增减%	15.5%	6.0%	4.7%	7.5%	-2.1%	-2.6%	6.1%	1.5%	7.4%	6.2%	-3.0%	5.9%

一般公共预算收入分月累计情况

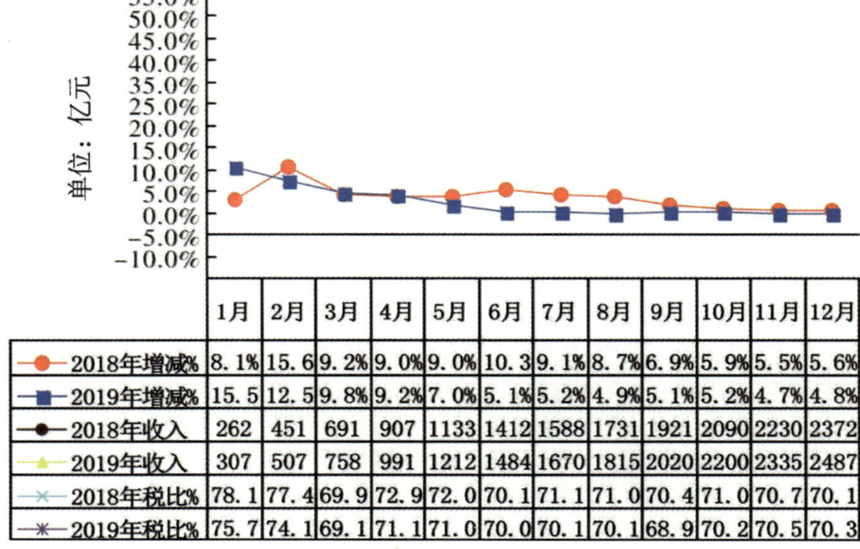

	1月	2月	3月	4月	5月	6月	7月	8月	9月	10月	11月	12月
2018年增减%	8.1%	15.6	9.2%	9.0%	9.0%	10.3	9.1%	8.7%	6.9%	5.9%	5.5%	5.6%
2019年增减%	15.5	12.5	9.8%	9.2%	7.0%	5.1%	5.2%	4.9%	5.1%	5.2%	4.7%	4.8%
2018年收入	262	451	691	907	1133	1412	1588	1731	1921	2090	2230	2372
2019年收入	307	507	758	991	1212	1484	1670	1815	2020	2200	2335	2487
2018年税比%	78.1	77.4	69.9	72.9	72.0	70.1	71.1	71.0	70.4	71.0	70.7	70.1
2019年税比%	75.7	74.1	69.1	71.1	71.0	70.0	70.1	70.1	68.9	70.2	70.5	70.3

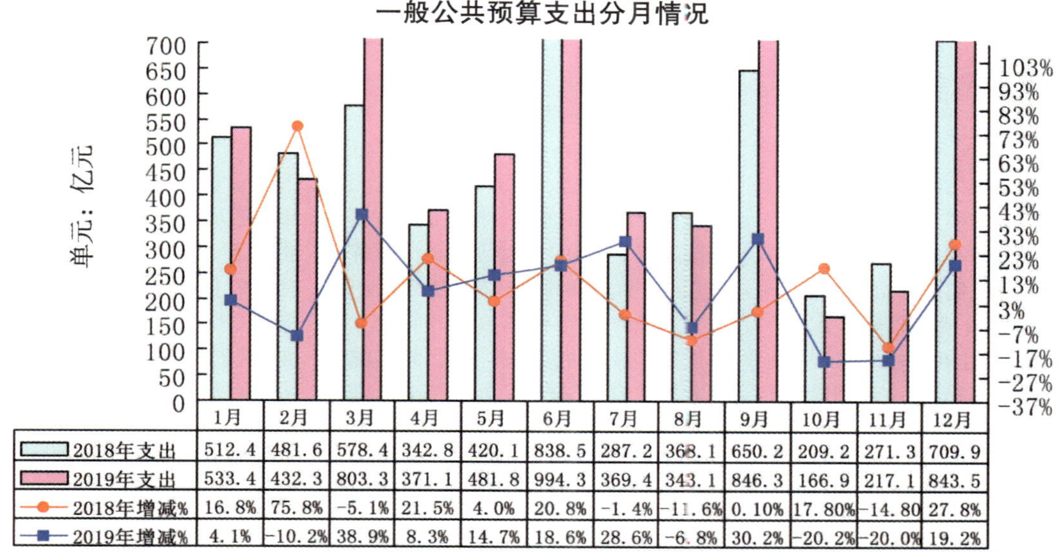

	1月	2月	3月	4月	5月	6月	7月	8月	9月	10月	11月	12月
2018年支出	512.4	481.6	578.4	342.8	420.1	838.5	287.2	368.1	650.2	209.2	271.3	709.9
2019年支出	533.4	432.3	803.3	371.1	481.8	994.3	369.4	343.1	846.3	166.9	217.1	843.5
2018年增减%	16.8%	75.8%	-5.1%	21.5%	4.0%	20.8%	-1.4%	-11.6%	0.10%	17.80%	-14.80	27.8%
2019年增减%	4.1%	-10.2%	38.9%	8.3%	14.7%	18.6%	28.6%	-6.8%	30.2%	-20.2%	-20.0%	19.2%

一般公共预算支出分月累计情况

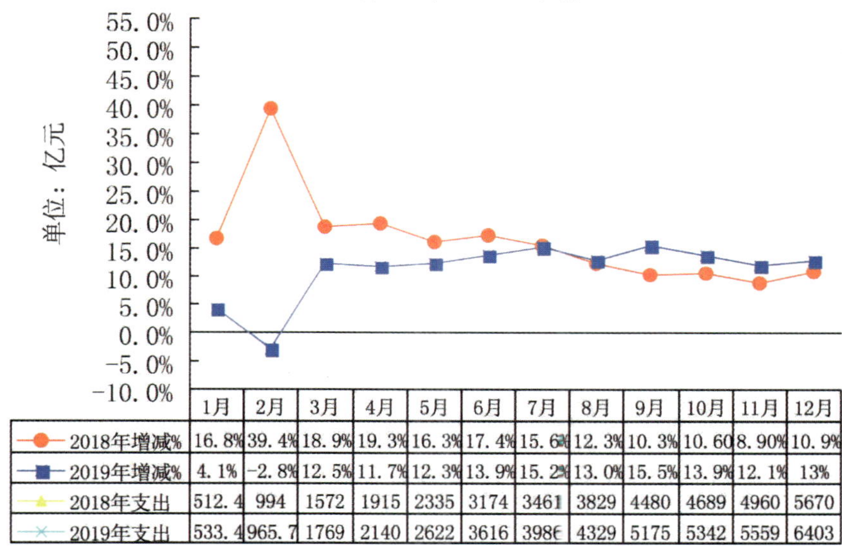

	1月	2月	3月	4月	5月	6月	7月	8月	9月	10月	11月	12月
2018年增减%	16.8%	39.4%	18.9%	19.3%	16.3%	17.4%	15.6%	12.3%	10.3%	10.60	8.90%	10.9%
2019年增减%	4.1%	-2.8%	12.5%	11.7%	12.3%	13.9%	15.2%	13.0%	15.5%	13.9%	12.1%	13%
2018年支出	512.4	994	1572	1915	2335	3174	3461	3829	4480	4689	4960	5670
2019年支出	533.4	965.7	1769	2140	2622	3616	3986	4329	5175	5342	5559	6403

【预算管理改革】 在省直单位推行零基预算试点，改变省级部门预算长期以来形成的“基数＋增长”编制方式。在医疗卫生领域推行省与市县财政事权和支出责任划分改革；制定通用类、专用类支出定额标准管理办法；出台严格财政收支预算管理加大开源节流挖潜力度若干措施；清理盘活收回省直部门存量资金。

【税制改革】 落实增值税改革政策，落实将制造业等行业现行增值税税率16%降至13%，将交通运输业、建筑业等行业现行10%税率降至9%，保持6%一档的税率不变，通过采取对生产、生活性服务业增加税收抵扣等配套措施，确保所有行业税负只减不增；按照中央授权最大幅度减征增值税小规模纳税人的“六税两附加”，即资源税、城市维护建设税、房产税、城镇土地使用税、印花税（不含证券交易印花税）、耕地占用税和教育费附加、地方教育附加；及时完成耕地占用税法授权事项。

【财政“放管服”改革】 实施财政票据和非税收入收缴管理电子化改革并成功对接“赣服通”，实现全省教育缴费“一网通办”；梳理编制省、市、县三级政务服务事项清单，推进三级财政部门政务服务“一张网”；扩大高校和科研院所仪器设备采购自主权，推广政府采购网上商城交易模式；财政预算投资网上评审正式运行，实现“一次不跑”。

【国有资产管理】 向省人大常委会报告全省国有资产管理情况，并首次专项报告金融企业国有资产管理情况。2018年全省行政事业单位资产总额5632.97亿元，负债总额1644.41亿元，净资产3988.56亿元。省级行政事业单位资产总额1601.16亿元，负债总额430.07亿元，净资产1171.09亿元。推进省直党政机关和事业单位经营性国有资产集中统一监管。

【财政监督管理】 强化“三公”经费网络监管，2019年实现国务院要求的“三公经费只减不增”的工作目标，全省“三公”经费累计支出下降6.5%，连续6年压缩。推进全省预算执行动态监控工作，全省市、县、乡财政部门上线率100%。加强财政扶贫资金动态监控,全省纳入扶贫资金动态监控系统各级各类财政资金1214.90亿元。

【政府债务管理】 出台防范化解政府隐性债务风险的实施意见,建立健全地方政府债务动态监测、风险预警提示和约谈问责机制;将化解存量隐性债务绩效与新增债务限额分配挂钩,安排10亿元用于对各地隐性债务化解情况进行奖励;坚决遏制隐性债务增量,稳妥推进存量隐性债务化解,提前1个月超额完成年度化债任务。全省地方政府债务余额5351亿元,控制在中央核定江西省债务限额之内,风险总体可控。发行地方政府债券1171.63亿元,其中新增债券968.43亿元、再融资债券203.2亿元。发行速度比中央要求的时间提前3个月,成为全国第六个全面完成新增地方政府债券发行工作省份。全年平均利率3.39%,比全国平均利率低8个基点,在全国排名第八位;平均投标倍数19.35倍,比上年增加15.58倍。创新发行11种专项债券。

【政府采购监管】 全面落实《深化政府采购制度改革方案》,制定江西省2020—2022年政府采购集中采购目录及限额标准。巩固拓展省本级政府采购网上商城建设运营成果,优化采购方式变更和进口产品核准程序。对原协议供货范围内的通用类货物项目,实施全省批量集中采购模式试点,实现通用类商品在省域范围内统一定价。2019年,全省政府采购规模882.39亿元,节约财政资金50.4亿元,节资率5.4%;省本级政府采购规模178.2亿元,节约财政资金7.24亿元,节资率3.9%。

【中央财政支持】 2019年,中央财政下达江西省一般预算各类补助资金2600亿元,增加139亿元,增长5%。其中,均衡性转移支付669亿元,占全国的4.4%,高于江西省GDP占全国比重1.9个百分点;争取长江经济带补助4.9亿元,居长江经济带中下游省份第一;争取2020年提前下达革命老区转移支付20.4亿元,占全国的13.5%,居全国第二位。争取国际金融组织和外国政府贷款4.5亿美元。同时,争取赣南等原中央苏区税收政策延期,景德镇陶瓷文化传承创新试验区税收优惠政策。

【支持乡村振兴】 整合资金87亿元实施高标准农田建设,此项工作获国务院通报奖励,中央财政奖励江西省2亿元。新增安排20亿元统筹用于九大农业产业结构调整、水利、农业保险等领域。继续安排30亿元实施新农村建设,安排3亿元支持美丽宜居县"四精"试点建设及农村人居环境长效管护试点,安排1.8亿元支持推进农村"厕所革命",支持改善农村人居环境。支持信丰、樟树、彭泽3个县(市)成功申报创建国家现代农业产业园,累计获得中央奖补资金1.8亿元。投入11.27亿元资金,支持非洲猪瘟防控、恢复生猪产能。

【支持脱贫攻坚】 持续加大资金投入,年内下达省级财政专项扶贫资金33.45亿元,增加4.66亿元,增长16.2%,超过中央下达江西省资金增幅,省级财政专项扶贫投入与中央财政专项扶贫投入占比108.6%,均达到中央考核满分要求。规范统筹财政涉农资金整合,24个国定贫困县计划统筹整合使用财政涉农扶贫资金65亿元。提前调度7个计划脱贫摘帽县省级扶贫专项资金和新农村建设资金额度8.3亿元,并加大新增债务限额支持,10个县(区)先后宣布脱贫。继2017年度、2018年度后在全国财政专项扶贫资金绩效评价中央考核中第三次获优秀,是全国少数几个连续3年获优秀等次的省份。

【支持生态文明建设】 全省节能环保支出完成196.9亿元,增长21.2%,增速连续5年大幅高于财政支出平均增速;国家生态文明试验区建设深入推进,安排31.2亿元实施全流域生态补偿;省内横向生态保护补偿覆盖80%县(市、区);东江、渌水跨省横向生态补偿顺利推进;统筹6.1亿元支持打好蓝天、碧水和净土保卫战;下达14亿元推进长江经济带"共抓大保护";统筹24.1亿元支持国土绿化、生态公益林和天然商品林保护。

【支持创新驱动和转型升级】 大幅增加科技投入,年内全省科技支出占总支出比重2.9%,提升0.3个百分点;安排52.3亿元实施"5511"工程倍增计划和重点创新产业化升级工程等。安排省级工业转型专项资金9.3亿元,支持产业优化升级及新动能培育、产业集聚及功能平台建设等;拨付3.4亿元支持光伏产业;共投入28亿元支持新能源汽车产业发展;统筹资金支持军民融合、航空产业、全域旅游等产业。

【支持区域协调发展】 新增安排均衡性转移支付20亿元,增强县市"三保"(保基本民生、保工资、保运转)能力;下达28.3亿元支持苏区、革命老区和赣江新区建设;安排7.2亿元对财政高质量发展较好的市县予以奖补。

【支持实体经济】 落实减税降费政策,全省为企业减负1450亿元,比上年增加250亿元,其中减免税收1033亿元、减少社保等规费140亿元。省级发展升级引导基金新增42支子基金落地运作,完成项目投资152.8亿元,带动项目投资590.5亿元。"财园信贷通""财政惠农信贷通"年内发放贷款451亿元。省融资担保公司与国家融资担保基金完成对接,获50亿元合作授信额度。PPP项目净增入库50个,合计投资443亿元。

【民生保障】 年内统筹1800亿元资金实施民生实事工程,51件惠民实事全部完成;全省民生支出5197.7亿元,占财政支出比重为81.2%,提高1.3个百分点。连续15年提高企业退休人员基本养老金;城乡低保财政月人均补差水平分别提高到410元和285元;城镇特困人员供养标准提高到835元;城乡居民医保财政年人均补助标准提高到520元;其他困难群体财政补助标准也有不同程度提高。出台支持困难企业稳定就业岗位有关政策,安排18亿元支持职业技能提升行动,发放创业担保贷款154.9亿元。安排37.7亿元实现学生资助政策各学段全覆盖,拨付13亿元重点解决城镇学校"大班额"问题,下达11.4亿元发展学前教育;全省教育支出占总支出比重17.9%，居全国前列。

（省财政厅办公室）

税　　务

【概　况】 2019年，省税务局坚持组织收入原则，严守不收“过头税费”底线，配合地方合理调减税收预算，收入规模与经济发展、减税降费要求相协调，税费征缴量稳质优。全年入库税收收入3357.7亿元（不含海关代征增值税、消费税），比上年增收171.2亿元，增长5.4%，增速列全国第四位、中部6省第二位。办理出口退税178.8亿元，增长30.1%。1月1日起，社会保险费由税务部门征管，全年入库社会保险费425.6亿元（含职业年金，不含涉企的社会保险费）。2019年，在全国36个省（自治区、直辖市和计划单列市）税务局绩效考评中位列优秀等次。江西省“县长税课”得到税务总局局长王军批示肯定，并在全国税务系统推广。打造的“龚全珍工作室”党建工作品牌案例，代表税务总局参加展示评比，获全国第二届党建创新成果“坚持服务群众类”银奖。6个单位和2人分别被评为全国税务系统“先进集体”“先进工作者”。省委、省政府领导多次听取税收工作汇报，提出指导意见，并对税收工作作出70次批示。

【减税降费工作】 建立“一竿子插到底”抓落实指挥体系，形成“一把手牵头抓总、其他领导分片包干、税收管理员包保到户”的责任链条，省税务局组织6轮次督导，各级税务局班子成员带队深入一线抓落实，确保政策红利精准落袋，政策优惠转化为发展实惠。健全“网格化”落实机制，实行“全覆盖”政策辅导，开展“加长版”税法宣传，抓好“一对一”上门服务，打造“硬碰硬”铁账硬账，对外培训辅导220万余户次，上门辅导70万余户次，筛查疑点29.2万户、退税4.9亿元。落实更大规模减税降费政策新增减税降费398.4亿元，惠及企业面99%，所有行业税负只减不增。个人所得税累计减免税额88.1亿元，惠及自然人661万人。减税降费在减轻企业负担、激发市场主体活力、保持全省经济发展良好态势上发挥了积极作用。国务院第六次大督查给予肯定，国务院办公厅通报表扬非税收入收缴电子一体化的做法。江西省人大开展的问卷调查，减税降费满意度91%。国家统计局江西调查总队开展的调研结果显示，所有企业对减税降费落实情况表示非常满意或比较满意。在减税降费工作中，省委书记刘奇，省委副书记、省长易炼红，省委常委、常务副省长毛伟明等省领导多次作出表扬性批示，易炼红、毛伟明专程到省税务局开展调研，省政府常务会连续两次部署减税降费工作，省人大、省政协将减税降费列为重点调研，省纪委监委、省直相关部门大力支持，各地党委政府和纪委监委均听取专题汇报，凝聚推进合力。

【税收法治】 健全依法行政工作领导体制机制，制定关于加强依法行政工作领导体制机制建设的通知，坚持和加强党对法治税务建设的集中统一领导，确保主要负责人认真履行推进法治建设第一责任人职责，并按规定公开年度法治税务建设情况，接受社会监督。强化税务执法制度建设，加强税务规范性文件管理，对所有出台的税务规范性文件进行合法性审查、合规性评估和公平竞争审查，把好政策法律关。全面落实“双随机、一公开”监管机制，规范税务检查，做到“无风险不检查、无审批不进户、无违法不停票”。做好“两法衔接”（行政执法与刑事司法衔接）工作，推行行政执法“三项制度”（行政执法公示制度、执法全过程记录制度、重大执法决定法制审核制度），提高税务执法效能，着力推进税务执法透明、规范、合法、公正，营商环境持续优化，法治税务建设取得新成效。省税务局被评为法治政府建设优秀单位，在全省推行“三项制度”工作电视电话会上作经验交流。

【税收政策落实】 加强税收执法监督，规范税收执法行为，各项税收政策得到较好落实，税收职能作用有效发挥。紧扣江西省发展战略，促成支持景德镇国家陶瓷文化传承创新试验区建设的税收政策落地，配合赣州市、井冈山市做好向国家争取政策支持的相关工作。制定进一步落实减税降费政策措施服务实体经济发展的实施意见，出台服务实体经济发展20条政策措施，推进降成本优环境走深走实，进一步减轻企业税费负担，激发实体经济活力。增值税改革、个人所得税第二步改革稳步实施，个人所得税专项附加扣除优惠政策落实落地。社会保险费征管职责如期平稳划转，社会保险费降率政策落实到位。

【纳税服务】 制定深化“放管服”改革5年方案，简化税务行政许可办理程序，落实取消60项税务证明事项。梳理整合“最多跑一次”“一次不跑”事项14大类181个清单，推广“一网、一次、一门、一窗”办税，强化12366纳税服务热线管理。落实税务总局征管、纳服、稽查“三个规范”，强化部门岗位协同共进。制定“便民办税春风行动”4大类14项82条措施，推出刷脸办税、实名采集、电子印章、第三方支付缴费等新举措，提高办税便利化水平。依托省政府“赣服通”平台，接入26个涉税事项，让纳税人更多指尖办税。强化运维管理，保证各信息系统征期平稳运行。开展“大调研、大整改、大督查、大提升”活动，解决一批纳税人的烦心事。全省127个全职能办税服务厅进驻政府政务服务中心，提高办税服务集约度。《2019年江西省营商环境评估报告》显示，省税务局在12个政府服务部门中服务质量满意度测评排名第一位；在税务总局组织的纳税人满意度调查中位次前移。

【税务稽查】 接续打好打击虚开发票骗取退税违法犯罪两年专项行动攻坚战、影视行业规范战、“9·03”专案突击战，率先构建税警合成作战新体系，探索一条税警融合式发展、一体化运转、智能型打击的新路子。“打击虚开发票骗取退税”专项行动查处虚开和接受虚开发票15.3万份，金额156.2亿元，税额14亿元，移送公安机关案件365起，抓捕犯罪嫌疑人249名，自首143人。参与扫黑除恶专项斗争，查补税款和罚款1.28亿元，维护市场公平正义。

【风险管理】 加强风险管理动态监控体系建设，研发增值税发票风险识别防控系统，推广应用税收风险管理系统和税收日常低等级风险自动提醒系统，对纳税人存在税收违法行为的即时自动提醒，降低税收风险。持续强化行业和区域风险管理，江西省批发零售业税收风险管理模型写入金税三期工程风险管理系统。土地增值税、耕地占用税和资源税管理更加规范，房地产、跨区域汇总纳税企业所得税监管不断加强，江西省成功办结的非居民企业股权转让案入选税务总局典型案例。

【基层建设】 落实中央"基层减负年"要求，着力解决形式主义、官僚主义突出问题，制定为基层减负"25＋13"具体措施，规范上挂借用和集中办公，会议、文件及工作群比上年压缩59%、47%和68%。各级税务局领导干部带头为基层减负，到基层调研不打招呼、不设线路、减少陪同，弘扬求真务实工作作风。落实经费保障机制，严格财务管理，尽力改善基层工作生活条件，解决干部合理诉求，推动事业单位车改、住房货币化改革等落到实处。开展贯通2批的"夯基础、立规范、防风险、促落实"强基固本解剖式调研，全面扫描基层工作现状，发现各类问题357个，完成整改336个，在此基础上修订和完善制度20多个。紧盯中央部署的8个方面专项整治任务和税务总局部署的3个方面专项整治任务，解决"表现在基层、根子在上面"和单靠基层难以解决的问题425个。

【税务培训】 2019年，全省税务系统共举办各级各类培训班1820期次，累计培训2.1万人次，培训规模37.8万人天，人均年脱产培训时长超过18天。全省税务系统举办各类读书班1254次，开展"四项教育"（革命传统教育、形势政策教育、先进典型教育、警示教育）1370次。对接税务总局"学习兴税"平台，推进视频课程录播室建设，支持税务系统专兼职教师开发视频课件，全年向税务总局报送各类视频标课、微课17门，累计时长超过620分钟。开展"岗位大练兵、业务大比武"活动，全省各级税务系统共有1.86万名税务干部参加网络竞赛综合阶段测试，参赛率86.46%，达标率97.31%。动员符合条件干部参加全国税务领军人才选拔，有4名干部入选第6批领军人才培养对象。协助税务总局和考试服务机构做好数字人事"两测"江西考区考务工作，全省税务系统报名参加业务能力升级测试和领导胜任力测试的人员分别为2370人、265人，实际参考人员分别为1699人、172人，参考率分别为71.7%、64.9%。

（李希明）

2019年税收收入分税种（项目）完成情况

单位：万元

项　目	收入额	上年同期	比同期±额	比同期±%
一、税收收入合计	34444280	32791022	1653258	5.0
（一）税务部门组织税收收入	33576621	31864628	1711993	5.4
其中：1. 中央级	16116951	15243724	873227	5.7
2. 地方级	17459670	16620904	838766	5.0
1. 国内增值税	16029103	14276607	1752496	12.3
其中营改增	6504166	5587976	916190	16.4
2. 国内消费税	2600435	2402951	197484	8.2
3. 车辆购置税	946650	991846	－45196	－4.6
4. 城市维护建设税	1129783	1077260	52523	4.9
5. 资源税	304981	448825	－143844	－32.0
6. 环境保护税	32398	23651	8747	37.0
7. 个人所得税	1415453	2225297	－809844	－36.4
8. 房产税	413790	398216	15574	3.9
9. 土地使用税	506529	489255	17274	3.5
10. 印花税	216961	224981	－8020	－3.6
11. 土地增值税	1388614	1339028	49586	3.7
12. 车船税	184065	162252	21813	13.4

项　目	收入额	上年同期	比同期±额	比同期±%
13. 企业所得税	6079012	5522514	556498	10.1
14. 烟叶税	11017	15328	-4311	-28.1
15. 耕地占用税	365765	441225	-75460	-17.1
16. 契税	1926924	1778899	148025	8.3
17. 其他税收	25141	46493	-21352	-45.9
（二）海关代征进口税收	867659	926394	-58735	-6.3
1. 增值税	867458	926307	-58849	-6.4
2. 消费税	201	87	114	131.0
二、出口退税	-1787519	-1373610	-413909	30.1
其中免抵调减	-469332	-318613	-150719	47.3
三、社会保险基金收入	3852435	4323141	-470706	-10.9
1. 企业职工基本养老保险	215935	204000	11935	5.9
2. 机关事业单位基本养老保险	1917345	2630691	-713346	-27.1
3. 城乡居民基本养老保险	258602	222644	35958	16.2
4. 城乡居民基本医疗保险	419453	444563	-25110	-5.6
5. 职工基本医疗保险	914676	729075	185601	25.5
6. 生育保险	35049	27209	7840	28.8
7. 失业保险	33013	33466	-453	-1.4
8. 工伤保险	19217	31493	-12276	-39.0
9. 其他社会保险基金收入	39145		39145	
四、非税收入	1259633	1211912	47721	3.9
1. 教育费附加	564446	546986	17460	3.2
2. 文化事业建设费	20490	26856	-6366	-23.7
3. 税务部门罚没收入	7220	5403	1817	33.6
4. 残疾人就业保障金	37588	30068	7520	25.0
5. 地方教育费附加	375404	364185	11219	3.1
6. 大中型水库库区基金收入	4293	2376	1917	80.7
7. 废弃电器电子产品处理基金收入	5870	5164	706	13.7
8. 可再生能源发展基金	151742	136638	15104	11.1
9. 大中型水库移民后期扶持基金收入	66278	59032	7246	12.3
10. 国家重大水利工程建设基金收入	26265	35087	-8822	-25.1
11、其他	37	117	-80	-68.4
五、其他收入	508783	96836	411349	424.8
1. 工会经费	104876	96836	8037	8.3
2. 职业年金	403907		403312	
附：税款查补收入	302542	469318	-166776	-35.5

本栏编辑　邓玉兰

经济管理与监督

综合管理与宏观调控

【概　况】 2019年，全省坚持稳中求进工作总基调，贯彻新发展理念，以供给侧结构性改革为主线，落实省委"创新引领、改革攻坚、开放提升、绿色崛起、担当实干、兴赣富民"工作方针，坚持高质量跨越式发展首要战略，克服错综复杂形势带来的严峻挑战，全省经济运行总体平稳、稳中有进、稳中提质。全年地区生产总值24757.50亿元，增长8.0%；财政总收入4001.56亿元，增长5.4%；一般公共预算收入2486.39亿元，增长4.8%；规模以上工业增加值增长8.5%；固定资产投资增长9.2%；社会消费品零售总额8421.6亿元，增长11.3%；实际利用外资135.79亿美元，增长8%；城镇和农村居民人均可支配收入分别增长8.1%、9.2%，与经济增长基本同步，主要经济指标运行在合理区间，较好完成省十三届人大三次会议确定的目标任务，并实现"一个保持、四个突破"，即：主要经济指标增速保持全国"第一方阵"，人均GDP突破5万元，三产占比超过二产占比，财政总收入突破4000亿元，高速铁路运营里程突破1000千米，为实现"十三五"规划目标、决战决胜全面小康奠定了坚实基础。

【产业转型升级】 推进创新型省份建设，景德镇国家陶瓷文化传承创新试验区、鄱阳湖国家自主创新示范区获批，各项建设工作扎实推进。实施"2+6+N"产业高质量跨越式发展行动，集中力量发展六大优势产业，高新技术产业、战略性新兴产业增加值占比分别为36.1%、21.2%，同比分别提高2.3、4.1个百分点，航空产业主营业务收入突破1000亿元、电子信息产业突破4000亿元，鹰潭下一代信息网络、赣州新型功能材料入选国家首批战略性新兴产业集群。出台实施数字经济发展战略意见，制定虚拟现实发展规划，南昌VR科创城、上饶大数据科创城等加快建设，5G商用、"03专项"试点示范扎实推进，与行业企业合作事项加快落地。推动传统产业优化升级，江铜三年创新倍增等项目推进，萍乡成为国家产业转型升级示范区，工业技改投资占比36.3%、提高8.6个百分点。加快发展现代服务业，第三产业增加值增长9%，占GDP比重47.5%、提高0.2个百分点。

【有效需求释放】 实施"大干项目年"活动，开展重点项目建设"百日攻坚"，省大中型项目、省重点工程分别完成投资7122.5亿元、2322.5亿元，超额完成年度计划。昌赣高铁建成投运，高速铁路实现设区市全覆盖，浩吉铁路、赣州黄金机场改扩建、井冈山机场二期扩建、昌九高速四改八等重大基础设施项目建成投运，兆驰LED外延片和芯片、赣锋锂业碳酸锂电池、新钢优特钢带加工配送中心等重大产业项目建成投产。出台实施江西省完善消费体制机制激发居民消费潜力的意见，开展商贸消费升级"五大行动"，培育壮大全域旅游、家政养老、夜间经济等消费热点，吉安井冈山、上饶婺源、抚州资溪成为首批国家全域旅游示范区，武功山获评国家5A级景区，旅游接待总人次、旅游总收入分别增长15.65%和18.55%，网络零售额增长20.7%。做好中美经贸摩擦应对工作，努力稳定对外贸易，人民币计价进出口总值增长11.1%，其中出口增长12.3%。

【"放管服"改革】 省市县三级依申请类政务服务事项"最多跑一次"比例分别为95.3%、75%、70%，投资项目审批时间压减一半以上，企业开办时间压缩至2个工作日。116个省级"信息孤岛"全部打通，"赣服通"实现市、县全覆盖，服务事项和证照种类均居全国首位。实施优化提升营商环境十大行动，启动设区市营商环境评价。落实国家和省系列减税降费政策，出台第五批30条降成本举措，全年为企业减负1450亿元。推动金融服务实体，新增本外币各项贷款5034亿元，新增境内外上市企业5家。推进开发区改革和创新发展，开发区首位产业集聚度54%。国资国企、财政金融、农业农村等重点领域改革取得新进展。推进全方位开放，举办"中国共产党的故事——习近平新时代中国特色社会主义思想在江西的实践"专题宣介会、世界VR产业大会、世界赣商大会、全国知名民营企业助推江西高质量跨越式发展大会等重大活动，开展"三请三回"和"三企"入赣活动，赣州获批国家首批物流枢纽城市，开行赣欧班列553列、增长173.8%。

【区域城乡协调发展】 全面实施"一圈引领、两轴驱动、三区协同"区域发展战略，出台实施大南昌都市圈发展规划和支持政策，赣江新区"三统一分"管理体制改革落地实施。发布实施全省高铁经济带发展规划，一批产业项目和园区加速向高铁沿线集聚。赣南等原中央苏区振兴发展、赣东北开放合作、赣西转型升级步伐加快，发展协调性进一步增强。实施乡村振兴战略,农产品加工业产值5960亿元,江西省列入全国农村集体产权制度改革整省试点,农村公路实现组组通。新型城镇化扎实推进,城市功能与品质提升八大行动年度任务基本完成,大余丫山小镇入选全国十大优秀特色小镇推广典型,出台江西省建立健全城乡融合发展体制机制的实施意见,全省城镇化率57.4%,提高1.4个百分点。

【生态文明试验区建设】 实施长江经济带"共抓大保护"攻坚行动,加强"五河两岸一湖一江"全流域保护和治理,持续抓好国家反馈问题整改,生态环境质量保持优良,单位GDP能耗下降4%,主要污染物减排完成年度任务;全省$PM_{2.5}$平均浓度达到国家二级标准,空气优良天数比例89.7%,国家考核断面水质优良率93.3%。出台实施《江西省生态文明建设促进条例》,初步形成生态保护"三线一单"制度,江西省列入国家生态综合补偿试点省,抚州国家生态产品价值实现机制试点、九江长江经济带绿色发展示范区获批,宜春入选国家黑臭水体治理示范城市,创建全国"两山"(绿水青山就是金山银山)实践创新基地4个、国家生态文明建设示范市县11个。在省域空间规划、流域生态环境监管、生态环境修复等方面取得一批制度创新成果。

【民生保障】 打好精准脱贫攻坚战,聚焦解决"两不愁三保障"突出问题,着力抓好中央脱贫攻坚专项巡视和考核整改,贫困患者住院实际报销比例稳定在90%,"十三五"易地扶贫搬迁项目全面竣工,41.1万贫困人口脱贫、剩余7个贫困县全部达到摘帽条件、剩余387个贫困村全部退出,贫困发生率降至0.27%。年初安排的51件民生实事全面完成。全年新增城镇就业54.34万人、新增转移农村劳动力62.51万人,就业形势总体稳定。一批教育、医疗、文化、体育等公共服务项目落地实施,社会保障水平不断提高,新余"党建+颐养之家"居家养老改革走在全国前列。针对下半年猪肉等产品价格过快上涨问题,落实国家和省保供稳价政策,及时启动社会救助和保障标准与物价上涨挂钩联动机制,全年居民消费价格累计上涨2.9%、控制在3%以内。

(宁全　刘超宇)

重点工程建设

【概　况】 2019年,江西省在交通、能源、水利、电信、产业和社会民生等领域分2批共安排省重点项目352项,总投资10829.92亿元,年度计划投资2060.33亿元。按建设阶段分,建成投产项目69项,续建项目143项,计划新开工项目130项,预备项目10项。按行业分,基础设施项目119项,产业项目182项,社会民生项目30项,生态环保项目21项。全年共完成投资2322.72亿元,占年度计划112.7%,工程进度较上年同期增长2.3%。超额完成年初确定的工程建设任务。

省委、省政府将2019年定为"大干项目年",省发改委落实省委、省政府"大干项目年"部署,组织开展重点项目建设"百日攻坚"行动,梳理重点项目建设过程中存在的困难和问题,及时研究、协调解决,并建立重点工程建设专题协调推进制度,通过牵头召开协调推进会或报省政府召开专题会议的形式,着力帮助项目单位协调解决推进过程中存在的重大问题。

【基础设施项目建设】 铁路建设方面,蒙华铁路(江西段)比原计划提前3个月,于9月28日正式通车。昌吉赣客专12月26日正式投运。兴泉铁路路基工程完成95.6%,桥梁完成80.3%,隧道完成92.2%。赣深客专路基土石方基本完成,桥梁完成87.7%,隧道完成93.4%。安九客专完路基土石方完成83.9%,桥梁完成42.9%,征地拆迁全部完成。昌景黄铁路9月底开工建设,全省高速铁路运营里程1329千米,实现设区市动车全覆盖。高速公路建设方面,广吉高速、都九高速鄱阳湖二桥、昌九高速改扩建、抚州东外环4个项目305千米高速公路建成通车。宜丰联络线项目路基、桥隧及路床交验、底基层及下基层基本完成,萍莲高速项目路基土石方、涵洞通道及桥梁桩基基本完成,梁板预制、隧道掘进、路床交验完成50%以上。兴赣北延项目路基、桥梁、隧道等年底前完成率超过80%。其他新开工的基础设施项目稳步推进,大广高速南康至龙南扩容工程基本完成驻地建设及征地拆迁工作,先行用地路段的路基清表及桥涵隧等工程施工全面启动。水运建设方面,基本实现2019年赣江具备三级通航条件目标。其中新干航电枢纽船闸已通航,7台机组已全部并网发电,工程基本完工。井冈山航电枢纽船闸主体土建工程已完工,泄水闸弧形闸门也基本安装完成,赣江石虎塘—神岗山三级航道整治工程已基本完工。信江八字嘴航电枢纽东大河虎山嘴枢纽主体工程混凝土浇筑完成50%;信江双港航运枢纽围堰已闭气,主体工程土石方开挖完成12%;界牌船闸改建工程船闸主体土建工程完成90%;九江红光码头主体水工建筑部分累计完成80%,年内主体工程基本完成。信江界牌至双港渠化航道整治工程正进行丁坝拆除工作。机场建设方面,南昌昌北国际机场1号航站楼整体改造工程12月18日通过民航华东质监站竣工验收,赣州黄金机场改扩建工程项目已于9月29日竣工投运,井冈山机场二期扩建工程9月12日完成民航专业验收,投入运营;南昌昌北国际机场T2航站楼C指廊延伸项目及飞行区配套工程12月24日开工建设。能源项目建设方面,昌西南(生米)500千伏输变电工程(含配套220千伏线路工程)等5个项目建成投产运行;中电投分宜电厂扩建工程项目、华能瑞金电厂二期扩建项目、省天然气管网工程等6个续建项目进展顺利。雅中至江西±800千伏特高压直流工程(含配套500千伏工程)等新开工项目于9月20日开工建设。电信项目建设方面,中国移动(江西)数据中心及省级仓储中心(一期)项目,于12月建成。"宽带中国"4G高速网络基站及室内分布系统建设工程,完成投资10.72亿元,占年度计划130.8%,预计2020年12月建成。

【产业项目建设】 全省182个产业项目,完成投资1256.07亿元,占年计划122%。完成投资按行业分依次是：战略性新兴产业132.9%、现代服务业128.1%、先进制造业119.5%、农林牧渔业94.7%、其他产业92.8%、园区基础设施项目。其中，乾照光电南昌基地项目，江西新晶光电科技有限公司年产2500万毫米高品质、大规格人造蓝宝石长晶项目，井冈山经开区木林森照明公司发光二级管（Led）改扩建及材料配套产业园建设项目，江西雅保锂业有限公司年产5万吨电池极氢氧化锂项目，江西赣锋电池科技有限公司年产6亿瓦时高容量锂离子动力电池项目等19个项目按期或提前建成。吉州区清水湾养生养老康谷、浮梁县获湾乡村振兴开发项目、安信新能源汽车生产基地（标准厂房一期）建设项目、上饶市新能源智能化汽车综合试验场项目、江西苏宁辰逸商业管理有限公司苏宁易购江西电商产业园等项目按计划开工建设。

（易飞）

国有资产管理

【概　况】 截至年底，全省国有企业资产总额36884亿元、净资产14369.1亿元，分别增长16.1%、21%。全年营业收入7417.3亿元，增长8.6%，5年内连上3个千亿台阶；完成增加值1186.1亿元，增长4.1%。省属国有企业主要经济指标在2018年高基数基础上实现全面增长，资产总额14250.1亿元、全年营业收入5097.7亿元、利润总额240.9亿元，分别增长10.1%、6.2%、1.5%，分列全国第十五位、第十三位、第十二位。省属企业运行质量稳步改善，人均营业收入、人均利润分别增长7%、2.3%，全员劳动增加值增长2%，提质增效20.9亿元；省属国有实体企业资产负债率62.7%，下降0.6个百分点。省属企业中除长天集团尚处初创期外，全部实现盈利，利润超10亿元的企业有9家，新钢集团、江铜集团、高投集团等5家企业利润总额均超30亿元。建材集团实现营业收入114.7亿元、利润总额26.1亿元，分别增长11.4%、14.2%，再创历史新高。省出版集团的文化传媒新业态板块营业收入35.3亿元，净利润贡献率41.75%，经济结构持续优化。各设区市持续推进经营性国有资产集中统一监管，资产规模快速扩容。南昌市监管企业资产总额超5000亿元；上饶市加快推进行政部门与所属企业脱钩，资产总额超4000亿元，增长49.1%；赣州、九江市监管企业资产总额过2000亿元；宜春、景德镇、抚州、吉安等市监管企业资产总额过1000亿元。

【混合所有制改革】 推进省、市、县三级所属100家左右国有企业实施混合所有制改革。截至年底，省属竞争类国企混改率由2013年50.2%提高到77.2%，走在全国前列；有关改革经验被中办刊物专篇刊登，3篇改革案例入选国务院国资委编写的《国资国企改革试点案例集》（地方国企案例仅5篇）。稳步推进7家“双百企业”综合改革，取得阶段性成效。

【市场化战略重组】 推动完成华润医药与江中集团、省投资集团与省能源集团、省民爆公司与国泰集团等集团公司战略重组和专业化整合；组建倬云数字产业集团、华赣环境集团、启迪未来集团；推动省属国有培疗机构改革和事转企改制，组建江西长天集团，盘活存量资产，发展康养产业，75家脱钩移交协议已经签订完毕，各项重点工作有序推进。

【省属国企改制上市】 全省国资系统新增国旅联合、恒邦股份、慈文传媒、星星科技4家上市公司。中国瑞林正在申报上市，省盐业集团、省建工集团、江钨股份等企业已完成股份制改造。截至年底，全省国有控股上市公司有26家，其中省属14家，市属6家，央企和其他国企控股6家。加强资本投融资运作，推动设立总规模100亿元的江西省国资创新发展基金，先后完成章源钨业、正邦科技、华伍股份、三鑫医疗共计10.6亿元纾困项目资金投放，为民企纾困解困。

【市场化经营机制改革】 完成盐业集团、大成公司集团层面经理层职业经理人身份转换；对省国资委监管企业工资总额预算实行备案制、核准制或负面清单制管理，选择江铜集团作为工资总额负面清单管理全国首批试点企业；加快推动完成驻赣央企“三供一业”分离移交工作，涉及移交户数41.8万户。

【授权经营体制改革】 制定出台《江西省国有资本投资运营公司改革实施方案》，建立“两级授权”机制，进一步推动国资监管向以管资本为主、以管事中事后为主和以授权监管为主“三个转变”，确立国有资本投资运营公司在资产清理、资源整合、资本运营、资金筹融等“四资”主体地位，初步探索出“定位准确、授权充分、机制创新、监管到位、风险管控、效率提升”运营模式。

【国资监管方式优化】 把监管体系和制度建设摆在重要位置，加强重点工作指导，突出国资监管机构系统建设，整合信息资源，畅通共享渠道，推动机构职能上下贯通，构建形成“1+62”国资监管制度体系，形成国资监管“一盘棋”有新的起色。以改革思维推进监事会建设，在全国率先制定出台出资监管企业内设监事会管理暂行办法，全面开展监事会组建和监事选聘工作，组建完成8家企业内设监事会。加强违规经营投资责任追究，强化风险防范，加大问题整改，开展违规经营投资责任追究项目31个，追责问责186人次，挽回经济损失2.5亿元，健全完善制度98项。

【国有企业转型创新】 推进传统产业绿色转型，构建绿色产业发展体系。新增1家国家级、14家省级绿色工厂（矿山）。以十大数字化矿山、十大智能工厂和20家03专项试点示范企业为抓手，引导和鼓励企业进一步加大技术创新和转型升级力度，江铜城门山铜矿5G+VR智慧矿山场景，亮相2019年世界VR产业大会。10个智能化改造重点工程项目取得成效，10个传统矿山与工业互联网融合运用加快推进。启动实施创新平台和高新技术企业“三年倍增”计划，全年省出资监管工业企业科技活动支出70.3亿元，其中R&D研发投入

59.92亿元,增长37.7%,占比2.51%,创历史新高。新增国家级创新平台1家,省级创新平台3家,高新技术企业31家。

【企业“走出去”】 巩固赣京合作、赣深合作成果,与北京市国资委签署《战略合作协议》,推动京赣国企共赢发展。召开江西省百户国企引进战略投资者对接合作洽谈会,对外推介78个重点招商项目。境外项目建设进展顺利,江西国际公司牵头建设的赞比亚江西多功能经济区正式开园。江铜集团开展海外资源并购,哈萨克斯坦项目巴库塔特大型露天钨矿采选项目在第二届“一带一路”国际合作高峰论坛签约,瞄准时机积极推进国际并购。咨询投资集团统筹推进主业协同和与华建集团战略协同,全年抱团和协同收入近3000万元。

【国有企业立足民生保障】 省属国有企业全年累计上缴税费186.4亿元,增长10.7%,高出全省税收收入增速5.1个百分点。省投资集团天然气管输费两年主动下调42.9%,降低社会用气成本4.2亿元;水投集团供水区域超过全省总面积2/5,服务区域覆盖人口2000万人;高投集团一批项目建成通车,全省高速公路通车里程超过6100千米;铁投集团昌吉赣高铁建成通车,实现全省设区市动车全覆盖;金控集团的金融服务功能成效明显,省属地方金融机构投资人和金融资产管理平台建设进一步夯实。省国资委系统建立“党建引领、产业支撑、消费保障”一体化脱贫攻坚工作机制,先后向26个定点扶贫村投入资金(含物资)1990.5万元;累计实施大中型扶贫项目112个,投入项目资金9290万元;完成脱贫227户783人。省国资委获2019年省脱贫攻坚组织创新奖。

(曾红梅)

煤矿安全监察

【概　况】 2019年,全省煤矿安全形势持续稳定好转,全省共有煤矿82处,其中省属煤矿9处、地方乡镇煤矿73处。全年共发生事故5起、死亡9人,同比事故起数少2起、少死亡2人,分别下降28.6%、18.2%,杜绝了水害事故和瓦斯事故,连续4年未发生重大以上事故,死亡人数首次降到个位数。原煤产量442.56万吨,百万吨死亡率2.03。

【煤矿监察执法】 以“防风险、保安全、迎大庆”为重大政治任务,防范化解煤矿安全风险,采取明查暗访、突击监察、集中执法、联合检查、专家参与等一系列手段,组织防治水、一通三防、提升运输、安全生产主体责任等专项监察,结合江西实际开展以瓦斯防治为主要内容的异地交叉监察。全年监察561矿次,制作各类文书3043份,查处各类事故隐患与违法行为3167条,责令全矿井停产整顿2处,全矿井停止生产37处,停止采掘作业头面227个,责令停止使用设备245台(件),累计暂扣煤矿安全生产许可证28处,收回过期煤矿安全生产许可证68处。实施行政处罚196次,行政罚款640万元,其中监察罚款426万元、事故罚款214万元。

【高风险煤矿安全“体检”】 江西煤监局协调以省安全生产委员会办公室文件印发安全“体检”工作方案,组织全省监管监察力量于6月底完成31处高风险煤矿安全“体检”,督促煤矿企业落实主体责任、强化管理、加大投入,持续筑牢安全基础。在开展安全“体检”过程中,结合江西实际,增加查处“五假五超”内容,并要求全省所有煤矿组织体检式自查自改,由地方煤矿安全监管部门负责督促整改,同时从省内外科研机构、煤矿企业选聘一批国家级、省级技术专家参与安全“体检”,提出针对性整改建议。江西煤监局会同省应急厅先后2次召开省属国有煤矿安全“体检”问题整改工作会议并印发会议纪要,提出23项整改措施和加强安全管理7个方面工作意见,联合下发督促问题整改通知,12月下旬,组织召开国有煤矿安全整治专题汇报会,推动煤矿隐患整改到位。“体检”共发现违法行为和安全隐患539条,下达执法文书277份,停产整顿3处矿井,停止采掘工作面42处,责令停止使用设备84台(件),暂扣煤矿安全生产许可证3处。

【煤矿安全生产集中整治】 江西煤监局联合省应急厅印发开展集中整治通知文件,明确各项工作要求,细化集中整治三清单(问题清单、任务清单、责任清单),明确各部门职责,同时加强沟通协作,采取明查暗访、联合执法、联合惩戒等手段,形成监管监察合力,确保取得实效。共抽查煤矿18处,查处隐患39条,下达执法文书56份,责令停止使用设备23台(件),暂扣安全生产许可证1处。

【严把准入关口】 严格执行《煤矿安全规程》,严把安全准入标准,凡达不到要求的煤矿一律不予延期发证,聘请煤矿安全技术专家成立专家审查小组,负责高瓦斯矿井、突出矿井、水文地质条件复杂及极复杂矿井、生产系统复杂等矿井审查。严格许可证期限管理,安全生产许可证到期未申请延续的,责令立即停止一切生产活动,收回安全生产许可证,及时公告注销,并抄送地方政府和相关部门加强监管,严防无证生产。累计办理延期发证19处,依法注销47处。

【事故问责和警示教育】 对发生事故矿井实施停产整顿,撤销矿长或分管矿长职务,5起事故全部按期结案,撤职免职矿长13人、党纪政务处分13人、移送司法机关1人,关闭事故矿井3处。抓好警示教育,事故后及时以短信形式警示全省煤矿企业,典型事故下发通报,江西煤监局联合省应急厅先后召开2次全省煤矿事故警示教育会,通报事故情况,分析事故原因和暴露出的突出问题,部署工作措施,监察分局在各产煤县(市、区)定期召开警示教育会。共召开警示教育会40场、2774人次参加,发布警示信息12418条。开展事故约谈,共约谈煤矿企业2次、企业管理人员5人次、地方监管部门1次。

【依法行政规范】 对江西煤监局机构权力和责任清单进行修订完善并实施公开,制定落实《全面推行行政执法公示制度执法全过程记录制度重大执法决定法制审核制度实施办法(试行)》《煤矿安全监察执法案件公开裁定暂行办法》,规范执法程序和执法行为。开展执法监督,对执法不严、处罚不到位的问题进行内部分析,做到前有监察,后有监督。事故发生后组织执法审查,查找发证、执法等方面薄弱环节和漏洞,抓好整改规范。

【开展明察暗访】 健全以江西煤监局为主、监察分局补充的明察暗访工作机制,江西煤监局每月4个明察暗访组随机抽查,监察分局在特殊时段和节假日期间定期抽查,采取"四不两直"方式,实现产煤市地区全覆盖。发现重大隐患和突出问题,向地方政府进行通报,转交地方监管部门跟踪督办,确保整改到位,保持打非治违高压态势。国庆、春节和"两会"期间,针对大部分煤矿停产的实际,江西煤监局领导带队到有关重点产煤地区突击检查、暗察暗访,确保了重点时段煤矿安全平稳。

【地方监管责任落实】 江西煤监局对上饶、新余、萍乡、宜春、景德镇等5个设区市煤矿安全监管部门进行9次监督检查,监察分局对辖区重点县进行45次监督检查,重点检查煤矿安全监管部门及煤矿企业学习贯彻中共中央总书记习近平等中央领导关于安全生产重要指示批示精神,执行煤矿安全相关法律法规,落实全国、全省安全生产电视电话会议精神等情况,推进安全"体检"存在问题整改和去产能矿井关闭退出前安全监管工作,及时下发加强和改善安全监管建议书,推动地方监管责任落实。

【淘汰落后工艺设备】 宣传贯彻国家煤矿安监局12项煤炭行业标准和第四批淘汰设备目录等规范文件,督查煤矿企业开展自查自纠,并按时间节点完成相关设备更换和技术升级工作,提升安全基础保障水平。全省煤矿普通轨斜井人车已全部停止使用,28处煤矿完成安全监控系统升级改造。

【煤矿安全执法信息化建设】 与国家煤矿安全监察信息化技术支持单位建立日常联系机制,及时沟通并解决工作中遇到的技术问题。完善全省82处煤矿安全生产基础数据管理平台基础数据库,定期对相关数据进行更新,为煤矿安全监察提供依据。使用执法记录仪实现监察执法全过程记录,及时上传执法文书,至年底入库文书7062份。推进煤矿事故调查系统和煤矿安全生产许可证在线申请审批办理系统应用。

(钟景昌)

价格管理

【概　况】 2019年,全省各级价格主管部门坚持放管服结合助推供给侧改革,致力推进深化价格改革、创新完善价格调控、推动落实清费降本、提升优化价格服务,保持全省价格总水平及重点民生商品价格基本稳定,为建设富裕美丽幸福现代化江西营造了良好的价格环境。1—12月份,居民消费价格指数CPI同比平均上涨2.9%,与全国平均水平持平,低于省委、省政府价格总水平控制在3%以内的调控目标要求;工业生产者出厂价格指数PPI同比平均下降1%,低于全国平均水平0.7个百分点。

【价格总水平调控】 适应价格形势变化,监测关口前移,新增农贸批发市场和屠宰企业等价格直报采集点,掌握源头价格波动,重要时段对水果、蔬菜、猪肉等65种生活必需品价格实行"日监测、日报告"制度。会同统计、农业、商务等部门定期或不定期开展价格形势分析,互通共享价格信息,预见预警更加及时。做好CPI、PPI指数信息发布和月、季、年度价格形势分析,上报国家各类价格监测报表600余份,发布各类价格监测信息300余条,汇总编发《江西省居民生活必需品价格监测报表》107期、《江西省猪粮比价》52期,编撰《江西市场与价格》《价格月刊》各12期,形成各类价格走势专报、通报19期。强化综合施策,牵头会同相关部门制定江西生猪市场保供稳价措施,下达冻猪肉收储任务、部署冻猪肉储备投放工作,印发实施应对后期猪肉价格上涨保障困难群众基本生活预案,出台完善蔬菜产供储销体系稳定价格水平的政策措施,有效抑制以猪肉、蔬菜为代表的食品类结构性价格持续上涨问题。强化横向协调,沟通协调财政部门落实冻猪肉储备经费来源、农业部门推进生猪和蔬菜生产供应工作,会同教育部门出台稳定大中专院校食堂免租惠及学生政策,协调省医保局暂缓医疗服务费调整,商请宣传、网信部门支持开展重点舆情监测和生猪、蔬菜保供稳价工作宣传,平抑价格、稳定预期效果良好。协助省纪检监察部门和司法机关完成31项价格认定工作,认定标的数量近千件。落实国家会议精神,召开省、市两级重要民生商品保供稳价工作会议,分解任务、传导压力,夯实地方主体责任。四季度连续组织召开江西价格总水平调控工作座谈会、发展改革系统价格总水平调控工作会等专题会议,确保实现全年CPI调控目标。

【价格改革】 按照国家发改委统一部署,启动江西电网2020—2022年输配电价核定工作,对江西输配电价水平进行初步测算。经省政府同意,报国家发改委备案,出台江西深化燃煤发电上网电价形成机制改革实施方案,建立燃煤发电上网电价"基准价+上下浮动"的市场化价格机制。农业用水价格综合改革新增实施面积13.33万公顷,同比增长76.8%。制定江西农业水价综合改革2019年度实施计划任务,将新增改革实施计划分解到乡镇、村组,落实到灌区和地块。参与制定江西省城镇生活污水处理提质增效三年行动实施方案(2019—2021年),建立污水处理服务费与成效挂钩的付费机制。对现有经营服务性收费目录内的14大类22个项目再次逐项清理,放开4项一级项目,9项二级项目;取消3项二级项目;变更7项一级项目名称,制定形成江西经营服务性收费目录"一张网"清单,做到"凡是市场能自主调节的就让市场来调节",能放开的尽量放开,让价格能够有效反映市场供求关系。

【降低企业负担】 完成国务院《政府工作报告》关于一般工商业平均电价再降低10%的任务，全省一般工商业平均电价每千瓦时再降低6.86分，平均降幅10.03%，每年可减轻企业用电成本18亿元。利用国家增值税率降低到13%政策，相应降低13个省内水电站和1个天然气分布式能源站上网电价，为降低一般工商业电价争取到8200万元降价空间。落实国家基准门站价格由每立方米0.84元下调为0.82元政策和上游供气企业淡季价格调控措施；天然气省内管道运输价格由每立方米0.24元降到0.2元，降幅16.67%；城镇燃气配气价格由全省平均每立方米0.754元降到0.64元，降低0.114元，降幅15.12%；年减轻工商企业用气成本5.2亿元。参与制定取消江西省高速公路省界收费站实施方案，优化完善高速公路差异化收费政策，并加大对ETC用户的优惠力度，车辆通行费优惠折扣不少于5个百分点。进一步清理规范铁路货运收费，基本做到地方政府附加"零"收费。组织调整货车通行计费方法，统一按车(轴)型收费，尽可能降低收费标准，有效确保不增加货车通行费总体负担。助力优化口岸营商环境，一方面降低货物港务费、港口设施保安费、引航(移泊费)、航行国内航线船舶拖轮费4项收费标准，降幅分别为15%、20%、10%和5%；另一方面按照"减项、并项"原则合并收费项目，将原有7项合并为3项。大幅降低低温容器和低温罐车检验收费标准，最高降幅66%。进一步挖掘降价潜力，降低人民防空易地建设费、无线电频率占用费、商标注册收费等一批行政事业性收费标准，仅人民防空易地建设费一项，为企业减负1.5亿元左右。

【保障和改善民生】 组织开展价格补贴联动兜底专题调研督导，研究提出常态化实施情况下10个工作日发放到位的要求，并建立定期调度通报制度，3—12月，全省累计发放价格临时补贴2.94亿元，惠及2120.74万人次(220余万人)，及时缓解物价上涨影响，有效保障困难群众基本生活。持续降低景区门票价格，平均降幅18%，实现门票价格在50元以上的景区降价全覆盖。规范教育收费管理，研究制定公办中小学服务性收费和代收费管理办法，核定部分大中专院校教育项目及部分教材收费和价格。进一步降低老城区改造城镇燃气工程安装收费标准，平均收费标准由2651元/户降为2265元/户，降幅15%，年减轻居民负担约1800万元。加强重点行业和民生领域内重要商品(服务)成本监审，累计核减不合理成本4.23亿元，占经营者上报成本总额29.24%。围绕国家任务开展农本调查，不断优化样本结构和调查户管理，及时形成上报高质量调查报告。

(徐帆)

市场监督管理

【概　况】 2019年，全省新登记各类市场主体62.97万户，增长16.6%。其中企业20.02万户，增长12.89%。截至年底，全省实有各类市场主体288.98万户，增长11.79%。其中企业83.76万户，增长15.97%。质量强省战略深入实施，企业发展质量持续提升。全省12个专利入围第21届中国专利奖公示候选对象。新增注册商标9.6万件，全省现有商标有效注册量38.1万件，增长46%；食品药品、特种设备、工业产品质量"三大"安全形势稳定向好，没有发生重特大安全事故，没有发生有社会影响的事故，没有发生系统性、区域性质量安全问题。全省市场监管部门有江西省纤维检验局、赣州市市场监管局等6家单位被授予"全国市场监管系统先进集体"、6个基层分局被授予"全国市场监管系统优秀市场监管所"。

【市场监管机构改革】 按照省委、省政府统一部署，省市场监管局整合原省工商、质监、食药监、知识产权、价格检查、反垄断等6个部门职能组建成立，省市场监管局局党组成立后推行领导分工大交叉、干部队伍大交流、办公场所大调整政策，局领导分管处室中三分之一以是原任职单位以外的业务处室，有的完全进行对调，与原分管工作相比，管的人不完全一样、管的事不完全一样；每个处室人员构成基本上是原工商、质监、价格检查(知识产权、食品监管)各占三分之一，每个处室都不是原班人马；大部分楼层是原工商、质监、价格检查(知识产权、食品监管)相关业务处室各占三分之一，拉近了干部职工的空间距离。大交叉、大交流，彻底打破派别区分，破除心理上的界限壁垒，拆掉原单位留下来的文化隔阂，让大家感受到走进一家门、就是一家人、和谐一家亲。加速处室之间、干部之间融合，提升机构改革成效，夯实市场监管组织保障。

【质量强省战略实施】 经省政府批准，将省质量兴省领导小组调整为省质量强省工作领导小组，由省政府主要领导担任组长。印发《中共江西省委江西省人民政府关于开展质量提升行动 建设质量强省的实施意见》，将质量提升工作职责明确到54个省有关单位。省市场监管局成立推动高质量发展领导小组，做好市场监管领域质量发展任务分解，将目标责任明确落实到各处室、直属单位。开展全省"质量月"活动，联合省政府新闻办召开新闻发布会，在景德镇举办活动启动仪式暨质量提升成果展，开展对标达标专项行动、计量精准服务民营企业行等系列活动，参与"质量月"活动企业3825家次、群众2.19万人次。联合省发改委开展服务业质量提升专项行动，联合省民政厅等5部门联合开展养老院服务质量建设专项行动。委托第三方机构开展江西省公共服务质量监测工作。根据国家市场监管总局提供线索，对上饶市昊锐电子科技有限公司生产的部分云朵起泡胶产品开展召回调查，召回涉及缺陷产品3000个。举办卓越绩效评价准则标准培训班，全省各地近200名企业代表参加了培训。

【市场准入环境优化】 按照"放管服"改革要求，持续深化商事制度改革，推进服务便利化，让老百姓感受到新组建的市场监管部门办事更快、服务更好、程序更简、花钱更少。出台《省市场监管局服务民营经济发展若干措施》，拿出12条务实管用的服务举措。建成全省企业开办“一网通办”平台，将企业开办时间压缩至2个工作日内(含公章刻制、发票申领、社保登记等业务环节)。全面推行“网上办、不见面、快递送”，实行“延时服务”“预约服务”，全省企业网办率85.16%，省局及部分市县局行政许可证书免费快递寄送。发布《政务服务“一次不跑”》地方标准。企业注销改革列入全省优化提升营商环境十大行动，建成全省“企业注销网上服务专区”，实现企业注销“一网”服务。全面推开“证照分离”改革，确定改革事项4类106项。开通赣江新区及重点项目审批绿色通道，将研究用对照药品一次性进口受理审批时限由25日减少至3日。全面下放冠省名企业名称登记核准权限，在赣江新区等7个地方试点推进企业名称自主申报改革。在新余、抚州南城、九江共青城等地开展“以照含证、集约办理”改革试点。

【质量技术基础建设】 坚持围绕电子信息、装备制造、新能源、新材料等全省优势产业，科学规划、合理布局全省检验检测公共技术服务平台体系建设。建成省钨与稀土产业计量测试中心，并通过国家级产业计量测试中心批筹专家论证。省电瓷产业计量测试中心进入专家验收阶段。省药检院“中成药质量评价重点实验室”获批国家药监局“首批重点实验室”。省医疗器械检验检测中心纳入“国家医疗器械检验检测能力提升重大项目”。做好“国家食品包装及接触材料质量监督检验中心(江西)”筹建准备工作。组织专家对基本完成筹建任务的国家羽绒及服装制品质量监督检验中心进行自查验收工作。组织专家组对“江西省油茶产品质量监督检验中心(筹建)”进行正式筹建验收。起草《市场监管系统省级质检中心筹建验收工作程序(试行)》。出台《江西省市场监督管理局科技计划项目验收细则(试行)》。2019年，获得国家市场监管总局技术保障专项项目2项、科技计划项目2项；获省级科技计划项目立项6项。启动“省级有机产品认证示范区”创建。全省获有机产品认证企业(组织)799家、证书1165张，分别居全国第三位、第四位。

【产业标准体系健全】 召开2019年省部生态文明标准化联席会议。印发《2019—2020年生态文明标准化合作行动计划》，健全绿色生态地方标准体系。开展百城千业万企对标达标工作。实施江西省企业标准“领跑者”制度，营造“生产看领跑、消费选领跑”的市场氛围。

成立江西省中医药标准化专家库，开展江西省中医药标准化体系研究。协调对接成立全国针灸标准化技术委员会热敏灸分技术委员会，批复成立江西省中医药标准化技术委员会等3个省级标委会，开展《江西省专业标准化技术委员会管理办法》修订工作。加快国家技术标准创新基地建设，新增中药节能等6个行业分中心。出台《关于开展农业九大产业发展标准化提升工程的意见》，启动服务农业九大产业发展的标准化提升工程。参与《旋翼飞行器飞行动力学——概念、量和符号》和《民用无人驾驶航空器系统分类和分级》2项国际ISO标准起草，指导制定《稀土金属及其氧化物中非稀土杂质化学分析方法》等3项国家标准。下达《江西省美丽休闲乡村建设规范》等179项省地方标准制修订计划，发布《“江西绿色生态”品牌评价通用要求》等127项省地方标准。做好电动自行车新强制性国家标准《电动自行车安全技术规范》(GB 17761－2018)实施工作。

【商标品牌建设】 推进商标注册便利化，在行政办事大厅推行商标注册自助服务指南，指导网上商标注册申请。利用企业注册窗口和商标受理窗口指导商标与字号一体注册保护，打造统一品牌。2019年全省商标注册申请件数10.67万件，商标注册件数9.69万件。截至年底，全省有效注册总量38.19万件，增长46%。通过举办马德里商标国际注册培训班、发放《马德里商标国际注册工作指南》宣传资料、上门指导等方式，引导企业进行马德里商标国际注册，实施“走出去”战略。全年全省共申请商标国际注册49件，增长120%，是申请商标国际注册最多的一年。全省共有马德里商标国际注册156件。建立推进地理标志商标注册数据库，有序推进农产品和地理标志商标注册工作。2019年，新申请地理标志商标30件，新增注册地理标志商标11件，全省注册地理标志商标91件。向国家知识产权局商标局推荐申报“华绿”“谷晶”“天窗”商标3件，江西南亚铝业有限公司“南亚龙”商标获认中国驰名商标。赣南脐橙、庐山云雾茶、赣南茶油入围2019年国家地理标志保护产品品牌价值前50强。指导宁红茶、庐山云雾茶、浮梁茶申请驰名商标认定保护。开展商标质押融资企业调查摸底，向建设银行推送意向商标质押贷款企业300余户，授信金额3亿多元。开展知识产权执法“铁拳”行动，强化商标保护协作机制。

【信用监管改革】 推动“双随机、一公开”全覆盖，组织开展企业公示信息、登记事项和年报定向抽查、食品药品跨部门抽查等25次，检查市场主体9.60万户，已公示结果8.48万户，公示率88.29%。联合人社、海关、统计、药监部门，开展跨部门“双随机、一公开”联合抽查1次，对全省665户食品、药品企业诚信度进行一次全面“体检”，覆盖面之大、涉及部门之多，在全省均属于首次，被省委依法治省办选为推进全面依法治省“八大示范工程”优秀案例。企业年报公示工作完成，2018年度企业年报公示率92.68%，提高0.99个百分点，列全国第十五位，同比提高4位。截至年底，企业信用信息公示系统共归集行政许可、行政处罚等20种市场主体信用信息3224.1万条，增加542.2万条，增幅超过20%；17.4万户/次企业被列入经营异常名录，3.3万户/次企业被列入严重违法失信企业名单。严厉打击“被老板”“被股东”现象，全省共受理群众举报702起，已经处理完毕682起，其中撤销企业设立登记672起，引导企业办理注销登记8起。

【食品安全监管】 《关于深化改革加强食品安全工作 推进全省食品安全治理现代化的实施意见》经省委常委

会、省政府常务会审议通过。《关于改革和完善疫苗管理体制的实施意见》经省委深改委会议审议通过。省政府办公厅印发食品生产加工小作坊三年提升计划。启用食品生产监督核查电子化管理系统。在全国率先制定《食品安全城市评价规范》等地方标准、出台特殊食品自查报告制度。"零差错、零事故"保障央视春晚井冈山分会场、世界 VR 产业大会等重大活动食品安全 110 余次。紧盯庆祝国庆 70 周年、中央领导到赣视察调研等重要活动,部署食品安全整治,保障市场安全稳定。突出抓好校园食品安全保障,全省学校食堂"明厨亮灶"覆盖率 88.72 %;部署推进餐饮服务食品安全环境卫生攻坚行动,开展旅游市场食品、农村食品、网络食品,以及婴幼儿辅助食品、粉丝、粉条、食用植物油、乳制品、糕点等食品专项检查。聚焦食品、保健食品欺诈和虚假宣传等损害群众利益的突出问题,开展整治食品安全问题联合行动。开展全省百家食品生产企业提升食品质量公开承诺活动。南昌等地试点开展食用农产品销售电子化追溯。全年完成省级食品监督抽检 73875 批次,增长 10.7%,抽检合格率 97.08%。

【药品安全监管】 出台药品职业化检查员队伍建设相关政策,在全国率先建立"一办一中心五所"药品监管体系。《关于改革和完善疫苗管理体制的实施意见》经省委深改委会议审议通过。2019 年,共完成中央和省级抽检 2.10 万余批,完成率 102%。发布不良反应报告 8.55 万份,每千人 1.8 份,全国排名第六位。组织各类检查 4260 次,基本做到对直接监管的 1237 家生产经营企业全部覆盖一遍。对疫苗、血液制品、特殊药品、中药注射剂、植入性医疗器械、婴幼儿化妆品等高风险产品全覆盖检查在 1 次以上。吊销生产许可证 15 张,办案 78 件,同比翻近 10 倍,有力地保证了"两品一械"安全。先后组织召开药品生产企业、药品批发企业和医疗器械生产企业落实质量安全主体责任会议,与 1200 余家企业签订药品质量安全承诺书。牵头召开全省疫苗安全第一次厅际联席会,审议通过疫苗安全应急预案;启动省级智慧监管平台建设一期项目建设。强化风险研判和应急处置,紧急处置南昌大学二附院人免疫球蛋白事件。及时处置"3·15"宝宝霜事件网络炒作,避免了舆情发酵;稳妥处置江西三鑫公司血液透析器事件,迅速排除产品风险并及时组织恢复生产,挽回企业经济损失近 2.5 亿元。

【特种设备安全监管】 在全省启动特种设备"打非治违"百日行动,发现、整改各类安全隐患 1589 条。组织特种设备隐患排查治理,累计对 3587 家企业 48975 个特种设备危险源进行重新辨识,确定 87 个重大危险源,排查隐患 12589 条,治理隐患 12338 条。建立健全特种设备危险源辨识和隐患分级排查工作程序和指南,组织专家结合《江西省安全风险分级管控体系建设通用指南》及相关标准,制定印发《江西省特种设备双重预防机制工作程序》。坚持每季度通报全省 7 类特种设备定期检验情况,督促各级监察机构、检验机构做好特种设备定期检验工作,保障设备安全运行。组织企业开展各类应急救援演练,全省共组织专项应急救援演练 132 次。九江、上饶、萍乡等地相继建成电梯应急处置服务平台,全省纳入平台电梯数万台。开展全省特种设备使用单位"双随机、一公开"监督抽查,以 5% 的比例抽查使用单位 1800 余家。同时,依托省政府行政执法平台,对 63 家特种设备生产单位、8 家检验检测机构组织实施"双随机、一公开"监督抽查。联合省生态环境厅印发《关于做好 2019 年燃煤锅炉专项整治工作的通知》,全年淘汰 10 蒸吨/小时及以下燃煤锅炉 547 台。

【工业产品质量安全监管】 加强专供国庆 70 周年焰火产品质量监督,省市县三级市场监管部门同心协力,狠抓督导检查、驻厂监管和专项抽查,抽查产品 5.6 万个(发),确保产品批批合格,为国庆 70 周年晚会保安全。同时,加强国庆 70 周年江西彩车质量安全技术服务,组织专家到现场提供咨询和指导,派员驻厂对彩车焊缝进行检验。首次采取公开招标检验机构方式,对 127 种产品质量开展监督抽查。开展产品质量安全风险监测,对 29 种产品开展风险监测。开展消费品质量安全"进社区、进校园、进乡镇"消费者教育活动。开展重点工业产品质量安全专项整治。全省共对 2904 家企业的 3691 批次产品质量进行监督抽查,检查工许、3C 获证企业 468 家,查处质量违法案件 1132 起,移送司法机关案件 5 起。开展儿童和学生用品安全守护行动,整治一批问题突出产业集聚区,清理一批违规生产销售产品。开展安全帽等特种劳动防护用品专项监督检查。开展特种设备和重点工业产品质量安全大检查。加强棉花等纤维质量监督。开展成品油市场专项整治,查办违法案件 216 起。

【广告市场监管】 以关系人民群众生命和财产安全的食品、保健食品、医疗、医疗器械、金融理财、收藏投资、房地产等广告为重点,开展虚假违法广告专项整治。2019 年,全省纸质类媒体,继续保持零违法率,各类主流媒体违法率继续保持下降趋势。全年全省广告监管机关共监测各类媒体广告 12 万余条次,开展行政约谈 170 余次,立案查处违法广告案件 417 件。压实互联网平台广告监管责任,聚焦社会影响大、覆盖面广的门户网站、搜索引擎和电子商务平台,加大重点广告违法案件督办力度。通过广告监测数据购买服务和自建广告监测平台项目,对省、设区市级传统媒体 111 家及重点互联网媒体 50 家发布广告情况开展监测试运行工作。同时,筹备自建广告监测平台,除省、市级传统媒体外,将全省县(市、区)级传统媒体 115 家广告发布情况纳入监测范围,并将重点互联网媒体发布广告情况进行监测对象扩大到 100 家。支持和引导大型广告企业建设广告产业园区、有条件的广告产业园区申报认定省级广告产业园、国家级广告产业园区,指导和帮助江西日报传媒集团"豫章 1 号广告创意产业园"的建设发展。利用第 26 届中国国际广告节及"江西广告产业发展资源融合峰会"等有利时机,对省产汽车品牌开展宣传,扩大省产汽车品牌知名度。

【网络市场监管】 落实促进网络经济发展有利举措，不断壮大网络经济总量。据全国网络交易平台监管服务系统（江西专版）数据显示，截至年底，全省本地网络交易平台118家，网络经营主体规模18.55万户，其中B店3.18万户、C店4.93万户、辖区内独立网站数10.44万户。开展2019网络市场监管专项行动，网上检查网站、网店3.18万个次，实地检查网站、网店经营者7814个次，督促网络交易平台删除违法商品信息746条，责令整改网站500个次，提请关闭网站229个次，已责令停止平台服务网店153个次，查处网络市场违法案件392件。将销售假冒伪劣违法行为作为网络市场监管重点，不断加大查处打击力度，上饶、萍乡查处了假冒特百惠系列水杯、假冒“红牛饮料”、假冒“和成天下”和“叼嘴巴”槟榔等一批影响较大的违法案件。加强网络订餐平台和餐饮服务提供者执法检查，督促网络订餐平台落实主体资质审查、公示食品经营许可信息等责任。在全省范围内开展对利用合同格式条款侵害消费者权益的违法行为专项整治行动，下达行政建议书220份，责令整改通知书217份，共立案80件。组织开展“2018年度江西省守合同重信用公示”活动，719家企业符合公示要求。

【价格监督检查】 规范涉企收费行为，年内先后3次联合8家单位开展涉企收费专项整治，规范涉企收费行为，切实减轻企业负担。以破除“红顶中介”为突破口，清理金融、物流、进出口、检验检疫检测、人才流动等重点领域和关键环节涉企收费行为，重点整治政府部门下属单位、行业协会商会、中介机构等行业乱收费行为，全面公示有关事项。全省共检查单位708个，查处违规案件17件。组织全省开展落实小微企业收费优惠减免政策专项抽查，抽查单位633家，其中商业银行31家、自然资源部门（不动产登记机构）38家、其他行业564家。关注转供电环节电价、医药、教育、房屋中介、汽车消费、电商等民生领域，部署全省开展重点领域价格专项治理工作。在全省范围内组织开展医疗服务价格重点治理工作，立案232件。强化猪肉价格监管，打击哄抬物价、欺行霸市、囤积居奇等非法交易行为，维护猪肉市场正常流通秩序。先后对民办学校、电信、驾校、电商、砂石等民生关注度较高的领域召开提醒告诫会，发布相关行业价格行为提醒告诫书，宣讲价格法律法规政策，明确相关主体应履行的价格义务，强调监管重点及法律责任，提高监管效能。

【反不正当竞争】 以省公平竞争审查工作联席会议办公室名义印发《关于切实做好公平竞争审查工作的通知》，要求各地各部门按照“谁起草、谁审查”的原则，切实做好公平竞争审查工作，努力营造公平竞争的环境。召开省公平竞争审查工作联席会议成员单位联络员会议，充分发挥联席会议作用，形成高效运行的长效工作机制。组织全省开展重点领域反不正当竞争执法行动，重点查处借“不忘初心、牢记使命”主题教育搞不当营商活动，以及“保健”市场、互联网、医药等领域的商业贿赂、虚假宣传等不正当竞争行为。开展反行政垄断执法，及时纠正新余市、赣州市于都县有关部门滥用行政权力，排除、限制竞争的行为。集中开展整治欺行霸市、强买强卖和收取保护费等乱象的十大整治行动，组织开展对黄赌毒和黑恶势力听之任之失职失责甚至包庇纵容充当保护伞的问题专项整治。加大打击传销力度，严厉打击聚集型传销，开展涉及传销不稳定问题和隐患摸排化解工作，摧毁传销窝点2134个，查获传销人员12658人，遣返及遣散传销人员6999人，刑拘传销人员814人，解救被骗人员799人。

【消费权益保障】 印发《江西省市场监管局关于完善促进消费体制机制进一步激发居民消费潜力的责任分工的通知》，发挥市场监管职能，激发居民消费潜力；完成“12315”“12365”“12331”“12358”“12330”5个投诉举报热线的统一整合，实现市场监管热线“12315”一个号码对外服务，正式切换使用国家市场监管总局新版“12315”投诉举报平台，进一步畅通消费投诉举报渠道；推进“放心消费创建”工作，全省共授牌“创建放心消费示范店”813户；开展消费投诉公示试点工作，保障消费者的知情权和选择权。开展彩色电视机强制性认证产品有效性抽查，开展加油机、定量包装、眼镜制配等民生领域计量检查。全年受理消费者咨询、投诉、举报29万件，其中投诉6.5万件。

（陈福恪）

知识产权

【概　况】 2019年，全省知识产权创造各项指标均高于全国平均水平，专利申请91474件，增长6.4%；专利授权59140件，增长12.0%。其中，发明专利申请14101件，高于全国平均增幅15个百分点；发明专利授权2744件，增长8.7%。万人有效发明专利拥有量2.88件，增加0.48件。推荐27个项目申报第21届中国专利奖，其中12个项目入围，为历年最多，入围率达44%。出台《关于加快提升专利质量推动知识产权高质量发展的若干意见》，加强专利发展政策支撑。12月2日，在赣州举办第十三届中国专利周江西主会场活动，加强专利社会宣传。南昌代办处推行窗口业务“只跑一次”或“一次不跑”，实行窗口延时、预约服务。

【推行专利权质押融资】 围绕企业“融资难、融资贵”问题，发挥知识产权无形资产作用，出台《进一步加强江西省知识产权质押融资等金融工作的意见》，在九江、新余、鹰潭、赣州、南昌等地共组织15场知识产权金融服务政银企对接会，700多家科技型企业参加对接。九江银行、交通银行分别推出知识产权质押融资专属产品。全省专利权质押融资突破10亿大关，达12.22亿元，专利质押项目数98项，分别增长35.3%、53%。

【专利代理监管】 推进专利代理行业“蓝天”专项行动。完成全省40余个专利代理机构、分支机构、专利代理师的自查和信用承诺工作，以及20余条国家知识产权局转交案件线索的核查处理工作。通过“双随机、一公开”对10家专利代理机构进行实地检查。在全省范围内组织开展非正常专利申请核查处理专项行动。全省被认定为非正常专利申请共2763件,经过全面核查处理,主动撤回2725件,撤回比例98.6%,并追回非正常专利申请资助和奖励资金。

【知识产权示范企业建设】 江西恒大高新技术股份有限公司等3家企业被确定为国家知识产权示范企业,江西惠农种业有限公司等38家企业被确定为国家知识产权优势企业。全省国家知识产权示范企业首次突破20家,截至年底,共培育出国家级知识产权示范企业22家,国家级知识产权优势企业140家。

【知识产权试点、示范市县建设】 2019年,江西省获批试点示范城市数量取得突破,昌江区等9个县(市、区)获国家知识产权强县工程试点县;高安市、樟树市获国家知识产权强县工程示范县;九江市、鹰潭市获国家知识产权试点城市。江西省2019年度获批“国家知识产权强县工程试点县和示范县”数量全国排名第三位;“国家知识产权试点城市”数量全国排名第二位。全年共完成10个国家知识产权试点县考核和验收,并通过国家知识产权局的复核,南昌市通过示范城市建设复核验收。

【开展专利执法保护行动】 制定印发《2019年度江西省知识产权系统执法保护专项行动方案》,加大对侵犯知识产权行为惩治力度。全省共调处专利侵权案件共379件。开展专利真实性“双随机、一公开”检查,对抽查发现的违法行为,依法加大惩处力度,形成有效震慑,全省共抽查市场主体1710家。组织申报知识产权侵权纠纷检验鉴定技术支撑体系建设试点,南昌市获批为全国首批22家试点单位之一。

【知识产权队伍建设】 全国专利代理师资格考试连续7年在南昌设立考点,2019年南昌考点通过报名考生共计358人,990科次。吉水中学、南昌市第三中学获批全国第四批中小学知识产权试点学校,截至年底,全省共4所学校获批全国知识产权教育试点学校。

(陈福格)

自然资源管理

【概 况】 截至2018年年底,全省土地总面积1669.36万公顷。其中,耕地309.01万公顷,占18.51%;园地31.74万公顷,占1.9%;林地1029.98万公顷,占61.7%;草地26.84万公顷,占1.61%;城镇村及工矿用地99.98万公顷,占5.99%;交通运输用地25.12万公顷,占1.51%;水域及水利设施用地124.95万公顷,占7.48%;其他土地21.74万公顷,占1.3%。

2019年,全省土地供应8435宗,面积2.66万公顷。从供地类型看,工矿仓储用地6346.67公顷、商服用地1766.67公顷、住宅用地4593.33公顷、交通运输用地及公共管理和公共服务用地等其他用地1.39万公顷,占土地供应总量比重分别为23.88%、6.65%、17.28%和52.19%。全年全省国有建设用地出让总价款2060.52亿元,其中招拍挂出让4800宗、出让面积1.15万公顷、出让总价款1958.54亿元,占出让总价款的95.05%。

截至2018年年底,全省已发现矿产144种(以亚矿种计193种)。查明有资源储量的矿产112种(以亚矿种计共153种),其中能源矿产5种、金属矿产49种、非金属矿产56种(以亚矿种计97种)、水气矿产2种,列入2018年江西省矿产资源储量表的矿产103种(以亚矿种计127种)。

2019年,全省矿产资源勘查共投入资金3.89亿元,增长51.53%。其中,地方财政投入1.18亿元,占总量的30.27%,增长23.82%;社会资金2.71亿元,占总量的69.73%,增加67.84%。全省共实施矿产勘查项目330项,完成钻探工作量40.44万米,增长30.94%;完成坑探工作量4336米,增长26.01%;完成槽探工作量7.37万立方米,增长1.67%;完成浅井工作量1567米,增长62.89%。全省已建成煤炭、黑色金属、有色金属、建材、化工、盐业六大矿业体系,江铜、新钢、萍铜、九江石化、洪钢等5个矿业加工企业年销售收入超百亿元。全年全省地勘单位自筹资金或承担社会资金投资的境外矿产勘查项目8个,总投资为948万元,减少14.07%。共完成钻探382米,槽探3657立方米。

【江西省第三次全国国土调查】 全年全省100个县级调查单元全部完成内业矢量化、外业调查、数据库建设、县级自查、市级复查、省级核查,调查成果按期提交国家核查。全省1万多名调查人员参与,通过内外业调查形成10个图层、1140万个地类图斑、120万个标注信息、160GB容量的国土调查矢量数据,对362万个地类图斑进行实地拍摄照片或视频举证,获得2466.5万张、7.25TB的举证照片,6.6万个、251GB的举证视频,初步查清全省16.69万平方千米的湿地、耕地、种植园用地、建设用地、未利用地等国土利用现状构成和自然资源变化情况。

【矿产资源规划编制】 规范设区市第三轮矿产资源规划调整和修改的审查工作流程,矿规调整方案需征求相关部门意见和省自然资源厅相关处室会审。年内收到萍乡、宜春、新余、景德镇、赣州和九江等设区市及丰城市调整矿规的请示文件和材料,萍乡等6个设区市的调整方案,共涉及新增或调整的规划区块56个,删减的规划区块31个,均已通过省政府批准并由省自然资源厅下发批复。另有28个县级矿规调整由设区市政府批准,涉及开采规划区块221个,其中建筑用砂石的有154个;8个县级矿规调整已提交申报材料,涉及开采规划区块48个,其中建筑用砂石的有19个。

【砂石资源保障】 会同省发改委、省工信厅、省财政厅、省住建厅、省交通厅、省水利厅联合印发《关于促进机制砂推广应用的意见》,启动矿产资源规划修编工作,优化新增154个建筑用石料规划矿区。截至年底,全省机制砂企业(含基建企业)255家,设计总产能6800万吨,实际产量1200万吨。全省年用砂量1.8亿吨左右,机制砂占比由2018年的0.9%提高到6.7%,全省有效建筑用石料矿采矿权597个,矿区总面积73平方千米,保有资源储量26.7亿吨,年总生产规模1.72亿吨,产量1.5亿吨。

【国土空间规划体系建设】 9月,下发《关于开展国土空间规划"一张图"建设和现状评估工作的通知》,组织开展全省的视频培训。11月,省委、省政府印发《关于建立国土空间规划体系并监督实施的意见》,明确建立全省"四级三类"国土空间规划体系。年内审议通过《江西省国土空间规划(2019—2035)编制工作方案》,省政府成立领导小组。组织规划编制团队对11个设区市、8个省直单位、26个县(市、区)、30个乡镇,召开30多场调研座谈会,开展为期1个月的百人大调研活动,形成现状调研报告。《大南昌都市圈国土空间规划》完成征求意见。组织开展《大南昌都市圈国土空间规划》和《大南昌都市圈城镇体系规划》编制工作,已完成征求意见稿。12月5日,召开"构建新时代国土空间规划 助推全省高质量跨越式发展"新闻发布会,对江西省国土空间规划体系进行全面解读。在全国率先下发《关于全面开展市县国土空间总体规划编制工作的通知》,全面部署推进市县国土空间总体规划编制。截至12月中旬,31个市县印发市县国土空间规划编制工作方案、成立领导小组,35%的市县启动规划编制工作。研究制定《江西省市县国土空间总体规划编制导则(初稿)》等技术文件。通过建设"江西国土空间规划公众号""江西省国土空间规划大讲堂",促进行业交流。先后召开两期江西省国土空间规划大讲堂,为全省市县国土空间规划管理人员培训。

【村庄规划】 组织对全省1.71万个行政村,15.85万个自然村组进行调查分类,按照自然资源部有关要求分为五类。其中,集聚提升类11.78万个,占自然村总数的74.38%;城郊融合类1.50万个,占9.46%;特色保护类8382个,占5.29%;搬迁撤并类1.01万个,占6.36%;看不准的村庄7150个,占4.51%。按照集聚提升类、城郊融合类、特色保护类3类,在全省选择以赣州市于都县梓山镇潭头村为代表的"1+50"个村庄,开展"多规合一"实用性村庄规划编制试点工作,形成《江西省"多规合一"实用型村庄规划试点案例手册》,总结推广江西试点经验。组织制定《江西省村庄规划编制工作指(试行)》和《江西省村庄规划编制技术指南(试行)》,融合土地利用规划、城乡规划等规划内容,为"多规合一"实用性村庄规划提供技术指导。

【耕地保护】 完成2018年度市县政府耕地保护责任目标考核,签订2019年度耕地保护责任状,全省292.73万公顷耕地保有量、246.2万公顷基本农田保护面积和19.33万公顷建设高标准农田的年度耕地保护目标任务分解到位。

【高标准农田建设】 组织开展2018年度高标准农田建设上图入库工作,2018年度高标准农田建设计划规模19.33万公顷,实际建成19.45万公顷,上图入库项目144个。

【耕地质量等别年度调查评价与监测】 完成全省2018年耕地质量等别更新评价与监测评价工作,开展全省2019年耕地质量等别更新评价工作。配合自然资源部完成庐山市耕地质量和耕地产能评价试点工作,开展寻乌县园地分等调查评价试点研究。

【赣南等原中央苏区农村土地整治重大工程】 赣南等原中央苏区农村土地整治重大工程以山水林田湖草生态系统修复为核心,以脱贫攻坚为目标,以生态文明建设为特色的土地综合整治重大项目,涉及赣州市、抚州市和吉安市共3个设区市34个县(市、区),总建设规模3.31万公顷,涉及农用地整理、村庄整治、地质环境治理、废弃工矿地治理、水土流失治理等5种建设类型,总投资17.56亿元,其中中央投资8.78亿元,地方投资8.78亿元。年底前完成重大工程的各项工程施工。

【"节地增效"行动】 4月,省政府印发《关于实施"节地增效"行动的指导意见》,在全省范围内部署实施开展"节地增效"行动。行动任务分解为4大类共48项具体工作,实行月调度、季汇总、年评价工作机制,并加强实地督导,指导督促任务推进。通过召开新闻发布会、工作座谈会、专项推进会等形式,介绍"节地增效"行动任务情况,抓好政策解读,促进工作开展。依托"节地增效"行动专题研究,跟踪进展、发现问题、破解难题、形成对策。自然资源部副部长王广华听取江西省"节地增效"行动专题研究汇报并给予充分肯定。自然资源部在南昌召开全国节约集约用地

抚州市南城县高标准农田

省自然资源厅供

工作推进会并介绍江西经验。

【批而未用土地消化专项行动】 开展批而未用土地消化专项行动。2019年度全省累计消化2008—2018年批而未用土地面积1.79万公顷，其中消化利用2018年新批土地面积7560公顷、利用率45.26%。全省批而未用土地面积实现净下降，尚有批而未用土地4.48万公顷，其中2018年新批土地尚有9146.66公顷未用。全省消化周期从年初3.9年降至2.8年，下降1.1年，批而未用率从年初27.87%降至19.91%，下降7.96个百分点。

【长江经济带生态修复工作】 自然资源部下达江西省长江经济带废弃露天矿山生态修复任务面积1635.94公顷，图斑数515个，拟修复治理废弃矿山356座。截至年底，全省共完成132座废弃露天矿山生态修复任务，修复面积920.6公顷，完成修复比例56%。2019年度投入资金3.04亿元，其中中央奖补资金1.17亿元、地方政府投入资金1.55亿元、企业等社会资本投入资金3225.8万元。

【赣州山水林田湖草生态保护修复试点】 探索废弃稀土矿山治理"三同治"模式，崩岗水土流失治理"赣南模式""多层次"流域生态补偿机制、划片系统治理，生态综合执法、生态司法、生态立法等一批创新经验，初步形成以废弃稀土矿山环境修复样板区、中国南方地区崩岗治理示范区、流域生态补偿试点先行区为突出特点的山水林田湖草综合治理样板区。

【地下水监测】 完成47个国家级地下水监测站点质量考核，122个省级地下水监测点、267个国家级地下水监测点正常运行，环鄱阳湖城市群221个省级地下水监测站点基本建设完成。开展南昌、九江、吉安、赣州、萍乡、景德镇、宜春等8个城市的地下水水位、水质监测工作；完成全省267个地下水监测站点运行维护与水质样品采集工作。部署实施江西省五河中上游河谷平原及主要矿集区地下水监测站（网）建设，进一步完善江西省地下水监测网络。

全年全省各监测区地下水位动态变化主要受大气降水及地下水开采影响，地下水位变化处于正常波动范围。按《地下水质量标准》（GB/T 14848－2017）及地下水质量综合评价方法，全省地下水质量总体呈良好级，地下水质污染以点状为主，枯水期水质质量优于丰水期。

【自然资源执法监察】 全省发现新增土地违法行为5596起，下降15.7%，土地面积2406.66公顷；矿产违法行为280起，下降18.37%，违法占用耕地比例为4.41%，没有市、县（区）达到问责条件。结合季度卫片监测成果推动各级严格落实动态巡查责任制，省本级直接开展覆盖全省的土地、矿产动态巡查各一次。实行行政执法公示制度、执法全过程记录制度和重大执法决定法制审核制度，将案件录入"两法衔接"平台，实行案件查处全过程记录。全面推广应用执法综合监管平台，建成省级监管平台和省级指挥调度中心，制定《省自然资源执法监管平台实施部署方案》《自然资源执法监管平台单个市（县、区）实施部署指导价》《江西省自然资源执法监管平台管理办法》，推动市县两级平台部署实施。

省本级直接查处土地、矿产违法行为4起。全省清查整治专项行动已排查线索4.8万余条，发现问题475个，已处置到位448个，整改到位率94.3%。建立执法联动协调机制，与相关部门互通执法信息，将违法行为性质恶劣、造成严重后果的单位或个人纳入社会信用体系，强化跨行业、跨领域、跨部门失信联合惩戒。

分两次（5月、11月）对设区市卫片执法检查、南京局例行督察及耕地保护督察、违法举报件办理、违法案件整改工作落实情况、执法监察工作"严起来"贯彻落实情况以及各类专项执法行动开展情况进行专项督导调研。

【余江农村土地制度改革试点完成】 余江农村宅基地、集体建设用地制度改革试点完成。全区改革试点村949个基本完成宅改任务，通过验收932个，占试点村总数98.2%。共退出宅基地4.12万宗329.73公顷，退出宅基地复垦83.87公顷，收取有偿使用费8048户1144万元，367户农民退出宅基地或放弃建房申请进城购房落户。实施平定乡洪桥村刘家、洪湖乡东阳村王家等12宗8.07公顷集体工业、旅游、公共服务用地入市，入市价款984万元。累计成交17宗，面积12.17公顷集体经营性建设用地，入市价款1505万元，土地增值收益293.2万元。余江宅基地退出、下放审批权限等改革经验被新修订的土地管理法吸收。2019年，余江宅改经验入选全国首批乡村治理20个典

寻乌县柯树塘山水林田湖综合治理项目

省自然资源厅供

型案例之一，被省政府评为乡村振兴领域“二等奖”。

【长江经济带国土空间用途管制和纠错机制试点】 省自然资源厅围绕大江大湖的生态优势，选定在省内长江岸线最长的彭泽县、港口最深的瑞昌市和鄱阳湖周边的庐山市3个县（市）开展长江经济带国土空间用途管制和纠错机制试点，试点成果通过自然资源部验收。组织编制《江西省长江经济带发展负面清单实施细则》（永久基本农田和生态保护红线部分）。《以自然生态空间用途管制试点助推江西生态文明建设》《探索国土空间用途管制纠错机制 推进长江经济带绿色发展》分别获得江西省生态文明建设领导小组办公室“江西省国家生态文明试验区改革示范经验优秀成果”一等奖、三等奖。

【地质灾害防治】 全年全省自然资源部门共组织开展地质灾害巡查排查7.29万人次，排查隐患点12.89万点次，发放防灾明白卡11.08万份。2019年将1/5万地质灾害调查新查明隐患点全面纳入群测群防体系，截至年底，全省登记在册地质灾害隐患8.01万处，其中特大型5处、大型14处、中型290处、小型7.98万处，共威胁人员56.13万人、威胁财产154.72亿元，落实群测群防员2.28万人。

2019年汛期，全省共发布省级地质灾害气象风险预警26次，市、县级地质灾害气象风险预警2467次。提前转移受地灾隐患威胁群众1.11万户4.06万人，其中24处隐患点在人员转移后发生房屋倒塌或严重损毁，避免人员伤亡38户143人。累计派出1852批6122人次技术专家参与地质灾害应急处置，对接到报告的地质灾害灾险情开展了应急调查、监测、排危除险等技术支撑工作。

全年全省共投入综合治理及避险移民搬迁资金5.42亿元，对292处地质灾害隐患点进行治理，保护人员2.11万人，搬迁受地质灾害威胁群众2903人。其中，中央财政专项补助资金1.22亿元，对54处地质灾害重要隐患点进行治理，保护人员7545人，搬迁受地质灾害威胁群众670人；省级财政投入治理资金1424.13万元，对8处地质灾害重要隐患点进行治理，保护人员1664人。

开展地质灾害防治科普宣传610次，37.9万群众接受防灾知识科普教育；组织专业培训289次，培训人员2.37万人；开展避险演练100次，2.35万人参加演练。

【测绘地理信息工作】 继续实施测绘资质申请网上办理，全年共完成乙级测绘资质审批事项71件，甲级测绘资质审批及转报56件，指导市、县完成丙、丁级测绘资质审批事项275件。截至年底，全省测绘资质证书持证单位共计755家，增加36家，其中甲级38家、乙级94家、丙级263家、丁级360家。通过网上备案管理系统完成江西省本级准予备案的测绘项目27个，其中外省单位来赣测绘项目16个。全年发放测绘作业证610本，其中甲级测绘资质单位测绘作业证491本，乙、丙、丁级119本。

在全国率先启动江西省基础测绘“十四五”规划编制工作，成立江西省基础测绘“十四五”规划编制专家咨询委员会，印发《江西省基础测绘“十四五”规划编制工作实施方案》，完成省、内外规划编制调研。组织召开全省基础测绘“十四五”规划编制工作推进会，对全省基础测绘“十四五”规划编制工作进行了部署。编制印发《江西省市县基础测绘“十四五”规划编制工作指南》，具体指导市县级基础测绘“十四五”规划的编制。

重新修订《江西省涉密测绘成果提供使用审批程序规定》，进一步精简申请材料，缩短办理时间，全面实行测绘成果网上受理审批，受理成果提供审批事项321件，受理地图审核事项106件（纸质95件、电子11件），全年提供各类地图（纸质、电子数据）52605幅及各类测绘基准点4533个，重点为民用机场选址规划、国土空间规划、第七次森林资源二类调查、水利水电建设、城乡建设规划、矿山矿产评估、高速公路、铁路建设、高压输变电工程以及变电站、风电站建设等提供了大量基础地理信息资料成果。

组织开展《绿水青山看江西地图集》编制工作，组织编制更新江西省及11个设区市标准画法示意图等标准地图22幅，并在省自然资源厅网站发布，供社会各界免费下载。

加强测量标志保护工作，全年共发放测量标志保管费23.5万元，组织建设吉安市中心广场景观测量标志点一座。

开展2019年测绘法宣传日暨国家版图意识宣传周活动。邀请中国测绘学会理事长宋超智作题为“以法治护航新时代测绘地理信息事业——新《中华人民共和国测绘法》解读”的专题讲座，开展国家版图意识“进社区”“进校园”“进媒体”“开学第一课”等活动。联合举办2019年江西省“振兴杯”测绘地理信息行业职业技能竞赛，选拔优秀选手参加全国竞赛。

【重大测绘项目】 完成2602幅第三代1∶1万地形图（3D产品）测制，测绘面积73376平方千米，实现第三代1∶1万地形图（3D产品）全省覆盖。完成南昌、九江等区域40652平方千米1∶1万地形图重点要素更新，初步形成省级基础地理信息数据更新技术体系。

加快推进智慧城市、数字城市项目建设，智慧新余时空大数据平台建设试点项目通过自然资源部验收并开通运行，数字瑞金、数字泰和、数字万年、智慧湖口等4个县级数字城市项目通过验收并开通运行，稳步推动智慧城市时空大数据平台和数字城市地理空间框架成果应用。完成省卫星导航定位基准站服务系统的安全升级改造，做好运行维护管理，保障各行业和社会用户对导航定位的需求。完成51个省级村庄规划编制试点村497平方千米1∶2000地形图测制，为全省“1＋50”个村庄规划编制试点工作开展提供高精度基础测绘成果保障。争取到省发改委省预算内基建投资300万元，启动崇仁、德安、彭泽、都昌、奉新、兴国、泰和县7个卫星导航定位基准站迁建和主控制中心服务器升级改造，完善卫星导航定位服务的数据基准，提高江西省卫星导航定位服务系统定位精度。

【测绘法治与统一监管】 按照“双随机、一公开”要求开展全省测绘资质单位巡查和质量监督检查工作，对检查中发现的问题予以通报并限期整改，进一步提升测绘地理信息资质单位整体实力。开展全省2019年测绘地理信息安全保密、地图市场及测量标志保护监督检查。九江市局依法处理一起违反测量标志保护行为。依法做好地理信息保密技术处理，联合省国家保密局、省军区战备建设局对“智慧南昌”“智慧新余”“数字抚州”“数字万年”“数字湖口”和“数字泰和”中涉密测绘成果进行会商会审，按照管理到位、处理到位、审查到位的“三个到位”原则，开展涉密测绘成果保密技术处理工作。对全省测绘地理信息资质单位强化信用管理，全年共计发布测绘资质单位有效信用信息73条，其中良好信息39条、不良信息34条，进一步加强测绘地理信息市场监管，促进测绘地理信息资质单位诚信自律。

【测绘应急保障】 进一步推进国家应急测绘保障能力江西单项工程建设，配备了无人直升机、机载激光雷达系统、航空摄影相机、应急保障车、应急数据快速处理系统、卫星通信系统等软硬件设备，形成能有效覆盖全省范围，“天空地”一体、高适应性、高机动性的应急测绘专业力量。6月12日，组织安排省测绘应急保障服务中心到井冈山大学附近山体滑坡区域进行无人机应急航摄，快速提供灾区正射影像成果。

【“放管服”改革】 组织开展“赣服通”政务服务事项梳理和平台对接工作。电子证照“测绘作业证”与“赣服通”省级平台完成对接。组织开展“互联网＋监管”系统监管事项梳理工作，形成省级“互联网＋监管”系统监管事项目录清单和检查实施清单。开展申请事项“一次不跑”“只跑一次”改革，办理率98%。印发《江西省自然资源厅关于贯彻建设用地“多审合一、多证合一”改革的实施意见》。该意见规定，合并建设项目规划选址和用地预审、合并建设用地规划许可和用地批准、推进多测整合和多验合一。印发《江西省自然资源厅关于印发江西省工程建设项目“多测合一”实施暂行办法的通知》，组织编制《江西省工程建设项目“多测合一”技术规程》，启动“多测合一”管理信息平台建设工作。制定《江西省自然资源厅办公室关于印发推进从事测绘活动单位资质许可“证照分离”改革具体举措工作的通知》，初步实现“企业法人营业执照”在线核验；实现测绘作业证电子证照上线“赣服通”。

【科技成果】 组织完成科技成果登记15项，推荐1人申报第十六次李四光地质科学奖，向自然资源部申报中国专利奖1项、科学技术奖1项，向省科技厅申报科技项目7项，申请立项建设地方标准9项，申报省科学技术奖1项；向省市场监督管理局申请立项建设“江西省绿色矿山建设”地方标准9项。完成2018年度自然资源科普统计调查工作。江西省地质勘查基金管理中心王先广获第十六次“李四光地质科学奖野外奖”。

做好省级卫星应用技术中心建设申报工作。研究开展集数据管理、产品生产、应用服务为一体的自然资源江西省卫星遥感应用技术中心建设工作，组织编制《自然资源江西省卫星应用技术中心建设方案》。

【信息化建设】 组织建设江西省“国土资源云”支撑平台，并将省自然资源厅已建的各类信息系统都迁移到“国土资源云”上。收集和更新全省遥感影像、土地利用、矿产资源、土地使用权和矿业权审批、城镇开发边界、永久基本农田保护红线、生态保护红线等40多类数据。将“一张图”的GIS分析功能嵌入建设用地审批、矿业权管理、增减挂钩等各类业务管理系统，研发省自然资源厅第一款基于互联网的移动“一张图”APP。全面启用2000国家大地坐标系，对省本级的各类自然资源数据进行2000国家大地坐标系转换，并对“一张图”核心数据库进行替换。

【不动产统一登记】 全省全年共受理不动产登记业务248.5万件，办结236.3万件，累计颁发不动产权证书123.7万本，登记证明83.8万份。印发《关于进一步压缩不动产登记办理时间的通知》，截至年底，全省各市、县（区）基本实现办理一般不动产登记、抵押登记分别压缩至5个、2个工作日内。实行“一窗受理、并行办理”，基本做到群众办事只需进一个大厅、一个窗口，有效解决群众在部门间来回跑、重复提交材料等问题，全省各市、县（区）全面建成不动产登记、房屋交易、税务“一窗综合受理”窗口。

率先出台《关于做好过渡期林地经营权登记工作的通知》，明确林地经营权登记具体政策和操作规范。推动各地利用乡镇便民服务中心开展代理登记申请，为农民群众申请登记提供就近服务，让农民群众申请房地一体确权登记时“拿张身份证、填张表、可领证”。

【自然资源档案服务】 提供基础测绘基本比例尺纸质地形图和测量控制点资料服务共计200余批次，接待测绘成果资料借阅100余次。提供日常基础测绘数据成果分发服务工作：数字线划地图1.18万幅（244GB），数字高程模型7189幅（80GB），数字正射影像3.12万幅（19.3TB），各类卫星影像3万平方千米（3TB）。为省行政中心48套省级领导灯箱地图进行维护、更新。提供各类地图服务，地图、地图集（册）约3500本（幅），各类高分子图板260块。

通过地质资料汇交监管平台下发催交通知书1859份，2155个项目完成地质资料汇交，1.03万档地质资料提供在线目录服务，地质资料共享服务平台网站点击数3.06万次，到馆借阅资料760人，提供地质资料780份、2.90万件，全部为电子数据复制，复制数据量128GB。接待档案利用人次450余人，借阅业务档案约1500卷，文书档案800件。

（罗艳）

统计管理

【概　况】 2019年，全省统计部门推进统计改革创新，加强统计基础、制度、能力、数据质量、队伍等建设。开展农业、工业、建筑业、服务业、贸经、投资等国民经济各行业和社会、科技、人口、就业等社会民生各领域，以及资源、环境、民意调查等各项常规调查。全年出台《防范和惩治统计造假弄虚作假督察工作办法（试行）》《江西省统计局关于基层公务来访接待登记管理暂行办法》《关于完善统计违法举报工作制度》等20多项制度，进一步规范统计工作行为。

【防范和惩治统计造假弄虚作假】 坚持依法统计依法治统，把防范和惩治统计造假弄虚作假作为提高统计数据质量的重要保障。以《中华人民共和国统计法》及其实施条例等为重点内容，以进党校、进机关、进企业为重点方式，着力强化统计法治宣传教育。提请相关部门修改《江西省统计管理条例》，出台《江西省统计违法违纪案件移送办法》等10多项配套制度，在全省范围内建立领导干部违规干预统计工作记录制度。开展虚报瞒报统计数据专项排查整治，严肃处理违法企业。加大执法监督检查力度，严肃查办统计违法违纪案件，先后完成2起国家统计局转办、1起省委巡视组交办统计违法案件核查处理，对违纪违法企业进行行政处罚、对相关单位进行问责。

【统计制度方法改革】 着力推进统计改革创新，地区生产总值统一核算改革、自然资源资产负债表编制、资产负债表编制三大核算改革扎实推进。制定《推动高质量发展指标体系（试行）》，完善全省高质量发展考评指标体系，承办全省高质量跨越式发展推进大会。完成《江西省乡村振兴战略实施监测评价测算结果评估报告》。

【基层统计基础建设】 各设区市结合本地实际出台实施意见，部分设区市推进县以下统计机构垂直管理，乡镇一级推行首席统计员制度，建立稳定基层统计队伍长效机制，健全完善乡镇统计信息网络，持续推动统计管理体制改革向基层延伸，全省统计管理体制更加顺畅有效。

【第四次全国经济普查】 按照国务院统一部署和省领导提出“依法依规、认真细致、精准精确、一次成功”的要求，全省各级普查机构和5万多名普查工作人员，严格执行普查方案，做好宣传发动、入户登记、数据审核汇总、数据质量检查等各环节工作，完成第四次全国经济普查主体任务。

【统计工作创新】 制定《江西省数字经济统计报表制度（试行）》，创新开展“三新”经济、“数字经济”产业分类增加值核算，完善文化产业增加值核算。在全国率先开展军民融合统计工作，完善江西全面建成小康社会统计监测与分析模块。制定《关于建立健全赣江新区统计体系的实施方案及责任分工》，赣江新区统计运行模式基本确立。推进固定资产投资项目在线审批填报，完善新动能统计体系，改进工业新经济、电子商务、互联网经济和小微企业统计调查，健全R&D经费统计体系。

【发挥统计“数库”“智库”作用】 着眼于应对中美贸易摩擦与经济下行压力，省统计局领导带头到各地开展调研20多次，准确研判经济形势，及时提出预警建议。围绕“三大攻坚战”、长江经济带、制造业高质量发展、扩大内需、国家生态文明试验区建设、赣江新区建设、区域协调发展等重大课题，提供及时准确的统计监测及咨询意见建议。各地、各专业落实59项年度统计分析研究计划，形成系统的研究成果。全年向省委、省政府提交统计专报、分析报告160篇，28篇获得省领导批示。加大统计新闻宣传力度。每月坚持多渠道解读数据，按相关制度及时召开经济形势新闻发布会，积极引导社会预期。撰写并发布系列文章、整理与编印历史数据，宣传新中国成立70周年江西经济社会发展成就。在赣州瑞金举办第十届“中国统计开放日”。向省委宣传部累计报送新闻选题信息150余条，在中国信息报刊发文章60多篇，有效宣传江西统计。高质量做好数据快递、年鉴、提要、分析手册等数据资料报送及编印，为省领导、省委全会、全国及全省“两会”、经济工作会以及社会公众提供精准服务。及时准确办理省直部门多种多样的统计数据需求，完成咨询论证征求意见稿180多件。参与全省基层考核评比清理整治等重大工作，得到省委办公厅充分肯定。全省宏观经济基础数据库、EXCEL综合统计数据库平台等数据平台得到应用，统计微信公众号等新媒介影响力持续扩大，统计信息化服务投送能力增强。

（涂珊华）

审计监督

【概　况】 2019年，全省共审计5635个单位，促进增收节支和挽回损失70.67亿元；提交审计报告6769篇，向地方党委、政府上报综合报告、审计专报等审计信息814篇；提出审计建议12661条，被审计单位采纳8408条；向纪委、司法等部门移送问题线索245件。省审计厅继续保持全国文明单位、综治先进单位、节能先进单位等荣誉。省审计厅社保审计处、宜春市审计局、省审计厅郑中淮分别被授予全国审计机关先进集体和先进工作者称号。审计在促进政令畅通、推动改革发展、保障民生利益、促进反腐倡廉等方面发挥了积极作用。

【重大政策跟踪审计】 围绕影响经济高质量发展的重要领域、重点事项、关键环节，省市县三级审计机关持续开展重大政策措施贯彻落实情况跟踪审计，促进重大政策落地见效。组织全省审计机关开展减税降费、清理拖欠民营企业中小企业账款情况专项审计，核实拖欠账款19.97亿元，发现部分市县减税降费政策不落实、部分单位清欠工作不到位、资金安排拨付不及时等问题。针对审计发现的问题，向省政府呈报《部分县区民营企业中小企业账款清欠工作有待进一步加强》审计专报，省长易炼红作出肯定性批示。以资金、项目和政策为主线，对南昌市、奉新县实体经济发展政策落实情况进行试点审计，揭示了地方政府在财政补贴、减税降费、市场监管、政策落实以及公职人员履职方面存在的突出问题。

【脱贫攻坚审计】 突出“精准、安全、绩效”主线，组织部分处室和市、县审计机关对全省29个县产业扶贫资金开展审计调查，揭示产业扶贫政策落实不到位、资金使用不规范、产业项目效益不高等问题260个，涉及资金4.05亿元。采取跟踪审计、专项审计等多种方式，对全省纳入脱贫攻坚考核的107个县（市、区）、开发区实现财政扶贫资金审计全覆盖，发现脱贫攻坚领域相关问题1305个，涉及资金11.84亿元。截至年底，1300个问题已整改到位，整改资金11.69亿元，整改到位率99.62%。

【污染防治审计】 组织实施11个县城乡环境整治专项审计调查，揭示了部分县在工作部署落实、水污染整治、生活垃圾处理、城乡面貌整治和“厕所革命”推进方面存在的问题171个、涉及金额8.26亿元，得到省长易炼红肯定性批示，要求对问题紧盯不放，深入整治，务求实效。开展仙女湖、袁河流域生态环保专项审计调查，审计发现部分区域生态环境状况指数下降、流域内部分水质未达标、污染防治能力存在短板、相关部门履行监督职责不到位等问题，查出侵占、破坏矿产、林地、湿地483.33公顷，涉及问题资金1.1亿元。

【金融审计】 通过搭建数据分析平台，建立数据分析模型，组织实施江西银行审计，并对5家村镇银行进行延伸审计调查，取得良好成效。揭示了江西银行在落实政策、业务经营、风险管控、资产质量以及内部控制、薪酬管理等方面存在的突出问题，并深入分析问题产生的原因，针对性提出审计建议，引起省委、省政府高度重视。省委书记刘奇、省长易炼红、常务副省长毛伟明分别作出批示，要求相关单位按照审计意见，严肃认真抓好整改、整治，并举一反三、压实责任，堵塞漏洞、防控风险。常务副省长毛伟明主持召开整改部署会，召集省财政厅、省审计厅、省地方金融监管局和江西银行等单位，研究部署审计整改工作。

【省级预算执行和决算草案审计】 组织对省财政厅等21个省直部门和省民革等8个民主党派2018年度预算执行情况及决算草案进行现场审计，对其他80家未现场审计的一级预算部门，通过大数据分析疑点、核查取证的方式开展审计，首次实现省级一级部门预算数据审计全覆盖。针对审计发现的财政政策落实不到位、预算执行约束力不强、财政资金使用绩效不高等突出问题，向省领导呈报《大量财政资金未发挥效益 亟需加强管理》审计专报，提出强化预算约束、实行零基预算，加强资金清理、盘活存量资金，建立问责机制、促进资金绩效等3条审计建议。省委书记刘奇、省长易炼红、常务副省长毛伟明均作出肯定性批示。省财政厅抓好整改落实，建立实有账户资金定期清理机制，组织开展为期一个半月的省级单位存量资金清理，盘活存量资金36亿元，统筹用于重点支出。

【基本公共卫生服务补助资金专项审计调查】 组织实施南昌县等11个县（市、区）基本公共卫生服务补助资金专项审计调查，发现问题金额6438万元，移送问题线索3起，涉及责任人10人。针对基本公共卫生服务在政策落实、资金管理、信息化建设等方面存在的问题，向省领导呈报《基本公卫政策亟待完善》《公共卫生服务信息体系增加基层卫生机构负担》2篇审计专报。省长易炼红、常务副省长毛伟明和副省长孙菊生先后作出肯定性批示。针对专报反映的问题和建议，省卫健委制定16项整改政策措施，并专门行文请示国家卫健委完善有关制度，江西的意见和建议在国家卫健委出台的制度文件中采纳和体现。

【保障性安居工程审计】 组织省市县三级审计机关，完成南昌、宜春、吉安保障性安居工程审计，发现问题资金20.69亿元。针对审计发现棚改项目多头融资举债、公共租赁住房空置及被转作他用等问题，向省政府提交综合报告，省长易炼红作出批示，要求相关单位按审计要求整改到位。截至年底，已追回资金或归还原渠道3.03亿元，取消保障对象资格或调整保障待遇户数615户，清退违规分配使用住房1776套，盘活闲置住房投入使用6717套。移送案件线索10件，截至年底，已经问责处理12人。江西保障性安居工程审计成果突出，多次受到审计署表扬，其中“三见三核盘存量，两图两账辨虚实”等3个审计方法经验在全国推广运用。

【外资运用审计】 共实施审计国外贷援款项目14个，均出具审计报告。分别涉及林业、农业、交通、水利、能源和基础设施建设等领域，其中世界银行项目6个、亚洲开发银行项目6个、农发基金组织项目1个、新开发银行项目1个。计划投资总额368.73亿元，其中协议利用外资额15.48亿美元。审计查出主要问题金额共计12.17亿元。

【审计管理体制改革】 全省审计机关扎实推进机构改革，做好转隶人员接收、培训、谈心谈话和调配安置工作，确保人岗相适、人尽其才。提高政治站位，把落实成立地方党委审计委员会作为一项重要政治任务来跟进、协调。截至年底，11个设区市和100个县（市、区）党委均成立审计委员会，召开审计委员会会议。截至年底，已有南昌大学、江西肿瘤医院、江铜集团、省农信联社等379家单位先后成立党委（党组）审计委员会，其中省直单位37家、市直单位136家、县直单位206家，为构建审计立体监督体系、实现审计全覆盖打下坚实基础。

【大数据审计】 按照“平台是基础、数据是核心、分析是关键、人才是保障”的信息化审计思路，推进大数据审计。完成江西省数字化审计监督平台测试验收，启动“奋战九十天，建模我争先”活动，建立涵盖财政、金融、社保、医保以及跨行业数据分析模型340个并上线运行。进一步加大数据采集力度，2019年完成采集数据1962项，其中财务数据1295套，转换业务数据表3422张，涉及数据总量9.17TB。加大对省本级预算执行、基本公卫、江西银行、扶贫、南昌市实体经济等审计项目数据分析，精准筛查审计疑点，为现场审计提供了有力的技术支撑。

【领导干部自然资源资产离任审计】 针对自然资源资产离任审计涉及范围广、专业性强的特点，为突破技术和人才瓶颈，与省自然资源厅签订战略合作框架协议，建立审计咨询专家库，推进地理信息技术与自然资源资产审计业务深度融合。在广泛征求意见和试行基础上，制定出台《江西省领导干部自然资源资产离任审计评价指标体系（试行）》和《江西省审计厅领导干部自然资源资产离任审计项目操作规程（试行）》，建立了一套科学合理、标准统一、便于操作的评价指标体系，为审计客观评价提供了重要依据。全面推行领导干部自然资源资产离任审计，全年全省共开展领导干部自然资源资产离任审计项目166个，涉及被审计领导干部208人。其中省审计厅组织开展了南昌、九江、宜春3个设区市领导干部自然资源资产离任审计，揭示了空气、水环境、土地利用、污染治理等生态环保方面问题52个，涉及资金6亿多元。针对审计发现的问题，省长易炼红作出批示，要求有关部门和地方采取有效措施予以整改。江西省领导干部自然资源资产离任审计工作，先后被《中国审计》、今日头条、人民网、审计署官网等媒体宣传报道。省审计厅提交的《创新领导干部自然资源资产离任审计方式，为美丽中国"江西样板"保驾护航》经验材料，获江西省国家生态文明试验区改革试验经验成果评比一等奖，并作为江西省2019年度生态文明制度建设的10个经验之一向全国推广。

【审计整改】 对2016—2019年省委、省政府主要领导批示明确要求抓好整改的审计项目，逐一进行梳理，督促被审计单位落实整改责任，限期报送整改材料，在规定的时间节点内全部办结销号。实地督查重点审计项目整改落实工作。根据省长易炼红关于城市民生审计整改工作"要盯住不放"的批示精神，组织13个处室对11个设区市和省财政厅、省人社厅等11个省直部门整改情况进行实地督查，对照问题清单逐项核查整改佐证材料。配合省人大开展民生保障资金和基本公卫资金审计整改督导，推动审计查出问题整改工作取得良好的效果。截至11月底，城市民生审计项目查出的3849个问题已得到整改，追缴及归还原资金渠道19.25亿元，相关部门和单位建立规章制度355项，纪检、司法及相关部门根据审计移送线索处理处分1505人。着力建立健全审计整改长效机制，制定出台《审计项目查出问题整改工作流程》，进一步明确整改责任、整改内容、整改流程，夯实整改工作责任，形成整改工作合力，推动审计整改工作规范化、制度化建设。

（黄云）

口岸管理

【概　况】 2019年，江西省口岸共完成进出口货运量649.36万吨，下降11.31%；国际集装箱44.60万重标箱，增长9.61%。全省赣欧班列累计开行553列，铁海联运班列开行1605列。

【口岸功能提升】 7月3日，在省委、省政府高位推动下，南昌邮快件监管中心提前10个月建成运营，终结了江西作为中东部地区唯一一个没有国际邮快件监管中心省份的历史。推动赣州黄金机场航空口岸临时对外开放于12月6日获批，从申报到批复仅用时1个月，创造了全国航空口岸开放获批"新速度"。9月6日，九江港口岸获批扩大开放至瑞昌港区和彭泽港区。南昌昌北国际机场进境水果、进境冰鲜水产品、进境食用水生动物指定监管场地获海关总署批准建设。九江进口肉类指定监管场地已完成海关总署专家组验收。赣州汽车整车进口、进口肉类指定监管场地通过验收，实现陆路指定进境口岸新突破。

【水水联运】 2019年，九江港集装箱吞吐量突破50万标箱，连续5个月保持25%以上的高增长态势；进出口集装箱17.29万重标箱，增长4.92%。支持开行"天天班"1000航次，为企业降低20%物流成本；九江至上海全程物流时间减少180小时以上；九江与上海港海船船期衔接更加紧密，14天可至新加坡、马来西亚等东亚国家，25天可至阿联酋、土耳其等西亚国和印度、孟加拉等南亚国家。

【铁海联运】 2019年，全省铁海联运集装箱快速班列共开行1605列，承运进出口集装箱12.84万标箱，分别增长50.84%和50.89%。全面畅通江西至深圳、广州、宁波、厦门、福州5条"出海通道"，形成南昌、赣州、上饶三大陆路开放门户和至宁波、深圳、厦门的3条精品线路。

【赣欧班列融入"一带一路"】 2019

3月19日，南昌中欧班列双向开行仪式

省商务厅供

年，全省赣欧班列共开行553列（出境439列、进境114列）、承运进出口集装箱4.9万标箱，分别增长173.76%和181.59%。其中赣州369列、南昌120列、鹰潭42列、上饶18列、抚州4列。已通达11个“一带一路”沿线国家和26个城市，形成白俄罗斯（189列）、乌兹别克斯坦（125列）、俄罗斯（119列）3条精品线路。

【海关特殊监管区建设】 联合南昌海关开展综保区调研，召开全省综合保税区工作会议并组织专题培训。协调加快推进九江综保区验收，11月，全省唯一一个沿江临港的综保区正式封关运行。推进南昌综保区发展跨境电商业务，指导赣州综保区开展置换整改，协调推进井冈山出口加工区转型升级。

【贸易便利化水平提升】 2019年，全省进出口整体通关时间分别压缩至18.24小时、1.73小时，与2017年相比分别压缩了150.14%、93.06%。通关时效分别高于全国平均水平20.74个小时和2.27小时，其中进口通关时效位列全国第五位、出口通关时效位列全国第十二位。

【国际贸易“单一窗口”】 2019年，组织企业培训23场次，参训企业1600余家、2400余人次，推动16项政务申报功能上线，主要业务应用覆盖率均为100%，保持全国第一方阵。开发水运设备交接单、货代物流系统、国际物流资金申报系统等特色功能，全省地方特色功能累计23个。推进省内7家金融机构业务上线运行，进一步拓展了进出口企业融资及信用保理等业务渠道，缓解了融资难问题。

【口岸招商】 12月10日，江西口岸经济招商推介会（粤港澳大湾区站）在深圳举行，副省长吴忠琼出席会议，盐田港、广州港、上海港、宁波港、中远海运、马士基、宏远等160余家全球知名企业200多名代表参会。会上，江西省口岸办和广东省口岸办围绕两地口岸发展签订合作备忘录，签约36个项目，总金额189亿元。

（江斌）

海 关

【概 况】 2019年，南昌海关开展打击“洋垃圾”、象牙等濒危物种及其制品走私，侦办“洋垃圾”走私案件2起，将涉嫌走私固体废物的“猎狐行动”目标逃犯押解回国，退运固体废物1300吨，实现零滞港；侦办象牙等濒危物种走私刑事案件2起，查获象牙及制品3.68千克；旅检渠道查获象牙等濒危野生动植物制品391件。持续优化口岸营商环境，促进江西进出口总值3511.9亿元，增长11.1%。其中，出口2496.4亿元，增长12.3%；进口1015.5亿元，增长8.2%。江西进出口、出口、进口增速分别高出同期全国平均水平7.7、7.3和6.6个百分点。助力打赢脱贫攻坚战，挂点扶贫点江西省遂川县明坑村被评为“脱贫攻坚先进村”，2名扶贫第一书记评为“中国好人”“最美奋斗者”。

【检验检疫】 防控非洲猪瘟疫情，做好猪肉保供稳价工作，保障江西14万头活猪安全供港，居全国第二位；在截获的入境猪肉制品中检出非洲猪瘟核酸阳性30例。加强联防联控，查获入境传染病83例，首次检出登革热等感染病例。严防动植物疫情传入传出，截获有害生物1578批2953种次。强化进出口食品全链条监管，开展进出口食品监督抽检和风险监控，保障45.6亿元食品安全进出口。开展安全生产集中整治专项行动，烟花爆竹、危化品等重点敏感商品检验监管稳步加强。

【打击走私】 开展“国门利剑2019”联合专项行动，刑事立案案值11亿元、涉税6883.5万元，分别增长8.3倍、46.8倍；行政立案案值4.2亿元、涉税1022.2万元，均增长1倍。查获案值4.5亿元稀土走私系列案，侦破建关以来最大案值的走私进口水果系列案，侦办毒品走私案件2起、查获冰毒3.18千克。

【签署新一轮《省署合作备忘录》】 10月19日，海关总署署长倪岳峰与省长易炼红在南昌签署合作备忘录，省委书记刘奇等出席签署仪式。根据合作备忘录，海关总署将从优化营商环境促进贸易便利化、支持海关特殊监管区域发展、促进产业升级提升市场竞争力、提升国门安全管控能力等方面给予支持，促进江西扩大开放、打造对外开放新高地。江西省政府在为海关监管执法创造良好环境、推进海关特殊监管区域建设发展、加强打击走私综合治理、支持南昌海关发展等方面进一步加强与海关总署的紧密配合，为海关工作开展创造条件、提供保障。

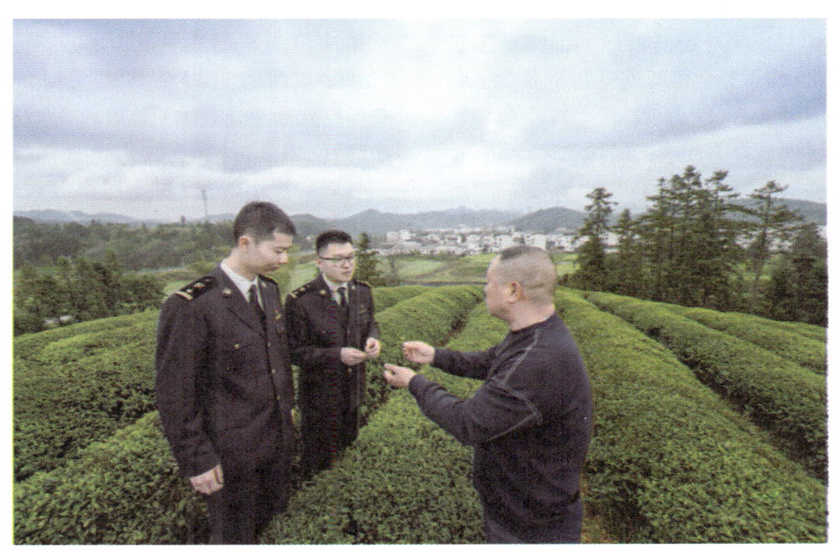

3月19日，南昌海关关员在茶叶种植基地指导企业做好出口茶叶原料自检

彭麒供

【融入“一带一路”建设】 支持赣欧班列双向对开、常态运行,2019年开行赣欧班列553列、增长1.7倍。中欧班列参与企业4200余家,较上年翻一番。国际市场布局更加优化,全年全省对“一带一路”沿线国家进出口增长13%,促进江西与230个国家或地区建立贸易往来。

【助力打造内陆开放新格局】 2019年,南昌海关争取海关总署支持江西丰富口岸功能平台,打通“水上、陆上、空中、数字”四大通道,支持发展“水运、铁运、航运、综合保税”四大物流,形成机构覆盖全省各设区市、开放口岸涵盖水陆空铁、纵贯全省南北的新格局。新增6个隶属海关,全省共14个。3月6日抚州海关揭牌开关,4月3日龙南海关揭牌开关,5月16日萍乡海关揭牌开关,8月19日南昌昌北机场、赣江新区、青山湖海关揭牌开关。新增6大口岸功能,7月19日南昌进境食用水生动物、进境冰鲜水产品和进口水果等3个指定监管场地获批,6月18日九江、11月13日赣州进境肉类指定监管场地分别通过海关总署验收,10月9日赣州汽车整车进口口岸通过验收。开通运营三大新兴业态,6月18日跨境电商、7月3日国际快件、11月15日国际邮件在南昌开通运行,开辟了新的“买全球卖全球”物流通道。扩大开放3大口岸,9月6日九江港口岸扩大开放至瑞昌港区和彭泽港区获批;赣州黄金机场航空口岸获批临时对外开放;11月11日九江综合保税区通过海关验收正式封关运行。

【“减环节、减手续、减单证、优程序”改革】 减环节。海关行政审批事项由13项减为11项,下放食品生产企业备案等21个行政管理权限,推广应用行政审批网上办理平台,企业实现“一次不跑”,办理时长压缩1/3。减手续。深化“多证合一”“证照分离”改革,企业注册备案前置融入到工商注册登记中实现“一次办”,出口食品生产企业“审批”改“备案”实现“当场办”,原产地签证实现“属地备案、全国通签”。加大企业信用培育力度,江西省AEO高级认证企业27家,享受国际对等的通关便利。减单证。进出口环节监管证件由86种精简为46种,42种实现联网核查、自动比对;深化“单一窗口”应用,主要业务应用率100%。优程序。启动通关“两步申报”改革,企业不需要一次性提交全部申报信息及单证,一般即可放行提离。对64批铁矿、锰矿等进口矿产品实施“先放后检”,131批进口汽车零部件实行“先声明后验证”,验放时长平均缩短80%。

【口岸营商环境优化】 年内,创新开展“通关与沿海同样效率”专项行动,行动方案被列入《江西省优化提升营商环境十大行动方案》,出台5方面40项措施,持续优化口岸营商环境。全领域提高涉企办事效率,涉企审批备案流程简化、应放尽放,报关单位注册备案前置融入商事登记实现“一次办”。全天候保障一线通关作业,货物、快件和旅客进出境渠道实现365天7×24小时的全天候通关运作。全流程降低企业通关成本,推进单证自动审核、大宗商品先验放后检测、非侵入式查验、智能审图技术,推进落实转关作业无纸化、出口产品快速检测等创新型、便捷化通关监管制度和作业方式。全方位拓展开放功能平台,功能性口岸及快件、邮件和跨境电商等新业态在江西省落地。全身心服务企业转型升级,企业信用水平和出口产品质量实现双提升。12月,江西省进口整体通关时间43.91小时,扣除国内运输段17.78小时,位列全国第七位;出口整体通关时间0.4小时,位列全国第五位,进出口整体通关时间均位列中部6省第一位,实现“通关与沿海同样效率”工作目标。

【促进综合保税区发展】 落实《国务院关于促进综合保税区高水平开放高质量发展的若干意见》21条措施,邀请海关总署专家到江西巡回宣讲,举办宣讲会61场次,培训企业637家1600余人次。九江综保区封关运行。江西省海关特殊监管区域2019年进出口总值增长78.3%。

【支持赣南苏区振兴发展】 支持赣州打造“一带一路”重要节点城市,支持赣州港常态化开行19条中欧班列线路,年内开行370列,增长2.46倍,占江西省总量67%。支持赣州提升口岸开放水平,争取海关总署支持,赣州黄金机场临时对外开放从申报到批复仅用一个月时间,创造全国航空口岸开放获批“新速度”,12月30日首航国际航线;赣州港进口整车指定口岸、进境肉类指定监管场地开通运营,支持进境粮食指定监管场地申报,支持赣州综保区整体置换到赣州港;在龙南县设立海关,成为中部省份唯一县级海关。落实赣州市执行西部大开发税收政策,4项税政调研建议获国家采纳,全年为企业增收5000多万元。

【支持民营企业发展】 召开民营企业座谈会,加大政策宣讲力度,帮助企业应享尽享增值税改革、汇总征税、关税保证保险、原产地税收优惠、进口设备减免税、加工贸易、特殊监管区域等各种政策措施和改革红利。全年民营企业进出口2447.9亿元,增长18.4%,占江西省进出口总值的69.7%,比重提升4.3个百分点。

【助力加工贸易发展】 落实《海关总署关于深入推进“放管服”改革优化加工贸易监管的若干意见》,为江西省143家加工贸易企业举办面对面政策宣讲解读。取消加工贸易复审、内销征税核批等事项6项,减少作业环节13个。全面启用金关二期加工贸易管理系统,企业“足不出户”办理业务。推进以企业为单元的加工贸易监管改革。24家符合条件企业参与“单耗自核”改革。取消加工贸易银行保证金台账,为江西省223家加贸企业、1089本新设手册免于设立保证金台账。全年江西省以加工贸易方式进出口890.1亿元,增长50.4%;增速连续9个月居全国第二位,占全省进出口总值的25.3%,比重提升6.6个百分点。 （江志浩）

本栏编辑 邓玉兰

城 乡 建 设

综　述

2019年,全省棚户区改造开工29.3万套,居全国第一位。农村危房改造提前半年完成国家下达的目标任务。老旧小区改造总数居全国第三位,开工率100%。率先在全国住建行业和省直部门全部实行电子证书。“江西住建云”平台建成上线,“智慧公积金”被国务院第六次大督查列为典型经验。萍乡市海绵城市建设首批试点获全国优秀第一名,央视进行专期报道,并入选中组部“攻坚克难案例系列”丛书。景德镇综合管廊试点在全国第二批试点城市绩效考核中排名第二位。上饶市棚户区改造、宁都县农村危房改造分别获国务院通报表扬与激励。中央财政支持江西省住建领域的资金近160亿元,较上年度新增40多亿元。

*打造宜居城乡环境。*突出治“脏”,让地更净。狠抓城市道路清扫保洁市场化、机械化、标准化运行,设区市中心城区主次道路机扫率达90.32%、市场化率88.3%。有序开展城市生活垃圾分类工作,新建成生活垃圾焚烧处理设施4座,新增处理能力2800吨/日。农村生活垃圾收运处置体系覆盖率92.3%,非正规垃圾堆放点整治验收销号率92.2%。突出治“污”,让水更清。11个设区市本级全部建成污泥处理设施。33个城市黑臭水体中29个完成整治。九江市、宜春市成为国家黑臭水体治理示范城市。推进建制镇生活污水处理,处理设施覆盖率52.87%,处理规模达35.8万吨/天。突出治“尘”,让天更蓝。狠抓工地扬尘治理,全省78.35%的在建项目扬尘治理达到合格及以上标准。开展“美好环境和幸福生活共同缔造”行动,与江西电视台联合开播《美丽江西在行动》专栏。在全国“千村万寨展新颜”活动中,江西入选的村庄占全国总数的30%、位居全国第一位。

*提升城市功能与品质。*开展城市功能与品质提升三年行动,明确“一年有提升、两年上台阶、三年进一流”的目标。围绕治脏、治乱、治堵、功能修补、生态修复、特色彰显、亮化美化、治理创新八大行动,谋划项目8164个,全年开工5946个,完成投资2757亿元。突出重点治顽疾,针对性开展治脏治乱治堵专项行动。全省74.13%的背街小巷实现整治提升,全省新建改造城市道路1744条,新增公共停车场932个、停车位14.6万个。开展园林绿化提质增效专项行动,全省城市建成区绿化率42.94%,绿化覆盖率45.92%,两项指标均列全国第二位。不断加快公共服务设施建设,新建改造农贸市场441个,新建成中小学校447个、幼儿园195个,打通城市断头路328条,新建改建城市公厕2529个。加强对历史文化街区、道路、街巷和建筑等的保护与修缮,新增省级历史文化街区15处、历史建筑407处。

*保持房地产市场平稳运行。*坚持“房子是用来住的,不是用来炒的”定位,落实房地产市场目标管理机制,对突破目标管理的设区市及时预警、提示、约谈,对库存量较低的县、市下发风险预警提示函,督促多地落实限购、限贷和限售等调控措施。完善房地产运行情况会商机制,指导各地采取有针对性措施,促进住房及用地供需平衡、价格稳定。突出抓好对重点城市的监测指导和考核评价,通过网签日报系统检测分析、每月紧盯新建商品房价格指标,督促各地实行上市预报、价格管控等制度。公积金归集、提取、贷款均呈两位数增长,资金流动性压力显著缓解。会同有关部门建立省市县三级房地产领域涉稳风险处置联席会议工作机制,开展住房租赁中介机构乱象专项整治工作,查处一批住房租赁中介违法违规企业。规范商品房销售信息公示及售前告知行为。

*改善群众住房条件。*狠抓棚户区改造,逐级签订目标责任书,实行“每月一调度,每月一通报”。中央政策研究室《学习与研究》刊发江西省《加快实现棚户区困难群众安居梦》的文章。老旧小区改造方面,全省老旧小区改造数量列全国第三位,改造总数686个、涉及居民26.6万户,所有项目全面开工,完成改造230余个、惠及居民10万余户。出台支持现有住宅加装电梯政策,着力破解居民上楼难,央视《新闻联播》进行了报道。农村危房改造方面,狠抓精准识别关、精准鉴定关、精准管控关、精准兜底关,3.57万户农村危房改造任务全面完成,提前半年完成国家下达的目标任务;7个年度计划脱贫县危房改造任务全面完成,江西省被列为农村危房改造工作积极主动、成效明显省份。央视《安居中国》专门报道永丰县罗铺垦殖场危房改造做法。上饶市、宜春市棚户区改造、宁都县危房改造先后获国务院通报表扬与激励。

*建筑业发展实现量质齐升。*企业规模不断壮大,年度产值超百亿元建筑业企业5家(中大股份、江西建

工一建、中恒建设集团、发达控股集团、中煤建设集团）；全省总承包和专业承包建筑业企业1.1万余家，其中特级企业21家、一级企业675家。江西民营企业100强中建筑企业为28家，5家进入全球承包商250强榜单，位居全国前列，中部第一位。质量效益不断提升，装配式建筑产业基地实现翻番，3个国家级基地完成评估验收。江西成为全国装配式钢结构住宅建设试点省份，6个设区市被列入第一批试点城市。项目施工许可和竣工验收备案管理等系统上线运行。建筑市场监管与诚信一体化工作平台加快建设，建筑市场信用管理不断加强。推进招投标领域专项整治、转包违法分包、工程建设领域职业资格“挂证”等专项整治，建筑市场环境不断优化。全省建筑施工领域事故总量呈下降态势，安全形势总体平稳。房屋建筑工程及市政基础设施领域拖欠农民工工资案件、人数、金额实现“三下降”。全国建筑施工领域监督执法检查合格率83.4%，工程质量稳步提升。2018—2019年度有7个项目获鲁班奖，再创新高。

住建领域活力加速释放。放管服改革扎实推进，下放行政权力3项，取消部门规章、规范性文件设定的证明事项共61项。“江西住建云”平台建成上线，行政许可事项全部“一次不跑”网上办。工程建设项目审批改革全面铺开，建立覆盖省市县三级的工程建设项目审批管理系统，将审批事项100余项压缩至79项；大力压缩审批时限，最短为42个工作日。建设工程消防设计审查验收改革有序承接，进一步明确建设工程消防工作管理模式、设计审查验收流程。探索推进“互联网+监管”无纸化招投标模式，取消投标报名环节，全面推行招标投标电子化和信息化。

（夏萍）

萍乡玉湖广场

省住建厅供

城市建设与管理

【概　况】　2019年，省城乡环境整治办通过强化统筹协调，开展明查暗访，抓实督导督办，推进全省各地开展“净化、美化、亮化”三大行动，推动全省高铁沿线环境安全专项整治、“厕所革命”、市容市貌整治、城乡基础设施等一系列专项行动，持续深化全省环境综合整治，城乡环境取得明显成效。1月4日省城乡环境整治办印发《江西省铁路沿线环境综合整治“双段长”工作责任制实施方案》，2月28日，印发《2019年全省城乡环境综合整治工作要点》，部署2019年全省城乡环境综合整治重点工作。5月23日，省政府办公厅印发《关于成立江西省城乡环境综合整治工作领导小组的通知》，将厅际联席会议升格为领导小组。省城乡环境整治办制定《江西省城乡环境综合整治工作领导小组工作规则》及《领导小组办公室职责》，指导各地成立市、县城乡环境综合整治机构，规范工作规则，明确工作职责。7月17日，制订《江西省城乡环境综合整治2019年度检查考核办法和评分标准》，明确导向，强化考核。8月16日，省整治办会同城市功能与品质提升办公室拟定《全省深化城乡环境综合整治、提升城市功能与品质领域及时奖励申报推荐规程》，推荐申报城乡环境综合整治、城市功能与品质领域奖励集体12个、奖励个人5人。上饶市委、市政府获得集体二等奖。9月15日，省住房和城乡建设厅印发《关于开展“城管进社区 服务面对面”工作的通知》，进一步深化城市管理机制创新，实现城市管理重心下移，把社区作为城市管理的基石和共建共享的平台，部署全省开展“城管进社区 服务面对面”工作。11月20日，印发《关于公布昌赣客专铁路沿线“双段长”工作责任制名单的通知》，建立落实“双段长”工作责任制。2019年，省整治办共受理群众举报5起、人大环资委环境转办问题1个、厅长信箱环境转办问题3个、大江舆情环境转办问题1个，已全部依法办结。

【海绵城市建设】　九江、抚州、新余和瑞金完成海绵城市建设专项规划编制工作。全省海绵城市建设现场推进会在萍乡市召开。指导南昌、吉安和抚州开展省级海绵城市建设试点，带动全省海绵城市建设；海绵城市建设理念贯穿项目土地出让、规划许可、招标投标、施工许可、图纸审查和竣工验收等各环节，采取建设一批、储备一批的形式推动项目建设。2019年萍乡市获国家终极绩效评价优秀第一名。全省建成大批具有海绵功能的城市公园、绿地、住宅小区和游园广场；22个城市共建成276.17平方千米，提前完成城市建成区15%面积的要求。

【城乡环境综合整治】　3—5月，省

城乡环境整治办督导关于九景衢铁路沿线53个问题、昌福铁路沿线12个问题已全部整改完成；督导抚州市拆除违章搭建331处、6万平方米，拆除各类违规户外广告1069处，防盗窗400余处；督导南昌陆军步兵学院附近云溪集贸市场及周边环境进行整治，围垟边鸡舍拆除并复绿，规范新城大道周边工地，学院周边综合环境明显改善。7月下旬，省整治办会同省生态环境厅等成员单位对11个设区市、18个县（市）的城乡环境综合整治和城乡功能与品质提升工作开展督查，并督办督查组提交的45个环境问题。3月、8月、10月，省整治办先后派出多个暗访组对全省各地进行暗访，发现问题223个，督导各地有关部门全部整改完成。

【城镇污水处理】 2019年，全面启动城镇污水处理提质增效三年行动，新建改造污水管网1649.52千米，58个城镇污水处理厂完成一级A提标改造，占比超过50%。11个设区市本级全部建成污泥无害化处理设施，设区城市污泥无害化处理处置率提前达到“水十条”2020年年底的目标要求，一批县（市）完成污泥处理处置设施建设改造。全省城镇污水处理厂累计削减COD 17万吨、BOD 7万吨、总磷2318吨。

【城市管理】 6月11日，省城乡环境整治办印发《关于开展“治脏治堵治乱百日攻坚 净化序化美化喜迎国庆”活动的通知》，进行净化治脏、序化治堵、美化治乱专项行动。6月12日，省整治办印发《关于2018年度全省城乡环境综合整治百日攻坚“净化”行动考核结果的通报》，排名前二位的设区市是上饶市、九江市。排名前三位的县（市、区）是武宁县、婺源县、东乡区。排名后三位的县（市、区）是：宜黄县、渝水区、宜丰县。9月6日，住建部在北京召开“市容环境大扫除、干干净净迎国庆”活动电视电话会议。江西省作为唯一做典型发言省份，介绍“大扫除”活动开展情况和经验做法。省住建厅制定《江西省城管执法队伍深入开展“强基础、转作风、树形象”三年行动方案》。各设区市也结合本市特点和实际情况出台三年行动方案。12月26日，全国城市管理执法队伍“强基础、转作风、树形象”专项行动座谈会在南昌召开。

【黑臭水体整治】 年内，全省新增整治完成黑臭水体3个，累计完成29个。落实《江西省城市黑臭水体治理三年攻坚战实施方案》，开展黑臭水体治理，推进黑臭水体整治工程建设和验收。南昌、景德镇、鹰潭和宜春市整治工作通过国家专项督查。宜春市入选国家黑臭水体治理示范城市，获中央财政支持3亿元，争取中央资金5300万元用于城市黑臭水体整治。

【城镇园林绿化】 九江市通过国家园林城市复查，崇义县被命名国家园林县城。编制印发《江西省园林绿化养护概算定额（2019版）》。全省设市城市新增绿地面积2400公顷，绿地率43.69%，增建公园绿地700处、公园绿地面积630公顷，人均公园绿地面积14.86平方米，累计建有城镇绿道1714千米。

【市政基础设施建设】 新建改造供水管网3000多千米，推进公共供水漏损控制，南昌市、新余市供水分区计量工作取得初步成效。改造城市照明用LED灯具4.5万盏，新建改造城市道路1113千米，新增公共停车位14.6万个，景德镇市综合管廊建设试点获2018年国家第二批综合管廊试点城市绩效考核第二名。加强燃气行业管理，全省用气人口2022.39万，液化石油气供气总量37.52万吨，人工煤气供气总量1.50亿立方米，天然气供气总量29.07亿立方米，设市城市燃气普及率97.54%，县城燃气普及率93.18%。

【城市垃圾处理】 推动生活垃圾分类。印发《关于全面开展城市生活垃圾分类工作的实施意见》，2019年全省所有设区市中心城区全面启动垃圾分类工作。推进生活垃圾焚烧处理设施建设。印发《江西省生活垃圾焚烧设施布点规划（2018—2030）》，指导全省推进焚烧处理设施建设。全年新建成城镇生活垃圾焚烧处理设施4座，垃圾焚烧日处理能力由2018年年底的6400吨增加至9200吨，全省城镇生活垃圾焚烧处理能力得到提升。规范城镇生活垃圾填埋场运营。组织专家对全省18个县级城镇生活垃圾填埋场开展无害化等级评定，其中14个填埋场达到无害化等级二级标准。

（孙兆进 徐辉）

吉安庐陵文化园

省住建厅供

村镇规划与建设

【概　况】 2019年,全省3.57万户农村危房改造任务全部完工,提前半年达到国家时间节点要求。村庄生活垃圾有效治理率97.6%、第三方入村暗访合格率99.1%,提前两年通过国检验收。全省建有或改造区域性垃圾填埋场68座、垃圾焚烧发电厂13座,建有乡镇中转设施1400座,配备5200台密闭式运输车。有361个建制镇生活污水处理设施已建成并运行,覆盖率50.5%,处理规模为26.8万吨/天。168个村正式列入第五批中国传统村落名录,中国传统村落总数343个,位列全国第八位。全省新增认定传统建筑10596栋、革命旧址等红色建筑1592栋。

【农村危房改造】 宁都县农村危房改造工作获国务院2018年落实有关重大政策措施真抓实干成效明显激励和省政府及时奖励。多次开展农村四类对象存量危房台账调查核实、四类对象身份部门联审,精准识别四类对象身份。对75.53万户建档立卡贫困户等重点对象进行房屋安全全面鉴定,把鉴定为C、D类危房的1902户列入2019年改造任务,及时组织实施改造,其余A、B类房屋,进行挂牌标识并将鉴定意见存入其建档立卡贫困户档案资料,实现安全鉴定全覆盖。开展技术下乡便民专项行动,帮助完善1400余户改造方案,对发现的200多个问题通过技术指导解决。开展脱贫攻坚农村危房改造"回头看"排查工作,全省排查新增危房存量3428户,发现各类问题103个,其中53个问题已立行立改、整改到位。明确提出危房改造建房管控建筑面积标准为农户自建110平方米内、"交钥匙工程"60平方米内,有效控制农村危房改造面积超高超大现象。督促各地结合中央脱贫攻坚巡视反馈问题一体整改,完成中央专项巡视组反馈的20项整改任务和国家脱贫攻坚成效考核组反馈的12个整改问题。

【农村生活垃圾治理】 印发农村生活垃圾治理专项行动方案,召开全省农村人居环境整治现场推进会和联席会议。委托第三方机构对47个县(市、区)入村调查并下发通报,对13个问题突出的县点名批评。将农村生活垃圾治理费用纳入各级政府公共财政预算,实行以公共财政投入为主的经费保障机制。大力推行"村收集、乡转运、区域处理"城乡一体化农村生活垃圾治理模式,并已覆盖至93.6%的行政村。制定省地方标准《江西省农村生活垃圾治理导则》。完成2批次486处非正规垃圾堆放点的现场整治和验收销号,占比92.4%,超出中央部委要求22.4个百分点、超出省方案17.4个百分点。在14个县(市、区)试点探索农村垃圾分类减量和资源化利用,指导60个县(市、区)推行政府和社会资本合作的农村生活垃圾第三方治理。

【特色小镇建设】 永修县吴城镇成功举办首届"鄱阳湖国际观鸟周"活动,将鄱阳湖国际候鸟小镇列入省级特色小镇创建名单。起草《关于支持袁隆平小镇综合项目的报告》。对12个国家特色小城镇建设情况开展调研。基本完成特色小镇建设专项规划编制。将连续两年考核不合格的新建区溪霞镇从省级创建名单除名并通报全省。

【传统村落保护】 启动全省村镇范围内传统建筑调查、登记和挂牌保护工作,下达资金1300多万元用于传统建筑调查认定和挂牌保护。制作全省统一的传统建筑标识牌和编号,下发通知要求各地加快推进传统建筑挂牌保护。指导九江、上饶两市出台历史建筑保护条例,鼓励支持传统村落重点市县制定出台相关法规。全省已公布的历史文化名镇名村、中国传统村落保护发展规划和档案编制工作基本完成。5个传统村落完成落户国家数字博物馆。新增17个中国传统村落获得300万元中央补助资金,前4批公布的175个中国传统村落全部获得中央财政资金支持。组织对列入2015年中央和省级财政支持范围的48个中国传统村落保护项目实施情况进行验收,发现问题,及时整改。完成省历史文化名镇名村保护体系调研工作,以及省传统村落保护项目的绩效评价。

【建制镇生活污水处理】 全面调查、梳理各设区市建制镇污水生活处理设施运行状况及项目进展情况,全省361个建制镇生活污水处理设施已建成并运行,覆盖率50.5%,处理规模为26.8万吨/天。抽拨资金4540万元对全省235个生活污水处理设施运行较好的建制镇进行奖补,保障有效运行。全面梳理2016—2019年环保督察及日常调度中涉及建制镇生活污水处理项目建设运行的问题,年内先后到景德镇市、上饶市、九江市、赣州市等地进行实地暗访督导,汇总存在的问题,抓好整改。开展农村污水调查和制定农村污水处理标准。

【对口扶贫工作】 驻村帮扶泰和县马市镇柳塘村,安排150万元支持村庄整治和产业发展。从规范支部党建、开展主题教育、健全完善村庄治理体系等方面帮助柳塘村强化基层组织建设,创建"星级廉洁村""六好基层组织"。指导开展脱贫攻坚稳固提升、美丽乡村建设(整治人居环境)、传统村落保护(传统建筑登记)、发展特色种养(发放鸡苗210羽、鸭苗200羽)工作。创办"互助怡养之家"公益食堂并运行,创建村级微信公众号"云上柳塘",推进"阳光助残创业就业基地"创建。帮扶深度贫困村兴国县鼎龙乡古顺村,安排150万元支持村庄整治和产业发展。完成危房改造任务,帮助打造红薯深加工基地。谋划21个基础设施项目,其中8个顺利完工验收。

(丁宜华)

·资料·

江西省国家级历史文化名镇名村

序号	设区市	镇村名称	公布批次	
			国家级	省级
1	南昌市	安义县石鼻镇罗田村	第四批	第一批
2	九江市	修水县山口镇	第七批	第四批
3	景德镇市	浮梁县瑶里镇	第二批	第一批
4		浮梁县勒功乡沧溪村	第五批	第二批
5		浮梁县江村乡严台村	第四批	第二批
6		浮梁县蛟潭镇礼芳村	第七批	第五批
7		浮梁县峙滩乡英溪村	第七批	第四批
8	萍乡市	安源区安源镇	第六批	第三批
9	鹰潭市	鹰潭龙虎山上清镇	第三批	第一批
10		贵溪市塘湾镇	第七批	第一批
11		贵溪市耳口乡曾家村	第七批	第一批
12	赣州市	赣县白鹭乡白鹭村	第四批	第二批
13		宁都县田埠乡东龙村	第六批	第三批
14		龙南县关西镇关西村	第五批	第一批
15		龙南县里仁镇新园村	第七批	第五批
16		寻乌县澄江镇周田村	第七批	第一批
17	宜春市	高安市新街镇贾家村	第三批	第二批
18		宜丰县天宝乡天宝村	第四批	第二批
19		樟树市临江镇	第七批	第二批
20	上饶市	婺源县江湾镇汪口村	第三批	第一批
21		婺源县沱川乡理坑村	第二批	第一批
22		婺源县思口镇延村	第四批	第一批
23		婺源县思口镇思溪村	第六批	第二批
24		婺源县浙源乡虹关村	第五批	第二批
25		婺源县江湾镇篁岭村	第七批	第五批
26		婺源县思口镇西冲村	第七批	第二批
27		铅山县河口镇	第六批	第一批
28		铅山县石塘镇	第六批	第一批
29		横峰县葛源镇	第四批	第一批
30		安福县洲湖镇塘边村	第六批	第一批
31		安福县金田乡柘溪村	第七批	第二批
32		青原区富田镇	第五批	第三批

序号	设区市	镇村名称	公布批次	
			国家级	省级
33	吉安市	青原区文陂乡渼陂村	第二批	第一批
34		青原区富田镇陂下村	第四批	第二批
35		吉水县金滩镇燕坊村	第三批	第一批
36		吉水县金滩镇桑园村	第六批	第一批
37		吉安县永和镇	第六批	第二批
38		吉州区兴桥镇钓源村	第五批	第一批
39		峡江县水边镇湖洲村	第六批	第四批
40		泰和县螺溪镇爵誉村	第七批	第四批
41	抚州市	乐安县牛田镇流坑村	第一批	直接列为国家级
42		乐安县湖坪乡湖坪村	第七批	第四批
43		金溪县双塘镇竹桥村	第五批	第三批
44		金溪县琉璃乡东源曾家村	第六批	第四批
45		金溪县浒湾镇	第六批	第五批
46		金溪县合市镇游垫村	第七批	第五批
47		金溪县陈坊积乡岐山村	第七批	第五批
48		金溪县琅琚镇疏口村	第七批	第五批
49		金溪县合市镇全坊村	第七批	第五批
50		广昌县驿前镇	第六批	第一批

江西省省级历史文化名镇名村

序号	设区市	镇村名称	公布批次	中国传统村落公布批次
1	南昌市	安义县万埠镇梓源民国村	第五批	
2		进贤县架桥镇陈家村	第二批	第二批
3		进贤县文港镇周坊村	第五批	
4		进贤县温圳镇杨溪李家村	第五批	第一批
5		新建县大塘坪乡汪山村	第三批	
6		南昌县三江镇前后万村	第三批	第二批
7		青云谱区青云谱镇朱桥梅村	第五批	
8	九江市	修水县黄坳乡朱砂村	第五批	
9		都昌县苏山乡鹤舍村	第四批	
10	景德镇市	浮梁县浮梁镇旧城村	第四批	第一批
11		浮梁县西湖乡磻溪村	第三批	第二批

序号	设区市	镇村名称	公布批次	中国传统村落公布批次
12		浮梁县瑶里镇高岭东埠村	第一批	高岭村为第一批
13		乐平市涌山镇涌山村	第四批	第二批
14	萍乡市	莲花县路口镇湖塘村	第三批	第二批
15	新余市	分宜县分宜镇介桥村	第三批	第二批
16		分宜县钤山镇防里村	第五批	第二批
17		渝水区罗坊镇下寸村	第五批	
18	赣州市	南康区坪市乡谭邦村	第五批	
19		赣县湖江乡夏府村	第三批	第二批
20		赣县大埠乡大坑村	第五批	
21		兴国县梅窖镇三僚村	第三批	第二批
22		兴国县兴莲乡官田村	第五批	第二批
23		于都县马安乡上宝村	第一批	
24		于都县葛坳乡澄江村	第五批	
25		瑞金市九堡镇密溪村	第一批	第二批
26		安远县镇岗乡老围村	第一批	第一批
27		定南县天九镇九曲村	第三批	
28		会昌县筠门岭镇羊角村(羊角水堡)	第五批	
29	宜春市	丰城市张巷镇白马寨村	第一批	第二批
30		丰城市筱塘乡厚板塘村	第一批	第二批
31		万载县株潭镇周家大屋	第二批	
32		铜鼓县排埠镇	第三批	
33	上饶市	婺源县江湾镇江湾村	第一批	第一批
34		婺源县江湾镇晓起村	第一批	第二批
35		婺源县秋口镇李坑村	第一批	第二批
36		婺源县镇头镇游山村	第二批	第二批
37		婺源县段莘乡庆源村	第二批	第二批
38		婺源县浙源乡凤山村	第三批	第二批
39		婺源县紫阳镇考水村	第三批	
40		铅山县篁碧畲族乡畲族村	第五批	
41		横峰县姚家乡兰子畲族村	第三批	
42		德兴市银城镇新营村	第四批	
43		德兴市海口镇	第四批	
44		广丰县嵩峰乡十都村	第五批	

序号	设区市	镇村名称	公布批次	中国传统村落公布批次
45	吉安市	安福县洋门乡上街村	第五批	第一批
46		青原区新圩镇江头毛家村	第三批	
47		青原区富田镇横坑古村	第四批	第一批
48		青原区富田镇夽田村	第五批	第二批
49		吉水县金滩镇仁和店村	第二批	第二批
50		吉水县白沙镇桥上村	第四批	第二批
51		吉安县横江镇唐贤坊村	第二批	
52		吉安县敦厚镇圳头村	第五批	第二批
53		吉安县横江镇公塘村	第五批	
54		泰和县马市镇蜀江村	第四批	
55		峡江县水边镇何君村	第五批	第二批
56		峡江县水边镇沂溪村	第五批	第二批
57		峡江县巴邱镇	第五批	
58		永新县石桥镇樟枧村	第四批	
59	抚州市	乐安县牛田镇水南村	第三批	
60		崇仁县相山镇浯漳村	第四批	
61		黎川县华山场洲湖村	第四批	
62		金溪县浒湾镇黄坊村	第五批	
63		金溪县合市镇东岗村	第五批	
64		东乡县黎圩镇浯溪村	第二批	
65		东乡县黎圩镇上池村	第五批	
66		宜黄县棠阴镇	第一批	

建筑业与房地产业

【概　况】 2019年,全省总承包和专业承包建筑业企业1.1万家,其中特级企业21家、一级企业675家。全省建筑业企业共完成建筑业总产值7944.78亿元,增长13.60%,增速与上年基本持平,其中在外省完成产值2653.04亿元,增长8.7%。全省建筑业总产值在全国排第十三位,中部地区第五位,总产值增速总体高于全国平均水平7.9个百分点,全国位列第六位。全年全省建筑业增加值1974亿元,占GDP比重7.9%。全省建筑企业完成税收收入265.15亿元,占全省入库税收总收入7.9%。骨干企业竞争力增强,对外承包能力提升。全年全省建筑业企业完成产值超过百亿元的5家企业分别是中大建设股份有限公司、江西建工第一建筑有限责任公司、中恒建设集团有限公司、发达控股集团有限公司、江西中煤建设集团有限公司;完成产值在50亿~100亿元之间的企业有22家;完成产值为20亿~50亿元之间的企业有52家,比上年增加3家;完成产值为5亿~20亿元之间的企业达到176家。全年全省建筑业企业在全球40多个国家开展对外工程承包业务,共完成对外工程承包营业额44.95亿美元,总量居全国第九位、中部第二位。8月,美国《工程新闻纪录(ENR)》"全球最大250家国际承包商"榜单发布,江西省5家企业入榜,中国江西国际经济技术合作股份有限公司、江西中煤建设集团有限公司入榜百强。对外承包工程营业额连续多年位列全国前十,中部地区排名领先。

全年全省新建商品房交易量为6178.5万平方米,下降6.67%。商品住宅交易量为5246.9万平方米,下降4.87%。全省新建商品房销售均价7071元/平方米,增长4.97%,其中新建商品住宅销售均价6733元/平方米,增长7.76%,增幅小于全国及中部平均水平,新建商品住宅销售价格增幅月环比平均值为0.95%。房地产开发投资和税收增长。全年全省房地产开发完成投资2239.11亿元,增长3%。其中住宅开发投资为1687.18亿元,增长6.1%,占房地产开发投资的75.4%。全省房地产业税收660.72亿元,增长8.24%,占全省税收19.2%。

【工程品质和建造水平提升】 2019

年,全省新开工装配式混凝土结构建筑面积573万平方米,占新开工总建筑面积的6.3%,钢结构装配式建筑面积1490万平方米,占新开工总建筑面积的16.3%。开展省级装配式建筑产业基地申报和评选,并向住建部推荐赣州市、抚州市、南昌县为第二批装配式建筑示范城市,推荐武阳装配式建筑产业园为园区类装配式建筑产业基地,推荐6家企业为企业类装配式建筑产业基地。全年全省共212个项目取得绿色建筑设计标识,建筑面积2700.73万平方米。全省3项工程获得鲁班奖。共批准省级工程建设工法116项,立项应用建筑业10项新技术示范工程23个。共99项工程入选2019年度省优质建设工程奖,其中30个工程入选杜鹃花奖。

【房地产长效管理调控机制】 落实房地产市场目标管理机制,对突破目标管理的设区市及时预警、提示、约谈,对库存量较低的县、市下发风险预警提示函,督促多地落实限购、限贷和限售等调控措施。强化会商指导。完善房地产运行情况会商机制,指导各地采取有针对性措施,促进住房及用地供需平衡、价格稳定。突出抓好对重点城市的监测指导和考核评价。就贯彻落实中共中央、国务院办公厅下发的《关于建立房地产市场平稳健康发展城市主体责任制的意见》提出具体实施意见,强化城市主体责任,提请省房地产市场会商协调小组会议审议;完成《江西省建立和完善房地产市场平稳健康发展长效机制工作方案》,提出完善住宅用地供应机制、严格金融监管制度、培育和发展住房租赁市场体系等多项调控政策。

(刘瑞金 丁锦琳)

建筑节能与科技设计

【概 况】 2019年,全省工程勘察设计单位608家,其中甲级企业152家;从业人员165813人,其中技术人员26384人(高级职称人员5607人);注册执业人员9237人,其中注册建筑师614人(一级276人、二级338人),注册结构工程师513人(一级344人、二级187人),注册土木工程师(岩土)226人。全年全省勘察设计营业收入总额1189.59亿元,增长18.39%。其中,工程勘察收入21.12亿元,增长46.06%;工程设计收入49.63亿元,增长41.03%;工程总承包收入847.9亿元,增长52.77%;营业税金及附加9.16亿元,增长37.33%。

【建设工程消防设计】 印发《转发住房和城乡建设部 应急管理部〈关于做好移交承接建设工程消防设计审查验收职责的通知〉》《关于做好建设工程消防设计审查验收职责移交承接工作的通知》《关于开展房屋建筑和市政基础设施工程消防设计审查验收工作的实施意见(试行)》,明确建设工程消防工作的管理模式、设计审查验收流程。组织人员参加河北廊坊、重庆举办的建设工程消防设计审查验收职责移交承接培训班。组织470余人参加全省建设工程消防设计审查验收培训班。调研江西省化工设计院、中国电建集团江西省电力设计院有限公司。组织开发"江西省建设工程消防管理系统"方便申报主体。在《关于推荐江西省建设工程消防技术专家库人选的通知》上公布2批专家库人员620人。

【勘察设计质量监管】 组织开发"江西省数字化审图系统"并投入使用,全面推行数字化审查交付工作,分2批对全省勘察、设计、图审单位近300名技术人员进行宣贯。印发《关于全面推行施工图设计文件联合审查改革的实施意见》,实现"一家机构、一套标准、一次审查、一个结果、多方监督"的改革目标。开展全省施工图设计文件审查机构培训,分2批公布符合条件的图审机构。印发《江西省2018年度勘察设计质量检查情况通报》,对违反相关强制性标准的勘察设计单位、施工图审查机构和个人进行通报。配合住建部开展2019年度工程质量安全监督执法检查,并开展抽查工作。开展勘察设计企业业绩补录工作、勘察设计"挂证"专项整治工作。印发《关于省外进赣勘察设计企业实行信息告知承诺的通知》,对省外勘察设计企业进赣实施信息告知承诺,省外进赣勘察设计企业只需要按照操作指南将单位及人员信息在网上承诺填报即可,实现"一次不跑"。

【城镇设计管理】 开展城市设计调研,指导赣州市国家城市设计试点和景德镇市、瑞金市、婺源县省级城市设计试点工作指导。印发《关于进一步加强城市设计和建筑风貌管理的通知》,推动各地加强总体城市设计和重点地区城市设计工作。指导国家首批城市体检试点景德镇市制定工作方案。开展创建全国无障碍环境市县村镇工作。推进养老服务基础设施建设,进行无障碍改造。

【建筑标准管理】 下达2019年编制计划,批准发布10项工程建设地方标准,并报住建部备案。印发《关于在全省住宅小区推广建设智能信报(快件)箱的通知》,保障广大人民群众享有安全方便的投递服务。指导江西省地方标准《工业与民用建筑机制砂生产与应用技术规程》编制工作。

【建筑科技】 开展2019年度住房城乡建设领域科技计划项目征集工作,8个项目列入全省住房城乡建设领域科技计划。推荐11个项目申报住建部住房城乡建设领域科技计划,"基于智慧场景应用的通用物联网平台开发及实践"等8个项目通过立项。组织专家组对中阳广场、江铜国际广场、兴国县文化艺术中心等省级建筑业新技术应用示范工程验收。

【建筑节能和绿色建筑】 全省城镇新建建筑全面执行节能强制性标准,城镇新增绿色建筑面积7706.82万平方米,竣工阶段绿色建筑占新竣工建筑比例56.72%。完成既有居住建筑节能改造项目70个,改造面积124.4万平方米。开展可再生能源建筑应用项目183个,应用建筑面积934.72万平方米。398个项目取得绿色建筑设计标识,建筑面积5139.2万平方米。在线监测250栋公共建筑能耗情况,总接入面积993万平方米,接入点位18805个。开展民用建筑能源资源消耗统计,全面统计全省城镇范围机关办公建筑和大型公共建筑,抽样调查中小型公共建筑。批准发布《公共建筑用能检测系统工程技术标准》。

(黄奇武)

本栏编辑 邓玉兰

水 利

综 述

2019年，省水利厅践行水利改革发展总基调，推进水利建设、管理、改革等各项工作，水生态文明建设取得显著成效。

水利投资持续高位运行。全省累计落实全社会水利投入223亿元，超额完成全年200亿元目标。其中中央资金65亿元、省级资金37亿元、地方及其他资金121亿元，安排25个贫困县中央水利发展资金9.44亿元，进一步加快贫困地区水利基础设施建设；安排资金8421万元，专门用于19个县269个深度贫困村水利基础设施建设。

防汛抗旱工作取得新胜利。面对7月下旬以来的严重干旱，省水利厅打破工作常规，实行联合值班，先后调度省调水库180余次拦洪削峰错峰，腾出库容29.5亿立方米，拦蓄洪水57.3亿立方米。共转移群众82万人，减少受灾人口284万人，防汛减灾经济效益112亿元，有效保障了群众生命财产安全。旱期，启动抗旱Ⅳ级应急响应，下拨1.62亿元中央抗旱资金，派出工作组赴一线指导抗旱工作，监测154处城市供水水源情况，解决86万群众饮水困难，减少粮食损失25亿元。

水利建设取得新成效。峡江水利枢纽工程被授予中国建设工程鲁班奖。灌溉工程遗产千金陂入选世界灌溉工程遗产名录。抚州市廖坊灌区二期工程于9月正式通水。景德镇市浯溪口水利枢纽工程于9月通过下闸蓄水验收。宜春市四方井水利枢纽主坝填筑至142米高程，完成投资90%。鄱阳湖防洪工程二期第五个单项9条堤完成移交使用验收。莲花县寒山、万年县夏营水库通过下闸蓄水验收。碧湖水库、花桥水利枢纽和景德镇水利枢纽工程开工建设，飞剑潭等3座大中型、1134座小型病险水库开工实施除险加固。

河湖监管更加“有实”。《江西省河长制湖长制条例》全面实施，发布全国首部河长制湖长制工作省级地方标准，在全国率先组织开展河长制湖长制工作省级表彰评选活动。开展清河行动，排查梳理问题2100个，完成整改率98.1%。地表水国考断面水质优良比例93.3%，全省地表水断面均值无劣Ⅴ类水，鄱阳湖水质持续提升改善。

水土保持生态建设取得新突破。水土保持监督执法有效加强。开展长江经济带生产建设项目水土保持专项执法行动，梳理排查出500个水土保持违法违规项目，整改完成464个，立案36个，结案25个，罚款400余万元。《农事活动影响下红壤坡地水土流失防控关键技术与应用》获得省科技进步一等奖，填补了江西省水利系统一大空白。

水利改革持续深化。初步形成具有江西特色的水利工程标准化管理体系，出台《江西省水利工程维修养护技术标准》，全年共完成5000余座（处）工程标准化管理创建目标任务。持续推进深化小型水库管理体制改革。全年实际完成农业水价综合改革面积14.98万公顷，为年度计划的112.35%。制定《江西省水权交易管理办法（试行）》《江西省水权交易规则（试行）》。省水利设计院体制改革工作进入实施阶段。

（王雅坤）

水利工程建设与管理

【水利规划编制工作】 印发《江西省水利改革发展“十四五”规划编制工作方案》，编制完成《江西省水利发展“十四五”规划思路报告》。推进流域综合规划修编，赣江、抚河、信江流域综合规划修编报告已获水利部批复；饶河、修河流域综合规划修编报告已经省政府批复。组织开展农村水系综合整治工作，联合省财政厅印发《水系连通及农村水系综合整治试点县竞争立项工作方案》。谋划水利基础设施空间布局规划，印发《江西省水利基础设施空间布局规划编制工作方案》，明确规划编制各项任务及时间节点。

【重大项目前期工作】 印发《江西省水利厅省级水利前期工作经费使用实施细则（修订）》，根据新修订的办法，分解下达2019年省级前期工作经费5000万元。鄱阳湖水利枢纽、花桥水利枢纽、大坳灌区等6个项目初步列入全国近3年拟开工重大水利工程清单。重大水利工程中，鄱阳湖水利枢纽加快推进环评工作，鄱阳湖区1万~5万亩及其他重要堤防除险加固工程，鄱阳湖区单退圩堤加固整治工程可研、初设全部批复，鄱阳湖蓄滞洪区安全建设已完成6项前置要件审批，长江干流江西段崩岸应急治理工程水利部将可研审查意见送国家发改委，花桥水利枢纽于9月27日举行开工仪式。大坳灌区可研报告于11月经水规总院审查。赣抚尾闾综合整治工程正开展规划环评及工程对龙头山梯级影响的论证工作，并同步组织编制工程可研报告。峡江灌区，峡江水利局会同省水利设计院重新对《峡江灌区可行性调研报告》进行研究。中型水库方面：纳入全国水利改革发展“十三五”规划的37座中型水库，上高保丰、兴国洋池口、定南洋前坝3座水库已开工，东乡井山、湘东碧湖、龙南茶坑等3座水库已完成前期工作，于都岭下、龙南茶坑等9座正在推进前期工作，德兴桂湖、黎川长滩、新干余竹等22座水库暂停前期工作。

（杨思凡）

【水利建设项目】 2019年完成重点山塘除险加固301座，下达补助资金4972万元，通过山塘整治，改善灌溉库容1657万立方米，改善农田灌溉面积2万公顷，保障群众的生命财产安全，提高山塘蓄水灌溉能力。截至年底，完成重点山塘整治5705座。不断强化重点水利工程建设管理。廖坊灌区二期工程9月正式通水，景德镇浯溪口水利枢纽工程9月通过下闸蓄水验收。宜春市四方井水利枢纽工程大坝填筑顺利，引水发电隧洞已贯通，年度投资计划完成率90%。鄱阳湖防洪工程二期第五个单项9条堤全面完成移交使用验收。袁州区飞剑潭等3座病险水库除险加固工程开展建设，解放闸坝除险加固工程进展顺利。莲花县寒山、万年县夏营水库通过下闸蓄水验收。开工建设湘东区碧湖水库、鹰潭市花桥水利枢纽和景德镇水利枢纽。

（郭诚乐）

【堤防建设】 万亩圩堤加固整治工程。全省万亩以上圩堤整治共107座（含涝区治理工程9座、五河治理防洪工程7座、中小河流治理工程1座），项目规划治理长度约1280千米，规划投资约88亿元，项目共涉及江西省10个设区市、4个省直管县（市）、40个县（市、区），要求2020年基本完成建设任务。2019年，99座圩堤（不含五河治理防洪工程和中小河流治理项目）共下达省级以上补助资金17.82亿元。其中，9座涝区治理项目下达中央补助资金3.29亿元、省补资金下达1.36亿元、其他90座圩堤下达省补资金13.17亿元。截至年底，已开工80座，完工1座，累计完成总投资约19.2亿元。

【鄱阳湖二期防洪工程】 2019年，鄱阳湖区二期防洪工程第五个单项完成移交使用验收，建设范围包括赣西肖江堤、枫富联圩、药湖联圩、三角联圩、流湖圩、附城圩、共青联圩、沿河圩、镇桥联圩9座重点圩堤，堤线长230千米，省水利厅批复总投资为15.66亿元。总计下达计划投资13.14亿元（其中中央投资4.6亿元、省级资金3亿元、地方自筹5.54亿元），完成投资约7.6亿元。鄱阳湖区二期防洪工程第六个单项基本完成建设任务，工程进入验收准备阶段，正在启动财务竣工决算编制工作。

（黄高华）

【农村水利建设】 2019年全省农村水利建设项目共投入资金29.92亿元，从资金来源分，其中中央资金8.64亿元、省级资金6.68亿元、市县级资金14.6亿元。继续推进大中型灌区续建配套与节水改造，补齐粮食安全短板。恢复灌溉面积1.2万公顷，改善灌溉面积3.07万公顷 新增粮食综合生产能力3714万千克，农村饮水安全工程维修养护覆盖受益人口2050万人。

【农村饮水安全巩固提升工程】 2019年，全省农村饮水安全巩固提升工程下达投资计划23.49亿元（其中中央资金3.29亿元、省级资金5.72亿元、市县自筹14.48亿元），共建设农村饮水工程1267处，巩固提升受益人口291.22万人，巩固提升贫困人口饮水安全7.9万人。全年下达农饮工程维修养护投资9560.6万元，其中中央财政资金8348万元、省级财政资金1000万元、市县自筹212.6万元。维修养护农饮工程12006处，受益人口2050万人。

【大中型灌区续建配套与节水改造】 2019年，全省继续大力推进大中型灌区续建配套与节水改造。列入国家172项重大节水供水工程的廖坊灌区二期工程主体工程完工，9月24日正式通水；赣抚平原、袁惠渠、潦河、锦北、袁北、柘林、饶丰、南车、章江、饶丰等10座大型灌区续建配套与节水改造项目已完成计划内项目建设任务，鄱湖、七一等2座大型灌区及吉安市芦源灌区等16座重点中型灌区续建配套与节水改造项目正在实施。

【农业水价综合改革】 2019年，江西省农业水价综合改革计划面积为13.33万公顷，全面完成13个大型灌区和111个中型灌区农业供水成本核算。全年新增改革实施面积14.98万公顷，截至年底，全省累计实施农业水价综合改革面积21.32万公顷，占全省有效灌溉面积的10.45%。

（黄韬）

【水库水文自动测报系统建设】 水

旱能灌、涝能排、机械能下田的永丰县返步桥水库灌区

省水利厅供

库水文自动测报系统采集水位、雨量等信息,直接为水旱灾害防御等工作服务。从2016年开始连续投入资金开展项目建设,逐步对前期建设的自动测报系统进行升级和改造,新建大批水库自动测报系统和水尺等观测设施。截至年底,实现5000余座水库监测数据在省级统一接收,为省、市、县及基层水旱灾害防御工作提供了较好的信息支撑。

(饶亚文)

【水库水闸安全运行管理】 全省注册登记水库10676座,注册登记水闸4967座。210座水利系统管理的大中型水库和818座小型水库开展安全鉴定。落实每座水库大坝安全管理5个责任人,全年累计培训水库管理技术人员800余人次;对10490名小型水库安全管理员(巡查管护人员)进行上岗培训。强化水环境整治,全省87个县(市、区)水库网箱养殖基本取缔。全省大中型水库运行管理信息系统平台建设通过验收并试运行。

【水利工程管理体制改革】 印发《江西省深化小型水库管理体制改革示范县创建工作方案》,遴选13个县(市、区)作为全省小型水库管理体制改革示范县。探索政府购买服务和社会化管理等多种管理模式,全省共有2520座水库实行物业化管理,14个县(市、区)对辖区全部小型水库统一招标实行物业化管理,有效提升工程运行管理水平。

【水利工程标准化管理】 出台《关于2019年全省水利工程标准化管理工作的指导意见》《江西省水利工程标准化管理验收评价办法(试行)和评价标准》等文件,全面推行水利工程标准化管理。派出14个指导组,对全省所有县(市、区)进行两轮技术指导。全省培训标准化管理负责人、技术骨干近1200余人,创新激励机制,将工程标准化管理实施情况列入全省水利改革发展考核,并与省级及以上水利工程维修养护补助资金挂钩,取得了良好成效,完成5549座(处)工程标准化管理创建。

(张金辉)

【河湖综合管理】 依托河长制湖长制平台,推动五级河长湖长履职,开展以"清洁河湖水质、清除河湖违建、清理违法行为"为重点的"清河行动",分地区、分流域、分行业共排查梳理出2100个问题,整改完成98.95%。开展"清四乱"(即乱占、乱采、乱堆、乱建)专项行动,350个问题全部完成整改销号。开展长江干流岸线保护和专项检查行动,已完成105个项目整治。开展违建别墅清查整治,对全省水利领域4765个重点区域进行全面彻底摸排,其中重要河道967条、重要湖泊86个、重要水库3712座。开展全省河湖非法矮圩网围联合排查整治行动,共拆除非法矮圩网围229处,其中拆除矮圩110千米、网围45千米,恢复天然河湖水面近1万公顷。开展河湖划界工作,全省已完成51条流域面积1000平方千米以上河流、86个水面面积1平方千米以上湖泊、其他市级党政领导担任河湖长的35条河流及13个湖泊的2.40万千米河湖岸线的管理范围划定工作,并经县级以上人民政府公告划定成果。

(桂冠)

【打击水利建设市场违法违规行为】 开展公共资源交易水利工程领域违法违规违纪行为专项检查行动和全省水利建设质量安全隐患大排查,共排查项目488个,发现各类质量安全隐患问题873个,已整改619个,正在整改254个,抚州、赣州等5个设区市采取罚款、通报批评等方式对责任单位进行处理。督促和指导地方规范行政处罚工作,全省各级水行政主管部门共对44家市场主体进行了行政处罚,并实行联合惩戒。

(潘昊)

【中小河流治理】 国家下达江西省五河治理防洪工程2019年度中央预算内投资计划19.26亿元(其中中央投资9.63亿元、地方投资9.63亿元),经各地分解落实到48个项目。截至年底,45个项目开工建设,开工率94%,累计完成工程总投资19.05亿元,投资完成率98.9%;其中完成中央投资9.42亿元,完成率97.82%。中小河流治理(流域面积200~3000平方千米)。江西省列入三部委加快灾后水利薄弱环节建设实施方案新增治理项目共282个,涉及河流130条,治理河长2523千米,规划投资50.88亿元。已批复项目272个,批复总投资64亿元,全年落实省级以上补助资金11.5亿元,其中中央资金9.35亿元、省级资金2.15亿元。累计完成投资25.12亿元。江西省列入《全国中小河流治理重点县综合整治和水系连通试点规划》8个项目县共87个项目区。分别为青山湖区、庐山市(原星子县)、永丰县、定南县、崇仁县、浮梁县、渝水区、上栗县等8个项目县,已批复85个项目区,批复总投资22.2亿元,已经落实省级以上补助资金14.15亿元(其中中央资金11.87亿元、省级资金2.28亿元),累计完成总投资约13.7亿元。

(黄高华)

水资源管理

【概　况】 2019年,江西省年平均降雨量1710毫米,比多年平均值多4.4%。地表水资源量2033.66亿立方米,比多年平均值多31.6%。2019年总供水量与总用水量持平,为253.34亿立方米。人均综合用水量为543立方米,万元GDP(当年价)用水量102立方米,万元工业增加值(当年价)用水量67立方米,农田灌溉亩均用水量599立方米,农业灌溉水有效利用系数0.513。

【最严格水资源管理制度考核】 按国家要求做好2019年度实行最严格水资源管理制度考核工作,按时向水利部上报《江西省2018年度用水总量、用水效率、水功能区限制纳污目标完成情况》。按江西省2019年度水利改革发展考核评价工作部署,抓好2019年度省级水资源管理考核,根据国家和省水资源管理年度工作重点优化、简化考核指标,核查市、县上报考核资料,派出11个考核组由省水利厅领导带队开展现场考核,考核结果纳入省委、省政府对市县高质量发展改革考核成绩,考核发现问题通过一市(县、区)一单形式反馈地方政府。结合年度水利综合督查,严格开展取水许可审批及计划用水管理督察、节约用水监督检查和全国重要饮用水水源地安全保障达标建设检查,检查结果作为省级水资源管理考核评分依据。

【节水工作】 经省政府同意,联合省发改委印发《江西省节水行动实施方案》;同时成立由分管副省长担任组长的省级节约用水工作协调推进小组。省水利厅节水机关建设通过水利部长江委验收组验收,获得较高评价,为厅直单位和全省公共机构创建节水型单位提供了可复制、可推广的典型样板示范。景德镇市、新余市、萍乡市水利局和厅直单位全部高标准完成水利行业节水机关建设,通过省水利厅组织的验收。经省政府授权,由省市场监管局和省水利厅联合发布,完成江西省 2017 年工业企业主要产品用水定额的修订。联合省教育厅、省管局印发《关于推进江西省高校合同节水管理试点的实施意见》,是全国首家出台关于高校合同节水的规范性文件;已完成江西水利职业学院和南昌大学 2 家合同节水工作。联合省管局完成省交通厅等 88 家节水型单位的验收命名。28 个县域节水型社会达标建设稳步推进。全省 7 个县域节水型达标建设县(区)通过长江委复核,获得水利部确认。年内完成 15 个县的节水型社会达标建设验收,提前一年完成南方省份 20% 的目标。开展节水评价。印发《江西省水利厅办公室关于开展规划和建设项目节水评价工作有关事项的通知》,首次要求市、县级水行政主管部门在办理行政职权范围内的规划审查审批、项目立项审查、取水许可等手续时,对相关报告中的节水评价章节作重点审查,全省共有 37 个项目开展节水评价工作。在“世界水日”“中国水周”期间,省市县三级联动开展节水宣传进机关、企业、乡镇、校区、灌区活动。联合省管局节能处党支部在南昌市秋水广场举办“节水优先、机关先行”党建 + 节水宣传活动;组织厅直单位,市、县参加全国节约用水知识大赛,普及节约用水知识;依托江西水利职业学院开展“节水大使”评选活动,评选出 3 名“节水大使”。

【取用水管理】 开展全省取水工程(设施)核查登记,填报取水项目登记表 13879 个。加强取水许可管理,省水利厅新颁发江西洪城水业股份有限公司牛行水厂 1 家取水单位取水许可证,延续颁发国网江西省电力有限公司柘林水电厂等 3 家取水单位取水许可证,批复鹰潭市中心城区供水工程等 3 家取水单位取水许可申请。加强计划用水管理,省水利厅下达 39 家省管取水户 2019 年度用水计划。依法征收水资源费,省级征收水资源费 2.79 亿元。强化取用水巡法执法,省水利厅对重点取用水单位开展现场巡查检查 60 多次,下达监督检查意见 17 份。

【水资源保护】 推进水源地达标建设。按时向水利部报送 2018 年度全国重要饮用水水源地安全达标建设自评估报告。首次开展全省县级城市集中式饮用水水源地安全保障达标建设现场检查和技术评估,向有关设区市、县(区)政府书面反馈检查评估问题清单,并督促整改落实。加快应急备用水源建设。组织编制《江西省城市应急备用水源建设布局规划》,经省政府同意,联合省生态环境厅印发实施。截至年底,6 个设区市建成应急备用水源或双水源互为备用。促进地下水超采区治理。印发地下水超采区治理 2019 年度工作计划,编制《江西省地下水超采区治理成效中期评估报告》,江西省原 9 个地下水超采区中有 6 个已完成治理任务。经省政府同意,联合省自然资源厅重新核准公布地下水禁采区和超采区范围。开展全省大中型灌区灌溉水水质监测和评价工作。2019 年,大型及重点中型灌区水质监测覆盖率 100%、中型以上灌区 80%,印发《江西省水利厅办公室关于做好 2019 年度灌区灌溉水水质监测工作的通知》,建立信息沟通与协调机制。

【环保审计整改】 督促相关市县推进整改,完成江西省 290 家无证取水和 5 个应急备用水源问题整改。按照长江经济带环境保护审计和审计署武汉特派办要求,按时提供相关材料,及时推进问题整改。河湖卫士监督执法。按照整改要求,完成水资源监督执法发现的 10 个无证取水、欠缴水资源费、未经许可取用地下水等问题整改。水污染防治。做好配合工作,印发《2019 年江西省水污染防治计划》涉及省水利厅有关任务分工细化方案的通知,按时报送任务完成情况。环保赣江行。派员参加主题为“关爱生命健康,保障农村饮水安全”的环保赣江行跟踪调研活动,开展实地核查。

(陈芳)

水 文

【概 况】 2019 年江西水文年景偏差,出现“两个第一”:7 月份全省平均降雨 343 毫米,比多年均值 141 毫米偏多 1.4 倍,列有记录以来第一位。7 月下旬至年底,全省平均降雨 172 毫米,比多年均值 446 毫米偏少 6 成,26 条河流 46 站出现历史最低水位或最小流量,列历史同期倒数第一。水文部门成功应对大汛大旱,先后启动防汛测报应急响应 83 次,采集各类水文信息 1.16 亿条,发布预报 3059 站次、预警 2139 期,协助省水利厅调度大中型水库腾库约 7.5 亿立方米,为安全转移 81.8 万人提供强有力的决策支撑;及时启动抗旱测报 IV 级应急响应,连续作战 66 天。编发《抗旱公报》87 期,分析 153 处县级以上城市水源地取、供水情况,提出省调及其他重点水库枯水调度目标和原则,在赣江南昌河段水位创历史新低情况下,连续 2 个多月保证南昌水位维持 11 米左右,保障了省城供水安全。年初,水文部门跟踪动态监测近 30 天,成功应对景德镇市共产主义水库水源地锰超标事件。

【水文事业发展规划获批】 经省政府同意,《江西省水文事业发展规划》由省水利厅、省发改委联合印发。“规划”从业务体系和管理体系两大方面明确江西水文近、中、远期建设目标和主要指标,旨在大力推动“135

工程”，做好新时代的两个支撑。标志着江西水文“1+7”发展规划体系基本定型。

【水文监测改革】 《江西水文监测改革实施方案》获省水利厅批复，全省被划为47个测区，其中41个实行了水文巡测。首次对近年购置的281台套新仪器进行全面技术评估，首次实现全省水文资料在线即时整编，首次开展全省水文应急测报联合演练。

【城市内涝监测预警】 九江水文部门依托城市水文信息采集系统，与交通部门联合实行城市内涝预警；景德镇、南昌两市水文部门也通过洪水警示牌、市区内涝实时监测系统，保障城市内涝发生时的市民安全。

【水资源监管服务】 推动全省96个县（市、区）编制县级水资源公报，基本实现全省全覆盖。22个县（市、区）编制县级水资源月报，编制率稳步提升。在国家重要水文站、跨省水量分配的省界断面水文站增测水质要素，138个界河断面实现水量、水质同步监测。

【水质水生态监测网织密】 打造“天空—地表—地下”立体水环境水生态监测网络，对624个水功能区、164个界河、140个集中饮用水水源地、366个规模以上入河排污口、128个地下水监测站、100个大气降水水质监测点进行全覆盖监测，同时将灌区监测点从300处增加至511处，并继续对全省实施湖长制的76个大型湖泊开展监测。

【河湖长制服务提档升级】 在信息化的加持下，全省10千米～50千米河流有了“数字画像”。开展鄱阳湖19个子湖、35个碟形湖水环境调查，分析鄱阳湖总磷含量、来源并提出消减建议，为保护“一湖清水”贡献水文智慧。编制《饶河生态流量（水量）保障实施方案》，为加强重点河湖生态流量（水量）管控提供技术支撑。

（胡彧）

水政监察

【水法规制度体系完善】 推进《江西省农村供水条例》立法工作。按期完成《江西省农村供水条例》草案起草工作。探索流域综合管理制度建设。形成《江西省流域综合管理条例（草案）》初稿。开展涉及机构改革的法规规章清理，对涉水的11部法规5部规章，除《江西省实施河长制湖长制条例》《江西省节约用水办法》外，均纳入清理，其中《江西省水利工程条例》《江西省河道采砂管理条例》《江西省长江河道采砂管理实施办法》等3部法规列入一揽子修改计划。《江西省长江河道采砂管理实施办法》修改经省政府第29次常务会议通过。

【“放管服”改革】 推进承诺制审批改革工作，改事前审批为企业承诺、信用担保，“权限内在跨行政区域的边界河道修建水工程以及河道整治工程的许可”率先实行承诺制。根据省政务服务办的工作部署，将省水利厅41项依申请类政务服务事项（办理项）全部纳入“一次不跑”“只跑一次”事项范围，“一次不跑”“只跑一次”事项办理率100%。创新窗口服务手段，建立与业务处室、办事企业“双向问询机制”，并推出预约服务、延时、错时等服务手段，实现全年365天审批服务“不打烊”。

【水法治监督管理】 开展法规规章执行情况监督，以《江西省水文管理办法》为切入点，开展执法监督调研，总结经验分析不足。做好行政应诉行政复议工作。印发《全面推行行政执法公示制度执法全过程记录制度重大执法决定法制审核制度实施方案的通知》。加强对行政执法行为的监督制约，开展行政处罚案卷评查活动。组织专家对11个设区市5个省直管试点县（市）报送的16件行政处罚案卷进行评审。对小型水库安全运行、农村饮水安全、河道采砂管理、大中型水库（闸）安全运行与管理、河湖综合管理“清四乱”等5项重点内容采取分片包干的方式开展“四不两直”综合督查。

【打击非法采砂】 省水利厅联合省检察院、省公安厅等9部门在全省部署开展河道采砂联合整治工作，确定10个环鄱阳湖市县组织开展省重点水域河道采砂联合整治“拉力赛”行动，行动期间，全省共出动执法人员5.46万余人次，查处各类涉砂违法行为1300余起，查获非法涉砂船舶（机具）近660余艘（辆），清理整治非法砂场300余家，刑事立案42起，刑拘130人，向当地扫黑办上报涉砂黑恶

6月10日，江西省重点水域河道采砂联合整治“拉力赛”启动仪式

省水利厅供

线索115条。在全省范围内组织开展河湖卫士“春雷2019”打击非法采砂专项行动，以及长江干流沿江各市、县开展河道采砂清江行动，各地共对200余艘查获的“三无”非法采砂船舶进行切割销毁。

【河湖卫士监督执法工作】 整合水利管理、水行政监督、水行政执法各方面力量，推进全面执法、综合执法、联合执法，将河道清障和涉河建设项目及活动、水利工程及设施保护、水资源、河道采砂、水土保持、水利建设市场等六大类水利监督执法纳入其中，有效衔接行政执法和刑事司法，加大河湖监督执法力度。召开“全省河湖卫士监督执法暨执法规范化工作调度会”和“全省河湖卫士工作视频会”，组成由省水利厅领导带队的18个督导组，对全省进行专项督导，有力推动了重点问题整改工作。全省重点问题共158个，已整改到位155个，整改完成率98%。

【水法规宣传】 开展“世界水日”“中国水周”暨第一届“江西省河湖保护活动周”宣传工作。联合省普法办、新法制报开展“百万网民学法律”水法规专场知识竞赛活动，共约28万人次参与知识竞赛活动。印发宪法学习宣传计划，举办宪法知识专题讲座，组织开展宪法宣誓活动，开展宪法知识讲座。制作“我与宪法”微视频，展示水利行业依照宪法和法律规定严格依法履职情况。

【水土保持执法】 开展“双随机”抽查，对随机抽取的29个项目进行现场检查，对160余个弃渣场发现指出200余个问题，配合长江委开展长江经济带生产建设项目水土保持监督执法专项行动，执行处罚项目5个，罚没款359万元。跟踪对接政府性项目水保费拖欠问题，补缴规费685万元，年度征收省级水土保持补偿费3200余万元，超年度征收计划60%。

【执法信息化建设】 完成水利部下发的16366个遥感影像疑似违规图斑复核，2018年度区域水土流失动态监测成果通过水利部复核，推进监测网络管理规范化和自动化建设，开展全省水土保持天地一体化监管工作，实现生产建设项目水土流失监管全覆盖。严厉打击非法采运砂“屡查屡犯”人员，为省水利征信系统增设身份识别、案件检索、“黑名单”提示模块及功能，促进了河道采运砂涉案人员信用监管工作发展。完成“智慧水政”“采砂船舶集中停放点及水利执法设施建设”项目规划设计工作。

【水行政执法与检察公益诉讼衔接】 加强与检察机关信息互通，做好省检察院派驻省水利厅检察室工作，与省检察院互派人员交流学习，并联合开展水行政执法与检察公益诉讼相关问题调查研究，将双方联合调研成果编订成册，为各级领导科学决策提供参考。针对全省涉水14个检察建议问题，督促各地依法履职，避免因水利部门履职不到位被提起公益诉讼。同时，在全省范围内筛选3个重点案件，联合省检察院积极督办推动，以点带面推动全省水政执法工作再提升。

【水行政执法业务培训】 全年共举办各类水行政监督执法培训班6期，全省水政系统基层单位800余人次参加培训。与省干部网络学院继续加强合作，共同开发适合水利行业干部职工学习的网络课程，供全省执法人员学习。发挥无人机在执法巡查、水土保持监管、打击涉砂违法行为等方面的优势，年内安排2批执法人员参加无人机飞行培训，其中4人取得民用无人航空器系统驾驶员合格证。

（郭鹤 黄齐）

农村水电

【概 况】 江西省水能资源理论蕴藏量685万千瓦，技术可开发量633万千瓦，其中农村水电技术可开发量423万千瓦。截至年底，全省共有农村水电站4121座，装机容量361.1万千瓦，占农村水电技术可开发量的85.4%，全年发电量103.47亿千瓦时。全省农村水电站的主要特点是点多面广，小水电站居多，1000千瓦以下的有3434座，占全省农村水电站数量的83.3%。2019年，在保障农村水电站度汛安全和生产安全的同时，完成洋凸垅水电站、车上水电站、螺滩水电站3座绿色小水电站创建。

【小水电清理整改】 完善体制机制。将小水电清理整改纳入江西省生态环境委员会工作内容，设立专项工作领导小组及办公室，各市县均成立相应机构。省级先后印发清理整改工作实施方案、综合评估、“一站一策”、最小生态流量监管等5个文件，统一工作内容、标准及要求。完成评估报告和“一站一策”。全省4121座水电站综合评估和各县（市）“一站一策”均已完成，水利部清理整改平台显示，江西省综合评估工作列全国第一位，“一站一策”列第二位。推进电站整改和规划编制。位于省级以上自然保护区核心区和缓冲区的54座电站已全部解网，并已退出37座。有175条河流启动流域规划修编工作，其中123条河流规划环评已批复。强化生态流量泄放。全省已有3672座水电站设置生态泄流设施，占有泄放任务电站总数的95.7%，其中311座安装生态流量监测设施。

【农村水电增效扩容改造】 江西省“十三五”增效扩容改造项目375个（其中电站改造项目186个），项目改造总投资5.94亿元。截至年底，全省累计增加装机容量3.85万千瓦，修复脱水河段214千米，既提高了发电量、增加了电站收入，又恢复了生态基流，改善河流生态环境。

【小水电安全监管】 逐站落实农村水电站安全生产“双主体”责任以及农村水电站水库的“三个责任人”，实现农村水电站“双主体”责任全覆盖。汛前组织对水电站进行拉网式全覆盖汛前检查，汛后组织进行重点检查，全面完成年度农村水电站管理标准化创建任务。

（高云平）

本栏编辑 邓玉兰

生 态 环 境

综 述

2019年，全省63.6%的设区市、74%的县（市、区）达到环境空气质量二级标准，设区城市环境空气优良天数比例89.7%，高于全国平均数8个百分点。全省地表水断面水质优良比例92.4%，同比上升1.7个百分点。全省森林覆盖率63.1%，稳居全国第二位。

国土绿化。全年完成人工造林6.69万公顷，封山育林7.43万公顷，低产低效林改造12.27万公顷。森林抚育39.46万公顷。省内铁路绿化2800千米，绿化保存率96%。江河堤防绿化210千米，面积283.33公顷。完成沙化土地治理1.38万公顷，水土流失综合治理4.11万公顷。

森林管理。完成第七次森林资源二类调查，涉及113个调查单位，调查固定样地4.8万个、小（细）班230万个，调查质量管理评价等级全部为优秀。开展2019年森林督查，森林督查图斑2.91万个，下降44%；发现问题5452起，下降55%；查处案件3253起，完成率60%。加强林地使用定额管理，完成审核（批）占用征收林地项目2297起、1.09万公顷，征收植被恢复费16.30亿元。开展年度公益林监测，在武宁等10个县（市、区）增设43个公益林监测样地进行外业调查。全省森林参保822.69万公顷，占有林地90%；风险保障650亿元。完成理赔974宗，赔付1.62亿元。

湿地管理。出台《江西省湿地生态环境损害调查和评估办法（试行）》，发布《江西省湿地公园管理办法》。开展违法违规占用破坏湿地问题专项整治，排查出违法违规问题79个，整改到位75个，另有4个正在整改。“鄱阳湖湿地生态系统监测预警平台建设”获批全国第一个省级湿地预警监测平台建设项目，项目投资2624万元。全省8类自然保护地受保护湿地面积54.10万公顷，增加7.7%。完成44处省重要湿地矢量边界划定。批复实施10个湿地占补平衡方案，补充被占省级以上重要湿地278.92公顷。全省湿地保护率提升至59.45%，增加4.25%。新增18处国家湿地公园加入“长江湿地保护网络”，累计42处。

物种保护。省人大常委会审议通过《江西省实施〈中华人民共和国野生动物保护法〉办法》，于7月1日起施行。开展以“关爱野生动物，共建和谐家园”为主题的保护野生动物宣传月活动。沿鄱阳湖各级政府和相关部门以及民间组织共同开展越冬候鸟和湿地保护群防群治，召开联席会议32场次，湖区巡护0.94万人次，联合执法360余次。开展2018—2019年度环鄱阳湖区水鸟同步调查，共记录水鸟29万余只，其中白鹤2900只。争取国家林草局极小种群野生动植物资源拯救经费160万元，在9个重点市、县实施极小种群野生植物保护和珍稀濒危野生动物救护繁殖项目。实施野生动物疫源疫病监测，完成野猪体外寄生虫、野猪组织、血液样品采集和候鸟类样品采集3381份，同步样品1312份，哨兵动物104份，粪便样品2059份；全省未发生重大野生动物疫情。全年办理野生动植物行政许可1177件，其中野生动物行政许可343件，野生植物许可834件。

土壤环境风险防控。完成全省2393个重点行业企业用地调查信息采集、风险筛查、初步采样等各项工作；将454家单位纳入土壤污染防治重点监管名录，开展建设用地污染防治专项行动，组织排查并整改269个地块问题；发布江西省第一批建设用地土壤污染风险管控与修复名录，26个污染地块纳入名录管理；印发《江西省土壤污染防治项目管理规程（试行）》《进一步完善省级土壤生态环境管理项目库建设的通知》，组织向国家报送15个中央土壤污染防治专项资金项目，获批12个A类项目；完成1013个建制村的环境综合整治和54个尾矿库闭库工作，危险废物处置能力接近48万吨/年，基本满足处置需要。

（省生态环境厅　省林业局）

生态环境建设

【概　况】 2019年，全省营造林项目建设资金9.2亿元，同比增加19.48%。完成重点防护林建设工程造林4.53万公顷，其中“长防林”3.60万公顷、“珠防林”0.93万公顷。林业血防工程0.64万公顷，国家储备林项目1.64万公顷。国际金融组织贷款项目0.20万公顷，抚育0.98万公顷。完成省级乡村风景林示范点建设100个，面积0.64万公顷。启动实施《欧洲投资银行贷款江西长江经济带珍稀树种保护与发展项目贷款协议》，项目投资15亿元。

【森林质量提升】 全年下达中央财政良种培育补助2500万元，中央预算内国家种质资源库建设项目915万元，省级财政林木良种繁育项目2500万元。全省人工造林核实面积合格率97.5%，封山育林核实面积合格率100%。完成森林抚育39.46万公顷。开展2019年全国林木种苗质量抽查，江西苗圃地和造林地苗批合格率均为100%，许可、自检、档案、检疫等检查全部合格。全省保障性苗圃可提供苗木8108万株；油茶良种苗木培育1.20亿株，同比提高30.5%；培育油茶、松杉良种及珍稀阔叶树种轻基质容器苗5018万株，同比提高10%。全省调剂松杉良种5516.5千克。确定第二批省级林木种质资源库6处。

【森林城乡创建】 继续推进国家森林城市创建，全省新增城市绿地面积0.24万公顷，绿地率43.69%；新（改）建公园绿地701处，面积0.76万公顷，人均公园绿地14.86平方米；新增城镇绿道绿廊543千米。遂川、浮梁、德兴、大余4县（市）创建国家森林城市获国家林草局批准备案。新增井冈山市、定南县和分宜县3个省级森林城市。72个县（市）成功创建省级森林城市。430个行政村被认定为首批国家森林乡村，兴国县幕阜村被评为国家森林乡村创建样板村。启动省级森林乡村创建工作。

【重点区域森林“四化”建设】 出台《江西省重点区域森林“四化”建设标准》《江西省重点区域森林“四化”建设绩效评价办法》。省级财政投入重点区域森林“四化”（绿化、美化、彩化、珍贵化）建设资金1.31亿元，培育“四化”树种苗木2309万株，栽植“四化”树木806万株，完成建设面积1.29万公顷，占计划任务144%。完成重点区域森林“四化”建设示范基地43个。重点打造10条主要通道和廊道，栽植“四化”树种255万株。打造最美长江岸线，完成投资4.13亿元，栽植各类彩化珍贵化乔、灌苗木427.4万株，铺设草皮33万平方米。

【自然保护地建设】 成立第一届江西省自然保护区评审委员会。申报武功山世界地质公园进入国家推荐名单。洪源省级森林公园晋升为国家级森林公园，面积3242.61公顷。命名“省级示范森林公园”19处。完成森林风景资源“一张图”和森林公园边界矢量化数据建设。7处国家森林公园总体规划通过国家林业和草原局批复，4处省级森林公园总体规划通过专家评审。森林公园总体规划完成编制率省级提升到45%，国家级提升到91%。开展乡村森林公园建设，首批命名20处乡村森林公园。7处国家湿地公园确定为示范湿地公园。鹰潭信江、遂川五斗江、三清山信江源、上犹南湖4处试点国家湿地公园正式成为国家湿地公园，总面积4402.51公顷，湿地面积3337.71公顷。全省新增湿地保护小区378个。

（省林业局）

生态环境保护

【概　况】 全省林地面积0.11亿公顷，占国土面积64.2%；湿地面积91万公顷，占国土面积5.45%；沙化土地面积6.4万公顷。全省建成各类自然保护地536处，总面积202.3万公顷，占国土面积12%左右。其中，自然保护区190处（国家级16处、省级38处），风景名胜区45处（国家级18处、省级27处），地质公园15处（国家级5处、省级10处），世界遗产5处（世界自然遗产3处、世界文化遗产1处、世界文化与自然双遗产1处）；自然保护区109.88万公顷、风景名胜区44.72万公顷、地质公园31.01万公顷，分别占国土面积6.58%、2.68%、1.86%。全省湿地公园99处（国家级21处、国家级试点18处，省级36处、省级试点24处），总面积14.39万公顷。其中，湿地面积11.30万公顷，占国土面积0.86%；省级以上重要湿地46处，湿地保护小区597个。全省森林公园182处（国家级50处、省级120处、市县级12处），经营总面积52.91万公顷，占国土面积3.17%。全省省级以上生态公益林342.48万公顷。

【林业有害生物防控】 省政府向各设区市、省直管县（市）政府下达《2019—2020年度松材线虫病防控目标责任书》。发布江西省地方标准《林业有害生物防治组织等级划分规范》。全省林业有害生物偏重发生，松材线虫病疫情扩散蔓延，发生面积12.19万公顷，病（枯）死松树295.35万株，涉及10个设区市84个疫区县的484个疫点乡镇；新增永修等16个县级疫区。开展全省松材线虫病疫木检疫执法专项行动，查处检疫案件51起。对松材线虫病防控问题突出的14个县（市、区）开展约谈，对3个设区市进行预约谈。袁州、高安、永丰3县（市、区）建立省级油茶病虫害无公害防治技术示范基地。南城县、武宁县列为国家级林业有害生物中心测报点建设。完成江西省林业有害生物应急指挥中心、林业有害生物远程诊断室改扩建项目。全省林业

2019年12月，全省有森林公园182处，经营总面积52.91万公顷。图为江西全盆山森林公园——龙井湖

邱国伟摄

有害生物预测发生面积33.2万公顷，实际发生37.2万公顷，测报准确率89.2%；应施种苗产地检疫4.32万公顷，已实施4.32万公顷，种苗产地检疫率99.98%；林业有害生物防治26.48万公顷，有害生物成灾率2.4‰；无公害防治32.4万公顷，无公害防治率99.17%。全省森林病虫害理赔6598.8万元。

【林业专项整治】 省林业局组织开展“全省森林资源管理严打整治专项行动”“‘绿卫2019’打击破坏森林草原执法专项行动”等系列专项整治行动，发现林业行政案件1.30万起，查结0.85万起，处罚1.45万人，没收非法所得258.81万元，罚款1.82亿元，恢复林地0.26万公顷，没收木材0.35万立方米。全省森林公安机关开展严打破坏野生动物资源犯罪专项行动，查处野生动物刑事案件1141起，同比增加7.9倍，全国排名第二，其中30起大要案分别被部、省列为挂牌督办案件。收缴野生动物5.1万只(头)，其中国家一、二级重点保护野生动物0.22万只(头)；侦破湖口“2018·12·24”、余干“2019·11·22”特大毒杀珍稀候鸟案，得到省委书记刘奇肯定。

【开展松材线虫病疫木清理“百日攻坚”行动】 2018年12月25日至2019年3月31日，全省开展松材线虫病疫木清理“百日攻坚”行动。省委书记刘奇，省委副书记李炳军，省委常委、副省长刘强等到林区调研松材线虫病防控工作，并先后作出批示。省政府连续两次召开全省松材线虫病防控电视电话会议，实行全省联动，群防群治。各级政府、林业部门通力合作，落实松材线虫病防控资金4.2亿元。全省清理病枯死松树310.05万株，清理面积7.30万公顷，打孔注药保护重点松树23.9万株。

【举办首届鄱阳湖国际观鸟周活动】 12月6日—10日，首届鄱阳湖国际观鸟周活动在南昌、九江、上饶举行。活动由江西省政府和中国野生动物保护协会主办，省林业局、省文旅厅和南昌、九江、上饶市政府承办，以“湿地滋润赣鄱、候鸟联通世界”为主题，主会场设在南昌市，九江市、上饶市设置观鸟点，安排省鸟评选、优秀湿地暨候鸟保护志愿者(组织)评选、新闻发布会、开幕式招待会、开幕式、鄱阳湖湿地候鸟保护国际论坛、美丽中国“江西样板”院士论坛、第二届国际白鹤论坛、鄱阳湖国际观鸟赛、鄱阳湖候鸟国际摄影展、嘉宾观鸟暨救护候鸟放飞活动、公众自然教育系列活动等13个版块。联合国粮农组织、国际湿地公约秘书处、世界自然基金会、国际鹤类基金会、世界自然保护联盟等国际机构代表，俄罗斯、美国、韩国、日本、新加坡、澳大利亚等国政府官员及地方代表团、知名人士，中国科学院、中国工程院14名院士和北京林业大学等院校专家学者，上海等15省(市、区)相关代表，万科集团、万通控股等企业代表和省内嘉宾代表共1000多人到鄱阳湖，领略“百里鄱湖波光、万羽候鸟翱翔”的独特美景，分享“同在蓝天下、人鸟共家园”的欢乐和谐。

12月6日—10日，首届“鄱阳湖国际观鸟周”活动在南昌、九江、上饶举行。图为观鸟周开幕式志愿者和小学生代表共同宣读《鄱阳湖爱鸟宣言》

省林业局供

【鄱阳湖湿地和候鸟保护国际论坛举行】 12月7日，鄱阳湖湿地和候鸟保护国际论坛在南昌举行。副省长陈小平、国家林业和草原局副局长李春良、东亚－澳大利西亚迁飞区伙伴协定秘书长Doug Watkins出席。中国、韩国、日本、俄罗斯等10多个国家和地区200余名专家学者、政府官员、非政府组织代表、知名企业家以及民间生态环保人士参加。中国野生动物保护协会会长陈凤学主持论坛。8名国内外嘉宾作主旨报告，保护国际基金会亚太区高级副总裁Richard Jeo等7名嘉宾围绕候鸟保护与社会参与、候鸟保护与国际湿地城市创建等话题展开嘉宾对话。与会国内外专家就加强鄱阳湖湿地与候鸟保护达成共识，共同发布《鄱阳湖湿地与候鸟保护南昌宣言》。

(省林业局)

【推进自然生态保护攻坚战】 省生态环境厅继续推进自然生态保护攻坚战。联合省直相关部门开展“绿盾2019”自然保护地强化监督工作，全省省级及以上自然保护区内共核查出违法违规问题716个，整改完成542个，整改率75%。其中，新发现八类焦点问题164个，整改完成52个。配合开展矿山开发整治专项行动，发现问题2319个，其中涉及矿山问题1190个，整改完成1413个。配合开展湿地保护专项行动，排查出违法违规占用破坏湿地问题79个，整改到位38个，恢复湿地772.12公顷，达到整改序时进度。配合开展野生动物保护专项行动，打击乱捕滥猎和非法经营野生动物违法行为。

【构建突发环境事件联防联控体系】 省生态环境厅将区域联防联控纳

入重点工作，健全省市县三级突发环境事件联防联控体系。在省级层面，以输入输出环境风险防控为重点，江西省先后与广东、湖南、湖北、浙江、福建省生态环境主管部门签订省际联防联控协作框架协议；在设区市层面，以流域联防联控为着力点，组织赣江、抚河、信江、饶河、修河五大河流流域的相关设区市分别互签联防联控协议；在县（市、区）层面，乐平与德兴、修水与铜鼓、上栗与醴陵、浮梁与祁门先后签订相关协议。全省签订应急联动协议16份，其中省级协议5份、市级协议7份，县（市、区）级协议4份。

【《挥发性有机物排放标准》发布实施】 7月17日，经省政府批准，省生态环境厅、省市场监督管理局联合发布实施《挥发性有机物排放标准》。该标准按行业分为印刷、有机化工、医药制造、塑料制品、汽车制造和家具制造6个部分，分别规定各类行业生产企业或生产设施的挥发性有机物排放限值、生产工艺和管理要求、监测与监督实施要求。该标准适用于现有企业或生产设施的挥发性有机化合物（VOCs）排放控制，以及新、扩、改建项目的环境影响评价、环境保护工程设计、竣工环境保护验收及其投产后的挥发性有机物排放管理。

【完成县级饮用水源地水质自动监测站建设】 省生态环境厅早谋划、早布置，明确任务时间节点，要求各地倒排工期，实行每周调度制度，每周四上报进展情况，完成数据联网一家、销号一家，对进度进展滞后的地方采取现场督办等方式督促落实。全年进行24周调度、2次通报、1次现场督办。同时，加强统筹协调，针对水站建设过程中遇到的问题，与市县相关部门沟通协调。12月23日，全省101个县级饮用水源地水质自动监测站全面完成建设任务。

（龚见峰）

·资料·

江西省国家级和省级湿地公园

单位：公顷

序号	名　称	所在地	通过验收时间	总面积	湿地面积	管理机构
一	国家湿地公园					
1	东鄱阳湖国家湿地公园	鄱阳县	2011年9月23日	37444.30	36275.40	东鄱阳湖国家湿地公园管委会
2	孔目江国家湿地公园	新余市	2013年10月8日	1125.31	720.09	孔目江国家湿地公园管理处
3	修河国家湿地公园	永修县	2014年12月31日	4556.81	3759.22	江西修河国家湿地公园管理局
4	东江源国家湿地公园	安远县	2015年12月31日	2675.70	547.00	东江源国家湿地公园管理局
5	丰城药湖国家湿地公园	丰城市	2015年12月31日	2574.21	2199.24	江西药湖国家湿地公园管理局
6	南丰傩湖国家湿地公园	南丰县	2015年12月31日	1727.00	372.50	江西南丰傩湖国家湿地公园管理局
7	武宁庐山西海国家湿地公园	武宁县	2016年8月16日	4016.30	3821.00	武宁县庐山西海国家湿地公园管理局
8	修水修河源国家湿地公园	修水县	2015年12月31日	4342.40	3577.20	江西修河源国家湿地公园管理局
9	赣县大湖江国家湿地公园	赣县区	2016年8月16日	6655.00	5353.70	江西大湖江湿地公园管理局
10	会昌湘江国家湿地公园	会昌县	2016年8月16日	1264.70	1038.80	江西会昌湘江国家湿地公园管理局
11	婺源饶河源国家湿地公园	婺源县	2016年8月16日	346.60	320.60	江西婺源国家湿地公园管理办公室
12	兴国潋江国家湿地公园	兴国县	2017年12月22日	3577.00	2362.45	江西潋江国家湿地公园管理局
13	赣州章江国家湿地公园	赣州市	2017年12月22日	1054.80	788.20	赣州市章江国家湿地公园管理处
14	万年珠溪国家湿地公园	万年县	2018年12月29日	1060.10	544.20	万年珠溪国家湿地公园保护中心
15	南城洪门湖国家湿地公园	南城县	2018年12月29日	7984.79	4208.81	南城洪门湖国家湿地公园管理局
16	景德镇玉田湖国家湿地公园	景德镇市	2018年12月29日	387.50	199.50	景德镇市玉田水库管理处
17	宁都梅江国家湿地公园	宁都县	2018年12月29日	6345.80	4471.20	宁都梅江国家湿地公园管理站
18	上犹南湖国家湿地公园	上犹县	2019年12月25日	752.77	733.51	上犹县林业局
19	三清山信江源国家湿地公园	玉山县	2019年12月25日	1053.04	672.73	玉山县林业局
20	遂川五斗江国家湿地公园	遂川县	2019年12月25日	897.30	447.80	遂川县林业局

序号	名　称	所在地	通过验收时间	总面积	湿地面积	管理机构
21	鹰潭信江国家湿地公园	鹰潭市	2019 年 12 月 25 日	1699.40	1483.67	鹰潭市林业局
二	国家湿地公园试点					
1	庐陵赣江国家湿地公园	吉安市	2014 年 12 月 31 日	777.10	657.34	吉安市林业局
2	芦溪山口岩国家湿地公园	芦溪县	2014 年 12 月 31 日	1043.47	419.01	芦溪县林业局
3	高安锦江国家湿地公园	高安市	2015 年 12 月 31 日	2600.00	2255.00	高安市林业局
4	寻乌东江源国家湿地公园	寻乌县	2015 年 12 月 31 日	1546.80	947.20	寻乌县林业局
5	石城赣江源国家湿地公园	石城县	2015 年 12 月 31 日	1254.60	982.10	石城县林业局
6	资溪九龙湖国家湿地公园	资溪县	2015 年 12 月 31 日	367.14	127.64	资溪县林业局
7	横峰岑港河国家湿地公园	横峰县	2015 年 12 月 31 日	329.60	266.08	横峰县林业局
8	崇义阳明湖国家湿地公园	崇义县	2016 年 12 月 30 日	2122.96	2056.94	崇义县林业局
9	大余章水国家湿地公园	大余县	2016 年 12 月 30 日	1468.40	636.70	大余县林业局
10	莲花莲江国家湿地公园	莲花县	2016 年 12 月 30 日	755.07	622.34	莲花县林业局
11	全南桃江国家湿地公园	全南县	2016 年 12 月 30 日	898.90	595.18	全南县林业局
12	万安湖国家湿地公园	万安县	2016 年 12 月 30 日	4075.88	2052.98	万安县林业局
13	抚州凤岗河国家湿地公园	抚州市	2017 年 12 月 27 日	734.17	596.49	抚州市园林局
14	峡江玉峡湖国家湿地公园	峡江县	2017 年 12 月 27 日	1821.00	1174.60	峡江县林业局
15	广昌抚河源国家湿地公园	广昌县	2017 年 12 月 27 日	579.30	232.96	广昌县林业局
16	抚州廖坊国家湿地公园	抚州市	2017 年 12 月 27 日	2831.22	2158.50	廖坊水库管理局
17	瑞金绵江国家湿地公园	瑞金市	2017 年 12 月 27 日	1802.89	927.67	瑞金市林业局
18	吉水吉湖国家湿地公园	吉水县	2017 年 12 月 27 日	1293.00	1135.48	吉水县林业局
三	省级湿地公园					
1	上饶槠溪省级湿地公园	上饶县	2016 年 2 月 14 日	450.84	396.84	江西上饶槠溪省级湿地公园管理办公室
2	遂川遂川江省级湿地公园	遂川县	2016 年 2 月 14 日	665.93	519.73	江西遂川遂川江省级湿地公园管理站
3	南丰潭湖省级湿地公园	南丰县	2016 年 2 月 14 日	871.10	561.00	潭湖水库管理局
4	浮梁三贤湖省级湿地公园	浮梁县	2017 年 11 月 8 日	41.36	23.19	浮梁县林业局
5	高安瑞州省级湿地公园	高安市	2017 年 11 月 8 日	56.00	55.00	高安市园林局
6	丰城玉龙河省级湿地公园	丰城市	2017 年 11 月 8 日	235.70	228.70	丰城市林业局
7	宜丰新昌湖省级湿地公园	宜丰县	2017 年 11 月 8 日	33.00	25.60	宜丰县林业局
8	德兴泊水河省级湿地公园	德兴市	2017 年 11 月 8 日	353.00	255.10	德兴市林业局
9	金溪白马湖省级湿地公园	金溪县	2017 年 11 月 8 日	629.56	375.85	金溪县林业局
10	进贤磨盘洲省级湿地公园	进贤县	2017 年 11 月 8 日	49.50	41.05	进贤县林业局
11	萍乡南岗口省级湿地公园	萍乡市	2017 年 11 月 8 日	102.00	63.90	萍乡市湘东区林业局
12	南丰琴湖省级湿地公园	南丰县	2017 年 11 月 8 日	195.52	170.10	南丰县林业局

序号	名　称	所在地	通过验收时间	总面积	湿地面积	管理机构
13	南城盱江省级湿地公园	南城县	2017 年 11 月 8 日	632.60	603.30	南城县林业局
14	黎川黎滩河省级湿地公园	黎川县	2017 年 11 月 8 日	150.75	116.64	黎川县林业局
15	彭泽长江省级湿地公园	彭泽县	2017 年 11 月 8 日	2929.11	2611.11	彭泽县林业局
16	南昌澄碧湖省级湿地公园	南昌县	2019 年 1 月 17 日	90.39	54.33	南昌县林业局
17	德安隆平省级湿地公园	德安县	2019 年 1 月 17 日	142.43	129.42	德安县林业局
18	庐山星湖湾省级湿地公园	庐山市	2019 年 1 月 17 日	2694.16	2497.37	庐山市林业局
19	乐平东湖省级湿地公园	乐平市	2019 年 1 月 17 日	36.50	27.65	乐平市林业局
20	萍乡玉湖省级湿地公园	萍乡市	2019 年 1 月 17 日	58.68	35.33	萍乡市林业局开发区分局
21	分宜万年湖省级湿地公园	分宜县	2019 年 1 月 17 日	207.12	190.78	分宜县万年湖省级湿地公园管理中心
22	贵溪大禾湖省级湿地公园	贵溪市	2019 年 1 月 17 日	86.09	62.80	三县岭营林林场
23	贵溪浮石省级湿地公园	贵溪市	2019 年 1 月 17 日	610.96	478.06	贵溪市林业局
24	南康蓉江河省级湿地公园	南康区	2019 年 1 月 17 日	153.10	93.10	赣州市南康区林业局
25	于都长征源省级湿地公园	于都县	2019 年 1 月 17 日	1150.66	858.84	于都县林业局
26	定南九曲河省级湿地公园	定南县	2019 年 1 月 17 日	130.57	115.69	定南县林业局
27	奉新潦河省级湿地公园	奉新县	2014 年 12 月 31 日	449.76	344.65	奉新县林业局
28	万载龙河省级湿地公园	万载县	2019 年 1 月 17 日	202.00	126.00	万载县林业局
29	铅山宋家源省级湿地公园	铅山县	2019 年 1 月 17 日	150.70	72.10	铅山县林业局
30	新干湄湘河省级湿地公园	新干县	2019 年 1 月 17 日	715.80	637.40	新干县林业局
31	安福泸水河省级湿地公园	安福县	2019 年 1 月 17 日	201.69	171.48	安福县林业局
32	崇仁乐丰省级湿地公园	崇仁县	2019 年 1 月 17 日	983.53	612.24	崇仁县林业局乐丰省级湿地公园管理中心
33	乐安龙潭省级湿地公园	乐安县	2019 年 1 月 17 日	135.55	119.24	乐安县林业局
34	宜黄百鹭洲省级湿地公园	宜黄县	2019 年 1 月 17 日	126.46	123.01	宜黄县林业局
35	南丰沧浪水省级湿地公园	南丰县	2019 年 1 月 17 日	57.82	56.75	南丰县园林局
36	南丰九剧水省级湿地公园	南丰县	2019 年 1 月 17 日	159.30	148.46	南丰县农业现代示范园
四	省级湿地公园试点					
1	余江白塔河省级湿地公园	余江区	2010 年 9 月 28 日	621.00	516.30	鹰潭市余江区林业局
2	万安云洲省级湿地公园	万安县	2010 年 9 月 28 日	42.67	16.09	万安县林业局
3	奉新华林省级湿地公园	奉新县	2010 年 9 月 28 日	138.00	87.00	奉新县林业局
4	鹰潭白露河省级湿地公园	鹰潭市	2011 年 11 月 29 日	34.58	25.36	鹰潭市月湖区农林局
5	广丰丰溪省级湿地公园	广丰区	2011 年 11 月 29 日	103.68	103.09	上饶市广丰区林业局
6	余干琵琶湖省级湿地公园	余干县	2011 年 11 月 29 日	605.40	568.17	余干县林业局
7	龙南渥江省级湿地公园	龙南县	2013 年 3 月 18 日	71.26	32.84	龙南县林业局
8	龙南桃江窑头省级湿地公园	龙南县	2013 年 12 月 31 日	188.84	117.07	龙南县林业局

序号	名称	所在地	通过验收时间	总面积	湿地面积	管理机构
9	樟树芗溪省级湿地公园	樟树市	2013年12月31日	65.60	40.00	樟树市林业局
10	临川白鹭省级湿地公园	临川区	2013年12月31日	103.28	62.10	抚州市临川区林业局
11	都昌北鄱阳湖省级湿地公园	都昌县	2014年12月31日	3400.00	3099.00	都昌县林业局
12	湖口洋港省级湿地公园	湖口县	2014年12月31日	322.71	308.04	湖口县林业局
13	九江小城门湖省级湿地公园	九江县	2014年12月31日	130.22	109.79	九江县林业局
14	上高锦江省级湿地公园	上高县	2014年12月31日	500.85	307.52	上高县林业局
15	吉安君山湖省级湿地公园	吉安县	2014年12月31日	164.40	113.10	吉安县林业局
16	瑞昌安定湖省级湿地公园	瑞昌市	2015年12月30日	260.50	222.00	瑞昌市林业局
17	永修鹤田省级湿地公园	永修县	2015年12月30日	437.67	418.56	永修县林业局
18	宁都黄陂河省级湿地公园	宁都县	2015年12月30日	390.71	380.59	宁都县林业局
19	铜鼓定江省级湿地公园	铜鼓县	2015年12月30日	136.11	130.20	铜鼓县林业局
20	鄱阳鸦鹊湖省级湿地公园	鄱阳县	2015年12月30日	683.10	649.60	鄱阳县林业局
21	信丰桃江省级湿地公园	信丰县	2016年12月30日	469.68	349.80	信丰县林业局
22	共青城珍珠湖省级湿地公园	共青城市	2016年12月30日	122.10	78.70	共青城市农林局
23	弋阳信江省级湿地公园	弋阳县	2017年12月25日	1031.98	737.70	弋阳县林业局
24	景德镇昌南湖省级湿地公园	景德镇市	2017年12月25日	187.76	136.10	景德镇市城昌南拓展区建设办公室

江西省国家级和省级森林公园

单位:公顷

序号	名称	批建时间	批复面积	经营管理单位
一	国家级			
1	三爪仑国家示范森林公园	1993年3月	12396.23	靖安县旅游局
2	庐山山南国家森林公园	1993年5月	3346.67	庐山市东牯山林场
3	梅岭国家森林公园	1993年5月	11173.10	梅岭国家森林公园管理办公室(湾里区林业局)
4	三百山国家森林公园	1993年5月	3330.00	安远县林业局
5	马祖山国家森林公园	1993年5月	666.67	九江市濂溪区林业局
6	鄱阳湖口国家森林公园	1993年5月	1280.00	湖口县三里林场
7	灵岩洞国家森林公园	1993年5月	3000.00	婺源县灵岩洞国家森林公园管理局
8	明月山国家森林公园	1994年12月	7842.00	宜春市明月山温泉风景名胜区管理局
9	翠微峰国家森林公园	1999年1月	7866.67	宁都县翠微峰管理委员会
10	天柱峰国家森林公园	2000年2月	20757.00	铜鼓县国有城郊林场
11	泰和国家森林公园	2000年12月	3000.00	泰和白鹭湖国家森林公园管理处
12	鹅湖山国家森林公园	2000年12月	7950.00	铅山县鹅湖山国家森林公园管理局
13	龟峰国家森林公园	2000年12月	7400.00	上饶市龟峰国家森林公园管理委员会(龟峰风景名胜区管理委员会)

序号	名　称	批建时间	批复面积	经营管理单位
14	上清国家森林公园	2000 年 12 月	9684.89	鹰潭市龙虎山风景名胜区上清林场
15	梅关国家森林公园	2001 年 11 月	5629.02	大余县林业局
16	永丰国家森林公园	2001 年 11 月	7600.00	永丰国家森林公园管理局
17	阁皂山国家森林公园	2001 年 11 月	6946.37	樟树市林业局
18	三叠泉国家森林公园	2001 年 11 月	1650.97	庐山市海会镇三叠泉风景区管理处
19	武功山国家森林公园	2002 年 12 月	25571.07	安福县武功山国家森林公园管理局
20	铜钹山国家森林公园	2002 年 12 月	19500.00	上饶市铜钹山国家森林公园管理委员会
21	阳明山国家森林公园	2003 年 12 月	6889.80	阳岭国家森林公园管理处
22	天花井国家森林公园	2003 年 12 月	685.00	九江市林科所
23	五指峰国家森林公园	2003 年 12 月	24533.00	上犹县五指峰林场
24	柘林湖国家森林公园	2004 年 12 月	16450.00	永修县林业局
25	赣州阳明湖国家森林公园	2004 年 12 月	22666.67	赣州阳明湖景区管理委员会(犹江林场)
26	万安国家森林公园	2004 年 12 月	17160.44	万安国家森林公园管理办公室(万安湖国家湿地公园管理局)
27	三湾国家森林公园	2004 年 12 月	15513.30	永新县三湾采育林场
28	安源国家森林公园	2004 年 12 月	9642.23	江西省安源国家森林公园管理委员会
29	九连山国家森林公园	2005 年 12 月	20063.00	龙南县九连山林场
30	岩泉国家森林公园	2005 年 12 月	4885.39	黎川县岩泉生态林场
31	云碧峰国家森林公园	2005 年 12 月	872.50	云碧峰国家森林公园管理委员会
32	景德镇国家森林公园	2005 年 12 月	5479.70	景德镇市枫树山林场
33	瑶里国家森林公园	2005 年 12 月	4471.00	江西省瑶里国家森林公园管理局
34	清凉山国家森林公园	2006 年 12 月	3397.82	资溪县株溪采育林场
35	峰山国家级森林公园	2006 年 12 月	20635.20	赣州市峰山森林公园管理处
36	九岭山国家级森林公园	2006 年 12 月	1266.16	武宁县林业局
37	岑山国家级森林公园	2008 年 1 月	955.00	横峰县林业局
38	五府山国家级森林公园	2008 年 1 月	1715.00	上饶县五府山林场
39	军峰山国家级森林公园	2008 年 1 月	1217.15	南丰县林业局
40	碧湖潭国家森林公园	2008 年 12 月	6838.70	萍乡市湘东区林业局
41	怀玉山国家森林公园	2008 年 12 月	3354.00	玉山县林业局
42	仰天岗国家森林公园	2009 年 8 月	2178.93	新余市仙女湖区仰天岗国家森林公园管理处
43	圣水堂国家森林公园	2009 年 12 月	4060.10	国营安义县峤岭林场
44	鄱阳莲花山国家森林公园	2012 年 1 月	6510.00	鄱阳县莲花山林场
45	彭泽国家森林公园	2013 年 1 月	2505.00	江西彭泽森林公园管理处(彭泽县林业局)
46	金盆山国家森林公园	2014 年 1 月	5981.85	信丰县金盆山林场
47	贵溪国家森林公园	2017 年 1 月	2982.71	贵溪森林公园管理委员会

序号	名　称	批建时间	批复面积	经营管理单位
48	罗霄山大峡谷国家森林公园	2017 年 12 月	2936.05	遂川县森林公园管理处
49	会昌山国家森林公园	2017 年 12 月	3423.87	会昌县会昌山森林公园管理局
50	洪岩国家森林公园	2019 年 1 月	3242.61	乐平市历居山林场
二　省　级				
1	龙泉山省级森林公园	1990 年 12 月	353.33	安远县林业局
2	青山省级森林公园	1993 年 2 月	3400.00	瑞昌市青山林场
3	上高县省级森林公园	1993 年 2 月	160.00	上高县森林公园管理处
4	宜丰县省级森林公园	1993 年 2 月	2805.10	宜丰县林业局
5	狮山省级森林公园	1993 年 2 月	193.33	奉新县林业局
6	青原山省级森林公园	1993 年 2 月	450.00	吉安市林科所
7	玉笥山省级森林公园	1993 年 2 月	900.00	峡江县玉笥山林场
8	贵溪省级森林公园	1993 年 2 月	120.00	贵溪市林业局
9	水鸡岽省级森林公园	1993 年 2 月	7666.67	赣州市赣县区林业局
10	武当山省级森林公园	1993 年 2 月	533.20	龙南县小武当山风景区管理处
11	罗汉岩省级森林公园	1993 年 2 月	500.00	瑞金市林业局
12	西华山省级森林公园	1993 年 2 月	175.33	石城县林业局
13	三清省级森林公园	1993 年 5 月	666.67	德兴市林业局
14	象山省级森林公园	1993 年 5 月	1674.00	南昌市新建区象山集体林场
15	广昌县省级森林公园	1993 年 5 月	2852.00	广昌县盱江林场
16	百丈峰省级森林公园	1993 年 5 月	2133.33	新余市渝水区百丈峰林场
17	均福山省级森林公园	1993 年 6 月	1488.00	兴国县均福山采育林场
18	浮梁省级森林公园	1993 年 6 月	53.33	浮梁县银钨林场
19	梦山省级森林公园	1993 年 1 月	2666.67	南昌市新建区红岭林场
20	南山省级森林公园	1994 年 1 月	536.67	赣州市南康区林业局
21	麻姑山省级森林公园	1994 年 9 月	4969.32	南城县洪门岭生态公益林场
22	玉壶山省级森林公园	1994 年 9 月	393.33	莲花县林业局
23	吉安县省级森林公园	1994 年 9 月	100.00	吉安县林业局
24	龙宫洞省级森林公园	1995 年 4 月	669.27	彭泽县龙宫洞旅游发展有限公司
25	罗田岩省级森林公园	1996 年 2 月	400.00	于都县罗田岩森林公园管理处
26	黄畲山省级森林公园	1996 年 1 月	600.00	寻乌县林业局
27	马岗岭省级森林公园	1997 年 8 月	26.67	国有余江区马岗岭林场
28	大东山省级森林公园	1997 年 11 月	4000.00	吉水县芦溪岭林场
29	玉华山省级森林公园	2000 年 11 月	666.70	泰和县澄江镇人民政府
30	遂川省级森林公园	2000 年 6 月	970.00	遂川县林业局

序号	名　称	批建时间	批复面积	经营管理单位
31	莲花洞省级森林公园	2001 年 2 月	1610.00	庐山莲花洞森林公园有限公司
32	郭璞峰省级森林公园	2001 年 4 月	733.00	景德镇市昌江区林业局
33	义门陈省级森林公园	2005 年 12 月	1050.00	德安县林业局
34	远泉省级森林公园	2005 年 12 月	428.94	江西远泉实业集团有限公司
35	三尖源省级森林公园	2006 年 9 月	12000.00	都昌县林业局
36	九龙庙省级森林公园	2006 年 9 月	4950.00	万载县九龙垦殖场
37	东江源椏髻钵山省级森林公园	2006 年 9 月	2980.00	寻乌县富寨林场
38	六石岩省级森林公园	2006 年 9 月	993.74	上饶市广丰区嵩峰乡人民政府
39	白云山省级森林公园	2006 年 9 月	2187.60	吉安市青原区白云山林场
40	太宝峰省级森林公园	2006 年 11 月	2038.00	新余市仙女湖风景名胜区东坑林场
41	香炉峰省级森林公园	2006 年 11 月	661.30	进贤县前岭林场
42	屏山省级森林公园	2006 年 11 月	4528.60	于都县林业局
43	兴农沙漠生态省级森林公园	2006 年 12 月	232.00	南昌县林业局
44	白鸡峰省级森林公园	2006 年 12 月	666.60	鹰潭市余江区高公寨林场
45	大南省级森林公园	2007 年 6 月	637.07	上饶市广丰区大南镇人民政府
46	通天寨省级森林公园	2007 年 6 月	2112.00	石城县林业局
47	大砻下省级森林公园	2007 年 6 月	675.00	分宜县大砻下林场
48	仙人寨省级森林公园	2007 年 8 月	1041.22	铅山县林业局
49	三尖峰省级森林公园	2007 年 8 月	630.80	萍乡市南坑林场(芦溪县)
50	寒山省级森林公园	2007 年 12 月	1168.00	莲花县林业局
51	理田源省级森林公园	2007 年 12 月	166.70	婺源县思口镇人民政府
52	翠云峰省级森林公园	2008 年 6 月	173.10	金溪县翠云峰森林公园管理委员会
53	小金山省级森林公园	2008 年 8 月	438.80	萍乡市安源区高坑镇人民政府
54	马形山省级森林公园	2008 年 8 月	800.00	宜丰县潭山镇店上村民委员会
55	睦州山省级森林公园	2008 年 10 月	1542.00	上饶市信州区林业局
56	芦泉湖省级森林公园	2008 年 11 月	946.00	高安市新街镇景贤村民委员会
57	仙隐洞省级森林公园	2009 年 12 月	920.00	宜丰县芳溪镇人民政府
58	龙口源省级森林公园	2010 年 7 月	303.00	瑞昌市林业局
59	东湖南山省级森林公园	2010 年 7 月	322.50	都昌县林业局
60	双尖峰省级森林公园	2010 年 7 月	579.00	彭泽县林业局
61	台山省级森林公园	2010 年 7 月	223.00	湖口县林业局
62	万寿寺省级森林公园	2010 年 7 月	473.30	浮梁县万寿山垦殖场
63	四亩里省级森林公园	2010 年 7 月	75.00	浮梁县林业局
64	风龙省级森林公园	2010 年 7 月	531.23	萍乡市安源区青山镇人民政府

序号	名 称	批建时间	批复面积	经营管理单位
65	鸡冠山省级森林公园	2010年7月	1120.80	上栗县鸡冠营林林场
66	李畋省级森林公园	2010年7月	379.33	上栗县林业局
67	湖仙山省级森林公园	2010年7月	182.00	莲花县林业局
68	园岭省级森林公园	2010年7月	3027.13	兴国县园岭森林公园管理局
69	李腊石省级森林公园	2010年7月	112.90	石城县林业局
70	梅子山省级森林公园	2010年7月	180.51	全南县林业局
71	大山脑省级森林公园	2010年7月	337.90	赣州市南康区林业局
72	天工开物省级森林公园	2010年7月	67.00	奉新县林业局
73	龙津湖省级森林公园	2010年7月	210.00	丰城市总部经济基地办公室
74	东方禅文化省级森林公园	2010年7月	68.00	宜丰县林业局
75	龙泉湖省级森林公园	2010年7月	219.00	万年县林业局
76	李梅岭省级森林公园	2010年7月	657.00	余干县李梅岭生态林场
77	黄金山省级森林公园	2010年7月	107.85	上饶市信州区林业局
78	骆驼山省级森林公园	2010年7月	389.90	铅山县林业局
79	珍珠山省级森林公园	2010年7月	316.67	婺源县珍珠山林场
80	兴安省级森林公园	2010年7月	87.47	横峰县林业局
81	广丰三山省级森林公园	2010年7月	116.00	上饶市广丰区林业局
82	清水湾省级森林公园	2010年7月	154.67	上饶市广信区罗桥街道办事处
83	冰江省级森林公园	2010年7月	71.53	玉山县林业局
84	聚远楼省级森林公园	2010年7月	647.97	德兴市凤凰湖景区管理委员会
85	龙山省级森林公园	2010年7月	247.30	新干县林业局
86	君华省级森林公园	2010年7月	222.95	吉安市吉州区林业局
87	西龙山省级森林公园	2010年7月	285.90	吉安县林业局
88	白凤省级森林公园	2010年7月	168.33	泰和县林业局
89	龙江省级森林公园	2010年7月	81.60	井冈山市林业局
90	汝水省级森林公园	2010年7月	70.67	抚州市林业局
91	乐安省级森林公园	2010年7月	67.87	乐安县林业局
92	卓望山省级森林公园	2010年7月	732.40	宜黄县林业局
93	泰伯省级森林公园	2010年7月	66.73	资溪县林业局
94	龙华山省级森林公园	2010年12月	153.33	上饶市广丰区桐畈镇人民政府
95	仙峰岩省级森林公园	2010年12月	415.12	萍乡市安源区城郊管理委员会
96	山谷省级森林公园	2012年5月	139.10	修水县林业局
97	东江源仙人寨省级森林公园	2012年5月	620.00	寻乌县林业局
98	螺峰尖省级森林公园	2012年5月	71.10	宜丰县林业局

序号	名　称	批建时间	批复面积	经营管理单位
99	老鹰山省级森林公园	2013 年 6 月	593.76	宁都县林业局
100	虎峰山省级森林公园	2013 年 6 月	484.25	鄱阳县田畈镇政府
101	芦溪狮山省级森林公园	2013 年 12 月	121.19	芦溪县林业局
102	贵溪象山省级森林公园	2013 年 12 月	988.43	贵溪市雄石办事处
103	罗山省级森林公园	2013 年 12 月	608.42	丰城市洛市镇政府
104	鹤坪省级森林公园	2013 年 12 月	408.20	靖安县林业局
105	日峰山省级森林公园	2013 年 12 月	69.40	黎川县林业局
106	豫宁省级森林公园	2013 年 12 月	120.85	武宁县林业局
107	安基山省级森林公园	2013 年 12 月	580.54	龙南县林业局
108	九仙岭省级森林公园	2014 年 7 月	134.10	德安县林业局
109	湖东省级森林公园	2014 年 7 月	108.40	永修县林业局
110	金鸡寨省级森林公园	2014 年 7 月	87.63	龙南县林业局
111	龙泉省级森林公园	2014 年 7 月	150.32	江西农业大学
112	中华贤母园省级森林公园	2014 年 7 月	72.53	九江市柴桑区中华贤母园管理处
113	株山省级森林公园	2014 年 12 月	436.80	丰城市株山林场
114	九峰省级森林公园	2014 年 12 月	792.00	上高县九峰林场
115	蒙岗岭省级森林公园	2014 年 12 月	97.40	安福县林业局
116	银凤岭省级森林公园	2015 年 12 月	731.85	萍乡市玉女峰林场
117	十八湾省级森林公园	2015 年 12 月	1581.08	芦溪县新泉乡人民政府
118	林湾省级森林公园	2016 年 5 月	36.91	南昌市湾里区生态公益林场
119	金山岭省级森林公园	2016 年 12 月	433.33	抚州市临川区林业局
120	定南神仙岭省级森林公园	2018 年 8 月	868.03	定南县林业局(江西定南神仙岭省级森林公园管理办公室)

江西省国家级和省级林业自然保护区

单位:公顷

序号	名　称	类型	所在地	面积	批建时间	管理机构
一	国家级					
1	江西鄱阳湖国家级自然保护区	湿地	新建区、永修县、庐山市	22400.00	1988 年	江西鄱阳湖国家级自然保护区管理局
2	江西井冈山国家级自然保护区	森林	井冈山市	21499.00	2000 年	江西井冈山国家级自然保护区管理局
3	江西桃红岭梅花鹿国家级自然保护区	动物	彭泽县	12500.00	2001 年	江西桃红岭梅花鹿国家级自然保护区管理局
4	江西武夷山国家级自然保护区	森林	铅山县	16007.00	2002 年	江西武夷山国家级自然保护区管理局
5	江西九连山国家级自然保护区	森林	龙南县	13411.60	2003 年	江西九连山国家级自然保护区管理局

序号	名　称	类型	所在地	面积	批建时间	管理机构
6	江西官山国家级自然保护区	动物	宜丰县、铜鼓县	11500.50	2007年	江西官山国家级自然保护区管理局
7	江西马头山国家级自然保护区	植物	资溪县	13866.50	2008年	江西马头山国家级自然保护区管理局
8	江西鄱阳湖南矶湿地国家级自然保护区	湿地	新建区	33300.00	2008年	江西鄱阳湖南矶湿地国家级自然保护区管理局
9	江西九岭山国家级自然保护区	森林	靖安县	11541.00	2011年	江西九岭山国家级自然保护区管理局
10	江西齐云山国家级自然保护区	森林	崇义县	17105.00	2012年	江西齐云山国家级自然保护区管理局
11	江西阳际峰国家级自然保护区	森林	贵溪市	10946.00	2012年	江西阳际峰国家级自然保护区管理局
12	江西赣江源国家级自然保护区	森林	石城县、瑞金市	16100.90	2013年	石城赣江源国家级自然保护区管理局 瑞金赣江源国家级自然保护区管理局
13	江西庐山国家级自然保护区	森林	庐山市	20120.00	2013年	江西庐山国家级自然保护区管理局
14	江西铜钹山国家级自然保护区	森林	广丰区	10800.00	2014年	江西铜钹山国家级自然保护区管理办公室
15	江西婺源森林鸟类国家级自然保护区	动物	婺源县	12922.70	2016年	江西婺源森林鸟类自然保护区管理局
16	江西南风面国家级自然保护区	森林	遂川县	10588.00	2017年	江西南风面自然保护区管理局
二　省　级						
1	江西阳岭省级自然保护区	森林	崇义县	1880.00	1997年	崇义县阳岭自然保护区管理站
2	江西水浆省级自然保护区	森林	永丰县	2000.00	1997年	水浆自然保护区管理站
3	江西云居山省级自然保护区	森林	永修县	2480.00	1997年	云居山省级自然保护区管理处
4	江西瑶里省级自然保护区	森林	浮梁县	3658.00	2001年	浮梁瑶里省级自然保护区管理局
5	江西岩泉省级自然保护区	植物	黎川县	2460.00	2001年	岩泉省级自然保护区管理委员会
6	江西三十把省级自然保护区	森林	万载县	2100.00	2001年	万载县林业局
7	江西华南虎省级自然保护区	动物	宜黄县	58300.00	2001年	宜黄华南虎省级自然保护区管理办公室
8	江西老虎脑省级自然保护区	森林	乐安县	14502.60	2004年	老虎脑省级自然保护区管理办公室
9	江西都昌候鸟省级自然保护区	湿地	都昌县	41100.00	2004年	都昌候鸟省级自然保护区管理局
10	江西峤岭省级自然保护区	森林	安义县	4490.00	2004年	安义县林业局
11	江西羊狮幕省级自然保护区	森林	芦溪县	7006.00	2004年	江西武功山林业局
12	江西鄱阳湖江豚省级自然保护区	动物	进贤县、南昌县	6800.00	2004年	江西鄱阳湖国家级自然保护区管理局
13	江西抚河源省级自然保护区	森林	广昌县	8187.70	2010年	广昌县抚河源省级自然保护区管理局

序号	名　称	类型	所在地	面积	批建时间	管理机构
14	江西七溪岭省级自然保护区	森林	永新县	10500.00	2010 年	永新县七溪岭省级自然保护区管理站
15	江西黄字号黑麂省级自然保护区	动物	浮梁县	17356.20	2010 年	浮梁黄字号黑麂省级自然保护区管理局
16	江西高天岩省级自然保护区	森林	莲花县	4780.00	2010 年	莲花县高天岩省级自然保护区管理站
17	江西章江源省级自然保护区	森林	崇义县	7973.00	2010 年	章江源自然保护区管理站
18	江西桃江源省级自然保护区	森林	全南县	11560.00	2010 年	全南县林业局
19	江西五指峰省级自然保护区	森林	上犹县	6081.78	2010 年	上犹县五峰指省级自然保护区管理局
20	江西修河源五梅山省级自然保护区	森林	修水县	14485.00	2010 年	修河源五梅山自然保护区管理局
21	江西信江源省级自然保护区	森林	玉山县	4535.00	2011 年	玉山信江源省级自然保护区管理办公室
22	江西凌云山省级自然保护区	森林	宁都县	10673.00	2011 年	宁都县林业局
23	江西玉京山省级自然保护区	植物	宜春市	1199.00	2011 年	宜春明月山林业局
24	江西南方红豆杉省级自然保护区	植物	瑞昌市	2500.00	2011 年	瑞昌市南方红豆杉自然保护区管理局
25	江西伊山省级自然保护区	森林	武宁县	11340.00	2011 年	武宁县伊山自然保护区管理局
26	江西潦河大鲵省级自然保护区	动物	靖安县	3486.00	2011 年	江西潦河大鲵自然保护区管理所
27	江西中华秋沙鸭省级自然保护区	动物	宜黄县	1693.54	2014 年	宜黄县林业局
28	江西铁丝岭省级自然保护区	森林	安福县	2046.86	2014 年	安福县林业局
29	江西五府山省级自然保护区	森林	广信区	5104.17	2014 年	上饶市广信区林业局
30	江西大龙山省级自然保护区	森林	宁都县	5238.16	2014 年	宁都县林业局
31	江西棘胸蛙省级自然保护区	动物	铜鼓县	2686.00	2014 年	铜鼓县林业局
32	江西鲤鲫鱼产卵省级自然保护区	动物	都昌县、鄱阳县、余干县	48000.00	2014 年	江西鄱阳湖国家级自然保护区管理局
33	江西银鱼产卵场省级自然保护区	动物	进贤县、南昌县	17103.00	2014 年	江西鄱阳湖国家级自然保护区管理局
34	江西芙蓉山省级自然保护区	森林	南城县	3820.45	2015 年	南城县芙蓉山省级自然保护区管理站
35	江西井冈山大鲵省级自然保护区	动物	井冈山	703.08	2015 年	井冈山市大鲵自然保护区管理办公室
36	江西程坊省级自然保护区	森林	修水县	10759.76	2017 年	修水县林业局
37	江西金盆山省级自然保护区	森林	信丰县	3711.70	2017 年	信丰县林业局
38	江西湘江源省级自然保护区	森林	会昌县	10353.00	2017 年	会昌县湘江源省级自然保护区管理局

（省林业局）

水土保持

【概　况】 2019年，推动各设区市开展规划编制工作，赣州市、南昌市、九江市等设区市完成市级水土保持规划，宁都县、共青城市等20个县（市、区）完成县级水土保持规划；《江西省水土保持监测规划》《江西省水土流失动态监测规划（2018—2020年）》相继完成并批复实施。加大水土流失事中事后监管力度，开展“双随机、一公开”监督检查、生产建设项目水土保持遥感监管图斑复核查处等工作，严格水土保持监督执法。进一步加大水土保持综合防治力度，新增水土流失治理面积1528.52平方千米，超额完成年初下达的水土保持生态建设任务指标。

【落实水土保持目标责任制】 9月20日，省水利厅印发《江西省2019年度水利改革发展考核评价工作方案》，并结合2019年度水利改革发展考核工作，对市、县政府的水土保持目标责任制进行考核。10月15日，为进一步推动地方政府落实水土保持目标主体责任，省委办公厅、省政府办公厅印发《2019年度江西省高质量发展考核评价实施意见》，将水土保持独立纳入省委、省政府高质量发展考核一级指标。

【推进重点治理】 依托中央水利发展资金项目，完成国家水土保持重点建设工程水土流失治理面积408.62平方千米，国家水土保持重点工程任务完成率106%。对2018年水土保持工程建设以奖代补试点工作进行全面总结，明确上犹县、宁都县、赣县区、兴国县为2019年试点县，加强日常调度调研，持续推进试点工作。启动“图斑精细化”管理工作，对国家水土保持重点工程的进度、质量和效果进行督查。推进水土保持示范工程和科技示范园创建，提升示范工程质量，发挥示范引领作用。石城麒麟山水土保持科技示范园申报工作通过水利部组织的专家评审和认定，正式命名。

【加大预防监督力度】 省市县三级共审批生产建设项目水土保持方案1897个，水土流失防治责任范围3.21万公顷，水土保持投资126.83亿元，水土保持设施自主验收报备400余个（其中省级审批生产建设项目水土保持方案12个，水土保持设施自主验收报备20个）。全省通过现场检查、书面检查等方式，实现生产建设项目水土保持监督检查全覆盖；开展江西省长江经济带生产建设项目水土保持监督执法专项行动，下发《江西省长江经济带生产建设项目水土保持监督执法专项行动实施方案》，共对500个违法违规项目进行查处，对36个项目进行行政处罚，罚款400余万元。首次全覆盖开展生产建设项目卫星遥感监管查处工作，利用高科技手段及时发现查处水土保持违法违规行为，制定出台江西省《2019年水利部水土保持遥感监管疑似违法违规项目分类处置建议》等指导性文件，遥感监管共现场核查图斑1.64万个，复核疑似违法违规项目8029个，查处违法违规项目3812个，有效去除水土保持违法违规行为“存量”。组织开展并及时完成2019年度生产建设项目水土保持“双随机、一公开”监督检查工作，其中省本级对29个生产建设项目进行“双随机”检查，对5个生产建设项目“未批先变”“随意弃渣”行为作出行政处罚。

【推进监测与信息化】 实现水土流失动态监测和生产建设项目水土流失监管两个全覆盖，组织开展省级水土流失动态监测工作，解译图斑74.85万个，完成监测成果的审查、复核、汇总和上报，监测成果通过水利部复核。抓好监测网络的运行管理，推进监测网络管理规范化和自动化建设，开展水土保持监测点优化布局和监测网络建设可研报告编制工作。梳理水土保持信息系统中资料录入情况，开展信息系统资料整理和维护工作，完成9800个项目资料录入情况检查，形成生产建设项目汇总表，同时每月检查各单位系统录入情况，保证各单位录入系统的资料及时、准确、规范。

【推进水土保持改革试验区建设】 推进赣州水土保持改革试验区建设，探索“生态治理+乡村振兴”模式、重点工程建设以奖代补机制、生态示范园建设“统一规划、分头建设、委托管理”体制机制、山地林果开发“承诺+联核联验”监管方式等改革创新经验，形成“四新、四严”（新的发展理念、新的治理模式、新的管理机制、新的工作格局，严格的管理制度、严密的监管网络、严厉的行政处罚、严肃的责任追究）工作法，建立水土保持生态文明制度，水土保持工作迈入“社会化治理、行业性管理”轨道。“赣州水土保持改革创新经验”列入江西省向全国复制推广经验培育计划，“四新四严”水保工作法获江西省生态文明试验区改革示范经验优秀成果二等奖。

（钟伟伟　周天鸿）

污染防治

【概　况】 2019年，印发《江西省工业炉窑大气污染综合治理方案》，基本完成334个综合治理项目；印发《2019年工业企业废气治理项目清单》，基本完成纳入2019年工业企业废气治理重点项目清单的105个项目。全年划定县级及以上城市集中式饮用水水源保护区163个，农村集中式饮用水水源地1815个；对全省107个开发区污水集中处理设施进行摸底调查；印发《江西省生态环境厅关于进一步加快鄱阳湖流域城镇污水处理设施一级A提标改造工作的通知》，全省108家城镇污水处理厂完成提标改造58家；完成治理黑臭水体29个。印发《江西省土壤污染防治项目管理规程（试行）》，发布《江西省土壤污染防治专家库》《进一步完善省级土壤生态环境管理项目库建设的通知》，起草《江西省土壤污染防治条例(草案)》,编制完成《江西省土壤环境质量建设用地土壤污染风险管控标准(试行)》;完成49万个农用地成果数据的集成和上报工作;将全省454家企业纳入重点监管单位。

【大气环境治理】 全年淘汰营运老旧车辆1.7万辆,其中老旧柴油货车1.1万余辆。完成加装生活污水防污染装置船舶46艘,淘汰高污染高耗能客船、老旧运输船舶等231艘。开展多部门联合监管及路检路查执法,查处排放超标车3136辆,罚款14.48万元。开展非道路移动机械摸底调查和编码登记工作,至年底,全省登记非道路移动机械4.25万台。开展对全省11个试点县秸秆综合利用工作和17个县秸秆台账数据复核工作,建成并投入使用秸秆收储中心9处。启动秸秆定位监测与分析工作。市县级开展现场禁烧管控,县区累计排查并及时扑灭火点1329处,设区市累计排查并及时扑灭火点287处。省级开展巡查监测,累计发现火点71个,其中无人机航拍发现火点55个、卫星遥感监测发现火点15个、秋冬季空气质量改善巡查发现火点1个,严格按照考核办法对火点属地进行资金扣减。

【水环境治理】 9月,省生态环境厅联合省工信厅、省商务厅和省科技厅开展全省开发区污水提升行动,对全省107个开发区进行全面摸底调查,107个开发区共建有116个工业污水集中处理设施,另有17个园区依托生活污水集中处理设施进行处理。12月,省生态环境厅开展全省入河排污口排查专项行动,按照"有口皆查"的原则,对赣江支流,抚河、信江、饶河、修河干流及支流,鄱阳湖,柘林湖和仙女湖进行入河排污口排查,排查出入河排污口3602个,其中赣江支流1199个、抚河干流及支流257个、信江干流及支流502个、饶河干流及支流452个、修河干流及支流536个、鄱阳湖477个、柘林湖139个、仙女湖40个。并就两次行动中发现的问题分别下发通报,指导督促各地进行整改。

【土环境治理】 开展涉镉污染源排查,建立整治清单,初步确定45个涉镉污染源,并按国家要求完成25个年度整治任务;开展工业固体废物堆存场所整治。全省119个应完成整治的工业固体废物堆存场所全部完成整治。组织开展建设用地疑似污染地块排查工作,全省排查出269个可能疑似污染地块,经各地核实,其中115个地块确定为疑似污染地块并纳入信息系统管理。至年底,江西省土壤环境管理信息系统库中共有280个疑似污染地块,其中40个确定为污染地块、56个经调查后确定为无污染地块,184个地块尚未确定污染性质,各级生态环境部门均已将相关疑似污染地块信息与同级自然资源部门共享,同时明确在规划、用地审批过程中对未开展土壤污染状况调查、不明确土壤污染状况的疑似地块不予核发有关许可。

【农村环境整治】 省生态环境厅联合省市场监管局发布江西省《农村生活污水处理设施水污染物排放标准》(DB 36/1102-2019)。指导94个农业县(市、区)开展县域农村生活污水治理专项规划编制工作,将崇义县、信丰县和石城县纳入全省农村生活污水治理整县推进试点,将上犹县和瑞金市列为农村黑臭水体治理试点,及时总结一批可复制、可推广的模式和技术;出台《江西省农村生活污水治理专项行动方案》,督促各地对现有设施存在的问题进行整改,探索建立健全农村污水处理设施正常运行管理长效机制;争取中央农村环境整治专项资金4.07亿元,用于农村生活污水、生活垃圾、畜禽养殖和农村饮用水水源保护等综合整治工作;出台《江西省畜禽养殖污染防治规划》。全省完成1013个建制村环境综合整治,超额完成800个建制村环境综合整治任务,完成率126%。

【推进大气污染源监测工作】 全省11个设区市基本完成大气污染源清单编制工作,基本摸清大气污染源底数。不断深化监测网络建设,九江、萍乡、宜春试点建设乡镇气站及街道站,赣州、九江、宜春、鹰潭、抚州、新余等地建成微型站451个。全省建成黑烟车抓拍系统60套,其中宜春市建成黑烟车抓拍系统30套。全省建成遥感监测系统5套;九江市建成高空瞭望系统21套,雷达天眼监测系统3套。

【开展化工园区和化工企业整治专项行动】 省生态环境厅开展化工园区和化工企业整治专项行动,全年排查问题化工园区54个(化工专业园区23个、化工集中区31个),其中由省政府及省发改委、省工信厅批复的化工园区(含产业基地)25个,其他批准设立的化工园区29个。在化工园区内,排查出问题化工企业606家,完成整改187家,其余419家企业正在推动整治。

【开展散乱污企业整治专项行动】 省生态环境厅开展散乱污企业整治专项行动,全年排查出全省散乱污企业7360家,完成分类整治4292家,整改完成率58.3%。其中,拟关停取缔企业3626家,完成整治2853家;拟整合搬迁企业391家,完成整治252家;拟升级改造企业3343家,完成整治1187家。

(龚见峰)

节能减排

【概　况】 2019年,全省单位地区生产总值能耗同比下降4%,化学需氧量、二氧化硫、氨氮、氮氧化物等主要污染物排放总量同比分别减少0.8%、2.1%、0.3%和4.7%,完成节能减排目标任务。抓好重点用能单位节能管理,开展重点用能单位"百千万"行动,下发全省"百家""千家"重点用能单位名单,并下达能耗"双控"目标。为公共机构等用能单位开展能源审计,评估其用能合理性,帮助挖掘节能潜力。开展水平衡测试工作,帮助用水单位发现"跑冒滴漏"问题,减少水资源浪费。加强大宗固体废弃物综合利用基地建设,上饶市、江西万载工业园区、永丰县列入国家50个大宗固体废弃物综合利用基地范围。推进南昌市青云谱区、九江市、景德镇市、萍乡市做好《全国老工业基地调整改造规划(2013—2022年)》中期评估工作,南昌市青云谱区获国务院通报表扬。萍乡市获批国家第二批产业转型升级示范区。

【《江西省用能权有偿使用和交易管理暂行办法》印发】 3月18日,省发改委印发《江西省用能权有偿使用和交易管理暂行办法》,在《江西省用能权有偿使用和交易制度试点实施方案》的基础上,对用能权指标管理、市场交易、审核和清缴、监督和保障等方面进行规范,作为用能权交易改革的法定依据,进一步推动江西用能权交易工作。

【江西省2019年节能宣传周活动举行】 6月17日—23日,省发改委、省机关事务管理局、鹰潭市政府举行江西省2019年节能宣传周活动。活动主题为“绿色发展 节能先行”,内容包括14个专题,涉及15家牵头部门和责任单位,涵盖工业、农业、商务、建筑、交通运输、公共机构六大重点节能领域,覆盖机关、学校、企业、社区等各个方面。活动启动仪式在鹰潭市举行,各地、各有关部门牵头开展节能低碳宣传进校园、进企业活动。《江西晨报》、大江网、省电视台等省内外媒体对江西节能减排工作进行系列报道,并借助移动公司、联通公司、电信公司等短信平台发布相关信息,宣传节能减排理念与知识。

(林绪强　胡晓　田红豆)

【开展危险废物减排系列专项行动】 省生态环境厅组织各地排查4414家涉危险废物单位、107个开发区环保基础设施、434个固体废物问题点位,发现338家单位存在不同程度问题,完成整改255家,整改完成率75.4%;开展“清废行动2019”,对累积的434个固体废物问题点位进行整治,至12月底,大部分整治到位;指导各地开展重点重金属污染物减排,对全省662家涉重企业重点重金属污染物排放量核算评估并报生态环境部审核,完成2019年年初制定的重点重金属污染物排放量比2013年下降6%的减排目标任务。

【第七届全国低碳日主场活动在南昌举行】 6月19日,生态环境部与省政府在南昌共同举办第七届全国低碳日主场活动,主题为“低碳行动,保卫蓝天”。在主场活动中,举行电力行业低碳发展研究中心揭牌,江西省绿色低碳科技创新战略联盟成立,发表大学生行动倡议,气候创行者颁奖,“全国低碳日”碳中和协议签订等活动。活动期间,还举办全国碳市场建设、甲烷减排、中瑞·中国适应气候变化项目成果、绿色金融与低碳技术4个平行论坛。生态环境部等国家部委代表,部分省(区、市)生态环境厅负责人,部分国家驻华使领馆参赞,国内外科研院所、企业、非政府组织和媒体代表等300余人参加活动。

6月19日,生态环境部与省政府在南昌共同举办第七届全国低碳日主场活动。图为2019全国低碳日主场活动绿色零碳活动签约仪式

省生态环境厅供

【长江入河排污口排查整治专项行动启动】 4月18日,省生态环境厅启动长江入河排污口排查整治专项行动,行动范围包括长江干流江西段和赣江干流段,涉及南昌、九江、赣州、宜春、吉安5个城市26个县(市、区)31个工业集聚区。排查岸线总长度1316.5千米,其中长江干流江西段152千米、赣江干流1164.5千米(双侧),排查总面积约3000平方千米,排查入河排污口点位3291个,排查对象为所有通过管道、沟、渠、涵闸、隧洞等直接向河流排放废水的排污口,包括所有通过河流、滩涂、湿地等间接排放废水的排污口。

【“江西,因你而美丽”纪念“六五”环境日活动举行】 6月4日,“江西,因你而美丽”纪念“六五”环境日活动在南昌举行。活动现场通过VCR宣传片、现场采访等形式,对省委宣传部、省生态环境厅、中国环境报社、江西日报社、江西广播电视台等主办单位寻找出的10名“2019江西最美环保人”先进事迹进行宣传并颁奖。活动中,由“2018最美基层环保人”张振欣带领10名“2019江西最美环保人”,共同发出做生态环境保护的行动者、积极参与美丽中国“江西样板”建设倡议。“六五”环境日期间,还举办新闻发布会,发布2018年环境质量状况和2019年生态环境保护重点工作开展情况;开展江西百所高校青年志愿者环保宣传实践活动成果展示及演讲活动,全省18所高校代表对环保宣传活动进行展示,15个环保社团代表参加演讲。同时,全省33家单位集中向公众开放。(龚见峰)

本栏编辑　詹跃华

教　　育

综　　述

2019年，全省教育系统紧抓重点领域和关键环节，推动各项工作取得新进步。

*立德树人根本任务有效落实。*省委书记刘奇、省长易炼红等带头进学校、上讲台，为师生上思政课。组织"十百千宣讲团"校园巡讲活动1460余次，覆盖师生46万余人次。全省高校开展"青春告白祖国"宣讲活动，百万青年学生同上"小我融入大我，青春献给祖国"思政课。推进红色文化教材进入大中小幼课堂工作，开展"诵读红色家书讲述英烈故事"巡演展演13场，被新华网等媒体誉为"流动的、生动的思政课"。

*各级各类教育协调健康发展。*召开全省城镇小区配套幼儿园专项治理工作现场推进会，完成702所小区配套幼儿园治理，增加公办学位25万个，公办幼儿园在园幼儿占全省42.74%，比2018年提高12.8个百分点。印发《江西省县域义务教育发展基本均衡巩固提升计划》，选取6个县（区）开展督导评估试点。出台《关于新时代推进普通高中育人方式改革的实施意见》，明确5个方面18条改革内容。29所学校参与首批省级普通高中特色学校认定。推进高中教育普及攻坚，"大班额"比例从2018年的39.1%下降到2019年的19.7%。出台《江西省职业教育改革实施方案》，国家首个职业教育虚拟仿真示范实训基地落户江西，6所高职院校入选国家"双高计划"建设单位，成为首批国家产教融合建设试点省。全省录取高职学生24.1万人，超额完成扩招任务。在第45届世界技能大赛上获"两金"，实现奖牌、金牌零的突破。高校新增ESI前1%学科7个，总数16个。印发《关于全面振兴本科教育的实施意见》，完成全省首轮本科专业综合评价工作。

*尊师重教氛围日益浓厚。*省委、省政府召开全省第35个教师节表彰大会。首批165名援疆支教教师完成支教任务。加强师德师风建设，以乡村优秀教师支月英为原型的电影《一生只为一事来》在全国上映，教育部专门发文推介。90后乡村教师程风获评全国"最美教师"（全国10名），特教教师张俐获评"全国教书育人楷模"（全国10名）。21个单位获"全国教育系统先进集体"称号，22人获"全国模范教师"称号，2人获"全国教育系统先进工作者"称号，46人获"全国优秀教师"称号，5人获"全国优秀教育工作者"称号。

*教育治理能力持续优化。*推动出台《加快推进全省教育现代化实施方案（2018—2022年）》《江西省加快推进教育现代化建设教育强省实施纲要2035》。全省财政教育经费约1150亿元，财政教育支出占财政支出18%。举办全国家校合作经验交流会，全国政协常委兼副秘书长、民进中央副主席朱永新等出席并给予肯定。以家校社合作为突破口，逐步形成"党以重教为先、政以兴教为本、师以从教为乐、民以助教为荣"的教育生态，中央教育工作领导小组简报《教育工作情况》刊登推介江西做法。选取上饶市、吉安市开展对设区市政府履行教育职责督导评价试点，全面压实全省各级地方党政教育工作职责。教育部"落实全教会，奋进迎华诞"首场1+1发布采访活动在江西举行，受到16家中央媒体关注。全省教育骨干网基本建成，11个设区市的10G互连链路开通，全省480所普通高中和100所普通高校全部接入教育省域网。推进考试招生制度改革，全年7大类27项考试招生平稳有序。推进依法治教、依法治校工作，组织开展第四届全省学生"学宪法讲宪法"和"百万网民学法律"教育知识竞赛，参与人数突破310万人。召开全省高校宗教会议，加强与统战、公安等部门沟通协调，维护学校意识形态领域安全、网络安全和政治安全，确保中华人民共和国成立70周年大庆全省教育系统的安全稳定。

*人民群众教育获得感幸福感持续增强。*深入实施全省教育扶贫打赢脱贫攻坚战三年行动，全省资助各级各类学生约218万人，资助金额45.56亿元（不含义务教育"两免"）。全面实施农村义务教育学生营养改善计划，119万名农村学生享受营养安全的热餐。开展与"建档立卡"贫困生"一对一"结对帮扶，2019届建档立卡贫困家庭高校毕业生初次就业率94.32%，高出全省平均水平11.15个百分点。印发《关于做好全省中小学生课后服务的指导意见》，近40万名城区中小学生参与课后服务。"明厨亮灶"建设覆盖率88.72%。中小学校（幼儿园）校长陪餐制覆盖率98.7%，居全国前列。始终对各类"三违"行为保持高压严管态势，查处违规学校73所，清退各类违规收费450万元。

（省教育厅）

基础教育

【概　况】　2019年，围绕"学前教育

普及普惠、义务教育优质均衡、高中教育特色发展”，解决发展中不平衡不充分问题，推动各项工作取得新进展。全省基础教育学生906.60万人。其中，小学在校生411.44万人，小学毛入学率101.95%；初中在校生220.07万人，初中阶段毛入学率113.53%；普通高中在校生105.54万人，高中阶段毛入学率91.5%，比上年提高1个百分点；幼儿园1.60万所，在园幼儿165.79万人，学前教育毛入园率83.73%，比上年提高1.9个百分点；特殊教育学校95所，在校生3.76万人，比上年增长11.41%。

【学前教育】 统筹中央和省级资金19亿元，支持农村公办幼儿园和城镇小区配套幼儿园建设，明确普惠性民办幼儿园补助标准为每生每年200元。发展公办幼儿园，全省乡镇公办中心幼儿园覆盖率96.3%，67%的常住人口2000人以上行政村建有1所公办幼儿园。强化治理小区配套幼儿园，省政府办公厅印发《江西省城镇小区配套幼儿园专项治理工作方案》，成立治理工作领导小组，多次召开推进会和开展明察暗访，全年治理完成小区配套幼儿园930所，增加公办学位16.5万个。持续开展幼儿园“小学化”专项治理，全省幼儿园“小学化”治理整改完成率98.86%。举办学前教育宣传月活动和学前教育宣传月展示活动。

【义务教育均衡发展】 开展暑期控辍保学攻坚行动、秋冬巩固攻势，全年劝返4444名儿童少年复学，补建学籍1.3万人，确保建档立卡贫困家庭适龄儿童少年不失学、不辍学。省政府办公厅印发《关于全面加强乡村小规模学校和乡镇寄宿制学校建设的实施意见》，启动义务教育薄弱环节改善与能力提升项目，2019年全省超大班额、大班额下降比例达到规划要求。率先在全国实行报名人数超过招生人数的民办义务教育学校，按照不低于40%比例的招生计划通过电脑随机派位招生方式。

【普通高中教育】 省市县层层制定消除普通高中大校额大班额专项规划，全省普通高中大班额比例由上年的39.1%下降到19.7%，超大班额比例由上年的8.7%下降到3.5%。组织开展全省普通高中新课程新课标教育成果展示活动，举办新修订普通高中课程方案和课程标准省级骨干培训班，组织开展首批省级普通高中特色学校评估认定工作，推进学校多样化、差异化发展。印发《关于切实推进高中阶段学校考试招生制度改革有关工作的通知》，并召开工作推进会，启用全省高中阶段学校统一招生电子化管理平台，推进高中学校招生录取的规范化和科学化。

【减轻学生负担】 9月23日，省教育厅、省发改委等9部门联合印发《江西省中小学生减负实施方案》，通过实施严格依照课标教学、均衡编班配置师资、科学合理布置作业、逐步推行“智慧作业”、严格学校考试管理、合理使用电子产品、实行弹性上学离校、指导学生实践锻炼、规范培训机构监管、严禁超标超时培训、严查招生入学挂钩、加强家庭教育指导、密切家庭学校合作、引导孩子健康成长、克服片面评价倾向、加强舆论宣传引导、严格活动竞赛管理、深化考试招生改革、纳入学校综合督导、建立监测公开制度20项举措，减轻违背教育教学规律、有损中小学生身心健康的过重学业负担，促进中小学生健康成长。省教育厅、省发改委、省财政厅、省人社厅印发《关于做好全省中小学生课后服务的指导意见》，建立完善课后服务各项机制，明确课后服务要坚持自愿选择、坚持公益惠民、坚持科学合理原则。同时要求，各地要根据课后服务性质，结合当地实际，采取政府购买服务、财政补贴、服务性收费等方式筹措经费，确保课后服务正常开展。全省有近40万名城区中小学生参与课后服务。

【规范校外培训机构】 5月22日，省政府办公厅印发《关于规范校外培训机构发展的实施意见》，明确校外培训机构的设置标准程序、培训行为和日常监管，提出要规范标准设置、依法审批登记、细化培训安排、规范收费管理、强化日常监督、落实年检年报制度、公布黑白名单7个方面的举措。制定线上培训专项治理方案，开展全省校外培训机构专项治理“回头看”，共排查培训机构8314个，整顿不合法机构5084个，关停1654个。

【德育工作】 继续开展文化教育活动，组织全省中小学生参加红色、绿色、古色文化教育，以及“我和我的祖国”研学实践活动，传承红色基因，增强生态意识，传播优秀传统文化。创新开展社会实践课堂，开设全省中小学生暑期“社会实践大课堂”，构建“实践育人共同体”，为中小学生提供153个校外活动项目，全省有9万余名学生参加活动。围绕“家校合作助成长”主题，开展全省第四届中小学班主任“育人风采”展示活动。开展中小学思政教师队伍调研，提出对策建议。

【特殊教育】 依托豫章师范学院建立江西省特殊教育融合资源中心，为普通高校和各市、县(区)特殊教育学校(资源中心)实施融合教育提供指导和服务。推动建立20个县级特殊教育资源中心，推进融合教育。12月6日至8日，在南昌举办第五届全省特殊教育教师教学技能展示活动，经专家评审，评出全能奖一等奖9人、二等奖19人、三等奖28人；个人教学展示单项奖一等奖10人、二等奖18人、三等奖19人；个人职业技能展示单项奖一等奖8人、二等奖15人、三等奖17人。

【《关于学前教育深化改革规范发展的实施意见》出台】 为进一步完善学前教育公共服务体系，办好新时代学前教育，实现幼有所育，11月28日，省委、省政府印发《关于学前教育深化改革规范发展的实施意见》，提出优化布局结构，增加资源供给；加大财政投入，完善经费保障机制；健全支持体系，加强教师队伍建设；完善监管体系，强化监督管理；实施分类管理，规范民办幼儿园发展；实施提升工程，提高保教质量；加强组织领导，建立健全管理体制7项主要任务。为幼儿提供更加充裕、普惠、优质的学前教育。

(省教育厅)

职业教育与成人教育

【概 况】 2019年，全省有中等职业教育学校415所（含普通中等专业学校、职业高中、技工学校和成人中等专业学校），招生21.13万人（其中技工学校6.2万人），比上年增长19.17%；在校生64.58万人（其中技工学校15.40万人、培训和进修生10.63万人），比上年减少4.14%。组织参加2019年全国职业院校技能大赛，江西代表团共获168个奖项，比上年增长28%。

【夯实中职办学基础】 继续推动中职学校达标校建设，省教育厅、省委编办、省发改委、省财政厅和省人社厅印发《关于大力推进全省县级中等职业学校建设的指导意见》，明确县级中职学校的发展方向和路径，进一步加强全省县级中等职业学校建设。2019年，确定17所省级达标中职学校。实施中职质量提升工程，遴选确定江西省通用技术工程学校的现代农业生产服务特色专业群等30个专业，为省中职学校特色专业（群）建设计划立项项目。加强“双师型”教师队伍建设，印发《江西省中等职业学校“双师型”教师认定及管理办法》，启动2019年职业院校“双师型”教师认定申报，开展全省教师教学能力提高巡回培训，参训教师3000余人。

【启动2019年国家“1+X”证书制度试点工作】 鼓励各高职院校启动2019年国家“1+X”证书制度试点工作，试点院校将证书培训内容有机融入专业人才培养方案，深化教学方式方法改革，将相关专业课程考试与职业技能等级考核统筹安排。鼓励职业院校学生在获得学历证书的同时，取得多类职业技能等级证书，拓展就业创业本领。2019年，全省有95所职业院校164个专业入选国家首批、第二批“1+X”证书制度试点，试点学生规模2.08万人。

【开展系列主题活动】 举办2019年江西省中等职业学校“文明风采”活动，以“我和我的祖国”为主题，设立展演类、实物类两类活动项目和1项优秀活动案例遴选项目，全省300多所中职学校10余万名学生参加活动，评选出37份作品参加全国交流展示。借助省教育厅微信公众号等平台，开展“职教风采”主题宣传活动，集中宣传全省20所高水平职业院校，累计阅读量50.7万次。组织开展主题为“迎祖国七十华诞，展职教时代风采”的职教活动周。11月15日，在新余市举行2019年江西省全民终身学习活动周总开幕式，表彰2019年度江西省“百姓学习之星”“终身学习品牌项目”。

【继续教育】 4月，省教育厅、省总工会启动实施农民工学历与能力提升行动计划——“求学圆梦行动”，从2019年起，每年帮助1.5万名农民工接受学历继续教育。5月10日，在南昌召开2019年全省高校继续教育工作培训会，推进全省高校继续教育工作。依托江西广播电视大学，构建江西老年开放教育学习平台，引导江西晨报社投资参与老年教育，已建设4个校区。

【推动实施高职“双高计划”】 4月，教育部、财政部发布《关于实施中国特色高水平高职学校和专业建设计划的意见》（简称“双高计划”）。根据“双高计划”，江西省确定九江职业技术学院等10所高职院校为高水平高职院校建设立项单位；确定江西外语外贸职业学院电子商务专业等27所院校的50个专业为优势特色专业立项建设项目。2019年，完成国家“双高计划”申报工作，并会同省财政厅下达“双高计划”建设资金1亿元。10月25日，教育部对评审结果进行公示，九江职业技术学院、江西应用技术职业学院、江西财经职业学院、江西环境工程职业学院、江西交通职业技术学院、江西外语外贸职业学院6所高职院校入选高水平建设单位。

【完成高职扩招任务】 5月，教育部与省政府签署《落实国家职业教育改革实施方案备忘录》，明确江西省2019年完成高职扩招任务4.36万人。根据备忘录精神，教育部下达江西省2019年常规高职招生计划23万人。省教育厅启动高职扩招专项工作，成立由省委教育工委书记、省教育厅厅长为组长的高职扩招专项工作领导小组。6月，省教育厅、省发改委、省人社厅、省财政厅、省农业农村厅、省退役军人事务厅印发《江西省高等职业院校扩招专项工作实施方案》，确定高职扩招专项工作的整体框架和思路。9月，制订出台《江西省2019年高等职业院校面向社会人员开展全日制学历教育管理办法（试行）》，探索符合社会人员实际情况的考试和学习方式。同时，出台面向退役军人、下岗职工、农民工等社会人员的系列专项政策。召开专题新闻发布会，报纸、电视、两微一端媒体持续跟进，做到多渠道、全方位、高质量宣传。召开严肃高职扩招工作纪律会议，开展专项考试巡查工作，规范招生秩序。至年底，全省高职扩招实际录取24万人，超额完成扩招任务。

【《江西省职业教育改革实施方案》出台】 12月2日，省政府印发《江西省职业教育改革实施方案》，对现代职业教育体系等多方面的优化提升作出具体要求。该实施方案提出，用5~10年时间，全省职业教育基本实现由政府举办为主向政府统筹管理、社会多元办学的格局转变，由追求规模扩张向提高质量转变，由参照普通教育办学模式向企业社会参与、专业特色鲜明的类型教育转变，人才培养由主要对外输出技术技能人才向主要服务江西地方经济社会发展转变，建成与江西经济社会发展相适应的现代职业教育体系，推进国家职业教育改革创新先行示范区建设，推动现代职业教育大改革大发展，全面提升职业教育质量，为全省经济高质量跨越式发展提供人才资源支撑。

（省教育厅）

【技工院校】 2019年，全省有技工院校88所，比上年增加2所。其中，技师学院14所，高级技工学校18所，普通技工学校56所。全年完成招生6.23万人，比上年增长13.8%；毕业生3.92万人，比上年增加0.6%；就业率97.8%。为社会培养各类技能人才8.12万人。全省技工院校有教职工1.27万人，比上年增加2.3%，师生比保持在1∶14左右。

【技工院校教师管理】 2019年，全省技工院校有986名教师通过教师职业资格认定，其中技师学院教师415名、高级技工学校教师192名、普通技工学校教师379名。共有82名教师通过2019年技工院校教师职称评审，其中33名教师通过高级职称评审、49名教师通过中级职称评审。

【2019年全国技工院校学生创业创新大赛江西省选拔赛开赛】 10月17日，2019年全国技工院校学生创业创新大赛江西省选拔赛在南昌开赛。选拔赛由省人社厅主办，江西工贸高级技工学校承办。全省各市共推荐51个项目参赛，其中15个项目进入省级决赛。省级决赛分为项目材料评审和现场路演与答辩2个环节，根据2个环节的总成绩，最终选出推荐全国技工院校学生创业创新大赛参赛选手。在参加全国技工院校学生创业创新大赛决赛中，获一等奖1个、三等奖1个。

（省人社厅）

高等教育

【概 况】 2019年，全省有普通高等学校、独立学院和成人高等学校111所，其中普通高等学校103所（含独立学院13所）、成人高等学校8所。各类高等教育在学人数总规模160.48万人。高等教育毛入学率49%，比上年提高4个百分点。

【本科课堂教学管理】 建立普通本科高校教授为本科生授课情况发布制度，完善普通本科教学质量监测体系。各高校每年定期向省教育厅报送学期和学年教授授课情况统计数据，经核对整理后向教育部和省政府汇报并向社会公布。出台《进一步加强高等学校本科教学管理的八项要求》，从加强“课程思政”建设、本科教学秩序整顿、移动智能终端使用管理、学习过程考核、教授全员授课、教师教学能力提升、教师教学奖惩、课堂教学督查8个方面提出具体要求。

【本科专业内涵建设】 结合首轮专业综合评价结果，推荐遴选国家级和省级一流本科专业，102个专业入选国家级一流本科专业建设点名单，251个专业入选省级一流本科专业。南昌大学等5所高校的20个专业通过工程教育国际认证。出台《关于开展省级一流本科课程建设的通知》，确定全省一流本科课程建设的目标和任务。注重课程思政与专业教学的融合，立项支持129门高校课程育人共享计划课程。认定212门省级精品在线开放课程和84个省级虚拟仿真实验教学项目，向教育部推荐168门课程申报认定国家级一流课程。推荐南昌大学等高校的5个基地，申报2019年度教育部基础学科拔尖学生培养基地。

【启动实施江西省“六卓越一拔尖”计划2.0】 年内，省教育厅会同省委宣传部、省委政法委、省工信厅、省财政厅、省农业农村厅、省卫健委等13个部门印发《江西省卓越工程师教育培养计划2.0的实施意见》《江西省卓越医生教育培养计划2.0的实施意见》《江西省卓越农林人才教育培养计划2.0的实施意见》《江西省卓越法治人才教育培养计划2.0的实施意见》《江西省卓越新闻传播人才教育培养计划2.0的实施意见》《江西卓越教师培养计划2.0的实施意见》《江西省基础学科拔尖学生培养计划2.0的实施意见》7个文件（简称“六卓越一拔尖”计划2.0），全面推进全省高校新工科、新医科、新农科、新文科建设，提升高等学校服务经济社会发展能力。该计划从2019年开始，用5年时间建设一批一流专业，建设一批一流课程，建设一批省级青年英才培养基地。

【优质资源应用共享】 继续推进高校跨校选课学分互认改革试点，20所试点高校共有学生2.15万人次跨校选修120门线下课程和线上线下混合式课程。同时，依托终身学习电子卡，全省高校学生和社会学习者，可以在手机上实现随时随地开展线上精品课程学习。推动高校公共文化教育资源进一步面向社会开放，推动68所高校的图书馆对外开放和图书情报、科技文献资源共享，66所高校对外开放学术讲座，19所高校的1002台仪器加入江西省大型科研仪器开放共享管理服务平台，56所高校的1263台仪器设备加入江西省校企合作信息服务平台，为企业和社会各界提供服务。

【创新创业教育】 4月，制定印发《努力把江西高校打造成大学生创新创业

8月27日，举办第五届中国“互联网+”大学生创新创业大赛江西选拔赛

省教育厅供

高地工作方案》，推出创新人才培养机制、加强实践体系建设、加强导师队伍建设、促进科技成果转化、完善双创统筹保障5个方面的工作举措。10月，组织参加第五届中国"互联网+"大学生创新创业大赛，江西高校代表团共获3金17银49铜和萌芽版块2项创新潜力奖（等同于主赛道金奖）。承接同期"青年红色筑梦之旅"全国对接活动，全国19个省市66所高校的102个项目共360余名师生深入江西，助力精准扶贫。江西中医药大学、宜春学院、江西外语外贸职业学院3所高校入选2019年度全国创新创业典型经验高校"五十强"。

【完善校企协同育人机制】　对接江西省"2+6+N"高质量产业发展计划，先后开展VR、人工智能、航空、汽车、富硒及中医药等产业的人才培养、科学研究以及军民融合情况调研，形成的调研材料多次获省委书记刘奇、省长易炼红等批示和肯定。印发《江西省教育厅关于加快推进虚拟现实产业发展行动方案（2019—2023）》，协助办好2019世界VR大会，举办教育分论坛和首届高校VR课件设计与制作大赛，推动江西VR及AI产业人才培养。印发《关于进一步推进军民融合深度发展的实施意见》。进一步推进"校所合作"，在南昌大学等15所高校设立首批"法治乡村建设研究中心"暨"法律明白人"培训基地。继续与新闻单位开展双向挂职互聘，打通各方协同育人渠道。

【全省高校本科教育工作会议召开】　2月27日，全省高校本科教育工作会议在南昌召开，副省长孙菊生、教育部高等教育司副司长徐青森出席并讲话，省委教育工委书记、省教育厅厅长叶仁荪主持。这是改革开放40年来召开的第一次全省高等学校本科教育工作会议。会议深入学习贯彻习近平新时代中国特色社会主义思想和习近平关于教育的重要论述，学习贯彻全国全省教育大会、新时代全国高等学校本科教育工作会议精神。省委教育工委、省教育厅领导肖志华、刘菊娇、汪立夏、裴鸿卫、何建洋出席。江西农业大学、江西财经大学、华东交通大学、南昌航空大学、江西中医药大学、江西科技学院作交流发言。全省45所本科高校、17所联合培养应用技术型本科人才试点高职院校的负责人、分管副校长和教务处处长，委厅有关处室负责人共180余人参加会议。

【《江西省教育厅关于全面振兴本科教育的实施意见》印发】　4月19日，省教育厅印发《江西省教育厅关于全面振兴本科教育的实施意见》。该意见提出分批建设400个左右定位明确、建设水平高、人才培育质量高、师资队伍力量雄厚的省级一流专业，要求各高校建设特色专业，主动布局航空、电子信息、中医药、儿科、学前教育、养老护理等民生急需相关学科专业。同时，倡导学生自主学习，探索实行荣誉学位，推进辅修专业制度改革，完善学分互认机制，推动健全学分制收费管理制度，鼓励学生跨校、跨学院、跨专业选课，以利学生以多种方式获得学分。强化以综合素质和能力培养为主的评价导向，实行多种形式的学习成绩考核，规范平时成绩评定依据，推进公共基础课和专业基础课的教考分离，推广非标准答案考试。

【开展首届江西普通高校金牌教师推选活动】　为树立教学地位，激发教师以生为本，切实承担起教书育人使命，9月30日，省教育厅、省教育工会印发《关于开展首届江西普通高校金牌教师推选活动的通知》，启动首届江西普通高校金牌教师推选活动。推选对象为全省本科高校及研究生培养单位从事一线教学工作的在职在岗教师。在校级推选的基础上，经专家评审和审核公示等环节，从多年坚持在一线为本科生授课、注重将课程思政贯穿教学全过程、深受学生喜爱的教师中，确定100名首届江西普通本科高校金牌教师，其中金牌教授33名、金牌研究生导师26名、金牌青年教师41名。

（省教育厅）

师资教育管理

【概　况】　2019年，实行中小学教师招聘省级统筹，共招聘教师1.70万人，其中中央"特岗计划"教师6421人；实施"定向培养乡村教师计划"，招收定向师范生5517人，其中乡村幼儿园教师654人；实施省属师范大学本科师范生公费教育，招收本科公费师范生575人。投入"国培计划""省培计划"中央、省级资金分别为0.98亿元和0.32亿元，共培训中小学幼儿园教师20余万人次。实施义务教育学校校长教师交流轮岗，交流教师1.14万人、轮岗校长1235人；选派音体美专业师范生2700余人次赴农村小学实习支教；选派"三区"人才优秀支教教师2105人；选派学前教育巡回支教点249个，招聘支教教师610人；选派"银龄讲学计划"教师268人。

【教师能力提升】　实施中小学教师"国培计划""省培计划""互联网+教师专业发展"全员培训，完善教师培训学分管理制度和分级培训体系；启动实施中小学教师信息技术应用能力提升工程2.0和"赣教云·教学通2.0"中小学教师应用全员培训，推动教师专业发展。组织《红色文化》教材使用中小学、幼儿园教师专题培训。开展名师名校长培养工作，组织20名"中小学名校长"培训班学员赴芬兰研学。遴选全省第四期"中小学名校长培养计划"培训班学员45人、第二期"中小学名师培养计划"培训班学员46人。

【教师待遇保障】　建立落实教师待遇保障政策定期上报和跟踪整改机制。会同省人社厅、省财政厅出台政策，明确在公务员发放奖励性工资时，统筹考虑义务教育教师，确保义务教育教师平均工资收入水平不低于或高于当地公务员平均工资收入水平。会同省文化和旅游厅发放江西省红色研学旅游畅通卡，全省首批共有3558名优秀教师享受进入省内4A级以上景区免门票政策。邀请200名优秀乡村教师赴井冈山休假疗养。为全省1.5万名在乡村从教20年和各级各类学校从教满30年教师颁发长期从教荣誉证书。

【《江西省教师教育振兴行动计划(2018—2022年)》出台】 6月17日,省教育厅、省发改委、省财政厅、省人社厅、省委编办出台《江西省教师教育振兴行动计划(2018—2022年)》。该计划提出师德养成教育全面推进行动、师范教育改革提质行动、师范生生源质量改善行动、乡村教师素质提高行动、"互联网+教师教育"创新行动、教师教育校地合作推进行动、教师教育师资队伍优化行动、教师教育学科专业建设行动、教师职后研训实效提升行动、教师教育质量保障体系构建行动等十大行动,全面推进教师教育内涵式发展,为全省教育事业改革发展提供师资保障。

【电影《一生只为一事来》在全国上映】 9月3日,以奉新县优秀乡村教师支月英为原型的院线电影《一生只为一事来》在南昌举行首映礼;9月9日在全国上映。该影片由教育部教师工作司指导,省委教育工委、省教育厅,宜春市委宣传部,奉新县委、县政府联合拍摄,是全省第一部以教师为原型创作的电影。影片讲述支月英坚守大山40年,为乡村教育奉献一生的感人故事。影片于2018年10月在奉新县开机,11月在南昌杀青。教育部将该影片作为2019年教师节的献礼,在全国推介宣传。

【江西省"不忘初心、牢记使命"主题教育师德故事会开讲】 9月6日,由省委教育工委、省教育厅主办的"榜样的力量"——江西省"不忘初心、牢记使命"主题教育师德故事会在南昌师范学院开讲。省委常委、省委宣传部部长施小琳,副省长孙菊生,省政协副主席汤建人观看。省委教育工委副书记肖志华致辞。故事会分为"初心""坚守""使命"3个篇章,以音诗画、歌舞诗、表演唱、微课堂、情景朗诵、说唱快板等形式,讲述江西省8名优秀教师、2个教师群体及大学生实习支教团队立足三尺讲台、抛洒热血丹心的感人故事。委厅领导刘菊娇、裴鸿卫、王江华、何建洋、叶宝凌、张爱萍一同观看。

(省教育厅)

民办教育

【概　况】 至2019年年底,全省各级各类民办学校1.02万所,在校生189.59万人,占全省在校生17.47%。其中,民办高校31所(本科8所、专科10所、独立学院13所),在校生28.76万人;民办中等职业学校89所,在校生9.26万人;民办普通高中160所,在校生19.06万人;民办初中180所,在校生21.64万人;民办小学54所,在校生15.88万人;民办幼儿园0.97万所,在园幼儿94.94万人;民办特殊教育学校7所,在校生534人。

【举办全省民办高校"不忘初心、牢记使命"党支部书记集中轮训班】 10月9日至11日,省委教育工委举办全省民办高校"不忘初心、牢记使命"党支部书记集中轮训班。旨在进一步提升民办高校基层党支部书记政治理论素质、党建业务水平、履职尽责能力,确保民办高校主题教育取得实效,推动民办高校基层党建工作上台阶、上水平,为办好人民满意的民办高等教育提供组织保证。此次集中轮训班分江西科技学院、南昌理工学院、南昌工学院3个地点同时进行,培训为期3天,3个培训点各安排6次专题讲座、2次研讨交流。18所民办高校331名基层党支部书记参加培训。

【健全民办教育管理机制】 1月7日,省教育厅会同省委编办、省人社厅、省民政厅、省市场监督管理局制定印发《江西省民办学校分类登记实施办法》,明确民办学校分为非营利性民办学校和营利性民办学校,由举办者自主选择,审批机关审核确定。正式批准设立的非营利性民办学校,符合《民办非企业单位登记管理暂行条例》规定的到民政部门登记为民办非企业单位,符合《事业单位登记管理暂行条例》规定的到事业单位登记管理机关登记为事业单位;正式批准设立的营利性民办学校,依据法律法规规定的管辖权限到市场监督管理部门办理登记。会同省人社厅、省市场监督管理局印发《江西省营利性民办学校监督管理实施办法(试行)》,从学校的设立、内部管理机构、教育与教学、财务与资产管理、信息公开与信用管理、变更与终止、监督与处罚等环节作出规定。

【规范民办学校办学行为】 4月,修订印发《江西省民办高校年检实施办法(试行)》,进一步提高民办高校年检工作的科学性。组织对全省民办高校和民办非学历高等教育机构开展年度检查,并下达年检结论。举办"江西省民办教育公共服务平台"系

10月9日至11日,全省民办高校"不忘初心、牢记使命"党支部书记集中轮训班在南昌举行。图为开班仪式

省教育厅供

统管理人员培训班，推广使用“江西省民办教育公共服务平台”。对全省民办义务教育学校办学情况进行专题调研。

（省教育厅）

国际合作与交流

【概　况】 2019年，省委教育工委、省教育厅领导，省属本科院校及厅属高职院校因公出国（境）访问、学术交流、进修、培训共97批次，419人次；赴台团组42批次，151人次。中外合作办学机构（项目）130个；建立海外孔子学院13所，孔子课堂6个；外国留学生招收资格院校39所，在校留学生7000余人；聘专资格院校123所，在校外籍教师700多人；国家公派留学204人；中国政府奖学金资格院校8所；青年骨干教师出国研修项目资格院校9所；国别和区域研究中心4个。

【推进共建“一带一路”教育行动】 为贯彻落实教育部《推进共建“一带一路”教育行动》及江西省教育“十三五”发展规划要求，组织24所高校59人赴乌克兰、白俄罗斯，举办2019年江西省高校海外教育展，与乌克兰签订40多项合作协议，与白俄罗斯签订近30项合作协议。同时，依托江西省与俄罗斯、乌克兰友好关系，推进南昌大学与乌克兰科学院弗兰采维奇材料问题研究所、乌克兰科学院巴顿焊接研究所、乌克兰国家科学院、乌克兰国立技术大学、俄罗斯伊万诺沃州理工大学，南昌航空大学与乌克兰哈尔科夫国立航空航天大学、乌克兰国立航空大学，南昌理工学院与乌克兰哈尔科夫国立航空航天大学签署合作与交流协议，开展学生互换和教学科研等活动。

【江西省本科高校教育国际化水平排行榜（2018年）发布】 5月，在完善《江西省教育国际化评价指标体系》基础上，继续委托江西省教育国际化研究中心、江西师范大学高等教育研究中心，对2018年全省本科高校教育国际合作与交流工作情况开展调查，并进行数据采集、归类和分析，形成《2018年江西省本科高等教育国际化发展报告》。12月19日，向社会发布江西省本科高校教育国际化水平排行榜（2018年），南昌大学、江西财经大学、江西师范大学、江西中医药大学、华东交通大学、江西理工大学、东华理工大学、景德镇陶瓷大学、赣南师范大学、南昌航空大学列全省本科高校教育国际化总体水平前10位。此外，还公布了江西省本科高校来华留学学历教育人数占在校生总人数百分比前10位、江西省本科高校学生赴国（境）外学习一学期及以上经历人数占在校生总人数百分比前10位、江西省本科高校学生赴国（境）外出席国际学术会议或国际竞赛等人数占在校生总人数百分比前10位。

【2019国际产学研用合作会议在南昌举行】 6月12日至13日，2019国际产学研用合作会议在南昌举行。省委书记刘奇、教育部副部长孙尧、乌克兰教科部副部长罗曼·格列巴出席开幕式并致辞，副省长吴晓军主持开幕式。会议以“开放合作共享共赢”为主题，由教育部学校规划建设发展中心主办，江西省教育厅、南昌大学、南昌航空大学承办。会议邀请中国、俄罗斯、白俄罗斯、乌克兰、乌兹别克斯坦、美国、英国、法国在新材料和航空航天领域的院士、专家、企业家，其中中方嘉宾370人，外方嘉宾128人。会议期间，举行6场分论坛80多场主题报告，中外高校、科研机构的专家、学者和企业代表围绕人工智能、航空技术、智能制造与装备领域等6个论坛主题进行研讨交流；南昌大学、南昌航空大学与国内外高校科研机构共签署10项合作协议。

【举办江西省第七届外国留学生汉语大赛】 11月13日，由省教育厅主办，历时近2个月的江西省第七届外国留学生汉语大赛结束。大赛以“美丽江西·秀美天下”为主题，分校赛、复赛、决赛3个阶段，共有五大洲30多个国家的在赣留学生报名参赛，参赛人数创历届之最。经过校赛和复赛选拔，南昌大学、江西师范大学、南昌航空大学、江西财经大学、江西中医药大学、江西理工大学、井冈山大学、华东交通大学8所高校的10名选手进入决赛。决赛设活力之美才艺会、生态之美故事会、丰饶之美知识会、人文之美诵读会4个环节。经过角逐，南昌大学印度尼西亚留学生罗娜、江西师范大学马达加斯加留学生林夏获一等奖；南昌航空大学、南昌大学、江西师范大学获最佳组织奖。

（省教育厅）

6月12日至13日，2019国际产学研用合作会议在南昌举行

省教育厅供

本栏编辑　詹跃华

科 学 技 术

综 述

2019年,全省科技进步综合水平再进1位,居全国第十八位;科技进步贡献率达到58%;全社会研发投入占地区生产总值1.41%;全省申请专利和授权,同比分别增长6.4%和12.0%,万人发明专利拥有量2.88件,比上年同期增长0.48件;10项科技成果获国家科技奖励;全省技术合同成交额148.61亿元;获科技部经费资助6.05亿元。全省高新技术产业增加值增速13.4%,增速高于规模以上工业企业4.9个百分点;高新技术产业增加值占规模以上工业企业增加值36.1%,提升2.3个百分点。

创新区域体系架构基本形成。"赣江两岸科创大走廊"以赣江新区、南昌高新区、小蓝经开区为主体,打造全国重要的区域科技创新中心。8月29日,国务院批复同意南昌高新区等7个国家高新区建设国家自创区;五大科创城正成为全省重点产业和科技创新高度融合的"试验地"与"主战场";鹰潭市贵溪市、南昌市青山湖区、抚州市临川区、九江市湖口县、宜春市上高县、景德镇市昌江区确定为第二批6个省级创新型县(市、区),科技创新成为推动县域经济创新发展的主动力。

科技创新平台建设更上台阶。中科院稀土研究院、中药国家大科学装置、中科院庐山植物园、中科院江西产业技术创新与育成中心等重大创新平台相继落地,填补江西省无大院大所直属机构、无重大科学装置的历史空白。新组建19个省重点实验室和36个省工程技术研究中心。全省有省重点实验室200家,省工程技术研究中心379家,覆盖全省所有重点学科和重点产业。加快推进新型研发机构合作共建,全省有新型研发机构性质的单位165家,其中与大院大所名校名企合作共建研发机构46家。首批认定省级新型研发机构20家。

科技成果及转移转化取得明显成效。"中药制造现代化——固体制剂产业化关键技术研究及应用"等10项科技成果获国家科学技术奖励。累计组建科技协同创新体102家,突破核心关键技术118项,获发明专利173项。"03专项"试点示范加速推进。加快十大品牌应用推广,智赣119、智鄱源、飞鹰警务云、智能制造等品牌工程进展良好。实现全省NB-Iot和eMTC两张网全覆盖,设区市全部开通5G基站,南昌、鹰潭重点区域基本实现5G全覆盖。全省物联网产业主营业务收入突破800亿元;举办2019年江西国际移动物联网博览会,提升"物联江西"品牌效应和知名度。全年汇集省内外科技成果和专利技术突破2万项,服务企业5000余家。

科技创新保障服务水平不断提升。全省研发经费投入总量310.69亿元,比上年增长54.89亿元,增速21.5%,高于全国平均水平9.7个百分点,列全国第三,中部第一;研发经费投入强度1.41%,全国位次前移2位,列第十六位,在中部地区首次超过河南。科技型企业梯次培育行动深入实施,出台加快独角兽企业、瞪羚企业发展十二条措施,首次面向全国发布江西省独角兽、瞪羚企业榜单,培育独角兽企业2家、潜在独角兽企业1家、种子独角兽企业4家、瞪羚企业60家、潜在瞪羚企业30家,给予资助3050万元。"科贷通"累计发放贷款10.39亿元,其中2019年发放贷款7.89亿元,增幅315.6%。提供科技担保融资余额10.86亿元,累计提供担保融资16.44亿元。

高水平人才队伍加速聚集。南昌大学江风益当选为中国科学院院士,2名外国专家入选国家重大人才计划,入选人数位居中部地区第三;新增国家重大人才培养计划12人;获批科技部高端外国专家引进计划10项;完成省"双千计划"自然科学类项目申报评审,推荐336人入选省"双千计划"。

科技创新惠民富民统筹推进。新增6家省级临床医学研究中心,3家临床医学研究中心分中心。在民生领域牵头承担7项国家重点研发项目,国拨经费1.3亿元,超前3年总和。选派科技特派员1393人,组成380个科技特派团,对接全省92个"三区"县(含25个重点贫困县及269个深度贫困村),开展科技兴农助农服务。在全国科技特派员制度推行20周年总结会议上,井冈山市作典型交流发言,江西省4名科技特派员和2家组织实施单位获科技部通报表扬。

(省科技厅)

科技发展计划

【概 况】 2019年,省级科技专项总预算为8.44亿元,按照"1+5"科技计划体系,保重点、强基础、促联合,共安排各类省级科技计划项目1733项。推进科技体制机制综合改革,出台《江西省深化科技体制机制改革加快高质量发展的若干意见》《江西省深化科技奖励制度改革实施方案》《江西省关于加强科研诚信建设的实施办法》《江西省关于贯彻落实〈关于进一步弘扬科学家精神加强作风和学风建设的意见〉的意见》。深化科技计划管理改革，以绩效为导向，构建"1+5"科技计划体系，实施公开竞争、定向择优、定向委托3种项目形成机制。探索开展联合资助项目，自然科学基金重点项目立项率由12.4%提高到22.9%，增加10.5个百分点。重点研发计划一般项目立项率由16.2%提高到26.6%，增加10.4个百分点。省科技创新杰出青年人才培养计划项目立项率由9.9%提高到19.8%，立项率翻番。完成"三自动一回避"评审系统开发，同步建设各设区市视频答辩室，在每个设区市建设不少于2套视频答辩系统，实现项目评审网络化。

【基础研究计划】 2019年，共受理申请自然科学基金项目4346项，资助项目645项，比上年增长46.26%；资助总经费4685万元，比上年增长7.06%；平均资助强度7.3万元/项，平均资助率14.84%，比上年高出近3个百分点。其中，青年基金项目470项，资助经费2820万元；重点项目175项，资助经费1865万元。

【创新型省份建设专项计划】 全年安排创新型省份建设专项计划216项，经费2.57亿元。其中，鄱阳湖国家自主创新示范区建设经费1500万元；井冈山国家农业高新技术产业示范区创建经费500万元；南昌航空科创城、赣州稀金科创城、中国(南昌)中医药科创城、上饶大数据科创城、鹰潭智慧科创城分别安排100万元建设经费；省级创新型县(市、区)6项，经费300万元；独角兽企业、瞪羚企业梯次培育97项，经费2200万元；中药国家大科学装置预研经费7000万元；中国中医科学院江西分院建设经费1000万元；北航江西研究院建设经费500万元；中科院稀土研究院建设经费1000万元；中科院庐山植物园建设经费1000万元；南昌VR创新中心经费1000万元；"03专项"和5G项目64项，经费4100万元；国家级创新平台、产业创新平台8项，经费2600万元；研发投入后补助经费2000万元，主要综合年度R&D强度和增幅计算分配，对全省11个设区市切块下达。

【重点研发计划】 完成省重点研发计划489项，经费8837万元。其中，重点项目79项、经费5843万元，包括定向择优39项、经费3900万元，公开竞争38项、经费1900万元，定向委托2项、经费43万元；一般项目410项、经费2994万元，包括全额资助252项、经费2520万元，联合资助158项、经费474万元。

【技术创新引导计划】 安排技术创新引导计划30项，经费1.03亿元。其中，国家科技奖后备项目培育10项，省级引导地市科技发展专项18项(主要根据2017—2018年全省科技创新监测评价结果排名，对11个设区市、赣江新区和6个省直管县进行支持)，科贷通(中小企业创新基金)1项，发明专利补助1项。

【基地与人才计划】 全年受理基地与人才计划217项，经费1.28亿元。其中，科技平台和基地建设85项，包括国家科技创新平台预备队5项，农大省部共建重点实验室1项，省级重点实验室、工程研究中心63项，省级临床医学研究中心15项，大型科学仪器设备共享1项；创新人才、载体后补助等37项，包括支持7项入选国家2018年创新人才推进计划的科技创新创业人才，支持30项2018年获科技部备案国家级星创天地；人才计划94项，包括省主要学科学术和技术带头人培养计划32项，省科技创新杰出青年人才培养计划60项，外专引智专项1项，外专一村一品1项；科技特派团服务工程1项。

【国家重点研发计划】 2019年，组织江西省科研机构牵头申报国家重点研发专项15项，项目涉及资源环境、食品安全、中医药、医疗卫生领域的"固废资源化""深地资源勘查开采""场地土壤污染成因与治理技术""食品安全关键技术研发""中医药现代化研究""主动健康和老龄化科技应对"等。至年底，共争取国家重点研发项目(课题)11项，其中牵头3项，经费5940.03万元。在资源环境领域，首次将江西省特色需求"离子吸附型稀土资源高效绿色开发与生态修复一体化技术"纳入国家重点研发专项"深地资源勘查开采"定向指南，并立项。

(省科技厅)

科技基础条件建设

【概　况】 10月18日，中国科学院和江西省人民政府在南昌签署《共建中国科学院稀土研究院战略合作协议书》，标志稀土研究院的建设进入实质性工作阶段。推进省部共建轨道交通基础设施性能监测与保障国家重点实验室等3个国家级平台的申报，11月19日，省部共建轨道交通基础设施性能监测与保障国家重点实验室通过科技部组织的专家论证。继续开展重大创新平台提升行动，在全省特色和优势的学科领域和产业领域，遴选食品科学与技术、核资源与环境、离子型稀土资源绿色开发与高值利用、红壤改良4个有江西特色和优势的平台加入到重点打造的国家级重大创新平台之列；遴选创新药物与高效节能降耗制药设备、创新天然药物与中药注射剂、稀土资源高效开发利用、锂电新材料4个与江西省重点产业相关的平台作为产业重点创新平台予以打造。至2019年年底，全省共拥有国家级重点实验室5个，国家级工程技术研究中心8个。继续开展省重点实验室和工程技术研究中心组建工作，同时，对2014年批准组建的23个省重点实验室和7个限期整改的省重点实验室进行验收评估。

【省级重点实验室和工程技术研究中心建设】 1月，出台《关于进一步加强重点实验室和工程技术研究中心安全管理工作的通知》，为科技创新平台的正常运行提供安全保障。2019年，组建省级重点实验室和工程技术研究中心共55项(其中重点实验室19项、工程技术研究中心36项),实际资助52项,每项50万元,共2600万元。对2014年批准组建的23个省重点实验室和7个限期整改的省重点实验室进行验收评估,强化平台管理。至2019年年底,全省有省级重点实验室200个,省级工程技术研究中心379个。

【大型科研仪器开放共享平台】 进一步完善大型科研仪器信息资源数据库,做好全省大型科研仪器资源信息的收集统计调查工作。至年底,江西省大型科研仪器开放共享服务平台,共有63家单位提交仪器设备信息1354台,仪器设备总值13.26亿元,有51家单位发布科研设施与仪器开放共享管理制度。委托省科技评估中心组织专家对管理单位科研仪器信息公开情况、组织管理情况、运行使用情况、开放共享服务成效等进行评价。2019年,36家仪器管理单位提交的绩效考评表显示,各单位服务用户数量2.48万个,检测收入1.30万元,发表论文3501篇,为科研项目提供分析测试数据或直接承担科研项目2058项,获得专利标准777项,获得奖励197个,科研仪器设备使用率39.6%,科研仪器设备对外服务率46.7%。

【实验动物管理】 开展江西省实验动物许可证的咨询、申请、现场验收、审核及年检等实验动物管理工作。9月,组建江西省实验动物专家库,开展江西省实验动物资源现状调查。10月,制作江西省实验动物许可证单位负责人及联络人信息表,编印《实验动物管理文件汇编》及《实验动物许可证单位汇编》。至2019年年底,共发放有效期内的实验动物许可证31个,其中生产许可证2个、使用许可证29个。2019年按规定换发实验动物使用许可证6个(江西省药品检验检测研究院、江西赣南海欣药业股份有限公司、江西制药有限责任公司、江西生物制品研究所股份有限公司、博雅生物制药集团股份有限公司、江西浩然生物医药有限公司),新发实验动物使用许可证1个(江西恒清检测技术有限公司)。

(省科技厅)

高新技术及产业

【概　况】 2019年,全省高新技术产业增加值增速13.4%,同比提升1.4个百分点,增速高于规模以上工业企业4.9个百分点;高新技术产业增加值占规模以上工业企业增加值36.1%,同比提升2.3个百分点。其中,电子信息领域增长最快,增加值同比增长17.9%,高于全省平均水平4.3个百分点。国务院批复同意南昌、新余、景德镇、鹰潭、抚州、吉安、赣州高新技术产业开发区建设国家自主创新示范区。全省有国家级高新区9家,数量位居全国第五位,中部地区第二位;省级高新区16家。高新技术企业5145家,同比增长46%;国家级高新产业化基地28个,国家火炬计划特色产业基地8个,实现11个设区市全覆盖;国家级软件园1个,国家级文化和科技融合示范基地1个,省级高新技术产业化基地12个。

【高新技术产业开发区】 8月29日,国务院批复同意南昌、新余、景德镇、鹰潭、抚州、赣州、吉安7个国家级高新区设立鄱阳湖国家自创区。江西奉新工业园区、江西安福工业园区、江西崇仁工业园区更名为省级高新技术产业园区。根据科技部火炬中心的考核评价,2019年,江西省9个国家高新区除宜春丰城、九江共青城高新区刚纳入评价体系外,其余7个国家高新区中有6个实现进位。南昌高新区连续5年实现进位,综合排名第三十名,进入全国国家高新区第一梯队;新余高新区进位10位,成为全省进位最快的高新区。抚州、景德镇、赣州、吉安分别进位8位、2位、1位、1位。

【高新技术企业认定】 2019年,全省高新技术企业申报量为2770家,增长29.6%;通过国家认定高新技术企业2258家,增长22.5%。全省高新技术企业首次突破5000家,达5145家,同比增长46%。获批高新技术企业2258家;增加国家级高新技术产业化基地3个。

【独角兽、瞪羚企业评定】 2月,省科技厅牵头举办2018年度独角兽、瞪羚企业榜单发布会,会上解读省政府出台的《加快独角兽、瞪羚企业发展十二条措施》。至2019年年底,全省共有独角兽企业2家,潜在独角兽1家,种子独角兽4家,瞪羚企业60家,潜在瞪羚企业30家,支持经费共3050万元。新入选企业具有3个主要特点:产业集中度比较高,形成涵盖11大战略新兴产业领域的产业生态矩阵,其中独角兽、瞪羚企业在先进装备制造、电子信息、新材料三大领域最为集中,占比68.75%;分布区域比较集中,拥有独角兽、瞪羚企业数量最多的前五名城市分别为南昌市、吉安市、抚州市、赣州市、新余市,占全省75%;整体实力比较强,六成以上企业营业收入规模超亿元。

【生产力促进中心建设】 撤销生产力促进中心1家(萍乡市湘东区生产力促进中心)。至2019年年底,全省有生产力促进中心124家,其中国家级示范生产力促进中心6家(江西省生产力促进中心、南昌大学生产力促进中心、江西中药生产力促进中心、宜春市生产力促进中心、江西省国防科技行业生产力促进中心、江西省机械行业生产力促进中心)。全省生产力促进中心在岗职工1289人,全年参加培训4524人次,其中科技部培训267人次、其他培训4257人次;总资产8.55亿元,其中流动资产1.77亿元,固定资产原值6.29亿元;技术装备原值1.49亿元;技术装备3083台,其中电脑1528台;办公总面积为8.97万平方米;总投入7010.8万元,其中政府投入2279万元,非政府投入4731.8万元(原依托单位投入3802.2万元、其他投入929.6万元)。

【科技创新载体培育】 全省有省级以上创业孵化机构276家,比上年增加8.4%。其中,孵化器88家,新增16家;众创空间172家,新增14家,退出2家;大学科技园16家,与2018年持平。创业孵化机构面积599.41万平方米,增长10.84%。当年获投融资企业1041家，增长16.01%。拥有有效知识产权1.64万件，增长64.12%；有效发明专利2591件，增长40.05%。在孵企业吸纳就业13.67万人。

（省科技厅）

农业科技

【概　况】　对农业领域重大科技研发专项、重点研发计划重点项目进行遴选，支持立项118项，经费资助4050万元。争取国家计划项目支持，指导推进“井冈山绿色生态立体养殖综合技术集成与示范”项目。择优推荐贵溪市、青山湖区、临川区、湖口县、上高县、昌江区为第二批省级创新型县（市、区）建设试点。指导宜春通过第七批国家农业科技园区验收。组织9个国家农业科技园区在线填报园区核心区创新能力监测表，掌握江西省园区建设进展和成效情况。完成江西省71家国家级“星创天地”创新能力数据采集填报。推动科技扶贫“个十百千”工程和科技特派团富民强县工程。组织申报2019年第一批中央引导地方科技发展专项，支持立项12项，资助经费2200万元。配合科技部开展定点帮扶工作，做好科技部在井冈山市、永新县的科技扶贫工作。全年全省24个国定贫困县获省市县三级科技项目509项，获得项目支持资金5013万元。

【升建国家农业高新区】　井冈山农高区发展规划、实施方案、总体规划及控制性详规已经定稿，各项建设工作全面启动。推动吉安市政府将农高区升建纳入市本级预算，协调吉安市政府与江南大学、南昌大学、省农科院等签订共建农高区科技合作协议，推动井冈山大学在园区设立现代农业发展研究院，支持井冈山红壤研究所（江西省农科院井冈山分院）、中科吉安生态环境研究院正式注册入园。引入高端咨询团队，成立由中科院院士谢华安担任主任委员的井冈山农高区专家咨询委员会。组织推荐井冈山省级农高区申报第二批国家农业高新技术产业示范区。

【农业科技园区】　2019年，全省有省级农业科技园60个，国家农业科技园区9个，分别为南昌、井冈山、新余、上饶、丰城、赣州、萍乡、宜春和九江国家农业科技园区。9个国家农业科技园区核心区面积共5.98万公顷，政府投入7.3亿元，社会投入40.5亿元，年总产值256.5亿元，园区入驻企业748家，提供技术培训4.83万人次，累计转化科技成果303个。南昌、井冈山、新余和上饶4个国家农业科技园区完成科技部科技评估中心组织综合评估工作。宜春国家农业科技园区通过第七批国家农业科技园区验收。

【科技特派团工作】　从194个省、市级高等院校和科研院所中选派1393名科技特派员，以县域农林科技需求为导向，按照水稻、蔬菜、畜禽、水产、水果、油茶、中药材、茶叶等37个地域优势特色产业组成380个科技特派团，覆盖全省92个县（市、区）。对接服务农林企业、合作社、农民协会等机构2368个，科技服务带动农户5.7万人次，开展农业产业生产技术、企业财务管理和知识产权培训1758期，培训农民8.7万人次，为受援地企业、合作社、农业科技园区、星创天地引进项目350个、资金1.5亿元，培养基层技术骨干7800余人，推广转化先进农业生产技术1073项，引进新品种1286个，带动1.8万名贫困户共增收4900余万元。确定江西农业大学、江西财经大学、省农科院、省林科院等15家单位承担培训任务，开设农林产业科技型企业创新创业培训班、科技特派员创新创业培训班、国家农业科技园区优势特色产业发展全省示范推广培训班、优势特色农林产业技术升级县（市、区）巡回培训班4大类共17个。全年开展培训24期，培训涉农企业技术骨干、种养大户等2508人次，涉及江西省中药材、水产、蜜柚、油茶、茶叶、猕猴桃、油菜等特色产业。

【创新型县（市、区）建设】　4月22日—24日，在南昌举行由江西省科技厅主办、江西省科技信息研究所承办的江西省创新型县（市、区）建设培训班。培训班邀请中国科学技术发展战略研究院、东南大学和21世纪创新研究院等3名国家区域创新发展研究专家、中国农村技术开发中心有关领导、井冈山市和江苏张家港市2个国家创新型县（市）政府、科技管理部门负责人，就县域创新实践探索与政策选择、县域创新驱动发展路径与举措、创新型县（市）与县域创新生态、县域创新驱动发展政策、创新型县（市、区）建设方案编制、先进县（市）经验做法等内容作了6场讲座，并就有关问题进行互动交流。8月启动第二批省级创新型县（市、区）建设工作，8月16日和9月18日分别下发《关于开展第二批省级创新型县（市、区）建设申报工作的通知》和《关于开展第二批省级创新型县（市、区）建设补充申报工作的通知》，确定鹰潭市贵溪市、南昌市青山湖区、抚州市临川区、九江市湖口县、宜春市上高县、景德镇市昌江区为第二批6个省级创新型县（市、区）。12月20日，下达2019年度第二批省级创新型县（市、区）建设经费300万元，支持6个省级创新型县（市、区）开展创新型县（市、区）建设工作。

（省科技厅）

气　象

【概　况】　2019年，全省气象部门立足显著异常的天气气候背景，面对大涝大旱相继出现的严峻形势，预报13次重大灾害性天气过程。新增1人入选国务院特殊津贴专家、1人入选省百千万人才工程、6人通过正高级工程师评审，确定新一轮17名首席专家，新选拔确定9名县级综合业务带头人。印发《江西省加强气象科技创新工作行动方案（2019—2020年）》，争取省部级及以上科研项目立项8项，取得国家实用新型专利15项，国家计算机软件著作权26项。

【生态文明建设气象保障】　生态文明建设气象保障工作纳入省委、省政府对设区市、县党委政府高质量发展考核指标体系。组建江西省生态文明建设气象保障服务技术支持专家组;评估大气污染防治、植被生态质量,获省委书记刘奇、省长易炼红批示肯定。气候资源保护和利用被国家中期评估为江西试验区五大亮点成果之一;与省生态环境厅共同打造美丽中国"江西样板",率先亮出生态文明建设试点省的江西名片。新创3个"中国天然氧吧"、12个"避暑旅游目的地","助力气候资源助推生态产品价值实现"获全国气象部门创新工作奖。"旅游气候资源价值挖掘工作"获江西省国家生态文明试验区改革示范经验优秀成果二等奖。

【汛期气象服务】 2019年,面对历史少见的暴雨洪涝,全省气象部门提前作出"显著异常""形势严峻""必须严防"的准确预判。4月8日,省政府首次召开气象灾害防御(人工影响天气)指挥部暨推进气象现代化建设领导小组全体会议;省气象灾害防御指挥部联合省防总开展气象灾害防御与防汛工作同部署、同检查、同落实,先后18次下发明传电报组织部署气象灾害防御工作。准确预测预报早汛、4次降雨集中期和强对流天气过程,省防办根据预报预警50次,指导受威胁区域转移群众81.8万人。完成汛期气象服务,全年获省委、省政府领导批示肯定48次。

【人工增雨抗旱】 7月中旬后出现历史罕见秋冬连旱,全省气象部门开展地面人影作业1083次,飞机增雨作业8架次,作业影响面积34.3万平方千米,增加有效降水约15.55亿立方米。中国气象局、省委、省政府领导10余次作出批示肯定。《江西日报》、江西卫视长时间、大范围连续宣传增雨抗旱作业。

【乡村振兴气象服务】 智慧农业气象融入政府智慧农业行动,气候品质标志融入农产品可追溯体系,保粮、保柑橘气象服务产品获省领导批转。联合省农业农村厅新增认定百个标准化气象为农服务区,"江西微农"微信公众号用户增长22.7%。坚持行业扶贫和定点扶贫两手抓,省气象局定点扶贫村被乡党委确定为全乡产业发展样板村,扶贫工作受到省委组织部、省扶贫办联合通报表扬。

【气象现代化建设】 开展以"十县示范,百地攻坚,强力推进基层现代化"为抓手的"强基行动",2019年市、县两级气象现代化评估得分为96.55分、96.97分,分别比2018年提高1.38分、2.06分。持续推进"十三五"规划实施,气象现代化建设效益明显。通过"项目建设年"争取中央基础设施建设项目22个,投资3482万元;争取省级财政安排基础设施建设项目27个,投资3916万元。全年地方财政投入2.98亿元、比上年增长5.9%。

【气象业务服务能力建设】 推动"气象+生态"观测双网融合,建成省级温室气体中心站及业务应用和生态气象大数据平台。推动"管理理念+制度完善",统筹推进观测质量管理体系建设,建设成果在全国评估列第四。推动"云建设+集约化",将观测、预报和服务等核心业务集约纳入天镜统一监控,统筹提升信息化能力。推动"精细服务+广泛发布"融合,与"平安江西"平台实现有效对接,初步形成精准区域内的全网发布模式。推进智能网格预报与短临预警融合发展,发展精细到县的延伸期高温过程预测业务,全年降水气候预测质量得分全国排名第一;"基于概率匹配的多模式降水订正技术"在第一届全国智能预报技术方法交流大赛排名第一。

【气象改革】 中国气象局将江西省列为业务技术改革重点试点省,省气象局形成"1+5+1"实施方案。区域气候可行性论证和区域雷电灾害风险评估纳入江西省工程建设项目相关审批流程,防雷监管纳入地方政府和省安委会安全管理考核体系,各级地方政府发文更新防雷安全重点单位4069家。出台《关于加快专业气象服务改革发展的若干意见》《江西省重点发展区域区域性气候可行性论证工作管理办法》,编制并动态调整省市县三级权力清单和政务服务事项清单。

(钟微)

地　震

【概　况】 2019年,江西省境内共记录到地震125次,其中1.0~1.9级地震22次,2.0~2.9级地震4次。未发生3.0级以上地震,最大地震为11月9日、11月10日丰城2.7级地震。全年速报地震80个,其中省内及周边有影响地震22次,爆破事件15次,国内5级以上地震34次,国外7级以上地震9次。全年发送震情短信约15万条,其中12322防震减灾公益号发送5万余条,一信通短信服务系统发送10万余条。完成中共中央总书记、国家主席习近平视察江西、庆祝中华人民共和国成立70周年、世界VR大会等重大活动、重要时段地震安保工作。有效处置应对3月11日萍乡市安源区2.0级、10月21日全南2.1级及11月9日、11月10日丰城两次2.7级有感地震事件。

【省防震减灾工作领导小组会议召开】 3月5日,省政府在南昌召开省防震减灾工作领导小组会议。会议传达贯彻国务院防震减灾工作联席会议精神,总结2018年度全省防震减灾工作,分析研判震情形势,审议《江西省地震应急预案(修订稿)》,安排部署2019年全省防震减灾重点工作。省防震减灾工作领导小组各成员单位负责人和联络员共70余人参加会议。会议还邀请省委编办、省人大教科文卫委、江西广播电视台等有关人员参加。

【四项科研项目获中国地震局地震科技星火计划项目立项】 8月29日,中国地震局印发《关于2020年度地震科技星火计划项目立项批复的通知》,江西省4个项目获2020年度地震科技星火计划立项支持。其中,"安源矿区地壳速度结构和地震震源特征精细研究"项目获批攻关项目,"利用模板匹配和尾波干涉技术分析寻乌及邻区的波速特征""测氡仪检测平台管理系统研制""基于Arduino的洞体辅助观测系统研制"3个项目获批青年项目。

【江西省防震减灾系统开展 2019 年"防灾减灾宣传周"科普宣传活动】 2019 年 5 月 6 日—12 日为全国第十一个"防灾减灾宣传周"。江西省防震减灾系统按照国家减灾委员会、江西省减灾委员会的部署安排，开展各项宣传活动。5 月 10 日，省地震局在南昌八一广场参加江西省减灾委、江西省应急管理厅组织的"5·12"防灾减灾日大型宣传活动，采取设置展板、展台的方式，向社会公众集中宣传展示防震减灾科普知识，回答群众咨询。省委副书记、省长易炼红，省委常委、副省长刘强等出席活动并到省地震局参展场地指导。联合江西省法制报社，推出"江西省百万网民学法律"防震减灾法专场知识竞赛，参与人数达 50 万人次。制作的防震减灾公益宣传片《地震科普馆》获全国防震减灾科普作品大赛视频类评比优秀奖。全省各地广泛开展防震减灾科普知识"进社区、进学校、进机关、进企业、进农村、进家庭"活动，利用"两微一端"发布防震减灾知识，全面开放地震科普教育基地和科普教育场馆。活动期间，全省累计举办各类防震减灾宣传活动 200 余场，推送公益宣传短信 3000 余万条。

【九江地球动力学野外科学观测研究站被认定为中国地震局局属野外科学观测研究站】 10 月 25 日，中国地震局科技与国际合作司印发《关于批准新疆帕米尔陆内俯冲等 10 个中国地震局野外科学观测研究站的通知》，依托江西省地震局、东华理工大学联合建设的江西九江扬子块体东部地球动力学野外科学观测研究站被认定为中国地震局在全国的 10 个局属野外科学观测研究站之一。

【江西省地震灾害损失评估研修班在南昌举办】 9 月 26 日—27 日，江西省地震灾害损失评估研修班在南昌举办。研修班邀请中国地震局工程力学研究所研究员林均岐、中国地震灾害防御中心研究员王东明、中国地震局地质研究所研究员聂高众、中国地震台网中心研究员姜立新等专家授课，内容涵盖地震灾害损失评估规范，地震现场调查、烈度评定、损失评估，地震应急灾情快速获取与评估展望，地震监测产出在地震应急中的运用等方面。省地震局、省应急管理厅、省生态环境厅、省自然资源厅、省住房和城乡建设厅、江西银保监局及各设区市相关部门业务人员 60 余人参加。

2019 年 9 月 26 日—27 日，江西省地震灾害损失评估研修班在南昌举办

省地震局供

【2019 年度江西省地震趋势会商会在南昌召开】 10 月 29 日，2019 年度江西省地震趋势会商会在南昌召开。会上，中国地震局地震预测研究所副研究员王芃作《基于多学科物理观测的地震概率预测方法在川滇地区的应用》报告，副研究员张志作《构造地球化学观测方法及指标体系》报告；厦门地震勘测研究中心高级工程师许仪西作《2019 年福建地球物理场前兆流动观测研究分析》报告；南昌、九江、赣州、宜春、上饶等市地震工作部门代表作区域地震趋势分析报告；江西省地震局预报中心作《江西及邻区前兆资料分析》《2020 年度江西省及邻区震情形势分析报告》。会议组织讨论并经预报评审委员会评审，形成会商结论。各设区市防震减灾工作部门负责人，中国地震局地震预测研究所、厦门地震勘测研究中心、东华理工大学的专家学者，江西省应急管理厅、地震预报评审委员会委员及直属各地震台有关人员参加会议。

（曹健）

社会发展科技

【概　况】 2019 年，支持省级科技计划项目 176 项。其中，"5511"重大专项 2 项，创新型省份建设专项 4 项，重点项目 18 项，一般项目 138 项，中央引导地方科技创新示范项目 8 项，省级临床医学研究中心 6 项。投入科技经费 6054 万元，平均支持强度 34.59 万元/项，比上年提高 6.67%；争取国家科技项目经费 1.71 亿元，其中组织牵头申报国家重点研发专项 15 项。南昌弘益药业有限公司自主研发基于 c－Met、VEGFR2 的多靶点抗肿瘤新药 HE003，获国家药监局临床药物试验批件并启动 1 期临床药物试验。首批"5511"重大研发专项"电子废弃物资源化利用关键技术和装备研发及产业化"技术成果整体水平达到国际领先。联合省发改委出台《江西省构建市场导向的绿色技术创新体系的实施方案》。首次将江西省特色需求"离子型稀土资源高效绿色开发与生态修复一体化技术"纳入国家重点研发专项"深地资源勘查开发"定向指南并立项。新组建 6 家临床医学研究中心，全省共组建20家省级中心,在建中心累计投入财政经费1410余万元。

【第三届江西省公共安全创新创业大赛决赛在南昌举办】 6月29日,第三届江西省公共安全创新创业大赛决赛在南昌举办。大赛以"公共安全保障民生 创新创业点燃梦想"为主题,由省科技厅等9家省直单位主办,省公共安全科技创新战略联盟等承办。来自全国10个省市的64个参赛代表队共200余名选手参加决赛。10月18日,由省科技厅、省发改委、省教育厅、省工业和信息化厅、省人力资源和社会保障厅、省应急厅、团省委、省科协、省药监局共同主办的第三届江西省公共安全创新创业大赛颁奖暨成果对接大会在南昌举行。会上,与会领导嘉宾分别为特等奖、一等奖、二等奖、三等奖和优胜奖共38名获奖单位代表颁奖。

【江西省生态文明科技示范基地建设】 确定景德镇市浮梁县进坑村等12个行政村为江西省第四批省级生态文明科技示范基地,全省建有生态文明科技示范基地45个。前3批省级生态文明科技示范基地累计投入专项经费930万元。

(省科技厅)

高校科技与成果转化

【概　况】 2019年,全省高校从事科技活动人员3.34万人,其中科学家与工程师3.28万人,占98.2%。获科技经费35.88亿元,其中R&D经费24.24亿元。承担各级各类科技项目1.37万项,投入项目经费24.59亿元。其中,企事业委托科技项目3186项,投入经费9.62亿元。共有4项国家级项目通过验收,其中"973"计划2项、国家科技支撑计划1项、军工项目1项。发表学术论文1.68万篇,其中国外学术刊物发表6535篇、SCIE收录5191篇、EI收录1784篇、ISTP收录451篇。出版科技著作130部,大专院校教科书169部。获省部级以上科学技术奖励107项,其中国家科学技术奖励2项。申请知识产权6571项,其中国(境)外6项、发明专利2231项、实用新型专利3801项、外观设计专利539项;获知识产权授权4498项,其中国(境)外1项、发明专利821项、实用新型专利3205项、外观设计专利472项、其他知识产权483项。签订技术转让合同143项,合同金额5973.6万元,实际收入2869.1万元。

【高校科技奖励】 2019年,全省高校共获省部级以上科学技术奖励107项,其中国家科学技术奖励2项,南昌航空大学"含战略资源固废中金属高值化回收关键技术及应用"和江西中医药大学"中药制造现代化——固体制剂产业化关键技术研究及应用"2个项目分别获2019年度国家技术发明二等奖和科技进步二等奖。南昌航空大学教授罗旭彪、江西农业大学教授曾勇军获第十五届中国青年科技奖。

【科研平台建设】 2019年,新增江西省闪速绿色开发与循环利用重点实验室、江西省现代分析科学重点实验室等7个省重点实验室。新增江西省癌症技术转化工程研究中心、江西省热敏灸技术应用与开发工程研究中心等7个省工程研究中心。南昌大学"空间信息智能感知技术教育部工程研究中心"、南昌航空大学"通航涡轮动力技术教育部工程研究中心"列为2019年教育部工程研究中心培育项目。江西理工大学"稀有稀土资源开发与利用协同创新中心"、华东交通大学"交通基础设施环境与安全协同创新中心"、江西中医药大学"创新药物与高效节能降耗制药设备协同创新中心"被认定为省部共建协同创新中心。至2019年年底,全省高校共有国家大学科技园3个、省级大学科技园13个。南昌大学被教育部认定为首批高等学校科技成果转化和技术转移基地。

【人才队伍建设】 2019年,南昌大学教授江风益当选为中国科学院院士。江西农业大学教授曾勇军入选第四批国家"万人计划"科技创新领军人才,南昌大学谢建华入选青年拔尖人才(自然科学类)。全省高校17人入选2019年度江西省主要学科学术和技术带头人。

【《关于进一步促进高等学校科技成果落地江西的实施意见》出台】 8月,省政府办公厅印发《关于进一步促进高等学校科技成果落地江西的实施意见》,提出进一步促进高校科技成果落地江西的18条意见,赋予高校科技人员更大自主权。《实施意见》明确,通过政府引导、市场主导、政策激励、产学研用深度融合,提升高校人才、学科、科研、转化四位一体的创新能力,促进高校科技成果更多落地江西。具体部署通过提升原始创新能力、推动产学研用深度融合、推进科技资源开放共享等8项促进成果转化的重点任务和举措。提出改革横向科研项目经费管理方式、落实科技成果转化收益分配自主权、实行科技成果转移转化有关决策尽职免责、鼓励和支持高校科技人员创新创业、支持在校大学生创新创业、落实税收优惠政策6项支持措施;以及加强组织领导、改革科研评价制度、强化考核评价、营造良好氛围4项推进《实施意见》落实落地的保障措施。

(省教育厅)

科技合作与交流

【概　况】 2019年,省科技厅组织4个厅级团,7个处级及以下团,共34人次的出国考察和学习合作。派出党政机关、企事业单位等各个领域不同行业出国(境)培训团组23个,共349人次。其中,党政团组6个117人次,专业技术团组15个192人次,企业管理团组2个40人次。全省高校派遣访问学者1490人次,接受访问学者796人,出席国际学术会议2846人次,交流论文1670篇,作特邀报告312篇,主办国际学术会议15次。

【国际科技合作与交流】 2019年，省科技厅重点推进省内外重点共建创新平台——中菲水稻技术联合实验室以及中菲竹类资源培育及加工联合实验室，中菲科技联委会第十五次会议明确推动建立政府间中菲竹类资源培育及加工联合实验室和推动设立中菲水稻联合项目。9月11日—25日，“一带一路”国家绿色高效稻渔综合种养技术国际培训班在南昌举办。重点打造多哥科技示范中心、加纳农业科技示范园、赣津（津巴布韦）地质联合实验室、质谱科学与仪器俄罗斯研发中心等海外国际科技合作基地，组织德国、以色列先进制造与新材料科技交流团，菲律宾、柬埔寨、越南生态农业与新能源环保科技交流团，英国、土耳其电子信息与创意产业科技交流团与俄罗斯“开放式创新—2019”论坛科技交流团4个厅级团出访学习考察和交流合作。组织厅干部参加科技部4个出访团和3个省直单位出访团。

【区域科技合作与交流】 3月29日，赣州高新区与深圳高新区在深圳签署合作共建框架协议。4月14日—18日，省科技厅组织20余家企事业单位组团参加第十七届中国国际人才交流大会及香港分会场活动。省科技厅副厅长赵金城出席大会并率江西团组前往香港中文大学、香港理工大学等高校，学习了解香港名校人才培养引进模式和科技成果转化运用机制，并与相关高校洽谈进一步合作。4月26日—27日，省科技厅副厅长刘青带队赴广东省科技厅、中山大学粤港澳研究院和中国科学院佛山产业技术创新与育成中心，就粤港澳大湾区建设以及中科院育成中心建设进行调研。广东省科技厅党组副书记、副厅长龚国平向调研组介绍粤港澳大湾区建设的背景、定位与建设目标，以及广东省建设粤港澳大湾区国际科技创新中心的政策举措等情况，并向调研组解读广东省出台的相关政策，双方就江西省如何对接粤港澳大湾区国际科技创新中心进行交流。10月15日—17日，海南省科技厅副厅长韦勇一行12人到省科技厅就江西省推进新一代宽带无线移动通信网国家科技重大专项成果转移转化试点示范进行专题考察调研。10月17日—18日，贵州省科技厅副厅长安守海率队到省科技厅就鄱阳湖国家自主创新示范区申报建设工作学习调研。

【省院科技合作与交流】 1月9日，省政府副秘书长陈敏带领省相关部门负责人和专家到中科院大连化物所考察，并与中科院秘书长邓麦村、中科院大连化物所党委书记王华共同主持召开推进中药大科学装置座谈会。3月1日，江西省与中国科学院在北京举行科技合作工作座谈会。省委书记刘奇，中科院党组书记、院长白春礼出席并讲话。座谈会上，双方签署《江西省人民政府 中国科学院共同推进建设中药大科学装置框架协议》《中药国家大科学装置项目暨江西省中科院大连化物所中药科学中心科技合作协议书》和《共建中国科学院庐山植物园协议书》。4月2日，江西省与中科院科技合作推进会议在南昌召开。会议研究推进中药国家大科学装置申报建设、省院共建庐山植物园、中国稀金（赣州）新材料研究院等省院科技合作事项。4月22日，中国科学院江西产业技术创新与育成中心第一届理事会第一次会议暨中科院南京分院与江西省科学院《关于中科院江西产业技术创新与育成中心运行管理合作备忘录》签署仪式在南昌召开。副省长吴晓军主持会议，中科院党组成员、副院长、中科院院士张亚平出席会议并讲话。4月23日，江西省中科院大连化物所中药科学中心正式落地，获得事业单位法人证书。8月7日，省科技厅与省科学院、赣州市科技局共同参加中国科学院－江西省共建稀土创新平台对接会。会上，省院双方就下一步的共建中国科学院稀土研究院合作方案形成初步共识。8月21日，副省长吴晓军带队走访中国科学院，与中科院秘书长邓麦村举行座谈，就推动中药国家大科学装置申报建设工作及江西省人民政府和中国科学院《共建中国科学院稀土研究院战略合作协议书（草案）》进行协商。8月30日至9月1日，省科技厅与省科学院参加中科院长春应化所对接江西稀土产业科技合作座谈会，并与省科学院陪同中科院长春应用化学研究所专家调研组赴赣州市、龙南、定南等实地调研。10月18日，江西省政府和中国科学院在南昌召开共建合作协议签约仪式，双方正式签署《共建中国科学院稀土研究院战略合作协议》。11月1日，中科院昆明植物所党委书记杨永平，中科院昆明分院原

3月1日，江西省人民政府与中国科学院签署合作协议，中科院院长白春礼、副院长张亚平，江西省委书记刘奇、省长易炼红、副省长吴晓军出席签约仪式

省科技厅供

院长、研究员李德铢一行专程到赣交流，就江西加快建设中医药强省，打造中国(南昌)中医药科创城、中药大科学装置等重要创新平台等方面交流合作。

【省校科技合作与交流】 5月29日，省政府与西安交通大学在南昌签署全面战略合作协议。省委书记刘奇会见西安交通大学党委书记张迈曾、校长王树国一行。省长易炼红出席全面战略合作协议签约仪式。仪式现场同时进行4个项目签约，分别是《江西省人力资源和社会保障厅西安交通大学高层次人才合作框架协议》、南昌市政府与西安交通大学签署《共建西安交通大学(南昌)VR技术产业研究院合作意向书》、萍乡市政府与西安交通大学签署《西安交通大学萍乡市人民政府合作协议》、萍乡市莲花县政府、江西风石压缩机有限公司与西安交通大学签署《莲花县西安交通大学共建江西省压缩机工程技术研究中心协议书》。9月27日，江西省与西安交通大学科技成果对接会在南昌举行。省科技厅巡视员刘青出席会议并讲话。西安交通大学李江涛等10余名专家，江西盐业集团股份有限公司等33名企业代表参加会议。

(省科技厅)

引进国外智力

【概 况】 2019年，江西2名外国专家入选第九批国家最高层次外国人才引进计划，入选人数在中部地区位居第三；1名外国专家获2019年度中国政府友谊奖。实施国家和省级引智项目16项，引进各类海外人才100余人次到赣工作指导。举办“海外人才江西行”“海智惠赣鄱”活动各1期，邀请24名高端外国专家到赣对接洽谈、科研指导。

【引智项目】 组织3家单位3名外国专家申报国家最高层次外国人才引进计划。支持8家单位获批科技部高端外国专家引进计划10项，获批资助经费270万元，单个项目最高50万元。继续实施省高端外国专家和省急需紧缺海外工程师引进计划，支持7个高端外国专家项目、2个海外工程师项目。全年实施国家和省级引智项目16项，资助用人单位引进各类海外人才100余人次到赣工作指导，资助经费150余万元。进一步构建以省“双千计划”外专项目为龙头，刚性、柔性相结合，高、中、低层次搭配的引智项目体系。

【举办引智活动】 会同中国国际人才交流协会联合举办“海外人才江西行——中欧农村发展及扶贫合作项目专场洽谈会”活动，邀请芬兰、匈牙利、西班牙、瑞典、爱沙尼亚等国的欧盟农村发展专家团一行8人到赣，12月12日，促成兴国县与欧洲农村发展村镇能人协会在兴国建立国内第一个地区能人小组。会同东华理工大学、南昌经开区管委会举办“海智惠赣鄱——精密制造助推工业强省”活动，邀请中国科学院院士在内的16名国内外精密制造领域专家到赣，通过实地考察、学术讲座及会议研讨等方式，共商精密制造助推江西发展新趋势及新机遇，助推江西省精密制造技术成果的产业化与市场化。组织省内国家级高新区参加宁波海外高层次人才对接交流座谈会，与宁波海外高层次人才对接洽谈，助推江西省产业发展、技术创新、人才培养；组织省内企事业单位参加第十七届中国国际人才交流大会及香港分会场活动，累计发布高层次人才需求300余个，发放人才政策300余份，达成合作意向20人，其中外籍人才8人。组织省内部分企事业单位赴莫斯科参加“开放式创新—2019”论坛相关展洽活动，推介江西省科技、人才政策，加强江西省与俄罗斯在人才、技术、项目上的国际合作交流。出台新修订的《“庐山友谊奖”奖励办法》，评选表彰周期由每年评选表彰一次调整为每3年评选表彰一次，对获“庐山友谊奖”的外国专家，给予每人10万元奖励。组织省内6名外国专家参加庆祝中华人民共和国成立70周年系列活动，其中1名外国专家获2019年度中国政府友谊奖并受到国务院总理李克强的接见，2名外国专家受邀观礼国庆阅兵式。

(省科技厅)

技术市场

【概 况】 2019年，全省技术市场共登记各类技术合同2799项，成交额148.61亿元。全省技术市场合同交易呈现出4个主要特点：一是技术合同登记量质齐增，技术市场呈现良好势头。以产品设计、技术评价、测试分析、技术中介等形式开展技术服务的合同交易成为主流，登记技术服务合同1106项，成交金额66.22亿元，占“四技”(技术开发、技术转让、技术咨询、技术服务)合同成交总金额的44.56%；以订单式进行技术委托开发的合同依然是技术交易的主要形式，技术开发类合同数达1138项，成交金额49.78亿元，占到当年“四技”合同总数和成交总金额超过四成；以专利、软著、生物(医药)新品种等技术产权转让或专利许可形式交易的合同1017项，成交金额66.14亿元。二是企业科技创新意识增强，技术转移主体地位稳固。企业法人共签订吸纳技术合同2215项，成交额122.55亿元，比上年增长27%，远超其他机构和组织的数量。三是技术市场贴近产业需求，重点领域技术交易活跃。技术合同交易涉及20个国民经济行业和10个重点技术领域。其中，电子信息领域技术合同成交额33.36亿元，先进制造领域技术合同成交金额21.02亿元，新材料及其应用领域技术合同成交额20.25亿元，分别居前三位。生物、医药和医疗器械、环境保护与资源综合利用、农业和城市建设与社会发展等领域的技术合同成交额均超过10亿元。四是成果转化政策持续发力，高校院所活力得到释放。高等院校、科研院所等科研单位技术输出成交额4.5亿元，签订技术输出合同475项，占全省技术合同总数的17%。

【技术转移示范机构建设】 南昌大学科技园发展有限公司、国家日用及建筑陶瓷工程技术研究中心、江西省科技咨询服务中心、赣州市企业技术创新促进中心有限公司、江西师范大学科技园发展有限公司5家国家级技术转移示范机构建设运行良好。南昌大学科技园发展有限公司举办南昌大学与江苏启东市的科技服务对接活动;推动中德联合研究院熊勇华、赖卫华、李响敏等以相关专利成果作价150万元入股,与企业合作实现成果转化;累计签订成果转让合同数74项,为学校师生免费办理合同金额488万元的技术合同登记及免税工作,高校技术转移服务网更新信息近3000条;完成学校38个学院及院所、229名学校教师的江西高新技术企业认定评审专家推荐工作,以及近200名学校教师的南昌市科技创新智库申请入库;科技园经教育部批准成为首批高等学校科技成果转化和技术转移基地47家之一,在2019年国家级科技企业孵化器年度考核中被科技部评为优秀,在南昌市科技企业孵化器"洪城众创"年度绩效考核中运行管理的2个众创空间也获优秀。国家日用及建筑陶瓷工程技术研究中心人员获国家发明专利29项,实用新型专利授权7项,促成技术转移项目成交总量49项,促成技术转移项目成交总额1292.6万元,服务企业30家,解决企业需求32项,计划项目拨款共984万元,其中国家计划项目拨款265万元,地方计划项目拨款719万元;中心成员发明专利"一种采用原位生成高温粘结剂制备的陶瓷透水砖及其制备方法"获第二十一届中国专利优秀奖;中心与广西三环企业集团股份有限公司新签订《超细氧化硅粉体制备技术产业化》项目合同,合同金额为150万元。江西省科技咨询服务中心新建市级院士工作站37家、省级院士工作站1家,新建院士工作站数量与2018年持平。全省院士工作站达262家,累计引进院士200人、获诺贝尔奖外国专家1人;实现技术突破828项、转化应用361项;获专利授权877项(其中发明专利361项),专利受理1578项(其中发明专利666项);出版专著55部,在核心期刊发表论文513篇;引进高端人才445人、培养高素质人才483人;举办学术研讨活动412场;实现直接经济效益58.56亿元。

【全国技术市场统计工作会在南昌召开】 12月11日,由科技部火炬中心主办、江西省科技厅承办、南昌市科技局协办的全国技术市场统计工作会在南昌召开。科技部火炬中心副主任李有平、江西省科技厅巡视员赵金城出席会议并讲话。全国各省(区、市)、计划单列市、副省级城市的技术市场管理部门负责人和统计人员共130余人参会。

【举办两场大型科技成果在线对接会】 省科技厅围绕产业发展需求,依托服务平台,先后举办江西(九江)推进高质量发展科技成果在线对接会和江西(樟树)中医药强省科技创新成果在线对接会,共征集科技成果1683项,征集技术需求323项,实现技术对接723次,达成意向34次。

【组团参加第二十一届中国国际高新技术成果交易会】 11月13日—17日,第二十一届中国国际高新技术成果交易会在深圳会展中心举行。此届高交会江西代表团由省科技厅、省商务厅、省发改委、省工信委、省农业农村厅、省财政厅、省国资委、省新闻办、省科学院、省政府驻广东(深圳)办事处等高交会筹备领导小组成员单位负责人以及省直有关单位、设区市政府及赣江新区管委会等单位的领导组成,有关高校院所、科技企业超过400人参展或参会。江西展团组织147项高新技术成果参与展示及投资洽谈,其中60余项重点参展项目涉及电子与信息、光机电一体化及先进制造、新材料、航空航天、环境保护等领域。在高交会上,江西展团获优秀组织奖、优秀展示奖,爱驰U5纯电动汽车等3件展品获优秀产品奖。

(省科技厅)

科学技术普及

【概　况】 2019年,省科协围绕《全民科学素质行动计划纲要》,开展群众性科普活动,助推提升全省全民科学素质。开展全省公民科学素质评估,全省具备科学素质公民比例8.87%,比2018年提高1.29个百分点。制定《江西省2019年全民科学素质行动工作要点》和《江西省推进公民科学素质工作行动计划(2019—2020年)》。牵头主办江西省全民科学素质促进大会,推动省纲要办各成员单位、各设区市政府进一步落实纲要工作。在11个设区市开展"我省公民科学素质现状与提升对策"宣讲。创新启动"赣鄱科普大讲堂",带动全省每年开展1000场以上科普报告。组建省科协科技志愿者服务队并开展志愿活动。开展江西省首席科学传播专家遴选活动,聘任12名首席科学传播专家并陆续开展公益性科普活动。按照《2019年全国科技助力精准扶贫工作要点》要求,省科协、省农业农村厅、省扶贫办联合推进全省科技助力精准扶贫工作,全年组织科技专家2934人,科技团队137个参与科技助力精准扶贫,帮扶贫困人员4.14万人,提前完成全国科技助力精准扶贫办下达的三年建议目标任务。赣州市寻乌县南桥镇高排村被评为全国科技助力精准扶贫"十佳"示范点,并在全国科技助力精准扶贫电视电话会议上作典型发言。

【开展系列主题科普活动】 组织开展2019年"全国科普日"活动,全省各地上下联动,围绕"礼赞共和国·智慧新生活"主题,组织开展700余场科普宣传教育活动,发放各类科普资料18万多份,惠及公众436万余人,300余万网民参与主场网络直播、网上答题等线上活动。开展"2019年科普之春暨学雷锋科普志愿者服务月活动",组织动员科普志愿者1.05万人,专家、学者1842人参与活动。开展社区科普活动325场、农村科普活动307场、学校科普活动301场,解决实际问题约1943件。举办江西省第五届大学生科普动漫创作大赛,吸引南昌大学、江西师范大学、南昌航空大学等28所省内高校,涵盖研究生、本科、高职、高专不同教育层次和类型的学生参赛,收到动画游戏类、

9 月 15 日,2019 江西省"全国科普日"主场活动启动仪式在九江举行

杜春发供

影像类、图文类、数字媒体类参赛作品 1532 件。

【推进科普信息化】 启动"科普江西"抖音号建设,"科普江西"抖音号从 5 月上线至年底,共上传原创科普短视频 66 个,获赞 29.1 万次,关注量 3.8 万人次,短视频播放量 670.3 万次。"科普江西"微信公众号每个工作日发布 4 条推文,最高关注量近 60 万人次。先后举办 2 次网络科普知识大赛,共有 38.5 万人参赛,累计近百万人次答题。

【科普阵地建设】 继续推动全省科协系统科技馆免费开放。2019 年获中央财政科技馆免费开放资金补助 1219 万元,其中省科技馆 809 万元,上饶市科技馆 63.8 万元,赣州市科技馆 201.6 万元,吉安市科技馆 144.6 万元。全省 29 辆科普大篷车深入学校、农村、社区开展科普宣教活动,受益公众近 28 万人次。加强农村中学科技馆建设,2019 年获中国科学技术馆资助全省农村中学馆 6 所。在"中学科技馆在行动"活动中,赣州市寻乌县澄江中学获中国科技馆发展基金会资助。新命名江西省科普教育基地 70 个,3 年到期重新命名的教育基地 35 个。在南昌市站前路学校教育集团、南师附小教育集团和九江武宁康龙半岛授牌,分别建立"未来科学家"校园科普基地、科普研学教育基地和青少年"海陆空"科模培训实践基地。

【第三十四届江西省青少年科技创新大赛终评展示活动在南昌举行】 3 月 23 日,第三十四届江西省青少年科技创新大赛终评展示活动开幕式在南昌市朝阳小学举行。省政协副主席刘晓庄出席并宣布活动开幕。省科协主席史可出席活动并讲话。全省 11 个设区市的终评参赛选手以及专家评委、指导教师、科技教育工作者及中小学生代表共 300 余人参加开幕式。此届大赛主题为"创新、体验、成长",分市级赛、省级赛和全国赛 3 个阶段进行。江西省赛由省科协、省教育厅、省科技厅、省生态环境厅、团省委、省妇联主办,省青少年科技活动中心、省青少年科技辅导员协会和南昌市西湖区教科体局承办,南昌市朝阳小学负责协办,共有 87 个青少年科技创新成果项目、150 幅少年儿童科学幻想绘画作品参加省赛的终评展示。其中,评选出 11 项青少年创新项目、3 项科技辅导员创新项目入围全国大赛,最终获二等奖 2 项、三等奖 12 项、专项奖 4 项。

【"礼赞共和国、追梦新时代——科技志愿服务行动"瑞金分会场在中华苏维埃"一大"会址举行】 2019 年 5 月 30 日,是第三个全国科技工作者日。根据中国科协统一部署,"礼赞共和国、追梦新时代——科技志愿服务行动"瑞金分会场在中华苏维埃"一大"会址中的科普史料陈列馆前与主会场同步举行。这次活动全国共设 7 个分会场,瑞金是 7 个分会场之一。省市科协和瑞金市委、市政府有关人员及于都、会昌、石城、宁都、瑞金等县(市)科技志愿服务代表共 150 余人参加分会场活动。启动仪式结束后,参加活动的各志愿队队长举行座谈会,面向企业、社区、乡村等开展结对帮扶科技志愿服务。

【组织举办青少年科技教育活动】 4 月底,邀请中国人民解放军航天员大队"英雄航天员"陈冬在南昌航空大学、江西师大附中开展航天精神报告会和科普讲座,活动受益人数 5000 余人。6 月 1 日—2 日,在东华理工大学举办第十九届中国青少年机器人竞赛江西省选拔赛。全省 11 个设区市 200 多支队伍的 700 多名选手参赛,选拔出各组冠军队共 14 支,代表江西省参加全国青少年机器人竞赛,共获一等奖 1 项、二等奖 2 项、三等奖 11 项。其间,还同步举办 2019 年江西省青少年科技竞赛骨干辅导员培训班,有关专家围绕青少年科技创新大赛、机器人竞赛、五学科奥赛等专题开展授课指导。指导省数学、物理、化学、植物、动物学会开展相关学科奥赛。全省 6 万余名学生报名参加 5 学科奥赛,获国赛 16 金、14 银、16 铜。7 月,组织选拔 11 个设区市 165 名优秀高中学生参加北京、上海等地区的重点高校科学营活动。组织江西青少年参加第十届全国青少年科学影像节活动。由全省选评出 47 项优秀作品报送全国参赛,其中 2 项作品入围全国终评展示活动。报送全国项目中 39 项获全国三等奖。10 月 18 日—20 日,在南昌举办以"智能亚洲 · 科创未来"为主题的第十届亚洲青少年机器人锦标赛。来自 34 个省市自治区的 800 多支队伍 4000 余名在校大中小学生参赛。11 月 15 日—16 日,举办首届江西省青少年网络安全与信息技术大赛初赛,全省 11 个设区市 150 所中小学校的 3.31 万名学生报名参加,最终评选出一等奖 36 名、二等奖 101 名、三等奖 196 名以及优秀指导教师 124 名、优秀团体 31 个。

(杜春发)

本栏编辑　毛珏珺

社　会　科　学

综　述

2019 年，省社联围绕省委、省政府中心工作和加快文化强省建设目标，推进社科规划、智库建设、社科普及、学会管理、期刊发展等各项工作。

社科研究。江西省国家社科基金各类项目共立项 131 项，资助经费 3015 万元。其中，国家社科基金年度项目（含重点项目、一般项目、青年项目、西部项目）立项 107 项。组织开展全省第十八次社科优秀成果奖评选，评出社科优秀成果奖获奖项目 275 项，其中一等奖 22 项、二等奖 120 项、三等奖 133 项。

智库建设。《智库成果专报》自 2018 年创刊以来，至 2019 年 12 月 9 日，共发刊 28 期，获省领导书面肯定性批示 33 人次，批示率高达 132%。其中，《“稀土王国”的稀土困境和出路》获省委书记刘奇及省委副书记、赣州市委书记李炳军等肯定性批示，《进一步促进赣江新区高质量跨越式发展打造大南昌都市圈的“引擎”》获省长易炼红及省委常委、常务副省长毛伟明等 5 名省领导肯定性批示，《江西加快打造“5G + VR”融合创新应用高地的思考与建议》获省长易炼红、省政协主席姚增科及省委常委、常务副省长毛伟明等 6 名省领导肯定性批示。

社科普及。紧扣 2019 年各项重大事件的时间节点，推出“庆祝新中国成立 70 周年”“王阳明‘致良知’500 周年”“不忘初心、牢记使命”等系列讲座活动，邀请省内外知名专家学者全面总结、回顾中华人民共和国成立 70 年的历程，传播红色基因，弘扬优秀传统文化。创新推出“走基层”系列宣讲活动，采取与基层优秀宣讲阵地合作的方式，深入学校、社区、企业、图书馆，集中宣讲党的理论创新成果、社会主义核心价值观和习近平新时代中国特色社会主义思想的伟大实践。同时，根据群众实际需要，开展各类主题讲座，全年组织主题讲座 20 讲。

学会管理。组织对 79 家省属学会进行年检；指导省开放教育协会、省供销合作经济学会、省税务学会、省城市金融学会、省家庭教育研究会、省写作学会、省老年书画学会、省外语学会、省人杰地灵文化促进会等召开会员大会，进行换届选举。11 月底，下发《关于进一步加强社科类社会组织举办报告会、研讨会、论坛、讲座等活动管理的通知》，强化对学会活动的事前监管。全年指导省立法学会、省人民政协理论研究会、省老年书画学会、省金融学会、省外语学会、省管理学会、省新四军研究会等 20 余家省属学会，开展理论研讨、学术交流、展览展演、公益论坛、科普宣传等活动。

期刊发展。《老区建设》杂志社设立的“庆祝新中国 70 周年脱贫攻坚看江西”专栏，获中宣部出版局确定的“庆祝新中国 70 周年”优秀选题引导资助项目，是江西省唯一一个入选栏目，成果通过评审，获得资助。《苏区研究》社会影响力持续加强，有 8 篇文章被《新华文摘》及中国人大报刊复印资料《中国现代史》全文复印转载。

（省社联）

学术活动

【2019 江西智库峰会召开】　10 月 15 日，由省委宣传部、省发改委主办，省社联、人民网承办的 2019 江西智库峰会在南昌召开。省委书记刘奇出席，省委副书记、省长易炼红致辞。省领导姚增科、赵力平、周萌出席，省委常委、省委宣传部部长施小琳主持。峰会聚焦深入贯彻落实中共中央总书记习近平视察江西重要讲话精神，以“在加快革命老区高质量发展上作示范、在推动中部地区崛起上勇争先”为主题，邀请 32 名专家学者，分别就 5G 发展、信息产业、航空产业、红色资源等议题作主旨演讲。中国工程院、中国科学院、中国社科院、北京大学、清华大学等科研院所、高校专家学者，省重点智库试点建设单位首席专家和骨干成员等共 300 余人出席主论坛。

【举办 2019 年江西省社科普及宣传周暨学术活动周活动】　10 月 26 日至 11 月 1 日，省委宣传部、省社联举办 2019 年江西省社科普及宣传周暨学术活动周活动。活动以“礼赞新中国、奋斗新时代”为主题，省、市、县三级同步启动，动员各设区市社联、各省属学会、高校社联、社科普及基地等单位和组织，以讲座、展演、展览、竞赛等多种形式开展。活动周期间，全省组织活动超过 800 场，参与单位超过 500 家，受众包括机关干部、企业职工、师生群体、军人群体和普通群众。

【“全球经济形势——百年未遇之大变局”学术讲座】　1 月 2 日，中国社科院原副院长、学部委员，国家金融与发展实验室理事长李扬受邀到省社科院，作“全球经济形势——百年未遇之大变局”学术讲座，省社科院党组书记、院长梁勇出席。李扬从全球债务问题、全球劳动生产率问题、全球收入分配问题、全球人口问题、全球治理体系问题5个方面，剖析中美贸易摩擦发生的原因和影响，认为中国在新的战略机遇期，推动构建人类命运共同体，走向世界舞台中央。他还同与会人员就中国智库的时代使命与发展方向等问题展开交流。省委宣传部理论处处长熊空军，中国社科院金融研究所副研究员董昀和省社科院部分干部及科研人员参加。

【开展2019年学术活动月活动】 3月6日至4月2日，省社科院开展2019年学术活动月活动，发布2018年省社科院重要研究成果，举行“新时代国家治理现代化与法治发展”“苏区文化”“文化地理视域下的宋代江西文化”“寻传统根脉，思时代之问”“推动江西经济高质量跨越式发展”5场学术报告，34名研究人员介绍各自2018年度的研究成果。其间，还举办2次特约研究员论坛。省政府办公厅副主任徐松柏以及省内学者许怀林、李国强、俞兆鹏、胡青、龚国光、李舜臣、李精耕、吴昌林、阳达等出席相关学术报告会并作指导。

【2019文化产业发展高峰论坛在南昌举行】 5月10日，由光明日报社与江西省委宣传部主办、省社科院等单位承办的2019文化产业发展高峰论坛在南昌举行。省委常委、省委宣传部部长施小琳出席并致辞，副省长吴忠琼主持。论坛以“文化的力量”为主题，北京大学文化产业研究院副院长陈少峰、中国文化产业协会会长张斌、鼎盛文化产业投资公司总裁梅洪、腾讯研究院高级研究员沈嘉、故宫博物院原院长单霁翔5名专家学者作主旨演讲，为江西加快建设文化强省献计献策。中央财经大学文化与传媒学院院长魏鹏举主持演讲。全省宣传思想文化系统领导和干部群众代表、文化事业单位及文旅企业负责人、高校师生等800余人参加论坛。

【“中美贸易战后的中国经济形势”学术报告】 6月27日，为贯彻落实习近平视察江西重要讲话和省委十四届八次全会精神，推进“不忘初心、牢记使命”主题教育，省社科院邀请福州大学党委常委、副校长、教授黄志刚作“中美贸易战后的中国经济形势”学术报告。报告以翔实数据，论述中美贸易摩擦的中国底气和美国焦虑，提出贸易摩擦的本质是制度优越性竞争问题和意识形态问题，美国在贸易战中没有底线，中国只要做好大开放、“一带一路”、向科技要动能、发展人工智能与数字经济、发展战略性新兴产业、稳健发展房地产和金融业、发展绿色经济等，就能抵御一切外部风险和冲击。院科研科辅部门党员代表、行政部门负责人等90余人聆听报告。

【举办《2018年江西文情报告》发布会暨《江西文情报告》十周年研讨会】 8月3日，省社科院文学研究所在高安举办《2018年江西文情报告》发布会暨《江西文情报告》十周年研讨会，省社科院党组书记、院长梁勇出席并讲话。省内作家、评论家、出版人员、媒体人员近50人出席会议并作交流研讨。研讨会认为《江西文情报告》要发挥引领作用，坚持雅俗共赏，研究江西文坛发展规律，推出江西文坛新人新作，扩大受众群体，加强与作者、读者沟通，探索与高等院校、出版单位合作新模式。研讨会发布2018年度江西文学榜、最具影响力作家、最具影响力作品等。

【第七届叙事学国际会议暨第九届全国叙事学研讨会在南昌召开】 10月27日—28日，第七届叙事学国际会议暨第九届全国叙事学研讨会在南昌召开。会议由中外文艺理论学会叙事学分会主办，江西师范大学叙事学研究中心、江西师范大学文学院、江西省社科院中国叙事学研究中心承办，上海外语教育出版社协办。省社科院党组成员、副院长龚建文出席开幕式并致辞。会议围绕中国叙事学学科建设、西方叙事学前沿理论及运用、中西叙事传统比较、中国古代叙事理论、传媒变革与跨学科叙事等议题展开讨论。北京大学教授申丹、四川大学教授赵毅衡、湖南师范大学教授赵炎秋、云南大学教授谭君强、省社科院研究员倪爱珍等作主旨发言。英国、美国、法国、俄罗斯、加拿大、匈牙利等国家以及国内的300余名专家学者参加会议。

【第十五届全国社科农经协作网络大会在永修举行】 11月1日—4日，中国社科院农村发展研究所、江西省社科院在永修县举办“十四五”规划与农业农村优先发展研讨会暨第十五届全国社科农经协作网络大会。全国人大常委会社会建设专委会副主任、中国社科院学部委员李培林作主旨演讲；中国社科院农村发展研究所党委书记杜志雄，省社科院党组书记、院长梁勇等致辞；中国社科院学部委员张晓山、清华大学中国农村研究院副院长张红宇、中国社科院农村发展研究所所长魏后凯作主题报告。全国农经界专家学者100余人参加会议。

11月1日—4日，“十四五”规划与农业农村优先发展研讨会暨第十五届全国社科农经协作网络大会在永修县召开

省社科院供

【中国社会学会农村社会学专业委员会年会(2019)暨第九届中国百村调查工作会议在上饶召开】 11月1日—2日,由中国社会学会农村社会学专业委员会主办、江西省社科院承办的中国社会学会农村社会学专业委员会年会(2019)暨第九届中国百村调查工作会议在上饶召开。省社科院党组成员、副院长龚剑飞出席并致辞。会议以"精准扶贫时代与乡村振兴"为主题。浙江大学教授毛丹、中国人民大学教授陆益龙、北京大学教授周飞舟、中国农业大学教授熊春文、华中农业大学教授狄金华、省社科院副研究员杨舸作主题演讲。中国社科院及全国15个省(直辖市、自治区)的100余名专家学者参加会议。

【举办2019年华东六省一市社科院院长论坛】 11月21日—24日,省社科院在瑞金举办2019年华东六省一市社科院院长论坛。六省一市社科院有关负责人围绕"践行初心使命,加快构建中国特色哲学社会科学"主题作交流发言。论坛提出,哲学社会科学工作者要坚守主流意识形态,自觉成为党执政的坚定支持者、先进思想的倡导者、学术研究的开拓者、社会风尚的引领者;牢固树立以人民为中心的研究导向,把学问写进群众心坎里;坚持服务大局,开展前瞻性、针对性、储备性研究,推出坚持和完善中国特色社会主义制度、推进国家治理体系和治理能力现代化研究的精品成果,承担起"举旗帜、聚民心、育新人、兴文化、展形象"的使命任务。华东片区社会科学院的领导、专家40余人参加会议。

【长江经济带共抓大保护与生态鄱阳湖流域建设论坛在南昌召开】 11月30日,中国社科院生态文明研究智库、江西省生态文明建设领导小组办公室、省推进长江经济带发展领导小组办公室、省社科院在南昌召开长江经济带共抓大保护与生态鄱阳湖流域建设论坛。江西省政府原副省长、博士生导师胡振鹏致辞并作题为《守护鄱阳湖一湖清水》的主旨演讲,中国社科院城市发展与环境研究所副书记、副所长杨开忠,省社科院党组书记、院长梁勇,省发改委党组成员、省生态文明办专职副主任刘兵致辞。中国社科院、生态环境部、复旦大学、厦门大学,以及湖北、江西、安徽、湖南、江苏、贵州、云南等省(市)社科院的10余名专家学者围绕生态环境治理体系、长江绿色生态廊道建设、内陆水域的治理之道、长江经济带治水生态链、长江经济带共抓大保护的地方实践等问题作主题发言。长江经济带11省(市)的专家、学者代表共100余人参加论坛。

(省社联 省社科院)

11月30日,长江经济带共抓大保护与生态鄱阳湖流域建设论坛在南昌召开

省社科院供

高校社科研究

【概 况】 2019年,全省高校有人文社会科学活动人员26715人,其中高级职称8197人、中级职称11823人、初级职称6696人;投入人文社会科学研究与发展经费4.38亿元;全省高校承担人文社会科学研究课题15095项,出版人文社会科学著作633部,发表论文8890篇,其中在国际学术刊物发表273篇,向有关部门提交研究咨询报告133篇,被采纳44篇。举办国际学术会议49次,参加会议556人次,提交论文1136篇;举办国内学术会议170次,参加会议4898人次,提交论文2131篇;派出人员出国讲学199人次,国外人员受聘到校讲学253人次,派出人员国内讲学1000人次(含港澳台地区讲学人次),国内人员受聘到校讲学1548人次(含港澳台地区讲学人次);出国进行社科考察180人次,国内进行社科考察1321人次(含港澳台地区人次),接受国外人员到校考察166人次,接受国内人员到校考察1291人次(含港澳台地区人次);派人出国进修学习439人次,派人国内进修学习2573人次,接受国外人员到校进修学习435人次,接受国内人员到校进修学习1048人次。与国际合作研究课题33项,与国内合作研究课题228项。申请国家专利837项,授权633项。

【社会科学研究项目】 全省高校获国家社科基金项目83项,其中重点项目8项、一般项目59项、青年项目16项,经费1780万元;获国家社科基金后期资助项目立项12项,经费360万元;国家社科基金重大项目立项2项,经费160万元。获教育部人文社会科学研究一般项目75项;获中国特色社会主义理论体系研究专项任务项目3项,经费682万元;获教育部高校示范马克思主义学院和优秀教学科研团队建设项目3项,经费90万元。组织开展2018年度江西省高校人文社科研究项目申报评审,879项研究课题通过专家评审,其中一般项目680项、高校思政工作专项80项、重点研究基地项目119项。

【加强高校智库和人文社科研究机构建设】 推进高校智库和人文社科研

究机构建设，按照立足创新、提高质量、增强能力、服务国家发展战略和地方经济社会发展的总体要求，指导56个高校人文社会科学重点研究基地加强建设，开展科学研究和学术交流，提升人才培养质量和社会服务能力。1月18日，组织召开高校哲学社会科学工作座谈会。聚焦热点问题开展课题研究，围绕"对我国及全球经济形势的分析判断、预测评估、政策建议"，邀请教育新型智库专家、江西财经大学校长、教授卢福财牵头组织课题组进行研究；6月撰写完成《"一带一路"建设在中美贸易战中的关键作用》的研究报告，在智库刊物《研究与参考》刊登推介，并作为重要调研成果报送教育部。

【举办全省高校哲学社会科学教学科研骨干研修班】 举办全省高校哲学社会科学教学科研骨干研修班，学习习近平新时代中国特色社会主义思想和习近平在全国思想政治理论课教师座谈会上的讲话精神，学习贯彻省委十四届七次全会精神，认识、把握江西省情省策等。全年举办研修班4期，每期21天，共360人参加研修。

（省教育厅）

社科成果与奖励

【组织申报2019年度国家社科基金项目】 自2018年12月26日组织申报2019年度国家社科基金项目，至2019年3月12日，省社联共受理各高等院校、科研机构、党校系统、党政机关等42个单位的申报材料1099项。经省内审核和初评，最终上报材料850项，获批107项，其中重点项目10项、一般项目66项、青年项目18项、西部项目13项，资助经费2290万元。江西师范大学、南昌大学和江西财经大学3个单位立项数进入全国前100名。此外，作为民办高校的江西科技学院，获国家社科基金项目（一般项目）1项，实现零的突破。

9月22日，江西省第十八次社会科学优秀成果奖复评会在南昌举行

省社联供

【开展2019年江西省社会科学规划项目评审活动】 3月底，省社联印发2019年江西省社会科学规划项目申报通知，启动项目申报工作。至4月26日，共受理113个单位申报2433项，比上年增加206项。6月1日—3日，组织182名专家分26个学科组进行网上匿名初评。6月29日，组织90名专家分18个学科组进行会议复评。7月29日，经网上公示无异议后，共确定362个项目立项，每个重点项目资助经费3万元，一般项目、青年项目分别资助1万元，共资助经费412万元。

【开展江西省第十八次社会科学优秀成果奖评选活动】 5月20日，省社联下发《关于开展江西省第十八次社会科学优秀成果奖评选的通知》，启动评选活动。评选活动实行限项申报，各高等院校、省直科研机构、省属学会、省直有关部门按照下达的限项指标推荐申报成果，共收到申报成果722项。7月10日，依据《江西省第十八次社会科学优秀成果奖评选实施细则》，对推荐申报的成果进行初评。9月22日，开展复评。10月10日，公示获奖名单。10月23日，发布江西省第十八次社会科学优秀成果奖名单，共有275项获奖，其中一等奖22项、二等奖120项、三等奖133项。

【组织实施2019年江西省青年马克思主义者理论研究创新工程】 5月5日，省委宣传部、省委教育工委（省教育厅）下发2019年江西省青年马克思主义者理论研究创新工程（简称"青马工程"）项目申报通知。至5月31日，共有13个培养单位申报"青马工程"682项，比上年增加46项。8月31日，经过匿名初评和复评，并报省委宣传部审定，共资助博士、硕士学位论文开题报告103项，资助经费36.1万元。其中，博士学位论文26项，每项资助经费5000元；硕士学位论文77项，每项资助经费3000元。

（省社联）

本栏编辑　詹跃华

文化艺术

综　述

2019 年，深入推进文化强省建设，全省文化建设取得新成效。

文艺创作生产。加强全省舞台艺术创作生产，重点指导创作京剧《碧血慈云》、赣剧《红星恋歌》、弋阳腔《方志敏》等新创剧目，其中多部作品登上国家级舞台。加快推进艺术人才培训，先后举办全省戏曲音乐创作、美术馆专业人员培训班，参与文化和旅游部组织的各类人才培训项目。加强文艺院团建设，会同省委宣传部、省财政厅、省人社厅出台《江西省国有文艺院团社会效益评价考核细则（实行）》《江西省国有文艺院团社会效益评价考核实施方案》，联合省财政厅印发《关于印发〈政府购买文艺院团公益性演出管理办法〉的通知》，全省国有文艺院团完成送戏下乡 9110.91 万场，其中省级文艺院团 517 场，观众 600 余万人次。

公共文化服务。开展“庆祝新中国成立 70 周年”群众文化活动、2019 年江西“最美基层文化人”学习宣传活动、第十八届“群星奖”申报暨江西省第三届“赣鄱群星奖”评选等系列活动。全省各级均建立公共文化服务体系建设协调机制，协调推进公共文化服务体系建设。全省有 46 家县级文化馆、65 个县级图书馆进行总分馆制建设。江西省图书馆、赣州市文化馆被文化和旅游部确定为省级公共文化机构法人治理结构改革试点单位。落实《江西省旅游厕所建设管理新三年行动计划（2018—2020）》，下达厕所建设资金 3500 万元，集中开展 2015—2018 年全省旅游厕所验收抽查工作。开展基层综合性文化服务中心效能抽查工作，共检查 22 个县区的 56 个村。

文化遗产保护利用。加强文物遗产保护利用顶层设计，出台《江西省革命文物保护利用工程（2018—2022 年）实施方案》《关于推进全省博物馆融合发展的实施意见》。启动海昏侯刘贺墓出土文物漆木器保护工作，推进海昏侯 2 号墓、樟树国字山墓葬和七星堆东周墓群考古发掘工作。推进景德镇御窑厂遗址、万里茶道（江西段）、赣南客家围屋申遗工作，万里茶道列入《中国世界文化遗产预备名单》。省内吴城遗址（含筑卫城遗址）等 6 处（8 点）遗址入选国家文物局“十三五”期间 150 处大遗址保护名单。全年各地共建博物馆新馆 18 座。推进红色标语保护工作，召开全省红色标语保护利用工作现场推进会。公布第一批江西省传统工艺振兴目录，承办中东部地区国家级文化生态保护实验区建设经验交流活动，江西婺源·徽州文化生态保护实验区成为第一批国家级文化生态保护区。举办“活色生香——江西省传统表演艺术类非物质文化遗产优秀节目展演”等一批非遗活动。

文化产业发展。全省规模以上文化及相关产业企业营业收入 1904.42 亿元，比上年增长 17.3%。建立重点项目库，对 100 个重点文旅产业项目进行招商，总投资额近 1600 亿元。对接珠三角、粤港澳大湾区、长三角地区，开展系列招商活动。开展“文化和旅游消费月”活动，举办 2019 江西旅游消费节，鼓励有条件的旅游景区和公共文化服务场所开展夜间游览服务。

文化市场管理。出台《关于深化全省文化市场综合执法改革实施细则》，加快文化市场综合执法改革进度。制定《江西省文化和旅游厅黑名单管理办法》，将严重违法失信行为的文化和旅游企业及从业人员列入黑名单，实施惩戒。先后开展 2019 年全省文化市场“风暴Ⅰ”“风暴Ⅱ”专项执法整治行动。完成文化市场行政审批事项 416 件，调整网络文化经营许可证审批范围。

对外交流合作。组织文化旅游交流合作项目，加强对外文化旅游交流与合作力度，推动全省文化旅游“走出去”“请进来”。全年组织文化和旅游交流 41 批次（“走出去”38 批次、“引进来”3 批次），466 人次，分别增长 51% 和 39%。

（宋来源）

文　学

【文学项目创作扶持】　完成中国作协 2019 年定点深入生活扶持项目、重点作品扶持项目、少数民族重点作品扶持项目、“时代楷模”扶持项目的申报。樊健军、钟秀华、徐贵水、刘景明、喻虹、傅菲 6 名作家选题入选中国作协定点深入生活扶持项目；卜谷、贺贞喜、彭学军 3 名作家选题入选中国作协重点作品扶持项目；钟秀华选题入选中国作协“中国少数民族文学之星”丛书项目；凌翼选题入选中国作协“时代楷模”第二批扶持项目。经省作协宣传发动组织，280 多名作者申报江西文化艺术基金文学类扶持项目,20多部作品通过评审,获得资金支持。

【文学精品创作成果】 江西作家出版小说作品《故土红尘》《赶散》《陶渊明》《厚板塘》《龙窑飞》《见素抱朴:西汉大儒扬雄》《王勃》《青白》《鄱湖谣》《小火慢炖嘟嘟嘟》《同根兄弟》,散文作品《木与刀》《赣鄱书》《静静的吊钟岭》《山河故人来》《河边生起炊烟》《我们忧伤的身体》《夜晚的微光》《评审员手记》,纪实文学作品《井冈山答卷》《晏殊传》,儿童文学作品《黑指》《放鹅少年》《羊角水堡的耳朵》,诗集《靠山而居》《好久不见》《养一只虎》《攀爬的光》《太阳照在所有的事物上》;在《收获》《十月》《人民文学》《北京文学》《中国作家》《天涯》《小说月报》《小说选刊》《散文选刊》《散文海外版》《诗刊》《作家》等文学报刊发表小说作品《内流河》《苍茫》《江州往事》《美丽城》《丰收之歌》《盔犀鸟》《磨损》《乡愁症患者陈自福》《微尘》《后遗症生活》《没有鱼是死而瞑目的》《美人靠》,散文作品《元灯》《吾土吾乡》《斡旋》《中间》《何妨吟啸且徐行》《青青秧苗》《汹涌》《身体的风暴》《饮食男女》《夜色来袭》,诗歌作品《你有没有看见过一只斑鸠》《时光的抚慰》《我们从未真正进入过秋天》《朱漆大门》《暮色》《蓝色灯火》《开始之时》,纪实文学作品《戊戌清明送雷达》《水乡山乡》《上学记》《老阿姨》。

【网络文学创作培训】 6月26日至28日,由省文联、新余学院主办,省作协、新余市文联、新余学院文传学院承办的江西网络文学创作培训研讨班在新余举行。省文联、新余学院及新余市委领导出席活动。中国作协网络文学中心研究员马季、南京师范大学文学院教授何平、江西师范大学历史系教授梁洪生为学员授课,全省各地41名网络作家参加培训。全年推荐樊健军、刘景明、钟林娇、漆宇晴、黄煌、曾金花、周娟娟、大红大紫、刘君君、何闯等34人,分别参加中国作协举办的基层作协负责人、青年会员、第三期网络作家"青社学堂"、网络文学组织负责人等专题培训班学习。

【组织开展庆祝中华人民共和国成立70周年系列活动】 4月19日至21日,省文联,省作协,赣州市文联,石城县委、县政府,中华文化促进会朗读专业委员会在石城举办"美丽中国多彩赣南"2019年谷雨诗会,包括"美丽中国多彩赣南"2019年江西谷雨诗歌朗诵会、江西赣南诗群创作研讨会、"谷雨葱茏校园诗歌点亮青春"诗歌进校园、"我看赣南苏区发展变迁——大美石城"采风创作等系列活动,省外专家学者、全省各地诗人、代表和当地文学爱好者500余人参加。同时,以"美丽中国锦绣赣鄱"为主题的2019江西谷雨诗会在全省各地市企业、社区、乡镇、校园陆续举办30多场。5月,省作协、赣州市文联、市作协、石城县文联举办"我看赣南苏区发展变迁——大美石城"诗歌大赛,评选出一等奖1名、二等奖3名、三等奖5名、优秀奖若干名,获奖者均颁发证书,获奖作品结集出版。8月,启动由《人民文学》杂志社学术支持、中华文学基金会、江西省作协、上饶市委宣传部主办,横峰县委、弋阳县委等承办的首届方志敏文学奖征稿活动,共收到稿件400余部(篇),评选出小说、散文、诗歌3个奖项12名获奖作者。10月初,启动《新世纪江西文学精品选》(2000—2019)文丛征稿活动,面向2000—2019年具有江西户籍或在江西境内工作的中国公民征集作品,至年底,完成征稿工作。

【开展一系列作家作品推介活动】 5月19日,由吉安市委宣传部、九江市委宣传部、江西省出版集团公司、省作协举办的凌翼长篇报告文学《井冈山的答卷》新书出版座谈会在吉安举行。6月19日,由省作协、江西教育出版社、抚州市文联、抚州市社联主办,南昌豫章师范学院、抚州市作协协办的陈金泉长篇历史小说《千古风流——王安石与熙元变法》出版座谈会在抚州召开。8月4日,中国作协定点深入生活办公室、江西省文联、省作协在南昌举办彭学军文学成就表彰仪式暨定点深入生活作品《黑指》研讨会,中国作协、省文联领导及省内外知名作家、评论家、文学编辑等30余人参加。会上,宣读省文联《关于表彰彭学军同志文学成就的决定》。11月27日,由中国作协创研部、江西省作协主办,九江市文联、中国青年出版社、江西人民出版社承办的凌翼文化散文《大湖纹理》《赣鄱书》作品研讨会在北京召开,中国作协、江西省委宣传部、省文联领导出席并讲话,全国知名作家、评论家等20多人参加研讨。12月1日,中国作协重点作品扶持办公室、江西省作

8月4日,彭学军文学成就表彰仪式暨定点深入生活作品《黑指》研讨会在南昌召开

省文联供

协、南昌大学人文学院在南昌举办阿袁长篇小说《师母》研讨会，中国作协、南昌大学、省文联领导出席并讲话，全国知名作家、评论家方方等近30人对《师母》进行研讨。

（石兰芳）

艺　术

【概　况】　2019年，举办以“礼赞祖国”为主题，以第七届江西艺术节为主要载体的庆祝中华人民共和国成立70周年系列文艺活动；抓好各类艺术作品创作；发挥国家艺术基金、江西文化艺术基金的引领作用，推进艺术人才培养、文艺院团建设等各项工作。全年获国家艺术基金资助项目16个，资助金额710万元。江西文化艺术基金资助2018—2019年度项目152项，资助金额5526.3万元。其中，重点项目47项，资助金额2690万元；一般项目105项，资助金额2836.3万元。

【舞台艺术创作】　重点指导创作弋阳腔《方志敏》、赣剧《红星恋歌》、宜春采茶戏《月照山乡》、京剧《碧血慈云》等多部剧目。其中，剧本《月照山乡》入选2018年度戏曲剧本孵化大戏项目第二次专家评审二类项目；《红星恋歌》入选国家艺术基金大型舞台剧作品项目；话剧《哭之笑之》入选国家艺术基金2019年度滚动资助项目；抚州盱河高腔·乡音版《牡丹亭》参加第十二届中国艺术节剧目展演，并获第十六届文华奖优秀剧目提名奖；弋阳腔《方志敏》作为全国基层院团戏曲会演的开幕式首演剧目在京演出。

【系列美术展览】　由赣州美术馆牵头，联合遵义、吉安等地6家美术馆成立江西首家跨省美术馆联盟——红色美术馆联盟，并举办“不忘初心、牢记使命”——鹰潭、赣州、遵义红色主题美术作品联展及“不忘初心、牢记使命”——鹰潭、赣州、景德镇红色主题美术作品联展。110件作品入选第十三届全国美术作品展览，并首次承办第十三届全国美术作品展览陶艺作品展，入选作品274件。江西画院帅安、方李、刘俊华3人作品入选第六届全国画院美术作品展。宜春市美术馆易乐策展的“守正出新——宜春版画70年作品文献研究展”，入选文化和旅游部2019年全国美术馆青年策展人扶持计划项目复评，实现零的突破。12月30日，由省委宣传部、省文化和旅游厅主办，江西画院和省美术馆承办的“翰墨70年·画里江西——第七届江西艺术节中国画作品展”在省美术馆开展。全年开展主题性展览活动110余场，涉及国画、油画等多个门类，共有60余万人次观展。

【艺术人才培训】　举办全省戏曲音乐创作培训班、美术馆专业人员培训班、第二届赣剧采茶戏表演轮训班，共有189名艺术工作者参加培训。依托中国戏曲学院举办2019年度江西省戏曲艺术人才高级研修班，组织30名全省优秀青年戏曲演奏员展演获奖选手参加培训。此外，还选派46人参加文化和旅游部开展的各类培训。

【举办第七届江西艺术节】　5月至12月，由省委宣传部、省文化和旅游厅主办的第七届江西艺术节在南昌、抚州举行。艺术节以“艺术之花、绽放赣鄱”为主题，涵盖戏曲、美术、音乐、舞蹈等多个艺术门类，包括第十一届江西玉茗花戏剧节、第十届江西音乐舞蹈艺术节、第十二届江西少儿艺术节、“翰墨70年·画里江西”——第七届江西艺术节中国画作品展、“别样赣鄱、魅力非遗”——江西民俗民情展示活动等10个子项目。共有26台大戏、29个小戏入选玉茗花戏剧节展演，5000余名选手参加音舞节赛事，2000多个节目参加少儿艺术节遴选，60余个非遗项目、300余名非遗传承人及非遗工作者参加非遗进景区活动。

【2019年汤显祖戏剧节暨国际戏剧交流月活动在抚州举行】　10月19日，由江西省政府、中国人民对外友好协会、中国戏剧家协会主办，抚州市政府、省文化和旅游厅、省外事办、省戏剧家协会承办的2019年汤显祖戏剧节暨国际戏剧交流月活动在抚州开幕。活动由中外经典剧目展演、汤显祖国际学术研讨会、驻华使领馆官员江西行、中英文化旅游周等11项活动组成，邀请乌克兰、俄罗斯、意大利等20个国家200余名艺术家参与。活动通过融媒体技术，与英国斯特拉福德镇、俄罗斯彼尔姆市2个牡丹亭落成地进行跨国连线；来自国内外81台优秀大、小戏剧目在抚州集中展演；聚集境内外106名文化专家，紧扣“汤显祖文化”展开研讨交流，推出《原谱考》《万历二十年的汤显祖》《汤显祖祖宅之推考》等一批新的汤学研究成果。

【2019年全国高腔优秀剧目展演在抚州举行】　为传承和弘扬中华优秀传统文化，推动剧种建设和院团发展，促进戏曲艺术全面繁荣。10月20日至11月11日，由文化和旅游部艺术司、江西省文化和旅游厅、抚州市政府主办的2019年全国高腔优秀剧目展演在抚州举行。展演共汇集全国有高腔剧种的11个省（自治区）17个院团参加，19个剧目（大戏5部、小戏14部）参演，参演剧目分别在抚州市汤显祖大剧院、抚州幼专剧场演出。此次展演为高腔剧种搭建全国性展示平台，促进各地高腔文化交流与合作。

（刘礼铸）

社会文化

【概　况】　2019年，以庆祝中华人民共和国成立70周年为主题，在全省开展“最美基层文化人”学习宣传、第十二届少儿艺术节、“群星奖”申报评选等群众性文化活动。召开江西省公共文化领域重点改革任务现场推进会，推进基层综合性文化服务中心建设。全省有9家图书馆（省级1家、市级8家）、3家市级文化馆和3家市级美术馆完成法人治理结构改革试点工作。

【开展“庆祝新中国成立70周年”江西省广场舞展演活动】 5月10日，省委宣传部、省文化和旅游厅开展“庆祝新中国成立70周年”江西省广场舞展演活动，全省有6万支广场舞代表队120万人报名参加初赛，经过复赛角逐，有20支代表队600多名选手进入决赛。9月23日至24日，在省群众艺术馆文化广场举行“庆祝新中国成立70周年”江西省广场舞展演集中展示活动。

【开展2019年江西“最美基层文化人”学习宣传活动】 5月15日，省委宣传部、省文化和旅游厅印发《关于开展2019年江西“最美基层文明实践员”学习宣传活动的通知》，在全省范围内开展学习宣传活动。根据实际工作需要，决定将“最美基层文明实践员”改为“最美基层文化人”。经推荐申报、专家评选、实地考察、集中公示等环节，评选出吴光明、舒国珍、谢卫民、聂红梅、李志文、王明芳、杨青山、陈德平、彭冬梅、王珊珊为乡镇（街道）类“最美基层文化人”，张包春、翁学军、谢琦妮、宋伶俐、吴楠、郭艳生、欧阳时花、李勤、齐菊英、廖志平为村（社区）类“最美基层文化人”。

【“可爱的中国”——江西省庆祝中华人民共和国成立70周年群众歌咏晚会举行】 9月28日，“可爱的中国”——江西省庆祝中华人民共和国成立70周年群众歌咏晚会在江西外语外贸职业学院体育馆举行，省委、省人大常委会、省政府、省政协领导班子成员，省法院、省检察院、省军区、陆军步兵学院、武警江西省总队主要负责人，应邀道德模范、最美人物、中国好人、岗位学雷锋标兵以及各行各业先进典型代表观看晚会。晚会以“可爱的中国”为主题，由序篇、初心的旋律、壮丽的乐章、感恩奋进之歌、尾声等篇章组成。整场演出打破舞台界限，以拉歌、歌曲联唱等多种形式及多媒体影像展示和15个群众歌咏方阵的互动，礼赞繁荣昌盛的祖国。

【“我和我的祖国”——文化新生活全国广场舞展演在于都举行】 9月29日，“我和我的祖国”——文化新生活全国广场舞展演在于都县长征广场举行。展演活动由文化和旅游部公共服务司、江西省文化和旅游厅指导，文化和旅游部全国公共文化发展中心、中国文化馆协会主办，赣州市文化广电新闻出版旅游局、江西省群众艺术馆承办。展演分为“逐浪·赣江春晓”“弄潮·踏歌起舞”“扬帆·感恩奋进”3个篇章，万名观众参与，成为全国广场舞展演的6个示范点之一。

（杨柳青青）

9月23日至24日，在省群众艺术馆文化广场举行“庆祝新中国成立70周年”江西省广场舞展演集中展示活动

省文旅厅供

非物质文化遗产

【概　况】 2019年，全省设立省级非遗生产性保护示范基地60家、省非遗研究基地17家、传承基地21家和传播基地29家，构筑非遗保护传承载体。同时，在名录体系、传统工艺振兴、文化生态保护实验区、人员培训、展示活动、“非遗＋扶贫”、非遗和旅游深度融合等方面下功夫。省级非物质文化遗产保护专项资金由600万元增至1000万元。

【3个非遗项目入选全国优秀案例】 6月8日，由文化和旅游部非物质文化遗产司指导、中国旅游报社主办的“2019非遗与旅游融合优秀案例”发布会在广州举行，“江西景德镇：古窑红店让非遗‘活’起来”和“江西婺源：非遗让中国最美乡村更有‘味道’”入选2019年全国十大非遗与旅游融合优秀案例。9月，在由文化和旅游部非物质文化遗产司、共青团网络影视中心指导，中国青年网主办的“非遗进校园”十大优秀实践案例评选中，“兴国山歌进校园优秀实践案例”入选全国“非遗进校园”十大优秀实践案例。

【第一批江西省传统工艺振兴目录公布】 3月12日，省文化和旅游厅、省工业和信息化厅联合发布第一批江西省传统工艺振兴目录，进贤文港毛笔制作技艺、进贤文港微雕、安义匾额书法雕刻技艺、庐山篆刻、九江封缸酒酿制技艺、九江桂花茶饼制作技艺、庐山云雾茶制作技艺、修水贡砚制作技艺、宁红茶制作技艺、修水麟祥堂罗盘制作技艺、湖口木船制造技艺、湖口豆豉制作技艺等45项传统工艺列入其中。此次公布的首批江西省传统工艺振兴目录重点选取具备一定传承基础和发展前景、传承人较多、有助于发挥示范带动作用、形成地方品牌的传统工艺项目，并适当向革命老区、贫困地区能够带动地方经济发展、扩大就业的项目倾斜。

【举办“活色生香”——江西省传统表演艺术类非物质文化遗产优秀节目展演活动】 5月31日，由文化和旅游部非物质文化遗产司支持，江西省文化和旅游厅主办，南昌市文广新旅局和省非遗保护中心承办，九江、萍乡、鹰潭、赣州、宜春、上饶、吉安、抚州市文广新旅局和南昌市文化馆协办的“活色生香”——江西省传统表演艺术类非物质文化遗产优秀节目展演在南昌群星剧场举行。展演集萃全省国家级、省级非遗项目，节目内容鲜活、形式新颖，兼具艺术性和观赏性，是江西对传统表演艺术类非遗项目创造性转化、创新性发展的探索。通过活动，选拔出一批代表江西文化特色、高质量的非遗优秀节目，建立对外交流精品项目库。

【中东部地区国家级文化生态保护实验区建设经验交流活动在赣州举行】 11月27日至28日，由文化和旅游部非物质文化遗产司、江西省文化和旅游厅、赣州市政府主办，赣州市文广新旅局承办的中东部地区国家级文化生态保护实验区建设经验交流活动在赣州举行，10个省（自治区、直辖市）近200名代表参加活动。活动分特色非遗考察和经验交流两个阶段。特色非遗考察阶段，与会人员观看“活色生香”——江西省传统表演艺术类非物质文化遗产优秀节目展演、江西省国家级文化生态保护区及赣州客家文化生态保护实验区建设成果展、江西非遗旅游路线推介、江西非遗集市等；经验交流阶段，11个国家级文化生态保护实验区的代表就各自文化生态保护实验区建设工作成绩和亮点、存在的困难和意见建议作经验交流，部分与会人员作探讨交流。

【举办2019年江西省非物质文化遗产进景区宣传活动月】 9月24日，2019年江西省非物质文化遗产进景区宣传活动月启动仪式在井冈山举行。活动月以“别样赣鄱魅力非遗”为主题，通过图文并茂形式，展出吉安市国家级、省级非遗项目82个。启动仪式上，井冈山市东上乡村民表演“全堂狮灯”、永新县村民表演“永新小鼓”等国家级非物质文化遗产名录和省级非物质文化遗产名录项目。

（吴先华 刘薇微）

图书馆

【概 况】 2019年，全省有公共图书馆113家，其中省级1家、市级11家、县（市、区）级101家。全省公共图书馆馆舍总建筑面积53.48万平方米，阅览座席4.63万个。全省公共图书馆从业人员1504人，其中高级职称95人、中级职称382人。至12月，全省公共图书馆有效借书证总量131万余个，年流通人次1674万余人次，书刊外借册次超1500万余册次。全省各级公共图书馆联合开展“赣图展览”巡展367场，服务读者3.6万人次。

【公共图书馆建设】 完成江西省图书馆新馆建筑主体建设，总投资9.62亿元，总面积9.62万平方米，单体面积位居省级馆全国第一方阵。9月，景德镇市图书馆新馆对外开放，总面积1.55万平方米，设9个部室、15个对外开放窗口。高安市图书馆新馆投资5700万元，总建筑面积1.3万平方米，图书馆藏29万余册，阅览座位1200个，为全省最大体量的县级馆。

【古籍普查】 省图书馆、萍乡市图书馆、抚州市图书馆的古籍普查文化志愿者赴赣州、抚州、吉安、上饶4市开展古籍普查，共完成9家单位古籍和民国时期线装书6452部4.66万册的编目，2家单位1622块雕版的整理，审校古籍编目数据4.34万条，拍摄古籍书影1.56万部3.56万张。

【开展“不忘初心、牢记使命”主题教育文献信息资源展示活动】 7月，全省85家图书馆联合开展为期1个月“不忘初心、牢记使命”主题教育文献信息资源展示活动。各馆通过开设专题书架，开辟阅览专区，在网站、微信公众号设置主题教育专栏，展示主题藏书资源，阅读量16.6万次，数字图书下载量3万册次，纸本图书借阅1.6万册次。

【开展2019年“书香赣鄱”全民阅读暨第九届“读好书”系列活动】 4月至12月，在全省范围内开展2019年“书香赣鄱”全民阅读暨第九届“读好书”系列活动，推动全民阅读进农村、进社区、进校园、进军营、进企业、进机关、进家庭。活动主要包括2019年“书香赣鄱”全民阅读第九届“读好书”活动启动仪式、首届江西省“爱阅赣版书”大型系列读书活动、全省公共图书馆联展“中国文学名著插图展”、2019年江西省数字阅读推广活动、“图书漂流共享阅读”换书交流会、“读好书”少儿系列活动等。其中，全省“爱阅赣版书”大型系列读书活动参与人员有1万余人。

（黄俊 姚斯琴）

博物馆

【概 况】 2019年，全省在省级文物行政部门登记备案且功能比较完善的博物馆有165家，其中文化（文物）系统管理127家、行业博物馆8家、非国有博物馆30家。有国家等级博物馆36家，其中一级博物馆5家、二级博物馆10家、三级博物馆21家。全省各博物馆（纪念馆）每年推出陈列展览1500余个，免费接待观众3300余万人次，开展社会教育活动2300余次。全年指导省文物商店开展涉案文物司法鉴定工作30次。

【博物馆陈展服务】 全年争取中央财政资金5000多万元，用于全省博物馆陈展提升、预防性保护和数字化建设等。省文化和旅游厅联合吉安市政府在北京首都博物馆举办“望郡吉安”文物精品展，组织南昌汉代海昏侯国遗址出土文物赴深圳博物馆、山东巨野县博物馆展出，指导省文物商店举办陶风瓷韵——江西省文物商店精品文物展、独具“绛”心——江西省文物商店藏浅绛彩瓷器展等巡展。组织鹰潭市博物馆新馆等一批陈展方案专家评审、论证会。

【推出一批展览】 全省各级博物馆推出纪念改革开放40年相关展览48个、中华人民共和国成立70周年系列展62个。其中，景德镇中国陶瓷博物馆“景德镇国家用瓷特展”、八大山人纪念馆“庆祝建国70周年暨八大山人纪念馆建馆60周年故宫典藏特展”、秋收起义修水纪念馆“不忘初心，从秋收起义到井冈之火”、大余县南方红军三年游击战争纪念馆“梅岭三章专题展”、南昌金九福钱币博物馆“江西苏区红色金融货币展”5个展览入选国家文物局“弘扬优秀传统文化、培育社会主义核心价值观”主题展览推介名单；省博物馆“惊世大发现——南昌汉代海昏侯国考古成果展”、南昌八一起义纪念馆“南昌起义伟大开端”、南昌新四军军部旧址陈列馆“中共中央东南分局旧址基本陈列”3个展览入选中国博物馆协会主办的2009年至2019年“全国50项博物馆陈列艺术成果交流展”。

【“博物江西”全省可移动文物资源大数据服务平台上线】 5月18日，“博物江西”全省可移动文物资源大数据服务平台上线运行，成为全国中部地区首个线上服务平台。平台以第一次全国可移动文物普查数字化成果为基础，整合江西省所有博物馆、藏品、展览等资源，建成省域博物馆大数据平台，面向全省博物馆用户及公众用户，提供web端、手机端、微信端3种线上服务渠道。系统主要分为藏品动态管理和公众服务，内容涵盖全省文物资源线上展示、博物馆线上现场服务、博物馆业务提升以及资源利用四大业务领域。

【江西省博物馆新馆试运行】 12月28日，江西省博物馆新馆开始试运行。新馆建筑面积8.6万平方米，总投资8亿元。总序厅、江西古代历史文化展、江西红色文化展、江西陶瓷文化展、中国现代陶瓷艺术大师作品展，以及新馆一层、四层临时展厅等陈列展览项目完成初步验收。 （蔡宇）

文物保护与考古发掘

【概　况】 2019年，完成全省第六批684处省级文物保护单位“两线范围”的划定工作。3月，省政府公布第六批江西省文物保护单位保护范围；省文化和旅游厅、省住建厅公布第六批江西省文物保护单位建设控制地带。完成国家文物局国保、省保单位的基础信息上报工作，配合省发改委和省自然资源厅做好文化遗产国土空间规划等基础性工作。10月，国务院公布第八批国保单位名单，江西省入选35处，其中3处合并到已有的国保单位中，入选数量居全国第八位。全年争取国家文物保护专项资金2.5亿元。

【考古发掘和基本建设项目考古勘探】 启动海昏侯刘贺墓出土文物漆木器保护、竹简释读加固和润涨工作、青铜器的保护修复。推进海昏侯2号墓、樟树国字山墓葬和七星堆东周墓群考古发掘工作。开展考古学术交流，全年组织召开南昌西汉海昏侯刘贺墓出土竹简保护专家咨询会等专家会议6次，邀请一批国内文物考古领域专家进行技术指导。完成考古资料整理，出版大型考古发掘报告《洪州窑》；编撰完成《江西抚河流域先秦时期遗址考古调查报告黎川卷·南丰卷》等15部大型考古报告。做好全省大型基本建设项目考古勘探，按照程序完成高速公路、铁路、城区建设、土地收储、文物保护单位利用等方面29个项目的文物评估、调查、勘探和发掘工作。

【大遗址保护利用】 编制江西省大遗址保护规划，并获国家文物局批复同意。启动《景德镇御窑厂遗址保护规划》和《吉州窑保护规划》修编工作。江西省大遗址共向财政部、国家文物局申报国家重点文物专项资金近7000万元；吴城（筑卫城）遗址向国家发改委争取文物保护利用设施建设项目资金约1500万元。景德镇御窑厂遗址完成珠山南麓保护房改建收尾工程、御窑厂遗址核心区环境治理工程，南昌汉代海昏侯遗址公园一期展示服务中心、遗址博物馆、刘贺墓园保护展示项目及相关配套服务设施正在建设，编制完善墎墩汉墓及墓园数字化展示方案。刘贺墓环境整治和紫金城城址西城门遗址保护展示项目得到国家文物局批准立项。启动茅庵岭保护棚工程建设和村庄改造项目。南昌市依托海昏侯遗址，推动包括展览、电影、书籍、VR、文创产品等在内的文化IP全内容开发，打造具有全国影响力的海昏侯文化全IP产业链。景德镇依托御窑厂遗址打造以陶瓷文化为“核心元素”的文化旅游产品。推动景德镇御窑厂、吉州窑遗址等创建5A级旅游景区。

【传统村落文物保护】 全省有3镇14村入选第七批中国历史文化名镇名村。继续推进金溪县“拯救老屋行动”项目实施，至12月，已有475栋老屋的产权人申报并交纳10%的自筹维修金，完成抢修方案审核400余栋，开工380栋，基本完工350栋，竣工验收322栋，累计拨付资助资金近2000万元，金溪县政府奖补资金900余万元。

【世界文化遗产保护】 推进九江、上饶、景德镇、赣州市政府做好申遗工作，并协助对接国家文物局，邀请联合国教科文组织专家指导。3月，“万里茶道”列入《中国世界文化遗产预备名单》，根据社科院发布“万里茶道”文化和旅游影响力报告，铅山县河口镇作为“万里茶道第一镇”，进入“万里茶道”文化和旅游影响力前10名，排名第二。争取文化和旅游部、国家文物局和中国文物古迹保护协会有关负责人赴景德镇实地考察和指导御窑厂遗址申遗工作，指导景德镇市做好御窑厂遗址的考古研究与展示。推动赣州围屋申遗基础工作，《赣州客家围屋保护条例》从3月开始施行。

【推进红色标语保护工作】 5月，在

全国革命文物保护利用工程实施研修班上，介绍江西省红色标语保护利用工作情况。8月7日，在抚州市乐安县召开全省红色标语保护利用工作现场推进会，国家文物局革命文物办公室专门派员参加。组织制定并印发《江西省红色标语保护利用工作规范(试行)》，向各设区市下发《关于全面加强红色标语保护利用工作的通知》，部署全省推进红色标语保护利用工作任务，红色标语保护利用工作从试点阶段转向全面铺开阶段。

(艾崧　闵绍娟)

文化交流

【概　况】 2019年，全省组织文化和旅游交流41批次(“走出去”38批次、“引进来”3批次)，466人次，分别增长51%和39%。其中，文化交流项目包括省部合作项目等30个批次，共355人次，分别增长25%和28%。

【江西艺术团参加“2019年长崎春节灯会”演出】 2月14日至19日，应东京中国文化中心邀请，江西艺术团在“2019年长崎春节灯会”举办4场演出，演出融音乐、舞蹈、戏曲为一体，内容丰富、形式多样。“长崎春节灯会”是日本为庆祝中华民族春节这一传统节日而举办的最盛大春节庆典活动，从中国农历初一开始，历时15天，由中国制作的1.5万盏花灯装饰整个城市。长崎市市长田上富久观看演出并到后台慰问演员。

【海昏侯文献文创展在德国举办】 3月25日至31日，按照文化和旅游部《“一带一路”文化发展行动(2016—2020)》的安排，省文化和旅游厅在德国举办海昏侯文献文创展。展览通过海昏侯墓考古文献图片、纪录片视频、文物仿制品、数字成像技术以及衍生创意产品等，形象、立体、全面地讲述中国汉文化艺术特色和精髓。展览期间，主办方还组织国内外相关领域的专家举办学术论坛，就“传统文化与当代文明”传承与发展等问题开展研讨。

【举办“丝路瓷行——中国陶瓷文化展”】 8月20日至9月25日，由景德镇中国陶瓷博物馆、文化和旅游部恭王府博物馆、丹麦王国菲特烈堡国家历史博物馆共同举办的“丝路瓷行——中国陶瓷文化展”，在丹麦王国菲特烈堡国家历史博物馆公三厅开展，展览分为制瓷工艺、丝路记忆、青花故事、彩绘世界、窑变万彩、雕刻时光、美好生活7个部分，展出展品170余套件。10月11日至12月1日，“丝路瓷行——中国陶瓷文化展”在克罗地亚扎达尔古玻璃博物馆开展。

【举办“再现妙笔繁华——八大山人书画(高仿)精选展”】 7月15日至19日，南昌市文广新旅局在日本东京中国文化中心举办“再现妙笔繁华——八大山人书画(高仿)精选展”，展出54件(37套)作品。展品以八大山人纪念馆馆藏文物为依托，取真迹之原貌，采用宣纸微喷复制技术。展览现场还开展书画表演、互赠文创产品、现场讲解等活动。

【《牡丹亭》剧目在墨西哥塞万提斯国际艺术节演出】 10月11日至25日，抚州市汤显祖演艺有限公司创排的盱河高腔·乡音版《牡丹亭》作为墨西哥塞万提斯国际艺术节优秀剧目，在墨西哥瓜纳华托等5个城市演出5场。根据艺术节组委会要求，《牡丹亭》浓缩提炼为60分钟，剧情包括“游园惊梦”“写真离魂”“拾画叫画”“冥判”“回生”。此次演出是江西戏剧第一次赴美洲参加国际艺术节。

(邹妍)

8月20日至9月25日，“丝路瓷行——中国陶瓷文化展”在丹麦、克罗地亚开展

省文旅厅供

文化市场

【概　况】 2019年，全省文化和旅游市场出动人员16.57万人次，检查经营单位6.37万家次，责令改正398家次，当场处罚136件，立案调查692件，交办案件3件，办结案件830件，警告525家次，罚款638家，罚款金额766.37万元，责令停业整顿49家次，吊销许可证5家，取缔14家。其中，检查涉旅企业1088家，对62家旅行社下达整改通知书，对66家旅行社负责人进行约谈，查处违法违规旅行社28家，吊销3家旅行社业务经营许可证，查处未经许可经营旅游业务企

业3家,行政处罚41.99万元。受理各类旅游投诉599起,结案542起,旅游投诉协调赔偿金额共29.04万元。查处违规导游5人,"无证"黑导5人,行政处罚1.62万元,对4家利用微信非法招徕游客的个人或企业进行警告。省文化和旅游厅完成文化市场行政审批事项416件(其中涉外营业性演出333件),涉及境内外演艺人员3886人次,共1.46万场次;网络文化经营单位83件。

【开展"风暴"专项执法整治行动】 先后开展2019年全省文化市场"风暴Ⅰ""风暴Ⅱ"专项执法整治行动。对全省"不合理低价游"现象,旅行社、旅游包车违规经营、导游违规执业,旅游饭店不实宣传等乱象进行专项整治,共发现并查处违法违规行为98个;查处互联网上网服务场所违规接纳未成年人、拒绝安装和擅自卸载监控系统等违法违规行为,歌舞娱乐场所违规接纳未成年人、提供违禁歌曲等违法违规行为,游艺娱乐场所非法定节假日违规接纳未成年人、违规提供宣扬赌博违规机型等违法违规行为67个。

【举办文旅执法培训班】 11月6日至13日,举办2019年度江西省文化市场综合执法骨干培训班,培训采取准军事化培训管理模式,体能训练、作风养成、业务学习相结合方式,全省117名文化市场综合执法骨干参加培训。12月10日,举办2019年度全省旅游质监工作会议暨旅游投诉工作培训班,各设区市文广新旅局分管领导、投诉业务负责人和省直管县文广新旅局领导以及全省11个5A景区投诉部门负责人共70余人参加培训。

【调整网络文化经营许可证审批范围】 根据《文化和旅游部办公厅关于调整〈网络文化经营许可证〉审批范围进一步规范审批工作的通知》,及时调整网络文化经营许可证审批范围,不再审批核发涉及"利用信息网络经营网络游戏""利用信息网络经营网络游戏(含网络游戏虚拟货币发行)""利用信息网络经营网络游戏虚拟货币交易"等经营范围的《网络文化经营许可证》。

(周文纪 郭贵拓)

文化产业

【概 况】 2019年,从优化产业链条着手,通过补链、强链、延链,打出推动文化产业高质量发展"组合拳",全省规模以上文化及相关产业企业营业收入1904.42亿元,比上年增长17.3%。对全省文化和旅游的重要项目、潜力项目、闲置资源进行系统的摸底筛查,建立重点项目库,对100个重点文旅产业项目进行招商,总投资额近1600亿元。

【搭建投融资服务平台】 3月,省文化和旅游厅与中国银行江西省分行签订推动文化和旅游高质量发展战略合作协议,为文旅企业提供低息贷款。11月,依托文化和旅游投资促进会,上线运营投融资线上服务平台,为项目方、资金方、投资者及各类文化和旅游企业提供全天候、无地域限制的信息撮合服务。

【开展2019年江西省"文化和旅游消费月"活动】 3月6日至4月30日,省文化和旅游厅开展2019年江西省"文化和旅游消费月"活动。活动以"江西风景独好——任你游"为主题,推出"一城市一特色、一景区一特色""江西风景任你游""百团百戏靓景区""民宿客栈大优惠"等系列活动。全省10个5A级景区和仙女湖等62个4A级景区参与活动。活动期间,全省接待游客1.23亿人次,同比增长18.92%;总收入1325.75亿元,同比增长23.01%。

【2019江西文化产业招商推介会在深圳举行】 6月10日,由省委宣传部、省文化和旅游厅主办的2019江西文化产业招商推介会在深圳举行。会上,推介重点文化产业项目92个,招商引资金额810亿元;签约中国客家民俗文化项目、上堡八卦田客家农耕文化项目、鼎龙十里桃江国际芳香文化项目、石城未来科技教育文化城、赣坊1969文化创意产业园(二期)项目、中文传媒与华侨城资本战略合作、动画电影《长江总动员之江豚笑笑的夏令营》7个重大项目,签约总金额89.9亿元。

【江西省文化和旅游项目投资合作对接活动举行】 7月5日,由省文化和旅游厅主办的江西省文化和旅游项目投资合作对接活动在南昌举行,粤港澳大湾区文旅企业、省属文旅集团和各设区市、县(市、区)的200多名代表参加活动。活动期间,约20家粤港澳大湾区知名文化和旅游企业代表到赣路演其优势文旅产品,靖安中源避暑小镇、三爪仑知青小镇、中部梦幻城等省内各县(市、区)近200个投资项目进行现场对接交流。

【江西省文化和旅游产业招商推介会在上海举行】 7月18日,江西省文化和旅游产业招商推介会在上海举行,上海、江西两省市相关领导和嘉宾、文旅企业代表、新闻媒体代表等200余人参加推介会。会上,赣州市、吉安市、庐山景区、江西武功山景区负责人分别推介各自文化旅游产业政策和项目情况,并举行文化和旅游产业部分重点项目的签约仪式,共签约项目9个,签约总金额230.8亿元。

【举办2019江西旅游消费节】 9月19日至23日,省文化和旅游厅联合省商务厅、省政府外事办公室、南昌市政府、省旅游集团在南昌融创乐园举办2019江西旅游消费节。消费节设标准展位134个,主题馆5个,特装展位2个,全国200多家商户、150余家旅行社、4家外省旅游集团参展。活动期间,线上线下签约总金额12亿元。

(匡恺)

本栏编辑 詹跃华

档案与地方志

档　　案

【概　况】　2019年，省档案馆接收34家省直单位档案3.7万卷、14.2万件。全省综合档案馆馆藏档案总量1138万卷、1132万件，比上年增加38万卷、132万件。省档案馆完成《井冈山革命根据地红色历史档案史料》编纂工作，《江西抗日救亡运动档案汇编》通过国家档案局终审，《上海知青在江西档案史料选编》正式出版。上饶市推出的"城市记忆之上饶下脚（节）街"方言电视纪录片，点击量突破10万人次。省档案局与省生态环境厅联合印发《江西省生态环境机构监测监察执法垂直管理制度改革档案处置工作方案》。省直26家新组建和职能调整单位完成机关文件材料归档范围和档案保管期限表制修订工作。开展全省馆藏抗战档案数量摸底调查，做好《抗日战争档案汇编》编纂工作。省档案局先后举办档案人员上岗培训班、继续教育培训班和市县档案局长（馆长）培训班，培训学员700余人次。组织开展2019年科技项目申报推荐工作，2个项目通过国家档案局评审并立项。

【档案服务】　省档案馆举办"红旗漫卷江西——革命历史档案文献展"和"'不忘初心、牢记使命'主题教育档案文献展"，累计接待参观2万余人次。赣州市和新余市举办"新中国工业档案文献展"，九江市举办"新中国的记忆——九江记忆"图片展，景德镇市开展以"瓷都人的新中国记忆"为主题的档案宣传有奖征文活动。联合省国资委召开全省国资委系统档案工作视频会议，对改制企业档案处置工作进行动员部署。对10个省重点建设项目档案工作进行实地指导，对5个重点建设项目档案进行专项验收。加强污染源普查档案管理，与省生态环境厅联合制定《江西省第二次全国污染源普查档案检查验收标准》。新余市被列为全国档案工作服务农村基层社会治理整体试点地区。鹰潭市建立精准扶贫档案工作示范点，以点带面推动精准扶贫档案管理工作。吉安市围绕乡村振兴、脱贫攻坚工作做好档案服务。省档案馆开通手机支付宝查档预约服务。全省各级档案部门创新方式，为社会各界解决纠纷、落实待遇、研究课题等提供档案服务。

【档案法治建设】　开展《机关档案管理规定》等新颁布的规章和规范性文件的宣传解读与教育培训，推动档案法规规章和规范性文件的贯彻实施。完成省市县三级档案行政管理部门政务服务事项目录清单编制和"互联网+监管"系统监管事项目录清单及检查实施清单编制、录入系统工作。组织对41家省直单位进行"双随机一公开"档案行政执法检查，下发整改意见书17份。完成2018年度档案事业统计调查，受到国家档案局书面表扬。各级档案部门结合"6·9国际档案日"和"12·4"全国法制宣传日，开展档案进社区、进学校、进企业、进机关活动，并通过网站、微博、微信和电视报刊等媒体，开展档案法治宣传活动，提高社会档案意识。

【档案信息化建设】　推进省档案馆纸质档案数字化项目，2019年扫描纸质档案2.07万卷，形成数字副本224.62万页；完成南昌县、东湖区等17个县（区）699.47万件数据核验工作。南昌市各级综合档案馆全年新增案卷级目录数据4.2万条、文件级目录数据80.2万条、全文数据347.1万画幅。上饶市档案馆馆藏中华人民共和国成立后文书档案数字化率达85%以上。江西档案云中心完成"二地三库"数字档案资源异质备份体系及省档案馆信息系统安全等级保护专项建设，互联网电子文件（政务信息）采集系统、互联网档案共享服务系统、档案大数据分析应用系统部署运行。推进青峰药业集团全国企业数字档案室建设试点工作，南昌轨道交通4号线望城车辆段列入全国建设项目电子文件归档与电子档案管理试点项目。

【档案安全保障】　制定印发《关于做好汛期档案安全工作的紧急通知》，采取措施确保档案安全。落实国家档案局《关于深入开展档案安全风险排查整治工作的通知》要求，在全省部署开展档案安全风险排查整治工作。省档案馆制定《江西省档案馆档案安全风险隐患自查自纠方案》，不定期开展档案安全风险隐患排查。赣州市联合消防部门对市直单位进行档案安全检查。省委教育工委、省教育厅对全省54所高职高专院校进行档案安全风险专项大排查。改善档案安全保管条件，省档案局完成11个县级档案馆新馆设计方案审查和项目建设调度工作。上饶、景德镇2个设区市档案馆和永丰等5个县级档案馆新馆投入使用，推进瑞金等27个县级档案馆项目，筹建赣州市及吉州等7个县（区）新馆。南昌大学档案馆新馆正式使用。

【“不忘初心，奋发图强——新中国工业档案文献展”在赣州开展】 3月25日，由国家档案局中央档案馆、工信部、江西省政府联合主办，省档案局、省档案馆、省工信厅、赣州市政府、工信部工业文化发展中心承办的“不忘初心，奋发图强——新中国工业档案文献展”在赣州开展。国家档案局中央档案馆副局（馆）长付华、工信部总工程师张峰、副省长吴晓军等参加开幕式，省政府副秘书长陈敏主持开幕式。展览共分9个篇章，展出1300余件展品，回顾从1931年创办官田兵工厂以来中国工业近90年的风雨历程，展示中国工业发展的伟大实践、伟大成就和伟大精神。

【组织专家组对南昌轨道交通2号线一期工程（后通段）项目档案进行专项验收】 6月10日，省档案局组织专家组对南昌轨道交通2号线一期工程（后通段）项目档案进行专项验收。验收组听取项目建设单位、施工单位代表以及监理单位代表关于档案工作情况汇报，现场抽查部分项目档案，重点检查收集归档、分类组卷、整理编目、竣工图编制等情况，并对档案库房条件进行现场检查。经综合评议，验收组认为南昌轨道交通2号线一期工程（后通段）档案符合重大建设项目档案验收要求，同意通过验收。

【“不忘初心、牢记使命”主题教育档案文献展在省档案馆开展】 6月26日，“不忘初心、牢记使命”主题教育档案文献展在江西省档案馆开展。该展览由国家档案局中央档案馆主办，江西省委组织部、省档案局、省档案馆、省直机关工委、省委党史研究室承办，南昌市委组织部、市档案局、市直机关工委协办。展览紧扣“不忘初心、牢记使命”主题，分为“求索真理”“理想信念”“不懈奋斗”“牢记宗旨”“自身建设”五大部分，精选中央档案馆和省档案馆以及省内部分市、县档案馆的270余件珍贵档案文献，以档案文献为载体还原历史，生动再现一代又一代中国共产党人进行伟大斗争、建设伟大工程、推进伟大事业、实现伟大梦想的奋斗历程。

9月23日，“红旗漫卷江西——革命历史档案文献展”在省档案馆开展
省档案局供

【“红旗漫卷江西——革命历史档案文献展”开展】 9月23日，“红旗漫卷江西——革命历史档案文献展”在省档案馆开展。该展览由省档案馆举办，为固定陈列展，是省档案馆申报的国家重点档案保护与开发项目，被省委、省政府列入全省党史文物保护展示重点工程。展览分为“曙光映照”“军旗升起”“星火燎原”“红色中华”“抗日救亡”“胜利乐章”6个单元，精选省档案馆以及省内部分市、县档案馆420余件馆藏珍贵革命历史档案，展示自马克思主义在江西传播直至全省获得解放这一历史时期，江西人民在中国共产党的领导下，不畏牺牲，艰辛求索，最终赢得胜利的革命斗争历史。

【全省市县档案局局长馆长培训班在浙江大学举办】 12月9日至14日，全省市县档案局局长馆长培训班在浙江大学举办。省委办公厅督查专员汤俊峰出席开班式并讲话。各设区市委办（档案局）、档案馆及部分县（市、区）委办、档案馆负责人共80余人参加培训。培训采取课堂讲授、现场教学、讨论交流、总结发言等多种方式进行，实现理论教育、党性教育和专业化能力培训的有机结合。通过培训学习，学员们进一步提高政治理论素养，锤炼党性，促进交流，提升档案专业能力。

（叶修斌）

地方志

【概 况】 2019年，大力推进“两全目标”，全省地方志工作取得新进展。省地方志办年内共组织27部省志评审会，4部分志通过验收，实现省志验收零的突破。组织江西省第四届年鉴质量评比活动。《江西年鉴（2019）》年内完成编纂出版，并在全省“两会”期间呈送人大代表和政协委员。协调省援疆办拨给新疆阿克陶县地方志办20万元，帮助联系江西人民出版社，确保《阿克陶县志》公开出版；帮助评审、修改《西藏财政志》《西藏城乡建设志》。《江西地方志》期刊围绕“中华人民共和国成立70周年”“纪念五四运动100周年”等进行主题策划，通过约稿、联合征文、彩宣设计等多种形式开展热点宣传。组织召开2019年度全省方志理论研讨会，收到省外论文数量为近年之最。省方志馆在暑假期间开展以“我是地情小小讲解员”为主题的研学活动，被《江西日报》、江西电视台等主流媒体宣传报道。第二轮《德安县志（1985—2008年）》《赣州市志（1986—2000年）》出版。《赣州年鉴（2018）》获第六届全国地方志优秀成果（年鉴类）设区市级综合年鉴一等奖。全省11个设区市市级综合年鉴2018年卷全部实现“一年一鉴”，公开出版。

【二轮省志编纂】 为推进二轮省志编纂，省地方志办先后走访省卫健委、省司法厅等6家单位，指导并了解各厅局修志进度。12月9日，省政府召开第二轮《江西省志》编纂工作第二次推进会，加快编纂进度。年内共有15部分志通过初审，12部通过复审；审读征求意见稿、试写稿等各种形式内审稿19部；对3部分志的篇目大纲进行修改、把关。《组织志》《信访志》《烟草志》《综治志》4部分志通过验收，实现省志验收“零”的突破。

【市县综合年鉴编纂】 全省11个设区市2018年卷全部实现“一年一鉴”，公开出版覆盖率100%；2019年卷全面启动编纂。全省100个县（市、区）中，2018年卷启动编纂89种，其中公开出版34种；2019年卷启动编纂93种。此外，抚州市的临川、南城等6个县（区）启动多年鉴编纂。

【信息化建设】 年内，省地方志办完成官方门户网站改版升级，迁移到省政府网站集约化平台。开设“不忘初心、牢记使命”主题教育专栏，及时宣传报道有关情况。吉安数字方志馆改版升级，实施市县一体化建设，增加11个县（市、区）数字方志馆专题模块，将已有2个县数字方志馆链接到吉安数字方志馆主网。“方志江西”微信公众号共推出文章2000余篇，累计点击量突破120万人次。3篇推文被“江西省人民政府发布”公众号转载，创历史之最。6月，“方志景德镇”微信公众号开通。至年底，共有南昌等9个设区市以及德兴市等15个县级地方志机构开通微信公众号；南昌、萍乡建有新浪官方微博；

12月9日，省政府召开第二轮《江西省志》编纂工作第二次推进会

省地方志办供

于都用“抖音”短视频讲述于都故事。

【地情资料开发利用】 赣州市地方志办编写出版《赣州简史》和《赣州历史概览》。5月，《赣州简史》由江西人民出版社出版，全书共30余万字。9月，《赣州历史概览》由江西人民出版社出版发行，全书共10万余字，是对赣州的历史文化、经济社会、风土民情等进行系统介绍的大众读本。吉安市地方志办组织编辑的《庐陵古文献考略（修订本）》由中国文史出版社于3月出版发行，该书由汪泰荣著，仿四库全书之例，提供有关庐陵乡邦文献信息。九江市史志办编纂的《九江纪事图录》由江西美术出版社出版，共600多张照片4万多字。婺源县地方志办参与《新安程氏名人与徽州社会》（黄山书社2019年3月版）、《婺源古道》（江西人民出版社2019年10月版）的撰写。浮梁县史志档案局编纂的《浮梁古窑》获2019年第32届华东地区科技出版社优秀科技图书一等奖。宁都县史志办、玉山县地方志办和万年县地方志办配合央视大型纪录片《中国影像方志》完成当地拍摄工作。

【村镇志和专志编纂】 《灵山志》入选全国名山志工程。赣州市有《2018年南康大事记》《中共于都县委农村工作部志（2006—2018年）》《龙南客家围屋志》等出版发行。九江市有《九江市水文志》《武宁县工业志》《武宁县石渡乡志》《茶岭村志（1912—2018年）》出版。信州区出版发行《信州区工商行政管理志》。德兴市地方志办指导编纂的《德兴中草药志》入选《中华中药大典》德兴卷。

【旧志整理】 部分设区市和县（市、区）开展旧志整理工作。赣州市整理出版清同治《南康县志》、民国《崇义县志》、清乾隆《赣县志》。上饶市地方志办与上饶市档案馆合作整理出版清同治《广信府志》；广丰区地方志办按原貌印刷出版《明清广丰县志选编》（含明嘉靖《永丰县志》、清康熙《广永丰县志》、清乾隆《广丰县志》、清同治《广丰县志》）；玉山县地方志办影印出版清同治《玉山县志》；弋阳县地方志办复制出版明万历《弋阳县志》。崇仁县地方志办点校出版清康熙《崇仁县志》。

（朱岳）

本栏编辑 詹跃华

新闻出版　广播电影电视

报纸期刊

【概　况】 2019年,全省共有报纸65种,新闻单位驻地方机构114家,其中中央新闻单位驻赣机构61家,省内新闻单位驻地方机构53家;全省新闻单位持新闻记者证人员5500余人。全省共有期刊165种,期刊年度总印数7589万册,年度总印张数24.2万千印张,年度定价总金额4.91亿元。

【报纸期刊监管】 组织开展新闻采编人员资格培训班,185名采编人员取得新闻采编从业资格,并在"新闻出版电影教育培训管理系统"备案编号。组织全省报刊、广播电视新闻单位在"学习强国"平台创建、认证新闻采编学习组织177个,全省约7000名新闻采编人员通过"学习强国"参加岗位培训考试。开展五年一次的新闻记者证换发工作,对170多家新闻单位5500多名新闻记者统一换发新版新闻记者证。组织开展2018年度报纸核验工作,对68种报纸年检数据、样报及登记项目等逐一严格审核把关,对3家报纸予以注销,对6家报纸集中约谈整改。同时,组织开展新闻单位驻地方机构综合评估,评定人民日报社江西分社等36个驻地方机构为优秀单位,科技日报社江西记者站等68个驻地方机构为良好单位,中国信息报社江西记者站等8个驻地方机构为合格单位,注销1家新闻单位驻地方机构,评定《中国冶金报》等2家新闻单位驻地方机构为不合格单位,督促3家新闻单位整改驻地方机构内部管理部门设置不规范问题。完成全省234家报刊出版许可证集中换发工作,核定报刊主管主办单位和出版单位等10余个登记项目,进一步完善报刊数据库。开展报纸出版单位"三审三校"制度执行情况专项检查,对《江西日报》《南昌日报》《江西晨报》《萍乡日报》等12家报纸出版单位"三审三校"制度落实情况进行实地抽查,对发现的问题责成报纸主管主办单位限期整改,督促报纸出版单位严格将"三审三校"制度落实。5—6月,做好全省期刊年度核验工作。全省165种期刊通过核验;向国家新闻出版署申请变更主管单位期刊31种,申请创办新刊2种,申请变更刊期10种;全年向国家条码中心申领期刊条码2170条;约谈期刊社3家。

【违法违规问题查处】 配合中宣部查处《华夏时报》及其从业人员新闻采编违法违规案,国家新闻出版署给予华夏时报社警告,处3万元罚款,责令进行整改。开展问题线索核查,共核查处理举报线索16件,其中直接核查9件,配合中宣部核查1件。向中宣部移交涉中央行业或省外媒体线索3件,指导地市核查处置涉省外媒体线索1件,向省委网信办移交网络媒体线索2件。规范新闻采编秩序,约谈14家新闻单位16人次,分别采取函询、批评教育、通报主管单位、责令整改等行政措施整改解决各类苗头性倾向性问题;责令1家报社网站关停3个违规设立的地方频道,撤回相关人员;责令1家报社停办报纸地方版,纠正违规行为;注销3家报纸出版许可证;注销1家新闻单位驻地方机构;责令4家新闻单位整改问题。加强对各地传媒监管工作的督促指导,到上饶、抚州、南昌等地开展"加强媒体采编活动监管"专题调研,推动各地强化属地管理,履职尽责。处置涉企营商问题,核查赣州市宁都县永通科技有限责任公司反映某杂志记者拉取赞助费问题等3条线索,主动向相关企业宣传国家传媒监管政策法规,提出防范和应对新闻敲诈等问题的建议。

【政务服务】 立足为民服务解难题,推出便民服务新举措,加强窗口服务管理,推进各项工作,不断深化"放管服"改革。推出"一链办理"举措,率先开启省本级"一链办理"审批服务新模式,对5项关联审批服务全面实行一链办理。提供优质审批服务,推出延时、预约等服务措施,累计办理审批事项14515件,办件数和满意度均名列前茅。开展审批流程再造,完成48个行政审批事项网上在线审批系统数据信息更新和流程再造工作,梳理完成新闻出版、电影126项行政权力事项的分拆、公布工作。编印便民服务手册,按照一个办理事项一个便民服务手册的原则,对48个审批项目办理事项编印服务手册,并在集中办事大厅陈列。落实"最多跑一次"改革,先后共发布72项"只跑一次"改革事项,"不跑一次"事项67项,只跑一次5项。其中,电影事项14项,版权3项,新闻出版55项。编制互联网+监管目录清单和检查实施清单共167项,进一步加强和规范事中事后监管。

(刘莉　许盛忠)

图书和数字出版

【概　况】 2019年,全省出版图书、音像电子出版物12823种,其中新出图书、音像电子出版物5098种,重印

7725 种，重印率60.2%。江西省获出版类国家级荣誉及入选国家级重点项目268项。7种出版物获第七届中华优秀出版物奖。江西美术出版社《瓷行天下》入选中国30本好书；4个项目入选"十三五"国家重点出版物出版规划第三次规划增补项目；13种出版物入选2019年度经典中国国际出版工程和2019年度丝路书香工程；二十一世纪出版社《巴颜喀拉山的孩子》《建一座窑送给你》入选2019年"优秀青少年读物出版工程"，也是全国唯一一家2部作品入选的出版社；《大中华寻宝记》融合出版项目入选2019年度国家新闻出版署数字出版精品遴选推荐计划，《夜晚的朋友们》入选"2019年'原动力'中国原创动漫出版扶持计划"。5月，组织江西国家数字出版基地企业参加第十五届深圳文博会国家数字出版基地（园区）展，经第十五届文博会评审委员会评审，江西被评为"优秀组织奖"，江西国家数字出版基地获"优秀展示奖"；10月，配合中国新闻出版研究院举办2019世界VR产业大会"新闻出版分论坛"；指导江西高校出版社、红星电子音像电子出版社加强和游戏公司合作，报送6款国产移动网络游戏。

【7种出版物获第七届中华优秀出版物奖】　12月，江西7种出版物获第七届中华优秀出版物奖。其中，江西教育出版社的《世界是部金融史》、江西美术出版社的《中国古代名窑（16册）》、二十一世纪出版社的《大中华寻宝系列第一季》（20册）获图书奖，红星电子音像出版社的《暖流》获音像电子游戏出版物奖，百花洲文艺出版社的《我们》（2册）获图书提名奖，红星电子音像出版社的《匠心冶陶——景德镇传统手工制瓷技艺》、中国和平音像电子出版社的《新时代的新童歌——中国少儿新歌精选集100首》获音像电子游戏出版物提名奖。

【"十三五"国家重点出版物出版规划和国家出版基金资助项目申报】　2019年，对已列入"十三五"国家重点出版物出版规划的57个项目进行检查，并对实施规划以来取得的社会效益、阶段性成果、经验等进行总结。在第三次规划的增补项目中，江西共有4个项目入选，至2019年年底，江西共有61个项目被列入"十三五"国家重点出版物出版规划。13个项目入选2019年度国家出版基金资助项目，获得1189万元的资助。江西省连续获得1000万元以上的资助位居全国前列。入选项目分别是：江西人民出版社《中央革命根据地历史资料文库·群团系统》《全国苏区反"围剿"文献史料集成》，江西教育出版社《"中国当代文学海外传播研究"丛书》，江西科学技术出版社《中国当代中医名家特色手法（第一辑）》，二十一世纪出版社《"少年与自然"丛书（植物篇）》，百花洲文艺出版社《中国现代美学思潮史》《百年海外华文文学研究（上下册）》，江西美术出版社《共和国画卷上的红色经典》《中国〈陶记〉研究》《书法主义文献丛书》，江西高校出版社《曾巩研究书系》《新时期出版人改革亲历丛书》，红星电子音像出版社《中国畜类重大多发疾病诊治影像库》（移动硬盘）。

【重点出版物出版】　2019年，向中宣部和国家新闻出版署申报2019年主题出版重点选题33个，其中图书选题31个，音像电子选题2个。红星电子音像出版社《跃上云端——中国大飞机研制试飞之路》入选中宣部90种重点主题出版物选题；围绕庆祝中华人民共和国成立70周年，出版并举办《影像中国70年·江西卷》《70年70事——新中国江西重大历史事件实录》《共和国画卷上的红色经典》等主题出版物首发式。

【《婺源徽剧研究丛书》入选2019年中华民族音乐传承出版工程精品出版项目】　12月2日，国家新闻出版署公布2019年中华民族音乐传承出版工程精品出版项目拟扶持名单，其中，江西人民出版社出版的《婺源徽剧研究丛书》成为江西省入选的唯一一个扶持项目。《婺源徽剧研究丛书》由江西人民出版社与婺源县文广新局及婺源徽剧非物质文化遗产保护中心合作编辑完成，7月出版。该书包括《婺源徽剧史论》《婺源徽剧剧录》《婺源徽剧音乐》3卷，约70余万字，并附有图片数百张。系统、完整地展现婺源徽剧历史、音乐和剧目。全书所录资料，全部来自艺人口述、田野考察、史籍。

【出版物专项检查】　3—9月，根据《国家新闻出版署关于开展图书"质量管理2019"专项工作的通知》的要求，组织对江西人民出版社、江西教育出版社、江西科学技术出版社、二十一世纪出版社等7家出版单位2018年以来出版的文艺、少儿、教材、教辅和科普类图书进行内容质量和编校质量检查，加大对引进版、公版图书内容和编校质量的检查力度，并形成专项检查工作报告报国家新闻出版署。此次共随机抽查各类图书35种，检查字数322.8万字；11—12月，根据《国家新闻出版署关于开展出版单位"三审三校"制度执行情况专项检查的通知》的要求，组织对江西7家图书、66家报纸、165家期刊出版单位2018年以来的"三审三校"制度落实情况、人员资质情况、主管主办职责落实情况、新媒体内容把关管理情况进行重点检查，并形成专项检查工作报告报国家新闻出版署；组织专家对《那不勒斯的萤火》《春日序曲》《陈寅恪魂归庐山实录》《民国乡土教材》《赣粤巅峰五青松》《江西社会科学》《声屏世界》《教育学术月刊》《苏区研究》《百花洲》《南方文物》等28种、共725.71万字的书稿和期刊进行严格审读。

【网络出版监管】　2019年，联合省通信管理局对登载（传播）的《侍寝宠妾》《情迷小晚香》《男欢女爱》等淫秽色情网络出版物的"零零电子书""全本免费小说网""你我看书网"3家网站进行查处。根据不同情节，分别采取约谈、删除有害网络出版物、断开链接、注销备案号、关闭网站和纳入黑名单等管理方式，加强对网络出版领域有害信息的监管，并将查处结果报送中宣部出版局。

（王彦山）

版　　权

【概　况】　2019年，全省加强版权执

法监管，共办结侵权盗版行政案件108起、刑事案件2起，国家部委联合挂牌督办案件7起，案件查办的数量、质量和推进速度位居全国前列。全省15家单位(含1个专案组)和32名个人(含12个专案组)获国家版权局查处侵权盗版案件有功单位和有功个人奖，获奖数量分别占全国的8.29%和12.33%，省委宣传部版权管理处连续3年获得有功单位一等奖。

【重点案件查办】 2019年，上饶"5·25涉嫌侵犯网络游戏著作权案"、鹰潭"3·21涉嫌侵犯网络影视作品著作权案"等7起案件由国家部委联合挂牌督办。其中，九江陆某等涉嫌侵犯网络文学著作权案、江西吉安"5·28"涉嫌侵犯影视作品著作权案等2起案件已结案，挂牌数量和推进速度位居各省市前列。江西永新陈某某等销售盗版教辅案入选"全国打击侵权盗版十大案件"，全省相关案件连续2年入选"全国打击侵权盗版十大案件"。

【推进软件正版化】 2019年，省版权局调整省使用正版软件工作领导小组，省委常委、省委宣传部部长施小琳任省使用正版软件工作领导小组组长，省委宣传部副部长黎隆武任省使用正版软件工作领导小组副组长。9月17日—20日，省使用正版软件工作领导小组办公室组成联合督查组对鹰潭、抚州2个设区市6家市直政府机关进行督查，抽查了解计算机软件安装使用情况；领导小组办公室指导督促省国资委对国有企业软件正版化进行检查，有序推进省软件正版化工作。

【开展版权示范创建】 11月6日，国家版权局正式批复同意景德镇市创建全国版权示范城市，景德镇市成为中部地区第1个、全国第13个创建全国版权示范的城市。2019年，景德镇市已创建全国版权示范基地1家，江西省版权示范单位7家，设立版权服务站4个。注重强化版权登记工作，连续多年全市版权登记数量在全省设区市中位列第一。2012年以来累计审判知识产权案约200起，版权类案件占比约40%。建成"陶瓷艺术设计版权交易平台"，打造版权交易、转化、运营一体化的产业链。

【版权贸易和登记】 8月21日，第26届北京国际图书博览会开幕。江西省选出1200个品种参展，与49家海外合作伙伴达成版权输出协议72项、输出意向209项、引进意向54项。全年版权作品登记数量12808件，创历史新高。漆画《滕王阁四景》，歌曲《武宁好客气》、赣绣《飘》《名镇瓷毯》等一批具有江西特色的作品进行版权登记。

【版权社会宣传】 围绕"3·15""4·26"等重要时间节点，向社会发布2018年度江西省版权执法十大典型案例，以案释法，提高公众的版权意识。其中，在"4·26"活动期间，举办"版权知识大讲堂"活动，省直宣传思想文化系统各单位共300余人参加。组织"全省高校版权知识巡回宣讲"活动实现省属相关高校全覆盖，并设立高校版权服务站22个，1万余名师生现场聆听版权知识宣讲。同时，全省各级版权管理部门通过线上线下方式，广泛开展版权宣传。

【开展"剑网2019"专项整治行动】 5月，省版权局与省互联网信息办公室、省通信管理局、省公安厅召开联席会议，联合开展"剑网2019"专项行动，强化网络侵权盗版案件查办。省版权局联合省文旅厅对景区图片版权进行规范整治。2019年，全省版权执法案件共结案110起，其中网络版权案件57起(含刑事案件2起)，占比过半。办结的2起网络刑事案件中，吉安"5·28"涉嫌侵犯影视作品著作权案入选全国"剑网2019"专项行动十大案件；九江陆某等涉嫌侵犯网络文学著作权案属于当年查处、当年办结的重大网络案件，办结速度和效果，得到国家版权局等部委的肯定。

(何宏勇)

印刷复制

【概　况】 2019年，全省印刷企业1821家，其中出版物印刷企业143家，包装装潢印刷企业(含外资企业)582家，其他印刷品印刷企业1078家，专项印刷企业15家，专营数字印刷企业3家；印刷产业实现销售收入约545亿元。

【内部资料性出版物审批管理】 严格依法依规开展省直内部资料的审批管理，指导各设区市新闻出版行政管理部门对属地内部资料开展审批管理工作；建立管理"台账"，提出整改意见。针对存在问题的内部资料编印单位，记录在案，逐个逐条进行沟通反馈，一对一地提出整改意见，要求编印单位进行整改，提交整改报告，并督促落实到位。加强对各设区市、省直管县(市)新闻出版管理部门的指导和督促，遵循"边督、边查、边报、边改"督查原则，采取现场检查样本，召开督查座谈会方式进行。深入了解各设区市局、省直管县(市)内部资料管理工作情况，反馈督查发现的问题，加强政策宣讲，明确工作任务，提出工作要求。

【印刷复制督查检查】 2019年，在全省各市、县范围内开展印刷复制滚动督查检查，明确检查频次、检查对象、检查内容、检查方式，县(市、区)局每个季度组织实施一次印刷复制随机集中检查，全年对每个印刷复制企业实现检查全覆盖；设区市局每个季度组织一次督查，全年做到对辖区内每个县(市、区)检查全覆盖；下发《关于转发国家新闻出版署关于做好2019年印刷复制暨内部资料性出版物管理工作的通知》，制定《江西省2019年度印刷复制暨内部资料性出版物"双随机、一公开"抽查方案》；与"扫黄打非"办公室联合成立监督检查组，对鹰潭、抚州、南昌和九江4个设区市进行督导检查。

【国家出版产业基地(园区)管理】 2019年，对原设立的江西国家数字出版基地和赣州、吉安国家印刷包装产业基地进行重新认定，在国家基地开展自评自查的基础上，对南昌、赣州和吉安上报的材料进行全面审核，并到2个基地进行实地调研。经审核，认为江西国家数字出版基地和赣州吉安国家印刷包装产业基地，符合国家出版产业基地园区认定标准，报国家出版产业基地(园区)管理办公室重新认定并经审核后通过。

(赵金余)

出版物发行

【概　况】 2019年，全省出版物发行企业2562家，其中出版物批发企业366家，零售企业2196家。全省出版物发行网点5143个，其中新华发行集团网点289个，报刊邮政发行网点2658个，零售出版物发行网点2196个。实现销售收入总计169.95亿元。

【农家书屋出版物补充更新】 2019年，制定下发《江西省农家书屋深化改革创新 提升服务效能实施办法》，提出5项工作目标、18条具体措施。推动各地将农家书屋工作纳入新时代文明实践中心和基层文化综合中心建设，推动全省县(市、区)落实《关于做好2019年度农家书屋出版物补充更新工作的通知》，做好涵盖全省16124个农家书屋出版物的补充更新工作。江西农家出版物补充更新共使用资金2872.52万元，其中中央配套资金2126.14万元、省级落实配套资金522.29万元、市县落实配套资金224.09万元。

【农家书屋主题活动】 开展"我的书屋·我的梦"农村少年儿童阅读实践活动，收到征文326篇，绘画和手抄报作品135幅，评选征文40篇、绘画和手抄报40幅参加全国优秀作品评选。江西7件作品入选国家新闻出版署2019年"我的书屋·我的梦"农村少年儿童阅读实践活动优秀作品。与省农业农村厅组织开展以"新时代新乡村 新阅读"为主题的"新时代乡村阅读季活动"，内容包括主题出版物阅读、"百家书城惠民售书联展""发现乡村阅读榜样""农民喜爱的百种图书"推荐等7项活动。在全国2019"新时代乡村阅读"盛典颁奖会上，江西《家风门风——52栋里的故事》《轻松度过更年期》《乳腺癌患者指南》等3本图书入选"农民喜爱的百种图书"，德安县彭山林场彭山村书屋残疾人管理员宋伶俐获"乡村阅读榜样"称号。

【重点主题出版物发行】 2019年，开展重点主题出版出版物百家书城联合展示展销活动，在各设区市、县级新华书店中心门店醒目位置设置"2019年主题出版重点出版物"和"第十五届精神文明建设'五个一工程'获奖作品"等展示展销专区以及"不忘初心 牢记使命"主题教育书展，宣传中华人民共和国成立70年以来取得的成就。

【中小学教材发行】 2019年，与省发展和改革委员会对各中小学教材出版单位申报的《江西省2019年秋季中小学教材价格审核表》《江西省2019年秋季中小学循环教材价格审核表》《江西省2020年春季中小学教材价格审核表》《江西省2020年春季中小学循环教材价格审核表》进行审核并公布执行。共审核24家出版单位的2316种中小学教材的版别、印数、印张、规格、开本等出版要素，重点对2019年秋季、2020年春季国家统编道德与法治、语文、历史教材进行把关。

【出版物发行单位年度核验】 1—3月，对出版物发行单位进行年度核验。参加核验的发行单位2492家，通过年度核验2233家，缓期登记254家，不予通过5家。其中，参加年度核验的出版物批发单位316家，通过年度核验255家，缓期登记61家，从业人员总计27662人；参加年度核验的出版物零售单位2176家，通过年度核验1978家，缓期登记193家，不予通过5家，从业人员总计9848人。

【参加第29届全国图书交易博览会】 7月，组织省内各出版单位组成江西出版参展团，参加由国家新闻出版署、陕西省政府、西安市政府联合主办的第29届全国图书交易博览会。在博览会期间，江西参展团遴选2000余种精品图书参展，设展位32个，重点展示以庆祝中华人民共和国成立70周年、"一带一路"等为主题的优秀出版物，展区内分成红色文化、少儿精品、社科经管、文化教育、文学艺术、科技生活等板块，组织策划"我和兵马俑有个约会"等12场读者见面会、作家访谈、新书推介等重点活动。

【2019年华东少儿出版联合体营销峰会在南昌举行】 3月6日，由二十一世纪出版社集团承办的2019年华东少儿出版联合体营销峰会在南昌举行。华东地区6省少儿社的社长、总编辑及代表，以及经销商400余人参加峰会。中国出版协会常务副理事长邬书林，中国版协原副主席、国际儿童读物联盟中国分会原主席海飞、国际儿童读物联盟主席张明舟，安徽新华传媒股份有限公司总经理张克文，中文天地出版传媒集团股份有限公司总编辑游道勤，江西新华发行集团总经理汤晓红等出席峰会。峰会以"携手新时代，追逐新梦想"为主题，共同分析新时期少儿出版面临的新局面、新问题，从主题出版、营销推广、渠道经营等多个方面寻求新的战略目标。华东地区6家少儿社在峰会上展示了2019年的重点产品。峰会还举办了题为"中国童书与世界"的高层论坛。邬书林、海飞、张明舟等专家就"全球化背景下的中国童书如何走向世界"发表演讲。

(贾波)

出版物市场监管

【概　况】 2019年，全省出版物市场监管和省"扫黄打非"工作围绕庆祝中华人民共和国成立70周年主线，以专项行动为抓手，大力扫除文化垃圾，净化文化环境。加强物流仓储、邮政寄递、印刷复制、出版发行、文化市场等重点部位、重点环节、重要渠道的清查整治，查缴非法出版物42万余件。开展网络文学、网络游戏、网络直播、学习类APP等专项整治，屏蔽违法网站域名1.5万余个，关闭传播淫秽色情、低俗不良信息网站、APP、微信公众号200多个。建设基层"扫黄打非"工作站2.1万多个，6个单位被评为全国"扫黄打非"先进集体，5 个基层站点被评为全国“扫黄打非”进基层示范点、示范标兵，5 人被评为全国“扫黄打非”先进个人。全年查办“扫黄打非”案件 246 起，其中国家重点挂牌督办案件 13 起，一批违法犯罪分子受到惩处。

【专项整治行动】 2019 年，持续开展“净网”“护苗”“秋风”等专项行动，形成严查严打的高压态势。严密组织“净网”专项行动，建立网上“扫黄打非”联席会议机制，落实网络应急管理、备案审核、巡视巡查等制度，组织开展网络直播、网络文学、网络音视频等传播淫秽色情、庸俗低俗违法违规行为，查删网络有害信息 300 多万条，查办网络传播淫秽物品牟利案 8 起，查封“华夏在线”“白虎直播”“贵妃直播”等传播淫秽色情、低俗信息网站、微信公众号 200 多个。开展“护苗”专项行动，大力开展校园周边文化市场专项整治，收缴非法有害少儿出版物 5 万余册、音像制品 1 万余张，清理“校讯通”“作业盒子”等传播有害信息学习类 APP29 个，取缔校园周边无证无照打字复印店 32 家。组织开展“中共党史、新中国史、改革开放史”“网络安全课”等“护苗 · 绿书签”系列宣传教育活动 300 场次，引导少年儿童远离和抵制非法有害出版物。

【创新工作机制】 完善重大案件协调机制，会同省委政法委、省公安厅、省文化和旅游厅就重大案件查办过程中遇到的困难问题进行协调处置，现场督导，推动案件查办，形成震慑。建立联合“护苗”机制，突出“红色基因”传承，举办名家进校公益讲座、派发“绿书签”、推荐优秀出版物等活动，形成集政府监管、企业自律、社会参与、学校引导、家庭教育为一体的“护苗”综合安全体系，经验做法在全国推广。

【春、秋两季中小学教材发行检查】 2019 年，根据国家新闻出版署《关于做好 2018—2019 学年国家统编道德与法治、语文、历史教材出版发行工作的通知》安排部署，组织开展 2019 年春、秋季中小学教材教辅发行工作，确保“课前到书、人手一册”任务的完成。加强督促检查，深入南昌市、抚州市、九江市对多所中学、小学和多家新华书店进行检查，进一步规范全省中小学教材的发行秩序。

【农家书屋清查整改】 2019 年，对一批未能保证正常开放时间、执行管理制度不到位的农家书屋进行整改。对“不履职取酬”的书屋管理员进行清退、解聘，更换一批不能胜任管理工作的管理员。联合省残联对农家书屋残疾人图书管理员进行岗位培训。

11 月 4 日—10 日，上饶经开区举办农家书屋管理员培训班

龚小文摄

【新闻出版统计】 2019 年，对江西 7 家图书出版单位、68 家报纸出版单位、165 家期刊出版单位、1 家印刷物资供销企业、1 家复制企业、267 家发行批发企业、2473 家发行零售企业、132 家出版物印刷企业、632 家包装装潢印刷企业、993 家其他印刷品印刷企业等进行数据采集、汇总和分析，并经国家新闻出版署、中国新闻出版研究院审核通过，完成江西 2018 年新闻出版产业的统计分析，同时对接省统计局，完成江西文化产业统计概览中新闻出版相关数据的统计。

（贾波　涂淑婧）

电影电视剧

【概　况】 至 2019 年年底，全省共有数字影院 356 家，银幕 2019 块；比 2018 年年底新增影院 9 家，新增银幕 198 块。全省电影总票房 15.19 亿元，增长 6.95%，增幅高于全国平均水平（全国增长率 5.4%）；全国城市票房百强中，江西省有 4 个城市上榜，南昌市列第 27 位、赣州市第 67 位、九江市第 77 位、上饶市第 78 位。全省观影人次 4412 万，增长 2.85%。全年票房超 1000 万元的影院有 36 家，完成票房 14 亿元的年度目标。全年完成下达国产影片放映奖励、购买农村电影公益性放映版权、省产优秀电影宣传推广等项目的申报审核工作，涉及中央和省级电影专项资金 6556.5 万元、影院 356 家。根据《江西省国家电影事业发展专项资金扶持电影创作生产实施细则》，省电影局下发《申报指南》，确定 46 个项目为扶持项目，对相关项目拨付扶持资金 790.2 万元。全年审核转报电影剧本 62 部，其中 31 部通过国家电影局备案公示；审查转报电影完成片 15 部，其中 10 部获《电影公映许可证》。

2019 年，全省通过国家广播电视总局备案公示 3 部，分别是上饶司艺文化传媒有限公司申报的《像我们这样奋斗》、江西希世纪文化传媒有限公司申报的《糍粑黏黏日子甜甜》、江西柏舟影业有限公司申报的《红河》。获《国产电视剧发行许可证》的有江西电影制片厂、上饶司艺文化传媒有限公司联合出品的《可爱的中国》，景德镇竟成影视剧制作中心出品的《瓷都人之瓷魂》。

【电影电视剧创作生产】　电影《信仰者》获第15届中宣部“五个一工程”优秀作品奖和“2019国防军事电影盛典优秀扶持影片”奖，《八子》获“2019国防军事电影盛典优秀扶持影片”奖，《浴血广昌》票房达1.04亿元。电影《当我们海阔天空》入选中宣部、中央网信办、中央文明办、教育部、文旅部、共青团中央《关于广泛开展校园文化活动的工作方案》推荐片目，获国家电影局电影精品专项资金200万元资助。《一生只为一事来》入选教育部办公厅、中宣部办公厅《第39批向全国中小学生推荐优秀影片片目》。《大傩·董春女》入围第42届加拿大蒙特利尔国际电影节世界电影焦点单元，入围第28届金鸡百花电影节国产新片展映单元，获第8届西班牙马洛卡国际电影节评审团推荐大奖，以及最佳故事片、最佳男主角、最佳女主角等3项提名。电视剧《可爱的中国》获中宣部“五个一工程”特别奖，入选国家广电总局“庆祝新中国成立70周年重点电视剧推荐剧目名单”且列第一位，7月4日起在中央电视台综合频道黄金时段首播。

【电影事业发展服务政策】　2019年，省电影局出台一系列电影政策文件。修订《江西省国家电影事业发展专项资金扶持电影创作生产实施细则》。在原有基础上，增加制片基地建设发展资助、电影机构在赣取景摄制资助、电影节展活动资助、电影人才培育资助4方面的内容。修订《江西省国家电影事业发展专项资金征收使用管理办法》，对省级电影专项资金的征收方式和使用范围进行调整，将电影专项资金纳入江西省非税收入收缴管理系统，执行“财政票据与非税收入收缴电子一体化”。制定《江西省电影审查工作办法（试行）》，规范电影审查工作程序和基本内容，提高审查服务和劳务报酬标准。4月，完成全省电影系统《省、市、县三级政务服务事项目录清单》编纂工作，其中省级政务事项21项、地市级7项、县级7项。5月份，完成省电影局“互联网+监管”系统13项监管事项目录清单和11项检查实施清单的梳理工作，明确每个项目的监管部门、监管事项、监管措施、设定依据、监管流程、监管结果等12项内容，为开展互联网监管奠定基础。6月起，对江西省政务服务网上的21项行政权力事项的数百个要素进行逐一修正，对列入“一次不跑、只跑一次”清单的事项进行核对、修改、完善。

【乡镇影院建设】　2019年，向国家电影局上报2019—2020年建设44家乡镇影院、100块银幕的预期计划，2019年新建4家乡镇影院、11块银幕。至2019年年底，全省共有17家在营业乡镇影院，共50块银幕。资助寻乌县200万元，用于2家“学习强国”电影院的装修和放映设备采购。

【农村电影公益放映】　2019年，增加农村电影版权和基础设施扶持额度，推动全省新时代文明实践所（站）建设。安排400万元资助购买农村电影公益性放映版权，7月起每季度采购1部高质量的主旋律大片，深入全省约1.7万个行政村进行公益放映全覆盖。结合国家重大节庆，到农村、中小学校、社区广场开展主题放映活动。3月在鄱阳县举办“红色文艺轻骑兵 江西电影放映志愿服务队”到贫困地区开展农村电影公益放映活动启动仪式；5月与中宣部电影数字节目管理中心在瑞金市举办“我和我的祖国”庆祝中华人民共和国成立70周年公益电影主题放映活动启动仪式；7月在于都县举办“我和我的祖国”——江西省公益电影红色经典进万村放映活动启动仪式。安排260万元资助全省25个贫困县和鹰潭市余江区更新流动电影放映设备、增设固定放映支架，安排592万元资助各县（市、区）新时代文明实践所（站）建设公益电影固定放映点、购买激光电影放映设备，两项经费共852万元。

【电视剧项目扶持】　2019年，全省共获各级各类项目资金扶持988万元。其中，电视剧《井冈山儿女》获得国家广电总局2019年度电视剧引导扶持专项资金剧本扶持项目和“深扎”倾斜扶持共494万元资助。争取到省委宣传部文艺精品创作专项资金20万元，对电视剧《面包先生》资助；争取到江西文化艺术基金电视剧项目资金474万元，对电视剧《可爱的中国》《井冈山儿女》《毛泽东寻乌调查》《永恒的信仰》《清宫巨匠样式雷》《老表》《初心》等电视剧作品的扶持。年底完成扶持资金发放签约工作。

【电影电视剧人才队伍建设】　5月，在井冈山举办学习习近平新时代中国特色社会主义思想暨江西电影技术骨干（经理）培训班，各设区市、省直管县（市）电影主管部门负责人、部分城市影院经理和农村电影放映技术骨干等120人参加培训。7月，在浙江大学举办江西省电影编导与管理人才专题研修班，各设区市委宣传部分管领导、部分影视制作机构负责人和电影编剧等63人参加培训。8月，组织全省各设区市文广新旅局电视剧分管领导和主管电视剧工作部门负责人，各设区市广播电视台副台长，省内部分电视剧制作机构负责人、编剧、导演共80余人参加电视剧选题规划会和电视剧人才培训班。对江西省的影视题材进行全面梳理归纳，对电视剧的创作及市场运作、电视剧相关扶持政策等内容分别进行授课。

（郑华臻　焦蓉芳　郭立）

广播电视宣传

【重大主题宣传】　2019年，全省广播电视和网络视听媒体着力提升主题宣传报道能力，深化广播电视“头条工程”和网络视听媒体“首页首屏首条”建设，组织指导广播电视媒体、视听网站围绕中共中央总书记习近平重要活动、重要讲话、重要部署，策划推出重点报道、新闻评论，开设“在习近平新时代中国特色社会主义思想指引下——新时代 新作为 新篇章”专栏、“新江西、新答卷、新征程——习近平总书记视察江西三周年”专题、学习贯彻习近平视察江西重要讲话精神等专栏,汇集推送视频、图文报道。各级广播电视台以庆祝中华人民共和国成立70周年这条主线,先后组织开展“礼赞新中国 奋进新时代”全省广播电视台优秀节目展播、庆祝中华人民共和国成立70周年优秀公益广告作品展播活动。江西广播电视台综合新闻连续推出6期国庆特别策划《今日中国,哪儿“最”可爱?》,江西卫视《江西新闻联播》推出形式丰富、氛围浓郁的国庆系列报道。各网络视听新媒体机构开设“我们的70年”专题频道,及时集纳转载中央主要媒体制作播出的相关视听节目,开展精品网络视听节目展播展映,推动庆祝中华人民共和国成立70年网上宣传形成强大的声势和良好的氛围。全年江西新闻上中央电视台《新闻联播》总数306条,比2018年增长2%。在中国之声《新闻和报纸摘要》《全国新闻联播》共上稿172条,比2018年增长5%。

【广播电视宣传管理】 召开全省广播电视宣传管理工作会议,对2019年宣传管理工作任务进行全面部署。转发和传达中宣部、国家广播电视总局和省委宣传部下发的一系列有关宣传管理的要求和提示。对于重大紧急的宣传要求,及时编发《宣传通报》进行传达落实。加大监管力度,严肃宣传纪律。发挥并提高《收听收看简报》的实效性、针对性,2019年共编发《收听收看简报》30期。对突出的违纪违规问题下发《警示谈话通知书》,并对相关单位负责人、节目制作单位负责人、宣传管理部门负责人进行警示谈话,要求违规违纪单位端正认识、认真整改,有效遏制宣传工作中的违纪违规现象。在全省部署持续开展“讲品位、讲格调、讲责任,抵制低俗、庸俗、媚俗”专项行动,重点对各类广播电视宣传中存在的不守纪律、不讲规矩、节目内容低俗等现象进行清理和整改,确保广播电视宣传导向正确,节目遵章守纪,格调积极健康。组织开展全省广播电视新闻作品季度推优活动。以新闻类节目为重点,统筹各类节目,推动各级广播电视台创新理念方法,提高宣传报道质量和水平。

【广播电视精品推出】 江西卫视推出的原创红色人文季播节目《跨越时空的回信》(第一季、第二季),受到省委主要领导和中宣部、国家广电总局肯定,入选总局2019年18个重点广播电视节目创意选题,并成为江西省开展“不忘初心、牢记使命”主题教育的重要学习材料。节目组受邀在全国广播电视宣传例会上作经验介绍,中宣部《新闻阅评》、国家广电总局《监管日报》分别刊发文章进行专题点评推介。2件广播电视作品荣获第29届中国新闻奖。3件作品入选国家广电总局广播电视季度创新创优节目。1件作品获全国优秀广播电视新闻作品季度推优。在2018年度少儿节目精品发展专项资金扶持项目评选中,1件作品入选精品栏目,4件作品入选扶持栏目。1件作品入选国家广电总局2019年第二季度中国梦主题短纪录片展播作品。江西局和上饶市与江苏联合出品的庆祝中华人民共和国成立70周年献礼动画片《可爱的中国》被评为2018年度国家广播电视总局20部优秀电视动画片,列一类第一名。在国家广播电视总局“我和我的祖国——第三届社会主义核心价值观动画短片扶持活动”评选中,江西省动画短片《四世同桥》入选。电视动画片《历史会说话——丝游纪》和电视纪录片《汪大渊与他的日志》入选2019年度“丝绸之路影视桥工程”项目。在2019年度江西省文艺精品创作资助项目评选中,电视动画片《可爱的中国》、电视文献纪录片《共和国从这里走来》、广播剧《排头兵》《大山的承诺》获得资助。

【公益广告创作】 2019年,全省广播电视播出机构开展弘扬社会主义核心价值观、庆祝中华人民共和国成立70周年等题材公益广告创作播出工作,参加国家广播电视总局2018年广播电视公益广告扶持项目评审。新余广播电视台获总局2018年度公益广告优秀播出机构三等奖,获10万元专项资金扶持。江西电视台《致敬先烈系列》被总局评选为庆祝中华人民共和国成立70周年优秀广播电视公益广告作品,获扶持资金5万元,并纳入“全国优秀广播电视公益广告作品库”。开展全省“礼赞新中国”广播电视公益广告征集评审扶持展播活动,评审出全省优秀作品共28件,并对作品和机构进行资金扶持。持续开展高密度广告监管,开展广播电视广告重点监管、整治“保健”市场乱象百日行动和非法集资风险专项排查整治活动,对发现的违规广告立即责令限期整改。

(万里波 胡小玲)

广播电视科技

【概 况】 2019年,江西省贯彻落实广电总局《关于促进智慧广电发展的指导意见》,把“智慧广电”建设作为新时代广播电视创新发展的战略选择,强化安全播出技术监管,夯实监测技术根基,加快形成以创新为引领和支撑的广播电视发展新模式。全省各级广电网络公司不断拓展网络服务能力,承担党委、政府数字化信息化工程,拓展天网雪亮工程、智慧公路、云视频会议系统、智慧教育(智慧作业、专递课堂)等新业态,提升广电网络价值,服务国家数字经济和数字中国建设。培育广播电视科技队伍,组织参加全国广播电视技术能手竞赛,江西省获2个二等奖(省广播电视台、上饶广播电视台各1个)、2个三等奖(新余广播电视台、省广播电视台各1个)。

【广播电视监测监管】 2019年,江西省夯实广播电视监测监管技术基础,加快建立适应媒体融合发展监管需要的监测监管平台。省广电局投入150多万元资金,更新改造8个设区市前端无线模拟监测设备,部署建设全省广播电视信号采集系统,基本完成IPTV集成业务监测调度大厅、IPTV监管系统(一期1.0)建设,实现对11个设区市有线无线广播电视节目,以及IPTV集成播控平台、南昌市IPTV信号监测的有效覆盖,提升技术

江西广播电视安全播出调度中心内景

省广播电视局供

防御能力，筑牢监管边界，扫除监管盲区。加大对广播电视广告、网络视听以及新媒体节目的监测力度，缩短响应时间，实行月度监测上报机制，按照有重点、分区域、广覆盖、分批次的原则，对全省境内广播电视频率进行监测，及时发现违规频率。有效应对5G基站干扰，召开5G基站与广播电视卫星地球站干扰协调会，建立C频段广播电视卫星接收站与5G基站干扰协调通报机制，加强技术系统防干扰、防插播、防破坏措施，推动广播电视安全传输保障体系向新媒体延伸，提高网络安全防护保障的能力。

【智慧广电媒体建设】　2019年，全省各级广播电视台加快广播电视媒体与新兴媒体一体化协同发展，推动建立“一次采集、多种汇聚、多种生成、多元分发、智能协同”的智慧广电节目制播体系。全省各地贯彻省广电局《关于加快推进高清电视发展的实施意见》，争取当地财政资金支持，加快高清制播能力建设。江西广播电视台卫视频道、新闻频道、陶瓷频道和南昌市广播电视台新闻综合频道已经广电总局批准，实现高清播出。上饶市、景德镇市、新余市、抚州市、赣州市、吉安市、鹰潭市、九江市8个广播电视台新闻综合频道已完成高标清同播硬件改造，萍乡市广播电视台业已争取到市财政1800万元的高清改造资金。经过两年推动，全省设区市广播电视台高清制播能力显著提高。江西省IPTV集成播控平台运用大数据技术，对用户收视行为进行分析，依据用户收视习惯精准上线节目内容，满足用户个性化需求。

【智慧广电网络建设】　2019年，全省各级广电网络公司加大投入，加强新技术改造，提升传输能力，加快高清互动智能电视机顶盒的推广普及置换。建设“智慧江西”平台，以互动电视机顶盒作为主要显示终端，融合移动端，实现省、市、县、乡、村多级别多层次党务政务、生活服务、教育、医疗、旅游、养老等信息的采集、发布，实现从“看电视”到“用电视”的转变。

（蔡旦颖　杨应东）

播出制作机构管理

【概　况】　2019年，全省共有广播电视播出机构96座（省级2座，设区市级12座，县级82座）。全省广播电视播出机构共开办节目156套，其中广播节目116套，电视节目40套（含付费电视频道2套，移动数字电视频道1套）。截至12月31日，江西持有《广播电视节目制作经营许可证》的广播电视节目制作机构224家（国有企业23家，事业单位4家，民营企业192家，其他3家）。4月11日，国家广播电视总局批复同意新余、萍乡两市电台、电视台合并，全省广播电视台播出机构合并重组工作全面完成。

【推进播出机构高清电视频道发展】　2019年，江西卫视、江西广播电视台新闻频道、江西广播电视台陶瓷有线数字付费高清电视频道、南昌市广播电视台新闻综合频道、上饶市广播电视台新闻综合频道、上饶市广播电视台公共频道、景德镇市广播电视台新闻综合频道、新余市广播电视台新闻综合频道、抚州市广播电视台综合频道9套电视频道获国家广播电视总局批准高标清同播。开播后高清同播频道同播率100%，高清率100%。

【规范广播电视播出秩序】　2019年，全省落实国家广播电视总局要求，开展播出机构审核换证工作，对符合换证审核条件的广播电视播出机构和地市级以上播出机构所开办的广播电视频道频率，严把换证审核标准，同时对各级播出机构擅自增设频道、频率，擅自变更台标、呼号、传输方式、覆盖范围等违规行为开展督导，加大对播出机构违规行为查处力度，对部分频率擅自变更呼号、部分广播电视台增设频道等违规问题下达整改通知责令整改到位，并持续督导。

（乐可鑫）

本栏编辑　张志勇

卫 生 健 康

综 述

2019年，全省卫生健康系统紧扣健康中国战略，深入推进健康江西建设，满足群众不断增长的健康服务需求，重大改革取得新突破，重点工作取得新成效。

健康江西建设。省政府成立健康江西建设工作委员会，出台《关于健康江西行动的实施意见》《健康江西行动组织实施和考核方案》。江西国际卫生健康城加快筹建。举办首届健康医疗大数据发展高峰论坛，5个地市获首批国家健康医疗大数据应用示范中心与产业园建设试点市。全国老龄办肯定并推广新余市农村"党建＋颐养之家＋晓康诊所"经验做法。有效应对登革热疫情，法定传染病报告发病率、死亡率均低于同期全国水平。预防接种门诊移交工作基本完成。24个县（市、区）达到血吸虫病消除标准。全省城乡居民电子健康档案建档率82%。创新推出江西省首个健康素养动画片《66兔家》。向全国爱卫会推荐申报创建7个国家卫生城市、16个国家卫生县城、66个国家卫生乡镇。推进"厕所革命"，完成农村改厕48.13万座，完成省政府规定年度任务数的128.3%。举办首届全省卫生应急"大演练、大展示、大比武"活动。省政府成立省长易炼红为组长的省职业病防治工作领导小组，推进尘肺病防治攻坚行动，职业病尘肺病随访率94.4%，位居全国第二。完成用人单位工作场所职业病危害因素监测3042家，完成率101.4%。医疗卫生行业综合监管体系不断完善，卫生监督执法力度得到加强。

全面深化医改。国务院副总理孙春兰对江西省公立医院改革作出肯定性批示，国家卫生健康委在江西省召开公立医院改革专题新闻发布会，推广江西公立医院改革经验做法。省、市、县成立卫生健康行业党建工作指导委员会，全省50%以上的公立医院完成"党建入章"，基层党支部覆盖率90%以上。完善公立医院党建议事决策机制，被中组部选为新时代加强党建典型案例。确定12个县域综合医改试点县，遴选22家公立医院探索建立现代医院管理制度试点。全省组建多形式医联体467个，建设覆盖15家省直医院和所有县（市）的远程医疗系统。开展"奉人民为上、视群众为友、与健康同行"专项活动，持续改善医疗服务。全省居民个人卫生支出占卫生总费用比重降至26.9%，公立医院门诊次均费用、平均住院费用相当于全国平均水平的92.6%、90.85%，门诊和住院患者满意度超过90%。率先在全国研发推广使用医疗纠纷调处信息管理系统，完成2018年度三级公立医院绩效考核工作，推动17种国家医保谈判抗癌药进医院政策落地，药品供应保障平稳有序。

提升卫生服务能力。省属5所新区医院基本建成并投入试运营。获得中央投资项目30个、补助资金10.51亿元。9所县级医院达到三级医院建设标准，10家卒中中心、28家胸痛中心获国家认证，授牌省级卒中中心37家、创伤急救中心14家、胸痛中心39家。11家省级临床医学研究中心获批立项，新申报国家重点实验室1家。县级公立医院疾病难度系数（CMI）达到0.8，县域内就诊率达到86.6%。累计培养村卫生室订单定向医学生5000人。住院医师规范化培训2170人，为基层培训全科医生1400人。联合省委宣传部开展2019江西"最美医生、最美护士"评选发布活动。举办卫生健康领域高层次专家对接洽谈会。成立江西省卫生健康委员会医学人才交流促进会，聘请首批特约顾问17人、顾问41人、成员58人。与上海信托、阿里巴巴、西安交大签订战略合作协议。预制电子健康码1476万张，电子健康码就医应用超过100万次。

开展健康扶贫工作。省卫生健康委脱贫攻坚中央专项巡视立行立改工作得到中央巡视组、省委、省纪委主要领导肯定。建档立卡贫困人口住院最终实际报销比例稳定在90%的适度目标。县域内定点医疗机构均实现先诊疗后付费和"一站式"即时结算。部署开展儿童血液病、恶性肿瘤、罕见病救治管理工作，免费救治和大病专项救治病种数扩大到31种，全省累计救治大病患者137.6万例次，其中免费救治126.7万例次、专项救治10.9万例次。开展京沪粤赣籍医学专家联合回乡义诊讲学大型公益活动。

推动中医药发展。《江西省中医药条例》正式颁布。省政府出台《关于促进热敏灸产业发展的实施意见》。中药国家大科学装置项目、中国中医科学院江西分院相继落地中医药科创城。伍炳彩、刘红宁获"全国中医药杰出贡献奖"。安排1100多万元，支持112个中医馆建设。组建5家省级临床医学研究中心。江西中医药大学获批国家中医药高层次人才培养专业基地。打造"赣十味""赣食十味"品牌，加强医疗机构中药制剂调剂使用管理，助力推进中药产业发展。

人口家庭和妇幼健康服务。省政府办公厅印发《关于促进我省3岁以下婴幼儿照护服务发展的实施意见》。研发使用全省出生人口信息管理系统,推送生育登记和出生个案信息的数量和质量居全国第一方阵。全省已建和在建婚育全程服务中心103个。婚检和婚登紧邻设置的县区覆盖率达99%,婚检率达95.41%。全省建立标准化的哺乳室或母婴室1216个(含在建),总体配置率94.41%。农村宫颈癌防治"靖安模式"在全国影响广泛。在全国率先实现出生医学证明电子化,累计签发电子出生医学证明166.89万张。筹措308万元资金,开展新生儿先天性心脏病筛查项目。为1.71万名特殊家庭成员办理住院护理保险。

(马晓平)

医疗改革

【概　况】 2019年,全省医药卫生体制改革工作突出目标导向和问题导向,着力破解体制机制壁垒。国务院副总理孙春兰对江西省公立医院改革作出肯定性批示,国家卫生健康委在南昌举办公立医院综合改革专题新闻发布会,推广江西公立医院改革经验做法。2018年度公立医院综合改革效果评价考核再次进入全国第一方阵,连续4年位居全国前列,获得中央财政奖励资金共5000余万元。国务院医改领导小组简报刊登介绍江西省县域综合医改工作和赣州市公立医院改革经验。

【公立医院综合改革】 巩固破除以药补医成果,截至2019年年底,全省所有公立医院全部取消耗材加成,按照"腾空间、调结构、保衔接"路径,综合取消药品和耗材加成、全省药品集中招标采购,以及"4+7"药品跟标采购腾出的空间,推进全省医疗服务价格综合性改革,进一步理顺医疗服务价格体系,完善公立医院运行新机制。选择22家医院开展现代医院管理制度试点,4家医院入选国家级现代医院管理制度试点医院。

【分级诊疗制度建设】 全省组建467个医联体,实现网格化管理全覆盖,66家社会办医疗机构纳入医联体建设,建成覆盖全省15家省直医院和80个县(市)的远程医疗系统,开展"国庆百家医院线上义诊"活动,促进优质医疗资源纵向流动。赣州、九江、上饶3个设区市开展国家城市医联体建设试点,16个县市开展县域医共体建设试点工作。家庭医生签约服务提质增效,在稳定签约数量的基础上,把签约服务工作重点向提质增效转变,优先做好重点人群、贫困人口签约工作,制定基本医疗、公共卫生、健康管理等签约服务内容,提高签约服务内涵。

【县域综合医改试点】 7月,省政府办公厅印发《关于开展县域综合医改试点工作的指导意见(试行)》,确定南昌县、修水县、乐平市、芦溪县、分宜县、贵溪市、信丰县、瑞金市、丰城市、德兴市、吉水县、东乡区12个县(市、区)为省级县域综合医改试点地,组建1~3个紧密型医共体,将基本医保和基本公卫资金整体打包给医共体,实行人财物统一调配、医疗医保医药统一管理、信息系统统一运维,逐步形成管理、服务、利益、责任、发展"五位一体"的共同体。

(王为)

医政工作

【概　况】 2019年,全省医疗管理工作坚持以人民健康为中心,改善医疗服务、绩效考核、医疗质量管理与控制、医院感染管理、农村贫困人口大病专项救助、医疗技术临床应用、扫黑除恶、医疗乱象整治、无偿献血9项工作获得国家书面表扬。印发江西省第一、二、三批省级重点监控合理用药药品监控目录,推动17种国家谈判抗癌药进医院。在全国"平安医院"创建活动中以满分排名全国第一,连续6年排名全国第一。江西省代表队在2019年全国精神卫生防治技能竞赛中获专题演讲和情景演练三等奖;省卫生健康委获2019年全国改善医疗服务典型宣传优秀组织奖。在全国医疗管理工作会、国家卫生健康委扫黑除恶专项斗争工作视频会上作交流发言,先后8次在全国性会议发言或经验交流。

【医疗质量安全管理】 制定肿瘤、皮肤病质控标准。组建江西省电子病历系统应用水平分级评价专家库,审核并确定139家医疗机构电子病应用水平等级。加强医院感染监测和责任追究,累计排查医疗机构3.62万家,做好医疗机构医用洗涤织物消毒管理和医疗废物产生情况调查。强化OPO管理,遗体捐献量全国排名处于中上游水平。2019年,江西省3家器官移植医院实现遗体捐献案例186例,获取大器官534个,完成器官移植手术449例。

【血液安全和采供血管理】 2019年,全省无偿献血人次数、采血量、供血量分别为42.36万人次、730542.25U、144257380毫升,比上年同期分别上升6.77%、7.40%、8.04%。临床用血100%来自无偿献血,核酸检测率100%。全年全省单采血浆站采浆450吨,涉及约75万人次。加强全省单采血浆站管理工作,6月,在全国率先大规模推广无偿献血电子献血证。11月,全省启动无偿献血者用血费用直免工作。省血液中心单采血小板组等10个单位获"全国表现突出采血班组"奖。

【医疗服务能力建设】 完善卒中、创伤、胸痛三大中心建设与管理指南政策体系,公布授牌江西省卒中中心39家、创伤急救中心14家、胸痛中心39家。在南昌市、九江市部署开展院前院内协同救治试点。实施2019年万名医师支援农村卫生工程中央补助项目。实施城乡医院对口支援,全省累计9所县级医院达到三级医院建设标准,6家贫困县医院被设置为三级医院。

【医院管理综合评价】 建设江西省公立医院绩效考核平台,组织完成2018年度全省62家西医类三级公立医院(非中医类)绩效考核,部署二级公立医院绩效考核工作。推进三级医院评审和二级医院评审结果复核工作,2019 年完成上饶市立医院、九江市第五人民医院等 2 家三级医疗机构、93 家二级医院授牌公示工作,完成江西省第三周期医院评审工作。加强医疗机构病案首页质量管理,发布 4 期《江西省 DRGs 绩效分析简报》。同意南昌大学第一附属医院成立江西省创伤医疗中心。

【重大疾病救治和疾病应急救助】 将慢性阻塞性肺气肿纳入专项救治范围,形成 10 种重大疾病免费救治和 21 种城乡贫困人口重大疾病专项救治体系,累计救治大病患者 137.6 万例次,其中免费救治 126.7 万例次、专项救治 10.9 万例次。确定 4 家儿童血液病省级救治定点医院,组建 2 个儿童实体肿瘤省级诊疗协作组,成立省级救治专家组。对急危重患较多、垫付压力较大的医院实施"先预拨、后审核"管理办法,累计拨付救助金额 3816 万元,救助人数 6796 人次。

【优质护理和改善医疗服务】 表彰全省"杰出护理工作者"32 人,"第三届护理改革与创新"6 人,防堵管、防针刺留置针操作比赛能手 10 人。印发《江西省护理技术操作规程》。抓好改善医疗服务行动计划五项工作制度建设、十项服务模式创新、五大就医体验改善。2019 年,全省公立医院门诊、住院患者、员工满意度分别列全国第 3 位、第 11 位、第 6 位。省卫生健康委获 2019 年全国改善医疗服务典型宣传优秀组织奖。成立"江西省医院协会医院社会工作暨志愿服务工作委员会",全省 240 家医院注册志愿者 4.16 万人,25 家医院设立医务社工部门和岗位。

【精神卫生防治】 指导赣州社会心理服务体系建设试点和南昌市精神卫生综合管理试点。江西省严重精神障碍管理信息系统投入运行。至 2019 年年底,全省累计登记并录入国家严重精神障碍信息系统 22.46 万人,报告患病率、面访率、规范管理率、服药率、规律服药率分别为 4.51‰、92.52%、84.31%、92.36%、67.79%,综合评分位列全国第七。江西省代表队在 2019 年全国精神卫生防治技能竞赛中获专题演讲和情景演练三等奖。

【平安医院建设】 启用江西省医疗纠纷调处管理系统,建立医疗纠纷调处信息大数据库,推动医疗纠纷调处科学化、信息化管理。全省各级医调组织调解医疗纠纷 1380 件,成功率 95.87%,医疗纠纷医保赔付结案率 92.3%。2019 年,江西省无重特大涉医案件和涉医重大督办案件。印发《2019 年—2020 年江西省纠正医药购销领域和医疗服务中不正之风工作要点》等全省纠风制度文件 4 个。召开第五届卫生健康行风社会监督员 2019 年座谈会。开展医疗乱象专项整治行动。全年委纠风办受理纠风类信访比上年同期下降 72%。

(闵梦双)

基层与妇幼卫生

【概　况】 2019 年,全省基本公共卫生服务项目人均标准增加到 60 元。建立电子健康档案 3776.19 万份,电子建档率 81.70%。省级财政下达乡村医生补助 9693 万元。开展村卫生室订单定向医学生培养,2019 年招生培养 1271 人,累计在校培养 5000 人。全省县(市、区)免费婚检婚登紧邻设置率 99%,婚检率 95.41%,婚检疾病检出率 15.54%,婚检阳性率 3.58%。全省有 11 家省级孕产妇、新生儿救治中心,11 个设区市 2 个中心全覆盖。全省因病致贫家庭减少 5.8 万户,因病致贫家庭脱贫数占全省 14.3 万脱贫户数的 40.56%。

【健康扶贫】 持续推进健康扶贫三年攻坚行动,全省因病致贫家庭减少 5.8 万户,因病致贫家庭脱贫数占全省 14.3 万脱贫户数的 40.56%;在还未脱贫的 4.8 万户贫困户中,因病致贫占比为 33.33%,比 2018 年下降 5.37 个百分点。2019 年贫困患者住院个人自付比例为 9.23%。全省 2259 个县域内定点医疗机构均实现先诊疗后付费和"一站式"即时结算。

【基本公共卫生服务】 2019 年,基本公共卫生服务项目人均标准增加到 60 元。全省建立电子健康档案 3776.19 万份,电子建档率 81.70%。管理服务老年人、儿童、孕产妇、高血压、糖尿病、严重精神障碍、肺结核患者等重点人群 1137.46 万人。规范和加强家庭医生签约履约服务,突出贫困人口等重点对象,突出履约服务要求,重点关注、考核履约质量和群众感受。全省建档立卡贫困人口签约 250.96 万人,履约 243.19 万人,履约率为 96.9%。推进基本公共卫生服务审计整改,进一步规范项目管理与服务。

【基层卫生管理】 开展"优质服务基层行"活动,向国家报送 12 家达到推荐标准的基层医疗卫生机构。在南昌市、九江市启动"社区医院"试点建设,4 家社区卫生服务中心确定为全省首批"社区医院"。实施基层卫生人员能力提升"国培"项目,下达中央补助经费 1782 万元,重点培训乡镇卫生院和社区卫生服务中心临床医生、护士、管理人员等六类人群,全省培训 1.35 万人。开展全省基层医疗卫生机构整治活动,集中整治乡镇卫生院就医服务环境和村卫生室规范化管理。开展乡镇卫生院职工周转房建设,省级财政下达 2000 万元建设 1000 套职工周转房。落实乡村医生补助经费,省级财政下达乡村医生补助 9693 万元。开展村卫生室订单定向医学生培养,2019 年招生培养 1271 人,累计在校培养 5000 人。开展乡村医生执业再注册工作,鼓励引导乡村医生参加乡村全科执业助理医师资格考试。

【出生缺陷防治】 全省免费婚检婚登紧邻设置的县区达 99%,婚检率 95.41%,婚检疾病检出率 15.54%,婚检阳性率 3.58%。将婚检和妇幼其他基本公共服务项目融合,打造妇幼健康生命全程服务链。继续在全省实施免费孕前优生健康检查、为育龄妇女增补叶酸预防胎儿神经管缺陷,加强产前筛查、产前诊断技术规范管理。逐级开展出生缺陷防治宣讲活动。国家卫生健康委将江西省纳入新生儿先天性心脏病筛查项目试点省。江西省自筹308万元资金,在4个设区市、5个县探索试点新生儿先天性心脏病筛查工作,江西省儿童医院为定点治疗机构,对筛查、诊断进行技术指导。通过早筛查、早诊断、早治疗,改善患儿生活质量。出生缺陷先天性结构畸形和遗传代谢性疾病救助项目实施3年,救助先天性结构畸形患儿1352例,发放救助款1477万元,救助人数、金额均居全国前列。

【母婴安全保障】 组织编写危重孕产妇和危重新生儿救治典型病案汇编,为全省产科医务人员提供救治规范。举办全省孕产妇安全管理培训会议,进行开放、教学式的孕产妇死亡省级评审,对危及母婴安全的重点疾病救治技术进行强化培训。逐级举办母婴安全知识技能比武活动,确保母婴安全关键技术全员过关。制定省、市、县三级危重孕产妇和新生儿救治中心建设指南,开展逐级评估验收。全省有11家省级孕产妇、新生儿救治中心,11个设区市2个中心全覆盖,100个县危重孕产妇和新生儿转运半径全部在3小时内。

【实施妇幼重大公共卫生服务项目】 在25个贫困县实施贫困县农村妇女"两癌"检查。全省农村妇女"两癌"免费检查全覆盖。总结推广靖安县45年宫颈癌防治经验,形成农村宫颈癌综合防治"靖安模式",在靖安县召开45年宫颈癌防治经验交流大会。为全省孕产妇免费筛查艾滋病、梅毒和乙肝,对阳性孕产妇均免费进行预防母婴传播干预。全省25个贫困县开展儿童营养改善项目,在全国率先实现贫困县全覆盖。稳步推进0~6岁儿童眼保健和视力检查工作。成立项目专家组,召开全省视频工作培训会,覆盖省、市、县、乡1200余人。组织4组专家组对20个县开展现场实地质量控制。

(段晨辉 许志钊)

疾病预防控制

【概 况】 2019年,全省法定传染病报告发病率为490.26/10万。甲类传染病无发病、死亡病例报告;乙类传染病报告发病率为232.46/10万,发病数居前5位的病种分别为病毒性肝炎、肺结核、梅毒、淋病、细菌性和阿米巴性痢疾,占95.57%;丙类传染病报告发病率为257.80/10万,发病数居前5位的病种依次为流行性感冒、其他感染性腹泻病、手足口病、流行性腮腺炎和急性出血性结膜炎,占99.33%。

【急性重点传染病防控】 建立健全传染病监测体系,设立传染病监测点226个,开展霍乱、鼠疫、手足口病等12种急性传染病日常网络监测;完成南昌市、赣州市、上饶市等6个地市国家致病菌识别网江西区域监测网络建设,具备早期发现致病菌病原体追踪、溯源的监测能力。全省急性传染病监测任务完成率100%。有效处置多地登革热本地疫情,处置80起手足口病托幼机构聚集性疫情、60起流感聚集性和暴发疫情、9起诺如病毒病和札如病毒病疫情、4起人感染猪链球菌病疫情、2起发热伴血小板减少综合征疫情、2起输入性基孔肯雅热疫情、1起腺病毒感染暴发疫情、1起境外输入疫苗相关黄热病疫情。

【环境卫生监测】 城市水质监测项目覆盖11个设区市的100个县(市、区),设置1046个监测点,检测水样2092份。在青云谱区、青山湖区和婺源县开展空气污染(雾霾)对健康影响的监测,对上饶市45家重点公共场所按季度开展健康危害因素监测;农饮水监测项目覆盖全省11个设区市94个涉农县的所有乡镇(城关镇除外),设置监测点3851个,监测水样7702份。2019年,农村环境卫生监测项目覆盖11个设区市、28个县(市、区),在140个乡镇560个村设置监测点,对2800个监测户、277所农村中小学开展监测。

【慢性非传染性疾病防控】 建成赣县区、南康区、永修县、万年县4个省级慢性病综合防控示范区。完成心血管病对象筛查2.4万余人,高危人群筛查6200余人;脑卒中院外筛查干预3.2万人,院内高危人群综合干预1.6万人;完成3732人次城市癌症筛查,筛查出各类阳性患者311例;完成大肠癌肠镜筛查1000人,检出率3.60%,上消化道癌早诊早治2011例,检出率0.36%。开展慢性病及其危险因素监测,完成6000余人的现

11月15日,江西省宫颈癌防治陈列馆在靖安县揭牌

省卫健委供

场问卷调查和样本采集，以及慢性阻塞性肺疾病2400人的肺功能检测。累计为学龄期儿童实施牙齿窝沟封闭11.04万颗，为1.53万名学龄前儿童实施两次局部用氟。

【艾滋病防治】 截至2019年年底，全省存活的艾滋病病毒感染者和病人1.68万人，符合治疗标准的感染者和病人接受抗病毒治疗比例为84.5%，疫情维持低流行态势。全省设立194个艾滋病监测哨点，新建12个艾滋病筛查实验室和62个艾滋病检测点，全年检测811.2万人次。继续开展美沙酮维持治疗、针具交换、宣传教育、心理支持、安全套发放、咨询检测、健康体检、转介治疗等服务，全年暗娼、吸毒者和男男性行为者月均干预覆盖率分别为85.6%、16.4%和78.9%。全年免费救治贫困艾滋病患者2290人，随访管理1.59万人。

【麻风病防治】 印发《江西省麻风病症状监测实施方案》，对重点县区实施麻风病防治策略与措施的精准帮扶，4个未达标的县(区)中有3个县(区)患病率降至0.1/万以下。全省累计发现麻风患者1.86万例，累计治愈病人1.46万例，累计治愈率78.55%，治愈存活者3124人。2019年全省麻风新增病例20例，现症病人118例，1个县(区)患病率大于0.1/万。

【结核病防治】 全年新发现肺结核患者3.1万例，治疗患者2.95万例，治疗成功率95%。疫情下降、患者病原学阳性率、密切接触者筛查指标等均达到“十三五”规划要求。累计救助耐多药肺结核患者58例，发放救治补助资金30万元。为南昌市、九江市、景德镇市等7个设区市装备耐药检测设备，为31个县(市、区)装备结核病分子生物学诊断设备，设区市耐药检测设备、县(市、区)分子生物学诊断设备全覆盖。全年实施新病原学阳性患者耐药筛查1.3万例，筛查率61%，比2018年增长123.6%。继续在赣州市实施肺结核患者发现项目，实施初诊患者痰涂片检查0.82万例，发现涂阳患者0.2万例；实施耐药筛查0.48万例，确诊利福平耐药患者103例。指导处置南昌市、新余市、赣州市等地区4起学校结核病聚集性疫情，疫情调查、处置成功率100%，实现疫情、舆情双平稳。江西省获2019年全国结核病临床诊疗技能竞赛总决赛团体三等奖、个人三等奖和优秀组织奖。第十轮全国抗结核药物敏感性试验熟练度测试合格率100%、第五轮全国结核病分子诊断技术能力验证合格率96%。

【免疫规划】 完成58.6万名新生儿建卡，实施1185万剂次免疫规划疫苗接种，以乡(镇)为单位，乙肝、卡介苗等免疫规划疫苗接种率90%以上。连续28年保持无脊灰状态，麻疹发病率降至0.08/10万，维持历史最低发病水平。保持疫苗针对传染病监测敏感性，及时监测发现2例乙脑、1例流脑、535例百日咳。实施疫苗精细化管理，对8个设区市8批次6万支疫苗进行使用调剂，累计减少60万剂次免疫规划疫苗损耗。完成2.6万所小学、托幼机构139万人预防接种证查验，补种32.8万剂次免疫规划疫苗。在南昌县、新建区试点开展HBsAg阳性母亲新生儿免疫后血清学监测(PVST)。在南昌市、景德镇市、鹰潭市、吉安市等地开展麻疹等疫苗相关疾病健康人群抗体水平监测。

(徐鹏)

卫生应急与监管

【概　况】 2019年，全省查处各类卫生健康案件1.58万件，罚没款4181万元。查案数量和罚没款金额分别同比上升36.1%和40.5%，查办案件总数和人均办案数量位居全国第四。组织开展优秀案例评查活动，其中2例案卷被国家卫生健康委评为年度优秀典型案例。

【开展“大演练、大展示、大比武”活动】 10月27日，省卫健委在南昌市举行2019全省卫生应急队伍“大演练、大展示、大比武”活动。副省长孙菊生出席并宣布演练活动开始，省政府副秘书长樊雅强、国家卫生健康委应急办副主任杨峰、省应急管理厅厅长龙卿吉观摩指导。全省设区市省级卫生应急队伍共800余人参加，动用各类车辆38台，各类装备290台(套)。活动共分大演练、大展示、大比武3个部分。以江西省某地发生严重地震灾害，造成大量房屋倒塌和人员伤亡、当地医疗卫生资源遭受较大损失为背景，开展卫生应急工作。分别演练卫生应急响应和快速动员、车载医院展开和伤员救治、航空紧急医学救援、无人机物资投送、灾区传

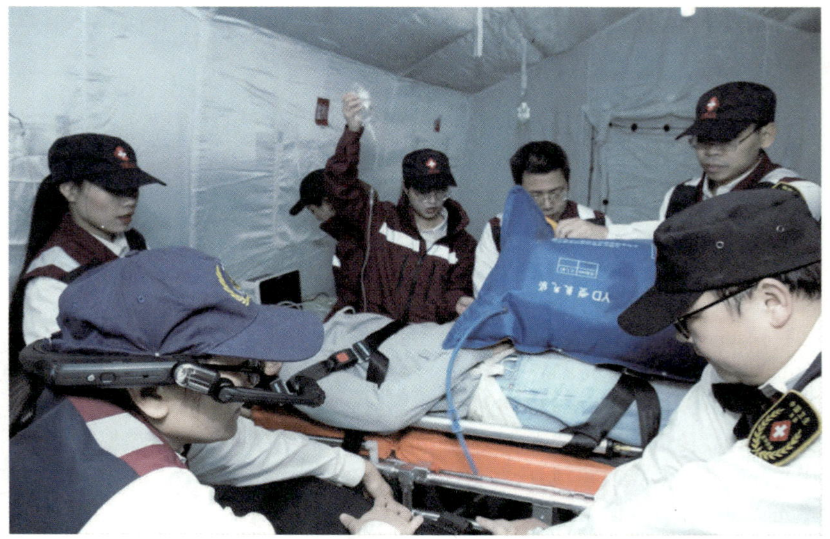

10月27日，省卫健委在南昌市举行2019全省卫生应急队伍“大演练、大展示、大比武”活动

省卫健委供

染病预警监测、环境消杀、健康宣教和心理救援等科目。1支国家紧急医学救援队、27支省级卫生应急队、6家省级紧急医学救援基地、各设区市以及县（市、区）卫生应急队身着卫生应急服装，携带各类卫生应急装备接受检阅；江西卫生职业学院的学生作为白衣天使后备军，一同接受检阅。开展紧急医学救援现场处置、突发公共卫生事件应急处置桌面推演、突发急性传染病流行病学调查3个科目大比武。

【救灾防病】 2019年，汛期灾情发生后，省卫生健康委第一时间启动防汛救灾卫生应急响应，及时调派疾病防控专家组赴吉安、抚州、萍乡、余江等地帮助指导灾后饮用水、安置点消毒、血吸虫病防控等卫生防疫工作，并紧急下拨消毒消杀药品器械、治疗药品3.8吨，发放消毒消杀物资及药品价值311.6万元。各地各单位严格落实24小时应急值守、信息日报告和疫情零报告制度，组织医疗卫生队伍到灾区一线开展医疗救援和卫生防疫工作，累计救治伤病507人。全省各级卫生健康部门通过电视、广播、报纸、短信、微信等方式，广泛开展灾后的防病教育、饮用水卫生、灭蚊灭蝇、死亡牲畜尸体处理等救灾防疫知识宣传，发放救灾防病宣传材料126.3万余份。向68个受灾市县派出医疗、防疫小分队1383支6702人次，开展消灭蚊蝇鼠害，消除蚊蝇孳生地，消除污水坑、洼，及时处理污泥、腐烂植物和动物尸体，对受淹的住房、学校和公共场所及时做好消毒和卫生处理等工作，全省消杀面积达1799.5万余平方米，及时消除发生疫病的隐患。7月16日—20日，省卫生健康委选派4个防病技术指导组，赴各市指导灾后卫生防病工作。针对长江鄱阳湖水位持续上涨，气温持续上升，湖区堤防防守环境复杂等情况，及时指导南昌、九江、上饶等地卫生健康委重点加强督查调度，加大对湖区医疗力量的派送，确保湖区堤防防守人员医疗保障到位，群众医疗救治到位，卫生防病措施到位。重点抓实传染病疫情监测和处置、环境消杀灭等关键环节，全面落实饮用水卫生安全监管等措施，确保大灾之后无大疫。

【监督体系建设】 省政府印发《关于改革完善医疗卫生行业综合监管制度的实施意见》，全面推进医疗卫生行业综合监管体系建设；牵头建立15个省直部门参与的综合监管部门协调联席会议机制，并在医疗服务监督、单采血浆站监督、疫苗安全监督、青少年近视防控、饮用水卫生监督等方面，初步构建多部门参与、齐抓共管的医疗卫生行业综合监管工作新格局。

【“放管服”改革】 全面实行公共场所卫生许可告知承诺制。1月1日起，全省公共场所卫生许可全面实行告知承诺制，全年办理2万余个公共场所卫生许可。做好放射卫生相关工作。完成5家甲级、2家乙级放射卫生技术服务机构的资质认定工作，开展医疗机构放射诊疗建设项目职业病危害预评价报告卫生审查及放射防护设施竣工验收31次。调研第三方公共卫生检测机构服务能力 掌握第三方公共卫生技术服务机构综合情况，分别约谈第三方公共卫生技术服务机构，通报存在的问题并限期整改，引导公共卫生技术服务市场良性发展。指导消毒产品生产企业规范化生产。在永丰县和樟树市召开消毒产品生产企业座谈会，相关企业代表313人参会。引导江西省消毒产品行业协会进行换届选举，强化行业自律意识，推进消毒产品市场健康有序发展。推动成立江西省净水产品行业协会，打通政府、企业、第三方检测机构联系屏障。组织对涉水产品生产企业、省市县三级卫生监督人员、第三方检测机构进行业务培训，加强政府与企业的沟通联系，推动形成卫生健康部门、行业协会、生产企业、第三方检测机构协调共治的局面。

【卫生专项监督检查】 开展儿童青少年近视防控专项行动。对全省3478家校外培训机构和8395家托幼机构进行采光照明建档，对392家校外培训机构、500家托幼机构的采光照明进行“双随机”抽查。开展医疗卫生领域儿童青少年近视矫正专项监督执法，共检查开展眼科诊疗服务的医疗机构322家、非医疗机构（验光配镜机构）548户，立案查处9起，罚款13.28万元。开展公共卫生专项整治行动。检查各类住宿类公共场所3637家，责令整改707家，立案查处141家，罚款13.14万元。开展抗（抑）菌制剂专项整治。检查313家抗（抑）菌制剂生产企业，发现不合格产品数110件，立案72起，罚款48.76万元。开展职业卫生尘毒危害专项执法行动。检查全省851个用人单位，下达执法文书567份，立案62个，警告156个，罚款10.3万元，责令改正358个，责令停止作业1个。开展医疗乱象专项整治行动、疫苗接种专项监督执法。检查医疗机构、疾控机构和妇幼保健机构8957家，发现违法违规医疗机构130家，立案查处14件。对全省1011家集中空调通风系统使用单位进行摸底建档，抽查988家，合格630家，合格率63.8%；对516家单位进行卫生检测，合格485家，合格率94.0%，立案查处28件，罚款10万余元。

（王玮　刘洋）

中医药工作

【概　况】 2019年，全省有公立中医医院104家（其中三级中医院16家），全省每千常住人口配置中医医院床位0.6张（国家标准0.55张）。全省中医医院门、急诊人次1372.5万人次，比上年增长4.28%；出院病人数112.07万人，比上年增长6.59%；开放病床3.35万张，比上年增长5.57%；病床使用率86.39%，比上年减少3.63%；业务收入113.85亿元，比上年增长12.72%；人均业务收入30.38万元，比上年增长5.27%；中药收入16.69亿元，比上年增长23.17%；药品收入占业务收入39.25%，比上年增长097%；中药收入占药品收入37.35%，比上年增长2.3%。中医药人员6855人，比上年增长7.66%。全省二级以上中医医院均设置治未病中心，38个县(市、区)被评为全国基层中医药工作先进单位。

【中医药服务体系建设】 提升基层中医药服务能力。全省1084个社区卫生服务中心和乡镇卫生院建设中医馆,覆盖率64.3%。全省97%社区卫生服务机构、93.5%乡镇卫生院、67.5%村卫生室具备中医药诊疗服务能力,基层中医药服务量占比提升到26.3%,高于全国平均水平。推动中医药服务高质量发展。江西中医药大学附属医院、南昌市洪都中医院和泰和县中医院作为现代医院管理制度试点单位,29家公立中医院及民营医院开展制定医院章程的工作,16家三级公立中医医院启动绩效考核工作,25家三级中医院完成复审、评审,全省备案300余家中医诊所。加强重点专科平台建设。安排省级中医专项经费390万元资助12个省级临床重点专科和27个基层特色专科项目建设单位。支持18个贫困县中医院重点开展专科建设,推进江西省国家区域中医(心血管、针灸)诊疗中心建设。

【中医药产业发展】 全省拥有中药材资源3000多种,其中枳壳、黄栀子、厚朴、杜仲、黄柏等道地药材20多个品种。全省形成南昌小蓝、高新区、进贤,宜春袁州区、樟树5个产业集聚区,其中樟树医药产业集群、进贤医疗器械产业集群主营业务收入都在150亿元以上。开展中药资源普查,34个县完成省级验收。推进中药材质量保障项目,在鄱阳、安远、兴国、吉安、永新5县开展中药材产业扶贫示范基地、定制药园认定相关工作。在鄱阳、安远、兴国3县开展中药材全过程追溯体系平台建设试点工作。对南昌等16个国家中药材标准化项目进行验收。组建成立江西省中医药标准化技术委员会,围绕热敏灸和樟树帮、建昌帮炮制技术,开展中医药地方标准研究。开展“赣十味”“赣食十味”遴选,研究制定江西道地药材和中药大品种发展的支持政策。

【热敏灸产业发展】 省政府出台《关于促进热敏灸产业发展的实施意见》,发挥热敏灸技术优势,带动全省灸疗养生保健、艾条和灸具研发、生产及销售等产业发展。全省组建55家热敏灸联盟单位,在资溪、德兴、宜春温汤、井冈山4个旅游资源丰富的区域开展热敏灸小镇建设。国内有28个省、市、自治区的500余家医院应用热敏灸技术,治疗患者350万例。

【中医药创新平台建设】 全省有中药类院士工作站1个,国家临床重点专科(中医专业)13个,国家中医药管理局重点专科33个、重点学科20个,国家级中药科研平台3个,国家企业重点实验室1个,国家中医临床研究基地1家,国家区域中医(专科)诊疗中心2个,省级专科专病502个。全省中医药领域建成国家级工程中心2个、国家级创新实验室2个,新获批国家级企业技术中心1个,拥有省部级重点实验室8个、工程中心7个。围绕国家战略需求及中医药重大科学问题,与中国科学院联合创建中药国家大科学装置。项目总投资19.22亿元,落实预可研经费5亿元,设立江西省中科院大连化物所中药科学中心。11月,省政府与中国中医科学院在南昌市举行共建中国中医科学院江西分院签约仪式,江西分院是中国中医科学院第一个实体分院。全国道地药材质量评价研究中心、中药固体制剂制造技术国家工程中心、创新药物与高效节能降耗制药设备国家重点实验室等“国字号”平台先后入驻中医药科创城。

【中医药人才队伍建设】 全省有全国中医药杰出贡献奖获得者2人、国医大师2人、全国名中医3人、岐黄学者2人、全国中医药教学名师2人、省国医名师10人、省名中医345人、基层优秀中医394人、全国中医药类人才培养对象近200人。开展中医住院医师规范化培训,5家国家中医住院医师规范化培训基地招收学员1097人(其中全科专业208人),1023人通过住院医师规范化培训结业考核。开展中医医师资格考试和中医确有专长考试工作,中医执业医师1.97万人,占全省执业医师总数19.5%。完成全省221名出师考核人员和2826名中医医术确有专长人员医师资格考核。

【中医药高层次人才培养】 新设立5家中医专业方向的省级临床医学研究中心。推进国家中医药高层次人才培养专业基地、学术流派传承工作室建设,推进全省全国老中医药专家学术经验继承、全国名老中医药专家传承工作室项目建设,有全国老中医药专家师承指导教师6批共96人次;全国(基层)名老中医药专家传承工作室72个。全省培训西医学习中医人员670人,委托江西中医药大学附属医院培养中医护理骨干人才300人。

【提升中医药国际影响力】 建设欧洲(葡萄牙)中医药文化体验中心,与上海合作组织成员乌兹别克斯坦共建中乌传统医学中心。建立国内首家为外国政要提供中医药体验服务的高端平台——岐黄国医外国政要江中体验中心,接待柬埔寨国王等多批外国政要和友人。创立国内首家国家中医药教育国际化(南昌)试验区,探索加强中医药国际化人才培养、中医药教育国际交流合作。

(宋慧)

计划生育

【概　况】 2019年,全省一孩出生占比37.37%,分别比2018年、2017年回升0.31%和0.63%;二孩出生占比44.80%,分别比2018年、2017年回落2.24%和5.45%;多孩出生占比17.83%,分别比2018年、2017年提高4.84%和6.64%。从生育孩子的妇女结构看,90后妇女生育了78.52%的一孩、55.95%的二孩、38.67%的多孩,90后妇女生育量占2019年人口出生量61.30%。80后妇女生育了15.82%的一孩、40.16%的二孩、56.06%的多孩,80后妇女生育量占2019年人口出生量33.90%。

【开展人口监测跟踪分析】 省卫生健康委按季度对全省人口出生情况

进行跟踪分析，先后形成《2018年江西人口形势简要分析》《对2019年一季度江西出生人口情况的简要分析》《2019年上半年江西省人口形势分析》《对2019年前三季度江西人口出生情况的简要分析》等监测专报。对全员人口信息数据库进行回溯分析，形成《六年来江西各年代妇女的生育趋势分析》《对江西各年代妇女生育状况的三点初判》《近六年江西人口死亡的四个趋势特征》《对2019年江西人口老龄化发展状况的分析》等专题研究报告。按照国家卫生健康委要求，形成2019年度江西人口与家庭发展报告。

【完成监测调查任务】 2019年，国家卫生健康委组织开展全国人口与家庭动态监测调查，江西6个设区市的8个县(区)承担1600户调查任务。省卫生健康委印发《关于扎实做好2019年全国人口与家庭动态监测调查有关工作的通知》，指导有关县(区)提高认识，选派培训好调查员和联络员，做好第三阶段花名册抽样，完成入户调查，做好调查信息反馈。按每户样本120元的标准，配套安排调查经费。省卫生健康委与南京邮电大学共同组织3个督导组在各地开展现场指导，如期完成8个县(区)的调查工作。

【推进婚育全程服务】 印发《生育服务能力提升工程实施方案(2019—2020年)》，在各县(区)及各类开发区继续推广“三中心合一”“两证同登、两检同做”服务模式，方便育龄群众一次性完成婚姻登记和生育登记并进行婚检和孕检。截至2019年年底，各地建立婚育全程服务中心103个。简化再生育省级特批，每季度改为每7个工作日审批一次，2019年组织30批次、418例再生育省级特批。各地重视推进母婴设施建设，在二级以上综合医院、机场、火车站(包括高铁站)、二级以上汽车客运站、大型综合商场、4A级以上旅游景区，以及女职工较多的用人单位，建立标准化的哺乳室或母婴室。全省建立1216个哺乳室或母婴室，其中公共场所母婴室742所，女职工较多的用人单位内设母婴室382所，部分乡级卫生院建设母婴室92所，全省母婴设施总体配置率达到94.41%。

【落实计划生育奖励扶助政策】 落实农村部分计划生育家庭奖励扶助政策。全年确认计划生育奖励扶助对象11.63万人，发放奖励扶助资金1.40亿元。其中，中央财政7640万元，省财政4744万元。确认农村一女、二女家庭阳光助学对象1.57万人，省财政专项拨付1004万元。落实城镇独生子女父母年老奖励政策。对男方年满60周岁，女方年满55周岁的城镇居民中独生子女父母给予每人每年1200元的奖励金。确认城镇独生子女奖励对象48万人左右，发放扶助资金6亿元左右。

【落实计划生育特殊家庭扶助关怀政策】 2019年，在国家标准基础上，江西省将60周岁以上的特殊家庭扶助标准提高到每人每月580元，并将40~48周岁的特殊家庭纳入扶助范围。确认计划生育特殊家庭扶助对象1.89万人，发放扶助资金1.06亿元。为1.71万名特殊家庭成员办理住院护理保险，全年办理赔付1149人次，赔付总金额177.21万元。组织特殊家庭成员免费体检1.5万余人次，体检经费由江西省级财政负担。实施“暖心行动”，实现计划生育特殊家庭联系人制度、家庭医生签约服务和就医绿色通道“三个全覆盖”。走访慰问计生特殊家庭和困难家庭7271户，发放慰问金562万元。开展精神慰藉活动1.5万余人次、生活照料1800人次、医疗帮扶2982人次(其中使用就医“绿色通道”1500人次，陪同看病就医1282人次)。全省失独家庭中，有2382人纳入低保，2488人纳入特困人员供养；553名计划生育特殊家庭人员入住公办养老机构并享受免费供养政策。

【坚持实施全省计划生育目标管理考核】 省委、省政府保留计划生育一票否决事项。省卫生健康委制订《江西省2019年计划生育目标管理责任制考核方案及评分办法》，并在2019年初以省政府通报的形式，对5个设区市、38个县(区)进行2018年度综合表彰。以省卫生健康委名义对28个县(区)进行单项表彰通报。12月，省政府办公厅印发《关于对2019年度全省计划生育工作考核结果的通报》，对5个设区市、38个县(区)进行2019年度综合表彰。

(廖建锋)

老龄健康

【概　况】 2019年，全省60岁及以上人口725.12万人，比上年增加24.27万人；占总人口比重15.54%，比上年提高0.46%。65岁及以上人口512.34万人，比上年增加22.95万人；占总人口比重10.98%，比上年提高0.45%。人口老龄化进程继续加快。

【完善老年健康服务体系】 开展老年人健康宣传教育，6月10日—16日，开展以“懂健康知识，做健康老人”为主题的全省首届老年健康宣传周系列活动，各地开展老年健康主题宣讲570多场次、宣传咨询和义诊活动2600多场次，印发相关宣传资料21.3万多份，宣传受众超过27万人。加强老年人预防保健，结合基本公共卫生服务和家庭医生签约服务，为老年人提供免费健康评估、体检、医养结合和中医药等健康服务，全省38个城乡社区实施老年人心理健康关爱项目，2019年全省为305.74万名65周岁以上老年人提供健康管理服务，老年人健康管理率65.89%。增加老年医疗资源供给，重点推动全省二级以上综合医院开设老年医学科，逐步建立以基层医疗卫生机构为基础，老年医院和综合性医院老年医学科为核心，相关教学科研机构为支撑的老年医疗服务网络。改善老年人就医环境，各级医疗卫生机构普遍建立老年人就医优先诊疗“绿色通道”。提升老年性疾病临床医学水平，支持南昌大学“运动对老年健康的影响和干预作用”项目纳入国家重点研发专项，将阿尔茨海默病等18项老年常见疾病防控技术研发纳入省重点研发计划给予支持，推动南昌大学第一附属医院等成为国家老年性疾病临床医学研究中心核心成员单位，推进江西省心血管疾病临床医学研究中心等有关医学领域省级临床医学研究中心建设。

【推进医养结合发展】 深化医养结合领域放管服改革，对养老机构内部设置诊所、卫生所(室)、医务室、护理站，取消行政审批，实行备案管理；对二级及以下医疗机构设置审批与执业登记“两证合一”。推动医养结合与互联网、森林康养、中医药等融合发展。逐步完善医养结合服务网络，推进医疗服务进养老机构、进城乡社区、进老年人家庭。截至2019年年底，843家养老院内设医疗服务设施，医疗机构与养老机构签订合作协议1380对，90%以上养老院能以不同形式得到医疗卫生服务。2019年全国老龄委全体会议、全国老龄办主任会议上，新余市就“党建+老龄工作”作典型经验介绍。

【开展安宁疗护试点】 推动11个设区市、58个县(市、区)、76家医疗卫生机构开展安宁疗护试点，推荐赣州市、抚州市、萍乡市、吉安市纳入国家第二批安宁疗护试点市，打造省肿瘤医院省级安宁疗护示范建设基地、教育培训基地、专家咨询基地。开展生命教育进高校、进中学活动。

【强化养老服务体系】 提升养老院服务质量，全面取消养老机构设立许可，实行备案管理。开展战略合作，引进和培育优质养老服务企业20余家。建立健全养老机构建设补贴和运营补贴政策，稳妥推进公办养老院交由社会力量运营。统筹中央预算内投资、中央福彩公益金和省级福彩公益金3.6亿元，支持130余所公办养老院改造提升。推进养老服务领域非法集资防范工作，开展养老机构综合责任保险试点，支持农村敬老院消防安全设施改造提升。截至2019年年底，全省养老机构1816个，总床位16万张，收住老年人8.6万人。夯实居家和社区养老服务基础，新增宜春市、九江市、萍乡市为中央财政支持居家和社区养老服务改革试点地区，全省纳入国家级试点地区增至8个，累计争取试点资金2.3亿元，确定景德镇珠山区开展省级居家和社区养老服务改革试点，打造2所居家社区机构融合发展的养老综合体。开展“时间银行”示范创建试点，南昌市东湖区、赣州市章贡区和大余县养老志愿服务“时间银行”模式得到民政部肯定。加强农村养老服务工作。69个县(市、区)开展特困失能人员集中照护，建成具备助餐等功能的农村互助养老服务设施7.29万个，覆盖建制村6923个。加大养老服务基础设施建设，将南昌市列入全国第一批普惠养老试点市，2019年共争取中央预算内资金3.43亿元，支持全省养老基础设施建设项目49个。全省供应养老服务设施用地74.18公顷，安排太平梧桐国际健康产业等省重大项目新增建设用地计划43.4公顷。

【完善老年社会保障体系】 养老保险制度持续增效。调整退休人员基本养老金，按定额和缴费年限挂钩调整，并在此基础上对年满70周岁不满80周岁的高龄人员，每人每月增加30元；对满80周岁以上的高龄人员，每人每月增加40元。调整城乡居民基本养老保险待遇，对60周岁以上的参保人，按每人每月105元标准发放基础养老金；对65周岁至79周岁之间的参保人，按不低于每人每月3元提高基础养老金；对80周岁以上的参保人，按不低于每人每月6元提高基础养老金。老年医疗保险制度日益健全。2019年提高城乡居民基本医疗保险筹资标准到每人770元，并由财政对60周岁以上老年人个人缴费标准250元给予补助。推行城乡居民基本医疗保险普通门诊统筹工作。建立“高血压、糖尿病”门诊用药保障机制，减轻老年患者药费负担。加强医保服务管理服务能力。将养老院内设医疗机构纳入医保定点服务协议管理范围，推动掌上设备办理异地就医备案经办服务，扩大异地就医定点医药机构覆盖范围。深化长期护理保险试点，推动上饶市建立全市统一、覆盖全体城镇职工和城乡居民的长期护理保险制度。老年人福利和救助制度更加完备，全面落实高龄补贴制度，将完善计划生育特殊家庭奖励和扶助政策、实施经济困难的高龄、失能老年人补贴制度和为老年人办理人身意外保险纳入省政府民生工程实施。提高城乡低保标准和农村特困人员供养标准，城镇低保标准每人每月640元，农村每人每月385元，集中供养标准505元，分散供养标准400元。落实医疗救助政策，对符合条件的老年人参加医疗保险个人缴费部分予以资助。建立老年人临时救助制度，全面推行老年人“救急难”工作。

【营造老年友好社会环境】 老年教育体系纵深发展，开展社会教育示范区和试验区遴选工作，确定16个社区教育试验区、5个示范区，提升城乡社区老年教育基础能力。促进各级各类学校开展老年教育，2019年，全省有各级老年大学(学校)1776所，学员31万余人，老年教育网络覆盖省、市、县、乡镇、村。老年文化生活更加丰富，推动乡、村两级综合性文化服务中心完善老年人服务设施设备，鼓励各级公益性文化机构建立老年体协、老年艺术团等文体组织，针对“五保”、孤寡老人等开展送文化活动。11月18日—21日，江西老年大学合唱团参加昆明举办的“永远的辉煌”第二十届中国老年合唱节。加快老年体育健身场地建设，2019年，建设体育公园4个，健身步道9个，行政村体育健身工程220个，城区健身场地23个，农村社区健身场地128个。创建老年生态宜居环境，新建、改造公园绿地700余处，城市建成区绿化率42.94%，绿化覆盖率45.92%，人均公园绿地14.67平方米，改善老年人运动休闲条件。5—11月，举办省第八届老年人健身体育运动会，有35个代表团3500多名老年人参赛。南昌、宜春、上饶、吉安、抚州、萍乡、新余、鹰潭8市举办老年人运动会。营造敬老爱老社会氛围。开展“敬老月”活动，动员老年人参加新中国成立70周年各类庆祝活动。组织开展道德模范、文明家庭、江西好人等评选，树立一批孝亲敬老模范典型，第六届江西省道德模范中孝老爱亲模范4人，第七届全国道德模范中江西省孝老爱亲模范候选人2人，“江西好人”中孝老爱亲好人39人，“中国好人”中江西省孝老爱亲好人11人。2019年，全省有270个志愿服务组织开展敬老助老活动，服务对象1.2万余次，参与志愿者11万余人。

【保障老年权益】 打击侵害老年人合法权益行为，各级公安机关加强对老年人权益维护，1598个公安派出所陆续设立老年维权工作站，受理化解涉老家庭矛盾纠纷3100余起，受理家庭暴力有关行政案件7起，行政拘留“施暴人”5人。全省检察机关依法从重从快从严打击“坑老”“骗老”行为，批捕侵害老年人财产权益案件149件203人，起诉162件381人。强化老年人司法保护，各级法院开通老年人维权绿色通道，对经济确有困难无力缴纳诉讼费的老年人，开展司法救助，设立“老年维权合议庭”审理涉老案件。2019年，全省法院处理涉老民事案件2.90万件、行政案件1783件、刑事案件1405件。提供优质法律援助服务，各级司法部门健全法律援助服务网络，降低门槛，拓宽范围，完善便民服务举措，开展“关爱老年人”法律援助服务进社区、公证献爱心“为老年人免费办理遗嘱公证公益服务月”等活动。全年各级法律援助机构及工作站点办理各类涉老法律援助案件3828件，受援老年人3986人，挽回老年人损失或利益6000余万元。

（王超）

爱国卫生运动

【卫生城镇创建】 省爱卫会对全省11个创建国家卫生城市工作进行考核鉴定，并向全国爱卫会推荐赣州市、上饶市、九江市、景德镇市、抚州市、共青城市、德兴市申报创建国家卫生城市。年底，推荐城市均通过全国爱卫会专家暗访。向全国爱卫会推荐一批国家卫生县城、乡镇。省爱卫办对全省17个县城、85个乡镇创建国家卫生县城、乡镇进行考核验收，并向全国爱卫办申报16个国家卫生县城、66个国家卫生乡镇。通过国家卫生城市、县城省级复审。对宜春市、井冈山市国家卫生城市及南昌县、德安县、玉山县、吉安县、崇义县、峡江县国家卫生县城进行复审，并报全国爱卫办予以重新命名。新命名一批省级卫生城镇。对新申报市、县创建省级卫生城市、县城、乡镇进行考核验收。命名乐平市为“江西省卫生城市”，永丰县、泰和县、余干县、进贤县为“江西省卫生县城”，南昌县冈上镇等142个乡镇为“江西省卫生乡镇”。重新命名遂川县、金溪县为“江西省卫生县城”。

【江西省第32个世界无烟日主题宣传活动在共青城举行】 5月30日晚，“健康中国行律动赣鄱地”世界无烟日主题宣传活动暨“健康江西无烟生活”纳凉晚会在共青城市举行。省卫生健康委副主任朱烈滨出席活动并讲话，共青城市委副书记、市长卢治轩致辞。此次活动由省爱国卫生运动委员会、省卫生健康委员会、九江市卫生健康委员会、共青城市政府主办，省健康教育与促进中心、共青城市卫生健康委员会、共青城市爱卫办承办，江西省吸烟与健康协会、江西省健康教育协会、共青城市疾控中心协办。晚会由江西省控烟宣传形象大使——江西广播电视台经济生活频道副总监曾佳、江西卫视新闻主播尹颂主持。共青城市政府副市长余晓芳宣读无烟政府机关创建倡议书，倡导在全省推行无烟政府机关创建活动；中小学生代表发起“拒吸第一支烟、做不吸烟新一代”倡议签名活动；现场开“不吸烟、我健康、我时尚”签名活动、控烟健康教育展板、戒烟咨询、“健康江西 无烟生活”答题、一氧化碳检测等活动，吸引众多市民参与，发放宣传材料3000余份。现场还进行《无烟小苹果》《无烟多精彩》等文艺节目表演。

【农村改厕】 制订《江西省农村“厕所革命”攻坚行动方案》专项工作方案。制订下达国家2019年全省农村改厕1.83亿元奖补资金分配方案。与省农业农村厅对全省农村改厕情况进行初步调查摸底。组织协调国务院农村人居环境整治第八检查组反馈改厕问题对接工作，并完成检查组移交转办问题线索核查工作。4月，全省爱国卫生暨创建国家卫生城镇工作推进会在上饶市召开，副省长孙菊生讲话，要求各地对标2019年度改厕任务，如数完成年度任务。截至2019年12月底，全省完成新建改造农村卫生厕所56.9万座，为年度任务数的151.6%。

【病媒生物防制】 8月起，江西省部分县、市出现登革热疫情。省爱卫会组织全省各地开展群众性爱国卫生运动，清除以蚊类为主的病媒生物孳生地，科学开展化学消杀，从根源上切断传播途径，达到有效防控、减少直至消除登革热疫情。全省各县（市、区）对1.09万平方千米重点区域实施化学消杀，投放各种卫生杀虫剂1547.76吨，有75.14万人次参与消杀工作；开展多种形式的宣传教育，发放各类宣传资料784.97万份，累计投入资金1.31亿元。

（邹平凡）

本栏编辑 邓诚君

体　育

综　述

2019年，全省体育运动员在国际国内比赛上获得175枚金牌、174枚银牌、221枚铜牌。

群众体育活动丰富。体育部门坚持主导、指导、引导原则，鼓励和支持各地各行业开展形式多样、贴近生活、群众喜爱的全民健身赛事活动，结合重要节日、时间节点举办特色全民健身示范赛事活动，并以“体育·惠民100”系列活动为示范，激发各地、各部门举办体育赛事活动的积极性，实现“周周有活动、月月有赛事”。新年登高健身大会、“龙腾狮跃闹元宵”、第八届全国农耕健身大赛、第三届江西省百县农耕健身大赛和“全民健身日”主题活动、南昌国际马拉松赛、中国赛艇大师赛等大型群众体育赛事，增强人民群众身体素质。全民健身组织网络建设持续完善，社会体育指导员队伍不断加强，全民健身志愿服务活动深入开展，全省群众体育工作和活动赛事呈现出精彩纷呈的景象。

竞技体育持续奋进。全省体育运动员精心备战，参加全国第二届青年运动会等一系列大型国内外竞技比赛。支持南昌市建设体育名城，支持南昌市与解放军队合作共建竞技体育队伍。在第七届世界军人运动会上，获得7枚金牌、2枚银牌、2枚铜牌。在国际国内比赛上共获175枚金牌、174枚银牌、221枚铜牌。在后备人才培养上，出台水上项目可持续发展战略支持体系实施方案。新版青少年体育大数据管理系统投入使用，青少年体育竞赛管理工作列入省政务服务综合平台。全年举办25项全省青少年锦标赛，举办体传校比赛和百县运动会，参赛人数超过1.2万人。举办青少年冬夏令营160期，近1.3万名青少年参加。以职业运动员参赛的环鄱阳湖国际自行车大赛、江西网球公开赛、玉山中式台球世锦赛商业赛事影响力持续扩大。

体育产业夯实基础。省体育局对全省体育产业单位进行清查，建立体育产业单位名录库。体育产业单位名录首次突破万条，共1.10万条，其中法人和产业活动单位名录4008条，个体经营户名录6948条，与上年相比，年增长率59.5%。出台一系列体育产业发展规划，发布地方标准《生态体育公园建设规范》。推进百万公里健身步道工程建设。创建一批具有集聚效应、规模效应和辐射效应的体育产业基地，其中创建全省体育产业示范单位5个、示范项目3个。“一县一品”特色体育品牌持续发展，打造出江西省体育产业发展样板。在2019中国体育文化·体育旅游博览会上有10个项目获奖，其中3个项目获评“2019中国十佳体育旅游精品项目”。全省体育彩票销量67亿元。

（王伟）

群众体育

【概　况】　2019年，群众体育实现“周周有活动、月月有赛事”。举办中国赛艇大师赛、全国农耕健身大赛、全省百县农耕健身大赛、新年登高健身大会、“龙腾狮跃闹元宵”“体育·惠民100”系列活动和各地、各部门举办的体育赛事活动。体育场地设施不断完善。贯彻落实《江西省城市功能与品质提升三年行动方案》和《江西省“十三五”公共体育普及工程行动计划》，统筹各类资金2.34亿元，建设体育“民生工程”10个，体育公园4个，健身步道和自行车道13个，行政村农民体育健身工程220个，补助全民健身场地175个，社会足球场地31个，补助免费低收费体育场馆56个，城市及农村社区全民健身场地示范工程151个。编制《江西省健身步道工程实施方案》和地方标准，搭建健身步道电子地图展示平台。做好公共体育场馆免费低收费开放，获得中央补助资金3326万元，补助场馆52个。安排省级免费低收费开放补助资金2300万元，补助场馆194个。完成第四次全国经济普查体育场地调查。加强社会体育指导员队伍建设。全省举办1期国家级社会体育指导员培训班和8期一级社会体育指导员培训班，培训准国家级社会体育指导员83人和一级社会体育指导员649人。

【举办全省新年登高活动】　2019年元旦，采取联动和线上线下相结合的方式，在全省范围组织开展以新年登高为主要内容的全民健身活动。省主会场设于靖安县笔架山，全省各地26个团体代表和2000余名群众参加，各市（县、区）同步组织分会场活动。

【举办江西省第十三届“龙腾狮跃闹元宵”龙狮健身大联动活动】　“龙腾狮跃闹元宵”全省龙狮大联动活动连续举办12年，为春节、元宵节期间的品牌活动。2月16日，江西省第十三届“龙腾狮跃闹元宵”龙狮健身大联动活动启动仪式在吉安市庐陵老街

2 月 16 日,2019 年江西省第十三届龙腾狮跃闹元宵启动仪式在吉安庐陵老街举行

王伟摄

举行。赣州市、宜春市、南昌县、安义县、上高县、上犹县等 23 个市(县、区),举办各具特色的龙狮活动,参与群众超过百万人次。

【开展"全民健身日"主题活动】 8 月 8 日,全国第 11 个"全民健身日"江西分会场活动启动仪式在省体彩健身场举行。省体育局党组书记、局长晏驹腾宣布 2019 年全国"全民健身日"江西省分会场活动启动。1500 多名群众在启动仪式上进行健身气功、第九套广播体操、啦啦操、太极拳 4 个全民健身项目展示。2019 年全民健身日,省体育局以人民群众日益增长的健身需求为出发点,坚持"便民惠民",围绕"健康中国 你我同行"主题,8 月 3 日—11 日,组织公益培训、赛事、健身指导等系列活动。全省各市(县、区)同步开展 260 多项全民健身活动,参与群众 17 万余人。

【2019 年江西省首届农民趣味运动会】 12 月 14 日,2019 年江西省首届农民趣味运动会在德兴市香屯街道楼上楼田园综合体举行,南昌、宜春、景德镇等设区市和当地各乡镇街道 16 支代表队 300 余名运动员参加活动。此次赛事设置洗沙金、运丰收薯、独轮车运粮、插秧苗、拔河等竞赛活动。其中,洗金沙项目结合德兴市矿冶文化,成为该活动新亮点。举办农民趣味运动会是推进全民健身运动的一项举措,为上饶市传承农耕文化、展示农民健身成果搭建平台。

【举办 2019 第十届"新力集团杯"环鄱阳湖国际自行车大赛】 9 月 17 日—28 日,2019 第十届"新力集团杯"环鄱阳湖国际自行车大赛在 11 个设区市举行。25 个国家及地区的 22 支参赛队伍 118 名选手参赛,参赛队伍由职业队、国家队及省队组成。大赛总赛程 1056 千米,转场里程 1788 千米。11 个赛站共设置 25 个途中冲刺点、10 个爬坡点。赛事总奖金 25 万美元。此届大赛首次在同一个环赛设置 4 种竞赛形式,首次推出山地自行车比赛,首支江西本土车队参赛。其间,举办儿童平衡车场地竞速赛,在赣州、新余、抚州、景德镇举办 4 站分站赛,在南昌进行总决赛。参赛选手年龄 2 岁至 6 岁,参赛规模超过 1000 人。中央电视台 CCTV－1(综合频道)《新闻联播》和《晚间新闻》、CCTV－13(新闻频道)《东方时空》和《24 小时》、CCTV－2(财经频道)《经济信息联播》同时报道第十届环鄱阳湖国际自行车大赛,大陆地区超过 6 亿人次收看。大赛吸引现场及沿途观众 100 余万人,获得 6.21 亿元社会效益,其中媒体社会价值 5.06 亿元,现场观众认知价值 1.15 亿元。

【举办 2019 江西网球公开赛】 9 月 7 日—15 日,2019 江西网球公开赛在南昌国际体育中心举行。此次比赛参赛球员 61 人,其中国外球员 43 人,中国球员 18 人。2019 江西网球公开赛是 WTA 国际巡回赛,冠军积分 280 分,赛事总奖金 25 万美元。单打正赛 32 签位、双打正赛 16 签位、单打资格赛 24 签位。比赛进行 64 场,在 3 片室外球场和 1 片中心球场举行。其中,9 月 7 日—8 日为单打预选赛,共 18 场,决出 6 名运动员参加单打正选;9 月 9 日—15 日为正赛,单打 31 场,双打 15 场。单打冠军为瑞典球员丽贝卡·彼得森,亚军为哈萨克斯坦球员伊莲娜·莱巴基娜;双打冠军为中国组合朱琳、王欣瑜,双打亚军为中国组合彭帅、张帅。

(伍小玲)

竞技体育

【概 况】 2019 年,全省运动员在国际国内比赛上共获 175 枚金牌、174 枚银牌、221 枚铜牌。冰雪项目起步发展,实现参赛和金牌双突破。出台水上项目可持续发展战略支持体系实施方案,新版青少年体育大数据管理系统投入使用,青少年体育竞赛管理工作列入省政务服务综合平台。举办 25 项全省青少年锦标赛,举办体传校比赛和百县运动会,参赛人数超过 1.2 万人。举办青少年冬(夏)令营 160 期,近 1.3 万名青少年参加。会同九江市做好第十六届省运会前期筹备工作。

【参加第二届全国青年运动会】 8 月 8 日—18 日,第二届全国青年运动会在山西省举行,首次以省(区、市)为单位组成参赛代表团。江西选派 835 名运动员参加比赛,获 44 枚金牌、38 枚银牌、57 枚铜牌,创江西参加全国综合性运动会历史最好成绩;江西代表团获体育道德风尚奖。

【军地联合培养人才】 省体育局与解放军队合作,共同培养竞技体育人才。2019 年,江西省输送 7 名高水平运动员至解放军队,2 名高水平解放军运动员交流至江西省,江西

8 月，全国第二届青年运动会跆拳道比赛在山西运城举行，江西运动员蔡子健获体校组男子 78 公斤级冠军

王伟摄

省一批小年龄队员在解放军队代训。10 月 18 日—27 日在武汉举办的第七届世界军人运动会上，江西省输送至解放军的有 10 名运动员参赛，获得 7 枚金牌、2 枚银牌、2 枚铜牌、2 个第四名和 1 个第七名。支持协助南昌市与解放军队合作共建项目队，双方正式签订合作共建协议，解放军队开设的 29 个项目队整体落户南昌。省体育局结合场地、后勤保障等优势，全力保障解放军队的训练和生活。

【培育冬季运动会项目】 省体育局组织实施跨界跨项选拔冬季运动人才，组织开展 10 余次选拔活动，省专业队、各级体校 400 余名各项目运动员参加选拔，先后选送 20 余人赴国家队集训。开展与冬季项目强省合作，与黑龙江省签订共同培养冬季项目人才框架协议，首批次 6 名队员被选送至黑龙江省集训队训练。在 1 月举行的二青会跳台滑雪比赛中获 1 枚金牌，在 10 月举办的第十四届全国冬季运动会跳台滑草比赛中获 1 枚金牌和 1 枚银牌，取得江西参加全国冬季比赛和获得冬季项目金牌的双突破。

【加强教练员队伍建设】 举办为期一个月的第一期江西省青少年训练“100 精英教练员”脱产培训班，此次培训班创新培训模式，除集中面授外，增加学员外省学习和优秀运动队跟训环节，通过拓展培训更新教练员执教理念、完善知识结构、提升执教能力，培养一批具有国际视野、创新思维和较高执教水平的青少年训练领军型教练员。省体育局与江西师大共同成立江西省教练员学院，学院聘请知名专家、业内功勋教练、高校体育院系教授授课，实施全脱产教学培训，采取短期实操培训和中长期系统培训相结合，为教练员开阔思路、掌握最新训练方法和手段、更新知识、增强科技助力意识等搭建平台。9 月—10 月，江西省教练员学院举办学院成立后首期中青年教练员培训班，省各项目专业队 64 人参加为期 36 天的集中脱产系统培训。

【运动员注册列入省政府公共服务事项】 2019 年，运动员注册列入省政府公共服务事项，实现“一次不跑、一网通办”，运动员注册数据接入省公安厅、省教育厅数据库，自动对比，从源头上把好运动员资格审核关。全省各项比赛全面采用二代身份证检录、参赛，通过“人证同一认证终端”进行人脸指纹识别对比，全面遏止“冒名顶替、以大打小、借兵打仗”等赛风赛纪问题。全年举办 25 项次计划内青少年体育比赛，参赛运动员达 1.2 万余人次，各项赛事安全有序，赛风赛纪明显好转，未出现一起安全责任事故。

【开展青少年冬夏令营活动】 2019 年，江西省举办全国青少年体育冬夏令营(江西站)160 期，1.29 万名青少年参与冬夏令营。举办的青少年冬夏令营活动覆盖范围广、参与人数多、内容丰富、影响大。以“体育精准扶贫、关爱留守儿童”为主题的航空体育夏令营，有吉安县桐坪镇樟坑村等地 180 名 10 岁至 15 岁贫困留守儿童参加。

(伍小玲)

·资料·

2019年江西省运动员参加国内外比赛获奖情况

姓 名	项 目	成 绩	名次	比 赛 名 称	比赛时间	比赛地点	备注
徐诗晓	女子双人划艇	2′02″81	1	世界皮划艇锦标赛	8月20日至25日	匈牙利塞格德	
谭雪琴、周俐君	女子跆拳道团体		1	世界跆拳道团体世界杯锦标赛	8月23日	江苏无锡	
谭雪琴	女子跆拳道－46公斤级		3	世界跆拳道锦标赛	5月16日	英国曼彻斯特	
周俐君	女子跆拳道－57公斤级		3	世界跆拳道锦标赛	5月18日	英国曼彻斯特	
张冬莲	女子飞碟双向团体	356中	3	世界飞碟锦标赛	7月	意大利	
吴 洋	男子桨板18公里长距离		4	世界桨板锦标赛	10月25日至27日	浙江金华	
熊慎越	男子桨板2.5公里技术		8	世界桨板锦标赛	10月25日至27日	浙江金华	
吴 洋	男子桨板2.5公里技术		8	世界桨板锦标赛	10月25日至27日	浙江金华	
徐诗晓	女子5000米单人划艇		2	皮划艇世界杯	5月23日至26日	波兰波兹南	
徐诗晓	女子500米单人划艇		2	皮划艇世界杯	5月23日至26日	波兰波兹南	
敖 辉	女子举重87公斤级	抓举115公斤 挺举150公斤 总成绩265公斤	2	举重世界杯暨奥运会资格赛	2月27日	福建福州	
熊亚瑄	女子25米手枪	资:587环 决:33中	2	巴西射击世界杯赛	8月	巴西里约热内卢	获东京奥运会席位
徐诗晓	女子5000米单人划艇		2	皮划艇世界杯第二站	5月31日至6月2日	德国杜伊斯堡	
徐诗晓	女子500米单人划艇		2	皮划艇世界杯第二站	5月31日至6月2日	德国杜伊斯堡	
张冬莲	女子飞碟双向	资:119中 决:43中	3	墨西哥射击世界杯分站赛	3月	墨西哥	获东京奥运会席位
喻晶晶	女子摔跤团体		3	女子摔跤世界杯赛	11月17日	日本	
徐诗晓	女子500米双人划艇		6	皮划艇世界杯第二站	5月31日至6月2日	德国杜伊斯堡	
徐诗晓	女子500米双人划艇		6	皮划艇世界杯	5月23日至26日	波兰波兹南	
杨佳丽	女子1000米单人皮艇		7	皮划艇世界杯	5月23日至26日	波兰波兹南	
张冬莲	女子飞碟双向	119中	7	阿联酋射击世界杯分站赛	4月	阿联酋	
欧志勇	男子攀岩速度		7	国际攀联世界杯攀岩赛重庆站	4月26日至28日	重庆	
杨佳丽	女子5000米单人划艇		8	皮划艇世界杯	5月23日至26日	波兰波兹南	
张冬莲	女子飞碟双向	118中	8	世界杯射击总决赛	10月	阿联酋	

姓　名	项　　目	成 绩	名次	比　赛　名　称	比赛时间	比赛地点	备注
钟俊杰	男子花样公开级	5140 分	1	亚洲滑水锦标赛	9 月 28 日	泰国曼谷	
张冬莲	女子飞碟双向团体	346 中	1	飞碟亚洲锦标赛	9 月	哈萨克斯坦	
张冬莲	女子飞碟双向团体	363 中	1	第 14 届亚洲射击锦标赛	11 月	卡塔尔多哈	破团体世界纪录
谭雪琴	女子跆拳道 –46 公斤级		1	世台联总统杯(亚洲区)	2 月 28 日	伊朗德黑兰	G2 积分
周俐君	女子跆拳道 –57 公斤级		1	世台联总统杯(亚洲区)	2 月 28 日	伊朗德黑兰	G2 积分
张冬莲	女子飞碟双向	资:120 中 决:52 中	2	第 14 届亚洲射击锦标赛	11 月	卡塔尔多哈	
熊亚瑄	女子 25 米手枪团体	1751 环	2	第 14 届亚洲射击锦标赛	11 月	卡塔尔多哈	
吴宇昂	男子 4×400 米接力	3′03″55	2	第 23 届田径亚锦赛	4 月 24 日	哈里	
袁　松	男子电动浪板场地竞速		3	电动冲浪板亚洲锦标赛	6 月 28 日至 30 日	湖北黄石	
袁　松	男子电动冲浪板障碍回旋		3	电动冲浪板亚洲锦标赛	6 月 28 日至 30 日	湖北黄石	
敖　辉	女子举重 87 公斤级		3	亚洲举重锦标赛	4 月 27 日	浙江宁波	
熊亚瑄	女子 25 米手枪	资:586 环 决:20 中	5	第 14 届亚洲射击锦标赛	11 月	卡塔尔多哈	
谭雪琴	女子跆拳道 –49 公斤级		1	阿联酋富查伊拉跆拳道公开赛	2 月 3 日	阿联酋	
周俐君	女子跆拳道 –57 公斤级		1	阿联酋富查伊拉跆拳道公开赛	2 月 3 日	阿联酋	
谭雪琴	女子跆拳道 –46 公斤级		1	德国跆拳道公开赛	3 月 30 日	德国	
谭雪琴	女子跆拳道 –46 公斤级		1	比利时跆拳道公开赛	3 月 17 日	比利时	
周俐君	女子跆拳道 –57 公斤级		1	世界跆拳道大满贯春季海选赛	4 月 27 日	中国无锡	G2 积分
周俐君	女子跆拳道 –57 公斤级		1	保加利亚跆拳道大奖赛	10 月 19 日	保加利亚	
黄　婷	女子举重 64 公斤级	抓举:107 公斤 挺举:130 公斤 总成绩:237 公斤	1	国际举重亚历山大杯暨奥运会积分赛	11 月 3 日	白俄罗斯	
黄　婷	女子举重 64 公斤级		1	泰国举重 ETAG 杯暨奥运会资格赛	1 月	泰国	
黄　婷	女子举重 64 公斤级		1	美国举重大奖赛暨奥运会积分赛	2 月	英国	
钟嘉未	女子跳远	6. 43 米	1	世界田径街头挑战赛	6 月 22 日	德国柏林	
吴宇昂	男子 400 米	47″15	1	美国圣地亚哥梅萨学院邀请赛	7 月 21 日	圣地亚哥	

姓 名	项 目	成 绩	名次	比 赛 名 称	比赛时间	比赛地点	备注
黄唯璐	女子链球	65.65 米	1	Dischingen 链球专项赛	6月22日	迪辛根	
李诗沣	男子羽毛球单打		1	加拿大羽毛球公开赛	7月2日至7日	加拿大卡尔加里	U100 级
张艺曼	女子羽毛球单打		1	越南羽毛球公开赛	9月10日至15日	越南胡志明市	U100 级
李 云	女子羽毛球单打		1	德国羽毛球公开赛	10月29日至11月3日	德国萨尔布吕肯	U100 级
周俐君	女子跆拳道 -57 公斤级		1	世界大满贯冠军系列赛	11月19日	江苏无锡	
周俐君	女子跆拳道 -57 公斤级		2	德国跆拳道公开赛	3月30日	德国	
敖 辉	女子举重 87 公斤级		2	国际举重亚历山大杯暨奥运会积分赛	11月3日	白俄罗斯	
敖 辉	女子举重 87 公斤级		2	秘鲁举重大奖赛	11月	秘鲁	
黄 婷	女子举重 71 公斤级		2	英国举重大奖赛暨奥运会积分赛	2月	英国	
李 晨	女子跆拳道 -73 公斤级		2	阿联酋富查伊拉跆拳道公开赛	2月3日	阿联酋富查伊拉	
钟嘉未	女子跳远	6.44 米	2	欧洲田联大奖赛瑞士拉绍德封站	6月30日	瑞士	
黄唯璐	女子链球	67.03 米	2	欧田联大奖赛瑞士卢塞恩站	7月9日	卢塞恩	
李江燕	女子链球	63.95 米	2	Dischingen 链球专项赛	6月22日	迪辛根	
李诗沣	男子羽毛球单打		2	伊朗国家羽毛球挑战赛	2月4日至7日	伊朗德黑兰	挑战
李诗沣	男子羽毛球单打		2	奥地利羽毛球公开赛	2月20日至23日	奥地利维也纳	挑战
张艺曼	女子羽毛球单打		2	陵水中国羽毛球大师赛	3月12日至17日	中国陵水	U100 级
张艺曼	女子羽毛球单打		2	白俄罗斯国际羽毛球系列赛	8月29日至9月1日	白俄罗斯明斯克	系列
欧志勇	男子攀岩速度		2	一带一路国际攀岩大师赛	7月14日至15日	青海德令哈	
敖 辉	女子举重 87 公斤级	总成绩	3	美国举重公开赛	10月	美国	
李 晨	女子跆拳道 +67 公斤级		3	世界跆拳道大满贯春季海选赛	4月27日	江苏无锡	G2 积分
赵俊鹏	男子羽毛球单打		3	西班牙羽毛球大师赛	2月19日至24日	西班牙巴塞罗那	U300 级

姓 名	项 目	成 绩	名次	比 赛 名 称	比赛时间	比赛地点	备注
李 云	女子羽毛球单打		3	奥地利羽毛球公开赛	2月20日至23日	奥地利维也纳	挑战
李诗沣	男子羽毛球单打		3	法国羽毛球大师赛	3月19日至24日	法国奥尔良	U100级
李 云	女子羽毛球单打		3	印尼羽毛球大师赛	10月1日至6日	印度尼西亚玛琅	U100级
李诗沣	男子羽毛球单打		3	荷兰羽毛球公开赛	10月8日至13日	荷兰阿尔梅勒	U100级
赵俊鹏	男子羽毛球单打		3	韩国羽毛球大师赛	11月19日至24日	韩国光州	U300级
邱海梅	女子攀岩速度		3	一带一路国际攀岩大师赛	5月11日至12日	浙江宁波	
邱海梅	女子攀岩速度		3	一带一路国际攀岩大师赛	7月14日至15日	青海德令哈	
李 晨	女子跆拳道-73公斤级		1	第七届世界军人运动会	10月21日至26日	湖北武汉	解放军
谢振翔	男子25米手枪军事速射团体	1747环	1	第七届世界军人运动会	10月21日至26日	湖北武汉	解放军
熊亚瑄	女子25米手枪团体	1742环	1	第七届世界军人运动会	10月21日至26日	湖北武汉	解放军
熊亚瑄	女子25米手枪军事速射团体	1738环	1	第七届世界军人运动会	10月21日至26日	湖北武汉	解放军
赵俊鹏、李诗沣	男子羽毛球团体		1	第七届世界军人运动会	10月21日至26日	湖北武汉	解放军
张艺曼	女子羽毛球单打		1	第七届世界军人运动会	10月21日至26日	湖北武汉	解放军
袁 松	男子跳水团体	3821.81分	1	第七届世界军人运动会	10月21日至26日	湖北武汉	解放军
熊亚瑄	女子25米手枪	587环	2	第七届世界军人运动会	10月21日至26日	湖北武汉	解放军
袁 松	男子10米跳台	420.00分	2	第七届世界军人运动会	10月21日至26日	湖北武汉	解放军
李 云	女子羽毛球单打		3	第七届世界军人运动会	10月21日至26日	湖北武汉	解放军
李诗沣	男子羽毛球单打		3	第七届世界军人运动会	10月21日至26日	湖北武汉	解放军
徐诗晓、孙梦雅	女子500米双人划艇	02′02″988	1	全国皮划艇锦标赛	8月30日至9月1日	北京顺义	公开组
熊亚瑄	女子25米手枪	资:588环 决:38中	1	全国射击个人锦标赛	6月	福建莆田	手枪项目
钟嘉未	女子跳远	6.44米	1	全国田径锦标赛(欧洲田联大奖赛瑞士拉绍德封站带人)	6月30日	瑞士	国际比赛带入成绩
李 云、吉淑婷 陈念祖	女子羽毛球团体		1	全国羽毛球团体锦标赛	12月2日至8日	安徽合肥	

姓　名	项　　目	成 绩	名次	比　赛　名　称	比赛时间	比赛地点	备注
李　晨	女子跆拳道 +73 公斤级		1	全国跆拳道冠军总决赛	12 月 22 日至 26 日	江苏无锡	锦标系列赛积分前 17 获得参赛资格
黄　婷	女子举重 64 公斤级	抓举:108 挺举:130 总成绩:238	1	全国女子举重锦标赛系列赛	4 月 4 日	湖北宜昌	第一站
倪小童	女子跳台滑雪个人 K50 米	总:79.3 分	1	二青会跳台滑雪比赛	2 月 18 日至 19 日	吉林北大壶	体校组
刘　鑫	男子冲浪桨板全能赛	1000.00 分	1	二青会冲浪决赛（桨板）	6 月 27 日	山西太原	体校乙组
罗　怡	女子冲浪桨板全能赛	1000.00 分	1	二青会冲浪决赛（桨板）	6 月 27 日	山西太原	体校乙组
刘　鑫、张家鸣 罗　怡、易青清	冲浪桨板混合团体赛	3720.00 分	1	二青会冲浪决赛（桨板）	6 月 27 日	山西太原	体校乙组
程水燕	女子自由跤 72 公斤级		1	二青会国际式摔跤决赛	7 月 24 日	山西太原	体校甲组
陈文杰	古典跤 60 公斤级		1	二青会国际式摔跤决赛	7 月 26 日	山西太原	体校乙组
李梦巧	女子中国跤 60 公斤级		1	二青会中国式摔跤决赛	7 月 28 日至 31 日	山西忻州	体校乙组
叶文宾	男子武术套路太极剑	9.53 分	1	二青会武术套路决赛	7 月 9 日至 12 日	山西太原	体校甲组
杨　宇	女子武术套路南拳南刀全能	18.60 分	1	二青会武术套路决赛	7 月 9 日至 12 日	山西太原	体校乙组
吴　峥	女子田径七项全能	3917 分	1	二青会田径决赛	6 月 29 日	河南洛阳	体校甲组
蔡子健	男子跆拳道 -78 公斤级		1	二青会跆拳道决赛	8 月 8 日至 14 日	山西运城	体校组
金诚阳	女子拳击 63 公斤级		1	二青会拳击决赛	8 月 2 日至 13 日	山西忻州	体校乙组
李诗沣、叶浩坤 任程鸣、陈柏阳 钟泽州、王鹏程 黄嘉诚	男子羽毛球团体		1	二青会羽毛球决赛	8 月 3 日	山西长治	体校甲组
熊　峰	男子举重 96 公斤级	总:295 公斤	1	二青会举重决赛	8 月 6 日至 15 日	山西太原	体校乙组
李诗沣	男子羽毛球单打		1	二青会羽毛球决赛	8 月 9 日至 16 日	山西长治	体校甲组
黄嘉艳、柳华津	女子赛艇双人双桨	7′28″57	1	二青会赛艇决赛	太原水上中心	山西太原	体校甲组
胡江俐、朱金芝	女子赛艇轻量级双人双桨	7′25″69	1	二青会赛艇决赛	8 月 15 日至 18 日	山西太原	体校甲组
刘　勇	男子 5 公里竞走	20′53″	1	二青会竞走决赛	6 月 1 日	山东泰安	俱乐部组
夏志斌	男子桨板全能赛	866.50 分	1	二青会冲浪决赛（桨板）	6 月 27 日	山西太原	俱乐部甲组

姓 名	项 目	成 绩	名次	比 赛 名 称	比赛时间	比赛地点	备注
黄锦哲	男子桨板全能赛	958.00 分	1	二青会冲浪决赛（桨板）	6 月 27 日	山西太原	俱乐部乙组
赖淑婧	女子桨板全能赛	1000.00 分	1	二青会冲浪决赛（桨板）	6 月 27 日	山西太原	俱乐部甲组
熊慧欣	女子桨板全能赛	1000.00 分	1	二青会冲浪决赛（桨板）	6 月 27 日	山西太原	俱乐部乙组
夏志斌、吴 洋 徐浩婷、刘芯辰	桨板混合团体赛	3001.40 分	1	二青会冲浪决赛（桨板）	6 月 27 日	山西太原	俱乐部甲组
戴 望、陈念祖 钱构鸿、侯方芳 李胡馨玥、周惠 徐 诺	女子羽毛球团体		1	二青会羽毛球决赛	8 月 3 日	山西长治	俱乐部组
黄附辉	古典跤 67 公斤级		1	二青会国际式摔跤决赛	7 月 28 日	山西太原	俱乐部组
文浩宇	古典跤 97 公斤级		1	二青会国际式摔跤决赛	7 月 28 日	山西太原	俱乐部组
青格乐	男子 56 公斤级		1	二青会中国式摔跤决赛	8 月 3 日至 6 日	山西忻州	俱乐部甲组
张文浩	男子 –57 公斤级		1	二青会空手道决赛	8 月 2 日至 6 日	山西临汾	俱乐部乙组
刘 璐	女子 48 公斤级		1	二青会中国式摔跤决赛	8 月 3 日至 6 日	山西忻州	俱乐部甲组
尧佳乐	女子超短距离	25:23	1	二青会铁人三项决赛	8 月 2 日至 5 日	山西运城	俱乐部乙组
谢雨芳	女子全能		1	二青会攀岩决赛	8 月 2 日至 7 日	山西太原	俱乐部甲组
戴 望	女子单打		1	二青会羽毛球决赛	8 月 1 日至 5 日	山西长治	俱乐部组
周 佳	女子 60 公斤级		1	二青会中国式摔跤决赛	8 月 3 日至 6 日	山西忻州	俱乐部乙组
曹俊伟	男子 52 公斤级		1	二青会中国式摔跤决赛	8 月 3 日至 6 日	山西忻州	俱乐部乙组
左有民	男子 1000 米单人划艇	4′13″527	1	二青会皮划艇决赛	8 月 9 日至 12 日	四川武胜	俱乐部组
陈甲庚	男子跑射游个人赛	总:872 分	1	二青会现代五项决赛	8 月 11 日至 17 日	山西晋城	俱乐部甲组
邓铭涛	男子跑游个人赛	总:697 分	1	二青会现代五项决赛	8 月 11 日至 17 日	山西晋城	俱乐部乙组
王瑞苗	男子街舞		1	二青会体育舞蹈决赛	8 月 10 日至 12 日	山西太原	俱乐部乙组
陈甲庚	男子激光跑个人赛	11′34″13	1	二青会现代五项决赛	8 月 11 日至 17 日	山西晋城	俱乐部甲组
潘佳乐	男子 –90 公斤级		1	二青会柔道决赛	8 月 12 日至 17 日	晋中学院	俱乐部甲组
阮晨杭	男子铅球	19.96 米	1	二青会田径决赛	8 月 14 日至 18 日	山西太原	俱乐部组
侯亚男、王雨涵	女子网球双打		1	二青会网球决赛	8 月 9 日至 18 日	山西太原	俱乐部乙组

姓　名	项　　目	成绩	名次	比　赛　名　称	比赛时间	比赛地点	备注
傅宇昕、彭雨蝶 温雨欣、张子琴	女子四人双桨	7′18″87	1	二青会赛艇决赛	太原 水上中心	山西太原	俱乐部组
盖馨月	女子10千米传统式	36′48″9	1	二青会跨项越野滑雪决赛	3月27日	国外	芬兰三组

体育产业

【推进全省社会足球场地设施建设】 2019年，省发展改革委、省体育局、省足球协会印发《江西省社会足球场地设施建设攻坚行动计划（2019—2020年）的通知》，明确到2020年10月底，全省每万人应拥有社会足球场地不少于0.167块、总量不少于800块。每个县级行政区域至少建有2块11人制社会标准足场地。截至10月底，全省有社会足球场地393块，距2020年国家赋予江西省的800块目标任务还差407块。为保障任务的完成，经报请省政府批准，成立江西省加强足球场地设施建设联席会议机制，办公室设在省体育局，并按照“政府统领、发改协调、体育落实、有关部门支持”原则，全面开展社会足球场地建设。9个厅局开展覆盖全省的社会足球场地设施建设调研工作，了解建设进展情况、存在的问题、下一步项目建设推进计划，为决策提供依据。10月，省政府召开全省社会足球场地设施建设联席会议第一次会议，副省长孙菊生在会上提出要求。按照缺口必补、多建不限原则，省发展改革委下达各地建设社会足场地任务，省体育局介绍全省足球场分布情况，并建立全省社会足球场地设施建设进度台账和月报统计上报制度。九江市和定南县入选中央足球场地设施建设专项行动试点城市，2个试点城市共争取到补助资金6000万元。

【规划体育产业发展】 经与省内外高校合作，经过调研论证、征求意见、研讨交流、修改完善等程序，省体育局先后编制完成《江西省山地户外运动产业发展规划（2019—2025）》《江西省冰雪运动产业发展规划（2019—2025）》《江西省航空运动产业发展规划（2019—2025）》《江西省水上运动产业发展规划（2019—2025）》和《江西省体育旅游发展规划（送审稿）》，代省政府草拟《关于加快发展体育竞赛表演产业的实施意见（送审稿）》，明确全省体育产业高质量发展的思路和目标。

【体育彩票销售】 2019年，实现体育彩票销量67.45亿元，全国排名第13位，比2018年前进1位，增长幅度超过全国平均水平。全年筹集公益金15.74亿元，省内市场份额占全省彩票总份额63.21%，同比增加1.42个百分点，新增体育彩票销售门店699个。区域协调发展质量得到提升。南昌、赣州、上饶市销量继续稳定在10亿元以上，11个设区市的市场份额连续第二年实现全部领优。7个设区市的市场份额超过60%。81个承担销售任务的县（市、区）销量连续第二年全部超过千万元。其中，有10个县市区销量过亿元；65个县（市、区）市场份额领优。游戏产品培育质量得到增强。省体育彩票管理中心开展7场全省性营销推广活动，200余场分中心自主营销活动和多元融合方式的200余场户外地推宣传。全省客户营销服务管理平台上线运行，完成3981个门店绑定，吸引32万余名客户注册，购彩者系统化信息化管理进入正轨。全年乐透型销售17.64亿元，市场份额提升至46%，增加4.58个百分点，其中大乐透、“11选5”市场分别增加7.52和9.6个百分点。竞猜型销售48.1亿元，超额完成目标任务，竞彩游戏销量排名全国第10位。即开型销售1.71亿元，超额完成目标任务，增长44.85%；销量全国排名前移1位，增幅全国排名第4位。销售渠道工作质量得到提高。全年累计投入8585余万元专项资金，推进体育彩票销售门店分类管理、开展经营减负和评星定级，提升门店经营能力。率先在全国实现数字化管理转型。全省体育彩销售门店总数增至4632个，人均覆盖率从2018年的1.16万人/个提升至9810人/个。单机专营门店占比提升至23%，增加2.07个百分点。代销者队伍更趋年轻。全年依托管理系统开展门店日常巡查3.13万次，处理异常终端715台次，清查处置欠款、零销售不良门店1080个，及时发布超预警信息1.31万条。

【江西体育场改建成体彩健身场】 9月，省体育局投资4000万元体育彩票公益金，将20世纪60年初建成的江西体育场改建成为江西体彩健身场，并向社会开放。原江西体育场位于南昌老城区福州路，为比赛训练场地，改建为江西体彩健身场后，转变定位于健身休闲、体育培训、赛事活动、VR体验、健身指导等功能多样的全民健身场地。体彩健身场在保留原400米田径场和自然草皮足球场的框架上，新增1块广场舞场地、1块门球场地、2片篮球场、2片五人制笼式足球场、3片气排球场、2片乒乓球场地。保留的看台以南北中轴线为界，西边看台下有53个附属用房可用于开展国民体质监测、体育用品展示以及提供全民健身相关便民服务等。东边看台下59个附属用房作为省级单项体育协会场地。

（王伟）

本栏编辑　邓诚君

居　民　生　活

婚　　姻

【概　况】 2019年，全省373个婚姻登记机关共办理结婚登记29.54万对，离婚登记11.54万对，补发婚姻证件13.8万对，免除婚姻登记费用600余万元。

【婚姻登记历史数据补录】 2019年，全省各地收集整理中华人民共和国成立以来的婚姻登记纸质档案，通过自行补录、政府购买服务等方式推进婚姻登记历史数据补录进程。截至5月30日，100个县（市、区）全面完成有档案留存的中华人民共和国成立以来婚姻登记信息补录工作，补录信息732万余条。

【江西省婚姻登记管理信息系统升级改造】 2019年，通过政府采购程序，对全省婚姻登记管理信息系统进行升级改造，全面推广高拍仪、人像采集、指纹采集等设备应用，以实现人脸识别、电子签名、指纹核验、电子档案自动采集、管理、归档、移交等一体化管理功能。同时，继婚姻登记电子证照功能上线后，2019年在"赣服通"内开通婚姻登记预约服务，实现掌上预约，方便群众办理婚姻登记事宜。

【婚姻管理工作调研】 开展婚姻管理重要问题调研，分别对婚姻登记规范化建设、结（离）婚率变化情况、信息化建设、婚俗改革、婚姻介绍服务等方面进行调研，研究加强新时代婚姻管理工作的政策措施。集中开展婚姻登记规范化建设突出问题自查整改活动，重点解决婚姻登记和服务分离不清、模糊收费、搭车收费的问题，对不合理的收费行为立即停止和坚决查处，及时推进5个共性问题解决。

8月6日，鹰潭市余江区首届"零彩礼"集体婚礼在鞍岭公园红旗广场举行

鹰潭市余江区地方志办供

【印发《江西省婚姻登记工作操作规范》】 12月，省民政厅印发《江西省婚姻登记工作操作规范》，明确婚姻登记机关需具备的必要条件、婚姻登记员的职责要求、婚姻登记的程序要求、婚姻登记档案的使用规定、婚姻登记机关的监督与管理职责，"五个明确"进一步规范婚姻登记工作，维护当事人合法权益。

【婚姻登记信用体系】 4月，转发民政部《婚姻登记严重失信当事人名单管理办法（试行）》，由婚姻登记机关按照"谁登记、谁负责"原则负责婚姻登记严重失信当事人名单管理。9月，全面启用《婚姻登记个人信用风险告知书》，婚姻登记员依据告知书内容，当面向婚姻登记当事人进行信用风险提示，由当事人签名确认并按指纹（一人一份）。11月，全面启用全国婚姻登记信用信息系统，加快推进婚姻登记领域信用体系建设。

【开展文明婚俗宣传】 委托江西省婚姻家庭协会制作《拒高价彩礼、奢靡婚礼》《婚姻登记便民惠民服务》2个动漫宣传片，并在江西新闻网和各婚姻登记机关循环播放，引导社会树立科学、文明、进步的婚恋观。各婚姻登记机关拓展婚姻家庭辅导服务，为有需求的当事人提供法律咨询、情感辅导、心理疏导、纠纷处理、婚前教育等婚姻家庭辅导服务，全年接待4.8万余次。

（王玉华）

家　庭

【家庭文明建设】 2019年，举办“我家幸福时刻”主题活动，向全省家庭征集“幸福时刻”照片2019张。启动2019年“最美家庭”推选工作，5月20日，300户家庭入选2019年江西省“最美家庭”名单。4月至7月，省教育学会少年儿童校外教育专业委员会组织开展“讲故事、颂祖国、做新人”江西省少年儿童故事大赛。选手们以“与我有关”的成长故事、身边故事，围绕庆祝中华人民共和国成立70周年，讲述峥嵘岁月、道德榜样、英雄人物、家乡变化、脱贫攻坚、幸福生活、有趣习俗等故事。5月20日，下发《关于开展“绿色生活·幸福安康”清洁家庭创建深化行动的通知》，重点推进“清洁家庭”工作，要求全省家庭通过倡导“绿色”、保护“生态”，争创“清洁家庭”，全省350万个家庭参与，创清洁家庭200万户。6月1日，与省文联联合主办庆祝中华人民共和国成立70周年江西省少年儿童美术摄影工艺作品展活动。全省80余家单位选送3600余幅少儿美术、摄影、工艺作品，从中遴选展出1100余幅优秀作品，分别以“弘扬家国情怀”红色精神板块、“倡导绿色生活”生态自然板块、“传承传统文化”传统文化板块、“乐享幸福生活”美好未来板块4个板块展出，6月至9月，举办“弘扬家国情礼赞新时代”庆祝中华人民共和国成立70周年家庭红色故事大赛，全省2000余户家庭参与。

【家庭教育宣传】 2019年，省妇联开展以“陪伴的力量”为主题的家庭教育宣讲进农村活动，利用春节期间外出务工人员返乡时机，将家教知识送到农民工较集中的工地、工厂、工业园区，组织家庭教育知识宣讲1000余场。5月至6月，开展《江西省家庭教育促进条例》宣传周活动，印发该条例单行本近10万册；在江西网络干部学院平台上线条例解读课程，开展以“坚持立德树人 促进家庭教育”为主题的网上知识竞赛，36万人参与；开展条例宣讲进万家活动，到社区、校园、农村、企业、家庭等开展宣讲，全省开展活动4000多场，参与人数10万多人次；开展以“弘扬家国情礼赞新时代”为主题的首个家风家教主题宣传月活动，推出“给妈妈写一封信”活动，收到1万多篇投稿，评选出1000名获奖人员，分别为小学组600名、中学组300名、家长组100名；评定18个省级家风家教实践基地，培植新的全省家风家教阵地和力量。5月21日，开展江西省家庭教育讲师团讲师说课比赛，选拔50人为讲师团成员，发展壮大家庭教育指导服务队伍。开展家庭家教家风调研工作，制作《江西省家庭教育——家风建设调查问卷》，分赴上饶、九江、南昌等地开展调研，回收问卷5.6万份，形成专题调研报告。8月至10月，与省教育厅联合印发《关于开展全省家庭教育主题宣传活动的通知》，开展以“家校协同，让孩子健康成长”为主题的家庭教育宣传活动，在“开学第一讲”中对学生家长讲授《江西省家庭教育促进条例》，帮助家长树立正确教育观念，宣传推广正确的家庭教育方法。

【未成年人关爱保护】 5月，省妇联联合省民政厅、团省委下发《关于认真做好暑期家庭教育和关爱儿童服务工作的通知》，开展暑期关爱留守儿童活动，引导家长和孩子学习交通、食品、防火防电等方面的安全知识。下发《关于开展青春期自我保护、防溺水安全教育宣讲活动的通知》，开展青春期自我保护、防溺水安全教育宣讲活动，截至11月，在11个地市67个县区1020所学校，共开展1500场公益巡讲，受益总人数155791人。开展儿童关爱项目（家庭家教家风建设项和留守儿童关爱服务项目），向社会力量购买服务360多个，资金达780万元，在留守儿童较集中的县（市、区）开展专业化、科学化的家庭教育指导。推进未成年人活动场所建设，争取6个县区儿童活动中心改扩建项目，项目资金达1580万元。其中，19个儿童活动中心获得395万元活动补助、50万元的校外教育培训经费；对全省34个已运行的儿童活动中心进行交流评估；分5次举办江西省妇联校外教育骨干培训班，培训800多人。

【江西省家庭教育研究会第六次会员代表大会】 1月25日，江西省家庭教育研究会召开第六次会员代表大会，选举产生新一届理事会，并正式更名为江西省家庭教育学会。新任会长王梅雾，副会长黄陶青、施晶晖、熊菊喜、罗秋华、凌云、左玲等8人，常务理事33人，理事95人，吸纳会员291人。

【江西省“振兴杯”家庭服务行业技能竞赛】 11月25日—26日，由省妇联、省人社厅、省发改委、省商务厅主办，南昌市妇联承办的2019年江西省“振兴杯”家庭服务行业技能竞赛开赛。大赛响应江西省全方位推动VR产业发展、打造VR产业“高地”的政策要求，将家政人员必要掌握的心肺复苏急救术与VR技术结合，通过案例场景和新科技，让大众更加直观地了解应急救护知识。经过初试、笔试、决赛、理论+实操考核，大赛产生团体优胜奖3个、优秀组织奖8个，个人一等奖3名、二等奖6名、三等奖9名、优胜奖12名。

（凌云）

居民收入

【概　况】 2019年，全省居民人均可支配收入2.63万元，比上年增长9.1%，增幅居全国第13、中部第4，扣除价格因素，实际增长6.0%，名义增幅和实际增幅均比全国平均水平高0.2个百分点。从全省居民收入四大项看：人均工资性收入1.50万元，增长9.2%；人均经营净收入4367元，增长7.7%；人均财产净收入1736元，增长9.5%；人均转移净收入5154元，增长9.6%。

全省城镇居民人均可支配收入3.65万元，增长8.1%，增幅居全国第17、中部第4，扣除价格因素，实际增长5.0%，名义增幅比全国平均水平高0.2个百分点，实际增幅与全国平均水平持平。从城镇居民收入四大项看：人均工资性收入2.32万元，增长8.0%；人均经营净收入3055元，增长8.2%；人均财产净收入3188元，增长8.0%；人均转移净收入7135元，增长8.2%。

全省农村居民人均可支配收入1.58万元，增长9.2%，增幅居全国第23、中部第5，扣除价格因素，实际增长6.3%，名义增幅比全国平均水平低0.4个百分点，实际增幅高于全国平均水平0.1个百分点。从农村居民收入四大项看：人均工资性收入6699元，增长9.4%；人均经营净收入5701元，增长8.1%；人均财产净收入257元，增长9.3%；人均转移净收入3139元，增长10.8%。

【提前实现农村居民收入翻番】 按可比价格计算，2019年全省农村居民人均可支配收入实际水平为1.25万元，实现翻番目标的104.1%，提前完成农村居民收入翻番目标。2011—2019年农村居民人均可支配收入实际增速分别为12.7%、10.3%、9.0%、8.9%、8.5%、7.0%、7.1%、6.8%和6.3%，9年累计实际增长108.2%。

【城乡居民收入差距缩小】 2019年，全省农村居民人均可支配收入名义增长快于城镇居民1.1个百分点，实际增长快于城镇居民1.3个百分点，连续10年保持快于城镇居民收入增长；城乡居民收入比值为2.31（农村居民收入=1），比上年缩小0.03，比全国平均水平低0.33，城乡居民收入差距进一步缩小。

【促进居民增收五大因素】 全省经济总体平稳，经济发展预期形势较好。2019年，全省生产总值增长8.0%，高于全国平均水平1.9个百分点，主要经济指标增速高于全国。

就业形势稳定向好，结构优化特征显现。城镇新增就业超额完成，2019年全省新增城镇就业54.34万人，完成年度计划的120.76%。创业带动就业倍增效应明显，全年新增发创业担保贷款连续6年过百亿元、列全国第一，直接扶持个人创业11万人次，带动就业43.1万人次。就业补助标准不断提高，修订一系列保岗稳岗的管理办法，加大支持力度，扩大扶持范围，提高补贴标准，全年发放失业保险稳岗返还资金2.84亿元。

营商环境持续利好，减税降费政策落实。省委、省政府出台一系列降成本政策举措，进一步降低企业负担，激发实体经济发展活力。2019年，全省为企业减负1450亿元，比上年增加250亿元。其中，减免税收1033亿元、减少社保等规费140亿元。

利息租金收入稳定增长，房屋土地资源盘活。2019年年底，全省住户存款1.97万亿元，增长13.9%，全省居民利息净收入增长66.8%。各地老城区、棚户区及危房拆迁改造力度加大，全年下达专项资金33.6亿元，支持棚户区改造及住房租赁，居民房屋出租率大幅提高，推动全省居民房屋出租收入净收入增长14.7%。农村土地经营权和林权流转管理服务体系进一步完善，农村土地资源要素有效盘活，全省农村居民转让承包土地经营权租金净收入增长87.7%。

社会保障稳步推进，民生改善福祉提升。统筹1800亿元资金，实施民生实事工程，完成51件惠民实事；全省民生支出5197.7亿元，占财政支出81.2%，比上年提高1.3个百分点。强化保供稳价，制定实施猪肉市场保供稳价系列举措，推动物价总体平稳，及时启动社会救助和保障标准与物价上涨挂钩联动机制，累计发放价格临时补贴2.28亿元，惠及1711.28万人次。城乡低保财政月人均补差水平分别提高到410元和285元，城镇特困人员供养标准提高到835元，城乡居民医保财政年人均补助标准提高到520元。全省41.1万名贫困人口脱贫，贫困发生率降至0.27%，城镇贫困群众减少23.7万人。

（廖云洲　符帆）

·资料·

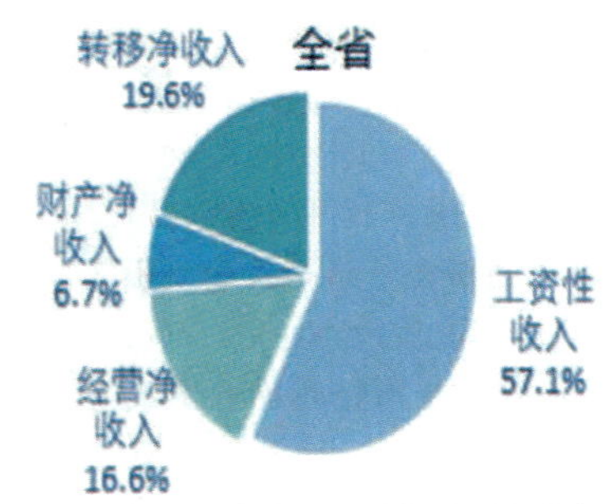

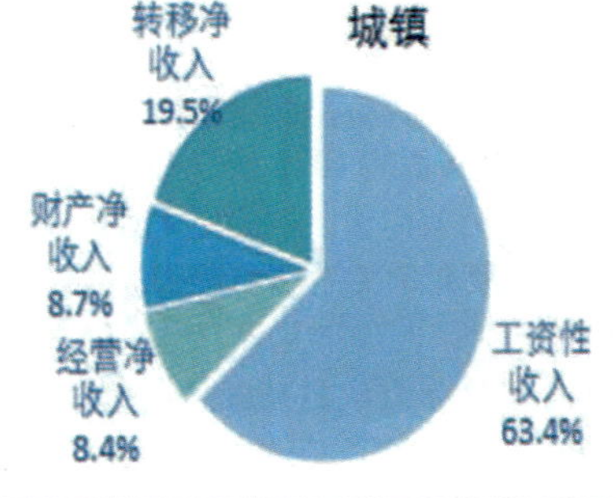

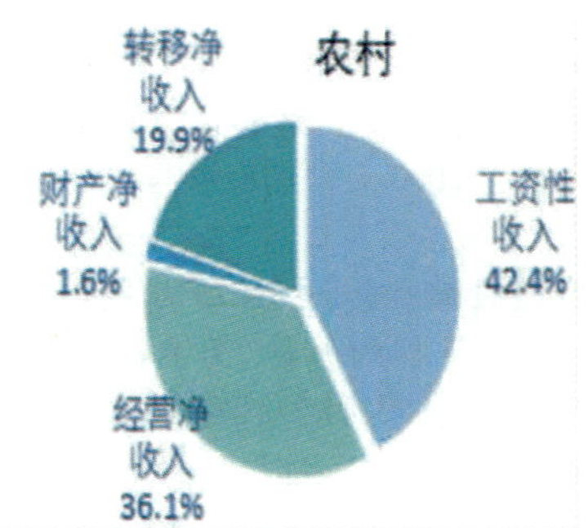

2019年江西城乡居民收入结构

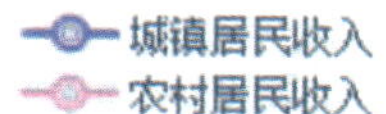

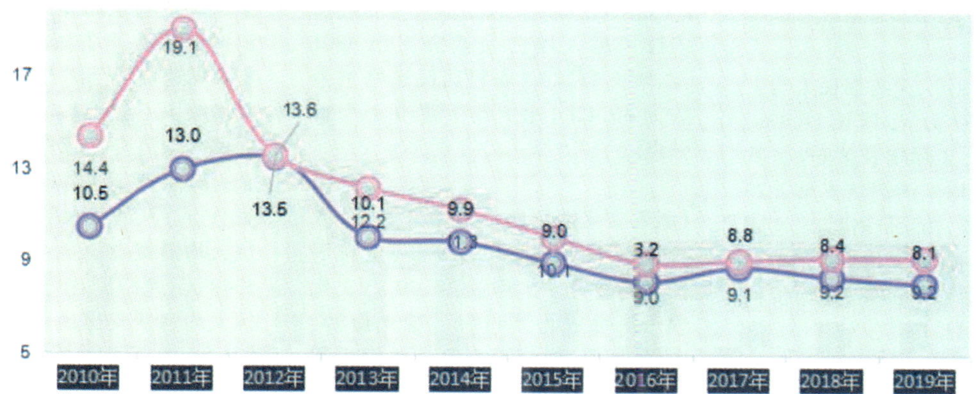

近十年江西省城乡居民收入增幅趋势折线图

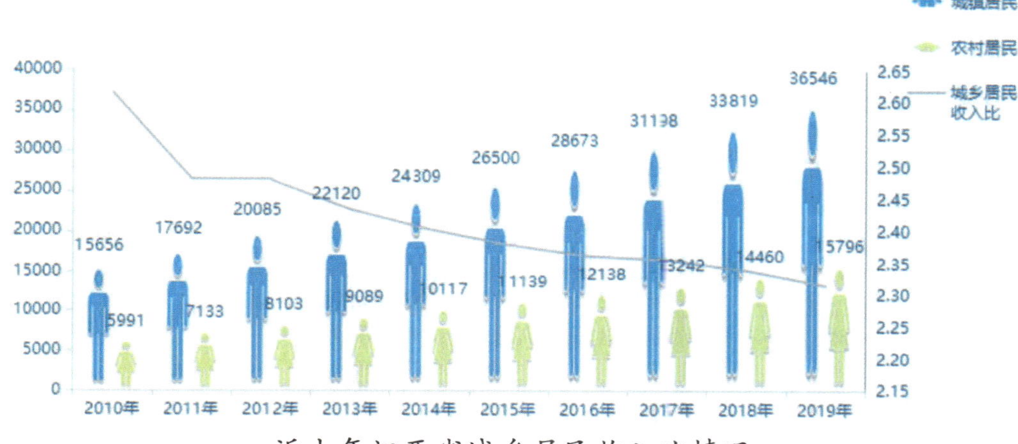

近十年江西省城乡居民收入比情况

2019 年江西城镇居民人均可支配收入构成及贡献率

指标	收入(元)	构成(%)	增幅(%)	增收贡献率(%)
可支配收入	36546	—	8.1	—
#工资性收入	23168	63.4	8.0	63.0
#经营净收入	3055	8.4	8.2	8.4
#财产净收入	3188	8.7	8.0	8.7
#转移净收入	7135	19.5	8.2	19.9

2019 年江西农村居民人均可支配收入构成及贡献率

指标	收入(元)	构成(%)	增幅(%)	增收贡献率(%)
可支配收入	15796	—	9.2	—
#工资性收入	6699	42.4	9.4	43.3
#经营净收入	5701	36.1	8.1	32.1
#财产净收入	257	1.6	9.3	1.6
#转移净收入	3139	19.9	10.8	23.0

居民消费

【概　况】　2019年，全省居民人均生活消费支出1.77万元，增长11.8%，扣除价格因素，实际增长8.6%。其中，城镇居民人均生活消费支出2.27万元，增长9.4%，扣除价格因素，实际增长6.3%；农村居民人均生活消费支出1.25万元，增长14.8%，扣除价格因素，实际增长11.7%。

全省居民人均消费支出八大项呈现“七增一降”态势。食品烟酒支出增长8.4%；衣着支出增长0.3%；居住支出增长15.9%；生活用品及服务支出增长7.7%；交通通信支出增长12.4%；教育文化娱乐支出增长15.5%；医疗保健支出增长26.5%；其他用品和服务支出下降3.6%。其中，城镇居民人均消费支出八大项呈现“六增二降”态势，增幅排在前三位的分别是医疗保健支出、居住支出和教育文化娱乐支出；农村居民人均消费支出八大项呈现全面增长态势，增幅排前三位的分别是医疗保健支出、生活用品及服务支出和教育文化娱乐支出。

【恩格尔系数继续下降】　2019年，全省城乡居民恩格尔系数继续保持下降态势。全省居民人均食品烟酒支出5215元，增长8.4%，恩格尔系数为29.5%，首次下降到30%以下，比上年下降1.0个百分点。其中，城镇居民人均食品烟酒支出6604元，增长6.0%，城镇居民恩格尔系数为29.1%，比上年下降0.9个百分点；农村居民人均食品烟酒支出3801元，增长11.7%，农村居民恩格尔系数为30.4%，比上年下降0.9个百分点。

【教育文化娱乐医疗消费升温】　教育支出不断增长。2019年，全省居民人均教育支出增长28.6%。文化娱乐消费成为新选择。观光旅游、电影、展览、健身美容等文体娱乐活动受大众喜爱。2019年，全省居民人均景点门票支出增长34.2%，人均体育健身活动支出增长27.5%，人均电影话剧演出票支出增长16.1%。医疗保健消费增长较快。自2017年《江西省“十三五”大健康产业发展规划》出台以来，一批大健康产业、养生基地在江西落地，健康养老、健康医疗受到群众的重视。2019年，全省居民人均医疗保健支出1265元，增长26.5%，增速在生活消费八大项中最快。其中，城镇居民人均医疗保健支出1559元，增长27.9%；农村居民人均医疗保健支出964元，增长23.0%。

【城乡居民消费差距缩小】　城乡消费更加平衡。农村居民收入不断增长以及乡村振兴战略的实施，农村消费市场潜力不断挖掘，城乡消费不平衡状况持续改善。2019年，全省农村居民人均消费支出名义增速和实际增速均快于城镇居民5.4个百分点，城乡居民消费比值为1.82，比上年缩小0.09。与全国差距继续缩小。从消费增幅看，全省城镇居民人均消费支出增速快于全国1.9个百分点，实际增幅快于全国1.7个百分点；农村居民人均消费支出增速快于全国4.9个百分点，实际增幅快于全国5.2个百分点。从消费水平看，全省城镇居民人均消费支出比全国平均水平低5349元，差距同比缩小3元；农村居民人均消费支出比全国平均水平低831元，差距同比缩小408元。

【居住生活水平提高】　居住生活条件不断改善。居民对居住品质要求不断提高，对装潢和修缮方面的投入不断增加，居住环境得到明显改善。2019年，全省居民人均居住支出4399元，增长15.9%，占消费支出的24.9%，比上年提升0.9个百分点，在八大项支出占比中排第二。其中，全省居民住房维修及管理支出807元，增长59.1%。耐用消费品升级换代明显。2019年，全省居民每百户家用汽车拥有量为28.1辆，增长10.2%；每百户洗衣机拥有量为81.0台，增长5.4%；每百户空调拥有量为107.7台，增长7.0%。反映现代生活的耐用品拥有量快速增长，每百户洗碗机拥有量增长16.3%、每百户中高档乐器拥有量增长16.7%、每百户空气净化器拥有量增长51.2%。

（廖云洲　符帆）

·资料·

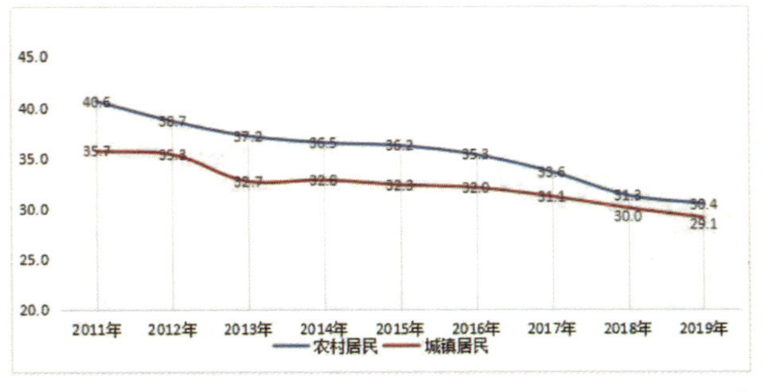

2011—2019年江西城乡居民恩格尔系数走势

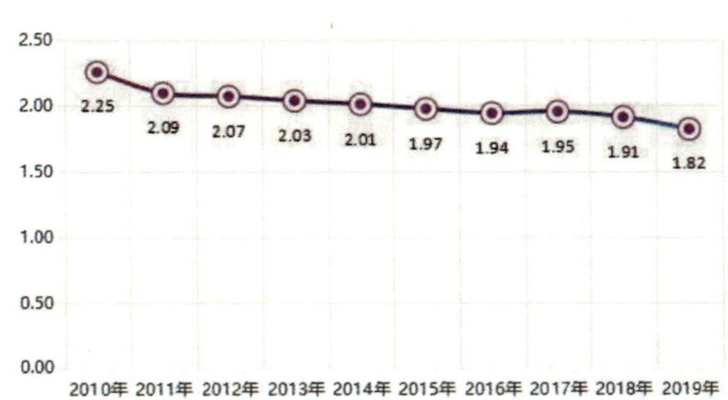

2010—2019年江西城乡居民消费比

本栏编辑　张志勇

社 会 保 障

综 述

社会保障制度改革持续深化。养老保险制度进一步健全。以省政府名义出台企业职工基本养老保险基金省级统收统支方案，实现政策、基金收支、预算管理、责任分担、信息系统、经办管理、绩效管理“全省七统一”。健全军队文职人员、事业单位转企改制人员参加养老保险办法，完善企业女职工退休年龄政策，规范养老保险关系转移接续、企业特殊工种提前退休、城乡居民养老保险业务经办等流程。降费减负政策全面落实。以省政府办公厅名义出台降低社会保险费率综合实施方案。工伤保险制度改革扎实推进。出台工伤保险基金省级统筹方案，全面建立工伤保险省级统筹制度；省本级工伤保险1058家参保单位、19.29万名参保人员下放属地管理。职能划转有序推进。主动与税务、医保等部门沟通协调，实现社保费征缴职能如期划转、医保职能平稳移交，确保各项待遇按时足额发放、各项业务平稳衔接。

社会保险扩面征缴稳中有进。截至年底，全省城镇职工养老保险、城乡居民养老保险、失业保险和工伤保险参保人数分别为1096.90万人、1888.92万人、289.68万人、538.39万人。全省城镇职工基本养老保险、城乡居民养老保险、工伤保险、失业保险基金全年总收入分别为1304.55亿元、107.90亿元、27.36亿元、12.6亿元。全年全省累计办理“助保贷款”12631人次，发放贷款4.11亿元，各级政府贴息资金累计1548万元，共为5467名困难助保对象办理领取养老金手续。集中开展退役军人养老保险关系转移接续集中清理核实行动，切实做好退役军人养老保险关系转移接续工作。全年全省累计办理退役军人养老保险转入8533人次，转入金额3亿元。

经办服务优化提升。单位业务“网上办”。基本建成省级集中的社会保险信息系统，在省本级、10个设区市上线运行，实现与江西人社一体化综合信息系统和全国社保公共服务平台对接，22项社保事项接入一体化平台。开设社保网上经办大厅，实现37项高频服务事项网上办理，全年网办业务53.39万笔。个人业务“掌上办”。在“江西人社”APP开通32项高频社保事项掌上服务，截至年底，通过手机端缴纳社保费4.11万笔、2.22亿元，63.94万退休人员通过手机实现养老待遇资格认证。窗口业务“简单办”。完成85项社保事项“八统一”标准化，6项社保事项证明材料试行告知承诺制，4项业务办理时限由15个工作日压减为即时办结。出台加强社保经办服务15条便民举措，探索统一经办人员工作服装，举办全省社保局长培训班，开展全省养老保险业务技能练兵比武，组织作风建设明察暗访，全省社保经办能力素质进一步提升。

（肖璟）

保障体制

【落实阶段性降费率政策】 根据《国务院办公厅关于印发降低社会保险费率综合方案的通知》精神，经省政府同意并报人社部、财政部备案，4月28日，印发《江西省人民政府办公厅关于印发降低社会保险费率综合实施方案的通知》，明确江西省降低企业社会保险费率和调整社保缴费基数等政策，将降低社会保险费率政策落实情况纳入省政府《2019年市县高质量发展考核评价指标》，压实各级政府责任，建立人社、财政、税务、医保等部门参加的协调机制。将5月作为全省主题宣传活动月。5月26日，会同省税务部门在全省统一开展以“社保降费减负助推高质量跨越式发展”为主题的现场宣传日活动，对全省66万企业法人发送降费减负短信。全年全省减轻企业和个人社保缴费负担93.36亿元，其中企业职工基本养老保险76.65亿元、工伤保险4.15亿元、失业保险12.56亿元。

【机关事业单位养老保险制度改革】 出台军队文职人员参加机关事业单位养老保险贯彻意见，明确军队文职人员属地参加江西省机关事业单位养老保险有关政策。下发《关于职业年金启动投资运营前个人账户记账利率和投资收益率有关事项的通知》，明确江西省职业年金启动投资运营前个人账户记账利率和投资收益率标准，保障机关事业单位参保人员职业年金待遇。出台《关于划分为生产经营类但尚未转企改制到位事业单位及工作人员参加养老保险有关问题的通知》，明确已划分为生产经营类但尚未转企改制到位的财政拨款事业单位及人员、已划分为生产经营类但尚未转企改制到位的自收自支事业单位及编制内工作人员参保有关政策和具体衔接办法，确保转企事业单位转企改制工作的实施，保障职工社保合法权益。出台《关于机关事业单位基本养老保险关系和职业年金转移接续有关问题的补充通知》,进一步规范对江西省事业单位养老保险参保人员基本养老保险关系和职业年金转移接续政策。参保覆盖范围进一步扩大。在前期已将机关单位、参公单位、公益一类和二类事业单位、全额拨款事业单位等“四类”单位及人员纳入参保范围的基础上,逐步将军队文职人员和中央驻赣机关事业单位纳入改革实施范围。同时,组织开展将未参保生产经营类财政拨款事业单位纳入参保范围,确保符合条件的参保单位及人员应保尽保。业务经办全面铺开。单位人员参保登记、参保缴费和养老保险社会化发放等业务实现常态化。业务经办工作实现参保人员基本养老保险基金征缴100%、纳入参保范围的退休人员养老保险待遇由基金支付100%、纳入基金支付的退休人员基本养老金调整由社保发放100%。职业年金全面实施,开发完善职业年金信息系统。

【城镇企业职工基本养老保险政策完善】 出台并组织实施完善企业女职工退休年龄政策。2月12日,印发《关于完善企业女职工退休年龄有关问题的通知》,将企业女职工退休年龄由现行按职工身份确定调整为按岗位性质确定,同时,企业女职工本人自愿,也可选择按原身份确定退休年龄。规范和加强特殊工种提前退休管理。贯彻落实人社部发〔2018〕73号文件精神,1月22日,省人社厅印发《关于规范企业特殊工种提前退休审核确认流程有关问题的通知》,就实行特殊工种双公示制度、实施权益告知制度进行具体明确。公布2019年个人账户记账利率等参数。8月,印发《江西省人力资源和社会保障厅 江西省财政厅转发人力资源保障部办公厅 财政部办公厅关于公布2019年职工养老保险个人账户记账利率等参数的通知》。

(肖 璟)

医疗保障

【概 况】 2019年,江西医保“1235”工程等一系列医保改革发展工作举措相继写入省委十四届八次、十次全会决定,全省医疗保障事业实现稳步开局。全省共有7个设区市获得国家改革试点机遇,职工生育保险和基本医疗保险合并实施,高血压、糖尿病用药门诊直接报销政策落地,多元复合型付费方式改革启动,国家新版医保药品目录全面执行。截至年底,全省参保人数4782万人,参保覆盖率95.14%;医保基金总收入594亿元,总支出528亿元,当期结余66亿元,历年累计结余605亿元,基金运行总体平稳、安全可控。

【居民医保筹资标准】 2019年城乡居民医保明确个人缴费标准为每人每年250元,各级财政补助520元。同时,财政对城乡困难居民按个人缴费标准给予补助。高校大学生个人不缴费。截至年底,全省职工基本医疗保险基金总收入222.8亿元,增长4.34%;城乡居民基本医疗保险基金总收入;357.8亿元,增长15.92%。

【高血压、糖尿病用药纳入门诊统筹】 全省普遍开展城乡居民医保普通门诊统筹,高血压、糖尿病门诊用药纳入门诊统筹报销,报销比例不低于50%。截至年底,全省共有15.7万两病患者享受门诊用药报销待遇,基金支出2029万元。

【大病保险保障】 按照国家对大病保险增加15元筹资标准的要求,全省11个设区市对本统筹地区大病保险筹资进行明确。南昌市由36元增加到71元,其他统筹地区也相应增加15元,除抚州95元,萍乡80元之外,其他设区市筹资均为75元。城乡居民大病保险起付线原则上按统筹地区上年度城乡居民人均可支配收入的50%确定,经基本医疗保险报销后,政策范围内个人负担医药费用(含住院和门诊特殊慢性病)超过大病保险起付线的部分,按60%的比例报销。城乡居民大病保险基金年度最高支付限额不低于25万元,与基本医疗保险合并计算年度最高支付限额不低于35万元。

【医保精准扶贫】 2019年,全省284.1万农村建档立卡贫困人口和30万城镇贫困群众实现应保尽保。贫困群众通过基本医保、大病保险、医疗救助和各地政府重大疾病补充保险,总体报销比例控制在90.77%。取消大病保险封顶线和贫困人口在一、二级定点医疗机构住院起付线,将贫困人口大病保险起付线标准降低50%,报销比例提高到65%。贫困群众医疗费用“一站式”报销在县域范围内落实。

【开展打击欺诈骗保专项治理】 开展打击欺诈骗保专项治理和秋季攻坚行动,全年全省实地检查定点医药机构27195家,处理违规定点医药机构6044家,处理违规涉及金额3.83亿元,其中追回医保基金2.61亿元,全省打击欺诈骗保追回资金占2018年基金支出比例为2.47%、列全国第三位,专项治理成效综合排名全国第八位。

【药品集中带量采购】 跟进国家组织药品集中带量采购和使用试点扩围工作,江西省25个药品中选结果全部顺利执行,中选价格与2018年江西省原采购价格相比平均降幅59%,可节约采购资金近7.5亿元。探索开展未过评药品带量采购工作,实施方案已通过省政府常务会议审议,正在抓紧推动实施。取消公立医疗机构医用耗材加成,实行“零差率”销售。

【抗癌药降价和政策落实】 推动奥希替尼、西妥昔单抗、安罗替尼等17种谈判抗癌药降价和执行,17种抗癌药全部纳入江西省基本医疗保险特殊药品目录报销,职工医保报销比例为75%,城乡居民医保报销比例为70%。全年全省受益群众2.38万人次,药品费用总金额2.73亿元,医保基金支付1.96亿元,平均报销比例71.66%。

【医保经办服务优化】 深化医保领域“放管服”改革,创新设立医药生产经营企业接待日,整合开通12345政务热线“医保专席”,全面实行一网、一线、一门、一窗、一站、一次“六个一”江西医保经办标准化服务,借力“赣服通”平台推行备案业务网上办、查询服务掌上办、大厅业务马上办、证明事项简化办“四办模式”,努力实现“一次不跑”或“最多跑一次”。

【异地就医直接结算】 2019年,作为参保省,全省参保人员共跨省异地就医直接结算18.87万人次,直接结算25.64亿元,分别增加155.07%和142.40%;作为就医省,全省异地定点医疗机构共为外省参保人员直接结算1.45万人次,结算金额1.03亿元,分别增加202.12%和162.20%;全年省内异地就医直接结算93.26万人次,直接结算金额23.11亿元,分别增加142.22%和146.10%。

【医保信息化建设】 将医保信息化建设作为省医保局“一号工程”,坚持省、市同步推进医保信息化建设。江西省医保信息化建设可研报告获国家医保局正式批复,经多次专家技术论证,省发改委已原则同意建设内容。医保电子凭证中台系统正按国家医保局要求统一部署,国家15项信息业务标准编码贯标工作稳步推进。

【医疗保障机构设置完善】 在全国率先设立省级医疗保障监测中心,全面构建起省医保局机关和医保经办、医保监测、定价与采购的“1+3”工作架构。全省现有医保经办机构113个,经办人员3789人,其中在编2328人,有力支撑了全省4782万参保群众医保经办服务。

【医疗保障研究】 与江西财经大学开展战略合作,在全国省级层面第一个共建局校“医疗保障研究中心”,第一个设立省级“医疗保障基金监管研究基地”。与中国医疗保险研究会、国家医疗保障研究院建立联系,与江西省社科院、江西省中医药大学等科研院所开展医保扶贫、政策统一、医疗服务价格等方面课题研究。

(省医保局办公室)

待遇保障

【概　况】 社会保险待遇水平稳步提升。连续第15年提高企业退休人员基本养老金水平,连续第4年同步调整企业和机关事业单位退休人员基本养老金,在全国统一部署省份中第五个发放到位。稳步提高未参保城镇大集体企业退休人员等养老生活补助标准,统一全省企业职工和退休人员因病或非因工死亡抚恤金标准。连续15年提高因工致残人员伤残津贴等定期待遇。全年为205.65万名贫困人员代缴城乡居民养老保险费2.07亿元,83.47万名贫困老人领取养老保险待遇。2019年,全省城镇职工基本养老保险、城乡居民养老保险、工伤保险、失业保险基金待遇支出分别为1299.64亿元、73.70亿元、24.51亿元、4.96亿元。

【退休人员基本养老金调整】 根据国家统一部署,经省政府同意并报人社部、财政部审批,7月1日,省人社厅、省财政厅下发《关于江西省2019年调整退休人员基本养老金的通知》,从2019年1月1日起,同步提高2018年12月31日以前已退休的企业和机关事业单位退休人员基本养老金水平,全省339万名退休人员受益。

【伤残津贴调整】 连续15年提高因工致残人员伤残津贴等定期待遇,2019年因工死亡职工一次性工亡补助金标准提高到78.50万元,较上年增长7.84%;印发新版工伤保险药品目录,2781个药品纳入支付范围。

(肖璟)

社会福利

【概　况】 截至年底,全省建有养老机构1976家、总床位数16万张(护理型床位3.5万张)。其中,公办养老院1473家、床位10.3万张,民办养老院503家(含公建民营71家)、床位5.7万张。建有城市居家和社区养老服务设施1386处,农村互助养老服务设施8896处。全省共有孤儿6430人,其中机构养育1631人、社会散居4799人。农村留守儿童64.3万人,事实无人抚养儿童3542人。配备乡镇(街道)儿童督导员2172人,村(居)儿童主任21717人。建设未成年人救助保护机构88个;建设儿童福利机构43个,其中区域性儿童福利机构18个、非区域性儿童福利机构25个。

【养老服务改革】 取消养老机构设立许可,加强事中事后监管,实行备案管理。开展战略合作,与天津天同、湖南普亲集团、国投健康等签订合作协议,引进和培育上海安康通、中科慧康、南京禾康等国内优质养老服务企业20余家。落实奖补政策。建立健全养老机构建设补贴和运营补贴政策,省级下达建设补贴资金969万元。在省政府门户网站公布养老服务扶持政策清单、养老服务项目招商信息。深化公办养老机构改革。稳妥推进公办养老院交由社会力量运营,71家养老院实现公建民营。

【居家和社区养老服务】 推动60%以上的县(市、区)编制养老设施布局规划,70%以上县(市、区)落实住宅小区配建居家养老服务设施政策。推进国家级改革试点。新增3个试点地区,江西纳入国家级试点的设区市增至8个,累计争取试点资金2.3亿元。南昌市推行“1+5+x”社区邻里中心,南昌市东湖区、赣州市章贡区和大余县“时间银行”,新余市“党建+颐养之家”,吉安市探索城市尊享餐桌等一批试点。嵌入式养老院发展迅速,打造南钢街道居家养老服务中心、景德镇易照护、赣州添福、新余乐晚晴等一批居家、社区、机构养老综合体。推进互联网+智慧养老,77%的设区市和65%的县(市、区)建成或在建养老服务信息化平台,打造智慧健康养老示范基地1个、示范街道(乡镇)13个、示范企业1个。

【农村养老服务】 农村养老服务体系建设纳入第二批主题教育期间聚焦解决的重点突出问题加以推进。推行农村特困失能人员集中照护,印发《加快推进特困失能老年人集中照料护理服务的通知》,推进县级福利院失能护理改造,69个县(市、区)开展农村特困失能人员在县级集中照护。实施敬老院改造提升工程，统筹中央预算内投资、中央福彩公益金和省级福彩公益金3.6亿元支持130余家公办养老院改造提升，92.8%敬老院完成事业单位法人登记。推进农村互助养老服务设施建设，建成互助养老服务设施总数8896个，其中具备助餐等功能的互助养老服务设施7289个，覆盖40.9%的建制村。加强留守等困难老年人关爱服务，推动以县为单位初步建立探视巡访制度。

【老年人福利制度建设】 9月，省民政厅与省卫健委完成老年人意外伤害保险和高龄津贴两项工作交接。为老年人购买人身意外伤害保险，对经济困难的高龄老年人按照每人每月不低于50元的标准发放养老服务补贴，为近106万80岁以上高龄老年人每人每月发放50元～1000元不等的高龄津贴，2019年共发放高龄津贴11.24亿元。

【城乡孤儿基本保障标准提高】 继续将城乡孤儿基本生活保障纳入省政府民生工程，提高农村散居孤儿基本生活费补助标准，机构养育孤儿和城乡散居孤儿供养标准分别为每人每月1350元和950元，分别提高12.5%和18.8%；农村散居孤儿标准年内2次提高，累计提高30.1%。

【“孤儿医疗康复明天计划”项目实施】 省民政厅印发《江西省“孤儿医疗康复明天计划”项目实施细则》《关于做好2019年度“孤儿医疗康复明天计划”项目实施工作的通知》，实施孤儿医疗康复救助1689例，其中住院治疗360例、体检1329例。

【农村留守儿童和困境儿童关爱服务】 省民政厅等14个部门联合印发《关于进一步健全农村留守儿童和困境儿童关爱服务体系的实施意见》。省未成年人保护中心编印《农村留守儿童关爱保护和困境儿童保障实务100问》。民政部发函特别指出“江西农村留守儿童和困境儿童关爱服务体系建设成绩突出”。《分类视角下农村留守儿童关爱服务体系建设研究》获2019年民政部课题论文一等奖。

【儿童福利工作业务培训】 10月，在萍乡市举办全省儿童福利工作骨干培训班，各设区市、省直管试点县（市）民政局及赣江新区社会事务局分管领导、科长、儿童福利院院长、未成年人保护中心主任等80余人参加培训。11月，在鹰潭市举办全省儿童督导员、儿童主任示范培训班，各设区市民政局儿童福利工作人员、部分市县乡镇（街道）儿童督导员、村（居）儿童主任等150余人参加培训。

【残疾人福利体系建设】 2019年，全省纳入生活补贴的残疾人45.9万人，其中农村36.9万人、城镇9万人；纳入护理补贴的残疾人40.9万人，其中农村32.2万人、城镇8.7万人。农村残疾人生活补贴和护理补贴标准均为每人每月50元，城镇残疾人生活补贴和护理补贴标准分别为每人每月60元和70元。全年发放省级补助资金3.56亿元，比上年度增加2240万元。统筹中央彩票公益金1415万元，省级专项彩票公益金900万元，支持5个精神卫生福利机构和13个精神障碍社区康复机构建设。全省累计建设精神卫生福利机构8所（县级2所），其中投入使用4所、在建4所，累计建设精神障碍社区康复机构89个。省级层面首次直接实施“福康工程”项目，争取民政部419万福彩公益金支持。全面上线运行残疾人两项补贴信息系统，举办3期培训班，对全省各设区市、县（市、区）及部分乡镇系统录入人员进行培训。联合省残联印发《关于进一步加强残疾人两项补贴工作有关事项的通知》，指导各地加强残疾人两项补贴政策宣传解读力度、健全定期核查比对制度、做好补贴发放管理工作、加强信息系统管理等工作。会同省残联提请省政府办公厅印发《关于开展建档立卡贫困重度失能残疾人照护和托养工作的指导意见》，按照先行试点、逐步推开的原则，采取居家照护和日间照料的，对提供服务的个人、组织或机构按每人每月不低于600元的标准给予补助；在残疾人综合托养服务机构托养的，按每人每月不低于1000元的标准给予补助；在农村公办养老院托养的，参照江西省特困人员供养和护理费标准给予补助。指导赣州市顺利完成康复辅助器具产业国家综合创新试点工作，在定南县打造中国（定南）智能助残科技城，落户康复辅助器具企业9家，专利33项，吸纳残疾人就业1250人。印发《江西省民政厅关于印发〈江西省“福康工程”项目实施细则〉的通知》，筛选具有手术适应症的肢体（脊柱除外）畸形患者进行手术矫治，并进行康复训练，为符合条件的残疾人群体配置假肢、矫形器、轮椅、拐杖、助行器、护理床等康复辅助器具。

（汤娜　刘学平　邓威）

社会救助

【概　况】 2019年，社会救助工作围绕“精准、提标、聚焦”要求，按照保基本、救急难、兜底线、促发展的总体思路，以统筹救助资源、增强兜底功能、提升服务能力为重点，加快推进社会救助综合改革，织密扎牢基本民生保障安全网。

【兜底保障脱贫攻坚】 加强农村低保与扶贫开发制度衔接，32.9万名建档立卡贫困人口纳入农村低保和特困供养，其中2.56万名重度残疾人、重病患者参照单人户纳入低保。开展农村低保专项治理，全省清退不符合条件农村低保对象14.84万户34.94万人，新增贫困老年人、残疾人、儿童等特殊群体纳入低保9.71万户14.5万人，有效整治“漏保”问题。推进脱贫攻坚“春季攻势”“夏季整改”和“秋冬巩固”，印发《中央脱贫攻坚专项巡视反馈问题整改工作方案》《2019年全省民政系统脱贫攻坚“夏季提升”整改攻势方案》《全省民政系统实施“秋冬巩固”攻势解决“两不愁三保障”突出问题工作方案》《江西省民政领域脱贫攻坚全面排查整改实施方案》，抓好中央脱贫攻坚专项巡视、国家脱贫攻坚成效考核、省委巡视及省级暗访督导反馈问题整改。

【城镇贫困群众脱贫解困工作】 召开省城镇贫困群众脱贫解困工作领导

小组第二次会议，出台《江西深入推进城镇贫困群众脱贫解困工作若干措施》，省财政安排脱贫解困专项资金3亿元，带动各市县筹集专项资金约4亿元。落实“两不愁、三保障”政策，将城镇贫困群众分为特困人员、低保对象、低收入家庭、支出型贫困家庭4类对象实施精准救助。对特困人员在按照不低于低保标准1.3倍落实救助供养资金的基础上，对其中失能、半失能人员另按照不低于最低工资标准的80%、20%安排照料护理经费。对低保对象中领取养老金、实现就业等条件好转的实施延退，对收入低于低保标准1.5倍的纳入低收入家庭予以保障；对家庭可支配收入扣减因病、因残、因子女上学等造成家庭刚性支出和必要就业成本后，家庭人均月收入在当地低保标准1.5倍以内的，纳入支出型贫困家庭予以保障。将针对农村建档立卡贫困群众的医保报销、医疗救助、重大疾病免费（专项）救治、“先诊疗后付费”等政策，全部扩大至城镇贫困群众，资助参加居民基本医疗保险29.8万人、参加重大疾病医疗补充保险23.3万人、实施医疗救助26.5万人次。将7.5万人次城镇贫困群众家庭上学子女参照农村教育扶贫标准，纳入国家“奖、助、贷、勤、减、免”学生资助政策体系。资助19.1万城镇贫困群众参加居民基本养老保险，按每人每月100元基数代缴养老保险费。采取实物保障和租赁补贴并举，对包括户籍在乡镇的所有城镇贫困群众应保尽保，全省16.9万户城镇贫困群众从“住有所居”向“住有优居”转变。90%以上的县（市、区）开展结对帮扶，落实挂点单位7646个，安排帮扶干部7万人，开展特色帮扶活动。工会、妇联、残联等群团组织持续开展城镇贫困职工“四送”（春送岗位、夏送清凉、秋送助学、冬送温暖）、贫困妇女创业和援助、贫困残疾人关爱服务等活动，惠及50万人次。城镇贫困群众总量由60.98万人减至37万人。

【社会救助保障标准和水平提高】 城乡低保保障标准分别提高到每人每月640元、385元，补差水平分别提高到每人每月410元、285元；城镇特困人员救助供养标准提高到每人每月835元，农村特困人员集中供养标准提高到每人每月505元、分散供养标准提高到每人每月400元。南昌、景德镇等地保障标准高于全省保障标准。全省各地按照特困失能、半失能人员每人每月1200元、300元的标准落实护理经费，按照每月不低于重度残疾人护理补贴标准落实特困自理人员照护经费，解决4.3万名失能半失能特困人员护理难问题。建立乡镇（街道）临时救助备用金制度，落实“分级审批”“先行救助”等规定，全省临时救助16.3万余人次。针对猪肉等食品价格上涨，及时启动社会救助和保障标准与物价上涨联动机制，全省发放价格临时补贴2.13亿元，惠及困难群众1617万余人次。

（李灿兴）

慈善救助

【概　况】 2019年，省慈善总会共募集款物及争取慈善药品援助价值2.37亿元，发放救助款物及慈善药品援助价值2.62亿元，惠及困难群众10万余人。开展灾害救援工作，向全省12个重灾县（市、区）下拨慈善救灾资金各80万元，走访的困难群众每户发放6000元慰问金，共计发放救助金981.6万元。慈善药品援助项目发放援助药物价值1.88亿元，帮助困难群众12986人次。联合各市、县慈善会开展“慈善情暖万家”走访慰问活动，在元旦、春节期间走访慰问各地贫困家庭和敬老院老人，发放慰问金50万余元。LDSC轮椅捐赠项目向全省贫困县养老机构和部分因残致贫家庭捐赠600辆轮椅、60个助行器。开展“弘传古典诗词公益课堂”项目，在全省23所学校实施，印发辅导资料2000套，受益学生人数超过2000人。加强慈善志愿者培训，开展慈善志愿服务活动，组织慈善志愿者开展志愿服务活动244场，志愿服务6860人次，服务时长20580小时。继续稳步推进慈善性保险公司申报筹备工作和慈善养老中心筹建工作。

【慈善宣传】 深化与国家级及江西省新闻媒体的沟通联系，并充分发挥“江西慈善网”的宣传作用，开展一系列形式多样的宣传活动。通过中国新闻网、人民网、江西广播电视台、《江西日报》、江西教育电视台、《江南都市报》、江西慈善公益广播等主流媒体以及江西慈善网、江西慈善微信公众号发稿160余篇次。开展省烟草系统支持慈善扶贫专项工程宣传，在南昌八一广场举行江西烟草系统助力全省慈善脱贫攻坚成果展，并组织新闻媒体进行专题报道。在省农商银行助学活动启动仪式及助学金发放仪式、科瑞集团助学活动助学金发放仪式等慈善专项活动中，联合主流媒体做好慈善专项活动宣传。前往九江、赣州等地宣讲慈善扶贫专项工程“六大任务”，扩大慈善扶贫专项工程社会影响。

【慈善募捐】 举办“江西省慈善总会2019陶溪川新年慈善捐赠音乐会”，江西省烟草专卖局、江西中烟工业有限责任公司、江西农商银行、香港恒耀控股集团、南昌经济技术开发区管委会、南昌临空经济区管委会等纷纷举牌，踊跃进行捐赠。开展“慈善一日捐”活动，收到省直单位捐款324万元。探索开展慈善网络募捐，与腾讯公益、轻松筹公益平台等开展慈善网络募捐合作，将总会项目上线入驻网络平台，并组织发动全省11个设区市、25个贫困县慈善会共同参与，在“腾讯公益99公益日”网络募捐活动中共募集资金13万余元。

【“善济江西　脱贫攻坚”慈善扶贫专项工程】 2019年，省慈善总会继续推进慈善扶贫专项工程实施，全年共发放慈善扶贫专项工程项目资金3783.06万元。“刨穷根”及其他助学项目发放救助金2375.095万元。资助贫困中职学生3465名，发放助学金883.58万元。联合江西农商银行开展“农商银行　助你圆梦”慈善助学活动，联合江西中烟工业公司开展“金圣助学”活动，继续开展科瑞助学活动，共资助2234名贫困高考学生圆大学梦。开展“衣恋助学”活动，2019年开设“衣恋阳光班”8个，资助贫困高中生400名，发放助学金369.52万元。“栽富树”项目在金溪县新增1个项目实施点，下拨项目资金50万元。项目实施以来，入股合作社（企业）已累计为贫困户发放股金分红398.02万元，惠及贫困户1646户；吸纳629户建档立卡贫困户就业，发放劳务工资263.22万元；流转建档立卡贫困户土地106.67余公顷，发放土地流转金87.3万元。“救病难”项目发放救助金571.81万元。对25个贫困县患有白血病、地中海贫血和再生障碍性贫血贫困群众进行资助，帮助他们通过实施造血干细胞移植手术获得新生，救助36名贫困患者，发放救助金345万元。救助血友病患者171人次，发放救助金38.41万元。开展贫困家庭重型地中海贫血救助活动，救助84名贫困患儿，发放救助款188.4万元。“暖床前”项目发放资助金420万元。2019年继续在22个县实施“暖床前”项目，23家承接项目的慈善公益组织为孤寡、失独老人开展文化娱乐、亲情陪伴、关爱慰问等志愿活动，累计服务人次19.25万人次，服务时间122.6万小时。通过调研认证，在武宁县、广信区、金溪县、赣县区4县、区新增项目实施点，开展关爱农村留守老人工作。“扶自立”项目发放资助金302.15万元。全年全省有31家组织承接实施“扶自立”项目，通过“社工＋义工”的服务模式，组织各类型主题活动784次，通过康复和培训促进223名有一定工作能力的残疾人就业，惠及全省儿童和残疾人13万余名，服务时长91.5万小时。继续联合中国扶贫基金会开展“童伴妈妈”项目，在全省10个设区市21个县（市、区）实施，招募235位“童伴妈妈”，帮助留守儿童1.85万人，解决或协助解决儿童的基本生活、教育、医疗等方面需求5604例，电话家访3.03万余人次，入户走访儿童5.51万人次；设立235所“童伴之家”，开放1.24万余小时，儿童参与项目活动58万余人次，累计参与家长2.62万人次，形成有效的、直达儿童身边的服务网络，解决了儿童福利工作“最后一公里”问题。“推厕改”项目发放救助金64万元。2019年继续在乐安、玉山开展“推厕改”项目，帮助两县2545户贫困户开展旱厕改造。同时，在余干县新增“推厕改”项目实施点，帮扶800户贫困户进行旱厕改造。

（官志平）

8月15日，科瑞集团助学金发放仪式

省民政厅供

社保基金监管

【概　况】　2019年，根据人社部统一部署，全省各市、县（区）成立风险防控领导小组，开展基金管理风险专项检查。通过检查，各地进一步完善工作规程，基本建立较为完善的内部控制制度，并建立整改问题台账，逐一销号落实整改，专项检查成效显著。同时，还对2018年失业保险基金的管理使用情况进行检查。重点对基金筹集、征缴、审核、支出、财务管理、经办业务开展和管理服务、举报和疑点信息处理等情况进行检查。检查发现，全年全省死亡人员继续领取失业金、失业再就业人员仍然享受失业保险待遇、退休（退职）等人员享受养老保险待遇且同时享受失业保险待遇等涉及人数共735人。截至5月底，各级经办机构已核实451人，追回失业保险基金86.66万元。

【职业年金投资运营】　8月20日正式启动职业年金投资运营以来，截至年底，年金资产净值153.7亿元，其中本金150.79亿元，累计收益2.91亿元，累计投资收益率2.41%。同时，还参与职业年金受托人的评选，建立11个职业年金计划，及时审核年金合同并出具确认函。

【开展基金风险警示教育】　按照人社部统一部署，开展多种形式的风险防控警示教育活动。张贴近千张社会保险基金管理风险防控宣传画，下发120本《社会保障基金监管法规文件汇编》（续三）、647本《社会保险基金管理违法案件分析汇编》；编印部、省常用监督法规《社会保险基金监督文件汇编》500本，确保每一位专兼职基金监督工作人员每人一本，熟悉掌握监督政策。将广西电信诈骗案、吉林省不法分子假借社保名义实施诈骗案件等案例通报情况转发至全省，深刻剖析案件风险、问题原因及不良后果，要求各地引以为戒，高度重视风险防控工作，促使经办人员树立底线思维。组织全省开展“风险防控．实招硬招”征文活动，选送10多篇征文参加评选，《用互联网思维参与基金监督》获一等奖。

（肖璟）

本栏编辑　邓玉兰

社会事务管理

基层政权及基层民主建设

【概　况】 贯彻落实《中共江西省委办公厅、江西省人民政府办公厅关于加强乡镇政府服务能力建设的实施方案》决策部署，发挥牵头协调作用，抓好试点示范建设，统筹推进乡镇政府服务能力建设。推进城乡基层民主建设，以加强基层组织建设为重点，会同组织部门开展村“两委”换届选举“回头看”，推进基层组织领域扫黑除恶专项斗争，依法实行民主选举、民主协商、民主决策、民主管理、民主监督，实行群众自我管理、自我服务、自我教育、自我监督，健全充满活力的基层群众自治制度，促进城乡基层民主发展。

【基层群众自治实践】 联合省委组织部开展村“两委”干部“过筛子”，对已经当选的村“两委”成员再次进行联审，进一步配齐配强村“两委”干部。会同省委组织部印发《关于推进村(社区)党组织书记、村(居)民委员会主任“一肩挑”的通知》，明确工作目标和措施，推动村(社区)书记主任“一肩挑”工作责任落实，为做好江西省第十一届村(社区)“两委”换届选举工作奠定坚实基础。成立省民政厅推动乡村振兴战略工作领导小组及办公室，统筹民政领域各类职能资源，发挥协调作用，推动民政领域乡村振兴各项工作落地见效，助力乡村振兴。抓好《江西省村务监督委员会工作规程》贯彻落实，推动全省村(居)务监督委员会成立并挂牌运行，建立全省村(居)务监督工作信息及村(居)务监督委员会成员台账，进一步完善村(居)务监督机制。至年底，全省所有村(社区)实现村(居)务监督委员会成立并挂牌全覆盖。出台《关于制定完善村规民约(居民公约)的实施方案》，指导各地全面部署推进村规民约(居民公约)制定完善工作，发挥村规民约(居民公约)在基层治理中的基础作用。至年底，已指导都昌县完成村规民约(居民公约)修订完善试点，全省村规民约(居民公约)修订完善覆盖率65%。

【村民自治领域扫黑除恶专项工作】 贯彻落实中央扫黑除恶专项斗争决策部署，推进村民自治领域扫黑除恶专项斗争工作，取得明显成效。开展干扰侵蚀基层政权、插手基层事务有关问题线索摸排，向省扫黑办移交问题线索5件。会同省委组织部开展村“两委”换届“回头看”，坚决把受过刑事处罚、存在“村霸”和涉黑涉恶等问题人员清理出村“两委”干部队伍，全省共排查出受过刑事处罚、存在“村霸”和涉黑涉恶以及其他问题村干部1157人，已清理1149人，其中涉黑涉恶涉霸77人，有效净化村“两委”干部队伍，增强农村基层组织战斗力。省民政厅被全国扫黑除恶专项斗争领导小组评为2019年度全国扫黑除恶先进集体。

【乡镇政府服务能力建设】 贯彻落实《中共江西省委办公厅、江西省人民政府办公厅关于加强乡镇政府服务能力建设的实施方案》部署，发挥民政部门牵头协调作用，督促各地各有关部门制定具体措施，稳步推动各项工作尤其是重点任务落地，有序推动乡镇政府服务管理体制机制改革，强化乡镇政府服务功能，提高乡镇政府公共服务能力。指导乐安县、万载县、九江市濂溪区开展乡镇政府服务能力建设试点，总结乐安县乡镇政府服务能力建设“1134”经验模式(即1个便民服务中心、1个智慧便民服务平台、3个服务向下、4级便民服务网络)，并向民政部予以推荐。11月，民政部办公厅下发《关于公布第一批全国乡镇政府服务能力建设典型经验的通知》，向全社会公布全国十大乡镇政府服务能力建设典型经验，江西省乐安县“1134”经验模式位列其中。12月25日，民政部在江西省抚州市召开全国乡镇政府服务能力建设经验交流会，全面推介乐安经验，中央宣传部、中央农办、农业农村部等部门及全国各省(区、市)民政厅负责人参加会议，并到乐安县实地参观考察。

(吴新传)

城乡社区治理

【概　况】 贯彻落实《中共江西省委江西省人民政府政府关于加强和完善城乡社区治理的实施意见》各项部署，发挥民政部门在城乡社区治理工作中的牵头协调作用，以问题和需求为导向，以示范创建为抓手，补短板、强基础、增能力、抓示范、创品牌，城乡社区治理工作取得新进展。江西省基层挂牌和考核评比清理整治做法、全省最美城乡社区工作者学习宣传活动等得到民政部充分肯定；南昌市西湖区通过专家评审被民政部正式确认为“全国社区治理和服务创新实验区”。

【城乡社区治理领导协调机制建设】 报请省委、省政府批准,在省城乡社区建设部门联席会议基础上,成立由省委、省政府领导任正副组长、41个省直部门负责人为成员的江西省城乡社区治理工作领导小组,统筹领导协调全省城乡社区治理工作,初步构建党委政府领导、组织部门抓总、民政部门牵头、有关部门协调配合的城乡社区治理领导协调机制。各市、县(市、区)也基本建立健全相应机制。报请省委、省政府同意,首次将“城乡社区治理工作”纳入2019年度江西省高质量发展考核评价内容,并结合实际制定出台《2019年度全省城乡社区治理工作考评办法》,细化考核指标和内容,明确考核程序及结果应用,发挥高质量发展考核统筹推动作用。

【城乡基层挂牌和考核评比清理整治】 针对城乡基层干部群众反映强烈的乡(镇、街道)、村(社区)挂牌考核多、挂牌考核滥突出问题,在全面摸底调查研究基础上,制定出台《全省基层挂牌和考核评比专项清理整治方案》,在全省范围内开展基层挂牌和考核评比专项清理整治行动。经专项清理整治后,全省乡镇(街道)保留对外组织机构挂牌5块和面向基层群众的功能服务类挂牌4块,保留村(社区)对外组织机构挂牌3块和与党员群众生产生活密切联系的功能服务类挂牌8块,城乡基层挂牌减幅86%;对乡镇(街道)、村(社区)保留“1+3”考评项目,减负均超过50%。9月底,省委办公厅、省政府办公厅印发《关于规范基层挂牌和考核审批的通知》,全面建立规范城乡基层挂牌长效机制。开展基层挂牌专项清理整治行动的做法被《民政部简报》第56期全文刊发。

【开展“最美城乡社区工作者”学习宣传活动】 高安市筠阳街道筠泉社区党委书记兼居委会主任付秀秀被中宣部、民政部评为全国十大“最美城乡社区工作者”,在中央电视台发布并赴各地宣讲。联合省委宣传部下发《关于开展“江西最美城乡社区工作者”学习宣传活动的通知》,在全省组织开展“江西最美城乡社区工作者”学习宣传活动,历时5个月,通过广泛发动、组织推荐、逐级审核、综合评审、实地考察、媒体公示等程序,共评选产生20名2019年“江西最美城乡社区工作者”,其中城市10名、农村10名。组织召开2019“江西最美城乡社区工作者”颁证仪式和专题新闻发布会,宣传推介20名获奖先进典型,赢得社会各界和新闻媒体广泛称赞和认可。

【开展城乡社区治理示范创建活动】 组织南昌市西湖区申报全国社区治理和服务创新实验区并通过专家评审论证,获得民政部批复,成为江西省第一个获批的“全国社区治理和服务创新实验区”。指导南昌市西湖区、共青城市分别从城乡不同角度开展实验工作,探索“西湖幸福微实事”“共青城乡贤会治理”等社区治理模式。组织开展第三批“绿色社区 美丽家园”创建和第四批农村社区建设试点示范创建活动,通过各地精心打造、逐级申报、交叉验收、评审公示,全省共命名省级“绿色社区 美丽家园”示范社区240个、农村社区建设试点示范社区120个。

(吴新传)

社会组织管理

【概　况】 截至年底,全省各级民政部门登记注册各类社会组织25271家。其中,社会团体11905家,民办非企业单位13284家,基金会82家。

【“放管服”改革】 全面推进社会组织与行政机关脱钩工作,进一步厘清思路、职能边界、权力事项。规范社会组织涉企收费,减轻企业负担,优化营商环境。提升服务社会组织的能力,在全省建设23个社会组织孵化基地,鼓励推广购买服务方式引入第三方运作。支持工商联所属商会改革。出台《江西省乡镇(街道)商会登记管理办法(试行)》,进一步规范引导江西省乡镇(街道)商会登记管理。联合省民宗局转发《国家宗教事务局 民政部关于宗教活动场所办理法人登记事项的通知》,开展宗教活动场所法人登记工作培训,进一步规范宗教活动场所法人登记工作。截至年底,省市县三级平稳推进行业协会商会与行政机关脱钩改革,印发全面推开脱钩改革工作方案、制定全面推开脱钩改革实施方案、逐一确认脱钩名单,召开专题工作会议研究全面推开脱钩改革工作,全省2540家列入脱钩范围的行业协会商会,1952家实现与行政机关脱钩,综合脱钩率76%。按照民政部要求,已启动新一轮全面推开行业协会商会与行政机关脱钩工作。

【社会组织助力脱贫攻坚】 2019年,争取上海新力公益基金会1000万元开展助力脱贫攻坚公益创投。省本级社会组织“百社解千难”聚焦尚未脱贫的赣县区、修水县27家社会组织认领扶贫项目95个,金额469万元,认领项目和资金分别比上年总量多73个、257万元。在2019年中国公益慈善项目大赛上江西3个项目入围中国公益慈善项目30强,获得“一金一铜一特别奖”,获奖数列全国第四位。江西社会组织助力脱贫攻坚的有关做法经验,多次受到新华网、人民网、《江西日报》《江南都市报》等中央、省级主流媒体及民政部多次推介肯定。

【社会组织综合监管】 6月,省政府办公厅印发《关于建立江西省社会组织建设与管理工作联席会议制度的通知》。持续清理规范行业协会商会涉企收费专项治理,5月,省降成本优环境专项行动领导小组办公室印发《江西省涉企收费领域2019年专项整治工作方案》。截至年底,全省调整会费档次、降低会费标准的行业协会商会803家,减免普通会员会费的行业协会商会67家,取消培训收费、会费等项目100个,降低经营性收费标准48个。建立投诉举报机制和民政、市场监管局、财政等部门联合查处机制,推动行业协会商会规范收费、调整偏高收费,减少企业收费2976.21万元。持续加强行政执法。对70家违反社会组织登记管理相关规定的组织下达行政处罚决定书,其中给予组织行政撤销48家、限期停止活动5家,警告17家。全省社会组织登记管理机关共办理执法案件500余件,打击非法社会组织6家,作出行政处罚443件,行政约谈57件。在信用中国公示全省性行业协会商会收费情况。制定江西省民政厅社会组织监管事项目录清单和监管事项检查实施清单。设立社会组织执法询问室,采用约谈等方式,约谈江西省排气道行业协会、中国青年歌唱家学会江西分会等社会组织负责人,指出组织存在的问题并提出整改要求。以购买服务方式委托独立的第三方机构开展社会组织等级评估,省本级评估完成社会组织83个,其中5A级11个、4A级15个、3A级25个。

(叶兴)

区域地名管理

【概 况】 2019年,全省共完成县、乡级行政区划调整事项10件。截至年底,全省辖11个设区市,100个县(市、区),其中市辖区27个、县62个、县级市11个;乡级行政区划1563个,其中街道办事处165个、镇828个、乡570个(含民族乡8个)。推进地名普查成果应用,清理整治不规范地名,推进地名文化建设。

【行政区划变更事项】 2019年,国务院批准县级行政区划调整2件,省政府批准县级部分行政区域界线变更2件,完成乡级区划调整6件,涉及南昌、九江、景德镇、新余、赣州、吉安、上饶等7个设区市。

南昌市:撤销南昌市湾里区,将其行政区域并入南昌市新建区;设立南昌市红谷滩区,将南昌市东湖区沙井街道、卫东街道和新建区生米镇划归红谷滩区管辖,以东湖区沙井街道、卫东街道和新建区生米镇的行政区域为红谷滩区的行政区域,红谷滩区政府驻沙井街道绿茵路669号。

景德镇市:将景德镇市昌江区鲇鱼山镇新柳村委会龙树村村民小组、慈义村委会新远村村民小组所辖区域划归乐平市塔前镇桃林村委会管辖。

九江市:撤销九江市柴桑区狮子镇,设立九江市柴桑区狮子街道办事处。撤销九江市柴桑区城门乡,设立九江市柴桑区城门街道办事处。

新余市:析出分宜镇的保健巷、府前、文教巷、青山、锻压厂、臬塘6个居委会,设立钤西街道办事处;将分宜镇的泗水路、二处、松湖、李家巷4个居委会划入钤东街道办事处,将钤东街道的东兴、万溪、收村、洞源4个村委会和介垦居委会划入分宜镇。

赣州市:撤销兴国县城岗乡,设立兴国县城岗镇。

吉安市:将泰和县碧溪镇划归井冈山市管辖。

井冈山市长坪乡与下七乡合并,设立光明乡,乡政府驻下七村委会;柏露乡与鹅岭乡合并,设立新的柏露乡,乡政府驻白石村委会;荷花乡、坳里乡与龙市镇合并,设立新的龙市镇,镇政府驻龙市村委会;茅坪乡与大陇镇合并,设立新的茅坪镇,镇政府驻大陇村委会。

上饶市:撤销上饶县,设立上饶市广信区,以原上饶县的行政区域为广信区的行政区域,广信区政府驻旭阳街道吉阳西路1号。

撤销铅山县葛仙山乡,设立铅山县葛仙山镇。

【地名普查成果应用】 编纂图录典志。推进省市县三级标准地名图录典志编纂工作,完成《中华人民共和国标准地名词典》2~8部分词目及《中华人民共和国标准地名志》第一部分释文编纂工作。全省11个设区市、80%以上县(市、区)完成行政区划图和地名图的编制,拍摄视频片160余部,编制《赣南地名文化大观丛书》《南昌市地名故事》《景德镇老城旧事》等一批精品地名图书。地名普查成果应用项目。编纂的《江西县级政区地名的古往今来》交付审核排版;《江南西道》系列视频片完成20余部视频片制作;与湖北、湖南两省民政厅联合编印《长江中游城市群标准地名图》;启动《江西省行政区划图》编制项目。地名普查档案归档。对南昌市青云谱区等14个县(市、区)地名普查档案归档工作开展省级验收和实地督导。截至年底,80%县(市、区)完成档案归档工作,南昌市湾里区、修水县、浮梁县、南城县等县(区)档案已移交当地档案局。

【地名管理】 与省公安厅等5部门联合印发《江西省进一步清理整治不规范地名工作实施方案》,并制定《"大、洋、怪、重"等不规范地名认定原则和标准》,清理整治道路街巷、住宅区和具有地名意义的建筑物中不规范地名205条,清理整治率86%。

【地名文化建设】 婺源县、铅山县获批"中国地名文化遗产——千年古县",推进安福县等14个县挖掘整理本地优秀地名文化遗产,启动"千年古县"申报工作。开展"美丽中国 诗意地名"中国地名诗词创作和《中国地名大会》节目试题征集活动,发动专家、学者创作250多篇彰显赣鄱地域特色的地名诗词,编制并选送393题参选《中国地名大会》节目试题。

【区域地名基础建设】 印发《关于加强政府驻地迁移管理的通知》,明确政府驻地迁移的审批权限、程序、申报材料,严格审核报备。建立由发改、规划、统计、编办等部门和历史、地理、民俗等领域专家组成的区划地名专家库,调整地名管理工作部门联席会议成员单位。印发《全省区划地名工作集中调研月方案》,确定每年3月为全省区划地名集中调研月,指导各地围绕工作实际和业务专题开展调研。全省共撰写调研报告63篇,评选出一等奖3篇、二等奖4篇、三等奖5篇,优秀奖9篇,组织奖4个。

(聂丽红)

殡葬管理

【概 况】 2019年,坚持疏堵结合、积极稳步原则,持续推进惠民绿色文明殡葬改革,江西省公益性殡葬设施建设和惠民殡葬政策落实进入全国前列，全省遗体火化率92.37%，较上年提升39.88%。全省共投入各类资金68.82亿元，用于推进殡葬基础设施建设，全省累计建成殡仪馆88个，完成新（改、扩）建61个，改造火化炉211台（套），建成城市公益性骨灰堂（公墓）92个，建成农村公益性骨灰堂（公墓）1.9万个。江西省殡葬改革工作得到国务院领导充分肯定，中央深改办和省委深改办总结刊发经验做法，先后在民政部有关会议上作典型发言5次，在民政部重点工作综合评估中获得全国第一位。吉安市、贵溪市分别入选全国殡葬综合改革试点优秀案例。先后接待湖南省、山东省、辽宁省、浙江省、河北省秦皇岛市、雄安新区等10多个单位实地考察学习。

【殡葬管理服务】 全面建立遗体接运、暂存、火化、普通骨灰盒、骨灰寄存等5项基本殡葬服务免费制度，范围覆盖到全体城乡群众，每具遗体平均减免1400元左右，免费金额直接在殡葬服务机构直接核免。加强殡葬设施日常管护，91个县（市、区）出台公益性骨灰堂（公墓）管理办法，明确管理主体、办事流程、服务标准等。推广树葬、花葬、草坪葬及不保留骨灰等节地生态安葬方式，新建农村公益性骨灰堂（公墓）节地生态安葬率100%。根据工作基础和财力状况，指导部分设区市、县（市、区）建立节地生态安葬奖补制度，完善主动迁移散埋乱葬坟墓奖补制度。举办全省殡葬管理服务信息系统培训班，全面启用“江西殡葬服务信息系统”，加快殡葬信息化建设，推进“一网通办”。

【殡葬突出问题治理】 根据民政部等部委要求，省民政厅、省自然资源厅等8部门联合开展违法违规私建“住宅式”墓地或骨灰安放设施摸排整治工作，全省共登记造册“住宅式”墓地14个，全部按要求整治到位。依法有序开展“三沿六区”散埋乱葬坟墓和大墓、豪华墓、活人墓治理，采取迁移、改小、改卧，再植树绿化等综合方式，截至年底，全省共治理违规坟墓91.95万穴，有效改善城乡人居环境。联合省委统战部、省民宗局开展宗教领域殡葬服务突出问题摸排整治，指导基层坚持积极稳妥原则，加快剥离商业资本，明确服务对象认定要求，规范审批管理。

（杨振华）

社会工作

【概　况】 2019年，全省855人通过社会工作者职业资格考试，全省持证社工累计5147人。按照机构改革要求，省民政厅成立慈善事业促进和社会工作处，推动4个设区市民政局单独成立慈善社工科。全省已成立社会工作行业协会21家民办社会工作服务机构118家。

将“社会工作专业人才评价内容”纳入省委办公厅、省政府办公厅《关于分类推进人才评价机制改革的实施意见》，完善江西省社会工作专业人才评价体系，形成初、中、高级人才评价体系。11月16日，举办首次高级社会工作师考试，全省51人参加考试。全年全省4985人报考全国社会工作职业水平考试，增长56.5%。

【民政领域社会工作岗位开发设置】 省民政厅与省人社厅联文出台《江西省民政领域社会工作专业岗位设置和管理的指导意见》，首次将民政领域社会工作岗位明确在民政事业单位、基层社区服务单位及民政部门主管的社会组织三大类机构中，根据机构不同性质明确岗位职责和设置要求，与提升民政服务水平、充实基层民政工作力量相结合，通过岗位设置、购买服务等方式配备使用社会工作专业人才。文件提出2021年民政领域社会工作岗位开发设置目标。

【社会工作力量参与脱贫攻坚】 持续实施社会工作“三区”计划。累计投入资金480万元，支援25个贫困县，选派和培养社会工作人才345人，实施帮扶项目72个，培育社工机构31家，提升当地专业服务供给能力。实施社会工作“暖心计划”项目。组织实施社会工作服务机构“牵手”计划，从广东省广州市引入20家5A级社工机构与江西省19个贫困县进行结对帮扶，促进贫困地区提升服务水平。实施福彩公益金社会救助社会工作“暖心计划”项目。覆盖16个县（区），为1300名社会救助对象开展社会融入、能力提升、心理疏导等专业服务，帮助贫困对象增强脱贫内生动力。全年举办罗霄山片区社会工作专题培训班2期，培训130人次。江西省成为唯一成功申报民政部灾害社会工作服务项目的省份，争取60万项目资金为受灾困难群众开展社工服务。

【社会工作宣传】 开展第四届全省优秀社会工作人才评选，评选出“赣鄱社会工作领军人才”和优秀社会工作机构，展现社工良好形象，扩大社会影响。全省各地组织社会工作考前培训13期，共培训800余人次。印发《全省脱贫攻坚志愿服务宣传展示工作方案》，部署全省脱贫攻坚志愿服务宣传展示工作，围绕5类宣传主题，全省共收到典型事迹材料43篇，向民政部报送5篇。

【医务社会工作】 指导省社会工作协会、省医院协会成立医务社会工作专委会，举办医务社会工作专题培训会，配合全省医疗机构培养医务社会工作者，至年底，全省三甲医院已全部设置医务社工部。

【志愿服务工作】 启动实施福彩公益金志愿帮扶服务项目，年内已实施项目47个，链接志愿者2090人，提供志愿服务时长21.4万小时，服务12万人次。持续推广使用全国志愿服务信息系统，全年全省新增志愿者11.9万人，新增志愿服务时长361.51万小时，登记注册志愿者398.6万人，总志愿服务时长3136.09万小时。

（何珊）

本栏编辑　邓玉兰

退役军人事务管理

军人抚恤优待

【概　况】 2019年度，协调省财政厅核拨优抚资金22.9亿元，其中用于光荣院、优抚医院和全国重点军供站2566万元，用于烈士纪念设施2360万元。8月1日起，调整部分优抚对象等人员抚恤和生活补助标准，优抚对象平均提标幅度10%。开展伤残辅具配置工作，为47名残疾军人配置康复辅助器具100余件。安排1200名优抚对象进行短期休养。开展优抚对象医疗巡诊工作，协调省财政厅安排60万元工作经费开展医疗巡诊服务，组织协调省荣军医院派出专家医疗工作组赴20个县（市、区），为2000余名优抚对象开展巡诊服务、送医送药，建立优抚对象健康档案。做好残疾评定工作，进一步理顺残疾等级评定工作职能。办理残疾军人、伤残人民警察、伤残公务员抚恤关系接收转移、补换发伤残证件286人次，对387名申请人员的残疾等级检查鉴定情况以及档案记载和原始医疗证明等相关材料进行审核；开展全省参试（含铀矿开采）退役人员评残检查工作，组织协调省职业病防治研究院完成902名参试退役人员和铀矿开采军队退役人员评残检查工作。

【优抚政策法规征求意见】 按照国家统一部署要求，开展一个条例即《军人抚恤优待条例》、三个办法即《伤残抚恤管理办法》《光荣院管理办法》《优抚医院管理办法》、两个意见即国家《关于加强新时代军人军属、退役军人和其他优抚对象优待工作的意见（征求意见稿）》《关于做好新时代军人军属、退役军人和其他优抚对象抚恤工作的意见（征求意见稿）》6个纲领性优抚政策法规调查征求意见工作，收集意见建议1000余条。

【退役军人和其他优抚对象信息采集】 针对2018年退役军人和其他优抚对象信息采集工作中存在的机关事业单位采集面不广、采集率不高的问题，下发《关于切实做好机关事业单位等单位退役军人和其他优抚对象信息采集工作的通知》，部署安排各级党政机关事业单位退役军人和其他优抚对象的信息采集工作。协调安排南昌市通过采取上门服务、定点服务、预约服务等多种形式，开展省行政中心、省直事业单位、驻昌国有大型企业等信息采集工作。开展信息采集再动员活动。专门召开省直单位、中央驻赣企业信息采集再动员、再部署、再采集动员大会，加大宣传工作力度，提高信息采集率。“八一”前夕印发《给广大退役军人的一封信》，对退役军人致以节日慰问，动员他们支持信息采集工作。2019年，采集信息110.08万余条，问题数据低于0.01%。

【涉军、涉退役军人事业单位整体划转】 根据《关于加快推进退役军人服务保障体系建设的意见》关于“将涉军、涉退役军人事业单位整体划转退役军人事务部门”的要求，指导督促各地对全省优抚事业单位进行转隶，并指导完成优抚事业单位统计填报和省本级审核审批工作。年内，全省13所军供站、2所优抚医院全部完成转隶，有15所光荣院转隶到位。

【优抚信息数据管理】 加强优抚信息数据管理，督促指导各设区市、县（市、区）全面开展优抚对象数据核查，派出2个工作组赴上饶市、景德镇市、萍乡市、宜春市等地，重点对在乡老复员军人等优抚对象进行核查，全省核查8.81万人，完成全年任务的163.3%。完成2018年优抚对象数据审定工作，国家退役军人事务部审定江西省优抚对象29.48万人。

【走访慰问优抚对象】 开展优抚对象“八一”和“春节”走访慰问工作，享受抚恤补助的优抚对象走访慰问全覆盖，每人每年两节慰问500元。全年走访优抚对象60万人次，发放两节慰问金近3亿元。开展庆祝“中华人民共和国成立70周年”走访慰问活动，重点走访中华人民共和国成立前入伍的复员军人、残疾军人和烈士遗属，省委书记刘奇、省长易炼红等19个省领导带队到全省11个设区市走访，全省各级走访对象6万余人次，发放慰问金3000余万元。

（张炜）

烈士褒扬

【概　况】 指导赣州市和宜春市举办“迎接烈士回家”仪式，迎接凉山森林大火牺牲消防员丁振军、古剑辉、周鹏3名江西籍烈士回家。下发《关于开展〈中华人民共和国烈士英名录〉编撰工作的通知》等文件，指导各地加强烈士名录和事迹整理，在全国率先完成英名录编撰工作，截至年底，全省共登记烈士25.8万人。

【举办烈士纪念活动】 制定下发《关

于做好对越自卫反击战40周年烈士祭扫组织和接待工作的通知》,对烈士祭扫工作进行部署安排,落实每日工作信息“零报告”制度。清明前夕派出5个督查组,赴11个设区市检查指导,并派出2名人员赴广西、云南,协助当地开展祭扫相关工作。组织烈士纪念日活动,将烈士纪念日活动与“新中国成立70周年”“我和我的祖国”宣传教育活动有机结合。9月30日,江西省向人民英雄敬献花篮仪式在南昌八一广场举行,省委书记刘奇、省长易炼红等党政军领导及社会各界群众代表3100余人参加活动。全省各级党委、政府举办公祭活动2100场,现场参加公祭活动26万余人,通过各种方式参与烈士纪念活动总人数近200万人次。抚州市东乡区政府和赣州市于都县政府于9月30日举行新版《烈士光荣证》颁授仪式。

【烈士纪念设施保护】 组织开展2019年全省烈士纪念设施调查摸底工作,以省委退役军人事务工作领导小组办公室名义下发《关于全省退役军人事务系统贯彻落实〈烈士纪念设施规划建设修缮管理总体工作方案〉要求的通知》,对全省烈士纪念设施规划建设修缮管理维护工作作出具体部署安排。依据《优抚事业单位专项补助资金使用管理办法》,下拨专项资金近3000万元,用于县级以上烈士纪念设施的修缮维护和升级改造。“不忘初心,牢记使命”主题教育期间,投入资金1200余万元,指导全省烈士纪念设施采取延长开放时间、增加讲解场次、免费提供参观学习用品等措施,提升服务质量,累计接待参观群众9000多批次、80多万人次。推荐江西省革命烈士纪念堂、南昌市方志敏烈士陵园、瑞金市革命烈士纪念馆、兴国县革命烈士纪念馆、上饶市茅家岭烈士陵园5处烈士纪念设施保护单位为江西省首批中小学研学实践教育基地。

【红色基因传承】 开展“传承·2019清明祭英烈”宣传教育活动,线上线下同步结合,网上宣传平台活动热度位居全国第一,受到退役军人事务部通报表扬。派员参加退役军人事务部首次组织的全国英烈讲解员大赛,南昌市方志敏烈士陵园讲解员唐蓉获三等奖,省革命烈士纪念堂讲解员廖康洁获优秀奖。组织开展“传承红色基因·永葆军人本色”主题征文活动,新华社、《人民日报》(海外版)、人民网、央视网和中国新闻网等10余家中央媒体报道活动内容,新闻点击率超过50万次。联合《江西日报》开设“红色基因代代传”宣传专栏,7月1日起,每半月推出一期江西著名英烈故事专版,全年推出13期。指导省革命烈士纪念堂举办“热血初心——赣鄱英烈故事展”专题展览,9月29日首次公开展出多件珍贵文物。编印《红色基因传承》作为全省退役军人事务系统干部职工必读书目,印制《铁骨忠魂》画册、《江西部分英烈书信选编》等资料。

(陈韵鸽)

双拥活动

【概　况】 2019年,全省采集退役军人和其他优抚对象信息110余万条,为烈属、军属、退役军人等家庭悬挂光荣牌102万余块。走访部队和各类优抚对象,发放慰问金3.6亿元。给中华人民共和国成立前参加革命队伍的在乡老复员军人、残疾军人和中华人民共和国成立后入伍因参战获一等功以上奖励并健在的退役军人等人员颁发“庆祝中华人民共和国成立70周年”纪念章1461枚。接收安置军队离退休人员73人,核拨年度军休保障专项资金3.5亿元;落实安置随军家属1204人,发放生活补助金458万元。

【开展双拥宣传】 重大节日前,省领导分别带队走访驻赣部队和优抚对象,各地普遍开展走访活动,发放慰问品7.45万份、年画140万份。2019年春节期间,省委、省政府向部队官兵和其他优抚对象致《慰问信》。结合全省双拥创建考评,在城区入口、主要街道等地设立大型双拥宣传广告牌2000余块,营造爱军拥军氛围。开展群众性国防教育主题纪念活动,弘扬革命烈士精神,开展“传承红色基因 永葆军人本色”主题征文活动、“红色基因代代传”采访活动,举办“热血初心——赣鄱英烈故事展”。“9·30”烈士纪念日各级党委、政府举办公祭活动2100余场,现场参与人数26万余人,各地群众参与烈士纪念活动总人数近600万人。

【保障国防和军队建设】 推进拥军支前制度机制建设,依据《关于全面加强新时代拥军支前工作聚力服务备战打仗的意见》,依托双拥工作领导小组及时构建协调顺畅、快捷高效的省、市、县三级拥军支前工作组织体系。按照“特事特办、难事快办”思路,对接需求,精准保障。2019年,全省各级用于驻赣部队基础设施建设和保护资金8.9亿元,划拨土地113.8公顷。

【驻赣部队支持驻地建设】 驻赣部队官兵把江西作为第二故乡,把助力脱贫作为主要战役,驻守一方,发展一方。挂点帮扶167个贫困村、结对2833户贫困户,实行“一村一品”“一户一策”,基本实现精准对接、精准施策、精准帮扶。600多名团级以上干部开展“1+1”结对帮扶贫困学子,从经济、精神、技能等方面开展关爱活动。利用红色资源开展国防教育,为驻地学校组织军训,举办军校开放日等活动,全年培训4万人次;保护人民财产安全和维护社会稳定,全年投入兵力15万余人次、车辆2000余台次,扑灭山火20余起,解救、转移受灾群众近1万人次,挽回经济损失8亿余元。

【开展双拥创建考评】 11月,省双拥工作领导小组组成6个考评组,采取召开汇报会、驻军代表座谈会、查阅资料、实地察看和现场指定发言单位、现场提问等形式分别对申报创建双拥模范城的61个市、县(区、市)和19名爱国拥军模范进行检查考评。考评工作紧跟体系建设发展步伐，及时修订调整标准；树立服务部队备战打仗的导向，把做好配合军队深化改革、保障部队遂行任务、维护军人军属合法权益等工作作为创建考评的重点。

(欧阳雪宝)

复员退伍军人安置

【概 况】 2019年，全省符合安排工作条件的退役士兵岗位落实率100%，其中安置到机关事业单位95%，位居全国前列；多名退役士兵选择金融、电力、铁路交通等中央企业岗位；年度计划退役具备移交条件的伤病残退役军人全部得到接收安置。全省发放自主就业退役士兵一次性经济补助资金1.97亿元。受理部分退役士兵社保接续申请9.04万人，组织退役军人招聘活动194场次。建立退役军人孵化基地和产业园5个，落实创业扶持税收减免512万元。开展“请战友回乡投资创业”活动，组织座谈会113场，建立“战友回乡创业”特色园区8个，签约投资42.7亿元。

【完善安置配套政策】 按照国务院、中央军委有关退役士兵安置的法规文件要求，完善退役士兵接收安置配套政策。省政府、省军区联合印发《关于做好2019年度退役士兵接收安置工作的通知》，下达各地各单位，强化各级政府各行业系统履行接收安置退役士兵的主体责任。制定印发《江西省关于做好符合政府安排工作条件退役士兵服役表现量化评分工作的通知》，为推进退役士兵“阳光安置”提供政策保证。为确保符合政府安置条件退役士兵得到妥善安置，经省政府批准，省退役军人事务厅、省委编办、省发改委、省人社厅、省国资委联合制定印发《关于下达我省2019年度全省退役士兵安置计划的通知》，把任务和责任分解落实到市县和行业系统，压实属地责任。各地各部门及时制定安置计划，保证符合条件退役士兵上岗就业。

11月25日，金秋招聘月·海峡西岸地区(江西)退役军人专场招聘会在南昌举行

省退役军人厅供

【推进规范安置】 按照“属地安置、属地管理”“按系统分配任务、包干安置”和“国防义务均衡负担”原则，向各地和省属单位下达退役士兵年度安置计划，明确岗位类型、要求，落实机关事业单位和国有企业接收安置退役士兵责任。及时与68家中央驻赣企业进行沟通联系，根据接收单位的岗位安置去向，将国家下达给江西省的中央企业计划分解落实到各市、县(区)，指导各地加强与属地中央驻赣企业的联系，用好国家下达的计划指标，有序推进安置工作。按照《符合政府安排工作条件退役士兵服役表现量化评分暂行办法》要求，各地建立健全量化服役贡献、积分排序、按序选岗的“阳光安置”办法；全面推行以公开安置政策、公开考核成绩、公开安置岗位、公开选岗结果为主要内容的“四公开”制度；完善由退役军人事务部门审核、编办落实岗位、纪委全程监督的“安置联审监督运行机制”，增强安置工作的科学性和透明度。建立岗位安置工作周报告、月通报制度，印发《2019年度退役士兵岗位安置工作进展情况通报》，推进各地安置工作进度。各级按照提供的岗位数量不得低于实际接收人员的原则，100%为符合政府安置条件的退役士兵提供就业安置岗位。

(董光红)

离退休军人安置

【概 况】 2019年，审定军休人员去向64人，其中军休干部47人，退休士官17人。接收安置军休人员76人，其中军休干部56人，退休士官20人。全年下拨军休退役安置补助资金3.48亿元，其中下拨人员经费3.24亿元(含增资和调标经费)、机构经费1541万元、用房经费887万元。

【军休服务管理】 11月15日，在南昌市举办江西省军队离休退休干部服务管理政策培训班，159名军休工作人员参加培训。通过培训，使工作人员进一步了解军休服务管理政策，熟悉掌握各项业务流程，提升全面落实军休人员“两个待遇”能力。推进全省军休服务管理规范化建设。2019年，宜春市投入2200万元，完成2300平方米军休干部活动场所建设；九江军休一所、上饶军休所推进更新改造工作。

【组织开展各类军休文体活动】 组织全省军休干部参加庆祝中华人民

共和国成立70周年文艺汇演工作。8月8日，评选出8个富有江西特色的节目参加在云南省昆明市举办的全国军休干部文艺汇演复赛遴选，其中2个节目在南片区文艺汇演比赛中获优秀奖，南昌清音节目《脱贫致富感党恩》取得进京汇报演出资格，实现江西军休干部文艺节目进京汇演"零突破"。10月23日—24日，在九江市举办全省第十二届军队离退休人员门球赛。12月7日—20日，组织江西省第三届军队离休退休干部"走进陶瓷，艺享晚年"活动。以设区市为单位，分3批共230余名军休人员，赴景德镇开展陶艺体验，聘请3名省级陶艺大师和5名手工制作师现场指导。

【组织开展军休干部医疗队"老区行"义诊活动】 5月14日—17日，在吉安市万安县福利院、井冈山市厦坪镇卫生院组织开展江西省第十四届军队离休退休干部医疗队"老区行"义诊活动，为优待对象和老区困难群众400余人次免费看病，发放药品2万余元。

【推进军休所老旧小区改造】 指导各地离退休干部老旧小区改造和加装电梯工作。参加由国家发展改革委牵头组织召开的城镇老旧小区改造工作会，争取将江西省军休所老旧小区优先纳入城镇老旧小区改造范围。上饶50户军休老旧小区、新余军休一所小区2019年纳入当地政府老旧小区改造计划。 （方利鹏）

军转干部安置

【概 况】 2019年，做好中央下达江西省计划分配军队转业干部安置工作。省直单位和11个设区市坚持"阳光安置"工作机制，确保安置工作公平公正公开，实现部队、军转干部和接收单位"三个满意"和保持党政机关和参公单位安置军转干部的比例不低于往年、保持师团职军转干部安置质量不低于往年"两个保持"的工作目标。

【做好军转安置服务】 把退役军人安置工作纳入各级党委、政府高质量发展、党管武装、机关绩效和领导干部目标管理四个考核体系，作为创建"双拥模范城""双拥工作先进单位"重要内容，实行"一票否决"。省委退役军人事务工作领导小组组长刘奇、副组长易炼红等审定《2019年省直和中央驻赣单位接收军队转业干部及其随调家属安置计划》，对全省退役军人移交安置工作进行专门部署。9月16日，省退役军人事务厅、省委组织部、省委编办、省公安厅、省财政厅、省教育厅、省军区政治工作局、省军区保障局等8部门联合下发《关于做好2019年全省军队转业干部安置工作的通知》，推动全省军转安置工作落实。省直单位和11个设区市按照全省统一的考核赋分标准，实行量化考核与积分选岗相结合的安置办法，严格做到安置办法、安置岗位、安置名单和考核成绩、考试成绩、积分排名、安置结果"七公开"。功臣模范、长期在边远艰苦地区以及特殊岗位工作的军转干部在赋分标准上进行倾斜。中央驻赣单位优先选用军转干部首次实行网上公布岗位、公开报名选岗，由接收单位组织考试考核或双向选择确定接收对象，进一步完善安置办法，促进公平公正。纪检监察部门全程参与并监督军转干部考试和选岗全过程，增强军转安置工作的透明度和公信力。

【提高军转安置质量】 2019年，全省选择到党政机关和参公单位安置的军转干部占98.8%，比上年提高0.9%，位居全国第一名；团职军转干部平职安排非领导职务或低一职安排领导职务占74.1%，比上年提高7.9%。新余市、鹰潭市在全省率先完成军转安置任务，并做到"两个保持"。九江市、萍乡市、新余市、鹰潭市、宜春市5个设区市均实现"双百"目标（军转干部100%到党政机关和参公单位安置，团职干部100%平职安排非领导职务或低一职安排领导职务）。针对南昌地区安置压力持续增大等新情况，将省直和南昌市接收团职军转干部的比例由5∶5调整至7∶3，省直安置计划首次保证省直单位接收安置的军转干部100%有党政机关岗位可选。

（邓德涛）

·资料·

立二等功以上荣誉江西籍现役军人

中国武警十大忠诚卫士

刘鲁运

二等功

裘建平、周恩、邓安坤、许金伟、田靖、谢全、谭渊、包诚、胡志鹏、戴刚、廖加利、易勇、刘小军、石尧、陈磊、钟永明、康权、朱小华、李志龙、廖小教、王东华、江龙刚、李琳杰、陈小兵、郭桃平、徐晓龙、王国志、戴海熙、李达锋、肖安、丁智威、周青云、叶乐章、王飞、俞建利、揭来、王小军、刘志红、刘栋、刘攀、罗秋平、谢知杭、陈鑫、黄军华、陈松、吴竹华、饶双波

本栏编辑 邓诚君

残疾人事业

残疾人社会保障

【概　况】　2019 年，省残联协调配合省民政厅、省人社厅夯实残疾人社会保障基础，落实最低生活保障、医疗救助、康复救助、教育救助等社会救助政策。协调省民政厅、省人社厅等部门，将符合条件的城镇贫困家庭中靠家庭供养且无法单独立户的重度残疾人、重病患者等完全丧失劳动能力和部分劳动能力的人员，以及生活困难的成年、无业重度残疾人，参照单人户按程序纳入低保；并将无生活来源、无法定赡养抚养扶养义务人或者法定义务人无履行义务能力，事实上确因重病、其他重残（一、二级智力、精神残疾人，一级肢体残疾人以外的）等造成完全丧失劳动能力的人员，纳入特困人员救助供养范围，不断提高残疾人社会保障水平。12 月底，全省共有办证残疾人 118 万人，46.4 万人享受城乡低保，4.4 万人享受特困供养政策，72.5 万人享受医疗救助，7.9 万人获得其他救助。

【继续实施“两项补贴”制度】　2019 年，按照《江西省人民政府关于印发江西省困难残疾人生活补贴和重度残疾人护理补贴制度实施办法》的通知要求，持续为持有中华人民共和国第二代残疾人证，享受最低生活保障的困难残疾人和残疾等级为一二级的重度残疾人分别发放生活补贴和护理补贴。为解决资金缺口，实现应保尽保，8 月，印发《江西省财政厅关于下达 2019 年困难残疾人生活补贴和重度残疾人护理补贴省级补助资金的通知》，安排 2240 万元对全省 54 个存在资金缺口的单位进行补助。同时，推进“两项补贴”提标工作，已实现“两项补贴”城乡标准统一，即困难残疾人生活补贴每人每月 60 元，重度残疾人护理补贴每人每月 70 元，从 2020 年 1 月起实施。

【残疾人危房改造】　2019 年，按照《关于进一步做好农村贫困残疾人家庭危房改造工作的通知》要求，对全省贫困残疾人危房改造需求数、存量危房、新增及灾后受损残疾人房屋受损情况进行摸底核对，做到底数清，情况明，确保在危房改造政策方面残疾人“不落一户”。与省住建厅等单位分别在 3 月、10 月共同出台《江西省 2019 年农村危房改造实施方案》《关于印发在“不忘初心、牢记使命”主题教育中专项整治保障贫困户基本住房安全方面漠视侵害群众利益问题工作方案的通知》，保障贫困残疾人基本住房安全。全年共为 1059 户贫困残疾人家庭进行危房改造。

【城乡残疾居民医疗保险和养老保险补贴】　2019 年，按照省政府关于印发《2019 年民生实事工程安排方案》的通知要求，各地财政对城乡困难居民医疗保险按个人缴费标准给予补助。全省有 104.1 万名残疾人参加医疗保险，其中 65.4 万名残疾人享受医疗保险补贴，补贴率 62.8%。为城乡重度残疾人和贫困残疾人等群体按照每人每年 100 元标准代缴养老保险费。全省 80.8 万名残疾人参加城乡居民养老保险，其中 60 周岁以下参保残疾居民中重度残疾人 21.3 万人，获得代缴的重度残疾人 21.1 万人，重度残疾人代缴率达 99.1%。

【残疾人托养服务】　2019 年，江西省在全国率先出台《关于开展建档立卡贫困重度失能残疾人照护和托养工作的指导意见》，获国务院残工委、民政部、中国残联等部门领导重视并分别转发，供各省参考。自 4 月开始，全省多个市、县（区）先后印发市、县级《关于开展建档立卡贫困重度失能残疾人照护和托养工作的实施方案（意见）》，开展照护和托养工作。至 2019 年年底，全省共 900 余名建档立卡贫困重度失能残疾人接受照护和托养服务，缓解了贫困重度残疾人生活不便的困境，解放家庭劳动力。按照《江西省阳光家园计划——智力、精神和重度残疾人托养服务实施方案》及《政府购买残疾人日间照料服务工作实施方案》要求，继续做好阳光家园计划、政府购买残疾人日间照料服务项目，为残疾人解决实际困难。对 16～59 周岁的智力、精神、重度残疾人接受居家托养服务、日间照料服务、寄宿制托养服务给予补助。全年共为 8000 余名智力、精神和重度残疾人接受托养服务给予服务补助。进一步规范托养服务管理人员队伍建设，12 月 19 日至 21 日，在南昌市举办第二期全省残疾人托养服务培训班，对各设区市残联教就科科长、托养工作的经办人及机构代表等 70 余名托养服务管理人员进行培训。

残疾人康复

【概　况】　2019 年，省残联贯彻落实《残疾预防和残疾人康复条例》，组织实施残疾人精准康复、残疾儿童康复救助、残疾预防等工作。全年共为 26.27 万名残疾人提供基本康复服务,残疾人基本康复服务率89%,提前超额完成75%的年度目标任务。其中,得到辅助器具适配服务残疾人10.15万人,辅具适配率92%;得到康复服务国家建档立卡贫困残疾人2.74万人,康复服务率89.5%;得到康复服务因病致(返)贫残疾人1万人,康复服务率90.9%。

【完善残疾人康复保障政策】 2019年,省残联推动出台《关于明确和完善部分医疗康复项目支付政策的通知》,将“康复综合评定”等涉及肢体、听力、言语残疾人急需的20项新增医疗康复项目纳入基本医疗保险支付范围,为残疾人康复提供制度性保障。推动出台《江西省残疾儿童康复救助制度实施细则》,明确规定残疾儿童申请审核、康复安置、经费结算、机构监管等内容与操作要求,疏通救助制度实施难点、堵点,最大程度保障残疾儿童康复权益。修订出台《江西省残疾人基本康复服务目录及补贴标准(2019年版)》,将原有的31项康复服务内容增加到46项,对新增纳入医保报销范围的残疾人医疗康复项目进行补充完善,对各项康复服务内容及服务时间、频次等操作要求进行明确细化。

【残疾人精准康复服务】 2019年,全省推广残疾人精准康复示范创建“两清一规”特色工作模式,各地学习运用示范创建经验成果,规范开展残疾人需求调查与评估、系统数据管理、机构监管、康复安置与转介、经费结算等各环节工作。在全省开展残疾人基本康复辅助器具补贴制度试点,探索建立以社会购买服务及货币化补贴为提供方式、以普通型、大众化辅具适配为主、以培育构建社会化残疾人辅具供应服务网络为载体的全省残疾人基本辅助器具适配补贴制度,为残疾人提供更优质、更便捷、更满意的辅具适配服务。4月,中国残联到江西省开展残疾人精准康复工作中期评估,对见效益省残疾人精准康复工作成效和特色工作模式给予肯定。推进残疾人家庭医生签约服务,助力精准康复。发挥残疾人家庭医生服务政策作用,统筹整合基本医疗、公共卫生及健康扶贫等资源,开展残疾人康复需求调查、健康评估、健康管理、康复指导、心理疏导等支持性服务。

【残疾儿童康复救助】 2019年,省残联贯彻落实《江西省人民政府关于建立残疾儿童康复救助制度的实施意见》,完善制度配套保障政策,开展业务培训、实地调研、督导通报等工作,抓各市县残疾儿童康复救助制度的建立与实施。全省残疾儿童康复救助制度基本实现全覆盖,部分市县在省级标准的基础上做到提标扩面。全省共为6599名残疾儿童提供康复训练服务。在中国残联第三方评估结果通报中,全省残疾儿童康复救助工作的电话接通率、经办人员服务态度与业务熟悉度评价以及户籍地申请成功率和审核效率等排名均居全国前列。

【残疾儿童康复机构规范化建设】 2019年,省残联贯彻国家“放管服”改革精神和残联机构改革发展要求,在全国率先实行残疾儿童康复服务机构“准入制+协议管理”模式,将残疾儿童康复“定点机构”审批制改为“服务机构”市场准入制、“定点管理”改为“协议管理”,减少行政干预,发挥市场作用,推动残疾儿童康复机构规范化管理。推动出台《江西省残疾儿童康复服务机构准入标准(试行)》《江西省残疾儿童康复服务机构协议管理办法(试行)》,明确以10类残疾儿童康复机构准入标准为准入认定依据,以签订履行服务协议为管理方式,对机构的服务安全、质量、效果、资金等内容实行动态监管。至2019年年底,全省残疾儿童康复服务机构数量186家,同比增长63%。

【残疾预防】 2019年,省残联制定发布《2019年江西省残疾预防和残疾人康复工作要点》,将残疾预防和残疾人康复工作的具体任务、责任单位、工作要求等内容逐一分解到相关部门,贯彻落实残疾预防“群防群治、联防联控”工作要求,确保残疾预防和残疾人康复各项工作落地见效。持续抓好南昌市东湖区、萍乡市湘东区、赣州市宁都县3个全国残疾预防综合试验区示范创建工作并取得阶段性成效,通过抓协调联动工作机制建立、抓残疾预防宣传教育、抓残疾报告制度建立等措施,健全完善残疾评定与精准康复服务无缝对接途径,形成由预防到康复服务的一体化工作机制。组织开展省市县第三次全国“残疾预防日”、爱耳日等系列宣传教育活动,增强公众残疾预防和康复意识。举办以“残疾预防、从生命源头做起”为主题的全省残疾预防和残疾人康复业务培训班,覆盖来自妇幼保健院、儿童医院、康复医院、中医院、各类民办残疾儿童康复机构的一线康复技术人员,宣讲解读残疾预防和残疾人康复技术专业知识、政策。

残疾人教育与就业

【概　况】 2019年,以发展融合教育为重点,协调教育部门完善融合教育支持体系,为残疾学生随班就读提供支持,帮助融入社会。提升适龄残疾儿童入学率,全省义务教育阶段适龄残疾儿童少年入学率95%以上。配合教育部门大力发展并办好以职业教育为主的残疾人高中阶段教育。加快推广国家通用手语和国家通用盲文,组织骨干培训。促进残疾人就业创业。出台《关于扶持残疾人自主就业创业的实施意见》,争取到农村低保残疾人也可享受创业就业延退政策,实现城乡统一。推动省级残工委成员单位带头安置残疾人。以省政府残工委名义印发工作通知,明确要求省市两级政府残工委成员单位到2020年至少安排有1名残疾人工作。

【义务教育阶段适龄残疾儿童少年摸底和安置】 2019年,省残联联合省教育厅下发《关于做好2019年残疾儿童少年义务教育招生入学工作的通知》,按照“零拒绝,全覆盖”原则,开展适龄残疾儿童少年调查摸底及残疾学生安置。通过实施“一人一案”,完成2019年适龄残疾儿童少年义务教育摸底和安置。至2019年年底，全省6～14周岁残疾儿童少年总数39837人，其中38450人已入学，352人选择缓学，未入学人数为1035人。

【实施“通向明天——交通银行残疾青少年助学计划”】 2019年，按照《关于印发〈残疾人事业专项彩票公益金助学项目（学前教育）江西省实施方案〉的通知》要求，继续实施中央彩票公益金残疾儿童学前教育助学项目，出资114.9万元，资助383名学龄前残疾儿童开展学前教育，各市县级残联配套资助1094名学龄前儿童。推进特教人才队伍培育。江西省南昌市启音学校邓媛媛、上栗县特殊教育学校邓志萍、九江市特殊教育学校乔子瑾3名教师获“2019年度交通银行特教园丁奖”，邹丰任获“2019年度交通银行残疾大学生励志奖提名奖”。

【残疾人初高中及劳动技能教育培训】 2019年，根据《关于印发〈资助特殊教育学校开展职业教育及培训项目实施方案〉的通知》要求，各级残联从残保金中列支不低于5%的专项资金，用于补贴特殊教育学校开展残疾人劳动技能教育与培训。全年省级共资助17所特殊教育学校开展残疾人劳动技能教育与培训，补助资金共67.4万元。其中，初中阶段在校生370人，标准1000元/人·年；高中（中专和技校）阶段在校生68人，标准3000元/人·年；特校受残联委托开展的残疾人劳动技能培训147人，按照每人每天100元予以补贴。同时，全省配合教育部门在春季、秋季学期分别为1198名、1315名普通高中残疾学生免除学杂费。

【残疾人受教育权益维护】 2019年，全省共为60名残疾学生参加高考提供116项合理便利。高考上线残疾考生512名，上线且符合录取政策的残疾考生录取率100%。根据《江西省残联资助残疾大学新生项目实施方案》要求，省残联列支172.6万元资助507名2019年被全日制大学录取的专、本科新生和研究生，其中，专科生307人、本科生195人、研究生5人。

九江市特殊教育学校开展劳动技能教育——手工皂课

省残联供

【残疾人青壮年文盲扫盲】 2019年，全省依照《关于印发〈江西省“十三五”残疾青壮年文盲扫盲行动实施方案〉的通知》要求，依托农村贫困残疾人实用技术培训，采取普通教育与特殊教育相结合、学文化和学技术相结合、长期学与阶段学相结合、个别教学与集中教学相结合的教育方式，创造性开展残疾青壮年文盲扫盲行动，实现“扫盲”和“脱贫”同步推进。全省共完成对714名贫困残疾青壮年文盲的扫盲工作。

【国家通用手语和通用盲文骨干队伍培育】 2019年，按照《江西省关于推广国家通用手语和国家通用盲文的通知》精神，江西省于11月、12月在南昌分别举办“江西省第二期国家通用盲文骨干培训班”“江西省第二期国家通用手语培训班”，对各设区市盲协主席、副主席、秘书长、聋协骨干、特殊教育学校教师、手语翻译等近70人进行培训。通过近2年的培训，江西省已基本建立一支高素质的国家通用盲文及通用手语骨干师资队伍。

【残疾人就业配套政策完善】 1月，省残联联合省财政厅、国家税务总局江西省税务局等出台《江西省残疾人就业保障金征收使用管理实施办法》，进一步规范残保金的使用管理，服务残疾人就业创业；4月，印发《2019年省政府民生实事工程残疾人就业与培训项目实施方案》；5月，出台《关于扶持残疾人自主就业创业的实施意见》，对享受城乡低保的残疾人首次自主就业创业实施人性化帮扶，明确在核算其家庭收入时，扣减必要的就业成本，低保待遇延退2～3年。

【残疾人就业和职业培训】 江西省就业年龄段城镇残疾人新增就业人数3814人，农村残疾人新增就业人数6899人。就业年龄段城乡残疾人新增培训人数14992人，其中培训贫困残疾人数254人，有71名盲人按摩师参加9月举办的全国盲人医疗按摩师考试。

【实施省政府民生工程】 2019年，组织实施《2019年省政府民生实事工程残疾人就业与培训项目实施方案》，按照方案要求，全年共为5949名城乡残疾人提供免费职业技能培训，为3644名残疾人购买公益性岗位，为12050名农村残疾人购买农家书屋残疾人管理员岗位，各项民生工程任务均超额完成年度任务指标。

【残疾人就业帮扶专项活动】 2019年，根据《江西省人力资源和社会保障厅 江西省残疾人联合会转发人力资源和社会保障部 中国残疾人联合会关于开展2019年就业援助月专项活动的通知》要求，全省开展就业援助月专项活动。活动期间，全省共走访登记失业残疾人员家庭7659户，登记失业的残疾人员28470人，组织残疾人专场招聘会共140场，实名制纳入年度培训计划残疾人8911人，帮助残疾登记失业人员实现就业2946人（其中社会用人单位按比例吸纳就业人数1155人），帮助残疾人享受专项扶持政策4186人。

【阳光助残创业就业基地建设】 2019年，各级残联从残保金中列支专项资金，扶持阳光助残创业就业基地，通过“基地＋残疾人”“合作社＋残疾人”“公司＋残疾人”等形式，促进农村残疾人或农村重度残疾人家庭成员创业就业。全省投入基地扶持资金1812.4万元，扶持阳光助残创业就业基地371家，安置2210名贫困残疾人就业，辐射带动1784户残疾人，分别比上一年度新增840人和606户，帮助贫困残疾人实现就近就便创业就业。

【参加全国残疾人职业技能大赛暨第三届全国残疾人展能节】 10月27日—29日，人力资源和社会保障部、中国残联在浙江嘉兴举办第六届全国残疾人职业技能大赛。省残联派出14名选手参加广告设计、摄影、裁缝等8个项目的比赛。经角逐，江西省左云清、李焕秋、田忠花等3名选手在大赛中获“优秀技能奖”。在同期举办的第三届全国残疾人展能节中，江西省通过残疾人艺术家的作品成果展和现场技能展示、助残爱心企业展销等多种方式，集中展现残疾人就业创业成就。

【残疾人民生工程实施情况检查】 2019年，贯彻落实省委办公厅、省政府办公厅印发《江西省2019年督查检查考核计划》，残疾人民生工程实施情况作为其中一项重要内容。12月8日至14日，省残联成立2个检查组到九江市、萍乡市、赣州市和新余市开展康复工作情况督查和2019年残疾人民生工程事项检查，对共青城市、湖口县等8个县（市、区）残疾人就业培训、公益性岗位、农家书屋管理员执行情况、城镇残疾人两项补贴提标、农村残疾人危房改造政策落实情况进行检查，进一步督促民生实事工程项目落实落细。

残疾人文化体育

【概　况】 2019年，省残联利用新媒体、重要会议、重大活动加强残疾人事业宣传。通过《挑战不可能》特刊、“两微一端”等平台讲好残疾人故事，盲人陈新平当选2019年度中国残疾人事业新闻人物。召开第六次全省自强模范暨助残先进表彰大会，各地组织开展事迹巡回报告会，掀起学习先进、扶残助残的热潮。开展各项文化体育活动，丰富和活跃残疾人的体育赛事和精神文化生活，提高残疾人素质和平等参与社会生活的能力，引导全省残疾人主动融入社会。

【召开第六次全省自强模范暨助残先进表彰大会】 8月27日，江西省第六次自强模范暨助残先进表彰大会在南昌召开。省委书记刘奇、省长易炼红会见第六届全省自强模范和助残先进代表，向模范和代表表示祝贺，给予勉励。省委书记刘奇在会见讲话中强调，要多为残疾人想周全，多为残疾人办实事。省领导赵力平、冯桃莲、胡强、雷元江参加会见。冯桃莲、雷元江出席表彰大会，胡强出席表彰大会并讲话。新华网、中新网、《江西日报》、江西人民广播电台、江西卫视、今日头条等主要省内媒体对表彰大会进行了报道。

【举办残疾人文化活动】 2019年，省残联利用中华人民共和国成立70周年等重大纪念活动及全国助残日、国际残疾人日、残疾预防日等节日节点，开展宣传教育活动。抓好残疾人文化体育建设，开展文化体育活动，丰富和活跃残疾人体育赛事和精神文化生活，提高残疾人素质和平等参与社会生活的能力，引导全省残疾人主动融入社会。以各类文化艺术活动为纽带，推动残疾人文化活动常态化；举办“全省残疾人文化周”、全省残疾人“书香赣鄱·阅读有我”“五个一”文化进残疾人家庭等系列活动；联合省图书馆定期举办文化周活动暨“与悦读同行，伴星孩成长”活动；携手中阮大师冯满天音乐团队为视障儿童举办音乐会。

江西省首届残疾人文化艺术节一等奖作品——九江市残联选送的群舞《战魂》

省残联供

【残疾人文化创意产业基地】 2019年,重点建设以南昌市残疾人文化创意产业园和景德镇天使陶瓷传承中心为代表的一批残疾人文化创意产业基地,培养残疾人文化创业兴趣和能力,带动从事文化创意产业就业。推进残疾人文化艺术网络服务平台,近200名残疾人通过网络,展示才艺、销售产品,获得经济效益,提升生活信心。严格筛选50件残疾人文创作品参加10月27日在浙江嘉兴举办的"第三届全国残疾人展能节"。作品主要有瓷板画、书法、绘画、刺绣、编织、陶艺、雕刻、印染等,其中部分作品是非物质文化遗产的代表作,部分作品在国内有一定的艺术价值。

【举办江西省首届残疾人文化艺术节】 11月,由省残联、省文化和旅游厅、南昌市政府共同主办的"同心同梦,感恩祖国"江西省首届残疾人文化艺术节在南昌市举行。文化节共设开幕式、残疾人群众文体示范展示活动、江西省残疾人事业成果展暨艺术作品展演活动、江西省首届残疾人文化发展论坛、无障碍电影放映活动、残健融合系列活动、趣味运动会、艺术作品现场拍卖+互联网公益活动、闭幕式暨颁奖晚会等9个项目,集中展示江西省残疾人文化事业发展成果,参与规模万余人次。

【全省特殊艺术人才培养基地建设】 8月1日,省残联联合省教育厅启动全省特殊艺术人才培养基地的申报及评定工作。基地申报工作面向全省范围内的义务教育阶段的盲校、聋校及综合类特教学校(不包括培智学校)、特殊教育普通高中、残疾人中等职业教育机构、残疾人高等教育机构以及乐于公益的艺术团体、艺术培训机构。根据基地评定方案,省残联和省教育厅对申报单位进行实地考核,最终命名南昌市启音学校等12家单位为"全省特殊艺术人才培养基地",并给予相应扶持。

【残疾人康复体育活动】 3月26日—28日,举办全省残疾人社会体育健身指导员骨干培训班。省、市、县级从事残疾人群众体育的组织管理人员或一线从事残疾人体育健身工作的指导人员共约70人参加培训。创建省级残疾人自强健身示范点46个、国家级自强健身示范点10个,培养三级以上残疾人体育社会指导员近1000名,为1000名不易出户或家庭困难的重度残疾人实施康复体育关爱家庭计划,为1000多名残疾人实施文化进家庭"五个一"服务。

【残疾群众体育活动】 8月6日,举行江西省第九届残疾人健身周活动启动仪式,120余名残疾人及其亲属参加盲人跳绳、定点投篮等趣味活动。全省各地残联围绕活动主题,开展象棋、健身操、健身康复知识讲座等残疾人健身周活动,全省有残障人士8.9万余人参与活动。7月17日,开展2019年特奥足球周及全国特奥日活动。举办江西省第十三次全国特奥日暨2019年江西省特奥足球周活动,有南昌市、九江市等地的8支队伍63名特奥运动员参加活动。各地残联围绕活动主题,开展内容丰富的特奥活动,全省特奥运动员及家属9000余人参与活动。

【残疾人竞技体育】 8月21日至9月2日,全国第十届残疾人运动会暨第七届特殊奥林匹克运动会在天津举行,江西省代表团有153人参赛,参加田径、游泳、柔道、乒乓球等项目的比赛,共获57金、41银、31铜,实现奖牌数和金牌榜排行数双提升,其中3人破3项全国纪录,创造江西省在历届全国残疾人运动会上的最好成绩。3月8日—23日,省残联组织6名特奥运动员参加第十五届世界夏季特奥会,获6金、6银;5月10日—12日,在世界残奥田径大奖赛上,江西省2人参赛,获5枚金牌;7月15日—19日,在残疾人举重世锦赛上,江西省2人参赛,获1金、1银;11月7日—15日,在世界残奥田径锦标赛上,江西省2人参赛,获1金、1银。

残疾人维权

【概　况】 2019年,省残联全力保障残疾人权益。做好残疾人法治建设,对《关于进一步加强事实无人抚养儿童保障工作的通知》等有关法规规章和规范性文件提出修改意见20余条,从法律源头维护残疾人各项合法权益,保障残疾人事业在法治轨道上健康发展。做好法治宣传教育,在《党风政风热线》制作一期"残疾人权益保障"专题直播节目,宣传残疾人权益保障有关法律法规。编印《残疾人法律法规政策及文件汇编》。坚持法律顾问制度,聘请"江西求正沃德律师事务所"免费为省残联做常年法律顾问,为省残联提供规范性文件草案和重大事项合法性审核、合同协议等法律文书的起草、法律咨询、协助信访接待等30余次。与法律顾问律师事务所共同挂牌成立"残疾人法律服务站",有专门律师在服务站为残疾人服务。成立并调整江西省残疾人法律救助工作协调领导小组人员,推动江西省残疾人法律救助工作开展。协助省人大社会委到省残联开展《江西省残疾人保障条例》执行情况的调研,做好残疾人人大代表、政协委员参政议政。

【残疾人法律救助服务】 2019年,落实《"法援惠民生·关爱残疾人"法律援助品牌建设实施方案》,指导全省各级残联做好残疾人法律救助工作,通过法律手段解决残疾人的合法诉求。全省各级法律援助、救助机构为残疾人提供法律服务1200余人次,涉及房屋拆迁、拖欠货款、劳务纠纷等方面,为残疾人挽回经济损失600余万元。解答残疾人的法律咨询,指导并帮助残疾人书写法律文书,分析案情,主动与律师和法官沟通,依法维护残疾人的合法权益。

【残疾人无障碍环境建设】 2019年,推动《江西省无障碍环境建设办法》的贯彻实施,编印《残疾人无障碍环境设施建设技术参考标准》,供工作人员学习参考。会同省住建厅转发《住建部、中国残联关于开展无障碍建设市县创建"回头看"工作调研的通知》。对全省"十五""十一五""十二五"期间表彰的无障碍环境示范市县、先进县进行"回头看"调研。

向住建部、中国残联申报见效益省“十三五”创建无障碍环境市、县、镇、村名单。开展贫困重度残疾人家庭无障碍改造，中国残联和省残联“打包”下发改造资金，全省各级残联筹措资金，完成1.4万户贫困重度残疾人（建档立卡户）家庭无障碍改造任务，超过前3年完成的总和。在兴国县召开“全省助力脱贫攻坚推进贫困重度残疾人家庭无障碍改造现场会”，编印《贫困重度残疾人家庭无障碍改造项目设计图册》，发到全省各级残联学习使用，做好服务。

【残疾人机动轮椅车燃油补贴发放】 2019年，省残联做好2018年燃油补贴数据库录入复核工作，督促各地预录入2020年残疾人机动轮椅车燃油补贴数据库。按照中国残联的要求，进一步完善申请审核、汇总申报、规范发放、数据库录入管理等工作全过程。全省各地共为2.16万辆残疾人机动轮椅车发放燃油补贴562.02万元。

【残疾人信访处理】 2019年，省残联做好残疾人日常信访、重点时间节点信访维稳工作。尤其是在重大时间节点时，将工作重心前移，及时掌握部分儿麻后遗症患者准备与外省人员串联进京群访的情况，并采取有效措施进行妥善处理。省残联本级全年接待残疾人来访158批226人次，处理来信和网上信访件69批132人次，接听信访电话（理事长手机）640人次，所涉问题都得到妥善解决，残疾人满意度98%。

残疾人扶贫

【概　况】 2019年，省残联先后7次召开贫困残疾人脱贫攻坚工作专项会议，落实省委、省政府关于脱贫攻坚工作部署，对脱贫攻坚巡视整改、建档立卡贫困重度失能残疾人照护和托养等工作进行专题研究部署。在全国率先出台建档立卡贫困重度失能残疾人照护和托养工作意见，完成各项扶贫任务。稳步推进全省贫困残疾人脱贫攻坚工作，全省建档立卡贫困残疾人由7.65万人降至2.43万人。评选出一批残疾人脱贫典型，残疾人廖竹生获全国脱贫攻坚奋进奖，全省仅4人获奖。在全省10名脱贫攻坚奋进奖获得者中，有刘伟明、刘桂军、杨小仁、欧阳辉、崔学军5名残疾人。

【脱贫攻坚专项巡视整改】 2019年，成立省残联脱贫攻坚专项巡视整改工作领导小组，建立整改工作联络员制度和整改落实情况周报、月报制度。分别制定工作方案，明确工作任务和目标，压实具体工作责任，动态推进整改落实。省残联主要领导多次带队到基层调研，现场办公，及时发现并协调解决部分市县2016—2018年残疾人“两项补贴”资金缺口、残疾人办证、辅助器具申请及残疾学生资助等一系列难题。协调省民政厅、省住建厅等开展残疾人相关数据比对，确保数据精准，并就残疾人“两项补贴”、农村残疾人危房改造等方面发现的问题进行调研，共同推进问题整改销号。

【实施各项扶贫项目】 大力实施扶贫项目助力残疾人脱贫。以落实特殊教育提升计划实施方案为抓手，实施教育扶贫。完善残疾人就业政策，推进就业扶贫。通过安置残疾人就业或重度残疾人家属就业，实施基地扶贫。推进重度残疾人托养服务工作，实施托养扶贫。做好省政府民生工程，实施民生工程助残扶贫。加大贫困残疾人救助力度，实施社会救助扶贫。建立完善残疾人“两项补贴”制度，实施社会保障兜底扶贫。加大残疾人扶贫宣传力度，动员社会各界参与扶贫，实施宣传扶贫。

【实施扶贫工作行动方案】 2019年，省残联按照全省脱贫攻坚工作总体目标，贯彻落实《江西省残联助力残疾人精准扶贫精准脱贫三年攻坚（2018—2020年）行动实施方案》，实施脱贫攻坚“春季整改”“夏季提升”“秋冬巩固”三大行动，以问题为导向，将中央脱贫攻坚专项巡视、国家考核、国家巡查等反馈问题整改及残疾人扶贫、教育、就业、社会保障和托养等方面工作相结合，强化责任落实、政策落实和工作落实，解决残疾人“两不愁三保障”突出问题。

【扶贫干部培训】 2019年，举办两期全省残联扶贫干部培训班，累计培训扶贫干部119人。培训班上，通报了全省残疾人扶贫工作情况，对全省贫困残疾人脱贫攻坚和残疾人就业等最新文件政策进行解读，讲解全国残疾人托养服务系统操作要求，相关市县作经验交流发言。

【残疾人办证服务】 2019年，省残联专门下发通知，督促各地残联转变工作方式，解决智力、精神残疾人以及其他类型残疾人不能前往鉴定机构评残办证的难题，在全面摸清底数的基础上，采取主动上门服务办证、定期巡回办证、分片集中办证、增设办证点、增加评定医院等方式，为残疾人办理残疾人证提供方便。全年全省各级残联共为17万余名残疾人办理残疾证。同时，省残联还联合省卫健委印发《关于增加县级智力、精神残疾评定医院或专业机构的通知》，为智力、精神残疾人就近就便进行残疾评定和办理残疾人证提供便利。

（杨琼）

本栏编辑　张志勇

民族宗教事务

综　述

2019年，全省民族宗教工作部门适应机构改革新要求，围绕中心，稳中求进，做好全省民族宗教工作。

突出“四个实”做好民族工作。工作支持实。省委书记刘奇，省长易炼红，省委常委、省委统战部部长陈兴超，副省长胡强等多次深入民族乡村调研，帮助解决全省民族工作重大问题；省人大常委会专题听取全省民族地区经济社会发展情况的报告；出台《中共江西省委办公厅 江西省人民政府办公厅关于全面深入持久开展民族团结进步创建工作铸牢中华民族共同体意识的实施意见》。脱贫攻坚实。把脱贫攻坚列为重要因素，将少数民族发展等资金重点向贫困地区倾斜，全年为全省辖有民族乡、村、组的23个贫困县切块资金2212万元，增长5.82%；开展脱贫攻坚“春季整改”“夏季提升”“秋冬巩固”攻势行动，与中央脱贫攻坚专项巡视反馈问题、中央脱贫攻坚成效考核反馈问题一体推进、一并整改；实施《江西少数民族事业“十三五”规划》，推进第五轮对口支援民族乡村工作，2019年全省直接投入民族乡村帮扶资金1.79亿元，实施项目382个；开展民族特色村寨建设，截至2019年年底，在20个贫困县、19个原中央苏区县和特困片区县建设少数民族特色村寨项目53个，其中获国家民委命名“中国少数民族特色村寨”12个；落实《江西省“十三五”扶持人口较少民族——金坪民族乡新民村发展专项规划》，加大资金投入和帮扶力度，在2018年扶少项目规划调整的基础上，全年安排少数民族发展资金140余万元帮助该村解决基础设施、产业发展等方面突出困难和问题。民族团结进步创建实。以“连心创建、创业创建、创新创建”为载体，挖掘选树民族团结典型，扎实开展民族团结进步创建工作。全省建有22个“国创”示范单位、4个全国民族团结进步教育基地、20个“省创”示范单位。隆重召开全省民族团结进步表彰大会，6个模范集体和11名模范个人受到国务院表彰，30个模范集体和29名模范个人受到省政府表彰。民族文化体育事业持续推进。9月，江西省代表团参加第十一届全国少数民族传统体育运动会，获民族标准弩男子跪姿个人赛第二名和若干其他项目三等奖，为江西省历史最好成绩。依法治理实。定期开展民族政策执行情况检查，定期排查、妥善处置影响民族团结的不稳定因素和苗头性事件；做好少数民族流动人口服务管理体系建设和城市少数民族服务窗口建设，推动全省50多个社区设立“少数民族之家”，实行民族事务挂牌服务，形成“8小时内服务在岗、8小时外志愿者在线”的工作格局，常态化为到赣少数民族人员提供便利条件、优质服务、政策咨询，法制教育；开展民族团结进步创建工作进机关、进企业、进社区、进乡镇、进学校、进寺庙“六进”工作，开展“双语双学”活动。

围绕“两主线”做好宗教工作。坚持宗教工作法治化的工作主线。修订出台《江西省宗教事务条例》，于2019年5月实施；开展新修订的《江西省宗教事务条例》学习宣传，其中网上专题学法宣传活动参与人数超73万人次；推进“双随机一公开”行政检查工作，将宗教事务管理工作纳入法治化、制度化、常态化管理轨道。坚持中国宗教中国化方向的工作主线。举办全省性宗教团体庆祝新中国成立70周年座谈会，指导宗教界举办一系列庆祝活动，增强全省宗教界对祖国的自豪感和认同感；推进“国旗、宪法和法律法规、社会主义核心价值观、中华优秀传统文化”进宗教活动场所活动；开展坚持中国宗教中国化方向理论研究，整合学界、宗教界研究资源，讲好江西宗教好故事，鼓励佛教、道教讲经交流及伊斯兰教解经、天主教民主办教、基督教神学思想建设，扶正祛邪，正本清源，引导宗教健康传承和信众正信正行；开展对外宗教文化交流，指导省佛协举办赣苏两省坚持佛教中国化学习交流座谈会，指导举办“中国宜春禅宗祖庭文化高峰论坛”“龙虎山天师府2019年内地正一派授”等活动；加强爱国宗教团体建设，组织开展以规范为主题的“双和谐创建”活动，引导宗教界强化教风建设，落实《全省性宗教团体领导班子成员考核制度》等四项制度，推进团体制度建设和民主办教，做好省天主教两会、省基督教两会换届工作；推进宗教院校建设，开展院校登记、经费保障、去筹等一系列基础性工作，召开宗教院校工作座谈会。

自身建设注重实效。6月至9月，根据省委统一部署，开展“不忘初心、牢记使命”主题教育，做到规定动作精准、自选动作精彩，对66个类别，118个问题开展整改。推动“三减三强两倡导”深化建“五型”机关做“五型”干部活动，全年发文数同比减少35.44%，会议总量减少43%，取消对8个民族乡信息考核，清理挂牌事项，规范督查考核项目。推进放管服改革，在全省率先创新政务服务模式，实行一链式审批；编制全省民宗系统权力清单指导目录，以有效解决不作为、乱作为问题；涉及省民宗局35项依申请政务服务事项“一次不跑”“只跑一次”率达100%；局办事窗口坚持工作日中午、双休日以及国家节假日开展延时错时和预约服务，实行全年“不打烊”。

（省民宗局）

民族事务

【概　况】　第六次全国人口普查统计，全省有除保安族外的54个少数民族成分，人口15.23万人，占全省总人口的0.34%，其中畲族人口9.1万人。全省设有8个少数民族乡（贵溪市樟坪畲族乡、铅山县太源畲族乡、铅山县篁碧畲族乡、永丰县龙冈畲族乡、南康市赤土畲族乡、青原区东固畲族乡、乐安县金竹畲族乡、峡江县金坪民族乡）、82个少数民族行政村和398个少数民族村小组。少数民族流动人口约8.5万人。

【确定省“十三五”期间全国民族特需商品定点生产企业】　4月1日，省民宗局、省财政厅、人民银行南昌中心支行联合下发通知，确定江西桐青金属工艺品股份有限公司、江西钰惠畜牧业发展有限公司、九江市清真牛羊禽蛋加工厂、九江市清真梁义隆食品有限公司、景德镇远景瓷业有限公司、景德镇佳洋陶瓷有限公司、景德镇市国信创业投资管理有限公司7家企业为江西省“十三五”期间全国民族特需商品定点生产企业。

【征集和整理“江西省民族乡村和少数民族红色档案”】　7月下旬开始，为在传承红色基因上走前列、做表率，省民宗局挖掘民族乡村党史资料，征集和整理“江西省民族乡村和少数民族红色档案”，形成文字档案资料10余万字，图片档案资料近百幅，统计到少数民族革命烈士数百人，再现民族乡村和少数民族前赴后继、投身革命的历史。

【举办抚州市第五届畲族民俗文化节】　8月30日至9月1日，抚州市第五届畲族民俗文化节在江西省5A级乡村旅游点资溪新月畲族村举行。省委常委、省委统战部部长陈兴超，省政协副主席、抚州市委书记肖毅，省委统战部副部长、省民宗局局长曹国庆出席，国家民委办公厅巡视员秦为人致贺词。此届文化节围绕“中华民族一家亲，同心共筑中国梦”主题，以“畲·舌·舍·射”为具体内容，其中“畲”（畲族风情）包括畲族千里寻亲、畲族风情歌舞表演、畲族祭祀文化、畲族非遗展演及民俗互动等活动；“舌”（畲族美食）包括畲族美食展销和评选、畲族百福流水宴、畲家烧烤美食；“舍”（畲族风情帐篷节）包括以民族歌曲为主的模仿秀、畲族祈福表演、住帐篷或民宿等；“射”（畲族射击及竞技）包括射击、掷矛、大象拔河、操杆、竹球、摇锅、龙接凤等畲族竞技游戏体验活动和观赏性节目。

抚州市第五届畲族民俗文化节在资溪新月畲族村举行

省民宗局供

【出台《民族特需商品生产贷款贴息引导支持资金管理办法》】　9月16日，江西省出台《民族特需商品生产贷款贴息引导支持资金管理办法》，支持全国民族特需商品定点生产企业发展。该办法对贴息范围、贴息引导支持资金的申请、审核、拨付以及监督、管理作出详细说明，提出具体要求和措施；明确只有经国家民委备案的民品企业，按照少数民族特需商品目录生产的一年期流动资金贷款才能享受财政贴息；规定民品企业生产贷款贴息实行属地办理原则，所需贴息资金由省财政统筹资金给予引导性补助，不足部分由所在地通过均衡性转移支付或自有财力予以足额安排；要求各级财政、民宗、人行部门加强管理，确保资金专款专用。

【组团参加第十一届全国少数民族传统体育运动会】　9月8日—16日，第十一届全国少数民族传统体育运动会在河南郑州举行。副省长胡强任江西代表团团长，江西省120名运动员参加6项比赛，在民族标准弩男子跪姿项目获二等奖，男女混合双蹴、女子板鞋竞速2×100米接力、男女混合高脚竞速4×100米接力、女子高脚竞速2×200米接力、表演5个项目获三等奖，代表团获体育道德风尚奖。

【召开全省民族团结进步表彰大会】　11月25日，江西省民族团结进步表彰大会在南昌召开。大会传达贯彻全国民族团结进步表彰大会精神，总结交流中共十八大后全省民族团结进步事业取得的成就和经验，研究部署下一阶段工作任务，表彰全省各行各业民族团结进步模范。省委书记、省人大常委会主任刘奇出席并讲话，省委副书记、省长易炼红主持会议。各设区市、省直管试点县（市）的党委统战部部长、政府分管民族工作负责人、民族工作部门主要负责人，省直有关部门和单位及有关人民团体、省民族工作领导小组成员单位、有关高校主要负责人和8个民族乡党委或政府主要负责人等200余人参加。全省36个模范集体、40名模范个人受表彰，其中6个模范集体、11名模范个人受到国务院表彰，30个模范集体、29名模范个人受到省政府表彰。

【江西省3家单位被命名为第七批“全国民族团结进步示范区（单位）”】　12月9日，经省政府批准，择优推荐，国家民委决定将江西服装学院、武宁县新宁镇团结畲族村、信丰县安西镇田垅畲族村3家单位命名为第七批“全国民族团结进步示范区(单位)”。

(省民宗局)

宗教事务

【概　况】 截至2019年12月，全省有合法登记宗教活动场所7286处，其中寺观教堂2063处；宗教教职人员9842人；信教群众176.42万人，其中信仰佛教87.72万人、信仰道教29.91万人、信仰伊斯兰教1.40万人、信仰天主教4.24万人、信仰基督教53.15万人；有江西佛学院(宝峰佛学院、大金山尼众佛学院、东林净土学院)、曹洞佛学院、龙虎山道教学院(筹)、江西圣经学校4所(6处)宗教院校。

【发起“四进”活动倡议】 3月18日，江西省佛教、道教、伊斯兰教、天主教、基督教五大宗教团体共同发出《开展“中华人民共和国国旗、宪法和法律法规、社会主义核心价值观、中华优秀传统文化进宗教活动场所”活动倡议书》，呼吁全省宗教界开展“四进”活动，以实际行动，坚持中国宗教的中国化方向，坚定走与社会主义社会相适应的道路。

【召开新修订《江西省宗教事务条例》新闻发布会】 4月28日，省政府新闻办、省民宗局联合召开新修订《江西省宗教事务条例》新闻发布会。发布会由省政府新闻办新闻发布处处长陈惠龙主持。省委统战部副部长、省民宗局党组书记、局长曹国庆介绍《江西省宗教事务条例》修订的背景、过程和规范的主要内容，省人大常委会法工委副主任刘永亮、省人大常委会外侨民宗工委副主任潘辛菱、省民宗局副巡视员左旭生、省司法厅立法一处处长闵辉出席发布会并回答记者提问。新修订《江西省宗教事务条例》由江西省第十三届人民代表大会常务委员会第十二次会议于2019年3月28日修订通过，自2019年5月1日起施行。

4月28日，省政府新闻办、省民宗局联合召开新修订《江西省宗教事务条例》新闻发布会

省民宗局供

【举办中国宜春禅宗祖庭文化高峰论坛】 9月10日，中国宜春禅宗祖庭文化高峰论坛在宜春举行。论坛由《中国宗教》杂志社、江西省宗教文化交流协会、江西省佛教协会指导，中国社会科学院世界宗教研究所、宜春市宗教文化交流协会、宜春市佛教协会承办。全国各大高校专家学者、佛教界人士及省市相关宗教部门负责人近200人参加。论坛围绕“禅宗文化的当代价值”“禅宗文化在宜春的形成、发展和影响”“宜春禅宗文化对当前坚持我国宗教中国化方向的启示”3个主题，就禅学特色、宜春禅宗祖庭文化的历史地位、现状问题和发展方向等进行探讨交流。

【专题部署全省宗教活动场所文物保护和安全工作】 7月1日，省民宗局联合省文旅厅下发《关于进一步加强全省宗教活动场所文物保护和安全工作的通知》，对全省宗教活动场所文物保护和安全作出专题部署。该通知要求，各级文物行政管理部门和宗教事务部门要严格按照《中华人民共和国文物保护法》《宗教事务条例》《江西省宗教事务条例》等法律法规的规定，履行所承担的文物保护职责，把安全工作放在首位；进一步明确责任分工，建立长效协调机制；进一步开展资源调查，摸清宗教文物底数；进一步强化法治理念，提高文物保护水平；进一步加强安全排查，抓好隐患整改落实。

【举办全省市、县(区)党政分管宗教工作领导干部培训班】 7月17日—19日，省委统战部、省民宗局在南昌举办全省市、县(区)党政分管宗教工作领导干部培训班。省委常委、省委统战部部长陈兴超讲“不忘初心、牢记使命”主题教育党课，要求做好新时代江西宗教工作；中共中央统战部十一局副局长戴晨京以“学习习近平总书记关于宗教问题重要论述，做好新时代宗教工作”为题授课。全省市、县(区)党政分管宗教工作领导、省直有关单位分管领导、省委统战部、省民宗局机关人员等200余人参加培训。

【出台宗教事务法规相关配套文件】 7月16日，省民宗局制定印发《江西省寺观教堂和固定处所区分标准(试行)》，并报国家宗教事务局和省司法厅备案。9月18日，省宗教工作领导小组制定印发《关于推进宗教事务联合执法的指导意见》，提出9章36条措施，指导各地开展联合执法机制体制建设工作。

【召开全省性宗教团体庆祝中华人民共和国成立70周年座谈会】 9月24日，全省性宗教团体庆祝中华人民

江西省天主教界举办庆祝中华人民共和国成立70周年系列活动

省民宗局供

共和国成立70周年座谈会在南昌召开。省委统战部副部长、省民宗局党组书记、局长曹国庆出席会议并讲话,省民宗局副局长马哲海主持会议。省佛教协会会长释纯一、省道教协会会长张金涛、省伊斯兰教协会会长沈富强、省天主教爱国会主任李稣光、省基督教三自爱国运动委员会主席李云根、省基督教协会会长姚宝山等先后在座谈会上发言,全省性宗教团体负责人参加会议。

【开展宗教院校校际合作】 10月19日、21日,江西佛学院分别与泰国摩诃朱拉隆功大学、柬埔寨智慧大学签订校际合作协议,在宗教人才培养、宗教学术研究、宗教文化交流、宗教文化资源保护与利用等方面开展合作,推进江西省佛学院与国际佛学院友好交流。

【召开全省宗教院校工作座谈会】 12月13日,江西省首次宗教院校工作座谈会在南昌召开。会议的主要任务是学习习近平新时代中国特色社会主义思想,领会中共中央政治局常委、全国政协主席汪洋在江西调研时的讲话精神及省委常委会贯彻意见,传达学习中共中央和省委关于进一步加强宗教院校建设有关文件精神,座谈统筹做好江西省宗教院校工作的方法措施,部署新形势下宗教院校工作的主要任务。省委统战部副部长、省民宗局党组书记、局长曹国庆出席并讲话,省民宗局二级巡视员左旭生主持会议。相关全省性宗教团体负责人就加强宗教院校工作发言,各宗教院校负责人汇报近年来本院校办学情况和新学年工作思路,省委统战部、省民宗局有关处室负责人及南昌市、九江市、鹰潭市、宜春市、抚州市民宗局分管宗教院校工作负责人参加会议。

【江西省天主教第九次代表会议召开】 12月30日,江西省天主教第九次代表会议在南昌召开。全省各地爱国会、堂区134名代表参会。郭金才代表中国天主教"一会一团"讲话;曹国庆代表省委统战部、省民族宗教事务局讲话。江西省基督教三自爱委会主席李云根代表四大省级宗教团体致贺词。李稣光代表上一届省天主教两会作《新时代、新使命——谱写江西天主教爱国爱教新篇章》的工作报告;会议听取和审议《江西省天主教爱国会章程》(修正案)及《江西省天主教教务委员会章程》(修正案)的说明;听取和审议《江西省天主教"两会"财务报告》;选举产生江西省天主教爱国会第九届委员会暨江西省天主教教务委员会第七届委员会委员、常委;选举产生以李稣光为主席的省天主教两会新一届领导集体。省委常委、省委统战部部长陈兴超,副省长胡强会见新一届班子成员并与全体代表合影,省委统战部副部长、省民宗局党组书记、局长曹国庆,省政府副秘书长宋雷鸣等参加会见。

【江西省基督教第九次代表会议召开】 12月30日,江西省基督教第九次代表会议在南昌召开。中国基督教三自爱国运动委员会副主席徐玉兰,江西省委统战部相关领导莅临会议并讲话。全体代表听取并审议江西省基督教三自爱国运动委员会第八届、江西省基督教协会第六届常务委员会"助力新时代,坚持中国化,凝心聚力建设和谐健康江西教会"的工作报告;修改通过《江西省基督教三自爱国运动委员会章程》《江西省基督教协会章程》;讨论通过《江西省基督教第九次代表会议决议》;选举产生江西省基督教两会新一届委员、常务委员和领导班子。李云根当选为江西省基督教三自爱国运动委员会第九届主席,姚宝山、林峰、王四明、姚大芳、吴普省当选为副主席,姚大芳兼任秘书长。姚宝山当选为江西省基督教协会第七届会长,李云根、赖红英、林观福、吴旋、王永林当选为副会长,林观福兼任总干事。省委常委、省委统战部部长陈兴超,副省长胡强会见新一届班子成员并与全体代表合影,省委统战部副部长、省民宗局党组书记、局长曹国庆,省政府副秘书长宋雷鸣等参加会见。

(省民宗局)

本栏编辑　邓诚君

精神文明建设

综　　述

2019年，围绕举旗帜、聚民心、育新人、兴文化、展形象的使命任务，开展理想信念教育，实施公民道德建设工程，深化群众性精神文明创建活动。

持续推进理想信念教育。结合开展“不忘初心、牢记使命”主题教育，推动全省上下深入学习贯彻习近平新时代中国特色社会主义思想和中共中央总书记习近平视察江西重要讲话精神。组织开展理论宣讲活动，组建省委宣讲团分赴各设区市和部分省直单位、省属国有企业和高校开展集中宣讲中共中央总书记习近平视察江西重要讲话精神、中共十九届四中全会精神。其中，集中宣讲67场，直接听众3万余人。创新基层理论宣讲方式，省委讲师团“送理论 进中心”宣讲活动、省妇联“赣鄱红色娘子军”宣讲团、各地“草根宣讲团”“乡音宣讲团”和“身边故事”百姓宣讲团等受到好评。乐平市“古戏台讲堂”宣讲团、赣州市委党史办主任胡日旺分获2019年度全国基层理论宣讲先进集体和先进个人。组织实施“习近平新时代中国特色社会主义思想在江西实践研究工程”“江西省青年马克思主义者理论研究创新工程”，承办学习宣传贯彻习近平新时代中国特色社会主义思想系列研讨会2019年全国首场研讨会，开展“礼赞新中国·奋进新时代”理论征文活动，组织全省理论工作者先后在中央“三报一刊”发表重点理论文章15篇。加强新型智库建设，印发《江西省重点新型智库管理办法(试行)》，围绕高质量发展、社会治理创新、传承红色基因等内容，开展江西省经济社会发展重大理论和实践课题研究。提升文明实践队伍能力水平，各地根据工作需要举办各类型各层次培训班500余场次，培训人员1万余人次。

继续打造好人文化品牌。江西省7人获全国“最美奋斗者”称号，1人获第七届“全国道德模范”称号，9人获第七届“全国道德模范”提名奖，评选表彰19名第六届“江西省道德模范”。开展最美退役军人、最美环保人、最美城乡社区工作者、最美医生护士等学习宣传活动。2019年全省119人当选“中国好人”，占全国总上榜人数9.42%，位居前列。10月，承办中央文明办“中国好人榜”发布仪式暨全国道德模范与身边好人(宜春)现场交流活动，中央、省、市网络媒体同步直播，在线观看总人数超过1100万人。做好“江西好人”推荐评议和宣传工作，分别于3月在芦溪县、5月在南昌县、6月在赣州市、8月在上饶市、10月在抚州市东乡区、12月在吉水县举办6期“江西好人”现场发布活动，发布“江西好人”223人，联合江西体彩发放“好人帮扶金”66.9万元。邀请道德模范、“中国好人”等先进典型与省领导共同观摩庆祝中华人民共和国成立70周年大型活动，彰显礼遇先进楷模的社会风尚。常态化帮扶生活困难的道德模范和“中国好人”，省委宣传部、省文明办2019年帮扶75名生活困难的道德模范和“中国好人”，帮扶金额46.9万元。打造“江西好人故事会”品牌，推出“好人开讲啦”“好人访谈互动”等特色活动，全省各地先后邀请300余名道德模范、“中国好人”“江西好人”在各地进行700余场次宣讲，听众近20余万人次，《人民日报》、新华社、中央电视台、中国文明网等媒体进行报道。

高位推动精神文明建设。1月21日—22日，召开全省文明办主任会议。其间，与会代表列席全省宣传部长会议，参加建设新时代文明实践中心试点工作专题会，讨论研究江西省文明委2019年工作。4月8日，召开省文明委第三次全体会议，回顾总结2018年精神文明建设工作，研究部署2019年精神文明建设任务，审议通过有关事项。省委书记、省文明委主任刘奇主持会议并讲话，省文明委领导易炼红、施小琳、马志武、吴忠琼、汤建人、李晓亮等出席会议并作讲话。新一届省文明委54个成员单位主要负责人参加会议。8月，举办全省文明办主任培训班，邀请中央文明办相关局领导和省调查总队专家作全国文明城市创建专题辅导讲座，省委常委、省委宣传部部长、省文明委常务副主任施小琳出席。

(郭春林)

理想信念教育

【培育和践行社会主义核心价值观】

制定《江西省革命文物保护利用工程(2018—2022年)实施方案》，推动长征国家文化公园建设，进一步加强红色文化资源的保护和利用。围绕纪念方志敏120周年诞辰，举办座谈会、图片展等系列活动，进一步弘扬优良革命传统。完善全省爱国主义教育基地建设和管理，余江血防纪念馆、景德镇市中国陶瓷文化展示基地入选新一批全国爱国主义教育示范基地，省内全国爱国主义教育示范基地达20家。加强红色故事讲解员队伍建设，2人获全国“金牌讲解员”称号，2人获全国“优秀讲解员”称号。举办“文化的力量——2019江西文化发展巡礼”、文艺精品展演等系列活动，巡礼参观人数9万余人，网上展厅访问量24万人次。开展送文化下基层等群众性文化活动，其中2019年元旦春节期间开展的“文化进万家”活动，选派2000余支“红色文艺轻骑兵”到基层开展文艺演出、送戏下乡等活动5000余场，放映公益电影23.9万场，总观影人次达1000余万，进一步丰富群众精神文化生活。开展全面依法治省“八大示范工程”集中宣传活动，进一步推动社会主义核心价值观融入法治建设。加强诚信建设，深化“法媒银·失信被执行人曝光台”建设，常态发布“诚信红黑榜”。开展理想信念教育和中国梦宣传教育，省文联实施万名文艺家下基层——江西省文联系统“名家讲堂”“文艺轻骑兵”进入新时代文明实践中心等活动。

【中华人民共和国成立70周年庆祝活动】 策划起草《江西省庆祝中华人民共和国成立70周年活动总体方案》，开展“可爱的中国”主题系列活动、向人民英雄敬献花篮仪式、升国旗仪式、举办国庆群众歌咏晚会、“我和我的祖国”江西省公益电影红色经典进万村、“共和国从这里走来”网络主题宣传教育、新中国“最美奋斗者”等先进典型学习表彰、共和国故事汇、“开学第一课”教育等25项重点活动。组织全省各行各业开展6600多场群众歌咏比赛，4600多场广场舞展演，营造共庆祖国华诞氛围。江西省庆祝中华人民共和国成立70周年群众歌咏晚会以“可爱的中国”为主题，以拉歌、情景表演、歌曲联唱等多种形式的舞台艺术为主，辅以多媒体影像展示和15个群众歌咏方阵的互动，体现了群众性、思想性、艺术性相统一。承办中宣部“壮丽70年·奋斗新时代——记者再走长征路”主题采访活动启动仪式，在中央主要媒体推出一批重要稿件。在北京举行庆祝中华人民共和国成立70周年江西专场新闻发布会，全面展示中华人民共和国成立70年江西经济社会发展成就。

【新时代文明实践中心建设】 制定出台《江西省建设新时代文明实践中心试点工作方案》，在19个县（市、区）开展新时代文明实践中心建设试点工作，举办2期建设新时代文明实践中心试点工作骨干培训班。在试点基础上，安义县等12个县（市、区）被列为全国建设新时代文明实践中心第二批试点县。印发《江西省新时代文明实践示范点扶持经费使用管理办法》，拨付905万元，对试点县（市、区）新时代文明实践示范点和非省级试点县（市、区）村级新时代文明实践站开展活动给予经费扶持。加大对新时代文明实践中心（站、所）开展志愿服务的扶持力度，评选出文明实践类项目18个，扶持资金87万元，进一步推动新时代文明实践志愿服务活动在基层开展。

先后在上饶市和新余市渝水区召开全省建设新时代文明实践中心试点工作现场推进会，征集选编《新时代文明实践中心（所、站）建设典型案例》并制作光盘，收集编印《建设新时代文明实践中心资料汇编》，加强对新时代文明实践中心建设试点工作指导。制定《关于建立“问需于民、问计于民、问效于民”制度的方案》和《关于成立新时代文明实践服务指导组的方案》，成立11个新时代文明实践服务指导组，到基层开展“三问”活动，服务指导新时代文明实践工作。组织4个调研组，到有关县（市、区）开展村级组织和宣传思想文化工作资源整合专项调研，研究起草《关于推动全省党的基层阵地资源整合的试点方案》。将“学习强国”学习平台内容搬上电视屏幕，推动有线、无线“双网”入文明实践所、站。各地各部门开展“送理论进中心”“江西好人故事会”“万名文艺家下基层”等文明实践活动，打通宣传思想文化工作的“最后一公里”。

（郭春林）

5月8日，“文化的力量——2019江西文化发展巡礼展”在南昌启幕

省委宣传部供

思想道德建设

【开展志愿服务活动】 在春节、“3·5”学雷锋日、“12·5”3个时间节点，

全省有150多万名志愿者参与9000多个志愿服务项目，累计时长360多万小时。井冈山作为全国春晚三大分会场之一，当地组织开展“弘扬时代新风”志愿服务活动，200余名志愿者为晚会提供服务。制定出台《江西省示范性重点志愿服务项目扶持管理办法》，组织实施2018年度、2019年度共400万元、99个示范性重点志愿服务项目的扶持工作。命名发布10个全省学雷锋活动示范点和10名岗位学雷锋标兵，2个集体、2名个人获全国示范点和标兵。省文明办与江西青年职业学院合作共建首个省级志愿服务培训基地。依托该基地，先后于6月、11月举办2期文明实践志愿者骨干培训班，培训骨干310余人。暑假期间，各地开展文明实践志愿服务活动4.8万余场次，参与人数60余万人；省内高校共组建志愿服务小分队278支，参与大学生5800余人。中央文明办《未成年人思想道德建设工作简报》2019年第11期以《江西打造三大“假日课堂”，丰富未成年人暑期生活》为题对江西做法进行刊发报道。

【开展“唱响中国梦”系列活动】 年内，以“喜迎新中国70华诞，做追梦时代新人”为主题，在全省部署开展“唱响中国梦”活动，各地围绕原创少儿歌曲、童谣、舞蹈、语言表演、器乐演奏5大类别作品开展创作、展演活动，经严格评议，评出并通报表彰23件优秀作品、10个组织工作优秀单位。5月31日晚，在南昌市红谷滩会议中心举办全省庆“六一”文艺汇演暨2019年第一批江西省“新时代好少年”先进事迹发布活动，活动通过微信平台向全省直播，200万名中小学生和网民在线观看。

【开展“扣好人生第一粒扣子”主题教育活动】 清明期间，组织开展“清明祭英烈”活动，组织中小学生以网上签名寄语、网下主题实践等方式礼敬革命先烈、培养爱国情感，中央文明办《未成年人思想道德建设工作简报》2019年第6期予以介绍。世界读书日期间，组织开展“书香伴成长”活动，在“文明江西”、信息日报公众号开设专题，刊发未成年人朗读诵读经典国学、红色家书和分享好书、阅读

5月31日，全省庆“六一”文艺汇演暨2019年第一批江西省“新时代好少年”先进事迹发布活动在南昌举行

省委宣传部供

心得等音视频作品，20余万名青少年学生踊跃参与。“七一”期间，开展“红歌颂党恩”活动，组织未成年人唱响歌颂党和祖国的优秀歌曲。“十一”期间，开展“向国旗敬礼”活动，增强青少年国家观念和爱国情感。南昌市开展“劳动最光荣”五个一劳动技能实践、“我是光荣的劳动者”职业体验、“新时代劳动小能手”劳动技能大赛及评比表彰活动，带动全体学生养成“爱劳动”的良好习惯。

【开展“新时代好少年”学习宣传活动】 3月，启动“新时代好少年”学习宣传活动。制定出台《江西省“新时代好少年”学习宣传活动实施方案》，组织“新时代好少年”学习宣传活动，形成学校深度发动、学生见贤思齐、家庭社会广泛参与的氛围。江西文明网开设“新时代好少年”网络专题，对各地推选的好少年人选进行展示。开展2次江西省“新时代好少年”推选活动，推选出21名2019年度江西省新时代好少年，通过网络展示、专家评审、社会公示、专场发布、媒体宣传、学习宣讲等多种方式，实现典型推选与学习宣传有机结合，并分2期举办新时代好少年典型事迹发布仪式。

【推进乡村学校少年宫建设与管理】

组织实施2019年度37个新增中央项目的建设工作，8月初在弋阳县举办一期项目建设骨干培训班。培训将业务学习培训与红色基因教育有机结合，将实地观摩、经验交流、专题

讨论、成果展示融为一体。江西省建成使用的中央和省级项目总数达到1131所,24个国家贫困县472个乡镇实现项目全覆盖,得到中央文明办肯定。出台《江西省乡村学校少年宫考核评估和运转补助分配办法》,提升规范化和制度化水平。

(郭春林)

精神文明创建活动

【文明城市创建】 按照中央文明办要求,做好2019年全国文明城市年度测评有关工作,推进全省文明城市创建工作,授予吉水县等11个城市"第六届江西省文明城市"称号,确定峡江县等21个城市为2019—2021年创建周期江西省文明城市提名城市。对南昌市和2018—2020年创建周期全国文明城市提名城市开展创建全国文明城市模拟测评。通过建立联席会议制度、出台相关考核办法、开展巡查暗访等举措,动员省属和中央驻昌单位支持和参与南昌市深化全国文明城市创建工作。创新开展2019年度全省公共文明指数测评,首次组建3个巡回督查组,随机抽查测评结果,随队参加测评,听取各地反馈,核查有关反映等,使测评工作公平公正。

【农村精神文明建设】 开展"推动移风易俗 促进乡风文明"行动,整治农村综合环境,整顿大操大办风气,严厉打击农村地区聚众赌博、网络赌博、"地下六合彩"等违法犯罪活动,破除封建迷信,依法打击邪教,制止非法宗教活动;开展《文明祭扫 平安清明》专题宣传,制作刊播系列文明公益广告,做好文明如厕倡议活动,促进农村精神文明建设。推进惠民绿色文明殡葬改革,基本完成殡葬基础设施建设,全面落实基本殡葬服务免费制度,推进节地生态安葬,综合治理办丧扰民、大操大办和散埋乱葬等丧葬陋习,倡导厚养礼葬、文明节俭、生态环保的殡葬新风尚。深化文明乡镇创建,加强村民理事会、新农村建设促进会建设,71个县(市、区)组建新农村建设促进会,发动新乡贤、农民群众投资投劳27.2亿元。制定出台《江西省村史馆项目管理办法(试行)》,开展全省第六批村史馆评审工作,遴选确定42个历史悠久、文化底蕴深厚、历史遗存较多的村史馆建设点,进行项目经费扶持。

【文明单位创建】 做好文明单位日常创建管理工作,修订2019年《江西省文明单位测评标准》,升级省级文明单位创建动态管理系统。调整32家中央驻赣企业和13家省属国有企业文明创建工作的管理职能归属。组织开展2019年度文明单位复查工作,对标测评标准,以复查促创建。除委托各地各有关部门按属地原则进行复查外,省文明办组织8个小组,由厅级干部带队赴省直和11个设区市,采取听取汇报、查阅资料和实地查看等形式,按10%左右的比例进行实地抽查。组织1731个第十五届省级文明单位重点结对帮建1731个创建积极性较高、工作基础较扎实、常住农户在50户以上的自然村,将帮建情况纳入文明单位复查重要内容。

【文明家庭创建】 着眼家风建设的覆盖面、参与性和长效化,以"家和万事兴"为主题传承良好家风家训,继续在全省开展家风建设系列创建活动、系列评选比赛活动、系列宣传实践活动3个系列12项具体活动。组织开展"星级文明信用户""最美家庭"等创评活动,九江市组织文明家庭走进市博物馆、柴桑区贤母园等地,参观家风家训展览馆;抚州市举办"弘扬好家风、共抒家国情""最美家庭故事汇"活动,举办第二届邻居节专场活动。通过活动推动全社会形成爱国爱家、相亲相爱、向上向善、共建共享的文明家庭新风尚。

【文明校园创建】 出台《江西省文明校园创建管理办法》,研发江西省文明校园创建动态管理系统,推进文明校园创建规范化、制度化、常态化。对全省22所全国文明校园进行督导检查、考评打分,对205所省级文明校园开展年度复查和抽查,对检查中发现的问题进行通报并要求整改。开展"文明校园创建"专题宣传及优秀案例征集、"最美校园竞晒"、文明校园风采展示等活动。在江西文明网开设"江西最美校园竞晒"网络专题并被中国文明网链接,组织《江西日报》等省直主要媒体对12所文明校园采访报道。举办第七届全省青少年心理健康教育辅导骨干培训班,组织对11个设区市的122名心理健康教育辅导骨干进行培训。

【网络文明宣传】 结合庆祝中华人民共和国成立70周年、纪念中国人民抗日战争暨世界反法西斯战争胜利74周年、"我们的节日"等节点,开展"向国旗敬礼""纪念抗战胜利74周年""清明祭英烈""放歌七一送党恩红色基因代代传""微笑江西祝福祖国"等网上主题教育活动,各活动访问人数均破百万。组织省内网络开设"暖新闻·江西2019"专题,广泛宣传身边的正能量典型事迹,全省各地各网站共推出"新余'敲门嫂'"等正能量事迹1800余个,开设的"温暖江西"等新浪微话题阅读量达2.6亿人次。推进"江西文明网""文明江西"微博和江西志愿服务网建设,江西文明网获全国十大"优秀地方文明网站"称号,微博阅读量突破2500万人次。重点建好"文明江西"微信公众号,总阅读量2640余万人次。推进网上好人馆建设,收录全国道德模范12人、提名奖62人、省级道德模范117人及中国好人853人、江西好人1040人、县级好人418人。

【全省精神文明建设表彰大会召开】 5月31日,召开全省精神文明建设表彰大会,表彰第六届江西省道德模范、第六届江西省文明城市、文明村镇和第十五届江西省文明单位,总结交流精神文明建设经验,部署安排下一阶段精神文明建设工作。省委书记、省文明委主任刘奇出席并讲话,省长、省文明委第一副主任易炼红主持并讲话,省委常委、省委宣传部部长、省文明委常务副主任施小琳宣读表彰决定,通报表彰11个第六届江西省文明城市、200个第六届江西省文明村镇、1752个第十五届江西省文明单位、19名第六届江西省道德模范。会前,刘奇、易炼红等省文明委领导接见受表彰的先进集体和个人代表并合影留念。

(郭春林)

本栏编辑 邓诚君

市、县(区)

南昌市

【概　况】　位于江西省中部偏北,辖3县、6区及3开发区和1新区。总面积7402.36平方千米,其中城市建成区面积345平方千米(含各区,不含南昌县、进贤县、安义县)。园林绿地面积1.45万公顷,城市绿化覆盖率41.25%。常住人口560.06万人,城镇人口420.93万人;人口自然增长率6.01‰。2019年,地区生产总值5596.18亿元,增长8.0%。其中,第一产业增加值212.89亿元,增长2.9%;第二产业增加值2653.82亿元,增长8.0%;第三产业增加值2729.47亿元,增长8.4%。财政总收入902.98亿元,增长3.9%。其中,地方一般公共财政预算收入476.08亿元,增长3.1%;地方一般公共财政预算支出834.11亿元,增长10.9%。规模以上工业增加值增长8.5%。500万元及以上固定资产投资增长10.2%。社会消费品零售总额(法人口径)2369.33亿元,增长11.2%。南昌地区内企业(含中央、省属公司)进出口总值1061.77亿元,增长34.8%。其中,出口值645.78亿元,增长43.0%;进口值415.99亿元,增长23.8%。农业总产值360.53亿元,增长3.0%。主要农产品及产量有谷物229.39万吨、油料11.26万吨、蔬菜及食用菌130.34万吨、生猪出栏220.97万头、牛出栏4.26万头。城镇居民人均可支配收入44136元,增长8.1%;农村居民人均可支配收入19498元,增长9.1%。

【南昌地铁二号线全线通车】　6月30日,南昌地铁二号线全线通车。地铁2号线起点为南路站,终点为辛家庵站,全长31.51千米,共设28座车站,可在地铁大厦站、八一广场站与1号线换乘。运营时间与1号线同步,为6时至22时,全天运营16小时,行车间隔约8分钟,跑完全程约59分钟。市纪委市监委、南昌轨道交通集团历时4个月打造的“廉洁南昌”廉文化主题列车同日上线,该主题以“入莲境、品莲韵、思莲意”为创意出发点,将“讲纪律、守规矩、同监督”宣传理念贯穿整列车。

【中国国际进口博览会“江西号”到发双向对开】　3月19日,中欧班列(南昌)图定化运行暨中国国际进口博览会“江西号”到发双向对开仪式在南昌(向塘)铁路口岸举行,标志中欧双向班列开通,也是江西省首条点对点中欧双向班列。双向对开班列途经蒙古、俄罗斯,全程约1万千米,仅需15天就能抵达目的站。省委常委、南昌市委书记殷美根,副省长吴忠琼与白俄罗斯共和国驻上海总领事瓦列里·马采利共同推杆启动发车。省政府副秘书长刘晓艺,市委常委、秘书长郭毅,白俄罗斯维捷布斯克州奥尔沙市执行委员会第一副主席谢尔盖等出席。副市长杨文斌主持。

【南昌市上市公司纾困暨促进民营企业发展签约仪式举行】　2月1日,南昌市上市公司纾困暨促进民营企业发展签约仪式在南昌香格里拉大酒店举行。南昌市政公用投资控股有限责任公司、南昌轨道交通集团有限公司与南昌工业控股集团有限公司签订南昌市国金工业投资有限公司增资扩股协议,公司注册资本增至60亿元;南昌城投资产管理有限公司与平安银行南昌分行签订纾困基金合作协议,组建首期规模21亿元的纾困基金,基金按照市场化方式运作,着力化解南昌市优质上市公司流动性危机和实际控制人股权质押平仓风险,多渠道构建风险共济机制;南昌市国金工业投资有限公司、南昌国资创业投资管理有限公司与欧菲科技、日月明等企业签订重点拟上市企业综合金融服务协议,为20家重点拟上市企业提供融合金融服务。

【南昌VR科创城(灵境小镇)项目开工】　10月20日,南昌VR科创城(灵境小镇)项目开工。南昌VR科创城(灵境小镇)项目是该市重大重点产业项目之一,位于九龙湖铁路货运线以南、九龙大道以东,总投资约500亿元,总占地9平方千米,规划建设规划建设研发、生活配套、总部经济、文化旅游、军民融合、智能制造、教育培训、会议会展、公共服务9大板块。

【2019南昌飞行大会】　11月2日—3日,由南昌市政府主办,南昌高新区管委会、中航文化有限公司共同承办的江西省首届高规格综合性航空展会——2019南昌飞行大会在瑶湖机场举行。大会以“江西飞机飞起来”为主题,由开幕式、飞行表演、航空发展峰会、航空飞行器静态展示以及无人机表演5大部分组成。开幕式上,同步举行ARJ21型号首架机交付江西航空公司、中国商飞上飞院(南昌)机体设计中心揭牌、21个重大项目集中签约等仪式,签约项目包括飞机机体研发、飞机客改货研制生产、飞机复材研制生产、航空零部件生产、飞行棋运营服务、飞行员人才服务培

训、飞行器交易服务、发动机人才培养、合作开发等,总投资280亿元,分期分批投入。江西冠一通用飞机有限公司生产的中国首架民企自主知识产权通用飞机GA20在飞行大会首秀。

主要领导人 市委书记:殷美根。市人大常委会主任:陈德寿。市长:刘建洋(任至12月)、黄喜忠(12月任)。市政协主席:周关。

(南昌市史志办)

·南昌县·

【简　况】 位于江西省中部偏北,辖9镇、7乡、1街道办事处、1国家级开发区、1省级开发区和银三角管理委员会。总面积1683平方千米,其中城区面积64平方千米。耕地面积7.87万公顷,有林面积2388.8公顷,森林覆盖率13.73%。总人口105.83万人,其中城镇人口33.07万人;人口自然增长率6.3‰。2019年,地区生产总值1027.8亿元,增长8%。其中,第一产业增加值66.0亿元,增长3.2%;第二产业增加值570.6亿元,增长8.4%;第三产业增加值373.2亿元,增长8%。财政总收入136.6亿元,增长7%;人均1.29万元;税收占财政总收入的86.4%。地方公共财政预算收入74.5亿元,增长6.3%;地方财政支出162亿元,增长22.3%。工业总产值1064.5亿元,增长10.4%。外贸出口占地区生产总值的7%。全年500万元及以上固定资产投资增长10.3%。实际利用外资9.15亿美元,增长27.8%;实际利用内资314.8亿元,增长24.2%。主要工业产品及产量有化学药品原药1241吨、服装7936万件、水泥225.52万吨。农业总产值108.1亿元,增长3.4%。粮食总产量85.1万吨。主要农产品及产量有水稻65.3万吨、蔬菜65.5万吨、油料1.3万吨。城镇居民人均可支配收入40106元,增长8.6%;农村居民人均可支配收入21504元,增长9.6%。城乡居民年末储蓄余额436.3亿元。

【南昌县文化艺术欧洲巡展】 4月24日—30日,江西(南昌县)文化海外行·采茶戏欧洲巡演分别在捷克布拉格、德国法兰克福、荷兰海牙上演,通过展现南昌县经典戏曲的曼妙与华美,促进中外艺术交流,开展中外文化领域对话。巡演剧目有《采茶神韵》以及《梁山伯与祝英台》选段(楼台会)、《金莲送茶》选段(教子)、《罗帕宝》选段(斟酒)、《方卿戏姑》选段(道情)等。在采茶戏演出场馆内同时举办南昌县文化旅游图片展。出访期间,代表团积极向当地宣传南昌县悠久的历史文化及经济社会发展取得的成就和发展方向,展示并赠送南昌县优秀书法家作品和洪州窑仿制瓷器,表达对外开放、走出去、合作发展的意愿。

【南昌县微电影《暖阳》在亚洲微电影艺术节上获奖】 11月7日,由中共南昌县委宣传部、南昌紫星众艺影视文化有限公司联合选送的微电影《暖阳》,获第七届亚洲微电影艺术节金海棠"好作品"奖。《暖阳》讲述主人公赵阳阳无私帮助身处困境的环卫工人李姐,并教育李姐挥霍无度的女儿灿灿,使其悔过自新,与母亲重归于好。影片诉说了真善美,弘扬了正能量。此次获奖,是南昌县深入贯彻落实加快文化强县建设、实施文艺精品创作计划的体现。

【民情连心桥优化升级】 11月26日,南昌县(小蓝经开区)创新社会治理暨民情连心桥工作部署会召开,对新时代新形势下民情连心桥工作进行再动员、再部署、再提升。民情连心桥工作自2017年在"网格化管理"的基础上探索实施以来,经过2年多的实践,内涵和效应得到拓展,解决了一批民生实事,成为夯实基层党建、助推全局工作的重要方法和载体。此次优化升级最关键的是建强民情连心桥服务中心,打通"党建引领、县乡村三级联动"的通道,一大亮点是引进"吹哨报到"机制,打通"村社吹哨、部门报到"的通道。此次升级对网格的划分和驻点干部的派驻进行很大的调整,通过统筹各项工作、整合各类功能、融合各个条块,打造覆盖县区的网格化、扁平化的社会治理"一张网",让更少的投入、发挥更大的作用。同时,结合建设智慧城市这个载体和前沿,在"智慧南昌县"平台的总体建设框架下,全面整合民生领域的政务数据资源和数字化平台,综合运用物联网、云计算、大数据等现代信息技术,打破信息共享的壁垒,完善问题跟进的链条,打造一个功能集成、响应迅速的智能化民情连心桥服务中心智慧平台。

主要领导人 县委书记:胡晓海。县长:陈翔。县人大常委会主任:黄芝亮。县政协主席:郑响龙。

(刘汉求)

·进贤县·

【简　况】 位于江西省中部,辖9镇、12乡、1垦殖场、1省级开发区。总面积1971平方千米,其中城区面积37.3平方千米。耕地面积7.59万公顷,有林面积4.60万公顷。森林覆盖率22.36%,城区绿化率47%。户籍人口84.94万人,其中非农业人口57.38万人;人口自然增长率-1.3‰。2019年,地区生产总值238.72亿元,增长8.1%。其中,第一产业增加值63.4亿元,增长3.0%;第二产业增加值86.20亿元,增长9.4%;第三产业增加值89.12亿元,增长10.1%。财政总收入35.87亿元,增长18.1%;人均4223元;税收占财政总收入的87.0%。地方财政收入19.7亿元,增长12.7%;地方财政支出62.4亿元,增长24.0%。工业总产值增长2.7%。外贸出口占地区生产总值的3.51%。固定资产投资185.1亿元,增长10.8%。实际利用外商投资2.0亿美元,增长25.6%;实际利用内资153.54亿元,增长25.11%。主要工业产品及产值有医疗器械产值85.84亿元、钢架结构产值69.29亿元、食品加工产值61.98亿元、文化用品产值10.11亿元、烟花鞭炮产值19.64亿元。农业总产值104.72亿元,增长3.0%。粮食总产量52.49万吨。主要农产品有稻谷50.77万吨、花生2.78万吨、芝麻4900吨、肉类总产量8.92万吨、水产品总量13万吨。城镇居民人均可支配收入37446元,增加2921元;

农村居民人均纯收入20077元,增加1725元。城乡居民年末储蓄余额272.27亿元,增长13.9%。

【李渡烟花】 4月28日晚,2019中国北京世界园艺博览会开幕式在北京延庆园博园举行,江西李渡烟花集团在开幕式上表演以“城市与自然和谐共生”为主题的“火影春光”,全长2分40秒;10月1日晚,北京天安门广场举行国庆联欢活动,李渡烟花集团承担70%的国庆焰火燃放任务,绽放出“江西制造”的独特魅力。李渡烟花集团是全国规模最大、环境最美、资质最全的烟花企业之一,集花炮科研、生产、销售、艺术燃放于一体。拥有大型礼花弹、组合盆花、李渡烛光、玩具烟花、日景烟花、舞台冷光烟花、造型喷花等八大系列3000余个花色品种、128项专利。

【微雕作品获国家级金奖】 5月20日,第十五届中国(深圳)国际文化产业博览交易会在深圳会展中心闭幕。进贤县大铁微雕艺术馆选送的参展作品系列微雕“文房雅趣之唐诗三百首”获“中国工艺美术文化创意奖”金奖。作品由12方印石、1支毛笔和1个笔筒组成,微雕内容涵盖《唐诗三百首》全文,共计2万余字,由后方、后子恒父子耗时2年多完成。

【首班农村客运公交化班线投入运营】 12月15日,进贤县李渡镇农村客运公交化班线正式投入运营,标志着进贤县农村客运班线公交化改造实现“零”的突破。改造后的公交车实行公车公营运行,由进贤县城发往李渡镇,每班次控制在20分钟以内,双向对发,票价也在已有基础上降低30%~50%。2019年,进贤县启动农村客运公交化改造,计划到2020年逐步完成全县农村客运班线公交化改造,形成班次时间合理、车型大小适宜、运行灵活有序的农村客运网络,基本满足城乡居民的出行需求。

主要领导人 县委书记:钟益民。县人大常委会主任:胡鹏飞。县长:叶修堂。县政协主席:钱和平。

(王方)

·安义县·

【简 况】 位于江西省西北部,辖7镇、3乡、1垦殖场。总面积665.49平方千米,其中城区面积(含开发区面积)22.68平方千米。耕地面积2.52万公顷,有林面积2.55万公顷,森林覆盖率45.55%,城区绿化率31.58%。总人口30.80万人,非农业人口9.52万人;人口自然增长率11.23‰。2019年,地区生产总值83.67亿元,增长8.4%。其中,第一产业增加值13.58亿元,增长3.4%;第二产业增加值30.70亿元,增长9.6%;第三产业增加值39.39亿元,增长8.7%。财政总收入18.07亿元,增长16.1%;人均8966.98元;税收占财政总收入的79.7%。地方财政收入11.63亿元,增长11.8%;地方财政支出32.64亿元,增长14.8%。工业增加值26.30亿元,占地区生产总值的31.4%。全年500万元以上固定资产投资增长11.1%。实际利用外资8610万美元,增长20.4%;实际利用内资88.53亿元,增长24.1%。主要工业产品及产量有建材产能170万吨、门窗50万平方米、纺织服装90万锭、新材料7万吨、新能源800万兆瓦。农业总产值23.64亿元,增长3.8%。粮食总产量17.88万吨。主要农业产品及产量有肉类1.89万吨、水产品3.43万吨、蔬菜19.99万吨、水果1.26万吨。城镇居民人均可支配收入35321元,增加2812元;农村居民人均纯收入17437元,增长1487元。城乡居民年末储蓄余额111.79亿元,增长15.5%。

【创新举措助力贫困户就业】 2019年,安义县创新工作举措,提升贫困户劳动力就业创业能力,帮扶贫困户实现稳定就业,实现“一人就业、全家脱贫”。安义县建档立卡贫困户7124人中,有劳动能力的贫困户家庭有3611人,其中已就业的贫困户家庭有2527人。为实现贫困劳动力就近就地转移就业,安义县相继开展春风行动暨就业扶贫专场招聘会、就业扶贫暨残疾人专场招聘会、送岗下乡等就业招聘活动;吸引当地80余家企业参加招聘活动,提供就业岗位2200余个,已为60余名建档立卡贫困户进园区企业就业,月工资1000~3000元/月,实现“就业一人,脱贫一户”的目标。同时,安义县就业部门发挥创业担保贷款政策扶持作用,对建档立卡贫困户和扶贫车间进行扶持,对在县内创业的贫困户个体给予15万元的创业贷款,对吸纳贫困户就业的扶贫车间给予最高不超过50万元的创业贷款。全年已对贫困户发放创业贷款15万元;扶持长埠镇老下村青蛙基地、万埠镇前岸村菊花基地等扶贫车间5家,发放贷款208万元,通过扶持创业带动贫困户13人稳定就业。安义县还进一步加大就业政策的引导作用,对安置吸纳贫困户的扶贫车间共落实奖补5万元,对园区企业落实1000元/人的奖补资金和社会补贴等政策,鼓励企业多吸纳贫困户,助力就业带动脱贫。

【司法服务“零距离”】 2019年,安义县充分发挥巡回审判灵活机动、亲民便民“接地气”的特点,将巡回法庭开进村委会、田间地头、工业园区,实现司法服务“零距离”,打通司法服务“最后一公里”。安义县人民法院共有2个派出人民法庭,即万埠人民法庭和石鼻人民法庭,2个人民法庭在其辖区内设立巡回审理联系点,经常进行巡回审理。至年底,万埠人民法庭和石鼻人民法庭共审理各类民事纠纷案件850件,巡回审理50余件。巡回审判,特别是就地审理,现场开庭,增强案件审理的透明度和司法公信力,让旁听群众直接了解案件真相,提高群众法律意识,增强司法透明度,裁判更具说服力。

【第六届中国(安义)铝型材及门窗博览会举行】 2月12日—15日,第六届中国(安义)铝型材及门窗博览会在中国(安义)建材门窗博览中心举行,全国400多家企业参展,展位1200多个、展出面积45000多平米,不仅有传统的铝型材以及智能化高端系统门窗,还有铝型材生产设备、门窗生产设备等机械车床展出。中国(安义)铝型材及门窗博览会已连续举办6年,这是安义铝型材产业发展历程的一个缩影和见证,也是展示安义产业转型的重要平台和窗口。

安义县有18万人在外创业,其中16万人从事铝型材加工、销售,掌握全国70%的销售市场份额。安义县发挥这一独特优势,发展建材企业147户,产能160万吨,产值196亿元,民用型材产能位居全国第二、华东第一,曾获"中国铝材之乡"和"中国门窗之乡"等称号。

主要领导人 县委书记:李松殿(任至9月)、乐文红(9月任)。县人大常委会主任:刘万勇。县长:彭开先(任至12月)。县政协主席:黄小平。

(王计)

·东湖区·

【简　况】 位于江西省中部偏北,辖1镇、9街道办事处和2管理处。总面积56.95平方千米,园林绿地面积472.2公顷,城区绿化覆盖率29.69%。户籍人口48.20万人,其中城镇常住人47.63万人;人口自然增长率3.20‰。2019年,地区生产总值366.69亿元,增长7.5%。其中,第一产业增加值0.68亿元,增长1.5%;第二产业增加值36.16亿元,增长12.5%;第三产业增加值329.85亿元,增长7.1%。财政总收入(省口径)81.39亿元,增长5.7%;税收占财政总收入的96.0%。地方一般公共预算收入13.70亿元,同口径增长3.7%;地方财政一般预算支出28.90亿元,增长13.4%。500万元以上固定资产投资增长11.8%。社会消费品零售总额354.03亿元,增长11.1%。实际利用内资74.08亿元,增长24.13%;实际利用外资3.41亿美元,增长20.13%;现汇进资3906万美元。区内外贸企业进出口总额2.94亿美元。城镇居民人均可支配收入4.59万元,增长7.8%。

【宪法广场建成】 12月4日上午,东湖区2019年"12·4"国家宪法日主题宣传教育活动暨大型宪法宣誓仪式在宪法广场举行,标志着位于龙沙路与三经路交叉路口的宪法广场正式向市民开放。宪法广场是南昌市首个以宪法为主题,集"政治性、文化性、休闲性"为一体的综合小游园,由东湖区政府投资500万元对废置已久的街头荒地、卫生死角进行提升改造而成,面积1.18公顷。整个广场建设采取保留已有绿化、更换树种、植入宪法宣传元素等设计理念,增设文化景墙、景观雕塑,达到市民出行"300米见绿,500米见园"的景观效果,做到在改善周边居住环境的同时满足市民健身娱乐的需求,提升城市品位。

【东、南、北湖水生态环境整治】 2019年,东湖区投资9000万元,对位于百花洲景区的东湖、南湖、北湖的水生态环境实施综合整治,湖面总面积有近20公顷。该区引入"食藻虫控藻引导水体生态修复"技术,构建"食藻虫—水下森林—水生动物—微生物群落"共生系统,提升水体自净能力,实施立体生态修复。同时,对周边沿湖社区、道路等进行综合提升改造,整体改造以"民国风"为主题建筑风格,通过建筑裙房以"古朴花岗岩石材或仿石材"为基底,建筑中段以"简朴三色砖(灰色主调)仿石漆的青砖"为主墙色,建筑端部以"简约传统式女儿墙"为端部收口。改造后的"三湖"水透明度达2米左右,水质从劣五类提升为二类,大大高于常规景观用水水质标准,呈现"水清、岸绿、鱼游、景美"的生态水体及生态驳岸景观带。

【启明星辰创新中心建成运营】 启明星辰创新中心位于三经路388号(原女子职业学校),占地面积0.4公顷,总建筑面积1万平方米。3月,启明星辰集团在东湖区启动"启明岛科技+教育一站式职业培训平台"项目建设,一期投资约1亿元,对原有建筑进行全新改造升级,建设启明星辰创新中心、运营作战室、信息安全培训信息化教室、VR/AR体验大厅、教学楼、科技+教育示范展示厅、图书室、报告厅、学生公寓、食堂、标准化操场等配套设施。该平台在启明星辰创新协同服务中心的原有功能基础上,增加教育和培训功能,打造集网络安全运营、攻防演练教育示范、网络安全类培训及其他职业培训为一体的培训产业园。同时,通过搭建多产业资源融合的职业培训平台,吸纳各类行业领军企业、职业培训学校落户,形成"教育培训+科技应用"的产业园区。

主要领导人 区委书记:刘闯。区人大常委会主任:喻国泰。区长:高辉红。区政协主席:王玮。

(陈耀武)

·西湖区·

【简　况】 位于江西省中部,辖1镇、11个街道办事处。区域面积35.3平方千米。绿化面积1352.8公顷,绿化覆盖率达38.9%。户籍人口45.84万人,常住人口49.56万人;人口自然增长率5.86‰。2019年,地区生产总值614.56亿元,增长5.0%。其中,第二产业增加值147.22亿元,下降1.3%;第三产业增加值467.34亿元,增长6.8%。财政总收入110.9亿元,增长6.2%。地方财政收入18.7亿元,地方财政支出33.6亿元。社会消费品零售总额429.09亿元,增长10.5%。500万元以上固定资产投资增长10.1%。实际利用外资4.39亿美元,增长21.27%;实际利用内资83.95亿元,增长23.42%。城镇居民人均可支配收入45276.7元,增长8.2%。

【老旧小区接待重要外事活动】 11月20日—22日,"中国共产党的故事——习近平新时代中国特色社会主义思想在江西的实践"专题宣介会在南昌举行。宣介会由中共中央对外联络部和江西省委共同举办。西湖区里洲"慢生活"街区、桃苑生态住宅区是该次宣介会的视察点,先后迎接60多个国家50多个政党300多名政党领导人及代表视察。

【西湖区首届"梦想小街"电商消费节暨招商推介会】 4月19日—22日,西湖区举办2019年西湖区首届"梦想小街"电商消费节暨招商推介会活动。阿里巴巴、京东集团、亚马逊、有赞等近150家国内知名电商企业代表参加推介会。会上,"梦想小街"电商产业园运营商江西新谷商业运营管理有限公司与淘遍江西、途家、敦煌网等8家企业签订入驻协议,与南昌大学、江西农业大学、江西师范大学等8所院校签订创新创业人才培养协议。除推介会外，还安排主题演讲、高峰论坛、展览展示等专题活动以及快销类、商超类、新零售等主题的线上、线下促进消费专项活动。大润发、天虹、有家便利店等辖区商贸及电商企业组织线上线下优惠促销活动。活动期间，全区线上订单共10375笔，消费总额约1477.59万。

【入选全国社区治理和服务创新实验区】 3月，西湖区以“推进社区分类治理，实现服务精准施策”为主题，成功入选民政部第四批全国社区治理和服务创新实验区，是江西省唯一入选单位。按照“推行社区五大分类，实施治理五大工程，建立五大治理机制”的创建思路，西湖区将全区137个社区高效整合为124个，划分为619个治理单元；建立业主委员会(楼管会)505个，覆盖82%的治理单元；建成6个市级“1+5+x”社区邻里中心，创建烟筒巷等4个绿色示范社区；在24个社区试点分类治理工作，实施第二轮“幸福微实事”项目，票选民生实事项目283个，投入金额930万元。11月，已通过民政部全国社区治理和服务创新实验区跟踪指导。

主要领导人 区委书记：梅茂发。区人大常委会主任：马力。区长：黄小燕。区政协主席：唐于禄。

（丁曼曼）

·青云谱区·

【简 况】 位于江西省北部，辖1镇、5街道办事处和1城市综合功能区。总面积43.2平方千米，其中城区面积43.17平方千米，人均公共绿地面积9.45平方米，城区绿化率34.67%。户籍人口26.43万人，其中城镇人口26.43万人，城镇化率100%；人口自然增长率4.27‰。2019年，地区生产总值366.51亿元，增长6.5%。其中，第二产业增加值250.48亿元，增长7.2%；第三产业增加值116.03亿元，增长4.9%。三次产业构成比重为0:60.2:39.8。财政总收入48.7亿元，增长6.6%；税收收入45.75亿元，占财政总收入的93.9%。地方一般公共预算收入10.96亿元，增长8.7%；地方一般公共预算支出16.23亿元(含上级转移支付和各项补助)。规模以上工业总产值332.53亿元，下降0.7%。规模以上工业增加值增长7.5%，500万元以上固定资产投资增长10.0%。社会消费品零售总额增长11.0%。实际利用外资3.02亿美元，增长21.17%；实际利用内资69.29亿元，增长23.53%；出口总额4.25亿美元。主要工业产品及产量有乳制品5.43万吨、服装1457.2万件、商品混凝土66.74万立方米、汽车28.69万辆、电力电缆6198.8千米。城镇居民人均可支配收入4.44万元，增长7.85%。

【江西青云谱新经济产业集聚区挂牌】 1月1日，经省政府研究同意，江西昌南工业园区转型为城市综合功能区，更名为江西青云谱新经济产业集聚区，标志着昌南工业园区退出工业园区序列，向城市功能区方向迈进。江西青云谱新经济产业集聚区按照“科学规划、合理布局、产业集聚”的原则和要求，立足新起点、找准新坐标、树立新目标，展现新面貌，打造新亮点，加快产业布局谋划和基础设施建设，向产城融合、集约紧凑、功能完善、生态良好、管理高效的现代化城市综合功能区转型。年内，已实现亩均税收约18万元，各类注册企业2400余家，用工数近3万人，为青云谱区经济高质量、跨越式发展提供更大动力。

【青云谱区老工业基地调整改造工作受国务院办公厅通报表彰】 5月7日，国务院办公厅发布《关于对2018年落实有关重大政策措施真抓实干成效明显地方予以督查激励的通报》，南昌市青云谱区在通报之列。青云谱区老工业基地调整改造力度较大，支持传统产业改造、培育新产业新业态新模式、承接产业转移和产业合作等工作成效突出，在工业加快退出的同时，积极培育新产业，经济社会发展呈现稳中有进、稳中向好的态势。2018年实现地区生产总值332.67亿元，三次产业构成从0.05:62.85:37.1调整为0:50.6:49.4。

【青云谱区社会组织党建项目案例获全国城市基层党建创新优秀案例】 9月20日，青云谱区社会组织党建项目案例《“小桔灯社会组织党建孵化中心”——小组织撬动大发展，大党建开创新格局》获全国城市基层党建创新优秀案例。针对全区社会组织普遍存在缺办公场地、缺项目经费、缺乏落地资源等问题，青云谱区通过建设小桔灯社会组织党建孵化中心，采取政府购买服务的方式，在孵化扶持社会组织发展的同时，将其纳入基层党建整体化大格局，强化社会组织党建工作，不断扩大党的组织覆盖和工作覆盖，搭建党建引领的社会组织服务网络。

主要领导人 区委书记：孙毅。区人大常委会主任：魏根金。区长：吴江辉。区政协主席：胥萍。

（徐亮）

·湾里区·

【简 况】 位于江西省西北部，辖4镇、2街道办事处、1管理处。总面积238平方千米；其中城区面积23.47平方千米，城区绿化率56%。耕地面积数3120公顷。林地面积1.77万公顷，林木绿化率77.02%。户籍人口8.15万人，其中城区人口3.99万人；人口自然增长率6.27‰。2019年，地区生产总值64.25亿元，增长8.7%。第一产业增加值1.94亿元，下降6.7%；第二产业增加值26.48亿元，增长10.5%；第三产业增加值35.83亿元，增长8.1%。财政总收入17.5亿元，增长16.6%；地方一般公共预算收入9.6亿元，增长19.1%；财政总收入和一般公共预算收入中税收占比分别为95.2%和91.4%。地方一般公共预算支出18.9亿元，增长9.6%。规模以上工业增加值增长8.2%。固定资产投资增长11%。社会消费品零售总额10.1亿元，增长10.0%。农业总产值4.42亿元，下降2.3%。粮食总产量11760吨，增长0.2%。主要农产品有蔬菜产量2954吨、下降0.1%，花卉苗木产值1.236亿元，增长3.4%。城镇居民收入39866元，增长8.0%；农村居民可支配收入15016元，增长9.1%。

【招贤镇招贤村产权制度改革后首次分红】 2月1日,招贤村2205位村民首次获得总额270万元的村集体分红。招贤村依托发展用地和征迁资金,自主兴办招贤实业,并建设全省最大的室内卡丁车馆,产业延展至建筑业、旅游业,招贤村一举成为湾里区唯一一个村集体资产过亿元的村。被确定为江西省2018—2019年农村集体产权制度改革全国试点单位后,招贤村创新实行成员认定“5293操作模式”和股权配置“三类七种架构”,得到上级改革小组和集体成员的一致认可,先后完成清产核资、成员认定、股权配置等各项环节,并成立湾里区招贤镇招贤村股份经济合作联合社。

【投资1.96亿元打造磨盘山森林公园】 磨盘山森林公园,紧邻湾里区行政中心,建有江西全省最长的城市森林步道,是首个采用“AI智慧”加城市慢行系统思路设计的公园,其依托磨盘山山体森林植被,以长10.59千米的“乐道”贯通全园,有机串联起慢行系统,打造景城融合、生态优越、体验独特、文化深厚,具有旅游发展潜力的综合性绿色开放空间。该项目整体规模约70.06公顷,包含服务用房改造2000平方米、大型景观平台、休息亭廊、公厕、园路、游步道、景观设施、景区绿化、美化、亮化工程、周边慢行连接系统等一系列生态修复及旅游基础设施提升配套工程,打造出不一样的出行游玩体验,为周边市民提供回顾历史风貌、休闲健步、揽城观景的绝佳去处。

【率先完成全省首批残疾人专职干事选聘】 9月,湾里区按照“就地就近、公开择优”的原则,通过发布信息、资格审查、笔试、面试、体检、公示、签订用工合同、备案等程序,采取政府购买服务方式,完成全区首批残疾人专职干事选聘及协议签订工作,该协议每3年签订1次,内容包含残疾人专职干事工作职责与工作内容,并明确残疾人专职干事工资待遇标准按照每人每月2837.95元(含基本工资、养老保险、医疗保险、生育保险、工伤保险、失业保险、外包服务费)的标准发放,有效破解全区基层残疾人工作无专人的问题,又解决了一批残疾人的就业问题,实现基本信息上传和惠残政策下达,进一步促进全区残疾人事业的可持续发展。

主要领导人 区委书记:于立山。区人大常委会主任:李传强。区长:饶绍清(任至9月)。区政协主席:喻玫。

(张近荣)

·青山湖区·

【简　况】 位于江西省中部,辖4镇、4街道办事处、1省级工业园区。总面积130.54平方千米。森林覆盖率15.72%。建成区绿化面积1410平方米,城区绿化率28.6%。户籍人口44.32万,其中城镇人口37.94万人;人口自然增长率7.71‰。2019年,地区生产总值530.1亿元,增长7.3%。其中,第一产业增加值2892万元,下降36.1%;第二产业增加值365.6亿元,增长8.0%;第三产业增加值164.2亿元,增长5.0%。税收占财政总收入的96.05%。地方一般公共预算收入16.9亿元,增长3.1%;地方财政支出30亿元,增长10.1%。规模以上工业增加值增长8.0%,外贸出口总额8.7亿美元。500万元以上固定资产投资增长9.6%。实际利用外资6.4亿美元,增长20.3%;实际利用内资232.9亿元,增长24.3%。社会消费品零售总额255.4亿元,增长11.1%。主要工业产品及产量有服装3075万件、钢材425.1万吨、生铁346.0万吨、橡胶轮胎外胎48.9万条。农业总产值7851万元,按可比价计算下降7.9%。粮食总产量0.75万吨,下降5.8%。主要农产品及产量有生猪出栏1.5万头、禽蛋20吨、水产品1235吨。城镇居民人均可支配收入44692元,增长7.6%;农村居民人均可支配收入22113万元,增长8.5%。

【2019中国(南昌)纺织服装科技峰会在青山湖区举行】 11月15日,由中国纺织工程学会联合青山湖区政府主办的“2019中国(南昌)纺织服装科技峰会”在南昌市青山湖区举办。峰会以“协调创新,智能引领”为主题,设高峰主论坛及成果推介、技术交流、趋势发布3个专题论坛,重点关注针织染整新技术、针织功能性面料开发、针织服装设计与趋势,引导纺织服装集群在科研创新、品牌建设和高质量发展中再提速。论坛吸引260余人次,120余家企业,共有10个针织服装重大投资项目现场签约,投资总金额108.1亿元。

【全国首个红船24小时城市书房运营】 1月,南昌市青山湖区上海路街道在“宝塔式”城市党建文化公园内打造全国首个红船24小时城市书房,24小时备用。书房为红船造型,集人工智能为一体,占地面积约300平方米,书房共设两层:一层为图书阅览区,内设10大功能片区,存放图书5000余册,可容纳100余人阅览,市民通过身份证刷卡进入书房,点击书名扫描二维码即可阅读书籍内容,观看党的政策等相关视频影像等;二层为休闲书法区,设置书法学习区及能量补给区,居民可在此处练习书法、涂鸦绘画,休息休闲等。年内共接待2100余人次。

【全省首家镇级退役军人服务站】 5月,南昌市青山湖区在罗家镇打造全省首家镇级退役军人服务站——兵哥驿站。服务站以退伍老兵为驿站实际管理成员,为退役军人提供政策咨询、政策帮扶、生活帮扶、聚会议事等服务,总面积近300平方米,分为展示功能区和办公服务两个区,展示功能区主要为教育展区,约100平方米,展示中国人民解放军的发展历程和罗家镇的红色记忆;办公服务区为“八一”空间,约200平方米,按照“一站服务、一马当先、一得之功”等“八个一”的理念打造,展示优秀退役军人风采。兵哥驿站给退役老兵“回娘家”的感觉,也切实方便了退役军人,全年为102人发放“八一”建军节慰问金,共计30600元;为22人发放国庆节慰问金11000元;并为99人办理健康体检。

主要领导人 区委书记:熊运浪。区人大常委会主任:黄志平。区长:王强。区政协主席:邹艾民。

(宋文娟)

·新建区·

【简 况】 位于江西省中部偏北,辖12镇、5乡(金桥乡于2019年7月委托赣江新区管理)、1省级开发区。总面积2193.32平方千米,其中城区面积25平方千米。耕地面积8.29万公顷,有林面积3.92万公顷,森林覆盖率18.96%,城区绿化率41.45%。户籍总人口66.29万人,其中非农业人口20.55万人;人口自然增长率9.62‰。2019年,地区生产总值增长8.5%。其中,第一产业增加值增长3.7%;第二产业增加值增长9.2%;第三产业增加值增长9.4%。财政总收入62.06亿元,增长3.2%;人均9090元;税收占财政总收入的84.5%。地方财政收入33.45亿元,增长0.4%。地方财政支出90.4亿元,增长17.6%。规模以上工业增加值增长8.5%。固定资产投资增长10%。实际利用外商投资3.93亿美元,增长10%;利用省外投资88.27亿元,增长20.05%。主要工业产品及产量有多色印刷品244.73万对开色令、水泥376.54万吨、发电量75.93万千瓦时。农业总产值106.44亿元,增长3.8%。粮食总产量53.2万吨。主要农产品及产量有出栏肉猪70.94万头、水产品9.55万吨、油料2.71万吨。城镇居民人均可支配收入39871元,增长8.7%;农村居民人均纯收入19577元,增长9.5%。城乡居民年末储蓄余额269.13亿元,增长10.6%。

【新建区入选2个全国百强榜】 10月8日,《人民日报》公布《2019年中国中小城市高质量发展指数研究成果发布》,新建区入选2019年度全国科技创新百强区。12月6日,中国社会科学院财经战略研究院县域经济课题组完成《中国县域经济发展报告(2019)》公布,新建区入选全国百强区。新建区在推进经济高质量发展进程中,坚定不移落实"一核两重"产业发展战略,推动产业发展总量、质量和结构实现新突破。全区汽车及零部件、新一代电子信息、机电装备制造三大主攻产业主营业务收入突破300亿元。全区90个重点建设项目实现投资326.5亿元,完成全年投资计划。全年签约重大招商项目42个,其中10亿元以上项目9个,引进维科电池和韩国LG合资电池生产项目、德国SAP中部智能制造创新中心项目,为进一步高质量发展助力。辰林教育在港交所上市,企业上市"映山红行动"再展新作为。

【乡村振兴】 新建区深入贯彻乡村振兴战略,加强城乡环境综合整治,推进新农村建设,狠抓脱贫攻坚,改善民生。以"美丽南昌·幸福家园"环境综合整治为抓手,以创建全国文明城市为目标,抓城乡建管。实现新农村建设全覆盖,镇村"三拆三清二改一管护"整治行动有效改变农村环境。全年民生投入78.2亿元,占一般公共预算支出的86.5%。启动区六中小学部、区二中初中部等一批校园建设及改造项目;加快推进医联体、医共体建设,强化医疗服务;举办全区第二届运动会等各类文体演出赛事80余场。聚力攻脱贫,围绕"两不愁、三保障",全面完成年度907户2250人农村群众脱贫任务,贫困发生率从0.53%降至0.1%。

主要领导人 区委书记:李伟(任至5月)、饶绍清(9月任)。区人大常委会主任:刘珠。区长:陈吉炜。区政协主席:陈圣栋。

(杜建平 雷雨才)

九 江 市

【概 况】 位于江西省北部,辖3区、3市、7县和1开发区、2风景名胜管理局。总面积1.91万平方千米,中心城区建成区面积150.75平方千米。耕地面积150.75万公顷。林地面积107.93万公顷。森林覆盖率56.44%,城市绿化覆盖率50.14%。总人口492.03万人,其中城镇人口279.37万人;人口自然增长率6.37‰。2019年,地区生产总值3121.05亿元,增长8.4%。其中,第一产业增加值212.05亿元,增长2.9%;第二产业增加值1509.81亿元,增长9.5%;第三产业增加值1399.19亿元,增长10.0%。财政总收入541.59亿元,增长6.6%;人均11033元,增长6.1%;税收占财政总收入的84.3%。公共财政预算收入283.87亿元,增长6.0%;财政支出651.89亿元,增长率17.2%。规模以上工业增加值增幅8.4%。固定资产投资增长8.7%。外贸出口291.2亿元,下降0.8%。实际利用外商投资23.5亿美元,增长8%。实际利用省外2000万元以上项目实际进资1041.5亿元,增长9.8%。其中,实际利用省外亿元以上项目实际进资940.3亿元,增长8.2%。主要工业产品及产量有发电量237.71亿千瓦时、原油加工量786.6万吨、服装1.63亿件、水泥1683.24万吨、粗钢629.73万吨。农业总产值351.6亿元,增长2.9%。粮食总产量151.26万吨,下降1.5%。主要农作物及产量有稻谷131.94万吨、棉花4.04万吨、油料20.30万吨、茶叶1.04万吨、水果13.73万吨。城镇居民人均可支配收入38076元,增长8%;农村居民人均可支配收入15772元,增长8.9%。城乡居民年末储蓄余额1908.56亿元,增加249.96亿元。

【机构改革】 1月2日,市委办公厅、市政府办公厅印发《九江市机构改革实施方案》。改革后,设置党政机构50个,其中市委机构14个、市政府工作部门36个,不再设有其他副处级及以上党政机构和内设机构。市人大及其常委会机构设置办公室、7个专门委员会、4个工作委员会。市政协机构设置办公室、9个专门委员会。深化群团组织改革、市委市政府直属事业单位改革和承担行政职能的事业单位改革、综合行政执法改革,统筹推进审批服务便民化改革,构建简约高效的基层管理体制。年内,机构改革工作全面完成。

【九江进口肉类指定监管场地通过验收】 6月18日,江西省第一个进口肉类指定监管场地——九江进口肉类指定监管场地通过海关总署验收,结束江西境内不能直接进口肉类的历史。该进口肉类指定监管场地于2016年9月获准筹建,位于九江市新雪域物流园区内，由九江新雪域置业有限公司投资建设和运营，是国家支持江西经济发展的重点民生工程。

【鄱阳湖二桥通车】 6月28日，鄱阳湖二桥通车。该桥是江西省"十三五"高速公路建设项目的重要高速公路，于2015年10月开工建设，起自都昌县多宝乡，终于庐山市华林镇，路线长8.19千米，其中主桥长5.59千米、东引道长1.17千米、西引道长1.43千米，按双向四车道标准建设，主桥宽32米，引桥宽24.5米，设计时速100千米。该桥是国家高速公路跨内陆湖泊里程最长、跨径最大的斜拉桥，同时也是江西省在建里程最长、跨径最大、难点最多的大桥。

【九江综合保税区封关运行】 8月29日，受海关总署委托，南昌海关与江西省组成联合验收组，对九江综合保税区进行验收评审，一致同意通过验收。11月11日，九江综合保税区正式封关运行。该综合保税区位于九江经济技术开发区城西港区，于2018年9月4日获国务院批准设立，区内总体规划面积1.81平方千米，是江西省第三个综合保税区，也是江西省唯一一个通港型综合保税区。

【庐山西海风景区通过国家5A级旅游景区景观质量评审】 11月5日—6日，文旅部在北京组织召开申报创建5A级旅游景区景观质量专家评审会议，庐山西海风景区通过国家5A级旅游景区景观质量评审。庐山西海风景区位于江西省北部、九江市西南部，地跨武宁、永修两县，是一处集亚洲最大土坝水库、国家4A级旅游景区、全国佛教样板丛林、国家水利风景区、国家森林公园为一体的山岳湖泊型特大景区，于2005年经国务院批准设立。该景区由庐山西海湖区和云居山两大板块组成，总规划面积495平方千米。

主要领导人 市委书记：林彬杨。市人大常委会主任：冯静。市长：谢一平（任至12月）、谢来发（12月代）。市政协主席：杨小华。

（黄开福　杨磊）

·修水县·

【简　况】 位于江西省西北部，辖19镇、17乡。总面积4504平方千米，中心城区面积近25平方千米。耕地面积3.79万公顷，有林面积33.92万公顷，森林覆盖率73.46%，城市绿化率43.46%。总人口89万，其中城镇人口18万人；人口自然增长率7.2‰。2019年，地区生产总值247亿元，增长8.7%。其中，第一产业增加值25.57亿元，增长3.0%；第二产业增加值102.45亿元，增长9.2%；第三产业增加值118.98亿元，增长9.3%。财政总收入26.07亿元，增长1.88%；人均3412元，税收占财政收入的83.8%。地方预算收入17.01亿元，增长3.1%；地方财政支出67.87亿元，增长19.5%。工业总产值382.34亿元，增长7.9%。规模以上工业增加值增长8.9%。外贸出口9.39亿美元。社会固定资产投资135.89亿元，增长9.7%。实际利用外资1.25亿美元，增长8.1%。主要工业产品及产量有蚕丝212.7吨、钨精矿4000.2吨、大米7.67万吨。农业总产值42.25亿元，增长3.8%。粮食总产量27.67万吨。主要农产品有稻谷20.20万吨、红薯0.88万吨、油菜籽1.2万吨、蔬菜（含菜用瓜）9.37万吨、生猪存栏22.0万头。城镇居民人均可支配收入30913元，增长8.2%；农村居民人均纯收入11564元，增长10.8%。城乡居民年末储蓄余额166.19亿元，增加21.62亿元。

【修水大数据平台亮相数字中国建设峰会】 5月6日—8日，第二届数字中国建设峰会在福建省福州市举办。峰会以"以信息化培育新动能，用新动能推动新发展，以新发展创造新辉煌"为主题，主要展示中国数字领域最新成果和创新应用。修水县民生资金项目大数据监察平台作为县区唯一项目，入选"江西数字政府"主题馆亮相展览会，向全国展示数字修水建设成果。2017年10月，修水县以"智慧监察"为理念，借鉴国内"互联网＋监督"先进经验，聘请中科院大数据专家和软件团队组成联合攻关组，进行26场调研和研讨。2018年1月建设完成集监督、分析、决策一体化的新一代监察平台——修水县民生资金项目大数据监察平台。平台探索出以"纪委主导、财政主抓、信息系统主办、群众主动、大数据主力"的监督新模式，构建起符合新时代需求的监督新格局。"大数据＋监督"与"大数据＋决策"相结合，找准问题共性，堵准制度漏洞，为破解"末梢"微腐败，确保民生资金项目的精准使用，贡献修水方案。

【吴应谱、樊贞子夫妇获2019年全国脱贫攻坚奖贡献奖】 9月20日，全国脱贫攻坚奖评选表彰工作办公室发布《2019年全国脱贫攻坚奖获奖先进个人和先进单位公告》，修水县吴应谱、樊贞子夫妇获全国脱贫攻坚奖贡献奖。2017年年底，吴应谱主动请缨前往修水县最偏远的深度贫困村担任第一书记，不到一年的时间，他写下8大本密密麻麻的工作日志。他推动完成村组公路硬化8.6千米，改造提升2.6千米主干道并铺设沥青路面，完善"百吨千人"农村饮水工程，完成农村电网改造和232栋房屋坡顶改造，建成6.87公顷蚕桑基地，配齐垃圾处理设施，完善保洁队伍。他爱人樊贞子，虽怀有身孕，但仍身兼乡妇联、组织、统战、协税员等数职。2018年11月16日下午，吴应谱、樊贞子夫妇在走访完贫困户返回途中，车辆失控坠河，夫妇两人不幸遇难。2019年11月19日，以吴应谱、樊贞子夫妇为原型创作的写实性公益片微电影《在路上》正式开机，将再现他们的先进事迹。

【新增2处全国重点文物保护单位】 10月16日，国务院正式印发《关于核定并公布第八批全国重点文物保护单位的通知》。修水县上奉镇山背遗址和工农革命军第一军第一师第一团团部旧址入选全国重点文物保护单位。山背遗址位于修水县上奉镇山背村，距县城63千米，为新石器时代晚期遗址，是一种有段石锛和夹砂红陶为主要特征的文化遗址，是中国东南地区罕见的有代表性的新石器时代晚期的文化遗存，因首次发现于江西修水山背而命名。工农革命军第一军第一师第一团团部旧址原为凤山献书院,始建于清同治三年(1864年),2001年6月,被中共中央宣传部公布为全国爱国主义教育示范基地。

主要领导人 县委书记:孙朝辉。县人大常委会主任:胡荣军。县长:张林。县政协主席:贺观群(任至8月)。

(车明星)

·武宁县·

【简　况】 位于江西省西北部,辖8镇、11乡、1街道办事处、1工业园。总面积3504.6平方千米,其中城区面积50.85平方千米。耕地面积2.31万公顷,林地面积27.42万公顷,森林覆盖率75.5%,城区绿化率44.15%。总人口40.87万人,其中城镇人口10.52万人;人口自然增长率6.9‰。2019年,地区生产总值168.21亿元,增长8.2%。其中,第一产业增加值21.11亿元,增长3.0%;第二产业增加值72.75亿元,增长10.0%;第三产业增加值74.35亿元,增长7.4%。财政总收入20.94亿元,增长2.2%;税收占财政总收入的87.9%。地方公共财政预算收入13.46亿元;公共财政支出34.03亿元,增长11.5%。规模以上工业增加值增长8.3%。外贸出口2.29亿美元。全社会固定资产投资增长9.7%;实际利用外商投资1.24亿美元,增长7.7%;实际利用内资131.88亿元,增长8.56%。社会消费品零售总额57.23亿元,增长12.8%。农林牧渔业总产值32.1亿元,增长4.45%。其中,农业总产值13.1亿元,增长3.29%。主要农产品及产量有粮食15.79万吨、油料1.53万吨、蔬菜9.43万吨、水产品4.01万吨、肉类总产1.65万吨。城镇居民人均可支配收入35583元,增长8.2%;农村居民人均可支配收入16784元,增长8.9%。城乡居民年末储蓄存款172.88亿元,增长7.5%。

【机构改革】 1月9日,县委办公室、县政府办公室印发《武宁县机构改革实施方案》。年内,全县机构改革工作全面完成。改革后,共设置党政机构36个。市委机构9个,其中纪检监察机关1个、县委工作机关8个;县政府工作部门27个。县人大及其常委会机构设置办公室、3个专门委员会、7个工作委员会,县政协机构设置办公室、8个专门委员会。

【获“2019文旅融合高质量发展十佳县”称号】 11月2日,在北京全国人大会议中心召开的第二届社会发展高峰会暨2019文旅产业资源链接会上,武宁县获“2019文旅融合高质量发展十佳县”称号。武宁县秉承“绿水青山就是金山银山”的发展理念,围绕构建“五大生态”,打造“三个示范”的发展目标,将生态优势转化为发展优势,建设生态文明示范区、绿色发展先行区、最美小城样板区,聚焦“健康、运动、休闲”三大主题,推进“体育+旅游”“文化+旅游”融合发展,依托山水优势,大做山水文章,发展全域旅游,打造全景武宁,接连获“中国十佳避暑康养小城”“中国最美县域”“候鸟旅居小城”等数十项国字号荣誉。武宁成为国内外游客休闲旅游、避暑养生的胜地。

【被评为2019年全国村庄清洁行动先进县】 中央农办、农业农村部印发《关于通报表扬2019年全国村庄清洁行动先进县深入开展2020年村庄清洁行动的通知》,江西省武宁县、婺源县、井冈山市、萍乡市湘东区、上犹县5个县(市、区)入选。武宁县成立人居环境村庄清洁行动领导小组,建立“乡领导包村、村领导包组、群众包户”的工作模式,2019年,全县共投入资金1.78亿元,用于农村人居环境整治。创新管护队伍,创新实施农村生态管护员制度,实行七员合一(整合农村保洁员、养路员、护林员、村庄护绿员、河道巡查员、建房监督员、社会事务管理员等职责为一体),强化村庄清洁行动队伍。共清理农村生活垃圾1.93万吨、水塘656口、沟渠725千米、淤泥1102吨,清理畜禽养殖粪污等农业生产废弃物592吨,清理乱堆乱放1.20万处。全县共建立垃圾中转站23座,购置垃圾清运车25辆,下发垃圾桶18.3万个,形成“户分类、村收集、乡转运、县处理”的模式。全县实现清洁村庄全覆盖,生活垃圾处理率98%,2019年被评为江西省最干净县。

主要领导人 县委书记:杜少华。县人大常委会主任:余育民。县长:李广松。县政协主席:朱必香。

(郑双虎)

·瑞昌市·

【简　况】 位于江西北部,辖8镇、8乡、2街道办事处、3场。总面积1419平方千米,其中城区面积27平方千米。耕地面积2.41万公顷,林地面积9.35万公顷,森林覆盖率61.84%,城区绿化率40.45%。年末总人口46.21万人,其中城镇人口23.48万人;人口自然增长率5.85‰。2019年,地区生产总值257.78亿元,增长8.4%。其中,第一产业增加值19.64亿元,增长3.0%;第二产业增加值150.02亿元,增长8.4%;第三产业增加值88.12亿元,增长9.5%。财政总收入40.00亿元,增长10.5%;人均财政收入9238元;税收收入30.00亿元,占财政总收入的75.0%。地方财政收入25.78亿元,增长15.9%;财政支出47.91亿元,增长13.7%。规模以上工业总产值587.26亿元,增长12.5%;规模以上工业增加值114.1亿元,增长8.7%。固定资产投资229.72亿元,增长9.8%。实际利用外资2.87亿美元,增长8.2%。外贸出口总额2.87亿美元,下降19.0%。主要工业产品及产量有纱5.81万吨、服装255.6万件、水泥719万吨、机制纸及纸板56.34万吨、化学试剂180.65万吨。农业总产值33.32亿元,增长3.1%。粮食总产量9.60万吨。主要农产品及产量有稻谷7.08万吨、棉花2542吨、油菜籽2.29万吨、蔬菜11.39万吨、肉类1.38万吨。城镇居民人均可支配收入36019元,增加2852元,增长8.6%;农村居民人均纯收入17095元,增加1354元,增长8.6%。城乡居民年末储蓄余额146.35亿元,增长14.2%。

【国务院批复九江港口岸扩大开放瑞昌港区】 9月6日,国务院正式批复九江港口岸扩大开放瑞昌港区。自2016年以来，瑞昌市积极推进九江港口岸扩大开放瑞昌港区工作。2017年7月27日，“九江港水运口岸扩大开放瑞昌港区”列入《2017年度口岸开放审理计划》。历时3年多时间，经过国家相关部委联审，最终获国务院批复。2019年，瑞昌港区有各类码头16座泊位40个，港口货物吞吐量3330万吨，位居九江5大港区第二。

【获评体育旅游精品目的地奖】 11月30日，在广州举行的中国体育文化博览会、中国体育旅游博览会上，瑞昌市获评体育旅游精品目的地奖。瑞昌市在推动工业发展同时，实施“体育+”战略，把“体育+”理念融入第三产业各个领域，推动体育消费的人群和市场不断扩大。市内建有江西一流的县级体育场馆，江西联盛足球俱乐部、中国象棋江西瑞昌甲级队等职业队伍落户于此。2018年，瑞昌羽毛球甲级俱乐部成功冲超，成为江西首支羽毛球超级俱乐部，先后举办瑞昌国际乡村马拉松赛、全国羽毛球单项锦标赛、长江经济带友好县市乒乓球邀请赛、中国足球乙级联赛等一系列重大比赛。体育已成为展示瑞昌形象的名片。

【入选全国第四批率先基本实现主要农作物生产全程机械化示范县(市)】 2020年1月2日，《农业农村部关于公布全国第四批率先基本实现主要农作物生产全程机械化示范县(市、区)名单的通知》印发，江西省6个县(区)入选，瑞昌市是九江唯一入选县(市)。瑞昌市大力推进农业生产机械化工作，鼓励农业机械化龙头企业参与农业社会化公共服务，开展农机技术示范推广、培训和宣传，提升农机服务组织作业服务能力，取得显著成效，截至年底，瑞昌市农机总动力32.49万千瓦，农作物耕种收综合机械化水平达80.02%。

主要领导人 市委书记：郭小云。市人大常委会主任：郭少雄。市长：江训开(任至1月)、陈琪(1月代，3月任)。市政协主席：周洪文。

（冯国成）

·都昌县·

【简　况】 位于江西省北部，辖12镇、12乡。总面积22.27万公顷，其中耕地面积4.47万公顷。总人口81.57万人。财政总收入15.58亿元，下降2.28%。其中，地方一般预算收入8.99亿元，下降12.87%。税收收入占财政总收入的93.5%。公共财政预算支出55.85亿元，增长12.31%。规模以上工业企业工业增加值增幅8%。外贸出口14.58亿元。实际利用外资3950万美元。粮食总产量29.1万吨，增长2.46%。主要农产品及产量有油菜籽3.93万吨、水产品8.81万吨、肉类1.17万吨。城镇居民人均有支配收入28586元，增长7.8%；农村居民人均可支配收入9664元，增长10.8%；

【都昌县首例造血干细胞捐献志愿者段守庆】 年内，都昌县造血干细胞捐献志愿者段守庆与湖南长沙重病患者配型成功。经过体检等严格程序，10月31日，他到长沙为患者捐献造血干细胞。这是都昌县首例造血干细胞捐献，段守庆是都昌县捐献造血干细胞第一人。段守庆是九江市泰盛生活用品有限公司的一名电器自动化维修员工，2006年开始无偿献血，献血总量已累计5000毫升。2016年，他自愿将资料加入中华骨髓库，成为造血干细胞捐献志愿者。

【建成村级光伏扶贫电站650座】 截至年底，全县已建成村级光伏扶贫电站650座，总装机容量56.01兆瓦，共联结贫困户11023户，村级光伏扶贫电站的总数和装机容量都位居九江市第一、全省前列。2019年，全县光伏扶贫电站已累计发电量5730万度，光伏收入4950万元。为全县299个行政村年均增加村集体经济收入10万元以上，为关联的贫困户年均增收3000元以上，所有光伏扶贫电站全部确权给村集体，彻底解决都昌的空壳村问题。

【陶行知教育基金会为都昌县76所学校捐献健康饮水设备】 12月25日，陶行知教育基金会“健康水进校园”公益活动捐献仪式在湖滨学校举行，都昌县教育体育局、陶行知教育基金会相关负责人参加活动。基金会共为全县76所学校捐献价值2300万的健康饮水设备600余套。捐献仪式上，大家共同观看陶行知健康水计划公益宣传片。县教育体育局负责人与陶行知教育基金会签署《陶行知教育基金会“健康水”爱心公益项目捐献协议》，苏山中心小学、土塘中心小学、实验小学代表全县76所学校与陶行知教育基金会签署《陶行知教育基金会“健康水”爱心公益项目运维协议》。捐献仪式上，还举行授捐献牌、工作站牌授牌活动。

主要领导人 县委书记：肖立新。县人大常委会主任：石和平。县长：钟有林。县政协主席：李建华。

（程芬）

·湖口县·

【简　况】 位于江西省北部，辖6镇、6乡、2场。总面积673.66平方千米，其中城区建成面积12.43平方千米。耕地面积2.18万公顷，森林覆盖率28.06%，城区绿化覆盖率37.53%。总人口29.51万人，其中城区人口9.15万人；人口自然增长率5.72‰。2019年，地区生产总值235.73亿元，增长8.3%。其中，第一产业增加值15.96亿元，增长3.0%；第二产业增加值158.06亿元，增长8.3%；第三产业增加值61.71亿元，增长9.4%。财政总收入43.3亿元，增长5.0%；税收占财政收入的90.3%。地方财政收入21.13亿元，增5.4%。财政支出35.3亿元，增长15.1%。工业增加值150.13亿元，增长8.3%。外贸出口2.78亿美元，下降9.2%。固定资产投资增长8.0%。实际利用外资1.71万美元，增长2.5%。主要工业产品及产量有钢材618.72万吨、化学纤维33.89万吨、水泥75.85万吨、硫酸30.52万吨。农业总产值25.3亿元，增长3.0%。粮食总产量8.6万吨，下降1.3%。主要农产品及产量棉花7633吨、油料2.4万吨、蔬菜瓜果7.4万吨、水产品4.4万吨。城镇居民人均可支配收入37602元，增长8.5%；农村居民人均可支配收入17353元,增长9.0%。城乡居民存款余额99.75亿元,增长11.6%。

【方大九钢代表湖口登上中央电视台】 4月,方大九钢作为“湖口沿江经济带工业快速与创新的典型”登上中央电视台科教频道。央视科技频道播出《中国影像方志·湖口篇》,在该纪录片的《当代记》章节中,将方大九钢作为湖口沿江经济带实现高质量发展的缩影和切入点,讲述湖口以“速度与效率”为关键词,借助良好的地理位置依托当地沿江产业园,实现沿江经济快速健康发展的历史过程。方大九钢作为沿江企业,实现生态、环保、社会效益的多赢,成为湖口县推动企业转型升级、实现高质量发展的企业典范。

【中国卫星应用长江经济带产业基地项目动工】 7月10日,中国卫星应用长江经济带产业基地项目举行动工奠基仪式。该项目总投资6亿元,分两期建设,内容包括地面关口站、中国卫星体验中心、卫星数据管控中心、纳米卫星组装测试生产线,以及5G工程实验室、卫星监测中心、北斗学院。

【湖口县集镇生活污水处理实现全覆盖】 2019年,全县投资5000万元,完成所有乡(镇、场)集镇生活污水处理站及主管网建设,在全市率先实现乡镇集镇生活污水处理全覆盖目标。按照政府主导、部门牵头、属地负责、厂网同步、分期实施、财政支持的原则,湖口制定《湖口县农村生活污水治理实施方案》。成立全县乡镇集镇生活污水处理工作领导小组,对项目选址、建设方案、建设进度、工程质量、投资概算、竣工验收和落实政策等具体操作,实行统一规划,统一设计,统一建设,统一进度,统一管理。同时科学规划各乡(镇、场)污水处理和收集系统。整个工期分两期建设:一期主要建设污水处理站及部分管网,重点收集机关、学校、医院、商业服务机构及各种公共设施排水、居民生活用水等;二期管网建设主要增加收集处理集镇周边村庄的生污水。年末,全县新增的11个乡(镇、场)污水处理站及主管网全部建设,全面试运行。同时,完成启动32个新农村建设点污水处理工程项目建设,并规范农村畜禽水产养殖,“一场一策”改造规模养殖场,小(2)型水库全面退养,成立生态巡湖队,落实“河长制”“湖长制”“库长制”,保护一湖清水入长江。

主要领导人 县委书记:李小平。县人大常委会主任:阮洋。县长:鲍成庚(任至1月)、江训开(1月任)。县政协主席:杨小林。

(张海平 沈文初)

·彭泽县·

【简 况】 位于江西最北端,辖10镇、3乡、1区、3场、1厂、1所。总面积1544平方千米,森林覆盖率53.25%。常住人口36.48万人,其中城镇人口19.11万人;人口自然增长率6.65‰。2019年,地区生产总值167.7亿元,增长8.8%。其中,第一产业增加值24.3亿元,增长3.1%;第二产业增加值82.1亿元,增长9.3%;第三产业增加值61.3亿元,增长10.0%。财政总收入27.7亿元,增长10.3%,其中地方财政收入17.5亿元,增长7.1%;税收占财政收入的83.4%,下降1个百分点。财政总支出41.2亿元,增长21.6%。规模以上工业总产值435.5亿元,增长10.2%。固定资产投资129.8亿元,增长9.9%。社会消费品零售总额33.8亿元,增长10.8%。实际利用外资1.63亿美元,增长8.0%。出口总额2.70亿美元,增长1.9%。农业增加值25.9亿元,增长3.2%。粮食总产量11.1万吨,下降3.5%;主要农产品及产量有油料4.17万吨、棉花1.18万吨、蔬菜7.0万吨、肉类1.52万吨、水产品6.03万吨。城镇居民人均可支配收入34726元,增加2573元,增长8.0%;农村居民人均可支配收入16745元,增加1355元,增长8.8%。

【打造长江“最美岸线”升级版】 彭泽拥有长江岸线46.5千米,占全省近三分之一。年内,该县聚焦长江大保护,检视剖析打造长江“最美岸线”升级版中存在的薄弱环节,提出“点上提升、线上贯通、面上提标”工作目标。经过6个月新增投资3.67亿元,实现林地、绿地、湿地三地同建。与生态修复结合,统筹抓好水环境治理,推动全县156座小(2)型以上水库人放天养。投资1300万元,完成4个入江排污口和饮用水取水口的站房建设和水质监测平台的联网运行,实行入江水质24小时实时监测。生态绿廊串点成线、节点贯通,新增绿化面积33.35万平方米。投入资金2680万元,新修堤顶道路35.2千米,连贯生态轴线。与三峡集团合作,投资14.79亿元的“江西省长江最美岸线(彭泽段)示范项目”启动实施,涉及沿江受损山体修复和城区、乡镇污水管网及处理设施建设。注重与改善人居环境相结合,沿江村庄实施“三规三清”行动,规范杂物堆放,规整老旧建筑,规矩农户种养,确保沿线旱厕、彩钢瓦、黑臭水体彻底清零。

【厕所革命】 年内,彭泽县“五个结合”让“方便更方便”的工作做法列入全国农村“厕所革命”典型范例名单,这是江西省唯一入选该项工作的全国典型范例。彭泽县把农村厕所革命等农村人居环境整治工作列入重要议事日程,启动农村厕所革命,并因地制宜将厕所革命工作与城乡环境整治相结合、与卫生城市创建相结合、与精准扶贫工作相结合、与土地增减挂项目相结合、与农村交通便民工程相结合,进行分类指导、统筹推进。该县围绕“创建生态彭泽,共建美丽家园”目标,拆旱厕、改水厕、建公厕,改善农村人居环境。全面完成农村旱厕清零工作,累计拆除旱厕3.51万座,拆除率达100%;改造农村户厕1.45万座;新建和改造标准化公厕100座。

【现代农业示范园】 2019年,彭泽县把现代农业示范园区建设作为实施乡村振兴战略的重大任务。通过市场办园、产业兴园、科技强园、品牌富园、政策扶园,坚持政府引导、市场运作、农民参与、科学管理的原则和思路,突出主导产业、主要产品和主推技术,创建国家现代农业产业园区。现代农业产业园区总产值达64.98亿元,发展效益初步显现,成功创建省级现代农业示范园5家(太泊湖、雷锋山、乐鸣、芙蓉墩、黄岭省级现代农业示范园)、省级现代农业产业化示范区1家(芙蓉农场省级农业产业化示范区)、市级现代农业示范园9家、县级农业示范园17家。县级园实现乡镇全覆盖,省级园数量居全省之首,雷峰山省级现代农业示范园被评为2019年省级重点现代农业示范园。6月,彭泽县现代农业产业园被农业农村部纳入国家现代农业产业园创建名单。各类园区总规划面积2.68万公顷,流转土地1.53万公顷,建设面积1.04万公顷,从业人员1.86万余人。

主要领导人 县委书记:宁小球(任至6月)、严盛平(6月任)。县人大常委会主任:查秋玲。县长:邵九思。县政协主席:张国安(任至5月)。

(高异)

·永修县·

【简　况】 位于江西省西北部,辖11镇、4乡、2垦殖场、2企业集团。总面积2047平方千米(含已划归共青城市部分),其中城区面积16平方千米。耕地面积3.1万公顷,林地面积7.83万公顷,森林覆盖率33.6%,城区绿化率41.36%。总人口39.981万人,其中城镇人口16.38万人;人口自然增长率5.76‰。2019年,地区生产总值242.75亿元,增长8.4%。其中,第一产业24.35亿元,增长3.0%;第二产业131.90亿元,增长8.4%;第三产业86.50亿元,增长9.6%。财政总收入28.86亿元,增长5.1%;人均7223元。地方财政收入17.48亿元,增长4.5%。财政总支出52.32亿元,增长25.5%。工业总产值519.45亿元,增长8.1%。规模以上工业总产值499.9亿元,增长8.1%。外贸出口总值3.4亿元。固定资产投资184.33亿元,增长10%。实际利用外商投资1.71亿美元,增长8.1%。主要工业产品及产量有有机硅粗单体42.39万吨、烧碱4.0万吨、中成药0.71万吨。农业总产值40.44亿元,增长13.8%。粮食总产量25.77万吨。主要农业产品及产量有棉花0.17万吨、油料1.26万吨、蔬菜16.12万吨、柑橘5.43万吨。城镇居民人均可支配收入36279元,增长8%;农村居民人均可支配收入17949元,增长8.8%。城乡居民年末储蓄存款134.13亿元,增长18%。

【农村党组织实行星级管理】 2019年,永修县坚持"党建+"理念,在农村基层党组织中开展"五星争创·全域提升"活动,通过对农村党组织实行星级管理,有效提升村级自治水平,实现党建工作与乡村振兴同频共振。该县出台《关于开展农村基层党组织"五星争创·全域提升"为乡村振兴提供坚强组织保障的意见》,建立"党建+产业发展、党建+生态文明建设、党建+乡风文明、党建+社会治理"的"1+4"整体推进模式,对村级党组织实行星级管理,设立党建星、富裕星、美丽星、和谐星、文明星。按照"一年一评、分级评定、逐级把关"的原则,采取"村党组织自评、党员群众测评、乡镇党委考评、县相关部门联合评定"的"四评"程序,对各村党组织进行星级评定。评选出柘林镇易家河村党委、三溪桥镇杨垅村党总支为"五星"党组织,使广大农村党员干部学有榜样,促进乡村振兴战略的实施。

【吴城国际候鸟小镇建设】 年初,省政府决定在12月初举办"鄱阳湖国际观鸟周"活动,并提出建设吴城国际候鸟小镇。为此,永修县成立国有独资公司——吴城候鸟小镇投资开发有限公司,负责吴城国际候鸟小镇的开发建设、投融资和运营管理,请中国建筑设计研究院、天津市政工程设计研究院负责吴城国际候鸟小镇项目总体规划、景观改造设计,香港中旅国际投资有限公司负责后期宣传营销。候鸟小镇项目总投资约35亿元,分2期6年内建设完成,一期(2019—2021年)形成候鸟文化核心产品,具备承办国际观鸟周的功能条件,候鸟主题小镇初步成形;二期(2022—2024年)丰富生态旅游内涵,建成四季宜游的国际文旅休闲度假生态小镇。为发展"文化+旅游"模式,该县做足"候鸟王国、世界湿地、千年古镇、枕水渔家、江南沙漠"文章,重点打造"三点两路"(即大湖池、常湖池、朱市湖观鸟点及永吴公路、环岛绿道)。新建约30千米长环绕吴城镇区的环岛绿道,提升镇区交通承载能力,丰富生态观光线路。在建设过程中,严格按照各类空间红线管控要求,区分人与鸟的活动范围,不影响候鸟生活环境。

【镇村公交一体化】 2019年,针对群众反映的公交班次少、少数建制村未通班线出行难等问题,永修县着力推进镇村公交一体化。该县在已有建制村通达公交或客运班车的基础上,有计划、分步骤地实行镇村公交建设任务,提高农村客运班车通达深度,改善农村居民通行状况,确保镇村公交开通率达96%以上。为改善通车条件,按照镇村公交规划标准,改造提升等级低、路面窄的道路7条,长度达32.5千米;对存在安全隐患的道路,设置交通标志、标线和醒目的安全警告标志152个。投资50万元在124个站台树立公交站牌。按照"五定四统一"的服务标准,定线路、定班次、定时间、定站点、定票价,统一排班、统一调度、统一管理、统一结算。确保镇村公交有固定经营场所、首末班发车时间、线路日均发班次不低于6班,班次平均间隔时间高峰期不超过30分钟,偏远地区最长不超过60分钟,进一步规范公交运营标准。重新核定票价,在已有农村客运票价基础上降低50%,根据运营成本及补偿标准,核定不同线路不同路段票价。严把"三关一监督",做到车进站、人归点,查处和纠正各类违章行为。截至年底,该县已完成各乡镇农村客运班线向镇村公交转化,镇村公交覆盖18个乡(镇、场、企业集团)143个村,开启公交线路20条,配备公交客车80余辆,方便群众出行。

主要领导人 县委书记:应炯(任至3月)、许斌(7月任)。县人大常委会主任:张品娥。县长:郑绍(任至9月)。县政协主席:杨泽旗。

(陈汉铭)

·德安县·

【简　况】 位于江西省北部,辖5镇、8乡、2场。总面积863平方千米,其中城区面积13.26平方千米。耕地面积1.1万公顷,有林面积5.91万公顷,森林覆盖率62.47%,城区绿化率41.74%。总人口17.61万人,其中城镇人口7.23万人;人口自然增长率6.94‰。2019年,地区生产总值143.35亿元,增长8.3%。其中,第一产业增加值9.11亿元,增长3.0%;第二产业增加值88.89亿元,增长7.3%;第三产业增加值45.35亿元,增长11.3%。财政总收入22.19亿元,增长8.0%;人均12592元,增长7.9%;税收占财政总收入的87.4%。地方财政收入13.74亿元,增长5.8%;地方财政支出29.35亿元,增长14.1%。工业总产值477.3亿元,增长10.0%。规模以上工业增加值增长8.4%,外贸出口占地区生产总值的11.96%。全社会固定资产投资增长9.5%,工业投资增长4.3%。实际利用外商投资1.59亿美元,增长8.0%。主要工业产品及产量有纱7.1万吨、水泥80.5万吨、服装4097.3万件。农业总产值14.58亿元,增长3.0%。粮食总产量7.02万吨。主要农产品及产量有油料8260吨、棉花1901吨、生猪出栏8.58万头、水产品产量7262吨、水果产量5914吨。城镇居民人均可支配收入37008元,增长8.2%;农村居民人均可支配收入18025元,增长8.8%。城乡居民年末储蓄余额126.99亿元,比年初增长13.7%。

【《德安县志(1985—2008)》出版发行】 4月10日,《德安县志(1985—2008)》首发式在县政府七楼会议室举行。九江市史志办主任余德义,县委常委、常务副县长徐永平出席会议并讲话,全县120多家单位负责人参加会议。县志全书33卷193章,共177万字132张图片,全面、系统、完整记述德安24年间自然、经济、政治、文化、社会各方面的发展情况,具有很强的"存史、资政、教化"功能,对于德安县提升社会治理能力、服务经济社会发展具有重要而深远的意义。

【身边灭火英雄徐悠元】 7月16日清晨,1辆电动代步车行至德安县宝塔乡政府附近时突然起火,当时公交车司机徐悠元正驾驶着2路公交车经过该地,面对突如其来的火情,他立即将公交车停靠在安全地带,并拎起公交车驾驶室内的灭火器,冲到电动代步车旁对准着火部位进行扑救。火被扑灭后,他反复确认不会复燃,才回到公交车继续营运。他的英勇事迹在当地引起强烈反响,中央电视台新闻频道先后2次进行宣传报道,省市媒体也相继报道。11月,他被省市安全生产委员会分别授予"2019年度全省十大'身边灭火英雄'""2019年度全市十大'身边灭火英雄'"称号。

【全省首家县级医院运用5G技术远程会诊】 11月15日,德安县人民医院手术室主刀医师通过5G网络通讯技术,与市第一人民医院普外科主任专家团队成功完成腹腔镜下胆囊切除手术远程会诊。这是全省首家县级医院成功利用5G通信技术与上级医院开展的第一台手术实时远程会诊,打破了全省在该领域的空白。术中,通过双向5G远程直播,将腔镜实时信息、手术实时画面无延迟地与市第一人民医院专家同步共享,达到现场指导一样的效果。传统远程会诊,医生们通过远程会诊系统可进行术前规划,但专家们无法亲临现场。而5G网络通信技术可实现手术全过程进行超高清实时回传,远端专家根据回传图像信息实时指导现场医护人员进行手术,大大提高诊断效率和准确性,更好地支撑基层医院提升医疗服务水平,同时极大缓解医疗资源分布不均的问题。

主要领导人 县委书记:熊晋喜。县人大常委会主任:袁有福。县长:周三连。县政协主席:江昌英。

(郭任初)

·共青城市·

【简　况】 位于江西省北部,辖3镇、2乡、1街道办事处。总面积287.19平方千米。耕地面积8550.49公顷,林地面积5065.45公顷,森林覆盖率19.90%,城区绿化率47.7%。总人口13.68万人,其中非农业人口4.38万人;人口自然增长率6.63‰。2019年,地区生产总值147.45亿元,增长率8.6%。其中,第一产业增加值7.04亿元,增长3.0%;第二产业增加值84.58亿元,增长7.0%;第三产业增加值55.83亿元,增长11.8%。财政总收入27.61亿元,增长15.2%、人均20180元,税收占财政总收入的88.74%。地方财政收入14.99亿元,增长17.3%;地方财政支出29.39亿元,增长25.6%。规模以上工业增加值占地区生产总值的48.8%,外贸出口占地区生产总值的15.9%。固定资产投资增长8.2%。实际利用外商投资1.88亿美元,增长6.9%;实际利用内资155.1亿元,增长10.6%。主要工业产品及产量有棉纱3.84万吨、服装6798.6万件、饮料酒7.89万千升、商品混凝土60.46万立方米、饲料5.01万吨。农业总产值11.2亿元,增长2.9%。粮食总产量4.6万吨。主要农业产品及产量有稻谷4.12万吨、小麦88吨、玉米234吨、豆类286吨、薯类969吨。社会消费品零售总额26.2亿元,增长2.3%。城镇居民人均可支配收入37728元,增加2795元;农村居民人均可支配收入17830元,增长1412元。城乡居民年末储蓄余额48.62亿元,增长21.2%。

【产业经济】 举办文创中国峰会、仪器仪表产业发展峰会、国际人工智能高峰论坛暨中国物联网应用峰会、全国广东商会(共青城)投资洽谈会等高端峰会。共青城国家高新区班子和内设机构组建,实施绩效管理改革,"一区四园"改革稳步推进。推进"三清"工作,盘活"僵尸企业"11家,消化批而未用闲置土地110.67公顷。新引进工业企业52家,其中智能制造产业园项目总投资50亿元。新增规模以上工业企业39家,高新技术企业27家。共青城市坚持"科教立市、双创兴城",创新"人才+资本+产业"发展的新路。第8所大学招生办学,大学城学生总数突破7万人。江西省国资委职业教育大学园破土动工,聚集20所高校、20万大学生的职教园建设启动。举办第七届私募基金创新论坛,入驻基金全年新增1001家,总数4637家,基金规模新增920亿元,总数达3226亿元,综合纳税近14亿元,共青城基金小镇获

"中国最具影响力基金小镇"称号。总投资50亿元,集青年之家梦创园、钱学森航天博物馆、吉云教育双创平台、池泉科技软件学院、eID数字产业园、奥特莱斯数码港、清华启迪国信科技孵化器等十大项目于一体的大学生创业园开工建设,其中江西省共青城人力资源服务产业园落户企业305多家,主营业务收入35亿元,综合纳税2亿元,成为新兴产业的第二大增长点。

【城乡环境整治】 G532二期公路、苏青公路、青山大道、泽泉大道等建成通车,形成城区与乡镇集镇间的20分钟"通勤圈",由"城乡相接"向"城乡一体"转变。富华公园、东湖水系连通工程建成投用,增加公共绿地、公共空间,激发城市活力,提升城市价值。集防洪、排涝、交通、休闲观光、体育赛事等功能于一体的浆潭联圩除险加固整治工程建成投用,国务委员王勇视察时给予高度肯定。完成"二十栋"和"校园路"等片区棚户区征迁,拆除棚户区10万平方米。改造居民区外立面16万平方米。为22家企业、214户群众解决房产办证历史遗留问题。全面强化群众饮水保障,10个行政村、6370名群众用上"放心水"。新建新农村建设点69个,改造"旱厕"4349座。共青城市获"2019国家城市品牌提升工程共建城市"称号,成为全省首批美丽宜居试点县,获省级文明城市创建提名,并以优异成绩通过创建国家卫生城市国家暗访组暗访。

【浆潭联圩除险加固工程基本完成】

浆潭联圩位于共青城市苏家垱乡,全长16.2千米,是共青城市每年防汛抢险的重点堤段。2017年,共青城市启动浆潭联圩除险加固整治工程,到2019年6月底,整个工程基本完成。该项目采用PPP模式,工程总投资约2亿元,保护圩内耕地面积约1853.33公顷。该工程主要建设内容为加固堤防,新增钢筋混凝土防浪墙10.4千米,填塘固基5.645千米;新建防冲刷护坡和草皮护坡,拆除重建5座排涝站和2坡台混凝土路面。为防汛方便,工程还从徐家嘴村、博阳河大桥、共青特大桥和土牛嘴村4个路口分别将圩堤与主干道联通,完成道路硬化,全部铺上沥青,具备通车条件。7月11日9时,鄱阳湖星子站水位19.41米,超警戒水位41厘米,经过除险加固整治后的浆潭联圩,成功经历大汛的"考验",有效保障围堤内人民群众的生命财产安全。浆潭联圩除险加固工程涵盖防洪、排涝、交通、休闲、观光五大功能,与共青城城区富华公园二期、东湖水系连通工程交相辉映,共同形成共青城市"六园相连、九水相通、堤路结合、城景相融"的生态画卷,被中央电视台"新闻联播"肯定介绍。

主要领导人 市委书记:王丰鹏。市人大常委会主任:黄惠华。市长:卢宝云(任至2月)、卢治轩(3月任)。市政协主席:况泉水。

(汪官金)

·庐山市·

【简　况】 位于江西省北部,辖9镇、1乡、1场、1处。总面积764.52平方千米,其中耕地面积1.19万公顷,有林面积2.38万公顷。森林覆盖率34.48%,城市绿化率37.2%。总人口27.84万人(含山上),其中城镇人口12.96万人(含山上);人口自然增长率4.2‰。2019年,地区生产总值138.53亿元,增长8.2%。其中,第一产业增加值9.61亿元,增长2.8%;第二产业增加值50.99亿元,增长9.2%;第三产业增加值77.93亿元,增长8.0%。财政总收入25.21亿元,增长9.1%;税收占财政总收入的60.87%。一般公共财政预算收入19.71亿元,增长7.3%;一般公共预算支出25.18亿元,增长5.7%。规模以上工业总产值290.12亿元,增长12.59%。规模以上工业增加值增长8.1%。外贸出口1.57亿美元。固定资产投资70.57亿元,增长11.8%。实际利用外资1.25亿美元,增长7.9%。社会消费品零售总额34.09亿元,增长12.4%。主要工业产品及产量有非金属矿产品产值142.2亿元、文教(工美、体育)和娱乐用品制造业产品产值73.6亿元、设备制造业41.4亿元。农业总产值15.31亿元。粮食总产量5.80万吨。主要农产品及产量有水稻4.88万吨、油菜籽7081吨、棉花2547吨。城镇居民人均可支配收入35224元,增长12.4%;农村居民可支配收入16702元,增长8.5%。城乡居民年末储蓄余额76.2亿元,增长11.11%。

【"旅游+"建设】 举办中国庐山首届国际诗词楹联擂台赛、庐山国际山地半程马拉松赛,被评为全国县域旅游竞争力、综合实力百强县。全年接待游客突破7000万人次,旅游总收入突破500亿元,稳居全省县(市、区)之首。加强遗产保护和文化精品传承,"山语——庐山历代石刻"陈列展获全国十大陈列精品奖,庐山博物馆获省政府通报嘉奖。《庐山天下悠》专题片在美国拉斯维加斯展播,在中央、省、市媒体持续展播;承办2019年九江国际名茶名泉博览会、"鄱阳湖国际观鸟周"等系列活动。举办"庐山天下悠,寻梦赏花节""庐山之夏森林歌舞艺术节""金秋赏枫节""冰雪嘉年华"等主题节庆活动。获"2019年中国最美优质生态人气景区"称号,被评为2019年中国最美县域。

【脱贫攻坚】 实施春季整改、夏季提升、秋冬巩固行动,实现594户1884人脱贫、3个贫困村退出,全市所有贫困村全部退出,贫困发生率下降到0.37%。对标中央、省、九江市要求,全面完成中央脱贫攻坚专项巡视、国家和省考核整改。对照"两不愁、三保障",整合各类扶贫资金7408万元,发放产业直补资金13.62万元,建成产业基地56个,联结贫困户588户。重新认定扶贫车间3个,累计开发公益性岗位559个,帮助2330人解决就业。发放教育扶贫资助金423.3万元,全市无1例贫困学生因贫辍学。为贫困群众代缴医疗、重大疾病商业补充保险605.5万元;新增6类疾病纳入城乡贫困人口重大疾病专项救治;设立域外就医一站式结算中心,贫困人口住院实际报销比例稳定在90%的适度标准。完成88户贫困户改造危房。

【生态环境治理】 打赢打好污染防治攻坚战,完成82个中央、省、市环保督察反馈问题整改。关闭非法石材开采矿点68个,开展“散乱污”青石加工企业整治,拆除厂房800余家;空气自动监测站实现乡(镇、场、处)全覆盖;全年$PM_{2.5}$平均浓度34微克/立方米,空气优良天数达295天。推进水污染治理,加强饮用水源地保护,集中式饮用水源水质全面达标。华林、横塘、东牯岭矿山修复治理有序推进,完成覆土15万平方米、绿化20万平方米、栽植各类苗木10万株。推广测土配方和绿肥种植技术,建立200公顷绿肥示范片。新增造林绿化面积480公顷,连续5年获“鄱阳湖越冬候鸟和湿地保护先进县”称号。鄱阳湖“最美岸线”打造工作,被《光明日报》《江西日报》以及学习强国江西平台推广宣传。

主要领导人 市委书记:杨健。市人大常委会主任:雷高兴。市长:严盛平(任至5月),李甫勇(代市长,8月任)。市政协主席:查代藩。

(吴倩)

·柴桑区·

【简 况】 位于江西省北部,辖5镇、3乡、3街道办事处、2场、1经济技术开发区、1管理处。总面积916.55平方千米,其中城区面积16.5平方千米。耕地面积2.65万公顷。有林面积2.96万公顷,森林覆盖率25.20%;城区绿化率36.01%。总人口33.08万人,其中非农业人口11.62万人。2019年,地区生产总值168.03亿元,增长9.0%。其中,第一产业增加值19.56亿元,增长2.8%;第二产业增加值76.19亿元,增长7.6%;第三产业增加值72.28亿元,增长12.0%。财政总收入23.46亿元,增长8.3%。地方财政一般预算收入14.49亿元,增长0.7%。税收收入20.46亿元,增长10.9%。财政总支出39.52亿元,增长5.02%。规模以上工业总产值351.84亿元,增长8.5%。规模以上工业增加值346.48亿元,增长9.3%。实际利用外资1.69亿美元,增长15.1%。外贸出口2.59亿美元,增长13.8%。社会消费品零售总额37.10亿元,增长12.7%。农业总产值31.76亿元,增长2.9%。粮食总产量8.20万吨。主要农产品及产量有棉花0.47万吨、油料1.40万吨。城镇居民人均可支配收入36274元,增长8.2%;农村人均可支配收入17102元,增长9.1%。城乡居民储蓄存款余额184.30亿元,增长11.9%。

【赣商总部商务区项目签约】 1月16日,赣商总部商务区项目签约仪式在中华贤母园举行。赣商总部商务区项目总投资约15亿元,项目总建筑面积30万平方米,旨在打造集赣商总部、商务办公、居住配套为一体的综合性项目,为赣商回归建好平台,提供良好的投资、居住、生活环境。

【赤湖公用码头开工】 1月26日,柴桑区举行赤湖公用码头开工仪式。赤湖公用码头项目由江西八八九三商贸有限公司投资建设,项目一期投资3.5亿元,建设2个5000吨级通用泊位,包括码头作业区、仓储物流区、商贸综合服务区3部分,年吞吐量可实现600万吨。

【举办第三届巾帼“双创”投资洽谈会】 5月12日,柴桑区委、区政府,九江市妇女联合会在中华贤母园举办第三届中华贤母园巾帼“双创”投资洽谈会。会上,共有投资30亿元的九江华中板材家具产业园建设项目、投资12.5亿元的产业互联网全网营销项目等12个项目签约,总投资额64.6亿元。

主要领导人 区委书记:骆效农。区人大常委会主任:李照培。区长:赵和平。区政协主席:袁汝明。

(张树华 陈新)

·浔阳区·

【简 况】 位于江西省北部,辖5个街道办事处。总面积26平方千米。总人口31万人。2019年,地区生产总值337.17亿元,增长7.8%。财政总收入37.47亿元,同口径增长28.16%。固定资产投资增长8.5%;社会消费品零售总额175.87亿元,增长11%。城镇居民人均可支配收入达到41813元,增长7.6%。

【血吸虫病消除达标评估验收通过】 5月7日—9日,江西省血吸虫病消除达标评估验收专家组对浔阳区血吸虫病消除达标工作进行现场评估验收,评估工作主要内容包括资料审核和现场考核两部分。专家组通过人群查病、螺情调查、监测能力评估及资料审核开展评估验收工作。10日上午,浔阳区召开血吸虫病消除达标评估反馈会。会上,评估组专家一致认为,浔阳区达到血吸虫病消除标准,通过江西省血吸虫病消除达标评估验收。

【柴桑小学获全国啦啦操联赛冠军并获国际赛事资格】 12月24日,在国家体育总局主办的全国啦啦操联赛(吉安站)上,代表九江市参赛的浔阳区柴桑小学炫舞啦啦操队获全国冠军,并获得参加2020年国际啦啦操赛事资格。近年来,柴桑小学高度重视体育工作,注重学生的体质健康发展,开展阳光体育活动,实现文化育人,特色发展。其中,啦啦操是柴桑小学的体育特色项目。自开展此项目以来,曾多次代表学校参加国家级、省级、市级比赛,并屡次获得冠亚军等成绩。

【举办第一届婚俗文化博览会】 3月24日,浔阳区总工会、区团委和区妇联在百嘉喜宴联合举办浔阳区第一届婚俗文化博览会,共有区机关、街道、社区职工和广大市民300余人参加。博览会倡导移风易俗的社会新风尚,进一步拓展和创新家庭工作新内容新方法新途径,为结婚新人家庭与婚庆产业搭建交流平台,为广大家庭提供一站式便捷服务,打造时尚结婚产业品牌,促进浔阳婚俗文化产业链健康发展。

主要领导人 区委书记:宋细妹。区人大常委会主任:王向东。区长:徐昭国(任至11月)。区政协主席:范初芳。

(郑伟)

·濂溪区·

【简 况】 位于江西省北部,辖5镇、2乡、2街道办事处。总面积380

平方千米,其中城区面积 42 平方千米。耕地面积 0.37 万公顷,有林面积 0.93 万公顷,森林覆盖率 35.8%,城区绿化率 47.6%。总人口 25.17 万人,其中非农业人口 17.01 万人;人口自然增长率 8.27‰。2019 年,地区生产总值 290.90 亿元,增长 8.5%。其中,第一产业增加值 5.68 亿元,增长 2.5%;第二产业增加值 126.21 亿元,增长 8.8%;第三产业增加值 159.01 亿元,增长 8.4%。财政总收入 34.68 亿元,增长 2.0%,人均 1.38 万元,税收占财政总收入的 89.9%。地方财政收入 14.62 亿元,增长 6.3%;地方财政支出 27.45 亿元,增长 11.9%。工业总产值 356.03 亿元,增长 7.6%。外贸出口 2.61 亿美元,占地区生产总值的 6.12%。固定资产投资增长 8.7%,实际利用外资 1.98 亿美元。主要工业产品及产量有玻璃纤维纱 31.59 万吨、精制植物食用油 71.24 万吨、乳制品 0.22 万吨、水泥 404.78 万吨、瓷质砖 1504.81 万平方米。农业总产值 8.83 亿元,增长 5.1%。粮食总产量 1.96 万吨。主要农业产品及产量有稻谷 1.55 万吨、小麦 434 吨、玉米 450 吨、豆类 453 吨、薯类 2756 吨。城镇居民人均可支配收入 40785 元,增长 2916 元;农村居民人均纯收入 19661 元,增加 1490 元。

【2019 年长江中下游抗洪抢险实战演练在濂溪区举行】 6 月 20 日,应急管理部、江西省政府在濂溪区东升堤段举行 2019 年长江中下游抗洪抢险实战演练。演练以 1998 年长江洪水为背景,模拟长江水位持续上涨,应急管理部启动应急响应,发挥综合性消防救援队伍国家队、主力军作用,调派 500 多名中国安能建设集团有限公司工程抢险救援专业队伍赶赴九江,开展水毁道路抢通、堤坝漫溢、管涌、崩岸、滑坡甚至决口等常见圩堤险情的科目演练。演练最大限度模拟实战状态,聚焦工程抢险这一洪灾救援中最为艰巨的任务,全面展示抢通水毁道路和处置江河堤坝重大险情的方式方法,突出防汛抢险重点。与 1998 抗洪不同的是,更多科技装备投入使用——无人机、"龙吸水"、无人遥控机械化桥、无人智控挖掘机、"变形金刚"机械手、水情侦察无人艇、水陆两用全地形车、三维激光扫描仪等 30 余种现代化专业装备在演练中应用,让抢险效率得到极大提升。

【"司法强拆"在濂溪区执行】 12 月 2 日,九江市浔南片区崂家垄—孙家垄棚户区改造项目内 1 处房屋被成功拆除,这是九江市首例"司法强拆",标志着濂溪区乃至全市房屋征收工作迈向更加规范化、法制化的轨道。2016 年 12 月,经市政府批准,濂溪区启动浔南片区崂家垄—孙家垄棚户区改造工作。在推进过程中,该区域内居民宋某某提出诸多不合理要求,最终无法达成拆迁补偿协议,导致拆迁期限多次延期,拆迁安置房无法如期开工建设,影响拆迁户还房安置。在多次协商未果的情况下,2018 年 6 月 14 日,濂溪区政府根据房屋征收相关法律法规,向宋某某下达《房屋征收补偿决定书》。宋某某收到后,向九江市中级人民法院提起行政诉讼并不服判决,又向省高级人民法院提起上诉。2019 年 9 月 24 日,省高级人民法院作出维持原判的终审判决。10 月 22 日,濂溪区政府依法向濂溪区人民法院提出申请,对宋某某房屋进行强制搬迁后实施拆除。

主要领导人 区委书记:柯尊玉。区人大常委会主任:王正发。区长:容长贵。区政协主席:张金水。

(杨小岛)

景德镇市

【概 况】 位于江西省东北部,辖 1 市、1 县、2 区、1 开发区、1 新区。总面积 5256 平方千米。总人口 168.05 万人,其中城镇人口 114.40 万人;人口自然增长率 6.90‰。2019 年,地区生产总值 926.10 亿元,同比增长 7.8%。其中,第一产业增加值 61.31 亿元,增长 3.1%;第二产业增加值 409.56 亿元,增长 7.9%;第三产业增加值 455.23 亿元,增长 8.4%。财政总收入 139.42 亿元,增长 5.3%;税收占财政总收入的 73.4%。一般公共预算收入 99.69 亿元,增长 10.9%;一般公共预算支出 235.71 亿元,增长 15.3%。工业增加值 370.89 亿元,增长 8.1%。规模以上工业增加值增长 8.3%。外贸出口 63.22 亿元,下降 5.6%。固定资产投资增长 10.4%。实际利用外商投资 2.37 亿美元,增长 6.1%。内资到位数 489.62 亿元,增长 8.7%。主要工业产品及产量有瓷质砖 1560.61 万平方米,增长 10.4%;印刷专用设备 558 吨,下降 18.3%;汽车 5.34 万辆,下降 25.1%;气体压缩机 4939.39 万台,增长 8.1%;家用电冰箱 92.13 万台,增长 3.4%。农业总产值 105.17 亿元,增长 3.2%。粮食总产量 62.02 万吨,增长 1.8%。主要农产品及产量有棉花 1778 吨,增长 0.8%;油料 3.94 万吨,增长 2.0%;茶叶 1.11 万吨,增长 7.6%。城镇居民人均可支配收入 4.01 万元,增长 8.0%;农村居民人均可支配收入 1.80 万元,增长 8.9%。年末住户存款余额 820.37 亿元,增长 20.8%。

【启动景德镇国家陶瓷文化传承创新试验区建设】 5 月,中共中央总书记习近平视察江西,作出"建好景德镇国家陶瓷文化传承创新试验区,打造对外文化交流新平台"的重要指示。8 月 26 日,国家发展改革委、文化和旅游部印发《景德镇国家陶瓷文化传承创新试验区实施方案》的通知,明确国家试验区建设的发展定位、发展目标、主要任务和保障措施。景德镇国家陶瓷文化传承创新试验区建设的战略定位是"两地一中心",即把景德镇建设成为国家陶瓷文化保护传承创新基地、世界著名陶瓷文化旅游目的地、国际陶瓷文化交流合作交易中心。9 月 9 日,省长、景德镇国家陶瓷文化传承创新试验区建设领导小组组长易炼红主持召开景德镇国家陶瓷文化传承创新试验区建设领导小组第一次会议。10 月 17 日,省委、省政府在景德镇召开景德镇国家陶瓷文化传承创新试验区建设动员大会,对试验区建设提出明确目标和要求。

【举办陶溪川·2019 景德镇首届国际马拉松赛】 5 月 12 日,陶溪川·

2019景德镇首届国际马拉松赛在昌江广场开跑。赛事有美国、加拿大、英国等11个国家和地区,以及国内27个省、自治区、直辖市和港澳台地区的长跑爱好者参赛。参赛人数1.2万人,其中全程马拉松3000人、半程马拉松4000人、迷你马拉松5000人;分男子组、女子组以及由警界人员参加的“警马赛中赛”。马拉松赛事起点为昌江广场,全程、半程终点为市体育中心,迷你马拉松终点为陶溪川文创街区。全程男子组中,埃塞俄比亚选手以2小时27分53秒获得冠军,肯尼亚选手以2小时30分16秒获得亚军,埃塞俄比亚选手以2小时31分33秒获得季军。全程女子组中,埃塞俄比亚选手以3小时1分50秒获得冠军,肯尼亚选手以3小时6分22秒获得亚军,中国选手李玉锦以3小时11分18秒获得季军。警界组方面,湖北襄阳选手胡满军、江西南昌选手陆志华、江西景德镇选手孙定享分别以3小时3分45秒、3小时10分40秒、3小时20分32秒的成绩获得前三甲。

【景德镇学院搬迁新址】 7月1日,景德镇学院新校区举行搬迁仪式。景德镇学院新校区位于浮梁镇东部,总用地面积约120公顷,总建筑面积约32万平方米,建设内容包括教学楼、图书馆、办公室、学院组团、报告厅、宿舍楼、食堂、体育馆及其他建筑等;包含公共资源共享区、教学科研区、生活后勤服务区、体育运动区4大区域。新校区于2018年9月开工建设。

【举办第十三届全国美展陶艺作品展】 9月20日,由文化和旅游部、中国文联、中国美协举办的庆祝中华人民共和国成立70周年——第十三届全国美展陶艺作品展在景德镇市开幕。省委常委、省委宣传部部长施小琳,中国美协副主席、清华大学美术学院院长鲁晓波,市委书记钟志生,省委宣传部副部长黎隆武,省文化和旅游厅副厅长郎道先,省文联党组书记郑翔,省文联主席叶青,市委常委、市委宣传部部长刘朝阳,中国美协陶瓷艺委会主任白明出席会议并共同启动开幕。中国美协秘书长马锋辉主持开幕式。开幕式后,举行主题讲座以及“彩绘今朝”“迁徙泥性”“红土日新”“今日传承”4个平行展等一系列相关活动。美展共设立13个展区,其中陶艺展区设在景德镇中国陶瓷博物馆。此次陶艺展是中华人民共和国成立以来景德镇市乃至江西省首次承办此类高层次全国性美术展览活动。展览从2499件报名作品中初评出443件作品进行复评,最终评选出入选作品274件,其中进京作品30件。江西入选作品31件(含2件进京作品),入选率11.3%,在全国各省(区、市)中排名第二,在全国各大产瓷区中名列前茅。而在所有入展的274件作品中,与景德镇相关的作品超过100件。

【景德镇市获“国家生态文明建设示范市”称号】 11月16日,中国生态文明论坛年会在湖北十堰举行,生态环境部对第三批国家生态文明建设示范市县和“绿水青山就是金山银山”实践创新基地进行授牌命名。景德镇市被授予“国家生态文明建设示范市”称号,是江西省首个获此称号的设区市。景德镇市总投资近200亿元,以生态空间体系建设、生态经济体系建设、生态安全体系建设、生态生活体系建设、生态文化体系建设、生态制度体系建设等6大类58项为工程重点,把生态文明建设作为经济社会发展的增长点和各项工作的发力点,全方位提高生态文明建设水平。

【UNESCO世界遗产地可持续生计研讨会召开】 12月28日,由联合国教科文组织驻华代表处主办,市非物质文化遗产研究保护中心承办的UNESCO世界遗产地可持续生计研讨会在景德镇市召开。文化和旅游部非遗司发展处代表、市文化和旅游局负责人出席并致辞。全国27个非遗相关机构的35名专家代表参加会议。研讨会为期2天,采取座谈讨论、经验交流等方式进行。贵州、四川、上海、景德镇等地的非遗工作负责人,交流相关重点工作和合作方向。云南、贵州、四川等地非遗可持续生计项目负责人分别介绍石林撒尼刺绣、赤水竹编、梵净山苗秀、大熊猫栖息地等非遗可持续生计活动进展及计划情况。

主要领导人 市委书记:钟志生。市人大常委会主任:汪立耕。市长:刘锋。市政协主席:黄康明(任至1月)、张春萍(1月任)。

(鲍文芳)

·乐平市·

【简　况】 位于江西省东北部,辖15镇、1乡、2街道办事处、1农科园和1大型水库管理局。总面积1980平方千米,其中城区面积31.03平方千米。耕地面积6.11万公顷,林地面积10.36万公顷,森林面积9.7万公顷,森林覆盖率49.3%。总人口94.8万人;人口自然增长率6.14‰。2019年,地区生产总值340.21亿元,同比增长7.8%。其中,第一产业增加值36.73亿元,增长3.2%;第二产业增加值162.19亿元,增长8.8%;第三产业增加值141.29亿元,增长7.9%。规模以上工业增加值增长9.0%。财政总收入46.53亿元,增长7.3%。固定资产投资增长10.5%。外贸出口23.81亿元,增长3.8%。农业总产值60.41亿元,增长3.3%。粮食总产量40.66万吨。社会消费品零售总额119.41亿元,增长12.3%。城镇居民人均可支配收入3.71万元,增长8.0%;农村居民人均可支配收入1.79万元,增长8.8%。

【洪岩国家森林公园获评审通过】 1月9日,经国家林业和草原局评审考核,乐平市拟设立的洪岩国家森林公园申报通过。拟设立的洪岩国家森林公园由洪岩片区和历居山片区2个独立片区组成。森林公园规划总面积3242.61公顷,区域森林覆盖率89.2%。洪岩国家森林公园内有历居山、翠平湖、洪岩仙境等自然生态资源。

【南窑遗址被评为全国重点文物保护单位】 10月16日,国务院批准公布第八批全国重点文物保护单位名单,南窑遗址被评为全国重点文物保护单位。南窑遗址位于乐平市接渡镇南窑村东北面,1964年由江西省文物管理委员会发现,1983年为乐平县级文物保护单位。2011年经国家文物局批准;2013年3月至11月,江西省文物考古研究所联合乐平市文化广播电视局、乐平市博物馆、厦门大学历史学院、西北大学考古文博学院、南开大学历史学院等单位对遗址进行考古发掘。考古研究表明南窑烧造历史始于中唐,兴盛于中晚唐,衰落于晚唐,距今有1200多年的烧造历史,是瓷都景德镇境内已知最早的窑业遗存。南窑古瓷窑址规模宏大,文化堆积厚达1~3米,堆积最深超过5米,分布面积超过3万平方米,保存规模之巨大、完好在江西省境内同类窑址中罕见,是中国迄今发现窑炉分布最密集的、布局最有规律的、瓷业组织最严密的唐代青瓷窑场。

【“乐平谷酒”获地理标志证明商标】 11月28日,经国家知识产权局核准注册,“乐平谷酒”获地理标志证明商标,注册号第29772604号,注册日期2019年11月28日至2029年11月27日。乐平谷酒又称“乐平烧酒”,乐平谷酒用稻谷酿造,属小曲米香型白酒。酿造谷酒在乐平当地属于一项历史文化传统。

主要领导人 市委书记:俞小平。市人大常委会主任:万玉华(任至3月)、刘圣卿(3月任,7月接受景德镇市纪委、监委纪律审查和监察调查,12月被开除党籍和公职)。市长:徐辉(任至3月)、高翔(3月任)。市政协主席:傅金林(任至3月)、王颖军(3月任)。

(彭建光 蒋暾)

·浮梁县·

【简 况】 位于江西省东北部,辖9镇、7乡。总面积2851平方千米。耕地面积1.81万公顷,有林面积315万公顷,森林覆盖率81.4%。总人口31.95万人;人口自然增长率6.71‰。2019年,地区生产总值136.22亿元,同比增长7.9%。其中,第一产业增加值18.60亿元,增长3.3%;第二产业增加值69.25亿元,增长8.2%;第三产业增加值48.37亿元,增长9.5%。财政总收入17.12亿元,增长9.9%;一般公共预算收入10.28亿元,下降6.0%。工业增加值65.56亿元,增长8.3%。固定资产投资84.95亿元,增长10.6%。规模以上工业总产值94.24亿元,增长12.2%。农业总产值32.74亿元,增长3.43%。粮食总产量18.01万吨。社会消费品零售总额30.34亿元,增长11.9%。城镇居民人均可支配收入3.27万元,增长8.0%;农村居民人均可支配收入1.80万元,增长9.0%。年末金融机构各项存款余额149.75亿元,增长8.1%。

【《浮梁茶志》出版发行】 2019年,由浮梁县茶叶协会、浮梁县茶叶局和浮梁县历史文化研究会共同编撰的《浮梁茶志》,由江西科技出版社出版发行。这是浮梁县第一本有关县茶文化的专业书籍,也是江西省首部专业茶志。《浮梁茶志》分为11篇,共50万字,翔实介绍浮梁茶的自然环境、生产种植、茶叶贸易和人文历史等。编纂人员到全国各地相关城市和相关博物馆、图书馆、档案馆,查阅大量资料,再结合浮梁县发掘的史料编撰成书。

【浮梁县入选首届中国县域旅游竞争力百强县】 5月,中国经济导报社、中国信息协会信用专委会、竞争力智库和北京中研国新城市研究院等联合发布“2018中国县域旅游竞争力百强县市”名单,浮梁县入选。浮梁县以陶瓷和茶叶闻名,拥有古县衙、瑶里、皇窑3个4A级旅游景区,双龙湾、严台、礼芳、天宝龙窑4个3A级旅游景区,沧溪、进坑、向阳公社等10余个乡村旅游点。县委、县政府全力打造全域旅游,挖掘整理瓷茶文化、衙署文化、理学文化、古村落文化、红色文化、民俗文化等特色文化,围绕吃、住、行、游、购、娱6大旅游要素,推动旅游与农耕文化、工业文明、特色文化等融合发展。

【浮梁县幼儿园建成开园】 9月,浮梁县幼儿园开园。该园是县城第一所独立的公办幼儿园,占地面积1.63公顷,建筑占地面积3413.74平方米,建筑总面积8829.17平方米,建筑层数3层,建筑高度13.7米,建设内容含园舍、大门、围墙、景观绿化等,总投资约3100万元。该园设有阅读室、多功能厅、活动室、会议室、办公室、医务室、食堂等,开设20个教学班,可容纳幼儿约600人。项目于2018年8月开工建设,12月主体封顶并验收;2019年5月完成室内外装修工程。

主要领导人 县委书记:罗建国。县人大常委会主任:张永进。县长:程新宇(3月任)。县政协主席:金秋来(任至3月)、陈国清(3月任)。

(张敏)

·昌江区·

【简 况】 位于江西省东北部,辖2镇、2乡、2街道办事处。总面积405平方千米。耕地面积3733.33公顷,有林面积1.70万公顷,森林覆盖率54.77%。总人口16.47万人;人口自然增长率5.49‰。2019年,地区生产总值232.03亿元,同比增长7.6%。其中,第一产业增加值5.24亿元,增长2.3%;第二产业增加值132.80亿元,增长7.3%;第三产业增加值93.99亿元,增长8.5%。财政总收入18.16亿元,增长2.0%。规模以上工业增加值增长5.2%;固定资产投资增长10.3%。引进内资50.51亿元,增长8.83%;利用外资2546万美元,增长6.15%。外贸出口11.81亿元,下降19.83%。社会消费品零售总额90.13亿元,增长10.5%。城镇居民人均可支配收入4.15万元,增长8.0%;农村居民可支配收入1.86万元,增长8.8%。

【景德镇国家粮食储备库搬迁工程开工建设】 1月,景德镇国家粮食储备库搬迁工程开工建设。该工程位于昌江区丽阳镇港南村,用地面积约20公顷,总规划建设15万吨平房仓、3万吨准低温平房仓、0.5万吨中转仓、1万吨油罐、日处理150吨稻谷(100吨大米)生产线、150吨/日烘干生产线等。项目打造智能化粮库综合管理信息平台,建成后拥有粮食出入库、粮食仓容数量监控、粮情检测、安防监控、粮食交易、办公自动化6大系统。工程防御大于50年一遇的洪峰。

【区扫黑除恶工作新闻发布会召开】 9月5日,区扫黑除恶工作新闻发布会在西郊街道二楼会议室召开。会上,通报区扫黑除恶专项斗争基本工作情况。截至8月底,全区共收集涉黑涉恶线索90条,查结65条,共侦办9类涉恶个案29起,抓获犯罪嫌疑人90人,打掉王某松涉黑组织1个,徐某茂涉恶犯罪团伙1个,查封扣押冻结涉黑涉恶组织资产51万元。检察院起诉涉黑涉恶案件7件23人;法院一审宣判徐某林涉黑案1件18人、涉恶案件2件13人,判处5年以上有期徒刑18人,重刑率达58%,判处财产刑共计367.6万元。共收到涉黑涉恶腐败、"保护伞"及工作不力问题线索71件,立案8起,处理16人,其中党纪政务处分10人,组织处理6人,查处充当黑恶势力"保护伞"问题2人,失职失责问题1人。

主要领导人 区委书记:罗璇。区人大常委会主任:李恩清。区长:朱仕木。区政协主席:陈华清。

(洪东亮)

·珠山区·

【简　况】 位于江西省东北部,辖1镇、9街道办事处。总面积111.14平方千米,其中城区面积32.87平方千米。耕地面积533公顷,有林面积1277公顷,森林覆盖率30.31%。总人口33.95万人,人口自然增长率7.01‰。2019年,地区生产总值218.06亿元,同比增长7.7%。其中,第一产业增加值0.74亿元,增长0.1%;第二产业增加值45.27亿元,增长5.1%;第三产业增加值172.05亿元,增长8.6%。财政总收入22.30亿元,增长5.53%,税收收入占财政总收入88.16%。规模以上工业总产值34.48亿元,规模以上工业增加值增长5.1%。社会消费品零售总额139.45亿元,增长11%。实际利用外资2315万美元,引进内资45.46亿元。外贸出口2857.93万美元。城镇居民人均可支配收入4.28万元,增长8.0%。

【全省首例"两病"门诊用药在珠山区开出】 10月28日,省医保局等四部门印发《关于完善我省城乡居民高血压糖尿病门诊用药保障机制工作的实施意见》,将"两病"门诊用药统一纳入门诊统筹进行报销。进一步减轻"两病"患者门诊用药负担。11月26日,全省第一单高血压、糖尿病(简称"两病")门诊用药在珠山区竟成镇昌江村卫生室开出。61岁的就诊者吴某腾临床诊断为高血压,根据病情,医生处方笺开具"拉西地平分散片(4mg)一盒,口服:每日一次,一次4mg"。药品价格33元,按照一级及以下定点医疗机构政策范围内报销65%的"两病"门诊用药报销政策,吴某腾享受医保支付21.45元的报销待遇,个人只需自付11.55元。

【姚石玉获第九届全国"人民满意的公务员"称号】 6月14日,经中共中央组织部、中央宣传部差额评选,确定第九届全国"人民满意的公务员"和"人民满意的公务员集体"拟表彰对象。姚石玉获第九届全国"人民满意的公务员"称号。

姚石玉,男,1969年1月出生,珠山区政府党组成员、区委信访局局长。他从事信访工作27年,始终奋战在信访工作第一线,凡有信访群众求助或投诉,他都坚持前往实地调查,利用夜晚休息时间上门家访。他创建"百姓说事"平台,解决各类群众反映的民生问题近2万件,珠山区连续7年被评为"三无"县(市、区),2017年他被评为全国优秀信访局局长。

主要领导人 区委书记:林卫春。区人大常委会主任:张文帮(任至2月)、谢日元(2月任)。区长:罗文军。区政协主席:邵继纲。

(洪靓)

萍　乡　市

【概　况】 位于江西省西部,辖3县、2区。总面积3831.02平方千米。耕地面积6.62万公顷。总人口194.13万人,其中非农业人口135.91万人;人口自然增长率6.29‰。2019年,地区生产总值930.02亿元,同比增长7.5%。其中,第一产业增加值68.05亿元,增长2.8%;第二产业增加值413.89亿元,增长7.6%;第三产业增加值448.08亿元,增长8.4%。财政总收入172.57亿元,增长6.8%,人均8908元。税收占财政总收入81.0%。一般公共预算收入105.02亿元,增长5.3%。地方财政支出274.43亿元,增长12.0%。工业总产值1121.17亿元,增长8.4%。进出口总额117.64亿元,其中出口总额116.30亿元。固定资产投资增长9.7%,实际利用外商投资4.26亿美元。主要工业产品及产量有原煤149.73万吨、水泥696.56万吨、工业陶瓷制品518.11万吨、烟花爆竹904.19万箱、钢材585.82万吨。农业总产值108.99亿元,增长2.8%。城镇居民人均可支配收入3.85万元,增加2739元;农村居民人均纯收入1.95万元,增加1524元。

【海绵城市建设】 4月,住建部、财政部、水利部组织海绵城市建设三年终期考评,萍乡再次获评优秀等次第一名,并获财政部海绵城市试点奖励资金1.2亿元。5月16日,设立海绵智慧城市建设基金,成为全国范围内发起成立的专注于海绵城市建设的第一支基金。基金总规模100亿元,分为初期、中期、远期完成募集。初期规模20亿元,由萍乡市城市建设投资发展公司下属全资子公司萍乡市金融控股有限公司出资2亿元,先行成立萍乡市海绵智慧城市建设中心,并委托萍乡金控投资管理有限公司担任管理人。基金投资存续期为"10+3",即10年投资期、3年退出期。7月2日,江西智慧海绵城市建设发展投资集团有限公司在萍乡海绵城市创新基地挂牌成立,推动海绵产业规模化、集团化。

【萍乡海关揭牌开关】 5月16日,萍乡海关揭牌开关,结束萍乡本土外贸企业异地报关的历史。开关后,江西贯胜鞋业出口到德国的一批鞋类商品成功报关放行,成为萍乡海关受理放行的第一单报关单。萍乡海关规格为正处级,功能类型为属地型海关,由南昌海关直接领导,按授权负责萍乡市辖区内海关各类管理工作的执行机构。

【全国首部禁毒帮教题材院线电影首映】 11月15日,《带你归家》首映式在萍乡市安源大剧院举行。该片取材于萍乡禁毒志愿者段华胜事迹,由萍乡市政府、新三润集团萍乡市大兴传媒有限公司联合摄制,市委宣传部、市公安局、安源区委、区政府协助拍摄,属全国首部禁毒帮教题材院线电影。段华胜从1978年开始自发从事义务帮教工作,他带领志愿者团队义务帮教300余名失足人员走向新生。2018年1月,段华胜当选助人为乐类"中国好人"。

【江西首单城商行增信境外债成功发行】 5月23日,萍乡市城投公司发行2.92年期3亿美元境外债券,票面利率为4.95%,收益率为4.95%,票面价格为100美元,由九江银行提供不可撤销的备用信用证,为江西省首单城商银行增信的公募发行境外美元债。

【江西首个中外共建院士工作站落户萍乡】 经东北大学、萍乡市科技局协调运作,4月10日,江西东科新材料有限公司董事长刘天壮与乌克兰国立冶金大学校长、乌克兰国家科学院院士亚历山大·维利奇科签订共建院士工作站合作协议,江西中乌院士工作站正式落户萍乡,成为江西省首个中外合作共建院士工作站。该院士工作站为企业长远发展提供科学指导、制定发展战略及方针,解决技术难题、提供技术支持,培养科技人才、搭建技术创新平台。

主要领导人 市委书记:李小豹。市人大常委会主任:周敏。市长:李江河。市政协主席:吴运波。

(彭白云)

·安源区·

【简　况】 位于江西省西部,辖4镇、6街道办事处、1管理委员会(乡级)。总面积212.81平方千米,其中城区面积42.16平方千米。耕地面积2994.82公顷,有林面积7096.2公顷,森林覆盖率46.28%。总人口47.72万人;人口自然增长率6.29‰。2019年,地区生产总值221.39亿元,同比增长7.2%。其中,第一产业增加值4.98亿元,增长20.2%;第二产业增加值60.60亿元,增长40.9%;第三产业增加值155.81亿元,增长11.3%。财政总收入49.26亿元,增长6.9%,税收占比84.2%,增长8.1%。公共财政预算收入27.99亿元,增长4.5%。工业总产值增长14.5%,规模以上工业增加值18.5亿元,增长8.4%。社会固定资产投资增长9.7%;实际利用外商投资7023万美元,增长6.79%;利用省外2000万元以上项目资金103.08亿元,增长9.13%。农业总产值2.51亿元,增长3.1%。粮食总产量2.13万吨。城镇居民人均可支配收入4.09万元,增加3025元;农村居民人均纯收入2.24万元,增加1710元。社会消费品零售总额172.74亿元,增长10.5%。

【社会治理】 2019年,全面推进九大行业领域安全生产专项整治,开展百日大攻坚行动,突出抓好安全隐患"扫雷"和"清零",四大高危行业实现"零事故、零死亡"。推进法治安源建设,2019年全省法治文化建设现场会在安源召开。在全省司法所规范化建设会上作典型发言。坚持落实领导干部坐班接访、真情下访、包案化解等工作机制,防控化解矛盾纠纷,按期办结率100%,化解成功率83.7%以上,确保重大敏感时期"四个不发生"。纵深推进扫黑除恶专项斗争,打掉16个涉黑涉恶犯罪组织、团伙。查处涉黑涉恶腐败和"保护伞"13人,给予党纪政务处分11人。查封、冻结、扣押涉案资产达4116.4万元。推进校园防暴防恐设施试点建设,全省城市安防设施建设现场会在安源区召开,并受到省领导肯定;推进禁毒示范区创建,召开全国青少年毒品预防现场会,3次在全省禁毒工作推进会上作先进典型发言,并获省集体三等功。推进平安志愿协会建设,引导社会组织参与社会治理,初步构建共享共治共建社会治理新格局。公众安全感排名全省第八。

【海绵产业建设】 2019年,安源区明确"一带、一核、四片区"基础构架,印发《海绵产业发展规划》《鼓励发展海绵经济的实施意见》等文件,出台16条税收优惠政策,在规划设计、先进装备制造等海绵城市领域培育新增长点、形成新动能和新产业集群,40多家相关企业发展壮大,透水砖、透水混凝土、渗排管等海绵材料远销省内外。依托"山水林田城"生态资源,构建"产城人文"与美景旅游复合载体,为海绵城市创新发展、特色发展、持久发展提供发展动力;打造集海绵概念、技术应用于一体的稻田科创工业园,推进海绵科研成果就地转化;围绕产业链相关的建筑服务商、信息化服务商等5大类企业进行招商。共对接企业130余家,同意入驻企业81家。组建SPV公司萍乡市中铁海绵小镇建设管理有限公司,设立10亿元海绵智慧城市建设引导基金,为项目建设、企业生产运营提供资金支持、设计咨询、人才引进等8个方面全服务。

【电子信息产业】 出台招引新举措,推行"双招双引"新模式,出台《关于支持安源区电子信息产业发展的若干政策》,加大电子信息产业扶持力度,明确企业用地、建厂、纳税等政策补助标准,推进招商引资;按照"引进一批人才、落地一批项目"的工作思路,实行用人单位与招录对象"双向选择+面试",推进招才引智。全年引进电子信息项目23个,引进专业技术类人才21人。提升服务水平,及时对接电子信息产业重大项目,全程跟踪项目进度,协调解决项目遇到的问题,确保项目早落地早见效;帮助符合条件的企业申报财政扶持资金。推行用地新模式,盘活工业园闲置和低效用地,优化土地资源配置,实行用地指标向电子产业园集中。

主要领导人 区委书记:黄万林(任至2月)、康峰(8月任)。区人大常委会主任:肖锋。区长:康峰(任至8月)。区政协主席:陈建荣。

(周圆圆　曾崎　陈钧智)

·湘东区·

【简　况】 位于江西省西部,辖8

镇、2乡、1街道办事处。总面积858.75平方千米,其中城区面积7.83平方千米。耕地面积1.32万公顷,森林面积93.35万公顷,森林覆盖率69.85%,城区绿化率45.8%。总人口40.93万人,其中城镇人口18.87万人;人口自然增长率2.27‰。2019年,地区生产总值121.27亿元,同比增长6.9%。其中,第一产业增加值15.64亿元,增长3.7%;第二产业增加值47.70亿元,增长8.0%;第三产业增加值57.93亿元,增长7.3%。财政总收入21.36亿元,增长6.5%。规模以上工业增加值8.2%。固定资产投资增长9.5%。社会消费品零售总额62.49亿元,增长12.8%。主要工业产品及产量有工业陶瓷389.23万吨。农业总产值22.72亿元,增长4.26%。粮食总产量10.64万吨。主要农产品及产量有稻谷9.98万吨、生猪出栏34.33万头、油菜籽7162吨。城镇居民人均可支配收入3.87万元,增长7.6%。城乡居民年末储蓄余额104.15亿元,增长19.2%。

【“湘东傩面具”入选国家级非遗代表性项目保护单位名单】 11月12日,文化和旅游部公布调整后的国家级非遗代表性项目保护单位名单,“湘东傩面具”入选。湘东区重视对傩文化保护、传承和发展,建设湘东傩面具陈列馆、傩园,不定期开展傩面具的展示、培训、交流等活动,建立专营傩面具等民间手工艺制品的农村淘宝电商平台窗口,同时,还将傩面具结合卡通形象创作出玩偶娃娃、布包、钥匙扣、充电宝等系列文创产品,并做成微信H5和微信表情包等新媒体进行传播。“湘东傩面具”在国内进行多次展演,央视多个频道进行采风和报道。2006年5月“湘东傩面具”被国务院公布为首批国家非物质文化遗产。

【江西天涯种业有限公司获得农作物种子生产经营许可证(进出口)】 2月1日,经农业农村部种子管理局核准,江西天涯种业有限公司符合国家对生产经营进出口农作物种子企业审核的各类要求,具备承担相关进出口水稻良种贸易业务的能力和资质。江西天涯种业有限公司获《农作物种子生产经营许可证(进出口)》,许可证编号:E(农)农种许字〔2019〕第0120号,成为江西省首家获得水稻种子进出口贸易资质的种子企业。天涯种业有限公司成立于2005年,是国家级育繁推一体化种业企业,也是江西省唯一一家有出口贸易资质的种业企业。公司年产销种子500万千克以上,带动8000余名农户从事杂交水稻制种,增收1亿余元。产品覆盖华中、华东、华南、西南地区10多个省(市、区)。

主要领导人 区委书记:杨博(3月任)。区人大常委会主任:王志才。区长:杨博。区政协主席:彭建达。

(肖凯)

·芦溪县·

【简 况】 位于江西省西部,辖5镇、4乡。总面积960平方千米,其中城区面积18.13平方千米。耕地面积1.63万公顷,林地面积6.91万公顷,森林覆盖率71.26%,城区绿化率36.15%。总人口31.36万人,其中非农业人口4.79万人;人口自然增长率9.69‰。2019年,地区生产总值108.67亿元,增长6.7%。其中,第一产业增加值20.00亿元,增长4.3%;第二产业增加值45.09亿元 增长7.7%;第三产业增加值43.58亿元,增长6.8%。财政总收入17.47亿元,增长7.8%;人均5570元;税收占财政总收入80.9%。地方财政收入11.66亿元,增长9.1%;地方财政支出34.41亿元,增长10.6%。规模以上工业增加值增长8.4%。社会固定资产投资增长9.9%。外贸出口10.71亿元,外贸出口占地区生产总值9.85%。实际利用外商投资6542万美元,增长6.33%;引进省外2000万元以上项目资金103.78亿元,增长9.12%。农业总产值32.0亿元,增长4.3%。粮食总产量11.24万吨。主要农产品及产量有蔬菜及食用菌14.02万吨、西瓜1.05万吨。城镇居民人均可支配收入3.57万元,增长8.0%;农村居民人均可支配收入1.96万元,增长8.1%。城乡居民年末储蓄余额75.1亿元,增长18.9%。

【芦溪县被认定为国家外贸转型升级基地(电瓷)】 8月6日,国家商务部下发《关于2019年新认定国家外贸转型升级基地名单的通知》,芦溪县被认定为“江西省芦溪县国家外贸转型升级基地(电瓷)”。芦溪县推动电瓷产业集群发展,电瓷产业集群被列为全省首批20个省级工业示范产业集群之一,并先后获批全国电瓷产业知名品牌创建示范区、全国电瓷产业基地、国家电瓷高新技术产业化基地、中国产学研合作创新示范基地、江西省新型工业化产业示范基地。全县有电瓷及上下游企业147家,其中电瓷企业84家(含规模以上企业51家),电瓷配套企业63家(含电气企业22家),另有在建电瓷电气项目18个,从业人员近3万人。2019年,电瓷产量38.8万吨,行业具备研发和生产各种高、中、低档绝缘子产品的能力,形成从瓷土开采、附件生产、主导产品到电气设备等较为完善的产业链,产品覆盖40多个系列600多个品种。销售网络遍布全国及美国、意大利、加拿大等40多个国家和地区。

【全国绝缘子标准化技术委员会标准修订工作会议在芦溪召开】 9月20日,全国绝缘子标准化技术委员会标准修订工作会议暨芦溪宣贯会在萍乡市召开。全国各大绝缘子科研、应用院所专家;芦溪县委副书记、县长刘占纯,县委常委、县委政法委书记韩伟强出席会议;江西省电瓷商会、芦溪县电瓷产业联盟主要负责人及企业代表150余人参加会议。与会人员就GB/T 1001.1－××××《标称电压高于1000V的架空线路用绝缘子第1部分:交流系统用瓷或玻璃绝缘子元件定义、试验方法和判定准则》进行研究讨论。

主要领导人 县委书记:杨劲松。县人大常委会主任:胡世燕。县长:刘占纯。县政协主席:夏坤勇。

(彭刚)

·上栗县·

【简 况】 位于江西省西部,辖6镇、4乡。总面积725平方千米。耕地面积1.58万公顷，林地面积4.29万公顷，森林覆盖率60.3%，城区绿化覆盖率36.9%。总人口52.23万人，其中乡村人口41.71万人；人口自然增长率0.76‰。2019年，地区生产总值163.38亿元，同比增长7.2%。其中，第一产业增加值16.54亿元，增长4.5%；第二产业增加值83.90亿元，增长7.5%；第三产业增加值62.94亿元，增长7.8%。财政总收入25.23亿元，增长7.6%；规模以上工业增加值46.68亿元，增长8.8%。农业总产值26.55亿元，增长4.45%。社会消费品零售总额81.81亿元，增长10.7%。城镇居民人均可支配收入3.59万元，增长7.5%；农村居民人均可支配收入1.93万元，增长8.5%。

【污染防治】 成立10个生态环境保护专业委员会，完成生态环境机构改革。中央、省环保督察及“回头看”反馈问题基本完成整改。全面落实“蓝天碧水净土·2019行动计划”，克服干旱少雨、输入型污染等困难，打好蓝天保卫战，空气质量优良天数306天，优良率84%，$PM_{2.5}$年均浓度与2018年持平，PM_{10}年均浓度下降7微克每立方米。落实“河长制”责任，建立流域横向补偿机制，强化栗水河、萍水河流域管理，推进县污水处理厂提标改造、中心城区供水水厂、污水管网建设，省考断面和县城饮用水源水质达标率100%。

【金融风险防范】 遏制隐性债务增量，加强地方政府债务管理，全面完成省市下达的隐性债务化解任务。建立国资项目投资决策、融资和偿债机制，建立“借用管还”一体化的国资平台的融资监管体制，提高国资项目投资效益。深入推进社会信用体系建设，加大防范和打击非法集资力度，全力防范和化解金融风险，全县银行机构贷款不良率下降0.82个百分点，借贷法庭集中审理借贷案件1232件，涉及金额24.34亿元，维护当事人的合法权益。

主要领导人 县委书记：肖妮娜。县人大常委会主任：兰先湖。县长：利军。县政协主席：关翠屏。

（李存华　聂逢夷）

·莲花县·

【简　况】 位于江西省西部，辖5镇、8乡、1垦殖场。总面积1072平方千米。林地面积5.4万公顷，森林覆盖率73.78%。总人口27.94万人，其中非农业人口8.8万人；人口自然增长率6.24‰。2019年，地区生产总值60.70亿元，同比增长8.6%。其中，第一产业增加值10.15亿元，增长2.5%；第二产业增加值16.78亿元，增长10.1%；第三产业增加值33.77亿元，增长9.8%。财政总收入10.03亿元，增长6.8%。公共财政预算支出24.9亿元，增长11.9%。工业增加值12.81亿元，增长8.4%。固定资产投资增长9.9%。社会消费品零售总额27.98亿元，增长11.8%。农业总产值16.1亿元，增长1.3%。粮食总产量14.68万吨。城镇居民人均可支配收入2.70万元，增长7.9%；农村居民人均可支配收入1.18万元，增长10.5%。

【莲花县获评“四好农村路”全国示范县】 1月7日，在全国推动“四好农村路”高质量发展现场会上，莲花县入选“四好农村路”全国示范县名单。莲花县共投入交通建设资金6亿余元，升级改造县道134千米，三级公路占比73.4%；新改建乡村公路660余千米；改造危桥53座；实施农村公路安保工程345.2千米，实现通车总里程1800余千米。在100%的乡镇通硬化路基础上，2016年率先实现25户以上自然村道路硬化率100%，2018年实现组组通，行政村通达班车基本全覆盖，城乡公交一体化水平达4A标准，行政村物流配送服务站全覆盖，交通运输总体发展水平达到全省前列。2017年11月，莲花县获评“四好农村路”全省示范县称号，2018年10月通过省级复审。

【开设全国第一家职业中专类压缩机专业】 9月25日，莲花中专压缩机专业开班，首届压缩机专业班招收学生46名，专业目标为培养具有压缩机专业基本知识和技能，能进行压缩机设计、制造、维护、销售等技术技能的专业人才。聘请西安交通大学教授，压缩机领域专家屈宗长为该校名誉校长，具体指导压缩机专业的课程设置、教材编写、专业师资培训、学生实训、教学教研、产教融合。

主要领导人 县委书记：张运来（5月任）。县人大常委会主任：刘绍华。县长：曾国祥（8月任）。县政协主席：刘海林。

（王玉斌　刘瑾颢）

新 余 市

【概　况】 位于江西省中部偏西，辖1县、1区、1高新技术产业开发区和仙女湖风景名胜区。总面积3178平方千米。总人口119.34万人，其中城镇人口83.63万人。2019年，地区生产总值971.58亿元，同比增长7.6%。其中，第一产业增加值62.73亿元，增长3.1%；第二产业增加值453.32亿元，增长7.6%；第三产业增加值455.53亿元，增长8.4%。财政总收入152.35亿元，增长5.6%。一般公共预算收入77.96亿元，增长2.1%。税收总收入139.29亿元，增长7.4%，占财政总收入91.4%，提高1.5个百分点。固定资产投资增长10.0%。工业增加值378.32亿元，增长8.1%，占地区生产总值38.9%，下降0.8个百分点。规模以上工业增加值增长8.1%。外贸进出口总额149.25亿元，下降8.0%。其中，出口75.47亿元，下降11.5%；进口73.78亿元，下降3.8%。实际利用外资5.09亿美元，增长7.2%。实际利用省外2000万元以上项目资金566.02亿元，增长8.7%。农林牧渔业总产值108.81亿元，增长3.2%。粮食总产量62.15万吨，增长0.2%。主要农产品及产量有油料2.20万吨，增长4.2%；肉类8.77万吨，下降7.6%。城镇居民人均可支配收入4.06万元，增长8.0%；农村居民人均可支配收入1.95万元，增长8.3%。社会消费品零售总额305.78亿元，增长11.5%。城乡居民年末存款余额1282.58亿元，增长10.6%。

【发布《首次轻微违法行为免于罚款处罚清单(第一批)》】 4月8日,新余市市场监管局发布《首次轻微违法行为免于罚款处罚清单(第一批)》。该清单涵盖24项首次轻微违法违规经营行为。这是全省市场监管领域首份轻微违法行为免罚清单。该清单涉及登记管理类13项、电子商务管理类4项、广告管理类4项、产品质量管理类3项,明确规定免罚对象为非主观故意,首次轻微违法且无被投诉、举报或其他机关移送的情形,未造成社会后果,经责令改正能立即纠正的市场经营主体。该清单重点突出市场监管执法对新产业、新业态和新模式的包容审慎监管和柔性监管方式。该清单除了对电子商务等新业态持包容审慎监管外,还创造性探索对高校毕业生、退伍军人和残疾人员个体经营监管新模式,明确该三类人群在创业发展初期6个月内未主动申办营业执照或变更个体工商户登记事项,只要未侵害他人权益或造成社会不良影响,均予以免责。

【新余高新区被列为国家自主创新示范区】 8月29日,国务院批复同意新余高新区建设国家自主创新示范区。新余高新技术产业开发区前身为成立于2001年11月的新余市高新技术经济开发区。2010年11月,经国务院批准升级为国家级高新区。全区下辖1镇2办事处,总人口16万人,辖区面积266平方千米,园区规划面积100平方千米。2018年,由省政府推动创建申报。

【新钢公司新能源汽车用高牌号电工钢项目投产】 11月27日,江西省重点建设项目——新钢公司新能源汽车用高牌号电工钢项目投产,这也是新钢公司产业转型升级改造工程实施过程中的第一个重点投产项目。该项目于2018年9月动工,采用具有国际先进水平的技术和设备,是国内先进、省内领先的高牌号电工钢生产线。项目投资6亿元,厂房建筑面积3.9万平方米,主要新建一套二十辊轧机机组、一条连续退火及涂层机组、一条重卷包装机组以及相应配套公辅设施。项目建成后,新增120个就业岗位,每年新增双高牌号电工钢产能14万吨,销售收入10亿元,利税1.5亿元。中冶新材公司可形成每年65万吨无取向电工钢生产能力,其中27万吨高牌号高磁感电工钢;实现产值35亿元,利税3亿元。该项目的投产,使新钢公司成为国内少数几家无取向硅钢产品全覆盖,具备新能源汽车用电工钢生产能力的企业,产品竞争力大幅提升,为新钢开拓高端电工钢市场提供有力保障。

【“中国新能源材料与器件第三届学术会议暨新余新能源新材料高峰论坛”开幕】 8月10日,“中国新能源材料与器件第三届学术会议暨新余新能源新材料高峰论坛”在新余市开幕。副省长孙菊生,省政协副主席刘晓庄,中国有色金属学会理事长贾明星,中国瑞林工程技术有限公司院士张文海,广东省科学院院士周克崧,清华大学院士李亚栋,中南大学院士桂卫华,省政府副秘书长樊雅强,省委组织部副部长、省人大选任联主任徐忠,省科协主席史可,新余市委副书记、市长犹瑳,新余学院院长张玉清,省科技厅巡视员赵金城,省工信厅副厅长刘煜,省科协副主席孙卫民,中南大学副校长郭学益,新余市委副书记曾萍,新余市委常委、市委组织部部长赖国根,副市长陈文华等领导,以及国内从事新能源材料研究的各大高校、院所和企业科技人员以及新余市从事新能源新材料方面的领导和企业技术人员,共900余人参加开幕式。开幕式由中国有色金属学会副理事长兼秘书长张洪国主持,孙菊生、犹瑳,贾明星,郭学益、史可先后致辞;开幕式举行“中国有色金属学会新余服务站”授牌仪式。李亚栋等6名院士、专家分别作专题报告。

【“党建+颐养之家”入选2019中国改革年度十佳案例】 12月21日,由中国经济体制改革研究会、中国经济改革研究基金会指导,中国经济体制改革杂志社、中共长春市委、长春市政府联合主办的“不忘改革初心、牢记改革使命——中国改革(2019)年会”在长春市召开。年会发布2019中国改革年度案例,新余“党建+颐养之家”养老新模式改革被列入十大年度改革案例之列,并被授予“地方全面深化改革调研基地”。新余市出台《新余市农村“党建+颐养之家”项目资金管理办法》《颐养之家运行成本管理十条》《提升“颐养之家”管理和服务办法十条》等文件,在全市农村推行“党建+颐养之家”工作,改革经验获中央领导和省委主要领导批示肯定。“颐养之家”建设经费以财政投入为主,每个行政村一次性投入10万元,由市、县(区)、乡三级按4:4:2比例分担。运行经费以老人“自养”为主,按照每人每月350元的标准保障运行经费,其中“入家”老人自缴200元,市、县(区)两级财政各补贴50元,乡、村两级自筹50元,不足部分通过争取上级补贴、村级经济配套及社会捐助等多种渠道筹集,形成多元化投入机制。至年底,全市共建颐养之家736个,同步建设414个晓康诊所。

主要领导人 市委书记:蒋斌。市人大常委会主任:董晓健。市长:犹瑳。市政协主席:卢伟平。

(傅媛媛)

·分宜县·

【简　况】 位于江西省中部,辖7镇、3乡、1园区、2街道办事处。总面积1391.76平方千米,其中建成区面积13.8平方千米。有林面积2.52万公顷,森林覆盖率64.3%,城区绿化率40.5%。总人口34.67万人,其中非农业人口12.1万人;人口自然增长率7‰。2019年,地区生产总值178.34亿元,同比增长8.3%。其中,第一产业增加值20.44亿元,增长3.2%;第二产业增加值60.02亿元,增长9.1%;第三产业增加值97.88亿元,增长9.2%。财政总收入24.98亿元,增幅3.2%。税收总收入22.51亿元,增长8.7%;税收占财政收入90.1%,比上年提高34.5个百分点。地方财政支出30.5亿元,增长5.4%。工业增加值52.25亿元,增长9.2%,占地区生产总值29.3%,比上年下降4个百分点。规模以上工业增加值增长9.5%。全年外贸出口20.2亿元,增长20.7%。固定资产投资增长10.5%。利用外商合同金额1.17亿美元,增长7.9%;省内外投资150.08亿元,增长9%。主要工业产品及产量有水泥241.21万吨、驱动桥6646台、发电量10.2亿千瓦时、精铁矿136.9万吨。农业总产值19.66亿元,增长6.85%。粮食总产量15.95万吨。主要农产品及产量有稻谷14.78万吨、油料6206吨、苎麻1867吨、水产品1.65万吨。城镇居民人均可支配收入3.46万元,增加8.1%;农村居民人均纯收入1.90万元,增长8.5%。年末金融机构储蓄存款余额165.7亿元,比年初增加16.45亿元。

【分宜首例遗体捐献】 12月10日,钤东街道一位82岁老人因病离世,其老伴拿出签署好的江西省遗体捐赠自愿书,与县红十字会取得联系,进行遗体捐献。10日下午,市、县红十字会工作人员为老人签下遗体捐献执行确认书。两位老人由于子女残疾无劳动能力,加上自身患病身体不好,家里的经济来源都靠政府救助,于是,老人萌生捐献遗体的想法,尽己之力回报社会。所有手续办理完毕,井冈山大学医院部工作人员到县殡仪馆,对遗体进行接收转运,献上花束、庄严鞠躬。老人的亲属、朋友做最后告别。根据捐献协议,老人的遗体用于井冈山大学医学研究工作。

【省道222控制性工程下穿沪昆高铁黄梅塘特大桥架通】 11月24日,省道222线控制性工程下穿沪昆高铁黄梅塘特大桥最后一片箱梁架设成功,该项目主体桥梁的架设工作全部完成,南北两岸贯通。黄梅塘特大桥是省道222线改建工程唯一一座下穿式桥梁,结构形式为单跨40米桥梁工程,由7片40米的箱梁组成,桥梁全长48.08米,总宽度19.5米,为双向4车道,2019年6月开工建设。

主要领导人 县委书记:李逸翔。县人大常委会主任:袁传胜。县长:胡军。县政协主席:朱运书。

(杨诚)

·渝水区·

【简 况】 位于江西省中部偏西,辖7镇、4乡、6街道办事处。总面积1174平方千米。耕地面积3.2万公顷,有林面积4.95万公顷,森林覆盖率39.2%。总人口71.54万人,其中城镇人口36.3万人;人口自然增长率5.05‰。2019年,地区生产总值594.49亿元,同比增长7.1%。其中,第一产业增加值31.06亿元,增长3.2%;第二产业增加值258.13亿元,增长6.5%;第三产业增加值278.30亿元,增长8.1%。财政总收入42.14亿元,增长6.4%。其中,税收收入39.3亿元,占财政总收入92.03%。地方财政收入22.18亿元,增长7.2%。工业总产值303.9亿元,增长11.8%。规模以上工业增加值70亿元,增长9%。外贸出口总额7.04亿元,下降40.58%。固定资产投资243.52亿元,增长10.6%。实际利用外资1.42亿美元,增长6.8%。实际引进省外2000万元以上项目资金176.52亿元,增长9%。社会消费品零销总额188.55亿元,增长11.3%。农业总产值52亿元,增长12.5%。粮食总产量33.2万吨。主要农产品产量有油料1.11万吨,下降1.77%;水果6.3万吨,下降8.7%;蔬菜8.7万吨,下降4.4%。城镇居民可支配收入4.18万元,增长8%;农村居民人均可支配收入1.99万元,增长8.2%。

【工业互联网联合实验室成立】 2019年,渝水区响应省工信委提出的全面推进信息化和工业化两化融合战略,率先在全省成立首家工业互联网联合实验室,被列入江西省政务数据共享应用试点县区。实验室成立后,开展企业上云、企业转型升级和工业互联网方面培训工作。多次点对点、面对面到企业实地调研解决问题。先后11次组织联通总部的中国联通工业互联网研究院博士专家对瀚德科技、英泰能、精诚精密机械等企业了解需求,专门为瀚德科技制定“5G+数字化工厂”方案等。5月,该实验室数据大平台在第十一届中部博览会上进行展示。

【解放桥修复暨红色展馆建设开工】 7月27日,解放桥修复暨红色展馆建设开工。解放桥原名新桥,位于新余与樟树交接处,始建于元朝。1949年7月13日,中国人民解放军第二野战军4兵团13军38师先头部队从清江县(今樟树市)入境,经由此桥挺进并解放新余。因此,又叫“解放桥”。新建的解放桥为5孔砼拱桥,全桥长41米,宽5.4米,修旧如旧,重现古桥原貌。新建红色展览馆216平方米(长18米,宽12米,高5米),展览馆建筑采用砖混+桩基结构(一层),展示红色革命历史、村史文化和民俗文化。项目总投资280万元,2019年年底完成建设。

主要领导人 区委书记:何慕良。区人大常委会主任:李克华。区长:李虹。区政协主席:王钦国。

(龚招生)

鹰潭市

【概 况】 位于江西省东北部,辖1市、2区及市龙虎山风景名胜区、鹰潭高新技术产业开发区、市信江新区。总面积3560平方千米,其中市区建成区面积41.72平方千米。耕地面积9.23万公顷。城镇化率62.04%。总人口118.16万人;人口自然增长率5.99‰。2019年,地区生产总值941.26亿元,同比增长8.1%。其中,第一产业增加值64.71亿元,增长3.2%;第二产业增加值496.51亿元,增长8.5%;第三产业增加值380.04亿元,增长8.3%。财政总收入149.08亿元,增长5.8%。税收占财政总收入82.5%;地方财政收入87.91亿元,增长9.0%;地方财政支出155.06亿元,增长10.6%。规模以上工业总产值2120.20亿元,增长8.6%。主要工业产品及产量有电解铜112.6万吨、铜材210.4万吨、发电99.12亿千瓦时、节能灯3.19亿只。固定资产投资增长8.8%,社会消费品零售总额244.31亿元,增长10.7%。进出口总额298.01亿元,下降7.0%。实际利用外资3.41亿美元,增长8.0%。实际引进省外资金425.76亿元,增长9.1%。农林牧渔业总产值104.83亿元。粮食总产量

74.97 万吨。主要农产品及产量有油料 3.17 万吨、水产品 5.10 万吨、肉类 10.17 万吨。城镇居民人均可支配收入 3.72 万元,增长 8.4%;农村居民人均可支配收入 1.77 万元,增长 9.4%。住户存款余额 530.52 亿元,增长 17.6%。

【龙虎山实现全国首个 5A 级景区核心景区 5G 全覆盖】 2 月,龙虎山实现全国首个 5A 级景区核心景区 5G 全覆盖,并在全省率先打造 5G + VR 全新观光体验景区。江西电信还与鹰潭市政府联合推进龙虎山 5G + 智慧旅游项目,打造新的旅游观光体验。5G 全覆盖后,解决了在龙虎山景区直播、视频通话、玩游戏,遇到卡顿的问题。景区在多个景点和特制竹筏上布设 5G 全景摄像头,画面能够通过 5G 清晰回传,借助 VR 眼镜,即便游客远在千里之外,也能纵览龙虎山风景。同时,结合游客的喜好,5G 智慧技术还为游客推送个性化的讲解内容。游客走进龙虎山景区,还可以通过 5G 高清视频游记助手应用软件自动编写游记,实现即时分享。

【2019 江西国际移动物联网博览会】 7 月 18 日,2019 江西国际移动物联网博览会在龙虎山景区开幕,省委书记刘奇、省长易炼红分别作出批示。副省长吴晓军,北京航空航天大学党委书记、江西省"03"专项专家指导委员会常务副主任曹淑敏,工信部信息通信发展司副司长刘郁林分别致辞。中国工程院院士、江西省 03 专项专家指导委员会主任邬贺铨作"5G 赋能移动物联网"主旨报告。市委书记郭安就鹰潭市 03 专项试点示范基地建设情况作专题汇报。市长于秀明主持开幕式。中国科学院院士房建成、褚君浩、郑建华;科技部、交通运输部、北京航空航天大学、省政府、省科技厅、省工信厅、省科学院、省商务厅、鹰潭市委、鹰潭市人大等领导;中国电信、中国移动、中国联通、华为、中兴、浪潮集团等企业有关负责人及国内外专家学者;新华社、《光明日报》、中央电视台、中新社、凤凰网、《江西日报》、江西电视台等媒体记者,共 800 余人出席开幕式。中国工程院院士倪光南,新加坡科学院院士黄铭钧,中国信息通信研究院副院长王志勤,华为技术有限公司高级副总裁邓涛,中兴通讯公司副总裁尤琰,浪潮集团执行总裁、浪潮云董事长兼 CEO 袁谊生分别作题为《大力发展工业软件》《5G 革命数据驱动型技术和应用》《5G 助力数字经济发展》《拥抱智慧时代,共建智慧新城》《打造 5G 核心能力体系,赋能行业快速发展》《云数赋能,智领未来》主题演讲。在随后举行的项目签约仪式上,全省 16 个项目现场完成签约,投资总额 115.68 亿元。其中,鹰潭市签约项目 5 个,投资总额 22 亿元。该博览会由省政府指导,省科技厅、省工信厅、省商务厅、市政府共同主办。博览会主题是"5G 融合 · 万物智联"。会议期间举办了智慧交通、智能制造、5G 物联、智慧旅游、物联安全、信息存储产业发展 6 场分论坛以及展览展示、第二届"绽放杯"5G 应用征集大赛(鹰潭站)、应用场景体验等活动。

【江西省铜行业协会成立大会暨一届一次会员大会召开】 9 月 29 日,江西省铜行业协会成立大会暨一届一次会员大会在鹰潭市召开,省委常委、副省长吴晓军发来贺信。省工信厅党组成员、副厅长刘煜出席会议并讲话。会议选举产生江西省铜行业协会第一届理事会理事、监事、秘书长、副会长、常务副会长、执行会长、会长。江西铜业集团公司副总经理陈羽年当选江西省铜行业协会会长。江西省铜行业协会是由全省依法从事铜产品、铜冶炼、铜加工、铜贸易、铜回收、铜拆解、铜研发等科研院(所)、金融机构及个人自愿结成的全省性、行业性的非营利性社会组织,旨在搭建政府与企业沟通的桥梁纽带,加强会员单位之间交流合作,促进铜产业链协同创新,推动江西省铜产业高质量跨越式发展。

【鹰潭市获智慧城市建设两项奖项】 11 月 19 日—21 日,全球智慧城市大会在西班牙巴塞罗那举行。会上,鹰潭获全球智慧城市数字化转型奖和全球智慧城市中国区产业数字化转型奖,是中国唯一获两项奖项的城市。鹰潭市以"03 专项"试点示范建设为机遇,大力发展移动物联网等产业,推进新旧动能转换。全市已拥有物联网企业 214 家。纳入省政府协议供货目录的物联网终端产品达 21 款。建成各类服务平台 44 个,实现智慧路灯、智慧水表等物联网应用场景 43 个,5G 应用示范 10 余项,物联网终端连接数 110 余万个,步入"物超人"城市行列。铜产业借力产业数字化转型升级赶超,7 家企业获批国家级、省级智能制造试点示范企业,一批铜企业完成数字化车间改造和智能化生产线改造。联合华为共同打造数字孪生城市,构建全域一体智能基础设施、孪生城市智能中枢和高精度城市信息模型,打造物联网"城市级"应用矩阵。同时,在全省率先建成智慧文化旅游大数据平台,建成全国 5A 级旅游景区第一个采用 NB - IOT 技术打造的"智慧竹筏""智慧停车场"等智慧项目,建设首条融合智慧路灯、智慧信息引导牌、公共交通智能设备等智慧便民设施的智慧大道。

【鹰潭港综合货运码头开工建设】 12 月 29 日,鹰潭港综合货运码头开工建设。鹰潭港建设项目包括余江中童、贵溪九牛滩 2 个综合货运码头项目,共规划建设 19 个码头泊位,年通过能力 980 万吨、21 万 TEU(国际标准箱单位),使用港口岸线 1946 米,项目总占地 226 公顷(含物流园 105 公顷),总投资约 44.5 亿元。

主要领导人 市委书记:郭安。市人大常委会主任:郭清。市长:于秀明。市政协主席:戴春英。

(杨保平)

· 贵溪市 ·

【简 况】 位于江西省东北部,辖 12 镇、6 乡、3 街道办事处、7 林场(垦殖场、园艺场)。总面积 2492.79 平方千米,其中中心城区建成区面积 31.6 平方千米。耕地面积 3.85 万公顷,林地面积 14.27 万公顷,森林覆盖率 64.45%,城区绿化率 35.14%。总人口 64.94 万人,其中非农业人口 17.35 人;人口自然增长率 3.3‰。2019 年,地区生产总值 490.64 亿元,同比增长 7.8%。其中,第一产业增加值 34.76 亿元,增长 3.3%;第二产业增加值300.12亿元,增长8.2%;第三产业增加值155.76亿元,增长7.9%。财政总收入66.53亿元,增长5.3%,税收占财政总收入87.1%。地方财政收入37.39亿元,增长6.7%;地方财政支出56.05亿元,增长10.7%。工业总产值1312.29亿元,增长9.7%。规模以上工业增加值增长8.5%,占地区生产总值51.1%。固定资产投资增长9.5%。实际利用外商投资1.33亿美元,增长9.2%。实际引进省外2000万元以上项目资金149.52亿元,增长9.2%。主要工业产品及产量有铜材104.74万吨,增长23.7%;精炼铜112.57万吨,增长2.6%;水泥173.14万吨,增长2.2%;化学农药原药1.04万吨,增长5.6%。农业总产值58.34亿元,增长15.51%。粮食总产量36.2万吨。主要农产品及产量有稻谷36.6万吨、小麦167吨、玉米1303吨、大豆3402吨。城镇居民人均可支配收入3.75万元,增加244元;农村居民人均可支配收入1.76万元,增加125.5元。住户储蓄存款余额193.21亿元,增长15.8%。

【遭受强降雨和冰雹天气】 3月21日8时20分至30分,贵溪市遭受强降雨、冰雹天气,造成7.2万人受灾,2人死亡,19人受伤。城乡多处厂房、房屋、大棚等建筑物受损,农作物受灾面积804公顷,直接经济损失约5.2亿元。贵溪市启动自然灾害Ⅲ级响应,印发紧急通知,召开全市会议,调度灾害生产自救工作;成立领导小组、应对指挥中心,统一指挥调度;深入灾区一线和受灾群众,推进抗灾救灾工作。省应急管理厅派出工作组到贵溪检查指导抗灾救灾。

【《贵溪市志(1991—2008)》首发】 1月18日,《贵溪市志(1991—2008)》在贵溪市委党校举行首发式。市委常委、副市长朱龙杰出席首发仪式。《贵溪市志(1991—2008)》是1996版《贵溪县志》的续志,也是首部以"贵溪市"冠名的地方志书,是一部全面反映贵溪改革开放以来政治、经济、文化、社会、生态的资料性文献。为体现地域和时代特色,《贵溪市志(1991—2008)》将驻市单位由原来县志的节升格为章、卷;对贵溪方言词语进行全面收集整理记载,增设谱牒内容;设置思想道德建设篇目;增设民俗变化和民生工程一章。

【花桥水利枢纽工程开工建设】 9月27日,花桥水利枢纽工程开工建设。鹰潭市市长于秀明致辞,市委副书记黄万林主持开工仪式。省水利厅、省扶贫办、省发改委,鹰潭市以及贵溪市等领导出席仪式。花桥水利枢纽工程是列入全国"十三五"水利发展规划的省市重点水利工程项目,是水利部2019年开工建设的30项重大水利工程之一,是一座以供水和灌溉为主、结合防洪、兼顾发电等综合效益的大(2)型水利枢纽工程。工程批复投资24.81亿元,征地拆迁751.2公顷,移民安置1657户、6359人,水库集水面积约163平方千米,库容1.09亿立方米,正常蓄水位132米,最大坝高39米,输水管道37.8千米,可满足鹰潭市城区、贵溪市城区及周边百万人的居民生活用水,满足下游4380公顷良田的灌溉用水,实现年发电量907万千瓦时,工程还可将文坊镇河段的防洪能力由8年一遇提高到20年一遇。该工程初步设计建设周期30个月。

主要领导人 市委书记:梅峰(任至9月)、毛建华(9月任)。市人大常委会主任:祝晓勤。市长:周谷昌。市政协主席:李中华。

(潘晨)

·余江区·

【简　况】 位于江西省东北部,辖7镇、4乡。总面积940平方千米,其中城区面积27平方千米。耕地面积3.65万公顷,有林面积3.17万公顷,森林覆盖率46.75%。总人口39.53万人,其中非农业人口10.89万人。2019年,地区生产总值151.86亿元,同比增长8.6%。其中,第一产业增加值20.14亿元,增长3.8%;第二产业增加值75.23亿元,增长9.9%;第三产业增加值56.49亿元,增长8.4%。财政总收入22.89亿元,增长6.2%,税收占财政收入83.3%;地方财政收入13.31亿元,增长7.1%;地方财政支出36.17亿元,增长13.1%。社会消费品零售总额51.41亿元,增长10.8%。规模以上工业总产值205.78亿元,增长26%。主要工业产品及产量有铜材22.01万吨、服装358.9万件、眼镜成镜6276.24万副。粮食总产量30.55万吨。主要农业产品及产量有花生1.5万吨。城镇居民人均可支配收入3.48万元,增长8.4%;农村居民人均可支配收入1.83万元,增长9.7%。城乡居民年末储蓄余额121.07亿元,增长14.7%。

【"宅改"推进乡村治理】 2019年,余江区通过全国农村宅基地制度改革试点,总结提炼"宅改"方法途径,并将成功经验从破解"空心村"遍地问题,延伸至整治脏乱差环境、破除婚丧陋习、增进邻里和谐、弘扬文明新风等乡村治理其他方面。把"宅改"决策权交到村民自己手中,通过"宅改"激发村民参与乡村治理的热情。全区1040个自然村建立完善由村民推选产生的村民事务理事会,发挥村民自治作用,宅基地的退出、有偿使用、流转等一系列方案都根据村民意见拟定并投票通过,理事会成员带头实施。4年来全区共退出宅基地35937宗,可满足未来10~15年村民建房需求。推广使用"乡村治理"网络服务管理平台,村民可通过微信注册实现在线咨询办事。村干部在后台收到村民要办事项后,能在村一级办理的第一时间办理,需要到乡镇或区办理的及时前往代办,做到让村民办事"只跑一次"甚至"一次不跑",提高为乡村百姓服务的广度和效率。完善民事村办网络体系。各村成立"和事堂""个人调解工作室"等特色调解组织,为村民提供法律咨询、矛盾调解等服务;很多村开设"假日课堂""快乐之家"等互助组织,为老人提供照料服务,为留守儿童提供学习辅导;"新时代文明实践中心""红白理事会",引导乡村摒弃婚丧嫁娶陋习,兴文明新风。

【余江32对"零彩礼"新人举行集体婚礼】 8月6日,由余江区新时代文明实践中心主办的首届"零彩礼"集体婚礼在鞍岭公园红旗广场举行。

上午8时,集体婚礼仪式开始,参加集体婚礼的32对“零彩礼”新婚夫妇,既有公务员、教师等公职人员,也有普通群众,还有自主创业、乡村振兴的带头人。他们在区委、区政府的引导下,自觉抵制高价彩礼,喜事新办,勤俭节约。区委书记路文革为新人证婚,区四套班子领导为新人赠送新婚吉祥大礼——余江特色产品樟木箱,中国好人陈增文为新人们送上祝福。

【第一部《余江政协志》发行】 11月22日,由鹰潭市余江区政协主持编纂的第一部《余江政协志》发行。该志编纂历时近两年,先后共查阅档案资料3000余卷(册、件)、约6000万字,复印、摘抄资料100余万字,几易其稿,多方征求意见,反复校稿,最终定稿。该志设6篇21章68节,共42万字,记载时间从1950年余江县第一届各界人民代表会议(县人民代表大会和县政协的前身)开始,到2017年12月31日止。全志围绕政协的性质、任务、主要职能和作用,用系统翔实的材料,客观记载余江政协始建、发展、完善的历史过程。

主要领导人 区委书记:路文革(任至8月)、苏建军(8月任)。区人大常委会主任:谭建新。区长:苏建军(任至10月)。区政协主席:金建华。

(汤淑英)

·月湖区·

【简 况】 位于江西省东北部,辖1镇、5街道办事处。总面积90.5平方千米。耕地面积1944公顷,有林面积809公顷,森林覆盖率21.8%,城区绿化率38.4%。总人口17.81万人,其中非农业人口16.14万人;人口自然增长率3.74‰。2019年,地区生产总值147.00亿元,同比增长8.3%。其中,第一产业增加值2.21亿元,增长2.2%;第二产业增加值26.16亿元,增长8.3%;第三产业增加值118.63亿元,增长8.4%。财政总收入14.82亿元,增长4.2%,人均320元,税收占财政总收入81.7%;地方财政收入9.27亿元,增长12.2%。一般公共预算支出13.57亿元,增长10.6%。规模以上工业增加值增长10.0%。外贸出口1885.81万美元。固定资产投资60.43亿元,增长10.5%。实际利用外资1840.19万美元。实际引进外资29.27亿元,增长8.6%。农业总产值2.40亿元,增长4.8%。粮食总产量1.28万吨。主要农产品及产量有粮食1.43万吨、生猪出栏3.29万头、水产1960吨、稻谷1.20万吨、蔬菜1.07万吨。农村居民人均可支配收入1.90万元,增长9.5%;城镇居民人均可支配收入4.12万元,增长8.4%。城乡居民年末储蓄余额217.14亿元,增长20.33%。

【月湖区人民医院(含疾控中心)竣工使用】 2019年,月湖区人民医院(含疾控中心)竣工使用,项目位于鹰潭市月湖新城童家示范镇(东外环路与纬五路交叉口),总投资3500万元,争取上级资金405万元(建疾控中心项目),总用地面积1.08万平方米,综合大楼约1万平方米,急诊科500平方米,门诊部1500平方米,住院部4200平方米,医技科室2500平方米,后勤保障8000平方米,行政管理500平方米,院内生活1000平方米。项目建成使用后,改变月湖区无综合医院的现状,改善月湖区患者就医环境和医疗条件,减轻患者外出就医的经济负担,并为月湖区教研医疗指导提供场所和平台。

【实施棚户区和城中村改造项目】 3月,月湖区承接了12个棚户区和城中村改造项目,其中4个城中村改造项目,8个棚户区改造项目。12个片区地块面积6.13万平方米,房屋面积约30万平方米,涉及被征收户1885户,该次改造规模面积最大、范围最广、情况复杂。月湖区委、区政府成立12支拆迁队伍,人员高达300多人,由县级领导带队,引进专业团队全过程指导,学习上海和景德镇的拆迁经验,上下齐动员,领导靠前指挥,工作队员下沉一线,集中采取调查研究,因地制宜,科学规划,周密部署,以人为本,让利于民,阳光征收,公开透明,发动群众,大力宣传,坚持原则,统一标准,培训上岗,监督激励等工作措施,至年底,10个项目启动了正式签约,2个启动预签约,其中,8个项目100%签约,2个项目签约率98%以上;8个项目完成房屋拆除,2个项目正在拆除房屋,每个项目平均6个月完成。

主要领导人 区委书记:刘军生。区人大常委会主任:朱淑英。区长:李志兵。区政协主席:曾文锋。

(雷荷莲)

赣 州 市

【概 况】 位于江西省南部,辖3区、1市、14县。总面积3.94万平方千米,其中市中心城区建成区面积190平方千米。耕地面积44.01万公顷,林地面积305.77万公顷,森林覆盖率76.2%。总人口983.07万人,其中城镇人口302.09万人。2019年,地区生产总值3474.34亿元,同比增长8.5%。其中,第一产业增加值376.32亿元,增长3.3%;第二产业增加值1368.19亿元,增长8.2%;第三产业增加值1729.83亿元,增长10.1%。财政总收入485.52亿元,增长5.7%。其中,一般公共预算收入280.37亿元,增长5.7%。财政总收入占地区生产总值比重14.0%,下降0.5个百分点。税收收入415.28亿元,增长8.8%。一般公共预算支出1007.59亿元,增长17.5%。工业增加值1138.61亿元,增长8.6%,规模以上工业增加值增长8.7%。货物进出口总额57.83亿美元,增长8.8%。其中货物出口49.15亿美元,增长13.2%;货物进口8.69亿美元,下降10.8%。固定资产投资增长10.5%。实际使用外资20.12亿美元,增长9.1%。实际利用省外项目资金921.27亿元,增长10.1%。主要工业产品及产量有锂离子电池8731.3万只、家具3135.7万件、发电量86.4亿千瓦时、水泥2007.1万吨、10种有色金属32.6万吨。农林牧渔总产值增长3.3%。粮食总产量269.64万吨。主要农产品及产量有蔬菜及食用菌368.32万吨、水果170.71万吨、肉类66.65万吨、水产品29.74万吨。农村居民人均可支配收入1.19万元,增长10.8%;城镇居民人均可支配收入3.48万元,增长8.3%。

【省域副中心城市建设】 启动市、县两级国土空间规划编制,第三次国土调查取得阶段性成果。基础设施日臻完善。昌赣高铁通车运营,推进赣深高铁、兴泉铁路建设。兴赣高速北延、大广高速扩容加快建设。黄金机场T2航站楼投入使用,开通首条国际航线,年旅客吞吐量首次突破200万人次,迈入国际空港、中型机场行列;瑞金民用机场可研报告获批。实施国省道和农村公路建设,推进G105中心城区改线工程;建成"四好农村路"5637千米,具备条件建制村通客车率98.5%。获批革命老区交通运输高质量发展先行示范区建设试点。赣州西500千伏输变电工程投运,推进华能瑞金电厂二期建设,省天然气管网赣州段12条支线基本建成。提升城市功能与品质。中心城区6条快速路建成通车,通车里程约50千米。6个区域性中心加快建设,"三大中心"建设进展顺利。持续推进老旧小区和背街小巷提升改造、垃圾分类和"厕所革命"。区域发展协调。推进中心城区"五区一体化",基础设施互联互通和公共服务均衡发展步伐加快。统筹推进瑞兴于"3+2"经济振兴试验区、"会寻安"生态经济区、"三南"园区一体化发展和"大上崇"幸福产业示范区建设。

【中国(赣州)稀土产业高质量发展论坛在赣州市举行】 7月8日,中国工程院、中国科学院与省政府在赣州市共同主办中国(赣州)稀土产业高质量发展论坛。论坛主题为"创新、绿色、安全、高效",设置一个主论坛,并围绕稀土创新发展、绿色发展、稀土创新体系与国家平台建设3个主题举行平行论坛,探讨稀土产业高质量发展的新思路、新技术、新工艺。省委书记刘奇出席论坛开幕式并讲话,省长易炼红主持开幕式。中国工程院副院长钟志华,中国科学院副院长相里斌分别在开幕式上讲话。省委副书记、市委书记李炳军在闭幕式上讲话。国家市场监督管理总局副局长唐军,省领导赵力平、吴晓军出席。中国工程院院士干勇作主旨报告,李卫、张洪杰、顾国彪、张锁江、黄小卫、李依依等院士作稀土产业发展专题报告。与会人员从稀土行业发展现状及未来发展趋势、稀土产业科技创新、国内外宏观经济形势等角度,为中国稀土产业高质量发展提供前沿创新思维和正确导向。丁文江、多吉、陈毓川、蔡美峰、陈鲸、何季麟、赵宇亮、邱冠周、唐任远、洪茂椿、谢建新、徐义刚等院士出席,国内稀土行业协会学会负责人、重点科研院所高校专家、六大稀土集团及国内稀土行业企业代表等450余人参加论坛。

【新能源汽车在赣州实现整车下线】 8月6日,国机智骏汽车旗下纯电动汽车SUVGX5整车、凯马汽车的新能源商用车在赣州新能源汽车科技城下线,这是赣州工业发展史上的重要里程碑,标志赣州新能源汽车产业进入新的发展阶段。国机集团以战略眼光,率先布局赣州新能源汽车科技城,投资80亿元建设年产30万辆新能源汽车整车项目。项目从签约到开工仅用44天,不到一年完成一期主体工程,2019年获批生产资质并实现整车下线。作为国机集团的全资子公司,恒天集团投资15亿元建设年产10万辆新能源汽车和轻卡、微卡项目,成为首批落户赣州新能源汽车科技城的整车项目之一。山东凯马汽车实现整车下线,丰富赣州市汽车工业产品体系,推动赣州新能源汽车科技城建设、赣州新能源汽车产业发展。

【昌赣高铁开通运营】 12月26日8时15分,G5034次列车驶出赣州西站,开往南昌西站,标志昌赣高铁开通运营,赣南老区融入全国高铁网络。当日,赣州西站有14对高铁列车始发终到。其中,赣州西站首趟始发列车G5034次8时15分发车,末趟始发列车G5056次21时34分发车,终点站均为南昌西站;首趟终到列车G5033次10时03分到站,末趟终到列车G5093次21时36分到站,均从南昌西站始发。赣州西至景德镇北、九江当日各有一趟始发终到列车。昌赣高铁是国家《中长期铁路网规划》"八纵八横"高速铁路网中京港(台)通道的重要组成部分,按客运专线、双线、电气化、时速350千米的技术标准建设,线路全长约416千米,项目总投资496.6亿元,其中赣州境内107.70千米,途经兴国县、赣县区、

12月26日,昌赣高铁正式通车,结束了赣州无高铁的历史

赣州市地方志办供

章贡区、赣州经济技术开发区。昌赣高铁全线设有13个站,其中赣州市境内设有赣州西、赣县北、兴国西3个站。赣州西站是全线最大的新建高铁站,设计集铁路、地铁、公交、长途客运、出租车及旅游巴士等多种交通方式于一体,形成高效集成、"零换乘"无缝对接的综合交通客运枢纽。昌赣高铁自2015年7月全线开工建设,各建设施工单位密切配合,按计划工期节点完成建设任务。

【《赣州市志(1986—2000)》出版发行】 12月,"中国志书精品工程"《赣州市志(1986—2000)》由方志出版社出版发行。全书400余万字,分为40篇203章,采用述、记、志、传、图、表、录等体裁,以志为主,图、表随文穿插,内容丰富,图文并茂。"中国志书精品工程"志书全国仅有5部(其中全国设区市4部),《赣州市志(1986—2000)》是其中之一,江西省唯一一部。《赣州市志(1986—2000)》自2001年启动编纂,由赣州市地方志办公室编纂,经江西省地方志办公室初审、复审、终审和中指组在北京组织3次专家评审,历时10余年,完成出版。

主要领导人 市委书记:李炳军。市人大常委会主任:王林云(任至6月)。市长:曾文明。市政协主席:刘建平。

(徐文菁)

·章贡区·

【简　况】 位于江西省南部,辖5镇、4街道办事处。总面积363.35平方千米。林地面积2.11万公顷,森林面积2.06万公顷,森林覆盖率60.26%。总人口53.28万人,其中城镇人口49.28万人;人口自然增长率7.84‰。2019年,地区生产总值502亿元,同比增长8.2%。其中,第一产业增加值3.53亿元,增长2.6%;第二产业增加值176.54亿元,增长8.2%;第三产业增加值321.93亿元,增长8.2%。财政总收入45.39亿元,增长1.4%。其中,税收收入40.59亿元,非税收收入4.8亿元。一般公共预算收入23.65亿元,增长2.1%;一般公共预算支出46.41亿元,增长6.3%。规模以上工业增加值增长9.1%,固定资产投资增长9.1%。实际利用外资1.59亿美元,增长10.3%。进出口总额57.45亿元,其中出口总额44.36亿元,增长9.2%。农业总产值8.39亿元,增长2.52%。主要农产品及产量有蔬菜9.97万吨、食用菌0.83万吨、水产品0.19万吨。社会消费品零售总额294.81亿元,增长11.5%。城镇居民人均可支配收入4.17万元,增长9.2%;农村居民人均可支配收入1.71万元,增长10.2%。

【产业发展】 "一区四中心"建设开新局。青峰药谷集聚生物医药企业80家,营业收入增长20%。全省首个区域药品检查所落地设立,获批全省第一个医药物流第三方试点、全省第一个国家创新医疗器械证书。青峰药业上市新品种2个,百亿元现代医药生产项目全面竣工试生产。举办第二届章贡文化旅游节,落户江南宋城、阳明文化公园等百亿元项目,福寿沟博物馆、魏家大院客家博物馆、赣坊1969文创园开门迎客,赣州方特复兴之路文化科技园、七鲤古镇项目加快推进,全国非省会城市首个杉杉奥特莱斯开业运营,全年接待旅游总人数和收入分别增长20.69%、19.88%,获评全省文化旅游产业发展先进县(区)。赣州苏区并购基金园入园企业610家,累计税收超10.48亿元。新增高新技术企业43家,新增市级以上工程技术研究中心2个,入库科技型中小企业60余家,虔东稀土获批国家企业技术中心,被列为国家知识产权强县工程试点县(区)。开工建设高层次人才科创园二期,新引进高层次人才25名。赣州数字经济产业园创新、软件、物联3个中心初具雏形,成立赣州信创联盟,落户5大平台,引进航天科工、浪潮超越、华安保、奇安信等15家高端企业或机构。电子信息产业产值超130亿元,深联电路二期智能化改造项目投产,亩均投入和产出均达2400万元,成为制造业"亩产论英雄"的标杆。

【扶贫攻坚】 2019年,章贡区投入扶贫资金2.78亿元,全年脱贫227户556人。坚持精准施策,清退低保户397户1341人,全年发放低保金1682.31万元。健康扶贫"四道医疗保障线"稳健运行,帮扶住院贫困群众1970人次,医疗总费用1627.97万元,贫困户自付比例9.96%;救助贫困群众1291人次,发放救助金176.22万元;建设44所公有产权村卫生室,组建11个"三级医院专科医生+家庭医生+服务团队"服务团队。教育扶贫资助贫困家庭学生2363人次,发放资助金217.84万元,全区义务教育阶段贫困学生"零辍学"。完成建档立卡户房屋鉴定和挂牌1680套(其中A级98套、B级1582套),解决599户贫困户住房问题,维护修缮61户问题房屋。落实就业扶贫补贴资金549.53万元,惠及2594名贫困劳动力。推进农村"三变"(资源变资产、资金变股金、农民变股民)改革,年内各村集体经济总收入6642.53万元,经营性收入5833.58万元。

【赣州福寿沟博物馆开馆】 12月29日,中国唯一的地下排水系统博物馆——赣州福寿沟博物馆在章贡区揭牌对外开放。福寿沟,即福沟和寿沟,是赣州古城地下主要下水道。因沟的走向形似篆体的"福""寿"二字,故名"福寿沟"。福寿沟建于北宋熙宁年间(1068—1077年),虔州知州刘彝始建。福寿沟博物馆项目于2018年6月开工修建,总投资9800万元,占地面积1.26万平方米,建筑面积1.09万平方米,建筑高度16米,地上2层,地下1层。博物馆(陈列馆)馆内布展面积约4000平方米。展陈以负一楼、一楼为主。负一楼主要展示福寿沟的结构、主要结成部分及科学原理等;一楼重点介绍福寿沟的来由、人文历史及现状;二楼主要是博物馆的特展区、研学及论谈空间。展示内容包含福寿溯源、福寿智慧、他山之石、海绵城市4大主题片区,主要展示城市的起源拓展、福寿沟的来源及功能完善、福寿沟修筑者、维护者、现代的勘探情况和福寿沟各大组成部分——明渠暗渠、篦子、度龙桥、沉井与狮子扒、水塘、水窗的结构和科学依据,以及建设工艺、材料等，介绍历史及世界知名排水系统、海绵城市的原理等内容。

主要领导人 区委书记：胡雪梅（任至4月）、高世文（4月任）。区人大常委会主任：刘铭忠。区长：连天浪。区政协主席：廖小波。

（张凤）

·赣县区·

【简 况】 位于江西省南部，辖12镇、7乡。总面积2993.09平方千米。耕地面积2.15万公顷，林地面积23.16万公顷，森林覆盖率76.16%，绿地率47.38%。总人口66.00万人，其中城镇人口14.09万人；人口自然增长率6.01‰。2019年，地区生产总值191.65亿元，同比增长率9.1%。其中，第一产业增加值21.81亿元，增长3.4%；第二产业增加值61.69亿元，增长7.8%；第三产业增加值108.15亿元，增长11.2%。财政总收入26.01亿元，增幅4.9%，税收占财政总收入77.1%。地方财政收入16.72亿元，增长6.0%；地方财政支出65.25亿元，增长22.4%。工业总产值141.64亿元，增长10.8%。规模以上工业增加值占地区生产总值15.1%。固定资产投资增长9.2%，实际利用外商投资1.29亿美元，增长7.1%。农业总产值35.30亿元，增长3.3%。粮食总产量17.82万吨。主要农产品种植面积有脐橙6666.67公顷、蔬菜6333.33公顷、油茶1.98万公顷、烟叶173.33公顷。城镇居民人均可支配收入3.16万元，增长8.3%；农村居民人均纯收入1.17万元，增长11.5%。城乡居民年末储蓄余额207.75亿元，增长8.2%。

【脱贫攻坚】 坚持精准施策，推进脱贫攻坚。投入资金17.22亿元，实施项目3255个，新（改、扩）建农村公路825千米，住房、饮水等领域短板基本补齐。发放残疾人“两项补贴”778.1万元；“四道医疗保障线”报销1.36亿元，自付比9.45%。发放产业奖补3192万元，产业覆盖率73.89%；设立扶贫车间34个，开发公益性岗位3313个，就业覆盖率87.91%。推行“大村长”挂点联系制度，持续开展“乡村夜话”“党旗引领、五星创评”等活动，提升群众满意度。所有贫困村全部退出，贫困人口减少到2862人，贫困发生率下降到0.53%。接受国家第三方评估，以零漏评、零错退的成绩实现脱贫摘帽。

【工业发展】 围绕“三年再翻番”目标，坚持主攻工业。稀金谷快速干道全线贯通，“一区三园”连成一片。引进亿元以上项目20个，其中50亿元项目2个。获批稀有金属新材料国家新型工业化产业示范基地、泛珠三角区域工业和信息化合作创新发展示范试点园区、“国字号”创新平台12个，获批江西唯一的国家级稀土钨新型功能材料战略性新兴产业集群。稀土永磁材料产能达到3万吨/年，约占全国市场份额1/3。赣州铝业铝板带项目建成试产。全标生物、天文磁业入选省“瞪羚”企业。新增高新技术企业15家，总数达60家。专利申请量、授权量连续3年位居全省前列，被评为“国家知识产权强县工程试点区”。赣州高新区获批国家自主创新示范区，科技企业孵化器升格为国家级孵化器，中科院稀土研究院落地中国稀金谷。

【城乡发展】 围绕振兴乡村目标，坚持统筹发展，农村经济提质增效。打造江口蔬菜示范区、五云乡村振兴试验区，建成五云蔬菜数字化智能育苗工厂。阳埠腐竹成功注册国家地理标志产品，实现地理标志商标“零”突破。完成643个新农村建设点建设。“大棚房”、违建别墅得到有效整治。全面落实“河（湖）长制、林长制”，完成65座水库、水电站退养整治，完成山水林田湖、低质低效林改造1.91万公顷，森林覆盖率达76.16%。柑橘黄龙病、非洲猪瘟有效防控，河道采砂规范有序。围绕品位提升目标，坚持五区一体，改善城区面貌。打通站前大道西延等6条断头路，完成绍京路等5条城市道路升级改造。新增城区面积1.8平方千米、城镇人口1.72万人。新（改）建农贸市场9个，新建公厕62座、社会停车场8处、充电桩2081根。推行城乡环卫“全域一体化”第三方治理，拆除城中村旱厕43座，拆除空心房306.2万平方米。

主要领导人 区委书记：胡晓平。区人大常委会主任：刘吉龙。区长：张景霖。区政协主席：罗宗祺。

（朱祥福）

·南康区·

【简 况】 位于江西省南部，辖5镇、11乡、2街道办事处。总面积1623.02平方千米。耕地面积2.85万公顷，林地面积10.16万公顷。总人口77.35万人，其中城镇人口26.57万人；人口自然增长率6.15‰。2019年，地区生产总值338.56亿元，增长9.4%。财政总收入35.65亿元，增长9.5%；地方一般公共财政预算收入23.33亿元，增长7.2%；一般公共预算支出80.02亿元，增长12.4%。工业总产值938.5亿元，增长13.1%。规模以上工业增加值增长9.1%；固定资产投资增长9.8%。进出口总额371.49亿元，外贸出口278.21亿元。实际利用外商投资2.05亿美元。主要工业产品及产值有家具746.5亿元、矿产品82.5亿元、服装44.6亿元、电子43.8亿元。粮食总产量21.22万吨。主要农产品及产量有水稻20.57万吨、花生1.39万吨、生猪出栏58.49万头、禽蛋产量6742吨、肉类产量5.68万吨。社会消费品零售总额54.43亿元，增长12%。城镇居民人均可支配收入3.34万元，增长9%；农村居民人均可支配收入1.25万元，增长10.1%。金融机构存款余额532.83亿元，增长6.7%；贷款余额503.66亿元，增长23.69%。

【中国（赣州）第六届家具产业博览会在家居小镇举行】 5月28日至6月3日，中国（赣州）第六届家具产业博览会在家居小镇举行。家博会以“新设计、新品牌、新模式”为主题，首次向全国、全球亮出“南康家具”区域品牌，全面呈现南康家具转型升级过程中，引进、催生和发展壮大的智慧物流、电子商务、智能制造、工业旅游等新模式、新业态。全球30余个国家和地区的采购商、供应商参会，国内家居行业知名企业红星美凯龙、居然之家、月星集团参会。该届家博会观展人数超150万人次，交易金额超150亿元，网络观看和点击量超1000万人次。

【意大利(米兰)—中国(南康)家具双向设计研究中心签约揭牌仪式举行】 10月18日,意大利(米兰)—中国(南康)家具双向设计研究中心签约揭牌仪式在家居小镇举行。区委书记徐兵与意大利米兰国际家具展艺术总监亚历山大·阿格拉蒂为中国(南康)家具双向设计研究中心和意大利米兰ALESSANDRO AGRATI STILE工作室揭牌。根据签约内容,在家居小镇建立意大利米兰ALESSANDRO AGRATISTILE工作室和意大利(米兰)—中国(南康)家具双向设计研究中心,引进意大利设计师入驻,为南康家具企业提供高端、国际化理念的设计服务,提升南康家具设计水平。

【南康区法院获全国先进】 12月,南康区法院被最高人民法院、人力资源和社会保障部授予"全国法院'基本解决执行难'工作先进单位"称号。该院成立"基本解决执行难"工作领导小组,落实每周一调度、一通报及每月一小结工作机制,加强与公安、检察部门联动协作,加大打击拒执罪力度;推进执行机制改革创新,进行执行流程集约化改革,强化立审执无缝对接,推动执行案件的源头治理与过程治理;成立执行事务中心、快速执行组,实现简案快执、繁案精执,加大网络司法拍卖力度,提高执行效率;开展"凌晨执行""夜间执行"等执行攻坚专项活动,快速执结一批有财产可供执行案件,依法采取查封、扣划、冻结、拍卖、限制出境、限制高消费等措施,加大对涉民生、涉金融案件及小标的案件等的执行力度。2016年至2019年,该院执结金融债权案件1786件,涉案金额3.6亿余元;执结涉民生案件2348件,执结标的1.5亿余元;执结小标的案件4578件,标的1.1亿余元。

主要领导人 区委书记:徐兵。区人大常委会主任:彭秀生。区长:何善锦。区政协主席:严国雄。

(倪贵清)

·信丰县·

【简　况】 位于江西省南部,辖3乡、13镇、1高新技术产业园区。总面积2866.04平方千米。耕地面积4.36万公顷,森林覆盖率71.3%。总人口78.05万人。2019年,地区生产总值234.91亿元,增长8.3%。其中,第一产业增加值37.92亿元,增长3.5%;第二产业增加值87.92亿元,增长8.8%;第三产业增加值109.07亿元,增长9.4%。财政总收入21.75亿元,增长5.9%;公共财政收入12.68亿元,增长1.5%;公共财政支出54.97亿元,增长8.6%。500万元以上固定资产投资196.95亿元,增长8.0%;固定资产投资增长10.9%。实际利用外资1.33亿美元,增长10.6%。进出口总额24.83亿元。社会消费品零售总额55.59亿元,增长11.0%。规模以上工业增加值增长9.3%。工业总产值155.19亿元,增长12.5%。主要工业产业及产值有电子信息产业60.01亿元,增长30.3%;新型建材产业35.39亿元,增长10.1%;食品制药产业12.84亿元,增长73.2%。农业总产值61.11亿元。粮食总产量23.51万吨。主要农产品及产量有烤烟1068吨、脐橙9.54万吨、生猪出栏79.63万头。农村居民人均可支配收入1.44万元,增长10.0%;城镇居民可支配收入3.25万元,增长7.7%。金融机构期末存款余额326.41亿元,增长7.0%。

【赣州市第五届运动会在信丰举办】 10月26日至11月1日,赣州市第五届运动会在信丰县体育中心举行。该届市运会由市政府主办、市体育局、信丰县政府承办,以"竞技市运、追梦橙乡"为主题,会徽的主体图形由信丰的"信"字、运动会火炬、运动姿态、赣江水、数字"5"、雄鹰展翅6个主要元素组成,吉祥物"橙橙"整体以脐橙为造型,会歌《追梦赣州》。市运会设35个大项650个小项,比赛按青少年部、社会部、机关部分别设置项目,单项竞赛地域分布2个县(区),18个县(市、区)和赣州经开区、赣州蓉江新区,以及48个市直(驻市)单位1.3万人参赛。经过角逐,产生716枚金牌,其中,信丰县代表团取得155.5枚金牌,列金牌榜全市第一;获奖牌总数425.5枚,列奖牌榜全市第一;以总分4037.5分的成绩,获市五运会青少年部团体总分全市第一。章贡区、市机关事务管理局等25个代表团获体育道德风尚奖,章贡区、信丰县等8个单位获社会部优秀组织奖,赣州市公安局、国网赣州供电公司等8个单位获机关部优秀组织奖,章贡区、大余县等8个单位获青少年部竞技体育突出贡献奖,信丰县、章贡区等9个单位获青少部业余训练先进单位。

【2019赣南脐橙网络博览会在信丰县开幕】 11月30日,以"世界橙乡·生态赣州"为主题的2019赣南脐橙网络博览会在信丰县开幕。全国人大常委会副委员长陈竺通过视频向博览会的举办表示祝贺,省委副书记、市委书记李炳军宣布2019赣南脐橙网络博览会开幕。国家农业农村部种植业管理司副司长王敬东、农业农村部畜牧兽医局副局长孔亮,国内柑橘产区、主销城市水果批发市场代表和市内外脐橙供货商、经销商及电子商务企业、客商代表1000余人参加开幕式。

【袁守根获评全国离退休干部先进个人】 12月16日,在北京举行的全国离退休干部先进集体和先进个人表彰大会上,信丰县退休干部袁守根获评先进个人。袁守根,男,78岁,县人大常委会原副主任,被誉为"赣南脐橙第一人"。1963年,袁守根从江西共大总校(江西农业大学前身)林学专业毕业,分配到信丰县,成为一名林业技术员。1971年,在信丰县安西园艺场担任技术员的袁守根前往湖南邵阳选购蜜橘苗,"自作主张"引进脐橙苗156株。经过3年管理,脐橙结出第一批果子。1977年,袁守根挑选1吨脐橙销往香港市场,被香港市民抢购,引起国家和省地有关部门关注。1978年,国家有关部委批准在信丰建立鲜橙出口基地1333.33公顷,同时特批在赣州建立外贸脐橙基地3个。

主要领导人 县委书记:刘勇。县人大常委会主任:邹长东。县长:黄蕙(任至1月)、袁炎(1月任)。县政协主席:何文庆。

(罗才胜)

·大余县·

【简　况】 位于江西省西南部，辖8镇、3乡。总面积1343.67平方千米。耕地面积1.30万公顷，森林覆盖率73.3%。总人口30.77万人，其中城镇人口15.51万人；人口自然增长率4.09‰。2019年，地区总产值105.58亿元，增长8.5%。其中，第一产业12.99亿元，增长3.3%；第二产业44.22亿元，增长7.7%；第三产业48.37亿元，增长10.8%。财政总收入13.7亿元，增长1.3%；财政支出36.58亿元，增长18.6%。固定资产投资增长9.1%，其中500万元以上固定资产投资增长7.9%。实际利用外资1.28亿美元，增长5.6%。进出口总额3.95亿元，增长11.6%；其中出口总额3.83亿元，增长10.0%。农林牧渔总产值21.07亿元，增长3.23%。粮食总产量8.96万吨。社会消费品零售总额35.08亿元，增长11.7%。金融机构存款余额126.15亿元，增长9.9%；金融机构贷款97.46亿元，增长11.6%。城镇居民人均可支配收入3.05万元，增长8.0%；农村居民人均可支配收入1.29万元，增长10.0%。

【生态文明实验区建设】 大余县策应长江经济带“共抓大保护”攻坚行动，围绕打造“生态名县”目标，推进生态文明试验区建设。打造“河（湖）长制”“林长制”升级版，启动国家森林城市创建申报，实施山水林田湖草保护与建养等工程。完成人工造林面积874.67公顷，占年度任务177.75%；完成低质低效林改造2200公顷；建成低质低效林改造示范基地14个；饮用水源水质、出境断面水质稳定达到地表水环境质量Ⅱ类、Ⅲ类标准，全县空气质量常年保持二级以上标准。推进污染治理，中央环保督察反馈问题基本整改到位。推进重金属污染防治，原801厂污染场地治理工程全面完工。加快矿山地质环境恢复治理，滴水龙废弃稀土矿山治理全面完工，推进西华山矿山地质环境恢复治理，绿色矿山建设经验在全省推广。打通“两山”转换通道，丫山景区被命名为江西省第二批“绿水青山就是金山银山”省级实践创新基地。

【城市建设】 大余县引进社会资本，创新城市开发建设融资模式和合作方式，从政府主导向社会资本主导转变，社会资本投资占城镇化项目投资80%以上。规划建设占地12平方千米幸福小镇，推进“一区一馆一校一园”以及奥园城市综合体（二期）、印象南安、赣粤国际物流园、丫山运动休闲小镇等重大项目建设，完成投资35.39亿元。实施环城路、庾岭大道、丫山大道、平宁路、体育路、学府路、火车站站前广场及道路等新区路网建设项目，进一步拉开城市框架。建设香港国际商贸城、丝路明珠·印象南安、体育中心、“一江两岸”“三园两路一桥”等一批城市大项目，进一步提升城市内涵。

【大余县通过创建国家卫生县城考核验收】 9月10日—11日，省爱卫办组织专家组对大余县进行创建国家卫生县城综合评审，在赣州市参评县中，大余县以789分并列全省第一的成绩通过创建国家卫生县城考核验收。2017年，大余县启动创建国家卫生县城，2018年4月申报国家卫生县城。2018年10月23日—24日，省爱卫办组织专家对大余县创建国家卫生县城进行技术指导，并提出反馈意见。2019年3月13日—14日，省爱卫办组织专家对大余县创建国家卫生县城工作进行暗访，并对暗访调研进行反馈。大余县推进卫生县城创建工作，召开专题会议25次，投入资金30余亿元。将城区细分为34个网格，每个网格安排一名县领导、一个牵头单位和数个责任单位，明确各网格范围、目标、任务和责任。实施“垃圾不落地”“污水不入河”“黄土不见天”三大工程，推进除“四害”、病媒监测、健康教育、“七小”场所整治等专项行动，打造干净、清爽城乡环境。

主要领导人 县委书记：曹爱珍。县人大常委会主任：李细妹。县长：钟旭辉（任至8月）、廖永平（8月任）。县政协主席：邓金健。

（刘福山）

·上犹县·

【简　况】 位于江西省西南部，辖6镇、8乡，总面积1543.87平方千米。耕地面积8666.7公顷，森林面积1.2万公顷，森林覆盖率81.4%。总人口32.63万人，其中非农业人口4.94万人；人口自然增长率5‰。2019年，地区生产总值88.35亿元，增长9.1%。财政总收入10.8亿元，增长3.2%。利用外资8829万美元，增长6.8%。进出口总额9.59亿元。工业固定资产投资24.9亿元，增长18.2%。完成社会消费品零售总额19.93亿元，增长11.4%。

【上犹县获评2019年度全国村庄清洁行动先进县】 2019年，上犹县获评2019年度全国村庄清洁行动先进县。上犹县先后开展以“清洁家园、清洁田园、清洁水源”及“整治建房秩序、整治渔业秩序、整治林业秩序、整治河道秩序”的“三清洁四整治”行动；以净沟、净水、净路、净公共空间为主题的“四净”集中行动。建立农村保洁长效机制。创新管理手段，成立专业化保洁队伍，配备足额保洁员，并优先从精准扶贫建档立卡贫困户中选聘培训上岗。建立并实行保洁队伍全天候巡回保洁制度，做到清扫到位、保洁及时、生活垃圾日产日清，保持农村干净整洁常态长效。实行“户分类入桶—村集中收集—乡压缩转运—县统一处理”的农村垃圾收运处理模式，全方位推进村庄清洁行动。开展农村人居环境整治行动。安排全县130多个单位包村帮扶、乡村干部包片整治，实行网格化管理；动员千名干部下基层，组织群众以清理村庄积存垃圾和河流垃圾，整治“牛皮癣”、违章乱搭等环境乱象；以户为单位，开展院内净、卧室净、厨房净、厕所净、个人卫生净、院内摆放规范“五净一规范”行动，对5.82万户农户“五净一规范”落实情况进行销号管理。全县成立4个农村“空心房”整治工作组，依法拆除农村闲置“空心房”和破旧栏厕，同步推进农村改水、改厕工作。探索农村治理新模式。以自然村为单位组建“一约两会”村民自治体系，即新农村建设促进会、村民理事会,村规民约,逐村逐组落实管护责任;以乡村夜(午)话、“赣南新妇女”运动活动为载体,通过面对面交流、手把手宣传,教育引导农户“除陋习、树新风,讲文明、爱卫生”,激发群众内生动力;组建县、乡、村三级专业维护队伍,通过设立道路维护、河道管护、供水设施维护、文体设施维护、路灯管线维护、有毒有害垃圾管理、生活污水监管等农村公益性岗位,进一步提升农村设施、环境管护水平。

【上犹县获“2019中国十大生态产茶县”称号】 10月22日,第十五届中国茶业经济年会开幕式暨2019中国茶业品牌盛典在广东英德文化艺术中心召开。会上,中国茶叶流通协会发布2019中国茶业百强县榜单、2019中国产茶县域生态榜单以及中国茶业百强企业榜单,上犹县登上中国产茶县域生态榜榜首,被中国茶叶流通协会授予“2019中国十大生态产茶县”称号。2019年,全县拥有万亩以上茶园3个、千亩以上茶园8个、中国百强茶企2家、省级龙头茶企4家,茶叶种植面积近7333.33公顷,年茶叶产量2300吨。

【“中东部地区国家级文化生态保护实验区建设经验交流活动”走进上犹】 11月27日,文化和旅游部非物质文化遗产司、中科院地理资源所、中国中东部10省市以及江西省、市各地领导、专家200余人到上犹,观摩客家文化生态保护工作。文化和旅游部非物质文化遗产司司长陈通、副司长胡雁,省文化和旅游厅副厅长郎道先,赣州市政协副主席孔刃非,市文广新旅局局长刘文彦等出席活动。上犹县依托非物质文化遗产,挖掘“非遗”文化内涵,加强客家文化生态保护建设。通过推进“非遗+旅游”“非遗+扶贫”“非遗+节庆”等深度融合发展,打造集现代化、高标准、有特色的“非遗”展馆,探索“非遗”长远有效的保护路径。

主要领导人 县委书记:赖晓岚。县人大常委会主任:蓝青。县长:余业伟。县政协主席:钟恢森。

(谢东才)

·崇义县·

【简　况】 位于江西省西南部,辖6镇、10乡、1城市社会管理委员会。总面积2206.27平方千米。总人口21.65万人,其中城镇人口4.92万人;人口自然增长率4.54‰。耕地面积1.28万公顷,林地面积17.93万公顷,森林覆盖率88.30%。2019年,地区生产总值84.57亿元,同比增长8.2%。其中,第一产业增加值10.10亿元,增长3.2%;第二产业增加值33.88亿元,增长7.3%;第三产业增加值40.59亿元,增长11.0%。财政总收入13.43亿元,增长2.0%。公共财政预算收入9.48亿元,增长7.2%。固定资产投资增长8.2%。社会消费品零售总额19.03亿元,增长11.6%。规模以上工业总产值70.49亿元。农业总产值16.37亿元,增长3.1%。粮食总产量3.7万吨。主要农产品及产量有蔬菜和食用菌4.6万吨、油料作物1266吨、脐橙4.1万吨、茶叶390吨。城镇居民人均可支配收入2.96万元,增长8.5%;农村居民人均可支配收入1.15万元,增长10.2%。金融存款余额99.71亿元,增长7.0%。

【产业发展】 工业园区投资23.16亿元,完成标准厂房建设74.84万平方米;引进投资20亿元的中竹科技石墨烯新材料生产项目,当年投产;中子、力道、世道等8家锂电企业先后进驻工业园。章源钨业参与制定“超细钨粉”等国家行业标准5项,齐云山南酸枣糕获中国森林食品认证,中子、世道等6家企业获评高新技术企业,君子谷公司获评全省专业化小巨人企业。崇义获评江西省首批及时奖励“放管服”改革集体三等奖、全省十佳营商环境县。3.33公顷以上规模蔬菜基地有29个438.33公顷。种植刺葡萄706.67公顷,年生产鲜果1650吨,加工酿造刺葡萄酒240吨、果酒440吨,产业总产值2.75亿元。重点打造面积200公顷的麟潭两杰“刺葡萄特色小镇”。龙勾乡被评为全国“一村一品”示范村镇;君子谷被认定为全省工业旅游示范基地;新世野高山梯田有机稻米被评为江西农产品“50强企业品牌”;上堡客家梯田田园综合体被评为“2019年省级田园综合体”;万长山高山有机茶获首届“赣南高山茶”白化茶优质奖。旅游景区景点达到10个,新增龙勾冷杉良田花海影视基地、左溪阳明文化寨2个景点。拥有旅行社3家、旅行社门市部7家。酒店宾馆55家,其中四星级饭店1家,星级农家旅馆3家,县城住宿业拥有总床位2920张。全年接待游客505.29万人次,同比增长47.49%;实现旅游综合收入50.66亿元,增长127.17%。

【上堡客家梯田旅游景区开园】 9月28日,“全球重要农业文化遗产”中国最大客家梯田——上堡梯田景区开园。上堡梯田距离县城50千米,总面积2000余公顷。上堡区域续建项目有上堡梯田景区旅游基础设施、安置套房、4条旅游公路、小洞安置点三通一平等,总投资约5.5亿元。新启动项目有上堡示范乡镇立面改造及树下安置房项目,打造特色示范乡镇,与上堡梯田景区形成旅游共生体。景区通过招商引资建设有朴hakka风情民宿、归樊民宿、耕心民宿等10个民宿板块。开园期间,景区举办第七届美食文化节、首届上堡梯田农耕文化帐篷节及田间旗袍秀、稻草人主题乐园、美食节等活动,弘扬客家农耕文化、美食文化。开展特色稻谷收割、晒场收谷、稻田抓鱼等农耕健身竞赛项目,组织露营万长山茶场,启动摄影大赛、抖音大赛,增强游客趣味性、参与性、体验度。年内景区共接待游客10万余人次,门票收入200余万元。

【旅游集散中心投入运营】 总投资1.5亿元的崇义县大型地标性建筑——旅游集散中心投入运营。崇义旅游集散中心总建筑面积2.3万平方米,项目包含“一院两场四中心”。“一院”即室内实景舞台综合大剧院,“两场”即新能源生态停车场和集散广场,“四中心”即旅游接待中心、旅游导览中心、智慧调度中心、电商旅行社孵化中心。具备游客集散服务、游客中介服务、旅游活动组织、区域交通枢纽、旅游产品营销、游客定制服务、景区运行动态监测、智慧旅游信息发布、区域旅游统筹开发、区域旅游产业联盟组建、国内外旅游集散联盟联合等功能。

主要领导人 县委书记:许斌(任至7月)、邱凌(9月任)。县人大常委会主任:郭兰。县长:邱凌(任至9月)、潘金城(12月任)。县政协主席:陈金发。

(黄流香)

·安远县·

【简　况】 位于江西省南部,辖8镇、10乡、1城市社区管委会。总面积2350平方千米,其中城区面积18平方千米。耕地面积1.95万公顷,森林面积20.05万公顷,森林覆盖率85.7%,城区绿化率36.63%。总人口40.80万人,其中农业人口31.33万人;人口自然增长率7.04‰。2019年,地区生产总值87.78亿元,同比增长7.2%。其中,第一产业增加值19.73亿元,增长3.4%;第二产业增加值22.45亿元,增长7.7%;第三产业增加值45.60亿元,增长8.6%。财政总收入9.92亿元,增长7%,其中税收占财政总收入84.4%;地方财政收入6.18亿元,增长6.1%;地方财政支出38.55亿元,增长15.3%。工业总产值41.79亿元,增长14%。规模以上工业增加值增长8.3%。外贸出口5.3亿元,占地区生产总值6.04%。500万元以上项目固定资产投资增长1.1%;实际利用外商投资3752万美元,增长9.16%。农业总产值31.85亿元,增长3.2%。粮食总产量9.47万吨,增长1.06%。主要农产品及产量有蔬菜17.89万吨、脐橙14.43万吨、烟叶1.3万担、生猪出栏40.77万头、家禽出笼181.62万只。社会消费品零售总额22.86亿元,增长11.6%。城镇居民人均可支配收入2.69万元,增长7.2%;农村居民人均纯收入1.14万元,增长10%。城乡居民年末储蓄余额92.8亿元,增长13.6%。

【安远县实现脱贫摘帽】 2月27日至3月2日,国家第三方评估机构对安远贫困县摘帽退出开展专项评估。4月28日,省政府批复同意安远县退出贫困县序列。安远是罗霄山片区贫困县,2014年,全县农村年人均收入2800元以下贫困人口6821户2.98万人,“十三五”省级贫困村74个。同年,安远制定《安远县开展结对帮扶推进精准扶贫工作实施方案》,成立帮扶工作队156个,对贫困人口进行对象确定、建档立卡。2015年,开始实施精准扶贫,先后出台《安远县推进精准扶贫工作的实施意见》《安远县开展结对帮扶推进精准扶贫工作的实施方案》《关于全面加强精准扶贫攻坚组织保障体系建设的决定》,年内完成脱贫3393户1.58万人。2016年,出台《安远县全力打赢精准脱贫攻坚战的实施方案》,重点实施产业、就业、教育、健康、危房改造等扶贫政策,年内完成脱贫2460户1.08万人。2017—2018年,开展脱贫攻坚,聚焦贫困户“两不愁、三保障”,出台《安远县脱贫摘帽攻坚实施方案》《关于坚决打赢脱贫攻坚战如期实现脱贫摘帽的实施意见》及产业、就业、教育、健康、电商、金融、兜底保障、整村推进等12个专项扶贫文件,构建“1+N”扶贫政策体系。2015—2019年,全县累计投入脱贫攻坚资金58.49亿元,完成脱贫1.20万户5.36万人,贫困发生率由2014年13.96%下降到2019年0.07%,74个“十三五”贫困村全部退出。

【2019赣州市客家文化暨东江源·三百山旅游文化节】 9月27日,以“壮丽70年,靓丽三百山”为主题的2019赣州市客家文化暨东江源·三百山旅游文化节在安远县三百山游客集散中心开幕。活动由赣州市政府主办,赣州市文广新旅局、安远县政府承办,为期3天。围绕主题,推出客家民俗展演、第五届“海峡两岸”客家美食小吃节、大型革命历史题材采茶戏《杜鹃哩咯红》展演、旅游文化节主题文艺晚会、招商引资推介会、饮水思源香港青少年国民教育基地揭牌仪式以及书法、美术、摄影作品展等文化旅游活动,全方位展示赣州客家文化旅游发展成果和安远新面貌,促进旅游文化交流与合作。

【安远县获评全国电子商务进农村综合示范县】 9月,商务部公布2019年国家级电子商务进农村综合示范县名单,安远县上榜。安远县是全国贫困县农产品电商50强,建有农资连锁配送中心和2个区域性快递物流分拨中心、18个乡级物流服务站、105个村级物流服务点,实现行政村电商服务体系和物流服务体系全覆盖,构建县、乡、村三级物流体系。组建电商扶贫合作社55家,发展适合网络销售的红蜜薯、紫山药、百香果等农产品种植面积2000公顷,带动3691户贫困户发展种养殖产业,户均年增收3000元以上。

【安远东江源·三百山国际马拉松赛】 10月27日,安远东江源·三百山国际马拉松赛在三百山梅屋旅游集散中心开赛。该届赛事由中国田径协会、赣州市体育局、安远县政府主办,安远县教育科技体育局、安远县文化广电新闻出版旅游局、广州中体体育有限责任公司承办。全球7个国家和地区,国内27个省市的3000名选手参赛。经过角逐,埃塞俄比亚YADEISA GULMA EBISA(亚德萨 格马)以02:32:11成绩获全程男子组冠军,肯尼亚SAMUEL KIPKEMBOI LIMO(赛谬尔 基普珂保)以02:40:04获亚军,埃塞俄比亚BEDADA TOLESA DIRIBA(德拉萨 迪瑞巴)以02:42:14获季军。肯尼亚的IRENE CHEPTOO(埃诺德 基普图)以03:20:25获全程女子组冠军,中国选手刘丛玉以03:51:26获亚军,中国选手刘秀珍以3:55:08获季军。

主要领导人 县委书记:严水石。县人大常委会主任:曹志坚。县长:肖斐杰。县政协主席:刘惠宗。

(叶国丰)

·龙南县·

【简　况】 位于江西省南端,辖9镇、5乡、1林场、2管委会。总面积1641平方千米。耕地面积1.23万公顷,林地面积13.16万公顷。总人口34万人。2019年,地区生产总值164.07亿元,增长8.2%。财政总收入23.19亿元,增长8.0%;固定资产投资增长9.5%,规模以上工业增加值增长9.2%;实际利用外资1.38亿美元,增长9.4%;出口总额47.18亿美元。社会消费品零售总额39.5亿元,增长11.4%。城乡居民人均可支配收入分别增长8.6%和10.1%。

【主攻工业】 聚焦电子信息首位产业,重点发展以联茂为龙头的5G+智能制造,以新正耀为龙头的智能光电,以志浩、骏亚为龙头的绿色PCB制造,以诺威为龙头的锂电等细分行业,赣州电子信息产业科技城落户企业136家,被列为省级战略性新兴产业集聚区。中国赛宝实验室(龙南)办事处检测万级以上无尘车间面积19.58万平方米。南昌海关驻龙南办事处升格为龙南海关,龙南保税物流中心、龙南区域性食品药品检验检测中心运营良好。年内,新增入规工业企业33家,省级工程研究中心2个。突出招大引强选优,全年引进项目39个、签约资金382亿元。推进"三南"园区一体化发展,龙南承接产业转移做法在《国内动态清样》刊发并得到省委书记刘奇批示肯定,推进"三请三回"和"三企"入赣的经验在全省推广。龙南经开区综评在全国排名进位60名。

【暴雨灾害】 6月9日17时至10日17时,龙南普降暴雨,局部大暴雨、特大暴雨,最大雨量出现在杨村251.4毫米,全县平均雨量117.1毫米,县城雨量85.2毫米。6月10日20时至11日20时,部分乡镇出现暴雨,局部大暴雨。最大雨量出现在临塘乡113.3毫米,全县平均雨量23.8毫米,县城雨量10.1毫米。6月11日20时至12日20时,普降大到暴雨。最大雨量出现在临塘乡76.6毫米,全县平均雨量40.80米,县城雨量28.3毫米。6月12日20时至13日8时,普降大到暴雨。最大雨量出现在临塘乡54.9毫米,全县平均雨量24.8米,县城雨量21.6毫米。强降雨致使全县受灾人口7.63万人,转移人口1.62万人,农作物受灾面积1937.5公顷,房屋倒塌231间,交通中断79处,塌方151处,桥梁损毁55座,河堤损毁27.24千米,通信网络损失800余万元,水利水毁工程经济损失1.02亿元,全县直接经济损失4.89亿元。

【举办龙南第三届旅游文化节】 9月25日—26日,举办龙南第三届旅游文化节。该届文化节主题是"围美龙南·客迎天下",活动内容包括寻客家文化、览客家山水、品客家美食等。其间,开展了龙南第三届客家美食节、第三届中国·龙南客家围屋高峰论坛、招商推介会等主题活动。

【《龙南年鉴》首次公开出版】 12月,《龙南年鉴(2019)》由九州出版社公开出版。《龙南年鉴(2019)》设25个类目、182个分目、1170个条目,共60余万字。《龙南年鉴》2009年创办,2012年起实现一年一鉴,2019年首次公开出版。

主要领导人 县委书记:缪兰英。县人大常委会主任:曾明健。县长:邱建军(任至1月)、刘勇(10月任)。县政协主席:王慧君。

(肖大庆)

·全南县·

【简　况】 位于江西省南部,辖6镇、3乡、2公司、1林场。总面积1535平方千米,其中城区面积12.80平方千米。耕地面积1.06万公顷,林地面积12.57万公顷;森林覆盖率82.87%,城区绿化覆盖率49.61%。总人口19.62万人。2019年,地区生产总值81.87亿元,增长8.8%。其中,第一产业14.36亿元,增长3.4%;第二产业32.34亿元,增长8.7%;第三产业35.17亿元,增长10.7%。财政总收入10.91亿元,增长3.6%。税收收入8.97亿元,占财政总收入比重82.3%,比上年提高2.3个百分点。一般公共财政预算支出32.93亿元,增长18.3%。规模以上工业总产值57.48亿元,增长5.5%;规模以上工业增加值增长8.8%。500万元以上固定资产投资增长10%。主要工业产品有服装、组合音响、电子元件、稀有稀土金属矿、商品混凝土等。外贸出口11.7亿元,增长16.3%。实际利用外资8539万美元,增长7.3%;实际利用内资46.55亿元,增长8.3%。农业总产值23.08亿元,增长3.44%。粮食总产量6.40万吨。主要农产品有水稻、蔬菜、西瓜、油茶等。社会消费品零售总额突破20亿元,增长10.9%。城镇居民人均可支配收入2.88万元,增长7.8%;农村居民人均可支配收入9654元,增长12.4%。金融机构各项存款余额82.63亿元,减少4971万元;各项贷款余额73.24亿元,增加9.34亿元。

【全南鼎龙·十里桃江国际芳香森林度假区项目签约】 4月10日,全南鼎龙·十里桃江国际芳香森林度假区项目签约暨支持乡村振兴捐赠仪式在全南县举行。市委副书记、副市长刘文华出席仪式并见证项目签约。全南鼎龙·十里桃江国际芳香森林度假区项目投资100亿元,分乡旅门户区、艺术温泉区、野奢度假区、芳香产业区4个版块,重点实施主题乐园、芳香产业特色小镇、国际酒店、国际康养小镇、影视艺术温泉小镇和文旅公寓6个项目,规划面积2400公顷,项目分3期用5年时间完成。10月10日,省发改委下达《2019年第二批省重点建设项目名单》,全南鼎龙·十里桃江国际芳香森林度假区项目获批省重点项目。

【李祝平被评为全国助残先进个人】 5月16日,全南县"祝平名剪"负责人李祝平获评全国助残先进个人,在北京人民大会堂参加第六次全国自强模范暨助残先进表彰大会,受到党和国家领导人会见。李祝平27年如一日,带出300名聋哑理发师,经他帮助的聋哑徒弟有100余名自己开理发店,数十名徒弟拥有自己的爱情和婚姻,上百个残疾人家庭的生活被改写。他帮扶聋哑徒弟的事迹经央视、人民网、新华网等主流媒体宣传报道。他曾获"江西好人"称号。

【特大洪涝灾害】 6月9日20时至10日12时,全南县遭遇有水文记录以来最大洪灾,全县平均降雨量130.6毫米,最大降雨量285毫米,全县9个乡镇受灾,民房进水6085间,房屋损坏3437间,转移群众3042人,农作物受灾面积3180.5公顷,桥梁损毁28座,受灾人口2.97万人,直接经济损失4.03亿元。全南县启动防汛Ⅲ级应急响应,成立由县委书记余钟华任总指挥的防汛抢险救灾工作指挥部和4个片区防汛指挥部,全面排查安全隐患,抗洪抢险,开展自救,恢复生产。

【举办首届桃江旅游文化节】 11月22日—24日,全南县举办首届桃江旅游文化节。此次节会采取"1+6+N"模式展开活动。"1"是唱响一个主题,11月23日晚举办首届桃江旅游文化节开幕式暨中国名家诗歌之夜主题晚会;"6"是举办六大主题活动:全南旅游推介会暨旅游品牌体系形象发布会、"诗遇全南"中国名家诗人全南采风行、2019中国·全南晚会旅康产业融合智库论坛、2019粤港澳大湾区媒体看全南、"行摄全南"中国摄影家全南采风及"一诗一景"摄影展、首届"冠军领航"荧光夜跑;"N"是开展系列旅游文化主题活动,包括"光影全南"、全南桃江旅游文化节夜游体验等。

主要领导人 县委书记:余钟华。县人大常委会主任:曹东春。县长:曾平。县政协主席:马石旺。

(江裕来)

·定南县·

【简 况】 位于江西省最南端,辖7镇。总面积1321.13平方千米,耕地面积7610公顷,有林面积10.55万公顷,森林覆盖率83%。总人口21.15万人,其中城镇人口5.85万人。2019年,地区生产总值82.53亿元,同比增长9.3%。其中,第一产业11.51亿元,增长3.3%;第二产业28.45亿元,增长7.9%;第三产业42.57亿元,增长12.1%。规模以上工业增加值增长8.5%。财政总收入12.31亿元,增长3.8%。实际利用外资9731万美元,增长9.6%。外贸出口5.66亿元,增长26.5%。社会消费品零售总额18.67亿元,增长11.4%。城镇居民人均可支配收入3.09万元,增长7.6%;农村居民人均可支配收入1.09万元,增长12.3%。

【首届定南足球文化节暨江西省第五届百县青少年足球运动会开幕】 8月24日晚,首届定南足球文化节暨江西省第五届百县青少年足球运动会在定南(国家)足球训练中心开幕。开幕式演出以"追梦路上"为主题,由序幕"梦·开始"和"寻梦·颂故乡""筑梦·绘蓝图""追梦·向未来""圆梦·走世界"4个篇章及尾声"永不后退"组成。演出之后,由范志毅、刘爱玲和韩乔生、景冈山等知名艺人组成的中国明星足球队定南邀请赛开赛。近2万人现场参与,现场直播(回播)观看人数达430多万人次。该届足球文化节以"定南足球追梦路上"为主题,旨在通过吉祥物及活动主题征集、足球小明星评选、足球名宿看定南、足球系列比赛、主题摄影和抖音视频比赛等活动,展示足球运动的魅力,培育和厚植定南足球文化。

【定南瑞狮赴京参演国庆70周年联欢庆典】 10月1日晚,在国庆70周年联欢活动中,定南县41人组成的瑞狮表演队表演节目,2分钟表演时间里,18头九色瑞狮在金水桥前舞动。这是此次国庆联欢活动中全国9个、江西唯一的地方民俗进京表演项目。定南瑞狮是北方的龙狮文化迁徙到江西定南以后,跟客家文化融为一体形成的独特的舞狮艺术,其制作工艺复杂,造型兼取南狮、北狮之精华,同时融入客家人崇尚礼仪、和谐共生的理念,创造独特的"定南瑞狮"艺术形象。定南瑞狮作为赣南客家舞狮艺术典范,有800余年历史,是江西省第二批非物质文化遗产项目。

【江西(定南)国际游戏游艺与动漫科技产业园项目开工】 9月,定南县首个单体投资额最大项目——江西(定南)国际游戏游艺与动漫科技产业园项目开工建设。该项目由中山游戏游艺动漫科技文化产业协会投资建设,总投资80.48亿元,注册资本金1.3亿元。项目建设地点位于定南县历市镇富田工业园区,规划用地190.67公顷。项目分2期投资建设,首期投资30亿元,规划用地77.33公顷,建设内容为新建厂房、办公楼、仓储楼等基础设施,总建设面积165.16万平方米。项目主要从事游乐设备、动漫科技产品的设计、研发、生产和销售,年产游戏游艺与动漫科技设备1.5万套,一期项目投产后年产值32.04亿元,年纳税1.5亿元。

主要领导人 县委书记:赖正文。县人大常委会主任:曾小良。县长:吴建平(任至9月)、龙小东(9月任)。县政协主席:陈文新。

(胡东汉)

·兴国县·

【简 况】 位于江西省中南部,辖6镇、19乡、1经济开发区。总面积3215平方千米。总人口85.74万人,其中城镇人口17.37万人。2019年,地区生产总值191.58亿元,增长8.4%。其中,第一产业增加值31.64亿元,增长3.4%;第二产业增加值60.97亿元,增长7.9%;第三产业增加值98.97亿元,增长10.5%。财政总收入20.08亿元,增长7.0%;公共财政预算收入9.01亿元,增长5.7%;税收占财政总收入91.4%;财政总支出65亿元。500万元以上固定资产投资增长11.2%。实际利用外资1.12亿元,增长7.7%;出口总额3.42亿美元,增长20.95%。社会消费品零售总额48.76亿元,增长11.1%。城镇居民可支配收入3.02万元,增长7.4%;农村居民人均可支配收入1.19万元,增长11.2%。

【官田中央兵工厂旧址群被认定为国家工业遗产】 11月18日,第三批国家工业遗产拟认定名单公布,兴国县官田中央兵工厂旧址群名列其中。官田中央兵工厂旧址群位于兴国县兴莲乡官田村,主要由总务科、枪炮科、弹药科、利铁科、工人俱乐部5个旧址组成。兵工厂驻官田2年多时间,共修配步枪4万余支,机枪2000多挺,制造子弹40余万发,地雷5千多个,手榴弹6万余枚,为武装红军、支援革命战争作出贡献。官田中央兵工厂旧址群是全国49个第三批国家工业遗产拟认定名单中唯一的一个苏区革命战争时期存留至今的工业遗产,是中国共产党和中国红军创办的第一个大型综合性兵工厂,也是中国共产党第一个中央工业企业、第一个兵器工业企业、第一个规模以上企业、第一个制度完善的国有企业、第一个由中共党组织管理工厂的企业、第一个军民融合“模范”兵工厂。

【第六次全国苏区精神暨2019年苏区干部好作风理论研讨会在兴国县举行】 12月29日,第六次全国苏区精神暨2019年苏区干部好作风理论研讨会在兴国县举行。全国各地党史、军史和社会科学有关领域的专家学者200余人围绕“苏区精神和苏区干部好作风”研讨交流。研讨会由省委党史研究室、光明日报社理论部、中国政治学会苏区精神研究专业委员会、赣州市委主办,收到论文110余篇。省委副书记、赣州市委书记李炳军出席会议并致辞,原中共中央党史研究室副主任石仲泉作主旨报告。研讨会期间,在毛泽东故居——兴国潋江书院举行《毛泽东与兴国》历史陈列展开展仪式,并集体参观长冈乡调查纪念馆、苏区干部好作风纪念馆等红色场馆。

【刘桂芗获评2019年“全国自强模范”】 2019年,江西省兴国县桃李集团董事长、春雨残疾儿童康复中心主任刘桂芗被评为“全国自强模范”。刘桂芗因患脊髓灰质炎右脚落下终身残疾,但她自立自强,从粮食系统下岗后,创办兴国县将军大道幼儿园,经过17年拼搏,发展成为占地面积1.2万平方米,固定资产过亿元,下辖14个单位,涵盖幼儿学前教育、留守儿童托管、残疾儿童康复医疗教育、孤儿残疾人托养、残疾人培训就业于一体的民办集团。2007年,创办全县第一所残疾儿童康复中心,根据残疾儿童家庭情况减免的各种费用及社会公益捐助累计300余万元。她首创“残健融合”和“教、养、康、医”四位一体教育新模式受到民政部和省市有关领导高度评价,并得到推广。她发起成立“春雨爱心志愿者协会”助力教育扶贫,为重度残疾儿童开展“送康医、送教育”上门服务,受益残疾儿童300余人。累计培训、安排残疾人就业260余人。曾获全国百佳幼儿园园长、江西省自强创业先进个人、江西省自强模范、江西省三八红旗手等称号。

主要领导人 县委书记:赖晓军。县人大常委会主任:陈文俊。县长:陈黎。县政协主席:魏国寿。

(李文)

·宁都县·

【简 况】 位于江西省东南部,辖12镇、12乡。总面积4053.16平方千米。总人口84.6万人,其中城镇人口18.8万人。2019年,地区生产总值209.14亿元,同比增长8.5%。其中,第一产业增加值41.10亿元,增长3.5%;第二产业增加值58.97亿元,增长6.9%;第三产业增加值109.07亿元,增长11%。财政总收入14.1亿元,增长7.1%;一般公共预算收入8.9亿元,增长6.8%。规模以上工业增加值增长8.2%。500万元以上固定资产投资增长8.5%。引进内资38.6亿元,增长10.3%;利用外资8307万美元,增长6.9%。外贸出口1.61亿元。社会消费品零售总额53亿元,增长11.8%。城镇居民人均可支配收入2.65万元,增长7.5%;农村居民人均可支配收入1.16万元,增长10.5%。金融机构存款余额349亿元,增长6.7%。

【脱贫攻坚】 聚集贫困户脱贫“两不愁、三保障”和贫困村退出指标体系,先后开展“春季整改”“夏季提升”“秋冬巩固”行动,实施“月推进会”“家访制”,坚持县级督导常态化。县财政投入资金逾10亿元,全面补齐短板弱项:实施农村安全饮水工程233处;解决老人住危旧房问题2156例;健康扶贫“四道保障线”惠及贫困群众5.5万人次,发放补偿资金2.7亿元,报销比例逾90%;发放各类教育资助金4225万元,惠及贫困学生6.39万人次;城乡低保人口应保尽保,特困供养老人应养尽养,残疾人补贴应补尽补;发放产业奖补到户资金4669万元、就业扶贫补贴2940.8万元,建成扶贫车间159家,“两业”扶贫利益联结强化,实现贫困群众持续增收、稳定脱贫。志、智“双扶”成效明显,贫困群众精神面貌焕然一新,廖竹生、杨小仁分获全国、全省脱贫攻坚“奋进”奖。全年脱贫6239户2.31万人,117个贫困村全部退出,就业扶贫工作得到人社部肯定,经验向全国推广。

【基础设施建设】 全年争取项目资金43.35亿元,同比增长14%,创历史新高。实施“六大”攻坚战项目85个,竣工70个;完成年度投资124.2亿元,占投资计划125.7%。广吉高速宁都段建成通车,推进兴赣高速北延项目,全县高速总里程达到209.3千米,居全省第一。省道449黄陂至隘上段、451赖村至泉水迳段建成通车,普通国省道总里程达到416.4千米,居全省第二。县道821东龙至田埠段、387黄石至对坊段建成通车,388对坊至半迳段基本完工。修复农村公路破损路面41.2万平方米。好支桥水库完成蓄水验收,蔡江、黄陂、东山坝3个防洪工程基本完工,低岭中型灌区、朱潭小型灌区改造完成,获批全省深化小型水库管理体制改革示范县。完成第二轮农村电网改造,110千伏竹坑输变电、温坊变电站扩容、钩刀咀风电场项目建成运行,推进35千伏洛口输变电工程。城区管道天然气点火通气并试运行。

【城乡建设】 打通县城凌云大道南北延、永宁大道西延、怀德路西延、文鼎路等城市道路;永宁文化公园、教育文化园区一期、梅江“一江两岸”环境治理、城乡供水一体化一期等项目建设基本完成;新(改)建城区临时停车场9个、公厕22座,依法拆除“两违”建筑2.42万平方米、铁皮棚0.74万平方米;开展“治脏治乱治堵”专项行动,市容环境大为改观。乡村开展农村人居环境综合整治,完成卫生改厕8222户;整治农村“空心房”21.3万平方米;拆除坑厕1721个,铁皮棚和乱搭乱建面积2.8万平方米,老旧房屋面积18.5万平方米;开展“五净一规范”整治5.7万户,乱埋乱葬得到整治。空气质量优良率达98.1%,$PM_{2.5}$年均值为18微克/立方米,位居全省前十。实施“河(湖)长制”,依法取缔牛蛙养殖场和“小散乱污”企业8家,省控、市控和出境断面V类水全部消灭。规范河道采砂行为,启动梅江流域定点应急采砂。

主要领导人 县委书记:邱建军。县人大常委会主任:余路晓。县长:刘定辉。县政协主席：黄海印。

（邱新民）

·于都县·

【简　况】 位于江西省南部，辖9镇、14乡。总面积2892.32平方千米，其中城区面积28.5平方千米。有林面积21.09万公顷，耕地面积4.12万公顷，森林覆盖率71.62%，城区绿化率38.6%。总人口111.97万人，其中城镇人口26.79万人，城镇化率54.12%。2019年，地区生产总值257.5亿元，同比增长8.5%。财政总收入22.69亿元，增长7.2%；其中一般公共预算收入14.75亿元，增长5.3%。固定资产投资增长10%，规模以上工业增加值增长9%。社会消费品零售总额60.8亿元，增长11%。实际利用外资1.24亿美元，增长8%。实际利用内资49.66亿元，增长9.0%。进出口总额12.9亿元，增长3.1%。出口总额11.8亿元，增长18.4%。城镇居民人均可支配收入3.14万元，增长8.7%；农村居民人均可支配收入1.19万元，增长10.7%。

【科技创新】 全面落实科技创新扶持政策，兑现企业奖补资金5795.8万元。新增专利授权量551件，增长121.3%。引进院士科研成果转化项目——江西煜明智慧光电，一批智能制造项目建成投产，定制、网红、柔性制造等多种新业态加快呈现，线上线下融合发展的新零售兴起。新增高新技术企业10家，科技型中小企业31家。天键电声获评"国家知识产权优势企业"，实现"零"的突破。电子信息、装配式建筑产业日益壮大，规模以上电子信息企业达到26家，实现主营业务收入78亿元。举办"全国首届装配式钢结构建筑发展研讨会"。

【现代农业】 完成3933.33公顷高标准农田建设，实现每个乡镇新增20公顷以上规模蔬菜基地目标。新增规模大棚蔬菜基地63个、面积800公顷，总面积达2273.33公顷。落实农户经营主体1209户，重点打造车溪、银坑2个现代农业产业园，大棚蔬菜成为农村一道风景线。新建肉鸡养殖大棚45万平方米，年出笼肉鸡突破2000万只，"全省肉鸡大县"目标建设稳步推进。新（改）造、抚育油茶3693.33公顷；新增脐橙种植666.67公顷，总面积1.07万公顷。稻（虾）综合种养、楝木果油、肉鸽、肉牛等特色产业迅速发展。富硒品牌营销深入开展，新增认证绿色产品3个、有机产品9个。承办全市设施蔬菜品种展示大会，蔬菜育种院士工作站挂牌。新增农民合作社47家、家庭农场9家。

【城乡建设】 实施城市功能与品质提升三年行动，完成城市总体规划及控制性详细规划中期评估，启动"国土空间规划"编制工作。大昌路、水南路等新区道路建成通车，完成古田中路、渡口路等老城区道路"白改黑"。"四馆一中心"和统建房一期项目基本完成，上欧农贸市场建成，新（改）建公厕31座，完成静态停车位智能化改造2500个，出行难、买菜难、停车难等城市"老大难"问题有效化解。投入资金1.16亿元，实施农村人居环境整治"六清二改一管护"，357个行政村4937个自然村组环境整治基本完成。实现农村生活垃圾第三方治理全覆盖。完成改厕1.8万户，全县无害化卫生厕所覆盖率达99%。

主要领导人 县委书记：蓝捷。县人大常委会主任：黄小龙。县长：陈阳山。县政协主席：肖惜才。

（丁良跃）

·瑞金市·

【简　况】 位于江西省东南部，辖7镇、10乡。总面积2441平方千米，其中城市建成区30.38平方千米。耕地面积2.86万公顷。总人口70.97万人，其中非农人口18.73万人；人口自然增长率6.55‰。2019年，地区生产总值165.92亿元，增长8.5%。其中，第一产业24.87亿元，增长3.2%；第二产业62.10亿元，增长7.9%；第三产业78.99亿元，增长10.4%。财政总收入24.55亿元，增长8.7%；税收占财政收入89.77%。财政支出66.81亿元，增长21.2%。工业总产值185.36亿元，增长10.9%。规模以上工业增长8.1%。外贸出口30.07亿元，增长32.4%。固定资产总额增长9.0%。利用外资8770万美元，增长6.8%；实际引进内资60亿元，增长8.4%。主要工业产品及产量有服装365万件、玩具3127万个、烤鳗2594吨、水泥401万吨、电力电缆6.05万千米。农业总产值40.24亿元，增长3.5%。粮食总产量20.12万吨。主要农产品及产量有脐橙8.92万吨、烟叶1342吨、莲子3958吨、家禽715万只、生猪出栏40.8万头。金融机构期末存款余额298.2亿元，增长5.9%。社会消费品零售总额63.55亿元，增长11.9%。城镇居民人均可支配收入3.27万元，增长8.7%；农村居民人均可支配收入1.25万元，增长10.2%。

【重点领域深化改革】 实行政务服务错时延时和预约服务、"窗口无否决权"机制，"赣服通"瑞金分厅上线运行，"最多跑一次办结"事项占比91.5%，78个事项实现一次不跑。推进国资国企改革，组建五大市属国有企业。实施农业农村、金融财税、医疗卫生、民主法治等重点领域改革。开展"降成本、优环境"专项行动，落实减税降费政策，为企业减负9.2亿元。

【"7·14"特大洪灾】 7月13日至14日，瑞金市普降大暴雨，局部特大暴雨。7月14日凌晨3时至9时许，全市平均降雨量140毫米，最大降雨量万田站242毫米，局部最大1小时降雨量77毫米、最大连续3小时降雨量200.5毫米，为瑞金范围内有记载以来极值。由于降雨急、雨量大、范围广，九堡河、万田河流域遭受历史罕见的特大洪水，绵江河出现20年一遇洪峰水位。7月14日16时，城区洪峰水位193.8米，超过警戒水位1.8米。此次灾害造成受灾人口17.22万人（其中紧急转移人口4.09万人，集中安置1091人），因灾死亡11人、失联1人，直接经济损失18.3亿元，其中农业损失3.44亿元、工矿企业损失1.80亿元、基础设施损失4.18亿元、公益设施损失1.82亿元、家庭财产损失6亿多元。

【2019红色旅游博览会在瑞金开幕】 10月19日,由江西省政府与湖南省政府联合举办的2019红色旅游博览会在瑞金市体育中心开幕。文化和旅游部党组成员王晓峰出席并宣布开幕,江西省副省长吴忠琼、湖南省副省长吴桂英分别在开幕式致辞,江西省文化和旅游厅党组书记、厅长池红主持开幕式。王晓峰、吴忠琼、吴桂英分别为"我和我的祖国"红色旅游媒体采风活动、"初心点亮长征路"活动、"百趟红色旅游专列进苏区"活动和"千车万人苏区行"体验团等授旗,为全国红色旅游主题征文获奖代表颁发证书;王晓峰、吴忠琼、吴桂英、江西省政府副秘书长刘晓艺、湖南省文化和旅游厅党组书记禹新荣、中国文化传媒集团董事长刘强、中国旅游报社社长徐行、中国铁路总公司主任龚昕、赣州市委副书记刘文华和瑞金市委书记许锐共同推杆完成启动仪式。该届红博会展馆总面积约1.8万平方米,包括1个主活动区、4个特装展区、4个主题展区,360多家单位、100多家旅行社和1000多种文创旅游商品参展。

主要领导人 市委书记:许锐。市人大常委会主任:李学通。市长:吴建平(9月代)。市政协主席:彭强。

(杨溢)

·会昌县·

【简　况】 位于江西省东南部,辖6镇、13乡。总面积2711.86平方千米,其中城区面积14.5平方千米。耕地面积26.30万公顷,有林面积19.71万公顷,森林覆盖率80.87%,城区绿地覆盖率44.5%。总人口53.19万人,其中农村人口39.94万人;人口自然增长率7.95‰。2019年,地区生产总值128.56亿元,同比增长8.6%。其中,第一产业增加值23.48亿元,增长3.3%;第二产业增加值46.59亿元,增长7.7%;第三产业增加值58.49亿元,增长11.1%。财政总收入14.72亿元,增长3.3%;税收10.57亿元,税收占财政总收入71.8%。地方财政收入10.32亿元,增长5%。地方财政支出49.29亿元,增长22.6%。规模以上工业总产值112.63亿元,增长3.1%。规模以上工业增加值增长7.8%。外贸出口11.48亿元。500万元及以上固定资产投资增长10.2%。实际利用外资7213万美元,增长5.7%。利用省外项目13个,其中亿元项目6个,实际进资23.99亿元,增长8.1%。主要工业产品及产量有工业盐42.46万吨、食用盐31.49万吨、水泥279.44万吨、锡锭230.89万吨、六氟磷酸锂385.68万吨。农业生产总值37.85亿元,增长3.4%。粮食总产量15.91万吨,增长0.03%。主要农产品及产量有烟叶1671吨,脐橙、橘柚14.96万吨,生猪40.88万头,家禽472.01万只,水产品1.61万吨。城镇居民人均可支配收入2.93万元,增加2211元;农村居民人均纯收入1.18万元,增加1078元。城乡居民年末储蓄余额136.1亿元,增长9.9%。

【民族工作】 11月,会昌县政府被省政府评为全省民族团结进步模范集体。会昌县有3个少数民族村和15个少数民族村民小组,少数民族人口5700余人,占全县总人口1.07%,是典型的少数民族散杂居县。该县把民族工作列入县"十三五"规划,制定出台《关于开展对口支援少数民族村组工作的通知》和《关于进一步加强新形势下民族宗教工作的意见》等文件。成立民族宗教事务中心,各乡(镇)设立民族宗教事务所,明确乡(镇)民宗所所长和村(居)民族宗教协管员队伍。建立民族发展专项资金正常增长机制,专项资金由2014年50万元增加到2019年70万元,实现每年递增。整合精准扶贫、对口支援、特色小镇建设等资金2.2亿元,用于少数民族村组基础设施、村庄整治、教育、旅游等事业。其中,投入8000余万元,改造少数民族村通村、通组公路60余千米,新开公路10余千米;投入2000余万元,整治少数民族村3个、少数民族村小组15个;投入250万元,实施洞头畲族文化展馆、龙头畲族文化陈馆等项目;投入30万元,用于组建洞头畲族村文艺队,开展民族文化活动;投入8000余万元,用于建立村级太阳能发电站、药材种植补助、蔬菜产业补助、脐橙产业补助、养殖补助等,实现人均增收1000余元。全县193户875名少数民族贫困人口实现脱贫。

【"四好农村路"建设】 12月,全省交通运输"三大攻坚行动、三大提升工程"动员部署暨推进"四好农村路"高质量发展现场会上,会昌县获评"四好农村路"全省示范县。2016年以来,全县投入13.6亿元,新建改建农村公路2193.3千米。其中,完成县乡道升级改造工程258千米,新建改建乡村道536.3千米,25户及以上自然村硬化水泥路1399千米。完成危桥改造30座,新建农村公路桥梁120座,完善农村公路安防设施283千米,实现乡镇到县通三级公路、行政村到乡镇通四级公路、25户及以上自然村通硬化水泥路3个全覆盖。推进农村公路管理。实行"路长制",县道、乡村道和村组道路分别设立总路长、路长和责任监管人。设立乡(镇)交通站19个,安排专人和办公场所,将乡(镇)交通站运行经费全部纳入一般公共预算。建立县有路政员、乡有监管员、村有护路员三级路产路权保护队伍。实施农村公路三级养护模式,建立农村公路养护队伍22支,养护员296个。为贫困户提供养护公益性岗位106个。加强农村公路运营。建成农村客运站19个、新建村级交通服务站4个,全县行政村实现候车亭全覆盖。城市公交线路延伸到筠门岭、西江等10个乡镇,71台新能源公交客车通行镇村公交线路,实现城乡客运一体化AAA级标准。以"四好农村路"为纽带,建立县乡村三级物流体系,建成县级农产品交易中心和乡村物流站点320个。

【《天井》获冰心儿童文学奖】 5月,该县青年作家金朵儿作品《天井》获"2018年冰心儿童文学新作奖"。冰心儿童文学奖是国内四大儿童文学奖之一,每年举办1次。《天井》讲述生活在赣南客家围屋里的"我"、阿婆、天井下的老龟以及一只名叫"酸菜"的黄狗之间发生的故事。

主要领导人 县委书记:蔡小卫。县人大常委会主任:郭贤富。县长:余学明。县政协主席:刘为民。

(赖俊)

·寻乌县·

【简 况】 位于江西省南部，辖7镇、8乡。总面积2351.55平方千米，其中城区建成面积12.00平方千米。耕地面积1.30万公顷，林地面积14.42万公顷，森林覆盖率82.37％，城区建成绿化覆盖率45.23%。总人口33.11万人，其中非农业人口7.66万人；人口自然增长率6.6‰。2019年，地区生产总值97.57亿元，同比增长8.3%。其中，第一产业增加值22.19亿元，增长3.5%；第二产业增加值30.50亿元，增长8.0%；第三产业增加值44.86亿元，增长10.8%。财政总收入9.7亿元，增长6.6%。税收收入8.5亿元，税收占财政总收入87.6%。地方财政收入5.8亿元，增长1.3%；地方财政支出38.5亿元，增长19.2%。规模以上工业总产值58.8亿元，增长8.2%。外贸出口5.04亿元。固定资产投资增长9.6%。实际引进外资24.26亿元，增长8.8%。主要工业产品及产量有水泥5.4万吨、发电量8.95亿千瓦时。农林牧渔业总产值35.91亿元，增长3.4%。粮食总产量11.68万吨。主要农产品及产量有柑橘9.94万吨、脐橙28.87万吨、生猪出栏10.60万头、禽蛋9844吨、蔬菜类及食用菌11.19万吨。城镇居民人均可支配收入2.85万元，农村居民人均可支配收入1.19万元。城乡居民年末储蓄余额110.55亿元，减少10.1%。

【寻乌县新汽车客运站投入运营】 1月1日，寻乌县新汽车客运站运营暨寻乌客货运输有限公司镇村公交分公司开业仪式举行。市道路运输管理局副局长谢云峰，县领导李茂进、赖剑锋、梅旭军、邝羽出席仪式。新汽车客运站位于橙乡大道旁，占地面积3.33公顷，建筑面积11万平方米，按国家二级汽车客运站标准建设，总投资6400万元。汽车客运站分主站房区、站前广场区、运输组织区、停车区，可容纳300辆客运车辆进站作业，日发客运班次可达500多班次，日均发送旅客可达9000人次。上午10时许，16辆新能源纯电动汽车开出县新汽车客运站，全县镇村公交车开通运营。县客货运输有限公司镇村公交分公司投入800万元，购置16辆纯电动新能源公交车，对全县5镇2乡的农村客运班线实行公交化改造，开通镇村公交线路，票价在原基础上下降15%。

【寻乌籍消防员古剑辉救火牺牲】 古剑辉，男，1997年1月生，寻乌县菖蒲乡五丰村人，四川省西昌森林消防大队四中队消防员。3月30日，四川省凉山州木里县境内发生森林火灾，在扑火行动中因突发林火爆燃，古剑辉不幸牺牲。4月6日，古剑辉骨灰运回寻乌。江西省应急管理厅党组成员、副厅长钟世富，赣州市副市长张逸等省、市、县领导参加迎接仪式。4月11日，古剑辉安葬仪式在县革命烈士陵园举行。四川省成都消防总队、寻乌县应急管理局、寻乌县退役军人事务局、菖蒲乡党委政府、县消防救援大队、县林业消防大队、菖蒲乡五丰村、烈士亲属代表等100余人参加安葬仪式。4月，古剑辉被国家应急管理部评为烈士、追记一等功、追认为中共党员。

【举办“益行红色胜地 重温寻乌调查”红色公益徒步活动】 11月24日，“益行红色胜地 重温寻乌调查”深圳市龙岗区与寻乌县支援合作项目之红色公益徒步活动在寻乌举办。深圳市龙岗区文化广电旅游体育局局长刘德平，龙岗区委宣传部副部长陈振良，赣州市体育局局长李诒芸，寻乌县领导杨永飞、张海、罗承彩、蒲金山、汪上红、严考泉出席活动。珠三角、寻乌及赣州周边地区1000余名徒步爱好者参与，徒步活动从文峰乡上甲村柯树塘文化广场出发，途经横迳、青龙岩、磜石背，全长约26千米。该次红色公益徒步活动由赣州市政府、深圳市龙岗区政府指导，赣州市体育局、深圳市龙岗区文化广电旅游体育局、深圳市龙岗区工业和信息化局(区对口办)、寻乌县政府主办，寻乌县教育科技体育局、寻乌县文化广电新闻出版旅游局承办。其间，举办寻乌美食会、露营大会等户外活动。

主要领导人 县委书记：柯岩松。县人大常委会主任：黄志高。县长：杨永飞。县政协主席：刘琼招。

（钟玉华）

·石城县·

【简 况】 位于江西省东南部，辖6镇、5乡。总面积1581.53平方千米，其中建城区面积11.4平方千米。耕地面积2.22万公顷，有林面积1.15万公顷，森林覆盖率75.9%。总人口33.51万人，其中非农业人口7.49万人。2019年，地区生产总值80.07亿元，同比增长8.6%。其中，第一产业增加值16.48亿元，增长3.4%；第二产业增加值23.74亿元，增长7.6%；第三产业增加值39.85亿元，增长11.3%。财政总收入10.03亿元，增长7.2%；税收收入占财政总收入88.5%；公共财政收入5.89亿元，增长6.4%。地方财政支出33.68亿元，增长22.5%。规模以上工业增加值增长8.0%。外贸出口3.74亿元，增长8.7%。500万元以上固定资产投资增长7.8%。实际利用外资2979万美元。农业总产值26.59亿元，增长3.2%。粮食总产量12.36万吨。主要农产品及产量有花生4071吨、烟叶2107吨、白莲7759吨。城镇居民人均可支配收入2.73万元，增长9.1%；农村居民人均纯收入1.07万元，增长12.2%。金融机构存款余额132.42亿元，增长0.4%。

【“美丽中国 多彩赣南”2019年江西谷雨诗会在石城举行】 4月19日—21日，由省文联、省作协、市文联、石城县委、县政府、中华文化促进会朗读专业委员会主办的“美丽中国 多彩赣南”2019年江西谷雨诗会在石城举行。省内外专家学者、诗人、作家代表和当地文学爱好者500余人参加活动。此次诗歌朗诵会分“祖国，我亲爱的祖国”“赣南的色彩”“一个诗群的歌吟”3个篇章，以“美丽中国 多彩赣南”为主题，汇集中国传统诗词经典和赣南诗人圻子、范剑鸣、谢帆云、聂迪、林珊、周簌、布衣、邓诗鸿等人诗作，由雅坤、马子跃、张悦、臧金生、詹泽等朗诵艺术家以及诗人、群众登台朗诵。诗会颁发2018江西年度诗人奖，诗人圻子获得该奖项。诗歌朗诵会经央视新闻移动网直播，有近20万人在网上收看。19日，“谷雨葱茏校园 诗歌点亮青春”诗歌进校园活动在石城赣源中学举行，诗人王家新、李南受邀分别为诗人和师生进行诗歌讲座。20日，举行“江西赣南诗群研讨会”，王家新、张清华、李南、谢剑平、干海兵等诗人及江西省内诗评家对赣南诗群创作进行点评。

【石城县退出贫困县】 4月28日，省政府同意包括石城县在内的10个县(区)脱贫退出，石城县脱贫攻坚工作获省政府嘉奖。10月17日，石城县委书记鲍峰庭代表县委、县政府出席全国脱贫攻坚奖表彰大会暨先进事迹报告会，石城县获全国脱贫攻坚组织创新奖。10月18日—23日，县委书记鲍峰庭随团赴湖南、湖北、江西、安徽参加全国脱贫攻坚先进事迹巡回报告会，代表石城县作先进事迹报告，介绍脱贫攻坚工作经验。在扶贫攻坚战中，石城县落实党政主要领导负总责制度，县委常委会、县政府常务会、县精准扶贫工作领导小组会定期调度脱贫攻坚制度，形成包村指挥长、县乡村三级扶贫队伍、驻村帮扶队伍、调研指导队伍、社会扶贫队伍合力扶贫格局。132名包村指挥长统揽132个村(居)脱贫攻坚各项工作，275名专职扶贫干部上下联动推进工作，132名村第一书记、132支驻村工作队、3257名结对帮扶干部下村精准对接帮扶，4个调研指导组常态化开展调研指导，45家企业结对帮扶贫困村与深度贫困村，143支1296人志愿者队伍主动参与扶贫。全县出台农业产业扶贫、电商扶贫、光伏产业扶贫、易地搬迁扶贫、兜底保障扶贫、就业扶贫、教育扶贫、健康扶贫、信息化扶贫、金融扶贫、水利扶贫、整村推进扶贫等扶贫方案，以“1+1+N”形式完善目标体系、政策体系、责任体系和工作推进体系。2016年至2019年，全县累计投入脱贫攻坚资金近75亿元，谋划实施产业、就业等精准扶贫重点项目，其中发放“产业扶贫信贷通”等各类金融贷款近40亿元，惠及合作社447个、种养大户959个、贫困群众1.09万余户。2019年，全县建档立卡贫困人口由2014年年底的4.98万人减少到488人，贫困发生率下降至0.18%，剩余11个深度贫困村全部退出，迎接贫困县退出省评估验收与国家抽检复查，取得零漏评、零错退、群众满意度高的成绩。

【“石城白莲”获批国家地理标志商标】 8月，“石城白莲”获批国家地理标志商标。石城白莲种植有1300余年的历史，覆盖全县所有乡镇，种植面积稳定在6666.67公顷以上，平均亩产85千克，年总产量8500吨以上，年产值3.37亿元，是农业支柱产业之一。石城是全国产莲大县之一，1996年被国务院农业发展研究中心命名为“中国白莲之乡”，2014年石城白莲获批国家地理标志产品保护。石城白莲粒大颗圆，色白通心，蒸煮易熟，汤清肉绵，味美清香，含蛋白质19.22%、脂肪2.35%、淀粉50%、还原糖5.44%，并含微量的钙、磷、镁和氧化黄心树柠碱等，营养和药用价值兼备。莲子可加工成莲蓉、莲羹、莲粉、莲子罐头、营养糕糊等高档食品。莲心也是清热泻火的通用良药，亦可加工成莲心茶、莲心保健食品等。白莲及深加工产品销往广东、福建、上海、台湾、香港及南洋等地。6月1日，首个省级地方标准“石城白莲”获批实施。

【石城县城市社区党工委、管委会成立】 10月26日，中共石城县城市社区工作委员会、石城县城市社区管理委员会揭牌成立。石城县城市社区党工委、管委会为县委、县政府派出机构，正科级，履行城市基层党的建设和各项管理服务职能。县城市社区管委会有全额拨款事业编制15名，内设办公室、基层党建办公室、社会事务管理办公室和社会综合治理办公室，下设石城县城市社区党群服务中心、石城县城市社区便民服务中心2个事业单位。

主要领导人 县委书记：鲍峰庭。县人大常委会主任：刘晓波。县长：尹忠。县政协主席：黄运群。

(吴洁琼)

宜 春 市

【概 况】 位于江西省西北部，辖3市、6县、1区及宜阳新区、宜春经济技术开发区、明月山温泉风景名胜区。总面积1.87万平方千米。总人口558.26万人，其中城镇人口285.94万人；人口自然增长率6.78‰。2019年，地区生产总值2687.57亿元，同比增长7.6%。其中，第一产业增加值296.54亿元，增长3.0%；第二产业增加值1136.31亿元，增长7.7%；第三产业增加值1254.42亿元，增长8.9%。财政总收入408.99亿元，增长4.5%；其中一般公共预算收入246.16亿元，增长4.1%。财政总收入占地区生产总值15.2%。税收收入347.32亿元，增长4.8%，占财政总收入84.9%。一般公共预算支出620.76亿元，增长18.6%。500万元以上固定资产完成投资增长9.5%。外贸进出口总额208.3亿元，增长7.6%。其中外贸出口总额190.9亿元，增长16.4%；外贸进口总额17.4亿元，下降41.3%。实际利用外资9.1亿美元，增长7.4%。规模以上工业增加值增长8.4%。主要工业产品及产量有原煤213万吨，下降3.51%；原盐126.84万吨，增长14.4%；中成药5.49万吨，下降3.5%；起重机10.70万吨，增长13.9%。农业总产值505.93亿元，增长2.9%。粮食总产量434.95万吨，增长0.61%。主要农产品及产量有稻谷406.91万吨，增长0.2%；蔬菜189.6万吨，增长3.53%；水果16.07万吨，增长5.42%；油菜籽10.26万吨，下降0.44%；茶0.57万吨，下降1.54%。社会消费品零售总额752.8亿元，增长11.4%。城镇居民人均可支配收入3.48万元，增长8.0%；农村居民人均可支配收入1.64万元，增长9.3%。年末全市金融机构各项存款余额3606.93亿元，比年初增加344.94亿元。

【产业转型升级】 2019年，聚力建设“三群两谷一带”产业工程，中医药全产业链产值1136亿元。宜春大数据产业园开园，入驻企业69家。建材、食品、纺织等产业加快转型升级，高安获批国家绿色光源高新技术产业化基地。中药材、富硒农产品“双百”工程稳步推进，面积分别达5.15万公顷、4.73万公顷。新建高标准农田3.61万公顷。“三品一标”认证数突破1000个，创建国家农产品质量安全市,获评世界硒养之都、全国富硒农业示范基地,万载入选国家农业绿色发展先行区。承办全省旅发大会,举办第十三届月亮文化旅游节,新增国家4A级旅游景区7家。入选首批国家城乡高效配送试点城市。开展"四贷一保"业务147.3亿元,惠及中小微企业3520家。机构改革全面完成,市属"1+6"平台资产突破1000亿元。关闭煤矿10处,退出产能48万吨。"生态+大健康"产业改革入选中国改革年度优秀案例。实施招大引强"百日千亿"攻坚行动,纳入全省统计的2000万元以上新签约项目385个,其中"5020"项目17个。举办中国锂业大会、首届城市大数据与人工智能峰会、国际硒养大会、樟树全国药交会等活动。在全省率先设立市级人才发展服务研究院,39人(团队)入选省"双千计划",新增省级海智计划工作站3家。高安、樟树入选国家级知识产权强县工程示范县。

【民生服务】 全年民生支出503.1亿元,占财政支出81.1%。城镇新增就业5.45万人,新增转移农村劳动力8.28万人。城镇登记失业率2.9%。优化教育资源,新改扩建学校126所,新增学位4.4万个;治理城镇小区配套幼儿园90所,公办幼儿园在园幼儿数占比44.1%。启动城市功能与品质提升八大行动,实施重点项目1293个。明月山机场站坪扩建、220国道绕城改建竣工。全市新建改建城市道路130条,中心城区建成地下综合管廊7.2千米,完成99条街道沿线立面改造。完成城市棚户区改造5.1万套、农村危旧房改造7831户,9440套老旧小区改造开工。新改扩建基层综合性服务中心421个。创建全国文明城市,通过国家卫生城市复审迎检。实施农村人居环境整治三年行动计划,建成秀美乡村3498个、示范线12条,生活垃圾分类工作考核位居全国试点城市前列。村集体经济年收入超5万元的村占比78.2%,建成农村幸福食堂1000个。

3月27日,2019年中国锂业大会暨第四届中国(宜春)锂电新能源产业高峰论坛开幕式在宜春举行

宜春市史志办供

【中国锂业大会暨第四届中国(宜春)锂电新能源产业高峰论坛在宜春举行】 3月27日,由中国有色金属工业协会、宜春市政府主办的2019年中国锂业大会暨第四届中国(宜春)锂电新能源产业高峰论坛开幕式在宜春举行。会议邀请到中国有色金属工业协会会长陈全训,中国工程院院士、中国地质科学院盐湖中心主任郑锦平,中国工程院院士、西藏自治区人大常委会原副主任多吉,省工信厅副厅长刘煜,原中国有色金属工业总公司党组成员、纪检组长汪宗武,中国有色金属工业协会副会长、锂业分会会长赵家生,中国电池工业协会理事长赵金生等各界代表400余人共聚一堂,研究探讨中国锂电新能源产业发展。参会企业175家,其中上市公司20家、央企2家、世界500强企业1家、中国500强企业1家、独角兽企业(首批科创板受理企业)1家,参会董事长和总经理51人。有关专家、企业家等10人分别作《中国锂业发展概况》《全球锂业发展概况》《宜春锂云母资源储量优势和开发利用前景》等专题报告。中国有色金属工业协会授予宜春市"宜春锂产业基地"牌。

【赣湘边区域合作宜春产业园开工建设】 7月29日,赣湘边区域合作宜春产业园开工奠基仪式在袁州区慈化镇举行。该产业园位于慈化镇,规划建成区面积22平方千米,其中核心区5.5平方千米,致力于发展电子信息、智能制造、生物医药、医疗器械、服装鞋革、旅游工艺品、绿色食品等产业。按照"一年拉开框架、两年初具规模、三年明显成效"的目标要求,宜春与长沙致力于把赣湘边区域合作宜春产业园打造成赣湘边区经贸合作示范区、原湘鄂赣苏区振兴发展试验区、城乡区域融合发展样板区、传统产业转型升级集聚区、生态优先绿色发展先导区、对接长株潭的"桥头堡"和宜春中心城区发展第三极。

【第十三届月亮文化旅游节】 9月5日至12日,第十三届月亮文化旅游节活动在宜春举行。该届活动以"月照初心·人生宜春"为主题,活动内容包含:9月5日在明月千古情广场举行"月照初心·人生宜春"文艺晚会暨2019宜春·第十三届月亮文化旅游节开幕式;7月20日至10月20日以及8月1日至10月20日在宜春花博园举办光影律动活动暨抖音挑战赛;9月10日至10月10日在宜春美术馆举行"美丽宜春——全国名家书画明月山(瓷板画)作品展";9月7日至8日在万载古城举行"穿月"系列活动;9月11日至12日在市人民公园举行宜春民俗文化大展;9月12日在明月山温泉风景名胜区温汤镇古井泉街爱情广场举行"中秋拜月"民俗活动;9月20日至22日在市体育中心广场举行2019宜春秋季汽车展销会;9月9日在铜鼓县沉浸式体验中心广场举行铜鼓"红色畅想·月圆欢歌"主题活动;9月20日至23日在奉新县万亩猕猴桃基地和天工开物农旅小镇举办奉新猕猴桃文化旅游系列活动;9月12日在市政大楼广场举行"火龙追月"民俗活动暨2019

宜春·第十三届月亮文化旅游节闭幕式。

【首届华为·宜春城市大数据与人工智能高峰论坛暨宜春大数据产业园开园活动】 11月21日,由省工信厅、宜春市政府、华为技术有限公司主办的首届华为·宜春城市大数据与人工智能高峰论坛暨宜春大数据产业园开园活动在宜春智慧经济产业特色小镇举行。省委常委、副省长吴晓军,中国科学院院士、中国工程院院士李德仁,原国家广电部副部长何栋材和国家有关部委、省厅、其他地市政府领导、业界专家,市委副书记、市长王水平等市领导,国家工业和信息化部信息化和软件服务业司副司长王建伟,华为公司副总裁杨瑞凯等,来自全国大数据与人工智能等领域的200多家企业代表参加大会。会上宣布宜春大数据产业园开园,赣西云数据中心、宜春智慧城市指挥中心上线运行。同时,华为·宜春城市大数据创新示范基地揭牌,发布华为城市大数据解决方案。现场举行大数据产业项目集中签约仪式,共签约19个项目,总投资额达33亿元。

主要领导人 市委书记:颜赣辉(2020年6月,因涉嫌严重违纪违法,接受省纪委省监委纪律审查和监察调查)。市人大常委会主任:张鉴武。市长:王水平(任至12月)。市政协主席:陈荣。

(林峰 袁宁)

·袁州区·

【简 况】 位于江西省西北部,辖17镇、3乡、8街道办。总面积2538平方千米,其中建成区面积88平方千米。耕地面积5.50万公顷,森林覆盖率62.23%,城区绿化率44.96%。总人口116.80万人,其中城镇人口46.83万人;人口自然增长率7.13‰。2019年,地区生产总值436.17亿元,同比增长8.6%。其中,第一产业增加值37.85亿元,增长3.1%;第二产业增加值151.05亿元,增长7.6%;第三产业增加值247.27亿元,增长10.4%。财政总收入40亿元,增长10.3%。一般公共预算收入23.38亿元,增长15.2%。地方财政支出79.88亿元,增长22.3%。实际利用外资9030万美元。工业总产值315.78亿元,增长9.7%。规模以上工业总产值同比增长8.8%,占地区生产总值34.63%。主要工业产品及产量有中成药3.43万吨、水泥9.35万吨、锂离子电池1.37亿只。农业总产值59.91亿元,增长11.7%。粮食总产量48.50万吨,增长0.5%。主要农产品及产量有谷物44.88万吨、油料1.90万吨、肉类7.19万吨。城镇居民人均可支配收入3.88万元,增加2909元;农村居民人均可支配收入1.61万元,增加1383元。城乡居民年末储蓄余额437.73亿元,增长14.32%。

【工业产业升级】 2019年,袁州区制定出台《袁州区加快推进工业经济高质量发展的若干政策举措》等文件,打造生物医药、锂电新能源、智能装备制造等主导产业集群,启动申报国家火炬宜春袁州锂电新能源特色产业基地项目。鼓励企业创新,新增国家高新技术企业10家,省级科技型中小微企业5家,省级院士工作站1家,省市级研发平台7个,产学研合作项目17个。袁州产业园主营业务收入660亿元,税收突破22亿元。新增规模以上工业企业52家,总量突破200家。获全省工业高质量发展考核先进县称号,袁州产业园在全省同级产业园评比中排位第二,智能装备制造产业集群获批省级重点工业产业集群。

【项目建设】 2019年,争取上级资金26.6亿元,同比增长23.1%。突出"袁商回归""以商招商",组织开展"三友"座谈会和"三请三回"恳谈会。全年新签约项目132个,合同资金283.3亿元,其中亿元以上项目71个、10亿元以上项目7个;新开工项目66个,竣工投产项目56个。推进赣湘边区域合作宜春产业园建设,完成征地440余公顷,拆迁签约5万平方米,推进标准厂房及水气路等项目。

【城乡统筹发展】 开工建设云谷路综合管廊等55个项目,完成2条精品街区、25条标准街区提升改造;完成1.53万套152万平方米棚改拆迁任务,22个棚改重点项目开工,棚改工作连续3年获住建部好评;通过国家卫生城市复审迎检,全国文明城市创建取得新成效。投入5亿余元,对高速、高铁沿线进行重点整治。投入1.78亿元,打造8个美丽生态宜居村庄、652个高标准新农村建设点,新建"党建+乐龄中心(幸福食堂)"124个,建设公益性墓地,减少丧葬陋习。

主要领导人 区委书记:鲁旭东。区人大常委会主任:谢密蜂。区长:李晓楚(任至7月)。区政协主席:孙智红。

(窦忠平)

·樟树市·

【简 况】 位于江西省中部,辖10镇、4乡、5街道办事处。总面积1290.99平方千米,其中市区面积29.5平方千米。耕地面积5.18万公顷,有林面积2.71万公顷,森林覆盖率32%,城区绿化率48.1%。总人口60.78万人,其中城镇人口30.24万人;人口自然增长率7.21‰。2019年,地区生产总值408.59亿元,同比增长7.6%。其中,第一产业增加值40.66亿元,增长3.3%;第二产业增加值186.79亿元,增长8.2%;第三产业增加值181.14亿元,增长7.9%。财政总收入60.63亿元,增长1.0%;税收总收入51.78亿元,占财政总收入85.4%。地方财政收入36.33亿元,增长9.6%;地方财政支出57.82亿元,增长0.98%。规模以上工业总产值531.87亿元,增长6.4%。外贸出口1.75亿美元,实际利用外商投资1.02亿美元。主要工业产品及产量有原盐16.8万吨、中成药5943吨、电动葫芦2517台、单双梁起重机2311台、香料2112.3吨、水泥22.95万吨。农业总产值59.52亿元,增长4.2%。粮食总产量59.62万吨。主要农产品及产量有油料5.71吨、中药材2.12万吨。城镇居民人均可支配收入3.75万元,增加2774元;农村居民人均可支配收入1.85万元,增长1559元。城乡居民年末储蓄余额263.44亿元,增长 13.8%。

【樟树市入选国家知识产权强县工程示范县(市)名单】 8 月,国家知识产权局确定 18 个县(市、区)为国家知识产权强县工程示范县(市),樟树市入选。2015 年,国家知识产权局将樟树列为国家知识产权强县工程试点县(市)。2018 年 3 月,樟树市试点工作通过省知识产权局组织的专家验收,评为优秀,并推荐申报国家知识产权强县工程示范县。江西工埠机械有限公司被国家知识产权局评为国家知识产权优势企业,四特、金虎和天仙精藏 3 家企业通过国家知识产权优势企业年度考核,全市有国家知识产权优势企业 4 家,总量居全省县市前列。2018 年 12 月,樟树市知识产权局被省知识产权局推荐为国家知识产权系统人才工作先进集体。全市拥有有效发明专利 191 件,每万人口发明专利拥有量 3.4 件,位居全省县(市、区)前列。

【徐菊如获"全国模范司法所长"称号】 9 月,司法部表彰一批全国监狱戒毒司法所工作先进集体和先进个人,樟树市鹿江街道司法所所长徐菊如获"全国模范司法所长"称号。徐菊如自从参加工作,27 年如一日,扎根基层,恪尽职守,为化解矛盾纠纷、维护社会稳定作出贡献。在司法所长岗位上,他定期开展法治宣传教育,解答群众法律咨询,提升社区干部群众的法治观念和依法办事的自觉性;发扬"新时代'枫桥经验'",建立健全排查、登记、调处、回访、领导包靠等制度,有效化解矛盾纠纷,维护社会稳定;做好社区服刑人员的入矫工作,街道先后接收 100 多名社区服刑人员,无一脱管失控,无一重新违法犯罪。

【第 50 届全国药材药品交易会在樟树举行】 10 月 16 日—18 日,由省政府和中国中药协会主办,宜春市政府和樟树市政府共同承办的樟树第 50 届全国药材药品交易会在樟树市岐黄小镇举行。省委书记、省人大常委会主任刘奇与出席开幕式的领导共同推杆,启动交易会。交易会突出"传承·创新·合作·共赢"主题,安排经济贸易、宜春中医药博览会、学术交流、行业培训、文化宣传五大板块,包括专业交易会展、中医药强省科技成果在线对接会、2019 年江西(宜春·樟树)医药产业招商引资推介会等 18 项活动。全国 1100 余家企业参展,参展品种 2.6 万余个。其间,10 月 16 日—17 日,由中国中医科学院主办的全国药材产业大会在樟树市召开。中国工程院院士、中国中医科学院院长黄璐琦等 14 位专家学者分别就中药材产业发展趋势与政策建议、中药材标准体系与产业发展、中药种子基地建设等作报告。会上发布由中国中医科学院中药资源中心牵头组织的中药材系列标准,并举行全国中药材供应保障平台开通仪式。

【樟树港河西港区港城一体化项目开工】 11 月 22 日,中国物流樟树港河西港区港城一体化项目开工。项目位于赣江左岸张家山街道境内,总投资 108 亿元,占地面积 133.33 公顷,由中国物流有限公司、中国江西国际经济技术合作有限公司、新余钢铁集团有限公司及湖南五江轻化集团有限公司共同投资建设。港区主要以重件集装箱、散货、件杂货吞吐为主,兼顾装卸仓储、中转换装、运输组织、临港开发、现代物流。项目建成后,港区年吞吐量集装箱 15 万 TEU,件杂物资 240 万吨,散货装卸船 1300 万吨,具有运量大、成本低、能耗省等优势,给区域经济发展增添新活力。港城一体化文旅城市综合体项目包括沿江路及片区主干道路、景观绿化工程、亮化工程、堤护工程、配套中学、医院等 11 项配套内容。

主要领导人 市委书记:董晓明。市人大常委会主任:付亚红。市长:尹志来。市政协主席:谌厚有。

(陈云芽 曾磊)

·丰城市·

【简 况】 位于江西省中部,辖 20 镇、7 乡、6 街道。总面积 2845 平方千米,其中城区面积 54 平方千米。耕地面积 8.85 万公顷,有林面积 8.4 万公顷,森林覆盖率 42%,城区绿化率 45%。总人口 150.74 万人,其中城镇人口 55.66 万人;人口自然增长率 7.8‰。2019 年,地区生产总值 517.6 亿元,同比增长 7.3%。其中,第一产业增加值 72.9 亿元,增长 3.2%;第二产业增加值 237.6 亿元,增长 8.2%;第三产业增加值 207.1 亿元,增长 7.5%。财政总收入 80 亿元,增长 6.5%,税收占财政总收入 81.3%。地方财政收入 49.7 亿元,增长 2.2%;地方财政支出 105 亿元,增长 10.4%。工业总产值 728.3 亿元,增长 9.8%。外贸出口 2.05 亿美元。500 万元及以上固定资产投资增长 9.3%。实际利用外商投资 1.07 亿美元。主要工业产品及产量有原煤 213.1 万吨、焦炭 79.7 万吨、水泥 226.7 万吨、火力发电量 142.4 亿千瓦时。粮食总产量 101.98 万吨。社会消费品零售总额 134.7 亿元,增长 11.6%。城镇居民人均可支配收入 3.68 万元,增长 7.7%;农村居民人均纯收入 1.85 万元,增长 9.3%。城乡居民年末储蓄余额 433.3 亿元,增长 12%。

【开展"扫黑除恶"专项斗争】 围绕"三年行动"工作目标,与开展大村庄治安、乱点乱象、"黄赌毒"3 项整治相结合,建立政法部门办理涉黑涉恶案件协作机制。全市共接线索 1198 条,核查 1120 条;摧毁黑社会性质组织 2 个、恶势力犯罪集团 8 个、恶势力团伙 10 个、"保护伞"20 人(其中徐文俊等 25 人组织、领导、参加黑社会性质组织案被中央政法委确定为经典案例);抓获涉黑涉恶犯罪嫌疑人 977 人,破获刑事案件 356 起,冻结查封涉黑涉恶资产 1.92 亿元。

【曾璐锋获世界技能大赛冠军】 8 月 27 日,在俄罗斯喀山落幕的第 45 届世界技能大赛上,丰城籍青年曾璐锋获水处理技术项目金牌,实现全省在世界技能大赛金牌零的突破。世界技能大赛是最高层级世界性职业技能赛事,每两年在不同国家或地区举办,中国已连续参加 5 届。2018 年 6 月,江西环境工程职业学院曾璐锋以全国第二名的成绩入选国家集训队。2019 年 4 月,在全国选拔赛上获第一名,成为全国水处理技术项目参加世界技能大赛的唯一选手。

【工业项目集中开(竣)工】 11月18日,举行全市工业项目集中开(竣)工仪式,项目涉及智能家居、教育装备、循环经济、能源建材、集成电子、食品药品等领域。开工项目20个,包括少海汇智能家居、江西同天设计管理、深圳月步文化科技、丰城创投、江西城市矿产资源大市场等,总投资204.07亿元;竣工项目10个,包括恒吉集团杰诺康铜业、佛吉亚好帮手电子科技、江西申江联合电缆、丰城住总远大、江西恒顶食品等,总投资52.65亿元。

主要领导人 市委书记:胡江萍。市人大常委会主任:邹小平。市长:江伟斌(任至9月)、徐结强(12月代)。市政协主席:熊建清。

(熊国安 程亮)

·靖安县·

【简 况】 位于江西省西北部,辖5镇、6乡。总面积1377.49平方千米,其中城区面积8.3平方千米。耕地面积1.19万公顷,林地面积11.65万公顷;森林覆盖率84.1%,城区绿地率39.8%。总人口15.27万人,其中非农业人口5.84万人;人口自然增长率6.02‰。2019年,地区生产总值64.25亿元,同比增长8.1%。其中,第一产业增加值7.77亿元,增长3.2%;第二产业增加值24.30亿元,增长6.7%;第三产业增加值32.17亿元,增长11.3%。财政总收入10.4亿元,增长2%;其中税收收入8.55亿元,占财政总收入82.2%。一般公共财政预算收入6.42亿元,下降5.5%;一般公共财政预算支出22.75亿元,增长11.8%。规模以上工业总产值63.27亿元,增长11.8%。固定资产投资43.2亿元,增长11.6%。实际利用省外资金43.68亿元,增长8.25%;利用外资0.32亿美元,增长6.3%。外贸出口1.27亿美元,与上年持平。主要工业产品及产量有铸钢件3.88万吨、铜材2.28万吨、电光源2.51亿只、锂离子电池488万只。农业总产值14.8亿元,增长3.25%。粮食总产量9.38万吨。主要农产品及产量有水稻8.5万吨、棉花0.05万吨、柑橘4.25万吨、茶叶384吨、油菜籽0.6万吨。社会消费品零售总额9.75亿元,增长11.2%。城镇居民人均可支配收入3.23万元,增加2281元;农民人均纯收入1.57万元,增加1281元。城乡居民年末储蓄余额60.15亿元,增长15.8%。

【华东交通大学理工学院靖安校区开工建设】 6月28日,由华东交通大学理工学院投资建设的靖安校区建设项目开工。校区位于昌铜高速出口附近,项目总投资47亿元,占地面积177.87公顷,总建筑面积138万平方米,分二期进行建设。

【"7·21"吕阳洞山洪险情应急救援】 7月21日下午,靖安县高湖镇西头村吕阳洞局部暴雨,突发山洪、溪水猛涨,导致在吕阳洞溯溪的283名"驴友"被困,84名"驴友"失联。接到险情报警,各级党委、政府组织省、市、县6支消防队伍、周边县市6支蓝天救援队伍及靖安干部群众共530余人,携带救援机车20余辆(台)开展救援工作。经过近19个小时搜寻救援,被困驴友安全转移,失联的84名"驴友"全部找到。其中,搜救脱险80名,遇难4名。

【靖安机场开工建设】 9月,江西省(靖安)森林航空护林直升机场建设项目开工,总投资4170万元。项目位于香田乡渔桥村,占地面积11.80公顷,建设年限为3年,建设主体为省应急管理厅航空护林局,以B类通用机场、林-直I级机场标准进行设计,供直升机昼间目视飞行使用,主要用于森林防火巡视及应急救援等通用航空飞行。

【全国农村子宫颈癌防治四十五周年总结交流大会在靖安召开】 11月15日,全国农村子宫颈癌防治四十五周年总结交流大会在靖安召开。中国工程院院士郝希山、国家卫生健康委妇幼司司长秦耕等有关领导及专家学者、全国妇幼医务人员200余人参会。省妇幼保健院院长李增明主持会议。会议回顾中国农村宫颈癌防治四十五年的发展历程,开展宫颈癌防治技术推广培训,介绍靖安县经验。同日,在靖安原宫防所举行江西省宫颈癌防治陈列馆揭牌仪式。

主要领导人 县委书记:田辉(任至8月)、郑绍(9月任)。县人大常委会主任:陈基先。县长:严旭辉。县政协主席:贾秋林。

(蔡会如 黄烈花 赖丰芳)

·奉新县·

【简 况】 位于江西省西北部,辖10镇、3乡、3场、1街道办事处、1风景名胜区管委会。总面积1642.81平方千米。2019年,地区生产总值185.54亿元,同比增长8.0%。其中,第一产业增加值21.12亿元,第二产业增加值86.45亿元,第三产业增加值77.97亿元。财政总收入26.25亿元,增长1.1%。外贸进出口总额2.36亿美元,增长12.4%。实际利用外资9233万美元,实际引进内资81.8亿元。农业总产值34.53亿元,增长10.32%。粮食总产量32.64万吨。主要农产品及产量有生猪出栏10.27万头、水产品1.85万吨、猕猴桃7.2万吨。社会消费品零售总额51.76亿元,增长13%。城镇居民人均可支配收入3.49万元,增长7.7%;农村居民人均可支配收入1.82万元,增长9.2%。城乡居民年末储蓄余额164.79亿元,增长13%。

【产业集聚】 新材料新能源产业加速扩张。投资21亿元的璞泰来新材料产业园投产运行,飞宇新能源、云威新材料新建生产线试产,宁新新材料新建项目投入使用,紫宸科技入选全省瞪羚企业及2019江西民营企业百强榜单。纺织服装产业影响扩大。金源纺织等4家企业入选全国棉纺织行业竞争力百强企业、优良发展型企业榜单,获评"2017—2018年度棉纺织产业集群创新发展示范地区"。全县规模以上工业企业106家,获2016—2018年度全省加快工业加速工业崛起年度贡献奖。黄溪新区天工创业园21.5万平方米和宝泽创业园37.6万平方米标准厂房完成主体建设。

【脱贫攻坚】 2019年,全县开展脱贫攻坚春季整改、夏季提升、秋季巩固攻势行动，抓好中央脱贫攻坚专项巡视、省市暗访督查反馈问题整改。实行“大村长”制度，从县乡选派170名科级干部担任“大村长”，聚焦义务教育、基本医疗、住房和饮水安全短板，推进十大扶贫工程。全县8个“十三五”省市贫困村全部脱贫，全年578户1403名贫困人口脱贫，贫困发生率降为0.13%。

【获评国家生态文明建设示范县】 11月16日至17日，中国生态文明论坛年会在湖北省十堰市召开，十一届全国政协副主席、中国生态文明研究与促进会会长陈宗兴，生态环境部党组书记、部长李干杰出席开幕式并讲话，会议命名表彰奉新县为第三批国家生态文明建设示范县。奉新县持续推进国家生态文明试验区（江西）建设，2019年10月28日—30日，全省生态文明试验区专题培训班在奉新举办，奉新县编著的《生态+加出一个新奉新》书籍和拍摄的《绘山水画卷 做生态文章》视频宣传片用作培训教材，《经济生态化 生态经济化——奉新县生态经济发展与生态文明建设探索》列入江西省生态文明改革百条推广示范经验，获江西省国家生态文明试验区改革示范经验优秀成果二等奖。奉新县生态文明建设经验做法入选生态环境部国家生态文明建设示范市县宣传画册。

主要领导人 县委书记：甘贤武。县人大常委会主任：邹俊明。县长：李国兴。县政协主席：胡健。

（熊正秋 邹文生 何鸿如）

·高安市·

【简 况】 位于江西省西北部，辖19镇、2乡、2街道办事处、1垦殖场。总面积2439.33平方千米，其中城区面积35.17平方千米。耕地面积10.36万公顷，林地面积9.13万公顷，森林覆盖率35.8%，城区绿地率34.4%。总人口87.76万人，其中城镇人口34.37万人；人口自然增长率6.98‰。2019年，地区生产总值448.78亿元，一、二、三产业比为9.32∶36.22∶54.46。财政总收入50.17亿元，增长8.58%；公共财政预算收入30.42亿元，增长6.97%。财政总收入占地区生产总值11.18%。工业总产值474.44亿元，增长10.22%；规模以上工业增加值增长6%。实际利用省外资金81.92亿元，外贸出口1.79亿美元。500万元以上项目固定资产投资增长9.4%。主要工业产品及产量有瓷砖8.69亿平方米、锂离子电池3875万只、齿轮3.24万吨、商品混凝土183万立方米、水泥485万吨。农业总产值34.92亿元，增长3.98%。粮食总产量76.75万吨，增长1.57%。主要农产品及产量有生猪出栏79.25万头、肉牛出栏9.37万头、稻谷72.30万吨、棉花0.68万吨、油料6.20万吨。城镇居民人均可支配收入3.57万元，增长8.20%；农村居民人均可支配收入1.79万元，增长9.20%。新增贷款68.20亿元，余额存贷比为71.75%。

【高安市跻身全国县域经济百强县市】 12月16日，全国县域经济与县域发展专业研究机构、社会智库——中郡研究所发布《2019县域经济与县域发展监测评价报告》，公布第十九届县域经济与县域综合发展前100名等监测评价结果，高安位居县域经济与县域发展第95名，首次进入全国县域经济百强县市。2019年，高安实现生产总值448.78亿元，同比净增29.78亿元；财政总收入首次突破50亿元，达到50.17亿元，增长8.6%；规模以上工业增加值增长6%；固定资产投资增长9.4%；社会消费品零售总额94.64亿元，增长12.1%，主要经济指标均保持发展趋势。

【高安高新技术产业园区被科技部认定为国家绿色光源高新技术产业化基地】 9月27日，高安高新技术产业园区被科技部认定为国家绿色光源高新技术产业化基地。2019年，高安高新技术产业园区助推LED行业、储能行业、太阳能光伏行业等绿色光源产业和相关配套产业发展，形成从外延、芯片、封装到应用较为完善的绿色光源产业链。园区有锂电光电行业企业36家，工业总产值14.11亿元，同比增长37.83%；主营业务收入13.44亿，增长42.19%；利润1.49亿，增长58.07%；税收0.27亿，增长52.61%。全年签约入园重大亿元以上项目7个，总签约资金30亿元，其中锂电光电项目2个。推动重大项目建设，其中投资60亿元的通瑞新能源公司锂电隔膜生产项目（一期）1—8号线投产，9—16条线开工建设。投资10亿元的江西省品信科技有限公司智慧硬件产业园项目“组包事业部”和“微电声事业部”运行；投资10亿元的辰扬高阻隔多层共挤复合膜材料项目第一条生产线投产；科创城项目规划设计初稿和建筑设计方案审定完成，创新大厦、创新孵化大楼开工建设。引进硕士及副高技术职称相关人才9名，其中绿色光源产业人才4名。

【举办中国·宜春国际农耕健身邀请赛暨第八届全国农耕健身大赛】 10月18日—21日，中国·宜春国际农耕健身邀请赛暨第八届全国农耕健身大赛在高安巴夫洛生态园举办。大赛由省体育局、省教育厅、宜春市政府等5家单位主办，宜春市教育体育局、高安市政府等5家单位承办。巴基斯坦、俄罗斯、印度、坦桑尼亚、中国等14支国际代表队和中国21支省市代表队、11支江西省地级市代表队共300余人参赛。比赛设置车水抗旱、荷塘采莲、推媳妇回娘家、晒场收谷、同心锯木、鱼塘抓鱼6个来源于农家劳作和生活的项目。大赛设置4个奖项，分别是国际组团体、省市组团体、地市组团体和最佳表现奖。国际组团体中，中国队、哈萨克斯坦队等6支队伍获奖；省市组团体中，江西队、贵州队等8支队伍获奖；地市组团体中，南昌队和吉安队获一等奖；最佳表现奖中，3个组别分别有5支队伍获奖。

【高安市史志办公室被评为全国地方志工作先进集体】 11月27日，根据中国地方志工作指导小组办公室《关于全国地方志工作先进典型的通报》，高安市史志办被评为全国地方志工作先进集体。高安市史志办公室在2013年争取市政府支持，将每年年鉴编印经费纳入财政预算，从2014年实现《高安年鉴》一年一鉴常态化编印。重印清道光年的《锦江脞记》和清同治年的《瑞州府志》。编著出版《中国共产党高安历史》第一卷(1921—1949)和第二卷(1949—1978)。开展党史宣传,在“不忘初心、牢记使命”主题教育期间,协同市委宣传部等部门联合编印《高安红色故事汇》,史志办主任易集明应邀到10余个乡镇、街道、场、市直部门作“不忘初心、牢记使命”专题辅导。开展地方志理论研究,编印《反思与前行——〈高安市志〉问世三年间》,10次参加中指组办公室及全国性党史地方志学术年会(论坛),在省级杂志上发表方志理论文章30余篇。5次参加全国苏学研究学术研讨。完成县级地情文化丛书《高安辞典》编纂和发行。先后完成高安元青花博物馆布展资料编审、城市文化广场历史资料、城区街道地名的提供与审核。参与高安市瑞阳新区建设、筠西古街规划设计、高安市“绿三角”规划、青花小镇规划和秀美乡村建设等。

主要领导人 市委书记:袁和庚。市人大常委会主任:黄雪刚。市长:康健(2月代、3月任)。市政协主席:丁杏花。

(高安市史志办公室)

·上高县·

【简 况】 位于江西省西北部,辖9镇、5乡、1场、1街道办事处。总面积1350平方千米,其中县城城区面积25平方千米。耕地面积3533.48公顷,有林面积59443.1公顷,森林覆盖率46.97%,城市建成区绿化率37.45%。总人口38.50万人,其中城镇人口16.44万人;人口自然增长率6.2‰。2019年,地区生产总值219.5亿元,同比增长7.4%。其中,第一产业增加值24.7亿元,增长2.3%;第二产业增加值103.4亿元,增长7.8%;第三产业增加值91.4亿元,增长8.3%。财政总收入32.9亿元,增长5%;税收占财政总收入90.6%。一般公共预算收入17.7亿元,增长0.2%;一般公共预算支出38.78亿元,增长7.5%。工业总产值281.7亿元,增长8.8%。规模以上工业增加值增长8%,占地区生产总值33.9%。外贸出口4.4亿美元,占生产总值13.7%。固定资产投资增长7.8%。实际利用外商投资1.07亿美元,利用省外资金82.58亿元。主要工业产品及产量有水泥181万吨、(食品)饮料酒751千升、(鞋革)服装203万件。农业总产值50.8亿元,增长2.11%。粮食总产量34.75万吨。主要农产品及产量有油料1.6万吨、生猪出栏71万头、牛存栏4.6万头。城镇居民人均可支配收入3.48万元,增长2486元;农村居民人均可支配收入1.92万元,增长1581元。城乡居民年末储蓄余额172亿元,增长14.1%。

【支持居家养老服务体系建设】 印发《关于印发上高县加快发展养老服务事业的实施意见的通知》等文件,加大资金扶持力度,养老服务体系建设专项资金逐年增长。改造原民政局和开发办办公楼用于发展居家养老服务中心示范点建设,在每个示范点市财政扶持20万元基础上,县财政配套20万元,同时为每个点安排3个公益性岗位。全县先后建成城乡居家养老服务中心69个,可惠及全县3万多名老年人,覆盖率32.4%。开展“党建+乐龄中心(幸福食堂)”建设,筛选确定建设点30个,县财政按每个建设点15万元(县乡财政8:2比例)拨付建设运行经费。其中,18个运行点服务就餐老人577人,包括留守老人323人、独居老人254人。成立“上高县居家养老服务中心”,开通县级“‘12349’居家养老呼叫救助服务信息平台”。在乡镇敬老院开展失能护理试点经验总结的基础上,在全县铺开失能护理服务,投资1200余万元建成综合康复大楼(含设备)并投入运营。

【扫黑除恶攻坚战】 2019年,全县扫黑除恶铲除集团团伙10个,挽回群众损失595万元,犯罪率下降15.7%。举办扫黑除恶专项斗争业务培训班和知识考试,组织全县各乡镇(场、街道)、各成员单位专职人员培训“九有”台账的制作和完善、线索摸排等内容,培训结束后举办全县扫黑除恶专项斗争应知应会知识竞赛活动。通过公安视频系统举办全县扫黑除恶专项斗争业务培训会,全县公、检、法30余名办案干警参加会议。7月5日,上高县法院对被告人郑某等48人组织、领导、参加黑社会性质组织案一审宣判。首要分子郑某犯组织、领导黑社会性质组织罪、故意伤害罪、妨害公务罪、聚众斗殴罪、寻衅滋事罪、敲诈勒索罪、强迫交易罪、开设赌场罪、妨害作证罪、窝藏罪、包庇罪,数罪并罚,判处有期徒刑24年,剥夺政治权利4年,并处没收个人全部财产;其余47名被告分别被判处有期徒刑20年至1年8个月不等,其中一骨干成员并处没收个人全部财产,其他成员并处相应罚金。

【敖山镇洋林归侨少数民族聚居村被命名为第六批全国民族团结进步创建示范单位】 2019年,国家民族事务委员会下发命名第六批全国民族团结进步创建示范单位的决定,宜春市上高县敖山镇洋林归侨少数民族聚居村上榜。敖山镇洋林归侨少数民族村位于上高县东北部,毗邻320国道。1978年,国家为安置印支归侨难民而建村,村民由越南归难侨和瑶、壮、傣、京、苗、侗6个少数民族组成,有村民101户,共410人。41年间,瑶、壮、傣、京、苗、侗6个少数民族与汉族团结融合,共同发展。民族聚居村利用自身优势,发展少数民族特色种养业和民族村特色旅游业,建成洋林百亩皇菊花茶种植基地、洋林百亩油茶种植基地、洋林种羊专业合作、精品水果棚、少数民族文化中心等,曾获评全国民族团结进步示范单位。

主要领导人 县委书记:龚法生。县人大常委会主任:况国高。县长:胡海洋。县政协主席:晏晓勤。

(晏紫春)

·宜丰县·

【简 况】 位于江西省西北部,辖8镇、4乡、2林场、2垦殖场。总面积1935平方千米,其中城区面积8.5平方千米。耕地总面积2.85万公顷,有林地面积13.97万公顷,森林覆盖率71.9%,城区绿化率37.6%。总人口29.98万人,其中城镇人口11.64

万人;人口自然增长率4.7‰。2019年,地区生产总值148.59亿元,增长6.7%。其中,第一产业增加值22.77亿元,增长3.2 %;第二产业增加值68.9亿元,增长5.9%;第三产业增加值56.92亿元,增长9.9%。财政总收入20.82亿元,增长1.5%,税收占财政总收入85%;其中一般公共预算收入12.14亿元,下降5%;财政总支出30.98亿元,增长8.2%。规模以上工业增长1.8%。500万元以上固定资产投资增长9.6%。实际利用外商投资7794万美元;省外投资45.97亿元。主要工业产品及产量有竹地板102.7万平方米、人造板15.23万立方米、瓷质砖6475.6万平方米、铅酸蓄电池811.64万千伏安时。农业总产值43.25亿元,增长11%。粮食总产量29万吨。主要农产品及产量有水产品2.06万吨、肉类2.58万吨、生猪出栏26.86万头、禽蛋产量8673吨。城镇居民人均可支配收入3.43万元,增长7.7%;农村居民人均可支配收入1.67万元,增长9.1%。城乡居民年末储蓄余额133.63亿元,比上年末增长15.2%。

【园区发展】 2019年,县工业园区实现主营业务收入246.7亿元;利润总额19.91亿元;上缴税收7.5亿元,增长19.62%,其中税收超千万元企业13家。工业用电量11.63亿千瓦时,增长5.25%,用水量844.52万吨,下降4.12%。固定资产投资完成46.3亿元,比上年增长12.6%。引进碧桂园控股欧昊集团投资30亿元的高档铝合金建材项目,深圳中金众联集团投资28亿元的电子信息智汇城项目,广东创捷智能装备公司投资5亿元的客车智能生产装备项目,华为配件一级供应商投资3亿元的华鑫电子科技公司铜五金配件、电子产品项目并开工建设。承办全市工业项目第四次集中开竣工活动,园区共22个项目,总投资额超110亿元。其中开工项目12个,竣工项目10个。引导企业技术创新,企业发明专利授权数达10件,实用新型专利46件。推动百岁山、华泰铝业等19家企业申报国家高新技术企业,园区高新技术企业总数达32家,高新技术产业增加值占41.2%。

【举办“生态+大健康暨电子信息产业招商推介会”】 4月29日,宜丰县在深圳市举办“生态+大健康暨电子信息产业招商推介会”。此次招商推介会由宜丰县委、县政府主办,主题是生态+大健康产业、电子信息产业、标准厂房招商等。宜春市政协主席陈荣出席招商推介会并讲话。宜丰县委书记张俊、县长解鸳、县人大常委会主任刘毅力、县政协主席舒彬等及各乡镇(场)、县直相关部门主要负责人出席会议。此次共签约禅竹园旅游、天沐文旅、江西协泰智能科技等14个项目,涵盖电子科技产业、文化旅游产业、休闲农业产业等多个领域,签约总金额31.8亿元。

【宜丰县被命名为第三批国家生态文明建设示范县】 11月14日,生态环境部发布《关于命名第三批国家生态文明建设示范市县的公告》,江西省5个市县获命名,宜丰县上榜。宜丰县以“大美生态、科技文明”新宜丰为发展目标,探索生态警察中心全域管控生态,统筹推进治水、治气、治废等各项环境保护专项整治工作,把生态文明建设融入经济社会发展全过程。聚焦蓝天碧水净土,打好污染防治攻坚战,让宜丰空气更清新、水质更优良、土壤更洁净;主攻产业绿色转型升级,形成绿色高效储能系统制造、绿色新型装饰材料、绿色食品饮料三大主导产业;推进现代农业示范园、富硒农业、昌铜高速生态经济带建设,形成水稻、蜂蜜、中药材、油茶和茶叶等绿色有机农业;挖掘绿色、红色、古色生态文化资源,形成“生态+大健康”产业引领现代服务业。

主要领导人 县委书记:张俊。县人大常委会主任:刘毅力。县长:解鸳。县政协主席:舒彬。

(纪睿)

·铜鼓县·

【简　况】 位于江西省西北部,辖6镇、3乡、4林场。总面积1551.94平方千米,其中城区面积9平方千米。耕地面积8860.25公顷,林地面积13.74万公顷,森林覆盖率88.04%,城区绿化率36.6%。总人口13.82万人,其中非农业人口5.22万人;人口自然增长率6.42‰。2019年,地区生产总值55.23亿元,增长6.8%。其中,第一产业增加值7.57亿元,增长3.%;第二产业增加值19.29亿元,增长4.4%;第三产业增加值28.37亿元,增长10.3%。财政总收入7.53亿元,税收占财政总收入82%。地方财政收入4.83亿元;地方财政支出19.76亿元,增长6.5%。规模以上工业总产值30.75亿元。外贸出口占地区生产总值8.11%。500万元以上固定资产投资增长8.4%。实际利用外商投资2963万美元,增长7.92%;利用省外投资18.2亿元,增长8.2%。主要工业产品有医药、化工、竹木建材、计算机外围设备、纺织品。农业总产值13.17亿元,增长3.26%。粮食总产量4.87万吨,增长1.92%。主要农产品及产量有茶叶3076吨、红薯1035吨、大豆1033吨、生猪出栏3.20万头、山羊出栏4.28万只。城镇居民人均可支配收入2.79万元,增长8.5%;农村居民人均纯收入1.11万元,增长9.4%。城乡居民年末储蓄余额61.6亿元,增长10.02%。

【铜鼓“万象优982”获全国优质稻食味品质金奖】 4月13日,全国第二届优质稻品种食味品种金奖在海南三亚第三届中国(三亚)国际水稻论坛会场揭晓,15个粳稻品种和15个籼稻品种上榜。经过选拔和专家现场品鉴,产自铜鼓的“万象优982”有机稻米入选全国15个籼稻优质稻食味品质金奖。此次参评的“万象优982”品种由省种子管理局推荐选送,由江西红一优粮农业有限公司铜鼓基地提供米样。参赛大米和稻谷样品采集自铜鼓县大塅镇凤竹村有机稻种植基地。铜鼓生产的“万象优982”有机米种植面积666.67公顷,畅销广东、北京、上海,沪港澳专供米市场零售价高达40元/斤。

【天柱峰景区被评为国家4A级旅游景区】 5月31日,省文化和旅游厅公布铜鼓天柱峰景区达到国家4A级旅游景区标准要求,确定为国家4A级旅游景区。天柱峰景区位于铜鼓县大塅镇,景区总面积207.57平方千米,森林覆盖率95%,公园内有国家级景点76处,其中一级景点8处、二级景点40处、三级景点28处。有国家一级保护动物云豹、白颈长尾雉2种,二级保护动物21种,有国家一级保护树种南方红豆杉,二级树种鹅掌楸、花榈木、刺楸、香果树、樟树、毛红椿、长序榧、榧树8种,原生木本植物534种,纤维植物47种。天柱峰景区主要有天柱飞瀑、灵石古庵、观音晒鞋、灵山栈道等景点。2018年,天柱峰景区提升软硬件设施,景区有2个生态停车场、13间旅游小木屋,景区主码头、1个沙滩及1个沙滩码头、2千米游步道、1千米亲水栈道、1个广场(占地面积4000平方米)、3艘豪华游轮。

【第六届江西省旅游产业发展大会在铜鼓县召开】 6月5日—6日,省委、省政府在宜春市铜鼓县汤里文旅康养度假区召开第六届江西省旅游产业发展大会。此届大会对全省旅游产业工作进行整体部署,明确发展目标、路径,发布《江西省旅游产业高质量发展三年行动计划(2019—2021年)》。省委书记刘奇出席并为2020年全省旅游产业发展大会承办地赣州市授旗,省长易炼红讲话,省领导赵力平、施小琳、朱虹、吴忠琼、李华栋出席,副省长吴忠琼主持会议。会议还表彰2018年度全省旅游产业发展先进单位。驻华使节参访团、全国各省(市、区)文化和旅游部门负责人、境内外旅行商、部分国内知名旅游专家和知名作家代表、著名旅游网站代表等300余人参加活动。

主要领导人 县委书记:江伟斌(9月任)。县人大常委会主任:李鸣。县长:黄为民。县政协主席:赖国梁。

(刘书琴)

·万载县·

【简　况】 位于江西省西北部,辖9镇、7乡、1街道办事处。总面积1719.63平方千米,城区面积16.1平方千米。耕地面积3.29万公顷,有林面积11.36万公顷,森林覆盖率67.27%,城区绿化率30.7%。总人口57.91万人,其中非农业人口22万人;人口自然增长率7.09‰。2019年,地区生产总值203.27亿元,同比增长7.8%。其中,第一产业增加值19.31亿元,增长3.2%;第二产业增加值96.24亿元,增长8.1%;第三产业增加值87.72亿元,增长8.5%。财政总收入28.1亿元,增长0.1%。一般公共预算收入16.6亿元,增长1.7%。规模以上工业增加值增长8.5%。固定资产投资增长9.4%。主要工业产品有花炮、有机食品、新型建材、机械电子、橡胶化工。粮食总产量32.99万吨。主要农产品有稻谷、毛豆、百合、花生,其中稻谷总产量30.94万吨。社会消费品零售总额47亿元,增长11.8%。城镇居民人均可支配收入3.08万元,增长7.9%;农村居民人均可支配收入1.34万元,增长9.7%。居民储蓄存款余额157.98亿元,增长11.8%。

【城市建设】 坚持规划引领,完成老城中心区控制性详细规划和地下综合管廊、海绵城市专项规划编制,南部新城4.7平方千米城市设计通过专家评审。实施城市功能与品质提升项目90个,中心农贸市场及菜市路周边提升改造、康乐大道南延伸段、环湖南大道中段等63个项目竣工投用,改造供水管网近10千米,建成城东南污水管网3.75千米,龙湖周边污水收集工程启动建设,宜万快速通道、G220绕城一级公路完成投资3亿余元。设立流动摊疏导点6个,建设公共停车场2个、临时停车场6个,拆除违章建筑1.2万平方米。

【解决学前教育“入园难”“入园贵”问题】 11月,万载县“三管齐下”,解决学前教育“入园难”“入园贵”问题。规范乡镇公办中心幼儿园,推动赤兴、三兴、株潭、潭埠、岭东、黄茅6所乡镇公办民营中心幼儿园收回为公办幼儿园,新增公办学位数2220个。治理城镇小区配套幼儿园,推进小区配套幼儿园的补建、新建和移交工作,新建百合花城幼儿园,新增学位630个;改造和谐家园一期、龙湖佳园、政府小区幼儿园,新增学位750个。新建村级公办幼儿园,完成双桥镇尚庄村、黄茅镇南岭村2所幼儿园建设,新增公办学位180个;在各乡镇村完小开设附属幼儿园,常住人口2000人以上的112个行政村11月底前50%以上设立公办幼儿园或普惠性民办幼儿园。

【锂电项目获省级专项资金支持】 2月,省重点创新产业化升级工程推进小组办公室下达2018年度省重点创新产业化升级工程重点产业领域创新成果产业化项目计划,江西南氏锂电新材料有限公司总投资5.06亿元的年产1.2万吨碳酸锂、0.5万吨氢氧化锂项目获得支持,扶持资金2000万元。江西南氏锂电新材料有限公司由南氏集团投资兴建,位于万载县工业园,占地面积约33.33公顷,于2017年1月注册,注册资金1亿元。公司围绕锂电新能源产业集聚发展国家战略,依托宜春“亚洲锂都”优质锂矿资源,专注于锂云母综合开发、高效利用提取碳酸锂、氢氧化锂的研究、生产和销售。

【启动撤县设区工作】 8月20日,万载县撤县设区工作领导小组第一次会议召开,万载县撤县设区工作启动。宜春市委副书记、市长王水平出席会议并讲话,市委常委、常务副市长蔡清平主持会议。市人大常委会副主任张晓波、副市长漆海云、市政府副市长提名人选夏红色出席会议。会议听取市民政局关于万载县撤县设区工作开展情况汇报,审议并原则通过《宜春市万载县撤县设区工作领导小组各工作组职责》《宜春市万载县撤县设区工作方案》。

主要领导人 县委书记:胡全顺(2020年7月31日,因涉嫌严重违纪违法,接受省纪委省监委纪律审查和监察调查)。县人大常委会主任:张清华。县长:曾文军。县政协主席:龙雷君。

(徐小明)

上　饶　市

【概　况】 位于江西省东北部,辖1

市、8县、3区。总面积2.3万平方千米。耕地面积45.9万公顷;林地面积138.19万公顷,森林覆盖率62.44%。总人口683.3万人。2019年,地区生产总值2513.0亿元,同比增长7.7%。其中,第一产业增加值273.4亿元,增长2.8%;第二产业增加值978.8亿元,增长6.9%;第三产业增加值1260.8亿元,增长9.5%。财政总收入373.6亿元,增长6.3%;税收收入占财政总收入79.7%。一般公共预算支出732.2亿元,增长8.1%。500万元以上项目固定资产投资增长9.4%。实际利用外资13.5亿美元,增长8.0%;利用省外2000万元以上项目资金803.34亿元,增长10%。出口总值198.97亿元。规模以上工业增加值增长8.6%。主要工业产品及产量有铜材52.3万吨、光学仪器9.0万台、水泥1780.8万吨、汽车3.9万辆。农林牧渔业总产值440.3亿元,增长2.8%。粮食总产量353.9万吨。社会消费品零售总额913.1亿元,增长10.6%。城镇居民人均可支配收入3.75万元,增长8.1%;农村居民人均可支配收入1.47万元,增长9.9%。金融机构年末存款余额3910.3亿元,增长9.4%。

【上饶被列为全国棚改工作激励支持城市】 3月13日,住房和城乡建设部网站发布2018年棚户区改造工作拟激励城市名单,对12个城市的棚户区改造工作进行激励支持,上饶名列其中。2016年下半年至2019年年底,上饶市共实施城市棚户区改造15万余套。通过棚改,全市约有40万名城镇居民"出棚上楼",改善了居住条件。上饶市多措并举、推进棚户区改造工作的经验做法在2018年国务院第五次大督查中获通报表扬。

【电视剧《可爱的中国》、电影《信仰者》获第十五届"五个一工程"奖】 8月19日,中宣部第十五届精神文明建设"五个一工程"获奖作品名单揭晓,上饶市参与制作的重大革命历史题材电视剧《可爱的中国》获特别奖、电影《信仰者》获优秀作品奖。《可爱的中国》塑造了方志敏的光辉形象,凸显以"爱国、清贫、创造、奉献"为主要内核的方志敏革命精神,7月在央视一套黄金时段播出后,收视率一直保持在高位。该剧还入选国家广电总局"庆祝新中国成立70周年重点电视剧推荐剧目名单"。电影《信仰者》讲述方志敏率领红十军团北上抗日途中不幸被俘,身陷囹圄仍然坚守信仰,绝不屈服,写下《清贫》《可爱的中国》等不朽名篇的故事。该片于2018年8月24日在全国公映,2019年年初被国家电影局列为10部国产精品电影之一。

12月3日,"昆仑"行动暨整治食品安全问题联合行动成果宣传展示活动江西主会场设在上饶

上饶市地方志办供

【上饶市博物馆开馆】 5月18日,2019年江西省庆祝"5·18国际博物馆日"主会场暨上饶市博物馆开馆活动仪式在上饶举行,标志上饶市博物馆正式开馆。上饶市博物馆馆舍占地面积1.40万平方米,建筑面积1万余平方米,展区面积3000余平方米,拥有馆藏文物5078件,其中珍贵文物503件。

【《上饶市住宅物业管理条例》批准通过】 10月31日,《上饶市住宅物业管理条例》由市第四届人民代表大会常务委员会第二十六次会议通过。11月27日,由江西省第十三届人民代表大会常务委员会第十六次会议批准。该条例分为总则,新建物业和前期物业管理,业主、业主(代表)大会和业主委员会,物业管理,物业的使用和维护,监督管理,法律责任,附则8章,共87条,为解决住宅物业管理中的突出问题提供法律依据。

【上饶市"昆仑"行动取得阶段性战果】 自全国公安机关打击食药环犯罪"昆仑"行动开展以来,上饶市取得阶段性战果。至12月31日,全市公安机关侦破食药环、知识产权类刑事案件584起,其中食品类案件22起、药品类案件6起、环境类案件501起、知识产权类案件55起;打掉窝点36个,打掉团伙22个;抓获犯罪嫌疑人595人,其中刑拘188人、逮捕73人、其他334人;办理同类行政案件93起,行政拘留61人。

主要领导人 市委书记:马承祖。市人大常委会主任:汪东进。市长:谢来发。市政协主席:程建平。

(童天琦)

·信州区·

【简　况】 位于江西省东北部,辖4镇、5街道办事处。总面积339平方千米。总人口44.47万人,其中城镇人口31.87万人;人口自然增长率8.82‰。2019年,地区生产总值333.3亿元,同比增长7.0%。其中,第一产业增加值8.1亿元,增长2.4%;第二产业增加值50.4亿元,增长4.1%;第三产业增加值274.8亿元,增长7.8%。财政总收入28.5亿元,增长7.9%;税收占财政总收入90.0%。公共财政预算收入17.5亿元,增长12.1%;公共财政预算支出

33.3亿元,增长8.1%。工业总产值37.6亿元,增长10.5%。外贸出口1.43亿美元。固定资产投资增长8.5%,实际利用外资1.04亿美元,利用省外投资52.3亿元。农业总产值13.85亿元,增长2.8%。粮食总产量4.2万吨。主要农产品及产量有谷物3.3万吨、肉类4935吨、蔬菜9.2万吨、油料4182吨、水果1368吨。城镇居民人均可支配收入4.05万元,增长7.3%;农村居民人均可支配收入1.87万元,增长9.3%。

【创建国家卫生城市】 信州区整体推进中心城区127条主次干道、5条国省道和区间连接通路、8座桥梁、23个农贸市场、40个大型水体、43个城中村和城乡结合部、289个住宅小区,657条里弄小巷的环境整治、环卫保洁和功能完善、品质提升;打造健康主题公园3个,健康步道3条;提升公园(三江片区)5个,新建改建公厕11座。集中开展违章建筑、“铁皮棚”、交通秩序、建筑工地、农贸市场及周边环境、食品安全、六小行业、市容环境、占道经营、门前“三包”、病媒生物防制、菜地、旱厕、黑臭水体、环境保护、餐饮油烟、主次干道、里弄小巷“十乱”、城中村和城乡结合部、“蜘蛛网”、无物业老旧小区、学校及周边环境等22项专项整治和综合执法行动,全面提升城市的形象、功能、品质。

【提升生态环境质量】 6月,出台《2019年信州区水污染防治工作计划》《2019年信州区土壤污染防治工作计划》。通过开展饮用水保护、城市黑臭水体整治、城镇生活污水处理、入河排污口整治,危险废物处置、城镇生活垃圾处理、农用地污染防治、建设用地污染防治,加强水污染、土壤污染防治。开展“清磷行动”“清废行动”“绿盾2019”系列专项整治行动,守护信州蓝天碧水净土。全区生态环境质量持续改善,空气优良率87.8%,$PM_{2.5}$浓度均值同比下降9.6%。全区主要河流断面水质达标率和乡镇级集中式饮用水源达标率均为100%。完成三江排涝站调蓄池黑臭水体治理及进水口雨污水处理配套项目,启动三江片区水环境治理暨雨污水分流提升改造工程。中央环保督察“回头看”、省环保督察交办的信访件,全部按时办结。

【信州产业园】 信州产业园主导产业定位为光学电子、新材料,落户企业85家,规模以上企业23家,2019年实现工业总产值35亿元,工业增加值6.23亿元,主营业务收入30.31亿元,税收3.15亿元。园内企业江西饶电科技股份有限公司在全国中小企业股份转让系统挂牌,成为信州产业园第一家新三板上市公司;上饶宇瞳光学有限公司在创业板上市,标志园区上市企业迈入资本市场新时代。该产业园获批国家级光学高新技术产业基地、第四批国家科技兴贸创新基地(光机电)和江西省苎麻纺织产业基地,成为全区实施“主攻工业、决战园区”的主平台和区域经济发展的主要增长极。

主要领导人 区委书记:潘表光(8月任)。区人大常委会主任:徐志勇。区长:胡心田。区政协主席:程茹。

(李霞　俞城渡)

·广丰区·

【简　况】 位于江西省东北部,辖15镇、3乡、5街道办事处。总面积1377.79平方千米,其中建成区面积31平方千米。林地面积8.54万公顷,森林覆盖率62.05%;城区绿化率46.68%。总人口98.47万人,人口自然增长率7.93‰。2019年,地区生产总值438.37亿元,同比增长7.2%。其中,第一产业增加值24.74亿元,增长3.0%;第二产业增加值228.80亿元,增长4.8%;第三产业增加值184.83亿元,增长4.6%。财政总收入55.50亿元,增长7.0%;税收收入44.16亿元,增长6.4%。规模以上工业增加值增长8.5%。固定资产投资增长10.4%,实际利用外资1.39亿美元,增长6.1%。外贸出口1.45亿美元。农业总产值39.76亿元,增长2.9%。粮食总产量19.20万吨,增长0.6%。主要农产品及产量有油料1.02万吨、水果5.76万吨、肉类3.88万吨、茶叶640吨。社会消费品零售总额84.13亿元,增长11.5%。城镇居民人均可支配收入3.98万元,增长7.9%;农村居民人均可支配收入1.81万元,增长9.5%。金融机构年末存款余额301.88亿元,增长8.7%。

【铜钹山鹊桥谷景区开园】 1月18日,广丰区铜钹山鹊桥谷景区开园。鹊桥谷景区坐落铜钹山,占地面积6.67公顷,投资8000万元,是上饶市第一个以爱情婚姻为主题的民俗文化村。景区主要有3个特点:一是设计恢宏和谐共生。景区依山而建,依势而立,整体建筑采用中式古建风格,气势磅礴,庄重大方,华美而不纤巧,舒展而不张扬,古朴却富有活力。二是文旅结合,主题鲜明。景区以爱情婚姻为主题,以民俗文化展示为主线,散发着爱情婚姻传统文化的精神和神韵。三是构思巧妙,布局精细。景区分“一心、一轴、一街”三大区块,以琼楼为中心,打造集4D影院、婚俗博览等为一体的古建筑群;以民俗体验、民俗特色商业街区为轴线,形成一片慢生活区;从最北边进入核心景区的漫步山路,营造一条独具特色的民俗天街。

【首届“江西互联网+工程机械租赁”数字经济产业交流大会】 2月10日,由上饶市广丰区政府和广州找重工科技有限公司主办的首届“江西互联网+工程机械租赁”数字经济产业交流大会在广丰区举行。区委常委、常务副区长龚振宙出席大会并讲话。区直有关单位、各乡镇(街道)分管领导,区挖掘机协会成员单位、建筑企业及工程机械企业、广州找重工科技有限公司、江西三马机械科技有限公司负责人参加大会。广丰区顺应时代潮流,以“互联网+工程机械租赁+数字经济”为契机,率全省之先,引进“找重工”“挖机易家”等一批“互联网+机械租赁平台”,促进传统建筑产业转型升级。

【创建国家卫生城市】 3月,上饶市启动国家卫生城市创建工作,广丰区作为全市创卫工作的“主战场”,投入6.5亿元,完成557条背街小巷、12个老旧小区改造提升,整治城乡结合部22个,累计拆除各类违章建筑50.4万平方米,清运垃圾2.25万吨,整治各类污染水体150余处,清除各类牛皮癣、小广告41万条,新建改建农贸市场7个、城区垃圾中转站12个,完成城区公厕标准化改造61座,新建南山社区、洋口街、老牛奶厂等10个停车场,新增车位2.4万个,完成鸿民路、北河滨路、广场北路改造等一批路网项目。

主要领导人 区委书记:谭赣明。区人大常委会主任:皮晓瑶。区长:郑华森。区政协主席:方有水。

（周冠辉）

·广信区·

【简 况】 位于江西省东北部,辖11镇、10乡、3街道办事处。总面积2240平方千米,其中城区面积20平方千米。耕地面积3.1万公顷;林地面积15.2万公顷,森林覆盖率73.04%;城区绿化率41.25%。总人口86.25万人,其中城镇人口35.22万人;人口自然增长率6.51‰。2019年,地区生产总值278.89亿元,增长8.7%。其中,第一产业增加值20.86亿元,增长3.0%;第二产业增加值173.18亿元,增长8.6%;第三产业增加值84.85亿元,增长10.6%。财政总收入28.5亿元,增长7.9%。规模以上工业增加值增长8.8%。500万元以上固定资产投资增长10.2%。外贸出口占地区生产总值1.36%。主要工业产品产量有太阳能光伏电池651.66万千瓦、铜材14.5万吨、汽车3.85万辆、电力电缆14.87万千米。农业总产值33.06亿元,增长8.55%。粮食总产量16.25万吨。城镇居民人均可支配收入3.09万元,增加2451元;农村居民人均纯收入1.16万元,增加1094元。城乡居民年末储蓄存款余额211.32亿元,增长13%。7月29日,国务院批复同意撤销上饶县,设立上饶市广信区。

【工业经济】 新增规模以上工业企业26家,总数突破100家。签约项目16个,新开工项目15个,竣工投产项目14个,新增产值7亿元;有色金属、电子信息、装备制造三大主导产业营业收入152亿元,税收7.2亿元,分别增长12.9%、16.1%。新建标准厂房57万平方米,通和路、华兴路、发展大道延伸段路基成型,完成土地征迁173.33公顷,土地消化116.27公顷,“腾笼换鸟”盘活土地39.73公顷;新建企业“一站式”服务中心和金融服务站,全年为企业代跑代办事项400余件。

【现代农业】 完成1000公顷高标准农田建设,被评为全省高标准农田建设绩效考评先进单位。新增特色产业基地2000公顷,总面积2.33万公顷,总产值34.9亿元。新增农业企业32家,农民专业合作社161家。流转农用地9533.33公顷,流转率45%。云田中草药和菌菇扶贫产业园一期16.67公顷基地建成投产,年产菌菇1.8万吨、产值7500万元,中草药干品5000吨、产值2亿元。茗龙现代农业示范园被认定为省级现代农业示范园,上饶现代农业科技园区获评国家级农业科技园区达标单位。

【脱贫攻坚】 统筹涉农整合资金2.39亿元,全年脱贫1478户4129人,贫困发生率降至0.4%,全区最后一个贫困村黄沙岭乡中洲村脱贫退出。投入资金1.3亿元,建立产业扶贫十大“项目超市”,发放产业直补资金2498万元,带动1.6万户贫困户户均增收2000元以上;安排资产物化资金9000万元,带动152个贫困村村集体年增收3.4万元。开辟就业扶贫途径,带动贫困劳动力就业1.2万人;开发扶贫专岗3500个,带动3500户贫困户年均增收6000元以上。严格落实兜底保障政策,累计为贫困户患者报销医疗费2.4亿元,看病报销比例90.4%;为7475名贫困学生发放资助资金558.7万元,全区无一名学生因贫辍学;投入资金2735万元,实施农村安全饮水工程68个,受益7.8万人。

【五府山银铅矿遗址入选第八批全国重点文物保护单位】 10月7日,国务院核定并公布第八批全国重点文物保护单位,上饶市广信区五府山银铅矿遗址名列其中。五府山银铅矿遗址位于上饶市广信区五府山镇塘里村,村域内山形地势陡峻,植被茂密,古良河水量丰富,是江西东北部武夷山北麓区域一处唐、宋时期的银铅开采、冶炼遗址。

主要领导人 区委书记:熊孙魁。区人大常委会主任:潘玉斌。区长:何党生。区政协主席:童晓闻。

（林挺）

·玉山县·

【简 况】 位于江西省东北部,辖9镇、5乡、2街道办事处。总面积1728平方千米。耕地面积1.88万公顷;林地面积11.47万公顷,森林覆盖率68.59%;城区绿化率45.2%。总人口63万人,其中非农业人口19万人;人口自然增长率7.6‰。2019年,地区生产总值216.28亿元,同比增长8%。其中,第一产业增加值18.52亿元,增长3.2%;第二产业增加值92.20亿元,增长8.5%;第三产业增加值105.56亿元,增长8.4%。财政总收入28.27亿元,增长10.34%;税收占财政总收入79%。公共财政预算收入17.31亿元,增长3.86%。地方财政支出50.39亿元,增长18.5%。规模以上工业增加值95.88亿元,增长9.2%。外贸出口1.46亿美元,下降34.2%。固定资产投资96.86亿元,增长10.5%。实际利用外资9698万美元,增长12%;利用省外资金66.4亿元。主要工业产品有水泥、轴承、有色金属、智能环保装备、光电等。粮食总产量20.26万吨。主要农产品有水稻、蔬菜、油菜、茶叶等。社会消费品零售总额77.5亿元,增长10.5%。城镇居民人均可支配收入3.46万元,增长9%;农村居民人均可支配收入1.70万元,增长10%。金融机构年末存款余额301.42亿元,增长11.8%。

【《浙赣边际合作(衢饶)示范区建设方案》印发】 2月13日,经浙江省政府、江西省政府同意,浙赣两省发改委印发《浙赣边际合作(衢饶)示范区建设方案》。该方案内容分为现实基础和战略意义、发展定位和总体目标、空间布局、重点任务、重大项目、重大政策6个部分。浙赣边际合作(衢饶)示范区选址在浙江省江山市大桥镇、常山县白石镇和江西省玉山县岩瑞镇三镇毗连处,规划开发面积20平方千米。示范区实行统一规划、统一布局、统一招商、统一管理,按照3年(到2021年)搭好基础框架和5年(到2023年)初见成效的要求,打造成两省边际经济发展的新增长极。

【三清山世界地质公园获准扩园】 4月17日,联合国教科文组织发布公告,批准8处新增世界地质公园以及3处地质公园的扩园申请。三清山世界地质公园获准扩园,面积从229.5平方千米增加至433平方千米,社区及人口由2个乡镇、15个村2.16万人增加到4个乡镇、35个村6.5万人。三清山世界地质公园扩园后,将玉山县怀玉、紫湖等乡镇的自然或人文景观分布区及其周边社区纳入地质公园范围,增加怀玉书院遗址和赣剧、马灯戏、贺汤酒等文化遗产。

【第五届中式台球世锦赛在玉山举行】 3月22日—26日,中国·上饶·玉山2019CBSA“亚琦集团”杯第五届中式台球世锦赛在玉山一中体艺馆举行。该届世锦赛由中国台球协会、江西省体育局、上饶市政府主办,世界职业台球联合会(WPBSA)、国际台球联合会(IBSF)支持,玉山县政府、北京星牌伟业体育发展有限公司承办,共有35个国家和地区的481名球员参加,总奖金300万元。郑宇伯、赵汝亮、王鹏分获男子组冠军、亚军、季军,陈思明、王也、史天琪分获女子组冠军、亚军、季军。

【2019斯诺克世界公开赛在玉山举行】 10月28日至11月3日,中国·江西·上饶·玉山“致远”杯2019斯诺克世界公开赛在玉山体育中心举行。该项公开赛由中国台球协会、世界职业比利与斯诺克协会、江西省体育局、上饶市政府主办,玉山县政府、江西星牌体育发展有限公司承办,上饶市致远环保科技有限公司独家冠名赞助。来自世界各地的72名斯诺克职业选手参赛,总奖金77.18万英镑,其中冠军奖金15万英镑、亚军奖金7.5万英镑。特鲁姆普获冠军,塔猜亚获亚军。

主要领导人 县委书记:胡剑飞。县人大常委会主任:张常青。县长:徐树斌。县政协主席:朱明善。

(刘丕云)

·横峰县·

【简　况】 位于江西省东北部,辖2镇、6乡、2街道办事处、1垦殖场。总面积655.24平方千米,其中县城建成区面积16.2平方千米。耕地面积0.91万公顷;林地面积4.46万公顷,森林覆盖率63.6%;城区绿化率48.54%。总人口22.90万人,其中非农业人口9.85万人。2019年,地区生产总值77.49亿元,增长7.4%。其中,第一产业增加值6.18亿元,增长2.6%;第二产业增加值42.79亿元,增长7.9%;第三产业增加值28.52亿元,增长7.6%。财政总收入13.54亿元,增长11.3%,其中税收占财政总收入90.4%。固定资产投资46.63万元,增长9.9%;实际利用外资6883万美元,增长14.6%;利用省外2000万元以上项目资金54.51亿元。外贸出口202万美元。农业总产值10.3亿元。粮食总产量7.4万吨。社会消费品零售总额31.46亿元,增长10.7%。城镇居民人均可支配收入2.73万元,增长8.4%;农村居民人均可支配收入1.15万元,增长10.2%。金融机构年末存款余额102.7亿元。

【现代农业】 推进“1+N”特色农业发展,新增中草药种植面积66.67公顷,新建百亩以上连片种植基地159个,千亩基地15个,各类采摘基地121个,富硒大米、富硒红薯等富硒产品通过电商向全国销售。完成高标准农田建设753.33公顷、土地开发208.32公顷,增减挂116.57公顷,旱改水70.67公顷。

【城乡建设】 实施城建项目39个,总投资31.9亿元。职业中学、古窑公园、城南综合市场、客运中心、横峰大桥扩建等项目全面竣工,实施三期棚改累计征收房屋4107户,拆除房屋27万平方米。整治农村人居环境,农村垃圾有效处理率达100%,新建和改建厕所2690座,葛源镇枫林村列入中国传统村落名录,姚家乡后占村被评为全国乡村治理示范村。新添置洗扫一体车、抑尘车4台,城区主干道机扫率达80%以上。完成老旧小区改造1572户、里弄小巷改造9条,新建改建公厕36座。查处违章建筑144起,整治“大棚房”22个。

【葛源成为中华暗夜星空保护地】 6月5日,中国绿发会“中华暗夜星空保护地·葛源”授牌仪式在横峰举行,葛源成为全国第五个、江西唯一一个获此殊荣的地区。葛源是一座保存完好的千年古镇,拥有多个美丽乡村、森林天然氧吧,空气通透、夜空质量好、光污染少,村镇道路及相关配套设施齐全,适合开展星空观测、科普教育、星空摄影和星空旅游等项目。

【第35届青春诗会在横峰举行】 8月31日至9月2日,《诗刊》社第35届青春诗会在横峰举行。诗会以“红色”为主题,唱响爱国、青春、时代的主旋律。诗会设置文艺表演、主题采风、荷花诗歌朗诵会、诗歌讲座、作品改稿会等多个环节。在活动中,诗人们先后走进横峰一大旧址、弋阳方志敏故居、葛源革命烈士纪念馆参观,现场聆听老一辈无产阶级革命家不屈不挠的革命斗争故事。

主要领导人 县委书记:饶清华。县人大常委会主任:李必良。县长:潘琍。县政协主席:杨学园。

(张文丰)

·弋阳县·

【简　况】 位于江西省东北部,辖10镇、5乡、2街道办事处。总面积1592.5平方千米,其中县城建成区面积17.5平方千米。耕地面积2.2万公顷;有林面积9.75万公顷,森林覆盖率59.27%;城区绿化率46.5%。总人口42.46万人,其中非农业人口10.07万人;人口自然增长率12‰。2019年,地区生产总值120.87亿元,同比增长7.3%。其中,第一产业增加值21.22亿元,增长2.9%;第二产业增加值35.91亿元,增长7.4%;第三产业增加值63.74亿元,增长9.0%。财政总收入18.56亿元,增长

10.5%;税收占财政总收入81.4%。财政总支出47.71亿元,下降3.5%。实际利用外资7246万美元,利用省外2000万元以上项目资金56.97亿元。主要工业产品有铜金属、水泥、罐头、中成药、机制纸。粮食总产量20.1万吨。主要农产品有水稻、蔬菜、油菜、花生、甘蔗。社会消费品零售总额53.83亿元,增长11.2%。城镇居民人均可支配收入3.40万元,增长9.3%;农村居民人均可支配收入1.51万元,增长9.6%。金融机构年末存款余额199.62亿元,增长2.19%。

【《中国影像方志·弋阳篇》在央视科教频道播出】 2月26日21时42分,大型纪录片《中国影像方志·弋阳篇》在央视科教频道(CCTV－10)播出。该片时长40分钟,从引言、地名记、名胜记、生态记、清贫记、韵律记、美食记、当代记、后记9个方面,用独特的视角还原、呈现弋阳悠久历史和厚重人文。摄制组用了10天时间,深入弋阳县各个乡镇进行拍摄。

【弋阳腔革命现代戏《方志敏》参加全国基层院团戏曲会演】 6月18日,弋阳腔革命现代戏《方志敏》参加由中宣部、文化和旅游部主办的2019年全国基层院团戏曲会演,并在当晚举行的全国基层院团戏曲会演开幕式上进行开幕专场演出,这是弋阳腔第一次亮相全国基层院团戏曲会演的舞台。弋阳县于2016年规划弋阳腔方志敏剧目创作工作。2017年,弋阳腔革命现代戏《方志敏》被确立为县政府重点文化工程项目,并作为建国70周年和方志敏诞辰120周年的献礼剧目。同年年初,弋阳县邀请省内作家步川、李蓬获担任编剧,开始剧本初稿创作,并安排该剧申报国家艺术基金,项目预算总金额522万元。

【《中国作家》红色创作基地暨方志敏读书会揭牌】 10月10日,《中国作家》红色创作基地暨方志敏读书会在弋阳县漆工镇湖塘村举行揭牌仪式。《中国作家》红色创作基地和方志敏读书会位于漆工镇湖塘村,是弋阳县打造的新时代文明实践中心。其中,方志敏读书会由漆工镇、团县委、三清女子文学研究会共同筹建(漆工镇投资40万元),旨在为群众和文学爱好者提供读书创作的平台,营造良好的读书氛围,进一步弘扬方志敏精神,创作更多的红色文化作品。《中国作家》杂志把创作基地设在弋阳,便于《中国作家》杂志的作家们更好地传承和发扬优良传统,写出更多更好的作品,宣传弋阳这片红土地。

主要领导人 县委书记:谢柏清。县人大常委会主任:宣功成。县长:陈敏。县政协主席:陈康。

(杜育和)

·德兴市·

【简　况】 位于江西省东北部,辖6镇、6乡、4街道办事处。总面积2101平方千米,其中城区面积10.3平方千米。耕地面积1.79万公顷;林地面积14.49万公顷,森林覆盖率76.2%。总人口33.6万人,其中乡村人口16.2万人;人口自然增长率5.22‰。2019年,地区生产总值154.65亿元,增长7.5%。其中,第一产业增加值19.25亿元,增长3.2%;第二产业增加值57.14亿元,增长7.1%;第三产业增加值78.26亿元,增长10.7%。财政总收入40.68亿元,增长6.6%。地方财政支出63.16亿元,下降11.25%。工业总产值236.40亿元。规模以上固定资产投资增长9.4%,实际利用外资7211万美元,增长10.96%。农业总产值30.69亿元。粮食总产量11.15万吨,增长0.93%。社会消费品零售总额63.2亿元,增长10.6%。城镇居民人均可支配收入3.68万元,增长7.6%;农村居民人均可支配收入1.7万元,增长9.4%。城乡居民年末存款余额139.86亿元,增长15.8%。

【工业经济】 坚持"主攻工业,决战园区"不动摇,新增规模以上工业企业27家,总量达157家,纳税过千万企业15家。全市规模以上工业主营业务收入231.4亿元,增长16.4%。其中,有色金属、先进机械制造和大康养三大主导产业集群不断壮大,全年三大主导产业规模以上工业企业实现主营业务收入173亿元,利润7.6亿元,分别增长16.4%、18.8%。建成标准厂房24万平方米,完成"腾笼"企业4家、"换鸟"项目4个,盘活低效用地33.33公顷、闲置厂房1.2万平方米。

【现代农业】 加快调整农业产业结构,大力发展中药材、蔬菜、苗木等特色农业产业,总产值达26.6亿元。"三品一标"(无公害农产品、绿色食品、有机农产品和农产品地理标志)产地认定7个,产品认证32个;"德兴葛"成为德兴市第四个国家农产品地理标志。农民专业合作社391户,年销售收入7.15亿元,带动农户7251户;各级农业龙头企业67家。新增中草药种植面积1533.33公顷,总面积6666.67公顷。

【城市建设】 投入6.8亿元,启动实施人行道改造、城市路网改造、老旧小区改造、农贸市场提升等29个城市强功能、补短板项目。创建国家卫生城市,清理陈年垃圾4000余吨,改造老旧小区16个、里弄小巷300多条,改造人行道15条,新增停车位1.3万个、大型停车场3个,投入4.2亿元改造城区污水管网,整顿占道经营秩序2000余户,新改建公厕54座,拆除违章建筑面积10万余平方米,另拆除困扰老城区20多年的禾底畈农贸市场违章建筑群。启动市政重点工程建设征地拆迁工作,1个月内完成中心城区178.4公顷土地的征收任务。

【民生保障】 全年新增就业4384人,帮扶失业人员再就业1231人,城镇登记失业率3.29%。开展农民工工资治欠保支工作,向全市117家建设单位征缴农民工工资保障金,比上年增加1005.99万元,为289名农民工追缴工资542.77万元。推进居家和社区养老服务改革工作试点,建成党建＋养老驿站107个,覆盖率73.79%;社会养老院有6家,投资2000万元的海口中心敬老院主体工程竣工。红山一期、二期和胜利亭3处安置保障房,已建成843套。

主要领导人 市委书记:刘瑞英(任至9月)、郭峰(9月任)。市人大常委会主任:张跃平。市长:郭峰(任至

田颖汉　党组成员、副理事长
张志凤　（女）党组成员、副理事长
黄建国　党组成员、副理事长

省红十字会

周海涛　党组书记、常务副会长
袁才华　党组成员、专职副会长
戴　莹　（女）党组成员、专职副会长
刘华鹰　副巡视员（5月任，任至6月），二级巡视员（6月任）

民革江西省委会

马志武　（回族）主委
胡汉平　副主委
陈春平　（女）副主委（专职，任至5月），一级巡视员（6月任）
徐景坤　副主委
李家祥　副主委
熊　皓　副主委
傅　春　（女）副主委
胡青平　（女）副巡视员（任至2月）

民盟江西省委会

刘晓庄　主委
何建洋　副主委
黄菊花　（女）副主委
陈文华　（女）副主委
刘新农　副主委（专职）
张国新　副主委
胡淑玉　（女）副巡视员（任至6月），二级巡视员（6月任）

民建江西省委会

孙菊生　主委
胡淑珠　（女）副主委
杨文龙　副主委
左继生　副主委
赵　波　（女）副主委（专职，任至8月）
刘木华　副主委
梅彩玲　（女）副巡视员（5月任，任至5月），二级巡视员（6月任）
戴玲玲　（女）副巡视员（5月任，任至5月），二级巡视员（6月任）

民进江西省委会

汤建人　主委
梅国平　副主委
卢天锡　副主委
张国轩　副主委
欧阳剑雄　副主委（专职）
刘菊娇　（女）副主委
崔传鹏　副主委
陈洪萍　（女）秘书长、二级巡视员

农工党江西省委会

史　可　主委
罗胜联　副主委
余少良　副主委
龙国英　（女）副主委
林　凯　副主委（专职）、监督委员会主任
刘季春　副主委
朱英姿　（女）二级巡视员（5月任）

九三学社江西省委会

李华栋　主委
洪三国　副主委
李广振　副主委
张玉清　副主委
辛洪波　副主委
肖礼庆　副主委（专职）
张　伟　副主委
田　荣　秘书长、二级巡视员

台盟江西省委会

曾鲁台　主委
徐友洪　副主委（专职）
吕少军　副主委

省工商业联合会

雷元江　主席
李青华　（女）党组书记、常务副主席
洪跃平　党组成员、副主席
刘星平　党组成员、副主席
刘　斌　党组成员、副主席（任至8月）
周华爱　（女）副主席
彭玉萍　（女）副巡视员
赵晓芙　（女）副巡视员（5月任，任至8月）

南昌大学

喻晓社　党委书记
周创兵　党委副书记、校长
黄恩华　党委副书记
朱友林　副校长
江风益　党委常委、副校长
辛洪波　副校长
李葆明　党委常委、副校长（2月18日，因违反生活纪律，被撤销党内职务，政务撤职）
邓晓华　党委常委、副校长
史国珍　（女）党委常委、纪委书记（2月任）
朱小理　党委常委、副校长
黄细嘉　党委委员、江西发展研究院院长
徐光兵　党委常委、组织部部长
饶　勇　党委常委、宣传部部长
滕勇前　党委常委、统战部部长
舒　明　南昌大学第一附属医院党委书记
张　伟　（女）南昌大学第一附属医院院长
程学新　南昌大学第二附属医院党委书记
刘季春　南昌大学第二附属医院院长

江西师范大学

田延光　党委书记
梅国平　校长
张艳国　党委副书记（2月任），党委委员、副校长（任至1月）
涂宗财　党委委员、副校长
姚弋霞　（女）党委委员、副校长
项国雄　副校长
丁　晖　党委委员、副校长
刘　俊　党委委员、副校长
陈运平　党委委员、副校长
舒平贵　党委委员、纪委书记（9月任）
陈义旺　党委委员、副校长（5月任）
童颖华　总会计师
黄保文　党委委员
侯　桃　党委委员
邱东升　党委委员（任至8月）
周利生　党委委员（8月任）

江西农业大学

黄路生 党委书记
赵小敏 党委副书记、校长
胡春晓 (女)党委副书记
贺浩华 党委委员、副校长
许斌华 党委委员、副校长
黄英金 党委委员、副校长
邱晓辉 党委委员、副校长
曾志将 党委委员、副校长
林小凡 党委委员、副校长
刘木华 副校长
黄季焜 党委委员、副校长(挂职)
乔金霞 (女)党委委员、纪委书记

江西财经大学

王 乔 党委书记
卢福财 党委副书记、校长
蒋金法 党委副书记
刘小丽 (女)党委常委、副校长
杨建林 党委常委、纪委书记
邓 辉 副校长
王小平 党委常委、副校长
阙善栋 党委常委、副校长
欧阳康 党委常委、副校长
袁 雄 党委常委、副校长
许基南 党委常委、组织部部长
王金海 (蒙古族)党委常委、宣传部部长
彭清宁 (女)党委常委、统战部部长

华东交通大学

万 明 党委书记
罗玉峰 党委副书记、校长
肖长春 党委副书记(2 月任)
张玉清 副校长(任至 3 月)
张 坚 党委委员、副校长
陈梦成 党委委员、副校长
范 勇 党委委员、副校长
黄稚龙 党委委员、副校长
刘林芽 副校长
徐长节 党委委员、副校长
洪 梅 (女)党委委员、纪委书记(8 月任)

东华理工大学

柳和生 党委书记
孙占学 党委副书记、校长(3 月任),党委常委、副校长(任至 3 月)
刘紫春 党委副书记
汤 彬 副校长
郭福生 党委常委、副校长
陈晓勇 副校长
聂逢君 党委常委、副校长
李德平 党委常委、副校长(任至 5 月)
万继锋 党委常委、纪委书记
陈焕文 副校长
杨 波 党委常委、副校长(3 月任)

江西理工大学

罗嗣海 党委书记
杨 斌 党委副书记、校长
伍自强 党委副书记(4 月任)
钟健生 副校长
温和瑞 党委委员、副校长(任至 2 月)
邱廷省 党委委员、副校长
李国金 党委委员、副校长
刘祖文 党委委员、副校长
龙立福 党委委员、纪委书记
徐盛明 党委委员、副校长(挂职,任至 12 月)
龚姚腾 党委委员、副校长(9 月任)
罗仙平 党委委员、副校长(9 月任)
徐忠麟 党委委员、宣传部部长(任至 8 月)
肖卫东 党委委员、统战部部长
廖春发 党委委员、组织部部长(10 月任)

南昌航空大学

郭杰忠 党委书记
罗胜联 校长
黄士安 党委副书记
周世健 党委常委、副校长
黎 明 党委常委(任至 8 月)、副校长(任至 9 月)
何兴道 党委常委、副校长
刘卫东 党委常委、副校长(任至 12 月)
聂 威 党委常委、副校长
杨晓光 党委常委、副校长
熊震宇 党委常委、副校长
顾有平 党委常委、纪委书记
罗旭彪 党委常委(8 月任)、副校长(9 月任)
陈 震 党委常委(12 月任)

井冈山大学

曾建平 党委副书记、校长
肖长春 党委副书记(任至 2 月)
温和瑞 党委副书记(3 月任)
左继生 副校长(任至 9 月)
吕玉华 党委常委、副校长
史胜平 党委常委、纪委书记
陈小林 党委常委、副校长
黄俭根 党委常委、副校长
肖宜安 党委常委、副校长
李 军 党委常委、副校长(4 月任)

江西科技师范大学

李红勇 党委书记
左和平 校长
张立青 党委委员、副书记
胡业华 党委委员、副校长
蒲守智 党委委员、副校长
朱 笃 党委委员、副校长
徐景坤 副校长
李玉保 党委委员、副校长
邓 弘 党委委员、副校长
刘建飞 党委委员、副校长
黄赣华 党委委员、纪委书记
胡晓娥 (女)党委委员
高建波 党委委员
郑鹏武 党委委员
曾传晖 党委委员
徐德培 党委委员

景德镇陶瓷大学

江伟辉 党委书记
宁 钢 党委副书记、校长
胡林荣 党委副书记
叶观荣 党委委员、纪委书记
吴本荣 党委委员、副校长
占启安 党委委员、副校长
李良智 党委委员、副校长
王海波 党委委员、副校长
冯 浩 党委委员、副校长

江西中医药大学

陈明人 党委书记

左铮云 党委副书记、校长(3月任)
赵恒伯 党委副书记(5月任)
朱卫丰 (女)党委委员、副校长
杨 明 党委委员、副校长
陈 勃 副校长(任至4月)
简 晖 党委委员、副校长
章德林 党委委员、副校长
彭映梅 (女)党委委员、副校长(任至12月)
邹健生 党委委员、纪委书记
杜建强 副校长

赣南医学院

李恭进 党委书记
刘 潜 党委副书记、院长
曾泽鑫 党委副书记(3月任)
陈 亮 党委委员、副院长
黄瑞忠 党委委员、副院长
叶军明 党委委员、副院长
肖树辉 党委委员、纪委书记
张小康 党委委员、副院长(3月任)
彭维杰 党委委员、副院长(3月任)

赣南师范大学

孙弘安 党委书记(任至12月)
范小林 党委书记(12月任),党委副书记、校长(任至12月)
卢 超 党委副书记、校长(12月任)
胡龙华 党委副书记
曾泽鑫 党委委员、副校长(任至2月)
胡 海 党委委员、副校长(任至8月)
刘 民 党委委员、副校长(2月任)
邱小云 党委委员、副校长
吴剑波 党委委员、副校长
吴 磊 党委委员、副校长
罗序中 党委委员、副校长
郭新春 党委委员、副校长
于保春 党委委员、纪委书记(2月任)

南昌工程学院

徐兰宾 党委书记
金志农 党委副书记、院长
张立青 党委副书记(任至3月)
吴泽俊 党委副书记(3月任),党委委员、副院长(任至3月)

梁 钢 (女)党委委员、纪委书记(任至2月)
汪胜前 党委委员、副院长
李 明 党委委员、副院长
樊后保 党委委员、副院长
汪荣有 党委委员、副院长
胡 敏 党委委员、副院长
殷安全 党委委员、纪委书记(8月任)
周敏丹 (女)党委委员(8月任)、副院长(9月任)

江西广播电视大学

易小明 党委书记
朱爱莹 (女)党委副书记、校长
黄平槐 党委副书记
王水平 党委委员、纪委书记
陈江鸿 党委委员、副校长
刘 平 副校长(3月任)
邱东升 党委委员(2月任)、副校长(4月任)

南昌师范学院

王金平 党委书记
徐求真 党委副书记、校长
李德平 党委副书记(5月任)
徐晓泉 副校长(任至1月)
谢晓国 党委委员、副校长
周毛春 党委委员、副校长
胡小萍 党委委员、副校长
殷 剑 党委委员、副校长
叶廷峻 党委委员、纪委书记
刘小强 党委委员(8月任)、副校长(9月任)

九江学院

赵 伟 党委书记
刘晓东 党委副书记、院长
魏立平 党委副书记
纪岗昌 副院长
王万山 党委委员、副院长
陈春生 副院长
杨耀防 党委委员、副院长
夏启国 党委委员、副院长
查振华 党委委员、副院长
李广欣 党委委员、纪委书记
陈小林 党委委员(2月任)、副院长(3月任)

新余学院

刘 冬 党委书记
张玉清 院长(3月任)
刘晓燕 党委副书记
胡 涌 党委委员、副院长
陈裕先 党委委员、副院长
李 敏 党委委员、副院长
龚丽春 党委委员、副院长
郭瑞新 党委委员、纪委书记
徐忠麟 党委委员(8月任)、副院长(9月任)
姚 伟 党委委员
周文生 党委委员
曾浩武 党委委员

宜春学院

李雪南 党委书记
曾晓春 党委副书记、院长(3月任),党委委员、副院长(任至3月)
胡国瑞 党委副书记
梅光泉 副院长
李明斌 党委委员、副院长
蒋 钰 (女)党委委员、副院长
余新卫 (女)党委委员、副院长
罗 政 党委委员、副院长
邱家明 党委委员、副院长
张 梅 (女)党委委员、纪委书记
严青松 党委委员、副院长(9月任)

上饶师范学院

朱寅健 党委书记
詹世友 党委副书记、院长
刘国云 党委副书记
饶爱京 (女)副院长
吴亦丰 副院长
王德荣 党委委员、纪委书记
赖明谷 党委委员、副院长
郑大贵 党委委员、副院长
李培生 党委委员、副院长
卢 超 党委委员、副院长
郑彦芳 (女)党委委员、副院长(9月任)
郑宗仁 党委委员
杨发建 党委委员
张善平 党委委员
付惠敏 党委委员

萍乡学院

陈金印 党委书记
史焕平 党委副书记、院长
蔡宝琦 党委副书记
郭　伟 党委委员、副院长
邱建丁 党委委员、副院长
潘运华 党委委员、纪委书记
刘卫林 党委委员、副院长
田常红 (女)党委委员
陈永秀 (女)党委委员、组织部部长
陈永国 党委委员、宣传部(统战部)部长

景德镇学院

蔡付斌 党委书记
陈雨前 党委副书记、院长
王丽心 党委副书记(5月任)
舒超英 党委副书记(任至2月)
吴　丁 党委委员、副院长
郑富年 党委委员、副院长
郑昕芾 党委委员、副院长
李新荣 党委委员、纪委书记(2月任)
朱贺江 党委委员、组织部部长
方文龙 党委委员、宣传统战部部长

全国五一劳动奖章获得者

李洁莉　女,江西省萍乡市人,1966年9月生,本科学历,中共党员,南昌市保育院院长。从教30年,她从一线教师岗位做起,历任教师、办公室主任、副院长、院长。从20世纪90年代起,多次参加省、市级示范园评估和"国培计划"授课工作,由她主持或参与的国家级、省级课题均获得优异成绩。担任院长后,她为教师搭建施展才华的舞台,市保育院教师素质迅速提升,3人具有硕士学位,21人具有学士学位;数十人次获得省市级学科带头人、省市级骨干教师、南昌青年五四奖章等荣誉;每年在国家、省、市各级各类竞赛中获得成绩。市保育院教育教学水平不断提升,成为全国示范性科研基地、首批全国中小学科研兴园示范基地、中国西部教育顾问单位、爱国启蒙教育全国示范幼儿园。她曾获宋庆龄幼儿教育奖;2015年4月,被授予"江西省五一巾帼标兵"称号;2018年1月,被授予"江西省五一劳动奖章";2019年4月,被授予"全国五一劳动奖章"。

徐　申　江苏人,1954年10月生,本科学历,江西双德实业集团有限公司高级工程师。他通过在建项目为研究对象,运用系统工程的原理,把先进技术和科学管理结合起来。参与并取得3项发明、2项实用新型专利、2项计算机软件著作权登记证书和4项综合配套施工方法,带领集团申报成为国家高新技术企业,提升企业竞争能力。作为江西省江苏总商会会长,他引导苏籍企业到赣投资,团结在赣3万余家苏籍企业和60余万苏籍人士,推动在赣苏籍企业为江西经济发展作出贡献。苏籍企业在赣投资总额近3000亿元,年解决就业50余万人。组织带动商会全体会员和双德集团从事慈善公益事业。双德集团和商会成立爱心基金,慰问敬老院孤寡老人和SOS儿童村儿童,资助贫困学生500余人。其中2017年一次性赞助100名学生,并与南昌市红十字会资助慰问100名老人;2018年通过瑞金市教育局赞助瑞金市100名贫困家庭学生。2017年4月,他被授予"江西省五一劳动奖章";2019年4月,被授予"全国五一劳动奖章"。

游胜意　江西省上高县人,1958年10月生,本科学历,中共党员,奥盛(九江)新材料有限公司技术中心主任,教授级高级工程师。1982年从江西冶金学院毕业后,他一直在九江市冶金工业企业从事材料工程技术工作。先后主持完成国家新产品、国家火炬计划项目、省部级科研计划20余项。主持研发的《大型悬索桥高强钢丝主缆索股制造关键技术研发与应用》科研成果获中国科协拟提名2019年度国家科学技术奖项目,研发的Φ5.25mm 2060MPa高性能镀锌钢丝达到世界悬索桥用最高强度级别产品。他被行业誉为技术发明家,获得授权发明专利和实用新型专利20余项,其中《大跨度斜拉索制造关键技术研究及应用》等2项科研成果达到国际领先水平。他是《桥梁缆索用热镀锌钢丝》GB/T 17101－2008、《斜拉桥钢绞线拉索技术条件》GB/T 30826－2014、《体外预应力索技术条件》GB/T 30827－2014、《预应力热镀锌钢绞线》GB/T 33363－2016、《建筑结构用高强度钢绞线》GB/T 33026－2017等5部国家标准主要起草人,是《桥梁缆索用热镀锌及合金钢丝》ISO 19203国际标准起草小组专家。他在中国科技核心期刊《金属制品》等杂志上发表学术论文20余篇,多篇文章被评为优秀论文一等奖。多次被全国金属制品信息网作为特邀嘉宾,在学术年会上作高新技术产品研发技术的主旨演讲。2012年,入选江西省"赣鄱英才555工程领军人才";2013年,获江西省科技进步奖二等奖;2016年,获江西省技术发明奖;2016年,获国务院政府特殊津贴;2017年,被授予"江西省五一劳动奖章";2018年,获中国发明创业成果奖二等奖。2019年4月,被授予"全国五一劳动奖章"。

汪　洋　安徽省祁门县人,1973年11月生,大专学历,民盟盟员,景德镇市珠山区高良朋陶瓷销售中心艺术设计师,景德镇市陶瓷工艺协会常务副会长,江西省高级工艺美术师。他勤奋创作,在国内外多次举办陶瓷、国画作品展,陶瓷艺术作品先后获全国工艺美术大师精品博览会金、银奖30多项,被中国国家博物馆、中国历史博物馆、中国抗日战争博物馆、江西省博物馆等10余家博物馆收藏,并作为国礼赠送给国际友人。编纂出版多部陶瓷美术画册,有10余篇学术论文在国家、省、市级学术刊物上发表。积极投身社会公益事业,多次为希望工程、"抗击非典""抗洪救灾"捐款。先后在自己工作室安排60余名下岗职工和待业青年就业,亲自传授技艺。义务担任景德镇市老年大学教师,为"老有所乐"事业无私奉献。作为省、市人大代表,他多次提出提案建议并被采纳。2015年4月,担任高良朋陶瓷销售中心高级艺术设计师兼艺术顾问,设计猴、鸡、狗、猪生肖盘,36头《智水如许》餐具等,为公司创造丰厚收益。设计的创新瓷瓶《水滴瓶》获2015年国家专利,《素雅彩》获2016年国家专利。2007年,被授予"江西省五一劳动奖章";

2010年,获"第十一届全国职工职业道德建设先进个人"称号,被评为"江西省劳动模范";2016年,工作室被评为"江西省汪洋劳模创新工作室"。2019年4月,被授予"全国五一劳动奖章"。

王花萍 女,江西省上栗县人,1978年8月生,初中学历,中共党员,江西贯胜鞋业有限公司制鞋工。2007年,她进入江西贯胜鞋业有限公司,成为一名一线普通操作工人。她一直在针车A课车全套鞋面,在平凡的制鞋车位岗位上,一干就是10余个年头。她把勤奋工作当作自己的乐趣,公司生产的出口滑雪靴,功能性强、质量要求严格、操作难度大,为多车鞋面,她经常自觉加班加点,每天至少完成12双鞋面。10余年间,车的鞋面计4万余双。她常怀一颗感恩的心,乐观向上,敬业爱岗,感染他人,为本公司职工树立了榜样。2012年12月,获"萍乡市劳动模范"称号;2015年,获"江西省劳动模范"称号。2019年4月,被授予"全国五一劳动奖章"。

刘小青 江西省新余市人,1966年5月生,高中学历,中共党员,新余市天欣源工贸有限公司林产基地主管,水西镇森林扑火队队长。历任新余市水西林场技术员、林场班子成员、副场长、场长。林场火险等级高,他每年有三分之二以上的时间在巡山查林。为加强防火安全宣传,他和同事们通过张贴标语、树立标牌、发放公约、走家串户等形式,对周边农民群众进行森林防火宣传。2005年,开发区成立一支半专业扑火队,他主动请缨兼任扑火队队长一职。每次遇有火情,他都冲锋在前,带领队员们战斗在灭火第一线。他有记录参与的森林扑火达42次,种过的树木不计其数。林场改制后,他由国有企业职工转为民营企业员工。他按照现代林业产业发展思路,对林场实施"苗林一体"化改造。2010年起,林场建立珍稀树种楠木基地300公顷,种植楠木100万余株;建立红心杉种植基地66.67公顷,种植红心杉25万余株。2018年,被授予"江西省五一劳动奖章"。2019年4月,被授予"全国五一劳动奖章"。

张仁圣 江西省广昌县人,1973年5月生,大专学历,中共党员,余江县琢木堂工艺雕刻厂艺术总监,江西省高级工艺美术师。1991年,他在华人艺术家徐晓镛门下学习木雕技艺。其后,先后担任上海晓云工艺品有限公司厂长兼浮雕艺术责任总监、上海"听雨轩"雕塑艺术工作室艺术总监、江西广昌慈颜工艺品有限公司艺术总监。2011年起,任江西余江琢木堂工艺雕刻厂艺术总监。他擅长古建筑装饰、装修,工艺品设计雕刻,手工木工制作。研究余江传统木工技艺,结合地处中国道教之都的地域优势,研究开发具有地方文化旅游特色的新产品。其论文被新加坡《法露缘》佛教人文艺术杂志长期连载。2017年,论文《木雕艺术应用简析》《浅谈木雕与木雕艺术品的几点关系》在《文化月刊》发表。其作品木雕《代代有福》、紫檀木雕《富贵如意》被江西工艺美术馆收藏。2014年12月,获"江西省工艺美术家"称号;2017年4月,获"中国雕刻工艺大师",被授予"江西省五一劳动奖章";2019年4月,被授予"全国五一劳动奖章"。

黄 海 江西省赣州市人,1980年6月生,大专学历,中共党员,格特拉克(江西)传动系统有限公司赣州经济技术开发区分公司领班。2018年,他从B5A班组调任E-drive装配组,制订新班组晨会、考评、巡检等管理制度,健全工艺监管,细化生产过程质量控制。2018年装配E-drive新能源变速器总成29100台套,总成装配一次送检合格率98.80%以上,保质保量完成公司及车间下发的各项工作任务。2018年,带领班组完成自主专利申报1项、AM和FI精益改善336项、技术革新14项,提出合理化建议采纳337条;他个人完成自主专利申报1项,重点精益改善13项,技术革新11项,合理化建议采纳48条。2018年在降低E-drive装配线异响不合格总成的返修成本项目中,他和团队通过改善摆放器具,制作新的闷塞压头工装,解决异响问题,创造经济效益31万元/年。针对E-drive装配线导油槽零件压裂问题FTT,对导油槽零件结构进行改善,为公司节约经济效益18万元/年。他的《一种壳体盲孔输出轴外圈拆卸装置》获得实用新型国家专利授权证书。其所带班组先后获评"江西省工人先锋号""全国工人先锋号"。2017年4月,被授予"江西省五一劳动奖章";2019年4月,被授予"全国五一劳动奖章"。

叶四明 安徽省歙县人,1974年2月生,大学本科学历,江西同和药业股份有限公司研发总监。他加入同和药业13年,从一名普通的车间管理者成长为生产总监、研发总监。他坚持"药品质量是设计和生产出来的"理念,从瑞巴派特研发开始,不断进行工艺优化,让瑞巴派特在国际市场有很强的竞争力。瑞巴派特出口日本市场,成为同和药业主打产品之一,为公司创造丰厚利润,同和药业成为日本市场除原研公司外最大的供应商。他是同和药业GMP理论最早的推行者和实践者,将同和药业GMP管理水平提升至国际先进水平,使公司生产线先后通过中国、韩国、美国、日本、欧盟等世界药物主流市场国家局的GMP审计。2010年6月,研发的"烷基氯甲基侧氟三联苯系列产品合成新技术"获江西省科学技术进步三等奖;2013年5月,研发的"瑞巴派特合成新技术"获江西省科学技术进步三等奖;2016年6月,研发的"高纯度替米沙坦原料药的关键技术与应用"获江西省科技进步三等奖。2013年4月,被授予"江西省五一劳动奖章";2019年4月,被授予"全国五一劳动奖章"。

刘品杏 江西省安义县人,1969年4月生,大专学历,中共党员,国网江西省电力有限公司上饶供电分公司运维检修部(输电运检室)专责,公司应急救援队队长,高级技师。他带领班组发现线路缺陷、隐患1850处并全部消除;组织施工110千伏、220千伏线路65千米,安装5座35千伏变电站一次设备,新建、改造10千伏线路40余千米,配电变压器50台次,10千伏电缆施工8千米。他与团队研究试验出炉一种"输电线路防风偏绝缘子的固定卡具",有效杜绝因风偏情况发生跳闸。他提出的小发明、小革新、合理化建议达20余项,均被市公司、省公司采纳。针对外力破坏对电网造成严重危害,他主动与政府相关部门沟通汇报，主持开展全市吊车、塔吊、挖机及混凝土泵车操作人员、现场安全员、施工负责人等培训班4起，编制电力设施保护宣传手册2800本、宣传材料6万余份，发给大型机械的操作人员等，协助当地政府52次到违章施工现场进行协调、执法，有效遏制破坏电力设施违章施工的行为。他研制出《导轨式绝缘护网人字挂梯》带电作业工具，减轻作业人员劳动强度，提高工作效率。2019年4月，被授予“全国五一劳动奖章”。

刘荣坚 江西省安福县人，1966年2月生，本科学历，中共党员，江西省安福县第二中学校长。1986年，他从学校毕业后，一直奋斗在教学一线，多次获评县、市优秀教师，辅导学生参加全国初中数学竞赛，获三等奖。多篇教育教学论文在国家、省、市级刊物上发表和获奖。主持的“目标教学”课堂教改实验受到全市通报表扬，在全市进行专题介绍和推广。2006年7月至2012年7月，任江西省安福县城关中学校长，学校连续5年中考成绩列吉安市第一名，先后被评为江西省“教育系统先进集体”、江西省“科研兴校先进单位”、江西省“校务公开先进学校”、江西省“德育示范校”。2012年8月，任安福二中校长，学校短短几年转变为一所全县乃至全市优质学校，被评为江西省“绿色学校”。2013年4月，被授予“江西省五一劳动奖章”；2019年4月，被授予“全国五一劳动奖章”。

胡细毛仔 江西省南丰县人，1954年4月生，小学学历，江西省长红建筑工程有限公司农民工。1986年起，他靠自己泥工手艺搞建筑施工，逐步走上富裕之路。他热心帮助村民脱贫致富。贫困户胡海水全家5口人，3个小孩辍学在家，欠债上万元，他拿出2万余元，送3个小孩上学，安排胡海水到建筑队工作，帮助胡海水一家脱贫致富。在他帮扶下，村里贫困户大都走上富裕之路。他热心公益事业。1994年，他捐资6万多元，修成一条乡村公路。2007年，他带头捐资8万元将这条路改造为水泥路。乡里通往县城的公路铺设油路，他又捐出4.8万余元。2002年6月16日，南丰县发生洪灾，他组织人员，帮助转移群众到安全地带，两天两夜转移群众2300多人；出资雇佣30辆汽车，80名民工，帮助群众清理垃圾、污泥，重建家园。洪水退后，他自家房屋倒塌，甲鱼塘和橘园被毁，损失6万多元。2008年汶川大地震，他向灾区捐款2万元。他是拥军模范。1998年8月15日，捐资5.7万多元，购买矿泉水、饼干等食品，送到九江抗洪抢险一线官兵手中。2009年重阳节，南京军区福建某团野营拉练到达南丰，他拿出1万余元购买2头生猪和200箱南丰蜜橘，慰问解放军官兵。2010年临川唱凯决堤，他赴现场为子弟兵送上慰问品。2016年“八一”前夕，他将价值4万元的西瓜、矿泉水、苹果和猪肉等物资，赠送给金溪县某部队。30多年间，他捐助资金累计上百万元。2011年12月，获“江西省第二届道德模范”称号；2012年，获“中国好人榜7月上榜好人”；2016年，获江西省“拥军优属先进个人”称号；2018年4月，被授予“江西省五一劳动奖章”；2019年4月，被授予“全国五一劳动奖章”。

杨　波 女，湖北省松滋市人，1965年8月生，大学本科学历，江西洪都航空工业集团有限责任公司综合管理部副总工程师。她在公司主持负责某型高教机预先研究、型号立项论证、初步总体技术方案论证、关键技术攻关等工作，为型号立项奠定基础。在某装置论证过程中，得到中央军委装备发展部通报表扬。她在公司负责飞机预研工作，在海军关键性技术领域获得预研项目突破，为型号孵化奠定技术基础，为公司开创全新的技术研究领域。2016年以来，她主持、组织申报并获得11个预研和国际合作项目，获得国家支持费用总额6000余万元。作为航空工业航空科技发展规划专家组、海军预研专家组成员，她参与不同层面的“十三五”及中长期发展规划讨论和编制以及机关、各客户方的重要顶层规划，在预研体系中，使教练机具备一定话语权。她注重人才队伍建设，团队有3人担任专业总师，3人担任预研型号负责人，6人担任课题/项目负责人。她曾获航空工业集团公司科技成果一等奖1项、三等奖3项，获专利9项，其中国际发明专利1项。2004年，获“江西省五一劳动奖章”；2014年，获航空工业集团公司个人一等功；2019年4月，被授予“全国五一劳动奖章”。

周志战 江西省上饶市人，1973年9月生，高中学历，江西铜业股份有限公司德兴铜矿采矿场电动轮维修工段电工组副组长。2016年，一辆730E型88#电动轮出现1#接地故障，他采取有效措施找出故障根源，消除了班组一直存在的维修盲区。2017年，109#新国产电动轮出现无法启动状况，他逐个逐段排查，确定故障为一启动马达内部连线断路所致，通过修复不仅确保车辆启动正常，而且为处理该机型启动故障积累经验。2018年3月，他成立以“电动轮汽车（直流）驱动系统主回路特殊性接地故障处理方法的改进”为课题的项目组，历时8个月的技术攻关，减少该矿32台EH3500、730E直流马达电动轮“驱动系统主回路接地”典型电气故障维修工时和维修成本。他参与技改项目30余项，解决重大技术难题近10项，产生直接、间接经济效益500多万元，其中多项课题在公司获奖，一项课题被国家授予实用新型发明专利。2011年4月，被授予“江西省五一劳动奖章”；2013年2月，被授予“江西省首席技师”称号；2018年，被授予“全国技术能手”称号；2019年4月，被授予“全国五一劳动奖章”。

邹德凤 女，江西省南昌市人，1956年7月生，本科学历，中共党员，南昌大学第四附属医院医疗服务部主任，副主任护师。1992年，她创建江西省邹德凤公益发展中心，2014年在江西省民政厅注册。中心累计服务对象200多万人次，服务人口15万多人。截至2015年年底，以其名命名的邹德凤志愿服务团成员1万多人，服务范围20个社区，服务人口20万人，累计为90多万人次提供志愿服务。中心获得团体及个人奖项100多项，连续26年获江西省红十字会先进单位称号，2015年获江西省三八红旗先进集体称号，2007—2017年被评为中国南丁格尔总队十周年优秀志愿服务队。2016年，由邹德凤担任会长的江西省巾帼志愿服务协会在南昌成立，协会逐步建立起巾帼志愿者专家团队，开展关爱妇女儿童志愿服务。她带领团队长期开展临终关怀，护理社区老人；投身遗体器官捐献，感召400多人加入“捐友”行列；为4万多名流动居民提供一站式服务；关爱留守儿童和妇女，捐助贫困学子200多人。她累计做义工达5.4万小时，捐款100多万元。她2013年获“第44届国际南丁格尔奖章”“中国好人”称号，2014年被评为“全国三八红旗手”，2015年被评为“全国医德楷模”和第四届“江西省道德模范”，2017年被评为“全国三八红旗手标兵”。2019年4月，被授予“全国五一劳动奖章”。

陈胜德 江西省抚州市人，1958年4月生，大学本科学历，中阳建设集团有限公司董事长，高级工程师。他带领中阳集团融入国家“一带一路”发展战略，公司2016年发起并加入江西“走出去”企业战略合作联盟，在赞比亚、吉布提等国设立海外分公司。2018年集团中标获得埃塞俄比亚国家粮食战略储备库工程承建权，跨国收购赞比亚3000公顷农场。中阳建设集团连续5年跻身江西民营企业百强前列，公司历年承建的项目获鲁班奖、省市优质工程400多项，70多个项目被授予省、市质量安全标准化示范工程，公司先后获全国优秀施工企业、全国建筑业先进企业等多项荣誉。他积极回报社会，2016年以来向社会公益事业和慈善基金会累计捐款1200余万元，贡献税收2亿余元，每年为社会提供劳动就业岗位7000人左右。参加“千企帮千村”“百企帮百村”等精准扶贫行动，与黎川县贫困村签订结对帮扶协议。2009年4月，被授予“江西省五一劳动奖章”；2018年8月，获“新时代江西省杰出企业家”称号；2019年4月，被授予“全国五一劳动奖章”。

（省总工会）

全国三八红旗手

胡秀筠 女，1965年6月生，江西新龙生物科技股份有限公司董事长、昆虫病毒国家与地方工程研究中心副主任。她创办宜春新龙化工有限公司，宜春新龙与中国科学院武汉病毒研究所共同组建的江西新龙生物科技股份有限公司于2015年7月在新三板挂牌上市。她注重产品研发，带领研发团队设立“昆虫病毒国家与地方工程研究中心”。为使赣南脐橙种植业少受甚至免受世界性疑难病——“黄龙病”侵害，推出国内首创“黄龙病快速检测试剂盒”，对症下药采取修复措施，为赣南脐橙乃至全国柑橘产业发展解决重大科研难题。她热心公益事业，自担任宜春市女企业家协会副会长、会长以来，积极提升女企业家素质、促进会员企业发展。她带领大家开展关爱留守儿童、帮助贫困母亲等系列公益活动；大力支持宜春禅宗文化发展，为打造禅都宜春贡献力量。曾获“江西省杰出创业女性”“全国城乡妇女岗位建功先进个人”“江西省优秀女企业家”“江西省三八红旗手”称号。2019年，获“全国三八红旗手”称号。

王 玲 女，1973年10月生，华能安源发电有限责任公司检修部起重工。从事起重工作25年间，她虚心请教，刻苦钻研，踏实肯干，装卸货物上千万吨。2016年4月电厂一号机组进行C修，在空预器的更换工作中，她创造性地提出新的起吊工作方案，打破依次从锅炉侧边割大梁的吊出方法，改用在锅炉主梁和输煤间主梁穿挂滑车组从中间往两边依次吊出的滑移法和悬吊法并用的方法，既不破坏建筑物结构，又经济安全，为电厂节约10余万元材料费用。曾获“江西省三八红旗手”称号。2019年，获“全国三八红旗手”称号。

徐 岚 女，1970年10月生，江西省景德镇市瓷画艺术研究院副院长。她从小投身陶瓷艺术创作，取得不凡成绩。作品入选第十一届全国美术作品展览、京畿世界陶瓷双年展“韩中陶瓷艺术交流展”；获首届中国历史名瓷烘制制技艺术展金奖、铜奖，第九届全国陶瓷艺术设计创新评比金奖，中国鄱阳湖国际生态文化节暨江西省陶瓷设计艺术大赛特别金奖，中国工艺美术文化创意奖银奖，中国民间工艺品博览会金奖等多项大奖。在艺术创作之外，她热衷于慈善事业，常常利用节假日和业余时间，组织参加各类慈善公益活动。为景德镇特殊学校学生进行陶瓷绘画、陶瓷雕塑、陶艺制作等技能教育，帮助他们获得一技之长，融入社会。曾获“江西省巾帼建功标兵”，被授予“江西省五四青年奖章”“江西省五一劳动奖章”“全国五一巾帼奖章”。2019年，获“全国三八红旗手”称号。

王小萍 女，1978年6月生，中共党员，北京市盈科（南昌）律师事务所高级合伙人、副主任律师。她热爱公益活动，2007年起，承接保障南昌市西湖区、青山湖区妇联维权法律服务项目，为项目实施做了大量调研、宣传工作。她深入全省各地宣传法律知识，开设法律大讲堂，让更多的人懂法守法。她积极参与各级妇联组织巾帼志愿服务与农村“法律明白人”培养工作，为党委和政府分忧，为广大妇女儿童解难。曾获“全国维护妇女儿童权益先进个人”“江西省三八红旗手”“江西省维护妇女权益先进个人”称号。2019年，获“全国三八红旗手”称号。

张海荣 女，1973年8月生，中共党员，九江市公共交通集团公司第四营运公司25路女子车队驾驶员，中共江西省第十四次党代会代表。她立足平凡岗位，默默奉献，用爱心与乘客之间搭起一座理解、沟通的桥梁；她执着追求公交事业，以微笑、贴心、细致、周到的服务，赢得乘客广泛赞誉，被市民乘客亲切地誉为人美心更美的“微笑天使”。所在车队自2010年5月成立，曾被评为“江西省工人先锋号”；她个人曾获“江西省三八红旗手”称号。2019年，获“全国三八红旗手”称号。

晏玉萍 女，1968年6月出生，中共党员，萍乡市湘东区麻山镇中学老师。1996年，新婚不久的她便身患重病，夫妻离异。她没有因此而沉沦，3年后，她凭着顽强的求生信念摆脱病魔纠缠，重新全身心地投入工作。2005年，她因遭遇意外导致右肩锁骨粉碎性骨折，在多次手术之后，担心耽误课程进度的她绑着绷带、忍着伤痛，坚持走进课堂。直到现在，她的右肩锁骨上还固定着钢板和螺丝钉。2014年6月，她被检查出肾衰第四期，不得不住院治疗，可她总是上午打针，下午就回到学校继续上课。30 年来，她扎根乡村，无怨无悔，甘于奉献，爱生如子，先后帮助过 40 余名留守儿童，一届一届的学生发自内心地喊她为“妈妈”。曾获“中国好人”“最美江西好人”“江西省三八红旗手”称号。2019 年，获“全国三八红旗手”称号。

吴丽华 女，1985 年 6 月生，中共党员，瑞金市云石山乡人大副主席兼妇联主席。她响应赣南新妇女运动，率先组建一支 500 余人的巾帼志愿者队伍，摸索出“组建四支队伍，开好四种会议，七个一”的清洁家庭“云石山模式”。该模式引起广泛关注，学习参观人员 230 余批次，各级媒体报道 30 余次。响应春蕾计划，3 天时间募集资金 10 余万元，为 100 多名贫困女学生送去温暖关怀。她带领全乡妇女开展文化活动，由此带动群众移风易俗助力乡风文明。她通过各种渠道发展产业带动妇女脱贫。曾获“全国扶贫先进个人”称号。2019 年，获“全国三八红旗手”称号。

黄莉萍 女，1972 年 10 月生，抚州市东乡区人民医院妇产科主任医师。她从事妇产科工作 25 年，始终以高度的责任心和使命感，勤奋工作，无私奉献，把病人生命安全放在第一位。面对“甲流”、艾滋病等传染病感染的危险，毫不退缩，主动请缨，冲锋在前。她坚持科研创新，先后在国家级、省级刊物发表论文 10 余篇，主持完成科研项目 3 项并获奖，成为当地妇产科领域学术带头人。她投身公益事业，多次参与送医下乡活动。她带领的团队先后获“江西省巾帼文明岗”“全国巾帼文明岗”称号，个人曾获“江西省三八红旗手”称号。2019 年，获“全国三八红旗手”称号。

杜晓琴 女，1965 年 9 月生，中共党员，九江市抗癌协会会长兼党支部书记，中共江西省第十四次党代会代表。她 38 岁患癌症，2010 年加入抗癌协会。担任会长后，把一个没钱、没人、没场地的“三无”组织变成“三有”组织，协会会员从 100 多人增加到 628 人。她夜以继日义务投入工作时间上万个小时，免费公益授课 50 余场，受益人员 5000 余人次，筹集贫困帮扶款物 300 多万元，让上千个贫困癌症患者及家庭受益。她热心抗癌公益事业，积极申请中央财政项目和省项目，通过“心理、营养、运动、活动”等手段支持、帮扶贫困癌症患者。她倡导非药物性干预新理念，帮助多名危重癌症患者康复，提高协会癌症患者生存率 30% 以上。她带头为协会捐钱捐物，与协会爱心党员投资上百万元，建立党支部创业基地，为贫困残疾人员解决就业问题。协会被评为“全国优秀抗癌组织”，她个人曾获“全省社会组织先进个人”“全省优秀党务工作者”“全国抗癌明星”称号。2019 年，获“全国三八红旗手”称号。

（省妇联）

·资料·

江西历代进士名录（九）

姓名	籍贯	朝代	上榜时间	姓名	籍贯	朝代	上榜时间
桂　询	贵溪	宋	皇祐五年（1053 年）	桂公述	贵溪	宋	皇祐五年（1053 年）
应　瑜	贵溪	宋	皇祐五年（1053 年）	应　敢	贵溪	宋	皇祐五年（1053 年）
皇　镇	都昌	宋	皇祐五年（1053 年）	詹　珍	都昌	宋	皇祐五年（1053 年）
许昌龄	建昌	宋	皇祐五年（1053 年）	陈　陟	南城	宋	皇祐五年（1053 年）
于伯达	南城	宋	皇祐五年（1053 年）	陈次山	南城	宋	皇祐五年（1053 年）
邓　陟	南城	宋	皇祐五年（1053 年）	陆　坦	南城	宋	皇祐五年（1053 年）
王尚贤	南城	宋	皇祐五年（1053 年）	曾　炳	南丰	宋	皇祐五年（1053 年）
刘　湜	南丰	宋	皇祐五年（1053 年）	郑　諲	德安	宋	皇祐五年（1053 年）
郑杨庭	德安	宋	皇祐五年（1053 年）	黄西陂	湖口	宋	皇祐五年（1053 年）
桂　颖	贵溪	宋	皇祐五年（1053 年）	单　咨	南城	宋	皇祐五年（1053 年）
曾易则	南丰	宋	皇祐五年（1053 年）	饶　珙	临川	宋	皇祐五年（1053 年）
晏升卿	临川	宋	皇祐五年（1053 年）	徐　复	宜黄	宋	皇祐五年（1053 年）

本栏编辑　邓诚君

附　录

江西省人民政府
关于印发新时代江西省非公有制经济
五年发展规划(2019—2023 年)的通知

2019 年 4 月 19 日

各市、县(区)人民政府,省政府各部门:

现将《新时代江西省非公有制经济五年发展规划(2019—2023 年)》印发给你们,请认真贯彻执行。

新时代江西省非公有制经济五年发展规划
(2019—2023 年)

非公有制经济是我国现阶段除了公有制经济形式以外的所有经济结构形式,包括个体经济、私营经济、外商投资经济、港澳台投资经济以及混合经济中的非国有成分和非集体成分。非公有制经济是社会主义市场经济的重要组成部分,是我国经济社会发展的重要基础。党的十九大报告强调"必须坚持和完善我国社会主义基本经济制度和分配制度,毫不动摇巩固和发展公有制经济,毫不动摇鼓励、支持、引导非公有制经济发展"。习近平总书记指出,坚持"两个毫不动摇",为非公有制企业发展营造良好的法治环境和营商环境,依法保护非公有制企业权益,鼓励、支持、引导非公有制经济继续发展壮大。

为了贯彻落实习近平新时代中国特色社会主义思想和党的十九大精神,从更高层次落实习近平总书记对江西工作的重要要求和对非公有制经济发展的系列指示精神,促进我省非公有制经济高质量跨越式发展,特制定《新时代江西省非公有制经济五年发展规划(2019 - 2023 年)》(以下简称《规划》)。

本《规划》依据《国务院关于鼓励支持和引导个体私营等非公有制经济发展的若干意见》《关于进一步激发民间有效投资活力促进经济持续健康发展的指导意见》《关于营造企业家健康成长环境弘扬优秀企业家精神更好发挥企业家作用的意见》以及江西省《关于大力促进非公有制经济更好更快发展的意见》等相关政策文件进行编制。《规划》提出了 2019 - 2023 年我省促进非公有制经济高质量跨越式发展的总体要求、重点任务、战略行动、重大工程和实施保障,是指导未来五年我省非公有制经济发展的纲领性文件。

第一章　发展新起点

第一节　发展基础

长期以来,省委、省政府高度重视、大力支持非公有制经济发展壮大。特别是自《关于大力促进非公有制经济更好更快发展的意见》发布以来,我省非公有制经济取得较快发展,各项发展目标和重点任务总体实现,我省非公有制经济发展进入一个崭新阶段。

——经济总量迅速扩张。2017 年,全省非公有制经济增加值由 2013 年的 8237.1 亿元增加到 12394.6 亿元,平均每年增加 1000 亿元以上,年均增长 9.6%,高于全国非公有制经济和全省 GDP 平均增速。非公有制经济增加值占全省 GDP 的比重为 59.5%,比 2013 年提高 2.1 个百分点。非公有制工业增加值 6038.2 亿元,占全省工业增加值比重 74.3%,比 2013 年提高 8.9 个百分点。

——市场主体不断壮大。2017 年,全省私营企业 54.4

万户,注册资本33936.8亿元,分别比2013年增长107%和329%。个体工商户169.7万户,注册资金2217.1亿元,分别比2013年增长42.4%和139.4%。规模以上非公有制工业企业11159户,占全省规模以上工业企业的95.1%,比2013年提高3.5个百分点。

——质量效益显著提升。2017年,全省共有7家企业跻身中国民营企业500强,比2013年增加4家。非公有制经济三次产业构成由2013年的6.9∶61.0∶32.1调整为2017年的3.5∶59.6∶36.9,结构更趋优化。规模以上非公有制工业企业实现主营业务收入和利润总额分别为28543.3和2176.7亿元,分别比2013年增长39.9%和44.9%。

——社会贡献更加突显。2017年,非公有制经济对全省经济增长贡献率达62.7%,比2013年提高2.9个百分点。非公有经济上缴税金达2058.9亿元,比2013年增长46%,占全省税金总额比重为71.5%,比2013年提高0.9个百分点。非公有制经济就业人员达1498.8万人,比2013年增加138.2万人,其中非公有制企业城镇就业人员902.65万人,占城镇就业人口比重达80.4%。

——发展环境持续优化。深入推进"三单一网""一次不跑"和"只跑一次"等改革,行政审批效率不断提升。大力开展降成本优环境专项行动,企业税费负担和制度性交易成本大幅降低。党委政府与非公有制企业家常态化对话机制全面建立,非公有制经济的服务体系更加完善,"亲""清"新型政商关系不断强化。政策最优、成本最低、服务最好、办事最快的"四最"营商环境正在逐步实现。

虽然过去五年我省非公有制经济发展取得显著成绩,但也存在不少突出矛盾和问题。主要表现在:一是发展规模不大、质量不优的现状没有得到根本性改变。2018年全省上榜中国民营企业500强的企业仅6家;二是非公有制企业创新能力偏弱,全省规模以上工业企业研究与试验发展(R&D)项目经费支出占主营业务收入比重仅为0.2%;三是营商环境改善任重道远。企业依然面临诸如"三山"(融资的高山、转型的火山和市场的冰山)"三门"(卷帘门、玻璃门和旋转门)的困境和制约。

第二节　机遇与挑战

当前世界面临百年未有之大变局,我国发展仍处于并将长期处于重要战略机遇期。未来五年,我省非公有制经济既面临难得的发展机遇,也面临诸多的挑战和压力。总体看,机遇大于挑战,我省非公有制经济发展仍处于大有作为的重要战略机遇期。

从发展机遇看,全球经济持续温和复苏,我国经济长期向好的基本面没有改变,我省非公有制经济发展依然面临良好的外部发展环境。新一轮科技革命和产业变革席卷全球,大数据、云计算、物联网、人工智能等新技术不断涌现,科技创新推动传统产业转型升级,这有利于激发我省非公有制经济后发优势,实现跨越发展。国家实施"一带一路"和中部地区崛起、长江经济带、粤港澳大湾区等区域战略,有利于我省非公有制经济立足江西、面向全国、走向世界,不断拓展对外合作空间。特别是党中央、国务院高度重视非公有制经济发展,习近平总书记多次亲自部署和指导民营经济工作,特别是2018年11月1日主持召开民营企业座谈会,重申党中央"两个毫不动摇""三个没有变",提出支持民营经济发展六大举措。我省对标对表中央精神,省委书记刘奇、省长易炼红先后召开民营企业座谈会,作出支持民营经济发展相关部署。这些都将为我省非公有制经济发展壮大提供强有力保障。

从挑战和压力看,世界经济深度调整,全球利益格局深刻变化,贸易保护主义、单边主义、逆全球化思潮抬头,外部环境复杂严峻,这为今后一个时期我省非公有制经济发展带来更多的不确定性。受高端产业回流发达国家和中低端产业分流发展中国家的双重挤压,我省非公有制经济发展可能面临外企入赣减少甚至本土企业外迁的严峻局面。随着资源和环境约束不断强化,劳动力等生产要素成本不断上升,国内区域竞争日益加剧,我省非公有制经济发展面临的压力剧增。市场需求不足与有效供给不足并存,供需矛盾突出,部分非公有制企业经济效益下滑,将直接或间接影响我省非公有制经济持续健康发展。

第二章　总体要求

第一节　指导思想

以习近平新时代中国特色社会主义思想为指导,全面贯彻党的十九大精神,从更高层次贯彻落实习近平总书记对江西工作的重要要求和关于非公有制经济发展的系列重要讲话和指示精神,坚持"两个毫不动摇",坚持新发展理念,坚持稳中求进工作总基调,以深化供给侧结构性改革为主线,以省委"二十四字"工作方针为引领,以"两个健康"(非公有制经济健康发展和非公有制经济人士健康成长)为核心,以提升营商环境竞争力、政府服务效力、市场竞争活力和企业综合实力为基础,以实施人才、"绿色+"、金融创新、产业升级等工程为支撑,推进创新驱动、平台建设、开放带动、军民融合、社会责任等突破,实现江西非公有制经济高质量跨越式发展,助推富裕美丽幸福现代化江西建设、共绘新时代江西物华天宝人杰地灵新画卷。

第二节　基本原则

——坚持高质高效。落实高质量发展要求,深化供给侧结构性改革,支持我省非公有制经济大力发展特色优势产业和战略性新兴产业,促进传统产业优化升级,提高产品和服务的质量水平、层次和品牌影响力。进一步引导民间资本向特色优势产业集聚,培育壮大一批龙头企业,提高产业集群发展水平。

——坚持就业优先。发挥非公有制经济吸纳就业的蓄水池作用,落实就业优先政策,统筹推进民生和企业发展,做好企业用工用人服务,加强职业技能培训,协助企业招工引才,落实社会保险缴费等政策,关心关爱企业,和谐劳动关系,切实解决企业用工难用才难问题,确保企业经营和社会就业稳定。

——坚持创新驱动。进一步优化创新创业环境,加快创新创业人才培育,全面激发非公有制经济创新创业活力。引导新型商业模式的创新,深化技术改造升级,加快重点产业领域创新成果产业化。加强创新创业载体和公共创新平台体系建设。推进实施创新计划,加快高水平科技创新平台和创新团队建设。

——坚持双向开放。坚持向改革开放要动力,大力推进非公有制企业“走出去”,重点拓展“一带一路”沿线市场,加快推进非公有制企业参与境外产业合作园建设。积极引进省外非公有制企业来我省投资兴业。全面落实市场准入负面清单制度,出台外商投诉协调处理等政策措施,促进营商环境升级,营造国际化营商环境。进一步加强对欧美发达国家的招商引资工作。

——坚持绿色发展。坚持打好污染防治攻坚战,积极引导非公企业节能、降耗和减排。引导非公有制企业提高资源能源利用效率、提升清洁生产水平,构建绿色生产长效机制,实现高效、清洁、低碳、循环发展。鼓励非公有制企业自主研发、采用新技术、新设备、新工艺、新材料、新标准等,提高质量、增加品种、降低消耗、提升效益。加快非公有制企业转型升级,大力发展生态农业、旅游、新能源、高端服务业等产业。

——坚持协同发展。支持和引导非公有制企业和国有企业建立配套协作机制,推动形成非公有制经济和公有制经济协调发展的局面。支持非公有制企业参与国家级、省级军民融合示范区创建工作和军民融合重点项目。推动军民深度融合,不断丰富融合形式、拓展融合范围、提升融合层次。不断延伸园区产业链,增强产业链上下游协同发展能力。强力推进产学研用深度融合。

第三节 战略定位

——全国一流营商环境创新区:到2023年,江西成为全国一流营商环境创新区。“亲”“清”新型政商关系建设进一步推进,政商预警机制更加完善;商事登记和公示制度更加健全,商协会作用更加明显;企业办事更方便、更顺心,“只跑一次”“一次不跑”全面实现;企业融资成本、物流成本等显著下降。

——中部地区混合所有制改革样板区:到2023年,江西率先成为中部地区混合所有制改革样板区。非公有制经济实现与公有制经济融合发展新局面;垄断行业、基础设施和社会事业等领域进一步向社会资本开放;民间资本广泛参与事业单位的改制经营;公共资源竞争性配置能力显著增强。

——中部地区非公有制经济产业升级示范区:到2023年,江西成为中部地区非公有制经济产业升级示范区。有色、石化、钢铁、建材、纺织、食品、家具、船舶等八大传统产业实现优化升级;“战略性新兴产业倍增计划”全面实现;新经济新动能培育成果显著;生产性服务业、旅游产业和新兴服务业等现代服务业得到迅速发展。

——中部地区非公有制经济军民融合先行区:到2023年,江西成为中部地区非公有制经济军民融合先行区。江西民参军产业、军民两用产业、临空经济产业和航空产业等实现深度融合发展,军民协同创新能力不断增强,军民融合成为我省重要的发展特色。

第四节 发展目标

到2023年,力争使全省非公有制经济规模总量和发展质量、科技创新和社会贡献、竞争能力和营商环境均显著提升,非公有制经济发展的“四区”战略定位全面实现。“一个发展、两个增强、三大跨越、四个提升、五大突破”的我省非公有制经济发展的“12345”具体目标全面实现。

——“一个发展”:加快非公有制经济高质量跨越式发展。供给侧结构性改革有效推进,非公有制经济三次产业结构不断优化,新材料、大健康、电子商务、新型电子、生物医药、航空、节能环保、新能源等高新技术产业、战略性新兴产业和新业态加速发展,非公有制经济在现代产业体系中的地位更加重要。

——“两个增强”:非公有制企业新动能和非公有制经济社会贡献率增强。不断加大高新技术产业发展、强化战略性新兴产业培育,推进创新创业上新台阶,非公有制企业科技创新能力进一步增强;非公有制企业群体进一步壮大,非公有制经济对经济增长、税收、社会就业等社会贡献进一步增强,非公有制经济的经济效益和社会效益明显提升。

——“三大跨越”:非公有制企业的发展速度、发展规模和发展效益实现跨越。中小企业发展态势良好,百亿大企业阵容不断扩大,企业劳动生产率和利润率持续提升。私营企业数量超过100万大关,非公有制规模以上企业突破15000户,主营业务收入超过50亿以上的企业超过50户,主营业务收入超过500亿的产业集群超过10个;规模以上非公工业增加值能耗下降20%以上,规模以上非公有制工业企业利润率超过6%,在非公有制经济的强力推动下江西实现在中部地区的全面进位赶超。

——“四个提升”:营商环境竞争力、政府服务效力、市场竞争活力、企业综合实力全面提升。建成政策最优、成本最低、服务最好、办事最快以及市场化、法治化、国际化的一流营商环境。“五型”政府建设有力推进,放管服改革进一步深化,“最多跑一次”和“一次不跑”全面落实,“卷帘门”“玻璃门”“弹簧门”现象根本杜绝。企业综合实力进一步提升,一流企业梯队建设积极推进,一大批民营企业健康成长。五年认定专精特新中小企业2500户,隐形冠军、独角兽、瞪羚企业180家,力争全省实现入围中国民营企业500强企业达到10~12家。

——“五大突破”:未来五年江西非公有制经济在创新驱动、平台建设、开放带动、军民融合和社会责任五大领域上实现突破。到2023年,创新驱动进一步巩固提升,产学研用深度融合的技术创新体系形成,众创、众包、众扶、众筹等大众创业万众创新支撑平台不断完善,“一带一路”带动开放型非公有制企业深化国际合作交流,军民融合工程带动军民融合产业协同崛起,企业诚信与社会责任评价体系更加完善,新型企业社会责任建设实现新突破。

第三章 重点任务
——推动非公有制经济发展“四个提升”

第一节 着力提升营商环境竞争力

——构建“亲”“清”新型政商关系。完善领导干部入企帮扶工作机制，落实省委、省政府主要领导挂点园区、厅局主要负责人挂点联系企业，推动“走亲连心”“万名干部进万企”常态化。鼓励各级领导干部广泛开展各种形式的招商引资活动。加强领导干部廉洁从政教育、公职人员廉洁从业教育，规范政商交往行为。建立企业守廉激励和失廉惩戒机制，引导企业家遵纪守法办企业、光明正大搞经营。畅通政商沟通协商渠道，完善非公有制经济人士综合沟通联系平台，建立健全各相关职能部门、工商联、行业协会、商会、企业定期沟通互动机制。持续深入开展“新官不理旧账”专项清理行动，建立健全预防政商关系恶化的预警机制和监督问责机制。

——完善商事商讯机制。创新商事登记制度，深入推进企业注册登记便利化，创新企业名称登记管理服务，拓展企业经营范围登记新领域，探索推行“容缺受理”机制。督促市场主体公示年度报告信息和即时信息，依法公示经营异常名录和严重违法失信企业名单。深化政府部门间企业信息开放共享，依托全省公共信用信息平台和企业信用信息公示系统，推动各领域市场监管数据、法定检验监测数据、违法失信数据、投诉举报数据等汇总整合并及时向社会公开。

——持续降低企业经营成本。按照中央部署，积极落实企业税收优惠政策，将减税降费纳入全省综合性督查范围。持续清理规范涉企收费，开展涉企收费专项整治行动。严格落实国家降低各项社保缴费费率政策。推进我省设区市级以上园区市政交通、教育、医疗、生活、休闲、居住、文化等公共设施配套标准化建设。加快我省非主要交通干线城市现代物流建设，打造一批现代化物流基地，建设一批跨地区、跨行业、跨模式的物流信息共享平台。继续扩大高速公路差异化收费试点范围，全面整治和清理货运车辆收费与罚款项目。加快运输结构调整，降低企业物流成本。

第二节 着力提升政府服务效力

——强化政府服务意识。强化政府服务职能，积极推动“五型”政府建设，加快推动政府由“管理型”向“服务型”转变。开展政务服务领域专项整治，重点整治政务服务领域作风不实、态度不好、服务不优等突出问题，促进政府服务意识和服务效能不断提升。实施政务人员业务素质提升计划，定期开展政务人员业务素质和技能培训。建立政务服务领导问责和事故追责制度，将政务服务作为个人绩效考核、职务晋升和整个部门年度工作考核的重要依据。

——推进政府服务改革。积极推进行政审批联动机制改革，探索建立行政审批与后续监管的“审管联动”机制，提升审批和监管效率。加强全省政务服务窗口建设，编制出台全省实体政务服务大厅建设与服务规范和标准，实现窗口服务标准化、制度化和规范化。全面推行“一次不跑”改革，推动更多事项办理实现“一次不跑”或“只跑一次”。

——加快政府服务创新。大力推进“互联网＋政务服务”，着力打造全省一体化在线政务服务平台，全面推行政务服务一网通办。整合企业精准帮扶 APP 平台、“江西12345”政务服务热线平台和非公有制企业维权服务中心等平台，建立全省统一协调、高效运作的受理非公有制企业投诉、举报和维权工作体系，推动企业诉求解决机制的制度建设。鼓励各级开发区设立工商联（总商会）组织。全面放开全省中介服务市场，按照“一库建成、全省通用，一地入驻、全省通行，一处失信、全省受限”的原则，建设全省统一网上中介服务超市。创新推动“互联网＋监管”，深入推进线上线下网格一体化监管试点，加快试点推广工作，进一步完善优化“网格化”监管系统，加快实现网格化管理全覆盖。

第三节 着力提升市场竞争活力

——进一步保障非公有制企业平等地位。严格执行国家发展改革委和商务部联合发布的《市场准入负面清单（2018 年版）》，推动“非禁即入”普遍落实。降低投资准入门槛，取消不合理的准入限制，规范设置和降低准入条件，明确进入途径、进入后的运行方式和监管办法，不得单独对民间资本设置附加条件。落实国家鼓励民间投资政策，健全和完善招投标机制，公开政府信息，简化审批手续。推进资质资格管理改革，对具备相应行业资质的非公有制企业，参与政府主导的重大建设项目，不得设置初始业绩门槛，确保非公有制企业与其他所有制企业同等对待。

——构建公平公正市场环境。加快制定非公有制企业平等使用资本、土地、技术、管理等要素的政策，努力创造公平公正的发展环境和法制环境。加大政府和社会资本合作（PPP）模式创新和推广，鼓励非公有制企业以独资、合作、合资、参股、特许经营等方式，进入国家法律法规和产业政策未禁止的领域。在银行借贷、企业上市、征税退税、行业补贴、环保要求、产品定价、土地使用、房屋征收等方面确保非公有制经济主体与国有企业同等对待。

——支持民营企业参与政府采购。制定政府采购专门面向中小微企业采购指导性预算，编制采购品清单。各地、各部门在满足机构自身运转和提供公共服务基本需求的前提下，预留一定比例的年度政府采购项目预算专门面向中小微企业采购。支持中小企业特别是小微型企业，采取联合体投标和分包等方式参与政府采购。实施政府采购合同融资制度，参与政府采购活动并中标的民营企业，可以凭借政府的采购合同向金融机构申请融资。

——支持民营企业参与混合所有制改革。引导非公有制经济瞄准国有企业混改契机，参与国有企业经营运作体制创新，推动非公有制经济与国有经济融合发展、共同发展。深化垄断行业、基础设施和社会事业等领域投融资体制改革,加快向社会资本开放。积极推进民航、铁路、公路、油气、电网等领域混合所有制改革,加快应用型技术研发机构市场化、企业化改革。鼓励引导民间资本参与全省重大项目和在赣央企对外合作项目的投资、建设和运营。加快教育、科研、文化艺术、卫生医疗、体育等事业单位的改制经营,创新民间资本参与形式。建立健全公共资源竞争性配置以及民间资本参与重大项目投资招标的长效机制。

第四节 着力提升企业综合实力

——促进全民创业兴业。大力推进"众创业"战略,打造"双创"升级版,提升孵化机构和众创空间服务水平。加大各级财政的资金投入,支持有条件的地方依托城区、开发区、农业园区、产业集聚区,建设小微企业创业园或创业孵化基地。对吸纳符合条件的高校毕业生、退役军人、下岗失业人员、返乡农民工和留学归国人员等进入创业孵化基地进行创业的,小微企业创业园创办实体企业的,优先落实促进就业和创业担保贷款扶持政策。鼓励大专院校、科研院所科技人员依法依规利用职务科技成果入股或创办科技企业,参与收益分配。深入实施"个转企"培育工程,完善落实支持个体工商户转型升级政策。在全省推广南康"个转企"经验,鼓励各地积极探索"个转企"发展的有效路径,加快企业孵化成长。

——促进中小企业做大。深入实施"小升规"培育工程,建立健全全省"小升规"企业储备库,持续加大对"小升规"入库企业的金融支持力度,落实税费优惠政策,引导中小微企业走"专业化、精细化、特色化、新颖化"的发展道路,推动非公有制企业从规下企业成长为规上大中型企业。完善"专精特新"中小微企业认定管理制度,加大"专精特新"中小微企业金融、财政支持力度,支持"专精特新"中小微企业技术创新和成果转化。实施"一企一技"技术创新示范工程。完善"专精特新"企业服务体系,不断提升服务水平。

——促进大企业做强。深入推进"规转股、扶上市"帮扶工作,全面落实并升级完善《江西省关于加快推进企业上市的若干措施》,加快推进企业上市"映山红行动"。完善省重点上市后备企业资源库,大力推进企业股份制改造,加大对重点企业扶持力度,发挥区域性股权市场培育功能,强化企业上市政策激励,支持上市公司开展再融资和并购重组。优化企业上市政务服务环境,加大企业上市人才支持,深入开展企业上市培训宣传。将推进企业上市纳入市县高质量发展综合考核评价,建立由省金融监管局牵头的全省企业上市联席会议制度,统筹协调推进全省企业上市工作。鼓励、支持和引导同行业龙头型、科技创新型非公有制企业出资入股、兼并重组国有企业,推动重点领域投资主体多元化,引导优势非公有制企业做大做强。用好证监会"小额快速""分道制"等新政,支持非公有制企业并购重组。实施江西中国民营企业500强提升计划,力争实现江西入榜中国民营企业500强的企业数量显著增加。

第四章 战略行动
——推进非公有制经济发展"五大突破"

第一节 推进创新驱动突破

——加快商业模式创新。鼓励非公有制企业加快传统商业模式转型,推动从纵向一体化到专业化、从产业融合到产业跨界、从范围经济到共享经济的商业模式创新。进一步引导创新要素向企业集聚,引导企业由渐进式的产品创新扩展到突破式的商业模式创新。引导企业加快新技术的市场开发与应用。引导企业以文化创意产业、电子商务和服务外包等为载体的新型商业模式的创新,不断扩大创新领域。

——深化技术改造升级。围绕有色、石化、钢铁、装备制造等相关传统优势产业,启动一批重点技术改造项目。实施"腾笼换鸟"工程,推进"三高一低"企业搬迁转移和兼并重组,支持非公有制企业更新技术装备、创新产品工艺。开展科技计划(专项、基金)财政资金后补助试点和龙头企业创新转型试点。探索建立对重大创新工程和项目的容错机制,引入任期激励、股权激励等创新导向的中长期激励方式。重点扶持一批有市场推广需求、有产业化前景、有生产主体牵头的重大科技研发和重点产业领域创新成果产业化项目。

——加强创新体系建设。加强协同创新中心建设,引导组建按市场机制运行的"政产学研用"协同创新体。大力实施创新驱动"5511"工程倍增计划,加快高水平科技创新平台和基地建设。支持企业申报设立院士工作站、博士后科研工作站,鼓励院士、博士生导师带领博士组建团队参与企业协同创新。推进科研院所及科技部门所属实验试验平台有偿向企业开放,探索建立合作机制,为企业提供专业技术服务。支持单位和个人按照市场化机制兴办科技中介服务机构,重点培育一批技术转移、成果转化、知识产权服务等科技中介服务骨干机构。加快组建科技服务相关行业协会、行业合作联盟,完善服务于政府、企业和社会的科技信息服务体系。

第二节 推进平台建设突破

——支持建设共性技术平台。鼓励产业链完整、产业规模大、竞争力强的地市或园区建立服务属地企业的共性技术(合作)研发平台。重点支持信息、生物、新材料等战略共性技术基础研究及应用,遴选和培育一批关键共性技术平台。支持有条件的园区建立基础共性技术平台,为园区企业提供产品设备测量、测试和检验等第三方服务。鼓励园区研发能力强、技术先进的企业自发形成技术联盟,实现技术平台共建共享。支持建设县市科技中心、创新中心、科技馆等公益性科技共性平台群建设。

——支持建设云架构平台。加快非公有制企业信息化建设,进一步推广应用企业资源计划(ERP)、客户资源管理(CRM)等系统,优化供应链管理,促进企业业务流程和组织结构的重组与优化。构建综合办公信息化平台、集中统一的财务核算平台、资金管理平台、分销管理平台。建立面向中小软件和信息服务企业的云服务公共平台,积极开发 B2B、B2C、B2B2C 等网上交易平台。进一步放宽网上市场、网上商城的准入门槛。引导生产企业注册网络品牌,搭建生产企业与网商(网店)合作交易的平台,拓宽产品网上销售渠道。

——支持建设非公有制经济服务平台。构建非公有制企业线上线下融合的一站式综合服务平台。系统推进"一会七中心"(省民营经济研究会、非公有制企业维权服务中心、"一带一路"服务中心、金融服务中心、赣商文化传播中心、科技创新中心、人才服务中心和非公经济大数据中心)的建设和运行,实现非公有制企业全方位立体式服务平台、经济运营监测与评估平台和非公有制经济在线交互平台等职能。运用互联网畅通企业与相关服务部门线上沟通渠道,打造"指尖上的非公有制经济保姆",为企业提供全面的维权、融资、技术、人才、培训、法律、"走出去"等多功能的综合性服务。

第三节 推进开放带动突破

——支持非公有制企业拓展国内市场。坚持遵循市场规律和遵守相关法律法规的条件下,鼓励和支持国有企业与非公有制企业、产业链上下游企业组建联合体,发挥各自优势、抱团发展,有效破解非公有制企业资金、品牌、销售、管理等问题。鼓励非公有制企业与驻赣央企、地方国企在技术研发、产业链条延伸、原料供给、产业配套等方面加强合作,通过专业分工、服务外包、订单生产等方式加强配套协作。加快推动各级人民政府、事业单位、国有企业等各方面掌握的公共资源和经营权向非公有制企业开放。鼓励非公有制企业积极响应国家重大区域发展战略,谋划更大的国内市场。

——鼓励非公有制企业走出去。支持非公有制企业积极参与"一带一路"沿线国家和地区合作交流。加快制造加工、矿产资源开发、销售研发、资本上市、工程承包、平台建设等"走出去"步伐。引导和支持企业积极开展境外并购、参股、换股等资本运作。以境外开发区和营销基地为主平台,加速建立境外工贸联盟,搭建境外产、供、销集群中心,完善海外优势产业链。打造一批海外工程承包项目"江西建设"样板工程。建立健全企业海外投资服务体系,制定出台境外投资扶持政策。健全企业"走出去"风险防范联合工作机制,完善风险保障平台和信息服务平台,为企业"走出去"提供信息咨询、风险预警等服务。

——促进非公有制企业扩大出口。巩固传统出口产品优势,努力培育出口品牌,大力推动生产企业出口,推动出口优势产业与知名跨境电商平台合作,促进内外贸一体化。提高高新技术产品出口比重,鼓励高附加值工业产品、节能环保产品、大型成套设备、文化创意作品等的出口。鼓励龙头企业探索海外工程承包新模式,带动产业、设备和劳务出口。深入推进外贸优进优出战略,优化对外贸易的产品结构、市场结构、贸易方式结构,提升国际竞争力。

第四节 推进军民融合突破

——积极引导非公有制企业参与。积极拓宽"民参军"渠道,以"强强联合、扶持弱小,集聚资源、抱团发展"的思路,培育"民参军",开拓军工新业务,壮大军民融合产业规模。推进军工企业混合所有制改革,激发军工企业发展活力。推动民参军企业上市,支持企业改制或股权重组,拓展融资渠道。支持上市企业"民参军"。推广"技术+资本"的"民参军"模式,鼓励民营企业进入军品科研生产和维修领域。注重发挥协会作用促进军民企业抱团发展,提升强化省军民融合服务中心的服务职能。

——促进军民融合产业发展。立足我省军工比较优势,围绕航空、航天、船舶、核、军民两用电子、卫星应用、民爆器材、汽车等八大军民融合产业,重点打造南昌航空城等十大军民融合产业基地。培育壮大军民融合企业,打造一批龙头企业,力争将军民融合产业打造成新的支柱产业。充分发挥北斗产业示范带动效应,建设北斗高精度综合服务平台,推进北斗技术在通用航空、"五河一湖"生态监控、全域旅游、智慧动员领域的广泛应用。开展省级军民融合产业基地认定,在军民融合基础较好、发展潜力较大的省级以上开发区、高新区,以军民融合龙头企业为依托,着力建设一批新的省级军民融合产业基地,促进军民融合产业集聚发展。整合军民科研力量资源,加快军民两用技术创新平台体系建设,开展军民两用技术协同攻关。加强军民融合企业干部培训,加快培养军民融合领域专业人才,引进一批掌握关键技术、带动产业发展的领军人才和创新团队。

第五节 推进社会责任突破

——加强企业社会责任信息披露。充分发挥舆论宣传的导向作用,加强社会公众的监督,引导企业积极履行社会责任。提高相关利益者的维权意识与行动能力,加强企业社会责任建设,加快形成企业自觉承担社会责任的良好环境。建立健全企业社会责任激励和约束机制,加大企业履行社会责任的政策支持。依法依规严肃处理缺乏信用、侵害员工利益、污染环境、破坏生态、浪费资源、危害公共安全的企业。加大企业履行社会责任的信息披露力度,建立企业社会责任报告制度,实现企业履行社会责任常态化、机制化。

——完善新型企业社会责任评价制度。坚持客观、公正的原则,加快制定全省企业诚信及社会责任评价体系和评估办法,建立以法律责任为核心,包括权益责任、环境责任、安全责任、诚信责任、道义和慈善责任等内容在内的企业社会责任评价体系。把非公有制企业社会责任作为自我评价的重要内容和第三方评价的重要依据,促进企业信用和社会责任自觉性的全面提升。

第五章　重大工程
——实施非公有制经济发展"四大工程"

第一节　实施人才支撑工程

——推行高端人才计划。积极对接国家重大人才工程,深入实施江西省引进培养创新创业高层次人才"千人计划"、江西省院士后备人选支持计划等省级重大人才工程,鼓励和支持省内非公有制企业引进"两院"院士、国家重大人才工程入选者等国内外高端专家,加快培养一批企业科技领军人才。持续开展"才聚江西智荟赣鄱"高层次人才对接招聘活动,加大我省人才政策宣传推介力度,引导非公有制企业组团赴省外招才引智,以灵活方式引进多层级优秀人才,形成支撑企业高质量发展的人才梯队。推动政府特殊津贴和百千万人才工程等政策向非公有制企业倾斜。拓宽海外引才渠道,引导非公有制企业在海外设立引才联络处、研发中心、分支机构、孵化载体和产业化基地等,支持企业并购海外研发中心、实验基地、研发型公司,就地吸引使用海外人才。继续实施省级引智项目,大力引进非公有制企业发展所需的重点产业及行业发展中起引领作用的高端海外专家和急需紧缺海外工程师来赣工作和指导服务。完善高层次海外人才和项目信息库,为在江西创业落户的"海归"人才提供优质服务。

——培育创新创业人才。鼓励各地依托优势特色产业打造服务支持人才创新创业示范基地,加大改革推进力度,不断完善服务支持人才创新创业政策措施。对在我省各级工程技术研究中心、双创示范基地、科技孵化园等各类科创平台从事实质性研发的人才,符合申报评选条件的,优先推荐申报江西省引进培养创新创业高层次人才"千人计划"等省级重大人才工程,优先纳入"省突出贡献人才""省政府特殊津贴""庐山友谊奖"等人才荣誉表彰项目的评选。对省级及以上院士工作站、博士后创新实践基地、重点实验室、工程(技术)研究中心、企业技术中心、海智工作站等创新平台的科研成果转化项目给予支持。

——加强技能人才培训。深入实施"技兴赣鄱"专项行动,加快培养技能人才。广泛开展职业技能鉴定及社会培训,全面提高技能人才的素质,进一步推进就业前培训及岗位技能提升培训,打造一支数量充足、梯次合理、技艺精湛、素质优良的技能人才队伍。完善技能型人才校企合作机制,支持技工院校与非公有制企业开展校企合作,积极对接行业、企业和区域经济社会发展需求,建立实训基地,共建重点专业,实行技能人才定向培养、联合培养。大力开展面向行业企业的职工继续教育,积极推动建设有利于全体劳动者接受职业教育和培训的灵活学习制度。开展非公有制企业技能人才自主评价试点。

——培育赣商和弘扬赣商精神。制定全省培育和弘扬赣商和赣商精神的政策措施,鼓励各地制定赣商、饶商、浔商、宜商、抚商等地方企业家培育和服务的实施办法。深入实施"百名领军型企业家、千名成长型企业家、万名企业家经营管理人才"的民营企业家素质提升"百千万"培训工程。建立健全赣商服务体系,增强赣商"爱赣、富赣、强赣"情怀。深入挖掘"江右商帮"等为代表的独特赣商精神和文化,宣传和弘扬"厚德实干义利天下"的赣商精神,修建赣商博物馆和同心谷·赣商之家,定期开展世界赣商大会、赣商博览会和饶商大会等。制定实施省级百千万新生代企业家英才计划,加大新生代企业家孵化力度,形成"万马奔腾"的江西企业家后备群体。

——培育赣鄱工匠和弘扬工匠精神。加快推进培育赣鄱工匠、能工巧匠的制度和机制建设,建立特种技能、技艺的挖掘、保护和传承机制,完善优秀高技能人才培育、弘扬工匠精神的组织实施体系,构建江西工匠技能技术推广培训学习体系。开展质量提升专项行动,发挥中国质量奖、中国质量奖提名奖、鲁班奖、全省井冈质量奖等奖项政策的激励作用,并充分发挥已有奖励政策的作用。加强江西传统工艺、非物质文化、绿色种植、生态食品、民间传统等的发掘和宣传。创新政府扶持和支持江西工匠传承的工作机制,支持江西陶瓷、茶艺、家具、曲艺、老字号、知名小吃等民间技艺的传承。鼓励职业院校和高职青年学生学习江西传统民间工艺。开展先进操作工艺总结命名,推广"绝招、绝技、绝活"。引导社会各界创作更多反映技术工人时代风貌的优秀文艺作品,营造尊重劳动、崇尚技能的社会氛围。

第二节　实施"绿色+"工程

——科学构建绿色产业体系。推进非公有制资本在绿色产业领域的投资布局,着力培育发展生态环保、大数据、电子信息、人工智能等绿色新兴产业和生态旅游、健康养老等绿色服务业。加大非公有制经济在有色、钢铁、电力、化工、建材等传统产业绿色化、循环化改造投入,加快传统产业绿色转型发展。打造一批绿色产业投资运营平台和龙头企业,健全绿色产业服务体系,为绿色产业发展提供良好的外部环境。探索绿色服务业发展模式创新,加快制定鼓励绿色服务业的政策措施。

——完善绿色标准体系。提高重点排放行业的标准水平,扩大实行节能减排降耗标准的行业范围,制定资源节约和循环利用的标准、能源资源综合利用效率和最终排放标准,动态调整行业绿色发展标准。将绿色产业研发投入纳入"绿色+"标准体系。积极引导非公有制企业领导者和管理者树立绿色发展意识,将企业创新资源或要素融入到企业管理系统中,更加有效实现绿色生产。

——推动清洁生产技术改造。加强生产全周期管理,大力推广使用清洁能源和原料,从生产和服务的源头减少污染物的产生和排放。重点抓好高耗能、重污染行业及重大工程、项目的污染预防,逐步实现由末端治理向污染预防的转变。推动企业开发绿色产品、创建绿色工厂和矿山、建设绿色供应链,实现整体清洁生产和绿色发展。广泛开展建设"花园工厂"行动,重点推进建设绿色工厂,形成推进非公有制企业清洁生产的带动效应。

——提升资源循环利用水平。以减量化、再利用、资源化为原则,以资源节约、综合利用为重点,建立全面节约和高效利用的长效机制,大幅减少资源消耗、降低废物排放。加快推进节能减排、资源循环利用等绿色技术研发、咨询和技术推广,完善资源回收利用管理、能效管理、碳资产管理等。推动企业开展以生态设计、环境设计为核心的绿色设计,统筹考虑产品原材料选用、生产、销售、使用、回收、处理等各环节对资源环境的影响。运用工业互联网优化企业内部循环流程和生产流程,扎实推进一批重大循环经济项目建设,实现产品对能源资源消耗最低化、生态环境影响最小化、可再生率最大化。

第三节　实施金融创新工程

——推动开发区金融创新。加快实施全省开发区金融创新工程,强化开发区金融创新工作的组织领导,建立省市区三级联动工作机制。鼓励具备条件的民营企业积极参与金融机构的发展,加大民营银行组建力度,加快推进江西裕民银行股份有限公司和江西民营企业联合投资股份有限公司筹建,争取尽早挂牌。着力引进银行、证券、保险、新型金融机构和金融中介等五类机构,搭建增信、转贷、信用信息三大功能性平台,活跃一个多层次资本市场,吸引和培育金融机构、政府管理、企业财务三类金融人才,形成开发区金融机构和人才聚集、金融多元业态完整、金融市场功能完备、金融创新日趋活跃的开发区金融生态圈,助推我省开发区改革创新和高质量发展。加快工商、税务、社保等涉企信用信息整合,引导全省具备条件的开发区建设"一站式"投融资信息服务平台,提升平台对企业信用分析评价和金融综合服务能力。各设区市均选取条件好的国家级开发区(高新区)推进开发区金融创新试点,牢牢坚持问题导向和目标导向的原则,紧紧围绕提升开发区金融服务的主线,着力引机构、搭平台、推产品、优服务、强保障,努力疏通资金市场交易渠道,全面提升我省开发区金融服务实体经济的能力和水平。

——推进普惠金融创新。落实推进普惠金融发展的政策措施,提高金融服务的多元化、便捷化和均等化,推进构建覆盖广、可持续的普惠金融服务体系。推动赣州市、吉安市创建国家普惠金融改革试验区,积极探索"普之城乡、惠之于民"的可复制、可推广的普惠金融发展模式,建立与全面建成小康社会相适应的普惠金融服务和保障体系。建立多层次普惠金融机构体系,鼓励各类银行机构结合自身优势,主动对接支持赣南等原中央苏区、新型城镇化、精准扶贫等领域发展。推动传统金融机构依法合规发起设立互联网金融平台,提供便利可得、价格合理的普惠金融服务。

——推进科技金融创新。健全科技金融服务体系,建设科技金融服务中心,支持设立科技担保、科技小贷、科技融资租赁等专业化金融服务机构,依托"江西省一站式金融综合服务平台",开展"一站式"科技金融结合服务,促进众筹、众创、众包、众扶与金融有效对接。创新科技金融发展模式,积极发挥省科技成果转化引导基金的作用,综合运用股权投资、风险补偿、绩效奖励等多种投入方式,探索实行投贷联动模式和直投业务试点,加大对初创期科技型非公有制企业的支持力度,大力推动符合条件的科技企业登录上海证券交易所科创版,开展知识产权、股权、收益权等质押融资,完善科技型企业"投、贷、债、保"联动机制,引导金融机构支持具有核心技术和市场前景的科技项目。

——推进融资模式创新。用好人民银行创设的民营企业债券融资工具、股权融资工具,综合运用各种抵押、质押、保证等单一或组合担保方式,推广"银行 + 政府 + 保险"风险共担模式。大力推进"票据直通车"业务。加快建立新型政银企合作机制,完善和推广"财园信贷通""财政惠农信贷通""科贷通""银税互动""银商合作""信易贷"等平台。加大信用信息公共平台运用力度,推出更多线上信贷产品,助力诚信企业便捷融资。综合运用全省小微客户融资服务平台,促进银企高效对接。积极推进符合条件的民营企业运用债券融资支持工具在银行间市场发行债券,帮助民营企业缓解融资难、融资贵问题。对地方法人银行业金融机构发行的小微、"三农"、绿色等专项金融债券予以支持。鼓励已发行市场化债转股专项债券的金融机构将筹集资金用于我省市场化债转股。

——推进产业金融创新。支持金融机构、政府部门、核心企业合力推出"产业链金融"。以赣江新区绿色金融改革创新试验区建设为核心,形成"产业 + 金融"的创新发展模式。鼓励并支持社会资本发起设立股权和创业投资基金。大力推动江西裕民银行获批筹建,开业运营,立足"三农",服务产业链上下游企业。设立各类产业发展基金,建立非公有制企业项目库,有效引导金融机构对接非公有制企业融资需求。鼓励银行发放制造业中长期贷款,完善制造业核心关键领域补短板金融配套政策,在政策允许条件下创新设立专项贷款。推进新兴产业与基金对接,依靠"江西省工业项目投融资网上对接平台""江西省一站式金融综合服务平台",通过"互联网 +",引入各类投资机构、金融机构和中介服务机构,为企业提供"一站式"融资服务。以全国首家省级互联网金融产业园"江西互联网金融产业园"为依托,打造江西互联网金融的窗口,吸引国内外互联网金融龙头企业入驻。

——推动金融支持创新。鼓励金融机构发行小微企业贷款资产支持证券、小微企业金融债券,增强服务小微企业的能力。落实银保监会关于支持民营企业发展的相关要求,建立差别化监管机制和容错纠错机制。督促金融机构明确小微企业授信尽职免责标准,提高不良贷款容忍度,适当降低金融机构利润指标考核权重。对帮助非公有制企业特别是小微企业应收账款融资的相关金融机构择优进行支持。扩大税融通、续贷过桥、再贴现业务受益面,放大省市小额票据贴现中心作用。落实对环保、节能、清洁能源等绿色非公有制企业赴境内外融资的上市奖补政策。

——推动金融服务创新。树立"有求必应、合规授信、应贷尽贷、全程留痕"服务理念,加快推进优化小微客户融资服务长效机制建设,提升小微客户贷款便利度、覆盖面和满足率。引导地方性金融机构优化信贷评审技术,为民营企业提供精准信贷服务。开展银行机构市场乱象专项整治行动,督促银行机构进一步落实好服务价格相关政策规定,重点清理以贷转存、存贷挂钩、以贷收费、浮利分费、借贷搭售、一浮到顶、转嫁成本等不规范行为和各类违规融资通道业务。

第四节 实施产业升级工程

——加快传统优势产业转型升级。加强“非公有制经济产业升级示范基地”建设，以有色、石化、钢铁、建材、纺织、食品、家具、船舶等八个产业为重点，强力推进实施优化升级。推动有色产业向高端、绿色、集聚、国际方向发展。推动石化产业向环保、安全、集聚、智能方向发展。推动钢铁产业向绿色、高端、多元方向发展。推动建材产业向绿色、高端、多元方向发展。推动纺织产业向高端、智能、绿色、时尚方向发展。推动食品产业向安全、多样、健康、营养、方便方向发展。推动船舶产业向设计数字化、生产智能化、产品现代化方向发展。推动家具产业向精细化、规模化、品牌化方向发展。

——培育壮大战略性新兴产业。实施“战略性新兴产业倍增计划”，发展壮大新一代信息技术、高端装备、新材料、生物、新能源汽车、新能源、节能环保、数字创意等战略性新兴产业，打造非公有制经济增长新引擎。推动非公有制企业与互联网领先企业深度合作，深入实施数字化提升行动，加快非公有制企业智能化改造、信息化转型，鼓励有条件的企业引进工业机器人建设自动化生产线，建设一批智能制造单元、智能生产线、智能车间、智能工厂。依托“万企上云”计划，支持企业将数据中心、业务系统、设备等向云上迁移，推动传统企业入网上云。

——加快新经济动能培育。打造全国知名的新能源汽车产业集聚区。依托南昌市、宜春市、景德镇市、上饶市、赣州市五大产业集聚区，推进整车及配套设备实现跨越式发展。打造内陆电子信息产业集群创新高地。积极支持吉安市、赣州市等地区承接沿海电子信息产业转移，全力打造赣粤电子信息产业走廊。以南昌高新技术产业开发区、南昌临空经济区为主体，打造南昌光谷。打造国内领先的中医药科创城。加快全球首家虚拟现实VR产业基地建设。加快发展大数据、云计算、物联网等新兴高新技术产业。

——着力发展现代服务业。现代物流业方面，完善物流基础设施，加快现代物流园区建设，推进省级物流公共信息平台建设。信息服务业方面，着力提升软件产业服务支撑能力，支持云计算、大数据、软件测试、人才培训等公共服务平台建设；电子商务方面，完善电子商务配套体系，培育电子商务特色产业集群，加强电子商务平台建设，培育电子商务配套基地，扩大电子商务在农村的应用。旅游业方面，丰富旅游产品供给，发展旅游新业态，进一步延长旅游产业链。加紧推进健康养生、养老产业发展，大力促进养老服务与医疗、护理、旅游等产业互动发展，努力培育一批新型养老产业集聚区。

第六章 实施保障

第一节 加强组织实施

——加强组织协调。全省非公有制经济管理和服务部门要切实强化规划落实，周密部署，精心组织，制定方案，明确分工，细化工作，落实责任。要按照规划确定的奋斗目标、发展重点，提出实施方案，制定配套政策，分阶段、分步骤认真组织实施，确保各项任务落到实处。

——加强检查评估。对规划中的重点任务、重大工程进行督促检查。实施规划中期评估制度，注意研究解决新问题，总结推广新经验。完善社会监督机制，启动非公有制企业对相应管理服务部门的评价或考评制度，充分调动各主管部门、执行部门的积极性，推动部门转变作风、改善服务、提高效能。

——加强统计监测。开展非公有制经济和企业发展的数据统计与监测工作，定期公开发布非公有制经济统计数据，出版江西非公有制经济发展蓝皮书。强化非公有制经济管理和服务部门数据和信息及时共享，加强对非公有制经济发展趋势的分析研判。

第二节 强化保障措施

——强化政治保障。科学领会和正确理解习近平总书记有关民营经济发展的重要指示和讲话精神，坚持“两个毫不动摇”，密切关注舆论导向，及时发现并纠正自媒体不正确舆论导向，坚定民营企业家发展信心，强化对非公有制经济企业家尤其是新生代企业家的政治引领。创新非公有制企业党建工作，实现党的组织和工作全覆盖；充分发挥非公有制企业党组织在企业职工群众中的政治核心作用和在企业发展中的政治引领作用，积极服务“两个健康”，不断提高非公有制企业中党员的思想政治素质，进一步发挥党员先锋模范作用。

——强化组织保障。完善非公有制经济领导、管理和服务体系。进一步坚持和完善我省省级层面促进非公有制经济发展领导小组及其办公室的指导、协调和督查作用，加强对非公有制经济发展工作的政策指导和综合协调。完善非公办联席会议制度，进一步推进把非公有制经济作为“一把手工程”来抓，进一步继续充实省级非公有制经济领导小组。强化各部门管理服务非公有制经济的职能。进一步发挥统战部对非公有制经济参谋和引导作用，进一步发挥工商联对非公有制企业联结和服务组织作用，发挥商会对非公有制企业凝聚和汇集的组织保障。完善省非公有制企业维权服务中心职能，健全申诉维权协调机制，协调解决企业投诉中反映的痛点、堵点和难点。

——强化法治保障。围绕“身安、财安、心安”目标，依法保障非公有制企业及其经营者合法权益。实行省非公有制企业权益司法保护联席会议制度，督促依法办理非公有制企业涉法涉诉问题。加大产权保护力度，对商标权、专利权、著作权等知识产权侵权行为建立快速调处机制。坚持“法定职责必须为、法无授权不可为”，全面公开行政执法部门权责清单，杜绝随意执法。深入推进各地综合行政执法体制改革，整合优化执法机构和职能，建立跨部门跨行业的综合监管体系。努力搭建企业产权纠纷调解平台，建立健全商事纠纷非诉讼解决机制，大力推进非公有制企业民商事纠纷仲裁工作。严禁刑事执法介入经济纠纷，准确适用强制措施。依法慎重使用查封、扣押、冻结等侦查措施,不得超范围、超数额、超时限查封、扣押、冻结,最大限度减少对企业正常生产经营活动的影响。

——强化制度保障。健全党委政府重大经济决策主动向企业家问计求策制度,建立企业家参与涉企政策制定制度,多渠道听取企业家意见建议。注重各类政策的衔接和协调,最大程度释放政策的叠加效应。产业政策调整要给企业留一定缓和期和空间,提高可预期性。在坚持“两个毫不动摇”的基础上进一步解放思想,推进人才、财政、金融、商事制度等领域改革,加快推进非公有制经济平等地位制度化。推动优化营商环境步入常态化、制度化轨道,让减轻企业交易性成本、时间成本的“只跑一次”“一次都不跑”等好的经验做法以制度的形式确定下来。

——强化要素保障。加大企业用地供给,在保障基本农田用地、市政用地、确保环境生态无损的情况下尽量满足工业用地需求。加大闲置土地的回收力度,盘活闲置的“死地”。每年新增2000亩用地指标,专门用于小微企业创新创业园建设。开展标准厂房建设,鼓励中小企业使用标准厂房或先入企业孵化器,缓解用地的供需矛盾。加强政府和园区招工、用工及配套设施服务。对接人口大省,通过“牵线搭桥”,实现校企、地区对接,破解用工问题。

——强化宣传保障。加强习近平总书记重要讲话以及党和国家非公有制经济政策宣传。要充分利用自媒体等现代媒体将党和国家的政策精神传达到全省所有非公有制企业,对涉及非公有制市场主体的法律法规规章及有关政策文件,以新闻发布会、在线访谈、专题专栏等方式,加大宣传解读力度,提高非公有制市场主体对涉企政策的知晓度。组织主流媒体发挥舆论导向作用,大力宣传和弘扬江西特质的企业家精神以及工匠精神。加大我省非公有制经济发展先进经验和办法的宣传,为全国非公有制经济高质量跨越式发展作出江西贡献。

江西省人民政府关于支持赣东北开放合作推动高质量跨越式发展的若干意见

2019年11月8日

各市、县(区)人民政府,省政府各部门:

《江西省人民政府关于支持赣东北扩大开放合作加快发展的若干意见》(赣府发〔2013〕23号)实施以来,赣东北扩大开放合作取得了阶段性成效,重大开放合作平台加快建设,对外合作领域不断拓展,“一极两都”开放合作格局基本形成。为贯彻落实省委十四届六次、七次、八次全会精神,支持赣东北开放合作推动高质量跨越式发展,现提出如下意见。

一、总体要求

(一)重大意义。赣东北地区包括上饶市、景德镇市和鹰潭市,是我省对接东部沿海地区的重要区域,是融入长三角和海西经济区的前沿,区位优势明显,产业特色鲜明,交通体系完备,资源条件优越,生态环境秀美,文化积淀深厚。面对新时代新形势新要求,支持赣东北开放合作推动高质量跨越式发展,有利于构建我省与东部沿海发达地区开放合作的新平台,更高层次参与区域分工协作;有利于对接融入长三角一体化战略,加快承接沿海发达地区产业转移;有利于完善“一圈引领、两轴驱动、三区协同”区域发展新格局,促进全省区域经济协调发展。

(二)指导思想。以习近平新时代中国特色社会主义思想为指导,全面贯彻党的十九大和十九届二中、三中、四中全会精神,深入学习贯彻习近平总书记视察江西重要讲话精神,贯彻落实省委十四届六次、七次、八次全会决策部署,坚持新发展理念,坚持高质量跨越式发展首要战略,以集聚动能、开放合作为主线,坚持大开放引领大发展,全面对接融入长三角一体化和海西经济区,大力发展有色金属、光伏光学、新能源汽车、航空制造以及大数据、移动物联网等特色优势产业,为江西“在加快革命老区高质量发展上作示范、在推动中部地区崛起上勇争先”提供强大支撑,为描绘新时代江西改革发展新画卷作出积极贡献。

(三)总体定位。

——对接长三角一体化发展先行区。充分发挥赣东北毗邻长三角的区位优势,着力做优机制对接、做强平台承接、做实产业链接,加快建设与长三角一体化地区互联互通的现代化综合交通体系,构建全要素、多领域的开放合作格局,全面融入长三角一体化。

——承接东部沿海先进制造业转移基地。顺应东部沿海新一轮产业转移趋势,聚焦核心领域、核心技术,加速资源要素聚集,加大产业转移承接力度,做大做强航空制造、新能源汽车、有色金属等优势产业,培育壮大光伏光学、大数据、移动物联网等潜力型产业,加快建设协作紧密、优势互补、产业链完整的现代产业体系。

——国际文化旅游和康养休闲胜地。充分发挥文化旅游资源密集、类型丰富的特殊优势,依托世界自然遗产、世界地质公园三清山、龙虎山以及千年瓷都景德镇、“中国最美乡村”婺源等国家5A级旅游景区,深入挖掘道教文化、陶瓷文化、红色文化以及古镇古村等资源,加快完善景区配套设施,统筹整合区域旅游资源和整体开发推广,打造世界知名、国内一流的文化旅游和康养休闲胜地。

——优质绿色农产品供应地。发挥农业资源和生态环境优势,以沿海发达地区市场需求为导向,加强产供销合作,健全质量安全保障体系,建设一批粮油、肉类、蔬菜、水产、茶叶、特色水果等特色农产品生产和加工基地,持续为沿海发达地区提供优质、绿色、安全的农产品。

(四)主要城市定位。——上饶市。充分发挥高铁十字交汇优势,加快高铁经济试验区建设,谋划建设好赣浙边际合作(衢饶)示范区,做大做强光伏光学、汽车产业,加快发展大旅游、大数据、大康养等新业态,打造赣浙闽皖区域中心城市、全国光伏光学产业基地、国家康养产业示范区、世界文化旅游目的地。

——景德镇市。深入挖掘陶瓷文化底蕴,以陶瓷文化为媒介,加快国际国内交流和产业合作,依托产研一体、厂所融合的产业优势,加大航空研发制造力度,做大做强航空产业,以北汽重组昌河为契机,加快向汽车制造全产业链迈进,重塑世界瓷都辉煌,打造国家陶瓷文化传承创新试验区、中国航空城、国家历史文化名城。

——鹰潭市。充分依托江铜集团,实施"创新"和"倍增"攻坚行动,进一步提升铜深加工、资源保障和国际化经营能力,发挥龙虎山道教发源地的独特优势,打造以道家养生和文化旅游为主的全域旅游新格局,加快建设国家新一代无线移动通信网国家科技重大专项(03 专项)成果转移转化核心区和全国 5G 试点城市平台,打造世界铜都、国家智慧新城。

(五)发展目标。——到 2025 年,开放型经济发展量质齐升,开放合作平台建设取得新突破,对接融入东部沿海地区的综合交通体系更加快速便捷,产业协同发展水平跃上新台阶,在全省内陆双向开放格局中的作用凸显。地区生产总值力争超过 7000 亿元,千亿级产业集群超过 5 个,旅游总收入达 8000 亿元,利用省外资金占全省比重力争达到四分之一,实际利用外资和出口总额占全省比重力争接近五分之一。

——到 2035 年,区域综合竞争力和影响力进一步提升,全方位、高层次、广领域开放合作格局基本形成,成为支撑全省内陆双向开放合作的重要高地。

二、大力建设开放合作平台

(六)加快提升地方开放合作平台。围绕增强产业园区承接产业转移能力,推动一批重点园区拓展综合服务功能,适度推进扩区调区,积极指导上饶高新技术产业开发区创建国家级高新技术产业开发区、上饶经济技术开发区申报国家园区循环化试点,支持贵溪经济技术开发区升级为国家级经济技术开发区,鼓励景德镇市申报国家军民融合示范区,支持玉山高新技术产业园区扩区,支持万年高新技术产业园区调区,提升弋阳县高新技术产业园区建设水平。

(七)全力打造景德镇国家陶瓷文化传承创新试验区。以建设景德镇国家"一带一路"节点城市为契机,依托景德镇陶瓷文化资源,统筹物质文化遗产和非物质文化遗产保护传承,推动陶瓷文化与相关产业深度融合,建设好国际化陶瓷产业链交易平台,加快建设国家陶瓷文化保护传承创新基地、世界著名陶瓷文化旅游目的地和国际陶瓷文化交流合作交易中心。

(八)加快建设赣浙边际合作(衢饶)示范区。以省际合作模式创新为引领,以规划共绘、平台共建、产业共融、要素共享、生态共保为基础,建立健全省市县三级工作协调推进机制,搭建投融资实体平台,启动玉山、江山、常山交界地的核心区建设,加大土地、资金、人才等要素支持,聚焦高端装备制造、高端智能装备、幸福康养、文化旅游等现代产业,建设若干创新型田园综合体、文旅风情小镇、健康养生基地,努力把赣浙边际地区打造成为长三角重要的产业转移承接基地、生态宜居地和休闲度假目的地。

(九)率先对接融入长三角一体化地区。建立与长三角重要节点城市的合作联系机制,推动上饶、鹰潭、景德镇等城市参与长三角城市经济协调会成员城市等重要合作平台。

三、加快构建现代产业体系

(十)加快培育壮大新兴产业。充分挖掘和发挥各地新兴产业发展潜力,培育壮大移动物联网、大数据及云计算、生物医药、新能源汽车等一批新兴产业集群。支持鹰潭建设新一代宽带无线移动通信网试点示范基地和移动物联网先行示范区,支持鹰潭市新一代信息网络产业集群(移动物联网产业集群)建设国家级战略性新兴产业集群。支持鹰潭创建国家数字经济示范区。支持上饶高铁经济试验区培育壮大数字产业,打造江西省数字经济示范区。支持上饶建设国际医疗旅游先行区和国家中医药健康示范区。支持上饶、景德镇发展新能源汽车产业,积极营造良好的推广应用环境,不断壮大企业规模。

(十一)大力发展景德镇航空产业。依托 602 所研发优势,延伸运营和服务价值链,不断巩固和提升航空产业传统优势,支持航空小镇建设,加快吕蒙总装园二期建设,推进江西德利直升机设计制造项目和北京通航江直 JH 系列直升机批量生产,加大基础设施建设资金、债券等支持力度。

(十二)积极发展现代服务业。着力推动生产性服务业向专业化、差异化和高端化拓展,生活性服务业向精细化、品质化和便利化提升。积极发展跨境电子商务,打造电商集聚区和电商孵化基地,鼓励企业设立景德镇陶瓷产品海外仓。大力发展会展经济,打造集创意、设计、定制、展示、鉴定、交易、物流、产品发布于一体的国际陶瓷博览运营平台。鼓励结合陶瓷、航空等重点产业组织开展会展活动,加快发展会展产业。

(十三)深入推动文化旅游合作。围绕旅游产品提升和全域旅游发展,加快推行赣东北旅游"一票通",进一步完善提升龙虎山旅游度假区,支持上饶县灵山风景区和鄱阳湖国家湿地旅游区、景德镇御窑厂遗址等创建国家 5A 级景区。支持景德镇御窑厂遗址申报世界文化遗产,鼓励陶瓷类专题博物馆升级发展,引导陶瓷企业和艺术家设立陶瓷科技和现代艺术博物馆。支持省级全域旅游示范区创建向赣东北地区倾斜。支持玉山县办好中式台球世界锦标赛和斯诺克世界公开赛。

(十四)促进现代农业发展。积极对接长三角一体化地区、海峡西岸经济区等发达地区现代农业，做大做强茶叶、蔬菜、休闲农业等特色农业，建设面向发达地区绿色有机农产品供应基地。支持赣东北探索建立健全城乡融合体制机制，促进赣东北城乡一体化发展。支持乐平市生态农业科技园申报创建国家农业科技园区。

四、全面完善基础设施体系

（十五）推动铁路建设，加快形成开放快速通道。加快建设昌景黄铁路，积极推动六安景铁路纳入国家“十四五”铁路网规划，积极争取景德镇至鹰潭、鹰潭至南丰至瑞金铁路纳入国家铁路网规划，研究推动上饶旅游轻轨建设。

（十六）完善高速公路网络，促进内部融合发展。支持上（饶）浦（城）、贵溪至资溪、德兴至景德镇高速公路和万年至鹰潭高铁北站一级公路建设，协调推动义（乌）金（华）衢（州）上（饶）高速公路与浙江省对接的规划研究工作。

（十七）优化机场布局，提升外部通达能力。支持上饶三清山机场扩建，加快鹰潭通用机场和上饶德兴、玉山等9个通用机场建设，争取国家发展改革委支持将景德镇机场迁建纳入国家“十四五”规划。

（十八）加强水利水运建设，健全水资源调配和综合运输体系。加快信江高等级航道建设，推进信江八字嘴航电枢纽、信江双港航运枢纽、花桥水利枢纽等工程建设，支持上饶马鞍山抬水工程、铅山清潭水库等水利基础设施建设，支持鹰潭港、万年港疏港铁路和配套基础设施建设，支持做大上饶港鄱阳港区，争取设立鄱阳口岸。

（十九）加强能源建设，提升能源供应能力。积极谋划推进上饶清洁支撑煤电工程，加快推进光伏、风电项目以及鄱阳、余干垃圾焚烧发电等清洁能源项目建设，保障电力安全稳定供应。加快推进中心村电网改造、村村通动力电等农村电网改造升级工程，提高乡村配电网供电能力和质量。积极配合国家加快推进浙赣联络线和闽赣联络线建设，谋划和争取“海气入赣”新通道，加快推进浙赣省级天然气管道互联互通项目前期研究工作。

五、合力共建美丽幸福赣东北

（二十）统筹城乡协调发展。加强城乡规划调控引导，积极探索城乡基础设施一体化规划、一体化建设、一体化管护的长效机制，加快推进城镇组团发展、融合发展，支持信江河谷城镇群建设，推进以人为核心的城镇化，有序引导农村人口向中心城区、县城和集镇聚集，促进符合条件的农业转移人口在城镇落户并享受同等权益。

（二十一）提升公共服务水平。推动赣东北三市公共资源平台互通共享，加强公共安全、户籍管理、通讯信息、住房就业、工伤保险、基本养老等公共服务合作。支持推进社保制度协调衔接和社保关系无缝转移接续，支持完善统一的基本医疗保险制度、大病保险制度和医疗救助制度，支持完善异地就医即时结算制度，不断强化赣东北区域“同城效应”。鼓励国内外高校在赣东北开展合作办学，支持景德镇陶瓷大学“双一流”建设。支持省直医院以联合办医、办分院、对口支援、项目合作等方式支持赣东北地区医疗卫生事业发展。支持国际、国内知名医疗机构与上饶在人才培养、成果转化、医药领域产学研用等方面开展合作。

（二十二）推进生态文明建设。坚持保护优先和自然修护为主，实施山水林田湖草修护工程，加强自然保护区、森林公园、湿地公园等生态功能区的保护和建设，推动生产方式绿色化，努力形成科技含量高、资源消耗低、环境影响小的产业结构和生产方式。健全生态环境损害赔偿制度，培育绿色生活方式，增强生态文明意识，强化环境治理和保护，打造天蓝、地绿、水净、景美的全省生态文明建设样板。支持贵溪实施冶炼厂周边重金属污染土壤修复工作，支持鹰潭环境污染和生活垃圾第三方治理建设。支持鹰潭静脉产业园建设。

六、强化政策保障支持

（二十三）加强财税金融支持。用足用好国家赋予的财税鼓励政策，推动开发性、政策性金融和保险机构加大对制造业高质量发展的支持力度，支持赣东北企业上市、发行债券，加快企业“走出去”步伐。支持省发展升级引导基金设立上饶经济技术开发区“两光一车”引导基金专项子基金和景德镇国家陶瓷文化产业发展引导基金专项子基金。加大对景德镇老工业城市养老保险中央转移支付和省级调剂金的支持力度，积极争取景德镇纳入老工业基地产业转型升级示范区范围。

（二十四）加快搭建创新平台。强化创新引领作用，推动重点领域创新突破，完善科技创新体制机制，加快推进科技成果转化。支持上饶大数据科创城和鹰潭智慧科创城建设。支持上饶市建设高端创新平台，支持上饶企业技术中心、工程研究中心、重点实验室等平台建设。

（二十五）加大项目资金支持。加大中央预算内投资、地方政府专项债券和专项建设资金以及省级各项扶持资金的投入，在开放合作重大项目规划布局、资金安排等方面对赣东北予以倾斜，加大对赣东北基础设施、社会事业、生态环保、物流等方面的投入力度，优先安排项目建设资金。

（二十六）保障项目用地。继续支持符合调区扩区条件的省级及以上工业园区依法采取调整区位、整合周边乡镇工业聚集区或产业园区等方式扩大园区范围。支持依法依规开展土地利用规划调整和修改。支持开展耕地占补平衡工作，进一步拓展耕地后备资源。对赣东北开放合作项目建设用地给予倾斜，对赣浙边际合作（衢饶）示范区建设用地需求予以重点保障。

（二十七）强化组织实施。省政府定期听取赣东北开放合作高质量跨越式发展工作汇报，研究解决重大事项。省发展改革委会同省直有关部门和有关设区市，进一步完善部门联席会议制度，细化实化支持政策和举措，做好统筹督促和协调指导等工作。省直有关部门要结合自身职能，加大支持力度，全面落实本意见提出的各项任务。有关设区市要积极发挥主体作用，进一步健全市长定期会晤磋商机制，研究制定工作措施，推动各项任务落到实处。

江西省人民政府关于支持赣西转型升级推动高质量跨越式发展的若干意见

2019年11月13日

各市、县(区)人民政府,省政府各部门:

《江西省人民政府关于支持赣西经济转型加快发展的若干意见》(赣府发〔2013〕39号)实施以来,赣西转型升级明显加快,产业结构不断优化,新型城镇化和区域一体化迈出坚实步伐,生态文明建设取得积极成效,发展质量和效益明显提升,但还存在新旧动能转换不快、发展不平衡不充分等问题,转型升级任务依然艰巨。为贯彻落实省委十四届六次、七次、八次全会精神,支持赣西转型升级推动高质量跨越式发展,现提出如下意见。

一、总体要求

(一)重大意义。赣西地区包括宜春市、萍乡市和新余市,是全省重要的工业基地,资源、产业、基础设施等支撑能力较强,城镇化水平较高,中心城市紧密相连、同城化趋势明显。支持赣西转型升级推动高质量跨越式发展,有利于强化与大南昌都市圈、长株潭城市群对接合作,更好对接融入长江经济带、粤港澳大湾区等国家战略;有利于深化产业结构战略性调整,加快新旧动能接续转换,提升区域综合实力和竞争力;有利于完善"一圈引领、两轴驱动、三区协同"区域发展新格局,促进全省区域经济协调发展。

(二)指导思想。以习近平新时代中国特色社会主义思想为指导,全面贯彻党的十九大和十九届二中、三中、四中全会精神,深入学习贯彻习近平总书记视察江西重要讲话精神,贯彻落实省委十四届六次、七次、八次全会决策部署,坚持新发展理念,坚持高质量跨越式发展首要战略,以绿色生态、转型升级为主线,纵深推进改革,扩大高水平开放,着力加快产业转型升级,着力推进区域融合一体发展,着力增强创新驱动能力,促进经济发展质量变革、效率变革、动力变革,为江西"在加快革命老区高质量发展上作示范、在推动中部地区崛起上勇争先"提供强大支撑,为描绘新时代江西改革发展新画卷作出积极贡献。

(三)总体定位。

——全省产业转型升级样板区。深入实施科技创新驱动战略,加快培育发展新兴产业和现代服务业,推动传统产业数字化、智能化、绿色化改造,促进产业基础高级化、产业链现代化,努力建成中部地区乃至全国有重要影响力的先进制造业基地。

——中部地区城乡融合发展先行区。加快完善城乡融合发展的体制机制,促进生产要素有序流动和城市功能互补联动,增强中心城市的集聚力和辐射带动力,大力实施乡村振兴战略,探索城乡基础设施一体化建管模式,完善城乡公共服务统筹推进机制,加快形成城乡融合发展的新型城镇化发展格局。

——全国生态康养宜居胜地。牢固树立"绿水青山就是金山银山"理念,强化生态修复和保护,加大海绵城市建设力度,大力发展"生态+大健康"产业,打造幸福产业新高地,提升公共服务水平,吸引和集聚人气,建设环境优美、生活优质、康养宜居的美丽赣西。

(四)主要城市发展定位。

——宜春市。积极发挥宜春区域性交通枢纽作用,联动新余、萍乡相向一体化发展。做大做强锂电、中医药、电子信息、智能装备制造、健康养生、循环经济等优势产业,改造提升纺织、建材、食品等传统产业,提升产业综合竞争力。加快建设(南)昌铜(鼓)生态经济带、宜(春)万(载)经济走廊,提高城乡统筹发展水平,打造赣湘鄂区域中心城市、全国锂电新能源产业基地、全国健康养生基地。

——新余市。坚持走"工小美"城市发展道路,推动钢铁、光伏产业、装备制造业转型升级,做大做强锂电新能源产业,推进光电信息、智能装备等产业集群发展,建设新宜吉六县转型合作示范区,打造中部地区新型工业强市、国家新能源科技示范城。

——萍乡市。积极对接长株潭城市群,大力改造提升冶金建材、工业陶瓷、花炮、电瓷等传统产业,培育壮大节能环保、装备制造、金属材料等新兴产业,推动海绵城市产业全链条发展,建设区域性高铁枢纽,打造国家产业转型升级示范城市、湘赣边际合作示范区、国家海绵城市先行区。

(五)发展目标。

——到2025年,经济发展质量和效益明显提高,人均地区生产总值、财政收入达到或接近全国平均水平;研发投入强度、产业创新能力大幅提升,重点行业和企业具备较强国际竞争力,形成千亿级产业集群5个左右;全面建立城乡融合发展新机制,中心城区集聚力和辐射带动力显著提升,城镇化率力争达到65%;城乡居民人均收入增幅高于全省平均水平,公共服务均等化基本实现,生态环境质量持续保持国内领先。

——到2035年,综合经济竞争力大幅增强,人民生活更加富裕,建成生态宜居的美丽赣西,成为中部地区转型升级高质量发展的典范。

二、构建竞争力强的现代产业体系

（六）大力发展新兴产业。培育壮大锂电新能源、金属新材料、生物医药、光电信息、节能环保等一批新兴产业集群，集中资源建设宜春锂电新能源国家级产业基地、新余新能源科技城、萍乡海绵城市产业基地、中国药谷（宜春）、京东（新余）新经济产业园，支持樟树实施“中国药都”振兴工程，建设有全国影响力的新兴产业集聚地。积极发展智能经济、数字经济、移动互联网等新产业新业态，建设新余工业大数据中心、宜春赣西云数据中心、萍乡市大数据中心，打造数字经济创新发展试验区。加快发展军民融合产业，支持新余市、萍乡市、袁州区等地创建省级军民融合创新示范区。

（七）做大做强先进制造业。大力推进制造业转型升级和优化发展，推进萍乡国家产业转型升级示范区建设，提升新余国家新型工业化产业示范基地发展水平，以宜春为核心打造具有国际竞争力的先进装备制造业集群。推动制造业智能化发展，培育一批具有系统集成能力、智能装备开发能力和关键部件研发生产能力的智能制造骨干企业。推进钢铁、煤炭、建材、花炮、电瓷、食品、纺织鞋革、金属家具、工业陶瓷等优势产业改造提升，支持新钢高品质稀土钢制造关键技术研发及产业化。推动制造业从加工生产环节向研发、设计、品牌、营销、再制造等环节延伸。支持新余市、湘东区申报建设大宗固废综合利用示范基地。

（八）提档升级现代服务业。促进现代物流、商贸服务等生产性服务业向专业化和价值链高端延伸发展，健康养生、家庭服务等生活性服务业向精细和高品质转变。增强新余赣西中心物流园、宜春综合物流中心、萍乡赣湘物流港的集散能力，打造国内知名的钢铁、建筑陶瓷、农产品、再生资源等专业市场。支持发展绿色金融、科技金融等特色金融产业，引导金融资本流入科技创新和绿色产业领域，建设萍乡科技金融产业园等特色金融产业集聚区，推进新余大数据普惠金融试点。大力发展中医药养生、健康养老服务等新型业态，提高动漫创意等文化产业效益。

（九）集聚发展生态康养旅游产业。依托赣西丰富的生态资源和中医药优势，加强统筹协调，联合打造国内外知名的以生态康养为特色的旅游胜地。支持萍乡武功山、新余仙女湖、宜春三爪仑等景区创建国家5A级景区，支持铜鼓县、宜丰县、靖安县创建国家全域旅游示范区，全面提升旅游品质。构建新余仙女湖—宜春明月山—萍乡武功山等赣西精品游线路，支持杨歧山、莲花荷博园、仙凤三宝、安源路矿工人运动纪念馆、凯丰故里、卢德铭烈士陵园、铜鼓县秋收起义纪念地、万载湘鄂赣苏维埃旧址、天柱峰景区等纳入赣湘精品旅游线路。打响宜春明月山“月亮节”、新余仙女湖“七夕节”、萍乡“莲花节”、武功山“帐篷节”等旅游品牌。

三、完善高效安全的基础设施网络

（十）增强铁路快速化通达能力。加快推进长赣铁路建设，争取咸修宜吉铁路纳入国家铁路网规划。研究利用浙赣铁路等既有铁路释放的能力在赣西增开市域（郊）列车。研究推动赣西地区对接大南昌都市圈的市域或城际铁路建设。

（十一）强化路网内部融合和对外联通。推进宜春至大余、沪昆高速扩容，武宁至樟树至兴国、通城至铜鼓、上栗至醴陵（赣湘界）高速公路建设。支持上栗县、湘东区、莲花县、万载县、袁州区、铜鼓县等地与湖南邻县的路网对接，推动上栗赣湘合作大道、湘东产业园栗油公路与湖南方面联通，支持万载至黄茅至文家市一级公路改建工程、万载至仙源至张坊镇三级公路改建工程建设。推动新宜萍旅游公路建设。支持开通明月山机场直达新余、萍乡、安福等地客运班线线路。

（十二）加强航运和水利工程建设。加快宜春港建设，支持袁河梯级开发项目，适时开展萍水湘东至株洲入河口段Ⅳ级航道项目研究。完善饮用水源地布局，加快推进四方井水库、萍乡碧湖水库、新余大岗山水库、宜春飞剑潭水库除险加固等项目建设，加快推进上栗县东源水库等工程前期工作。

（十三）提升能源保障水平。支持赣西城市清洁能源项目建设，加快推进国家电投分宜电厂投入运营和大唐新余二期项目建设，支持万载、奉新、樟树等一批热电联产项目建设，推进上高电厂前期工作，适时启动靖安洪屏抽水蓄能电站二期建设，支持区域内光伏、风电等绿色能源项目建设。加快推进省级和城镇天然气管网工程建设。

四、打造融合互动的城乡发展格局

（十四）建设宜春区域性中心城市。做大做强做优宜春市中心城区，增强赣西转型升级的引领带动作用。支持建设锦源新区，推动万载撤县设区，加快宜（春）万（载）经济走廊建设，拓展中心城区发展空间，辐射带动宜丰、上高、铜鼓发展。支持宜春完善内外交通通道，推动设立教体新区，提升城市发展品质，创建具有中医药特色的国家健康城市，建设区域性文体教育中心、休闲旅游商贸中心、医疗健康养生中心和先进制造业基地。

（十五）促进“新宜萍”联动发展。依托沪昆高铁，促进新余、宜春、萍乡城市功能互补联动，强化宜春赣湘鄂区域中心城市功能、萍乡“西大门”开放功能、新宜吉六县跨市县合作示范功能，推动中心城市、县城和小城镇协调发展。推进新宜萍三市区域一体化建设，深化基础设施、公共服务、产业发展等方面合作，共同打造对接长株潭城市群重要平台。加强重大基础设施衔接，共同推进跨区域交通、水利、能源等重大项目建设，提高互联互通水平。推进卫生、教育、生态环境、人力资源、医疗保障等公共服务合作，建立信息共享和管理协作机制。加强产业分工协作，引导产业错位发展、联动发展，增强产业整体实力。

（十六）健全城乡融合发展体制机制。建设一批以产业为依托的特色小镇，引导农业人口就地就近转移。强化农业与旅游、物流、金融等产业深度融合，推进袁州区、樟树市、芦溪县国家农村产业融合发展示范园建设。建设城乡融合的人力资源公共服务平台，推进城乡公共应急机制建设。贯彻落实养老保险关系跨统筹区域、跨制度转移接续政策，确保参保人员基本养老保险关系顺畅转移接续。大力实施乡村振兴战略，探索城乡基础设施一体化规划机制和乡村环境治理机制，支持上高县、湘东区开展农村人居环境整治试点，支持靖安县开展农村环境整治政府购买服务试点。支持有条件的地区创建城乡融合发展试验区。

五、增强转型升级的创新驱动力

（十七）强化创新能力建设。围绕新能源、新材料、生物医药等主导产业，鼓励企业加强与高校和科研机构合作，组建产业技术创新联盟、科技协同创新体，加强重大技术集中攻关。支持赣西在特色优势领域优先布局国家和省级创新平台，鼓励在锂电新能源、生物医药、光电信息等领域规划建设制造业创新中心和技术创新中心。支持宜春建设锂电新能源产业技术研究院，宜春农科院（南方富硒研究院）申报创建省级富硒作物应用创新研发平台。支持萍乡建立富硒产业研究院、富硒食品质量监督检验中心。支持新余建设固态锂离子电池创新中心。鼓励企业在赣西地区设立科技创新公司，培育一批创新创业示范基地。

（十八）大力引进培养创新人才。支持健全人才双向流动机制，吸引更多的科技领军人才、创新团队落户。推进实施“人才梯度转移”计划，与产业转型升级相适应，促进赣西地区人才供需无缝对接。建立健全就业合作机制，共同构筑高校毕业生就业见习的平台，吸引优秀人才到新余、宜春、萍乡就业。推进人才发展体制机制改革，建立健全人才激励机制、人才服务机制、人才生活保障机制，营造良好的人才创新创业制度环境、政策环境。

（十九）完善创新成果转化机制。强化科技与经济、创新成果与产业发展对接，发展线上线下结合的科技成果交易，推进科技成果转移转化。鼓励科技人员以职务发明科技成果投资入股，提高科技人员成果转化收益比例。积极构建科技成果转化平台，争取设立宜春赣西医药研发与制造中心等科技成果转化基地。支持探索促进科技与金融结合试点，探索投贷联动试点，构建覆盖创新链条各个环节的科技金融服务体系。加强知识产权保护、应用与服务体系建设。

六、塑造高水平的开放合作新优势

（二十）积极对接融入国家发展战略。以“一带一路”建设为牵引，加快构建开放型经济发展新体制，支持企业加强与境外高新技术和先进制造业企业投资合作，推动企业稳妥参与境外矿产等能源资源勘探和开发，提高利用和配置全球资源的能力。贯彻“共抓大保护、不搞大开发”理念，共同推进长江经济带发展。依托沪昆、京九等开放大通道，加强与长三角一体化、粤港澳大湾区对接，积极承接先进制造业转移。主动对接京津冀协同发展战略，积极承接北京非首都功能疏解。

（二十一）优化开放合作平台。支持赣西设立保税物流中心。加快推进新余内陆港建设，推动新宜吉六县转型合作示范区积极对接南昌、九江等开放门户，进一步降低物流成本。支持湘东—醴陵、上栗—浏阳省际产业合作园区建设，推进湘赣边区域合作宜春产业园建设。统筹推动万载、安源、湘东、上栗、芦溪、莲花、分宜等地工业园区扩区调区。

（二十二）推进区域合作试验区建设。加快湘赣边区域合作发展，着力加强脱贫攻坚与乡村振兴统筹推进、生态环境联防联治、产业发展协同协作、基础设施互联互通、市场要素对接对流、公共服务共建共享。深入推进新宜吉六县转型合作示范区建设，完善三市六县合作机制，加快建设赣江货运码头（樟树港），改造提升新余至上高、新余至分宜、新余至峡江至樟树等互联互通重大项目，加强教育、人力资源、生态环境等合作，积极探索土地指标分配等改革试点，打造全省跨行政区域合作的示范区。

七、强化保障措施

（二十三）优化营商环境。加快完善法治化、国际化、便利化的营商环境。深化“放管服”改革，推进实施“三单一网”，完善政务便民服务措施，推行行政审批和社会服务事项网上办理，实现“一次不跑”或“最多跑一次”。加大商事制度改革力度，全面推行“多证合一”，推行企业登记全程电子化和电子营业执照。推行扩大赣西县级政府管理权限试点。加强社会信用体系建设，完善跨地区、跨部门、跨领域的守信联合激励和失信联合惩戒机制。

（二十四）加大政策支持。研究设立赣西产业转型升级发展基金，加大地方政府债券对赣西基础设施建设的支持力度。引导和鼓励金融机构合理调配信贷资源，增加绿色金融、科技金融供给，加大对中小微企业融资支持力度，推动赣西产业转型升级。支持宜春申报财政支持深化民营和小微企业金融服务综合改革试点。加强对重大产业转型升级项目、重大基础设施项目建设的用地保障，合理增加荒山、滩涂等未利用土地开发建设指标。

（二十五）加强组织实施。省政府定期听取支持赣西转型升级高质量跨越式发展工作汇报，研究解决重大事项。省发展改革委会同省直有关部门，进一步完善部门联席会议制度，加强指导和协调，推进重大项目、重大平台建设和政策落实。赣西三市要发挥主体作用，建立健全市长定期会晤磋商机制，结合实际制定落实本意见的具体举措，认真抓好各项任务落实。

本栏编辑　詹跃华

统　计　资　料

国民经济和社会发展主要指标

指　标	2018年	2019年
人口(万人)		
年末总人口	4647.57	4666.13
男性人口	2383.56	2392.41
女性人口	2264.02	2273.72
城镇人口	2603.57	2679.29
乡村人口	2044.00	1986.84
就业(万人)		
年末社会就业人数	2636.10	2632.00
职工人数	400.30	407.10
年末城镇登记失业人数	35.10	27.49
地区生产总值(亿元)	22716.51	24757.50
第一产业	1877.33	2057.56
第二产业	10081.16	10939.83
第三产业	10758.02	11760.11
人均生产总值(元)	49103.00	53164.00
固定资产投资(亿元)		
全社会固定资产投资总额	22085.34	—
房地产开发投资	2013.98	—
新增固定资产	12358.13	—
财政(亿元)		
财政总收入	3795.79	4001.56
一般公共预算收入	2373.01	2487.39
一般公共预算支出	5667.52	6386.80
能源生产与消费(万吨标准煤)		
能源生产总量	1170.02	1320.31

续表 1

指　标	2018 年	2019 年
能源消费总量	9285.68	9665.15
价格指数(上年=100)		
居民消费价格指数	102.10	102.90
商品零售价格指数	101.00	101.90
工业生产者出厂价格指数	104.20	98.90
工业生产者购进价格指数	103.20	98.20
固定资产投资价格指数	106.40	102.40
人民生活		
城镇非私营单位职工平均工资(元)	70772.00	76131.00
城镇住户人均年可支配收入(元)	33819.00	36546.00
农村住户人均年可支配收入(元)	14460.00	15796.00
人民币住户存款年末余额(亿元)	17184.44	19665.87
城镇住户人均住宅建筑面积(平方米)	48.30	50.00
农村居民人均住房面积(平方米)	59.20	62.91
城市建设、环境保护		
人工煤气供气量(万立方米)	—	—
天然气供气量(万立方米)	145718.00	169840.00
液化石油气供气量(吨)	202716.00	208151.00
道路长度(千米)	11222.00	11909.00
排水管道长度(千米)	17331.00	17590.00
公共车辆(汽、电车)运营数(辆)	13699.00	13963.00
绿化覆盖面积(公顷)	75471.00	77590.00
一般工业固体废物综合利用量(万吨)	4970.13	—
一般工业固体废物综合利用率(%)	42.41	—
农业		
农业总产值(亿元)	3148.57	3481.29
主要农产品产量		
粮食(万吨)	2190.70	2157.50
棉花(万吨)	7.21	6.57
油料折油(万吨)	47.22	46.33

注:1.地区生产总值、农业总产值、工业增加值的发展速度均按可比价格计算。

2.职工人数为在岗职工人数,含劳务派遣人员。

3.固定资产投资项目统计起点为计划投资500万元及以上。

4.城乡居民调查指标统一为可支配收入指标。

续表2

指　标	2018年	2019年
油料(万吨)	120.80	120.78
黄红麻(吨)	97.00	68.00
烟叶(万吨)	3.61	2.26
茶叶(吨)	65362.00	66778.00
蚕茧(吨)	6177.00	6340.00
甘蔗(万吨)	64.57	62.44
水果(万吨)	470.21	474.26
肉类总产量(万吨)	325.68	298.65
水产品(万吨)	255.95	258.81
生猪年末存栏(万头)	1587.25	1006.32
生猪当年出栏(万头)	3124.00	2546.82
工业		
主要工业产品产量		
化学纤维(万吨)	54.62	62.92
布(混合数)(万米)	77928.00	103052.00
机制纸及纸板(万吨)	214.50	276.24
卷烟(万箱)	127.60	127.60
原煤产量(万吨)	530.46	503.61
原油加工量(万吨)	766.59	786.60
发电量(亿千瓦时)	1278.30	1375.90
粗钢 (万吨)	2499.18	2524.48
钢材 (万吨)	2571.34	2795.71
水泥(万吨)	8813.55	9625.05
汽车(万辆)	55.04	49.11
照相机(万架)	64.50	74.38
化学肥料(折合100%)(万吨)	10.98	29.18
化学农药(原药)(吨)	49306.00	36829.00
规模以上工业企业主要指标(亿元)		
工业增加值	—	—
资产总计	24085.48	26200.80
主营业务收入	32077.36	34590.65

注:1.工业产品产量为规模以上产量。

2.公路通车里程包括村道。

续表 3

指　标	2018 年	2019 年
建筑业(资级企业)		
建筑业企业人数(万人)	150.69	165.88
建筑业总产值(亿元)	6884.87	7944.78
施工房屋面积(万平方米)	33362.42	33897.51
竣工房屋面积(万平方米)	15635.20	14869.30
交通运输业		
铁路营业里程(千米)	4134.00	4535.00
公路通车里程(千米)	161941.00	209131.00
建筑业总产值(亿元)	6884.87	7944.78
施工房屋面积(万平方米)	33362.42	33897.51
竣工房屋面积(万平方米)	15635.20	14869.30
交通运输业		
铁路营业里程(千米)	4134.00	4535.00
货物周转量(亿吨千米)	4528.30	3858.78
铁路(亿吨千米)	530.25	563.08
公路(亿吨千米)	3759.94	3040.32
水运(亿吨千米)	238.11	255.38
旅客周转量(亿人千米)	993.73	984.24
铁路(亿人千米)	732.42	739.72
公路(亿人千米)	260.97	244.25
水运(亿人千米)	0.34	0.28
邮电通信业		
邮电业务总量(亿元)	1785.84	3065.78
函件(万件)	2764.00	1684.00
移动电话用户(万户)	4043.50	4157.10
固定电话用户(万户)	465.40	457.50
计算机互联网用户(万户)	1323.40	1448.80
内外贸易和旅游		
社会消费品零售总额(亿元)	9645.74	10068.05
海关进出口总额(万美元)	4818758.00	5088978.00
出口额	3394269.00	3619295.00
进口额	1424490.00	1469683.00
外商直接投资合同金额(万美元)	888380.00	1083541.00

续表 4

指　　标	2018 年	2019 年
外商直接投资实际使用金额(万美元)	1257166.00	1357905.00
旅游总收入(亿元)	8145.12	9656.38
入境旅游人数(人次)	1917812	1971659
旅游收汇收入(万美元)	74538.00	86538.00
金融业(亿元)		
金融机构人民币存款余额	35069.51	38952.53
金融机构人民币贷款余额	30358.38	35493.75
教育、文化、卫生		
高等学校在校学生数(人)	1093672	1179550
中等专业学校在校学生数(人)	209801	241879
普通中学在校学生数(万人)	307.83	325.60
小学在校学生数(万人)	421.22	411.44
报纸出版数量(万份)	88317.00	79462.00
期刊出版数量(万册)	7435.00	7589.00
图书出版数量(万册)	24587.00	24955.00
卫生机构数(个)	8237	8941
卫生技术人员(人)	247204	267917
医生	87277	96437
病床数(张)	249510	267187

注：1.邮电业务总量按 2010 年不变价格计算。
2.卫生机构数包括个体机构。
3.互联网用户口径为宽带用户数。

国民经济主要比例关系

单位：%

指　　标	2018 年	2019 年
地区生产总值		
第一产业	8.3	8.3
第二产业	44.4	44.2
工业	36.4	36.2
建筑业	8.0	8.0
第三产业	47.4	47.5
交通运输邮电业	4.5	4.4
批零贸易和住宿餐饮业	10.3	10.3

续表

指　　标	2018年	2019年
金融业	6.3	6.3
全省总人口		
城镇人口	56.0	57.4
乡村人口	44.0	42.6
社会就业人员		
第一产业	28.5	27.2
第二产业	27.5	31.8
第三产业	32.9	41.0
农业总产值		
农业	49.2	46.7
林业	10.1	9.8
牧业	21.3	25.5
渔业	15.1	13.7
服务业	4.2	4.3
全社会固定资产投资		
第一产业	3.1	2.3
全社会固定资产投资		
第一产业	3.1	2.3
第二产业	48.0	48.6
第三产业	48.9	49.1
财政支出		
一般公共服务	9.3	9.3
教育	18.6	18.0
科学技术	2.6	2.9
社会保障和就业	13.4	12.8
医疗卫生与计划生育	10.3	9.9

主要指标每人年平均水平

指　　标	2018年	2019年
地区生产总值(元)	49013.00	53164.00
第一产业	4050.00	4418.00
第二产业	21751.00	23492.00
第三产业	23211.00	25253.00

续表

指　标	2018年	2019年
财政总收入(元)	8167.00	8593.00
年末居民储蓄存款余额(元)	36957.00	42146.00
主要农产品产量(千克)		
粮食	471.36	463.29
棉花	1.55	1.41
油料折油	10.16	9.95
甘蔗	13.89	13.41
水果	101.17	101.84
肉类总产量	70.08	64.13
水产品	55.07	55.58
主要工业产品产量		
化学纤维(千克)	11.75	13.51
布(混合数)(米)	16.77	22.13
机制纸及纸板(千克)	46.15	59.32
原煤(千克)	114.14	108.14
原油加工量(千克)	1649.44	1689.12
发电量(千瓦时)	2742.77	2954.57
粗钢(千克)	537.74	542.10
钢材(千克)	553.27	600.34
水泥(千克)	1896.38	2066.86
化学肥料(千克)	2.36	6.27
化学农药(千克)	1.06	0.79
主要消费品消费量		
农村居民食品消费量(千克)		
粮食	147.57	148.45
植物油	12.09	11.95
猪牛羊肉	24.86	23.09
蛋类	6.01	7.11
水产品	9.49	12.80
城镇居民消费量(千克)		
粮食	121.25	119.74
油脂类	14.37	13.36
肉类	34.46	31.85
禽类	10.36	11.76
蛋类及蛋制品	8.43	8.32
水产品	15.97	18.07

地区生产总值

(按当年价格计算)

单位:亿元

年 份	地区生产总值	第一产业	第二产业			第三产业				人均地区生产总值(元)
				工 业	建筑业		交通运输仓储和邮政业	批发零售和住宿餐饮业	金融业	
2018	22716.51	1877.33	10081.16	8264.23	1823.43	10758.02	1022.51	2350.67	1422.64	49013
2019	24757.50	2057.56	10939.83	8965.81	1980.99	11760.11	1083.72	2550.71	1557.50	53164

地区生产总值指数

(按可比价格计算)

(上年=100)

年 份	地区生产总值	第一产业	第二产业			第三产业				人均地区生产总值
				工 业	建筑业		交通运输仓储和邮政业	批发零售和住宿餐饮业	金融业	
2018	108.7	103.4	109.7	109.2	112.2	108.6	105.1	102.6	107.8	108.0
2019	108.0	103.0	108.0	108.4	105.8	109.0	106.6	106.4	108.5	107.4

按城乡分的人口数 (年末数)

年 份	总人口(人)	按城乡分		以年末总人口为 100	
		城镇人口	乡村人口	城镇人口	乡村人口
2018	46475728	26035703	20440025	56.02	43.98
2019	46661318	26792929	19868389	57.42	42.58

劳动力资源

单位:万人

年 份	劳动力资源总数	社会就业人数	职工 人数				劳动力资源总数占人口数的比重(%)	劳动力资源利用率(%)
				国有经济单 位	城镇集体经济单位	其他各种经济单位		
2018	3639.1	2636.1	400.3	158.3	8.8	233.2	78.3	72.4
2019	3655.0	2632.0	407.1	152.3	7.4	247.3	78.3	72.0

全社会固定资产投资发展速度

年 份	发展速度(上年=100)			
	合 计(%)	固定资产投 资		农村农户投 资
			房地产开发投资	
2018	110.8	111.1	108.0	98.0
2019	109.3	109.2	103.0	112.1

注:1.不含跨省中央项目投资。

2.全社会固定资产投资=固定资产投资+农村农户投资。

3.固定资产投资=计划投资 500 万元及以上项目固定资产投资+房地产开发投资。

外商直接投资情况

年　份	项目数(个)	合同外资金额(万美元)	实际使用外资(万美元)
2018	594	888380	1257166
2019	544	1083541	1357905

财政收支总额及增长速度

年　份	财政总收入(万元)	一般公共预算支出(万元)	收支差额(万元)	比上年增长(%)	
				财政总收入	一般公共预算支出
2018	37957936	56675207	–18717271	10.1	10.8
2019	40015608	63868022	–23852414	5.4	12.7

各种价格指数

(上年=100)

年　份	商品零售价格指数	城　市	农　村	居民消费价格指数	城　市	农　村
2018	101.0	101.0	100.8	102.1	102.1	102.2
2019	101.9	102.0	101.4	102.9	102.9	102.8

农、林、牧、渔业总产值和商品产值

(按当年价格计算)

单位:万元

年　份	农林牧渔业总产值	农业产值	林业产值	牧业产值	渔业产值	服务业产值	农林牧渔业商品产值	农林牧渔业商品率(%)
2018	31485736	15492192	3195550	6721756	4739156	1337081	22805010	72.4
2019	34812926	16242516	3428054	8889402	4765249	1487705	25300905	72.7

农作物播种面积和产量

类　别	播种面积(千公顷)	单产(千克/公顷)	总产量(粮食:万吨;其他:吨)	总产量比上年增长(%)
总计	5521.18			
粮食作物	3665.14	5886.40	2157.45	–1.50
谷物	3413.17	6071.10	2072.17	–1.90
稻谷	3346.20	6121.30	2048.30	–2.10
早稻	1095.87	5714.20	626.20	–9.80
中稻及一季晚稻	1040.87	6599.30	686.90	15.60
二季晚稻	1209.47	6078.70	735.20	–8.50

续表

类 别	播种面积(千公顷)	单产(千克/公顷)	总产量（粮食:万吨;其他:吨)	总产量比上年增长(%)
小麦	14.40	2111.10	3.04	–4.10
玉米	46.50	4258.10	19.80	26.50
大(米)麦	0.03	13333.30	0.04	–25.00
豆类合计	130.43	2248.70	29.33	–0.30
大豆	108.80	2428.30	26.42	0.60
杂豆	21.63	1345.10	2.91	2.30
薯类(按折粮计算)	121.53	4603.70	55.95	14.00
油料合计	677.08	1784.00	1207812.00	0.00
花生	165.14	2920.00	482183.00	0.30
油菜籽	482.29	1428.00	688661.00	–0.30
芝麻	29.14	1238.00	36065.00	–1.40
棉花	42.70	1539.00	65724.00	–8.90
麻类合计	3.60	1517.00	5457.00	–4.80
黄红麻	0.02	4533.00	68.00	–29.90
苎麻	3.58	1505.00	5388.00	–3.60
甘蔗	13.95	44752.00	624425.00	–3.30
烟叶合计	12.30	1835.00	22577.00	–37.50
烤烟	11.88	1848.00	21949.00	–35.90
晒烟	0.43	1471.00	628.00	–67.30
中药材	82.34			
蔬菜类及食用菌	644.36	24548.00	15818068.00	2.90
瓜果类	84.23	26001.00	2190064.00	2.30
其他作物	295.48			
莲子	27.01			
青饲料	77.59			

注：该表粮食作物均为农产量抽样调查数。

主要工业产品产量

品 名	2019 年	2019 年比 2018 年增长(%)
硫铁矿生产量(折含硫 35%)(万吨)	287.47	2.00
钨精矿折含量 (万吨)	6.09	5.40
原盐 (万吨)	200.80	24.80

续表

品 名	2019 年	2019 年比 2018 年增长(%)
配混合饲料 (万吨)	47.79	-27.50
乳制品 (万吨)	17.81	0.10
罐头 (万吨)	26.02	17.80
饮料 (万吨)	458.23	-10.00
白酒 (万千升)	13.07	15.80
啤酒 (万千升)	71.26	-1.80
精制茶 (吨)	69327.50	-3.80
卷烟 (亿支)	637.95	
纱(万吨)	160.68	1.20
布(万米)	103052.40	-14.60
纯棉布	60328.50	-25.40
棉混纺交织布	19348.00	15.40
印染布 (万米)	12404.90	3.30
服装 (万件)	122491.90	4.80
皮鞋 (万双)	3825.60	-20.00
人造板 (万立方米)	480.22	8.80
机制纸及纸板 (万吨)	276.24	11.50
家具 (万件)	4263.99	-5.40
硫酸 (万吨)	288.73	-8.10
烧碱 (万吨)	63.64	2.80
电石 (折 300 升/千克)(万吨)	8.56	-13.90
化学肥料 (折有效成份 100%)(万吨)	29.18	-56.20
氮肥	8.33	-63.60
磷肥	15.08	-44.90
化学农药 (吨)	36828.70	-11.30
纯苯 (吨)	52497.00	-5.50
涂料 (吨)	102150.10	-8.80
合成洗涤剂 (吨)	203464.60	56.80
化学药品原药 (吨)	77132.00	20.00
中成药 (吨)	172854.10	10.20
化学纤维 (万吨)	62.92	11.90
合成纤维	4.77	16.10
轮胎外胎 (万条)		
塑料制品 (吨)	1478262.30	12.30
水泥 (万吨)	9625.05	4.30
日用玻璃制品 (万吨)	14.60	-1.60
玻璃保温容品 (万个)	0.0144	13.40

续表

品　名	2019 年	2019 年比 2018 年增长(%)
耐火材料制品(万吨)	38.50	12.1
生铁(万吨)	2217.98	0.6
粗钢(万吨)	2524.48	1.0
钢材(万吨)	2795.71	4.2
中小型型材		
棒材	64.17	–4.3
钢筋	1204.79	3.7
线材	471.68	–0.6
厚钢板	156.44	–4.2
中板	190.32	7.1
冷轧窄钢带	23.91	9.1
电工钢板	60.17	4.0
无缝钢管	3.08	–41.9
十种有色金属(万吨)	186.59	7.9
精炼铜	142.36	4.9
铁合金(万吨)	0.41	–27.9
工业锅炉(蒸发量吨)	2661.00	30.2
金属切削机床(台)	5208.00	3.9
数控机床	1119	–17.2
泵(万台)	22	–4.7
风机(万台)	30.81	20.4
气体压缩机(台)	63461630.00	15.2
轴承(万套)	2	–2.7
小型拖拉机(万台)	0.78	–0.8
汽车(万辆)	49.11	–11.0
载货汽车	22.91	–8.4
民用钢质船舶(万总吨)	4.65	–12.5
发电设备(万千瓦)	3.01	8.1
交流电动机(万千瓦)	539.45	11.0
变压器(万千伏安)	6208.90	30.8
家用电冰箱(万台)	93.26	3.2
房间空气调节调器(万台)	631.66	8.4
电风扇(万台)	198.79	9.2
电光源(万只)	16.34	–3.2
电话单机(万部)	110.07	2.1
彩色电视机(万台)	22.68	–2.3
照相机(万台)	74.38	–14.9

规模以上工业企业经济指标

指　标	2018 年	2019 年
企业单位数(个)	11630.00	12727.00
亏损企业(个)	1087.00	1151.00
资产总计(万元)	240854766.00	262008008.00
流动资产合计(万元)	113914249.00	130289033.00
负债总计(万元)	124542579.00	137718963.00
所有者权益(万元)	116312187.00	124289045.00
主营业务收入(万元)	320773676.00	345906480.00
销售费用(万元)	6604230.00	7097696.00
利润总额(万元)	21578377.00	21588255.00
全部从业人员年平均人数(人)	2338032.00	2337990.00
总资产贡献率(%)	15.45	14.27
资本保值增值率(%)	116.15	107.45
资产负债率(%)	51.71	52.56
流动资产周转率(次)	2.82	2.65
成本费用利润率(%)	7.27	6.70
全员劳动生产率(元/人)	298341.00	330552.00
产品销售率(%)	99.19	99.40

建筑业主要经济指标

指　标	2018 年	2019 年
企业个数(个)	2691.00	3094.00
建筑业合同情况(万元)		
签订的合同额	125436326.00	132983772.00
上年结转合同额	53686456.00	56379195.00
本年新签合同额	71749870.00	76604577.00
承包工程完成情况(万元)		
直接从建设单位承揽工程完成的产值	66519301.00	76951915.00
自行完成施工产值	65481938.00	75956194.00
分包出去工程的产值	1037363.00	995721.00
从建设单位以外承揽工程完成的产值	3250155.00	3491560.00
建筑业总产值(万元)	68848679.00	79447755.00
装饰装修产值	3430245.00	3298409.00
在外省完成的产值	24227372.00	26530413.00
建筑工程产值	58827234.00	68809261.00
安装工程产值	5299774.00	5588211.00
其他产值	4721672.00	5050283.00

续表

指　标	2018年	2019年
竣工产值(万元)	38105172.00	43166452.00
房屋建筑施工及竣工面积(万平方米)		
房屋建筑施工面积	33362.42	33897.51
本年新开工面积	16972.92	16291.31
房屋建筑竣工面积	15635.20	14869.30
住宅房屋	10145.01	9467.73
商业及服务用房屋	1259.99	1232.75
商厦房屋(批发和零售用房)	452.23	421.40
宾馆用房屋(住宿用房)	100.81	94.16
餐饮用房屋(餐饮用房)	28.97	21.80
商务会展用房屋	67.34	65.23
其他商业及服务用房屋	610.64	630.16
(居民服务业用房)		
办公用房屋	918.54	887.78
科研、教育、医疗用房屋	776.39	695.88
科学研究用房屋	49.53	44.31
教育用房屋	542.94	541.17
医疗用房屋(卫生医疗用房)	183.92	110.40
文化、体育、娱乐用房屋	224.17	235.38
厂房及建筑物	1817.53	1877.82
厂房	1022.15	1167.58
仓库	149.75	118.33
其他未列明的房屋建筑物	343.82	353.64

注：建筑业统计范围为具有建筑业资质等级的独立核算建筑业企业。

运输线路长度

单位：千米

指　标	2018年	2019年
铁路营业里程	4134	4535
公路通车里程	161941	209131
等级公路	135442	195458
高速公路	5931	6144
一级公路	2601	2765
二级公路	11613	11862
三级公路	14338	15764
等外公路	26499	13673
内河通航里程	5716	5716
等级航道	2427	2427
等外航道	3289	3289

全社会运输周转量

指　标	2018 年	2019 年
货物周转量(万吨千米)	45282985	38587772
铁路	5302489	5630825
公路	37599405	30403181
水运	2381091	2553766
内河	1952621	2078738
沿海	428470	475028
远洋		
旅客周转量(万人千米)	9937261	9842391
铁路	7324229	7397188
公路	2609677	2442452
水运	3355	2751
内河	3355	2751

社会消费品零售总额

单位:万元

年　份	社会消费品零售总额	城　镇		乡　村
			城　区	
2018	90457400	76508966	44151945	13948434
2019	100680523	86420874	45874082	14259649

旅游业发展情况

年　份	旅游总收入(亿元)	为全省地区生产总值(%)	为全省地区生产总值中第三产业 (%)
2018	8145.12	35.86	75.71
2019	9656.38	39.00	82.11

金融机构本外币信贷资金平衡表年末余额(2019 年)

单位:万元

指　标	年末余额	比年初增减	比年初增长(%)
各项存款	391753619	38770640	11.0
境内存款	391545728	38707432	11.0
住户存款	197365339	24690879	14.3
活期存款	76838537	8053751	11.8
定期及其他存款	120526802	16637128	16.0
非金融企业存款	116138945	10582612	10.0

续表

指 标	年末余额	比年初增减	比年初增长(%)
活期存款	63918041	2355748	3.8
定期及其他存款	52220904	8226864	18.7
广义政府存款	67553622	835069	1.3
财政性存款	12706824	90111	0.7
机关团体存款	54846798	744958	1.4
非银行业金融机构存款	10487822	2598872	32.9
境外存款	207891	63208	43.9
各项贷款	356968496	50341487	16.8
境内贷款	356266474	50228004	16.8
住户贷款	143724395	21344784	18.4
短期贷款	40168293	4945528	16.0
中长期贷款	103556102	16399257	19.3
非金融机构及机关团体贷款	211841696	28788220	15.7
短期贷款	55871814	3333021	6.3
中长期贷款	134163434	13240265	15.7
票据融资	19661190	6821779	53.1
融资租赁	1870100	456614	32.3
各项垫款	275159	-63459	-18.7
非银行业金融机构贷款	700383	95000	15.7
境外贷款	702022	113482	19.3

注：该表统计口径包括中国人民银行、政策性银行、国有独资商业银行、邮政信汇局、其他商业银行、农村合作银行、城市信用社、农村 信用社、信托投资公司、财务公司等金融机构。

房地产开发与经营主要指标

指 标	2018 年	2019 年
房地产开发投资增速(%)	8.0	3.0
按登记注册类型分		
内资	9.2	3.6
国有	-73.9	57.2
集体		
股份合作		
联营		
有限责任公司	9.5	23.3
股份有限公司	3.0	-14.7

续表

指　标	2018年	2019年
私营	14.7	-12.0
其他		
港澳台商投资	-27.0	22.9
外商投资	10.9	-84.7
按构成分		
建筑工程	-1.7	-1.6
安装工程	-12.7	-21.7
设备工器具购置	-9.6	28.2
其他费用	75.3	24.4
土地购置费	93.8	24.4
按工程用途分		
住宅	14.3	6.1
办公楼	-18.3	-10.2
商业营业用房	-10.7	-5.9
其他	14.1	-2.5

各类全日制学校基本情况（2019年）

单位：人

类　别	学校数（所）	在校学生数	招生数	毕业生数	教职工数	专任教师
研究生	16	44600	16029	10621	/	6178
普通高等学校	103	1179550	389445	303308	84928	60224
普通中专学校	95	241879	101965	65859	10293	7574
普通中学	2673	3256039	1145924	962722	237636	197049
高中	496	1055368	377216	326947	95558	60479
初中	2177	2200671	768708	635775	142078	136570
职业高中	145	138416	46341	42701	7593	5075
技工学校	88	154222	62343	39195	10919	9160
小学	7330	4114416	658488	765289	211617	238475
幼儿园	15958	1657888	608004	601978	165264	102539
特殊教育学校	95	37644	6930	7058	1982	1767
工读学校	1	302	171	196	47	42

卫生机构、床位及人员数

年　份	机构数（个）	医　院	床位数（张）	医　院	人员数（人）	卫生技术人	医　生
2018	36546	2311	249510	229276	325803	247204	87277
2019	37029	2403	267187	246733	348413	267917	96437

注：1.机构数中包括个体机构。2.卫生技术人员数据不包括乡村医生和卫生员。 3.机构合计中包括村卫生室。

索　引

说明：本索引依照国家标准《索引编制规则（总则）》GB/T22466－2008的相关规则进行编制。本索引为主题索引，按主题词首字汉语拼音字母（同音字按声调）顺序排列。主题词后的阿拉伯数字表示该词所在页码，数字后的英文字母a、b、c分别表示该页文字的左、中、右栏。同一主题的内容在文中多处出现的，在其主题词后用不同的页码标明。对特载、大事记、专记、人物、附录、统计资料等类目不作主题索引。

数字和字母

A

B

C

D

H

K

L

M

S

T

W

X

Y

Z